1682 J.B.METZLER

Herausgegeben
von Ingo Breuer

Kleist-
Handbuch

Leben – Werk – Wirkung

Sonderausgabe

Verlag J. B. Metzler
Stuttgart · Weimar

Der Herausgeber
Ingo Breuer, geb. 1962, 2001 Promotion, ist
Studienrat im Hochschuldienst für Neuere
deutsche Literaturwissenschaft an der Univer-
sität Köln, Mitherausgeber des Kleist-Jahrbuchs,
Vorstandsmitglied der Heinrich-von-Kleist-
Gesellschaft.

Bibliografische Information der Deutschen Nationalbibliothek
Die Deutsche Nationalbibliothek verzeichnet diese
Publikation in der Deutschen Nationalbibliografie;
detaillierte bibliografische Daten sind im Internet über
http://dnb.d-nb.de abrufbar.

ISBN: 978-3-476-02527-2
ISBN 978-3-476-01309-5 (eBook)
DOI 10.1007/978-3-476-01309-5

© 2013 Springer-Verlag GmbH Deutschland
Ursprünglich erschienen bei J. B. Metzler'sche
Verlagsbuchhandlung und Carl Ernst Poeschel
Verlag GmbH in Stuttgart 2013

www.metzlerverlag.de
info@metzlerverlag.de

Inhaltsverzeichnis

Vorwort

Kleist übt nicht nur als rätselhafte Persönlichkeit noch immer eine große Faszination aus – auch seine nicht minder verrätselten und rätselhaften Werke wurden immer wieder zum Ausgangspunkt von künstlerischen Auseinandersetzungen und ›Prüfstein‹ neuer wissenschaftlicher Fragestellungen. Angesichts der inzwischen recht unübersichtlichen Forschungslage soll das *Kleist-Handbuch* Grundlageninformationen und wesentliche wissenschaftliche Ergebnisse bündeln und weitere Anregungen für eine Beschäftigung mit Kleists Leben und Werk geben. Kulturwissenschaftliche Perspektiven stehen dabei im Vordergrund. Dieses Handbuch richtet sich also grundsätzlich an alle Kleist-interessierten Leserinnen und Leser, denen das Handbuch als Orientierung dienen soll.

Die Kapitel I. und II. liefern zunächst Informationen zum Leben und den Werken, zu ihrer Entstehungsgeschichte und den Drucken, Quellen und Einflüssen, Kontexten, Hintergründen und Deutungen sowie in ausgewählten Fällen auch Hinweise zur Rezeption und Wirkung.

Die Kapitel III. (»Konfigurationen«), IV. (»Kontexte«) und V. (»Konzeptionen«) erschließen Leben und Werk in systematischer Art und Weise. Im dritten Kapitel werden die Einflüsse anderer Autoren und Philosophen sowie die Position Kleists in/zu diversen Strömungen und Epochen dargestellt und im vierten Kapitel die für ihn besonders relevanten Diskurse und kulturellen Codes, Wissensordnungen und gesellschaftlichen Institutionen. Das fünfte Kapitel präsentiert Denkfiguren, Begriffe und Motive.

Das Kapitel VI. widmet sich der wissenschaftlichen Rezeption und Diskussion, während der Schwerpunkt von Kapitel VII. auf der kulturellen Rezeption und Wirkung Kleists liegt.

Ein Anhang mit Auswahlbibliographie, Personenregister und Verzeichnis der Autorinnen und Autoren schließt den Band ab.

Der Herausgeber hat sich bemüht, die ›Politik‹ fortzuführen, die seine Arbeit als Redakteur und Mitherausgeber des *Kleist-Jahrbuchs* geprägt hat: die wissenschaftliche Diskussion auch über Grenzen (und Gräben) zwischen unterschiedlichen Schulen, Methoden und ›Lagern‹ hinweg in Gang zu halten – und ist dankbar dafür, so viele Mitstreiterinnen und Mitstreiter für diese Sache gewonnen zu haben.

Herzlich gedankt sei all jenen, die in direkter oder indirekter Weise bei der Planung und Durchführung dieses Projekts mitgeholfen haben. Die wesentliche Anregung für die Gliederung dieses Bands steuerte Hans Jürgen Scheuer bei, doch auch viele andere Beiträgerinnen und Beiträger lieferten immer wieder entscheidende Anregungen und Hilfestellungen, vermittelten weitere Autorinnen und Autoren usw. – Mitgearbeitet haben in verschiedenen Phasen auch meine ehemaligen Praktikantinnen Julia Gutterman, Maaike Luttikhuis (Amsterdam) und Debora Francione (Neapel) sowie meine Kölner Mitarbeiterinnen und Mitarbeiter Christina Zander, Kathrin Schuchmann, Britta Junker, Maximilian Mengeringhaus und vor allem Kristina Lahl, der ich für die tatkräftige Unterstützung bei der Endredaktion danke. Zu besonderem Dank verpflichtet bin ich Günter Blamberger, der mich mit Kleist infiziert hat, Bernd Lutz, der mich zu diesem Projekt überredet hat, und vor allem Ute Hechtfischer, die dann – assistiert von Franziska Remeika – die Mühen der verlegerischen und redaktionellen Ebenen mit dem Herausgeber zu meistern hatte.

Ingo Breuer

Siglen und Hinweise

Aus Gründen besserer Lesbarkeit wird in diesem Band nicht mit Fußnoten gearbeitet, sondern mit Kurzverweisen in Klammern im Text (Name Jahr, ggf. Seite), die im Literaturverzeichnis am Ende des jeweiligen Beitrags aufgelöst werden. Zur Entlastung dieser Literaturverzeichnisse wurden – in Anlehnung an die *Kleist-Jahrbücher* – Siglen für einige besonders häufig zitierte Titel und Periodika benutzt.

Kleists Werke werden – wenn nicht anders vermerkt – nach der neuesten abgeschlossenen Werkausgabe zitiert:

DKV: Heinrich von Kleist: Sämtliche Werke und Briefe in 4 Bänden. Hg. von Ilse-Marie Barth, Klaus Müller-Salget, Stefan Ormanns und Hinrich C. Seeba. Frankfurt a.M. 1991ff.

In einzelnen Fällen war die Benutzung anderer Ausgaben unumgänglich. Es handelt sich um:

BA: Berliner Abendblätter. Hg. von Heinrich von Kleist. Berlin 1810f. [diverse Reprint-Ausgaben]. – Zitiert mit Angabe des Blatts bzw. der Nummer für das 1. bzw. 2. Quartal; z. B. (BA, Bl. 77) bzw. (BA, Nr. 1).

BKA: Heinrich von Kleist: Sämtliche Werke. Berliner/Brandenburger Ausgabe. Hg. von Roland Reuß und Peter Staengle. Basel/Frankfurt a.M. 1988ff. – Zitiert mit Abteilung/Band, Seitenzahl; z. B. (BKA II/1, 91).

Phöbus: Phöbus. Ein Journal für die Kunst. Hg. von Heinrich von Kleist und Adam H. Müller. Reprogr. Nachdruck mit Nachwort und Kommentar von Helmut Sembdner. Darmstadt 1982. – Zitiert mit Seitenzahl des Nachdrucks.

SW: Heinrich von Kleist: Sämtliche Werke in zwei Bänden. Hg. von Helmut Sembdner. München 1952 u.ö. Zitiert mit hochgestellter Auflagenziffer, Band, Seite, z. B. »SW^2 II, 24«.

Abgekürzt zitiert werden auch die verbreitetsten Textsammlungen zu Kleists Leben, Werk und Wirkung:

Lebensspuren: Heinrich von Kleists Lebensspuren. Dokumente und Berichte der Zeitgenossen. Hg. von Helmut Sembdner. Erweiterte Neuausgabe, Frankfurt a.M. 1977 u.ö. – Zitiert mit Dokumentnummer; z. B. »Lebensspuren Nr. 462«.

Nachruhm: Heinrich von Kleists Nachruhm. Hg. von Helmut Sembdner. Erweiterte Neuausgabe, München 1996 u.ö. – Zitiert mit Dokumentnummer; z. B. »Nachruhm Nr. 442a«.

Bei den mit Siglen wiedergegebenen Jahrbüchern und Fachzeitschriften handelt es sich ausschließlich um die einschlägigen ›Kleist-Periodika‹ (andere Periodika werden nicht mit Sigle zitiert, sondern ggf. mit dem geläufigen Kurztitel, wo dieser eindeutig ist):

Beiträge: Beiträge zur Kleist-Forschung. Hg. von der Kleist-Gedenk- und Forschungsstätte (seit 2000: Kleist-Museum) in Frankfurt an der Oder, 1/1974ff. – Also z. B. »Beiträge 17 (2003), 445–453«.

BKB: Berliner Kleist-Blätter (Nr. 1–4) bzw. Brandenburger Kleist-Blätter (Nr. 5ff.), Beilage zur BKA, 1/1988ff. – Also z. B. »BKB 8, 301–345«.

HKB: Heilbronner Kleist-Blätter. Hg. im Auftrag der Stadt Heilbronn vom Kleist-Archiv Sembdner, 1/1996ff. – Also z. B. »HKB 3, 45–47«.

KJb: Kleist-Jahrbuch. Hg. von der Heinrich-von-Kleist-Gesellschaft, 1980ff. – Also z. B. »KJb 2002, 271«.

I. Leben und Werk

1. Biographische Skizze

Kleists ›tragisches Schicksal‹ ist häufig beschworen worden: Der frühe Tod der Eltern, schwierige Familienverhältnisse, die sogenannte ›Kant-Krise‹ (»Wenn alle Menschen statt der Augen grüne Gläser hätten, so würden sie urtheilen müssen, die Gegenstände, welche sie dadurch erblicken, sind grün«, erklärt er am 22. März 1801 seiner Verlobten Wilhelmine von Zenge zu dieser Erkenntniskrise; DKV IV, 205), gescheiterte oder abgebrochene berufliche und private Pläne ließen sich leicht als Vorboten seines Selbstmords am 21. November 1811 an der Reichsstraße von Berlin nach Potsdam nahe des Kleinen Wannsees deuten, wenn nicht auch regelmäßig euphorisch betriebene Projekte und tatsächliche Erfolge zu verzeichnen wären.

Im Alter von 14 Jahren tritt er in das Potsdamer Vorzeigeregiment »Garde« ein, dessen Offiziere Kontakt mit dem Berliner Hof und dem preußischen König pflegten und mit dem er 1793 bis 1795 in den ›Ersten Koalitionskrieg‹ gegen das Napoleonische Frankreich zieht. Als Soldat lernt er Literatur und Philosophie der Aufklärung kennen und schätzen, steuert damit aber auf einen inneren Konflikt zu. 1799 entscheidet er sich, den »Stand zu verlassen, in welchem ich von zwei durchaus entgegengesetzten Prinzipien unaufhörlich gemartert wurde«, denn für eine aufgeklärte Gesinnung erscheint das preußische Militärwesen als »lebendiges Monument der Tyrannei« (ebd., 27). Im steten Beharren auf seiner Autonomie (»Meine Vernunft will es so, u[nd] das ist genug«; ebd., 275) plant er zunächst eine Karriere als Gelehrter und schließlich als Dichter, womit er im Rahmen der standestypischen Optionen bleibt, aber seine Familie aus einem alten preußischen Adelsgeschlecht mit zahlreichen Militärkarrieren enttäuscht. Bei all den wechselnden Projekten verfolgt er zumindest durchgängig den einen Plan, »zu so vielen Kränzen noch einen auf

unsere Familie herabzuringen« (ebd., 319). »Ohne Lebensplan leben, heißt vom Zufall erwarten, ob er uns so glücklich machen werde, wie wir es selbst nicht begreifen« (ebd., 40), schreibt er 1799 in einem seiner unerträglich belehrenden frühen Briefe, hier an seine Halbschwester Ulrike von Kleist. Der Versuch aber, einen konkreten Lebensplan zu definieren, misslingt ihm bereits zu dieser Zeit: »Ein Lebensplan ist – –« (ebd.).

Der Gedankenstrich als Ausdruck einer Sprachkrise, die seiner ›Kant-Krise‹ vorausging, wird ebenso zum ›Markenzeichen‹ Kleists wie die erfolglosen Projekte: Seine vermeintliche Absicht vom Herbst 1801, im Gefolge eines rousseauschen ›Zurück zur Natur‹ in der Schweiz als »Bauer« zu leben (ebd., 275), scheitert an der politischen Instabilität im Land; eine dauerhafte Anstellung beim preußischen Finanzdepartment (1805/06) für die Verwaltung der fränkischen Provinzen wird vereitelt, da Preußen diese Provinzen nach der Niederlage bei Jena und Auerstedt an Bayern abtreten muss; 1807 wird er bei einem Besuch im französisch besetzten Berlin für ein halbes Jahr unter Spionageverdacht inhaftiert; und erfolglos plant er 1807 die Gründung einer Buchhandlung mit Verlag. Und als er sich als Zeitschriften- und Zeitungsherausgeber versucht, gehen sowohl die Kulturzeitschrift *Phöbus* (1808/09) als auch die *Berliner Abendblätter* (1810/11), eine frühe Form der Tageszeitung, nicht zuletzt aufgrund von Fehlkalkulationen, konzeptionellen Widersprüchen oder politischen Repressionen bankrott, während die Zeitschrift *Germania* 1809 nicht einmal über das Planungsstadium hinauskommt.

Manch andere ›Krise‹ scheint allerdings ›kalkulierter‹: Von seinem Studium an der Universität in Frankfurt an der Oder 1799/1800 will ihn die allzu starke Orientierung an einer gesellschaftlichen Nützlichkeit abgestoßen haben, 1801 in Paris sei ihm dagegen ein »wissenschaftlicher Mensch« im Vergleich mit einem »handelnden«

allzu »ekelhaft« erschienen (ebd., 273). Solche widersprüchlichen Begründungen dürften nicht nur Studienprobleme aufgrund seines Alters und einiger Bildungsdefizite kaschieren, sondern können auch als Vorwand gegenüber der Familie verstanden werden, um aus der Vorbereitung zu einem Brotberuf in ein Leben als Dichter zu wechseln, was bis zu einem gewissen Grad auch für seine Krankheitsphasen 1802, 1803 und 1806 gelten mag, die den durch Familie und Hof ausgeübten Anpassungs- und Karrieredruck verminderten.

Dass Kleist in Simulation und Dissimulation, Täuschungen und Finten beschlagen war, belegt nicht nur seine geheimnisvolle, aber offenbar erfolgreiche ›Würzburger Reise‹, sondern auch sein literarisches und publizistisches Œuvre. Auch bleibt manch eine ›Krise‹ die Quelle produktiver Neuanfänge: Die im Jahr seiner Volljährigkeit (1801) eintretende ›Kant-Krise‹ dient ihm nicht nur als Anlass für seine erste Paris-Reise, sondern markiert auch den Beginn seiner schriftstellerischen Tätigkeit, bei der er sich in der Tradition der dichtenden Familienmitglieder Ewald von Kleist (1715–59) und Franz Alexander von Kleist (1769–97) sehen konnte. Ab Ende 1801 arbeitete er am Trauerspiel *Die Familie Schroffenstein* und ab 1802 an seinem ›Schicksalsstück‹ *Robert Guiskard*. Während *Die Familie Schroffenstein* Ende 1802 bei Heinrich Geßner gedruckt und (wohl ohne Kleists Wissen) 1804 in Graz uraufgeführt wurde, blieben nicht nur das Trauerspiel *Robert Guiskard*, sondern auch die 1803 begonnenen Lustspiele *Der zerbrochne Krug* und *Amphitryon* (›nach Molière‹) vorerst unvollendet. Bei seinem Schweizer Aufenthalt 1801/02 pflegte er Umgang mit dem populären Schriftsteller, Publizisten, Politiker und ehemaligen Studienkollegen Heinrich Zschokke, dem Buchhändler, Verleger und Schriftsteller Heinrich Geßner und dem Schriftsteller Ludwig Wieland, mit dem Kleist zudem Anfang 1803 in der Nähe von Weimar bei dessen Vater, dem berühmten Schriftsteller Christoph Martin Wieland, weilte. Dieser drängte ihn entschieden zur Fertigstellung des *Guiskard*, »auch wenn der ganze Kaukasus und Alles auf Sie drückte« (ebd., 317). Trotz (oder auch wegen) dieser prominenten Förderung und dem relati-

ven Erfolg des Erstlings *Familie Schroffenstein*, das die gegen Goethe und Schlegel gerichtete Zeitschrift *Der Freimüthige* als »Wiege des Genies« bezeichnete (zit. nach Kommentar, DKV I, 467), gerät Kleist offenbar in eine tatsächliche Krise: Das *Guiskard*-Stück sollte »unfehlbar ein Glied« in der »Reihe der menschlichen Erfindungen« werden (und damit seiner Rehabilitation bei der Familie und am Hof dienen), doch sei noch nicht die Zeit gekommen für den, »der sie einst ausspricht« (DKV IV, 320). Er vernichtet das Manuskript (überliefert ist ein neu verfasstes und 1808 im *Phöbus* erschienenes Fragment) und will Ende 1803 bei der geplanten Eroberung Englands durch die napoleonischen Truppen den »schönen Tod der Schlachten« sterben (ebd., 321); der Plan misslingt, er wird nach Preußen zurückbeordert, verzögert die Heimreise jedoch um gut ein halbes Jahr, das ebenso rätselhaft bleibt wie die ›Würzburger Reise‹ von 1800. In beiden Fällen existiert nicht viel mehr als Spekulationen über eine Krankheit oder Dienste als Spion bzw. Kurier.

Nach längeren beruflichen Unsicherheiten tritt er nach seiner Ankunft in Königsberg (1805) wieder als Schriftsteller hervor: *Der zerbrochne Krug* (gedruckt 1811) und *Amphitryon* (gedruckt 1807) werden fertiggestellt, er beginnt die Erzählungen *Michael Kohlhaas* und *Das Erdbeben in Chili* sowie das Trauerspiel *Penthesilea* (gedruckt 1808), das er ebenso wie dessen »Kehrseite« (ebd., 398), das Schauspiel *Das Käthchen von Heilbronn* (Uraufführung und Erstdruck 1810), im Jahre 1807 abschließt. 1808/09 erscheint die Zeitschrift *Phöbus*, in die er neben Auszügen aus seinen Dramen und dem *Kohlhaas* eigene Epigramme, Fabeln und Gelegenheitsgedichte aufnimmt. In diese Zeit fällt auch seine ›Politisierung‹: Fertiggestellt wurden die später als ›vaterländische Geschichtsdramen‹ verstandenen Werke *Prinz Friedrich von Homburg. Ein Schauspiel* und *Die Herrmannsschlacht. Ein Drama*, das zunächst nur in Abschriften kursiert; er verfasst patriotische Lyrik und Prosa, projektiert erfolglos die patriotische Zeitschrift *Germania* und paktiert mit dem antinapoleonischen Widerstand. In seine letzten beiden Lebensjahre (1810/11) fällt schließlich die Publikation seiner *Erzählungen* in zwei Bänden und der *Berliner Abendblätter*, also zwei ›niederen‹, populären Genres, denen Kleist eine neue Qualität verleiht.

Die gleichen Gründe, die eine nachhaltige Rezeption Kleists im 19. Jh. behinderten, förderten eine solche seit der Jahrhundertwende in Moderne und Postmoderne: Neben dem Image als tragischer Außenseiter ist es vor allem seine kritische Haltung gegenüber den vorherrschenden Denk- und Literaturströmungen seiner Epoche, speziell seine anti-idealistische Position gegenüber Aufklärung, Weimarer Klassik und Frühromantik. Speziell die vielzitierten Dissonanzen zwischen Goethe und Kleist wirkten fatal: Sein heute bekanntestes und überaus populäres Lustspiel *Der zerbrochne Krug* fiel im März 1808 in Weimar durch und wurde sofort abgesetzt, wofür er Goethes Bearbeitung verantwortlich machen musste; auch ließ sich Goethe weder für die Mitarbeit am *Phöbus* gewinnen noch konnte er sich mit der *Penthesilea* »befreunden« (ebd., 410). Indem jedoch später beispielsweise die *Penthesilea* (bzw. der *Findling*) auf eine Abrechnung mit Goethes *Iphigenie* (bzw. *Werther*) reduziert oder auch die ›Kant-Krise‹ nur als fundamentale Erkenntniskrise gewertet wurde, blieb seine enge Verbundenheit mit einer Vielzahl von älteren und zeitgenössischen Traditionen ein ›blinder Fleck‹ des Kleist-Bilds. Als Angehöriger eines alten preußischen Adelsgeschlechts blieb er verwurzelt in (um 1800 teils verbürgerlichten) höfischen Verhaltens- und Kommunikationsidealen wie der Moralistik und Konversationstheorie (*Familie Schroffenstein, Amphitryon, Der Findling, Die Herrmannsschlacht*), alt-adligen Zeichensystemen wie der Heraldik (*Prinz Friedrich von Homburg*) oder vormodernen Konfliktlösungsstrategien wie dem Zweikampf oder Duell (*Der Zweikampf, Penthesilea*). Einerseits benutzt er solche Konzepte gegen idealistische Vorstellungen, andererseits treibt er sie auf die Spitze, bis sie in sich kollabieren.

Ähnlich produktiv wie kritisch setzt er sich mit aktuellen literarischen und politischen Strömungen auseinander: Positiv bezieht er sich zum Beispiel mit *Amphitryon* auf den auch am Weimarer Hoftheater gespielten Molière, mit *Käthchen von Heilbronn* (das ebenso »in die romantische Gattung schlägt« [DKV IV, 417] wie Kleists ›Schau-

ergeschichten‹) auf die Renaissance der Ritterstücke seit dem ›Sturm und Drang‹ und mit seinen Erzählungen auf die spätaufklärerische, anthropologische Variante frühneuzeitlicher Historien- und Novellentraditionen. So erklärt sich im *Kohlhaas* das Nebeneinander von Aberglaube (Zauberin) und scharfsinniger Darstellung widerstreitender Rechtssysteme (wie sie auch im *Zerbrochnen Krug*, der *Penthesilea* und in *Prinz Friedrich von Homburg* eine Rolle spielen) oder die Kollision von zeittypischen anthropologisierenden Menschendarstellungen mit mittelalterlich oder barock anmutenden Wunderzeichen, Prodigien und Gottesurteilen in *Das Erdbeben in Chili, Der Findling, Die heilige Cäcilie, Der Zweikampf* oder *Amphitryon*.

Ebenso wie er auch mit literarischen Mitteln zeitlebens auf eine Reform von Verwaltung und Militär in Preußen hinarbeitet, wird für ihn Literatur zum Objekt einer Überbietung vorhandener Muster mit geradezu wissenschaftlicher Akribie. Kontingenz ist für ihn nicht nur Zufall und Schicksal, sondern auch kalkulierbares Mittel sowohl für die Kriegsführung als auch für eine Literatur der ›unwahrscheinlichen Wahrhaftigkeiten‹, auch wenn sein Leben manch unberechenbare Züge trug. Seine Werke bieten systematische Darbietungen des ›Unaussprechlichen‹ in der drastischen Aufwertung von Pathos, Ekel und Gewalt, des Gestischen und Mimischen, der bedeutungsschwangeren Gedankenstriche (wie derjenige, der in der *Marquise von O...* ihre Vergewaltigung *nicht* verschweigt) und vieldeutigen Ausrufe (wie Alkmenes »Ach!« am Schluss des *Amphitryon*). Aber es wimmelt auch von obsessiven Versprachlichungen, so wenn in der *Familie Schroffenstein* und *Penthesilea* das ›Undarstellbare‹ durch Botenbericht und Mauerschau ausführlich präsentiert wird oder sich der Dorfrichter Adam im *Zerbrochnen Krug* selbst entlarvt. So darf auch Kleists Interesse am analytischen Drama oder an der Kriminalgeschichte als Versuch einer ›Aufklärung‹ von Zufällen und Rätselhaftigkeiten des Lebens verstanden werden. Während der unzuverlässige Erzähler und die Erzählung eine letzte ›Aufklärung‹ verweigern, wird das ›Wie‹ des Verbergens und Enthüllens, das dem Leser oder Zuschauer im modernen wie traditionalistischen Sinn eines Machiavelli, Castiglione oder Gracián sprach- und erkenntniskritisch ›gestisch‹ vor Augen gestellt.

Seine Werke folgen einer »gegensätzisch[en]« Schule, um den »Leuten zuweilen den Anblick böser Beispiele zu verschaffen« – sowohl um sie »von dem Laster abzuschrecken« (DKV III, 548) als auch als Mittel der Gesellschaftskritik und ›Seelenerfahrungskunde‹. Auch wenn sich Spuren der persönlichen Krisen durchaus im Werk wiederfinden, geht es nicht darin auf; vor allem lässt sich die dauerhafte ›Krise‹ auch als Ausweis persönlicher Integrität auffassen, da sie Kleist zumindest zu Lebzeiten vor Vereinnahmungen schützte. So taugen selbst die *Berliner Abendblätter* und *Die Herrmannsschlacht* nicht so recht als Propaganda, da sie ihre Mittel ›medienkritisch‹ sichtbar machen. Im Todesjahr gerieten die *Abendblätter* in Konflikt mit der Zensur, was wesentlich zu ihrem Niedergang beitrug, und sein ›patriotisches Drama‹ fiel aufgrund der aktuellen Bezüge beim Berliner Hof in Ungnade. Mehr noch: Es zerschlug sich die wohl berechtigte Hoffnung auf eine Protektion durch Königin Luise wegen ihres plötzlichen Todes, sein Antrag auf Wiederanstellung im Militärdienst wurde nicht einmal beantwortet, finanziell war er zum wiederholten Male in größten Nöten, und schließlich kam es zum Bruch mit der Familie. Von neuen, musikalischen und Roman-Projekten sind dann eigentlich nur noch Ankündigungen überliefert.

Dass er die Tötung der unheilbar kranken, in Berlin verheirateten Henriette Vogel und seinen Selbstmord dann »zufrieden und heiter« plant und seiner Halbschwester Ulrike einen Tod, »nur halb an Freude und aussprechlicher Heiterkeit, dem meinen gleich«, wünscht, passt nicht so recht zur vorhergehenden Aussage, dass ihm »auf Erden nicht zu helfen war« (DKV IV, 513). Tatsächlich ist das Jahr 1811 nicht anders denn als reale Krise zu bezeichnen. Nichtsdestoweniger fühlt er sich angesichts des Todes »ganz seelig« (ebd., 510) und damit wohl – um eine Formulierung aus dem *Erdbeben in Chili* zu verwenden – »fast, als müßt’ er sich freuen« (DKV III, 220f.) – sein letztes »als ob« in einer ganzen Reihe von Rätseln und Finten im wenig dokumentierten Leben und viel diskutierten Werk, das seine ungeheure Ausstrahlung erst am Anfang des 20. Jh.s zu entfalten begann.

Literatur

Barthel, Wolfgang/Marquardt, Hans Jochen/Wilk-Mincu, Barbara (Hg.): Heinrich von Kleist (1777–1811). Leben – Werk – Wirkung. Blickpunkte. Katalog der Dauerausstellung des Kleist-Museums. Frankfurt a.d.O. 2000.

Bisky, Jens: Kleist. Eine Biographie. Berlin 2007.

Kraft, Herbert: Heinrich von Kleist. Leben und Werk. Münster 2007.

Kreutzer, Hans Joachim: Die dichterische Entwicklung Heinrichs von Kleist. Untersuchungen zu seinen Briefen und zu Chronologie und Aufbau seiner Werke. Berlin 1968.

Loch, Rudolf: Kleist. Eine Biographie. Göttingen 2003.

Müller-Salget, Klaus: Heinrich von Kleist. Stuttgart 2002.

Schede, Hans-Georg: Heinrich von Kleist. Reinbek 2008.

Schulz, Gerhard: Kleist. Eine Biographie. München 2007.

Sembdner, Helmut (Hg.): Heinrich von Kleists Lebensspuren. Dokumente und Berichte der Zeitgenossen. Bremen 1957, Neuausgabe München 1996.

Siebert, Eberhard: Heinrich von Kleist. Leben und Werk im Bild. Frankfurt a.M. 1980.

Staengle, Peter: Heinrich von Kleist. München 1998, Heilbronn 2006.

Ingo Breuer

2. Zeittafel

1777 Laut eigener Aussage wird Bernd *Heinrich* Wilhelm von Kleist am 10.10. in Frankfurt/Oder geboren, laut Kirchenbuch und Taufregister am 18.10. nachts um ein Uhr (Taufe am 27.10. in der Garnisonskirche in Frankfurt/Oder). Die Eltern sind Joachim Friedrich von Kleist und seine zweite Ehefrau Juliane Ulrike, geborene von Pannwitz. Sie bekommen in den folgenden Jahren die Kinder Friederike, Auguste, Leopold und Juliane. Aus der Ehe mit seiner ersten Frau, Karoline Luise von Wulffen, stammen die Halbschwestern Wilhelmine und Ulrike – die einzige Person unter seinen Geschwistern, mit der Heinrich von Kleist in engem Kontakt bleiben wird.

1781f. Er erhält Unterricht beim Hauslehrer und Theologiestudenten Christian Ernst Martini (zusammen mit seinem Vetter Karl von Pannwitz).

1788 Er befindet sich in Berlin beim hugenottischen Prediger Samuel Henri Catel und besucht die Privatschule von dessen Schwager Frédéric Guillaume Hauchecorne und das Gymnasium der französisch-reformierten Gemeinde, das Collège François (zusammen mit zwei Vettern, Ernst von Schönfeldt und Wilhelm Ludwig von Pannwitz, dem späteren Ehemann von Kleists Schwester Auguste). – Am 18. Juni stirbt sein Vater, am folgenden Tag erbittet die Mutter eine königliche Pension, was abgelehnt wird (wahrscheinlich, weil der Vater schon seit langer Zeit beim König in Ungnade gefallen war). Auch die Bitte im Folgejahr, den Sohn Heinrich in die Militärakademie aufzunehmen, bleibt zunächst erfolglos.

1792 Am 1. Juni wird er als 5. Gefreiter-Korporal in das renommierte Regiment Garde in Potsdam aufgenommen, tritt seinen Dienst aber erst nach seiner Konfirmation am 20. Juni in Frankfurt/Oder an. Zum Jahresende erhält er einen etwa dreimonatigen Heimaturlaub; sein Regiment bezieht unterdessen im Rahmen des Ersten Koalitionskriegs gegen Frankreich Winterquartier in Frankfurt/Main.

1793 Seine Mutter stirbt am 3. Februar; einen Monat später reist er zum Winterquartier seines Regiments. Von dort stammt der erste erhaltene Brief (an seine Tante Auguste Helene von Massow). Er wird zum 1. Gefreiten-Korporal befördert. Das Regiment nimmt an der Belagerung von Mainz sowie im Herbst und Winter an den Schlachten von Pirmasens und Kaiserslautern teil, um dann wieder Winterquartier in Frankfurt/Main zu beziehen.

1794 Er wird zum Portepee-Fähnrich befördert; sein Regiment ist Mitte des Jahres in mehrere Schlachten verwickelt, darunter diejenigen in Trippstadt und Kaiserslautern. Man bezieht Winterlager in Eschborn im Taunus.

1795 Im März wird das Garderegiment nach Osnabrück verlegt (über Kassel, wo er am 15. die Gemäldegalerie besucht). Am 5. April schließen Frankreich und Preußen Frieden. Kleist wird zum Fähnrich befördert; das Regiment kehrt im Mai/Juni nach Potsdam zurück, wo Ende des Jahres Otto August Rühle von Lilienstern sein Regimentskamerad wird. Zum Offiziersleben gehört der Umgang mit der gehobenen Gesellschaft vor Ort; so hat er auch Kontakt zu Marie von Kleist, geb. von Gualtieri und mit einem entfernten Verwandten Heinrich von Kleists verheiratet, der späteren Hofdame von Königin Luise und ab 1805 finanziellen Unterstützerin Kleists (wobei sie ihn glauben machte, dass die monatlichen Zahlungen von der Königin selbst stammten).

1796 Mit seiner Halbschwester Ulrike und anderen Geschwistern reist er im Sommer auf die Insel Rügen, wo er Ludwig von Brockes kennenlernt.

1797 Im Februar wird er zum Sekondeleutnant befördert; er lernt Ernst von Pfuel kennen, der als Fähnrich ebenfalls in Potsdam ist und mit dem ihn eine enge Freundschaft verbinden wird. Mit Rühle von Lilienstern nimmt er Unterricht in Philosophie, Mathematik und Grammatik; beide spielen in einem ›Offiziersquartett‹ (Kleist spielt Klarinette). Friedrich Wilhelm III., der vier Jahre zuvor die später in Preußen vergötterte Luise geheiratet hat, wird König.

1798 Er reist im Juni mit drei Kameraden in den Harz.

1799 Am 4. April erhält er den beantragten Abschied vom Militär und die Erlaubnis, ein Studium anzutreten, wobei ihm Hoffnungen auf eine spätere Anstellung in einem zivilen Amt gemacht werden. Er immatrikuliert sich an der Philosophischen Fakultät der Universität Frankfurt an der Oder und besucht Veranstaltungen in Physik (bei Christian Ernst Wünsch) und Naturrecht (bei Ludwig Gottfried Madihn), Kulturgeschichte und Mathematik (bei Johann Sigismund Gottfried Huth, der ihn zwei Jahre später in Berlin in Gelehrtenkreise einführt) und nimmt Privatstunden in Latein. Mit seinem früheren Hauslehrer Martini, seiner Halbschwester Ulrike und anderen reist er im Juli durch das Riesengebirge. Die Kontakte zur Familie von Zenge in Frankfurt/Oder werden enger; er wird Privatlehrer für die Töchter.

1800 Wilhelmine von Zenge, eine seiner Schülerinnen, und er verloben sich heimlich. Er bricht sein Studium Mitte des Jahres ab und reist Mitte August nach Berlin und nach Koblentz bei Pasewalk, wo er Ludwig von Brockes abholt, um mit ihm nach Wien zu reisen. Nach einem Zwischenstopp in Berlin, wo sich Kleist mit August von Struensee über seine beruflichen Perspektiven bespricht, beginnt die gemeinsame Reise mit Brockes. In Leipzig immatrikulieren sie sich unter falschen Namen, in Dresden besichtigen sie die Gemäldegalerie und reisen im September schließlich nicht, wie geplant, nach Wien, sondern nach Würzburg. Die plötzliche Änderung des Reiseplans und Kleists Geheimnistuerei in seinen Briefen an Wilhelmine haben in der Forschung zu allerlei Spekulationen geführt, jedoch bislang nicht zu sicheren Lösungen. Im Oktober reist Brockes nach Dresden und Kleist eilig zurück nach Berlin, wo er sich bei Struensee um eine Hospitanz bei der technischen Deputation bemüht. Am 3. Dezember nimmt er erstmals an einer Sitzung teil (eine frühere hatte er verpasst), geht parallel aber auch seinen philosophischen Interessen nach.

1801 Im März gerät Kleist in die sogenannte Kant-Krise. Am 12. April nimmt er Urlaub von der Technischen Deputation und reist am 15. mit Ulrike sowie einem Diener zunächst nach Dresden und am 18. Mai nach Paris. Auf dem Weg besuchen sie unter anderem in Leipzig den berühmten Anthropologen Ernst Platner, in Halberstadt den Dichter Johann Wilhelm Ludwig Gleim, einen engen Freund des früh im Krieg gefallenen Dichters Ewald von Kleist, und in Kassel den Galeriedirektor Johann Heinrich Tischbein; von Mainz aus machen sie eine Schiffstour bis Bonn und fahren dann über Mannheim, Heidelberg und Straßburg an ihr eigentliches Ziel Paris, wo sie bis Mitte November bleiben und beispielsweise Kontakt zu Wilhelm von Humboldt und zum Astronomen Joseph-Jérôme de Lalande bekommen. – Ende November kommen sie in Frankfurt/Main an, wo sich die Wege von Heinrich und Ulrike trennen. Kleist fährt mit dem Maler Heinrich Lohse Richtung Basel, nach einem Streit alleine weiter nach Bern, wo er zum Jahresende eintrifft. – Dort freundet er sich mit Heinrich Zschokke, Ludwig Wieland (dem Sohn Christoph Martin Wielands) und Heinrich Geßner (Ludwig Wielands Schwager) an.

1802 Im Februar und März hält er sich in Thun auf und möchte zunächst von seinem Erbe am Thuner See ein Landgut kaufen, verwirft den Plan aber bald angesichts der politisch zunehmend kritischen Lage. Dennoch mietet er sich auf der Delosea-Insel ein Haus. Er löst im Mai offiziell die Verbindung zu Wilhelmine von Zenge; von Juni bis August ist er in Bern und (angeblich?) krank. Ulrike reist sofort nach Bern, wo sie auf ihren inzwischen gesunden

Halbbruder trifft und mit ihm in sein Haus zieht. – Die politische Lage spitzt sich zu; Ludwig Wieland muss das Land verlassen, Heinrich und Ulrike begleiten ihn bis Erfurt und fahren selbst weiter bis nach Weimar, wo Heinrich von Kleist bis Ende Februar 1803 im Gut Oßmannstedt in der Nähe von Weimar bei Christoph Martin Wieland Aufnahme und einen wichtigen Förderer findet. Dort arbeitet er auch an *Die Familie Schroffenstein*, das bereits im November in der Schweiz als Buchpublikation in Heinrich Geßners Verlag für das Folgejahr angekündigt wird.

1803 Plötzliche Abreise Kleists, möglicherweise weil sich die dreizehnjährige Luise Wieland in ihn verliebt hat. Er hält sich einige Tage in Weimar auf und reist dann nach Leipzig weiter, wo er durch Wielands Vermittlung den Verleger Georg Joachim Göschen kennenlernt und Deklamationsunterricht bei Heinrich August Kerndörffer nimmt. Von April bis Juni ist er wieder in Dresden, trifft dort Ernst von Pfuel, Ludwig Wieland und seine Halbschwester Ulrike wieder und lernt die Schriftsteller Friedrich de la Motte Fouqué und Johann Daniel Falk kennen. Im Juli reist er mit Ernst von Pfuel wieder in die Schweiz (und dort auch wieder nach Bern und Thun), und dann unter anderem über Mailand wieder nach Paris, wo er Mitte Oktober eintrifft, sich mit Pfuel zerstreitet, das *Guiskard*-Manuskript zerreißt und in eine Schaffenskrise gerät. Er reist nach St. Omer in Nordfrankreich, um sich Napoleons Feldzug gegen England anzuschließen, was ihm nicht gelingt. Zudem wird er als mutmaßlicher Spion verhaftet, durch preußische Intervention freigelassen, aber mit der Ordre, in die Heimat zurückzukehren. In Berlin verloben sich an Weihnachten Wilhelmine von Zenge und Wilhelm Traugott Krug. Auf der Rückreise erkrankt Kleist schwer.

1804 In Mainz (oder ev. in Kreuznach) wird er seit Dezember 1803 im Haus des Mediziners und Schriftstellers Dr. Georg Wede-

kind, einem ehemaligen Jakobiner, einige Monate lang gepflegt. Kleist überlegt, in Koblenz bei einem Tischler oder alternativ in der französischen Verwaltung zu arbeiten. Am 9. Januar wird in Graz *Die Familie Schroffenstein* uraufgeführt. Nach einem Tagebucheintrag von Karl Bertuch war Kleist zwischen dem 4. und dem 10. Mai in Paris; es könnte sich aber auch um einen Namensvetter gehandelt haben. – Anfang April besucht er Christoph Martin Wieland in Weimar; danach reist er nach Frankfurt/Oder und Potsdam. Am 19. Juni kommt er in Berlin an und bittet bei einer Audienz Karl Leopold von Köckeritz, den Generaladjutanten des Königs, um eine Stelle im Zivildienst, die ihm Ende des Monats durch den König in Aussicht gestellt wird. Marie von Kleists Bruder, Pierre de Gualtieri, geht als preußischer Geschäftsträger nach Madrid und bietet Kleist die Stelle als Attaché an.

1805 Er arbeitet von Januar bis April im Finanzdepartment bei Oberfinanzrat Karl Freiherr von Stein zum Altenstein, wo er ausgebildet wird. Es besteht die Aussicht auf Anstellung in Ansbach. Anfang Mai reist Kleist über Frankfurt/Oder nach Königsberg in Ostpreußen. Dort wird seine Ausbildung fortgesetzt; er hört z. B. staats- und finanzwissenschaftliche Vorlesungen bei Christian Jakob Kraus, einem Anhänger von Adam Smith, und arbeitet als Diätar an der Kriegs- und Domänenkammer. In der zweiten Jahreshälfte ist Kleist häufiger krank und teilweise längere Zeit bettlägerig; Ulrike zieht über den Winter 1805/06 zu ihm. Er schreibt *Über die allmähliche Verfertigung der Gedanken beim Reden*. Der am 15. Dezember in Schönbrunn unterzeichnete französisch-preußische Bündnisvertrag nach der Schlacht bei Austerlitz zerstört Kleists Hoffnungen auf Anstellung in Ansbach, da Preußen es an Bayern abtritt.

1806 Kleist beantragt bei Altenstein, dass er seine Ausbildung in Königsberg ein weiteres halbes Jahr fortsetzen darf; im Juni klagt er bei ihm über gesundheitliche Probleme und eine Depression, worauf ihm ein sechsmonatiger Erholungsurlaub genehmigt wird. Er schickt das Manuskript von *Der zerbrochne Krug* an Marie von Kleist. – Napoleon siegt im Oktober bei Jena und Auerstedt; der Hof flieht nach Königsberg, und Napoleon marschiert mit seinen Truppen am 27. Oktober in Berlin ein. Kleist trifft im Dezember Ernst von Pfuel in Königsberg wieder, der sich einem der Freikorps anzuschließen beabsichtigt, die den Kampf gegen Napoleon eigenständig weiterführen wollen.

1807 Von Königsberg aus machen sich Mitte Januar Kleist, Pfuel und die verabschiedeten Offiziere Gauvain und Ehrenberg auf den Weg nach Berlin, das Ziel ist Dresden. Kurz vor der Ankunft in Berlin am 27. Januar verlässt Pfuel die Gruppe. In Berlin werden Kleist, Gauvain und Ehrenberg am 30. Januar unter Spionageverdacht von der französischen Militärbehörde verhaftet, und auf Verfügung des französischen Stadtkommandanten von Berlin, General Hulin, am nächsten Tag in die Jura-Festung Fort de Joux bei Pontarlier gebracht und dort festgehalten. Sie sollen dort bis zum Friedensschluss bleiben, werden im April jedoch in das Kriegsgefangenenlager Châlons-sur-Marne verlegt. Kleist wird nach dem Frieden von Tilsit am 13. Juli entlassen und trifft am 14. August wieder in Berlin ein. – Anfang Mai erscheint, von Adam Müller in der Arnoldischen Buchhandlung in Dresden herausgegeben, *Amphitryon, ein Lustspiel nach Molière*. Rühle von Lilienstern hatte Adam Müller im Februar für die Herausgabe des *Amphitryon* gewonnen. Am 31. Juli schickt Adam Müller Goethe den *Amphitryon* und ein Manuskript des *Zerbrochnen Krug*. Am 31. August trifft Kleist in Dresden ein, wo er Rühle von Lilienstern und Pfuel wiedersieht und Adam Müller persönlich kennenlernt, ebenso Gotthilf Heinrich Schubert (Kleist hört seine Vorlesungen mit dem Titel *Ansichten von der Nachtseite*

der Naturwissenschaften), die bildenden Künstler Caspar David Friedrich, Ferdinand Hartmann und Gerhard von Kügelgen, Friedrich Gottlob Wetzel, den französischen Gesandten Jean-Françoise de Bourgoing, und den österreichischen Botschaftsvertreter in Dresden, Joseph Freiherr von Buol zu Berenberg und Mühlingen, in dessen Haus Kleist am 10. Oktober mit dem Lorbeer gekrönt wird. Im September erscheint die Erzählung *Jeronimo und Josephe. Eine Scene aus dem Erdbeben zu Chili vom Jahr 1647* (späterer Titel: *Das Erdbeben in Chili*) im *Morgenblatt für gebildete Stände* (Rühle hatte Johann Friedrich Cotta als Verleger dafür gewonnen). Kleist plant die Gründung eines Verlags mit Buchhandlung, u. a. für die Herausgabe des *Code Napoléon* und von Werken Kleists, was am Widerstand der Konkurrenz scheitert. – Buol bietet den *Zerbrochnen Krug* in Wien zur Aufführung an.

1808 Das erste Heft des Kunstjournals *Phöbus*, das Kleist zusammen mit Adam Müller im Selbstverlag herausbringt, erscheint am 23. Januar und gerät schon Ende März in eine finanzielle Krise; im Mai wird ein Verkauf der Zeitschrift anvisiert, was erst Mitte Oktober gelingt: Der Buchhändler Georg Moritz Walther übernimmt den *Phöbus*. – Am 2. März inszeniert Goethe in Weimar den *Zerbrochnen Krug*. Die Aufführung ist ein Misserfolg, und da Kleist die Inszenierung dafür verantwortlich macht, kommt es zu einem Zerwürfnis mit Goethe. Im Juli trifft Kleist Ludwig Tieck, der sich für zwei Wochen in Dresden aufhält. – Dem Verleger Johann Friedrich Cotta bietet Kleist das Drama *Penthesilea* zur Übernahme an, das er bei einer Dresdner Firma in Druck gegeben hatte, ohne jedoch den Druck finanzieren zu können, und bittet Cotta um einen Vorschuss. Mit einer Auflage von 750 Exemplaren erscheint *Penthesilea* in Tübingen bei Cotta. – Dem österreichischen Dichter Heinrich Joseph von Collin sendet Kleist eine Bühnenfassung des *Käthchen von Heilbronn*; er bittet ihn zu prüfen, ob das Stück in Wien aufgeführt werden kann (ebenso im Januar 1809 die *Herrmannsschlacht*, von der bereits Abschriften kursieren); das *Käthchen von Heilbronn* wird bereits im August beim Dresdner Theater eingereicht und im Dezember dem Berliner Theater angeboten.

1809 Am 11. Januar stirbt der Haushaltsvorstand Auguste Helene von Massow, Kleist erbt in der Folge 400 Reichstaler. Mitte März erscheinen die letzten beiden Hefte des *Phöbus*; kurz danach erfährt er von Adam Müllers finanziellen Zugeständnissen bei der Übernahme des *Phöbus*, es folgt eine heftige Auseinandersetzung mit Müller, die fast zum Duell führt. Kleist verfasst patriotische Gedichte und Schriften; er sendet im April einige dieser Gedichte an Collin nach Wien. Das Gedicht *An den König von Preußen zur Feier seiner Rückkehr nach Berlin* kann in Berlin nicht publiziert werden. – Kleist und der Historiker Friedrich Christoph Dahlmann reisen zusammen von Dresden ab. Eine Woche nach der Besetzung Wiens am 13. Mai durch die Franzosen reisen sie weiter und besichtigen das Schlachtfeld von Aspern und reisen weiter nach Prag. Sie stehen in Verbindung mit Buol-Mühlingen, Friedrich von Pfuel und mit dem preußischen Geheimbeauftragten Karl Friedrich von dem Knesebeck sowie dem Prager Stadthauptmann und dem Oberstburggraft von Böhmen. – Es entsteht der Plan, die patriotische Zeitschrift *Germania* zu gründen; ihr Programm soll die deutsche Erhebung gegen Napoleon sein. Kleists Gesuch um Genehmigung der Zeitschriftengründung vom 12. Juni wird zwar vor dem 17. Juni dem Kaiser vorgelegt, jedoch nie beantwortet. – Am 12. Juli gibt es den Waffenstillstand von Znaim und am 14. Oktober die Friedenserklärung von Schönbrunn. – Am 31. Oktober reisen Kleist und Dahlmann nach Dresden; im November hält sich Kleist in Frankfurt/Oder auf, wo er eine Hypothek auf sein Elternhaus auf-

nimmt. Zuvor waren in Berlin und Königsberg Gerüchte verbreitet worden, dass Kleist in Prag gestorben sei. Im Winter hält er sich in Berlin auf, wo er unter anderem Ernst Moritz Arndt und Joseph von Eichendorff kennenlernt.

1810 Anfang Januar reist Kleist von Berlin über Leipzig nach Frankfurt/Main und sendet von dort am 12. Januar ein Manuskript des *Käthchen von Heilbronn* an Cotta in Tübingen. Ende des Monats kehrt er nach Berlin zurück, wo er nun Achim von Arnim und Clemens Brentano kennenlernt sowie Friedrich de la Motte Fouqué, Finanzminister Altenstein und Staatsrat Staegemann wiedersieht. – Die Uraufführung des *Käthchen von Heilbronn* findet am 17. März im Theater an der Wien statt (weitere Aufführungen am 18., 19., 24. und 27. März). Eine zweite Inszenierung erfolgt im Dezember in Graz. Der Direktor des Berliner Theaters, August Wilhelm Iffland, lehnt im August eine Aufführung des *Käthchen von Heilbronn* ab. Kleists beleidigender Brief vom 12. August führt zu einem Zerwürfnis mit Iffland. – Königin Luise stirbt am 19. Juli, und Kleist verliert die Pension, die Marie von Kleist ihm im Namen der Königin gezahlt hatte. Damit zerschlägt sich auch die Hoffnung auf eine weitergehende Förderung, auf die er spekuliert hatte, nachdem er ihr an ihrem Geburtstag sein Gedicht *An die Königin Luise von Preußen* überreicht hatte. – Ende September erscheint in der Realschulbuchhandlung der erste Band von Kleists Erzählungen, für den er seit April Vorschüsse erhalten hatte, sowie *Das Käthchen von Heilbronn*, das am 26. Dezember in Graz aufgeführt wird. – Am 1. Oktober erscheint die erste Nummer der täglich (außer sonntags) erscheinenden *Berliner Abendblätter*, doch gibt sich Kleist erst am 22. Oktober öffentlich als Herausgeber zu erkennen. Die (zumeist anonym auftretenden) Autoren sind neben Kleist Adam Müller, Friedrich Gottlob Wetzel, Ludolph Beckedorff, Fouqué, Christian Freiherr von Ompteda und

Friedrich Schulz sowie Achim von Arnim und Clemens Brentano, mit denen er aufgrund der starken Bearbeitung ihres Manuskripts *Empfindungen vor Friedrichs Seelandschaft* in Streit gerät. – Am 16. November ist Kleist Taufpate für Adam und Sophie Müllers Tochter Cäcilie; unter den insgesamt dreizehn Paten sind auch Achim von Arnim und Henriette Vogel. (Die in den *Berliner Abendblättern* gleichzeitig erscheinende Erzählung *Die heilige Cäcilie* wird dort im Untertitel als »Taufangebinde« bezeichnet.) – Eine Reihe von Artikeln in den *Berliner Abendblättern* kritisieren die Reformmaßnahmen der preußischen Regierung, was Ende November zu einer schärferen Zensuraufsicht der *Berliner Abendblätter* führt; Anfang Dezember verbietet die Zensur eine der publikumswirksamsten Sparten: die Theaterberichte und Theaterkritiken.

1811   Anfang Februar erscheint in Georg Andreas Reimers Realschulbuchhandlung *Der zerbrochne Krug*; im März/April erscheint unter dem Titel *Die Verlobung* in der Zeitschrift *Der Freimüthige* die Erzählung *Die Verlobung von St. Domingo*. Wahrscheinlich am 23. April gibt die Schauspielerin Henriette Hendel-Schütz im Konzertsaal des Berliner Nationaltheaters eine pantomimische Darstellung einzelner Szenen aus der *Penthesilea*; Professor Friedrich Karl Julius Schütz, ihr Ehemann, übernimmt die Einleitung und eine Rezitation von Auszügen aus dem Stück. – Am 30. März erscheint trotz aller Rettungsversuche Kleists die letzte Nummer der *Berliner Abendblätter*. In den 26 Nummern des letzten Quartals besteht die Zeitung zu drei Vierteln aus Übernahmen aus anderen Zeitungen. Auch Kleist hat immer weniger eigene Beiträge geliefert. In den Monaten Februar bis März kam es zudem zu einer heftigen Auseinandersetzung mit Staatskanzler Hardenberg und dem Staatsrat Friedrich von Raumer um eine angebliche Zusage von finanzieller Unterstützung für die *Berliner Abendblätter*. In einem Brief

an Prinz Wilhelm von Preußen schildert Kleist am 20. Mai die Auseinandersetzung um die *Berliner Abendblätter* und bittet um eine Anstellung im Zivildienst; auch an Hardenberg richtet er am 6. Juni ein Gesuch um Anstellung im Zivildienst bzw. die Aussetzung eines Wartegeldes (nachdem er sich bei ihm schon im April um einen Redakteursposten beim *Kurmärkischen Amtsblatt* beworben hatte). Am 17. Juni erneuert er dieses Gesuch in einem Brief an König Friedrich Wilhelm III. – Ende Juni bietet Kleist Reimer den *Prinz Friedrich von Homburg* zum Druck an; im Juli erscheint in der Wiener Zeitschrift *Der Sammler* ein Nachdruck der Erzählung *Die Verlobung in St. Domingo*. Kleist berichtet Reimer von einem Roman, der schon recht fortgeschritten sei. Anfang August erscheint der zweite Band der *Erzählungen* wieder in der Realschulbuchhandlung. – Zusammen mit einem Widmungsgedicht und einem an Prinz Wilhelm von Preußen gerichteten Bittbrief lässt Marie von Kleist Prinzessin Marianne von Preußen (geb. von Hessen-Homburg) am 3. September eine Abschrift des *Prinz Friedrich von Homburg* überreichen. Am 9. September versichert der König bei einer Audienz Kleist die Wiederaufnahme in die Armee im Falle eines Kriegsausbruchs, mit dem Kleist fest rechnet. Da Kleist das Geld für den Erwerb einer Offiziersausrüstung fehlt, bittet er erst Staatskanzler Hardenberg, dann Ulrike um ein Darlehen. – Kleist steht im Herbst in enger Verbindung mit Adolphine Sophie Henriette Vogel, die an Krebs erkrankt ist. Am 20. November treffen Henriette Vogel und Kleist im ›Neuen Krug‹ am Kleinen Wannsee ein und verbringen dort die Nacht, am 21. November gegen 16 Uhr begehen sie Doppelselbstmord, indem Kleist zuerst sie und dann sich erschießt.

Julia Gutterman / Ingo Breuer

3. Editionsgeschichte

Zu Kleists Lebzeiten

Der erste Editor von Texten eines Autors ist in vielen Fällen der Autor selbst. Im Falle Kleists ist *Der zerbrochne Krug* das wichtigste Beispiel für eine Autoredition, in der mit der Herstellung eines Leittextes sowie einer als »Variant« deklarierten abweichenden Fassung ein proto-wissenschaftliches Editionsverfahren sichtbar wird. Meist nicht rekonstruierbar ist hingegen der Einfluss von Verlegern, Setzern und Redaktoren auf die zu Kleists Lebzeiten veranstalteten Drucke seiner Werke, so dass deren Autorisation nicht bis ins Einzelne geklärt werden kann.

Welch einflussreiche Rolle Editoren von Anfang an bei der Rezeption von Kleists Werk spielten, zeigt beispielhaft *Amphitryon*. Durch die Herausgeberschaft Adam Müllers wurde der Autor Kleist und dessen Stück von Goethe der christlichen Romantik zugeordnet und Goethes Skepsis Kleist gegenüber nachhaltig begründet (s. Kap. III.8).

Die ersten posthumen Editionen durch Ludwig Tieck

Die rezeptionsprägende Rolle der Kleist-Editoren setzt sich mit der ersten posthumen Edition, Ludwig Tiecks Ausgabe der *Hinterlassenen Schriften* 1821 – mit dem Erstdruck der *Herrmannsschlacht* und des *Prinz Friedrich von Homburg* –, fort. In Zustimmung wie Ablehnung bezog sich die Rezeption immer wieder auf die beiden grundlegenden Kontextualisierungen, die Tieck in seiner Vorrede vornahm, indem er zum einen das ›Vaterländische‹ herausstrich und zum anderen den Autor literaturgeschichtlich in der (Spät-)Romantik verortete. Philologisch war die Edition ungewollt ›modern‹: Da die geplante Durchsicht der nachgelassenen Dramentexte durch den Berliner Philosophen Karl Wilhelm Ferdinand Solger aufgrund von dessen Tod nicht mehr zustande kam, dürfte es sich bei den Erstveröffentlichungen um zwar alles andere als fehlerfreie, doch für die damalige Zeit erstaunlich weitgehend dokumentarische Texte ohne intentionale

editorische Eingriffe handeln (vgl. Kommentar, DKV II, 1061; anders noch Kanzog 1979, Bd. I, 74, 103). Gegenläufig dazu war Tiecks Arbeit in philologischer und editionspraktischer Hinsicht durch die Edition der *Gesammelten Schriften* von 1826 für die folgenden Jahrzehnte bestimmend: Durch sein Leitbild eines ›idealen‹ Textes, das er bei seinen Emendationen zumindest ansatzweise zu verwirklichen trachtete, nährte er die bis ins 20. Jh. hinein wirkende Vorstellung, Kleists Texte seien außerordentlich fehlerhaft und erforderten umfangreiche Normalisierungen und andere editorische Eingriffe (vgl. noch SW).

Theophil Zolling und Erich Schmidt

Die Bände von Joseph Kürschners *Deutscher National-Litteratur* trugen den Untertitel »Historisch kritische Ausgabe«. In dieser Reihe erschien 1885 die erste Kleist-Edition, die diesen Anspruch erhob – und sie sollte zugleich die einzige bleiben, die diese Bezeichnung im Titel trug (die BKA wird zwar häufig als solche bezeichnet, doch tritt sie als »Kritische Edition« auf). Obwohl Zolling sich noch an altphilologischen Editionsverfahren orientierte, gebührt ihm das Verdienst, erstmals überhaupt die handschriftliche – und nicht nur die gedruckte – Überlieferung als Problem erkannt zu haben. So wurden auch erstmals in der Geschichte der Kleist-Edition einer Ausgabe Handschriften-Faksimiles beigegeben.

Die Ausgabe von Erich Schmidt (1904–1906) fiel hinter Zollings editorisches Problembewusstsein in Bezug auf die Handschriften wieder zurück. Da seine Edition überdies nicht, wie eine Zeitlang projektiert, ein Akademienunternehmen wurde, unterlag sie den Zwängen der Popularisierung, was Schmidt zu zahlreichen Kompromissen, vor allem im Hinblick auf die Normalisierung der Texte, zwang. Seine Herausgeberschaft bürgte indes für die Kanonisierung Kleists als Autor von nationaler Bedeutung in der wilhelminischen Ära, wobei er auch dessen nachklassische Modernität herausarbeitete (vgl. Höppner 2003, 28).

Die zweite Auflage der Schmidt'schen Ausgabe unter der Federführung von Georg Minde-Pouet (1936–1938) brachte vor allem eine starke

Aufwertung der Briefe – die mit den ersten beiden Bänden die Ausgabe eröffneten – sowie eine Neuedition der sogenannten »Kleinen Schriften« durch Helmut Sembdner in Band 7. Da der Kommentarband der Ausgabe nicht erschien, konnte sie jedoch ihre intendierte Funktion nicht erfüllen.

Die geplante historisch-kritische Ausgabe

Von den 1960er bis zu den frühen 1980er Jahren war eine historisch-kritische Kleist-Ausgabe geplant, von der lediglich vorbereitende Publikationen der beiden Herausgeber Klaus Kanzog und Hans Joachim Kreutzer erschienen sind, die sowohl den wissenschaftshistorischen Ort des Unternehmens als auch die divergenten editionswissenschaftlichen Auffassungen der Herausgeber zeigen. Für Kanzog (1970) bildeten der Vorrang der textgenetischen Darstellung einerseits und die strikte Trennung von Edition und Interpretation andererseits die Markierungspunkte. Da die Textgenese durch die lückenhafte Überlieferung indes in vielen Fällen nur in Bruchstücken erfasst werden kann, erwog Kanzog eine der historischkritischen Edition vorgeschaltete ›Archiv-Ausgabe‹, durch die die gesamte Textüberlieferung dokumentiert werden sollte, um sämtliche Quellen für die weitere Forschung bereitzustellen. Mit der Einführung dieses Konzepts befruchtete Kanzog die editionswissenschaftliche Diskussion über den Bereich der Kleist-Edition hinaus.

Anders als Kanzog sah Kreutzer (1976) die Arbeitsweise Kleists nicht als ausschlaggebend für das editorische Verfahren an und wandte sich aufgrund der unzureichenden Autorisation der Überlieferungsträger gegen das editorische Verbot der Kontamination unterschiedlicher Fassungen eines Textes, womit er vom ›Mainstream‹ der zeitgenössischen deutschen Editionswissenschaft abwich und sich der angelsächsischen ›Copytext-Theorie‹ näherte.

Studienausgaben

Seit der zweiten Auflage von 1961 (die erste Auflage von 1952 genügte wissenschaftlichen Standards nicht) war Helmut Sembdners Studienausgabe (SW) die bis in die 1980er Jahre hinein wichtigste und noch immer am weitesten verbreitete Kleist-Edition. Besonderes Verdienst kommt ihr durch die genaue Beachtung von Kleists Interpunktion zu (dazu jedoch kritisch Kreutzer 1976, 28), aus heutiger Sicht fragwürdig sind hingegen die relativ zahlreichen grammatisch-stilistischen Emendationen sowie die teilweise aus unterschiedlichen Überlieferungsträgern hergestellten Mischtexte. Das Pendant zu Sembdners Ausgabe in der DDR bildete die Edition von Siegfried Streller u. a.

Beide Ausgaben wurden – nicht auf dem Buchmarkt und bei der Leserschaft, aber wissenschaftlich – abgelöst durch die DKV-Edition (1987–1997), die bis zum Abschluss der BKA die vollständigste ist und auch aufs Ganze gesehen in vieler Hinsicht den derzeit besten, freilich abermals häufig einen hybriden Text bietet, behaftet mit den durch die DKV-Regeln vorgegebenen Kompromissen: Gedruckte Überlieferungsträger wurden orthographisch modernisiert, Autographe dagegen unverändert belassen, was insbesondere der Briefedition zugute kam. Die grammatischen Normalisierungen Sembdners finden sich in dieser Ausgabe nicht mehr.

Die BKA

Die in den Feuilletons 1988 überwiegend enthusiastisch begrüßte BKA wurde anfangs in den Fachrezensionen mit vernichtender Kritik überzogen. Generell wird in der BKA die Darstellung der Textgenese als editorisches Prinzip verabschiedet. Statt von ›Fassungen‹ eines Werkes wird von »individuierten poetischen Texte[n]« gesprochen (BKA I/5, 652), alle Autographen werden als Faksimiles mit diplomatischer Umschrift geboten, wobei im Falle der Briefe gar auf die Herstellung eines edierten Lesetextes verzichtet wird. Dass heute kaum eine kritische Ausgabe mehr ohne Faksimiles auskommt, dürfte von der BKA mit verursacht sein, obwohl die Handschriften bei Kleist eine viel geringere Rolle spielen als bei anderen Autoren. Entscheidend ist jedoch ihr dokumentarischer Wert, der gerade dann hervortritt, wenn sich textgenetische Befunde nicht im erwünschten Maße erheben lassen. Damit aber kommt das von Kanzog propagierte Konzept der ›Archiv-Ausgabe‹ wieder ins Spiel, in deren Zeichen die etablierte Editionswissenschaft allmählich mit der BKA Frieden schließt (vgl. Hamacher 2005, 280).

Wie schon zu Kleists Lebzeiten, spielt es auch heute noch für die breitere Kleist-Rezeption eine entscheidende Rolle, wie die Texte ediert werden und welche Form der Präsentation sich durchsetzt: die kommentierte Klassiker-Ausgabe (DKV), die die Texte historisch einordnet und erklärt, oder die Editionsform der BKA mit ihrem grundlegend anderen Textbegriff, die die Texte einerseits metaphysisch entrückt, andererseits aber einem unmittelbaren, voraussetzungslosen Zugriff aktualisierender Lektüre aussetzt.

Ausgaben

Heinrich von Kleists hinterlassene Schriften. Hg. von Ludwig Tieck. Berlin 1821.
Heinrich von Kleists gesammelte Schriften. Hg. von Ludwig Tieck. 3 Bde. Berlin 1826.
Heinrich von Kleists sämtliche Werke. Hg. von Theophil Zolling. 4 Bde. Berlin/Stuttgart o.J. [1885].
Heinrich v. Kleists Werke. Im Verein mit Georg Minde-Pouet und Reinhold Steig hg. von Erich Schmidt. Kritisch durchges. und erl. Gesamtausgabe. 5 Bde. Leipzig/Wien o.J. [1904–1906]. – 2. Aufl. Neu durchges. und erw. von Georg Minde-Pouet. 7 Bde. [Bd. 8 nicht erschienen]. Leipzig o.J. [1936–1938].
Werke und Briefe in 4 Bänden. Hg. von Siegfried Streller in Zusammenarbeit mit Peter Goldammer und Wolfgang Barthel, Anita Golz, Rudolf Loch. Berlin/Weimar 1978 [u.ö.].

Literatur

Hamacher, Bernd: Kleist-Editionen. In: Rüdiger Nutt-Kofoth/Bodo Plachta (Hg.): Editionen zu deutschsprachigen Autoren als Spiegel der Editionsgeschichte. Tübingen 2005, 263–283.
Höppner, Wolfgang: Erich Schmidt, die Berliner Philologen und ihre Kleist-Editionen. Zum Zusammenhang von Editions- und Wissenschaftsgeschichte. In: Peter Ensberg/Hans-Jochen Marquardt (Hg.): Kleist-Bilder des 20. Jahrhunderts in Literatur, Kunst und Wissenschaft. Stuttgart 2003, 25–43.
Kanzog, Klaus: Prolegomena zu einer historisch-kritischen Ausgabe der Werke Heinrich von Kleists. Theorie und Praxis einer modernen Klassiker-Edition. München 1970.
–: Edition und Engagement. 150 Jahre Editionsgeschichte der Werke und Briefe Heinrich von Kleists. 2 Bde. Berlin/New York 1979.
Kreutzer, Hans Joachim: Überlieferung und Edition. Textkritische und editorische Probleme, dargestellt am Beispiel einer historisch-kritischen Kleist-Ausgabe. Mit einem Beitrag von Klaus Kanzog. Heidelberg 1976.

Bernd Hamacher

II. Werke

1. Dramen

1.1 Tragödie, Trauerspiel, Schauspiel

Die Tragödie ist die Grundform der dramatischen Dichtungen Kleists. Dies entspricht sowohl den Wertsetzungen im literarischen Klima um 1800 als auch der persönlichen Veranlagung des Dichters. Schillers theoretische Schriften zur Dramentheorie aus dem letzten Jahrzehnt des 18. Jh.s *Über die tragische Kunst* (1792), *Über das Pathetische* (1793) und *Über das Erhabene* (ca. 1793–1796) geben sehr deutlich die beiden Orientierungspunkte künftiger innovativer Versuche an, eine spezifisch deutsche Tragödie zu gestalten. In *Über die tragische Kunst* beruft er sich im selben Satz auf Sophokles und Shakespeare: »So entsteht und wächst und vollendet sich vor unseren Augen die Neugier des Oedipus, die Eifersucht des Othello« (Schiller 1792/1962, 166). Die Werke der griechischen Tragiker und auch die düstereren Stücke Shakespeares sollten für die kommende Generation deutscher Dramatiker sowohl Vorbilder als auch Herausforderungen sein.

Zugleich entsteht eine Diskrepanz zwischen den sehr hohen Erfordernissen der sich rasch entwickelnden Theorien des Tragischen und den Tragödien, die für deutsche Bühnen tatsächlich geschrieben wurden.

»Etwas Selbstzerstörerisches ist damit in die Entwicklung einer Literatur geraten, die sich Unerreichbares zum Ziel setzt und entweder überspannte und verstiegene Produktionen liefert, [...] oder in den größeren Gestalten sich die Arbeit für das tragische Theater versagt und dessen Gehalt in anderen Gattungen verwirklicht und zugleich das Publikum mit literarischen Machwerken abspeist« (Günther 1984, 559).

Kleist sollte einen dritten Weg einschlagen, denn seine beiden vollendeten »Trauerspiele« *Die Familie Schroffenstein* und *Penthesilea* entstanden allem Anschein nach ohne theoretische Grundlage, während der unvollendeten Tragödie *Robert Guiskard* ein eigenes, ursprüngliches Konzept des Tragischen zugrunde gelegen haben soll, aber die Diskrepanz zwischen »Ideal« und Praxis veranlasste Kleist, das Manuskript 1803 zu verbrennen. Kleist konnte zwar nichts von Goethes Unbehagen am tragischen Drama wissen, wie dieser es im Briefwechsel mit Schiller zum Ausdruck brachte, aber es lag um 1800 auf der Hand, dass Goethe diese dramatische Gattung eher mied. *Iphigenie auf Tauris* negiert das dem Stoff innewohnende tragische Potential durch einen versöhnlichen Schluss, und *Torquato Tasso*, den Goethe 1790 als »Ein Schauspiel« veröffentlichte, mildert in der Schlussszene das volle Ausmaß des Tragischen ab. Erst in den *Wahlverwandtschaften* (1809) hat Goethe seine Auffassung des Tragischen in Romanform vollends ausgestaltet. Im tragischen Drama bot sich daher dem jungen Kleist ein literarischer Bereich, auf dem Goethe noch nichts Maßgebliches geleistet hatte, und Kleists Bewunderung Goethes war von Anfang an mit starken Rivalitätsgefühlen vermischt. Vielleicht wurde *Robert Guiskard* in diesem Sinne konzipiert.

Es ist wichtig für ein Verständnis der formativen Jahre Kleists, dass Schiller, der den jungen Kleist zutiefst beeinflusste (Reinhardt 1988/89, 198–218; Fülleborn 2007, 31–33), auf keinen Fall für jene Geringschätzung des Euripides verantwortlich war, die in den theoretischen Schriften Schellings, Hegels und der Brüder Schlegel axiomatisch werden sollte. So hatte für Schiller ein keineswegs auf Versöhnung oder Läuterung drängender Stoff wie die *Medea* des Euripides nichts ›Ungriechisches‹ an sich, sondern entsprach – wie er in *Über das Pathetische* betont – durchaus den Kategorien einer modernen Tragödie: »ihre Rache wird ästhetisch erhaben, sobald wir die zärtliche Mutter sehen« (Schiller 1793/1962, 220).

Wenn also die ersten Jahre des neuen Jahrhunderts durch zahlreiche Versuche geprägt sind, »das jeweilige Verständnis der antiken Tragödie fruchtbar zu machen für die Entwicklung einer ›modernen‹ Tragödienkonzeption« (Carl 1977, 296), so darf dabei nicht unbeachtet bleiben, dass deren Ursprünge heterogen sind: Nicht allein der moralisch geordnete Kosmos sophokleischer Prägung, sondern auch die weitaus ambivalentere Welt der euripideischen Tragödien, in denen die göttliche Gerechtigkeit eher durch Abwesenheit glänzt, und das Unversöhnliche an den Schlüssen der meisten Tragödien Shakespeares geben das Muster tragischen Geschehens ab.

Der junge Kleist musste nicht erst die Schlegel-Tieck'sche Übersetzung der Dramen Shakespeares abwarten (1797–1801) oder gar selber die erforderlichen Englischkenntnisse besitzen, um bereits um 1800 mit den meisten Hauptwerken des englischen Dichters vertraut zu sein, weil die gegen Ende des 18. Jh.s in Deutschland wieder auflebende Shakespeare-Mode für Übersetzungen der allermeisten Stücke gesorgt hatte (Blinn 1988, II 12–15, 48–53). Meta Corssen hat Kleists Bewunderung für Shakespeare ausführlich dokumentiert und stellt dabei zutreffend fest: »Aus vielen Anlehnungen in der *Familie Schroffenstein* geht hervor, daß ihm die meisten großen Tragödien bei Beginn seines Schaffens schon bekannt waren« (Corssen 1930/1978, 22).

Wohl schwebte den angehenden Dichtern aus Kleists Generation als diffuses Ideal »eine Synthese von zwei Tragödienmodellen« (Carl 1977, 297) im Sinne einer Fusion von antiken Stoffen und Techniken mit entsprechenden Shakespeareschen Momenten vor, aber der Verwirklichung eines solchen Vorhabens standen unüberwindliche Hindernisse im Wege. Denn das Ergebnis sollte auch innovativ und zeitgemäß sein, sollte also in einer historischen Situation, die durch die Kriege im Zuge der Französischen Revolution geprägt war, das Vermächtnis zweier grundverschiedenen vergangenen Epochen in eine neue literarische Form einbinden.

Angesichts solcher Unvereinbarkeiten lag der Rekurs auf kühnes Experimentieren nahe. Dass Kleists erstes vollendetes Drama als Tragödie konzipiert wurde und eine Vielfalt an formellen Versuchsanordnungen aufweist, entspricht dem Gestus des Improvisierens, der für die beiden Fassungen der *Familie Schroffenstein* charakteristisch ist. Dass das Stück anonym erschien, verrät auch wohl das Bewusstsein, dass hier bestenfalls nur Vorläufiges erreicht worden war.

Anders sollte es sich mit der wohl gleichzeitig – in der ersten Jahreshälfte 1802 – begonnenen Arbeit an der Tragödie *Robert Guiskard* verhalten. Bis zur Vernichtung des Manuskripts im Oktober 1803 in Paris macht Kleist wiederholte Versuche, das, was er noch im Juli desselben Jahres als die Absicht, »eine gewisse Entdeckung im Gebiete der Kunst [...] völlig ins Licht [zu stellen]«, bezeichnet, als ein Werk zu vollenden, das einem durchgängig geformten, tragischen Ideal entspräche. Leider weiß man nichts Sicheres über das Konzept, das diesen ersten Fassungen zugrunde lag. Als Kleist das Scheitern seines Projekts am 5. Oktober 1803 der Schwester bekannte, beharrte er emphatisch auf der Einmaligkeit und Ursprünglichkeit seines Grundbegriffs: »Denn in der Reihe der menschlichen Erfindungen ist diejenige, die ich gedacht habe, unfehlbar ein Glied, und es wächst irgendwo ein Stein schon für den, der sie einst ausspricht« (DKV IV, 320). Daraus geht zum einen hervor, dass Kleist eine nach seiner »Erfindung« verfertigte Tragödie als Gipfel der Dichtkunst überhaupt betrachtete; zum anderen, dass die Kluft zwischen »Erfindung« und dichterischem Können nicht zu überbrücken war.

Die Frage ist außerdem unausweichlich, inwieweit sich dieses Grundkonzept in der langen Arbeitszeit vor dem Oktober 1803 verändert haben mag. Nach dem Bericht Wielands aus dem Jahr 1804 soll ihm Kleist 1802 gestanden haben, »daß er an einem Trauerspiel arbeite, aber ein so hohes und vollkommenes Ideal davon seinem Geiste vorschwebe habe, daß es ihm noch immer unmöglich sei, es zu Papier zu bringen« (Lebensspuren Nr. 69). In dem Fragment, das Kleist 1808 im *Phöbus* veröffentlichte, sucht man vergeblich nach Spuren einer so radikalen Originalität des tragischen Grundgedankens, wie sie Kleist für die vier Jahre zuvor vernichtete Fassung in Anspruch nimmt, so dass man einige Zweifel an der begrifflichen Ausgeformtheit dieser »Erfindung« hegen kann, besonders da nicht einmal die Hauptgedanken dieser »Entdeckung« zuverlässig überliefert sind.

Zur Terminologie

Als »Trauerspiel« hat Kleist *Die Familie Schroffenstein*, *Penthesilea* und das *Guiskard*-Fragment auf der Titelseite bezeichnet. Sonst verwendet er die Termini »Tragödie« und »Trauerspiel« als synonym und austauschbar. So schreibt er am 17. Dezember an Wieland in Bezug auf die *Penthesilea*: »ich habe eine Tragödie [...] von der Brust heruntergehustet; und fühle mich wieder ganz frei!« (DKV IV, 399). Ulrich Fülleborn macht außerdem darauf aufmerksam, dass Kleist »vor dem Abdruck der *Guiskard*-Szenen im *Phöbus* die Bezeichnung: ›Fragment aus dem Trauerspiel‹ setzt, aber im Inhaltsverzeichnis des Heftes [steht] ›der Tragödie‹« (Fülleborn 2007, 57; BKA I/2,7).

Kleists Mangel an Interesse für mögliche historische Unterscheidungen zwischen den beiden Bezeichnungen erklärt sich wohl vor allem daraus, dass sein ganzes Trachten der literarischen Gegenwart und Zukunft galt. Das *Guiskard*-Projekt stand bis zur Verbrennung des Manuskripts im Zeichen des höchsten Ehrgeizes und *a fortiori* der Innovation. Die Aktualität der Dramen Shakespeares und auch der griechischen Tragiker um 1800 bot keinen Anlass zu einer Rückbesinnung auf frühere Formen des deutschen »Trauerspiels«, sondern forderte junge Talente wie Kleist heraus, Elemente dieser im Grunde doch so verschiedenen Gipfelleistungen der abendländischen Literatur für eine Erneuerung der deutschen Tragödie auszuwerten. Bei solchen Bestrebungen markiert der fortgesetzte Gebrauch der Bezeichnung »Trauerspiel« keine semantische Nuancierung.

Keine theoretischen Äußerungen zur Tragödie, die Kleists dichterischer Praxis entsprächen, sind uns überliefert. Problematisch an Christian Gottlieb Hölders Bericht über eine Begegnung mit einem »Niederdeutschen« (Kleist?), der ihm erklärt haben soll, »dass sich die Gesetze des Trauerspiels in einer sehr einfachen mathematischen Figur vereinigen lassen«, und am von Hölder überlieferten Diagramm und seinem Kommentar dazu bleibt – neben allen chronologi-

schen Schwierigkeiten – die Tatsache, dass es sich dabei um eine recht simple Variante der damals modischen Schicksalstragödie handelt (Brown 1988, 119), wohingegen Kleist bereits in der ersten Fassung der *Familie Schroffenstein* über dieses Muster weit hinausgelangt war. Wären die »Gesetze des Trauerspiels« ihm in der Zeit des Ringens um die Vollendung des *Robert Guiskard* wirklich in so lapidarer und banaler Form präsent gewesen, so ließen sich zum einen das Scheitern des Unternehmens und zum anderen Kleists verzweifeltes Beharren auf der Ursprünglichkeit seiner ›Jahrtausenderfindung‹ kaum begreifen.

Kleist hat nach dem Druck der endgültigen Fassung der *Penthesilea* um die Jahresmitte 1808 keines seiner Dramen mehr als »Trauerspiel« oder »Tragödie« bezeichnet. Im Falle des *Käthchen von Heilbronn* werden die 1808 im *Phöbus* vorabgedruckten Szenen als »Fragmente aus dem Schauspiel« bezeichnet, während der Erstdruck von 1810 – wohl aus kommerziellen Gründen – die Bezeichnung »ein großes historisches Ritterschauspiel« auf der Titelseite trägt. Der Erstdruck der *Herrmannsschlacht* wird in der Titelei als »Ein Drama« bezeichnet. Da jedoch alle Handschriften heute verschollen sind, ist nicht mehr festzustellen, ob diese Bezeichnung von Kleist oder von Tieck stammt. Das gleiche gilt für die Bezeichnung »Ein Schauspiel« auf der Titelseite des Erstdrucks von *Prinz Friedrich von Homburg*.

Solche Gattungsbezeichnungen enthalten jedoch keineswegs den Schlüssel zu einem Verständnis des Tragischen bei Kleist. Denn auch die beiden Dramen, die als »Lustspiele« bezeichnet werden, haben eine durchaus tragische Dimension. In diesem Sinne spricht Peter Szondi von Kleists »Wendung zur Komödie (in deren Kulissen freilich die Tragödie lauert)« (Szondi 1978, 248). Was *Amphitryon* betrifft, so bleibt die Frage offen, ob das Leiden Alkmenes im Verhör durch Jupiter und im Zuge seiner für sie nur schmerzlichen Selbstoffenbarung nicht über den von Molière übernommenen Schluss hinausgeht. *Prinz Friedrich von Homburg* darf als eine vollendete Tragödie gelesen werden, deren Schluss durch die Wiederaufnahme der Eingangsszene in eine Art ›Traumspiel‹ verkehrt wird. Tragische Momente und Strukturen sind ebenfalls in allen Erzählungen Kleists vorzufinden, und der Vorschlag von Charles E. Passage, die Form des *Michael Kohlhaas* mit einer Tragödie in fünf Akten zu vergleichen (Passage 1955, 181–197), wurde seither in der Forschung – auch in Bezug auf andere Erzählungen – mehrfach wiederholt oder variiert. Wie dem auch sei, die »Schauspiele« innerhalb von Kleists Erzählungen sind des öfteren Teile eines tragischen Geschehens.

Das einzige Drama Kleists, das keine tragische Dimension aufweist, ist *Die Herrmannsschlacht*. Dies ergibt sich aus der Tatsache, dass es darin nur äußerliche Konflikte gibt, während das Wahrzeichen der Kleist'schen Tragik das Irrewerden an den eigenen Gefühlen und an der eigenen Erkenntnis äußerer Umstände ist (Müller-Seidel 1961, passim).

Die Herrmannsschlacht entstand gegen Ende 1808 als ein Propagandastück, das die Deutschen zum Aufstand gegen die Napoleonische Besatzung im Zeichen der spanischen *guerilla* aufrufen sollte. Anders als alle anderen Hauptfiguren Kleists erleidet Herrmann keine Rückschläge in einer Welt, in der die menschliche Kommunikation bestenfalls mangelhaft ist. Vielmehr manipuliert er mühelos alle anderen Figuren auf ›spielerische‹ Art (Sammons 1980, 161). »Herrmanns Überlegenheit über die anderen Figuren macht ihn gleichsam zu einer auktorialen Figur, die die Macht besitzt, mit den Gegebenheiten der Fiktion nach Belieben zu schalten und walten. Es gibt keine Wahrheiten, aber es gibt Gelegenheiten, emotionell geladene Fiktionen in die Welt zu setzen, deren Wirkung sich in keinerlei Hinsicht von Wahrheiten unterscheidet [...]« (Stephens 1999, 303). Die Souveränität Herrmanns markiert den deutlichen Unterschied seines stets sicheren Handelns vom Leiden und von den Verwirrungen, denen die Hauptfiguren auch in jenen vollendeten Stücken Kleists ausgesetzt sind, die *nicht* tragisch ausgehen. Man denke etwa an die potentielle Tragik Eves im *Zerbrochnen Krug*; an die quälende Unsicherheit Alkmenes im *Amphitryon* – »Kann man auch Unwillkürliches verschulden?« (DKV I, 430); an das Leiden Käthchens im Verhör vor dem »Femgericht«; an die Todesfurchtszene in *Prinz Friedrich von Homburg*.

Allein dem Titelhelden der *Herrmannsschlacht* bleiben solche Entsprechungen von äußeren Bedrängnissen mit inneren Konflikten erspart, weil sich ihm die Frage nach der Wahrheit des eigenen Empfindens und des eigenen Selbstbildes niemals stellt. Dies entspricht wohl der politischen Absicht Kleists, »indem dies Stück mehr, als irgend ein anderes, für den Augenblick berechnet war« (Kommentar, DKV II, 1064). Außerdem ist es von Interesse, dass der Umgang Herrmanns mit den anderen Figuren eine auffallende Ähnlichkeit mit der Rolle des Herzogs in Shakespeares *Maß für Maß* aufweist, wie Meta Corssen bereits 1930 konstatiert hat: »Ein Bündel von Fäden spinnt sich von der Tragikomödie *Maß für Maß* zu Kleists Dichtung hinüber, während zu keinem anderen der Lustspiele eine nähere Beziehung erkennbar ist« (Corssen 1978, 208).

Die Emanzipation von der Schicksalstragödie

Kleists erste Tragödie ist in zwei Fassungen mit Varianten erhalten. Es ist ein vielfach missverstandenes und unterschätztes Werk. Für Peter Szondi ist es trotz aller Kühnheiten der tragischen Konzeption schlechtweg »als Dichtung mißglückt« (Szondi 1978, 247). Dieses Urteil bedarf jedoch der Differenzierung, denn lediglich die Schlussszenen des Stücks sind als Verlegenheitslösung zu betrachten. Kleist hatte das Stück offensichtlich zunächst im Sinne der damals modischen Schicksalstragödie konzipiert, ließ jedoch während der Arbeit an den beiden erhaltenen Fassungen dieses Modell weit hinter sich zurück. Gerhard Kluge in einer der wenigen Studien, die sich mit dem Text der Erstfassung *Die Familie Ghonorez* auseinandersetzt, kommt zum Schluss, »daß Kleists Drama in dem Sinne ein Schicksalsdrama ist wie Schillers *Braut von Messina*« (Kluge 1981, 72), aber dieses Urteil wird der Originalität des Stücks nicht gerecht. Kluge zitiert folgende Zeilen aus der Erstfassung, die das Stück allem Anschein nach zur Schicksalstragödie stempeln: »O ihr Brüder / Verstoßene des Schicksals, Hand in Hand/Hinaus ins Elend aus dem Paradiese, / Aus dem des Cherubs Flammenschwerdt uns treibt« (DKV I, 504). Dabei erwähnt er nicht, dass dieser Passus bereits aus der Erstfassung *gestri-*

chen und in die *Familie Schroffenstein* nicht wieder aufgenommen wurde.

Randbemerkungen Kleists zur *Familie Ghonorez* zeigen unmissverständlich, dass ihm der Schicksalsbegriff in der Entstehungsphase immer problematischer erschien (ebd., 505, 515, 517). Ein großer Teil der Forschung ist dann der Versuchung erlegen, das Schicksalsdrama durch eine Rousseauistische Tragödie zu ersetzen, die auf der verhängnisvollen Auswirkung des »Erbvertrags«, der beide Häuser der einen Familie verbindet, bestehen soll. Dieser Ansatz wird zuletzt von Jochen Schmidt wieder aufgegriffen: »Nicht also ein blind waltendes Schicksal, sondern ein gesellschaftlicher, nach Rousseau *der* gesellschaftliche Missstand in Gestalt der Eigentums-Fixierung bestimmt das Geschehen« (Schmidt 2003, 55).

Die Unfähigkeit der Figuren, im Klima des chronischen »Misstrauens« mit dem »Erbvertrag« zurechtzukommen, ist jedoch nur ein Symptom eines allgemeineren Übels, in dem der eigentliche Keim des Tragischen steckt. Bereits in der ersten Szene der *Familie Schroffenstein* wird der Rousseauistische Naturbegriff verworfen (DKV I, 127), und Kleist überlässt es dem Grafen Sylvester, der sich in den ersten Aufzügen hellsichtiger als die anderen Figuren zeigt, die Wurzel des Tragischen in der Verblendung des Menschen durch die eigenen, in Sprache gekleideten Vorstellungen und Gefühle zu erkennen: »Das Nichts bedeutende, Gemeine, ganz / Alltägliche, spitzfündig, wie zerstreute / Zwirnfäden, wird's zu einem Bild geknüpft, das uns mit gräßlichen Gestalten schreckt« (ebd., 143f.). Diese Störung der Erkenntnis ist auf keine einzelne Ursache zurückzuführen, sondern gehört zur Beschaffenheit des Erkennens und der Sprache selbst. Wie Hinrich C. Seeba 1991 feststellt, »hat sich die Sprache des Misstrauens von der Wirklichkeit, auf die sie sich bezieht, so weit entfernt, daß sie eine imaginierte Gegenwelt entwirft, in der die Logik der lückenlosen Entsprechung noch zu stimmen scheint« (Kommentar, DKV I, 600).

Ein tragischer Vorgang wird dann bei Kleist ausgelöst, wenn äußere Umstände – hier der vermeintliche Mord an dem jüngsten Sohn des Grafen Rupert – mit der inneren Verblendung korre-

lieren und zu einer Steigerung eines bereits bestehenden Konflikts führen.

Es ist für Kleists Auffassung des Tragischen kennzeichnend, dass die Einsicht in den Verblendungsprozess keine Rettung bringt, sondern folgenlos bleibt. So mag Graf Sylvester den Ursprung der »schwarze[n] Sucht der Seele« bereits am Anfang des zweiten Akts erkannt und zum Ausdruck gebracht haben (DKV I, 143), aber nichts kann verhindern, dass auch er in den Sog der in diesem »Kunststück« (ebd., 233) waltenden zerstörerischen Symmetrien gerät und zum Spiegelbild seines Feindes Rupert wird (Stephens 2003, 69–71). Ingrid Kohrs hatte bereits 1951 die paradoxen Folgen von Kleists radikaler Auffassung des Tragischen erkannt: »diese Art der Tragödie kennt nur eine einzige Entscheidungsmöglichkeit – nämlich *die Entscheidung für das Unentscheidbare*. Damit [...] ist nur gemeint, [...] daß der Mensch sich nur *für den Konflikt selber* entscheiden kann« (Kohrs 1951, 23).

Kleist hat daher bereits in seiner ersten Tragödie das äußere Fatum gleichsam entmachtet und das Verhängnis ins Innere seiner Figuren verlegt. In diesem Sinne prophezeit auch in der *Penthesilea* die Oberpriesterin lange vor der Katastrophe von der Titelheldin: »Dem Feind in ihrem Busen wird sie sinken. / Uns alle reißt sie in den Abgrund hin« (DKV II, 182). Später wird im Stück dieses Grundprinzip der Kleist'schen Tragik im Austausch zwischen der Oberpriesterin und Prothoe präziser ausgeformt: »[...] Da nichts von außen sie, kein Schicksal, hält, / Nichts als ihr töricht Herz – PROTHOE Das ist ihr Schicksal! / Dir scheinen Eisenbanden unzerreißbar, / Nicht wahr? Nun sieh: sie bräche sie vielleicht, / Und das Gefühl doch nicht, das du verspottest« (ebd., 189).

Dass Kleist *Die Familie Schroffenstein* zu keinem Schluss führen konnte, der der Kühnheit seines innovativen Entwurfs adäquat war, liegt wohl daran, dass er sich zu weit aus den zeitgenössischen Konventionen hervor gewagt hatte und noch nicht über jene Meisterschaft verfügte, die etwa *Penthesilea* und *Prinz Friedrich von Homburg* auszeichnen sollte.

Nicht allein die Persistenz der Verblendung und deren Korrelation mit einem äußeren Unglück, sondern Kleists hartnäckige Weigerung, den Verblendeten ein Ende in der erlösenden Klarheit einer zukunftsfähigen Versöhnung zu gönnen – die Zukunft ist ja hier durch die Ermordung von Agnes und Ottokar vernichtet –, macht die Einmaligkeit seiner Version der Tragik aus. *Die Familie Schroffenstein* verlangt ein Ende, das dem ausgedehnten Pathos der letzten Szenen von Shakespeares *König Lear* vergleichbar wäre. Stattdessen belässt es Kleist beim grotesken, kursorisch skizzierten Schlusstableau, das bestenfalls eine Versöhnung parodiert.

Erst in der *Penthesilea* hat er die Konsequenz gezogen, dass mit dem tragischen Scheitern der Hauptfigur an ihrer inneren Gespaltenheit auch das ganze Gefüge des Amazonenstaates zusammenbricht. Die Klarheit über sich selbst, die Penthesilea in ihren letzten Augeblicken erlangt, macht auch ihr weiteres Leben unmöglich – wie Prothoe sagt: »Wohl ihr! / Denn hier war ihres fernren Bleibens nicht« (DKV II, 256). »Es ist Penthesilea in der Ausweglosigkeit des Konflikts nur die Entscheidung über den *Sinn* des Unterganges geblieben, der Untergang selber ist gewiss« (Kohrs 1951, 131). Dass Komödie und Tragödie bei Kleist stets mit einander verwachsen sind, wird dadurch bezeugt, dass Ulrich Fülleborn Ingrid Kohrs Bestimmung des tragischen Paradoxes bei Kleist – »die Entscheidung für das Unentscheidbare« – erneut auf die tragische Situation Alkmenes in den letzten Szenen des *Amphitryon* anwendet (Fülleborn 2007, 124–132).

Kleists Abwendung von der Tragödie?

Mit Ausnahme der *Herrmannsschlacht* bergen die beiden »Lustspiele« und die anderen »Schauspiele« Kleists den Keim einer tragischen Handlung in sich. Ulrich Fülleborn schlägt folgende entwicklungsgeschichtliche Perspektive auf Kleists Arbeit an den beiden »Lustspielen« vor: »Bei aller Verflechtung und Durchdringung der Entstehungsphasen [...] tritt doch deutlich hervor, dass die beiden Komödien als eine schöpferische Antwort auf das Fiasko mit der hohen Tragödie [die Verbrennung des *Guiskard*-Manuskripts] verstanden werden können. Wie die Anfänge zum *Zerbrochnen Krug*, die seit 1802 in

Kleist bereitlagen, so garantierten auch die Keime zum *Amphitryon* seit dem Sommer 1803 die Möglichkeit des Wiederanknüpfens an die eigene dichterische Produktivität« (Fülleborn 2007, 72). Nimmt man dieses Schema an, so impliziert es eine Rückkehr zur Tragödie mit der *Penthesilea* und eine erneute Abkehr von der Vollendung einer tragisch angelegten Handlung in *Prinz Friedrich von Homburg*.

Dass *Penthesilea* auf allgemeines Unverständnis stieß und vor allem, dass Kleists innovative Adaptation sowohl der sophokleischen als auch der euripideischen Dramentechniken einfach nicht wahrgenommen wurde (Schmidt 1974, 234–241; Stephens 2005, 26–36), macht den Rekurs auf eine allerdings stark verfremdete Form des »Ritterschauspiels« in *Das Käthchen von Heilbronn* verständlich. Dass Homburgs tragischer Entschluss, »das heilige Gesetz des Kriegs [...] / Durch einen freien Tod [zu] verherrlichen« (DKV II, 638), durch das Ende des Dramas vereitelt wird, mag wohl zum Teil im Zeichen von Kleists Patriotismus stehen.

In keinem anderen Drama sollte Kleist die Probleme der dramatischen Form so meisterhaft lösen wie im »Schauspiel« *Prinz Friedrich von Homburg*. Nicht allein die patriotische Thematik, sondern auch das spielerische Moment verbindet dieses Stück mit der *Herrmannsschlacht*, denn in der Eingangsszene inszeniert der Kürfürst ein Spiel mit dem »Nachtwandler«, der doch am folgenden Tag als Befehlshaber in eine entscheidende Schlacht ziehen soll: »Bei Gott! ich muß doch sehn, wie weit er's treibt!« (DKV III, 560). Darüber hinaus verbietet er, dem Prinzen etwas von dieser Vorgeschichte zu berichten, die doch zu seinem Ungehorsam und dessen tragischen Konsequenzen führt: »Dem Prinzen möchtet Ihr, wenn er erwacht, / Kein Wort, befiehlt er, von dem Scherz entdecken, / Den er sich eben jetzt mit ihm erlaubt!« (ebd., 561). Der Prinz ist daher dazu verdammt, seine persönliche Tragik in der Vereinzelung und in Unkenntnis der diese bestimmenden Rahmenhandlung auszuleben.

Gerhard Schulz hat in Bezug auf den Kürfürsten eine weitere und zutreffende Parallele zwischen Komödie und Tragödie aufgezeigt: »Wie Zeus in *Amphitryon*, so ist auch der Kurfürst unvollkommen und allmächtig, menschlich und unmenschlich zugleich. Beide sind Verführer, die Menschen in tiefe seelische, ja existentielle Not stürzen, in der diese sich selbst helfen müssen« (Schulz 1989, 659). Die Begnadigung des Prinzen in der Schlussszene bedeutet keine Abschwächung der Unerbittlichkeit Kleist'scher Tragik, sondern hebt sie im Verweis auf das Spielerische in der Kunst auf: »keine Utopie, sondern die Vergewisserung des Dichters von der Möglichkeit sinnvollen Lebens unter der Obhut eines ›Vaters‹, dessen Schutz aber von vornherein nicht verbürgt ist« (ebd., 660).

Von einem Zurückschrecken Kleists vor der Radikalität der in der *Penthesilea* verwirklichten tragischen Form kann jedoch kaum die Rede sein, wenn man bedenkt, dass seit 1806 Kleists Erzählungen sein dramatisches Schaffen begleiten und dass die wohl zuletzt geschriebenen Erzählungen wie etwa *Die Verlobung in St. Domingo* oder *Der Findling* durch eine Unerbittlichkeit der Thematik und eine tragische Stringenz der Handlungsführung gekennzeichnet sind. Durch seinen Suizid bleibt das Schaffen Kleists ein Torso, und daher muss die Frage, ob eine erneute Rückkehr zum schonungslos tragischen Drama für ihn im Bereich des Möglichen lag, offen bleiben.

Literatur

Blinn, Hansjürgen (Hg.): Shakespeare-Rezeption. Die Diskussion um Shakespeare in Deutschland. 2 Bde. Berlin 1988.

Brown, Hilda M.: Kleists Theorie der Tragödie – im Licht neuer Funde. In: Dirk Grathoff (Hg.): Heinrich von Kleist. Studien zu Werk und Wirkung. Opladen 1988, 117–132.

Carl, Rolf-Peter: Sophokles und Shakespeare? Zur deutschen Tragödie um 1800. In: Karl-Otto Conrady (Hg.): Deutsche Literatur zur Zeit der Klassik. Stuttgart 1977, 296–318.

Corssen, Meta: Kleist und Shakespeare [Weimar 1930]. Hildesheim 1978.

Fülleborn, Ulrich: Die frühen Dramen Heinrich von Kleists. München 2007.

Günther, Horst: Trauerspiel. In: Klaus Kanzog/Achim Masser (Hg.): Reallexikon der deutschen Literaturgeschichte. Bd. 4. Berlin/New York 1984, 546–562.

Kluge, Gerhard: Der Wandel der dramatischen Konzeption von der *Familie Ghonorez* zur *Familie Schrof-*

fenstein. In: Walter Hinderer (Hg.): Kleists Dramen. Neue Interpretationen. Stuttgart 1981, 52–72.

Kohrs, Ingrid: Das Wesen des Tragischen im Drama Heinrichs von Kleist. Marburg 1951.

Müller-Seidel, Walter: Versehen und Erkennen. Eine Studie über Heinrich von Kleist. Köln/Graz 1961.

Passage, Charles E.: *Michael Kohlhaas*: Form Analysis. In: The Germanic Review 30 (1955), 181–197.

Reinhardt, Hartmut: Rechtsverwirrung und Verdachtspsychologie. Spuren der Schiller-Rezeption bei Heinrich von Kleist. In: KJb 1988/89, 198–218.

Sammons, Jeffrey L.: Rethinking Kleists *Hermannsschlacht*. In: Alex Ugrinsky (Hg.): Heinrich von Kleist-Studien. Berlin 1980, 33–40.

Schiller, Friedrich: Schillers Werke. Nationalausgabe. 20. Bd. Philosophische Schriften. Erster Teil. Hg. von Benno von Wiese unter Mitwirkung von Helmut Koopmann. Weimar 1962.

Schmidt, Jochen: Heinrich von Kleist. Studien zu seiner poetischen Verfahrungsweise. Tübingen 1974.

–: Heinrich von Kleist. Die Dramen und Erzählungen in ihrer Epoche. Darmstadt 2003.

Schulz, Gerhard: Die deutsche Literatur zwischen Französischer Revolution und Restauration. Zweiter Teil. 1806–1830. München 1989.

Stephens, Anthony: Kleists Szenarien der Wahrheitsfindung. In: Ders.: Kleist. Sprache und Gewalt. Freiburg i.Br. 1999, 297–314.

–: On Structures in Kleist. In: Bernd Fischer (Hg.): A Companion to the Works of Heinrich von Kleist. Rochester, NY 2003, 63–79.

–: »Die Grenzen überschwärmen«. Zur Problematik der Zeit in Kleists *Penthesilea*. München 2005.

Szondi, Peter: Versuch über das Tragische [1961]. In: Peter Szondi: Schriften 1. Frankfurt a.M. 1978.

Anthony Stephens

1.2 Komödie

Die Komödie endet traditionell mit dem Ausblick auf Hochzeit, die die Liebenden nach Überwinden mancher Widerstände nun abhalten können, bei Aristophanes macht dies den ›Exodos‹ aus, den jubelnden Abzug des Chors, der Preislieder auf den Helden singt, die in Hochzeitslieder übergehen, die den Brautgott Hymen anrufen. So ist dies ein ›Komos‹, ein Schwarm freudig bewegter Menschen, die sich den Sinnenfreuden hingeben werden, in der vorgestellten Welt als Hochzeitsgäste des liebenden Paares und zugleich real, da den Spielern nach der Aufführung ein Festmahl ausgerichtet wird, ein ›Symposium‹. Kleists Komödien setzen ein mit dem ›Morgen danach‹. Die Nacht, die eine der höchsten Lust war oder doch hätte werden sollen, ist vorüber und als Losung wird ausgegeben: »Und alles, was es gilt, / Ein Schwank ist's etwa, der zur Nacht geboren, / Des Tags vorwitz'gen Lichtstrahl scheut« (DKV I, 292).

Selbstverständlich kann sich diese Losung nicht durchsetzen, wird die Handlung beider Komödien Kleists, *Der zerbrochne Krug* und *Amphitryon*, vielmehr darin bestehen, das Geschehen der vergangenen Nacht aufzuklären. So kehrt Kleist das Schema der Komödienhandlung um, seine Figuren werden sich mit dem ihm eigenen Furor an die Aufgabe machen, Licht in das Dunkel der vorausgegangenen Nacht zu bringen, wobei die Komödie weitgehend aus dem Blick gerät, sich stattdessen Tragödien der Untreue, der Eifersucht oder unheilbaren Zerwürfnisses des liebenden Paares abzeichnen. Die Komödie erweist sich so als relational entworfen, d. h. als das Andere der Tragödie, der sie abgerungen werden muss. Wenn der Komik in solcher Konstellation Raum gegeben wird, kann dies nur Komik des Unterscheidens, also Kontrastkomik, Komik des Innewerdens von Missverhältnissen sein, etwa eines Missverhältnisses zwischen Erstrebtem und Erreichtem, zwischen Aufwand und Ergebnis oder zwischen Betrug und Wahrheit. Die Grundkonstellation der Kleist'schen Komödie scheint der zweiten Wesensart von Komik, der Komik der Heraufsetzung, des Grenzen auflösenden grotesken Lachens, der Bejahung des Kreatürlichen, gerade dort, wo dieses sich Verstand, Vernunft oder Sitte nicht anbequemt, des Karnevalistischen als eines Entgrenzens und Vermischens von Gestalten, die die Macht von Ordnungsinstanzen aufhebt (Jauß 1976; Greiner 2006), keinen Raum zu bieten. Dies stellt sich anders dar, wenn nach Komik und Komödie bei Kleist nicht in engen Gattungsgrenzen, sondern in weiterem Horizont gefragt wird, zum einen nach dem Lachen (s. Kap. V. 19), das ja auch zentrales Wirkungsziel von Komödie ist, zum andern nach Komödie im Sinne von ›Komödie-Spielen‹, ›Andern etwas Vormachen‹, nicht mit dem Ziel des endgültigen Betrügens, sondern dass den Objekten des Spiels dieses offenbar wird.

Bekannt ist der Lacherfolg, den Kleist beim Vorlesen der *Familie Schroffenstein* (damals noch der *Familie Ghonorez*) im Berner Freundeskreis erzielte: »Als uns Kleist eines Tages sein Trauerspiel *Die Familie Schroffenstein* vorlas, ward im letzten Akt das allseitige Gelächter der Zuhörerschaft, wie auch des Dichters, so stürmisch und endlos, daß, bis zu seiner letzten Mordszene zu gelangen, Unmöglichkeit wurde« (Lebensspuren Nr. 67a). Über die Beendigung der *Penthesilea* hat Kleists damaliger Zimmernachbar und früherer Regimentskamerad Ernst von Pfuel eine Szene berichtet, die durch Karl August Varnhagen von Ense überliefert ist: »Eines Tages trat er ganz verstört und tiefseufzend bei Pfuel ein, der besorgnisvoll auffuhr und fragte: ›Was ist dir denn, Kleist? Was ist geschehen?‹ Dabei sah er, daß ihm die hellen Tränen über die Backen flossen. Kleist antwortete mit dem Ausdruck verzweiflungsvoller Trauer: ›Sie ist nun tot!‹ – Wer denn? ›Ach wer sonst, als Penthesilea!‹ Trotz des erschütternden Eindrucks wahrhaften Schmerzes, den hier Kleist fühlte, konnte Pfuel sich doch einigen Lächelns nicht erwehren, und sagte: ›Du hast sie ja selbst umgebracht!‹ – ›Ja, freilich‹ erwiderte Kleist, und ging nun allmählich in die heitre Stimmung des Freundes über« (Lebensspuren Nr. 198).

Der fünfte Akt der *Familie Schroffenstein* gibt die Szene des Kleidertauschs zwischen Agnes und Ottokar, bekanntlich der Nukleus des ganzen Stücks. Ottokar stellt Agnes die zukünftige Hochzeitsnacht vor und beginnt, sie zu entkleiden, was diese nicht mehr für bloße Imagination halten kann und daher mädchenhaft züchtig fragen lässt »O Ottokar, was machst Du?«, gefolgt von der Regiebemerkung: »Sie fällt ihm um den Hals« (DKV I, 223). Mit dem Kleidertausch anstelle der Hochzeitsnacht tritt Ottokar, mit dem Ziel des Selbstopfers, in das Wahnsystems (des Verdachts und der Rache) seines Vaters ein, um ihn zu einer Tat zu verführen, die Ermordung des eigenen Kindes, die ihn, gerade wegen ihrer Fürchterlichkeit, sehend machen muss. Das zu Überwindende, das wechselseitige Wahnsystem des Verdachts zwischen den beiden Familien, wird derart durch den Akt, der die Überwindung herbeiführt – den Mord beider Familienväter an ihren eigenen Kindern – unauslöschlich und mit dem Ausblick ins Sinnlose befestigt. Wohl werden die Eltern hierdurch sehend, aber dies hat keine Sinnperspektive; denn sie haben jetzt keine Nachkommen mehr, so dass eben das eintritt, was der Erbvertrag hatte verhindern sollen: der Besitz gelangt in fremde Hände. Der wahnsinnig gewordene Halbbruder Ottokars kommentiert diese Wende als »Spaß zum Totlachen« (ebd., 232f.). Das entgrenzende, alle Ordnung hinwegspülende Lachen der dionysisch-karnevalistischen Komödie entsteht so aus einer Tragödie, die mit dem Untergang der Helden nicht eine alte Ordnung neu befestigt oder eine neue begründet, sondern nur die Botschaft des Sinnlosen bereithält. Diese Entsetzung aller Ordnung als Effekt in sich schlüssiger, wenn auch in ihren Prämissen wahnhafter Denksysteme mag das grenzenlose Lachen beim Vortrag des Stücks hervorgebracht haben.

An seinem *Penthesilea*-Drama war Kleist besonders wichtig, das belegt sein Brief an Marie von Kleist, von der er sich mit diesem Drama am ehesten verstanden fühlte (Brief vom Spätherbst 1807; DKV IV, 397), dass Penthesileas Gräueltat als motiviert, d.h. als aus Gründen notwendig erfolgend erkannt wird (d.i. aus der Wiederholung des Mythos ›Marshochzeit‹ unter der besonderen Bedingung, dass Penthesilea den Mann, den Mars im Kampf auf Leben und Tod erst zeigt, schon weiß und liebt, woraus ihre Niederlage folgt, durch die sie Achill angehört, so dass sie dessen Angebot zu einem zweiten Kampf nur in der Weise missverstehen kann, dass Achill nicht ihre Liebe, vielmehr ihr antun will, was er Hektor angetan hat). Die Eröffnung eines Raumes des Unstrukturierten – Penthesileas Zerreißen des Achill, das sie ›den Toten töten‹ nennen wird (vgl. DKV II, 252) – ist als eine aus Prämissen streng hergeleitete Handlung nicht ein Geschehen in einer Welt anderer Gesetze, sondern Teil, Konsequenz der gegebenen Ordnung, der strukturierten Welt selbst. Der Raum des Zeichenlosen öffnet sich in der symbolischen Ordnung selbst als dieser zugehörig. Diese Struktur entspricht Bestimmungen des Komischen als Effekt des Ineinanderspielens von zwei Bedeutungsbereichen derart, dass die ausschließende Macht (die auf Ordnung besteht) dazu gebracht wird, das selbst

auszusprechen oder dem Raum zu geben, was sie ausschließt, das Ordnungslose, hier: die Öffnung zum Unstrukturierten, Zeichenlosen (vgl. Ritter 1974; Greiner 2006). Lachen als Manifestation des Ausgeschlossenen an der ausschließenden Macht wird in Penthesilea allerdings ohne die Komödienbedingung erreicht, dass die so sich geltend machenden Widersprüchlichkeiten der Handlungswelt tilgbar sind, d.h. die betroffen Figuren nicht verschlingen. Das mag erklären, dass Kleist auf seine *Penthesilea* nicht mit entgrenzendem grotesken Lachen, sondern nach Tränen nur mit Heiterkeit reagiert hat.

Wie weit, so war die Frage, führt Kleist Komik und Komödie über das Feld der Kontrastkomik, des Herausarbeitens von Missverhältnissen, das seine beiden expliziten Komödien besetzen, hinaus zu anderen Arten, d.i. statt zu Grenzen setzender zu entgrenzender Komik? Nach dem Blick auf strukturelle Bedingungen und Konsequenzen des Lachens in Kleists Werk sei nun nach dem Status von ›Komödie-Spielen‹ im weiteren Sinn von ›Dem andern etwas Vormachen‹ gefragt (ausführlicher zu den hierbei zugrunde gelegten Deutungen der Stücke vgl. Greiner 2000). ›Komödie-Spielen‹ dieser Art ist in allen Dramen Kleists prominent. In der *Familie Schroffenstein* können die sich liebenden Kinder, nachdem sie den Schleier der wechselseitigen Verdachtssysteme zerrissen haben, mutwillig spielen, einander Gift geben zu wollen. Um ihr neues Denken in die Wirklichkeit der Erwachsenen zu bringen, muss Ottokar dann allerdings zum Verkleidungsspiel greifen, das restituiert, was es überwinden will und nur einen Ausblick ins Sinnlose lässt. *Der zerbrochne Krug* präsentiert das lustvollste Komödie-Spielen in Kleists Werk, auch darum, weil der Zuschauer bald ahnt, wer in der Nacht in Eves Kammer war und entsprechend genießen kann, wie Adam seine Gegenspieler durch immer neue Finten hinzuhalten vermag. Der Ausgang dieses Komödie-Spielens bleibt jedoch zwiespältig, da Eve aus dem in sich geschlossenen Lügensystem Adams, der versichert hatte, alle Vertreter des Staates seien angehalten, über die wahre Natur der Konscription zu lügen, nur dadurch herausgelangt, dass sie des Gerichtsrates Walters Wahrheitsbeweis überschwänglich interpretiert:

Das Geld, das Walter anbietet, um Ruprecht loszukaufen, gibt diesen Beweis nicht, denn damit würde Walters Rede gerade nicht vertraut, erst der Hinweis Walters, dass die Münzen einen ihrem Wert entsprechenden Goldgehalt hätten, das Zeichen also seine Verweisung durch sein eigenes materielles Substrat garantiere, lässt Eve an Walters Worte glauben, womit sie aber Garantie der Zeichenverweisung im Münzwesen auf das ganz andere Feld von ›Wahrheit-Geben‹ überträgt, um die bloße Metapher dann für die Wahrheit selbst zu nehmen. Mit der prekären Wende zum Guten ist das Lust vermittelnde Komödie-Spielen dieses Dramas zugleich eines, das im »Unglück« gefangen hält (vgl. DKV I, 362), also eine *contradictio* entgrenzender Lust.

In *Amphitryon* spielt Jupiter doppelt Komödie vor Alkmene, zuerst, um sich die Liebes- (dem Mythos nach: die Braut-)nacht mit Alkmene zu erschleichen, danach, in der ›Verhörszene‹, weiterhin als Amphitryon, um von Alkmene das Geständnis zu erreichen, ihm als dem Gott habe ihre Liebe gegolten. Das Komödie-Spielen bleibt ohne Erfolg, Jupiter entkommt der Rolle des betrogenen Betrügers nur durch einen entschlossenen Sprung auf eine das menschliche Bewusstsein transzendierende Ebene der Betrachtung, nach der Alkmene, indem sie rein und ungeteilt auf ihrer Liebe zum Menschen Amphitryon beharrt, sich in Wahrheit für die Liebe zum Gott erklärt hat, womit sie in göttlicher Perspektive vollendet die Figur der Grazie beschreibt (in menschlicher Perspektive eine Grazie ohne Bewusstsein und gründend in Täuschung). Von dieser ›Volte‹ Jupiters abgesehen, führt das Komödie-Spielen alle Beteiligte in abgründige Selbstinfragestellung mit nachfolgend fragwürdigen Versuchen kompensatorischer Restitution. Penthesilea kann Achills Angebot zu einem zweiten Kampf nicht als Angebot verstehen, den Mythos ›Marshochzeit‹ vollständig in Spiel, also Komödie zu überführen, antwortet stattdessen mit undistanzierter Wiederholung des Mythos (beinhaltet der erste Teil, Bezeichnung des Mannes, schon Kampf auf Leben und Tod, so kann der zweite Teil, die Verbindung mit dem Mann in der Weise des Mars, nur besagen, das Tote zu töten).

Im *Käthchen von Heilbronn* spielt vor allem

Kunigunde Komödie. Ihre Macht scheint zuletzt gebrochen. Bedenkt man aber, dass das Drama als literarisches Artefakt wie Kunigunde gearbeitet ist (bestehend aus heterogenen Elementen, die zu einem verführerischen Gesamtbild vereinigt sind, z. B. aus Märchen, Schauerroman, Ritterdrama, Legende, zeitgenössischer Fantastik wie Doppeltraum und Somnambulismus, zeitgenössischem Singspiel mit Anklängen an die *Zauberflöte*, aus Vers und Prosa, hoher und niederer Rede usw.), so wird verständlich, dass diese Repräsentantin der Zeichenwelt nicht endgültig distanziert werden kann: Ihre Kampfansage »Pest, Tod und Rache! Diesen Schimpf sollt ihr mir büßen!« (DKV II, 434) bleibt als Ankündigung weitergehenden, den Tod geben wollenden Komödie-Spielens über das Hochzeitsglück Käthchens und des Grafen vom Strahl gespannt.

In der *Herrmannsschlacht* spielt Herrmann überlegen Komödie, vor Thusnelda wie vor Varus und dessen Gesandten Ventidius. Dieses Spiel ist auch erfolgreich, seine Perspektive jedoch düster. Thusnelda wird in die Schande, dem Charme des Feindes erlegen zu sein, geführt, woraus sie sich nur durch eine unmenschliche Rache glaubt wiederaufrichten zu können, eine Tat, auf die Herrmanns Komödienspiel offenbar angelegt war, denn »Wie groß und prächtig hast Du Wort gehalten?« (ebd., 550) wird er sie rühmen. Das erfolgreiche Komödie-Spielen vor den Römern wiederum hat als Zielperspektive nicht ein neues Reich der Freiheit und des Friedens, sondern Freisetzen eines Vernichtungsrausches; Rom, so Herrmanns Schlussvision, solle »ganz zerstört« werden, bis »nichts, als eine schwarze Fahne, / Von seinem öden Trümmerhaufen weht!« (ebd., 554).

Im *Prinzen von Homburg* spielt der Kurfürst mit dem somnambulen Prinzen Komödie, dieser wiederum nimmt an, dass der Kurfürst mit dem Verhängen des Todesurteils über ihn nur Komödie spiele, bis er über sein Vergehen einsichtig geworden ist, die Schlacht ›nur‹ zum Sieg über den Gegner gebracht, dessen Vernichtung aber vereitelt zu haben. So kann das zweite Komödie-Spielen des Kurfürsten, die Inszenierung der Hinrichtung des Prinzen und die Wende zum Komödienschluss des Ausblicks auf Hochzeit, den Gehalt, den Komödie-Spielen hier hat, machtvoll bekräftigen, d.i. keineswegs grenzenloser Lust im Zeichen von Hymen vorzuarbeiten, vielmehr Initiation im Vernichtungskrieg zu sein, als die andere Seite von Entgrenzung, d.i. Auflösung, Entstrukturierung, »In Staub« verwandeln (vgl. ebd., 644).

Das allgegenwärtige Komödie-Spielen in Kleists Dramen hält die Figuren unglücklich gefangen (*Der zerbrochne Krug, Das Käthchen von Heilbronn*), führt sie in abgründige Selbstinfragestellung (*Amphitryon*), macht sehend nur mit Ausblick ins Sinnlose (*Die Familie Schroffenstein*), hat, wo es nach der jeweiligen Intention erfolgreich zu sein scheint, als Perspektivpunkt Vernichtung, Auflösung aller Gestalt (*Penthesilea, Herrmannsschlacht, Prinz Friedrich von Homburg*). So wird dieses Komödie-Spielen mit seiner Disposition für entgrenzende, Ordnung aufhebende Komik in Kleists Dramen zwar vielfältig und dramaturgisch nachhaltig aufgeboten, aber nicht – im Sinne dionysisch-karnevalistischer Komödientradition – als Manifestation des Lebens, des Schöpferischen, der Bildung und Umbildung von Gestalten, vielmehr des Todes, der Auflösung aller Struktur wie der Öffnung ins Sinnlose: was nichts anderes als die Reversseite der entgrenzenden, dionysischen Komik ist. Kleist erweist sich so als der Autor, der in bisher wohl einmaliger Weise umfassend und nachdrücklich an der Komödie dieses Moment von Vernichtung und Auflösung herausgearbeitet hat. Es erstaunt darum nicht, dass in Bestimmungen von ›Tragikomödie‹ (Guthke 1961) und ›ernster Komödie‹ (Arntzen 1968) Kleist eine prominente Stelle einnimmt, diese Begriffe erscheinen jedoch für Kleist noch allzu verbindlich, verdecken eher das Ungeheuerliche, den Furor der Auflösung, des Vernichtens, der in Kleists ›Komödie-Spielen‹ am Werke ist.

Gegenüber dieser in Kleists dramatischem Schaffen umfassend und machtvoll präsenten entgrenzenden Komik mit ihrem Zug zur Auflösung versprechen die beiden explizit als Komödien ausgewiesenen Stücke *Der zerbrochne Krug* und *Amphitryon*, da sie zuerst einmal auf Komik des Verlachens, also Kontrastkomik, angelegt zu sein scheinen, einen Halt, was sich um so nach-

haltiger auswirkt, als gerade diese Stücke, wie dargelegt, auch dem entgrenzenden Komödie-Spielen breiten Raum geben. Die Komik des Missverhältnisses setzt eine Position der Übersicht, des Vergleichens und Unterscheidens voraus, strukturiert damit und wirkt so konstruktiv. Aber gerade die Intellektualität, die diese Art von Komik voraussetzt, wird in diesen beiden Stücken benützt, um auch sie destruktiv zu wenden. Denn das heraufgerufene Vermögen des Vergleichens und Unterscheidens, des Messens von Aufwand am Ergebnis, des Erstrebten am Erreichten kann selbstverständlich vor den Schlüssen beider Komödien nicht Halt machen. Diesem prüfenden Bewusstsein muss auffallen, dass beide Stücke zwei Schlussversionen haben. Die Buchausgabe des *Zerbrochnen Krugs* gibt nicht nur einen harmlosen Schluss, wonach die einfache Versicherung Walters, er spreche jetzt die Wahrheit, Eve als Wahrheitsbeweis genügt, sondern danach noch den »Variant«-Schluss, der die Wahrheitsproblematik abgründig entfaltet.

Ebenso steht in *Amphitryon* der männlichen Verarbeitung des in Frage gestellten Selbstbildes, jeweils der von Alkmene Begehrte zu sein, d.i. eine Verarbeitung durch überkompensierendes Imponiergehabe (Jupiters Theophanie, Amphitryons Forderung eines Heroensohnes) auf Seiten der Frau eine Verarbeitung des durchgehaltenen Verkennens des geliebten Mannes im berühmten »Ach« entgegen, das ein Wort auf der Grenze ist, zwischen sprachlicher Artikulation und bloßer Äußerung des Körpers, die Spr/Ach/e zerfällend, sich so auf der Grenze zum Unstrukturierten, zu einem Raum jenseits der Unterscheidung bewegend. Als Verlach- oder Kontrastkomödien institutionalisieren die beiden Lustspiele Kleists diskursiv das intellektuelle Vermögen des Prüfens und Unterscheidens, das sie dann, durch die Umkehrung des traditionellen Handlungsschemas der Komödie, auch in der vorgestellten Welt zum Motor der Handlung machen. Denn ganz wörtlich geht es in beiden Komödien um Aufklärung, eben des Geschehens der verflossenen Nacht im zuerst fahlen und dann immer schmerzlicher hell werdenden Licht des ›Morgens danach‹. Worin diese Aufklärung Licht bringen soll, ist in beiden Komödien »ausgelassene Lust« (vgl. DKV I, 415). Eine solche zu bestimmen, auf eine Ordnung zu beziehen, ist aber von seinem Ursprung im dionysischen ›Komos‹ an das Wesen der Komödie, so dass die Komödien Kleists in eminenter Weise immer zugleich auch ihr Komödie-Sein darstellen und reflektieren. Aber dies führt Kleist in eine für ihn charakteristische Ambivalenz. Die Aufklärung am Morgen danach hat etwas, das alles Maß übersteigt, zu vermessen, oder sie soll vermessen, wo etwas ausgelassen worden ist, d.h. sie soll dort vermessen, wo – im Sinne von Frau Marthes Rede über den zerbrochenen Krug – »Nichts« ist (vgl. ebd., 311), wo ›das Nichts‹ (vgl. ebd., 311) ist (oder war). Es hätte dort im Sinne Adams die Lust, die die Maße sprengt (hier das gesellschaftliche Maß, nach dem Eve Ruprecht versprochen ist), sein sollen, stattdessen war nichts.

Im *Amphitryon* hatte in der Nacht die alle Maße sprengende Lust statt, Alkmene benennt sie ja ausdrücklich, aber Jupiter hat sie erhalten als der Andere, der er nicht ist. Und so hat nicht *er* sie erhalten, und er unternimmt nun vergebliche, ihn dem Verlachen preisgebende Anstrengungen, sie nachträglich als Jupiter zugeteilt zu erhalten. So bleibt von der ›ausgelassenen Lust‹ in beiden Komödien nur der zweite Sinn, das Nichts. Die beiden Komödien Kleists entfalten sich nicht zur ›ausgelassenen Lust‹ im dionysischen Sinne hin, sondern vom Nichts, von der Leerstelle ›ausgelassener Lust‹ her. Dieses Nichts lässt die komischen Missverhältnisse wuchern, lässt die Komödienschlüsse unglaubhaft werden, treibt die Figuren in Abgründe des Zweifels an der Möglichkeit eines Wahrheit-Gebens zwischen Menschen wie des Selbstzweifels, aus denen die Figuren sich nicht zuletzt neu und gefestigt erhaben. Es gibt bei Kleist keinen Komödienschluss mit Aussicht auf kommende Lust als ausgelassener (oder nur als fragwürdige Vertröstung übers Jahr für Eve und Ruprecht), die Lust war und ist ›ausgelassen‹ im Sinne des Nichts. Aber ist dies das letzte Wort Kleists?

Der Essay *Über das Marionettentheater* stellt Lachen – wieder als Antwort auf ›ausgelassene Lust‹ – noch in einen anderen Kontext und erlaubt damit eine Reinterpretation der beiden Komödienschlüsse. Der Jüngling, von dem betont

worden ist, dass er ›in der Gunst der Frauen‹ steht, also Grazie hat, der sich mit der Plastik des Dornausziehers identifiziert, also Ungeschiedenheit von realem Körper und idealem Bild und so noch einmal Grazie geltend macht, dieser Jüngling wird durch das Lachen des Erzählers aus der graziösen Ungeschiedenheit herausgerissen (»ich lachte und erwiderte – er sähe wohl Geister!« DKV III, 561). Das ist, ganz im Sinne von Komik des Verlachens, ein Lachen, das das Prinzip der Unterscheidung etabliert, dessen negierende Gewalt der Jüngling vergebens zu unterlaufen sucht. »Das Paradies ist verriegelt und der Cherub hinter uns«, betont der Essay (ebd., 559); es ist das Paradies der Grazie, der Nicht-Unterscheidung, also umfassenden Entgrenzt-Seins und so durchaus synonym mit der ausgelassenen dionysischen Lust. Die Aufklärung nach der Vertreibung aus dem Paradies, also am Morgen danach, die sich auf diese ausgelassene Lust zurückwendet, trifft auf den Cherub, der den Wiedereintritt ins Paradies verwehrt, so die ausgelassene Lust zu Nichts zerrinnen lässt. Die Schlusseinsicht des Essays aber ist, dass »wir wieder vom Baum der Erkenntnis essen [müssten], um in den Stand der Unschuld zurückzufallen« (ebd., 563). Das wäre ein zweites Essen, das das erste Essen, das aus dem Paradies vertrieben hat, aufhebt. Führen aber Kleists Lustspiele nicht eben solch ein Essen vom Baum der Erkenntnis vor? Eves überschwängliche Gewissheit, dass Walter ihr Wahrheit gegeben habe »Und Gottes leuchtend Antlitz drauf« (DKV I, 376)? Jupiters Lobpreis Alkmenes und seiner selbst als ihr Schöpfer, nachdem sie ihm erneut bestätigt hat, dass ihre Liebe allein Amphitryon gehört? Das sind Deutungen, Bewusstseinsakte, die in eklatantem Missverhältnis stehen von Anlass und Ergebnis, also komisch sind. Zugleich ist dies aber ein anderes Erkennen, also Essen vom Baum der Erkenntnis. Wahrheit-Geben und die Gabe der Liebe werden hier nicht mehr im Horizont menschlichen Bewusstseins beurteilt, wir befinden uns vielmehr im Raum ohne Bewusstsein (insofern Alkmene nicht weiß, was sie in Wahrheit gesagt hat und wohl auch Walter nicht, der nur die Echtheit seiner Gulden beteuert hat) und zugleich göttlichen Bewusstseins. In diesem Lichte betrachtet, geben die beiden Komödien Kleist nichts weniger als den Ausblick auf Nichts und zugleich auf »das letzte Kapitel von der Geschichte der Welt« (DKV III, 563).

Literatur

Arntzen, Helmut: Die ernste Komödie. Das deutsche Lustspiel von Lessing bis Kleist. München 1968.
Greiner, Bernhard: Kleists Dramen und Erzählungen. Experimente zum ›Fall‹ der Kunst. Tübingen 2000.
Greiner, Bernhard: Die Komödie. Eine theatralische Sendung: Grundlagen und Interpretationen. 2., akt. u. erg. Aufl. Tübingen/Basel 2006 (insbes. Kapitel: »Komik-Theorien«, 87–113).
Guthke, Karl S.: Geschichte und Poetik der deutschen Tragikomödie. Göttingen 1961.
Jauß, Hans Robert: Über den Grund des Vergnügens am komischen Helden. In: Wolfgang Preisendanz/ Rainer Warning (Hg.): Das Komische. München 1976, 103–132.
Ritter, Joachim: Über das Lachen. In: Ders.: Subjektivität. Frankfurt a.M. 1974, 62–92.

Bernhard Greiner

1.3 *Die Familie Schroffenstein*

Ein vielversprechendes Erstlingswerk

Am 10. Oktober 1801 schreibt Heinrich von Kleist an Wilhelmine von Zenge, seine Verlobte, er könne sich, wenn er sich »an das Bücherschreiben machen wollte«, seinen Lebensunterhalt damit sichern; allerdings vermöge er sich nicht vorzustellen »wie ein Dichter das Kind seiner Liebe einem so rohen Haufen, wie die Menschen sind, übergeben« könne (DKV IV, 273f.). Nur kurze Zeit nach diesem ersten, noch sehr ambivalenten Bekenntnis einer regen Beschäftigung mit dem Gedanken, Dichter statt Wissenschaftler zu werden, muss Kleist die Arbeit an seinem Erstlingswerk aufgenommen haben, das schließlich den Titel *Die Familie Schroffenstein* tragen sollte. Erhalten sind neben der endgültigen Fassung auch zwei Vorstufen. Zum einen handelt es sich um einen sehr kurzen, etwa anderthalbseitigen ersten Entwurf, *Die Familie Thierrez*, in dem der Handlungsablauf skizzenhaft dargelegt ist und der wohl Anfang 1802 in der Schweiz verfasst wurde;

zum anderen um eine bereits kurze Zeit danach entstandene, ausgearbeitete Fassung des Dramas, *Die Familie Ghonorez*, die in Spanien spielt und in der die Figuren spanisch klingende Namen tragen. Die Endfassung, die noch im selben Jahr zustande gekommen ist, erscheint Anfang 1803 anonym im Verlag von Heinrich Geßner, Bern und Zürich. Freilich hat sich der Autor noch immer nicht mit der Vorstellung abgefunden, dass man seine Texte fortan auch wirklich lesen wird, wie eine viel zitierte Bitte an Ulrike vom 13./14. März 1803 belegt: »Auch tut mir den Gefallen und *leset das Buch nicht*« (ebd., 314); dennoch wird das Drama gelesen und meistens durchaus positiv aufgenommen, wie den verschiedenen Rezensionen entnommen werden kann, die – um es verallgemeinernd zu formulieren – einhellig die Geburt eines viel versprechenden neuen Dichters begrüßen, dessen Anonymität sie allerdings sehr irritiert (Lütteken 2004, 40). So wird *Die Familie Schroffenstein* denn auch weniger als ein Jahr nach ihrem Erscheinen uraufgeführt, und zwar in Graz, so dass sie eines der wenigen Werke Kleists ist, das zu Lebzeiten des Autors auf die Bühne gelangte.

Dann allerdings wird es bald still um das Erstlingswerk, und erst knapp zwanzig Jahre später wird es wieder gespielt, nicht mehr getreu dem Originaltext, sondern in einer Fassung, die – wie andere Dramen Kleists – von Franz von Holbein unter dem Titel »Die Waffenbrüder« bearbeitet bzw. entstellt worden ist. Fortan wird der Theaterliebhaber das Stück jahrzehntelang, wenn überhaupt, nur noch in stark abgeänderter Form vorgestellt bekommen.

Worum aber geht es in diesem als Trauerspiel angekündigten Drama, für das es keine eigentliche Quelle gibt, auch wenn Ähnlichkeiten und Unterschiede zu Shakespeares *Romeo und Julia* immer wieder angeführt werden? Im Mittelpunkt des hochkomplexen Geschehens, das sich kaum nacherzählen lässt, befinden sich zwei Häuser ein und derselben Familie, eben der Familie Schroffenstein; das eine befindet sich in Rossitz, das andere in Warwand. Beide sind fest aneinander gebunden durch einen Erbvertrag, der bestimmt, dass im Falle des Aussterbens des einen das andere Haus den Besitz übernimmt. An diese juristisch einfache Konstruktion knüpft sich im Laufe der Zeit eine ganze Reihe von anscheinend belanglosen Zwischenfällen, die jedoch von den jeweils betroffenen Mitgliedern des einen Stamms systematisch auf den anderen zurückgeführt werden, der verdächtigt wird, durch Ausrottung des verwandten Hauses dessen Besitz übernehmen zu wollen. Deshalb ist das familiäre Verhältnis wohl am treffendsten mit abgrundtiefem Misstrauen zu charakterisieren. *Die Familie Schroffenstein* beginnt, kurz nachdem sich die Lage auf beiden Seiten zugespitzt hat: Zunächst ist in Warwand kürzlich der sehr junge Philipp Schroffenstein eines raschen, mysteriösen Todes gestorben, der den Gedanken an Vergiftung aufkommen lässt; dann ist in Rossitz der neunjährige Peter Schroffenstein an einem Bach tot aufgefunden worden, wobei auch hier die Umstände des Todes Grund für Beschuldigungen liefern. Denn »zwei Männer« aus Warwand, mit »blutgen Messern« (DKV I, 132), sind bei der Leiche anwesend, als sie entdeckt wird; da ihr noch dazu an beiden Händen der kleine Finger fehlt, hält Rupert Schroffenstein ihre Schuld für erwiesen: Er schwört Warwand Rache und erklärt dem verhassten Haus den Krieg.

Aus dieser Krisensituation ergeben sich verschiedene Vermittlungs- und Klärungsversuche, die jedoch die Lage letztlich nur noch verschlimmern und zu nicht mehr zu bestreitenden grässlichen Untaten in beiden Häusern führen. Wird in Warwand der Herold aus Rossitz umgebracht, allerdings ohne dass der Herr des Hauses, Sylvester, dies befohlen hätte, so wird diese Tat in Rossitz von Rupert absichtlich vergolten durch die Ermordung des vermittelnden Jeronimus. Die Eskalation trifft somit ein vom Erbvertrag nicht betroffenes Mitglied der Familie, da Jeronimus Herr eins dritten Hauses Schroffenstein und ein Vetter von Rupert und Sylvester ist. Auch ein anderes Mitglied der Familie, Ruperts unehelicher Sohn Johann, wird irrtümlicherweise verdächtigt, Sylvesters Tochter Agnes umbringen zu wollen, so dass er in Warwands Kerker landet.

Während die Feindschaft zwischen beiden Häusern kaum noch zu überbieten ist, treffen sich die beiden letzten legitimen Kinder der Familie, Ottokar aus Rossitz und Agnes aus War-

wand, wiederholt in einer im Gebirge gelegenen Höhle, an einem neutralen Ort also. Sie haben sich ineinander verliebt, zunächst ohne ihre Identität preiszugeben; nachdem sie sich einander entdeckt haben, versuchen sie das Vorgefallene zu verstehen und die ihre Beziehung sowie die Existenz der gesamten Familie bedrohenden Missverständnisse zu entwirren. Allem Anschein nach gelingt es Ottokar auch, die Lösung des Rätsels um die abgeschnittenen Finger bei Ursula, der Witwe eines Totengräbers, und ihrer Tochter Barnabe zu finden, wobei die Unschuld des Hauses Warwand am Tod Peters herauskommt. Aber Ottokars späte Erkenntnis verhindert den tragischen Ausgang nicht, vielmehr beschleunigt sie ihn.

Im letzten Aufzug, der sich in der Höhle abspielt und zunächst im Zeichen der Liebe zu stehen scheint, inszeniert Ottokar die symbolische Vermählung der Liebenden. Er beeilt sich, denn die Außenwelt droht jeden Augenblick in die Idylle einzudringen. Um Agnes vor seinem nahenden Vater zu schützen, tauscht Ottokar seine Kleider mit ihren. Dadurch leitet er ungewollt den Doppelmord an den Kindern durch den jeweiligen Vater ein: Beide werden nacheinander erdolcht, ohne dass die kontraproduktive List durchschaut würde. Erst der herbeigeeilte blinde Großvater Sylvius, von dem dem Wahnsinn verfallenen Johann geleitet, erkennt die tragische Verwechslung, und die Witwe eines Totengräbers teilt allen Anwesenden die Wahrheit um Peters Tod mit. Somit können sich die Väter, nunmehr ihrer (zumindest der legitimen) Kinder beraubt, versöhnen.

Die unmögliche Wiederherstellung der verlorenen Identität

Die Familie Schroffenstein wurde lange Zeit von der Forschung so gut wie ignoriert, was nicht zuletzt mit dem immer wieder erhobenen Vorwurf der Geschmacklosigkeit zusammenhängt, der bereits 1821 bei Ludwig Tiecks Kritik am Motiv des Fingers begegnet. Nachdem Interpreten sich jedoch in den letzten Jahrzehnten intensiver mit dem Werk auseinandergesetzt haben, ist es allmählich rehabilitiert worden, und wird inzwischen sogar gefeiert als »as extraordinary a first work as exists in modern European literature« (Stephens 1994, 9). Es hat sich nämlich herausgestellt, dass Kleist in seiner ersten literarischen Schöpfung in extrem dichter Form zahlreiche Themen kombiniert hat, die nachher leitmotivisch sein Gesamtœuvre prägen sollten. Als Beispiel für diese raffinierte Kombinatorik lässt sich wohl am besten die Art und Weise darstellen, wie verlorene Identität innerhalb der Familie als zentrales Thema mit religiösen, juristischen, sprachlichen, ja geradezu linguistischen (usw.) Aspekten verbunden ist, wobei vorsichtshalber vorausgeschickt werden muss, dass nicht in allen Punkten Einigkeit in der Forschung herrscht, was die Gewichtung der einzelnen Aspekte betrifft.

Verloren geht die ursprüngliche Identität der Familie durch ihre Spaltung in verschiedene Stämme, was dann den Abschluss eines Erbvertrags nach sich zieht. Dieser im Moment der Handlung seit »alten Zeiten« bestehende Vertrag ist also nicht der Grund für die anschließenden Ereignisse, sondern er »gehört zur Sache« und ist, wie der »Apfel« der Genesis, das konkrete Zeichen des menschlichen Falls (DKV I, 131). Eine genaue Analyse aller Aussagen über die Familienverhältnisse, die im Drama verstreut sind, legt die Vermutung nahe, dass dieser Fall auch eine sexuelle Komponente einschließt, ohne dass dies je ausdrücklich erklärt wird. Dass aber – um nur die deutlichste Stelle zu erwähnen – in Verbindung mit einem Verstoß gegen das »Band, Das heilige, der Blutsverwandtschaft« die »Vettern, Kinder eines Vaters« werden (ebd., 127) genannt und so erbittert gegeneinander kämpfen, lädt zu der Annahme ein, dass der Ursprung der Fehde ganz konkret mit »Inzest oder Blutschande« (Gerrekens 1988, 146) seitens des Großvaters Sylvius einhergegangen ist – in der ersten Vorstufe, der *Familie Thierrez*, schließen ausdrücklich die Großväter den Vertrag, in der *Familie Schroffenstein* ist sinnigerweise nur noch von einem einzigen Großvater die Rede. So wird die Verschränkung der religiösen Bildlichkeit einerseits (Sündenfall) und einer tragischen Komponente andererseits bereits erkennbar, erreicht doch auch die Familie Schroffenstein, in auffälliger Analogie zur Inzest-Tragödie des Sophokles, *Ödi-*

pus, genau das, was eigentlich vermieden werden sollte. Aber davon später.

Im alltäglichen Leben der Familie nimmt die Folge des Falls die Form eines immer während Misstrauens an, das Hinrich C. Seeba in einem bahnbrechenden Aufsatz mit dem aufschlussreichen Titel »Der Sündenfall des Verdachts« »in spiegelbildlicher Symmetrie« (Seeba 1981, 117) der Ereignisse in beiden Häusern sich entfalten sieht. Sobald der Erbvertrag jedoch abgeschlossen ist, d. h. aus anthropologischer Sicht sobald der Ausgang aus einer unberührten Idylle vorgeschichtlicher und vorgesellschaftlicher Zeit à la Rousseau stattgefunden hat, ist dieses Misstrauen nicht allein ein subjektives Gefühl der Beteiligten, sondern eine durch die schwer erfassbare Realität bedingte, durchaus verständliche Einstellung: »Die Sachverhalte präsentieren sich dem Menschen als schwer durchschaubare oder – schlimmer noch – in scheinbarer Eindeutigkeit als falsche (und aus der Entdeckung der Falschheit dessen, was klar schien, entspringt dann, als eine sekundäre Wirkung, das Mißtrauen.)« (Michelsen 1992, 66f.).

In dem so sehr triftig formulierten Grundgedanken der *Familie Schroffenstein* ist die Nachwirkung von Kleists sogenannter Kant-Krise (s. Kap. III.7) nicht zu übersehen. Das »kranke Aug'«, das auch »das Schuldlos-Reine« nicht als solches zu erkennen imstande ist (DKV I, 143), erweist sich hier als eine Metapher für die Unzulänglichkeit menschlicher Erkenntnisfähigkeit schlechthin: Die Wirklichkeit erscheint selbst den gutwilligen Figuren in stets doppeldeutiger Form, so dass sie immer einer Interpretation bedarf. Diese wiederum birgt jedes Mal die Gefahr der Fehldeutung, wie u. a. an den verschiedenen, ehrlich gemeinten Seitenwechseln des Jeronimus deutlich wird. Sylvesters verzweifelter Appell an Gott: »Sprich deutlich mit dem Mensch« (ebd., 228) spiegelt die durch diese Unfähigkeit, zur Wahrheit vorzudringen, verursachte tiefe Verunsicherung des Menschen wider, der sich seiner immanenten und irreversiblen Fragilität bewusst wird. Sprache, das menschliche Mittel zur Interpretation, gerät dabei zwangsläufig in Verdacht, ebenfalls nicht vertrauenswürdig zu sein. Daher versuchen die Figuren unaufhörlich, sich zu ver-

gewissern, dass sie die Worte ihrer Gesprächs-
partner auch richtig verstanden haben – ein Anliegen, das sich jedoch als utopisch erweist, wie
exemplarisch an dem einen Wort demonstriert
wird, das von dem festgenommenen Reiter auf
der Folter gesprochen wird und das sich zwar jeder auslegt, wie es ihm gerade passt, das aber eigentlich nichts besagt:

JERONIMUS.   Außer Eins, sprachst Du;
Nenn mir das Eine Wort, das du gehört.
KIRCHENVOGT. Das Eine Wort, Herr, war: Sylvester
JERONIMUS. Sylvester! – –Nun, und was war's weiter?
(DKV I, 133)

Sprache vermag die Ambiguität vielleicht in bestimmten Fällen einzuschränken, sie kann aber
auch zu ihr beitragen, auf jeden Fall wird in der
Familie Schroffenstein modellhaft die Unmöglichkeit dargelegt, dank Sprache – wie vorsichtig man
auch damit umgeht – zu gesichertem Wissen zu
gelangen; vielmehr entsteht auch sprachlich ein
»Wirrwarr« (ebd., 170), das sich mit der paradoxerweise richtigen, resignierenden Feststellung
Gertrudes zusammenfassen lässt: »– Drehen freilich / Läßt alles sich –« (ebd., 168).

Die von Misstrauen geplagten Familienmitglieder, die immer wieder mit der Unmöglichkeit
einer sicheren Erfassung von Realität einerseits
und der adäquaten sprachlichen Wiedergabe derselben andererseits konfrontiert sind, versuchen
denn auch auf anderem Weg, aus ihrer Ratlosigkeit herauszufinden. Einen Ansatz in dieser Richtung scheint aus der Perspektive der Figuren ihr
Gefühl als innerstes, untrügliches Wahrneh-
mungsorgan zu bieten. So beruft sich Jeronimus
in einem Streitgespräch mit Ottokar empört auf
»das Gefühl des Rechts«, um seine Entscheidung
gegen Rossitz zu rechtfertigen; prompt aber hält
Ottokar, nicht minder empört, ihm sein eigenes
»Rechtgefühl« entgegen (ebd., 130), das selbstverständlich für sein väterliches Haus spricht –
eine ausweglose Argumentationsweise. Wie auch,
als Gertrudes »Vermutung, Gewißheit« (ebd.,
168), die aus Rossitz hätten Sylvester zwei Jahre
zuvor mit eingemachter Ananas vergiften wollen,
sich gegen sie wendet, da sich herausstellt, dass
Sylvester damals übel wurde, als er statt der Ananas von Gertrudes eigenem Pfirsch gegessen

hatte. Kurz: Dass solche auf Gefühl bzw. Bewusstsein gegründeten Sicherheiten nichts anderes als
»Wahn« (Michelsen 1992, 69) sind und immer
wieder irreführen, hat die Forschung in den letzten Jahren sowohl in der *Familie Schroffenstein*
als auch in anderen Werkens Kleists – man denke
etwa an *Die Marquise von O...* – hinlänglich herausgearbeitet. Genau wie Sprache, so versagt auch
das Gefühl immer wieder, ja es lässt sich durchaus mit Peter Michelsen folgern: »›Betrogene des
Rechtsgefühls‹ sind, variis modis, alle Hauptpersonen in diesem Drama« (ebd.).

Eine andere vom Text suggerierte Möglichkeit,
den verheerenden Familienstreit beizulegen, liegt
in der Liebesbeziehung zwischen Agnes und Ottokar, die vornehmlich an ganz besonders exponierten Stellen ihren Fortgang nimmt: in Akt III,
der Mitte, und in Akt V, dem Ende des Stücks. Als
Jeronimus von dieser Beziehung erfährt, erklärt
er sich sofort bereit, auf Agnes, die er heiraten
wollte, zu verzichten, um so beide Stämme durch
eine »Heirat« zu versöhnen (DKV I, 189). Allerdings lässt ausgerechnet seine Wortwahl aufhor-
chen. Denn der gutgläubige Jeronimus siedelt ein
derartiges Happy End in der Welt der »Minne-
sänger« an (ebd.), d. h. er entlarvt, freilich ohne
sich dies bewusst zu machen, den eigenen Vorschlag als eine Illusion, die in der fiktiven Realität
der Familie keinen Bestand haben wird. Liebe erscheint nämlich als etwas ständig Gefährdetes,
das abseits von der bestehenden Gesellschafts-
ordnung versucht wird. Dabei ist auch die Beziehung an sich keineswegs frei von dem allgegenwärtigen Misstrauen oder von Täuschungen.
Vielmehr beginnt schon die erste direkte Begegnung der Liebenden mit einer solchen. Agnes tut
nämlich »als hätte sie [Ottokar] nicht gesehen«
(ebd., 151), um sich desto ungezwungener an ihn
zu richten. Die Gespräche zwischen Agnes und
Ottokar gestalten sich sogar mitunter als echte
Streitgespräche, in denen es darum geht zu eruieren, welcher der beiden Stämme denn nun schuldig ist – und allein Agnes' Selbstopfer, d. h. ihre
Bereitschaft, das ihr von Ottokar gereichte Wasser zu trinken, das sie vergiftet glaubt, schafft einen Augenblick echter Gleichwertigkeit zwischen
ihnen.

So sehr die Stimmung in den Szenen, in denen

Agnes und Ottokar zusammentreffen, auch verschieden ist von der drückenden Atmosphäre in den anderen Auftritten, ist die Liebe nicht nur von der Außenwelt bedroht, an der sie ja auch schnell scheitern wird, sondern auch dadurch in Frage gestellt, dass Ottokar Agnes im fünften Aufzug im Grunde irreführt. Er, der Mann, weiß um die Gefahr und lässt ausgerechnet Barnabe, die schöne Tochter der Witwe eines Totengräbers, für ihn Wache halten; Agnes, der geliebten Frau, verheimlicht er sowohl die bestehende Bedrohung als auch das, was er mit seiner Inszenierung beabsichtigt, was durchaus als eine Manipulation betrachtet werden kann. Diese hat denn auch gravierende Folgen, da Agnes' Unwissenheit mitverantwortlich für ihren Tod ist: Agnes' »incomplete knowledge of what is happening leaves her quite silent when confronted by Sylvester, so that he strikes her down without knowing that this is his own daughter« (Stephens 1994, 24). Mit anderen Worten: Bei genauem Hinsehen erweist Ottokar sich auch in der Liebeshandlung noch als Repräsentant der Welt, der er entkommen wollte. Traditionell aufgefasste Liebe und Liebesmuster können im Kontext der männlichen Dominanz in Familienangelegenheiten keine dauerhafte Erneuerung einleiten – eine Konstellation, die später u. a. in der *Verlobung in St. Domingo* wiederkehren wird.

Auf bildlicher Ebene ist die Liebesthematik eng verschränkt mit der Heilsthematik. Die gesamte *Familie Schroffenstein* ist durchsetzt mit zahllosen Anspielungen auf die Bibel, so dass eine Art intertextueller Austausch entsteht, der bei dem alttestamentarischen Racheschwur der ersten Szene und dem Vergleich des Erbvertrags mit dem Apfel des Sündenfalls beginnt und mit der Sterbeszene des fünften Aufzugs seinen Höhepunkt erreicht. Denn nachdem Ottokar im Dramenverlauf »vor allem [in] Worten Johanns und Agnes'« (Gerrekens 1988, 175) immer wieder allusiv Züge eines neuen Messias erhalten hat, verweist die Klimax des Dramas derart massiv auf Tod und Auferstehung Christi, dass es nicht übertrieben zu sein scheint, sie als eine fiktive Untersuchung der Tauglichkeit des christlichen Heilsmodells aufzufassen.

Die Reihe der diskreten Anspielungen auf eine

solche Erlöserrolle Ottokars wird kurz vor der Sterbeszene durch einen an Ruperts Sohn gerichteten Ausruf seiner Mutter ergänzt, der ihn direkt mit Christus assoziiert: »O Jesus!« (DKV I, 216). Diesen Ausruf wiederholt Agnes dann in der Höhle: »O Jesus!« (ebd., 224), und sie setzt anschließend den sterbenden Jüngling unmissverständlich mit dem biblischen Erlöser gleich:

OTTOKAR *mit matter Stimme.* Agnes!
AGNES. Wo bist Du? – Ein Schwert – im Busen –
                                              Heiland!
    Heiland der Welt! Mein Ottokar! *Sie fällt über ihn.*
OTTOKAR.   Es ist –
Gelungen. – Flieh! *Er stirbt* (DKV I, 226).

Hinzu kommt, dass die letzten Worte des als »Heiland der Welt« apostrophierten Sterbenden, der sich gerade aus Liebe geopfert hat und dadurch faktisch die Familie vom Fluch des Erbvertrags erlöst hat, stark an die Worte des sterbenden Christi »Es ist vollbracht« (Joh. 19,30) erinnern.

Wie aber ist diese Verschränkung von Liebes- und Heilsthematik zu werten? Ist zunächst daraus der Schluss gezogen worden, dass »der Dialog von Dramenhandlung und Bibel-Text« darauf hinauslaufe, dass in »der *Familie Schroffenstein* […] auf dem Hintergrund der *Heiligen Schrift* der Tod als tragisches Argument zurückgewiesen« wird (Harms 1984, 311), so hat sich inzwischen doch mehrheitlich die Meinung durchgesetzt, dass u. a. »das mehrfach angedeutete Fehlen jeder Hoffnung auf Auferstehung […] eine positive Deutung der Schlußszene nicht zu[läßt]« (Gerrekens 1988, 353). Denn die Aufhebung des Fluchs gelingt nur um den Preis des Aussterbens der Familie, und sie wird symbolisch durch die Wiederholung der Tat vollzogen, die den Fall verursachte, ist die Vermählung von Jesus und »Maria« (DKV I, 172) – so hatte Ottokar Agnes getauft – doch »die verschleierte Erzählung eines mütterlichen Inzests« (Harms 1984, 301).

Akzeptiert man diese Interpretation des Doppelmordes als gleichzeitige Ablehnung oder Distanzierung »from the Christian tradition in which the body of the crucified stands in for the truth of his message« (Krimmer 2003, 363), dann ist die Höhlenszene anzusehen als ein trostloser Schlusspunkt ohne möglichen Neuanfang; sie wird zu ei-

nem von den Hauptfiguren getragenen »martyr-
dom of self-inflicted alienation« (ebd., 360). Somit charakterisiert Scheitern in jeder Hinsicht
das Ende der Bestrebungen einer Familie, die als
»Muster« (Luserke-Jaqui 2003, 180) für alle Familien, mithin für das traditionelle Familienmodell steht und in ihrem Versuch, sich auf jede
denkbare Art und Weise zu retten, letztlich nur
noch eine »öde Welt ohne Zukunft« (Greiner
2000, 49) erfährt. Die Frage, inwiefern Leser bzw.
Zuschauer und Figuren sich dieses desolaten Zustands bewusst werden, wäre im Grunde nur
durch eine Untersuchung der Art und Weise zu
beantworten, wie mit der Gattung »Trauerspiel«
in der *Familie Schroffenstein* umgegangen wird.

Ein unmögliches Trauerspiel oder die frühe Dekonstruktion eines Genres

Die verschiedenen von den Figuren oder von der
Textstruktur angedeuteten Auswege aus der *conditio humana* einer unvollkommenen Realitätser-
fassung und -wiedergabe erweisen sich sämtlich
als trügerisch, und die oben skizzierten unter-
schwelligen heilsthematischen Bezüge münden
ebenfalls, um es mit Bernhard Greiner zu sagen,
in »Ausweglosigkeit, A-porie« (Greiner 2000, 49)
in der ursprünglichen Bedeutung des Wortes.
Dieser Ausgang des Stücks, der in mancher Hinsicht einer »Nicht-Lösung« (ebd.) gleich kommt,
ist derart verschieden von dem, was traditionell
von einer Tragödie oder einem Trauerspiel erwartet wird, dass sich die Frage förmlich auf-
drängt, inwiefern *Die Familie Schroffenstein* sich
an die herkömmlichen Kategorien der Gattung
hält oder ob sie auch diese auf ihre Tauglichkeit
hinterfragt.

Eine in der Literatur immer wieder behandelte
Kategorie des Trauerspiels ist Erkennen. Erinnert
man sich an die oben erwähnte Parallele zwischen Kleists Erstlingswerk und *Ödipus*, – dass in
einer Inzestgeschichte nämlich alles, was unternommen wird, ausgerechnet zu dem Eintreffen
dessen führt, was vermieden werden sollte –, so
lässt sich an einem weiteren Vergleich der grundlegende Unterschied zwischen beiden Werken im
Umgang mit Erkenntnis aufzeigen. Wird Ödipus
nämlich tatsächlich an einem körperlichen Merk-

mal erkannt, dem er sogar seinen Namen –
›Schwellfuß‹ – verdankt, so trägt die Erkennungsszene bei Kleist groteske Züge. Denn dass Ursula
den Finger Peters auf die Bühne wirft mit dem
bitter-ironisch klingenden Kommentar: »Wenn
ihr euch totschlagt, ist es ein Versehen« und dass
die Mutter ihn an einer »Blatternarbe« erkennen
will, ist ein nicht ernstzunehmender Vorgang –
man bedenke nur, dass ebendieser »Kindesfinger« in IV/3, der sogenannten Hexenküchen-
szene (DKV I, 231f.), in einem »*Kessel, der über
Feuer steht*« (ebd., 206), war und mit dem darin
gerührten Brei gekocht wurde.

Somit gerät der traditionell entscheidende Augenblick des Erkennens zu einer »Farce« (Michelsen 1992, 77), die eine kathartische Versöhnung
des Zuschauers mit dem Geschehen nicht erlaubt.
Mehr noch: Wird die Erkenntnis um Peters Tod
vom Drama selbst zurückgenommen, indem das
in *Ödipus* zum Beispiel vertrauenswürdige lö-
sende Zeichen zu einem »lächerlichen Zeichen«
(Fülleborn 1999, 244) degradiert wird, so werden
andere Fragen einfach schweigend übergangen,
wie, um nur ein Beispiel zu nennen, die nach der
eigentlichen Ursache von Philipps Tod, die doch
in dem Aufbau des Dramas das Pendant zu Peters
Tod repräsentiert. Kurz: Auch faktisch lässt das
Drama den Interpreten vor nicht zu lösenden
Aufgaben stehen, und das in derart massiver Art
und Weise, dass dadurch die *Familie Schroffenstein* als nur scheinbares Trauerspiel entlarvt
wird.

Eine Familie, die nicht einem blinden Schicksal unterworfen ist, erkennt am Ende nicht wirklich, was geschehen ist, und feiert eine Versöhnung ohne Zukunftsperspektive. Schlimmer
noch: Sogar der Höhepunkt in der Handlung ist
mit Inkohärenzen durchwirkt, die die Rezeption
des Werkes als Tragödie unmöglich machen. So
ist Agnes' bereits erwähnter Aufschrei, als sie den
tödlich verwundeten Ottokar erblickt, »– Ein
Schwert – im Busen« (DKV I, 226) unvereinbar
mit der Regieanweisung kurz davor: Rupert »*zieht
das Schwert aus dem Busen Ottokar's*« (ebd., 225):
Hier wird etwas gesehen, was es gar nicht gibt.
Um es kurz zu fassen: Allem Anschein nach hat
Kleist in der *Familie Schroffenstein*, die mit jeglicher Art von Autoritäten – von der göttlichen bis

hin zu der väterlichen-systematisch und schonungslos abrechnet, zwar noch das Instrumentarium oder die äußere »Form des Trauerspiels beibehalten, die von der Gattungstradition her zu erwartende Wirkung aber bleibt aus« (Gerrekens 1988, 341), ja jeder Terminus, der diese Tradition evoziert, kann auch in sein Gegenteil verkehrt werden. So entpuppt sich dieses in hohem Maße selbstreflexive Werk, das auf den ersten Blick einem analytischen Drama ähnlich sieht, als ein Theaterstück, in dem »everything possible to subvert its own credibility« (Stephens 1994, 43) unternommen wird. Möglicherweise ist diese frühe Form einer Genre-Dekonstruktion, die sich aus der Überzeugung des Autors herleitet, dass eine positive Alternative einfach nicht denkbar sei, der Grund für das immer wider zitierte »allseitige Gelächter«, das sich »der Zuhörerschaft wie auch des Dichters« (Lebensspuren Nr. 67a) bemächtigte, als Kleist sein Stück eines Tages vorlas. Es wurde an dem Tag sogar, wie Heinrich Zschokke berichtet, unmöglich, »bis zu seiner letzten Mordszene zu gelangen« (Lebensspuren Nr. 67a), was den Schluss nahelegt, dass Kleist und seine Zuhörer den »Spaß zum Totlachen« (DKV I, 232f.), wie Johann den Ausgang sehr treffend nennt, bereits antizipiert hatten. Das heißt sie haben anscheinend die Antworten erst gar nicht abgewartet, deren Fehlen im Drama die Exegeten, von ihrer traditionellen Erwartung an Trauerspiele ge- bzw. verleitet, lange Zeit moniert haben, bis sich die Einsicht durchsetzte, dass gerade ein solches Verweigern die beeindruckende Modernität der *Familie Schroffenstein* ausmacht, liefert es doch den Rezipienten an dieselbe Unsicherheit wie die Figuren aus.

Literatur

Allan, Sean D.: The Plays of Heinrich von Kleist: Ideals and Illusions. Cambridge 1996 (zur *Familie Schroffenstein* v.a. 52–76).

Benthien, Claudia: Gesichtsverlust und Gewaltsamkeit. Zur Psychodynamik von Scham und Schuld in Kleists *Familie Schroffenstein*. In: KJb 1999, 128–143.

Fülleborn, Ulrich: Die Geburt der Tragödie aus dem Scheitern aller Berechnungen. Die frühen Briefe Heinrichs von Kleist und *Die Familie Schroffenstein*. In: KJb 1999, 225–247.

Gerrekens, Louis: »Nun bist Du ein verschloßner Brief«.

Wörtlichkeit und Bildlichkeit in Heinrich von Kleists *Käthchen von Heilbronn* und *Familie Schroffenstein*. Frankfurt a.M. 1988.

Greiner, Bernhard: »Welch eine Sonne geht mir auf«. Kleists erotische Fassung des Höhlengleichnisses in der *Familie Schroffenstein*. In: Heilbronner Kleist-Kolloquien. Hg. im Auftrag der Stadt Heilbronn von Günther Emig. Heilbronn 2000, 38–51.

Harms, Ingeborg: »Wie fliegender Sommer«. Eine Untersuchung der ›Höhlenszene‹ in Heinrich von Kleists *Familie Schroffenstein*. In: Jb. der deutschen Schillergesellschaft 1984, 270–314.

Johnson, Laurie: Psychic, Corporeal, and Temporal Displacement in *Die Familie Schroffenstein*. In: Paul Michael Lützeler/David Pan (Hg.): Kleists Erzählungen und Dramen. Neue Studien. Würzburg 2001, 121–133.

Kleist, Heinrich von: *Die Familie Ghonorez/Die Familie Schroffenstein*: eine textkritische Ausgabe. Bearbeitet von Christine Edel. Mit einem Geleitw. und der Beschreibung der Hs. von Klaus Kanzog. Tübingen 1994.

Krimmer, Elisabeth: »Die allmähliche Verfertigung des Geschlechts beim Anziehen«. Epistemologies of the Body in Kleist's *Die Familie Schroffenstein*. In: Marianne Henn/Holger A. Pausch (Hg.): Body Dialectics in the Age of Goethe. In: Amsterdamer Beiträge zur neueren Germanistik 55 (2003), 347–363.

Luserke-Jaqui, Matthias: Über Literatur und Literaturwissenschaft. Anagrammatische Lektüren. Tübingen/Basel 2003 (zur *Familie Schroffenstein* 179–190).

Lütteken, Anett: Heinrich von Kleist – Eine Dichterrenaissance. Tübingen 2004.

Michelsen, Peter: Die Betrogenen des Rechtgefühls. Zu Kleists *Die Familie Schroffenstein*. In: KJb 1992, 64–80.

Seeba, Hinrich C.: Der Sündenfall des Verdachts. Identitätskrise und Sprachskepsis in Kleists *Familie Schroffenstein* [1977]. In: Walter Müller-Seidel (Hg.): Kleists Aktualität. Neue Aufsätze und Essays 1966–1978. Darmstadt 1981, 104–150.

Stephens, Anthony: Heinrich von Kleist. The Dramas and Stories. Oxford 1994 (zur *Familie Schroffenstein* v.a. 9–43).

Louis Gerrekens

1.4 *Der zerbrochne Krug*

Kleists Lustspiel, sein zweites Drama nach der *Familie Schroffenstein* (sieht man vom *Guiskard*-Fragment ab), wurde vermutlich 1802 in der Schweiz begonnen und 1806 in Königsberg fertiggestellt; 1808 fand die wegen ihres Misserfolgs

notorische Aufführung in Weimar unter Goethes
Leitung statt, bevor es – nach einem Teilabdruck
in Kleists Zeitschrift *Phöbus* im selben Jahr –
1811 in Buchform erschien. Die Idee verdankte
sich ursprünglich, wie der Autor in der zu Lebzeiten ungedruckten »Vorrede« mitteilt, einem Kupferstich, der eine Gerichtsszene darstellte. Mit
dem Motiv eines zerbrochenen Kruges und den
Figuren einer anklagenden Mutter, eines verlegenen Mädchens, eines beschuldigten Bauernburschen sowie eines Richters, den der misstrauische
Blick seines Schreibers trifft, suggerierte das Bild
ein pikantes Geschehen. Die Handlung des Dramas verbindet das Motiv der (vermeintlich) verlorenen weiblichen Unschuld mit dem des schuldigen Richters. Auf den dramatischen Archetyp
des letzteren, Sophokles' *König Ödipus*, weist die
»Vorrede« explizit hin, ebenso akzentuiert sie die
erotische Konnotation des zerbrochenen Gefäßes
(zum ikonographischen Hintergrund vgl. Voss
1976). In Kleists Komödie *Der zerbrochne Krug*
führt der Protagonist Adam – der erste, der
urbildliche »Mensch« (dies die Bedeutung des
hebräischen »Adam«) – einen Prozess gegen sich
selbst, er verhandelt seinen eigenen »Fall« im
mehrfachen Sinn dieses Worts (s. Kap. V.30).

Kleist übernimmt von Sophokles die mit der
Gerichtsverhandlung gegebene analytische Form.
Doch anders als sein griechischer Vorgänger weiß
Adam sich von Anfang an als der Schuldige, und
seine Prozessführung dient nicht der Aufklärung,
sondern der Verbergung des wahren Sachverhalts. Ödipus hatte, einem Orakel folgend, nach
einem Monster von Menschen geforscht, der seinen Vater getötet, die Mutter geheiratet und mit
ihr Kinder gezeugt haben sollte und dessen Gegenwart die Heimatstadt mit der Pest überzog –
um schließlich sich selbst als den Gemeinten entdecken zu müssen. Adam versucht, mit allen Mitteln seine Täterschaft in dem nächtlichen Vorfall,
der am Morgen vor seinen Richterstuhl gebracht
wird, zu vertuschen. Diese Täterschaft ist freilich
weniger monströs, wenngleich nicht harmlos; es
handelt sich um sexuelle Erpressung verbunden
mit Amtsmissbrauch. Die Tragödie wird auf die
Ebene der Komödie heruntergespielt, einer Gattung, die traditionell dem ›niedrigen‹ Bereich des
Lebens, dem Alltäglichen und dem Körperlichen,

zugeordnet ist. Der Schauplatz des Lustspiels ist
ein niederländisches Dorf mit dem sprechenden
Namen »Huisum«, die Szene ein Gerichtssaal, in
dem auch das höchstrichterliche Bett steht und
wo in der Verhandlungspause wacker getafelt und
gezecht wird; die Figuren sind, abgesehen von
den Amtspersonen, einfache Bauern und Dienstleute. Die Sprache zeichnet sich aus durch eine
vor Derbheit nicht zurückschreckende Anschaulichkeit, die in komischem Kontrast zum kunstvollen Jambenvers steht. Ihr Hauptagent ist der
Protagonist selbst, dessen fulminante Körperpräsenz sich in einer ebenso fulminanten, vor Sinnlichkeit, Phantasie und Doppeldeutigkeit strotzenden Sprachlust auslebt.

In dem von Sophokles' Zeitgenossen Aristophanes mit inspirierten (Schmidt 2003, 69–74),
aber auch etwa an den Shakespeare'schen Falstaff
erinnernden Dorfrichter hat Kleist eine der gro
ßen komischen Figuren der Weltliteratur geschaffen. Im engeren Kontext der deutschen Literaturgeschichte kehrt mit ihr der von der Literaturkomödie der Aufklärung zurückgedrängte Bereich
der Vital- und Improvisationskomik – das berühmte symbolische Datum hierfür ist die von
Gottsched und seiner Theaterverbündeten, der
Neuberin, 1739 veranstaltete Vertreibung des
Harlekins von der Bühne – auf die literarisierte
Bühne zurück (wobei der Schluss der Komödienhandlung seine neuerliche Vertreibung reinszeniert, wenn der überführte Schurke die Flucht ergreift und der falsch Beschuldigte seine zurückgelassene Richterrobe auspeitscht; vgl. Wellbery
1997, 22f.). In der dramatischen Handlung hat
Adam die Funktion des Störers des jungen Liebesglücks. Kleist greift hier auf einen archetypischen Komödienplot zurück, nach dem das Liebespaar sich gegen den Widerstand der Alten,
insbesondere der väterlichen Instanz, durchsetzt;
man hat von dem im komischen Genus beheimateten »Mythos des Frühlings« gesprochen, der
den Sieg der regenerativen Lebenskräfte über die
Mächte der Erstarrung und Verknöcherung feiert
(Frye 1964). Meteorologische Angaben im Stück,
die von einem vorzeitigen Frühjahrseinbruch
und einer schon zu Beginn des Februars einsetzenden Schnee- und Eisschmelze berichten, unterstützen das ebenso wie die Vereinigung des

Paars zum Schluss und die für Pfingsten in Aussicht gestellte Hochzeit (Harms 1990, 101ff.). Andererseits jedoch erscheint die Opposition Jugend-Alter unterminiert eben durch die im »alten Adam« verdichtete Vitalpotenz, deren anarchisches Format die traditionelle Figurentypik des lüsternen Greisen entschieden sprengt.

Der durch die Gattungsdifferenz gegebene Abstand zwischen der griechischen Tragödie und der modernen Komödie sollte nicht die Gemeinsamkeit übersehen lassen, die beide Werke in eine Art komplementäres Spiegelverhältnis stellt: Denn so wie Sophokles' unbewusst schuldiger Richter durchaus eine Art von Wissen besitzt, das er entgegen seiner rücksichtslosen Aufklärungsabsicht verleugnet (am deutlichsten in der Zurückweisung des Teiresias, vgl. Fülleborn 2007, 84ff.), so erreicht umgekehrt Adams Bewusstsein seiner konkreten Schuldhandlung nicht die Tiefe jener menschlichen Urschuld (wenn man hier, jenseits der Moral, noch von Schuld sprechen kann), die Kleists Drama insgesamt exponiert und die ebenso wie bei Sophokles die *Conditio humana* als solche betrifft. Sie ist mit dem Faktum unserer Existenz gegeben, wie sie sich im Geborensein, der Körperlichkeit und Geschlechtlichkeit bezeugt und das eine Mal tragisch, das andere Mal komisch behandelt wird. Ihr körperliches Zeichen ist der Klumpfuß, der Adam nicht nur mit dem christlichen Teufel und dem antiken Satyrn, sondern eben auch mit Ödipus verbindet, dessen »Schwellfuß« ihm den Namen gegeben hat und als unabweisbares Zeichen seiner Herkunft und Identität fungiert. Wie Ödipus ist auch Adam, der gefallene Mensch – einige Anspielungen auf den biblischen Sündenfall durchziehen den Text –, markiert von einem vorgängigen »Gefallensein«, das mit seinem Menschsein gleichbedeutend ist. »Was ist mit euch geschehn? Wie seht ihr aus« fragt ihn sein Schreiber zur Eröffnung des Stücks, und Adam antwortet: »Ja, seht. Zum Straucheln braucht's doch nichts, als Füße« (DKV I, 287).

Adam ist über sich selbst gestolpert – »denn jeder trägt / Den leid'gen Stein zum Anstoß in sich selbst« (ebd., 287) – wenn auch nicht beim Aufstehen aus dem Bett, wie er hier behauptet, es sei denn, dieses Aufstehen wird symbolisch als der

Ursprung des Menschseins begriffen. Es ist die Spaltung des Menschen in zwei Geschlechter und das sexuelle Begehren, das Adam zu Fall gebracht hat (Wellbery 1997). Figuren der Spaltung und Entzweiung sind allgegenwärtig in Kleists Drama. Sie manifestieren sich in der Vielzahl körperlicher Beschädigungen, die nicht nur den Richter, sondern die Mehrheit der auftretenden oder erwähnten Personen betreffen, und noch an den Datums- und Uhrzeitangaben hat man ein konsequentes Ziffernspiel zwischen »zwei« und »eins« feststellen können, das die Differenz zwischen gefallenem und paradiesischem Zustands festhält (Seidlin 1979). »Ich will von ungespaltnem Leibe sein« (DKV I, 331), diese beiläufig geäußerte Beteuerungsformel Adams ist zugleich sein zutiefst unerfüllbarer Wunsch. Der Beginn des Dramas führt den »Adamsfall« (ebd., 289), bevor er zum Gerichtsfall wird, als furioses Ineinander von Komik und Existenzjammer vor. »Adams schreckliches Erwachen« könnte man ihn betiteln, und damit Kleists destruierenden Rückbezug auf ein beliebtes biblisches Motiv des aufklärerischen 18. Jh.s kenntlich machen. Statt der Feier des Subjekts in seinem reinen und selbstmächtigen Ursprungsaugenblick dort, hier das unwillkürliche Heraufdrängen der nächtlichen Geschehnisse – »ein Schwank [...], der zur Nacht geboren, / Des Tags vorwitz'gen Lichtstrahl scheut« (ebd., 292) – die ihre Spuren dem Körper eingegraben haben.

Um die Ursache seiner Kopfwunden und der abhanden gekommenen Amtsperücke vor der aufklärenden Zudringlichkeit des Schreibers Licht zu verbergen, der ihm zur genaueren Rekognoszierung einen Spiegel vorhält, sucht Adam zu immer neuen und sich überbietenden Lügen und Fiktionen Zuflucht. Währenddessen warten im Vorzimmer bereits die Witwe Marthe mit Tochter Eve sowie deren Verlobter Ruprecht und sein Vater, um gerichtliche Aufklärung über einen nächstens zu Bruch gegangenen Krug zu verlangen. Die Mutter beschuldigt den jungen Mann, in Evchens Schlafkammer eingedrungen und mit dem wertvollen Familienstück zugleich deren jungfräuliche Ehre zerstört zu haben. »Die werden mich doch nicht bei mir verklagen?« murmelt Adam ahnungsvoll (ebd., 306). Unter der

Aufsicht des zu einer überraschenden Amtsinspektion angereisten Gerichtsrats Walter wird dann der Prozess ablaufen, in dem es untergründig ebenso um des Richters ramponiertes Gesicht wie um den »verwüsteten« Krug und die gefährdete Reputation der Brautleute geht – und zwar um Adams Gesicht nicht nur als Zeichen seiner Täterschaft, sondern als Symbol seiner – und des »Menschen« schlechthin – verletzten Integrität.

Deutungen

Die philosophische Dimension, die den *Zerbrochnen Krug* bei allem Spielwitz, eindrucksvollem Bühnenspektakel (»s'ist ein Spektakel, wie ich aussehe«, klagt Adam einmal; DKV I, 293) und anzüglichem Sujet auszeichnet, hat die Deutungen bis heute herausgefordert und in weite Referenzfelder wie Psychoanalyse, Diskurshistorie, Kulturanthropologie, Zeichen- und Medientheorie usw. geführt. Kleists Werk erschüttert auf spielerische Weise Sicherheiten des aufklärerisch-idealistischen Verständnisses von Subjekt, Sprache und Recht. In geistesgeschichtlicher Perspektive erscheint die Gerichtskomödie nicht zuletzt als Prozess gegen eine einsinnig rationalistisch verstandene Aufklärung, gegen die sie den Widerstand des Konkreten, Partikularen, Körperlichen mobilisiert. Freilich liegt der Protest gegen abstrakte und lebensferne Normen jedweder Provenienz im Wesen der komischen Gattung. Kleists Komödie spitzt ihn jedoch sowohl grundsätzlich als auch historisch-spezifisch zu, wie einerseits der Bezug seines Protagonisten zum griechischen Ödipus und biblischen Adam und andererseits zahlreiche Verweise, in erster Linie auf das Justizwesen (Schneider 1988/89), aber auch auf die staatliche und nationale Verfassung zeigen. Der Prozess um die Aufklärung der nächtlichen »Krugverwüstung« (DKV I, 333), der ebenso der Aufklärung der gespaltenen menschlichen Existenz gilt, ist zugleich von dem historischen Konflikt zwischen einer alten, personal und lokal orientierten, und einer neuen, rationalisierten und vereinheitlichten Rechtsordnung geprägt. Neben die existenziell-anthropologische Opposition von körperlicher Faktizität und Vernunft tritt damit die andere von (in weitem Sinn verstandener) gesellschaftlicher Vormoderne und Moderne. Letztere vertritt der Gerichtsrat Walter, der im Auftrag der Regierung »die Rechtspfleg' auf dem platten Land verbessern« soll (ebd., 298; Kleist war zur Zeit der endgültigen Abfassung des Lustspiels in preußischem Staatsdienst in Königsberg und dort in Kontakt mit Reformern). Das ihm in Adam gegenüberstehende Ancien Régime ist zwar einerseits willkürlich und korrupt, erscheint andererseits aber auch lebens- und menschennäher als die unpersönliche Herrschaft des formalen Gesetzes. Dass der Vollblutmensch Adam sich dabei, trotz seiner Korruptheit, weitgehender Sympathie des Publikums sicher sein kann, versteht sich von selbst und gehört zu seiner komischen Physiognomie.

In der Gerichtsstube von Huisum herrschen Verhältnisse der Verfilzung von Person und Amt, individuell-familiärer und sachlicher Beziehungen, die das Geschehen, dessen Aufklärung sie behindern, auch erst ermöglicht hatten. Adam hatte die leseunkundige Eve, mit der ihn eine lange väterliche Vertrautheit verbindet, mit der falschen Information getäuscht, ihr Bräutigam werde nicht, wie offiziell von der Regierung verkündet, zur Landmiliz in der Stadt, sondern zum Militärdienst in die vom Faulfieber verseuchten Kolonien eingezogen, und sie mit dem Angebot einer fingierten Attest-Freistellung sexuell zu erpressen versucht. Er wusste sich trickreich Zugang zur Schlafkammer zu verschaffen, wo er freilich erfolglos blieb; zwei lange Minuten starrte er die junge Frau wortlos an, so deren Zeugnis, das das einzige bleibt (und das die Beziehung zwischen »Adam« und »Eva« gewissermaßen als Leerstelle markiert). Als Ruprecht auf der Szene erscheint, gelingt es Adam, unerkannt durch einen Sprung aus dem Fenster zu entkommen, wobei ihn noch die wütenden Hiebe des Verfolgers auf den Kopf treffen. Weil Eve aber weiterhin an die bevorstehende Übersee-Verschiffung ihres Ruprecht glaubt, und Adam ihre Furcht wie die angebliche Abhilfe in Form des in der Richterrobe versteckten Attests wachzuhalten versteht (»Hörst du es knackern, Evchen?« ebd., 307), deckt sie den Schuldigen durch beharrliches Schweigen und nimmt dafür wüste Beschimpfungen durch den Verlobten und ihre Mutter in

Kauf. Dabei mutet sie Ruprecht ein absolutes Vertrauen in ihre Integrität zu, was diesen angesichts des Tatbestands, so wie er sich ihm darstellt, begreiflicherweise überfordert: »Was ich mit Händen greife, glaub' ich gern«, hält er ihr entgegen (ebd., 329). Zur Entlarvung des Bösewichts kommt es schließlich durch die Indizien der Kopfwunden und der unter Evchens Zimmer aufgefundenen Perücke, sowie der von dem Klumpfuß des Richters im Schnee hinterlassenen Spur, die geradewegs vom Schauplatz des Geschehens bis ins Gerichtshaus führt.

Der Dorfrichter verkörpert eine patriarchale Autorität, die unter den Verhältnissen der traditionalen Gesellschaft das Spiegelbild im Kleinen der landesherrlichen und göttlichen Macht darstellt. Dass sie schon zu Beginn des Stücks demontiert erscheint – die fehlende Perücke und sein kahlköpfiger Gerichtsvorsitz machen das offensichtlich –, signalisiert das Ende seiner Herrschaft, das dann von Walter besiegelt wird. Dennoch ist Adam der beherrschende Mittelpunkt der dörflichen Gemeinschaft, für dessen Funktion kein unmittelbarer Ersatz in Sicht ist: Der auf seine Nachfolge spekulierende Licht ist ein berechnender Karrierist, und gerade Walter, effizienter Vertreter des Neuen, auf den gleich einzugehen sein wird, glaubt auf Adams persönliches Regime nicht gänzlich verzichten zu können, wenn anders die zum Schluss in Aussicht gestellte Reintegration des Delinquenten mehr ist als bloße Komödienversöhnlichkeit. Adam ist als väterliches Oberhaupt in die heimische Nahwelt von »Huisum« verflochten, auf die, wie er Walters Pochen auf Verfahrenskorrektheit hintersinnig-paradox vorhält, als »kleiner Teil der Welt / [...] nicht mehr, nicht minder, als sein Teil nur / Kann von der allgemeinen Klugheit kommen« (ebd., 299).

Die »Krug-Szene«

Die witzige Wendung, die das Abstrakte unvermittelt als Konkretum, als Dingliches behandelt, verweist auf den Krug und seine ausführliche Beschreibung durch die Klägerin Frau Marthe, die den siebten und mittleren Auftritt des Lustspiels ausfüllt. Der nun zertrümmerte Krug verkörperte

seit Generationen Kontinuität und Bestand der Gemeinschaft, die über das Dörfliche hinaus ins Nationale ausgreift. Abgebildet war auf ihm eine historische Szene, die als nationaler Ursprungsakt der Niederlande gelten kann, bevor sie ihre Unabhängigkeit erkämpften, nämlich die Belehnung Philipps von Spanien mit den Niederlanden durch seinen Vater Kaiser Karl V. im Jahre 1555. In der Schilderung Marthes erscheint nun das zerstörte, nur noch in Bruchstücken sichtbare Bild als Zerstörung des historischen Ereignisses selbst. Indem die Klägerin die Abbildung als eine vergangene (weil zerstörte) beschreibt und nicht zwischen dem materiellen Zeichenträger – dem Krug bzw. seinen Scherben – einerseits und der Bedeutung und dem referentiellen Gegenstand andererseits unterscheidet, suggeriert sie einen zuvor bestehenden Zustand der Ungeschiedenheit von Zeichen und Referent und damit einer paradiesischen Ganzheit, die die geschichtsphilosophische Folie für Kleists Komödie der Spaltung abgibt (Greiner 2001, 89f.).

Wenige Passagen des Kleist'schen Werks haben solche Aufmerksamkeit in der Forschung gefunden wie diese Ekphrasis aus Marthes Mund. Sie ist ein Glanzstück der Sprachkomik. Die Inkommensurabilität von Dinglichem und Abstraktem – eine Quelle des Komischen schlechthin – erscheint hier als Differenz von sichtbaren Fragmenten und unsichtbarem Ganzen, von gegenwärtigen Scherben und einstiger mythischsakraler Dignität. Schon zuvor hatte Marthe komischen Einspruch gegen die abstrakte Rechtsordnung erhoben, indem sie mit den von ihr wörtlich genommenen Verben »ent-scheiden«, »er-setzen« »ent-schädigen« die Unmöglichkeit einer Restitution des Krugs in seinen heilen Zustand berief (DKV I, 303). Insofern die Klage sich ebenso auf die (möglicherweise) verlorene Unschuld der Tochter bezieht (»Dein guter Name lag in diesem Topfe«; ebd., 305), ergibt sich ein weiterer Aspekt von Marthes Schilderung: Krug und Eve erscheinen als Opfer männlicher Gewalt, die sie mit ihrer Häufung von Figuren beschädigter Männlichkeit gewissermaßen zurückgibt. »Seht ihr den Krug, ihr wertgeschätzten Herren? / Seht ihr den Krug?« so hatte sie begonnen, um auf die Versicherung Adams »O ja, wir sehen ihn«, zu replizieren: »Nichts seht ihr, mit Verlaub, die Scherben seht ihr« (ebd., 311) – und daraufhin dem patriarchalen Regime mit »unten weggeschlagenen Schwertern«, dem fehlenden Rumpf des Kaisers und dem allein übrig gebliebenen Hinterteil seines Sohns seine Nichtigkeit zu weisen. Der perückenlose und zerschundene Richter findet sein Spiegelbild in dem aus der Bildmitte verschwundenen, dem dynastischen Akt vorstehenden geistlichen Oberhaupt, dem Erzbischof »mit der heilgen Mütze«: »Den hat der Teufel ganz und gar geholt« (ebd., 311). Wenn schließlich dieser Akt selbst, der der Kontinuität der Herrschaftssicherung galt, dem Blick der wertgeschätzten Herren entzogen wird: »Hier grade auf dem Loch, wo jetzo nichts, / Sind die gesamten niederländischen Provinzen / Dem span'schen Philipp übergeben worden« (ebd., 311) – so ist die sexuelle Konnotation kaum zu überlesen, die die politische Genealogie vom Vater zum Sohn in die Wörtlichkeit und Körperlichkeit von Zeugung und Geburt zurücknimmt; zumal Adam, der es ja wissen muss, bestätigt: »Uns geht das Loch – nichts die Provinzen an, / Die darauf übergeben worden sind« (ebd., 312).

Indem Frau Marthe auf dem irreparablen Schadensfall des zerbrochenen Krugs insistiert, legt sie hinter der ikonischen Repräsentation patriarchaler Herrschaft, der sie durchaus nachtrauert, zugleich die elementaren ›Tatsachen des Lebens‹ frei. Die Ambivalenz von handfestem Körperrealismus und idealer Nostalgie bestimmt auch die folgende Erzählung von der Geschichte *des* Krugs, mit der Marthe die Schilderung der Abbildung *auf* ihm ergänzt. Es ist eine aberwitzige Groteske, die dem Krug – der durchgängig als mythische Person angesprochen wird – eine wunderbare Unversehrtheit über Generationen und Katastrophen hinweg zuschreibt, bis die Erzählerin selbst ihn aus der Brandstätte ihres Hauses zog, »als käm' er eben aus dem Töpferofen« (ebd., 314); eine ›weibliche‹ Körper- und Alltagsgeschichte von Zeugung, Geburt, Essen, Kleiden und Tod, deren komischer Kontrast zu der abgebildeten Herrschaftsszene noch durch die Parodie patriarchaler Genealogie als Produkt männlichen Unsterblichkeitswahns gesteigert wird. Der Ursprung der Krughistorie ist der Mundraub ei-

nes Niederländers an einem Spanier, ihre einzelnen Stationen sind charakterisiert durch die Berufe des Kesselflickers, des Totengräbers – der als Sechzigjähriger ein »junges Weib« nimmt und nach der Geburt seines sechzehnten Kindes auf ihren Tod trinkt –, des Schneiders – der die Geschichte seines Todes und des ihn überlebenden Krugs Marthes seligem Mann erzählte –, und dem von der Witwe selbst vertretenen der Hebamme. Wenn der unzerstörte Krug die mythische Präsenz des staatlichen Gründungsereignisses durch die Zeiten hindurch verkörperte, so erscheint hier deren Basis in der körperlich-materiellen Reproduktion.

Wie auch immer die Durchführung des für das Stück zentralen und titelgebenden Krugmotivs im Einzelnen charakterisiert wird (zu seinen geschichtstheoretischen, medialen und poetologischen Aspekten vgl. Seeba 1984; Schmitz-Emans 2002): Sie stiftet eine Verbindung zwischen der geschlechtlichen und der politisch-historischen Thematik. Beide Aspekte verbinden den Krug wiederum mit der Figur des Richters, der sowohl Amtsautorität wie Triebtäter ist. Signifikanterweise hatte er in besagter nächtlicher Situation das Signum seiner Autorität, die Perücke, auf dem Krug abgelegt und ihn dann bei seiner Flucht zu Boden gerissen, bevor nahezu gleichzeitig ein ähnliches Schicksal seinen Schädel ereilte: Loch im Krug und Loch im Kopf – der Text betont die Parallele zwischen der Gemeinschaftsikone und dem Dorfpatriarchen, die aus einer gemeinsamen Vergangenheit in die Gegenwart hineinragen und einen gemeinsamen Untergang finden.

Das Geschehen in Evchens Schlafkammer tritt erst in einem langen letzten Auftritt deutlicher zutage, nachdem der überführte Adam aus dem Gerichtssaal Reißaus genommen hat. Dieser Auftritt, der von Walter und Eve beherrscht wird und zum Bühnengeschehen kaum noch etwas beiträgt, war in seiner ursprünglichen Länge wohl in erster Linie für den Weimarer Misserfolg verantwortlich, weshalb Kleist ihn für den Druck auf etwa ein Neuntel der Verse zusammenstrich, die die Versöhnung der Brautleute und ihre Aufklärung über Adams Betrug durch Walter enthalten. Als »Variant« ließ der Autor aber die ursprüngliche Fassung auf das Ende des Textes folgen, ein Indiz für die Bedeutung, die er ihr zumaß. Es geht in dem Auftritt um den Austausch gegenseitigen Vertrauens zwischen dem Gerichtsrat und der jungen Frau: Eve schuldet ihm noch den genauen Hergang der Nacht und dessen Vorgeschichte (was bisher unterblieben war), und nachdem dies geschehen ist, fordert er denselben Glauben, den er ihrem detaillierten Bericht schenkt, für seine Versicherung ein, dass die heimliche Entsendung der Landmiliz nach Ostindien eine Lüge Adams war. Denn nach wie vor ist Eve von der Richtigkeit des staatlichen Betrugs überzeugt. Wie kann sie dem fremden Regierungsvertreter mehr Glauben schenken als der für sie bisher maßgeblichen Autorität des Richters, zumal dieser sie so schändlich missbraucht hat? Und prinzipieller gefasst: Inwiefern ist der Institution des modernen Staats Glaubwürdigkeit zuzuerkennen, woran ist ihre »Wahrheit« zu *erkennen*?

Walter gelingt es schließlich, Eve zu überzeugen, indem er ihr einen Geldbeutel als Pfand seiner Aufrichtigkeit übergibt: Mit dem Geld kann sie ihren Ruprecht vom Militärdienst freikaufen, sollte das Gerücht wahr sein, andernfalls soll sie es aber zur »Strafe« »bösen Mißtrauns« zurückzahlen, und zwar »wie billig, [...] samt Interessen« (DKV I, 376). Der sich hieran anschließende kurze Wortaustausch ist – neben Marthes Krugbeschreibung – zur meist diskutierten Passage des Dramas geworden. In seinem Zentrum steht das sog. Münzgleichnis: Walter verweist auf das dem Münzgeld als Garantie aufgeprägte Bild des »Spanierkönigs«, das er in Analogie zur Wahrheitsgarantie seiner Aussage setzt. Der Anachronismus bzw. die historische Unmöglichkeit, dass das niederländische Geld den Prägestempel des Landesfeinds trägt, konnte bisher nicht gelöst werden (Müller-Salget 2002, 193f.). Kein Zweifel besteht daran, dass hier das semiotische Kernproblem der Gültigkeit der Zeichenreferenz am arbiträren Nennwert des modernen Gelds veranschaulicht und mit dem anderen Problem der Repräsentation des – unanschaulich gewordenen – modernen Staats verknüpft wird. Dabei bezieht sich Kleist zurück auf die Ringparabelszene in Lessings *Nathan der Weise*, in der das aufklärerische Wahrheitsproblem der religiösen Offenba-

rung ebenfalls mit der Differenz zwischen der »uralten Münze, die gewogen ward«, und dem neuen, nicht mehr mit seiner materiellen Substanz gleichwertigen Geld in Zusammenhang gebracht wurde (Klüger 1994, 172ff.; Greiner 2001, 56ff.). Lessing hatte die Differenz durch die ästhetische Fiktion seiner Parabel und ihrer kopierten Ringe überbrückt; Kleist bewerkstelligt hier eine ähnliche Überbrückung durch das Motiv des Gesichts. »Du hast mir deines Angesichtes Züge / Bewährt, ich will die meinen dir bewähren«, so hatte Walter emphatisch sein Überzeugungsspiel mit dem Geldpfand eingeleitet, dessen Erfolg sich dann ebenfalls nach einem Blick Eves auf Ruprecht einstellt, dem in diesem Augenblick – und *Anblick* – die Wahrheit von der Lüge Adams aufgeht: »Pfui, ist nicht wahr! Kein wahres Wort!« (DKV I, 375f.). Erst im Blickaustausch zwischen den Liebenden ergibt sich also die Überzeugung von der ›staatlichen‹ Wahrheit Walters, eine Überzeugung, die Eve darauf, als Walter sie noch einmal versucht (er hält ihr vor, der Echtheit des Geldes zu misstrauen), überschwänglich auf das ihr vorgehaltene Münzporträt überträgt: »Ob Ihr mir Wahrheit gabt? O scharfgeprägte, / Und Gottes leuchtend Antlitz drauf. O Jesus! Daß ich nicht solche Münze mehr erkenne!« (ebd., 376; vgl. Schmidt 2003, 81f.).

Im Motiv des menschlichen »Antlitzes« (das Wort hat eine starke theologische Resonanz) wird ein Zusammenhang zu Adams beschädigtem Gesicht und damit mittelbar auch zum zerbrochenen Krug hergestellt. An die Stelle der zerstörten personalen Unmittelbarkeit tritt das symbolisch vermittelte ›Gesicht‹ des Staates, das sich im Dreieck zwischen Staatsvertreter, Liebespaar und Münze herstellt. Die neue, anonyme staatliche Ordnung vermittelt sich mit der Intimität der neuen kleinfamilialen Gefühlsorganisation. Der Forschungsdissens hat sich insbesondere an der Figur Walters entzündet, deren Wertung zwischen den Extremen eines stellvertretenden göttlichen Waltens – Walter als Wiederhersteller der Gerechtigkeit – und eines berechnenden bürokratischen Verwaltertums schwankt (Wittkowski 1981). In der symbolischen Ökonomie des Stücks tritt der Gerichtsrat an die Stelle des »alten Adam«, dessen feudal-personale Autorität er durch eine rationale und abstraktere ersetzt, ohne doch radikal mit ihr zu brechen. Hierfür ist die Personenkonstellation des Schlusses bedeutsam: Wo der Dorfrichter sich als der freibeuterische erotische Dritte – man ist versucht zu sagen: als archaischer Lustvater – spaltend in das junge Liebesverhältnis eingedrängt hatte, da fungiert nun Walter als der Adoptivvater, der in eine zarte Beziehung zur jungen Frau tritt, die er mit einem Kuss besiegelt. Ein neues Dreieck löst das alte ab, die Ehe wird unter den Schutz des Staates genommen, dessen Vertreter sich zur Hochzeit einlädt, nachdem er Ruprecht sogar noch die Aufnahme in die Kompanie seines Bruders versprochen hat – ein Abglanz der überholten familiären Welt von Huisum, mit dem Kleist auch schon seine spätere Utopie eines von Gesetz wie »lieblichen Gefühlen« bestimmten neuen preußischen Staats im *Prinzen von Homburg* vorweggenommen haben mag (Kittler 1987).

Die Aufführungsgeschichte des *Zerbrochnen Krug* war lange belastet von der vermeintlichen Handlungsarmut des Stücks, die schon für den Weimarer Misserfolg mit verantwortlich war und in der Folgezeit immer wieder zu Bearbeitungen und Kürzungen führte. Eine von dem Hamburger Theaterdirektor Friedrich Ludwig Schmidt hergestellte Fassung blieb bis zum Ende des 19. Jahrhunderts die vorherrschende Bühnenvorlage, bis vor dem Ersten Weltkrieg sich der Respekt vor dem Originaltext durchsetzte. Die wachsende Popularität des Lustspiels auf dem Theater hing vor allem mit der Rolle des Adam zusammen, die von berühmten Schauspielern besetzt wurde: so dem Berliner Theodor Döring, der sie seit 1844 etwa dreißig Jahre lang an vielen namhaften Bühnen verkörperte, und seinem Zeitgenossen, dem Wiener Burgschauspieler Karl La Roche; so noch von Emil Jannings in einer weitgehend textgetreuen Verfilmung von 1937, die im Übrigen nicht frei war von ideologischen Untertönen. Seit dem Ende des Zweiten Weltkriegs wurde der *Krug* zum meist gespielten Drama Kleists, wobei jetzt auch die – theatralisch gegenüber seinem Widersacher Adam ja zunächst blass erscheinende – Figur des Gerichtsrats Walter als Vertreter der staatlich-politischen Instanz stärkere Beachtung erfuhr.

Literatur

Calhoon, Kenneth S.: Sacrifice and the Semiotics of Power in *Der zerbrochene* [sic] *Krug*. In: Comparative Literature 41 (1989), 230–251.

Frye, Northrop: Analyse der Literaturkritik. Stuttgart 1964.

Fülleborn, Ulrich: Das Gelingen der Komödie: *Der zerbrochne Krug*. In: Ders.: Die frühen Dramen Heinrich von Kleists, München 2007, 69–94.

Graham, Ilse: *Der zerbrochne Krug* – Titelheld von Kleists Komödie [1955]. In: Walter Müller-Seidel (Hg.): Heinrich von Kleist. Aufsätze und Essays, Darmstadt 1987, 282–295.

Grathoff, Dirk: Der Fall des Krugs. Zum geschichtlichen Gehalt von Kleists Lustspiel. In: Ders.: Kleist: Geschichte, Politik, Sprache. Aufsätze zu Leben und Werk Heinrich von Kleists. Opladen 1999, 31–53.

Greiner, Bernhard: Kleists Dramen und Erzählungen. Experimente zum ›Fall‹ der Kunst. Tübingen/Basel 2000.

–: »Ob ihr mir Wahrheit gabt? O scharfgeprägte!« Das Wahrheitsspiel im *Zerbrochnen Krug* und dessen Vorgaben in den Ringparabeln Lessings und Boccaccios. In: Markus Heilmann u.a (Hg.): Ironische Propheten. Sprachbewußtsein und Humanität in der Literatur von Herder bis Heine. Studien für Jürgen Brummack zum 65. Geburtstag. Tübingen 2001, 51–73.

Harms, Ingeborg: Zwei Spiele Kleists um Trauer und Lust. *Die Familie Schroffenstein* und *Der zerbrochne Krug*. München 1990.

Kittler, Wolf: Die Geburt des Partisanen aus dem Geist der Poesie. Heinrich von Kleist und die Strategie der Befreiungskriege. Freiburg i.Br. 1987.

Klüger, Ruth: Tellheims Neffe. Kleists Abkehr von der Aufklärung. In: Dies.: Katastrophen. Über deutsche Literatur. Göttingen 1994, 163–188.

Matala de Mazza, Ethel: Recht für bare Münze. Institution und Gesetzeskraft in Kleists *Zerbrochnem Krug*. In: KJb 2001, 160–171.

Michelsen, Peter: Die Lügen Adams und Evas Fall. Heinrich von Kleists *Der zerbrochne Krug*. In: Herbert Anton u. a. (Hg.): Geist und Zeichen. Heidelberg 1977, 268–304.

Müller-Salget, Klaus: Heinrich von Kleist. Stuttgart 2002.

Schadewaldt, Wolfgang: Der *Zerbrochne Krug* von Heinrich von Kleist und Sophokles' *König Ödipus* [1970]. In: Walter Müller-Seidel (Hg.): Heinrich von Kleist. Aufsätze und Essays. Darmstadt 1967, 317–325.

Schmidt, Jochen: Heinrich von Kleist. Die Dramen und Erzählungen in ihrer Epoche. Darmstadt 2003.

Schmitz-Emans, Monika: Das Verschwinden der Bilder als geschichtsphilosophisches Gleichnis. *Der zer-*

brochne Krug im Licht der Beziehungen zwischen Bild und Text. In: KJb 2002, 42–69.

Schneider, Hans-Peter: Justizkritik im *Zerbrochnen Krug*. In: KJb 1988/89, 309–326.

Seeba, Hinrich C.: Overdragt der Nederlanden in't jaar 1555: Das historische Faktum und das Loch im Bild der Geschichte bei Kleist. In: Martin Bircher u. a. (Hg.): Barocker Lust-Spiegel. Studien zur Literatur des Barock. Amsterdam 1984, 409–443.

Seidlin, Oskar: Was die Stunde schlägt in Kleists *Der zerbrochne Krug*. In: Deutsche Vierteljahrsschrift für Literaturwissenschaft und Geistesgeschichte 51 (1977), 78–97.

–: Von erwachendem Bewußtsein und vom Sündenfall. Stuttgart 1979.

Voss, Ernst Theodor: Kleists *Zerbrochner Krug* im Lichte alter und neuer Quellen. In: Alexander von Bormann u. a. (Hg.): Wissen aus Erfahrungen. Werkbegriff und Interpretation heute. Tübingen 1976, 338–370.

Wellbery, David E.: *Der zerbrochne Krug*. Das Spiel der Geschlechterdifferenz. In: Walter Hinderer (Hg.): Interpretationen. Kleists Dramen. Stuttgart 1997, 11–18.

Wittkowski, Wolfgang: *Der zerbrochne Krug*: Gaukelspiel der Autorität, oder Kleists Kunst, Autoritätskritik durch Komödie zu verschleiern. In: Sprachkunst 12 (1981), 110–130.

Helmut J. Schneider

1.5 *Amphitryon.*
Ein Lustspiel nach Molière

Entstehung

Über die Entstehungsgeschichte des *Amphitryon*, Kleists *Lustspiel nach Molière*, ist wenig bekannt, da kaum Zeugnisse vorliegen. Ungesichert ist vor allem, wann und wo Kleist auf den Amphitryon-Stoff stieß und wann er mit der Übersetzung und Bearbeitung begann. Belegt ist hingegen, dass das fertige Manuskript Anfang 1807 seinen Freund Otto August Rühle von Lilienstern erreichte, der sich umgehend um eine Veröffentlichung bemühte. Im Mai desselben Jahres erschien das Stück in Dresden, während sich Kleist in französischer Gefangenschaft befand.

Aufgrund sprachlicher Übereinstimmungen zwischen *Amphitryon* und *Der zerbrochne Krug* hat Helmut Sembdner die These aufgestellt, dass beide Stücke in enger Nachbarschaft entstanden

seien, wobei *Amphitryon* dem *Zerbrochnen Krug* vorausgehe (Sembdner 1971, 17). Den Beginn dieser Arbeiten hat er auf Frühsommer 1803 datiert. Zu diesem Zeitpunkt lernte Kleist in Dresden Johann Daniel Falk (1768–1826) kennen, der gerade seinerseits den Amphitryon-Stoff bearbeitete. Sein *Amphitruon* erschien 1804 in Halle. Für Sembdner besteht »kein Zweifel«, dass Kleist durch Falk zu seinem *Amphitryon* inspiriert wurde und intensiv mit ihm zusammenarbeitete (ebd., 18).

Gegen die Datierung auf Frühsommer 1803 spricht jedoch die wesentlich besser überlieferte Entstehungsgeschichte des *Zerbrochnen Krugs*, dessen Anfänge von der Forschung fraglos auf Kleists Schweizer Aufenthalt im Jahr 1802 datiert werden. Sprachliche Übereinstimmungen zwischen beiden Texten lassen daher zwar den Schluss zu, dass Kleist zeitweise parallel an beiden Texten gearbeitet hat, erlauben aber keine eindeutige Abfolge. So überliefert der erste Biograf Kleists, Wilhelm Schütz (1776–1847), dass Kleist in Königsberg am *Zerbrochnen Krug* gearbeitet und den *Amphitryon* übersetzt habe (Kommentar, DKV I, 863). Auch Briefe legen die Vermutung nahe, dass die Arbeit an *Amphitryon* in Kleists Königsberger Zeit fällt, wo er von Mai 1805 bis Januar 1807 tätig war. In einem Brief an seine Schwester Ulrike vom 31. Dezember 1806 erwähnt Kleist »Manuskripte« (DKV IV, 368), die er nach Berlin geschickt habe. Darunter befand sich wahrscheinlich auch das fertige *Amphitryon*-Manuskript (Kommentar, DKV I, 862), da das Stück bereits im Mai 1807 im Druck erschien.

Für diese Annahme spricht auch ein Brief an Christoph Martin Wieland vom 17. Dezember 1807, den Kleist im März desselben Jahres aus der Haft in Frankreich heraus um die Vermittlung des Textes an Buchhändler gebeten hatte. Dieser Brief belegt, dass das Manuskript Anfang 1807 abgeschlossen war. Zugleich handelt es sich um den einzigen erhaltenen Brief, in dem Kleist *Amphitryon* namentlich erwähnt (vgl. DKV IV, 398). Vor diesem Hintergrund kann die Entstehung des Lustspiels auf Kleists Königsberger Zeit datiert werden, in der er auch das Stück *Der zerbrochne Krug* zum Abschluss brachte.

Drucke

Im Gegensatz zu den Unsicherheiten im Hinblick auf die Entstehung des *Amphitryon* ist die Überlieferung des Lustspiels unstrittig: 1807 gab Adam Müller das Stück mit einer Vorrede in Dresden heraus. Dieser Druck beruht auf dem verschollenen Manuskript, das Otto August Rühle von Lilienstern während Kleists Gefangenschaft an den Buchhändler Christoph Arnold – den Verleger Müllers – verkaufte (vgl. DKV IV, 377, 386). Eine Vermittlung des Manuskripts an den Verleger Georg Joachim Göschen war fehlgeschlagen.

Der Titel des Erstdrucks lautet: *Heinrich von Kleists Amphitryon, ein Lustspiel nach Molière. Herausgegeben von Adam H. Müller. Dresden, in der Arnoldischen Buchhandlung.* Damit ist *Amphitryon* der erste Text, der unter Kleists Namen publiziert wurde. Da sich Kleist während der Drucklegung in Gefangenschaft befand, konnte er den Druckvorgang nicht selbst kontrollieren. Wahrscheinlich hat Müller diese Aufgabe übernommen und sich um die Korrektur des Drucksatzes gekümmert (vgl. Kommentar BKA I/4, 145). Ludwig Tieck publizierte das Lustspiel 1826 in seiner Ausgabe der *Gesammelten Schriften* Kleists. Auf den Zusatz »nach Molière« verzichtete er.

Quellen und Stoffgeschichte

Der Amphitryon-Stoff lässt sich in der griechischen Literatur bis zu Homer zurückverfolgen und reicht in der Gegenwart bis zum Lustspiel des amerikanischen Dramatikers Eric Overmyer *Amphitryon. A Comedy after Kleist after Molière with a Little Bit of Giraudoux Thrown In* (1996), das 1995 in New York uraufgeführt wurde (vgl. Andreach 2000). Jean Giraudoux nannte seine Bearbeitung des Stoffes *Amphitryon 38*, da er von weiteren 37 Bearbeitungen wusste, die ihm vorangegangen waren. Die Bedeutung der Vorgänger, die bereits Kleist deutlich markiert, stellt Overmyer auf selbstironische Weise aus.

Den Kern sämtlicher Bearbeitungen des Amphitryon-Stoffes (vgl. Szondi 1973; Lämmert 1996) bildet der Mythos von der Zeugung des Herakles, den Homer im 11. Gesang seiner *Odys-*

see angedeutet hat. Hesiod hat diesen Mythos in einem Epos mit dem Titel *Der Schild des Herakles* ausführlich geschildert. Ihm zufolge nutzt Zeus die Abwesenheit Amphitryons für eine Liebesnacht mit dessen Gattin Alkmene. Kurz darauf kehrt der Feldherr voller Verlangen zu seiner Frau zurück. Schließlich gebiert Alkmene Zwillinge – Herakles, den Sohn des Zeus, und Iphikles, den Sohn des Amphitryon (vgl. Szondi 1973, 155f.).

Die Geburt des Herakles wurde auch zum Gegenstand der dramatischen Bearbeitungen des Stoffes durch die Tragiker des 5. Jh.s v. Chr. Sophokles hat einen *Amphitryon*, Aischylos und Euripides haben *Alkmene*-Tragödien geschaffen. Sie sind allerdings ebensowenig überliefert wie die Komödie *Die lange Nacht* des attischen Dichters Platon (Ende des 5. Jh.s v. Chr.), mit der wahrscheinlich die lustspielhafte Auffassung des Stoffes einsetzte. Szondi vermutet, dass die Teilung des Stoffes in Tragödie und Komödie mit zwei verschiedenen Überlieferungen der Heldensage zusammenhängen könnte: »Während die Geburt des Herakles den Höhepunkt in den tragischen Gestaltungen des Stoffes bildete, mag sich das komische Licht früh auf die Nacht der Zeugung konzentriert haben« (Szondi 1973, 163). So weist ja schon der Titel *Die lange Nacht* auf die List Jupiters hin (das römische Pendant des Zeus), die Nacht der Zeugung länger als jede andere währen zu lassen.

Mit der Komödie *Amphitruo* (um 200 v. Chr.) des römischen Dramatikers Plautus liegt die erste überlieferte Bearbeitung des Stoffes vor. Gleichzeitig zeigt sich hier bereits die auch für Kleist wesentliche Verbindung von Komischem und Tragischem. Plautus stellt dem Stück einen Prolog voran, in dem er Merkur eine »tragicomoedia« ankündigen lässt. Im Zentrum der Vorrede, die fast ein Drittel des Stückes einnimmt, steht das Possenspiel zwischen Merkur, dem »Spielleiter und Drähtezieher«, sowie Sosias, dem feigen, gefräßigen und schlagfertigen Diener Amphitryons (vgl. Stierle 1997, 34). Den Schluss des Stückes bildet die Doppelgeburt von Jupiters Sohn Herkules und dem Sohn des Amphitryon, Iphikles.

Eine Zäsur in der Stoffgeschichte markiert die

Komödie *Les deux Sosies* (Erstaufführung 1636, Erstdruck 1638) von Jean Rotrou (1609–1650), die, so Karlheinz Stierle (1997, 35), »den Einsatzpunkt für die neuzeitliche Geschichte« der Amphitryon-Bearbeitungen bezeichnet. Wie bereits der Titel deutlich macht, stärkt Rotrou die Szenen zwischen Merkur und Sosias. Seine Komödie eignet sich Plautus' Vorlage unter neuen poetischen Vorzeichen an. »Der Amphitryon-Mythos ist für Rotrou Anlaß, die ganze Kunst geistreicher Paradoxien zu entfalten, die er nahelegt. Konfusion ist die immer wieder aufgerufene Leitvorstellung des Stücks« (ebd., 36). Die Veränderungen, die der französische Autor vornimmt, betreffen vor allem das Götterbild. Durch kunstvolle wechselseitige Spiegelungen von Merkur und Sosias sowie Jupiter und Amphitryon verlieren die Götter ihre Erhabenheit. Das letzte Wort hat Sosias, der die Ehre des Ehebruchs, die der betrogene Amphitryon beschwört, nüchtern beim Namen nennt: »Cet honneur, ce me semble, est un triste avantage, / On apelle cela lui sucrer le breuvage« (Rotrou 1638/1980, 160; sucrer le breuvage = den Trank versüßen).

Der Übergang zur Gesellschaftskomödie, der sich bei Rotrou abzeichnet, gewinnt bei Molière (1622–1673) weiteres Profil. Er verschlankt die Komödie und entfaltet die Handlung übersichtlich und funktional (vgl. Stierle 1997, 41). Molière verzichtet auf die Geburt des Herakles und rückt Jupiters Doppelgängerspiel in den Mittelpunkt. Kennzeichnend für seine Deutung des Amphitryon-Stoffes ist die Trennung zwischen Gemahl und Liebhaber, die Jupiter als Forderung an Alkmene stellt, die aber vor allem seine eigene Position als Gott und Souverän betrifft. Damit wird eine neue Etappe im Verhältnis von Identität und Rolle erreicht, die auf der Diener-Ebene ihre Entsprechung findet (vgl. Jauß 1981, 124). Ihre volle Bedeutung erlangt Molières Inszenierung des souveränen Herrschers im Rahmen der französischen Hofkultur. Dazu gehört sowohl die repräsentative Funktion des Theaters als auch die Stellung Molières am absolutistischen Hof Ludwigs XIV., in dessen Anwesenheit *Amphitryon* wenige Tage nach der Uraufführung am 13. Januar 1668 gegeben wurde (vgl. Höller 1982).

Während Molière die Grenze der absoluten Göttermacht wie des Selbstbewusstseins seiner Figuren auslotet, gerät diese Grenze bei Kleist ins Wanken. Sein *Amphitryon* bringt in engster Anlehnung und gleichzeitig in vollem Gegensatz zu Molière das Spiel mit einer in ihren Grundfesten erschütterten Welt auf die Bühne. Für seine Bearbeitung benutzte Kleist die von Marc Antoine Jolly herausgegebene Molière-Ausgabe von 1734; möglicherweise kannte er auch die Amphitryon-Bearbeitung von Rotrou (vgl. Kommentar, DKV I, 867). Einen deutschsprachig vermittelten Zugang zu Molières *Amphitryon* (1668) hat Kleist durch den schon erwähnten Kontakt zu Johann Daniel Falk erhalten, der mit seinem ausschweifenden, an Molière angelehnten *Amphitruon* (1804) nichts weniger als die Grundlagen des zukünftigen Lustspiels der Deutschen schaffen wollte (vgl. Sembdner 1971, 16).

Die grundstürzende Erschütterung, die Kleist zeigt, hat, wie es scheint, zu einem vorläufigen Endpunkt in der Geschichte der Amphitryon-Bearbeitungen geführt. Erst im 20. Jh. sind weitere Bearbeitungen des Mythos erschienen. Die Kleist-Forschung hat sich vor allem mit Jean Giraudoux' *Amphitryon 38* (1929), gefolgt von Georg Kaisers *Zweimal Amphitryon* (1943) und Peter Hacks' Lustspiel *Amphitryon* (1967/68) beschäftigt (vgl. Fetscher 2003, 204). Zu erwähnen ist außerdem der UFA-Film *Amphitryon – Aus den Wolken kommt das Glück* (Regie: Reinhold Schünzel) von 1935, der den Stoff mit kritisch-ironischen Untertönen in Szene setzt. Darüber hinaus existieren drei Opernbearbeitungen aus der Nachkriegszeit: von Robert Oboussier (1950), Hermann Henrich (1961, unveröffentlicht) und von Giselher Klebe (1961) (vgl. Kreutzer 2001, 181; s. Kap. VII.3.2).

Interpretation

Das Zentrum von Kleists *Amphitryon* bildet das vielschichtige Spiel mit erschütterten Gewissheiten, das nicht nur Bewusstsein, Sprache und Beziehungen der Menschen, sondern auch die Götter selbst auf die Probe stellt. Die Komplexität des Stückes hat in der Forschung zu einer Vielzahl von Deutungen geführt. Drei Themenfelder stehen dabei im Mittelpunkt: Doppelgänger- und

Identitätsproblematik, Mythos und Religion sowie Gattungszuordnung und Theatralität. Noch immer als grundlegend können die Analyse von Szondi (1973) sowie deren Weiterführung durch Jauß (1981) gelten. Durch die Betonung der spielerischen Selbstreflexion des Stückes hat Hinrich C. Seeba die verschiedenen Dimensionen des Stoffes verbunden und in seinem Kommentar zur Frankfurter Ausgabe des *Amphitryon* neue Maßstäbe für die Deutung gesetzt (vgl. Kommentar, DKV I, 858–930). Einen ausführlichen Überblick über Ansätze und Fragestellungen der Forschung zwischen 1978 und 2001 bietet Justus Fetscher (2003).

Kleists *Amphitryon* gliedert sich in drei Akte, der Schauplatz ist dem antiken Stoff gemäß vor dem Haus des Amphitryon. Das Stück beginnt während der durch Jupiter künstlich verlängerten Nacht und umfasst den auf sie folgenden Tag. Die Begegnung zwischen dem Gott und Alkmene bleibt für den Zuschauer unsichtbar. Jupiter erscheint erst, als er sich nach der gemeinsamen Liebesnacht von der Geliebten verabschiedet und mit ihr aus dem Haus tritt (I/4). Dessen Schwelle markiert daher die mehrfache Grenzüberschreitung des Gottes, die die Identitäts- und Gattungsproblematik thematisch macht.

Gespiegelt wird der nächtliche Betrug in den ersten beiden Szenen des Stückes, die durch den Auftritt von Sosias das selbstreflexive Potential des Stückes als Spiel im Spiel breit entfalten. Amphitryons Diener erscheint, um Alkmene die Nachricht vom Sieg und der unmittelbar bevorstehenden Rückkehr ihres Mannes zu überbringen. Aus diesem Auftrag, der dem ängstlichen Sosias einigen Mut abverlangt, macht er ein Rollenspiel, das in einer Theaterprobe mündet, in der die Grenzen zwischen Fiktion und Wirklichkeit mehrfach verwischt sind. Mit der Rolle des Boten geht eine unwillkürliche Aufwertung seiner Person einher, wenn sich Sosias durch Alkmene huldvoll empfangen imaginiert. In Gedanken entwirft er dann den Botenbericht als Rede, die auf komische und ironische Weise Amphitryons letzte Schlacht glorifiziert, an der er selbst vorsichtshalber gar nicht teilgenommen hatte. Gleichzeitig übt er, wie er Alkmene diese Szene vorspielt. Schließlich gibt er den Beobachter der

Szene und führt damit das Rollenspiel als solches vor (vgl. Brandstetter 1999, 118f.) Sein Auftritt verleiht dem Stück den Charakter einer Versuchsanordnung, die zur Probe auf das Exempel der Darstellung von Identität aller beteiligten *dramatis personae* wird. Durch sein Rollenspiel verdreifacht Sosias sich, noch bevor Merkur als sein Doppelgänger auftritt. Damit stellt sich auch die Frage, inwiefern er mit seinem Verhalten dem Raub der Identität Vorschub leistet (vgl. Nölle 1993), eine Frage, die ebenfalls das Verständnis von Alkmene betrifft, wie Karlheinz Stierle und Bernhard Greiner hervorgehoben haben. So ertönt bereits in der Begegnung mit Merkur das erste »Ach« aus dem Munde des Sosias, das vielfältig variiert bis zu Alkmenes berühmtem letzten »Ach!« den Leitfaden des Stückes bildet und den Verlust der Selbstgewissheit – als Übereinstimmung von Sprache und Bewusstsein – bezeichnet: »Ach! / Ich bin jetzt, was du willst« (DKV I, 390f.). Das Rahmenspiel wird zum Spiegel, in dem eine der Kernfragen des Stückes erscheint: »Theater – als Spiel mit der Möglichkeit von Identität und zugleich als Spiel über die Möglichkeit der Darstellung von Identität« (Brandstetter 1999, 120). Die ersten beiden Auftritte reflektieren dadurch nicht nur den spielerischen Charakter des Stückes, sie enthalten auch sein gesamtes geschichtsphilosophisches, sprachphilosophisches, erkenntnistheoretisches und poetisches Programm (vgl. Kommentar, DKV I, 922).

Die Aufklärung des Betrugs macht Kleist zu einer Frage, die Menschen und Götter betrifft. Sie ergibt sich aus den Gesprächen zwischen den Beteiligten, wodurch von Anfang an das Problem der Deutung des nächtlichen Vorfalls gegeben ist. Schon in den ersten Versen Jupiters, die er zum Abschied an Alkmene richtet, ist davon die Rede, dass die Welt diesen »Raub« des Krieges »mißdeuten« könne (ebd., 396). Während Alkmene, den Leitfaden des Stückes aufnehmend, zunächst die Selbstgewissheit ihrer Liebe behauptet (»Ach, wie / So lästig ist so vieler Ruhm, Geliebter! [...] Was brauchen wir, als nur uns selbst! Warum / Wird soviel Fremdes noch dir aufgedrungen, / Dir eine Krone und der Feldherrnstab?« ebd., 397), mischt sich leise die erste Ahnung der Differenz der durch göttliche Macht künstlich verlängerten Nacht in ihren Abschiedsschmerz: »Ach was das Vaterland mir alles raubt, / Das fühl' ich, mein Amphitryon, erst seit heute, / Da ich zwei kurze Stunden dich besaß« (ebd., 397). Als Jupiter sich darauf vergewissert, dass ihr die Nacht mit ihm kürzer schien als andere Nächte, antwortet Alkmene nur noch: »Ach!« (ebd., 399). Mit diesem Laut zwischen Sprechen und Schmerz markiert Kleist die Grenze zwischen Sprache und Bewusstsein, zwischen Sagbarem und Unsagbarem, die auf die für Kleists Werk grundlegende Problematik der Möglichkeit von Erkenntnis verweist, die Alkmene in II/4 folgendermaßen formuliert: »Wie soll ich Worte finden, […] Das Unerklärliche dir zu erklären?« (ebd., 420). Die Erschütterung der eigenen Selbstgewissheit, die sich in dieser an das Gegenüber gerichteten Frage ausdrückt, wird schließlich selbst Jupiter erleben: »Verflucht der Wahn, der mich hieher gelockt!« (ebd., 431). Als Gott, der den Ehemann spielt, ist auch Jupiter damit konfrontiert, dass sich die Grenzen zwischen Wirklichkeit und Fiktion verwischen. Jupiter will nämlich nicht nur sein Begehren stillen, sondern von Alkmene als der geliebt werden, der er ist. »Ach Alkmene! / Auch der Olymp ist öde ohne Liebe. / […] Er will geliebt sein, nicht ihr Wahn von ihm. / In ew'ge Schleier eingehüllt, / Möcht' er sich selbst in einer Seele spiegeln, / Sich aus der Träne des Entzückens wiederstrahlen« (ebd., 431f.). Für diese Erkenntnis kämpft er mit ihr um die Interpretation der Liebesnacht (Neumann 1994, 146), da er ihre Hingabe als Gott erhalten haben will. Das »heitre Fest« (DKV I, 398) der nächtlichen Begegnung wird für Jupiter zu einer umso größeren Herausforderung, je weiter er sich – als gleichsam betrogener Betrüger – in den von ihm selbst ausgelegten Fallstricken der Identität verfängt.

Der göttliche Identitätskonflikt bildet im Gegensatz zur Souveränität des Gottes bei Molière das Zentrum der erst von Kleist entwickelten Szene II/5 und darüber hinaus das Zentrum seines Stückes. Dafür stärkt er vor allem die Figur der Alkmene, die bei Molière bereits nach dem zweiten Akt verschwindet, während sie bei Kleist bis zuletzt ihre Position zu behaupten sucht. Kleist übernimmt zunächst die von Molières Jupiter selbstbewusst geforderte Unterscheidung

zwischen Liebhaber und Gemahl. Durch die zweifache Vertauschung der Initialen – A für Amphitryon und J für Jupiter – auf dem als Kriegsbeute mitgebrachten Geschenk des Diadems, auch dies mithin ein »Raub« des Krieges, der den nächtlichen Betrug unterstreicht, treibt Kleist im Vergleich zu Molière die Unterscheidung weiter, die Alkmene von Jupiter abverlangt wird. Der Wechsel der Buchstaben lässt die Ahnung einer Täuschung in Widerspruch zu ihrem unverbrüchlichen Gefühl treten. Umgekehrt lässt die Ordnung der Zeichen nur die Täuschung eben dieses Gefühls als Schlussfolgerung zu: »Nicht ich, nicht er, sind einer Tücke fähig; / Und jener doppelsinn'ge Scherz mir jetzt / Durch das Gedächtnis zuckt, da der Geliebte, / Amphitryon, […] Mir auf Amphitryon den Gatten schmähte, / Wie Schaudern jetzt, Entsetzen mich ergreift / Und alle Sinne treulos von mir weichen« (DKV I, 420). Doch ihr Gefühl ist Alkmenes letzte Gewissheit. Ehe sie sich in Amphitryon getäuscht hat, will sie sich lieber in sich selbst getäuscht haben. Sie vertraut ihrem Gefühl, das auf den Anderen, nämlich Amphitryon, bezogen ist, mehr als sich selbst. Zu ihrer Dienerin Charis spricht sie in II/4 die berühmten Verse: »Eh will ich irren in mir selbst! / Eh' will ich dieses innerste Gefühl, / Das ich am Mutterbusen eingesogen, / Und das mir sagt, daß ich Alkmene bin, / Für einen Parther oder Perser halten« (ebd., 421). Alkmene unterscheidet ihr Gefühl für ihn und die Ahnung der Täuschung. Dadurch wird das Gefühl zur letzten Instanz der Selbstvergewisserung: »Nimm Aug' und Ohr, Gefühl mir und Geruch, / Mir alle Sinn' und gönne mir das Herz: / So läßt Du mir die Glocke, die ich brauche, / Aus einer Welt noch find' ich ihn heraus« (ebd., 421). Aufgrund dieser Gewissheit meint das J auf dem Diadem für Alkmene immer Amphitryon, auch wenn die trügenden Sprachzeichen gleichzeitig ihr Misstrauen gegen sich selbst befördern.

Gleichzeitig räumt Alkmene gegenüber Charis ein, dass sie Amphitryon niemals schöner fand als in dieser Nacht: »Ich hätte für sein Bild ihn halten können, / Für sein Gemälde, sieh, von Künstlerhand, / Dem Leben treu, in's Göttliche verzeichnet« (ebd., 422). Dieses Bekenntnis schließt nicht nur an das Bewusstsein der Differenz dieser Nacht an. Die ›Verzeichnung‹ ins Göttliche, die zum Trug der Zeichenordnung beiträgt, leistet dem Betrug des Gottes ebenso Vorschub wie sie ihn kränkt. So hält Jupiter ihr in der verhörähnlichen zweiten Hälfte der Szene II/5 vor: »Wer ist's, dem du an seinem Altar betest? / Ist er's dir wohl, der über Wolken ist? / Kann dein befangner Sinn ihn wohl erfassen? / Kann dein Gefühl, an seinem Nest gewöhnt, / Zu solchem Fluge wohl die Schwingen wagen. / Ist's nicht Amphitryon, der Geliebte stets, / Vor welchem du im Staube liegst?« (ebd., 429). Alkmene hat mithin einen Akt der Stellvertretung vorgenommen, sie macht aus dem Gebet Theater (vgl. Greiner 2000, 228). Als Jupiter von ihr verlangt, sie solle künftig nur den Gott am Altar anbeten, behauptet sie eine Unterscheidung, zu der sie, wie das Stück vorführt, gerade nicht in der Lage ist: »Wohlan! Ich schwör's dir heilig zu! Ich weiß / Auf jede Miene, wie er ausgesehn, / Und werd' ihn nicht mit dir verwechseln« (DKV I, 430).

An Alkmenes ›Verzeichnung‹ scheitert die Selbstbezeichnung des Gottes, der Ehrfurcht, aber nicht menschliche Liebe erzwingen kann. Auf Jupiters das eigene Spiel letztlich preisgebende Frage: »Wenn ich, der Gott, dich hier umschlungen hielte, / Und jetzo dein Amphitryon sich zeigte, / Wie würd' dein Herz sich wohl erklären?« (ebd., 433), antwortet Alkmene: »Wenn du, der Gott, mich hier umschlungen hieltest / Und jetzo sich Amphitryon mir zeigte, / Ja – dann so traurig würd' ich sein, und wünschen, / Daß er der Gott mir wäre, und daß Du Amphitryon mir bliebst, wie du es bist« (ebd.). So bleibt noch die Anerkennung des Gottes an das Bekenntnis zu Amphitryon gebunden. Gleichzeitig ist diese Anerkennung das höchste der Gefühle, was Jupiter erreicht, wie seine unmittelbare Reaktion verdeutlicht: »Mein süßes, angebetetes Geschöpf! / In dem so selig ich mich, selig preise!« (ebd.). Kleists Alkmene lässt sich auf die Unterscheidung zwar als Gedankenspiel ein, verweigert Jupiter aber das Bekenntnis, ihn als Gott geliebt zu haben. Sein Versuch, Alkmenes Liebe zu gewinnen, ist damit gescheitert, das erpresste Geständnis führt sogar zu einer Spaltung in seiner Identität (vgl. Stephens 1994). In dieser Infragestellung göttlicher Gewissheit liegt die entscheidende Ra-

dikalisierung des Stoffes. Gleichzeitig steht mit dieser Verschiebung von der gesellschaftlichen zur metaphysischen Dimension auch die Autonomie des Individuums auf dem Prüfstand (vgl. Kommentar, DKV I, 915). Identität wird hier immer nur »als negierte zuerkannt« (Greiner 2000, 233). Sie ist vom Schmerz der Prüfung geprägt, die Alkmene als »Riß« benennt.

Die in Szene II/5 erreichte Grenze der Möglichkeit, Amphitryon zu meinen und sich doch für Jupiter zu entscheiden, wird in der letzten Szene des Stückes tragische Wirklichkeit, als beide Amphitryone vor Alkmene treten (vgl. Stierle 1997, 57). Vor die praktische Wahl gestellt, hält sie dem wahren Amphitryon vor: »Du Ungeheuer! Mir scheußlicher, / Als es geschwollen in Morästen nistet! [...] Jetzt erst, was für ein Wahn mich täuscht', erblick' ich. / Der Sonne heller Lichtglanz war mir nötig, / Solch' einen feilen Bau gemeiner Knechte, / Vom Prachtwuchs dieser königlichen Glieder, / [...] zu unterscheiden?« (DKV I, 457f.). Faktisch entscheidet sich Alkmene aber, wenn auch etwas subtiler als Ruprecht in *Der zerbrochne Krug,* immer für den Amphitryon, den sie mit Händen greifen kann. Insofern entscheidet sie sich, wie schon Peter Szondi bemerkt hat, weder für den einen noch den anderen. Da beide nur in ihrer Vorstellung existieren, entscheidet sie sich für den, der gegenwärtig ist. Ihr Gefühl hat sie nicht betrogen, denn alles, was ihr erschien, war Amphitryon. Gleichzeitig aber war dieser Amphitryon nicht der Feldherr, sondern die göttliche Gestalt. Unfehlbarkeit und Fehlbarkeit des Gefühls sind daher in Alkmene unauflöslich ineinander verschlungen (vgl. Szondi 1973, 175f.). Jupiter ergreift entsprechend weniger von Amphitryon und seinem Namen Besitz, wie es der Buchstabenwechsel nahe legt, sondern, wie Karlheinz Stierle betont hat, von »seinem schon ins Göttliche gesteigerten Bild« (Stierle 1997, 60).

Die Treue, die Alkmene noch in ihrer Täuschung Amphitryon beweist, ermöglicht es diesem am Ende des dritten Aktes, die Wahrheit ihrer Entscheidung anzuerkennen: »O ihrer Worte jedes ist wahrhaftig, / Zehnfach geläutert Gold ist nicht so wahr. / [...] Nicht dem Orakel würd' ich so vertraun, / Als was ihr unverfälschter Mund gesagt. / Jetzt einen Eid selbst auf den Altar schwör' ich, / Und sterbe siebenfachen Todes gleich, / Des unerschütterlich erfaßten Glaubens, / Daß er Amphitryon ihr ist« (DKV I, 459). Dieser Glaube an die Wahrhaftigkeit der Geliebten ermöglicht zumindest aus Amphitryons Perspektive ein versöhnliches Ende. Selbstbewusst tritt er Alkmene in seinen Armen haltend dem Gott entgegen, der ihm die Geburt des Herkules verkündet.

Das Vertrauen, das Amphitryon in der letzten Szene proklamiert, kann am Ende aller Prüfungen nur als Absage an das Vertrauen in Gott, zumal eines sich selbst fragwürdig gewordenen Gottes, interpretiert werden. Dass er diesen Verlust, der an das Vertrauen zu Alkmene gebunden ist, am Altar schwören will, setzt die göttliche Autorität nur vordergründig wieder ein. Er wiederholt vielmehr Alkmenes Gebete just an jenem Altar, an dem sie sich jener Vergöttlichung des Menschen schuldig gemacht hatte, die Jupiter ihr – übrigens in bester Luther'scher Manier – als »Abgötterei« vorgeworfen hatte. Diese Entwicklung wird durch die spielerische Deus-ex-machina-Wendung des Schlusses noch unterstrichen: Jupiter erscheint als Theater-Gott, auf den die geforderte Unterscheidung zwischen Liebhaber und Gemahl, Mensch und Gott selbst zurückfällt. Während Amphitryons Vertrauen damit letztlich als Vertrauen in das Spielwerk des Theaters gedeutet werden kann, kündet Alkmenes berühmtes letztes »Ach!« von der Grenze zwischen Wissen und Fühlen, die auf den fehlenden dritten Gedanken verweist, den es für Alkmene nur als Verfehlung gibt. Denn ihr »Ach!« bezeichnet nicht nur die Grenze der Sprache und des Leibes, sondern zugleich die Grenze des literarischen Theaters (vgl. Greiner 2000, 241).

Der misslingende Versuch der Unterscheidung führt damit auch die Aufklärung an ihre Grenzen. Kleists *Amphitryon* ist die Einsicht eingeschrieben, dass die Grenzen zwischen Fiktion und Wirklichkeit, Sprache und Bewusstsein erschüttert sind. So verweist bereits der Untertitel »Lustspiel nach Molière« in doppelter Weise auf das Spiel mit fragwürdigen Gewissheiten, da er nicht nur die Vorlage, sondern auch die historisch veränderte Ausgangssituation bezeichnet

(vgl. Jauß 1981, 130). Auf der Ebene der Gattung erscheint diese Infragestellung als virtuose Selbstreflexion, und zwar in der doppelten Bedeutung von Geschlecht und Genre. Weder als Gott noch als Mensch unangefochten werden Jupiter und Amphitryon in ihrem Doppelgängertum zum »eingeknickt[en]« Helden (vgl. III/10f.) einer schon bei Plautus angelegten Tragikomödie, die Alkmenes noch in der letzten Versicherung des Gegenübers uneindeutiges »Ach!« beschließt. Dagegen behält sowohl bei Rotrou als auch bei Molière jeweils Sosias das letzte Wort. Diese Wendung kann daher auch als letzte Spiegelung von Sosias und Alkmene gedeutet werden, die bereits im ersten »Ach« des Textes anklingt, das in seiner Uneindeutigkeit auf die Tragikomik des Stückes verweist.

Wirkung

Die Rezeption des *Amphitryon* im 19. Jh. stand zum einen im Zeichen der deutsch-französischen Rivalität und zum anderen im Zeichen der Auseinandersetzung um die Moderne, die auch in der Aufführungsgeschichte des Stückes eine Rolle spielt. Nur sieben Monate nach dem Sieg der französischen Armee über Preußen provozierte die Wahl eines vor allem durch den Franzosen Molière bekannt gewordenen Stoffes eine nationale Lesart, der die Behandlung des Stoffes durch Kleist der französischen Vorlage gegenüber überlegen scheinen musste (vgl. Kommentar, DKV I, 869f.). Diesem einmütigen Urteil der Literaturkritik hatte Adam Müller durch seine Vorrede Vorschub geleistet, die auf einen Vergleich der beiden Nationalcharaktere abzielte: »Erwägt man die Bedeutung des deutschen und die Frivolität des Moliereschen Amphitryon, erwägt man die einzelnen von Kleist hinzugefügten komischen Züge, so muß man die Gutmütigkeit bewundern, mit der die komischen Szenen dem Moliere nachgebildet sind: der deutsche Leser hat von dieser mehrmaligen Rückkehr zu dem französischen Vorbilde den Gewinn kräftig an das Verhältnis des poetischen Vermögens beider Nationen erinnert zu werden« (DKV I, 380).

Diesen unmissverständlichen Hinweisen zur tagespolitischen Bedeutung des Stückes geht eine

Einordnung in die kunstphilosophische Diskussion der Zeit voran, die in Anschluss an Friedrich Schlegels Abhandlung *Über das Studium der griechischen Poesie* (1797) in Kleists *Amphitryon* das Tertium comparationis von Antikem und Modernem sieht. Kleist strebe nach einer »gewissen poetischen Gegenwart«, in der sich das Antike wie das Moderne unterordnen und »dennoch wohlgefallen« würden (ebd., 380).

Die äußerst positive Aufnahme der Buchausgabe des *Amphitryon* von 1807 erhielt einen Dämpfer durch Tiecks Vorrede zu den von ihm herausgegebenen *Hinterlassenen Schriften* Kleists (Berlin 1821). Dort bezeichnete er *Amphitryon* als »Verirrung«, eine Arbeit, die Kleist mehr aus »Studium oder Zerstreuung« angefertigt habe (vgl. Kommentar, DKV I, 881). Dass er dieses Urteil in der Einleitung zu den von ihm herausgegebenen *Gesammelten Schriften* (Berlin 1826) wörtlich wiederholt hat, hat die weitere Rezeption im 19. Jh. geprägt. Otto Brahm bezeichnete das Lustspiel als Übungsstück, und noch Friedrich Gundolf äußerte sich zu Beginn der 1920er Jahre eher kritisch (vgl. Szondi 1961, 249).

Eine deutliche Aufwertung erfuhr das Stück seit der Jahrhundertwende (s. Kap. VII.1.2f.). In diesem Zusammenhang steht auch die Uraufführung des Lustspiels am 8. April 1899 im Berliner Neuen Theater. Die Zustimmung zur Kleist'schen Auffassung des Amphitryon-Stoffes fand 1928 ihren Höhepunkt in Thomas Manns Essay *Amphitryon. Eine Wiedereroberung*, der bereits auf das Doppelwesen des Stückes als Gesellschaftskomödie und metaphysisches Gedankenspiel abhob. Dessen spezifischer Theatralität begegnete er durch die bereits im Titel anklingende Verbindung von Analyse und Liebeserklärung.

Aufführungen

Die Uraufführung von *Amphitryon* fand am 8. April 1899 am Neuen Theater in Berlin (dem heutigen Berliner Ensemble/Theater am Schiffbauerdamm) unter der Regie von Wilhelm Kirchbach im Rahmen der Historisch-Modernen Festspiele statt (vgl. Dorr 1931, 80). Damit wurde das Lustspiel als letztes der Kleist-Dramen vom Theater entdeckt. Von Thomas Mann als das

»schönste Theaterspielwerk der Welt« (Mann 1928, 574) gerühmt, galt es den Bühnen lange als unspielbar. Seine Uraufführung im Rahmen der Festspiele ging auf theaterreformerische Bemühungen der Jahrhundertwende zurück. Das Publikum nahm das Stück mit großer Begeisterung auf, wie die verschiedenen Rezensionen belegen (Kommentar, DKV I, 899f.). Angeregt durch das Berliner Beispiel brachte die Münchner Literarische Gesellschaft noch im selben Jahr Kleists Lustspiel in einer Bearbeitung von Ludwig Ganghofer (1853–1920) am Gärtnerplatztheater heraus (vgl. Dorr 1931, 79). Am 30. Januar 1899 wurde *Amphitryon* auf dem Schiller-Theater in Berlin unter der Regie von Albert Patry (1864–1938) gegeben. In dieser Inszenierung wurde das Stück erstmals in einen regulären Spielplan aufgenommen und erlebte im selben Jahr 14 Aufführungen (vgl. ebd., 85). Am 3. März 1900 hatte *Amphitryon* am Berliner Theater Premiere. Regie führte Paul Lindau (1839–1919), der Kleists Text durch Molières Prolog und die Schlussworte des Sosias rahmte (vgl. ebd., 78). Es folgten Aufführungen am Münchner Hoftheater und am Wiener Burgtheater. Die Wiener Aufführung konnte unter den frühen *Amphitryon*-Inszenierungen den größten Erfolg verbuchen, da sie dem Stück durch eine prominente Besetzung zu breiterer Anerkennung verhalf. In der Regie von Fritz Krastel (1839–1908) wurde das Lustspiel am 22. Februar 1903 erstmals am Burgtheater gegeben (vgl. ebd., 87).

Nach dieser dichten Folge von Inszenierungen ging das Interesse an *Amphitryon* zurück, dennoch konnte sich das Stück auf den Spielplänen bis zum Beginn der 1920er Jahre halten. Die berühmteste *Amphitryon*-Inszenierung der Weimarer Republik brachte Leopold Jessner (1878–1945) am 4. September 1926 am Staatlichen Schauspielhaus Berlin heraus. Der Berliner Premiere gingen drei Aufführungen im Lauchstädter Goethe-Theater (19.–21. Juni 1926) voraus (vgl. ebd., 118). Jessner konzentrierte sich erstmals auf das sprachliche Geschehen, das in Alkmenes vieldeutigem »Ach!« am Schluss kulminiert. Unterstrichen durch das Bühnenbild und die durch diesen Regisseur bekannt gewordene Treppenbühne war die Inszenierung modern und auf eine Versachlichung der Sprache angelegt. Jessner selbst hat seine Inszenierung in den Kontext der Neuen Sachlichkeit gerückt (vgl. ebd., 126). Im Kleist-Jahr 1927 folgten verschiedene Aufführungen des *Amphitryon* (u. a. in Dresden, Mannheim, Oldenburg, Krefeld).

Auch im nationalsozialistischen Deutschland wurde *Amphitryon* zwei Mal in Szene gesetzt, und zwar am 7. April 1937 am Staatlichen Schauspielhaus Berlin unter der Leitung von Lothar Müthel (1896–1965) und am 7. März 1942 am Deutschen Theater in der Regie von Heinz Hilpert (1890–1967) und Gisela von Colland (1915–1960). Obwohl Hilpert den märkisch-preußischen Geist des Lustspiels betonen wollte, wurde gegen seine Aufführung der Vorwurf der Wehrkraftzersetzung erhoben. Mitten im Zweiten Weltkrieg ein Stück zu geben, in dem die Ehefrau eines abwesenden Feldherrn verführt wird, schien einigen Theaterkritikern unmöglich (vgl. Kommentar, DKV I, 909).

In der Nachkriegszeit fanden verschiedene Aufführungen des *Amphitryon* statt. Eine der frühen Inszenierungen hatte am 16. Juni 1950 am Bayrischen Staatsschauspiel im Brunnenhoftheater der Residenz München unter der Regie von Arnulf Schröder (1903–1960) Premiere (vgl. ebd.). Insbesondere durch Wahl und Deutung der Hauptfigur unterschieden sich mehrere Inszenierungen, die in den 1980er Jahren Beachtung fanden. So brachte Jürgen Flimm am 6. März 1982 das Stück am Schauspielhaus Köln heraus. In seiner Sichtweise rückte die Figur des Sosias in den Mittelpunkt, die an Beckett erinnernd das Existentielle aller Komik betonte. In München wurde am 27. November 1982 die Identität Alkmenes zum Ansatz einer feministisch orientierten Inszenierung des Stückes in der Regie von Nikolas Brieger, die die Konfrontation einer Frau mit der Männergesellschaft ins Zentrum stellte. Jossi Wieler gelang am 28. September 1985 eine Interpretation von *Amphitryon*, in der möglicherweise angeregt durch Klaus Theweleits *Männerphantasien* tatsächlich die Titelfigur die Hauptperson war. Diese Inszenierung wurde auch zum Berliner Theatertreffen eingeladen, stieß dort aber auf ein geteiltes Echo (vgl. ebd., 910–913). Obwohl gerade die Theatralität des Stückes in

den letzten Jahren einen wichtigen Strang der literaturwissenschaftlichen Forschung zu *Amphitryon* bildet, bleibt die Theaterpraxis davon – wie es scheint – merkwürdig unberührt. Auch Hans Joachim Kreutzer hat betont, dass *Amphitryon* bis heute immer wieder als »nicht spielbar« angesehen wird (Kreutzer 2001, 181). So gilt weiterhin Thomas Manns Diktum, dass Aufführungen des Stückes »rar« sind.

Literatur

Andreach, Robert J.: Overmyer's Amphitryon. Adapting Kleist for a Contemporary Audience. In: Papers on Language and Literature 36 (2000), 158–176.

Brandstetter, Gabriele: Duell im Spiegel. Zum Rahmenspiel in Kleists *Amphitryon*. In: KJb 1999, 109–127.

Dorr, Rüdiger: Heinrich von Kleist's *Amphitryon*. Deutung und Bühnenschicksal. Oldenburg 1931.

Fetscher, Justus: Vorstellungen. Zur Erforschung von Kleists *Amphitryon* in den Jahren 1978–2001. In: Inka Kording/Anton Philip Knittel (Hg.): Heinrich von Kleist. Neue Wege der Forschung. Darmstadt 2003, 203–224.

Greiner, Bernhard: Kleists Dramen und Erzählungen. Experimente zum ›Fall‹ der Kunst. Tübingen/Basel 2000.

Höller, Hans: Der *Amphitryon* von Molière und der von Kleist. Eine sozialgeschichtliche Studie. Heidelberg 1982.

Jauß, Hans Robert: Von Plautus bis Kleist: Amphitryon im dialogischen Prozeß der Arbeit am Mythos. In: Walter Hinderer (Hg.): Kleists Dramen. Neue Interpretationen. Stuttgart 1981, 114–143.

Kreutzer, Hans Joachim: *Amphitryon*: Mythos und Drama. In: Paul-Michael Lützeler/David Pan (Hg.): Kleists Erzählungen und Dramen. Neue Studien. Würzburg 2001, 179–190.

Lämmert, Eberhard: Alkmene und Amphitryon. Der Mythos als Modellfall für eine historische Anthropologie. In: Bernhard J. Dotzler/Helmar Schramm (Hg.): Cachaça. Fragmente zur Geschichte von Poesie und Imagination. Berlin 1996, 15–24.

Mann, Thomas: Amphitryon. Eine Wiedereroberung. In: Die neue Rundschau 1928, 574–608.

Neumann, Michael: Genius malignus Jupiter oder Alkmenes Descartes-Krise. In: KJb 1994, 141–155.

Nölle, Volker: Verspielte Identität. Eine expositorische »Theaterprobe« in Kleists Lustspiel *Amphitryon*. In: KJb 1993, 160–180.

Rotrou, Jean: Les Sosies. Comédie [1638]. Hg. von Damien Charron. Genf 1980.

Sembdner, Helmut (Hg.): Johann Daniel Falks Bearbeitung des Amphitryon-Stoffes. Ein Beitrag zur Kleistforschung. Berlin 1971.

Stephens, Anthony: Verzerrungen im Spiegel. Das Narziß-Motiv bei Heinrich von Kleist. In: Gerhard Neumann (Hg.): Heinrich von Kleist. Kriegsfall – Rechtsfall – Sündenfall. Freiburg i.Br. 1994, 249–297.
Stierle, Karlheinz: Amphitryon. Die Komödie des Absoluten. In: Walter Hinderer (Hg.): Kleists Dramen.
  Stuttgart 1997, 33–74.
Szondi, Peter: Amphitryon. Kleists Lustspiel nach Molière. In: Euphorion 55 (1961), 249–259.
–: Fünfmal Amphitryon: Plautus, Molière, Kleist, Giraudoux, Kaiser. In: Ders.: Lektüren und Lektionen.
  Versuche über Literatur, Literaturtheorie und Litera-
  tursoziologie. Frankfurt a.M. 1973, 153–184.
                                                          Anne Fleig

1.6 *Penthesilea*

Entstehung, Überlieferung, Drucke

Entstanden ist die erste Fassung der *Penthesilea*
wahrscheinlich in gut einem Jahr 1806/07. Die
dokumentierten Eckdaten sind ein Brief an Rühle
von Lilienstern vom 31. August 1806, in dem
Kleist berichtet, er habe »ein Trauerspiel unter
der Feder« (DKV IV, 362), und ein Brief an Marie
von Kleist vom Spätherbst 1807, der mit der Aussage beginnt: »Ich habe die Penthesilea geendigt«
(ebd., 395). Am 17. Dezember 1807 berichtet er
seiner Schwester Ulrike weiter von einem abgeschlossenen Manuskript (ebd., 400), das dann
dem im *Phöbus* publizierten Fragment des Dramas zugrunde gelegen hat. Zwischen dieses Datum und Februar 1808, als laut Kleist die Buchausgabe bereits »im Druck« war (an Collin vom
14.2.1808; ebd., 413), fällt eine abermalige Über-
arbeitung.

Überliefert ist die *Penthesilea* in drei Fassungen. Es gibt erstens das Manuskript eines nicht
bekannten Schreibers, das Kleist selbst an verschiedenen Stellen korrigiert hat. Es gibt zweitens
ein *Organisches Fragment aus dem Trauerspiel:
Penthesilea*, das im ersten Stück des *Phöbus* publiziert wurde (Januar 1808). Und es gibt drittens
den Erstdruck des gesamten Dramas im Verlag
der Cottaschen Buchhandlung von 1808. Abgesehen von einigen Änderungen, die vermutlich erst
nach dem Buchdruck vorgenommen wurden,
sind die Manuskript-Korrekturen Kleists sowohl
in das *Phöbus*-Fragment wie in den Erstdruck

übernommen worden. Das *Phöbus*-Fragment
selbst bietet acht ausgewählte Auftritte aus dem
gesamten Drama (die Auftritte 1, 5, 6, 9, 14, 19,
21, 22) inklusive einiger Varianten sowie Prosaer-
läuterungen zur Handlung, die zwischen die Auftritte eingeschoben sind. Die Buchausgabe, die
Kleist zunächst auf eigene Kosten dem Verleger
Carl Gottlob Gärtner anvertraut hatte, erschien,
nachdem er aufgrund finanzieller Schwierigkeiten bei Johann Friedrich Cotta um Übernahme
vorstellig geworden war (Brief vom 7.6.1808,
ebd., 416), schließlich in dessen Verlag in einer
Auflage von nur 750 Exemplaren. Von den heute
aktuellsten Ausgaben bieten DKV (Bd. II) und
BKA (Bd. I/5) alle drei Textzeugen als selbstän-
dige Texte, SW (Bd. I) bietet den Text des Erstdrucks, die Varianten des *Phöbus*-Fragments und
der Handschrift in einem Apparat.

Kleist hat in einer berühmt gewordenen und
editorisch umstrittenen Formulierung bekannt,
in der *Penthesilea* liege sein »innerstes Wesen [...]:
der ganze Schmutz zugleich und Glanz meiner
Seele« (Brief an Marie von Kleist, Spätherbst
1807; DKV IV, 397f.). Auch in anderen Dokumenten zur Entstehungs- und frühen Rezeptionsgeschichte wird deutlich, dass Autor wie na-
hestehende Bezugspersonen größtes Gewicht auf
ihre emotionale Anteilnahme an der Sache legen.
Dem ›Dichterfürsten‹ Goethe übersendet Kleist
das erste Heft des *Phöbus* mit dem Fragment der
Penthesilea »auf den Knieen meines Herzens«
(24.1.1808; ebd., 407) und gebraucht damit eine
Pathosformel, die auch im Trauerspiel selbst von
Penthesileas engster Vertrauten Prothoe an einer
Stelle höchster affektiver Betroffenheit verwandt
wird (vgl. DKV II, 247). »Tränen« sollen bei Beendigung des Stücks (entweder bei Kleist selbst
oder bei seinem Freund Pfuel), aber auch bei seinem Vortrag im Dresdner Freundeskreis geflos-
sen sein (vgl. die Briefe an Marie von Kleist vom
Spätherbst 1807; DKV IV, 395ff.; Lebensspuren
Nr. 198). Entgegen der angedeuteten Wirkung im
privaten Umfeld war der *Penthesilea* in den folgenden Jahrzehnten des 19. Jh.s kein Erfolg beim
Publikum beschieden. Die erste Aufführung auf
dem Theater fand erst am 25. April 1876, also fast
70 Jahre nach der Buchveröffentlichung, statt.
Und als Theophil Zolling 1885 *Heinrich von*

Kleists sämtliche Werke herausgab, war die Erstausgabe von 750 Exemplaren noch immer nicht vergriffen (Kommentar, DKV II, 685).

Aufbau und Inhalt

»Penthesilea. Ein Trauerspiel« (DKV II, 143) ist in 24 Auftritte unterschiedlicher Länge eingeteilt (der längste ist über 500, der kürzeste exklusive Szenenanweisungen gerade 4 Verse lang). Dass diese Makrostrukturierung auf die 24 Gesänge der *Ilias* verweist, legen die Handlung wie auch die Szenenangabe »Schlachtfeld bei Troja« (ebd., 144) nahe. Dramaturgisch unterstützt das Fehlen einer Akteinteilung den Eindruck einer rapiden, unaufhaltsam ›stürzenden‹ Handlungsfolge, auch wenn sich verschiedene Auftritte durchaus zu Handlungsblöcken zusammenfassen lassen und mit dem 15. Auftritt als Achse eine Art Zweiteilung des Geschehens nahegelegt wird. Die ersten vier Auftritte versetzen Leser resp. Zuschauer unter die ratlosen Feldherren der Griechen. Diese versuchen vergeblich, das mittels Botenbericht und Teichoskopie vorgeführte Verhalten des Amazonenheeres zu deuten, das in die Kämpfe zwischen Griechen und Trojanern eingegriffen hat, sich aber weder der einen noch der anderen Partei anschließt, sondern vielmehr mit beiden zu kämpfen bestrebt ist. Insbesondere aber das Gebaren der Amazonenkönigin, die in der Schlacht auf den Griechenhelden Achill fixiert zu sein scheint, ohne ihn dabei töten zu wollen, gibt den drameninternen wie -externen Beobachtern ein Rätsel auf. Achill selbst, der im vierten Auftritt erstmals erscheint, ist seinerseits von der Königin angetan und sucht, dafür einen Konflikt mit dem griechischen Befehlshaber Odysseus riskierend, eine weitere Begegnung mit ihr auf dem Schlachtfeld.

Komplementär zu diesen Szenen wird in den Auftritten 5 bis 8 die Seite der Amazonen vorgestellt. Im fünften Auftritt erscheint Penthesilea, die Amazonenkönigin, das erste Mal selbst auf der Szene und gerät – eine Parallele zum Konflikt im Griechenlager – mit ihren Fürstinnen in einen Streit darüber, ob sie abermals gegen Achill in die Schlacht ziehen soll, obwohl nach Meinung der meisten Amazonen das Kriegsziel bereits erreicht

ist. Dieses Kriegsziel hat, wie im sechsten Auftritt deutlich wird, etwas mit den gefangenen Griechen zu tun, die von den Amazonenkriegerinnen auf den Appell ihrer Oberpriesterin hin mit Liebesgesten bedacht werden. Die Auftritte 7 und 8 präsentieren, äquivalent zu den ersten dreien, nun aber aus der Perspektive der Amazonen, in Teichoskopie und Bericht einen deutlich erotisierten Kampf Penthesileas mit Achill. Der neunte Auftritt zeigt die Königin in einer Kampfpause hochgradig verwirrt, hin- und hergerissen zwischen den Ansprüchen ihres Volkes und den seltsam ambivalenten Regungen, die sie für den Griechenfürsten hegt, die aber offenbar mit dem Normgefüge der Amazonen kollidieren. Die Auftritte 10 bis 13 bieten weitere Szenen des sonderbaren Kriegsgeschehens und die Gefangennahme der in Ohnmacht gesunkenen Penthesilea durch Achill. Letzterer wird von Penthesileas Vertrauter Prothoe überredet, Penthesilea bei ihrem Erwachen vorzuspielen, nicht er, sondern sie sei im Kampf siegreich gewesen, Achill somit ihr Gefangener.

Diese Täuschung schafft in den beiden folgenden Auftritten den trügerischen Schutzraum für ein idyllisch getöntes Szenario mit intimen Liebesgeständnissen. Dramaturgisch handelt es sich bei dem – auch recht langen – 15. Auftritt um eine *Katastasis*, einen scheinbaren Ruhepunkt vor der weiteren katastrophalen Schürzung der Ereignisse. Neben dem Moment der größten Vertrautheit zwischen Penthesilea und Achill bietet der Auftritt aber auch so etwas wie eine späte Exposition. Erst hier erklärt sich das die binäre Kriegslogik unterlaufende Verhalten des Amazonenheeres, aber auch das selbst für ihre Mitstreiterinnen rätselhafte Verhalten der Königin. Zunächst berichtet Penthesilea Achill von der Entstehung ihres wehrhaften Amazonenstaates. In einem Krieg, in dem die gesamte männliche Bevölkerung des Skythenvolkes durch den Äthiopier-König Vexoris umgebracht wurde und die überlebenden Frauen zu Sexsklavinnen gemacht werden sollten, brachten diese Frauen ihre Peiniger um und gründeten einen Staat, der in Folge ihre Unverfügbarkeit den Männern gegenüber sicherstellen sollte. Dieser »Frauenstaat« (DKV II, 214) besitzt eine autonome Gesetzgebung, eine

Königin an seiner Spitze, eigenes Militär und einen religiösen Kult, der in einer Kombination dem Kriegsgott Mars und der jungfräulichen Jagdgöttin Diana huldigt. Die für die Fortpflanzung nötigen Männer werden von einer eigens dafür aufgestellten Armee von Jungfrauen im Kampf erobert und nach der Paarung beim sog. »Rosenfest« (ebd., 218) später reich beschenkt wieder nach Hause geschickt. Persönliche Zuneigungen dürfen weder bei der kriegerischen Eroberung der Männer noch in den anschließenden Beziehungen mit ihnen eine Rolle spielen. Aus einer zweiten an Achill gerichteten Erzählung erfahren wir jedoch, dass Penthesileas sterbende Mutter Otrere ihrer Tochter normwidrig einen besonderen Mann, nämlich »den Peleïden« (Achill) als Bräutigam verheißen hat (ebd., 220). In ihrem vermeintlichen Sieg über Achill glaubt Penthesilea nun das Gesetz ihres Volkes mit dem von der Mutter Verheißenen, aber auch mit der in der persönlichen Begegnung mit Achill entstandenen Leidenschaft versöhnt. Als sich am Ende des 15. Auftritts das Kampfgeschehen wieder nähert, zerbricht diese Illusion. Penthesilea muss erkennen, dass sie die Gefangene Achills ist und dieser sie in seine Heimat zu verschleppen gedenkt. Die Auftritte 16 bis 18 präsentieren ein erneutes Hin und Her in der Kampfhandlung, wechselseitige Appelle Penthesileas und Achills, einander zu folgen, und schließlich die Befreiung der Königin durch die Amazonen.

Die dann wiederum komplementär aufeinander bezogenen Auftritte 19 und 21 zeigen Penthesilea und Achill im Zerwürfnis mit ihren eigenen Kollektiven und deren jeweils strengsten Repräsentanten, im Falle der Amazonen der Oberpriesterin, im Falle der Griechen Odysseus. Penthesilea verflucht ihre Befreiung und wünscht sich in die Rolle der Kriegsgefangenen Achills zurück, Achill bekundet angesichts der lockenden Liebesverheißung sein völliges Desinteresse am griechisch-trojanischen Krieg. Komplementär aufeinander bezogen sind die beiden Szenen allerdings nur eingeschränkt, insofern nämlich allein die Kollision von Penthesileas Begehren mit den Ansprüchen der Amazonen als ein (tragischer) Konflikt vorgeführt wird, der seine Protagonistin innerlich zu zerreißen droht. Der zwischen diesen Szenen liegende 20. Auftritt forciert schließlich das endgültige Umschlagen des Geschehens in die Katastrophe. Achill fordert Penthesilea per Boten abermals auf das Schlachtfeld. Diese Botschaft ist, wie aus dem 21. Auftritt hervorgeht, als Aufforderung zum Zweikampf nicht ernst gemeint. Achill, der das Gesetz der Amazonen, sich einen Bräutigam nur im Krieg erkämpfen zu dürfen, für eine bloße »Grille« hält (ebd., 233), will sich spielerisch auf dieses Procedere einlassen, um freiwillig zu unterliegen. Penthesilea indes, die gerade ihren ›amazonischen‹ Selbstbehauptungswillen aufgegeben hat und dafür aus dem Kollektiv der Frauen ausgeschlossen wurde, nimmt diese Aufforderung zum Kampf tödlich ernst. Am trost- und schutzlosesten Punkt ihres Lebens und angesichts einer vermeintlich drohenden Überwältigung durch den physisch überlegenen Achill orientiert sie sich an der Urszene des Amazonenstaates: der Tötung des Mannes, der die Integrität der Frau bedroht. Mit allem »Schreckenspomp des Kriegs« (ebd., 231) gerüstet, zieht sie Achill entgegen.

Die Auftritte 22 und 23 präsentieren, wiederum im Medium von Teichoskopie und einem rund 70 Verse langen Botenbericht, die Tötung des wehrlosen Achill durch Penthesilea. Sie schießt dem Flüchtenden einen Pfeil durch den Hals und zerreißt gemeinsam mit ihrer Hundemeute seinen Körper. In der Schlussszene kehrt sie mit dem Leichnam des Achill in den zwischen Abscheu und Mitleid schwankenden Kreis der Amazonen zurück. In pantomimischen Aktionen wird der Oberpriesterin der Leichnam vor die Füße gelegt, der tödliche Pfeil gereinigt und das eigene Haupt mit Wasser begossen. Anschließend findet Penthesilea ihre Sprache wieder. Nach einigen Momenten der Verleugnung gelangt sie sukzessive zur Einsicht in ihre Tat, erklärt dieselbe in einer eindrücklichen Mischung aus Trance und Hellsicht mit einem aus der kannibalistischen Intensität ›rechter‹ Liebe erwachsenen »Versehen« (ebd., 254) und sagt sich vom »Gesetz der Fraun« los (ebd., 255). Aller Waffen entledigt, bringt sie parallel zu einem vieldeutigen Sprechakt ein »vernichtendes Gefühl« (ebd., 256) in sich hervor und folgt Achill freiwillig in den Tod.

Quellen

Die Namen der im Drama auftretenden Griechen sind allesamt schon in Homers *Ilias* zu finden. Bei Penthesilea und den Amazonen liegt die Sache anders. Diese tauchen zwar auch im trojanischen Sagenkreis auf, nicht aber bei Homer. Die wichtigste Quelle für Kleist ist hier Benjamin Hederichs *Gründliches mythologisches Lexikon*, 1770 in der zweiten, erweiterten Auflage erschienen und *die* Referenz in Sachen klassischer Mythologie für die deutschsprachigen Autoren in den Jahrzehnten um 1800. Die antiken Quellen, die Hederich beim Amazonenmythos ausgewertet hat, sind die mythographischen Handbücher des Apollodoros (*Bibliothek*, 2. Jh. v. Chr.) und Hyginus (*Fabulae*, 2. Jh. n. Chr.), die Universalgeschichte des Diodoros von Agyrion (1. Jh. v. Chr.), die Trojaromane des ›Diktys‹ (größtenteils nur in einer lateinischen Bearbeitung des Lucius Septimius aus dem 4. Jh. n. Chr. überliefert) und des ›Dares‹ aus dem 1. Jh. n. Chr. Hederichs Lexikon verzeichnet sowohl einen Artikel »Amazones« wie einen eigenen über »Penthesilea«. Für Kleists Drama von Bedeutung sind u. a. die Ausführungen über Amazonenreiche in Asien und Afrika mit eigenen Königinnen, die Selbstbezeichnung der Amazonen als Töchter des Mars, ihre Ausbildung in der männlichen Domäne der Kriegskünste, das – auch etymologisch für ihren Namen wichtige – Motiv der entfernten rechten Brust, das Heiratsverbot, bis ein Feind erlegt war, und der Infantizid an männlichen Nachkommen (bei Kleist am eindeutigsten in einer Variante der Handschrift DKV II, 74). Über die Amazonenkönigin Penthesilea wird berichtet, sie sei den Trojanern gegen die Griechen zur Hilfe gekommen und im Kampf von Achill getötet worden. Eine in der Überlieferung eher randständige Variante, die Kleist dann aber in seinem *plot* favorisiert hat, erzählt hingegen davon, dass umgekehrt Penthesilea den Achill getötet habe. Überliefert werden auch diverse sexualisierte Motive und Erzählsequenzen bis hin zur Nekrophilie an der toten Penthesilea (Kommentar, DKV II, 685–690). Eine Vorlage für die wichtige Erzählung von der Entstehung des Amazonenstaates im 15. Auftritt hat Kleist allerdings nicht aus Hederichs Lexikon beziehen können. Als Anregung in Frage kommt hier Claude Marie Guyons *Histoire des Amazones* von 1740 (dt. 1763), wo im Rückgriff auf die römischen Historiker Marcus Justinus (3. Jh. n. Chr.) und Pompeius Trogus (um Chr. Geb.) vom kriegerischen Einfall eines ägyptischen Königs namens Vezosis nach Skythien, aber auch von der Gründung eines Frauenstaates nach dem Tod der Männer im Krieg berichtet wird (Appelt/Nutz 2001, 48, 67ff.). Darüber hinausgehend ist für die Sequenz von der Tötung aller äthiopischen Eindringlinge im Ehebett durch die erste Generation der Amazonen wohl auch noch das Kernmythem aus der Geschichte der Danaiden übernommen worden, die, fünfzig an der Zahl, in der Hochzeitsnacht die ihnen aufgezwungenen Ehemänner umbringen.

An solchen und anderen Stellen zeigt Kleists Drama einen »Synkretismus der Mythen« (Kaiser 1977, 230). Insbesondere die Tötung des Achill durch Penthesilea vermischt zwei prominente Fälle der Zerreißung eines Mannes durch eine Frau. Die Geschichte von Pentheus, der von seiner eigenen Mutter, der Dionysosanhängerin Agaue, und anderen Mänaden in ekstatischer Raserei für ein Schwein gehalten und zerrissen wird, folgt in Hederichs Lexikon unmittelbar nach dem Artikel über »Penthesilea«. Daneben tragen einige Hunde aus Penthesileas Meute die Namen der Jagdhunde des Aktaion, der Diana nackt im Bad beobachtet, dafür von dieser in einen Hirsch verwandelt und von seinen eigenen Hunden zerfleischt wird. Die Position des zerrissenen männlichen Opfers ist also mythographisch mehrfach gespiegelt und die Rolle der tötenden Penthesilea doppelt codiert. Sie ist rasende Mänade (explizit DKV II, 238) und zugleich rächende Jungfrau im Zeichen der Artemis/Diana. Daneben verweist ihre Figur über eine Reihe von kunstvoll verknüpften paganen wie christlichen Todes- und Passionsmotiven noch auf die heidnischen Unterweltsgöttinnen Hekate und Persephone wie auch auf den leidenden Christus (Kaiser 1977, 230f., 235ff.). Nicht antiker Herkunft ist schließlich eine mögliche Vorlage für das Rosenfest der Amazonen, für das ein Landfest in der Picardie und eine thematisch aus ihm gespeiste, 1779 in Berlin aufgeführte Operette mit dem Titel *Das*

Rosenfest zu Salenzi geltend gemacht wurde (Appelt/Nutz 2001, 50).

Tragödie, Drama, Theater

Als »Trauerspiel« steht *Penthesilea* im dramatisch-theatralen Gattungshorizont der Tragödie. In welcher Weise und mit welchen konkreten intertextuellen Bezügen, wird in der Forschung z. T. kontrovers diskutiert. Insgesamt erscheint die *Penthesilea* gattungspoetisch als mehrdeutig lesbare Kippfigur. Je nach Beobachtungsrahmen kann die bei allen dramatisch/dramaturgischen Innovationen beharrliche »Prätention des Erhabenen« (Port 2002, 106, in Orientierung an Aby Warburgs Konzept der Pathosformel) oder aber deren Auflösung im »komisch Absurden« mit Vorgriff auf Dramenkonzepte des 20. Jh.s (Theisen 2003, 137, in Orientierung an Michail Bachtins Konzept der Lachkultur; vgl. auch Kleists eigenes Epigramm *Komödienzettel*, DKV III, 412) hervorgehoben werden. Unumstritten ist, dass die exzessive Gewaltdimension des Dramas auf die »Extremqualitäten der griechischen Tragödie« (Schmidt 2003, 108) zurückweist. Die besondere Faktur der Gewalt in *Penthesilea* ist dabei aber sowohl als eine bloße Revitalisierung antiker Gattungsbestände gelesen worden (ebd.) wie auch als eine »Dramaturgie der Überbietung der antiken Tragödie« (Brandstetter 1997, 82). Als gattungspoetologischer Schlüssel, der sowohl auf die Dimension von Gewalt und extremer Gemütsbewegung wie auf deren sprachlich-theatrale Stilisierung zielt und dabei selbst dem Diskurs der Tragödie entstammt, wurde der Begriff ›Pathos‹ vorgeschlagen (Port 2002). Auch wurde, ausgehend von den bei Kleist umgedeuteten Leitbegriffen der Aristotelischen *Poetik* und einem neuzeitlichen Konzept des ›Erhabenen‹, in der *Penthesilea* eine Zusammenführung der antiken und neuzeitlichen Tragödie zu einer neuen Art des Genres gesehen (Greiner 2000, 148ff.). Die *Hamartia* (Verfehlung) der Heldin besteht demzufolge in Penthesileas Missdeutung des erneuten Achill'schen Kampfangebots, die *Anagnorisis* (Erkennen/Wiedererkennen) erfolgt am Schluss des Dramas als Einsicht in die eigene Tat und in freier Übernahme der Verantwortung durch

Selbstauslöschung. *Eleos* und *Phobos* (›Jammer‹ und ›Schrecken‹), die Wirkungsaffekte der Aristotelischen *Katharsis*, werden bei Kleist schließlich in die Binnendramaturgie des Trauerspiels integriert, insofern von ihnen in den Auftritten 22ff. das Dramenpersonal der Amazonen selbst ergriffen wird.

In Orientierung an einem Vorbegriff von Tragödie/Tragik als antagonistisch-unlösbarem Konflikt wurde oft als entscheidender Widerspruch derjenige zwischen Penthesileas Liebesbegehren und den Gesetzen des Amazonenstaates behauptet (Meyer-Benfey; Unger; Fricke; Wittkowski; jüngst Schmidt 2003, 118). Das ist plausibel mit Blick auf Penthesileas pantomimische Aktion im finalen Auftritt, bei der sie die Oberpriesterin als Repräsentantin des Amazonengesetzes ostentativ mit der Tötung Achills in Verbindung bringt (DKV II, 243). Zu ergänzen ist allerdings der Tatbestand, dass das, was die Titelheldin etwas später in einer genuin Kleist'schen Wendung euphemistisch-ungeheuerlich als »Versehen« (ebd., 254) bezeichnet, nicht nur ihren ›amazonen-intrinsischen‹ Konflikt betrifft, sondern auch einen Antagonismus mit der Welt der Griechen und mit Achill, der nicht in der Lage ist, ihre Seele zu »berechnen« (vgl. Prothoes Warnung, ebd., 200), es aber dennoch versucht.

Als Referenzpunkte der Dramen- und Theatergeschichte wurden für Kleists *Penthesilea* Texte aus den verschiedensten Epochen geltend gemacht. Einige markante Beispiele, historisch gestreut: Euripides' attische Tragödien liefern Muster für die Konfrontation verschiedener Kulturen (*Medea*), für den Konflikt zwischen Liebesbegehren und -verweigerung in der mythologischen Konstellation von Aphrodite und Artemis (*Hippolytos*) und für die Tötung des Achill, für deren Darstellung Kleist bis in einzelne Züge hinein die Gestaltung des Pentheusmythos (siehe oben) in den *Bakchen* adaptiert (Schmidt 2003, 110–113). Racines *Phèdre, Haute tragédie* des 17. Jh.s, wurde als Tragödie der Liebesleidenschaften in der französischen Germanistik schon früh als Folie für *Penthesilea* herangezogen (Ayrault), 1987 machte Alexander Lang in einer Doppelinszenierung an den Münchner Kammerspielen von Seiten des Theaterpraktikers auf die Verwandtschaft beider

Dramen aufmerksam (Kanzog 2003). Auf die medizinisch-psychotechnischen Künste des Franz Moor aus Schillers *Räubern* verweist Penthesileas Selbsttötung via Instrumentalisierung der Affekte (Nölle 1997, 152ff.). Ein oft hervorgehobener agonaler Bezugspunkt der *Penthesilea* ist schließlich Goethes *Iphigenie auf Tauris*. Kleists Trauerspiel lässt sich in Teilen geradezu als Gegendrama zu diesem Schauspiel lesen, nimmt man das klassizistische Antikenbild und die auf kommunikative Verständigung, Luzidität von Bewusstsein und Sprache sowie ein untragisches Ende abzielende Dramaturgie von Goethes Werk als Referenz (Kommentar, DKV II, 749–754; zum Kontext der Weimarer Klassik allgemein Müller-Seidel 1983). Es gibt in der *Penthesilea* zitathafte Anspielungen wie diejenige auf den Eumeniden-Mythos der *Iphigenie* (DKV II, 207), als pointierten Paratext auch ein polemisch gegen den Weimarer (Bühnen-)Klassizismus gerichtetes Epigramm Kleists mit dem Titel: *Der Theater-Bearbeiter der Penthesilea* (DKV III, 413).

Aktuelle Bezüge

Nicht allein mit Blick auf die historische Gattungspoetik zeigt die *Penthesilea* ein starkes Oszillieren zwischen Tradition und Innovation. Entscheidende Themen und Motive sind gleich mehrfach codiert, sind traditionsgesättigt *und* aktuell justiert. Das archaische Thema des Opfertodes ist in Penthesileas eigentümlicher Selbsttötung zugleich als Radikalisierung, ja Überbietung des Freiheitsbegriffs der europäischen Aufklärung gefasst (Stephens 1999). Das Zerreißen des Achill (DKV II, 239, 241) ist nicht nur eine Wiederholung des *Sparagmos*, der kultischen Zerreißung im Dionysosmythos, sondern weist auch auf ein Epochenproblem des beginnenden 19. Jh.s, auf ›Zerrissenheit‹ als »moderne Gemütsverfassung« (Kommentar, DKV II, 755). Eine andere wichtige Referenz dieser Szene ist wohl Schillers *Lied von der Glocke* mit seiner Kritik an der Französischen Revolution, wo »Weiber zu Hyänen [werden]« und »mit des Panthers Zähnen [...] des Feindes Herz« zerreißen (Verse 366ff.). Die motivische Übereinstimmung wie

auch der Tatbestand, dass der Amazonenmythos in Frankreich zu einem Signum für die Freiheitsbewegung der Frauen geworden war, lassen *Penthesilea* auch als Antwort auf die Ereignisse der Revolution und die Umbrüche im Verhältnis der Geschlechter lesen (Stephan 1984, 37–40; Grathoff 1999, 127–131; Pfeiffer 2005). Wie der aus der Revolution hervorgegangene Staat ist der Amazonenstaat des Dramas »ein mündiger«, der sich das Gesetz selbst gibt, sich selbst gehorcht und beschützt (DKV II, 214f.). Das ihm dennoch innewohnende Repressionsmoment gegen die eigenen Bürgerinnen wie auch Penthesileas schlussendlicher Gewaltexzess lassen auktorial allerdings auf eine ähnlich kritische Bewertung revolutionärer Selbstbefreiung schließen, wie sie Schiller in den *Augustenburger Briefen* vorgenommen hat (Stephens 1999, 141ff.).

Die Frage der Geschlechterdifferenz bildet einen aktuellen Kontext, der für Kleists Drama, aber auch für seine Rezeptionsmuster (Nutz 2001) konstitutive Bedeutung besitzt. Das im 18. Jh. anthropologisch festgeschriebene Zwei-Geschlechter-Modell gerät in *Penthesilea* nachdrücklich in Verwirrung. Zwar gibt es die Opposition eines *prima facie* jeweils homogenen Männer- und Frauenkollektivs (Griechen versus Amazonen). Diese strikte Opposition wird jedoch schon durch das kriegerisch-aggressive Treiben der Amazonen, deren mythische Gründungsfigur Tanaïs überdies bei Kleist die erste »Königin« des Amazonenstaates (DKV II, 215), in der Überlieferung hingegen ein misogyner Mann gewesen ist (Appelt/Nutz 2001, 28, 33), durcheinandergebracht. Vor allem aber durch verschiedene Elemente eines *gender-crossing* in der Paarkonstellation Achill-Penthesilea wird die Opposition Mann-Frau durchlässig. Zwar folgt die Begegnung im 14./15. Auftritt über weite Strecken den rhetorischen Mustern einer Liebeskonversation mit traditioneller Rollenverteilung. Grundsätzlich jedoch kontrastiert das heftige und aggressive erotische Begehren Penthesileas dem zeitgenössischen Bild der passiven und sanften Frau. Umgekehrt wird der homerische Heros Achill an einigen Stellen bis in Physiognomie, Habitus und Empfinden hinein mit konventionell weiblichen Zügen ausgestattet, insbesondere im Botenbericht von seiner Tötung durch Penthesilea im 23. Auftritt.

Figuren und Figurenkonstellationen

Verschiedene Deutungsbemühungen galten von jeher den Figuren und ihren dramatisch effektiven Konstellationen. Strukturell gibt es hier eine Analogie zwischen kollektiver und individueller Ebene. Schon die Verbände der Griechen und Amazonen sind zwar oppositiv aufeinander bezogen, nicht aber symmetrisch. Beide Gruppen sind durch ihre eigene Gewaltpraxis geprägt, jedoch fehlt den Griechen im Unterschied zu den Amazonen die mythisch-narrative Selbstrechtfertigung wie die Sensibilisierung für *erlittene* Gewalt. Ihr Krieg gegen Troja erscheint als sinnloses *factum brutum* einer militarisierten Erobererkultur, die nach der binären Freund-Feind-Logik jedes Dritte ausschließt (DKV II, 146, 148; dazu Müller-Seidel 1983, 215f.). Die Amazonen hingegen bilden noch in den Verquertheiten ihrer Gesetze und den dramatisch wirksamen Verfehlungen ihrer einzelnen Mitglieder »das Maß der Humanität« in diesem Drama (Kaiser 1977, 214). Als einzige aus diesen Kollektiven herausgehoben, über diverse mythische Analoga und Hyperbeln monumentalisiert (exemplarisch DKV II, 149f., 180f.), aber auch durch Absencen und surreal anmutende Äußerungen von den Bewusstseinslagen der übrigen Figuren unterschieden (vgl. ebd., 164, 189ff., 192f., 235f.), sind Penthesilea und Achill. Doch auch ihre Beziehung ist eine asymmetrische. Es ist Penthesilea, aus der Perspektive Achills »[h]alb Furie, halb Grazie« (ebd., 233), die in ihrem konfligierenden Ineinander von Grausamkeit und Zärtlichkeit (markant etwa ebd., 173, 185, 241f.) die faszinierendere, weil widersprüchliche und ›unberechenbare‹ (siehe ebd., 200), und deshalb auch allein titelgebende Figur darstellt. Bei Achill hingegen bleibt die Verbindung von Gewalt und Zärtlichkeit ein kontingentes Spiel. »Die Liebeskriegs-Metapher, die bei Penthesilea buchstäblich genauer Ausdruck ihrer Situation ist, bleibt bei Achill Metapher« (Kaiser 1977, 216).

Von den übrigen Personen gewinnen nur wenige ein eigenständiges Profil. Wie Odysseus auf griechischer Seite als Anwalt des rationalen Kriegskalküls und seiner Logik die Gegenfigur Achills, so ist auf amazonischer Seite die Oberpriesterin als Hüterin des konstitutiven Staatsgesetzes die Opponentin Penthesileas. Auch hier ist die Konturierung von Konstellation und Konflikt auf der Amazonenseite ausführlicher und prägnanter, auch dadurch, dass der Priesterin mit Penthesileas Vertrauter Prothoe eine zweite Opponentin erwächst. An zwei wichtigen Stellen, in der Mitte des neunten Auftritts und am Schluss, stehen sich die beiden mit direkt aufeinander bezogenen, aber konkurrierenden Deutungen von Penthesileas »Schicksal« und ›Gebrechlichkeit‹ gegenüber (DKV II, 189 und 256). In beiden Fällen behält Prothoe das letzte Wort, mit den Versen 3040 bis 3043 beendet und resümiert sie sogar das gesamte Drama. In diesem Finale ist mit den sentenzartigen Äußerungen beider Figuren der Versuch unternommen, dem tödlichen Handlungsgeschehen einen reflexiven und erinnerungswürdigen Sinn zweiter Ordnung abzugewinnen. Am Bild des umgestürzten, aber vormals kräftig-blühenden Baums (das Bild findet sich bei Kleist auch an anderen Stellen: *Familie Schroffenstein*, DKV I, 161; Brief an Adolfine von Werdeck vom 28./29.7.1801, DKV IV, 256) profiliert die Oberpriesterin die hybrid-vermessenen, Prothoe hingegen die ›gesunden‹, vital legitimen Züge an Penthesileas Begehren.

Liebe und Begehren

Für die Tatsache, dass das erotische Begehren katastrophal endet, gibt es verschiedene Begründungsversuche. Handelt es sich um eine »Liebestragödie«, bei der die für gelingende Liebe notwendige Teilaufgabe des Eigenen, die Penthesilea und Achill komplementär in den Auftritten 19 und 21 leisten, tragisch zu spät kommt (Schmidt 2003, 127f.)? Oder gelangt Penthesilea erst gar nicht über ein narzisstisch-infantiles Stadium der Liebe hinaus (Cullens/Mücke 1989 in Orientierung an Jacques Lacans Subjektivitätsmodell)? Nach dieser Lesart ist weder in der symbolischen Ordnung der Amazonen noch in derjenigen der Griechen eine Verständigung zwischen den Liebenden möglich, aber auch nicht am vermeintlichen Ort größter Nähe im 15. Auftritt, an dem Penthesilea von der trügerischen Möglichkeit einer symbiotischen Liebessprache jenseits der symbolischen Ordnungen in die Irre geführt wird (ebd., 472ff.). Oder ist es die durch den kriegerischen Kontext bedingte durch und durch gewaltsame Natur dieser Liebe, die aus sich heraus in die Katastrophe führt? Dass Liebe und Gewalt in *Penthesilea* zum Teil ununterscheidbar konfundiert sind, wurde oft bemerkt (z. B. Grathoff 1999, 125ff.; Nutz 1988, 172f.). Tödliche Pfeile werden »[gefiederte] Brautwerber« genannt (DKV II, 165), mit »Brunst« ist sowohl das kriegerische wie das sexuelle Begehren bezeichnet (ebd., 162), die Verwechslung der »Küsse« und »Bisse« (ebd., 254) wird sprichwörtlich zugespitzt (vgl. auch die sadomasochistische Katachrese in einer Variante zum 24. Auftritt, ebd., 106, sowie das Epigramm *Dedikation der Penthesilea*, DKV III, 412). Die in der *Ilias* dargestellte grausame Schändung des Hektor durch Achill wird für letzteren zum Muster dessen, was er mit Penthesilea vorhat, geht aber im Gespräch unvermittelt in ein Liebesgeständnis über (DKV II, 200) – umgekehrt gehört die Schändung des Hektor zum besonderen Sex-Appeal Achills in den Augen Penthesileas (ebd., 221f.).

Für die Gewalttätigkeit und katastrophale Dynamik dieser Liebe wurde auch eine besondere Auffassung vom Affekt geltend gemacht, wie sie Kleist in nuce im *Allerneuesten Erziehungsplan* entwickelt (s. Kap. V.9; Port 2002, 98ff.). Oppositär einander zugeordnete Regungen wie Liebe und Hass sind demnach keine distinkten und stabilen Größen, sondern können nach einem Polarisierungsmodell wechselseitig ineinander übergehen. Die »unbegriff'ne[] Leidenschaft« (DKV II, 205) Penthesileas konkretisiert sich so erst im Angesicht ihres Gegenübers Achill als Hass oder zärtliche Zuneigung, ohne dass eine der Regungen stabilisiert werden könnte. Vielmehr gleiten beide Affekte permanent ineinander und verleihen der Liebesleidenschaft ein eigentümliches Changieren (vgl. z. B. ebd., 185, 230). Hier haben sexualpsychologische Erklärungen angesetzt. Ein frühes Beispiel ist die Aufnahme der *Penthesilea* in Richard von Krafft-Ebings *Psychopathia sexualis* von 1886 (Nachruhm Nr. 615). Bis heute werden Theorien psychoanalytischer Provenienz herangezogen, um den rätselhaften Eros des Dramas zu beschreiben und zu erklären: schon im ersten Drittel des 20. Jh.s im Rahmen der Adler'schen Individualpsychologie mit Fluchtpunkt auf einen Minderwertigkeitskomplex Penthesileas (Lazarsfeld); freudianisch mit Blick auf eine angsterregende Mutterimago des Autors Kleist, die sich im Exzess Penthesileas abbilde (Pfeiffer 2005), oder mit Blick auf nicht überwundene Vorstufen der Liebe, die aufgrund ihrer Tendenz, sich das Objekt des Begehrens auch gewaltsam einzuverleiben, von Regungen des Hasses kaum zu unterscheiden sind (Walter Hinderer). In den letzten Jahrzehnten dominieren Lektüren, die sich im Theoriehorizont Jacques Lacans bewegen (Hansen 2003, 233–239). Als Deutungsmuster geltend gemacht wurden der infantile Narzissmus der Titelheldin (s. o.; vgl. Cullens/Mücke 1989), aber auch der hysterische Diskurs, der erst in der grausamen Tötung des Achill auf sein eigenes Begehren trifft (Helga Gallas).

Ritual und Mythos

Ein anderes Feld als dasjenige der sexualpsychologischen Figurenanalyse tut sich auf, wenn man das Gewaltgeschehen des Dramas (inklusive desjenigen seiner Vorgeschichte) in den kulturanthropologischen Horizont von Ritual und Mythos stellt. Die gewaltgeprägte Geschichte des Amazonenstaates, an deren Ende Penthesileas Rückgriff auf die Urszene des Gemeinwesens, die Tötung des sie bedrohenden Mannes, steht, wird aus der Perspektive der Amazonen zu einer Kette sakraler Opferhandlungen (unterschiedlich akzentuierend Brandstetter 1997, 98–101 mit Bezug auf René Girard; Stephens 1999, 136–139 mit Bezug auf Georges Bataille): angefangen mit dem Racheopfer an den äthiopischen Vergewaltigern (DKV II, 214) über die ritualisierte Selbstverstümmelung der Amazonen (ebd., 215f.) und die Kindstötung als Wiederholung des Gründungsopfers (ebd., 74, 215) bis zum stellvertretenden Tieropfer zu Beginn des Rosenfestes (ebd., 204), das aber zugleich schon auf die Schlachtung Achills (»das schönste Wild«; ebd., 238) vorausdeutet. Dass dessen Tötung auch im Horizont von

Opferritualen gelesen werden kann, legen zum einen die Anspielungen auf den *Sparagmos*, die rituelle Zerreißung im Dionysoskult, nahe (siehe oben), zum anderen verschiedene mit der Sphäre des Sakralen verbundene Elemente der Schlussszene: die nachträgliche Verknüpfung des Tötungsaktes mit der Dianapriesterin, die rituelle Reinigung (ebd., 248), das zweimalige Stichwort ›opfern‹ und die Metapher vom »Tempel« für den Leib des Achill (ebd., 252). Allerdings wird diese Metapher so ausgesponnen, dass die Schlachtung Achills schließlich gerade nicht als sakrales Opfer, sondern vielmehr als ›ruchlose‹ Entweihung und Profanierung erscheint (Stephens 1999, 140).

Als mythisch entzaubert und profan erscheint aber schlussendlich die gesamte Welt und Gewalt des Dramas. Trotz aller Bezüge auf die *Ilias*, aller Berufungen auf Jupiter, Mars, Diana oder Aphrodite und der mehrmals ins Spiel gebrachten göttlichen Abstammung beider Hauptfiguren ist der mythische Kosmos von Kleists *Penthesilea* ein gänzlich anderer als derjenige des Homer'schen Epos – eine gebrechliche Welt nämlich, auf die »nur fern die Götter niederschaun« (DKV II, 249). Auch das Amazonengesetz, von Penthesilea zunächst als sakrosankte Einrichtung vorgestellt, »Fern aus der Urne alles Heiligen« stammend (ebd., 213), erweist sich mitsamt den sozial stabilisierenden Opferhandlungen als eine durch und durch historisch-kontingente Einrichtung. Diese ist zwar einem legitimen Selbstbehauptungswillen entsprungen (Kaiser 1977, 209f.), vermag aber keineswegs die Autorität des Sakralen zu beanspruchen, wie ihr finales Kollabieren lehrt. Der zeitgenössische Kontext von aufgeklärter Religionskritik und Säkularisierung ist hier deutlich zu erkennen (mit unterschiedlichen Akzentuierungen Stephens 1999, 140f.; Schmidt 2003, 120f.). Was im Drama schließlich als heilloser Rest mythischer Verstrickung vorgeführt wird, ist das Unvermögen Penthesileas, Achills spielerischer Aufforderung zum Kampf in gleicher Weise zu begegnen und damit auch die mythisch-rituell sanktionierte Gewalt in Spiel zu überführen.

Literarische und ästhetische Form

Das Eigentümlichste an der literarischen Form von *Penthesilea* ist der für ein Drama ungewöhnlich hohe Anteil an narrativer Informationsvermittlung. Ein Großteil der Handlung findet nicht in szenischer Aktion, sondern ›verdeckt‹ statt, wird entweder im teichoskopischen (Präsens) oder retrospektiven (Präteritum, aber auch Präsens) Bericht vorgeführt. Beide Weisen der vermittelnden Darstellung suggerieren aber, obwohl mit Blick auf den erzählten ›Primärvorgang‹ untheatralisch, in einem hohen Maße Präsenz. Sie bedienen sich dabei einem in der Rhetorik *Evidentia* oder *Hypotypose* genannten Verfahren, durch welches das Geschehene zwar nicht szenisch gegenwärtig, wohl aber in Bildern ›vor Augen gestellt‹ ist (Klotz 1985, 139; Brandstetter 1997, 88f.). Hierbei werden sowohl elliptische Schnitte wie Zeitdehnungs- und Zeitraffer-Verfahren benutzt, was der Darstellung einen besonderen Rhythmus verleiht. Handlungsschnitte und zusammenfassende Sequenzen im Präteritum (»Inzwischen schritt [...]«) wechseln ab mit spannungsdehnenden polysyndetischen Reihungen: »Und spannt mit Kraft der Rasenden, sogleich / Den Bogen an, daß sich die Enden küssen, / Und hebt den Bogen auf und zielt und schießt, / Und jagt den Pfeil ihm durch den Hals« (DKV II, 240f.). Narratologisch handelt es sich bei diesen Berichten um beobachtende Ereignisdarstellungen aus der Distanz. Dramaturgisch entsteht jedoch ein gegenläufiger Effekt, zeigen die Berichte eine Tendenz zur Verstärkung des dramatisch Wirksamen. Die besondere Form des erzählenden Berichts in *Penthesilea* stellt nämlich nicht allein eine sich anderswo abspielende Handlung vor, sondern transportiert zugleich den hochgradig erregten Zustand der Berichtenden, teilweise zusätzlich auch noch der Hörenden (z. B. ebd., 238f.). Beobachter, Boten und ihre Adressaten steigern und potenzieren mit ihren affektiven Reaktionen auf diese Weise das Geschehen und konstituieren so ein zweites Drama im Drama: dasjenige der Augenzeugen (Klotz 1985, 141f.).

Durch die hohen Anteile erzählend-beschreibender Darstellung gewinnt die Ebene des Dargestellten korrelativ ein stark pantomimisches

Potential (Kommerell 1962, 305–308). Szenisch nicht präsente Körper werden in ihrer Proxemik, Gestik und Mimik über die Rede anderer Figuren vorgestellt. Der finale Auftritt setzt schließlich die zwar anwesende, aber bis fast zur Mitte nur pantomimisch agierende Titelheldin dann nicht nur über die Rede der anderen (»Sie winket immer fort«; DKV II, 243), sondern auch über den Nebentext in Szene (»sie läßt den Bogen fallen«; ebd., 245). Nicht von ungefähr dienten 65 Jahre vor der Erstaufführung Teile des Dramas der Pantomimin Henriette Hendel-Schütz als Vorlage für eine Darstellung (Kommentar, DKV II, 734–737).

Das zur Charakterisierung der *Penthesilea* gewählte Stichwort »Körperdrama« (Nutz 1988) weist daher auf einen zwiespältigen Sachverhalt. Durch Sprache – Rede wie szenische Anweisung – aufgebaute Bilder von Körpern und ihren Aktionen machen in der Tat einen Großteil des Dargestellten aus. Sieht man aber von einigen wenigen Fällen wie der Pantomime Penthesileas im 24. Auftritt, ihrem Gebaren im 9. oder dem ersten Auftritt Achills (4.) ab, bleibt das Drama ästhetisch-theatral ein ausgesprochen körperarmes, insofern nämlich die evozierten Bilder jeden Versuch, sie ikonisch-szenisch umzusetzen, überfordern (Klotz 1985, 140; Grathoff 1999, 132f.). Das betrifft einzelne Körperzeichen wie dasjenige, wo Achill laut Szenenanweisung »[d]as Blut [...] ins Gesicht [schießt]« (DKV II, 234), aber auch Massenszenarien wie im 20. Auftritt (»Amazonen mit Meuten gekoppelter Hunde. Späterhin Elefanten, Feuerbrände, Sichelwagen u.s.w.«; ebd., 231), ganz zu schweigen von den halsbrecherischen Verfolgungsjagden und Kampfeinlagen (z. B. ebd., 153f., 157f.) oder der Zerfleischung des Achill (ebd., 239, 241). Es ist von dieser Seite her konsequent, wenn Hans Jürgen Syberbergs Pariser Inszenierung von 1987 das Drama szenisch minimalisiert und zu einem einzigen (von Edith Clever gesprochenen) Monolog umbaut.

Metaphorik

Den tendenziell undarstellbaren Vorgängen entsprechend gibt es auch eine Verlegenheit in der Figurensprache, eine Bezeichnungsnot, die allerdings hochgradig eloquente Auswirkungen hat. Was in diskursiven Begriffen nicht einholbar ist, wird in bildlicher Rede vorgestellt, in hyperbolischen Vergleichen (z. B. DKV II, 157, 181) und Figurationen, die sich neben anderem insbesondere aus den Registern der Tierwelt speisen. Die um ihre ›Beute‹ kämpfende Penthesilea ist Hündin, Wölfin, Dogge, Hyäne, Katze, Tiger, Panther, aber auch Hybridwesen wie Kentaurin oder Sphinx. Auch verkehrt sich die Rolle von Jäger und Gejagtem. Wird im ersten Auftritt Achill mit einer »Dogg« und Penthesilea mit einem »Hirsch[]« verglichen (ebd., 151), so ist im 23. Auftritt er der »Hirsch«, den Penthesilea mit ihrer Doggenmeute jagt (ebd., 240). Zum sprachkonzeptionell Entscheidenden gehört nun aber, dass nicht nur das referentiell gleitende metaphorische Reden oft an die Stelle des begrifflichbuchstäblichen tritt, sondern dass eine konstitutive Nichtunterscheidbarkeit von Wortwörtlichkeit und Bildlichkeit selbst handlungsbestimmend wird. Ein ›uneigentlicher‹ Sprachgebrauch provoziert eine Tat in der physischen Welt. Zum zerfleischten Leichnam des Achill gewandt spricht Penthesilea: »Sagt wohl das Wort: sie lieb' ihn, o so sehr, / Daß sie vor Liebe gleich ihn essen könnte; [...] Sieh her: als *ich* an deinem Halse hing, / Hab' ich's wahrhaftig Wort für Wort getan« (ebd., 254f.). Metaphorisiert zum selbstgeschmiedeten »Dolch« wird auch das »vernichtende[s] Gefühl«, mit dem sie sich am Schluss tötet (ebd., 256). Ob hier, komplementär zum buchstäblich realisierten Sprichwort, nun die Metapher und der mit ihr vollzogene Sprechakt selbst tödliche Wirkung entfalten oder ob sie ein vorsprachliches Gefühl allein ins Bild übersetzen und an »der Gefühle Glut«, in der die Liebe Achills geschmiedet werden sollte, zurückbinden (ebd., 211), bleibt offen.

Rezeption und Wirkung

Auf der Aufmerksamkeitsskala der Wirkungs- und Rezeptionsgeschichte ist *Penthesilea* wohl dasjenige unter Kleists Dramen, das die extremsten Ausschläge verzeichnet: von zeitgenössischer Irritation über Ignoranz in weiten Teilen des 19.

Jh.s (in deutlichem Kontrast zum populären *Käthchen von Heilbronn*, das Kleist selbst die »Kehrseite der Penthesilea« genannt hat – Brief an Marie von Kleist, Spätherbst 1807, DKV IV, 398; vgl. auch den Brief an Collin vom 8.12.1808, ebd., 424) bis zu teils euphorischen Lektüren und Applikationen im 20. Jh. Diese Konjunkturkurve gilt gleichermaßen für Literatur, Theater und theoriegeleitete Rezeption (s. Kap. VI., VII.; Lebensspuren; Nachruhm; Kommentar, DKV II, 693–749; Nutz 2001). Die konkreten Motive für Ablehnung und Faszination bilden dabei keineswegs Konstanten, sie sind abhängig von den historischen und diskursiven Kontexten ihrer Entstehung. Was sich allerdings mit erstaunlicher Hartnäckigkeit als bleibender Zug durchhält, ist die – negative oder positive – Reaktionsbildung auf die verschiedenen »Grenzüberschreitungen«, die für *Penthesilea* kennzeichnend sind (Nutz 2001, Zitat 201, 222).

Im zeitgenössischen Umfeld der Erstpublikation dominiert neben vereinzelten Äußerungen, die eine positive Faszination zum Ausdruck bringen (Adam Müller, Friedrich de la Motte Fouqué), eine klassizistisch fundierte Kritik an Griechenbild, Sujet, Stil und Duktus des Trauerspiels (Goethe, Friedrich Wilhelm Riemer, Karl August Böttiger). Kleists erster Herausgeber Ludwig Tieck bleibt in seinem Urteil über *Penthesilea* ambivalent. Die von 1840 bis in die Gründerzeit erscheinenden Literaturgeschichten, die für Distribution und Kanonisierung von Autoren und Texten eine Schlüsselrolle übernehmen, messen dem Werk keine herausgehobene Bedeutung bei oder verschreiben sich einer pathologisierenden Lesart (z. B. Julian Schmidt). Positive Aufmerksamkeit wird dem Drama in den 1880er Jahren durch Autoren wie Detlev von Liliencron und Maximilian Harden sowie durch den Komponisten Hugo Wolf zuteil, den das Werk zu einer symphonischen Dichtung inspiriert (*Penthesilea*, 1883). Ein weiterer Rezeptionsschub erfolgt im ersten Drittel des 20. Jh.s im Horizont von Weltkrieg, Expressionismus, Existenzphilosophie und Kulturkritik. Ernst Stadler, Klabund, Alfred Döblin, Gottfried Benn und Rudolf Borchardt gehören zu den faszinierten Lesern, die Germanistik steuert kritisch-indignierte (z. B. Friedrich Gundolf) und

identifikatorisch-irrationalistische (z. B. Gerhard Fricke) Deutungen bei. Ab den 1970er Jahren bis heute ist eine abermalige Hochkonjunktur für *Penthesilea* zu verzeichnen. Lektüreparadigmen wie der Feminismus, der Poststrukturalismus oder eine neue Kulturanthropologie schlagen sich sowohl in der fiktionalen und essayistischen (z. B. Christa Wolf, Heiner Müller) wie in der wissenschaftlichen Rezeption nieder.

Sieht man von Hendel-Schütz' Pantomimen aus den Jahren 1811/14 ab, beginnt die Geschichte der *Penthesilea* auf dem Theater erst mit einer Berliner Aufführung von 1876 am Königlichen Schauspielhaus in einer Bearbeitung von Salomon Mosenthal. Clara Ziegler, berühmte Heroine der Gründerzeit, spielt in der zeittypisch historisierenden Inszenierung die Titelrolle. Zu Kleists 100. Todestag 1911 konkurrieren mit dem Königlichen Schauspielhaus am Gendarmenmarkt und dem Deutschen Theater gleich zwei der führenden deutschen Bühnen um die beste Inszenierung des Dramas, das nun neben aktuellen Stücken wie Wildes *Salomé*, Wedekinds *Erdgeist* oder Hofmannsthals *Elektra* zum durchaus zeitgemäßen avanciert. Gertrud Eysoldt, die in Max Reinhardts und Felix Hollaenders Inszenierung die Penthesilea spielt, ist maßgeblich am Triumph des ›moderneren‹ Deutschen Theaters über seinen konservativen Konkurrenten beteiligt. Marlene Dietrich, die, noch unbekannt, in dieser Inszenierung die Nebenrolle der Meroe spielt, übernimmt 1923 in einer abermaligen Inszenierung der *Penthesilea* am Deutschen Theater die Titelrolle.

Ein verstärktes Interesse ist dann wieder in den 1970/80er Jahren im Horizont des Regietheaters zu verzeichnen (Inszenierungen von Karl Heinz Stroux [noch 1969], Klaus Michael Grüber, Frank-Patrick Steckel, Wilfried Minks, Hans Neuenfels, Jürgen Gosch). Neuenfels' – auch verfilmte – Berliner Inszenierung von 1981 mit Elisabeth Trissenaar in der Hauptrolle setzt dramaturgisch auf den Rollentausch der Geschlechter und auf surreal anmutende Montagen unter Einsatz des Mediums ›Film‹. Seit dieser Zeit ist *Penthesilea* ein Feld für dramaturgische und zeitgeschichtlich aktualisierende Experimente wie Syberbergs Penthesilea-Monolog von 1987, Langs

Doppelinszenierung mit Racines *Phèdre* aus dem gleichen Jahr (s.o.) oder Wolfgang Engels Dresdner Inszenierung von 1989, in der – kurz vor dem Fall der Berliner Mauer – die häufigen Teichoskopien des Dramas zu Szenarien von Eingeschlossenen werden. 1991 bietet Ruth Berghaus am Wiener Burgtheater eine *Penthesilea* als Massenchoreographie, 1995 gibt es ein Berlin-Krakauer Projekt mit deutsch und polnisch gesprochenem Text (Regie: Henryk Baranowski). Julie Brochens Adaption am Pariser Théâtre de la Bastille spinnt 1998 den Mythos vom Amazonenstaat weiter, indem sie Kleists Drama in ausschließlich weiblicher Besetzung als Spiel im Spiel unter Frauen aufführen lässt. In Johannes Leppers Oberhausener Inszenierung von 2006 schließlich wird der Krieg der Männer zur *mission impossible*, wenn die griechischen Helden an einem Tragegurt-Equipment auf- und abschweben und dabei sowohl an Kleists *Marionettentheater* wie an das cineastische Actionspektakel *made in Hollywood* erinnern.

Literatur

Appelt, Hedwig/ Nutz, Maximilian: Erläuterungen und Dokumente: Heinrich von Kleist, *Penthesilea*. Stuttgart 2001.

Brandstetter, Gabriele: *Penthesilea*. »Das Wort des Greuelrätsels«. Die Überschreitung der Tragödie. In: Walter Hinderer (Hg.): Kleists Dramen. Stuttgart 1997, 75–115.

Cullens, Chris/ Mücke, Dorothea von: Love in Kleist's *Penthesilea* and *Käthchen von Heilbronn*. In: Deutsche Vierteljahrsschrift für Literaturwissenschaft und Geistesgeschichte 63 (1989), 461–493.

Grathoff, Dirk: Liebe und Gewalt: Überlegungen zu Kleists *Penthesilea*. In: Ders.: Kleist: Geschichte, Politik, Sprache. Aufsätze zu Leben und Werk Heinrich von Kleists. Opladen 1999, 125–131.

Greiner, Bernhard: Kleists Dramen und Erzählungen. Experimente zum Fall der Kunst. Tübingen/Basel 2000, 148–173.

Hansen, Birgit: Poetik der Irritation: *Penthesilea*-Forschung 1977–2001. In: Inka Kording/ Anton Philipp Knittel (Hg.): Heinrich von Kleist. Neue Wege der Forschung. Darmstadt 2003, 225–253.

Kaiser, Gerhard: Mythos und Person in Kleists *Penthesilea*. In: Ders.: Wandrer und Idylle. Goethe und die Phänomenologie der Natur in der deutschen Dichtung von Geßner bis Gottfried Keller. Göttingen 1977, 209–239.

Kanzog, Klaus: Im Geiste der Tragédie de l'âge classique. Die Rhetorik in Racines *Phèdre* und Heinrich von Kleists *Penthesilea*. In: BKF 2003, 211–232.

Klotz, Volker: Aug um Zunge – Zunge um Aug. Kleists extremes Theater. In: KJb 1985, 128–142.

Kommerell, Max: Die Sprache und das Unaussprechliche. Eine Betrachtung über Heinrich von Kleist. In: Ders.: Geist und Buchstabe der Dichtung. Goethe – Schiller – Kleist – Hölderlin. Frankfurt a.M. [5]1962, 243–317.

Müller-Seidel, Walter: Kleists *Penthesilea* im Kontext der Deutschen Klassik. In: Ders.: Die Geschichtlichkeit der deutschen Klassik. Literatur und Denkformen um 1800. Stuttgart 1983, 209–230.

Nölle, Volker: Die Selbsttötung Penthesileas. Eine interpretatorische These im Prüfstand produktionsästhetischer und topologischer Fragen. In: Zs. für Literaturwissenschaft und Linguistik 27, Heft 108 (1997), 151–161.

Nutz, Maximilian: Lektüre der Sinne. Kleists *Penthesilea* als Körperdrama. In: Dirk Grathoff (Hg.): Heinrich von Kleist. Studien zu Werk und Wirkung. Opladen 1988, 163–185.

–: »Erschrecken Sie nicht, es läßt sich lesen«. Verstörung und Faszination in Diskurskontexten – zur Rezeptionsgeschichte von Kleists *Penthesilea*. In: Christine Lubkoll/Günter Oesterle (Hg.): Gewagte Experimente und kühne Konstellationen. Kleists Werk zwischen Klassizismus und Romantik. Würzburg 2001, 199–222.

Pfeiffer, Joachim: Grenzüberschreitungen. Die Konstruktion der Geschlechter in Kleists *Penthesilea*. In: Queering gender – queering society 2005, 187–201.

Port, Ulrich: »In unbegriffner Leidenschaft empört«? Zur Diskursivierung der (tragischen) Affekte in Kleists »Penthesilea«. In: KJb 2002, 94–108.

Schmidt, Jochen: Heinrich von Kleist. Die Dramen und Erzählungen in ihrer Epoche. Darmstadt 2003, 105–128.

Stephan, Inge: »Da werden Weiber zu Hyänen …«. Amazonen und Amazonenmythen bei Schiller und Kleist. In: Dies./Sigrid Weigel (Hg.): Feministische Literaturwissenschaft. Berlin 1984, 23–42.

Stephens, Anthony: Der Opfergedanke bei Heinrich von Kleist. In: Ders.: Kleist – Sprache und Gewalt. Freiburg i.Br. 1999, 103–156.

Theisen, Bianca: »Helden und Köter und Fraun«. Kleists Hundekomödie. In: Beiträge 17 (2003), 129–142.

Ulrich Port

1.7 *Robert Guiskard,*
Herzog der Normänner

Entstehung und Quellen

Der einzig erhaltene Text dieses Werkes erschien Anfang Juni 1808 in Kleists Zeitschrift *Phöbus. Ein Journal für die Kunst* unter dem Titel: *Fragment aus dem Trauerspiel: Robert Guiskard, Herzog der Normänner.* Hier handelt es sich lediglich um zehn Auftritte mit insgesamt 524 Versen. Jeder Aspekt dieses 1802 erstmals begonnenen Werkes gibt unlösbare Rätsel auf, und die Entstehungsgeschichte bildet keine Ausnahme. Hinrich C. Seeba bietet eine detaillierte Zusammenfassung der einschlägigen Dokumentation sämtlicher mit der Entstehung verbundenen Änigmen (Kommentar, DKV I, 660–675). Um die wichtigsten Punkte herauszugreifen: Im Gegensatz zu seiner ersten, rasch vollendeten Tragödie *Die Familie Schroffenstein* steht das *Guiskard*-Projekt von Anfang an im Zeichen des höchsten Ehrgeizes. Kleist war überzeugt, durch »eine gewisse Entdeckung im Gebiete der Kunst« (an Ulrike von Kleist, 3.7.1803; DKV IV, 316) den Schlüssel zu einer neuartigen Variante des antiken Trauerspiels gefunden zu haben. Für die erste Anwendung seiner »Entdeckung« hatte er die Bearbeitung eines historischen Stoffs aus dem 11. Jh. gewählt. Von den ersten Entwürfen seines Vorhabens ist lediglich bekannt, dass sein Held bei der Belagerung Konstantinopels auf der Bühne an der Pest sterben sollte.

Die Arbeit am Drama beschäftigte ihn seit seinem Aufenthalt im Februar 1802 am Thuner See in der Schweiz bis zur Vernichtung der ersten Manuskripte im Oktober 1803 in Paris. Ermutigung erhielt er von Christoph Martin Wieland, bei dem Kleist um die Jahreswende 1802/1803 auf seinem Gut in Ossmannstedt als Freund seines Sohnes Ludwig zu Gast war. Aus Wielands späterem Bericht über diesen Besuch stammt der berühmte Satz: »Wenn die Geister des Äschylus, Sophokles und Shakespear sich vereinigten, eine Tragödie zu schaffen, so würde das sein, was Kleists *Tod des Guiskards des Normanns*, sofern das Ganze demjenigen entspräche, was er mich damals hören ließ« (Lebensspuren Nr. 89). Kein

vollendetes Werk von Kleist sollte zu seinen Lebzeiten so überschwänglich gelobt werden. Wielands Begeisterung ließ keineswegs nach, und er schrieb im Juli 1803 an den jungen Autor, als dieser sich über das Stocken der Arbeit am großen Werk beklagt hatte: »Sie *müssen* Ihren Guiskard vollenden, und wenn der ganze Kaukasus und Alles auf Sie drückte« (DKV IV, 317).

Wielands Imperativ bestätigte Kleist zwar in seinen Hoffnungen, verstärkte aber gleichzeitig die Belastung, zu der bereits der nicht gelingen wollende Abschluss der Tragödie für ihn geworden war. Um sich aus dieser qualvollen Lage zu befreien, inszenierte Kleist nun eine weitere, persönliche Tragödie, nämlich die des allzu früh gescheiterten Dichters.

Um seinen 26. Geburtstag verbrennt er im Oktober 1803 in Paris sämtliche *Guiskard*-Manuskripte und begibt sich anschließend nach St. Omer in der erklärten Hoffnung den Tod bei Napoleons geplanter Invasion Englands zu finden: »Ich habe in Paris mein Werk, so weit es fertig war, durchlesen, verworfen und verbrannt: und nun ist es aus. Der Himmel versagt mir den Ruhm, das größte der Güter der Erde; ich werfe ihm, wie ein eigensinniges Kind, alle übrigen hin. [...] ich frohlocke bei der Aussicht auf das unendlich prächtige Grab« (an Ulrike von Kleist, 26.10.1803; ebd., 321). Kleist dramatisiert das Versagen, seine »Entdeckung« auf eine ihn befriedigende Weise in die dichterische Praxis umzusetzen, auf eine so pathetische Art und Weise, dass er die eigentlichen, handwerklichen Hindernisse bei der Ausführung seines Werkes vollends verschleiert:

»Ich habe nun ein Halbtausend hinter einander folgender Tage, die Nächte der meisten mit eingerechnet, an den Versuch gesetzt, zu so vielen Kränzen noch einen auf unsere Familie herabzuringen [...] Ich trete vor Einem zurück, der noch nicht da ist, und beuge mich, ein Jahrtausend im Voraus, vor seinem Geiste. [...] Rede mir nicht zu. Wenn du es thust, so kennst du das gefährliche Ding nicht, das man Ehrgeiz nennt. [...] Die Hölle gab mir meine halben Talente, der Himmel schenkt dem Menschen ein ganzes, oder gar keins« (an Ulrike von Kleist, 5.10.1803; ebd., 320).

Wüsste man nichts von dem Hintergrund der ersten Entstehungsphase, so bestünde keinerlei Anlass, bei der unbefangenen Lektüre des 1808 veröffentlichten Fragments an die »Geister von Äschylus, Sophokles und Shakespear« zu denken. Der erhaltene Text weist stilistische Affinitäten zu der gegen Ende 1807 abgeschlossenen *Penthesilea* auf und enthält auch möglicherweise Anspielungen auf den damaligen Zustand Preußens (s. Kap. IV.10), stellt aber in keinerlei Hinsicht das soeben vollendete große Trauerspiel in den Schatten. Zwar erweckt Kleist den Eindruck in Briefen aus der Zeit vom Dezember 1807 bis zum Juni 1808, er verfüge über eine fast fertige oder aber gar abgeschlossene Neufassung des *Robert Guiskard*. Dies wird jedoch von niemandem aus seinem Bekanntenkreis eindeutig bestätigt. Zu bedenken ist außerdem, dass das letzte *Phöbus*-Heft erst im Februar 1809 erschien. Kleist war offensichtlich in Not geraten, die letzten Hefte mit geeigneten Beiträgen auszufüllen. Dementsprechend veröffentlichte er im November 1808 ein zweites Fragment aus dem fertigen Stück *Das Käthchen von Heilbronn*, nachdem ein erstes in der gleichen Nummer wie der Text des *Robert Guiskard* erschienen war. Unter diesen Umständen läge die Publikation einer weiteren Kostprobe aus dem *Robert Guiskard* doch nahe, wenn die Neufassung so weit gediehen war, wie Kleist in Briefen behauptet. Er belässt es aber bei nur diesem einzigen Fragment im *Phöbus*, während es doch seinem Ruf als Dramatiker nur förderlich hätte sein können, die letzten Hefte seiner Zeitschrift um weitere *Guiskard*-Fragmente zu bereichern.

Damit erhebt sich die Frage, ob der 1808 erschienene Text, der in der Regel als Auftakt zu einem noch auszuführenden Drama gelesen wird, nicht eher als eine Kondensierung der ganzen Handlung zu betrachten wäre. Für diese Mutmaßung spricht, dass keine der in der Literatur zu Kleist vorgeschlagenen Weiterführungen des *Robert Guiskard* auf allgemeine Akzeptanz gestoßen ist. Eine alternative Lösung liefe also darauf hinaus, dass der Stoff für Kleist um 1807/08 in Wirklichkeit nicht minder widerspenstig als in den Krisenjahren 1802/03 war, obwohl er im Hinblick auf die Überlebenschancen des *Phöbus* allen Grund hatte, das Gegenteil zu behaupten, denn die Briefe, in denen er zuversichtlich von der Vollendung des *Guiskard* schreibt, werben zugleich um Beiträge für den *Phöbus* (an Wieland 17.12.1807 und an Collin 14.2.1808; DKV IV, 398–400, 412–414).

In diesem Sinne wäre das *Phöbus*-Fragment eher als eine komprimierte Exposition der nicht zu überwindenden Hindernisse zu betrachten, die der Ausarbeitung des ganzen Dramas noch immer im Wege standen, statt sie als ersten Aufzug eines (fast) vollendeten Trauerspiels zu lesen. Dafür spricht die geballte Handlungsführung, der über manche Peripetien zu einem Schluss gelangt, der keine klare Perspektive auf eine Fortsetzung eröffnet. Ulrich Fülleborn hat das Handlungsgefüge im Fragment treffend charakterisiert: »Diese Handlungsstruktur, genauer: diese Situation lässt alles, was überhaupt noch als Handlung denkbar ist, zu einem ›stehenden Sturmlauf‹ (Kafka) werden« (Fülleborn 2007, 54).

Über Kleists Quellen herrscht beträchtlich mehr Sicherheit. In Schillers *Die Horen* war 1797 Karl Wilhelm Ferdinand von Funcks Aufsatz *Robert Guiscard Herzog von Apulien und Calabrien* erschienen. Schiller hatte auch 1790 in seiner Reihe historischer »Memoires« die *Denkwürdigkeiten aus dem Leben des griechischen Kaisers Alexius Komnenes von Anna Komnena* (1083 – ca. 1150) veröffentlicht. Kleist kannte außerdem die Übersetzung von Sophokles' *König Ödipus* ins Deutsche von Johann Jakob Steinbrüchel (Zürich 1763), und das gemeinsame Motiv der Pest stellt eine Verbindung zum erhaltenen Fragment des *Robert Guiskard* her (Kommentar, DKV I, 677). Gleichwohl weicht die Grundkonstellation von Kleists dramatischem Ansatz in vieler Hinsicht von dem sophokleischen Modell ab.

Was die historischen Vorlagen betrifft, so improvisiert Kleist im Fragment von 1807/08 auf seine gewohnte Art. Während der historische Guiskard zwölf Brüder und sechs Söhne aus zwei Ehen hatte, vereinfacht Kleists Fußnote zum *Phöbus*-Fragment die Familienverhältnisse auf drastische Weise: »Wilhelm von der Normandie [...] hatte drei Brüder, die einander [...] rechtmäßig in der Regierung folgten. Abälard, der Sohn des dritten, ein Kind, als derselbe starb, hätte zum Regenten ausgerufen werden sollen; doch Guis

kard, der vierte Bruder, von dem drittem zum
Vormund eingesetzt, sei es, weil das Volk ihn sehr
liebte, sei es, weil die Folgereihe der Brüder für
ihn sprach, ward gekrönt [...]. – Kurz Guiskard
war seit dreißig Jahren als Herzog, und Robert als
Thronerbe anerkannt« (Kommentar, DKV I,
718). Kleists Darstellung der dynastischen Verhältnisse tut alles, um die rechtliche Basis von
Guiskards dreißigjähriger Herrschaft sowohl als
pragmatisch begründet wie auch als *stricto sensu*
fragwürdig erscheinen zu lassen. Dass Papst Nikolaus II. den bereits gekrönten Guiskard 1059
mit Apulien, Calabrien und Sizilien belehnt, und
in diesem Sinne die »Legitimation« seiner Herrschaft in den Augen des westlichen Christentums
nachdrücklich bestätigt hatte, wird von Kleist weder erwähnt noch im leisesten angedeutet, da dies
die Motivation der Rivalität zwischen Robert und
Abälard deutlich abgeschwächt hätte.

Ein bedeutendes Moment in den Memoiren
der Anna Komnena, auf das frühere Forscher wie
Jakob Minor und Julius Petersen großes Gewicht
gelegt hatten, findet in Kleists Anmerkungen
zum Text von 1808 ebenfalls keine Erwähnung.
Margrit Schoch von Wädenswils Studie aus dem
Jahr 1952 räumt ihm jedoch eine wesentliche Bedeutung ein, weil sie es als bewusste Parallele zur
fatalen Prophetie im *König Ödipus* versteht:
»Nach Anna Komnena war Guiskard einst ge-
weissagt worden, er werde bis zum Vorgebirge
Ather auf Cephalonien ›sich alles unterwürfig
machen und dann in Jerusalem verscheiden‹. [...]
Auch Guiskard hätte als Kreuzritter nach Jerusalem ziehen sollen« (Schoch von Wädenswil 1952,
30).

Seitdem hat die Kleist-Forschung dieses Detail
vergessen oder ausgeklammert. Wenn aber im-
merfort die Rede von dem »charismatischen«
Führer ist, der an die eigene Immunität gegen die
Pest glaubt – etwa nach dem Muster Napoleons
in Jahre 1799 bei der Belagerung von Akkon –,
damit dies als »Hybris« gedeutet werden kann, so
gibt es doch in der von Schoch von Wädenswil
und anderen erwähnten Quelle die Möglichkeit
einer viel einfacheren Erklärung: Im abergläubischen Klima des 11. Jh.s wäre es plausibel, dass
Guiskard vor *Konstantinopel* die Berührung mit
Pestkranken nicht fürchtet, weil er fest an die

Weissagung glaubt, er solle erst in Jerusalem sterben. Dies wäre wohl der Sinn seiner Worte an den
Greis Armin: »Kein Leichtsinn ist's, wenn ich Berührung nicht / Der Kranken scheue, und kein
Ohngefähr, / Wenn's ungestraft geschieht. Es hat
damit / Sein eigenes Bewenden – kurz, zum
Schluss: Furcht meinetwegen spart!« (DKV I,
253). Wie dem auch sei, der Schluss liegt nahe,
dass Kleist äußerst selektiv mit seinen Quellen
umgeht und dabei vieles verschleiert, um ein
Höchstmaß an Ambivalenz im *Phöbus*-Fragment
zu erzeugen.

Handlungsverlauf

Das Fragment setzt mit einer turbulenten Szene
ein, in der »Volk, jeden Alters und Geschlechts«
einen »Ausschuß von Normännern [...] festlich
im Kriegsschmuck« anfeuert, sein Anliegen dem
Guiskard vorzubringen. In diesem ersten Auftritt
– und nur hier – spricht das Volk als Chor. Im
Gegensatz zu zeitgenössischen Adaptationen des
antiken Chors – am häufigsten werden Schillers
Die Braut von Messina und Dramen der Brüder
Schlegel zitiert – teilt Kleist der »in unruhiger Bewegung« wogenden Volksmenge eine ausgesprochen agonale Funktion zu. Weit davon entfernt,
die sich anbahnende Handlung nur mitfühlend
oder abwägend zu kommentieren, drängt das
Volk seine ausgewählten Vertreter, auf den gegen
sein Begehren tauben Guiskard einzuwirken:
»Schickt einen Donnerkeil / Auf ihn hernieder,
daß ein Pfad sich uns, / Eröffne, der aus diesen
Schrecknissen / des greulerfüllten Lagerplatzes
führt!« (DKV I, 237).

Hierin ist jedoch keine Ähnlichkeit zum Pariser Mob der Revolutionsjahre zu erkennen, denn
das Prinzip der Heeresdisziplin bleibt trotz aller
Verwüstungen, die diese Pest im Lager angerichtet hat, aufrechterhalten. Das Volk delegiert sein
Anliegen an die »zwölf bewehrten Männer« des
Ausschusses, und dieser lässt wiederum, den einen »würd'ge[n] Greis, die Stimme führen« (ebd.,
238). Der Greis Armin erkennt, dass dem Konflikt zwischen Volk und Herrscher die Gefahr einer »Rebellion« innewohnt, erklärt aber von
vornherein seine Absicht, nur innerhalb der vorgegebenen Hierarchie zu verhandeln: »Dem

Flehn will ich, ich sag' es noch einmal / Nicht der Empörung meine Stimme leihn« (ebd., 239). Bevor es zu einem Dialog zwischen dem Volksvertreter und Guiskard kommt, versuchen seine Tochter Helena, sein Sohn Robert und sein Neffe Abälard die versammelte Menge auf eine jeweils andere Art zu beeinflussen. Erst im letzten Auftritt, nachdem es Abälard gelungen ist, alle Anwesenden zu überzeugen, dass Guiskard bereits von der Pest angesteckt ist, erscheint dieser und straft das Treiben seines Neffen Lügen – allerdings nur für kurze Zeit. Ein plötzlicher Schwächeanfall beraubt Guiskard seiner Eloquenz. Dies gibt dem Greis Armin die ersehnte Gelegenheit, mit einer alle anderen Figuren übertreffende Beredsamkeit auf den keinen Widerstand mehr leistenden Guiskard einzureden. Seine grausige Evokation des Volksleidens gipfelt in der Forderung, die das Fragment abschließt: »[...] versage deinem ganzen Heere / Den einz'gen Trank nicht, die ihm Heilung bringt, / Versag' uns nicht Italiens Himmelslüfte, / Führ uns zurück, zurück ins Vaterland!« (ebd., 255).

An der Entfaltung dieser Szene sticht hervor, dass Evokationen der Pest als potentieller Vernichtung des ganzen Volks sowohl am Anfang als auch am Ende des Diskurses dominieren, während in der mittleren Phase die Interaktion zwischen Volk und Herrscherfamilie die gemeinsame Notlage aus dem Brennpunkt des Interesses bis zu dem Moment verdrängt, da auf einmal durch Abälard die mögliche Ansteckung Guiskards in den Vordergrund gerückt wird. Guiskards Hervortreten in scheinbar bester Gesundheit erweist sich jedoch als lediglich ein weiteres retardierendes Moment, da die abschließende Rede Armins die grauenvolle Evokation der Pest am Anfang des Fragments deutlich wieder aufnimmt und diese bewusst als Vorstufe zum Appell an den jetzt sichtlich erkrankten Herzog steigert, die Belagerung Konstantinopels aufzugeben.

Interpretationen

Die Frage ist unumgänglich: Wie soll sich aus der hier exponierten Problematik ein tragischer Konflikt entwickeln? Die Gegenpole sind zum einen das Volk, das mit Recht um sein Überleben bangt, und zum anderen der Herrscherwille Guiskards: »Im Lager hier kriegt ihr mich nicht ins Grab: / In Stambul halt ich still, und eher nicht!« (DKV I, 252). Die in sich zerstrittene herzogliche Familie hat keine Führergestalt zu bieten, die den erkrankten Guiskard ersetzen könnte, wenn – wie mehrfach betont wird – niemand, der einmal angesteckt ist, auf eine Genesung hoffen kann: »Der Hingestreckt' ist's auferstehungslos, / Und wo er hinsank, sank er in sein Grab« (ebd., 254f.). Guiskards Sohn und designierter Nachfolger Robert ist zu arrogant und beim Volk zu unbeliebt, um das Heer mit Erfolg zu führen. Abälard, der seinen Anspruch auf die Nachfolge salbungsvoll geltend macht, erweist sich trotz seiner Popularität als ein völlig unbedarfter Stratege. Nichts könnte in der unmittelbaren Krisensituation verhängnisvoller sein als der öffentliche Streit mit Robert um die Gunst der Menge, den Abälard so leichtfertig anzettelt. Seine im Anschluss daran heuchlerisch vorgetragene Offenbarung, dass der Herzog bereits erkrankt sei, kann die ohnehin prekäre Lage nur verschlimmern. Dieser unbedachte Schritt ruft endlich Guiskard selbst auf den Plan, aber die Anstrengung, den völlig Gesunden zu spielen, kostet den bereits Geschwächten wohl den Rest seiner Kraft. Mit dem verzweifelten Ruf des Volksvertreters nach einer wirksamen und adäquaten Führung, der mangels einer glaubhaften Alternative an den kaum mehr dazu fähigen Guiskard selbst gerichtet wird, bricht das Fragment ab.

Seit dem 1981 erschienenen Aufsatz Iris Dennelers kreisen die meisten Beiträge zur Forschung um das Begriffspaar »Legitimation und Charisma«, denn Kleist hat seinen Text so angelegt, dass daraus die Scheinfrage hervorgeht: Wer hat das größere Recht auf die Nachfolge, Robert oder Abälard? Obwohl beide sich im Streit vor dem Volk als inkompetente Führer erweisen, wird in der Sekundärliteratur unablässig diskutiert, welches der beiden Nachfolgeprinzipien, oder welche Alternative Kleist selbst befürwortet. Denneler kommt zum Schluss: »Kleist plädiert im Sinne der Reformer [...] für einen größeren Einfluß des Volkes auf politische Entscheidungen. Wie viele seiner Zeitgenossen sah auch er im erstarrten, ab-

solutistischen System [...] den Grund für den äußeren und inneren Niedergang Preußens« (Denneler 1981, 87). Die »charismatische« Lösung
wird durch die Anfälligkeit Guiskards für die Pest
ebenfalls als unhaltbar hingestellt.

Der Griff zu außertextlichen Bezügen, so ver-
lockend er auch sein mag, tendiert dazu, das
Fragment auf eine recht platte Allegorisicrung
der damaligen Zustände in Preußen mit einigen
Seitenhieben auf die dynastischen Bestrebungen
Napoleons zu reduzieren, wofür die Deutung Jochen Schmidts ein vorläufig letztes Beispiel abgibt (Schmidt 2003, 130–136). Schmidt teilt mit
Denneler eine stark moralisierende Tendenz:
»Alles in allem zeichnet sich das Wohlergehen
des Volkes als die einzig tragende Legitimations-
basis ab. Dass Guiskards Herrschaft selbst wesentlich von der »Liebe« des Volkes und seiner
Liebe zum Volk bestimmt wird, [...] deutet auf die
De-facto-Ablösung alter Legitimationsmodelle
durch ein neues« (Schmidt 2003, 136). Abgesehen davon, dass dem Volk in Kleists ab Mai 1808
entstandener Herrmannsschlacht kein solcher Eigenwert in der politischen Konstellation zugesprochen wird, weil der ›charismatische‹ Cherus-
kerfürst es ja rücksichtslos ausnutzt und manipuliert, handelt es sich im Robert Guiskard doch um
die Umrisse einer Tragödie und nicht um ein
wohlgemeintes Pamphlet auf dem Gebiet der
Staatskunde.

Um diese Perspektive zu korrigieren, lohnt es
sich, den Eindruck eines Lesers zu berücksichtigen, den wohl nichts weniger als die Reformbe-
wegung in Preußen um 1807/08 interessiert hätte.
Rainer Maria Rilke wurde 1913 von der dichterischen Qualität des Fragments zutiefst beeindruckt: »Wunderschön ist das alles und so blind
und rein gekonnt, so aus den Tiefen einer harten
Natur herausgebrochen [...]« (Kommentar, DKV
I, 688). Auch wenn das Fragment alle weiterfüh-
renden Handlungslinien zu kappen scheint, so
bleibt es als Torso eines tragischen Gedichts doch
staunenswert.

Wie Gerhard Schulz zu Recht bemerkt hat,
darf es als »Musterstück für das dienen, was über
das Verhältnis von Machtausübung und Sprache
in Kleists Zeitalter gesagt worden ist. Die Frage
nach dem Zweck des Sprechens und nach dem

Wahrheitsgehalt der Sprache durchzieht das
ganze Bruchstück dieser Tragödie [...]« (Schulz
1989, 637). Wohlgemerkt: diese Frage muss
zwangsläufig ohne verbindliche Antwort bleiben,
weil die bildhafte Dimension des Stücks kein ge-
schlossenes Ganzes bildet, sondern vielmehr auf
unlösbare Aporien hindeutet.

Die Metaphorik des Robert Guiskard ist wiederholt untersucht worden, weil Kleist in diesen
wenigen Seiten seine ganze poetische Virtuosität
zur Schau stellt (Labhardt 1976, 163–167; Stephens 1994, 47–54; Ritter 2000, 80–95). Aus allen
Untersuchungen ergeben sich jedoch keine einheitlichen Muster, wie man sie etwa im Text der
Penthesilea vorfindet. Das Beispiel der »Pest«
muss hier für viele stehen. In Sophokles' König
Ödipus ist die Seuche, die das thebanische Volk –
nicht aber den König selbst – heimsucht, eindeutig Apolls längst aufgeschobene Bestrafung des
unwissentlich begangenen Vatermords und des
ebenfalls unverschuldeten Inzests. Außerdem ist
das Unheil bei Sophokles männlichen Charakters: ein »feuertragender Gott« – wohingegen das
»Scheusal« bei Kleist eher an die weiblichen Fu-
rien im Text der Penthesilea und ferner an die
Erinyen in Schillers Ballade Die Kraniche des Iby-
kus erinnert (Kommentar, DKV I, 714).

Lawrence Ryan meint »das an die Person des
Helden geknüpfte Schuldmoment« als ein Unheil
zu erkennen, »das im neuen Drama in der Pest
zweifellos eine symbolische Gestalt gewinnt«
(Ryan 1969, 245). Angesichts der Diskrepanzen
zwischen der antiken Vorlage und der Situation,
die Kleist 1807/08 entwirft, ist diese handfeste
Gleichsetzung von Schuld und Seuche kaum
plausibel. Eine ›tragische‹ Schuld aus Guiskards
»Usurpation« der Herrschaft herleiten zu wollen,
widerspricht offensichtlich den Intentionen
Kleists, der sowohl im Fragment selbst als auch in
der oben zitierten Fußnote die Frage mit Bedacht
offen lässt, ob Abälard überhaupt zum Herrscher
taugt. Abälards plumper Versuch, das Volk durch
übertriebene Beschreibungen der Symptome
Guiskards in Panik zu versetzen – während ein
staatskluger Herrscher eher bestrebt sein müsste,
die drohende Krise im Zaume zu halten –, legt
eher eine verneinende Antwort nahe.

Da das entscheidende Kriterium, was die Führerschaft dieses kriegerischen Volks anbetrifft, im pragmatischen Erfolg bei Eroberungszügen besteht, hat Guiskard durch dreißig Jahre erfolgreichen Herrschens kaum eine Schuld, geschweige denn eine ›tragische‹, auf sich geladen. Dem widerspricht ebenfalls seine häufig betonte Volksverbundenheit. Dass Volk und Herrscher jetzt vor Konstantinopel sichtlich miteinander entzweit sind, kann zwar als eine Folge, doch keinesfalls als der Ursprung der Pest gedeutet werden.

In Ermangelung einer moralischen Instanz, die die Pest als Strafe über dieses Volk und Guiskard selbst hätte verhängen können, fragt man vergeblich nach einer ideellen Begründung der im Fragment skizzierten Tragik. Wäre die Pest nicht ausgebrochen, so hätte Guiskard wohl zur großen Zufriedenheit des Volks Konstantinopel eingenommen. Da jedoch »dein Volk, deiner Lenden Mark / Vergiftet, keiner Taten fähig mehr [ist]« (DKV I, 254), wird Guiskards Starrsinn bildhaft mit dem Delirium eines Pestkranken verbunden: »Ja, in des Sinn's entsetzlicher Verwirrung, / Die ihn zuletzt befällt, sieht man ihn scheußlich / Die Zähne gegen Gott und Menschen fletschen, / Dem Freund, dem Bruder, Vater, Mutter, Kindern, / Der Braut selbst, die ihm naht entgegenwütend« (ebd., 255). Denn Guiskard ist ja angesteckt und wird bald – wenn Kleist nicht zuletzt vorhatte, mit seinen Quellen radikal zu brechen – vor Konstantinopel sterben. In diesem Sinne kommt man schwerlich über eine durch den Zufall der Pest herbeigeführte Katastrophe hinaus, die zwar den Stoff zu einer hinreißenden dramatischen Skizze liefert, die weitere Frage nach der Ausgestaltung einer monumentalen Tragödie nach dem Muster der *Penthesilea* jedoch offen lässt.

Literatur

Denneler, Iris: Legitimation und Charisma. Zu *Robert Guiskard*. In: Walter Hinderer (Hg.): Kleists Dramen. Neue Interpretationen. Stuttgart 1981, 73–92.

Fülleborn, Ulrich: Die frühen Dramen Heinrich von Kleists. München 2007.

Labhardt, Robert: Metapher und Geschichte. Kleists dramatische Metaphorik bis zur *Penthesilea* als Widerspiegelung seiner geschichtlichen Position. Kronberg, Ts. 1976.

Ritter, Harald: Die Dichtung Kleists. Studien zu ihrem episch-dramatischen Spannungsfeld. Aachen 2000.

Ryan, Lawrence: Kleists ›Entdeckung im Gebiete der Kunst‹: Robert Guiskard und die Folgen. In: Helmut Kreuzer (Hg.): Gestaltungsgeschichte und Gesellschaftsgeschichte. Fs. für Fritz Martini. Stuttgart 1969, 242–264.

Schmidt, Jochen: Heinrich von Kleist. Die Dramen und Erzählungen in ihrer Epoche. Darmstadt 2003.

Schoch von Wädenswil, Margrit: Kleist und Sophokles. Zürich 1952.

Schulz, Gerhard: Die deutsche Literatur zwischen Französischer Revolution und Restauration. Zweiter Teil. 1806–1830. München 1989.

Stephens, Anthony: Heinrich von Kleist. The Dramas and Stories. Oxford/Providence 1994.

Anthony Stephens

1.8 *Das Käthchen von Heilbronn*

Die Handlung der Buchausgabe (1810)

Das Stück beginnt als Gerichtsdrama in einer »unterirdische[n] Höhle, mit den Insignien des Femgerichts« (DKV II, 323). Die vermummten Richter geben sich in apokalyptisch gefärbten Worten als »die irdischen Schergen Gottes, Vorläufer der geflügelten Heere, die er in seinen Wolken mustert« (ebd.), zu verstehen. Noch hyperbolischer und wortreicher ist die Klage, die Theobald gegen den Grafen Wetter vom Strahl bringt, seine Tochter Käthchen durch schwarze Magie verführt zu haben. Dieser weist die Klage zurück und verlangt die Befragung Käthchens vor dem Gericht selbst, denn diese könne seine Unschuld bestätigen. Als Käthchen vor Gericht erscheint, macht sie der Graf nicht nur zur Mitverklagten: »Hier steh ich ein Verklagter, so wie du« (ebd., 334) –, sondern er usurpiert auch die Rolle des Inquisitors und traktiert Käthchen mit solcher rhetorischen Gewalt, dass nicht nur sie, sondern auch die Richter mehrfach gegen sein Procedere protestieren: »Ihr quält das Kind zu sehr« (ebd., 341). Doch eben diese grausame Taktik bewirkt den Freispruch des Grafen, weil er dem Femgericht dadurch vor Augen führen kann, wie wenig er Käthchens scheinbar absoluter Hörigkeit ihm gegenüber verschuldet hat. Der erste Akt schließt mit der Aufforderung des Vorsitzenden an den

Grafen: »Ihr zeigtet / Von der Gewalt, die ihr hier übt, so manche / Besondre Probe uns; laßt uns noch eine, / Die größeste, bevor wir scheiden, sehn / Und gebt sie ihrem alten Vater wieder« (ebd., 345). Während Theobald weiterhin unversöhnlich bleibt und den Grafen als »Satan« bezeichnet, fällt Käthchen, deren Verhalten im Verhör auf rätselhafte Art zwischen Einsilbigkeit und Beredsamkeit gewechselt hat, in Ohnmacht.

Der zweite Akt wird durch einen langen Monolog des Grafen eröffnet, der dem Publikum zum ersten Mal einen Blick in sein Inneres gewährt. Zum einen frohlockt der Graf darüber, dass Käthchen ihn liebt, zum anderen schließt er sie als künftige Gattin aus Standesgründen aus: »Zum Weibe, wenn ich sie gleich liebe, begehr' ich sie nicht« (ebd., 349). In den folgenden Szenen rettet der Graf ein entführtes Fräulein, ohne zu wissen, dass es sich dabei um Kunigunde von Thurneck handelt, mit der er ständig auf Kriegsfuß steht, denn diese hetzt immer wieder ihre adligen Verehrer gegen ihn auf, um den Wiederkauf der Herrschaft Stauffen von ihm zu erzwingen. Der Entführer ist der Burggraf von Freiburg, der einmal mit Kunigunde verlobt war. Sie hat ihn aber wegen des Rheingrafen wieder fallen lassen: »Ich liebte sie und ward verschmäht« (ebd., 357). Ohne diese Hintergründe der Entführung zu erfahren, befreit der Graf vom Strahl die ihm bislang nur durch ihren Ruf bekannte Kunigunde. Die Erkennung zwischen dem Grafen und Kunigunde klingt zunächst ominös für Kunigunde an – »So kamt ihr aus dem Regen in die Traufe« (ebd., 363) –, nimmt jedoch bald eine unvermutete Wendung, als Kunigunde durch ihr geschicktes und verführerisches Benehmen den Grafen sehr schnell die lange bestehende Feindschaft vergessen lässt. Kunigunde spielt mit solcher Raffinesse die Rolle der adligen Jungfrau in Not, dass der Graf ihr bald das Angebot macht: »so könnt ihr bei / Der Gräfin, meiner Mutter, übernachten« (ebd., 364). Dass der Graf sich so leicht verführen lässt, ist zwar in gewissem Maße verständlich, da Kunigunde bereits zahlreiche Ritter umgarnt hat; rätselhaft bleibt dennoch das scheinbare Vergessen seiner Gefühle für Käthchen, die er nur kurz zuvor überschwänglich in seinem langen Monolog zum Ausdruck gebracht hat.

In der Sekundärliteratur wird Kunigunde überaus häufig als »Hexe« bezeichnet, und es ist deswegen erforderlich, klarzustellen, dass ihre schnelle Eroberung des Grafen ausschließlich ihrer strategischen Ausnutzung des Codes der Ritterlichkeit zu verdanken ist. Ihre ›Hexerei‹ entbehrt völlig der übernatürlichen Dimension. Als ›Hexe‹ in dieser Phase der Handlung verlässt sie sich auf ihre Redekünste allein. Greift sie später zu Gift, um Käthchen zu beseitigen, so ist dies der letzte, verzweifelte Rekurs einer bereits Besiegten.

Auf dem Schloss Wetterstrahl erfährt Kunigunde die Geschichte eines Traums durch die »alte Brigitte, Haushälterin im gräflichen Schloß«. Diese Szene war in den *Phöbus*-Fragmenten nicht vorhanden. Es handelt sich um den Fiebertraum des Grafen in der ›Sylvesternacht‹ des vorletzten Jahres, von dem er, einmal von der Krankheit erholt, weit und breit in allen Einzelheiten erzählt hat. Für Brigitte, die nun die Geschichte Kunigunde und ihrer Zofe Rosalie weiter erzählt, ist lediglich von Bedeutung, dass vom Strahl seit diesem ›Sylvestertraum‹ glaubt, er solle eine »Kaisertochter« heiraten, und dass Kunigunde »die Urenkelin eines der vorigen Kaiser [ist], die in verflossenen Jahrhunderten auf dem deutschen Throne saßen« (ebd., 365). Für das Publikum jedoch, das bislang keine Erklärung für die Einzelheiten des sonderbaren Verhaltens der Titelheldin erhalten hat, ist folgender Passus aus der Traumerzählung aufschlussreich: »wie sie [die künftige Braut] darauf, [...] aus dem Bette gestiegen, und sich auf Knien vor ihm niedergelassen, das Haupt gesenkt, und: mein hoher Herr! gelispelt; wie der Engel ihm darauf, daß es eine Kaisertochter sei, gesagt, und ihm ein Mal gezeigt, das dem Kindlein rötlich auf dem Nacken verzeichnet war [...]« (ebd., 368). Obwohl der Graf selbst nicht imstande ist, die »Kaisertochter« im Traum mit dem leibhaften Käthchen zu verbinden, wird es für die Zuschauer sofort klar, wer die künftige Braut sein soll, denn sie haben im ersten Akt immer wieder erlebt, wie Käthchen vor dem Grafen niederkniet und ihn wiederholt als »mein hoher Herr« anredet. Die Handlung ist aber so angelegt, um die Erkennungsszene zwischen Käthchen und dem Grafen so lange wie nur möglich aufzuschieben, und so nimmt die Intrige der Kunigunde freien Lauf. Sie täuscht eine plötzlich erwachte Liebe zum Grafen so überzeugend vor, dass dieser in der letzten Szene des zweiten Akts seiner Mutter erklärt: »So wahr als ich ein Mann bin, die begehr ich / Zur Frau!« (ebd., 373). Es bleibt dahingestellt, ob es wirklich Kunigundes Verführungskunst oder eher ihre vermeintliche kaiserliche Herkunft ist, die im Grafen dieses Begehren erweckt hat.

Der dritte Akt stellt den weiteren Aufstieg aber auch den Fall der Kunigunde dar. Der Akt eröffnet sich mit einer Szene, in der sich Käthchen, von ihrem Vater und ihrem bürgerlichen Verlobten begleitet, auf den Weg zum Kloster der Ursulinen macht, um dort den Rest ihres Lebens zu verbringen. Kurz vor dem Kloster ändert sie ihr Vorhaben und entscheidet sich zur Rückkehr nach Heilbronn »Weder auf die Strahlburg, noch ins Kloster!« (ebd., 378). Zu diesem Zweck wird ihre vorläufige Übernachtung bei einem Prior Hatto erforderlich. Die Szene wechselt zu einer »Herberge«, wo der Rheingraf, der letzte der von Kunigunde auf den Grafen vom Strahl gehetzten und jetzt durch die Nachricht der bevorstehenden Ehe der beiden in Wut entbrannten Ritter, einen Anschlag auf Schloss Thurneck plant. Briefe, von denen einer seinen Plan verrät, werden miteinander verwechselt. Käthchen entwendet dem Prior Hatto gewaltsam den Brief – »Ich aber riß den Brief ihm aus der Hand [...]« (ebd., 386) – und erscheint auf Schloss Thurneck, um den Grafen vor dem bevorstehenden Anschlag zu warnen.

Der überraschte Graf vom Strahl will nichts von Käthchen wissen und gibt den Befehl, sie mit Gewalt vom Schloss zu entfernen: »Schmeiß sie hinaus. Ich will nichts von ihr wissen« (ebd., 384). Erst als es Käthchen gelingt, seinen Diener Gottschalk zum Lesen des Briefes zu überreden und dadurch den Grafen von dem brisanten Inhalt zu überzeugen, verwandelt sich die gewohnte Grobheit des Grafen ihr gegenüber in Fürsorge, indem er ihr die eigene »Schärpe« schenkt.

Tatsächlich lässt sich im dritten Akt eine umgekehrte Symmetrie im Verhalten Käthchens und Kunigundes erkennen. Bis zu diesem Augenblick konnte Käthchen ihre Hingabe als Liebende zwar

immer wieder zum Ausdruck bringen, ohne jedoch eine entsprechende Resonanz im öffentlichen Auftreten des Grafen zu erzeugen, während Kunigunde ihr Ziel, die unanfechtbare Aneignung von Stauffen, bereits erreicht zu haben scheint: Die Hochzeit zwischen ihr und Wetter vom Strahl steht ja bevor. Mit der Entscheidung, nicht ins Kloster zu gehen, bricht Käthchen ganz aus der Passivität heraus und dies wird zuletzt von ihrem Angebeteten anerkannt, während Kunigundes Gehabe in den weiteren Szenen jene listige Geschicklichkeit vollends vermissen lässt, die sie ihrem Ziel so nahe gebracht hatte. Wie dem auch sei, das Schloss Thurneck wird von innen in Brand gesteckt und von außen von der Truppe des Rheingrafen angegriffen. Im Wirrwarr ist Kunigunde darauf versessen, »das Bild [vom Grafen] mit dem Futtral« um jeden Preis gerettet zu sehen, und schickt zu diesem Zweck Käthchen in das brennende Schloss. Das Gebäude stürzt ein, bevor Käthchen sich ins Freie retten kann. Erst in diesem Augenblick, als Käthchen vermeintlich gestorben ist, wird dem Grafen bewusst, was er in Käthchen unwiederbringlich verloren hat. Nur für das Publikum sichtbar erscheint jetzt »ein Cherub« auf der Bühne und berührt Käthchens Haupt »mit der Spitze [eines] Palmenzweigs, und verschwindet« (ebd., 397).

Die »Feuerprobe« sorgt nicht nur für eine Klärung der Gefühlslage des Grafen gegenüber Käthchen, sondern sie öffnet ihm auch die Augen für Kunigundes Habgier und Manipulation, denn es war nicht das Bild des Grafen, das ihr Käthchen aus dem brennenden Schloss holen sollte, sondern die »Akte, die Schenkung, Stauffen betreffend« (ebd., 403). Unerklärbar bleibt, warum Kunigunde aus der von ihr selbst mit solcher Gewandtheit entworfenen Rolle fallen muss, da es für sie ja doch ein Leichtes wäre, eine neue Schenkungsurkunde von dem nach wie vor in sie vernarrten Grafen zu erbitten. Die Erscheinung des Cherubs, der nur den Zuschauern sichtbar ist, dient zudem dazu, mit aller Deutlichkeit nochmals klar zu machen, dass der ›Traum‹ sich gegen alle Widerstände, die diese verworrene Welt aufzubieten hat, durchsetzen wird.

Der vierte Akt hat die berühmte Holunderbuschszene zum Mittelpunkt. Der Graf kehrt von seiner Verfolgung des Rheingrafen in sein Schloss zurück und findet Käthchen schlafend unter einem Holunderstrauch »am äußeren [...] Mauerring« seiner Burg (ebd., 404). Er entschließt sich, die Wahrheit zu erfragen, »warum sie hinter mir herschreitet, einem Hunde gleich« (ebd., 405). Käthchen verbleibt im Verlauf des Dialogs in einem Zustand, der ihr zwar das Wissen erlaubt, dass sie mit dem Grafen redet, eine nähere Kenntnis der Situation jedoch ausschließt. Der ganze Dialog gestaltet sich daher als ein Spiel um Wissen und Erkennen. Auf Käthchens Behauptung hin, dass er sie liebe, gibt der Graf zum ersten Mal ihrer Überzeugung nach: »Ihr Glaub' ist, wie ein Turm, so fest gegründet! – / Sei's! Ich ergebe mich darin« (ebd., 406). Dies ermöglicht die Erzählung von Käthchens Traum in der ›Sylvesternacht‹: »Und da erschienst du ja, um Mitternacht, / Leibhaftig, wie ich jetzt dich vor mir sehe, / Als deine Braut mich liebend zu begrüßen« (ebd., 408). Erst jetzt ist der Graf imstande, Käthchen mit der Braut in seinem Silvestertraum in Verbindung zu bringen. Er reißt Käthchen das Tuch ab und erkennt das Mal an ihrem Hals, das der Cherub ihm in seinem Traum gezeigt hatte. Dieses Erkennen ist jedoch einseitig, denn Käthchen, die sich im ›somnambulen‹ Zustand befindet, behält nichts von den Eingeständnissen des Grafen, als sie wieder »erwacht«. Die Erkennung verfällt somit in eine neue Asymmetrie. Im Gegensatz zu der Szene vor dem Femgericht ist es nun der Graf, der ein Wissen von der prädestinierten Liebe zwischen ihm und Käthchen erlangt hat, wovon Käthchen aber nichts erfährt. Der Graf, obwohl noch nicht ganz ohne Zweifel – »Denn wie begreif' ich die Verkündigung, / Die mir noch silbern wiederklingt im Ohr, / Das sie die Tochter meines Kaisers sei?« (ebd., 410) – beginnt immerhin, Käthchen wie eine potentiell Adlige zu behandeln, und lässt sie denselben Weg gehen, wie vor ihr Kunigunde: »Die Friedborn zieht aufs Schloß zu meiner Mutter« (ebd., 411).

Der Abstieg Kunigundes, der sich im dritten Akt auf verbaler Ebene angebahnt hatte, setzt sich nun im Bereich des Körperlichen fort. Sie badet in einer »Grotte, im gotischen Styl« (ebd., 412), ohne zu wissen, dass Käthchen bereits zum gleichen Zweck sich darin befindet. Durch den Anblick der nackten Kunigunde, deren Körper eine »mosaische Arbeit, aus allen drei Reichen der Natur zusammengesetzt« ist (ebd., 422), zutiefst bestürzt, weiß Käthchen dennoch, die eigene physische Schönheit gegenüber diesem »Greuel« mit einer für sie einmaligen Unbescheidenheit hervorzuheben: »Durch mich kann er, durch mich, enttäuscht nicht werden!« (ebd., 415). Der Akt schließt mit Kunigundes Befehl an ihre Zofe, Käthchen zu vergiften.

Der fünfte Akt beginnt auf dem kaiserlichen Schloss zu Worms. Theobald hat den Grafen zum Zweikampf herausgefordert, weil dieser behauptet, Käthchen sei die Tochter des Kaisers: »Ein Cherubim, der mir, in Glanz gerüstet, / Zu Nacht erschien, als ich im Tode lag, / hat mir [...] Wissenschaft / Entschöpft dem Himmelsbrunnen anvertraut« (ebd., 419). Der Graf besiegt Theobald im Duell mit einem Handstreich und behauptet damit bewiesen zu haben: »Das Käthchen aber ist [...] / Die Tochter meiner höchsten Majestät!« (ebd., 420). Durch das ›Gottesurteil‹ verunsichert, besinnt der Kaiser sich auf einmal eingehender seines Besuchs in Heilbronn zur einschlägigen Zeit und erinnert sich plötzlich seiner Begegnung mit der Frau Theobalds. In den folgenden Szenen wird die Demontage der Figur Kunigundes noch weiter ins Extrem geführt. Allerdings tut vom Strahl alles, um sie im Glauben zu belassen, er werde sie wie vereinbart am folgenden Tag heiraten. Inzwischen wird Käthchen vom Kaiser zu »Katharina von Schwaben« feierlich erhoben. Die Erklärung des Ganzen überlässt er jedoch dem Grafen: Er befiehlt dem Grafen »daß er das Rätsel ihr erkläre« (ebd., 430). Alleingelassen mit Käthchen ergeht sich vom Strahl zunächst in leidenschaftlichen Liebeserklärungen, erwähnt aber mit keinem Wort das Geheimnis ihrer Geburt und Erhebung zu »Prinzessin Katharina von Schwaben«. Vielmehr bringt er Käthchen bald wieder zum Weinen, indem er von ihr verlangt, im »Schmuckgewand« bei seiner Hochzeit mit Kunigunde anwesend zu sein. Warum der Graf es für nötig hält, Käthchen noch länger mit der Ungewissheit über ihre gemeinsame Zukunft zu quälen, bleibt im Drama auch nach dem Schluss ungeklärt. Das »romantische Ritterschauspiel« schließt mit einem pompösen Tableau: Kunigunde, die in vollem Brautschmuck am Altar erscheint, wird öffentlich verschmäht und gedemütigt. Käthchen sinkt bei der Aufklärung des »Rätsels« momentan in Ohnmacht, erholt sich aber schnell genug, um am triumphalen Hochzeitszug teilzunehmen, ohne jedoch etwas über ihren inneren Zustand in diesen Augenblicken zu verraten.

Entstehung und literarischer Kontext

Kleists Arbeit an diesem Drama bleibt in vielen Einzelheiten ungeklärt. Ihr wahrscheinlicher Anfang ist im Spätherbst 1807 anzusetzen und bis zum Erstdruck im September 1810 lassen sich mehrere Überarbeitungsphasen vermuten. Dass eine vollständige Fassung bereits im Sommer 1808 vorlag, wird durch einen Brief Kleists an den Verleger Cotta und auch in der Vorrede Ludwig Tiecks zu seiner Ausgabe von Kleists *Hinterlassenen Schriften* (1821) bezeugt (Kommentar, DKV II, 861). Der Uraufführung am 17. März 1810 am Theater an der Wien geht ein Versuch voraus, das Stück bei Cotta drucken zu lassen, aber Cotta erhält das fertige Manuskript erst am 12. Januar 1810. Ob dieses mit der Fassung identisch ist, die Kleist an den Berliner Verleger Reimer im August 1810 schickt, ist nicht zu eruieren. Nach einer von Kleist selbst besorgten »Revision des Käthchens« (an Reimer, 8.9.1810) erscheint die Buchausgabe Ende September.

Von allen früheren Fassungen sind lediglich die beiden Fragmente erhalten, die Kleist im *Phöbus* drucken ließ. Die Anfangsszenen bis zum Abschluss des Monologs des Grafen vom Strahl (II/1) erschienen im April/Mai-Heft (ausgeliefert Anfang Juni 1808) und ein weiteres Fragment (II/2 bis II/13) im September/Oktober-Heft, das erst wohl Anfang 1809 veröffentlicht wurde.

Vergleiche zwischen den *Phöbus*-Fragmenten und der Buchfassung zeigen zum einen eine »energische Kürzung, weitgehend auf Grund äußerer Erfordernisse des Theaters« (Kreutzer 1968, 174) vor allem der ausufernden Rhetorik der Reden Theobalds und des Monologs des Grafen (II/1); zum anderen weisen jedoch andere Kontraste zwischen den *Phöbus*-Fragmenten und der Buchfassung darauf hin, dass Kleist in dem 1810 veröffentlichten Text keinesfalls bemüht war, das Verhalten des Grafen vom Strahl dem Publikum verständlicher zu machen.

Denn der zehnte Auftritt im zweiten Akt der *Phöbus*-Fassung, der aus einem langen Dialog zwischen Kunigunde und ihrer Zofe Rosalie besteht, in dem diese ausführlich die Zeichensprache ihrer kosmetischen Verführungskünste erklärt (ebd., 310–313) wird in der Buchfassung drastisch verkürzt, damit beide – und damit auch das Publikum – die neu eingeführte Erzählung der alten Brigitte von der seltsamen Krankheit, Traum und Heilung des Grafen »gegen das Ende des vorletzten Jahres« (ebd., 366) erfahren können. Brigitte, die sonst keinerlei Funktion in der Handlung hat, reiht in ihrer Erzählung alle Erkennungszeichen des Mädchens auf, das der Graf in seinem Traum – wie er der Mutter nachträglich berichtet – als die »Braut, die mir der Himmel bestimmt hat!« wahrgenommen hat (ebd., 367). Die Einführung dieser Erzählung in die Buchfassung macht vom Strahls Anfälligkeit für die Manipulation Kunigundes und seine Grobheit Käthchen gegenüber nur noch unbegreiflicher, da – nach Brigittes Bericht – der Graf jede Einzelheit von seinem Silvestertraum behalten hat: »Ach, und erzählte, und fand kein Ende zu erzählen: wie der Engel ihn, bei der Hand, durch die Nacht geleitet [...]« (ebd., 367).

Hätte Kleist den Anfang des zweiten Akts in der *Phöbus*-Fassung unverändert für die Buchfassung verwendet, so hätte wohl nichts in der ganzen Handlung auf die dramatisch so wichtige Amnesie des Grafen bis zu deren ›Heilung‹ in der Holunderbuschszene in IV/2 im Voraus gedeutet. Die Einführung der Erzählung Brigittes in die Buchfassung hat demnach zwei wichtige Funktionen: Sie hebt die Prädestiniertheit der Liebe zwischen Käthchen und dem Grafen hervor und macht gleichzeitig das Publikum auf die Inkonsequenz im Verhalten des Grafen vom Strahls Käthchen gegenüber aufmerksam, indem sie auf die Rätselhaftigkeit seiner Amnesie hinweist.

Bei allen Kürzungen im Monolog des Grafen (II/1) wird jedoch ein wichtiges Detail in die Buchfassung hinzugefügt. In der Anrufung seiner Ahnen erhält der Gründer des Hauses vom Strahl, »Winfried [...] du Erster meines Namens«, das Attribut »Göttlicher mit der Scheitel des Zevs« (ebd., 349): »the effect is to endow his fixation on his lineage with something of the divine authority that apparently guides Käthchen through her ordeals« (Stephens 1994, 147).

Dass auf diese Weise die Endfassung des Textes die von den Hauptpersonen – mit Ausnahme Kunigundes – so oft angerufenen »himmlischen Mächte«, in denen man die Urheber des ›Traums‹ vermutet, gleichsam miteinander in Konflikt setzt, scheint einer durchgängigen Tendenz von Kleists fortwährender Arbeit am Drama zu entsprechen, denn dieser ›Traum‹ entbehrt der Schlichtheit des romantischen Paradigmas.

Alle solche Dissonanzen im Text mit dem pauschalen Hinweis auf seine vermeintlich ›märchenhaften‹ Eigenschaften – das »Märchen [...] verzichtet auf Nuancen und Differenzierungen zugunsten [...] einfacher Antithesen« (Schmidt 2003, 139) – als belanglos hinzustellen, verwischt in der Tat viele erklärungsbedürftige Differenzierungen und tut nichts, um den in der Forschung einander widersprechenden Deutungen des Stücks gerecht zu werden. Denn ›märchenhafte‹ Elemente werden in diesem Drama stets durch Hyperbolik oder Verfremdung ihrer Einfachheit beraubt. Weit davon entfernt, die Welt dieses Dramas zu vereinfachen, deuten seine ›märchenhaften‹ Elemente in der Regel auf die Veränderung literarischer Vorbilder oder aber auf Risse im Gewebe der Handlung.

Kleists briefliche Kommentare zu diesem Drama haben auch wenig dazu beigetragen, seine Grundabsichten zu klären. Beispielhaft dafür ist das bekannte Eingeständnis an Marie von Kleist: »Das Urteil der Menschen hat mich bisher viel zu sehr beherrscht; besonders das Käthchen von Heilbronn ist voll Spuren davon. Es war von Anfang herein eine ganz treffliche Erfindung, und nur die Absicht, es für die Bühne passend zu machen, hat mich zu Mißgriffen verführt, die ich jetzt beweinen mögte« (an Marie von Kleist, Mai [?] 1811; DKV IV, 484). Allein der Vergleich der *Phöbus*-Fragmente mit der Buchfassung wirft kein Licht darauf, was den Kern der »trefflichen Erfindung« gebildet und welche Aspekte des endgültigen Texts Kleist im Rückblick als »Mißgriffe« erschienen sein mögen (Kreutzer 1995, 5).

Eine ähnliche Ungewissheit umgibt die Frage nach den Quellen des Dramas: Es lässt sich eine Vielfalt möglicher literarischer Bezüge aber kein eindeutiges Vorbild aufzeigen – ja die Fülle möglicher Beziehungen oder Anspielungen wird eher selbst zum Problem. So hat man etwa das zentrale Motiv des Doppeltraums in Erzählungen von Wieland entdeckt (Kommentar, DKV II, 870), aber seine bizarre Verkomplizierung bei Kleist entbehrt eines jeglichen Vorbilds. Das Zueinanderfinden eines prädestinierten Liebespaares ist ebenfalls ein fester Bestandteil manches zeitgenössischen Romans, der als »romantisch« bezeichnet wird, aber man sucht vergeblich nach einem Modell für die Hindernisse, die Kleist der zu erwartenden Liebeserfüllung in den Weg stellt. Eklatant ist der Mangel an Gleichzeitigkeit im Gefühlsleben der beiden prädestinierten Liebenden, denn deren erste Begegnung – wie später auch die Holunderbuschszene – bringt nur das Zwitterding einer einseitigen Anagnorisis hervor (Lü 2000, 178).

Die Frage, welche der zahlreichen literarischen Affinitäten im Text als parodistisch – und welche nicht – zu verstehen seien, drängte sich bereits den ersten Rezensenten des Stücks auf und wurde in der Zwischenzeit kaum einhellig beantwortet. So wird Kleist kurz nach dem Erscheinen der Buchausgabe einerseits vorgeworfen, er habe »den seltsamen Versuch gemacht, diese seine Originalität auf das Abenteuerlichste zu karikieren, [...] so sehr treiben sich einzelne Schönheiten mit den widersinnigsten Ausgelassenheiten in einem tollen Gemische durcheinander« (Lebensspuren Nr. 371), wohingegen er andererseits die konträre Rüge erhält: »Bei Lesung der ersten Blätter dieser Ritter-Tragödie glaubten wir, eine Parodie auf den romantischen Schnickschnack unsrer Zeit zu finden. Bald aber ward es uns gewiß, daß es dem Hrn. v. Kleist barer, brennender Ernst sei« (ebd., Nr. 373).

Man muss demzufolge wohl auch hier mit einer von Kleist häufig angewandten Technik rechnen, literarische Modelle sowohl pointiert beim Wort zu nehmen als auch deren Grundausrichtung in der eigenen Praxis ins Gegenteil zu verkehren, wofür auch die deutlichen Anspielungen auf Goethes *Iphigenie auf Tauris* in der *Penthesi-*

lea beim gleichzeitigen Entwurf eines völlig gegensätzlichen Bilds der Antike ein deutliches Beispiel abgeben. Sogar die Idealisierung Käthchens als hingebungsvoller Liebender erweist sich beim näheren Hinsehen als ›Mosaik‹ ambivalenter Anspielungen auf zeitgenössische literarische Vorbilder (Lü 2000, 174–181; Lü 2003, 284–290).

Stellt man Kleists mehrfach belegte Kenntnis der damals veröffentlichten Schriften Novalis' in Rechnung, insbesondere seine von Hermann Weigand nachgewiesene Faszination für den Roman *Heinrich von Ofterdingen* (Weigand 1958, 343–350), so lässt sich im Kern des Dramas die Anwendung einer ähnlichen Technik auf dieses Musterbeispiel romantischer Dichtkunst vermuten. Nimmt man das in der Rede des Astralis am Anfang des zweiten Teils des Romans zum Ausdruck gebrachte Prinzip: »Die Welt wird Traum, der Traum wird Welt« (Novalis I, 367) beim Wort und erfindet man dann als Versuchsanordnung eine sich deutlich als fiktiv gebende Welt, die von einem Traum beherrscht wird – jedoch nicht nach der eudämonistischen, harmonisierenden Art des Novalis geordnet, sondern auf konträre Weise Perspektiven auf das Chaotische unbewusster Seelenvorgänge eröffnend, so erscheinen viele Aspekte der recht heterogenen ›Welt‹ dieses Dramas, die mit einigem Recht als eine »zweideutige Bilderwelt« beschrieben worden ist (Ueding 1981, 172–187), als weniger rätselhaft.

Dies gilt zum Beispiel für die ›historische‹ Dimension des Stücks. Auf das Titelblatt der Buchausgabe kommt zu dem im ersten Phöbus-Fragment angekündigte Titel, *Das Käthchen von Heilbronn oder die Feuerprobe*, die zusätzliche Bezeichnung hinzu: »ein großes historisches Ritterschauspiel« (DKV II, 321). Dass von der damals modischen Gattung des »Ritterschauspiels« mehr mittelalterliches Kolorit als geschichtliche Genauigkeit zu erwarten war, erklärt kaum die Fülle an Anachronismen, die Kleists Version des Mittelalters bietet. Hinrich C. Seeba hat an Hand der Erwähnung des Reichskammergerichts in II/13 einige der markantesten Anachronismen aufgezählt: »da das 1495 eingerichtete Reichskammergericht [...] erst 1693 nach Wetzlar verlegt wurde; zugleich soll das Geschehen in der Zeit der 1270 endenden Kreuzzüge, aber auch zur

Zeit der Femgerichte (14.–16. Jahrhundert) stattfinden« (Kommentar, ebd., 1018).

Anke Vogel hat mit Recht darauf hingewiesen, dass diese und ähnliche Verzerrungen der Geschichte schwerlich auf eine schlichte Ignoranz Kleists zurückzuführen sind, da »Kleist sehr engagiert und ambitioniert bei Karl Dietrich Hüllmann – einem renommierten, auf das Mittelalter spezialisierten Historiker – ein Kolleg über Kulturgeschichte besucht hat« (Vogel 1996, 122). Es ist doch wahrscheinlicher, dass diese und andere diskrepanten Aspekte dieser fiktionalen Welt – wie etwa das Nebeneinander des damals zur Mode gewordenen ›Somnambulismus‹ mit mehr Bibelzitaten als in sonst einem Werk Kleists – sich daraus ergeben, dass das Verhältnis von Traum und ›Wirklichkeit‹ ein *agonaler* und dass der ›Traum‹ selbst als gewagtes Experiment mit einem romantischen Paradigma aufzufassen ist. Weit davon entfernt, eine konfliktreiche Welt mühelos wieder ins Lot zu bringen, stellt die Verwirklichung dieses ›Traums‹ einen Prozess dar, dessen vorgegebenes Ziel die Handlung durch Widerstände hindurch steuert, deren objektive Korrelate vornehmlich aus Dissonanzen in der sich entfaltenden Fiktion bestehen. Soll dieser ›Traum‹ Welt werden, so wirkt sich das Agon verändernd auf beide aus. Obwohl viel Parodistisches an diesem agonalen Verfahren wahrzunehmen ist, soll nicht alles als Spielerei abgetan werden.

Ähnlich wie in der *Penthesilea* gewähren die paradoxen Erscheinungsformen des Begehrens, das die beiden Liebenden verbindet, Einblicke in das »erste Chaos« menschlicher Gefühle (DKV II, 345), das unter der ›märchenhaften‹ Oberfläche der Handlung lauert. Das Ausmaß an Aggression in der Liebe des Grafen zu Käthchen – auch nach der Entlarvung Kunigundes – behält noch heute etwas Befremdliches an sich: »Der Hirsch, der von der Mittagsglut gequält, / Den Grund zerwühlt, mit spitzigem Geweih, / Er sehnt sich nicht so begierig nicht, / Vom Felsen in den Waldstrom sich zu stürzen, / Den reißenden, als ich, jetzt, da du mein bist, / In alle deine jungen Reize mich« (ebd., 430). Dass Käthchen dem Grafen »wie ein Hund, der von seines Herren Schweiß gekostet« folgt (ebd., 329), eröffnet eine Perspektive auf eine sexuelle Hörigkeit, die der Welt der romantischen Liebe ebenfalls fremd ist.

Kontroversen in der Rezeption

Die Zwiespältigkeit der ersten Reaktionen auf dieses Werk, vor allem das Dilemma, ob Kleists Grundintention als parodistisch oder aber als »barer, brennender Ernst« einzustufen sei, kennzeichnet noch heute die einschlägige Literatur. Wohlgemerkt: dies gilt nur für den integralen Text der Buchausgabe, denn als Bühnenstück wurde *Das Käthchen von Heilbronn* in Bearbeitungen, die den Text stark vereinfachten oder gar verstümmelten, zum beliebtesten Bühnenwerk Kleists im 19. Jh. (Kommentar, DKV II, 913–931; Stolze 1923/1967), um dann im vielfach ernüchterten Klima des 20. Jh.s eine Reihe kühn experimenteller Aufführungen zu inspirieren.

Ein Teil der neueren Literatur zum Stück hebt immer noch vornehmlich die idealisierenden Momente an der Darstellung Käthchens stark hervor (Oesterle 2001; Zimmermann 2001), so dass sie als »ein Wesen vor dem Sündenfall« (Kommentar, DKV II, 1034) hingestellt wird, während Kunigunde dementsprechend »für das schlechthin Böse [steht]« (Zimmermann 2001, 203). Die Gegenrichtung in der Forschung betont hartnäckig die Inkonsequenzen, komischen Zwischenfälle und Ungereimtheiten im Text (Martini 1976; Ueding 1981; Klüger 1993; Cullens/von Mücke 1997). So kann man etwa wider die häufige Dämonisierung Kunigundes mit Anke Vogel argumentieren: »sie [evoziert] kunstvoll männliche Lesarten des Weiblichen und kulturelle Konstruktionen weiblicher Attraktivität, kontrolliert und dirigiert die Projektionen, um zu erreichen, was sie begehrt« (Vogel 1996, 144). Sich als Frau eigenen Besitz zu sichern, muss nicht in dieser Männerwelt mit dem »schlechthin Böse[n]« synonym sein.

Ausschlaggebend bei vielen solchen Kontroversen scheint vor allem der kaum berechenbare Faktor zu sein, welche Teile des Textes man – oft von einer ›märchenhaften‹ Lektüre der Schlussszene beeinflusst – beim Wort nimmt, und welche man schlechtweg außer Betracht lässt. Dabei wird häufig übersehen, dass Kleist seine Titelhel-

din aus sehr verschiedenen Perspektiven zeigt und dass der ganze Text zum einen sich die Erfüllung des Doppeltraums zum Ziel setzt, zum anderen jedoch kein Kriterium aufstellt, um manche von dieser Schablone divergierenden Aspekte des Texts zu beurteilen, weil sich der Weg zum Schlusstableau erst progressiv erfinden muss.

Beispielhaft dafür ist die Darstellung Käthchens in den Worten anderer Figuren, bevor sie zum ersten Mal die Bühne betritt. Bereits in der Anklage Theobalds vor dem Femgericht werden drei verschiedene Versionen Käthchens entworfen: als ›überirdische‹ Erscheinung; als brave Bürgerstochter; und als »Hund, der von seines Herrn Schweiß gekostet« (DKV II, 329). Dazu fügt Wetter vom Strahl noch ein viertes Bild im Voraus hinzu, denn das Mädchen, das er schildert, zögert nicht, strategische Halbwahrheiten zu erzählen, um in seiner Nähe zu bleiben (Lü 2003, 293). Als Käthchen vor dem Gericht erscheint, wirkt sie abwechselnd eloquent und einfältig. Im weiteren Verlauf der Handlung zögert sie nicht, bei aller Demut dem Grafen gegenüber die Initiative zu ergreifen und einen Brief zu stehlen, um ihn vor dem bevorstehenden Angriff auf Schloss Thurneck zu warnen. Welches ist das eigentliche Käthchen?

Dass Kunigunde als eine »mosaische Arbeit« bezeichnet wird (DKV II, 422), fehlt in keiner Deutung des Stücks. Weitaus seltener jedoch sind Hinweise darauf, dass die beiden anderen Hauptfiguren, Käthchen und der Graf, ebenfalls aus kontrastierenden Bildern zusammengesetzt sind. Bis Käthchen auf der Bühne erscheint, erschaffen die diskrepanten Bilder von ihr in den Reden Theobalds und vom Strahls gleichsam einen ausgesparten Raum des Nicht-Wissens um sie, und, als sie endlich erscheint, tut ihr Verhalten auch wenig, um ein einheitliches Bild von ihr zu fixieren. Das Gleiche gilt für Wetter vom Strahl, der sich bald brutal, bald zärtlich, bald sentimental und bald listenreich ausnimmt. Kleist war durchaus imstande, Figuren zu erdichten, die sich stets gleich bleiben, aber in diesem Drama hat er es auf eklatante Weise *nicht* getan, was seine beiden Hauptfiguren angeht.

Kunigunde kann in einer solchen Welt alle Ritter, auch den Grafen vom Strahl, becircen, weil sie nur das eine Ziel erreichen will, und daher weder in sich widersprüchliche Aspekte ihres Charakters noch irgendwelche Spaltung ihres Bewusstseins aufweist. Allein der Exzess ihres Ehrgeizes, ihre Verbohrtheit, wird ihr zum Verhängnis, als sie sich in der Szene vor dem brennenden Schloss durch ihre Behandlung Käthchens entlarvt, denn in einer Welt, die am Ende doch durch einen vielfach verschlungenen Traum regiert wird, trägt auch das konsequente, auf nur das eine Ziel versessene Verhalten Kunigundes den Keim des eigenen Scheiterns in sich.

Als »großes historisches Ritterschauspiel« scheint sich der Text oft gegen sein gattungsmäßig vorbestimmtes Ende zu sträuben. Anders gesagt: Der Doppeltraum wird in Erfüllung gehen, aber erst dadurch, dass sie konventionellen Erwartungen Gewalt antut. In diesem Sinne hat Gerd Ueding von dem im Drama konstruierten »Weltbild« behauptet: »es repräsentiert die Welt als [...] menschliches Kunstprodukt, dem jegliche Sicherheit mangelt und keine objektive Wahrheit zukommt« (Ueding 1981, 175). Fraglich bleibt allerdings, ob dieses »zweideutige Bilderwelt« durch den Dramenschluss aufgelöst wird, wie Ueding abschließend behauptet (ebd., 185).

So wie der Graf in IV/2 einen »Entwurf« oder »Versuch« mit Käthchen unternimmt (DKV II, 404f.), so ließe sich dieses als Modell für das Experiment begreifen, das Kleist im ganzen Drama mit der damals aktuellen Semantik des ›Traums‹ durchführt. Das durch Novalis' 1800 erschienenen *Hymnen an die Nacht* erschaffene Paradigma des Motivs für die Romantik fasste es als eine geistig-moralische, alle Daseinssphären vereinheitlichende Autorität auf: »Es war der erste, einzige Traum – und erst seitdem fühl ich ewigen, unwandelbaren Glauben an den Himmel der Nacht und sein Licht, die Geliebte« (Novalis I, 155). Die Welt, in der Kleist 1807 sein Käthchen-Drama konzipierte, war jedoch eine andere geworden, und es ist kaum zufällig, dass sein nächster dramatischer Versuch, die *Herrmannsschlacht*, eine fiktive Welt erschafft, in der es eben keine moralischen Instanzen mehr gibt. Die Romantiker Friedrich Schlegel und Ludwig Tieck fanden wenig Gefallen am *Käthchen*: Schlegel räumte dem Kern der Handlung – allerdings ohne Standesklausel – das Potential ein, »schon ein glücklicher Stoff [zu] sein«, hatte aber an der Ausführung vieles zu beanstanden (Kommentar, DKV II, 877f.), während Tieck noch 1821 »die Art wie die Entwickelung geschieht [...] etwas zu gewaltsam« fand (ebd., 885).

Nach der gängigen, romantischen Auffassung offenbart der Traum Wahrheitsrelationen, aber wenn solche im *Käthchen von Heilbronn* dramatische Gestalt annehmen, nehmen sie sich eher als Machtrelationen aus – man denke etwa an Käthchens Hilflosigkeit innerhalb der Machtkonstellation der Schlussszene. Wo sich dieser ›Traum‹ sonst in der Handlung durchsetzt, stiftet er Verwirrung – »Nun steht mir bei, ihr Götter: ich bin doppelt! / Ein Geist bin ich und wandele zur Nacht! (DKV II, 410) –, oder aber seine Manifestationen sind wahrhaft »gewaltsam«: Käthchens Sturz aus dem Fenster »dreißig Fuß hoch [...] auf das Pflaster der Straße« (ebd., 328); vom Strahls körperliche Misshandlungen seiner künftigen Braut; die verbale Folter, der er sie vor dem Femgericht und zuletzt unmittelbar vor der Hochzeitsszene unterwirft.

Kleists Experiment richtet sich gegen die romantische Konvention, in der die Wirklichkeit sich dem Traum als harmonisierendem Prinzip schlechthin zu beugen hat – daher wohl die Beunruhigung Schlegels und Tiecks. Der Doppeltraum der prädestinierten Liebe mag am Ende auf seine Art obsiegen, aber die Gradlinigkeit dieses Vorgangs wird mittlerweile durch so viele verfehlte Erkennungsszenen, Einblicke in »das erste Chaos« menschlicher Gefühle (ebd., 345) und diskrepante Verhaltensweisen ein- und derselben Figur gestört, dass »Kleist mit solchen Ironien ein subversives Spiel mit der Vorstellung absoluter und greifbarer Wahrheiten treibt« (Stephens 1999, 300). Die oftmals beanstandete Amnesie des Kaisers in V/2 ist beispielhaft für die Verkleidung einer für den Dramenschluss erforderlichen Machtkonstellation als Wahrheitsoffenbarung – nur tut Kleist nichts, um diesen wahrhaft »gewaltsamen« Vorgang zu vertuschen, denn vielleicht war das Aufzeigen eben dieser Wechselwirkung seine »ganz treffliche Erfindung«.

Literaturverzeichnis

Cullens, Chris/von Mücke, Dorothea: Das Käthchen von Heilbronn. In: Walter Hinderer (Hg.): Interpretationen: Kleists Dramen. Stuttgart 1997, 116–143.

Klüger, Ruth: Die andere Hündin. In: KJb 1993, 103–115.

Kreutzer, Hans Joachim: Die dichterische Entwicklung Heinrichs von Kleist. Berlin 1968.

–: Traum und Cherub – Über Kleists *Käthchen von Heilbronn*. Heilbronn 1995.

Lü, Yixu: Die Fährnisse der verklärten Liebe: Über Kleists *Käthchen von Heilbronn*. In: Tim Mehigan (Hg.): Heinrich von Kleist und die Aufklärung. Rochester, NY 2000, 169–185.

–: Zur Schreibtechnik Kleists im *Käthchen von Heilbronn*. In: KJb 2003, 282–306.

Martini, Fritz: *Das Käthchen von Heilbronn*. Kleists drittes Lustspiel? In: Jb. der deutschen Schillergesellschaft 1976, 420–447.

Novalis. Das dichterische Werk, Tagebücher und Briefe. Hg. von Richard Samuel. Darmstadt/München 1978/1999.

Oesterle, Günther: Vision und Verhör. Kleists *Käthchen von Heilbronn* als Drama der Unterbrechung und Scham. In: Christine Lubkoll/Günter Oesterle/Stephanie Waldrow (Hg.): Gewagte Experimente und kühne Konstellationen. Kleists Werk zwischen Klassizismus und Romantik. Würzburg 2001, 303–328.

Schmidt, Jochen: Heinrich von Kleist. Die Dramen und Erzählungen in ihrer Epoche. Darmstadt 2003.

Stephens, Anthony: Heinrich von Kleist. The Dramas and Stories. Oxford/Providence 1994.

–: Kleist – Sprache und Gewalt. Freiburg i.Br. 1999.

Stolze, Reinhard: Kleists *Käthchen von Heilbronn* auf der deutschen Bühne. Berlin/Neldeln 1923/1967.

Ueding, Gert: Zweideutige Bilderwelt: *Das Käthchen von Heilbronn*. In: Walter Hinderer (Hg:): Kleists Dramen. Neue Interpretationen. Stuttgart 1981, 172–187.

Vogel, Anke: Unordentliche Familien. Über einige Dramen Kleists. Heilbronn 1996.

Weigand, Hermann J.: Zu Kleists *Käthchen von Heilbronn*. In: Walter Müller-Seidel (Hg.): Heinrich von Kleist. Aufsätze und Essays. Bern/Darmstadt 1958/1967, 326–350.

Zimmermann, Hans Dieter: Der Sinn im Wahn: der Wahnsinn. Das »große historische Ritterschauspiel« *Das Käthchen von Heilbronn*. In: Paul M. Lützeler/David Pan (Hg.): Heinrich von Kleists Erzählungen und Dramen. Würzburg 2001, 203–213.

Yixu Lü

1.9 *Die Herrmannsschlacht*

»Wir sind die unterjochten Völker der Römer«, schrieb Kleist am 24. Oktober 1806 an seine Halbschwester Ulrike (DKV IV, 364). Im Frühsommer des Jahres 1808, wohl unter dem Eindruck der spanischen Erhebung gegen Napoleon und informiert über österreichische Kriegsvorbereitungen sowie über Resurrektionspläne des Kreises um den Freiherrn vom und zum Stein, begann er die Arbeit an der *Herrmannsschlacht*, mit der er den Kampf gegen die französische Fremdherrschaft propagandistisch befeuern wollte. Die Schlacht im oder am Teutoburger Wald im Jahre 9 v. Chr., der Sieg der Germanen unter dem Cheruskerfürsten Arminius (fragwürdig verdeutscht in ›Hermann‹) über ein römisches Heer unter P. Quinctilius Varus, hat seit dem 16. Jh. zahlreiche literarische Gestaltungen erfahren, von denen Kleist Wielands Hexameter-Epos *Hermann* (1751) und Klopstocks »Bardiet« *Hermanns Schlacht* (1769) gekannt haben dürfte. Immer wieder war diese Schlacht als Zeugnis ›deutscher‹ Selbstbehauptung, wenn nicht gar als Gründungsakt einer deutschen Nation glorifiziert worden.

Politische Aktualisierungen

Kleist aber ging es um Aktuelles. Er wollte das Seine dazu beitragen, dass aus der bevorstehenden österreichischen Erhebung ein gesamtdeutscher Befreiungskrieg werde, und hat den historischen Stoff dementsprechend umgeformt: Aus dem Suebenfürsten Marbod, einem Gegner des Arminius, wird ein Verbündeter Herrmanns (wobei die Forschung bis heute uneins darüber ist, welcher von beiden symbolisch für Preußen, welcher für Österreich stehen soll); auch den Schlachtensieg erringt nicht Herrmann, sondern Marbod und sogar die eigenhändige Tötung des Varus muss Herrmann einem anderen überlassen (V/22; DKV II, 549). Gleichwohl ist der Cherusker die Zentralfigur, der Spiritus Rector des Ganzen: Er gewinnt unter höchstem Einsatz Marbod als Kampfgenossen, er entwirft den Schlachtplan, er stachelt die Germanen mit Gräuelpropaganda, mit vorgetäuschten Untaten der Besatzer zum

Kampf an, und er scheut sich auch nicht, einer Tändelei seiner Gattin Thusnelda mit dem römischen Legaten Ventidius Vorschub zu leisten, um den Aufpasser zu neutralisieren und an ihm beispielhaft die Schlechtigkeit der Römer demonstrieren zu können.

Aus dem militärischen Helden macht Kleist also einen Intellektuellen, der die verlogen hinterhältigen Besatzer mit ihren eigenen Waffen schlägt, sich der 1808 in Spanien kreierten und im Kreis um den Freiherrn vom Stein geforderten Guerilla-Taktik bedient und rigoros eine, in heutiger Terminologie: ›Politik der verbrannten Erde‹ fordert (I/3; ebd., 461f.).

Am 1. Januar 1809 schickte Kleist dem Wiener Dichter und Hofsekretär Heinrich Joseph von Collin eine Abschrift der *Herrmannsschlacht* und bat ihn, sich für eine Aufführung des Stücks einzusetzen, das, wie er in zwei weiteren Briefen unterstrich, »einzig und allein auf diesen Augenblick berechnet« sei (20. April 1809 an Collin; DKV IV, 432; vgl. ebd., 429). Der »Augenblick« (der kurzzeitige Erfolg der österreichischen Erhebung) verstrich, und an eine Aufführung oder einen Druck des Dramas war vorerst nicht zu denken. Nach der Publikation eines (leicht abweichenden) Bruchstücks im Jahr 1818 (*Marbod und Herrmann*; DKV II, 435–445) ist *Die Herrmannsschlacht* als Ganzes erst 1821 in den von Ludwig Tieck herausgegebenen *Hinterlassenen Schriften* Kleists gedruckt worden, und erst 1860 kam es, am Jahrestag der Völkerschlacht bei Leipzig, zur Aufführung einer von Feodor Wehl bearbeiteten Fassung (in der die Bären-Szene aus dem fünften Akt weggelassen war). In der Kaiserzeit feierte man das Drama als prophetische Voraussage von Bismarcks ›Einigungswerk‹. Nach Ausbruch des Ersten Weltkriegs begann die Berliner Theatersaison mit einer Aufführung der *Herrmannsschlacht*; zwischen den Akten wurden Siegesmeldungen von der französischen Front verkündet (Kommentar, ebd., 1099). Im ›Dritten Reich‹ avancierte das Stück zum meistgespielten Drama Kleists überhaupt. Es galt als »Gründungsmythos des Dritten Reichs« (Werber 2006, 159), weil Herrmann beispielhaft die Einigung aller Germanen/Deutschen im gnadenlosen Kampf gegen den Feind vorgeführt habe.

Diese im Ganzen erschreckende Rezeptions- und Wirkungsgeschichte kommt nicht von ungefähr. Zum einen hat schon Kleist selbst die historischen Fakten, seinen ›einzig und allein auf diesen Augenblick berechneten‹ Absichten entsprechend, ›aktualisiert‹, was die chauvinistischen bis faschistischen Interpreten dann in ihrem Sinne fortführten. Zum anderen gibt das Stück mit seiner hasserfüllten Einseitigkeit, mit seinen Totschlags-Parolen und seinen ›Sieg-oder-Untergang‹-Phantasien, die sich auch in den politischen Gedichten und Schriften Kleists aus dem Jahre 1809 immer wieder finden, genügend Ansatzpunkte für eine derartige Rezeption. *Die Herrmannsschlacht* nimmt eine Sonderstellung in Kleists dramatischem Werk ein, insofern er hier fast gänzlich auf die seine Dichtungen ansonsten kennzeichnenden Ambivalenzen verzichtet und sich zu einer ihm im Grunde wesensfremden Eindeutigkeit gezwungen hat, von der er sich eine Fanalwirkung versprach.

Der politische Furor spiegelt sich auch in der Form: Es wimmelt von unvollständigen oder aber überlangen Versen, und in der Gesamtstruktur lässt das Stück das übliche pyramidale Aufbauschema hinter sich, folgt vielmehr sowohl formal (jeweils zunehmender Umfang der fünf Akte) als auch inhaltlich dem Prinzip steter Steigerung, die noch über das Ende des Dramas hinausgetrieben wird, wenn Herrmann dazu aufruft, den Kampf bis zur Zerstörung Roms fortzuführen (V/24; DKV II, 554), den Befreiungskampf also in einen Vernichtungskrieg umzuwandeln.

Betrug und Täuschung

Betrug und Täuschung (ansonsten die Kleist'sche Ursünde) beherrschen die Szene von Beginn an, und zwar auf beiden Seiten. Thuiskomar, einer der »Missvergnügten«, die vorerst nur unmutige Reden führen, klagt über einen Wortbruch des Varus und bekennt, dass er niemals mit »diesen Kindern des Betruges« hätte Frieden schließen dürfen (I/3; DKV II, 456). Schon im zweiten Auftritt hat die ebenfalls betrügerische Gegenaktion begonnen: Die Germanen preisen den eitlen Legaten Ventidius als angeblichen Besieger eines wütenden Auerochsen, der Herrmanns Gattin

Thusnelda bedrohte. Das ist der Anfang der von Herrmann manipulierten Beziehung zwischen Thusnelda und dem Römer. Auf politischem Gebiet spielt Herrmann den naiven Ehrgeizling, der den Kampf gegen den in Rom missliebig gewordenen Marbod nur zu gerne unterstützen würde. Ventidius glaubt daher den mit seinen Truppen eingerückten Varus hinsichtlich des Cheruskers beruhigen zu können: »Er ist ein Deutscher. / In einem Hämmling ist, der an der Tiber graset, / Mehr Lug' und Trug, muß ich Dir sagen, / Als in dem ganzen Volk, dem er gehört« (III/6; ebd., 495). Da sind wir schon im dritten Akt und haben längst Herrmanns Kriegsplan gegen Varus mit angehört (II/10), sind auch Zeugen geworden, wie er Untaten der Römer propagandistisch aufzublähen sucht und eigene Leute absendet, die, als Römer verkleidet, »sengen, brennen, plündern« sollen (II/2; ebd., 483). (Dass sie auch töten und vergewaltigen sollen – Schulz 1989, 655 –, steht nirgendwo im Text). Umgekehrt wird Varus von Ventidius über den vom Kaiser beabsichtigten Verrat auch an Herrmann aufgeklärt III/6).

In der Zwischenzeit hat der es sich angelegen sein lassen, die sich anbahnende erotische Beziehung zwischen Ventidius und Thusnelda nach Kräften zu befördern, nicht ohne einigen Spott über Thusneldas Anfälligkeit für die Schmeicheleien des Römers: »Nun, Herzchen, sprich: wie geht's Dir, mein Planet? / Was macht Ventidius, Dein Mond?« (III/3; DKV II, 484). Mit geheuchelten Liebesschwüren hat der Legat Thusnelda um eine Locke gebeten, sie ihr dann, da sie sich weigerte, eigenmächtig abgeschnitten (II/5, II/7). Mehrmals wehrt Thusnelda sich dagegen, in Herrmanns Kampf gegen die Römer instrumentalisiert zu werden, glaubt im Übrigen, Ventidius sei tatsächlich in sie verliebt, und hält Herrmanns Erzählung, die Römer schnitten den Germaninnen die Haare ab und rissen ihnen die Zähne aus, um sie ihren Damen in Rom zu verehren, für eines seiner Gräuelmärchen (III/3).

Militärischer Sieg und persönliche Tragödie

Der vierte Akt bringt die entscheidende Wendung. Die ersten beiden Szenen spielen im Zelt des Suevenfürsten Marbod. Herrmann hat ihm, außer dem Bündnisangebot und dem Kriegsplan, zur Bekräftigung seiner ehrlichen Absichten seine beiden Söhne als Geiseln geschickt. Marbod, nachdem er sich von der Identität der beiden Jungen überzeugt hat und nachdem die ihm beigeordneten Römer sich unter Hinterlassung einer eindeutig negativen Botschaft davongemacht haben, schlägt sich auf Herrmanns Seite. – Der wartet inzwischen in Teutoburg ungeduldig auf Übergriffe der Römer. Als dann die junge Hally tatsächlich vergewaltigt und von ihrem Vater, zwecks Tilgung der Schande, getötet wird, ergreift Herrmann die Gelegenheit, das Signal zum Aufstand zu geben, indem er Hallys Körper in fünfzehn Stücke zerteilen und je eines an die fünfzehn germanischen Stämme überbringen lässt, um die allgemeine Empörung anzufachen – ein grotesker Einfall, dessen Scheußlichkeit durch den Hinweis auf das alttestamentliche Vorbild (Richter 19,22) schwerlich abgemildert wird.

Auch Thusnelda kann aus ihrem Irrglauben hinsichtlich des Legaten Ventidius befreit werden: Herrmann überbringt ihr einen abgefangenen Brief des Ventidius an die Kaiserin Livia; Inhalt: Thusneldas Locke und die Zusicherung der baldigen kompletten Lieferung. Den Entschluss der tief verletzten Thusnelda, sich persönlich an Ventidius zu rächen, begrüßt Herrmann als seinen »erste[n] Sieg« (IV/10; DKV II, 521). Hier wird klar, warum Kleist der Thusnelda-Ventidius-Handlung so viel Platz eingeräumt hat: In Thusneldas ›Bekehrung‹ spiegelt sich exemplarisch der Erfolg von Herrmanns Überzeugungsarbeit gegenüber den anderen germanischen Fürsten und Stämmen.

Noch deutlicher wird diese Stellvertreter-Funktion im fünften Akt, von dem man ja die im Titel versprochene Schlacht erwarten würde. Eben die aber wird ausgespart. Wir erleben mit Varus, wie die Römer auf lächerliche Weise in die Irre geführt werden (nach Pfiffikon [!] statt nach Iphikon), wie eine cheruskische Alraune (hier: ein weissagender Dämon) dem Feldherrn seinen baldigen Tod ankündigt, wie er vom ›Verrat‹ Herrmanns erfährt; auf der anderen Seite: wie Herrmann sich den Seinen als Befreier zu erkennen gibt und zur Schlacht aufbricht (V/1–14). Im

20. Auftritt wird Marbod schon der Sieg gemeldet, und in den beiden folgenden Auftritten muss Varus, dem der beabsichtigte Selbstmord auf burleske Weise missglückt ist, erleben, wie die germanischen Fürsten sich darum streiten, wer ihn töten darf, was schließlich dem Cimbern-Fürsten Fust zufällt. – Im Zentrum des fünften Aktes steht nicht die Schlacht, sondern Thusneldas Rache an Ventidius: Sie lockt ihn mit dem Versprechen eines Rendezvous in einen vergitterten Garten, wo sie ihn von einer hungrigen Bärin zerfleischen lässt. Sein Wehegeschrei begleitet sie mit orgiastischen Hohnreden, fällt dann aber in Ohnmacht. Mit Recht hatte ihre Dienerin Gertrud ihr vorher zu bedenken gegeben: »Du selbst, wenn nun die Tat getan / Von Reu' und Schmerz wirst Du zusammenfallen!« Thusnelda hatte erwidert: »Er hat zur Bärin mich gemacht!« (V/15; ebd., 540): Ventidius hat sie zum Tier erniedrigt. Aber auch Herrmann hat sie in entwürdigender Weise zum Instrument seiner Pläne gemacht. Wenn er im vorletzten Auftritt als Sieger erscheint und alle ihn mit »Heil«-Geschrei begrüßen, legt Thusnelda sich zwar mit dem Ausruf: »Mein Geliebter!« an seine Brust, doch als er sie für ihre Tat lobt, erwidert sie nur: »Das ist geschehn. Laß sein« (V/23; ebd., 550; vgl. *Marbod und Herrmann*, ebd., 442) und sagt bis zum Ende des Stücks kein Wort mehr. Hier scheint eine Person, scheint auch eine Ehe zerstört.

Mit der Tragödie der Thusnelda hat Kleist diesem so sehr um Eindeutigkeit bemühten Stück doch noch einen Widerspruch eingepflanzt, den Widerspruch zwischen männlichem Zweckdenken und weiblichem Empfinden.

Die Forciertheit des Ganzen hat Kleist wenigstens an einer Stelle seinen Herrmann selbst eingestehen lassen: Wenn Thusnelda ihm vor Augen hält, nicht alle Römer seien schlecht, und ihn an die rettende Heldentat eines Centurio erinnert, erwidert er »glühend«: »Ich *will* die höhnische Dämonenbrut nicht lieben! / So lang' sie in Germanien trotzt, / Ist Haß mein Amt und meine Tugend Rache!« (IV/9; ebd., 515). Und vor Beginn der Schlacht meinen die Barden ihn ermahnen zu sollen: »Du bist so mild, o Sohn der Götter, / Der Frühling kann nicht milder sein: / Sei schrecklich heut, ein Schlossenwetter, / Und

Blitze laß Dein Antlitz spein!« (V/14; ebd., 538). Das soll dem Kämpfer ein menschliches Antlitz verleihen, reicht aber wohl doch nicht hin, um unser Mitgefühl zu erwecken.

Auch nach der vieldiskutierten Inszenierung des Stücks durch Claus Peymann (1982 in Bochum), die Herrmann als südamerikanischen Guerillero à la Che Guevara stilisierte, ihn zum Schluss allerdings zu seinem eigenen Denkmal erstarren ließ, und trotz späterer Inszenierungen andernorts bleibt *Die Herrmannsschlacht*, gerade auf dem Hintergrund unserer Erfahrungen mit dem ›Dritten Reich‹, ein sehr problematisches, immer noch auch Ärgernis erregendes Werk.

Literatur

Kanzog, Klaus: Codierung – Umcodierung. Zu Heinrich von Kleists *Hermannsschlacht* in der Bühnen- und Filmrealisation Claus Peymanns. In: KJb 2001, 267–277.

Klüger, Ruth: Freiheit, die ich meine: Fremdherrschaft in Kleists *Hermannsschlacht* und *Verlobung in St. Domingo* [1977]. In: Dies.: Katastrophen. Über deutsche Literatur. Göttingen 1994, 133–162.

Künzel, Christine: Gewaltsame Transformationen. Der versehrte weibliche Körper als Text und Zeichen in Kleists *Hermannsschlacht*. In: KJb 2003, 165–183.

Peymann, Claus/Kreutzer, Hans Joachim: Streitgespräch über Kleists *Hermannsschlacht*. In: KJb 1984, 77–97.

Ryan, Lawrence: Die ›vaterländische Umkehr‹ in der *Hermannsschlacht*. In: Walter Hinderer (Hg.): Kleists Dramen. Neue Interpretationen. Stuttgart 1981, 188–212.

Sammons, Jeffrey L.: Rethinking Kleist's *Hermannsschlacht*. In: Alexej Ugrinsky (Hg.): Heinrich von Kleist-Studien. Berlin 1980, 33–40.

Samuel, Richard: Kleists *Hermannsschlacht* und der Freiherr vom Stein [1961]. In: Walter Müller-Seidel (Hg.): Heinrich von Kleist. Aufsätze und Essays. Darmstadt 1967, 412–458.

Schlosser, Hans D.: Zur Entstehungsgeschichte von Kleists *Hermannsschlacht*. In: Euphorion 61 (1967), 170–174.

Schulz, Gerhard: Die deutsche Literatur zwischen französischer Revolution und Restauration. Zweiter Teil. München 1989, 654–657.

Werber, Niels: Kleists »Sendung des Dritten Reichs«. Zur Rezeption von Heinrich von Kleists *Hermannsschlacht* im Nationalsozialismus. In: KJb 2006, 157–170.

Klaus Müller-Salget

1.10 *Prinz Friedrich von Homburg*

Entstehung und Überlieferung, Druck und erste Aufführungen

Wann Kleist mit der Arbeit an seinem letzten Drama begann, ist nicht überliefert. Nach dem Eintrag im Entleihbuch der Königlichen Bibliothek Dresden hatte er Anfang 1809 das Geschichtsbuch des preußischen Feldpredigers Karl Heinrich Krause entliehen und dürfte also spätestens zu diesem Zeitpunkt mit den Recherchen begonnen haben (vgl. Lebensspuren Nr. 307). Die erste Erwähnung des Stückes erfolgte indes erst am 19. März 1810 in einem Brief an Ulrike von Kleist, in dem Kleist von der Übergabe eines Huldigungsgedichts zum Geburtstag der Königin Luise von Preußen berichtete, die bis zu ihrem Tod im selben Jahr die Hoffnungen der preußischen Patrioten, auch Kleists, auf einen antinapoleonischen Aufstand verkörperte: »Jetzt wird ein Stück von mir, das aus der Brandenburgischen Geschichte genommen ist, auf dem Privattheater des Prinzen Radziwil gegeben, und soll nachher auf die Nationalbühne kommen, und, wenn es gedruckt ist, der Königinn übergeben werden. Was sich aus allem diesen machen läßt; weiß ich noch nicht; ich glaube es ist eine Hofcharge« (DKV IV, 442f.).

Keine dieser Hoffnungen sollte sich erfüllen – schon für die Privataufführung gibt es keine Zeugnisse. Nach dem Tod der Königin wurde das Drama erst im folgenden Jahr wieder erwähnt. Nach dem Scheitern der *Berliner Abendblätter* richtete Kleist am 20. Mai 1811 eine Bitte um Anstellung bei Hofe an den Bruder des Königs, Prinz Wilhelm von Preußen, und versprach die »Lieferung eines tüchtigen Werks« (ebd., 491), bei dem es sich um *Prinz Friedrich von Homburg* gehandelt haben kann. Am 21. Juni schrieb Kleist an seinen Verleger Georg Andreas Reimer: »Wollen Sie ein Drama von mir drucken, ein *vaterländisches* (mit mancherlei Beziehungen) Namens *der Prinz von Homburg*, das ich jetzt eben anfange, abzuschreiben?« (ebd., 496). Ende Juli drang er auf eine Entscheidung: »Ich bitte um die Gefälligkeit, mir Ihre Entschließung wegen des Pr. v. Homburg zukommen zu lassen, welchen ich bald

gedruckt zu sehen wünsche, indem es meine Absicht ist, ihn der Princeß Wilhelm zu dediciren« (ebd., 496). Eine Antwort Reimers ist nicht überliefert. Am 15. August war Kleist in einem Brief an Friedrich de la Motte Fouqué noch optimistisch: »Vielleicht kann ich Ihnen in Kurzem gleichfalls ein vaterländisches Schauspiel, betitelt: der Prinz Friedrich von Homburg vorlegen, worin ich auf diesem, ein wenig dürren, aber eben deshalb fast, mögt' ich sagen, reizenden Felde, mit Ihnen in die Schranken trete« (ebd., 501). An Prinz Wilhelm und seine Gemahlin, Prinzessin Marie Anne, sandte Marie von Kleist am 3. September 1811 mit einer Bittschrift jedoch nicht das gedruckte Drama, sondern eine Reinschrift des Manuskripts (vgl. BKB 14, 335f.). Die erhoffte finanzielle Unterstützung durch die Widmungsträgerin, eine Urenkelin des Prinzen von Hessen-Homburg, blieb aus, und ein Druck kam zu Kleists Lebzeiten nicht zustande.

Die Textgeschichte gestaltet sich sehr unübersichtlich. 1812 wurde ein Manuskript des Dramas dem Verleger Julius Eduard Hitzig angeboten, der Fouqué für die Herausgabe zu gewinnen suchte (vgl. Nachruhm Nr. 119). Stattdessen wusste sich Ludwig Tieck 1816 ein Manuskript zu verschaffen (vgl. Nachruhm Nr. 129), doch die Edition verzögerte sich um weitere fünf Jahre. Zwei Textzeugen sind überliefert: ein von dem Historiker Bernhard Erdmannsdörffer offenbar 1874 auf einer Auktion erworbenes Apograph (eine Abschrift von fremder Hand) unbekannter Provenienz und der von Tieck erst 1821 im Rahmen von *Heinrich von Kleists hinterlassenen Schriften* veranstaltete Erstdruck. Obwohl dem nach dem heutigen Aufbewahrungsort sogenannten »Heidelberger Manuskript« das Widmungsgedicht vorangestellt ist, dürfte es sich aufgrund der »unrepräsentative[n] Seitengröße« und der Papiersorte wohl nicht um das originale Widmungsexemplar handeln (vgl. BKA I/8, 599).

Helmut Sembdner wählte die Abschrift als Textgrundlage seiner Edition (SW) und hielt den Erstdruck für textkritisch bedeutungslos, eine Auffassung, die inzwischen durch die DKV-Ausgabe (mit dem Erstdruck als Textgrundlage; vgl. auch Barth 1978) und die BKA (mit der Edition beider Textzeugen) revidiert wurde. Es kann als wahrscheinlich gelten, dass Tieck über ein Autograph verfügte. Möglicherweise stellte er auch einen Mischtext aus verschiedenen autorisierten Textzeugen her (vgl. BKA I/8, 590), worüber sich keine Klarheit gewinnen lässt, da keiner der Zeitgenossen die gesamte Überlieferungslage überblickte, auch Tieck nicht (vgl. BKA I/8, 595f.). Jedenfalls dürfte es sich beim Erstdruck um einen für damalige Verhältnisse erstaunlich weitgehend diplomatischen Abdruck ohne wesentliche intentionale Eingriffe des Herausgebers handeln. Die geplante Durchsicht durch den Philosophen Karl Wilhelm Ferdinand Solger kam aufgrund von dessen Tod nicht mehr zustande (s. Kap. I.2). Anders verhält es sich mit Tiecks dreibändiger Gesamtausgabe *Heinrich von Kleists gesammelte Schriften* (1826), die textkritisch ohne Bedeutung ist. In einer Auswahlausgabe von 1846 änderte Tieck Vers 594 von »Gedrängt von Spaniens Tyrannenheeren« zu »Gedrängt von den Tyrannenheeren Frankreichs«, worin die BKA im Unterschied zu den früheren Ausgaben keine bloße Konjektur, sondern ein Indiz für eine Entstehungsvariante erblickt (vgl. BKA I/8, 590).

Unter dem von der Zensur geforderten Titel *Die Schlacht von Fehrbellin* wurde das Stück 1821 in Wien, Breslau, Frankfurt am Main und Dresden aufgeführt. Die Uraufführung fand am 3. Oktober im Wiener Burgtheater unter der Regie von Josef Schreyvogel statt. Nach vier Wiederholungen wurde die Inszenierung auf Betreiben des Erzherzogs Karl abgesetzt. Die Inszenierung am Dresdner Hoftheater im Dezember wurde von Tieck publizistisch vorbereitet. Die Berliner Erstaufführung fand erst am 25. Juli 1828 in der Bearbeitung von Ludwig Robert statt. Nach der dritten Vorstellung erließ König Friedrich Wilhelm III. ein Verbot weiterer Aufführungen.

Quellen und Kontexte

Karl Heinrich Krauses Geschichtswerk *Mein Vaterland unter den hohenzollerischen Regenten* (1803), das Kleist vom 9. Januar bis 1. März 1809 aus der Dresdner Bibliothek entliehen hatte, bildet die einzige gesicherte Quelle des Dramas. Im zweiten Teil ist die Darstellung der Insubordination des Prinzen von Hessen-Homburg in der Schlacht von Fehrbellin 1675 und seiner Begnadigung durch den Großen Kurfürsten enthalten. Die Legende von Frobens Opfertod bringt Krause in einer Fußnote – unter Hinweis auf ihre Unwahrscheinlichkeit. Krauses Darstellung folgt Friedrichs des Großen *Mémoires pour servir à l'histoire de la Maison de Brandebourg* (1751), in deren erster Ausgabe (1748) die Froben-Anekdote noch unterdrückt worden war (vgl. die Dokumentation der zeitgenössischen Diskussion über die Schlacht von Fehrbellin durch Staengle 2006). Kleist macht durch deren Aufwertung die durch Krause erfolgte Entmythologisierung der preußischen Geschichte wieder rückgängig.

Unmittelbar zuvor, vom 19. Dezember 1808 bis zum 2. Januar 1809, hatte Kleist »Josephi Werke« in einer Ausgabe von 1736 entliehen (vgl. Lebensspuren Nr. 307), den Bericht des jüdischen Geschichtsschreibers Flavius Josephus (um 37–110 n. Chr.) über den Jüdischen Krieg und die Zerstörung Jerusalems durch Titus. Nach einem zeitgenössischen Bericht wurde dieses Werk einem nicht mehr ausgeführten Dramenplan Kleists als Quelle zugeordnet, für den jedoch keine weiteren Belege gefunden werden konnten. Da die Darstellung des Insubordinationsfalls mehrerer römischer Soldaten beim Kampf um die Eroberung Jerusalems, insbesondere die Strafrede Titus' an seine Soldaten, Parallelen mit Kleists Behandlung des Normkonflikts aufweist, die anderen möglichen Quellen fehlen, könnte es sich bei Titus um ein historisches Substrat des Kleist'schen Kurfürsten handeln (vgl. Just 1993, 179–181).

Aus dem zeitgenössischen Umfeld Kleists sind einige Insurrektionsfälle bekannt, die auf die dramatische Darstellung eingewirkt haben könnten. In erster Linie ist Prinz Louis Ferdinand von Preußen zu nennen, ein Neffe Friedrichs des Großen, dessen Charakter mit demjenigen des Kleist'schen Prinzen verglichen wurde. Sein Tod in der Schlacht bei Saalfeld 1806, die er eigenmächtig ausgelöst hatte und der vier Tage später die Schlacht von Jena und Auerstedt folgte, trug zu seiner Heroisierung als tapferer und genialer Heerführer bei, der zudem als exzentrisch und sensibel galt und musikalisch begabt war. Menschlich und politisch war er der Gegenspieler Friedrich Wilhelms III. und wurde daher von der antinapoleonischen Fraktion verehrt; sein militärischer Ruf war nicht unangefochten (vgl. Kanzog 1977, 151–157). Als weiteres Substrat des Kleist'schen Protagonisten wurde der Fall des Karl von François benannt, der in einem Streit mit einem Vorgesetzten den Säbel gezogen hatte und für dieses Vergehen vom Kriegsgericht zum Tode verurteilt wurde. Die königliche Begnadigung erregte Aufsehen, da sie die Hinrichtung im letzten Augenblick verhinderte (vgl. ebd., 212–214).

Die im ›Unsterblichkeitsmonolog‹ in V/10 ausgedrückte enthusiastische Todesbereitschaft des Prinzen steht indes auch in teils affirmativer, teils kritischer Beziehung zu einer ganzen Reihe von Texten und ideengeschichtlichen Strömungen, die auf unterschiedliche Weise eine Entwertung irdischen Lebens mit der Fixierung auf jenseitige Erfüllung implizieren (vgl. Hamacher 1999a, 100–110) – eine Reihe, die von dem enthusiastisch todesbereiten Isaak in Christoph Martin Wielands Gedicht *Der gepryfte Abraham* (1753; vgl. Stephens 1994) über die Schlussworte von Johann Gottlieb Fichtes Schrift *Die Bestimmung des Menschen* (1800), die mystische Vorstellungen von Palingenesie und Metempsychose aufnehmen und in Homburgs Monolog fast wörtlich anklingen, bis hin zu dem bei Kleist auch in anderen Texten einschlägigen Phänomen des Somnambulismus und damit von Aufklärung und Empfindsamkeit über den Idealismus bis zur Romantik reicht. Die Bewertung des Somnambulismus war unter den Zeitgenossen strittig: Der Hallenser Arzt Johann Christian Reil betrachtete das Nachtwandeln in seinen *Rhapsodieen über die Anwendung der psychischen Curmethode auf Geisteszerrüttungen* (1803) als therapierbare Nervenkrankheit, während Gotthilf Heinrich Schubert in seinen auszugsweise in Kleists Zeitschrift *Phöbus* veröffentlichten *Ansichten von der Nachtseite der Naturwissenschaft* (1808) dessen aufklärerische Pathologisierung umkehrte und den Somnambulismus als Anzeichen einer über die irdische Welt hinausreichenden künftigen höheren Daseinsform wertete. Auch das von einem klassischen Tragödienhelden geforderte und zu erwartende ›erhabene‹ Verhaltensprogramm, das vor

allem in IV/4 diskutiert wird, impliziert enthusiastische Todesbereitschaft. Literatur- und ideengeschichtlich führt Kleist hier eine Auseinandersetzung mit seinem Lehrmeister Schiller (vgl. Endres 1996).

Nicht nur ideengeschichtlich, sondern auch im Hinblick auf die staatsrechtliche Problematik steht Kleists Drama auf dem Schnittpunkt aufklärerischer und romantischer Diskurse, wodurch sich auf allen Ebenen die für sein Gesamtwerk kennzeichnenden (häufig unter dem Terminus der Ambivalenz gefassten) Oppositionsstrukturen ergeben, die eine einseitige diskursive Festlegung der Texte verbieten (s. Kap. III.4/5/7/10). Einerseits unterschied Immanuel Kant u. a. in seinem rechtsphilosophischen Hauptwerk *Die Metaphysik der Sitten* (1797/98) zwischen einer despotischen »väterlichen« und einer verfassungsgemäßen »vaterländischen« Regierung. Ein Begnadigungsrecht räumte er dem Monarchen nur unter Skrupeln und Vorbehalten ein, die an die Bedenken des Kurfürsten in Kleists Drama erinnern, dessen Verständnis der Begnadigung daher als im Kern aufklärerisch charakterisiert werden kann. Gegen Kants rationalistische Staatslehre wandte sich andererseits Adam Müller in seinen von Kleist besuchten Dresdner Vorlesungen *Elemente der Staatskunst* (1808/09) mit der Gegensatzbildung von (mechanischem, totem) Begriff und (organischer, lebendiger) Idee des Staates. In seinen Vorlesungen über Friedrich II. (1810) vertrat er (ebenfalls gegen Kant und die Aufklärung) das Grundanliegen einer Aufhebung der Trennung von privatem und öffentlichem Leben, die ebenso wie Pflicht und Neigung in einer höheren Idee vereinigt werden sollten, wobei der Krieg das Mittel der nationalen Vereinigung bildete (vgl. Marquardt 1992).

Inhalt

Eine neutrale und interpretationsfreie Charakteristik des dramatischen Verlaufs ist aufgrund der zahlreichen Ambivalenzen praktisch nicht möglich. Bereits in der Eingangsszene werden in Aufnahme der zeitgenössischen Debatte kontroverse Auffassungen hinsichtlich Homburgs Verhalten gegeneinandergestellt. Der Kurfürst und seine

Entourage treffen, vom Grafen Hohenzollern geführt, den Prinzen von Homburg, »halb wachend,
halb schlafend« einen Kranz sich windend (DKV
II, 557), im Schlossgarten. Es entsteht eine thea-
terähnliche Szenerie (ein ›Spiel im Spiel‹) mit einer Semantisierung des Raumes, bei der die verschiedenen Ebenen – die Hofgesellschaft oben,
der Prinz unten – die unterschiedlichen Reali-
tätsbereiche konnotieren. Die Kurfürstin und
Prinzessin Natalie halten den Prinzen für krank,
Hohenzollern spricht von einer »Unart seines
Geistes« (ebd., 558). Der Kurfürst will Homburg
prüfen, »nimmt ihm den Kranz aus der Hand«,
»schlingt seine Halskette um den Kranz und gibt
ihn der Prinzessin« (ebd., 560). Der Prinz folgt
ihr auf die Rampe und erwischt einen Handschuh, bevor die Gesellschaft im Schloss verschwindet und der Prinz wieder nach unten geht
(I/2). Hohenzollern weckt ihn durch Anruf und
lässt sich vom ihm erzählen, was er von seinem
Traum erinnert (I/4). Es folgt die sogenannte ›Paroleszene‹ (I/5), in der Feldmarschall Dörfling
den Plan für die Schlacht gegen die Schweden
ausgibt. Homburgs Aufmerksamkeit wird durch
Natalies Anwesenheit abgelenkt, die ihren ver-
missten Handschuh von ihm empfängt. Der erste
Akt schließt mit Homburgs glücksgewissem sogenannten ›Fortunamonolog‹ (I/6).

Der zweite Akt spielt zunächst auf dem
Schlachtfeld bei Fehrbellin. Der an der Hand verletzte Homburg wird von den Offizieren auf einen Hügel geführt, um einen Überblick über das
Kriegsgeschehen zu gewinnen. Als bereits Sieges-
geschrei ertönt, gibt der Prinz den Befehl, in die
Schlacht einzugreifen, obwohl er das Signal noch
nicht empfangen hat. In II/5 tritt Rittmeister von
Mörner als vermeintlicher Augenzeuge des
Schlachtentodes des Kurfürsten auf. Seinem Bericht zufolge habe der Tod des Kurfürsten beim
Prinzen von Homburg erst die letzten Reserven
mobilisiert, um den Sieg zu erkämpfen. Gegenüber der Kurfürstin und Natalie tritt Homburg
als Erbe und Nachfolger des Kurfürsten auf und
wirbt um Natalie. Die Szene II/6 als ›Verlobungs-
szene‹ zu bezeichnen, wie dies häufig geschieht,
hieße indes, einseitig der Perspektive des Prinzen
zu folgen. Natalie nämlich stellt die Bedingung,
ihm »ins innere Mark« zu wachsen (ebd., 588),

also eine persönliche Liebesbeziehung einzugehen, um die es dem Prinzen in dieser Situation
gar nicht geht, in der, wie auch an der Bildlichkeit
erkennbar ist, zwei historisch unterschiedliche
Vorstellungen einer Zweierbeziehung aufeinanderprallen: Homburg vertritt das ältere, gesell-
schaftsgeschichtlich gesehen höfisch-adelige Programm und gedenkt Natalie als seine Muse zu
dekorativen Zwecken zu gebrauchen. Sie erkennt
dies an seiner verständnislosen Reaktion auf ihr
Ansinnen und weist ihn zurück: »Hinweg!« Sein
Einlenken kommt zu spät, »sie reißt sich los«.
Der »Bund«, den der Prinz beschwört (ebd., 588),
ist also nicht geschlossen, was seinen späteren geradezu leichtherzigen Verzicht auf Natalie erklär-
licher macht. Inzwischen erweist sich die Meldung vom Tod des Kurfürsten als falsch; Graf
Sparren tritt auf und erzählt, dass Stallmeister
Froben den Kurfürsten zum Pferdetausch auf
dem Schlachtfeld bewogen habe und auf dessen
auffälligem Schimmel den feindlichen Kugeln
zum Opfer gefallen sei. Homburg reagiert sehr
undurchsichtig auf diese Meldung, mit einem
Bild, das seine zwiespältigen Gefühle bezeichnet:
»Dein Wort fällt schwer wie Gold in meine
Brust!« (ebd., 590). Der Waffenstillstand ist ausgerufen, der Kurfürst bereits zu Friedensverhandlungen in Berlin. Bei der Trauerfeier für Froben
erhebt er Anklage auf den Tod – verkündet aber
nicht bereits das Urteil, wie oft behauptet wird –
gegen den Führer der Reiterei, der befehlswidrig
zu früh in die Schlacht eingegriffen hat, bevor
den Schweden durch die Zerstörung der Brücken
der Rückzug abgeschnitten war (II/9). Als der
Prinz auftritt, wird er verhaftet und vor das
Kriegsgericht bestellt (II/10).

Im dritten Akt besucht Hohenzollern Homburg im Gefängnis. Dieser ist zunächst überzeugt
davon, das Urteil werde vom Kurfürsten durch
Begnadigung aufgehoben werden. Hohenzollern
gibt indes zu verstehen, dass er aufgrund seiner
Werbung um Natalie den machtpolitischen und
dynastischen Ambitionen des Kurfürsten im
Wege sein könne, der sie als Preis für den Friedensschluss an den schwedischen König verhei-
raten wolle. Der Prinz eilt zur Kurfürstin und Natalie und fleht dort unter Verzicht auf die Hand
Natalies um sein nacktes Leben, nachdem er un-

terwegs das bereits für ihn geöffnete Grab erblickt hat. Natalie verspricht ihm, beim Kurfürsten für ihn zu bitten (III/5).

Im Disput mit dem Kurfürsten (IV/1) benennt Natalie den zentralen staatspolitischen Normenkonflikt des Dramas: »Das Kriegsgesetz, das weiß ich wohl, soll herrschen, / Jedoch die lieblichen Gefühle auch« (ebd., 613). Während er ihr Ansinnen als tyrannisch brandmarkt, bezeichnet sie seine Berufung auf das »Vaterland« als unmenschlich (ebd., 612). Als klar ist, dass sie nicht die Meinung Homburgs wiedergibt, und sie dem Kurfürsten dessen ganzes »Elend« deutlich macht (ebd., 614), verspricht er, ihn zu begnadigen, wenn er den Spruch des Kriegsgerichts für ungerecht halte. Natalie ihrerseits beordert ihr Regiment nach Fehrbellin, um das Heer als Fürsprecher des Prinzen einzusetzen (IV/2). Dieser spricht im Gefängnis den von Ergebung in sein Schicksal zeugenden ›Derwischmonolog‹ (IV/3), bevor Natalie ihn besucht und ihm den Brief des Kurfürsten überbringt (IV/4). Auf dessen Bedingung für die Begnadigung – zu schreiben, dass ihm Unrecht geschehen sei – kann Homburg nicht eingehen. Natalie ist über die neue Fassung des Prinzen und seine erhabene enthusiastische Todesbereitschaft zugleich entsetzt und entzückt.

Der letzte Akt beginnt mit der Rebellion des von Kottwitz angeführten Dragonerregiments der Prinzessin Natalie. Während die Obristen um Gehör bitten, lässt sich der Kurfürst das Todesurteil und den Pass des schwedischen Gesandten bringen (V/4). Kottwitz überreicht die Bittschrift des Heeres, und es kommt zwischen ihm und dem Kurfürsten zu einem Disput über die »Regel«, nach der der Feind geschlagen wird (ebd., 632). Während der Kurfürst den Prinzen als seinen »Sachwalter« aufruft (ebd., 633), bringt ihm Hohenzollern eine Schrift, in der er beweisen möchte, dass der Kurfürst selbst durch seinen »Scherz« (ebd., 635) in der Eingangsszene das Fehlverhalten des Prinzen verschuldet habe. Der Kurfürst gibt den Vorwurf zurück, da es Hohenzollern war, der ihn erst in den Garten geführt hatte. Prinz Friedrich von Homburg löst durch sein Auftreten den Konflikt, indem er erklärt, »das heilige Gesetz des Kriegs« durch »einen freien Tod verherrlichen« zu wollen (ebd., 638).

Als Bedingung – die der Kurfürst gewährt – erbittet er sich, dass Natalie nicht als Pfand bei den Friedensverhandlungen eingesetzt und dass daher der Krieg wieder aufgenommen wird (V/7). Nachdem der Prinz weggeführt ist, zerreißt der Kurfürst das Todesurteil (V/9). Homburg wird mit verbundenen Augen in den Schlossgarten geführt und wähnt sich auf dem Weg zur Hinrichtung. Sein Monolog, der ›Unsterblichkeitsmonolog‹ (V/10), zeigt, dass er mit dem Leben abgeschlossen hat und auf jenseitige Erfüllung hofft. In der Schlussszene wird indes die Pantomime des Beginns wieder aufgenommen und zu Ende geführt: Der Prinz erhält Kranz und Kette von der Prinzessin und fällt daraufhin in Ohnmacht. Kanonenschüsse und Heilrufe erwecken ihn, worauf Kottwitz auf seine Frage, ob es ein Traum sei, die in der Forschung zum Drama immer wieder affirmativ zitierte Entgegnung spricht: »Ein Traum, was sonst?« Das Schauspiel schließt mit dem Schlachtruf »In Staub mit allen Feinden Brandenburgs!« (ebd., 644).

Aspekte der Deutung und Forschung

»Darf ichs mir deuten, wie es mir gefällt?« (DKV II, 593). Zuweilen mag es scheinen, als sei diese Frage, die Homburg im zweiten Akt an die Kurfürstin richtet, die Devise der Kleist-Forschung (vgl. Hamacher 1999b). Im Falle des *Prinz Friedrich von Homburg* haben Leserin und Leser an manchen Stellen tatsächlich keine andere Wahl. Manche Fragen, die der Text stellt, sind einfach nicht entscheidbar, und darin dürfte nicht die geringste Faszination dieses Dramas liegen. In der Tat gibt es wohl kaum einen Dramenautor der deutschen Literatur, bei dem so vieles rätselhaft bleibt: Im zweiten Akt etwa ist davon die Rede, dass der Protagonist vor Beginn der Schlacht mit seinem Pferd gestürzt sei: »Sein Rappe scheute an der Mühle sich« (DKV II, 578), so berichtet Hohenzollern, während Homburg selber später behauptet: »Mein Goldfuchs fiel vor Anbeginn der Schlacht« (ebd., 595). Was hat es mit diesem Pferde- und Farbenwechsel auf sich (vgl. Scheuer 2003)? Ist hier jemand farbenblind? Wem kann man trauen? Was im Stück völlig selbstverständlich zu sein scheint – denn keiner der Offiziere,

die die beiden widersprüchlichen Aussagen hören, wundert sich –, ist bei der Lektüre des Dra-
mentextes nicht auflösbar. Ein zweites Beispiel:
Am Ende von V/9 fragt der Kurfürst seine Ar-
meeführer: »Die Schule dieser Tage durchgegangen, / Wollt ihr's zum vierten Male mit ihm wagen?« (DKV II, 641). Das absolute Partizip – eine
Stileigentümlichkeit Kleists, die er aus dem Französischen oder Lateinischen übernommen haben
könnte – verdeckt hier, um welche Art von Ne-
bensatz es sich handelt: temporal (›nachdem ihr
die Erfahrungen gemacht habt‹) oder konzessiv
(›obwohl ihr diese Erfahrungen gemacht habt‹).
Der Text gibt keine Antwort, und überdies
schließt sich hier direkt einer der gewichtigsten
Streitpunkte der *Homburg*-Forschung an: Bezieht
der Kurfürst sich mit ein oder nicht? Musste also
auch er dazulernen, oder ist er der überlegene Erzieher des Prinzen? Etwa seit dreißig Jahren wird
die erste Option bevorzugt, davor galt rund 150
Jahre lang die zweite. Und was passiert in der letzten Szene? »Hohenzollern tritt, mit einem Tuch,
an das Geländer und winkt« (ebd., 643) – aus
III/1 weiß man, dass das Winken mit dem Tuch
das Zeichen des Feuerbefehls für das Erschie-
ßungskommando bedeutet (vgl. ebd., 601); nun
jedoch soll Homburg begnadigt werden. »Alle« –
so die Bühnenanweisung – rufen: »Dem Sieger in
der Schlacht bei Fehrbellin!« Da man den Prinzen hochleben lässt, kann er bei »alle« nicht mit-
gemeint sein. Was aber ist dann mit dem letzten
Vers? Wieder lauter die Sprecheranweisung
»Alle«: »In Staub mit allen Feinden Brandenburgs!« (ebd., 644). Ruft der Prinz diesmal mit?
Meint also »alle« nun wirklich alle – oder alle außer einen? Was bei der Lektüre schlechterdings
nicht entscheidbar ist (obwohl viele Interpreten
eine Entscheidung herbeiführen; vgl. Kittler
1987, 267, mit seiner einflussreichen These der
Initiation Homburgs in den »Vernichtungskrieg«), *muss* bei einer Inszenierung entschieden
werden, sofern der heikle Schlussvers nicht einfach gestrichen wird. Gelingt die Integration des
Prinzen in die Gemeinschaft, oder gelingt sie
nicht? Geht der Traum der ersten Szene für den
Prinzen am Schluss in Erfüllung, oder wird er
durch den Kanonendonner zu einem Albtraum
erweckt, widerwillig zurück ins Leben und aufs

Schlachtfeld gezerrt? Viele interpretatorische
Schlüsselfragen können bei diesem Drama nur
dann beantwortet werden, wenn Entscheidungen
getroffen werden, für die der Text keine Handhabe bietet.

Die Beispiele könnten fast beliebig fortgesetzt
werden: In IV/4 liest Homburg den Brief des Kurfürsten, der die Bedingung der Begnadigung
nennt. Den entscheidenden Punkt erkennt er erst
bei einer zweiten Lektüre: »Mich selber ruft er
zur Entscheidung auf!« Er kommentiert: »Recht
wacker, in der Tat, recht würdig! / Recht, wie ein
großes Herz sich fassen muß!« (DKV II, 622).
Klingt daraus nun aufrichtige Bewunderung für
den Kurfürsten im Geiste des stoischen Ethos
(vgl. Schmidt 2003, 161–170) oder aber beißen-
der Sarkasmus? Solange man nicht weiß, in welchem Tonfall die beiden Verse gesprochen werden, ist keine Antwort möglich. Der Probierstein
jeder *Homburg*-Interpretation ist daher – vielleicht mehr als bei jedem anderen Drama der
deutschen Literatur – die Aufführung. Auf der
Bühne müssen die Ambivalenzen, die sich nur
über die Schrift vermitteln, monosemiert werden, während sich andererseits manche Regieanweisungen – wie etwa Homburgs simuliertes
Schreiben in der Paroleszene (vgl. DKV II, 574) –
in ihrem Informationsgehalt auf der Bühne nicht
realisieren lassen (vgl. Reuß 2006, 7f.).

In der neueren Forschung können vor allem
vier paradigmatische Zugriffe unterschieden werden, die von den skizzierten Ambivalenzen ausgehen und auf eine Klärung abzielen:

Zum einen steht mit der Ästhetik des Dramas,
vereinfacht gesagt, das Verhältnis von Form und
Inhalt zur Debatte. Stimmt die formale Symmetrie und Geschlossenheit mit den semantischen
Strukturen überein, oder wird sie von ihnen dementiert (zur ersten Auffassung vgl. beispielhaft
Schmidt 2003, zur zweiten Leistner 1985)? Die
ästhetische Aporie der widerstreitenden Interpretationen verdeutlicht Bernhard Greiner durch
den problematischen Bezug auf das klassische
Konzept der Grazie (s. Kap. V.15) als »Vereinigung von Determination und Freiheit« in der
Schlussszene: »Kann sich das Drama die ästhetische ›Stimmigkeit‹ im Entwurf der neuen Grazie
leisten, weil es diese zu konkretisieren wagt als

Reich des Todes? Und bedarf das Drama der Stimmigkeit des Textes als Bürge der Hoffnung, daß der Schnittpunkt der Linien, die in der Welt des Todes verschwinden, auf der anderen Seite als eine realisierte Idee der Freiheit wiederkehre?« (Greiner 2000, 268, 271).

Als zweiter Forschungsschwerpunkt lassen sich die Figuren benennen. Wichtig ist hier auf einer strukturellen Ebene Beda Allemanns Deutung des *Homburg* als »Antizipationsdrama«. Es gehe um »die visionäre Antizipation des Prinzen« (Allemann 2005, 301), der sich aufgrund der Fixierung auf sein Ziel nicht figurenpsychologisch entwickeln könne. Ebenfalls als Absage an klassische Figurenpsychologie und Stimmigkeit des Charakters ist eine Deutung des Dramas als (scheiternden) Initiationsritus für den Protagonisten zu sehen (vgl. von Bormann 2001, 299f.). Eine interpretatorische Schlüsselrolle für die dramatische Konfiguration spielt die Frage, welche Stellung Hohenzollern in ihr innehat. Ist er der aufrichtige Freund und Vertraute des Prinzen, als den man ihn in der Forschung lange Zeit ausschließlich gesehen hat, oder ist er vielmehr ein skrupelloser Machtpolitiker und *agent provocateur*, der den Prinzen bloßstellen und damit als Nebenbuhler um die Nachfolge des Kurfürsten ausschalten will (vgl. Reeve 1981)? Die undurchsichtige Rolle des Kurfürsten selbst wird von Homburg durch die dreifache Adressierung klar ausgesprochen: »Friedrich! Mein Fürst! Mein Vater!« (DKV II, 560). »Friedrich« – den Vornamen haben Kurfürst und Prinz gemeinsam, er deutet damit auf die von Homburg angestrebte Ebenbürtigkeit ebenso wie auf eine zumindest latente Rivalität und erklärt, weshalb er sich nach der falschen Nachricht vom Tod des Kurfürsten so eilig an dessen Stelle setzen will. »Mein Fürst!« verweist auf die staatspolitische Sphäre von Macht und Herrschaft, und der Anruf »Mein Vater!« kann sowohl den Landes- wie auch den prospektiven Schwiegervater meinen, bringt also in jedem Fall die familiäre Beziehung ins Spiel. Die Einheit der verschiedenen Rollen, die Homburg hier imaginiert, kann in der Folge nicht aufrecht erhalten werden; der Konflikt entsteht dadurch, dass die drei Figurationen des Kurfürsten sich trennen. In einer Art Tauziehen um die Funktio-

nalisierung des Gesetzes sieht dabei Christian Moser Prinz und Kurfürst verfangen: Während es Homburg um die Aneignung des Gesetzes zur Sicherung seines Nachruhms gehe, sei es dem Kurfürsten um die Erziehung von Kriegswerkzeugen zu tun (vgl. Moser 1993, 97–108). Karl Eibl präzisiert Homburgs Todesbereitschaft unter Zuhilfenahme der soziologischen Systemtheorie. Das gesellschaftsgeschichtliche Bezugsproblem sieht er in der »moderne[n] Lage der sozial ortlos gewordenen Individualität, der ›Individualität durch Exklusion‹«. Der »egoistische Träumer« Homburg lebe bereits vor seiner Verurteilung »im sozialen ›Nichts‹«, das ihm jedoch erst durch das Todesurteil bewusst werde. Es sei »der sinnlose, wertlose Tod, der nicht sozial aufgehoben ist, sondern den Rechtsbrecher aus dem Leben *und* der Gesellschaft ausstößt«, der den Prinzen schrecke. Im Einverständnis mit seinem Todesurteil, »im Erkennen *und* Anerkennen eines überindividuellen Sinnhorizonts« sehe der Prinz die einzige noch verbliebene Möglichkeit zur sozialen Integration. Diese Todesbegründung sei freilich instabil und offen für Funktionalisierungen: »Zum Tod für eine innerweltliche Gemeinschaft, sei es die Familie, die Klasse, das Vaterland oder die Menschheit« (Eibl 1995, 251f., 266f.).

Damit ist bereits der dritte Forschungsschwerpunkt berührt, der die historisch-politischen Kontexte des Geschichtsdramas betrifft, durch die sich die Figurenkonzeptionen näher bestimmen lassen, etwa durch die Berücksichtigung der bereits erwähnten, zwischen Aufklärung und Romantik konträr angelegten Herrschaftsdiskurse im Falle des Kurfürsten. Immer wieder sorgt auch für Irritationen, dass der Kurfürst Natalies Intrige, das Regiment eigenmächtig nach Fehrbellin zu beordern, nicht ahndet. Gegen die Auffassung, der Kurfürst müsse um der Rechtsgleichheit willen nun auch den Prinzen begnadigen, setzt Renate Just ein rechtshistorisches Argument, das noch in neuesten Interpretationen immer wieder ignoriert wird: Natalies militärischer Rang sei ein reines Ehrenamt, sie könne »als Frau nicht Täterin eines militärstrafrechtlichen Delikts sein […], da sie nicht Angehörige des kurbrandenburgischen Heeres ist. Zudem gab es weder in der Mitte des 17. noch zu Beginn des 19. Jahrhunderts eine Rechtsgleichheit zwischen Mann und Frau [...]. Eine rechtliche Handhabe des Kurfürsten Friedrich Wilhelm gegen die Unbotmäßigkeit der Prinzessin Natalie gibt (bzw. gab) es nicht« (Just 1993, 153). Auch militärhistorisch indes steht das Drama an der Schnittstelle historisch unterschiedlicher, konträrer Konzeptionen, wie besonders Wolf Kittler gezeigt hat (Kittler 1987; s. Kap. IV.6). Bis 1808 wurden in Preußen die Regimenter nach ihren jeweiligen Führern benannt und die Soldaten persönlich auf ihren Regimentskommandeur vereidigt, seither hingegen auf den Staat als abstraktes Ideal. In dieser Hinsicht vertritt der Kurfürst die – in der historischen Handlungszeit des Dramas natürlich anachronistische – neue Ordnung, während die Offiziere, die für Homburg eintreten, sich im Sinne der alten Ordnung nur ihrem Führer verpflichtet wissen. Aus der umgekehrten Perspektive sind jedoch die alte und die neue Position anders besetzt: Aus der Sicht Homburgs und der Offiziere vertritt der Kurfürst die alte Militärstrategie, die auf das Prinzip des blinden Gehorsams setzte und das Heer als totes Werkzeugs seines Führers betrachtete. Die neue Strategie setzte dagegen auf das flexible, mitdenkende Handeln der einzelnen Soldaten, um einer überlegenen Macht wie der Armee Napoleons gewachsen zu sein. Hier schließt sich eine weitere Forschungskontroverse an: Die eine Position (Kittler) geht davon aus, dass Homburg durch sein vorzeitiges Eingreifen zwar die Schlacht gewonnen, die Vernichtung des Gegners aber verhindert habe, und auf einen solchen ›Endsieg‹ komme es dem Kurfürsten an. Der Prinz werde daher zu einem willigen Werkzeug dieser neuen Art totaler Kriegführung umerzogen. Nach einer anderen Interpretation habe der Prinz im letzten Moment die Niederlage in der Schlacht verhindert, die der Kurfürst durch leichtsinniges Fehlverhalten um ein Haar verschuldet hätte. Die drakonischen Maßnahmen gegen den Prinzen zielen nach dieser Lesart einzig darauf ab, vom Versagen des Kurfürsten abzulenken (vgl. Wittkowski 2002, 61–71).

In jüngster Zeit wird bei der historischen Kontextualisierung des Dramas die früher oft vernachlässigte Verwurzelung Kleists in der Adelskultur thematisiert (s. Kap. IV.1). Hans Jürgen

Scheuer beschreibt das Versinken des »farbenprächtige[n] Mittelalter-Phantasma[s] adliger Distinktions- und Repräsentationstechniken« und gelangt so zu einer neuen Einschätzung der »Leitmotive [...] Staub und Nebel« als Spuren gewaltsamer Entdifferenzierung (Scheuer 2003, 40f.; s. Kap. III.2).

Den adligen Repräsentationstechniken liegt ein bestimmtes Zeichenverständnis zugrunde, und damit ist der vierte Schwerpunkt der neueren *Homburg*-Forschung erreicht, die Semiotik (vgl. Kommentar, DKV II, 1228–31). Auch hier steht das Drama an der Schnittstelle historisch konkurrierender Konzepte. In IV/1 fragt der Kurfürst Natalie über Homburg: »Meint er, dem Vaterlande gelt' es gleich, / Ob Willkür drin, ob drin die Satzung herrsche?« (DKV II, 613). Hier ist eine zeichentheoretische Kontroverse berührt, die an mehreren Stellen des Dramas anklingt, die Frage nach dem Verhältnis von Bezeichnung und Bezeichnetem. Nach der romantischen Sprachphilosophie kann die »Satzung« nicht »Willkür« sein, weil ein quasi-natürlicher, unmittelbarer Zusammenhang von Zeichen und Bedeutung angenommen wurde. Dieser Auffassung ist offenbar auch Homburg, was die Deutung seiner Traumzeichen anbelangt. Jedenfalls referiert Hohenzollern im fünften Akt gegenüber dem Kurfürsten in diesem Sinne: »Und fester Glaube baut sich in ihm auf, / Der Himmel hab' ein Zeichen ihm gegeben« (ebd., 635). Nach der gegenüber der Romantik sowohl älteren (mittelalterlich-feudalen) als auch neueren (modernen) Zeichentheorie ist dagegen die »Satzung« tatsächlich »Willkür«, unterliegt nämlich die Zuordnung von Zeichen und Bedeutung veränderbaren historischen Konventionen. Natalie hingegen vertritt, entgegen der Verdächtigung des auf die Satzung pochenden Kurfürsten, ebenfalls die romantische Position, wenn sie im selben Dialog in IV/1 Homburg metonymisch als »Fehltritt, blond mit blauen Augen« bezeichnet (ebd., 612). Der vermeintliche Konsens, vom Aussehen eines Menschen zuverlässig auf dessen Eigenschaften, auf seinen Charakter schließen zu können, auf den Natalie hier anspielt, ist bei Kleist aufgekündigt. Alle Zeichen und Indizien sind trügerisch und können täuschen, auch auf das eigene Gefühl ist kein Verlass. (Auch Hohenzollerns rätselhaftes Winken mit dem Tuch in der Schlussszene könnte ein Hinweis auf die Täuschungskraft von Zeichen sein.) Diese Nichtübereinstimmung von Erscheinungsbild und Wesen läuft dem Menschenbild von Aufklärung, Klassik und Romantik entgegen und führt zu Kleists Fremdheit im literarischen Leben seiner Zeit. Während von heute aus gesehen dieser Zug sehr modern wirkt, schleppt Kleist für die Zeit um 1800 eher die Restbestände älterer, eben feudaler, Traditionen mit. Die höfischen Verhaltenslehren der Renaissance kannten die Vorstellung eines individuellen Kerns der Persönlichkeit, der sich in Handeln und Verhalten authentisch ausdrücken müsse, nicht (s. Kap. IV.7). Dort kam alles auf situations- und rollengerechtes Verhalten an, wohinter die bürgerliche Aufklärung dann in ihrer Adelskritik eine unmoralische Täuschungsabsicht vermutete. Gerade durch diese Infragestellung des neuzeitlichen Subjektbegriffs aber kann *Prinz Friedrich von Homburg* trotz der militärgeschichtlichen Kontexte auch heute noch als Medium der kulturellen Selbstverständigung dienen.

Dass es um die Verbindlichkeit natürlicher Zeichen keineswegs besser bestellt ist, verdeutlicht die Verwechslung von »Nachtviole« und »Levkoyn« in V/10 (ebd., 643), die in der Tat verwandt und daher austausch- und verwechselbar sind, nach ihrem Symbolwert aber den Gegensatz von Nacht/Tod einerseits und Tag/Leben andererseits bezeichnen. Tag und Nacht, Leben und Tod, Wirklichkeit und Traum sind aus der Perspektive Homburgs am Ende ebenso verwandt und verwechselbar wie Nachtviolen und Levkojen.

Aspekte der Rezeption und Wirkung

Bereits in der ersten Rezeption des Dramas wurden die beiden Pole aufgespannt, zwischen denen sich die künftige Wirkungsgeschichte bewegte. Ludwig Tieck charakterisierte es in seiner Vorrede zum Erstdruck 1821 als vaterländisches Schauspiel, während der Hegel-Schüler Heinrich Gustav Hotho in seiner Besprechung der von Tieck 1826 herausgegebenen *Gesammelten Schriften* Kleists genau diese Auffassung als Missver-

ständnis bezeichnete und als grundlegenden Antagonismus des Stücks das Verhältnis »des träumenden Hellsehns und des verständigen wachen Bewußtseyns«, also von Traum und Wirklichkeit bestimmte. Homburgs Charakter als Zentrum des Stücks sei »das *Ungeschichtliche*, von unserem Dichter *Erdichtete*, das er nur in ein geschichtliches Gewand kleidet, weil er für diesen Character [...] auch einer vorhandenen festen Wirklichkeit bedurfte« (zit. n. Hamacher 1999a, 122). Zwischen Historisierung und Enthistorisierung, Politisierung und Entpolitisierung, Instrumentalisierung zur nationalistischen Kriegspropaganda und Reduktion auf eine abstrakte Menschfabel bewegte sich fortan die Rezeption im 19. und 20. Jh., wobei die Figur des Prinzen und seine Todesfurcht meist den Stein des Anstoßes bildete. Die Bearbeitung für die Berliner Erstaufführung 1828 durch Ludwig Robert war dazu angelegt, das Stück den Repräsentationsinteressen der Hohenzollern dienstbar zu machen, wozu nicht nur Striche in der ›Todesfurchtszene‹ III/5 erforderlich waren, sondern vor allen Dingen der Kurfürst aus dem moralischen Zwielicht gerückt werden musste, indem die Eingangsszene verändert wurde (vgl. Grathoff 1980).

Am 22. Mai 1960 wurde an der Hamburgischen Staatsoper Hans Werner Henzes Oper *Der Prinz von Homburg* uraufgeführt. Das Libretto schrieb Ingeborg Bachmann, die sich zum Einfluss der existenzialistischen französischen Inszenierung von Jean Vilar von 1950/51 bekannte (vgl. Hamacher 1999a, 151–154). An Wirkungskraft von keiner späteren Inszenierung mehr übertroffen wurde Peter Steins Adaption *Kleists Traum vom Prinzen Homburg* an der Berliner Schaubühne am Halleschen Ufer 1972 in der Dramaturgie von Botho Strauß und mit Bruno Ganz in der Titelrolle. Der Blickwinkel der Inszenierung war ganz von der Biographie Kleists und dem Scheitern seines Lebenstraums bestimmt. Dieses Ausweichen auf die biographische Ebene liegt immer dann nahe, wenn die politische Funktionalisierung nicht mehr gelingt. Vorbei scheinen die Zeiten, als die schulische und universitäre germanistische Interpretationspraxis anhand des *Prinz Friedrich von Homburg* zum Thema revolutionärer studentischer Versammlungen werden konnte, wie bei einer Rede des Schriftstellers und damaligen Studentenvertreters Peter Schneider während eines sogenannten Sit-ins im Audimax der Freien Universität Berlin im April 1967: »Wir sind so verdammt immanent gewesen. Als wir den Prinzen von Homburg durchgenommen haben, da haben wir den Prinzen von Homburg durchgenommen. Als er verzweifelt war, weil er einen sinnlosen Befehl nicht befolgte, da haben wir uns nicht gefragt, wieso er deswegen verzweifelt war. Als er sich auf seinen Tod vorbereitete, da haben auch wir uns auf seinen Tod vorbereitet. Als er sich eine Augenbinde anlegen ließ, da haben auch wir uns eine Augenbinde anlegen lassen. Und als sich der Kurfürst mit ihm versöhnte, da waren auch wir versöhnt« (zit. n. Hamacher 1999a, 154f.). Die Augen sind geöffnet, die Versöhnung fragwürdig – so viel immerhin hat die Kleist-Forschung inzwischen erreicht.

Literatur

Allemann, Beda: Heinrich von Kleist. Ein dramaturgisches Modell. Aus dem Nachlaß hg. von Eckart Oehlenschläger. Bielefeld 2005.

Barth, Ilse-Marie: Die Überlieferung des Schauspiels *Prinz Friedrich von Homburg*. Das Heidelberger Manuskript und die Erstausgabe des Jahres 1821 durch Ludwig Tieck. Heidelberg 1978.

Bormann, Alexander von: Kleists *Prinz Friedrich von Homburg* – Drama der Adoleszenz. In: Christine Lubkoll/Günter Oesterle (Hg.): Gewagte Experimente und kühne Konstellationen. Kleists Werk zwischen Klassizismus und Romantik. Würzburg 2001, 277–302.

Eibl, Karl: Lehrstücke vom Einverständnis. Kleists *Prinz Friedrich von Homburg* und Brechts *Die Maßnahme*. In: Jb. des Freien Deutschen Hochstifts 1995, 238–269.

Endres, Johannes: Das »depotenzierte« Subjekt. Zu Geschichte und Funktion des Komischen bei Heinrich von Kleist. Würzburg 1996, 131–145.

Grathoff, Dirk: Zur frühen Rezeptionsgeschichte von Kleists Schauspiel *Prinz Friedrich von Homburg*. (Mit unbekannten Zeugnissen zur ersten Berliner Aufführung 1828). In: Germanisch-Romanische Monatsschrift N.F. 30 (1980), 289–311.

Greiner, Bernhard: Kleists Dramen und Erzählungen. Experimente zum ›Fall‹ der Kunst. Tübingen/Basel 2000, 253–272.

Hamacher, Bernd: Heinrich von Kleist, *Prinz Friedrich von Homburg*. Erläuterungen und Dokumente. Stuttgart 1999a.

–: »Darf ichs mir deuten, wie es mir gefällt?« 25 Jahre *Homburg*-Forschung zwischen Rehistorisierung und Dekonstruktion (1973–1998). In: HKB 6 (1999b), 9–67.

Just, Renate: Recht und Gnade in Heinrich von Kleists Schauspiel *Prinz Friedrich von Homburg*. Göttingen 1993.

Kanzog, Klaus: Heinrich von Kleist, *Prinz Friedrich von Homburg*. Text, Kontexte, Kommentar. München/Wien 1977.

Kittler, Wolf: Die Geburt des Partisanen aus dem Geist der Poesie. Heinrich von Kleist und die Strategie der Befreiungskriege. Freiburg i.Br. 1987, 256–290.

Leistner, Bernd: Dissonante Utopie. Zu Heinrich von Kleists *Prinz Friedrich von Homburg*. In: Ders.: Spielraum des Poetischen. Goethe, Schiller, Kleist, Heine. Berlin/Weimar 1985, 142–190.

Marquardt, Jochen: »Ein Traum, was sonst?« Die Vision vom Nationalstaat in Adam Müllers Vorlesungen über Friedrich II. und Kleists vaterländisches Schauspiel. In: Beiträge 6 (1992), 25–48.

Moser, Christian: Verfehlte Gefühle. Wissen – Begehren – Darstellen bei Kleist und Rousseau. Würzburg 1993.

Reeve, William C.: An Unsung Villain. The Role of Hohenzollern in *Prinz Friedrich von Homburg*. In: The Germanic Review 56 (1981), 95–110.

Reuß, Roland: Bittschrift. Zur Poetik von Kleists Schauspiel *Prinz Friedrich von Homburg*. In: BKB 18 (2006), 3–17.

Scheuer, Hans Jürgen: Pferdewechsel – Farbenwechsel. Zur Transformation des adligen Selbstbildes in Kleists *Prinz Friedrich von Homburg*. In: KJb 2003, 23–45.

Schmidt, Jochen: Heinrich von Kleist. Die Dramen und Erzählungen in ihrer Epoche. Darmstadt 2003, 154–179.

Staengle, Peter: Ansichten zum historischen Prinzen von Homburg. Eine Dokumentation. In: BKB 18 (2006), 39–82.

Stephens, Anthony: Der Opfergedanke bei Heinrich von Kleist. In: Gerhard Neumann (Hg.): Heinrich von Kleist. Kriegsfall – Rechtsfall – Sündenfall. Freiburg i.Br. 1994, 193–248.

Wittkowski, Wolfgang: Ironische Rechtsprechung in *Prinz Friedrich von Homburg* und *Michael Kohlhaas*. In: Hans-Jochen Marquardt/Peter Ensberg (Hg.): Politik – Öffentlichkeit – Moral. Kleist und die Folgen. Stuttgart 2002, 59–84.

Bernd Hamacher

2. Erzählungen

2.1 Erzählung, Novelle, Anekdote

Ab 1805/06, also während Kleists Aufenthalt in Königsberg, ist seine Arbeit an Erzählungen nachweisbar, also zu einer Zeit, als er – nach seiner *Guiscard*-Krise – auch die Arbeit an seinen Dramen (*Der zerbrochne Krug*, *Penthesilea*) wieder aufnahm. Die Publikation der Erzählungen erfolgte in zwei Phasen 1807/08 und 1810/11 (vgl. Kreutzer 1968, 186–193). (1) Die erste Phase umfasst den Abdruck von *Jeronimo und Josephe. Eine Scene aus dem Erdbeben zu Chili* […] im *Morgenblatt für gebildete Stände* und von Auszügen aus *Die Marquise von O...* und *Michael Kohlhaas* in seiner eigenen Zeitschrift *Phöbus*. (2) In der zweiten, weitaus produktiveren Phase publiziert er *Das Bettelweib von Locarno* und *Die heilige Cäcilie* in seinen *Berliner Abendblättern*, in denen auch die Anekdoten überliefert sind; *Die Verlobung in St. Domingo* erscheint in der Zeitschrift *Der Freimüthige*. Kleists *Erzählungen*, die in zwei Bänden neben den bisher (oft fragmentarisch) publizierten Texten auch Erstveröffentlichungen enthalten (*Der Findling*, *Der Zweikampf*), erscheinen ebenfalls 1810 und 1811 in der Berliner Realschulbuchhandlung.

Zum erzählerischen Werk zählen zumindest noch drei Werke in Novellenform, von denen die ersten beiden jedoch wegen der enthaltenen theoretischen Reflexionen in Kleist-Ausgaben meist unter den »Schriften« abgedruckt wurden, obwohl dagegen mehrfach Bedenken geäußert worden waren (vgl. z. B. Appelt/Grathoff 2004, 83; Kanzog 1989): Der Text *Über die allmähliche Verfertigung der Gedanken beim Reden*, der zwischen 1805 und 1808 entstanden ist und vermutlich – wie *Jeronimo und Josephe* – im *Morgenblatt für gebildete Stände* erscheinen sollte (vgl. Kommentar, DKV III, 1119f.), sowie die 1810/11 in den *Berliner Abendblättern* erschienenen Texte *Über das Marionettentheater* und *Unwahrscheinliche Wahrhaftigkeiten*.

In dieser letzten Phase 1810/11 entstanden für die *Berliner Abendblätter* zudem eine große Zahl von Anekdoten, die z. T. anonym oder unter Pseudonym erschienen, und zahlreiche verschiedenartige Zeitungsberichte; im *Phöbus* waren bereits drei Fabeln erschienen.

Laut Achim von Arnim plante Kleist offenbar ebenfalls in den letzten Monaten vor seinem Tod, ein Buch im Stil von Antoine-François Prévosts Roman *Manon Lescaut* zu schreiben (vgl. Nachruhm Nr. 71b), von dem Friedrich Grimm 1816 seinen Brüdern Jacob und Wilhelm berichtet als »ein Roman von Kleist in zwei Bänden vollendet«, der »dem Druck bald übergeben wird, von dem ich zwar bis heute noch nichts erblickt habe, der aber auch sehr gut sein soll« (Nachruhm Nr. 130a). Wenn die Aussage Grimms bzw. seiner Informanten stimmt (was nicht gesichert ist), könnte der Roman eventuell sogar noch nach Kleists Tod zumindest in einer Abschrift kursiert sein – doch weder ist der Roman überliefert noch sind weitere Details bekannt (vgl. Kommentar, DKV III, 684).

Gattungsbegriffe hat Kleist generell spärlich verwendet: Neben dem Begriff ›Roman‹ fallen die Begriffe ›Erzählung‹, ›moralische Erzählung‹ und ›Anekdote‹ ohne weitere explizite Gattungsreflexionen. Abgesehen vom – dann doch wieder verworfenen – Titel »Moralische Erzählungen«, den er im Mai 1810 seinem Verleger Georg Andreas Reimer für den ersten Band seiner Erzählungen mitteilte (DKV IV, 446), benutzte er für längere Prosatexte generell den vagen Begriff ›Erzählung‹, und die Buchausgabe von 1810/11 trägt auch diesen schlichten Titel: *Erzählungen*. Die enthaltenen Werke tragen nur in zwei Fällen Gattungsbezeichnungen: Die *Heilige Cäcilie* wird im Untertitel »(Eine Legende)« genannt (in der *Phöbus*-Fassung noch ohne Klammern), und im Inhaltsverzeichnis des ersten Bands wurde zu *Michael Kohlhaas* der Untertitel »Aus einer alten Chronik« hinzugefügt – allerdings wahrscheinlich vom Verleger (vgl. Kommentar, DKV III, 705). Diejenigen Texte, die Kleist in den beiden Bänden *Erzählungen* publiziert hatte, wurden von der Forschung dagegen recht einmütig mit der Gattungsbezeichnung ›Novelle‹ versehen und Kleist selbst als (natürlich nach Goethe) ›größter deutscher Novellist‹ und Mitbegründer der modernen Anekdote bezeichnet. Seine Anekdoten gelten »als Höhepunkte der Gattungsgeschichte« (Weber 1993, 75; vgl. Durzak 1988).

Novelle und Serialität:
Boccaccio und Cervantes

Adam Müller empört sich in einem Brief an Friedrich Gentz vom 10.3.1808 darüber, dass dieser Kleists Erzählung *Die Marquise von O...* »mit demselben Rechte wie etwa eine Erzählung aus dem Dekamerone des Boccaz von einem Kunstjournale [d.i. dem *Phoebus*] ausgeschlossen wissen wolle« (Lebensspuren Nr. 257) und greift damit das gängige Bild des *Decamerone* als höchst anstößiges Werk auf. Selbst wenn dies nur geschieht, um die *Marquise* dann wieder positiv dagegen abzuheben, bleibt in der *Marquise* das ›sexuelle Faktum‹ ja nur leicht durch einen Gedankenstrich kaschiert – und selbst Kleist hatte Bedenken gegen einen Abdruck im »Kunstjournale« (ebd.; vgl. auch Liebrand 2000). Ob Kleist das *Decamerone* selbst kannte oder/und Werke in dessen Tradition, ist nicht gesichert, doch wahrscheinlich kannte er Dietrich Wilhelm Soltaus 1803 in Berlin erschienene Übersetzung *Decameron*; in der Unterhaltungsliteratur der Zeit war Boccaccio zumindest präsent, so z. B. in Friedrich Samuel Mursinnas anonym erschienenen *Komischen Erzählungen im Geschmak des Boccaz* von 1788–91.

Als definitiv bekannt vorausgesetzt werden können die auf Boccaccio und seine Nachfolger (wie Matteo Bandello und Margarete von Navarra) rekurrierenden Novellen *Hexameron von Rosenhain* (1805) seines zeitweiligen Förderers Christoph Martin Wieland und Johann Wolfgang von Goethes *Unterhaltungen deutscher Ausgewanderten* von 1795, in denen moralische Erzählungen, Liebes-, Mord-, Spuk-, Schauergeschichten sowie ein Märchen versammelt sind. Beide arbeiten bereits an der auch für Kleist typischen Destruktion des Musters, an einer zumindest partiellen Entmoralisierung und v.a. ›Ästhetisierung‹ (s. Kap. III.6; III.8). Damit gaben sie einer ›inferioren‹ Gattung höhere Weihen, so dass es für einen ›Dichter‹ nicht mehr so ›demütigend‹ war, sich dieser Gattung zu bedienen (s. u.; vgl. auch Schrader 1988/89, 194; Neumann 1984).

Die Selbstverständlichkeit, mit der Kleist das ›Boccaccio-Modell‹ verwandte, lässt sich an der *Allmählichen Verfertigung der Gedanken beim Re-* den, am *Marionettentheater* und den *Unwahrscheinlichen Wahrhaftigkeiten* unschwer ablesen. Alle drei Texte bestehen aus drei bzw. vier Binnenerzählungen unterschiedlichster Art, die durch ein Thema und eine Rahmenerzählung verklammert werden. Wie jedoch schon bei Boccaccio erscheint diese Klammer als künstlich, worauf hier sogar teils explizit hingewiesen wird; und ähnlich wie in Goethes *Unterhaltungen* verweist die einzelne Erzählung immer wieder nur auf eine folgende, die weitere Aufklärung verschaffe, ohne diese letztlich zu liefern. Während Goethe die Serie der Erzählungen beendet, indem er die (moralisierende, erklärende) Schließung des Rahmens durch ein (symbolisierendes) Märchen ersetzt, potenziert Kleist die Serialität z. T. bis zur Absurdität und unterlegt ihr sogar – laut Rüdiger Campe (2002, 418–438) – eine Logik der statistischen Wahrscheinlichkeit, der Probabilistik.

Laut Hannelore Schlaffer (1993) steigert Kleist auch in den übrigen, ›autonomen‹ Novellen Boccaccios »serielle Opposition bis zur Virtuosität«: So seien durch »die binäre Struktur einer kleinen Anzahl von Motiven« seine Erzählungen so verkoppelt, dass sie (mit Ausnahme des *Kohlhaas*) auch ohne Rahmen als Einheit erkennbar seien – und zwar nicht zuletzt in ihrer Gespaltenheit und Bipolarität. Sie vereinen Plus und Minus (s. Kap. III.9), so wenn der Graf in der *Marquise von O...* als Teufel und Engel und Toni in der *Verlobung in St. Domingo* mal als die sich aufopfernde Mariane Congreve, mal als pestkranke Rächerin erscheint, im *Findling* Nicolo als Colino, in der *Verlobung in St. Domingo* Gustav als August. Ebenso wie das Waisenkind am Ende des *Erdbebens in Chili* auf *Der Findling* verweise, so bilde laut Schlaffer Josephe »die Opposition der Marquise«, in der sich wiederum Kohlhaas »in seinem traumhaften Selbstbewußtsein« bestätigt fände (Schlaffer 1993, 52). Die einzelnen ›Szenen‹ der Novelle werden also in Analogie zu den eng miteinander vernetzten Binnenerzählungen innerhalb der Rahmenerzählung bei Boccaccio gesehen, so dass die formal überdeutliche Grenze zwischen den ›Einzelerzählungen‹ (wie *Der Findling*) und den Rahmen- und Binnenerzählungen (die bei Schlaffer keine Rolle spielen) nivelliert wird. Die ›serielle Opposition‹ scheint jedoch zu den Kleist-Spezifika zu zählen, die auch in bzw. zwischen anderen, nicht-erzählerischen Werken zu finden sind, z.B. zwischen *Käthchen von Heilbronn* und *Penthesilea*; solche Oppositionen finden sich ebenso im bei Kleist omnipräsenten Motivfeld von Zweikampf und Duell (s. Kap. V.4). Nicht zuletzt wäre zu fragen, inwieweit die Logik der Ersetzungen und Supplementierungen ebenfalls hierzu zählt (wenn z.B. im *Findling* Nicolo nacheinander die Rollen von Paolo, Bischof, Colino und Piachi einnimmt).

Gerhard Neumann nimmt eine andere Art von Serialität an: *Die Marquise von O...* führe eine »Folge von Experimenten« vor, die das »Doppelproblem von Geschlechterrolle und Liebesdiskurs gleichsam einer Zerreißprobe unterwerfen«; die Erzählung werde dabei zum Ort eines Wahrheitsexperiments, bei dem »Körper und Schrift [...] unrettbar auseinander« treten, wo 200 Jahre zuvor in Miguel de Cervantes Saavedras *La fuerza del sangre* (*Die Macht des Blutes*) noch »die Stimme des Blutes und die Stimme Gottes allmählich zu einer einzigen« wurden (Neumann 1994, 171, 192). »Alle Aufmerksamkeit des Erzählers konzentriert sich [...] auf Grenzüberschreitungen [...]: zwischen Herr und Knecht, Einzelnem und Ganzen, Intimen und Öffentlichen« usw. (Neumann 2003, 180). Unschwer dürfte sich diese Serialität von ›Experimenten‹ auf andere Erzählungen Kleists transferieren lassen.

Der Bezug auf Cervantes' *La fuerza del sangre* und generell die von der früheren Forschung oft gesehenen Cervantes-Bezüge (vgl. Aust 2006, 78f.) erscheinen jedoch fraglich. Auch der Titel *Moralische Erzählungen* taucht beispielsweise erst für die 1825 in Quedlinburg und Leipzig erschienene Neu-Übersetzung von Cervantes' *Novelas Exemplares* auf, während bis zu Kleists Tod Titel wie *Satyrische und lehrreiche Erzählungen* (Frankfurt a.M./Leipzig 1753), *Moralische Novellen* (Leipzig 1779) oder *Lehrreiche Erzählungen* (Königsberg 1801) üblich waren. Der letzte Titel, eine Übersetzung durch Dietrich Wilhelm Soltau, könnte Kleist – ebenso wie dessen Übersetzung von Boccaccios *Decameron* (Berlin 1803) – bekannt gewesen sein, eventuell auch schon die

durch Christoph Martin Wieland im *Teutschen Merkur* (3. Vierteljahr 1779, 192) und Franz von Kleist in der *Deutschen Monatsschrift* (Juni 1792, 89–107) gelobte Übersetzung durch Julius von Soden (1779). Der Cervantes-Bezug ist philologisch gesehen bisher aber lediglich auf der Ebene einiger eher vager Quellen, Anregungen und Strukturanalogien gefunden worden.

Moralische und moralistische Erzählungen

In der Forschung gab es zahlreiche Versuche, Kleists ›Novellistik‹ gattungsgeschichtlich oder -theoretisch zu bestimmen, die jedoch als Referenz stets nur den ›Höhenkamm‹ der Literatur als Bezugspunkt wählten. Auch die Versuche, den weißen Fleck auf der literarischen Landkarte zwischen Boccaccio/Cervantes und Goethe/Schiller genauer zu kartographieren, litten unter der Fokussierung auf die ›klassischen‹ Autoren (Goethe, Schiller) und Gattungen (Roman, Novelle). Die neuere Forschung hebt den Eigenwert der Erzählliteratur im 18. Jh. stärker hervor (vgl. Herbst 1988; Dedert 1993; Alzheimer-Haller 2004; Berg 2006) und versucht, Kleists literarische Bezugsfelder präziser zu ermitteln (vgl. Bennholdt-Thomsen 2005; Breuer 2001; Bürger 1993; Hamacher 2006; Košenina 2006 u.a.).

Dabei gilt es, zunächst einmal nicht so sehr von dem Gattungsbegriff ›Novelle‹, der um 1800 noch keine festgelegte Bedeutung besaß, auszugehen, sondern vielmehr Kleists eigenen, vagen Begriff ›(moralische) Erzählung‹ ernstzunehmen. Der Titel »Moralische Erzählungen«, den Kleist seinem Verleger zunächst vorgeschlagen hatte, verdankte seine Popularität Jean-François Marmontels mehrbändigen *Contes Moraux*, die im Original ab 1761 und bereits im Folgejahr in deutschsprachigen Übersetzungen als *Moralische Erzählungen* erschienen. Bereits unmittelbar in Folge der Marmontel-Übersetzung kamen andere Erzählbände französischen Ursprungs unter dem gleichen Titel heraus, so z.B. von Claude Prosper Jolyot de Crébillon, Stéphanie-Félicité de Genlis, Denis Diderot und noch 1810, als Kleists Titelfindung anstand, von Voltaire. In deutscher Sprache erschienen *Moralische Erzählungen* u.a. von Sophie La Roche, August Lafontaine und

Friedrich Wilhelm Basilius von Ramdohr. Konkrete Bezüge zu Marmontel (oder auch zu Voltaire) sind kaum gefunden worden (vgl. Appelt/Grathoff 2004, 82). Wahrscheinlich wollte Kleist nicht nur die Popularität des Marmontel'schen Etiketts benutzen, sondern sich auch generell auf die breite Produktion ›moralischer Geschichten‹ beziehen (vgl. Beyer 1941).

Das Feld der Erzählungen ist grundsätzlich äußerst diffus und zeichnet sich nicht zuletzt dadurch aus, dass dort eine strikte Trennung von *fabula* und *historia* oder – modern formuliert – Literatur und Sachbuch, *fiction* und *non-fiction* (noch) nicht vollzogen ist. Kleist bezieht sich auf Fallgeschichten und juristische Berichte, ›species facti‹ und Relationen, Geschichten in der Tradition frühneuzeitlicher Novellen und Mordgeschichten (*histoires tragiques*), Werke wie François Gayot de Pitavals *Causes célèbres et intéressantes*, August Gottlieb Meißners *Skizzen*, Karl Philipp Moritz' *Magazin zur Seelenerfahrungskunde*, von denen viele – ebenso wie viele Texte Kleists – als Vorläufer der Kriminalliteratur gelten (vgl. Breuer 2001 und 2005; Kiefner 1988/89; Koopmann 1965; Košenina 2005; Lüdemann 2007; Meyer-Krentler 1991; Schönhaar 1969).

Weiterhin als mögliche Anregungen und vielleicht auch Quellen zu nennen sind teils sehr triviale moralisch-didaktische Geschichten, die nicht zuletzt bei z. B. Lehrern, Hofmeistern und Predigern für die Erziehung der Jugend überaus beliebt und verbreitet waren (vgl. Alzheimer-Haller 2004 mit umfangreicher Dokumentation) oder auch die Exempla (vgl. Lützeler 2001; Giuriato 2007), vor allem aber inhaltlich und formal immer anspruchsvollere Geschichten, bei denen die Darstellung und Vermittlung einer differenzierten, anthropologischen bzw. wissenschaftlichen Menschenkenntnis im Mittelpunkt steht (vgl. Moser 2000; Bennholdt-Thomsen 2005; Berg 2006; Košenina 2006, 45–47; s. Kap. IV.2).

Die warnenden, schaurigen Schreckbilder der moralisierenden Exempla, Mord- und Fallgeschichten, die vor Kleists Texten die Grausamkeiten und das Schaurige wenigstens vordergründig gezähmt hatten, werden bei ihm zu Mitteln einer irritierenden Affektsteuerung des Lesers, die nicht mehr auf irgendwelche Kommunikations-

ideale abhebt, sondern das Material und das Medium selbst zum Gegenstand der Darstellung werden lässt (vgl. Bürger 1993). Die trivialen Moralitäten hingegen durchkreuzt Kleist durch sein subversives Spiel mit der Lesererwartung (vgl. Bürger 1993; Conrady 1967; Marx 1994). Einerseits spielt Kleist mit eher trivialen Erzähltraditionen, andererseits bezieht er sich auf neuere Tendenzen zur qualitativen Aufwertung der Erzählliteratur bei den Spätaufklärern, Goethe, Schiller und den Romantikern, die selbst einen eklektizistischen Umgang mit den unterschiedlichsten Traditionen pflegten (vgl. Ackermann 2004; Berg 2006).

Die Anekdoten und das Anekdotische

Kleist hat alle seine Anekdoten in den *Berliner Abendblättern* publiziert – sieht man von den wenigen Beispielen ab, in denen er solche in seine Texte eingebettet hat, z. B. die beiden gegensätzlichen Anekdoten in *Die Verlobung in St. Domingo*, die Froben-Anekdote in *Prinz Friedrich von Homburg* oder aber die Integration von drei Anekdoten in einen Novellenrahmen in *Unwahrscheinliche Wahrhaftigkeiten*.

Das Titelsignal »Anekdote« benutzt Kleist auf drei Arten: als alleinigen Titel, so für die Bach-, Napoleon-, Baxter-, Kapuziner-, Diogenes- und Jonas-Anekdote (DKV III, 361, 364, 366, 368), als Bestandteil des Haupttitels wie in der *Anekdote aus dem letzten preußischen Kriege* und *Anekdote aus dem letzten Kriege* (ebd., 356, 361) sowie als Untertitel und somit als ausdrückliche Gattungsbezeichnung in *Der verlegene Magistrat*, *Mutwille des Himmels* und *Der Branntweinsäufer und die Berliner Glocken* (ebd., 354, 358, 360). Die übrigen sicher Kleist zugeschriebenen kleinen Texte aus den *Berliner Abendblättern* tragen diese Bezeichnung nicht, was aber keineswegs ausschließt, dass sich hierunter weitere Anekdoten finden lassen, so z. B. *Korrespondenz-Nachricht*, *Der neuere, glückliche Werther*, *Muthwille des Himmels* und *Sonderbarer Rechtsfall in England* (vgl. Weber 1993, 76f.) oder *Tagesbegebenheit* (vgl. Schuller 1999).

Die Anonymität vieler Anekdoten (und aller Kleists) verweisen bereits auf die Inferiorität der

Gattung und deren Gebrauchszusammenhang: Aus ihr spricht kein ›Genie‹, das sich ausweisen muss, doch ist bei Kleist selbst diese Anonymität in den *Berliner Abendblättern*, für die er fast alleiniger Beiträger ist, nur Spiel (oder Tarnung). Die Anekdote befindet sich – wesentlich stärker noch als die Novelle – außerhalb bis dato literarisch geadelter Formen, sie ist jedoch um 1800 bereits auf dem Weg in einen erlauchteren Kreis von Texten.

Der Anekdote als etymologisch gesehen ›unveröffentlichte Geschichte‹ wurde dennoch v.a. seit den 1990er Jahren immer wieder eine ›genuine Alterität‹ zugesprochen (Fineman 1989; Weber 1993) und darauf aufbauend wurde auch in der Novelle eine anekdotenhafte Alterität zu Geschichten mit abgeschlossenen Sinnhorizonten gesehen (Neumann 2000 und 2003), was ausführlich anhand von *Michael Kohlhaas* und *Unwahrscheinliche Wahrhaftigkeiten* diskutiert wurde. Die These einer solchen wesensmäßigen Alterität, die darin bestehe, dass das marginale, kontingente Ereignis, das die Anekdote erzählt, die ›großen Erzählungen‹ der Weltgeschichte ad absurdum führe und dadurch alle Sinnkonstruktionen sprenge, wurde durch Christian Moser (2006, 28f.) differenziert, der auf »die supplementäre Funktion des Anekdotischen« aufmerksam machte: Entweder demontiert die Anekdote das historische Subjekt, von dem sie erzählt, indem große Taten auf kleine Ursachen zurückgeführt werden, oder sie restituiert es, indem sein Wesen, das »auf dem Schauplatz großer Geschichte aufgrund des verdunkelnden Einflusses kontingenter Umstände nicht zur Erscheinung gelangen vermag«, folglich »im abseitigen Bereich der kleinen Begebenheiten aufgesucht werden muß«.

Bei Kleist entstehen jedoch auch große Taten nur aus Zufällen oder Missverständnissen, dunklen oder physikalischen Kräften – egal, ob sie in Novellen oder Anekdoten erzählt werden. Mehr noch: In beiden Fällen bleibt – nicht zuletzt aufgrund der Unzuverlässigkeit der Kleist'schen Erzähler – die Grenze zwischen Wirklichkeit und Fiktion durchlässig bzw. Objekt des ästhetischen Spiels.

Imitation und Überbietung

In der Bilanz erscheinen Kleists Erzählungen und Anekdoten als Kombinationen und Radikalisierungen bestehender Muster und Traditionen. Dies führt gerade nicht zu festen Gattungen und Mustern, sondern zu einem regelrechten Nomadisieren in den Traditionen der Erzählliteratur von der Frühen Neuzeit bis zur Romantik, von der Anekdote bis zur Novelle, der Mord- und Kriminalgeschichte bis zur Gespenster- und Schauergeschichte, von der moralischen bis zur moralistischen Erzählung.

Dieser ständige gezielte Rückgriff auf Traditionen geht mit einem starken Impetus der Innovation einher, da deren Elemente durchgängig radikalisiert und persifliert werden (vgl. Fischer 1988). Sie unterminieren, was sie zu erzählen vorgeben – auch den oft auktorial sich gebenden, doch wenig zuverlässigen Erzähler sowie die wenigen Gattungsnormen, die um 1800 überhaupt bei den kleineren erzählerischen Formen bestehen.

So lässt sich das, was Claudia Liebrand für Kleists Umgang mit dem *Decamerone* konstatiert hat, auf seine gesamte Prosa übertragen: »Die Kleistsche *ré-écriture* des italienischen Musters ist nicht als dessen Wiederholung, sondern als dessen Potenzierung angelegt: Kleists Rekurs auf den novellistischen Gründungstext *Decamerone* folgt einer Ästhetik der Überbietung« (Liebrand 2000, 49) im Sinne der antiken und frühneuzeitlichen *imitatio* und *aemulatio*, der Nachahmung und Überbietung (s. Kap. III.2) in einer Strategie der Agonalität (vgl. Blamberger 1999). Er verfolgt damit die »paradoxe Strategie, gerade durch die Anlehnung an die Tradition deren Unterminierung zu leisten« (Marx 1994, 11).

Dieser literarische Wettkampf schlägt sich auch darin nieder, dass Kleist die zeittypische Anthropologisierung und Psychologisierung benutzt, um sie zu unterlaufen, indem die Figuren nicht erklärt, sondern rätselhaft gemacht werden: »Primär sind also nicht die Charaktere; primär ist das Geschehen, dessen Undurchschaubarkeit Kleist oft mit einer schon rücksichtslos ›unwahrscheinlichen‹ Zufälligkeit des Handlungsablaufs unterstreicht und das die Personen vor die Aufgabe stellt, ›sie selbst‹ zu werden, sich gegenüber dem Geschehen zu behaupten.« »Dieser Vorrang des Geschehens (und des re-aktiven Handelns)«, so Klaus Müller-Salget (Kommentar, DKV III, 689) konterkariert eine wesentliche Basis der (spät-)aufklärerischen Erzählliteratur: den Glauben an die Erkennbarkeit der menschlichen Natur und die Darstellbarkeit der Wechselwirkungen zwischen Körper und Geist im Sinne der Anthropologie (s. Kap. IV.2, IV.7; vgl. Blamberger 2002).

Kleists angebliche Skepsis gegenüber Erzählungen widerspricht dem nur auf den ersten Blick: »Überhaupt werden seine [d.i. Kleists] Arbeiten oft über die Maßen geehrt, seine Erzählungen verschlungen, aber dies war ihm nicht genug, ja [Ernst von] Pfuel sagt mir, daß sich vom Drama zur Erzählung herablassen zu müssen, ihn gränzenlos gedemüthigt hat«, so schrieb Clemens Brentano in einem Brief vom 10.12.1811 an Achim von Arnim (Nachruhm Nr. 73a) – und räumt in seinem demonstrativen Neid seine Niederlage in diesem künstlerischen Kampf ein. Nicht nur die Zahl und Qualität von Kleists Erzählungen relativiert die Aussage, sondern auch der offensichtliche (und sicherlich geglückte) Versuch, einen wesentlichen Beitrag zur ›Emanzipation‹ dieser bisher eher ›inferioren‹ Gattungen bzw. zur ›Vermännlichung‹ von Textsorten geleistet zu haben, die zuvor oft vornehmlich für die Jugend und die Damen gedacht waren (vgl. Liebrand 2000, 60). Dies geschieht gerade nicht durch Schaffung radikal neuer Formen, sondern durch die kalkulierte Imitation, Variation und Überbietung der alten Formen als literarischer Innovationsmotor.

Literatur

Ackermann, Kathrin: Von der philosophisch-moralischen Erzählung zur modernen Novelle: Contes und nouvelles von 1760 bis 1830. Frankfurt a.M. 2004.

Alzheimer-Haller, Heidrun: Handbuch zur narrativen Volksaufklärung. Moralische Geschichten 1780–1848. Berlin/New York 2004.

Appelt, Hedwig/Grathoff, Dirk: Erläuterungen und Dokumente: Heinrich von Kleist: *Das Erdbeben in Chili*. Stuttgart 2004 (v.a. 81–84 zur »Gattungstradition der moralischen Erzählung«).

Aust, Hugo: Novelle. Stuttgart/Weimar ⁴2006.

Bennholdt-Thomsen, Anke: Kleists Standort zwischen Aufklärung und Romantik. Ein Beitrag zur Quellenforschung. In: Marie Haller-Nevermann/Dieter Rehwinkel (Hg.): Kleist – ein moderner Aufklärer? Göttingen 2005, 13–40.

Berg, Gunhild: Erzählte Menschenkenntnis: Moralische Erzählungen und Verhaltensschriften der deutschsprachigen Spätaufklärung. Tübingen 2006.

Beyer, Hugo: Die Moralischen Erzählungen in Deutschland bis zu Heinrich von Kleist. Frankfurt a.M. 1941, Nachdruck: Hildesheim 1973.

Blamberger, Günter: Agonalität und Theatralität. Kleists Gedankenfigur des Duells im Kontext der europäischen Moralistik. In: KJb 1999, 27–40.

–: Kleists *Findling* – Eine Anti-Bildungsgeschichte. In: Peter André Alt/Alexander Košenina/Hartmut Reinhardt/Wolfgang Riedel (Hg.): Prägnanter Moment. Studien zur deutschen Literatur der Aufklärung und Klassik. Würzburg 2002, 479–494.

Breuer, Ingo: »Schauplätze jämmerlicher Mordgeschichte«. Tradition der Novelle und Theatralität der Historia bei Heinrich von Kleist. In: KJb 2001, 196–225.

–: Tragische Topographien: Zur deutschen Novellistik des 17. Jahrhunderts im europäischen Kontext (Camus, Harsdörffer, Rosset, Zeiller). In: Hartmut Böhme (Hg.): Topographien. Deutsche Literatur im transnationalen Kontext. Stuttgart/Weimar 2005, 291–312.

Bürger, Christa: Statt einer Interpretation. Anmerkungen zu Kleists Erzählen. In: David E. Wellbery (Hg.): Positionen der Literaturwissenschaft. Acht Modellanalysen am Beispiel von Kleists *Das Erdbeben in Chili*. München ³1993, 88–109, 180–183.

Campe, Rüdiger: Spiel der Wahrscheinlichkeit. Literatur und Berechnung zwischen Pascal und Kleist. Göttingen 2002.

Conrady, Karl Otto: Das Moralische in Kleists Erzählungen. Ein Kapitel vom Dichter ohne Gesellschaft [1963]. In: Walter Müller-Seidel (Hg.): Heinrich von Kleist. Aufsätze und Essays. Darmstadt 1967, 707–735.

Dedert, Hartmut: Vor einer Theorie der Novelle. Die Erzählung im Spiegel der aufklärerischen Gattungsdiskussion. In: Zeitschrift für deutsche Philologie 112 (1993), 481–508.

Durzak, Manfred: Der Erzähler Heinrich von Kleist: Zum ästhetischen Rang seiner Anekdoten. In: Der Deutschunterricht 40 (1988), Heft 1, 19–31.

Fineman, Joel: The History of the Anecdote: Fiction and Fiction. In: H. Aram Veeser (Hg.): The New Historicism. New York/London 1989, 49–76.

Fischer, Bernd: Ironische Metaphysik. Die Erzählungen Heinrich von Kleists. München 1988.

Giuriato, Davide: Kleists Poetik der Ausnahme. In: Jens

Ruchatz/Stefan Willer/Nicolas Pethes (Hg.): Das Beispiel. Epistemologie des Exemplarischen. Berlin 2007. S. 224–240.

Gossman, Lionel: Anecdote and History. In: History and Theory 42 (2003), 143–168.

Greiner, Bernhard: Kleists Dramen und Erzählungen. Experimente zum ›Fall‹ der Kunst. Tübingen/Basel 2000.

Groddeck, Wolfram: Grab und Griffel. Kleists semiologische Anekdote vom *Griffel Gottes*. In: Elmar Locher (Hg.): Die kleinen Formen in der Moderne. Bozen u.a. 2001, 57–77.

Hamacher, Bernd: Geschichte und Psychologie der Moderne um 1800 (Schiller, Kleist, Goethe). ›Gegensätzische‹ Überlegungen zum *Verbrecher aus Infamie* und zu *Michael Kohlhaas*. In: KJb 2006, 60–74.

Heinritz, Reinhard: Kleists Erzähltexte. Interpretation nach formalistischen Theorieansätzen. Erlangen 1983.

Herbst, Hildburg: Frühe Formen der deutschen Novelle im 18. Jahrhundert. Berlin 1988.

Hilzinger, Sonja: Anekdotisches Erzählen im Zeitalter der Aufklärung. Zum Struktur- und Funktionswandel der Gattung Anekdote in Historiographie, Publizistik und Literatur des 18. Jh.s. Stuttgart 1997.

Hoffmann, Ernst Fedor: Die Anekdote *Mutterliebe* als Modell Kleistischen Dichtens. In: Monatshefte 64 (1972), Nr. 3, 229–236.

Hoffmann, Paul: Heinrich von Kleists *Mutwille des Himmels*. Eine literarhistorische Untersuchung. In: Euphorion 14 (1907), 565–577.

–: Heinrich von Kleists *Ein Satz aus der höheren Kritik*. In: Monatsschrift für höhere Schulen 36 (1937), 176–179.

Horn, Peter: Heinrich von Kleists Erzählungen. Eine Einführung. Königstein i.Ts. 1978.

Kanzog, Klaus (Hg.): Erzählstrukturen – Filmstrukturen. Erzählungen Heinrich von Kleists und ihre filmische Realisation. Berlin 1981.

–: Heinrich von Kleists *Über das Marionettentheater* – wirklich eine Poetik? In: Dieter Borchmeyer (Hg.): Poetik und Geschichte. Viktor Žmegač zum 60. Geburtstag. Tübingen 1989, 349–362.

Kayser, Wolfgang: Kleist als Erzähler [1954/55]. In: Walter Müller-Seidel (Hg.): Heinrich von Kleist. Aufsätze und Essays. Darmstadt 1967, 230–243.

Kiefner, Hans: Species facti. Geschichtserzählung bei Kleist und in Relationen bei preußischen Kollegialbehörden um 1800. In: KJb 1988/89, 13–39.

Kocher, Ursula: Boccaccio und die deutsche Novellistik. Formen der Transposition italienischer ›novelle‹ im 15. und 16. Jahrhundert. Amsterdam u.a. 2005.

Koopmann, Helmut: Das rätselhafte Faktum und seine Vorgeschichte. Zum analytischen Charakter der No-

vellen Heinrich von Kleists. In: Zeitschrift für deutsche Philologie 83 (1965), 508–550.

Košenina, Alexander: Recht – gefällig. Frühneuzeitliche Verbrechensdarstellung zwischen Dokumentation und Unterhaltung. In: Zeitschrift für Germanistik N.F. 15 (2005), 28–47.

–: Ratlose Schwestern der Marquise von O...: Rätselhafte Schwangerschaften in populären Fallgeschichten – von Pitaval bis Spieß. In: KJb 2006, 45–59.

Kreutzer, Hans Joachim: Die dichterische Entwicklung Heinrichs von Kleist. Untersuchungen zu seinen Briefen und zu Chronologie und Aufbau seiner Werke. Berlin 1968.

Liebrand, Claudia: *Pater semper incertus est*. Kleists *Marquise von O...* mit Boccaccio gelesen. In: KJb 2000, 46–60.

Lüdemann, Susanne: Literarische Fallgeschichten. Schillers *Verbrecher aus verlorener Ehre* und Kleists *Michael Kohlhaas*. In: Jens Ruchatz/Stefan Willler/Nicolas Pethes (Hg.): Das Beispiel. Epistemologie des Exemplarischen. Berlin 2007, 208–223.

Lützeler, Paul Michael: Verführung und Missionierung. Zu den Exempeln in *Die Verlobung in St. Domingo*. In: Ders./David Pan (Hg.): Kleists Erzählungen und Dramen. Neue Studien. Würzburg 2001, 35–48.

Marx, Stefanie: Beispiele des Beispiellosen: Heinrich von Kleists Erzählungen. Würzburg 1994.

Mehigan, Timothy J.: Text as Contract. The Nature and Function of Narrative Discourse in the Erzählungen of Heinrich von Kleist. Frankfurt a.M. 1988.

Menke, Bettine: Holes and Excesses: On Wit and the Joke in Kleist's *Anecdote from the Last War*. In: Modern Language Notes 122 (2007), 647–664.

Meyer, Reinhart: Novelle und Journal. Band 1: Titel und Normen. Untersuchungen zur Terminologie der Journalprosa, zu ihren Tendenzen, Verhältnissen und Bedingungen. Stuttgart 1987.

Meyer-Krentler, Eckhardt: »Geschichtserzählungen«. Zur ›Poetik des Sachverhalts‹ im juristischen Schrifttum des 18. Jahrhunderts. In: Jörg Schönert u.a. (Hg.): Erzählte Kriminalität. Zur Typologie und Funktion von narrativen Darstellungen in Strafrechtspflege, Publizistik und Literatur zwischen 1770 und 1920 [...]. Tübingen 1991, 117–157.

Moser, Christian: Angewandte Kontingenz. Fallgeschichten bei Kleist und Montaigne. In: KJb 2000, 3–32.

–: Die supplementäre Wahrheit des Anekdotischen: Kleists *Prinz Friedrich von Homburg* und die europäische Tradition anekdotischer Geschichtsschreibung. In: KJb 2006, 23–44.

Müller-Salget, Klaus: Das Prinzip der Doppeldeutigkeit in Kleists Erzählungen. In: Zs. für deutsche Philologie 92 (1973), 185–211.

Müller-Waldeck, Gunnar: Zur Interpretation der *Anek-*

dote aus dem letzten preußischen Kriege von Heinrich von Kleist. In: Weimarer-Beitrage 34 (1988), 1516–1527.

Neumann, Gerhard: Die Anfänge deutscher Novellistik. Schillers *Verbrecher aus verlorener Ehre* – Goethes *Unterhaltungen deutscher Ausgewanderten*. In: Wilfried Barner/Eberhard Lämmert/Norbert Oellers (Hg.): Unser Commercium. Goethes und Schillers Literaturpolitik. Stuttgart 1984, 433–460.

–: Skandalon. Geschlechterrolle und soziale Identität in Kleists *Marquise von O...* und in Cervantes Novelle *La fuerza de la sangre*. In: Ders. (Hg.): Heinrich von Kleist: Kriegsfall – Rechtsfall – Sündenfall. Freiburg i.Br. 1994, 149–192.

–: ›anekdoton‹. Zur Konstruktion von Kleists historischer Novelle. In: Cornelia Blasberg/Franz-Josef Deiters (Hg.): Geschichtserfahrung im Spiegel der Literatur. Tübingen 2000, 108–133.

–: Anekdote und Novelle. Zum Problem literarischer Mimesis im Werk Heinrich von Kleists [2000]. In: Inka Kording/Anton Philipp Knittel (Hg.): Heinrich von Kleist. Neue Wege der Forschung. Darmstadt 2003, 177–202.

Pickerodt, Gerhart: Kleists kleine Formen im Spiegel seiner großen. Zur Dramaturgie des Anekdotischen. In: Elmar Locher (Hg.): Die kleinen Formen in der Moderne. Bozen u. a. 2001, 37–56.

Rohmer, Ernst: Anekdote. In: Gert Ueding u. a. (Hg.): Historisches Wörterbuch der Rhetorik. Bd. 1. Tübingen 1992, Sp. 566–579.

Schäfer, Walter Ernst: Anekdotische Erzählformen und der Begriff der Anekdote im Zeitalter der Aufklärung. In: Zs. für deutsche Philologie 104 (1985), 185–204.

Schenda, Rudolf: Mordgeschichten. In: Rolf Wilhelm Brednich u. a. (Hg.): Enzyklopädie des Märchens, Band 9. Berlin/New York 1999, Sp. 879–893.

Schlaffer, Hannelore: Poetik der Novelle. Stuttgart 1993.

Schlaffer, Heinz: Anekdote. In: Klaus Weimar u. a. (Hg.): Reallexikon der deutschen Literaturwissenschaft. Bd. 1. Berlin/New York 1997, 87–89.

Schlüter, Gisela: Kleist und Marmontel. Nochmals zu Kleist und Frankreich. In: Arcadia 24 (1989), 13–24.

Schönert, Jörg (Hg:): Erzählte Kriminalität. Zur Typologie und Funktion von narrativen Darstellungen in Strafrechtspflege, Publizistik und Literatur zwischen 1770 und 1910. Tübingen 1990.

–: Kriminalität und Devianz in den *Berliner Abendblättern* [2005]. URL: http://www.textkritik.de/vigoni/schoenert.htm (25.9.2008).

Schönhaar, Rainer: Novelle und Kriminalschema. Ein Strukturmodell deutscher Erzählkunst um 1800. Bad Homburg 1969.

Schrader, Hans-Jürgen: Ermutigungen und Reflexe.

Über Kleists Verhältnis zu Wieland und einige Motivanregungen, namentlich aus dem *Hexameron von Rosenhain*. In: KJb 1988/89, 160–197.

Schuller, Marianne: Geschichte in Geschichten. Zu einer Anekdote Kleists. In: Winfried Menninghaus/Klaus R. Scherpe (Hg.): Literaturwissenschaft und populäre Kultur. Stuttgart/Weimar 1999, 55–62.

Selbmann, Rolf: Die andere Wirklichkeit des Erzählens. Zu Heinrich von Kleists *Anekdote aus dem letzten preußischen Kriege*. In: KJb 1997, 202–206.

–: »Hier endigt die Geschichte«. Erzählungen und poetologische Reflexion in Kleists Erzählschlüssen. In: KJb 2005, 233–247.

Stephens, Anthony: »Eine Träne auf den Brief«. Zum Status der Ausdrucksformen in Kleists Erzählungen. In: Jahrbuch der Schiller-Gesellschaft 28 (1984), 315–348.

- /Lü, Yixu: Die Verführung des Lesers im Erzählwerk Kleists [1995]. In: Anthony Stephens: Kleist – Sprache und Gewalt. Freiburg i.Br. 1999, 281–296.

Weber, Heinz-Dieter: Zu Heinrich von Kleists Kunst der Anekdote. In: Der Deutschunterricht 30 (1978), H. 6, 14–28.

Weber, Volker: Anekdote. Die andere Geschichte. Tübingen 1993 (zu Kleist: 75–101).

Zeller, Hans: Kleists Novellen vor dem Hintergrund der Erzählnormen. Nichterfüllte Voraussetzungen ihrer Interpretation. In: KJb 1995, 83–103.

Ingo Breuer

2.2 *Michael Kohlhaas*

Entstehung, Quellen und Kontexte

Über die Entstehung von Kleists längster Erzählung ist so gut wie nichts bekannt. Gemäß den nachträglichen Erinnerungen des Literaturkritikers Wilhelm von Schütz (1776–1847) in seinen *Biographischen Notizen* (1817) begann Kleist die Niederschrift aufgrund einer Anregung seines Freundes Ernst von Pfuel Anfang 1805 in Berlin (vgl. Lebensspuren Nr. 128). 1808 erschien im Juni-Heft der Zeitschrift *Phöbus* (das erst im November ausgeliefert wurde) ein Teildruck der Erzählung mit der nicht eingelösten Ankündigung »Fortsetzung folgt«. Im Mai 1810 schickte Kleist den überarbeiteten ersten Teil an den Verleger Georg Andreas Reimer in Berlin, der – einer gängigen Praxis folgend – mit dem Druck begann, bevor der Autor den Text abgeschlossen hatte (vgl. DKV IV, 446). Noch im selben Jahr erschien der erste Band von Kleists Erzählungen, der mit *Michael Kohlhaas* eröffnet wurde (zum Verhältnis von *Phöbus*-Druck und Buchfassung vgl. Reuß 1990). Auf dem Titelblatt dieser Buchfassung trägt die Erzählung in Klammern den Untertitel *aus einer alten Chronik*, der in der Überschrift zur Erzählung selbst nicht wiederholt wird. Kleists Erzähler kann nicht umstandslos als Chronist bezeichnet werden, doch basiert die Handlung auf chronikalischen Quellen über die 1534 begonnene und mit der Hinrichtung 1540 endende Fehde des Hans Kohlhase. Die einzige explizite Berufung auf die Chroniken als Quelle der Erzählung (vgl. DKV III, 138) ist fiktiv, da die fraglichen Ereignisse um den Kurfürsten von Sachsen erfunden sind.

Kleists Quellenverwendung zum *Kohlhaas* ist nicht dokumentiert, doch sprechen alle Indizien dafür, dass er die *Märckische Chronik* von Peter Hafftitz (um 1520–1602) benutzte, wie sie 1731 im Rahmen einer Geschichte Obersachsens von Christian Schöttgen und George Christoph Kreysig gedruckt wurde (vgl. Hamacher 2003a, 58–67). Hafftitz lebte als Jugendlicher in Jüterbog am Schauplatz der Ereignisse, so dass er gewissermaßen aus erster Hand berichtete, doch verbreitete er auch einige der vielen umlaufenden Kohlhase-Legenden, besonders was das vermutlich unhistorische Treffen mit Luther betrifft. Die Hinrichtung fand nach Hafftitz wie bei Kleist am Montag nach Palmarum statt, doch wurde Kohlhase dieser Quelle zufolge gemeinsam mit Nagelschmidt gerädert. In ihren erläuternden Fußnoten zu Hafftitz' Chronik nennen Schöttgen/Kreysig zwei weitere Quellen, die auch Kleist benutzt haben könnte, falls er diesen Hinweisen gefolgt ist. Balthasar Mentz' (1500–85) *Stambuch und kurtze Erzehlung* der Fürstenhäuser Sachsen, Brandenburg, Anhalt und Lauenburg von 1598 (vgl. Hamacher 2003a, 67–69) ist eine sachliche Aneinanderreihung von Fakten ohne legendarische Ausschmückungen. Seiner Darstellung zufolge, die auch den Inhalt von Kohlhases Fehdebrief wiedergibt, wurde Kohlhase durch das Schwert hingerichtet – dieselbe Hinrichtungsart wie in Kleists Erzählung. Eine Generation jünger als Hafftitz und Mentz war Nicolaus Leutinger

(1554–1612). Wie die Terminologie seines 1729 in lateinischer Sprache gedruckten Berichtes zeigt, war ihm die frühneuzeitliche Rechtsinstitution des Fehdewesens bereits nicht mehr bekannt. Seine auf Gerüchten basierende Schilderung geht daher zu Lasten Kohlhases, der als Räuber dargestellt wird (vgl. Hamacher 2003a, 69–72). Die umfangreichen amtlichen Akten zur Kohlhase-Fehde wurden von der Forschung bis in die jüngere Zeit nicht ernsthaft als mögliche Quellen Kleists in Erwägung gezogen, zumal von der Verurteilung und Hinrichtung Kohlhases nichts in den Akten steht und die Darstellung daher in diesen Punkten auf die drei Chroniken angewiesen bleibt. Rechtsgeschichtliche Untersuchungen weisen indes auf Kleists bemerkenswert zutreffende historische und fehderechtliche Darstellung hin, die bis in einige Details (wie Ortsnamen, aber auch einzelne Motive und Handlungselemente) mit den Originalakten oft in auffälliger Übereinstimmung steht, so dass Kleists zumindest auszugsweise Kenntnis möglich erscheint (vgl. Dießelhorst/Duncker 1999; Müller-Tragin 1999).

Der Brief Martin Luthers an Kohlhase wird in keiner der genannten Quellen erwähnt. Eine persönliche Begegnung – wie in Kleists Erzählung – fand vermutlich nicht statt, doch antwortete Luther am 8. Dezember 1534 auf Kohlhases (nicht überlieferte) Bitte um Rat mit der Aufforderung, auf Selbstjustiz zu verzichten und Gott die Rache für erlittenes Unrecht zu überlassen (vgl. Hamacher 2003a, 72–74). Luthers Position ist durch die Erfahrungen in den Bauernkriegen bestimmt. Bei Kleist wird dieser religiöse Horizont mit der frühneuzeitlichen Fehderechtsdebatte und der aufklärerischen Diskussion zur Theorie des Gesellschaftsvertrags und des Widerstandsrechts verbunden. Der rechtshistorische Kontext zeigt, dass Kleist fehderechtlich konsequent argumentiert. Die Fehde galt in der Frühen Neuzeit als »subsidiäres Rechtsmittel« (Boockmann 1985, 91) und konnte durch einen Fehdebrief mit einer Frist von drei Tagen ausgerufen werden, wenn der Rechtsweg ausgeschöpft war, kein Richter sich zur Prozessführung bereit fand, ein ergangenes Urteil nicht vollstreckt werden konnte oder der unterlegene Gegner die Leistungen verweigerte. In der historischen Realität des 16. Jh.s hätte noch der Weg zum Reichskammergericht in Speyer offen gestanden, doch findet sich in den Quellen kein Hinweis auf diese bloß hypothetische Möglichkeit, bei der keine Aussicht auf Erfolg bestanden hätte (vgl. Dießelhorst/Duncker 1999, 45f.). Zwar wird Kohlhaas des Bruchs des »öffentlichen Landfriedens« angeklagt (DKV III, 115), doch ging die Carolina, die Strafgerichtsordnung Karls V. aus dem Jahre 1532, in den fehderechtlichen Regelungen wieder hinter den von Kaiser Maximilian 1495 verkündeten »Ewigen Landfrieden« zurück, der die Fehde verbot und damit einen ersten Schritt auf dem Weg zur Schaffung eines staatlichen Gewaltmonopols markierte, bis ins 16. Jh. hinein aber noch nicht durchgesetzt werden konnte. Die Carolina nahm die traditionelle Unterscheidung von rechter und unrechter Fehde wieder auf, so dass vom rechtshistorischen Kontext der Erzählung her strittig ist, ob Kohlhaas als Landfriedensbrecher (dem keine Amnestie hätte gewährt werden dürfen) oder als Fehdeführer (mit dem verhandelt werden muss) anzusehen ist.

Charakteristisch für Kleists Verfahrensweise ist die Überblendung unterschiedlicher, nicht selten unvereinbarer diskursiver Kontexte. So wird in diesen fehderechtlichen Horizont die aufklärerische Naturrechtsdebatte eingespielt, in deren Rahmen Kohlhaas im Gespräch mit Luther argumentiert, dem das Naturrechtsdenken völlig fremd war. Die Theorie des Gesellschaftsvertrags geht von der These aus, dass sich die Menschen darauf geeinigt hätten, zum Zwecke friedlichen Zusammenlebens auf einen Teil ihrer angeborenen, natürlichen Rechte zu verzichten und sie in einem Vertrag auf das Gemeinwesen zu übertragen. Aus diesem Staatsvertrag erwüchsen Rechte und Pflichten auf beiden Seiten, so auf der Seite des Staates als Recht das Gewaltmonopol und als Pflicht der Schutz der Bürger vor unrechtmäßigen Gewalttätigkeiten und Übergriffen. Komme der Staat seinen Verpflichtungen nicht nach, so sei der Gesellschaftsvertrag hinfällig, und der Naturzustand trete wieder ein. Diese Vorstellung einer Kündigung des Gesellschaftsvertrags führte zur Frage nach den Konsequenzen, die in Preußen am Ende des 18. Jh.s lebhaft diskutiert wurde. Das theoretisch eingeräumte Recht auf Wider-

stand kollidierte mit der Pflicht zum bürgerlichen Gehorsam, an dem die meisten Autoren aus Furcht vor unabsehbaren Folgen prinzipiell festhielten. Die Klassiker Thomas Hobbes (*Leviathan or the Matter, Form and Authority of Government*, 1651, dt. 1794/95) und Jean-Jacques Rousseau (*Contrat social*, 1762) blieben in der Frage des Widerstandsrechts vage.

Kleist kam mit der Naturrechtslehre bereits während seines kurzen juristischen Studiums 1799 in Frankfurt an der Oder durch seinen Lehrer Ludwig Gottfried Madihn in Berührung (*Grundsätze des Naturrechts zum Gebrauch seiner Vorlesungen*, 2 Teile, 1789/96). Möglicherweise kannte er auch die das Recht auf Widerstand befürwortenden Schriften von Paul Johann Anselm Feuerbach (*Anti-Hobbes oder über die Grenzen der höchsten Gewalt und das Zwangsrecht der Bürger gegen den Oberherrn*, 1797) und Ludwig Heinrich Jakob (*Antimachiavel, oder über die Grenzen des bürgerlichen Gehorsams*, anonym 1794). Der mit Kleist bekannte altständisch-konservative Publizist Adam Müller lehnte hingegen in seinen Vorlesungen, die Kleist im Winter 1808/09 in Dresden hörte und die 1809 unter dem Titel *Elemente der Staatskunst* erschienen, die Theorie vom Staatsvertrag und damit auch ein Widerstandsrecht der Bürger gegen den Staat kategorisch ab. Ideengeschichtlich handelt es sich bei dieser Debatte um einen Konflikt zwischen aufklärerischen und romantischen Staatsmodellen, die in Kleists Erzählung gezielt gegeneinander geführt werden (für die neuere Forschung zusammenfassend vgl. Hamacher 2003b, 257–260; ergänzend im Hinblick auf die Debatte um Reform oder Revolution Schmidt 2003, 215–234).

Kaum jemals wird dabei in der Forschung das gesamte Spektrum der in Frage kommenden diskursiven Kontexte zur Begründung der konkurrierenden Ansprüche aufgefächert. In vielen Interpretationen besteht immer noch die Tendenz, die Problematik stillzustellen, indem einzelne Positionen privilegiert werden und damit die Möglichkeit metaphysischer Begründung nicht grundsätzlich verabschiedet wird. Diese Problematik wird durch die zahlreichen – und einander wiederum in vielen Fällen aufschlussreich widersprechenden – biblischen und theologischen Anspielungen und Bezüge noch verschärft (s. Kap. IV.12), eine Bedeutungsebene, die mit der Rechtsproblematik unmittelbar verknüpft ist. Die »Gerechtigkeit«, die dem Knecht Herse »widerfahren« soll (DKV III, 37), ist sowohl juristisch als auch religiös zu verstehen, und wenn Kohlhaas auf »Wiederherstellung [...] in den vorigen Stand« klagt (ebd., 39), so hat der dahinter stehende lateinische Rechtsterminus der *restitutio in integrum* sowohl eine juristische als auch eine theologische Bedeutung: Auf juristischer Ebene wird die beschädigte Sache wieder in den früheren, unversehrten Zustand versetzt, theologisch wird eine Rückkehr der Welt in den Zustand vor dem Sündenfall konnotiert.

Wirtschaftshistorisch wird mit dem Tronkaschen Schlagbaum das im Rahmen der preußischen Reformen aktuelle Projekt der Gewerbefreiheit thematisiert, mit dem sich Kleist 1806 bei seinen finanzwissenschaftlichen Studien als Diätar der Domänenkammer in Königsberg beschäftigte (vgl. DKV IV, 354). Insbesondere die überkommenen Privilegien des Landadels standen als Hindernis des einsetzenden bürgerlichen Handels in der Kritik. Der in den *Berliner Abendblättern* vom 3. Dezember 1810 veröffentlichte Artikel »Gewerbfreiheit« eines unbekannten Autors verhandelt das Problem im Rahmen der Naturrechtsdebatte (vgl. BA, Bl. 55).

Gegenüber diesen historischen Kontexten standen die im engeren Sinne literarischen intertextuellen Bezüge der Erzählung – von den zahlreichen biblischen Anspielungen abgesehen (vgl. Lange 1969) – in der Forschungs- und Rezeptionsgeschichte etwas im Hintergrund. Während in jüngerer Zeit unter dem Aspekt des Widerstandskampfs Parallelen zu Aischylos' Tragödie *Prometheus Vinctus* aufgezeigt wurden (vgl. Oberrauch 2003), kann *Kohlhaas* im Hinblick auf die Psychologie des Protagonisten und die Motivation seiner Taten als Kontrafaktur von Schillers Erzählung *Verbrecher aus Infamie / Der Verbrecher aus verlorener Ehre* (1786/92) gelesen werden (vgl. Hamacher 2006, 68–74). Bei Schiller ist der verstehende Nachvollzug bei der Lektüre das Ziel, bei Kleist verstärkt die Ursachenforschung die Rätselhaftigkeit, anstatt sie aufzulösen.

Inhalt

Diese Rätselhaftigkeit kann als durchgreifendstes Charakteristikum der Erzählung betrachtet werden, das schon das reine Vorgangsverständnis erschwert. Nicht erst über die Bewertungen des Geschehens, schon über die Fakten herrschen widersprüchliche Aussagen: Kommt Kohlhaas anfangs aus einem »Dorfe, das noch von ihm den Namen führt« (DKV III, 13), so ist später umgekehrt von Kohlhaasenbrück als dem »Ort, nach welchem der Roßhändler heiße« (ebd., 114), die Rede. Er trifft auf seinem gewöhnlichen Handelsweg von Brandenburg nach Sachsen bei der Tronkenburg an der Elbe auf einen Schlagbaum, wo ein »Paßschein« (ebd., 15) von ihm gefordert wird, den er nicht besitzt. Der Schlossvogt nötigt ihn, zwei Rappen als Pfand zurückzulassen. In Dresden erfährt er, dass der geforderte Passierschein nicht existiert, lässt sich dies bestätigen und kehrt zurück, um seine Pferde wieder einzulösen. Inzwischen wurde sein zur Versorgung der Tiere zurückgelassener Knecht weggejagt, die Rappen aber wurden zur Feldarbeit eingesetzt und sind abgemagert. Kohlhaas weigert sich, die Pferde als seine eigenen anzuerkennen, und reitet zunächst nach Kohlhaasenbrück, um seinen Knecht Herse über den Fall zu vernehmen, anschließend nach Dresden, um gegen die Willkür des Junkers von Tronka zu klagen. Aufgrund verwandtschaftlicher Beziehungen der Tronkas zum sächsischen Hof kommt es jedoch nicht zur Anklageerhebung. In einer Episode, die in der *Phöbus*-Fassung der Erzählung nicht enthalten ist, erhält Kohlhaas den abschlägigen Bescheid aus Dresden, als er sich in Brandenburg aufhält, und wird vom dortigen Stadthauptmann ermutigt, sich mit einer Bittschrift an den brandenburgischen Kurfürsten zu wenden, ein Schritt, der durch den mit den Tronkas verschwägerten brandenburgischen Kanzler hintertrieben wird.

Kohlhaas beschließt, seinen Meierhof in Kohlhaasenbrück sowie ein (im *Phöbus*-Druck nicht erwähntes) Haus in Dresden zu verkaufen. Seiner Frau Lisbeth verspricht er, vom Kaufvertrag zurückzutreten, falls ein letzter, beim brandenburgischen Kurfürsten selbst zu unternehmender Versuch der Beschreitung des Rechtswegs erfolgreich sei, woraufhin Lisbeth, nun ihrerseits auf persönliche Beziehungen vertrauend, die Bittschrift überreichen möchte. Durch den Lanzenstoß einer Wache verletzt, wird sie daran gehindert und stirbt. Kohlhaas richtet ein fürstliches Begräbnis aus und beginnt das »Geschäft der Rache« (ebd., 61), indem er einen Fehdebrief aufsetzt und die Rückführung und Dickfütterung der Rappen verlangt. Mit dem bewaffneten Aufbruch zur Tronkenburg nach Verstreichen der Frist und dem Verkauf seines Besitzes endet der *Phöbus*-Druck, der sich auch dadurch von der späteren Erzählung wesentlich unterscheidet, dass keinerlei sächsische Ortsnamen erwähnt werden. Dies könnte durch Zensurrücksichten zu erklären sein, da die Zeitschrift in der sächsischen Hauptstadt Dresden erschien. Denkbar ist aber auch, dass Kleist die antisächsische Stoßrichtung 1808 noch nicht in gleicher Weise erwogen hatte.

Kohlhaas überfällt die Tronkenburg und brennt sie nieder, Wenzel von Tronka indes kann entkommen. Kohlhaas verfasst ein »Mandat« (ebd., 65), in dem er alle Unterstützer Wenzels mit Todesstrafe bedroht. Vom Stift Erlabrunn, das Wenzel bereits vor Eintreffen des Mandats wieder verlassen hat, geht die Verfolgung weiter nach Wittenberg, vor dessen Einäscherung Kohlhaas in weiteren Mandaten eine Schar von Mitstreitern anwerben kann. Unterbrochen durch Gefechte mit den Truppen des Landvogts, wird Wittenberg dreimal in Brand gesteckt. Nach einem Sieg gegen die zur Unterstützung herbeigeeilten Truppen des Prinzen von Meißen greift Kohlhaas Leipzig an, um die Auslieferung des Junkers zu erzwingen. Als ausgestreut wird, dieser befinde sich in Dresden, lässt Luther ein Plakat verbreiten, in dem er die Gottlosigkeit von Kohlhaases Selbstjustiz verurteilt. Dies führt dazu, dass Kohlhaas den Reformator zu einem Gespräch aufsucht, in dessen Verlauf ihm Luther verspricht, sich dafür einzusetzen, dass ihm Amnestie für den Landfriedensbruch und freies Geleit nach Dresden gewährt sowie der Prozess dort aufgenommen wird. Das Abendmahl erhält Kohlhaas jedoch nicht, da er sich weigert, dem Junker zu vergeben.

Die folgenden Verhandlungen am sächsischen Hof gestalten sich aufgrund der juristischen Zweideutigkeit des Amnestieangebots sehr undurchsichtig. Zwar folgt der Kurfürst der Empfehlung Luthers, doch wird die Amnestie an die Bedingung geknüpft, dass Kohlhaases Klage nicht abgewiesen wird. Die ›Lösung‹ seines Falles folgt dabei in der Erzählung präzise der Empfehlung Hinz' von Tronka, die in der Versammlung zunächst auf Missfallen zu stoßen scheint. Die Abweisung der Klage als Bedingung einer Anklage gegen Kohlhaas kann erstens bedeuten, dass die Klage gar nicht zur Entscheidung angenommen wird – dies ist Kohlhaases Auffassung, die ihn dazu führt, auf der Amnestie zu bestehen, da das Dresdner Gericht die Untersuchungen aufnimmt. Zweitens aber – und dies ist offenbar die Lesart der Tronka-Sippe, die sich in der Folge auf die Taktik der Prozessverschleppung verlegt – kann gemeint sein, dass die Amnestie nur dann in Kraft träte, wenn Kohlhaas seinen Prozess gewönne. Dieser aber nimmt nach günstigem Beginn eine negative Wendung, als sich herausstellt, dass die Rappen inzwischen im Besitz des Abdeckers, damit ehrlos und für den Knecht, der sie nach Rückkauf abführen soll, unberührbar sind. Der Versuch, Kohlhaas wieder zu seinem Eigentum zu verhelfen, endet in einem Tumult, durch den sich die öffentliche Meinung gegen ihn wendet, zumal Johann Nagelschmidt, ein ehemaliger Anhänger Kohlhaases, die Fehde auf eigene Faust wieder aufnimmt. Zwar gelingt es Kohlhaas nachzuweisen, dass dies ohne sein Wissen und Wollen geschah, doch wird ihm in der Folge die Ausreise aus Dresden verweigert, was er als Bruch der Amnestie empfindet, weshalb er auf einen abgefangenen und ihm als Falle zugestellten Brief Nagelschmidts antwortet und daraufhin verhaftet und verurteilt wird.

Inzwischen hat indes der Kurfürst von Brandenburg von dem Fall erfahren und reklamiert Kohlhaas – mit Wohnsitzen in Brandenburg und Sachsen offenbar von Anfang an eine Art ›doppelter Staatsbürger‹ – als seinen Untertanen. Kohlhaas wird nach Berlin ausgeliefert, beim kaiserlichen Reichsgericht in Wien jedoch, das an die Amnestie nicht gebunden ist, des Landfriedensbruchs angeklagt. Auf dem Weg nach Berlin trifft er den auf der Jagd befindlichen sächsischen

Kurfürsten, der an seinem Hals eine Kapsel entdeckt, die einen Zettel mit einer Prophezeiung über die Zukunft seines Herrscherhauses enthält. Kohlhaas hat den Zettel nach dem Tod seiner Frau auf dem Marktplatz von Jüterbock von einer Zigeunerin erhalten, die die Prophezeiung vor dem Kurfürsten geheim hielt. Der Kurfürst versucht, Kohlhaas zur Herausgabe des Zettels zu bewegen, indem er ihm die Freiheit verspricht. Sein dazu ermächtigter Kämmerer möchte zu diesem Zweck eine alte Frau die Rolle der Zigeunerin gegenüber Kohlhaas spielen lassen, begeht jedoch den »ungeheuersten Mißgriff« (ebd., 134), dabei auf die Zigeunerin selbst zu treffen, an der Kohlhaas eine Ähnlichkeit mit seiner verstorbenen Frau wahrnimmt. Ihren Vorschlag, den Zettel an den Kurfürsten auszuliefern, um damit sein Leben zu retten, lehnt er ab, da er sich am Kurfürsten rächen möchte. Kohlhaas wird zum ehrenvollen Tod durch das Schwert verurteilt und empfängt von einem Abgesandten Luthers das Abendmahl. Seiner Klage gegen Wenzel von Tronka ist in allen Punkten stattgegeben, die Rappen sind wiederhergestellt. Bevor er enthauptet wird, verschlingt er vor den Augen des sächsischen Kurfürsten den Zettel. Seine Söhne, die die Rappen erben, werden zu Rittern geschlagen.

Aspekte der Deutung und Forschung

Die Struktur der Erzählung ist so raffiniert, dass ihre Komplexität auch nach mehreren Lektüredurchgängen kaum auszuschöpfen ist. »Mehr noch als bei den meisten anderen fiktionalen Werken scheint es notwendig zu sein, daß man die Erzählung wiederholt, um über sie reden, sie ›lesen‹, analysieren und bewerten zu können. Ein Großteil der ›Wissenschaft‹ (›criticism‹) [...] beschränkt sich darauf« (Miller 2003, 192f.). *Michael Kohlhaas* ist daher nach J. Hillis Miller »eine Geschichte über die verheerenden Konsequenzen des Erzählens und Lesens von Geschichten« (ebd., 185).

Noch in der jüngsten Forschung können scheinbar offensichtliche, aber hartnäckig übersehene rätselhafte Details des narrativen Vorgangs ans Licht gerückt werden. Kaum jemand wunderte sich zum Beispiel, dass Kohlhaas die

Begegnung mit beiden Kurfürsten auf dem Marktplatz von Jüterbock nicht dazu nutzt, seine Rechtssache zur Sprache zu bringen. Da diese Episode nicht an der chronologisch richtigen Stelle, sondern nachgeholt erzählt wird, fällt bei der Lektüre meist nicht auf, dass diese Gelegenheit bestanden hätte (vgl. Brüggemann 2004, 116f.). Solche Lektüreerfahrungen führen dazu, dass die Rolle des Erzählers immer wieder thematisiert und problematisiert wird. Jochen Schmidt hat ihn, einen Terminus der aktuellen narratologischen Forschung aufnehmend, als »unzuverlässigen Erzähler« bezeichnet (Schmidt 2003, 183). Ein wichtiges Indiz dafür bilden die divergierenden Zeitangaben über Kohlhaases Aufbruch über Jüterbock zur Tronkenburg nach dem Tod seiner Frau. Während der Erzähler zunächst berichtet, Kohlhaas habe die fehderechtliche Dreitagefrist eingehalten (vgl. DKV III, 61), will dieser nach seinem späteren Bericht bereits »genau am Tage nach dem Begräbnis meiner Frau« aufgebrochen sein (ebd., 118). In der älteren Rezeption sah man hier noch ein Versehen Kleists, zumal mit dem Druck der Erzählung begonnen wurde, bevor sie abgeschlossen war. Inzwischen gilt als Konsens, dass die Zuverlässigkeit des Erzählers auch bei anderen Darstellungen und Wertungen generell in Zweifel zu ziehen sei.

Das Raffinement im Einsatz divergierender Informationen und Wertungen darf dabei nicht unterschätzt werden. Dies beginnt bereits mit der einführenden Charakterisierung Kohlhaases als »einer der rechtschaffensten zugleich und entsetzlichsten Menschen seiner Zeit« (ebd., 13) – »ein zum Leben erwachtes Oxymoron« (Földényi 1999, 390), zugleich die Verkörperung der lutherischen Anthropologie, gemäß der der Mensch zugleich gerecht und sündig (»simul iustus et peccator«) ist. Das folgende Urteil: »die Welt würde sein Andenken haben segnen müssen, wenn er in einer Tugend nicht ausgeschweift hätte« (DKV III, 13), kann in mehrfacher Hinsicht ironisch verstanden werden, da zum einen ohne ›Ausschweifung‹ die Öffentlichkeit ja nie von Kohlhaas erfahren, es also kein »Andenken« und mithin auch keinen Segen gegeben hätte. Gegenläufig zu dieser Auslegung ist indes weder zwingend, dass für den Segen irgendwelche Voraussetzungen erfüllt sein müssen, noch dass überhaupt, unter welchen Voraussetzungen auch immer, eine Verpflichtung zum Segen bestünde. Die in täterzentrierter Sichtweise vorgenommene erzählerische Ursachenforschung wird aber noch in einer weiteren Hinsicht ironisiert, durch die Erklärung nämlich, Kohlhaas habe in einer Tugend ausgeschweift, was mit dem Konzept ›Tugend‹ semantisch nicht vereinbar ist. ›Tugend‹ ist – nach der aristotelischen Ethik und Affektenlehre – inhaltlich bestimmt als Maß und Mitte zwischen zwei Extremen und damit als Gegensatz von ›Ausschweifung‹.

Günter Blamberger konnte durch den Bezug auf Kleists im *Allerneuesten Erziehungsplan* entwickeltes ›gegensätzliches‹ Verfahren einen Weg über das Konstatieren einer »in die Erzählung mit ›einprogrammiert[en]‹« »Ratlosigkeit« (Földényi 1999, 289) hinaus aufzeigen: Ob Kohlhaas rechtschaffen oder entsetzlich sei, »hängt davon ab, zu wem er in Widerspruch gerät« (Blamberger 1999, 29). Nach dem gleichen Verfahren erfolgt das Verhör Herses: Die ›Wahrheit‹ wird nach dem »gemeine[n] Gesetz des Widerspruchs« (DKV III, 546) durch den Verhörenden erzeugt, der das Gegenteil dessen hören möchte, was er behauptet. Wie die erwünschte Antwort geradezu mechanisch programmiert werden kann, zeigt auch Kohlhaases Frage an Lisbeth: »was soll ich tun? Soll ich meine Sache aufgeben? [...] Lisbeth wagte nicht: ja! ja! ja! zu sagen – sie schüttelte weinend mit dem Kopf« (ebd., 55), gibt also nicht die Antwort, die sie geben möchte, sondern unterwirft sich dem »Gesetz des Widerspruchs«. Der Prozess der Subjektkonstitution läuft unter diesen Maßgaben ins Leere. Bei Kohlhaas gibt es keinen moralischen Kern der Person – was er ›ist‹, gilt nur in der jeweiligen agonalen Situation und nicht darüber hinaus (vgl. Hamacher 2006, 73).

Gleichwohl bildet die Bewertung des Protagonisten den zentralen Streitpunkt der Forschung, und immer wieder werden repräsentative gegensätzliche Urteile abgegeben, wobei sich die Kontrahenten nicht immer aufeinander beziehen (vgl. in jüngerer Zeit *pro* Kohlhaas Wittkowski 1998; *contra* Kohlhaas Brüggemann 2004) – eine Gegensätzlichkeit, die sich auch bei der Bewer-

tung Luthers (s. Kap. IV.12) sowie des brandenburgischen Kurfürsten findet (vgl. hier Wittkowski 1998, 92, der den Brandenburger als machiavellistischen Machtpolitiker sieht, der Kohlhaas der Staatsräson opfert, gegen Schmidt 2003, 243, für den er ein *deus ex machina* ist, der für den guten Ausgang sorgt). Die Rätselhaftigkeit der Titelfigur diente der Literaturwissenschaft immer wieder auch als Herausforderung zur Erprobung aktueller theoretischer Ansätze. Helga Gallas beispielsweise stellte die Frage nach der Identität des Subjekts mit Hilfe der strukturalen Psychologie von Jacques Lacan und interpretierte Kohlhaases Begehren nach einer Kette einander substituierender ›Phallus-Objekte‹ von den Pferden über Recht und Gesetz bis zur Schrift als Gleiten des sich entziehenden Signifikats unter dem Signifikanten. Indem der brandenburgische Kurfürst als positive, von der Zigeunerin als Mutter anerkannte, der sächsische hingegen als schwache, negative Vaterinstanz erscheint, wird die Erzählung in dieser Lesart zu einer modellhaften Illustration der Lacan'schen Theorie – wobei das (nicht erfüllte und immer wieder aufgeschobene) Begehren einer Deutung des sich entziehenden Textes mit Kohlhaases Begehren in Beziehung gesetzt wird (vgl. Gallas 1981).

Eine weitere Konstante der Forschung bildet die Frage nach der Bedeutung von Schrift und Text. Susan Margaret Kassouf beschreibt die Welt der Erzählung als eine ›homotextuelle‹ Welt, wobei es sich vor der erzählten Zeit um eine einfache patriarchalische Welt handele, bevor die Beziehungen zwischen Männern durch Texte verkompliziert wurden: Der Baum wurde zum Schlagbaum, seine Blätter wurden zu Papier und damit zu Texten, und Männer würden zu ›Scheinmännern‹. Gleichwohl zeichne sich ein Happy-End ab: Mit dem Essen des Textes in der Kapsel, das für das erneute Essen vom Baum der Erkenntnis stehe, verlasse Kohlhaas die homotextuelle Welt, in der der sächsische Kurfürst verbleibe: Sein Ende muss man in der Geschichte nachlesen (vgl. Kassouf 1996). Die Befolgung dieser Lektüreanweisung führt indes keineswegs zu einer präzisen Aufklärung über das weitere Schicksal seines Herrscherhauses, sondern vielmehr zur Entdeckung der historischen Unstimmigkeiten und

Anachronismen der Erzählung (vgl. Hamacher 2003a, 50). Was auf dem Zettel steht, bleibt Spekulation. Die Unlesbarkeit des Textes – die manche Interpreten auch zu der Spekulation verführt hat, dass der Zettel leer sein könnte – wird in vielen dekonstruktivistisch inspirierten Deutungen zur ›Unlesbarkeit‹ der Erzählung insgesamt verallgemeinert. Auch wenn man nicht so weit gehen möchte, lässt sich mit Blick auf den Schluss der Erzählung doch die These vertreten, dass das Studium der Geschichte zu der Erkenntnis führe, aus ihr sei nichts zu lernen.

Im Zuge der Rezeption des *New Historicism* zeigt sich die jüngere Forschung darüber hinaus an den Möglichkeiten und Aporien der Erzählbarkeit von Geschichte, an den Interferenzen von Fiktionen und Fakten, interessiert. Diese ›Rehistorisierung‹ bringt es mit sich, dass die Geschichtsmächtigkeit des historischen Subjekts und damit die Verantwortlichkeit des Protagonisten in den Hintergrund tritt.

Semiotische Lektüren der Erzählung belassen es nicht bei dem Befund einer Unlesbarkeit der Zeichen, sondern stellen diesen Befund historisch auf die Probe. Klaus-Michael Bogdal führt die interpretatorischen Schwierigkeiten auf die Widersprüchlichkeit historisch unterschiedlicher Zeichenordnungen zurück, nämlich des eindeutigen, hierarchisierenden Zeichensystems der feudalen Welt einerseits und andererseits der »neuen, der Eindeutigkeit entzogenen Zeichen, die die Literaturwissenschaft als ›Goethe-Symbol‹ oder als ›Motiv‹ der Romantik begrifflich zu erfassen und als Teil der Autonomisierung der Kunst im 18. Jahrhundert darzustellen gesucht hat« (Bogdal 1988, 187). Bernhard Greiner macht die Probe mit Kant (s. Kap. III.7) und erkennt, wie in anderen Texten Kleists, so auch in *Michael Kohlhaas* das »Verfahren, [...] das Zeichen aus dem Material des Bezeichneten zu bilden«. Wie das Trödelweib, das die Zigeunerin nachahmen solle, die Zigeunerin selbst sei, so habe »die Erzählung vom Selbsthelfer Kohlhaas in diesem Part mit der aus der bisherigen Logik der Handlung herausfallenden Wende in den Zufall gleichfalls zum Selbsthelfertum gegriffen, insofern die Willkür des Erzählers nach Belieben Zufälle stiften kann« (Greiner 2000, 344). Die dadurch entstehenden Leerstellen werden in der Forschung freilich immer wieder mit absoluten (und nicht selten tendenziell absolutistischen oder zumindest universalistischen) Sinnangeboten gefüllt (vgl. Brüggemann 2004), wozu insbesondere die durch die Zigeunerin erzeugte Atmosphäre des Wunderbaren verführt. Allerdings lassen sich auch hier im Blick auf das Ende der Erzählung begründete Aussagen treffen, ohne auf einen metaphysischen Deutungsrahmen angewiesen zu sein.

Für Klaus-Michael Bogdal ist die »Verwandlung der Zigeunerin zur verstorbenen Gattin Elisabeth durch Zeichen der Ähnlichkeit« ein Versuch, das Unbegreifliche »einem rationalen Sinngebungsprozeß« zu unterwerfen, die unheimliche Figur in eine vertraute zu verwandeln (Bogdal 1988, 189). So wie Kohlhaas unvereinbare apokalyptische Rollen ausagiert – als Michael und Drache zugleich (s. Kap. IV.12) –, werden auch bei der Zigeunerin unterschiedliche Bildvorstellungen übereinander geblendet: Indem sie Kohlhaases Jüngstem einen Apfel reicht, erscheint sie einerseits in der Rolle der Eva, die Adam die verbotene Frucht anbietet, und andererseits im Bild der Madonna, die, als zweite Eva, dem Christuskind als zweitem Adam den Apfel als Lebensfrucht darbietet und damit den Sündenfall rückgängig macht. Aufgrund durchaus präziser erbrechtlicher Erwägungen ist Kohlhaas jedoch die Rückkehr ins Paradies verwehrt. Er muss das Angebot zur Flucht ausschlagen, um Rechtssubjekt zu bleiben, seine Ehre und sein Eigentum zu erhalten und damit seinen Kindern das Erbe zu sichern. Dies kann er nämlich nur, wenn er sich der ›ehrenvollen‹ Hinrichtung nicht widersetzt. Die Ironie des Schlusses ist jedoch deutlich, wenn es im letzten Satz der Erzählung heißt, »noch im vergangenen Jahrhundert« – also im 18. Jh., zur Erzählzeit zu Beginn des 19. jedoch bereits nicht mehr – hätten »im Mecklenburgischen, einige frohe und rüstige Nachkommen gelebt« (DKV III, 142). Die brandenburgischen Adligen, zu denen Kohlhaases Söhne gemacht wurden, mussten also in Mecklenburg leben, das nie zu Preußen gehörte. Die ökonomischen, juristischen, politischen und kommunikativen Aspekte der Raumvorstellung der Novelle lassen sich im Einzelnen unter dem methodischen Vorzeichen des ›topographical turn‹ in den Kulturwissenschaften ausbuchstabieren (vgl. Karcher 2005).

Aspekte der Wirkung

Für Kleists Zeitgenossen spielten bei der Beurteilung der Erzählung zum Teil autobiographische Reminiszenzen eine Rolle. Während Kleist Kohlhaas zu seinem literarischen Vater machte, indem er dessen Söhnen die Vornamen Heinrich und Leopold gab (seinen eigenen und den seines Bruders), sprach sein Freund, der Historiker Friedrich Christoph Dahlmann, in einem Brief an Julian Schmidt vom 9. Juni 1858 rückblickend von »dem herrlichen Kohlhaas, in dem sich des Dichters Charakter treu abbildet« (Lebensspuren Nr. 317). Ansonsten beherrschte die Frage der Wahrheit und Wahrscheinlichkeit der erzählten Ereignisse die frühe Rezeptionsgeschichte. Besonders bemerkenswerte Zeugnisse des Eingriffs der Literatur in die Realität sind die Lexikoneinträge zu »Kohlhaas« im *Brockhaus* und in *Meyers Conversations-Lexicon* Mitte des 19. Jh.s, wo der Inhalt von Kleists Erzählung als historische Realität dargeboten und Kleists Figur an Stelle des Hans Kohlhase zur historischen Person wurde (vgl. Nachruhm Nr. 673a; Hamacher 2003a, 97f.). Die bereits von Ludwig Tieck geäußerte Ablehnung des Schlussteils der Erzählung mit dem Auftreten der Zigeunerin wurde ganz ähnlich noch von Franz Kafka formuliert (vgl. Hamacher 2003a, 95f. u. 102), während im weiteren Verlauf des 20. Jh.s die politische Wirkung im Vordergrund stand.

Die Rezeption in der Zeit des Nationalsozialismus war ambivalent: Kohlhaas wurde für ganz unterschiedliche Ziele und Kämpfe instrumentalisiert, je nachdem, wo der Feind lokalisiert wurde, gegen den sich der Widerstand richtete. Für die Nationalsozialisten bildete Kohlhaas einerseits eine Identifikationsfigur für den Kampf Deutschlands gegen andere Staaten, so dass er aus französischer Sicht als Präfiguration Hitlers erscheinen konnte, während sich andererseits der jüdische Gymnasiast Berthold Oppermann in Lion Feuchtwangers Roman *Die Geschwister Oppermann* (1933) unter Berufung auf Kohlhaas als

Akt des Widerstandes das Leben nimmt (vgl. Hamacher 2003a, 102–106).

Auch nach dem Zweiten Weltkrieg wurde Kleists Erzählung politisch instrumentalisiert und blieb von ihrem historisch-politischen Gehalt her umstritten. In der populären Wahrnehmung ist Kohlhaas häufig eine positive Identifikationsgestalt, während er in ordnungspolitischer Sicht meist als Terrorist gilt. In den 1970er Jahren, vor dem Hintergrund der Erfahrung des Terrorismus der »Rote Armee Fraktion« (RAF), wurde Kohlhaas zum Alltagsmythos und zum Kollektivsymbol für jede denkbare Form von Auflehnung gegen eine Obrigkeit, von Selbstbehauptung des Individuums gegen die Institutionen der Gesellschaft (vgl. Bogdal 1981, 7; zur Fortschreibung dieses Rezeptionsstrangs im Zeichen des Kampfs gegen den internationalen Terrorismus vgl. Ratmoko 2003).

Auch die produktive Rezeption ist durch diese Perspektive geprägt. Das prominenteste Beispiel für die internationale Ausstrahlung des *Kohlhaas* ist der amerikanische Roman *Ragtime* von Edgar Lawrence Doctorow (1975), der einen antirassistischen Rachefeldzug in den USA vor dem Ersten Weltkrieg schildert. Der Roman wurde von Milos Forman verfilmt und war auch als Broadway-Musical erfolgreich. Im deutschen Sprachraum erschien 1979 ein historischer *Kohlhaas*-Roman von Elisabeth Plessen, der im Wesentlichen die Hafftitz'sche Chronik auserzählt. Intertextuelle Bezüge finden sich auch in Martin Walsers Roman *Finks Krieg* (1997). Weniger prominent, aber für die Wirkungsgeschichte von Kleists Erzählung ebenso signifikant ist die *Kohlhaas*-Bearbeitung des Brandenburgers Roland Müller mit dem Titel *Aufstand Ost. Szenische Vision nach Kleist* (1992), die den Stoff auf die Verhältnisse nach der deutschen Vereinigung hin aktualisiert (vgl. Hamacher 2003a, 109). In der damaligen DDR häufiger gespielt wurde eine Bühnenfassung von Adolf Dresen, die 1977 am Deutschen Theater in Ost-Berlin uraufgeführt wurde. Seit die Terrorismus-Problematik nach den Anschlägen vom 11. September 2001 wieder stärker im öffentlichen Bewusstsein ist, werden regelmäßig an verschiedenen Theatern Deutschlands *Kohlhaas*-Bearbeitungen aufgeführt, teils auch als Solostück.

Literatur

Blamberger, Günter: Agonalität und Theatralität. Kleists Gedankenfigur des Duells im Kontext der europäischen Moralistik. In: KJb 1999, 25–40.

Bogdal, Klaus-Michael: Heinrich von Kleist, *Michael Kohlhaas*. München 1981.

–: »Mit einem Blick, kalt und leblos, wie aus marmornen Augen.« Text und Leidenschaft des *Michael Kohlhaas*. In: Dirk Grathoff (Hg.): Heinrich von Kleist. Studien zu Werk und Wirkung. Opladen 1988, 186–203.

Boockmann, Hartmut: Mittelalterliches Recht bei Kleist. Ein Beitrag zum Verständnis des *Michael Kohlhaas*. In: KJb 1985, 84–108.

Brüggemann, Diethelm: Kleist. Die Magie. Würzburg 2004, 91–169.

Dießelhorst, Malte/Duncker, Arne: Hans Kohlhase. Die Geschichte einer Fehde in Sachsen und Brandenburg zur Zeit der Reformation. Frankfurt a.M. u. a. 1999.

Földényi, László F.: Heinrich von Kleist. Im Netz der Wörter. München 1999.

Gallas, Helga: Das Textbegehren des *Michael Kohlhaas*. Die Sprache des Unbewußten und der Sinn der Literatur. Reinbek b. Hamburg 1981.

Greiner, Bernhard: Kleists Dramen und Erzählungen. Experimente zum »Fall« der Kunst. Tübingen/Basel 2000, 327–347.

Hamacher, Bernd: Heinrich von Kleist, *Michael Kohlhaas*. Erläuterungen und Dokumente. Stuttgart 2003a.

–: Schrift, Recht und Moral. Kontroversen um Kleists Erzählen anhand der neueren Forschung zu *Michael Kohlhaas*. In: Inka Kording/Anton Philipp Knittel (Hg.): Heinrich von Kleist. Neue Wege der Forschung. Darmstadt 2003b, 254–278.

–: Geschichte und Psychologie der Moderne um 1800 (Schiller, Kleist, Goethe). ›Gegensätzische‹ Überlegungen zum *Verbrecher aus Infamie* und zu *Michael Kohlhaas*. In: KJb 2006, 60–74.

Karcher, Sascha: (Un-)berechenbare Räume. Topographien in Kleists Novelle *Michael Kohlhaas*. In: KJb 2005, 111–127.

Kassouf, Susan Margaret: Writing Masculinities around 1800. Ann Arbor 1996, 100–170.

Kleist, Heinrich von: Michael Kohlhaas. In: Phöbus. Ein Journal für die Kunst. Hg. von Heinrich von Kleist und Adam H. Müller. Jg. 1 (1808) St. 6, 20–34.

–: Michael Kohlhaas. In: Ders.: Erzählungen. Berlin 1810, 1–215.

Lange, Henrik: Säkularisierte Bibelreminiszenzen in Kleists *Michael Kohlhaas*. In: Kopenhagener germanistische Studien 1 (1969), 213–226.

Miller, J. Hillis: Die Festlegung des Gesetzes in der Literatur – am Beispiel Kleists [1990]. In: Nikolaus Müller-Schöll/Marianne Schuller (Hg.): Kleist lesen. Bielefeld 2003, 181–208.

Müller-Tragin, Christoph: Hans Kolhase und Michael Kohlhaas. Unwahrscheinliche Wahrhaftigkeiten. In: HKB 7 (1999), 9–40.

Oberrauch, Lukas: Der *Prometheus Vinctus* des Aischylos als literarisches Vorbild für Heinrich von Kleists *Michael Kohlhaas*? In: Antike und Abendland 49 (2003), 130–141.

Ratmoko, David: Das Vorbild im Nachbild des Terrors. Eine Untersuchung des gespenstischen Nachlebens von *Michael Kohlhaas*. In: KJb 2003, 218–231.

Reuß, Roland: *Michael Kohlhaas* und *Michael Kohlhaas*. Zwei deutsche Texte, eine Konjektur und das Stigma der Kunst. In: BKB 3 (1990), 3–43.

Schmidt, Jochen: Heinrich von Kleist. Die Dramen und Erzählungen in ihrer Epoche. Darmstadt 2003.

Wittkowski, Wolfgang: Rechtspflicht, Rache und Noblesse. Der Kohlhaas-Charakter. In: Beiträge 12 (1998), 92–113.

Bernd Hamacher

2.3 Die Marquise von O…

Entstehungsgeschichte, Quellen und historischer Kontext

Über die Entstehung der Erzählung ist wenig bekannt; eine Handschrift des Textes hat sich nicht erhalten. Die Vermutung Eduard von Bülows, die er 1848 in seiner Biographie Kleists geäußert hat, dieser habe die Erzählung bereits während seiner Königsberger Zeit (1805/06) konzipiert, konnte nie bewiesen werden. Wahrscheinlich ist hingegen, dass Kleist die fertige Erzählung aus der französischen Gefangenschaft im Sommer 1807 nach Dresden mitgebracht hat; am 17. Dezember 1807 zählt er *Die Marquise von O…* jedenfalls zu seinen »völlig fertigen Manuscripten« (DKV IV, 400). Im Februar 1808 erschien die komplette Erzählung in der von Kleist und Adam Müller herausgegebenen Zeitschrift *Phöbus*. Im Inhaltsverzeichnis der Zeitschrift findet sich der Authentizität vortäuschende Zusatz »(nach einer wahren Begebenheit, deren Schauplatz vom Norden nach dem Süden verlegt worden)«, den Kleist nicht in die Ausgabe der *Erzählungen* übernommen hat und der gleichwohl viele Leser zur Suche nach der Quelle der Ereignisse veranlasst hat. Ein zweites Mal erschien die Erzählung in leicht veränderter Fassung im ersten Band von Kleists *Erzählungen*, der 1810 von dem Berliner Verleger Georg Andreas Reimer in dessen Realschulbuchhandlung herausgebracht wurde. Vereinzelt wurde vermutet, die stilistischen und inhaltlichen Veränderungen der Fassung von 1810 stammten nicht von Kleist; diese Hypothese konnte jedoch nicht belegt werden (vgl. Doering 1993, 45–47). Neben Veränderungen der Orthographie und Interpunktion (die möglicherweise auch vom Setzer zu verantworten sind), finden sich in der Fassung der *Erzählungen* gegenüber der *Phöbus*-Version mehrere Anspielungen auf die Jungfrau Maria, mit welcher die schwangere Marquise verglichen wird. Zudem hat Kleist einige Passagen, die in der scharfen, anonym erschienenen Rezension der Erzählung durch Karl August Böttiger in der Zeitschrift *Der Freimüthige* (in der Ausgabe vom 4. März 1808) heftig kritisiert worden waren, offenbar aus stilistischen Gründen umformuliert. Böttiger hatte unter anderem Kleists Stil als »undeutsch, steif, verschroben« verurteilt.

Kurz nach dem Erstdruck hat Kleist selbst einen Kommentar zu seiner Erzählung formuliert: in den sechs Epigrammen, die er im *Phöbus* in der Ausgabe vom April/Mai 1808 veröffentlichte und in denen er mit bissiger Ironie auf die harschen Urteile über ihren vermeintlich anstößigen Inhalt reagierte. Die größte Bekanntheit unter diesen Spottgedichten erlangte das Epigramm mit dem Titel *Die Marquise von O...*, das in der langen Interpretationsgeschichte der Novelle oft als ernstgemeinter Kommentar Kleists gewertet wurde, also als Beleg dafür, dass der Marquise der Ursprung ihrer Schwangerschaft nicht unbekannt sei: »Dieser Roman ist nicht für dich, meine Tochter. In Ohnmacht! / Schamlose Posse! Sie hielt, weiß ich, die Augen bloß zu« (DKV III, 414).

Ein heiteres Seitenstück zu der Erzählung ist die Anekdote *Sonderbare Geschichte, die sich, zu meiner Zeit, in Italien zutrug*, die Kleist am 3. Januar 1811 in den *Berliner Abendblättern* veröffentlichte (ebd., 368). Dabei bedient er sich desselben Kunstgriffs der Namensabkürzungen wie in der *Marquise von O...*. Im Zentrum des Geschehens steht hier die unwillkommene Schwangerschaft einer unverheirateten jungen Römerin, der Gesellschafterin einer Prinzessin in Neapel. Der zu erwartende gesellschaftliche Skandal kann durch ein geschicktes Arrangement verhindert werden: Die Gesellschafterin erhält vor zahlreichen Zeugen einen fingierten Brief, der – so die Erfindung – von einem deutschen Grafen stammen soll, der darin um ihre Hand anhält. Die vermeintliche Trauung wird kurz darauf wegen der angeblichen Krankheit des Bräutigams in aller Abgeschiedenheit vollzogen; bald darauf verlässt die neue »Gräfin« den Hof der Prinzessin, an dem sechs Wochen später die Nachricht von dem Unfalltod des Ehemanns eintrifft. Die angebliche Witwe bleibt weitere neun Monate abwesend und kehrt anschließend mit ihrem neugeborenen Knaben, dem auf diese Weise der Makel der unehelichen Geburt erspart bleibt, nach Neapel zurück. Diese Anekdote führt einfallsreich das aus, was in der Erzählung der schwangeren Marquise durch die lebenskluge Hebamme vorgeschlagen wird: Auch in der gehobenen Gesellschaft lassen sich »Mittel« finden, »wie man dem Leumund der Welt ausweichen könne« (ebd., 165).

Unmittelbare Vorlagen für Kleists Erzählung konnten bis heute nicht ermittelt werden. Insbesondere die vielen Versuche, eine »wahre Begebenheit« auszumachen, wie sie der Titelzusatz der *Phöbus*-Fassung erwähnt, oder gar eine vergleichbare Zeitungsannonce zu finden, in der eine Schwangere den Vater ihres Kindes sucht, haben zu keinen überzeugenden Ergebnissen geführt. Deutlicher sind hingegen einige motivgeschichtliche Parallelen: So findet sich das Motiv der unwissentlichen Empfängnis verschiedentlich in der deutschen Unterhaltungsliteratur des 18. Jh.s. Aber bereits Cervantes berichtet in der Erzählung *De la fuerça de la Sangre* (dt.: »Von der Macht des Blutes«), die als Teil seiner *Novelas ejemplares* (»Beispielhafte Novellen«) 1613 erschien, davon, dass eine junge Frau gewaltsam entführt und während ihrer Ohnmacht geschwängert wird. Die Überführung des schuldhaften Kindsvaters und seine Verheiratung mit der jungen Mutter bilden hier wie in motivverwandten Texten den versöhnlichen Ausgang der Erzählung.

Die deutlichste motivische Übereinstimung zu Kleists Erzählung enthält der 1588 erschienene *Essai über die Trunksucht* von Michel de Montaigne. Dort wird von einer gut beleumdeten verwitweten Bauersfrau berichtet, die die Herkunft ihrer Schwangerschaft nicht kennt und deshalb von der Kanzel der Kirche herab den Vater ihres ungeborenen Kindes suchen lässt. Daraufhin erklärt einer ihrer Knechte, er habe sich ihr genähert, als sie nach ausgiebigem Weingenuss in tiefen Schlaf gefallen sei.

Da über Kleists tatsächliche Lektüre nur sehr wenig bekannt ist, muss offen bleiben, wie weit er die erwähnten motivverwandten Texte tatsächlich gekannt hat. Wahrscheinlich ist jedenfalls, dass er in seiner Erzählung im intertextuellen Spiel auf den Roman *La nouvelle Héloïse* (1761) des von ihm geschätzten und vielgelesenen Jean-Jacques Rousseau Bezug nimmt. Dort berichtet Julie, die Heldin des Romans, wie sich ihr Vater nach einem heftigen Streit zärtlich mit ihr versöhnt habe, indem er die erwachsene Tochter auf seinen Schoß gezogen und innig umarmt habe – zum Wohlgefallen der Mutter, die diese Szene zustimmend beobachtet. In ähnlicher Weise, freilich in erotischer Zuspitzung, gestaltet Kleist die Versöhnung der ins Elternhaus zurückgekehrten Marquise mit ihrem Vater, der sie zuvor daraus vertrieben hat.

Kleist hat die Handlung seiner Erzählung in das zeitgenössische Oberitalien verlegt. Den ersten Lesern wird eine Entschlüsselung der Angaben leicht gefallen sein, da die geschilderten politischen Ereignisse bei der Veröffentlichung der Novelle wenig mehr als ein Jahrzehnt zurücklagen. Bei dem Krieg, der russische Truppen nach Italien brachte, handelt es sich zweifellos um den Zweiten Koalitionskrieg (1799–1802). Im Herbst 1799 gelang es den verbündeten Armeen Österreichs und Russlands, die Franzosen aus den Republiken zu vertreiben, die sie zuvor in Italien eingerichtet hatten. Vor diesem realgeschichtlichen Hintergrund erlauben etliche der von Kleist verwendeten Namenskürzel eine realistische Auflösung: Im September 1799 hatte der russische General Korsakow (vgl. DKV III, 152: »General K…«) sein Hauptquartier in Zürich aufgeschlagen (vgl. ebd., 153: »Z…«), während das König-

reich Neapel (vgl. ebd., 150) von den Alliierten wiederhergestellt wurde. Die Angaben über die Mission des Grafen F…, die ihn nach der Erstürmung der Zitadelle beschäftigen, gewinnen somit historische Plausibilität. Weniger eindeutig muss der Versuch ausfallen, die Abkürzungen der einzelnen Ortsnamen aufzuschlüsseln, an denen Kleist seine Erzählung spielen lässt, denn die verwendeten Initialen – »B…«, »M…«, »P…« und »V…« – lassen sich auf verschiedene norditalienische Städte bzw. Ortschaften beziehen. Als Schauplatz der Erzählung wird im ersten Satz eine »bedeutende Stadt im oberen Italien« mit der Abkürzung »M…« genannt; verschiedene Interpreten haben darin entweder Mantua, Mailand oder Modena sehen wollen (vgl. Doering 1993, 10). Hierbei gelangt der Versuch, Kleists fiktionalen Text auf die Realgeschichte und die tatsächliche Topographie zu beziehen, allerdings an deutliche Grenzen, denn an keinem dieser Orte ist es je zu Kriegshandlungen gekommen, wie sie in der Novelle geschildert werden.

Aufbau und Inhalt

Am Anfang der Erzählung steht entgegen der sonst durchgängigen chronologischen Ordnung der Ereignisse der Bericht über die aufsehenerregende Zeitungsanzeige, mit welcher die verwitwete Marquise von O…, an deren Ehrsamkeit der Erzähler keinen Zweifel lässt, den Vater ihres ungeborenen Kindes sucht. Nach diesem spektakulären Auftakt werden zuerst die Lebensumstände der Marquise genannt – nach dem Tod ihres Ehemannes ist sie zusammen mit ihren beiden Kindern in das Haus ihres Vaters, des Herrn von G…, Kommandanten einer Zitadelle, zurückgekehrt, wo sie seitdem zurückgezogen mit ihren Familienangehörigen lebt. Anschließend setzt die eigentliche Erzählung mit der Schilderung der Eroberung der Zitadelle durch russische Truppen ein. Während dieses Angriffs wird die Marquise brutal von russischen Soldaten bedrängt und von einem russischen Offizier, dem Grafen F…, aus dieser Notlage befreit, der sie zurück ins Haus führt und der Obhut ihrer Bediensteten übergibt. Nur mit einem Gedankenstrich, der den Erzählfluss unterbricht, deutet der Erzähler an, dass der

Graf die bewusstlose Marquise nun selbst vergewaltigt. Die Soldaten, die die Marquise zuvor bedroht haben, werden unmittelbar nach Ende der Kampfhandlungen hingerichtet, während der Graf für seine Rettung eine Auszeichnung erhält. Er verlässt die Zitadelle, bevor die Marquise ihrem Retter danken kann.

Die Familie des Kommandanten kehrt nun scheinbar in ihren vertrauten Alltag zurück, allerdings verspürt die Marquise mehrfach ein körperliches Unwohlsein, das sie an ihre früheren Schwangerschaften erinnert. Auf die Nachricht von dem angeblichen Kriegstod des Grafen F... reagiert sie mit Bedauern und Wehmut. Nach einigen Monaten besucht er jedoch, der nur schwer verwundet war, überraschend die Familie und macht der Marquise unvermittelt einen Heiratsantrag. Zwar hatte die Marquise nach dem Tod ihres Mannes den Entschluss gefasst, keine neue Ehe einzugehen, willigt auf Drängen des Grafen nun aber in eine bedingte Zusage ein: Während seiner bevorstehenden Abwesenheit werde sie keine andere Verbindung eingehen; alles Weitere soll nach seiner Rückkehr von weiteren Dienstgeschäften entschieden werden. Während seines Aufenthaltes bei der Familie von G... erzählt der Graf von einem Traum, den er während der Zeit seiner Rekonvaleszenz gehabt habe: In seiner Imagination habe sich die Vorstellung der Marquise immer wieder mit der eines Schwanes verbunden, den er in seiner Kindheit einst mit Schmutz beworfen habe, wovon sich der Schwan aber befreit habe und rein auf dem Wasser umhergeschwommen sei.

Nach der Abreise des Grafen verstärken sich für die Marquise die Anzeichen ihrer Schwangerschaft; ein Arzt und eine Hebamme bestätigen ihren Verdacht. Die von der Tochter ins Vertrauen gezogene Mutter reagiert zunächst verständnisvoll, ist aber entrüstet, als die Marquise versichert, von der Ursache ihrer Schwangerschaft nichts zu wissen. Ein Fehltritt sei entschuldbar, argumentiert die Mutter, nicht aber die ihrer Meinung nach vorgetäuschte Unwissenheit über den Vater des Kindes. Heftiger reagiert der Kommandant, der seine Tochter mit einem Pistolenschuss aus dem Haus jagt.

Zusammen mit ihren beiden Kindern, die sie

dem Zugriff ihres Vaters entzieht, begibt sich die Marquise in die Abgeschiedenheit ihres Landguts, wo sie ihre rätselhafte Situation akzeptiert und den Entschluss zu der Zeitungsannonce fasst, mit der sie den ihr unbekannten Vater des Kindes sucht und mit welcher die Erzählung ihren Anfang genommen hat. Nachdem nun der erzählerische Kreis geschlossen ist, wird davon berichtet, dass Graf F... zufällig von der öffentlichen Anzeige erfährt, daraufhin die Marquise in ihrer Zurückgezogenheit aufsucht und ihr umgehend einen erneuten Heiratsantrag macht, den sie jedoch mit Hinweis auf ihre Schwangerschaft ablehnt. Nachdem sich die Mutter, Frau von G..., durch eine List von dem reinen Gewissen ihrer Tochter überzeugt hat, holt sie die Marquise gegen den ausdrücklichen Willen ihres Mannes ins elterliche Haus zurück. Dort vollzieht sich in ihrem Beisein eine rührende, erotisch gefärbte Versöhnung zwischen Vater und Tochter. Inzwischen hat sich der Vater des Kindes anonym auf das Inserat gemeldet und seine Ankunft im Elternhaus der Marquise angekündigt.

Zu dem vereinbarten Zeitpunkt erscheint Graf F... vor der versammelten Familie des Kommandanten und bekennt sich nun offen zu seinem Vergehen. Die Eltern der Marquise sind erleichtert, in dem angesehenen Offizier einen Schwiegersohn von Stand zu bekommen, sie selbst lehnt die Heirat, zu der sie sich vorher bereit erklärt hatte, nun jedoch vehement ab. Erst als der Graf vertraglich auf alle ehelichen Rechte verzichtet, willigt die Marquise in die Heirat ein. Nach der Eheschließung lebt der Graf getrennt von Frau und Kind; bei der Taufe seines Sohnes überschreibt er ihm und der Marquise sein beträchtliches Vermögen. Nachdem daraufhin Frau von G... ihren Schwiegersohn häufig ins Haus der Familie einlädt, erlaubt die nunmehrige Gräfin eine allmähliche Annäherung ihres Ehemannes, so dass nach Ablauf eines Jahres ein erneutes, fröhliches Hochzeitsfest gefeiert werden kann; und im Lauf der kommenden Jahre wird dann dem Ehepaar noch »eine ganze Reihe von jungen Russen« (DKV III, 186) geboren. Die Erzählung endet mit der Begründung der Ehefrau, warum sie sich zunächst so heftig der Verbindung mit dem Grafen F... widersetzt habe: »er würde ihr damals nicht wie ein Teufel erschienen sein, wenn er ihr nicht, bei seiner ersten Erscheinung, wie ein Engel vorgekommen wäre« (ebd., 186).

Die Darstellung der Erzählung konzentriert sich vor allem auf das äußere Geschehen: Gespräche und Handlungen der Personen werden ausführlich, mitunter in szenischer Detailliertheit geschildert. Über das Innenleben der Figuren wird hingegen kaum etwas gesagt; insbesondere über die Haltung der Marquise gegenüber dem Grafen F... wird bis auf den Schlusssatz nichts mitgeteilt. Diese Konzentration auf den Geschehensablauf hat zweifellos die vielfältigen, einander teilweise widersprechenden Spekulationen über die Wahrnehmungen und Gedanken der Marquise befördert.

Aspekte der Interpretation

Die Besonderheiten von Kleists Erzählweise erfuhren in den ersten öffentlichen Reaktionen auf die *Marquise von O...* geringe Wertschätzung. Während einzelne Kritiker wie Karl August Böttiger an Kleists Sprachstil Anstoß nahmen, warfen ihm andere wegen der Thematisierung von gewaltsamer Zeugung, Schwangerschaft und Geburt einen Verstoß gegen die guten Sitten vor. Zudem glaubte man in der Erzählung eine tadelnswerte Abweichung von den Gattungsnormen der Kriminalerzählung zu erkennen, da die Täterschaft des Grafen nicht lange ein Geheimnis bleibt. Diese Lesart bleibt jedoch zu sehr an den bloßen Fakten einer vermeintlichen Skandalgeschichte orientiert und übersieht, dass die Enthüllung der Täterschaft des Grafen nicht im Zentrum des erzählerischen Interesses steht. Zentraler sind vielmehr die Reaktion der Marquise auf die ihr unerklärliche körperliche Veränderung und die zunehmenden Erschütterungen des bürgerlichen Familienlebens, bis hin zur Entmachtung des vormals so autoritären Vaters.

Für die existentialistisch ausgerichtete Kleist-Forschung in der Mitte des 20. Jh.s galt der Entschluss der Marquise, sich selbstbewusst zu ihrer Schwangerschaft zu bekennen, als Kernstück der Erzählung: »Durch diese schöne Anstrengung mit sich selbst bekannt gemacht, hob sie sich plötzlich, wie an ihrer eigenen Hand, aus der ganzen Tiefe, in welche das Schicksal sie herabgestürzt hatte, empor« (ebd., 167). Die Konzentration auf diese isolierte Passage betont die Rolle des einzelnen Menschen in einer als rätselhaft verstandenen Welt, die keine verlässliche Orientierung mehr bieten kann. Diese Sichtweise ist zweifellos berechtigt, wenn man die Lösung der Marquise von den elterlichen Normen betrachtet; ihre einseitige Betonung vernachlässigt jedoch andere Aspekte der Erzählung, insbesondere die sorgfältige Zeichnung der bürgerlichen Familienordnung und die komplexe Frage nach der Schuld des Grafen.

Ein Gegengewicht erfuhr die existentialistische Deutung der Erzählung durch eine Reihe von psychoanalytisch orientierten Auslegungen, die sich insbesondere auf die Frage nach dem tatsächlichen Wissen der Marquise über die Ursache ihrer Schwangerschaft konzentrieren; einflussreich wurde vor allem die Studie von Dorrit Cohn (1975). In Übereinstimmung mit dem Wortlaut von Kleists bissig-ironischem Epigramm aus dem April-Heft des *Phöbus* haben verschiedene Interpreten die durch den Gedankenstrich markierte Leerstelle in der Erzählung mit der Spekulation ausgefüllt, dass die Marquise ihre Ohnmacht vorgetäuscht, also tatsächlich die Augen bloß »zugehalten« habe, wie Kleist es in dem Epigramm formuliert, und damit stillschweigend der Tat des Grafen zugestimmt habe. Als Beleg für diese Auslegung wurde mehrfach der Ausruf der Marquise beim Vordringen des Grafen in die Abgeschiedenheit ihres Landguts angeführt: »Ich *will nichts* wissen« (DKV III, 171, Hervorhebung original) – so als würde mit dieser Formulierung ein bestimmtes Wissen zugleich eingestanden und abgewehrt. Die philologische Beweiskraft dieses Belegs bleibt allerdings schwach, denn Kleist gebraucht diese zu seiner Zeit durchaus übliche formelhafte Wendung im Sinne von »ich will davon nichts hören!« auch an anderer Stelle (Doering 1993, 27). Da Kleist in seiner Erzählung, wie bereits erwähnt, konsequent auf jede Einsicht in die Gedanken seiner Figuren verzichtet, müssen die Mutmaßungen über ein verdrängtes Wissen der Marquise spekulativ bleiben. Zudem wird die heftige Reaktion der Marquise bei der Offenbarung des Grafen, er sei der Vater ihres Kindes, nur dann verständlich, wenn sie ihn nie zuvor im Verdacht gehabt hat, sie vergewaltigt zu haben (vgl. Müller-Salget 2002, 182).

Der mit der Annahme des stillschweigenden Einverständnisses der Marquise in ihre Vergewaltigung einhergehende »Sieg der Psychologie über die Medizin« (Künzel 2003, 44) wurde in jüngerer Zeit ausführlich aus medizin- und rechtshistorischer Sicht erörtert. Tatsächlich hat Kleist mit dem Vergehen des Grafen (Vergewaltigung einer schutzlosen, ohnmächtigen Frau in einer kriegerischen Situation) einen Grenzfall geschaffen, für den es am Beginn des 19. Jh.s aufgrund der damaligen Gesetzeslage noch keine eindeutige rechtliche Lösung gab. Umso aufschlussreicher für das von Kleist differenziert gezeichnete soziale Gefüge der Novelle sind die Versuche der Kommandantenfamilie, sich mit dem Schuldeingeständnis des gesellschaftlich höher stehenden Grafen zu arrangieren und ihn als Schwiegersohn zu gewinnen, während die Hinrichtung der russischen Soldaten, die die Marquise anfangs bedrängt haben, offenbar von allen Personen mit Ausnahme des Grafen als angemessen beurteilt wird. Diese Neigung, die Beurteilung der Straftat vom sozialen Status des Täters abhängig zu machen, spiegelt sich auch in der Auslegungsgeschichte der Novelle, in der sich durchaus Beispiele einer verständnisvollen Parteinahme für den Grafen finden (am deutlichsten Schmidhäuser 1986). In diesen divergierenden Urteilen der Interpreten über die Figuren und ihr Verhalten offenbart sich einmal mehr eine Besonderheit von Kleists Erzählweise, da er – anders als die Verfasser zeitgenössischer moralisierender Erzählungen – sich jeden direkten Urteils über seine Figuren und ihre Handlungen enthält.

Mit der Schilderung rührender Familienszenen und insbesondere dem glücklichen Ausgang der Erzählung, der Vereinigung der Liebenden nach verschiedenen Bedrohungen, greift Kleist auf Elemente des populären zeitgenössischen Familiendramas zurück, die er – wie bei der innigen Versöhnung zwischen Vater und Tochter – streckenweise ins Parodistische überzeichnet. Zugleich demonstriert er allerdings auch die Labilität und Gefährdung der Familienstruktur. Die

Autorität des Hausvaters, des Kommandanten von G…, wird mehrfach angegriffen und zunehmend geschwächt: Bei dem Angriff der Russen auf seine Zitadelle erklärt er seiner Familie, dass »er sich nunmehr verhalten würde, als ob sie nicht vorhanden wäre« (DKV III, 144); und dem russischen Offizier, der ihn bereits militärisch überwunden hat, muss er anschließend für die Rettung der Tochter danken. Seine Frau söhnt sich später ohne sein Wissen mit der Marquise aus und holt sie ins elterliche Haus zurück; nach dem tränenreichen Wiedersehen mit der Tochter muss er wie ein Kranker versorgt werden. Alle wichtigen Entscheidungen werden von der Marquise und ihrer Mutter getroffen, auch der Bruder der Marquise, ein Forstmeister, hat kaum eine relevante Aufgabe. Auf diese Weise erfährt die Rollenverteilung innerhalb der patriarchalisch strukturierten Kleinfamilie zwar eine partielle Revision, die Familie selbst wird aber weder als Institution in Frage gestellt noch zerstört, wie es etwa in Kleists Erzählung *Der Findling* geschieht. Vielmehr steht am Ende der Erzählung neben der Kommandantenfamilie die neugegründete gräfliche Familie, deren Fortbestand schon durch den Kinderreichtum gesichert zu sein scheint.

In der *Marquise von O…* bedient sich Kleist stärker als in anderen Erzählungen des Stilmittels der Ironie. Wiederholt steht der Erzählerkommentar in erkennbarem Widerspruch zum tatsächlichen Geschehen, beispielsweise bei der Schilderung des Familienlebens nach dem Abzug der russischen Truppen: »Alles kehrte nun in die alte Ordnung der Dinge zurück« (ebd., 148). Die Gespräche der Familie mit dem zurückgekehrten Grafen bewegen sich im Rahmen des gesellschaftlich Erlaubten und Schicklichen, lassen sich aber mehrfach doppeldeutig auf die skandalöse Schwangerschaft der Marquise beziehen. So erwähnt der Graf beispielsweise, dass er sich bei seiner Bewerbung um die Hand der Marquise durch den Zwang der »Umstände« (ebd., 150) kurz fassen müsse und dass ihm unter »anderen Umständen« die hinhaltende Antwort der Marquise für ausreichend erscheine – das Spiel mit dem gesellschaftlich akzeptierten, verhüllenden Ausdruck für eine Schwangerschaft ist offensichtlich. Der gesellschaftlich geregelten Konversation steht die derb-komische Ausdrucksweise der Hebamme gegenüber, für die die Schwangerschaft der Marquise weder ein biologisches noch ein moralisches Problem darstellt, sondern allenfalls praktische Fragen aufwirft, für deren Lösung sie Ratschläge bereithält. Mutter und Tochter sind von der Direktheit der Hebamme zunächst unangenehm überrascht. Um so mehr bedeutet der spätere Entschluss der Marquise, ihre Schwangerschaft durch eine Zeitungsannonce öffentlich bekanntzugeben, auch in sprachlicher Hinsicht eine Lösung von den Normen der sozialen und familiären Ordnung, in die sie freilich am Ende der Erzählung zurückkehrt.

Adaptionen

Die Marquise von O... hat bis in die Gegenwart hinein zahlreiche Adaptionen in Literatur und Kunst, auf der Bühne und im Film erfahren. Mehrere Novellen des 19. Jh.s nehmen erkennbar auf Kleists Erzählung Bezug. Am Anfang dieser literarischen Reihe steht Heinrich Zschokkes *Tantchen Rosmarin oder Alles verkehrt* (1812). In dieser schwankhaften Liebesgeschichte erfolgt wie bei Kleist die Geburt des Kindes vor der Hochzeit der Eltern. Weitere erzählerische Adaptionen sind E.T.A. Hoffmanns Schauernovelle *Das Gelübde* aus dem zweiten Band seiner *Nachtstücke* (1817) sowie Otto Ludwigs psychologische Erzählung *Maria* aus dem Winter 1842/43, die 1891 aus seinem Nachlass veröffentlicht wurde. Im 20. Jh. hat die Dramatikerin und Erzählerin Marieluise Fleißer in ihren autobiographischen und literarischen Texten verschiedentlich Motive aus Kleists *Marquise* aufgegriffen (vgl. Doering 2002b).

Zahlreicher sind die Bearbeitungen der Erzählung für die Bühne und den Film. Schon die von Kleist gewählte Darstellungsform mag eine Dramatisierung nahelegen: Die Handlungsführung konzentriert sich ja vorwiegend auf eng umgrenzte, durch Auf- und Abtritte der handelnden Personen markierte Szenen, die sich zudem meist in Innenräumen abspielen. Die Figur des Erzählers tritt kaum in Erscheinung; etliche Textpassagen sind weitgehend aus direkt bzw. indirekt mitgeteilter Figurenrede aufgebaut, können also

leicht in einen dramatischen Text transformiert werden. Hinzu kommen die genauen Schilderungen von Mimik und Gestik der Personen. Eric Rohmer, der Regisseur der bekanntesten Verfilmung, hat Kleists Text sogar direkt mit einem regelrechten Drehbuch verglichen.

Während die einzelnen Bühnen-Adaptionen an zentralen Handlungselementen – der Vergewaltigung einer Frau durch ihren Retter, die Suche nach dem Vater mittels der Zeitungsanzeige, die vorläufige Verweigerung der Heirat – festhalten, verfahren sie recht frei, was den Gattungscharakter, die Zeichnung der Figuren und die historisch-geographische Situierung des Geschehens betrifft. So stellen beispielsweise Ferdinand Bruckner (*Die Marquise von O.*, 1933), Alfred Günther (*Hauptmann Fabian*, 1934), Egon Günther (*Die Kampfregel*, 1969) und Hartmut Lange (*Die Gräfin von Rathenow*, 1969/1973) jeweils eine preußische Familie zur Zeit der napoleonischen Kriege ins Zentrum ihrer Theaterstücke und verlegen die Bühnenhandlung damit in die Entstehungszeit von Kleists Novelle. Die nur wenige Male für den Wiederaufbau des Wiener Burgtheaters im Jahr 1948 aufgeführte »Komödie des Vorurteils« *Die Marquise von O...* des Kammerschauspielers Wilhelm Heim hingegen übernimmt weitgehend den von Kleist vorgegebenen Rahmen und situiert die Handlung im norditalienischen Modena der Jahre 1796 und 1797.

Neben diese Dramatisierungen treten drei sehr unterschiedliche Verfilmungen. Der 1920 uraufgeführte Film von Paul Legband steht in nur lockerer Verbindung zu Kleists Erzählung, während sich der aus dem Jahr 1976 stammende Film *Die Marquise von O...* des französischen Regisseurs Eric Rohmer über weite Strecken sehr eng an Kleists Text hält. Eine entscheidende Ausnahme erfährt dabei allerdings die Vergewaltigung der Marquise. Zwar findet Rohmer in seiner Darstellung eine Entsprechung zu der erzählerischen Lücke, die Kleist durch den Gedankenstrich markiert, indem er den sexuellen Akt nicht auf der Leinwand darstellt, aber die von ihm gewählten Mittel der visuellen Inszenierung und deutliche Abweichungen im Handlungsablauf (anders als bei Kleist ist die Marquise bei ihm nicht bewusstlos, sondern wurde durch einen

Schlaftrunk betäubt) tragen zu einer erheblichen Erotisierung des Geschehens bei.

Eine wesentlich freiere Adaption stellt schließlich der Film *Julietta* von Jochen Bitzer und Christoph Stark aus dem Jahr 2001 dar, in dessen Mittelpunkt eine achtzehnjährige Schülerin steht, die während der Berliner Love Parade einen Schwächeanfall erleidet und von ihrem Retter vergewaltigt wird. Die nachträglich entstandene Roman-Version des Films von Martina Georg (*Julietta*, 2001) bemüht sich zwar um eine kohärente erzählerische Darstellung und enthält sogar verschiedene intertextuelle Anspielungen auf Werke Kleists, erhebt aber zu Recht keinen literarischen Anspruch (vgl. Doering 2002a).

Kleists Erzählung hat schließlich eine große Zahl von bildnerischen Umsetzungen erfahren, sowohl in vielfältigen illustrierten Textausgaben als auch in eigenständigen künstlerischen Adaptionen (vgl. die ausführliche Zusammenstellung von Wilk-Mincu 2006).

Literatur

Bubser-Wildner, Sigrun: Heinrich von Kleists *Die Marquise von O...*. Ein Forschungsbericht. In: New German Review 9 (1993), 84–98.

Chaouli, Michel: Irresistible rape. The lure of closure in *The Marquise von O...*. In: The Yale Journal of Criticism 17 (2004), 51–81.

Cohn, Dorrit: Kleist's *Marquise von O...*. The problem of knowledge. In: Monatshefte 67 (1975), 129–144.

Dane, Gesa: »Zeter und Mordio«. Vergewaltigung in Literatur und Recht. Göttingen 2005, 235–256.

Doering, Sabine: Erläuterungen und Dokumente: Heinrich von Kleist: *Die Marquise von O...*. Stuttgart 1993.

–: Wie kommt Kleist auf die Love Parade? Die Inszenierungen der *Marquise von O...*. In: HKB 13 (2002a), 65–78.

–: Im Zeichen der Marquise. Das Kleist-Bild der Marieluise Fleißer. In: Peter Ensberg und Hans-Jochen Marquardt (Hg.): Kleists Beitrag zur Moderne. III. Frankfurter Kleist-Kolloquium, 16./17.10.1998. Frankfurt a.d.O./Stuttgart 2002b, 55–72.

Grathoff, Dirk: Die Zeichen der Marquise: Das Schweigen, die Sprache und die Schriften. Drei Annäherungsversuche an eine komplexe Textstruktur. In: Ders. (Hg.): Kleist: Geschichte, Politik, Sprache. Aufsätze zu Leben und Werk Heinrich von Kleists. 2., verb. Aufl. Opladen 2000, 75–95.

Herwig, Henriette: Unwillkürlicher Körperausdruck und rhetorische Beredsamkeit des Leibes in Kleists Novelle *Die Marquise von O...*. In: Dies. (Hg.): Zeichenkörper und Körperzeichen im Wandel von Literatur- und Sprachgeschichte, Freiburg i.Br. 2005, 63–79.

Hoffmann, Werner: Das Motiv der unwissentlichen Empfängnis in der europäischen Novellistik. In: Euphorion 97 (2003), 19–50.

Klaar, Alfred (Hg.): Heinrich von Kleist. *Die Marquise von O...*. Die Dichtung und ihre Quellen. Berlin [1929].

Kleist, Heinrich von: Die Marquise von O.... In: Heinrich von Kleist/Adam H. Müller (Hg.): Phöbus. Ein Journal für die Kunst. Zweites Stück. Februar 1808, 3–32.

–: Die Marquise von O.... In: Erzählungen. Von Heinrich von Kleist. Berlin 1810, 216–306.

Košenina, Alexander: Ratlose Schwestern der Marquise von O.... Rätselhafte Schwangerschaften in populären Fallgeschichten – von Pitaval bis Spieß. In: KJb 2006, 45–59.

Künzel, Christine: Vergewaltigungslektüren. Zur Codierung sexueller Gewalt in Literatur und Recht. Frankfurt a.M./New York 2003.

Lohmeier, Anke-Marie: »*Die Marquise von O...*« (Heinrich von Kleist – Eric Rohmer). Radikale Werktreue. In: Anne Bohnenkamp in Verb. mit Tilman Lang (Hg.): Literaturverfilmungen. Stuttgart 1995, 86–92.

Moering, Michael: Witz und Ironie in der Prosa Heinrich von Kleists. München 1972.

Müller-Salget, Klaus: Heinrich von Kleist. Stuttgart 2002, 177–186.

Müller-Seidel, Walter: Die Struktur des Widerspruchs in Kleists *Die Marquise von O...*. In: Deutsche Vierteljahrsschrift für Literaturwissenschaft und Geistesgeschichte 28 (1954), 467–515.

Neumann, Gerhard: Skandalon: Geschlechterrolle und soziale Identität in Kleists *Marquise von O...* und in Cervantes' Novelle *La fuerza de la sangre*. In: Ders. (Hg.): Heinrich von Kleist. Kriegsfall – Rechtsfall – Sündenfall. Freiburg i. Br. 1994, 149–192.

Pfeiffer, Joachim: Die wiedergefundene Ordnung. Literaturpsychologische Anmerkungen zu Kleists *Die Marquise von O...*. In: Dirk Grathoff (Hg.): Heinrich von Kleist. Studien zu Werk und Wirkung. Opladen 1988, 230–247.

Rohmer, Eric: Anmerkungen zur Inszenierung. In: Werner Berthel (Hg.): Heinrich von Kleist: Die Marquise von O.... Mit Materialien und Bildern zu dem Film von Eric Rohmer und einem Aufsatz von Heinz Politzer. Frankfurt a.M. 1979, 111–114.

Schmidhäuser, Eberhardt: Das Verbrechen in Kleists *Marquise von O...*. Eine nur am Rande strafrechtliche Untersuchung. In: KJb 1986, 156–175.

Schmidt, Jochen: *Die Marquise von O...*. In: Walter Hinderer (Hg.): Interpretationen. Kleists Erzählungen. Stuttgart 1998, 67–88.

Siebert, Eberhard. Zur Herkunft der Zeitungsanzeige in Kleists *Marquise von O...* In: Jb. preußischer Kulturbesitz 1991, 323–327.

Swales, Erica: The beleaguered citadel. A Study of Kleist's *Die Marquise von O...* In: Deutsche Vierteljahrsschrift für Literaturwissenschaft und Geistesgeschichte 51 (1977), 129–147.

Weiss, Hermann F.: Precarious Idylls. The relationship between father and daughter in Heinrich von Kleist's *Die Marquise von O...* In: Modern Language Notes 91 (1976), 538–542.

Wilpert, Gero von: Kleists Schlüssellöcher. In: Friedrich Kienecker und Peter Wolfersdorf (Hg.): Dichtung, Wissenschaft, Unterricht. Paderborn 1986, 331–340.

Wilk-Mincu, Barbara: Kleists *Marquise von O...* in der bildenden Kunst. In: HKB 18 (2006), 11–81.

Sabine Doering

2.4 Das Erdbeben in Chili

Entstehungs- und Druckgeschichte

Entstanden ist die Erzählung wahrscheinlich in Kleists Königsberger Zeit, zwischen Mai 1805 und August 1806. Mit dem Titel *Jeronimo und Josephe. Eine Scene aus dem Erdbeben zu Chili, vom Jahr 1647* erschien sie – als erste publizierte Erzählung Kleists – in Johann Friedrich Cottas Zeitung *Morgenblatt für gebildete Stände* (Tübingen) vom 10. bis zum 15.9.1807. Wiederabgedruckt wurde der Text (diesmal unter dem Titel *Das Erdbeben in Chili*) in der ersten Buchausgabe der Erzählungen 1810 in Reimers *Realschulbuchhandlung*. Der Titel des Erstdrucks stammt wohl von Kleist (vgl. etwa Kleists Brief an den Verleger Cotta vom 17.9.1807, DKV IV, 387); der Titel der Buchversion, der den Fokus von den beiden Protagonisten der Erzählung auf die Katastrophe verschiebt, die im Text verhandelt wird, möglicherweise von Reimer, dem Verleger der *Erzählungen*. *Von Heinrich von Kleist*. Beide Fassungen, die sich vom Text her kaum unterscheiden, variieren in der Absatzgestaltung; während der Erstdruck in 31 Absätze gegliedert ist, finden sich in der Buchfassung nur drei Absätze. Helmut Sembdner führt diese Differenz auf die Entscheidung des Verlegers Reimer zurück, 344 Druckseiten (21½

Bogen) nicht zu überschreiten. Bei Beibehaltung der *Morgenblatt*-Gliederung hätte ein neuer Halbbogen angebrochen werden müssen (vgl. Kommentar, SW⁹ II, 902). Müller-Salget hält diese Annahme dagegen für nicht belegt (und führt die neue Absatzgestaltung auf Kleist selbst zurück): »Umgekehrt kann man argumentieren, daß die Redaktion des zweispaltig gedruckten ›Morgenblatts‹ nachweislich dazu neigte, der besseren Übersicht halber die Texte in kleinere Abschnitte aufzuteilen« (Kommentar, DKV III, 801f.).

Historischer Bezugspunkt: Das Erdbeben von Santiago de Chile im Jahr 1647

Bezug nimmt das *Erdbeben in Chili* auf ein historisch verbürgtes Erdbeben, das sich am 13. Mai 1647 nachts (also nicht – wie bei Kleist nachzulesen – nach Fronleichnam und nicht am Tage) in Santiago de Chile ereignete. Angenommen werden kann, dass Kleist (der zudem auf zeitgenössische Reiseberichte, in denen er sich über die Örtlichkeiten informieren konnte, zurückgegriffen haben mag) einen der vorliegenden Berichte über diese Naturkatastrophe verwendete, auch wenn bislang nicht ermittelt werden konnte, welchen Bericht Kleist gelesen hat. Wohl alle im 18. Jh. bekannten Mitteilungen über das Erdbeben rekurrierten aber auf den erstmals 1656/57 (in zweiter Auflage 1738) erschienenen Augenzeugenbericht des Bischofs von Santiago, Gaspar de Villaroels *Relaciòn del terremoto que assoló la ciudad de Santiago de Chili* (vgl. Aldridge 1968). Villaroel berichtet vom Zusammenbruch fast aller Gebäude, der Panik unter den Einwohnern und seiner Predigt am Abend nach dem Erdbeben, in der er eine Deutung der Katastrophe als zerstörerisches Eingreifen Gottes zurückgewiesen habe. Etliche Gläubige hätten ihn aber missverstanden, die Katastrophe sei als Ausdruck göttlichen Zorns aufzufassen.

Die Theodizee-Debatte

Perspektiviert war das Interesse, das in der zweiten Hälfte des 18. Jh.s der südamerikanischen Katastrophe des Jahres 1647 entgegengebracht wurde, durch die nachhaltige theologische und philosophische Debatte, die ausgelöst wurde durch das Erdbeben von Lissabon am Allerheiligentag des Jahres 1755. Die in zahlreichen Schriften ausgetragene Diskussion, die dieser Katastrophe im 18. Jh. eine weltgeschichtliche Bedeutsamkeit verlieh, die nur mit der der Französischen Revolution von 1789 zu vergleichen ist, kreiste um das Problem der Theodizee, um die Frage, wie die Allmacht, Allgüte und Allwissenheit Gottes mit der Existenz des Bösen in der Welt vereinbar sei, sowie um die Validität des Leibniz'schen Satzes, dass diese Welt »die beste aller möglichen Welten sei« (und deshalb die Existenz des Bösen in der Welt nicht der Güte Gottes widerspreche). An der mit Verve geführten Auseinandersetzung beteiligten sich u. a. Rousseau, Voltaire und Kant (s. Kap. III.7). Letzterer argumentierte schon 1756 in *Geschichte und Naturbeschreibung der merkwürdigen Vorfälle des Erdbebens, welches am Ende des 1755sten Jahres einen großen Theil der Erde erschüttert hat*, gegen den »sträfliche[n] Vorwitz, der sich anmaßt, die Absichten der göttlichen Rathschlüsse einzusehen, und nach seinen Einsichten auszulegen. [...] So ist der Mensch im Dunkeln, wenn er die Absichten errathen will, die Gott in der Regierung der Welt vor Augen hat« (Kant 1795, 184f.).

Im selben Jahr veröffentlichte Voltaire sein *Poème sur le desastre de Lisbonne*, in dem er sich unter Berufung auf das durch das Erdbeben verursachte Leid gegen den philosophischen Optimismus eines Gottfried Wilhelm Leibniz oder eines Alexander Pope (»Whatever is right, is right«) ausspricht. Rousseau reagierte auf Voltaires Gedicht mit einem »Lettre à M. de Voltaire« vom 18. August 1756, in dem er gegen die Vorstellung, dass katastrophische Naturereignisse durch göttlichen Zorn ausgelöst würden, argumentiert und kritisiert, dass Voltaire den Trost suspendiere, den der philosophische Optimismus spenden könne. 1759 radikalisierte Voltaire seine Polemik gegen die Parole von der besten aller Welten im (1759 anonym erschienenen, auf Deutsch 1776 veröffentlichten) satirischen Roman *Candide ou l'optimisme*, dessen Protagonisten auch das Erdbeben von Lissabon miterleben. Hedwig Appelt und Dirk Grathoff sehen im *Candide* »freilich in

satirischer Verzerrung, eine grobe Grundstruktur von Kleists Erdbeben-Geschichte vorgegeben: auf das Überstehen der Naturkatastrophe folgt der tatsächliche Untergang im gesellschaftlichen Opfer- und Strafritual. Bei Kleist ist jedoch tragisch gewendet, was bei Voltaire als beißende Philosophiesatire erscheint« (Appelt/Grathoff 1986, 71). Kleists Erzählung schreibt die Theodizee-Debatte des 18. Jh.s fort, indem sie die in dieser Debatte vertretenen Positionen und Problemkonfigurationen literarisiert; die philosophischen und theologischen Diskussionen werden aufgerufen und verhandelt. Kleists Text, der mit den Genres *contes moraux* und *contes philosophiques* spielt, greift aber nicht nur auf philosophische, theologische und historische Prätexte zurück. Die Erzählung *Jeronimo und Josephe* respektive *Das Erdbeben in Chili* schließt wohl auch an Friedrich Theodor Nevermanns *Alonzo und Elvira, oder Das Erdbeben von Lissabon* an (vgl. Schmidt 2003, 185). Die Ausgangskonstellation der Liebe (s. Kap. V.20) eines bürgerlichen Hauslehrers zur Tochter eines Adligen verweist auf das literarische Musterpaar Abälard und Heloise, das bereits von Rousseaus *Nouvelle Héloïse* wiederaufgegriffen wurde.

Inhalt

Der erste Satz der Erzählung katapultiert den Leser ins Zentrum einer doppelten Katastrophe: der Naturkatastrophe (s. Kap. V.22), die Tausenden das Leben kosten wird, und der privaten Liebeskatastrophe des inhaftierten Jeronimo, der sich umbringen will: »In St. Jago, der Hauptstadt des Königreichs Chili, stand gerade in dem Augenblicke der großen Erderschütterung vom Jahre 1647, bei welcher viele tausend Menschen ihren Untergang fanden, ein junger, auf ein Verbrechen angeklagter Spanier, namens *Jeronimo Rugera*, an einem Pfeiler des Gefängnisses, in welches man ihn eingesperrt hatte, und wollte sich erhenken« (DKV III, 189). Die Vorgeschichte wird nachgeliefert: Jeronimo, der Hauslehrer einer adeligen, besonders reichen Familie, hatte ein Verhältnis mit der Tochter des Hauses, Donna Josephe, geknüpft, das entdeckt und bestraft worden war: mit seiner Entlassung und der Unterbringung Josephes im Karmeliterkloster unsrer lieben Frau vom Berge (s. Kap. V.12).

Jeronimo vermag sich Zutritt zum Klostergarten zu verschaffen, er schwängert Josephe, die von den Wehen auf der Fronleichnamsprozession auf den Stufen der Kathedrale überrascht wird. Sie wird ins Gefängnis verbracht, nach der Geburt ihres Kindes sieht sie sich dem »geschärfteste[n] Prozeß« (DKV III, 191) gegenüber, in dem sie zum Tode verurteilt wird. Am Tage ihrer – von der ganzen Stadt erwarteten – Hinrichtung, Jeronimo ist inzwischen auch in einem Gefängnis interniert, bricht das Erdbeben über die Stadt herein. Jeronimo, gerade im Begriff, sich zu erhängen, vermag aus dem zusammenbrechenden Gefängnis zu entfliehen und kämpft angesichts der zerstörerischen Katastrophe instinktiv um sein Leben. Josephe, die, als das Erdbeben ausbricht, bereits auf dem von den Stadtbewohnern begafften Weg zur Exekution ist, sieht sich ebenfalls gerettet. Sie trifft, nachdem sie ihr Kind noch aus dem brennenden Kloster hat holen können, vor den Toren der Stadt in einem Tal an einer Quelle auf Jeronimo, der sie mit dem Ausruf »O Mutter Gottes, du Heilige!« (ebd., 197) erkennt, und findet »Seligkeit, als ob es das Tal von Eden gewesen wäre« (ebd., 201). Alle im Tal lagernden Überlebenden der Katastrophe, »Menschen von allen Ständen«, helfen und unterstützen sich wechselseitig, es scheint, »als ob das allgemeine Unglück alles, was ihm entronnen war, zu einer Familie gemacht hätte« (ebd., 207).

Die beiden Liebenden beschließen, den Dankgottesdienst in der einzigen Kirche (s. Kap. IV.12), die nicht eingestürzt ist, zusammen mit Don Fernando zu besuchen, auf dessen Familie sie im Tal gestoßen sind – mit sich nimmt die Gruppe auch Donna Constanze sowie Jeronimos und Josephes Sohn Philipp und Don Fernandos Sohn Juan; Don Fernandos Gattin, Donna Elvire, bleibt mit Donna Elisabeth zurück. Der Prediger des Gottesdienstes wütet gegen die Sittenverderbnis der Stadt und deutet das Erdbeben als Ausdruck göttlichen Zorns; wortgewaltig stellt er Jeronimo und Josephe als besonders verachtenswerte Sünder an den Pranger. Die aufgehetzten Gläubigen meinen die Schuldigen zu erkennen, ein »wütende[r] Haufen« (DKV III, 217) stürzt sich auf die

Gruppe. Trotz des heroischen Mutes von Don Fernando werden alle bis auf diesen selbst und Philipp, Jeronimos und Josephes Sohn, getötet. »Don Fernando und Donna Elvire« – so der letzte Satz der Erzählung – »nahmen hierauf den kleinen Fremdling zum Pflegesohn an; und wenn Don Fernando Philippen mit Juan verglich, und wie er beide erworben hatte, so war es ihm fast, als müßt er sich freuen« (ebd., 221).

Verschränkte Katastrophen und Bibelallusionen

Kleist greift im *Erdbeben in Chili* nicht nur auf die erzählerische Strategie zurück, die Katastrophe, das Leiden und Sterben Tausender durch die Fokussierung von Einzelschicksalen, durch die Konzentration auf Jeronimo und Josephe, fassbarer, emotional begreifbarer zu machen. Das ›unerhörte Ereignis‹, das die Erzählung zur Novelle (s. Kap. II.2.1) macht, ist die Verknüpfung der ›großen‹ Katastrophe mit jener ›kleinen‹ Katastrophe, die nicht Tausende, sondern nur das Liebespaar betrifft (vgl. Schulte 1988, 182). Die Naturkatastrophe und die Liebeskatastrophe verhalten sich zueinander wie allgemeiner Untergang zu individueller Rettung. Kleists Text setzt in Szene, dass Katastrophen blickwinkelabhängig sind: Was für die ganze Stadt Santiago de Chile eine Wendung zum Schlimmen bedeutet, ist für Jeronimo und Josephe eine glückliche Kehre. »[G]erade in dem Augenblicke« (DKV III, 189), da Jeronimo sich aus Verzweiflung erhängen will, wird er durch das Erdbeben aus seinem Gefängnis befreit. In dem Moment, in dem für Jeronimo, der im Begriff ist, sich zu erhängen, seine Welt metaphorisch und figurativ zusammenbricht, ihm der Boden unter seinen Füßen schwindet, bebt der Boden – Kleist operiert hier mit der ihn kennzeichnenden Strategie der Konkretisierung, der Entmetaphorisierung von Metaphern – das Erdbeben lässt unter Jeronimos Füßen buchstäblich und tatsächlich alles zusammenbrechen: auch das Gefängnis.

Gegliedert ist die Kleist'sche Erzählung (s. Kap. II.1) in drei Teile – eine Anordnung, die das triadische geschichtsphilosophische Schema, von Arkadien (dem paradiesischen Naturzustand)

über (gegenwärtige) Entfremdung durch die Vergesellschaftung nach Elysium, dem wiederzugewinnenden Paradies, alludiert und satirisch sowie parodistisch verkehrt, erweist sich doch das ›wiedergefundene Paradies‹, das im Mittelteil des *Erdbebens in Chili* gestaltet wird, nicht als visionäres Ende des Geschichtsprozesses, sondern als prekäre, scheinhafte Idylle (s. Kap. V.23), als bloße Als-ob-Konfiguration (zur Struktur des Als-Ob vgl. Wittkowski 1969), die im Schlusstableau in und vor der Kathedrale brutal zerstört wird (s. Kap. V.7). Die die Idylle betreffenden Passagen muten wie die Verwirklichung des Programms der Französischen Revolution an (vgl. auch Koopmann 1990), die allerdings zur Zeit der Abfassung der Erzählung bereits gescheitert ist, machen den Eindruck, als seien in (sozial-)utopischer Vollkommenheit *égalité*, *liberté* und *fraternité* umgesetzt: »Auf den Feldern, so weit das Auge reichte, sah man Menschen von allen Ständen durcheinander liegen, Fürsten und Bettler, Matronen und Bäuerinnen, Staatsbeamte und Tagelöhner, Klosterherren und Klosterfrauen: einander bemitleiden, sich wechselseitig Hülfe reichen, von dem, was sie zur Erhaltung ihres Lebens gerettet haben mochten, freudig mitteilen, als ob das allgemeine Unglück Alles, was ihm entronnen war, zu *einer* Familie gemacht hätte« (DKV III, 207).

Der Schein der Idylle (s. Kap. V.23), der durch die Naturkatastrophe ausgelösten gesellschaftlichen Reorganisation als Verwirklichung von *humanité*, ist mithin der der Täuschung und der illusionären Verblendung (s. Kap. V.7); andererseits ist mit Recht darauf hingewiesen worden, dass der idyllische Schein des Mittelteils der Erzählung, der von Lyrismen durchzogen ist, auch ein *schöner* Schein von ästhetischer Intensität ist, den das desaströse Ende nicht gänzlich zu verdunkeln vermag (vgl. z. B. Kommentar, DKV III, 810). Kleist setzt (nicht nur) in diesen mittleren Passagen auf die Strahlkraft biblischer Bilder: Als Jeronimo Josephe, also die Frau Joseph(s), mithin Maria, mit dem Kind im Tal erkennt, ruft er die Muttergottes an oder, auch das eine mögliche Lesart, apostrophiert Josephe als Maria: »O Mutter Gottes, du Heilige!« – und lässt sich mit Frau und Kind unter einem Granatapfelbaum nieder.

Das idyllische Familienszenario (s. Kap. V.8) korrespondiert dem Motiv der lagernden Heiligen Familie auf der Flucht nach Ägypten, ein Motiv, das auch in der zeitgenössischen Bildenden Kunst immer wieder gestaltet wurde (Friedhelm Marx hat etwa auf die Bilder mit diesem Sujet hingewiesen, die Kleist in der Dresdener Gemäldegalerie besichtigen konnte; vgl. Marx 2004).

Der Granatapfelbaum verweist in der Ikonographie des Mittelalters auf Maria, der Granatapfel, seine Frucht, auf Jesus (spielt aber bereits in der griechischen Mythologie im Persephonemythos eine Rolle; weil Persephone einen Granatapfel pflückt, darf sie die Unterwelt nicht endgültig verlassen; Kommentar, DKV III, 813). Auch die Zeugung des Kindes im Garten des Klosters »unsrer lieben Frau vom Berge« (ebd., 189) ist ikonographisch aufgeladen, fungiert doch der *hortus conclusus* als mittelalterliche Marienallegorie. Der Zeitpunkt der Geburt Philipps, der im Idyllenteil der Erzählung in die Position eines göttlichen Kindes rückt, ist ausgerechnet der Fronleichnamstag, an dem Christus in Gestalt der Hostie gefeiert wird: drastisch wird die von Wehen eingeleitete Geburt Philipps der Hostie und dem Geheimnis der Transsubstantiation, Körperlichkeit der Transzendierung des Körperlichen entgegengestellt (s. Kap. V.18). Mariologisch lesen lässt sich die von Jeronimo und Josephe getroffene Entscheidung, »nach La Conception zu gehen« (DKV III, 203). Angespielt wird hier auf die *conceptio immaculata*, die unbefleckte Empfängnis (vgl. Schrader 1991, 46).

Auch die Darstellung des Erdbebens rekurriert auf biblische Bilder und Topoi – etwa auf die Apokalypse des Johannes, in der »eine große Erdbebung« prophezeit wird, »daß solche nicht gewesen ist, sint der Zeit Menschen auf Erden gewesen sind, solche Erdbebung also groß« (Apok. 16,18), die apokalyptischen Visionen des Jesaja (Jes. 66,6–8, auf die die Schilderung von den massenhaft gebärenden Frauen rekurriert) und den Genesisbericht über die Vernichtung von Sodom und Gomorrha: »Da ließ der Herr Schwefel und Feuer regnen [...] vom Himmel herab, auf Sodom und Gomorra. Und kehrete die Städe um, die ganze Gegend und alle Einwohner« (Gen. 19,24f.; vgl. Schrader 1991, 43ff.; s. Kap. IV.12).

Versuchte Sinnstiftungen

Jeronimo und Josephe, die die Zustände im Tal als Wiederkehr des Goldnen Zeitalters erleben, sentimentalisieren die mit apokalyptischen Bildern gemalte Katastrophe; die beiden Liebenden entwickeln eine auf ihr Geschick zurechtgestutzte Interpretation, eine auf ihr Geschick bezogene Theodizee – eine Rechtfertigung des Erdbebens, das habe eintreten müssen, um sie zu retten: Die Katastrophe gerät ihnen zur »Wohltat, wie der Himmel noch keine über sie verhängt hatte« (DKV III, 207). Die beiden Liebenden sind nicht die einzigen in der Erzählung, die mit der Deutung der Katastrophe beschäftigt sind; die Protagonisten im *Erdbeben in Chili* (sowie der Erzähler) sind manisch damit befasst, mit dem Einbruch der Kontingenz, der Erfahrung der Ohnmacht, der Sterblichkeit und des Ausgesetzt-Seins umzugehen. Die Figuren versuchen – ob Jeronimo und Josephe oder der predigende Chorherr –, einen göttlichen Heilsplan zu konstruieren, der eine Deutungsmatrix zur Verfügung stellt. Sie bemühen sich, die ›Störung‹, den ›Bruch‹, die ›Lücke‹, die die Katastrophe reißt, mit Deutungen auszufüllen – jene ›Lücke‹, die sowohl Anlass als auch Motor für die Generierung dieser Deutungen ist.

Zu Beginn der Erzählung scheint es so, als sei das Erdbeben als Gericht Gottes zu verstehen, das die bigotten, unmenschlichen Bürger Santiago de Chiles bestraft, die die verbotene Liebe zwischen Jeronimo und Josephe so hart ahndeten, werden doch die gesellschaftlichen – kirchlichen, staatlichen und familiären Institutionen, die der Text kritisch, ja sarkastisch beleuchtet – der Vernichtung anheim gegeben: Der Palast des Vizekönigs, Josephes Vaterhaus sind zerstört, der Erzbischof weilt nicht mehr unter den Lebenden. Das Erdbeben hebt die Bestrafung der Liebenden, die gesellschaftlichen Vorgaben und dem christlichen Moralkodex trotzten, aber nicht auf, sondern verschiebt sie nur – und verschärft sie noch, reißt nicht nur Josephe, sondern auch Jeronimo in den Tod (Opfer des Mobs werden überdies Donna Constanze und Juan). Die Predigt des Chorherrn identifiziert Jeronimo und Josephe (und nicht die selbstgerechte und mitleidlose Gesellschaft) als

diejenigen, die als Schuldige für das Erdbeben auszumachen seien (s. Kap. V.26). Anders als zu Beginn der Erzählung sorgen nicht die kirchlichen und staatlichen Institutionen für die Bestrafung der Delinquenten, sondern delegieren deren Liquidation an den aufgehetzten Mob. Beschreiben lässt sich diese Konfiguration, wie René Girard vorgeschlagen hat, als archaisches Sündenbockritual, das die Gesellschaft befriedet (Girard 1985) oder als fehlgeleiteter revolutionärer Impetus: »Statt sich gegen die tatsächlichen Unterdrücker zu erheben, richten die Unterdrückten ihre (von ›oben‹ gedeckten) Aggressionen auf die Außenseiter der Gesellschaft und finden in deren Ausmerzung eine Ersatzbefriedigung« (Kommentar, DKV III, 811).

Die Auslegung des Geschehens, das führt die Erzählung vor, ist immer perspektiven- und interessenabhängig; jede Auslegung konkurriert mit anderen Auslegungen. Es scheint keine Möglichkeit zu geben, den ›Sinn‹ dessen, was sich ereignet hat, zu fixieren. Der Leser des *Erdbebens in Chili*, der wie die Protagonisten der Erzählung mit Sinngebung, mit Interpretation befasst ist, hat die prekäre Verschränkung von individueller Rettung und allgemeiner Vernichtung zu deuten; er wird mit einem katastrophischen Blick auf die aggressive Triebnatur des Menschen konfrontiert und hat etwa zu entscheiden, ob in der Figur des Don Fernando eine uneingeschränkt positive Herosgestalt präsentiert wird (vgl. Wittkowski 1969; Schulte 1988) – und ob mit der Adoption von Jeronimos und Josephes Kind Philipp durch Don Fernando und Donna Elvira auf eine Weise ein *Happy Ending* gestaltet ist. Die Beantwortung (nicht nur) der letzten beiden Fragen bleibt prekär; die Formulierung des letzten Satzes »so war es ihm fast, als müßt er sich freuen« (DKV III, 221), rückt das ›glückliche Ende‹ in die Nähe der Schein- und Als-Ob-Struktur des illusionären Mittelteiles (und legt überdies einen Seitenblick auf Kleists Text *Der Findling* nahe, der vom gar nicht glücklichen Ausgang einer solchen Adoptionskonstellation erzählt). Kleists Text enthält seinen Lesern ein unzweideutig gutes Ende genauso vor, wie er ihnen den Trost verweigert, aus der Katastrophe resultierte eine Fülle ethischer Großtaten. Zwar erzählen diejenigen, die

die Katastrophe überlebt haben im *Erdbeben in Chili* »Beispiele von ungeheuern Taten: Menschen, die man sonst in der Gesellschaft wenig geachtet hatte, hatten Römergröße gezeigt; Beispiele zu Haufen von Unerschrockenheit [...]« (ebd., 207). Auch diese kursierenden (und unverbürgt bleibenden) Anekdoten (s. Kap. II.2.2) reflektieren aber nur den Prozess versuchter Sinnstiftung, von dem die Novelle handelt.

Dass es das Problem der Deutung ist, um das es im *Erdbeben in Chili* geht, darauf hat bereits John M. Ellis (1963) in seinem grundlegenden Aufsatz hingewiesen. Hermeneuten haben das zum Anlass genommen, Kleists Text als »Skandalon einer Hermeneutik« zu begreifen, »die Wahrheit nicht mehr durch Offenbarung gesichert sieht, Missverstehen als das selbstverständlich Gegebene betrachtet und ›Verstehen‹ zu einer die Momente historischer Rekonstruktion und divinatorischer Konstruktion integrierenden, nie abzuschließenden Tätigkeit erklärt, die in der Bemühung um den Sinn des Werkes zugleich ihren eigenen Sinn produziert« (Altenhofer 1985, 53). Während Benno von Wiese noch 1961 in der Inkongruenz von Zeichen und Bedeutung, in der Schwierigkeit, dem Erzählzusammenhang einen konsistenten Sinn zu unterlegen, ein entscheidendes Motiv der von ihm konstatierten Zurückhaltung der germanistischen Zunft sah, das *Erdbeben in Chili* zu interpretieren (vgl. von Wiese 1961), avancierte Kleists Novelle gerade aufgrund der Deutungskalamitäten, die die Erzählung aufwirft, aufgrund des Interpretationsproblems, das sie auf eine so radikale Weise stellt, zu einem vielbehandelten Text, ja zum ›Probierstein‹ für verschiedene methodologische und literaturtheoretische Zugangsweisen. So versammelt der 1985 von David Wellbery herausgegebene Band *Positionen der Literaturwissenschaft. Acht Modellanalysen am Beispiel von Kleists ›Erdbeben in Chili‹* diskursanalytische, kommunikationstheoretische, literatursemiotische, institutionssoziologische, sozialgeschichtliche, anthropologische, hermeneutische und dekonstruktive Lektüren. Insbesondere für die in den 1990er Jahren virulente Debatte zwischen Hermeneutik und Dekonstruktion (s. Kap. VI.3) erwies sich das *Erdbeben in Chili* als wichtiger Bezugstext, an dem dis-

kutiert wurde, ob die Kleist'sche Erzählung Deutungen suspendiert, ein ›Sinn‹ des Textes nicht auszumachen ist oder ob es gerade der »›Sinn‹ der Erzählung [ist], daß das Erdbeben ein ›sinnloses‹ Geschehen repräsentiert« (Schmidt 2003, 187).

Rezensionen, Reaktionen der Zensur und Nachdichtungen

Rezensiert wurde die Erzählung wohl erst nach Erscheinen der Buchausgabe, Besprechungen des Erstdrucks sind jedenfalls nicht überliefert. Neben kürzeren Rezensionen liegen drei umfangreichere Besprechungen der Buchausgabe vor – über die Verfasserschaft besteht aber Uneinigkeit. Zwar ist sicher, dass Wilhelm Grimm beide Teile der Erzählungen rezensierte; unklar ist aber, um welche der bekannten, anonym erschienenen Rezensionen es sich bei dieser Besprechung handelt (zum Verfasserstreit vgl. Obenaus 1981, zum Methodenproblem der Verfasseridentifikation anonymer Rezensionen vgl. Sembdner 1982; Denecke 1982). Friedrich Weißer in *Cottas Morgenblatt* vom 28. Dezember 1810 »freut sich, diesen Erzählungen des Hrn. v. Kleist ein weit besseres Zeugnis sprechen zu können, als seinem *Kätchen* von Heilbronn«, befindet aber über die dritte Erzählung, das *Erdbeben in Chili*, sie habe »etwas Empörendes, und ist auch zu skizzenhaft behandelt«. Der Rezensent der Leipziger Literaturzeitung skizziert in seiner Besprechung vom 28. September 1812 das *Erdbeben* als »ein schauervolles Gemälde von dem Wechsel des menschlichen Schicksals – die Contraste des Glücks und Unglücks in den höchsten Graden sind so ungeheuer, wie ihre Veranlassung die entsetzlichste aller Naturbegebenheiten«.

In Wien reagierte die Zensur auf die Publikation der Erzählungen (und verbot sowohl den ersten Band der *Erzählungen* von 1810 als auch den zweiten von 1812). Argumentiert wurde, »daß deren Gehalt, wenn auch nicht ohne Wert, doch die unmoralischen Stellen nicht vergessen machen könne, welche besonders in der Erzählung ›Das Erdbeben von Chili‹ vorkommen, deren Ausgang im höchsten Grade gefährlich sei« (Nachruhm Nr. 646).

In verschiedenen Zeitschriften ist in der ersten Hälfte des 19. Jh.s eine trivialisierende Umarbeitung des *Erdbebens in Chili* publiziert worden. Alfred Estermann hat, nachdem von Helmut Sembdner bereits 1977 eine Version dieser Nacherzählung mitgeteilt worden war, 1979 auf sechs – sich nur geringfügig unterscheidende – Publikationen dieser Nachdichtung zwischen 1837 und 1843 hingewiesen, u. a. in den *Wöchentlichen Mittheilungen aus den interessantesten Erscheinungen der Literatur zur Belehrung und Unterhaltung aller Stände* (vgl. Estermann 1979, 73).

Literatur

Aldridge, Alfred Owen: The Background of Kleist's *Das Erdbeben in Chili*. In: Arcadia 3 (1968), 173–180.

Altenhofer, Norbert: Der erschütterte Sinn. Hermeneutische Überlegungen zu Kleists *Das Erdbeben in Chili*. In: Wellbery 1985, 39–53.

Appelt, Hedwig/Grathoff, Dirk (Hg.): Heinrich von Kleist. *Das Erdbeben in Chili*. Stuttgart 1986.

Bourke, Thomas E.: Vorsehung und Katastrophe. Voltaires *Poème sur le désastre de Lisbonne* und Kleists *Erdbeben in Chili*. In: Karl Richter/Jörg Schönert (Hg.): Klassik und Moderne: Die Weimarer Klassik als historisches Ereignis und Herausforderung im kulturgeschichtlichen Prozeß. Festschrift für Walter Müller-Seidel. Stuttgart 1983, 228–253.

Denecke, Ludwig: Jacob und Wilhelm Grimm als Rezensenten. In: Joachim Krause/Norbert Oellers/Karl Konrad Polheim (Hg.): Sammeln und Sichten. Fs. für Oskar Fambach. Bonn 1982, 294–323.

Ellis, John M.: Kleist's *Das Erdbeben in Chili*. In: Publications of the English Goethe-Society 33 (1963), 10–55.

Estermann, Alfred: Nacherzählungen Kleistscher Prosa. Texte aus literarischen Zeitschriften des Vormärz. In: Klaus Kanzog (Hg.): Text und Kontext. Quellen und Aufsätze zur Rezeptionsgeschichte der Werke Heinrich von Kleists. Berlin 1979, 72–82.

Fischer, Bernd: Ironische Metaphysik. Die Erzählungen Heinrich von Kleists. München 1988.

Girard, René: Mythos und Gegenmythos: Zu Kleists *Das Erdbeben in Chili*. In: Wellbery 1985, 130–148.

Grathoff, Dirk: Die Erdbeben in Chili und Lissabon. In: Ders.: Kleist: Geschichte, Politik, Sprache. Aufsätze zu Leben und Werk Heinrich von Kleists. Wiesbaden 1999, 96–111.

Greiner, Bernhard: *Das Erdbeben in Chili*. Der Zufall als Problem des Erzählens. In: Ders.: Kleists Dramen und Erzählungen. Experimente zum ›Fall‹ der Kunst. Tübingen/Basel 2000, 363–383.

Kant, Immanuel: Geschichte und Naturbeschreibung der merkwürdigen Vorfälle des Erdbebens, welches am Ende des 1755sten Jahres einen großen Theil der Erde erschüttert hat. In: Ders.: Immanuel Kants frühere und noch nicht gesammelte kleine Schriften. Lintz 1795, 184f.

Koopmann, Helmut: Das Nachbeben der Revolution. Heinrich von Kleist: *Das Erdbeben in Chili*. In: Deutsche Romantik und Französische Revolution. Wrocław 1990, 85–108.

Ledanff, Susanne: Kleist und die »Beste aller Welten«. *Das Erdbeben in Chili* – gesehen im Spiegel der philosophischen und literarischen Stellungnahmen zur Theodizee im 18. Jahrhundert. In: KJb 1986, 125–155.

Liebrand, Claudia: Das suspendierte Bewußtsein. Dissoziation und Amnesie in Kleists *Erdbeben in Chili*. In: Jb. der Deutschen Schillergesellschaft 36 (1992), 95–114.

Marx, Friedhelm: Familienglück – Familienelend. Heinrich von Kleists Novelle *Das Erdbeben in Chili*. In: Jb. für internationale Germanistik 36/1 (2004), 121–134.

Moucha, Pamela: Verspätete Gegengabe. Gabenlogik und Katastrophenbewältigung in Kleists *Erdbeben in Chili*. In: KJb 2000, 61–88.

Müller-Seidel, Walter: Versehen und Erkennen. Eine Studie über Heinrich von Kleist. Weimar 1961.

Nevermann, Friedrich Theodor: Alonzo und Elvira, oder das Erdbeben von Lissabon. Hamburg 1795.

Obenaus, Sibylle: Wilhelm Grimms Kleist-Rezension. Zum Methodenproblem der Verfasseridentifikation anonymer Rezensionen. In: Jb. der deutschen Schillergesellschaft 25 (1981), 77–96.

Schmidt, Jochen: Heinrich von Kleist. Die Dramen und Erzählungen in ihrer Epoche. Darmstadt 2003.

Schrader, Hans Jürgen: Spuren Gottes in den Trümmern der Welt. Zur Bedeutung biblischer Bilder in Kleists *Erdbeben*. In: KJb 1991, 34–52.

Schulte, Bettina: Unmittelbarkeit und Vermittlung im Werk Heinrich von Kleists. Göttingen 1988.

Sembdner, Helmut: Wilhelm Grimms Kleist-Rezensionen: Zu Sibylle Obenaus' Methodenproblem. In: Jb. der Deutschen Schillergesellschaft 26 (1982), 31–39.

Voltaire: Candide, ou l'optimisme [1759]. Paris 2003.

Wellbery, David E. (Hg.): Positionen der Literaturwissenschaft. Acht Modellanalysen am Beispiel von Kleists *Das Erdbeben in Chili*. München 1985.

Wiese, Benno von: Heinrich von Kleist: *Das Erdbeben in Chili*. In: Jb. der Deutschen Schillergesellschaft 5 (1961), 102–117.

Wittkowski, Wolfgang: Skepsis, Noblesse, Ironie. Formen des Als-ob in Kleists *Erdbeben*. In: Euphorion 63 (1969), 247–283.

Claudia Liebrand

2.5 Die Verlobung in St. Domingo

Entstehung, Handlung, Kontext

Kleist schrieb *Die Verlobung in St. Domingo* vermutlich Anfang 1811 nieder. Der Erstdruck findet sich unter dem Titel *Die Verlobung* in der Zeitschrift *Der Freimüthige. Berlinisches Unterhaltungsblatt für gebildete, unbefangene Leser*, Nr. 60–68, 25. März bis 5. April 1811, die erste Buchpublikation dann, unter dem heute üblichen Titel, im zweiten Band der Kleist'schen Erzählungen im August 1811.

Die Erzählung setzt in einer Bürgerkriegssituation ein. Aufbegehrende haitianische Sklaven haben ihre weißen Besitzer vielfach schon getötet und sind dabei, die Kontrolle über die Insel ganz zu gewinnen. Auch der Pflanzer Villeneuve ist von seinem früheren Sklaven Congo Hoango erschossen worden. Sein Haus dient jetzt als Falle für weiße Flüchtlinge, die von der hellhäutigen Toni – der Tochter von Congo Hoangos Frau, der Mulattin Babekan, und eines weißen Franzosen – in Sicherheit gewiegt werden, bis eine Mehrheit von Schwarzen auf dem Hof versammelt ist, um sie zu töten. Dieses Schicksal droht auch dem Schweizer Gustav von der Ried, der sich als französischer Offizier auf der Insel befindet und der sich mit seiner Familie nach Port au Prince als der letzten Bastion der weißen Truppen durchzuschlagen versucht. Gustav wagt sich in das ihm unbekannte Haus, um für seine Gruppe Lebensmittel zu erhalten. Babekan gelingt es, ihn zum Übernachten zu bereden. Sie will die Schweizer in der Nähe behalten, bis Congo Hoango mit seinen Kämpfern zurückkommt. Ihre Tochter Toni setzt zunächst ihre erotischen Reize so zielgerichtet ein wie in mehreren früheren Fällen. Gustav aber gelingt es, sie zu rühren und zu jenem letzten Schritt zu bewegen, der ihr verboten ist.

Tatsächlich markiert dieser Geschlechtsverkehr einen Seitenwechsel; fortan versucht Toni, Gustav zu retten. Schon in der folgenden Nacht kehrt Congo Hoango zurück. Um Gustav vor einem hoffnungslosen Kampf gegen die Übermacht zu bewahren, fesselt sie den Schlafenden eilig an sein Bett. Es gelingt ihr dann, Gustavs Familie zum Haus zu führen. Nach kurzem Kampf

kontrolliert die Familie die Lage. Gustav aber wähnt sich von Toni verraten, erschießt erst sie, und dann, über die Zusammenhänge aufgeklärt, sich selbst. Mit zwei Söhnen Congo Hoangos als Geiseln kann sich die Familie von der Ried immerhin zurückziehen und gelangt später in die Schweiz.

Kleists Stoffwahl mag erstens durch ein autobiographisches Moment bedingt sein; 1807 war er unter dem Verdacht der Spionage in jenem Fort de Joux bei Pontarlier inhaftiert, in dem vier Jahre zuvor Toussaint L'Ouverture, einer der Befehlshaber des Sklavenaufstands, als Gefangener gestorben war. Zweitens gibt es mit der Erzählung von der ›edlen Wilden‹ Yariko, die den englischen Händler Incle rettet, bei der ersten Gelegenheit von ihm verraten und in einigen Versionen als Sklavin verkauft wird, einen Stoff, den in der deutschsprachigen Literatur des 18. Jh.s u. a. Christian Fürchtegott Gellert, Jakob Bodmer und Salomon Geßner variiert haben und der häufig als Bezugspunkt Kleists genannt wurde. Doch zeigt sich im Vergleich die Eigenständigkeit seiner Erzählung; so bewegt sich Toni, anders als Yariko, von Jugend an bis in die Kriegssituation in einem durch Gesetze festgelegten Raum, der von Gewaltstrukturen geprägt ist, die Vorzivilisatorischem keinen Raum lassen (Marx 1994, 46f.). Umgekehrt erschießt Gustav sie nicht aus berechnendem Interesse, sondern weil er sich verraten glaubt. Sollte sich Kleist auf diesen Stoff bezogen haben, dann im Sinne eines Alternativmodells.

Die Forschung der letzten Jahre (Bay 1998) hat sich darauf gestützt, dass drittens die Auseinandersetzungen auf Haiti in Europa mit regem Interesse verfolgt wurden. Mögliche Quellen Kleists sind Markus Rainsford: *Geschichte der Insel Hayti oder St. Domingo, besonders des auf derselben errichteten Negerreichs* (dt. Hamburg 1806) und Louis Dubroca: *Geschichte der Neger-Empörung auf St. Domingo unter der Anführung von Toussaint-Louverture und Jean Jaques Dessalines*, in: *Minerva*. Hamburg 1805, Bd. 1, 434–464 und Bd. 2, 71–158. Versuche, daraus interpretatorische Konsequenzen zu ziehen (etwa Charbon 1996, 79–83), überzeugen indessen nicht. Zum einen sind sogar die deutlicheren der Hinweise, die Kleist im Text gibt, recht vage. Wenn die Rede von den »unbesonnenen Schritten des National-Konvents« (DKV III, 222) ist, die den Aufstand anstachelten, so fragt sich, welcher der sich widersprechenden Beschlüsse aus den Jahren 1791, 1792 oder 1794 gemeint ist (Weigel 1991, 203 f.). Aus der Sicht selbst eines politisch interessierten Publikums wäre zudem zu fragen, wer nach den einschneidenden europäischen Ereignissen des halben Jahrzehnts vor der Veröffentlichung 1811 noch Details der immerhin etwa 15 Jahre dauernden Auseinandersetzungen auf Haiti zu nennen wusste. Allzu genaue historische Forschung führt also an dieser Stelle in die Irre; es lässt sich lediglich sagen, dass Kleist das Interesse an einem im Bewusstsein seiner Leser noch präsenten Krieg ausnutzt.

Auch die zeitnah publizierten Artikel in den *Berliner Abendblättern*, in denen sich Kleist auf Sklaverei oder Feudalherrschaft bezieht, helfen nicht weiter. In seiner Übersetzung von *Über den Zustand der Schwarzen in Amerika* (12.–15.1. 1811, DKV III, 636–39) erscheint die Lage der Schwarzen in den englischen Kolonien im günstigsten Licht. Das soll freilich möglicherweise die Verbündeten für einen erhofften antinapoleonischen Krieg positiv darstellen. Wenn Kleist bezogen auf die *Aufhebung des lassbäuerlichen Verhältnisses* (29.12.1810, ebd., 507f.) mahnt, einer Bauernbefreiung müsse erst eine Erziehung zur Freiheit vorhergehen, so nimmt er hier vielleicht das klassizistische Kunstkonzept Schillers aus den Briefen *Über die ästhetische Erziehung des Menschen* auf. Auf die Reformpolitik bezogen zeigt sich an dieser Stelle jedenfalls ein Konservatismus, der auf den Ebenen des Eigentums und der politischen Herrschaft einschneidende Maßnahmen ablehnt und so in Konflikt mit den Erfordernissen eines völkischen Befreiungskriegs gerät, den Kleist in der *Herrmannsschlacht* 1808 und den politischen Schriften des Jahres 1809 propagiert hatte.

Zudem müssen Kleists politische Texte keineswegs die Position des Autors darstellen. In den *Berliner Abendblättern* wie auch sonst ist ein Taktieren Kleists gegenüber der Zensur wie auch gegenüber erhofften Verbündeten im antinapoleonischen Kampf anzunehmen. Einen Volkskrieg gibt es nur, wenn Interessengegensätze zurück-

treten und das vorgeblich Gemeinsame in den Blick tritt. Kleists politische Schriften sind darum als funktional nur bedingt geeignet, die Autormeinung und die späteren Werke zu erklären; und noch in den Werken mögen sich Momente von Taktik finden. Ebenso aber findet sich die Analyse von Taktik und konservativer Beschränktheit in der *Die Verlobung in St. Domingo* auf einen Befreiungskrieg bezogen.

Forschung

Zwar liegt mit Theodor Körners Dramatisierung *Toni* aus dem Jahr 1812 (vgl. Gribnitz 2002, 184–191) ein frühes, gewichtiges Rezeptionszeugnis vor; doch zählt *Die Verlobung in St. Domingo* erst seit den späten 1980er Jahren zu den Erzählungen Kleists, die im Zentrum der Aufmerksamkeit stehen. Die Gründe für dieses neuere Interesse sind sowohl im Formalen als auch im Stofflichen zu suchen.

Die Verlobung in St. Domingo ist ein Text, der erstaunliche Inkonsistenzen aufweist. Dass mit Gustav eine der Hauptfiguren über mehrere Seiten hinweg den Namen wechselt und als August auftritt, ist unter ihnen nur die augenfälligste. Die Gebäude der Pflanzung Villeneuves etwa, die die Aufständischen gleich eingangs niedergebrannt haben, stehen dann doch wieder da und bilden den Handlungsort der Erzählung (DKV III, 248; Reuß 1988, 4–6). Durch solche Beobachtungen erwies sich die Erzählung als der dekonstruktivistischen Methode anschlussfähig (s. Kap. VI.3). Zudem setzen Kleists Figuren an wichtigen Punkten der Handlung das Erzählen als Mittel dafür ein, die Haltung der anderen Figuren zu prüfen. Das hat mehrfach zu der These geführt, es handle sich um Literatur, die das Erzählen selbst thematisiere (Greiner 2000; Neumann 2000), was wiederum dazu führt, so schon in einem Aufsatztitel, einen »Epistemological Breakdown« (Kaiser 2003) festzustellen: Schließlich erkennt keine der Figuren, zumal nicht Gustav als Erzähler von zwei Schlüsselgeschichten, rechtzeitig die Wahrheit, um die es ihr geht.

Das ist freilich nicht als Aussage über Kunst oder gar über die Mitteilbarkeit von Welt schlechthin zu lesen. Es geht um einen bestimmten Ausschnitt von Welt: um den Krieg, der durch Zeitumstände wie Biographie bedingt im Mittelpunkt vieler Werke Kleists steht. Ältere Interpretationen stellten fast durchgehend die Liebe der Hauptfiguren in den Mittelpunkt, sie verbanden dies mit Konflikten um Vertrauen und Sprache und werteten die kämpfende Umgebung als exotisches Setting oder als Bedrohung eines eigentlich Menschlichen ab. Doch erwiesen sich Lesarten, die den Krieg ernstnahmen, nicht nur als dem Text angemessener, sondern auch als anschlussfähig an verschiedenste Diskurse. Der früheste unter ihnen war antikolonialistisch bestimmt. Bereits 1963, lange vor einer entsprechenden Wendung der Literaturwissenschaft, doch in zeitnaher Reaktion auf die Entkolonialisierung Afrikas, stellte Werner Egk in seiner erfolgreichen Literaturoper *Die Verlobung in San Domingo* in episierender Weise der eigentlichen Handlung, die bei ihm einen Aufruf zur Versöhnung der Rassen darstellt, einen Disput zwischen einem Herrn Weiß und einem Herrn Schwarz über die Deutung der Geschichte voran. Ruth Angress hat Jahre später die maßgebende Interpretation der Erzählung in diesem Rahmen vorgestellt (Angress 1977); den historisierenden Rückbezug auf den ›antikolonialistischen‹ Kampf der Deutschen gegen Napoleon betonte dann Wolf Kittler, der insbesondere auf den Guerillakrieg, den Kleist nach spanischem Vorbild auch von Seiten der Deutschen gegen Frankreich erhoffte, abhebt (Kittler 1987, 320ff.).

Der Krieg in dieser Erzählung bezieht Momente ein, die in jüngerer Zeit im Zentrum des wissenschaftlichen und überhaupt des kulturellen Interesses standen. Wenn Sigrid Weigel in ihrem einflussreichen Aufsatz schon im Titel den »Körper am Kreuzpunkt von Liebesgeschichte und Rassendiskurs« ansiedelt (Weigel 1991), so hat sie damit die wichtigsten Punkte genannt. Körperlichkeit, ein Thema der sich etablierenden Kulturwissenschaft, ist bei Kleist Mittel und Frage aller Kämpfenden – in Form von Tonis Körper zunächst als Mittel Babekans und Congo Hoangos, die Weißen zu täuschen, als Frage dann für Gustav, ob er Toni vertrauen kann. Indem er als etwas älterer, weißer Mann den Körper der gerade ins Heiratsalter gewachsenen, leicht einge-

färbten Toni zu taxieren sucht, erwies sich die Erzählung als geeignet für feministische Ideologiekritik. Indem sich als sozial durch Konflikte konstruiert erweist, was sich als erwachsene Weiblichkeit und als ästhetisch-politisch akzeptabel herausstellt, kann *Die Verlobung in St. Domingo* auch zum Gegenstand jüngerer Gender-Diskussionen werden. Indem endlich Rasse zum Prüfstein der Zugehörigkeit wird, Rasse selbst aber durch Wahrnehmung konstituiert wird, erscheint die Erzählung seit den 1990er Jahren auf zweierlei Weise aktuell: erstens für eine Literaturwissenschaft, die in gesellschaftlicher Verantwortung auf Rassismen in der deutschen Gesellschaft seit der Wiedervereinigung reagiert, und zweitens für eine Forschung über ethnisch bestimmte Gemeinschaften, die im Anschluss an Benedict Andersons *Die Erfindung der Nation* dem durch funktionale Praxis bestimmten Konstruierten solcher Gemeinschaften nachgeht.

Interpretation

Dabei scheint die Erzählung mit einer klaren, von Rasse bestimmten Grenzsetzung zu beginnen: als, wie der Erzähler gleich im ersten Satz hervorhebt, »die Schwarzen die Weißen ermordeten« (DKV III, 222). Damit verbunden ist zunächst eine deutliche Wertung der Ereignisse: Congo Hoango ist als »fürchterlicher alter Neger« bezeichnet, der Toni zu einer »gräßlichen List« gebraucht (ebd., 222f.). Doch unterlaufen schon im ersten Absatz gegenläufige Informationen das schnelle Urteil. Die Leser erfahren, dass Congo Hoango in seiner Jugend als Sklave aus Afrika verschleppt wurde. Wenn der Erzähler als Beispiele für die »unendlichen Wohltaten«, mit denen in der Vorgeschichte Villeneuve Congo Hoango »überhäuft« habe (ebd., 222), nennt, dass der Sklave freigelassen und zum Aufseher ernannt wurde, so erhielt Congo Hoango nichts zurück als das, was ihm zuvor genommen wurde, und sollte zudem zum Komplizen des Systems der Sklaverei werden. Tatsächlich erwies sich Congo Hoango, wenn er »eingedenk der Tyrannei, die ihn seinem Vaterlande entrissen hatte, seinem Herrn die Kugel durch den Kopf jagte« (ebd.), als unkorrumpierbar.

Diesem Erzähler ist also nicht zu trauen – ob er nun in rassistischer Borniertheit gar nicht merkt, dass er die Gründe der Aufständischen ausplaudert, ob er in einer Art Sklavensprache den Leser zur Erkenntnis der Herrschaftsverhältnisse zu führen versucht oder ob man ihm überhaupt eine eigene Position abspricht und ihn als variables Medium interpretiert, mit dem Kleist verschiedene Ideologien in Szene setzt.

Einer solchen Verunsicherung entspricht die tatsächliche Kriegslage, in der die Fronten zunächst weitaus weniger festgelegt sind, als es im ersten Satz den Anschein hat. Nur einer solchen Lage entspricht eine Taktik der Täuschung, wie Congo Hoango sie mithilfe Tonis in der Vorgeschichte mehrfach gelang. Damit sind alle Beteiligten in einer Situation, in der sie sich über den Verlauf der Front, das heißt über die Rassenzugehörigkeit orientieren müssen.

Gustavs Lage ist dabei zunächst die ungünstigste, angesichts einer völligen Umkehr der gesellschaftlichen Hierarchie zu seinem Nachteil. Konsequent wird er fast durchgehend nicht mit Namen, sondern als »der Fremde« bezeichnet und muss sich in einem Haus bewegen, in dem sich die Machtverhältnisse radikal geändert haben; dass die in der Einleitung zerstörten Gebäude dann doch den Handlungsort abgeben, mag zeichenhaft für diesen Einschnitt stehen.

Der Fremde hat zunächst die Haltung der Hausbewohner zu prüfen. Dazu dient ihm, wie es die Kriegslage nahe legt, rassische Zuordnung. »Seid ihr eine Negerin?«, lautet die Frage, die er als erste an Babekan stellt (ebd., 224). Dass er so direkt fragen muss, zeigt seine Schwäche; denn andere Möglichkeiten, für seine Familie Lebensmittel zu erhalten, fehlen. Die Antwort ist uneindeutig; in biologistischer Sicht stehen Babekan und zumal Toni so zwischen den Rassen, dass ihre Behauptung, selbst von den Schwarzen verfolgt zu werden, glaubwürdig erscheint. Freilich muss Gustav ihnen glauben, will er nicht sein Vorhaben und damit das Überleben seiner Familie als gescheitert betrachten.

Zwar ist er, als er Toni zum ersten Mal sieht, »um mehr als einer Ursache willen betroffen« (ebd., 225), was bereits auf ein erotisiertes Verhältnis verweist. Doch sind Gespräche am Abend seiner Ankunft fast durchgehend von Misstrauen bestimmt. Zumal Toni und Gustav überprüfen sich gegenseitig. Tonis Frage, »wodurch sich denn die Weißen daselbst so verhaßt gemacht hätten« (ebd., 233), zielt auf den Antwortenden, nicht auf die Verhältnisse, die sie längst kennen muss. Gustav gesteht in seiner Antwort grundsätzlich die Ungerechtigkeit der bisherigen Herrschaft zu, beklagt aber in viel heftigerer Form den »Wahnsinn der Freiheit« (ebd.), um dann weiße Schuld überhaupt schrittweise zu individualisieren: Zwar rebellieren aus seiner Sicht die Schwarzen »wegen vielfacher und tadelnswürdiger Misshandlungen«, die aber doch nur von »einigen schlechten Mitgliedern derselben«, der Weißen nämlich, verübt wurden (ebd.).

So erscheint er als Liberaler, der jeder Festlegung ausweicht; doch bleibt ihm wenig anderes übrig. Als Sympathisant der Schwarzen aufzutreten, verbietet sich, zumal er französische Uniform trägt; dass aber Babekan unter Villeneuve gelitten hat, weiß er schon. Dennoch muss er darauf setzen, Gegnern des Aufstands gegenüberzustehen. So bleibt ihm allein, vergangene Schuld zu individualisieren.

Unmittelbar im Anschluss gelingt es ihm, die Prüfung umzukehren. Er erzählt die Geschichte eines negativen Exempels, einer Sklavin, die von ihrem Herrn bestraft wurde, weil sie sich seinen sexuellen Wünschen verweigerte. Nach der Revolution an Pest oder Gelbem Fieber erkrankt, lockt sie ihren Peiniger ins Bett, um ihm zu sagen, dass sie ihm den Tod gebracht hat. Toni, gefragt, ob sie einen solchen Verrat verüben könne, verneint »verwirrt« (ebd., 234) und erscheint damit bereits als verunsichert. Als sie ihn, wie es Congo Hoangos Plan verlangt, danach in sein Zimmer führt, verfolgt er die eigene Strategie weiter.

Während sie in wohlkalkuliertem Arrangement seine Füße wäscht, taxiert er sie von oben: »Ihr Haar, in dunkeln Locken schwellend, war ihr, als sie niederkniete, auf ihre jungen Brüste herabgerollt; ein Zug von ausnehmender Anmut spielte um ihre Lippen und über ihre langen, über die gesenkten Augen hervorragenden Augenwimpern; er hätte, bis auf die Farbe, die ihm anstößig war, schwören mögen, daß er nie etwas

Schöneres gesehen« (ebd., 235). Eine fast noch kindliche sexuelle Attraktivität, eine physiognomische Anmut, die innere Werte verspricht und ein demütig nach unten gerichteter Blick stehen gegen die Hautfarbe, die ihm vielleicht ästhetisch missfällt, sicher aber an die Gefahr erinnert. Als er, um »zu erprüfen, ob das Mädchen ein Herz habe oder nicht« (ebd., 235) fragt, ob sie schon verlobt sei, verneint »das Mädchen, indem sie ihre großen schwarzen Augen in lieblicher Verschämtheit zur Erde schlug« (ebd., 235). Der schamhafte Blick signalisiert Gustav wehrlose Unschuld, kann aber immer noch das gefährliche Gegenteil bedeuten: die im Spiel erfahrene Koketterie, die tatsächlich mehrfach ihre Opfer forderte.

Als letztes Mittel konfrontiert er Toni mit der Geschichte seiner früheren Braut Mariane, die während der Französischen Revolution ihr Leben für ihn opferte. Der rächenden Sklavin, deren Pest an den ›schwarzen Tod‹, deren Gelbfieber jedoch an die Gesichtsfarbe Tonis erinnert, ist damit ein gegensätzliches Rollenmodell gegenübergestellt, dem Toni dann tatsächlich folgen wird. Die Suggestion ist überaus erfolgreich und führt zur titelgebenden »Verlobung«: Der Erzähler umschreibt die Vereinigung, die von vielen Tränen vorbereitet ist, diskret, »weil es jeder, der an diese Stelle kommt, von selbst lies't« (ebd., 238). Gleich danach bezieht Gustav das Erlebte auf seine Sicherheit: »inzwischen sah er so viel ein, daß er gerettet, und in dem Hause, in welchem er sich befand, für ihn nichts von dem Mädchen zu befürchten war« (ebd.). Zwar legt er mittels eines Geschenks Toni auf eine weiße Identität fest: durch ein goldenes Kreuz, das ihm Mariane geschenkt hat. Doch ist sein Verhalten im Ganzen nicht mehr berechnet: So gesteht er, dass »eine Mischung von Begierde und Angst, die sie ihm eingeflößt, ihn zu einer solchen Tat habe verführen können« (ebd., 239).

Überhaupt handelt er ab hier nicht mehr zielgerichtet. Zwar hat er mit der Verbindung von Liebesideologie und Rassenabgrenzung eine beständige neue Haltung Tonis produziert. Den kriegsunangemessenen Gefühlen, die zu ihrem Seitenwechsel führten, fällt freilich auch er zum Opfer. In der Alternative von weißer Märtyrerin

und schwarzer »Hure« (ebd., 257), deren er sich bedient, ist er selbst gefangen und erkennt nicht, dass nun Toni, zu seinen Gunsten, taktiert.

Versperrt sein Auftritt als Weißer und französischer Offizier Gustav jedes Versteckspiel, so befindet sich Babekan nicht allein unter dem Gesichtspunkt der Herkunft als »Mulattin« (ebd., 222) zwischen den Rassen; auch politisch scheint ihre Behauptung, von Congo Hoango unter die »weiße[n] und kreolische[n] Halbhunde« (ebd., 228) gerechnet und verfolgt zu werden, für Gustav nicht völlig unglaubwürdig. Tatsächlich hatte sie sich in der Vorgeschichte so an den Weißen orientiert, wie Toni es in der Haupthandlung tun wird. Von einem Franzosen verführt, der dann die Vaterschaft ableugnete, wurde ihr durch eine grausame Strafe Villeneuves gezeigt, wohin sie gehört. Sie bleibt zunächst Objekt von Männern; von Villeneuve Congo Hoango »an Weibes Statt« (ebd., 222) beigelegt, von jenem dann zur Kriegslist eingesetzt.

Vom Objekt in der Vorgeschichte wird sie zur zielgerichtet Handelnden, die keinerlei Zweifel erkennen lässt. Kriegsnotwendigkeiten folgend, denunziert sie die eigene Tochter bei Congo Hoango, als dieser zurückkehrt, und bleibt bis zum Ende gegenüber Tonis Versuchen, auf der menschlich-verwandtschaftlichen Ebene politische Gräben zu überwinden, immun. Alles ordnet sie der politischen Frontenbildung unter. Jegliche Argumentation von der Lüge bis zur ironisch formulierten Wahrheit, die den hilflosen Fremden mehrfach verunsichert, steht ihr zu Gebot. Ermöglicht ist das durch eine weitgehende Entsexualisierung: Mehrfach bezeichnet der Erzähler sie als »die Alte«, offenbar vorzeitig gealtert durch Villeneuves Strafe, deren Folge Schwindsucht ist. Das Motiv der Brust bezeichnet den Unterschied zu Toni, deren »junge Brüste« Gustav schon zum Gegenstand wohlgefälliger Betrachtung und dann strategischen Handelns dienten: Toni, »deren Brust flog« (ebd., 243), während sie schon auf der Seite Gustavs agiert, lügt, dass »ein Blick jedoch auf die Brust ihrer unglücklichen Mutter« (ebd., 243) sie an die Verbrechen der Weißen erinnert habe.

Das Alter ist derart der Biologie entzogen und erscheint als soziale Bestimmung. Kriegsgegner sind bei Kleist nicht ursprüngliche Gemeinschaften. Er setzt, in Umkehrung des eurozentristischen Weltbildes, gegen das herrschaftlich-biologistische »Geschlecht der Weißen« (ebd., 233) einen sozial definierten »Stamm der Negern« (ebd., 233). Jenseits des sexuellen Geschlechts, ist Babekan keinen Versuchungen ausgesetzt, wie sie Gustav und Toni betreffen. Doch ist sie keineswegs emotionslos. Ihre kalte Antwort auf Tonis ungelenke Versuche, den Fremden zu verteidigen, »daß sie erstaune«, geht »mit bebenden Lippen« einher (ebd., 241). So erscheint sie, wenn sie auch am Verrat ihrer Tochter scheitert, in der Einheit von Bewusstsein und Gefühl als ideale Kämpferin.

Wie Babekan, so ist auch Toni als Objekt des Handelns anderer eingeführt. Wegen ihrer Hautfarbe erscheint sie für Congo Hoangos Pläne als »besonders brauchbar« (ebd., 223). Die widersprüchliche Aufforderung ihrer Mutter, »den Fremden keine Liebkosung zu versagen, bis auf die letzte, die ihr bei Todesstrafe verboten war« (ebd.), markiert, auch aus deren Erfahrung, die Gefahr, die mit Erotik als Waffe verbunden ist: dass sie sich gegen diejenigen richtet, die sie nutzen. Der Geschlechtsverkehr als ›Verlobung‹ markiert in der Anschauung aller Beteiligter offenkundig den politischen Seitenwechsel; die Gelbfieberkranke erscheint Gustav wohl auch deswegen monströs, weil sie sich dieser Logik entzieht.

Toni behauptet aus Sicht des Fremden eine starke Position, solange sie ihn verlockt und sich ihm entzieht. Am ersten Abend gelingt ihr das durchaus; so spielt sie »schäkernd« (ebd., 230) mit seiner Angst. Blickt sie ihn in dieser Passage noch an, so kehrt sich das Verhältnis um, nachdem der Fremde die Geschichte von der rächenden Sklavin erzählt hat. Nun senkt sie ihren Blick vor ihm; ein Beispiel für Kleists durchgehende Verwendung von Blicken und Gesten in dieser Erzählung (vgl. Marx 1994, 30f.).

Damit ist die Anordnung der folgenden Szene vorweggenommen, in der der Fremde auf Toni, die ihm die Füße wäscht, herabblickt. Dieses Arrangement, scheint es auch für Congo Hoangos politische Zwecke geeignet, hat bereits nicht mehr allein zum Ziel, ein Opfer lange genug fest-

zuhalten. So rückt Toni ein Tuch über ihrer Brust zurecht, als sie meint, Tritte zu hören (DKV III, 236), meint sie also, Verbotenes zu tun.

Nach der »Verlobung«, zu der sie, »von manchen Seiten geweckt, ein menschliches Gefühl« (ebd., 238) verleitet, ist sie dann zunächst handlungsunfähig, um dann gegenüber Babekan mit einem Appell an deren Menschlichkeit aufzutreten. Als sie erkennen muss, dass dies nichts nützt, beginnt sie konsequent, ihre Mutter zu täuschen. In der Forschung ist die Wertung ihres folgenden Handelns umstritten; Müller-Salget, der ihr eine »Wandlung vom halbbewußten Mitmachen zum bewußten, eigenständigen Handeln«, gar zu »imponierender Größe« attestiert (ebd., 836f.), vertritt neben vielen anderen eine am friedlichen Miteinander orientierte Moral, die aber der Kriegslage nicht gerecht wird. Zutreffender ist Toni als Kollaborateurin zu sehen, der durch ihre Hautfarbe zuletzt im Leben die Assimilation verwehrt wird (vgl. Kontje 1999, 172f.); es gibt hier nichts jenseits der Parteien. Tonis Erklärung gegenüber Babekan und Congo Hoango, sie sei »eine Weiße« und gehöre »zu dem Geschlecht derer, mit denen ihr im offenen Kriege liegt« (DKV III, 256), wird freilich konterkariert dadurch, dass kurz darauf der Fremde sie als Schwarze erschießt.

Doch hat sie selbst, nicht ohne Vorfreude, ihren Tod eingeplant. Nachdem sie Gustav gefesselt hat und sich aus dem Haus stiehlt, um Hilfe zu holen, genießt sie den »Gedanken, in dieser zu seiner Rettung angeordneten Unternehmung zu sterben« (ebd., 252). Als zweite Mariane wäre sie auf diese Weise unwiderruflich weiß. Tatsächlich rettet sie Gustav und stirbt dabei, doch durch seine Hand, was zu seinem Suizid führt.

Die Leichen werden nahe der Pflanzung bestattet; die in die Schweiz zurückgekehrte Familie setzt den Verlobten in der Heimat ein Denkmal, das, wie es im Schlusssatz heißt, »noch im Jahre 1807« (ebd., 260) zu sehen war. Das ist das Jahr von Kleists Inhaftierung; mehr aber noch zeigt das Datum den Hohn des Erzählers gegenüber den Liebenden. Nur wenig ist von einem Denkmal zu halten, von dem betont werden muss, es habe ganze vier Jahre überdauert. Es ist zwei Personen gewidmet, die gegenüber der im Krieg notwendigen Taktik nicht zu bestehen vermochten.

Die Verlobung in St. Domingo im Werkkontext

Alle Handlungen dieser drei Personen sind auf den – erhofften oder befürchteten – Kampf bezogen, in dem sie alle drei eine Niederlage erleiden. In ihm stehen sich neben zwei Rassen auch zwei unterschiedliche Familienverbände gegenüber – der genealogisch übersichtliche Verbund Strömlis und der schwer überschaubare »Stamm der Negern« (ebd., 233); die Kinder in Congo Hoangos Haushalt haben alle verschiedene Mütter. Das disziplinierte Vorgehen der Weißen sichert ihnen schnell den Sieg. Der »fürchterliche alte Neger« erscheint angesichts der Niederlage als gar nicht mehr so kämpferisch: Nachdem Strömli zwei seiner Söhne als Geiseln genommen hat, verzichtet er auf die Vernichtung des Feindes, die rein militärisch durchaus möglich wäre. Das unterscheidet ihn von Herrmann in der *Herrmannsschlacht*, der mutwillig das Leben seiner zwei Söhne einsetzt und alles einer Politik unterordnet, die mit dem Krieg identisch ist. Auch Strömli lässt die Geiseln schließlich frei, obwohl er die Kinder töten könnte. Die Patriarchen steigern den Krieg nicht bis zum Äußersten, anders als Gustav, der, bevor er Toni erschießt, »die Farbe« (ebd., 257) wechselt und einen totalen Vernichtungswillen zeigt, der sich nach Tonis Tod auch gegen ihn selbst richtet.

Die Verlobung in St. Domingo ist nicht allein die Analyse eines Kriegs, den Kleist in der *Herrmannsschlacht* und seinen politischen Schriften propagierte. Die Erzählung stellt insofern das mildere Modell dar, als ursprüngliches Heimatrecht keine Rolle spielt (alle Beteiligten sind mehr oder minder freiwillig Einwanderer oder deren Nachkommen) und es um die Kontrolle eines als Insel prototypisch begrenzten Raumes geht. Für Herrmanns Expansionspläne, für die Transformation der Deutschen in eine auf Krieg und Zerstörung fixierte Macht ist hier kein Anhaltspunkt.

Die Erzählung ist durch mehrere Motive mit weiteren Werken Kleists verbunden. Zentral ist, wie die ältere Forschung hervorgehoben hat, das Thema des Vertrauens; akzentuiert durch Toni, deren letzten Worte lauten: »du hättest mir nicht mißtrauen sollen« (ebd., 259). Vom Wert des Vertrauens ist stets nur zu sprechen, wenn es im Konfliktfall und durch gegenteiligen Anschein auf die Probe gestellt ist; insofern scheint der Bürgerkrieg nur ein Besonderes im Allgemeinen, das Kleist seit der *Familie Schroffenstein* interessiert. Doch zeigt die Weise, wie Toni scheitert, dass die Bedingungen des Krieges hier ein Eigengewicht gewinnen. Ebenso ist die Sprachproblematik (s. Kap. V.27) nicht allgemein, sondern dem Taktieren unter bestimmten Bedingungen geschuldet.

Ein Staat ist, wie fast stets bei Kleist, abwesend oder machtlos (s. Kap. V.28). Der Weg der flüchtenden Familie Strömli vom Fort Dauphin zum Port au Prince verweist auf den Zwischenraum, in dem keine legitime Gewalt herrscht. Das Neue ist nur durch ein an die Wand gehängtes Mandat präsent, demzufolge »allen Schwarzen bei Lebensstrafe verboten war, den Weißen Schutz und Obdach zu geben« (ebd., 242). Die Feinderklärung erst konstituiert Gemeinschaft; in den Vordergrund drängt sich ein agonales Prinzip, wie Kleist es 1810 in der »Paradoxe« *Von der Überlegung* (ebd., 554f.) als für Deutsche grundlegend bestimmt hat: dass nicht Wissen, das vorher gewonnen wurde, im Kampf angewandt wird, sondern Wissen im Moment der Auseinandersetzung entsteht und allenfalls später systematisiert wird. *Die Verlobung in St. Domingo* ist Bestätigung wie Widerlegung jener »Paradoxe«: Bestätigung, indem alles Wissen der Auseinandersetzung entspringt – Widerlegung aber, insofern dieses Wissen sich als unzureichend entpuppt, um in der Auseinandersetzung zu bestehen. Toni handelt zwar am Ende sicher, doch im Bewusstsein des Selbstopfers, das allenfalls sie noch als Sieg ansehen kann. Bei Gustav fallen nach seiner Fesselung Reflexion und Handlung auseinander. Der falschen Interpretation der Lage folgt ein übereilter und fast besinnungslos vollzogener Mord, der zum Selbstmord führt; Gustav richtet seinen Schuss gegen das Gehirn, als Sitz des Verstandes, was das Scheitern jeder sinnvollen Verbindung von Tun und Wissen bezeichnet.

Die Verlobung in St. Domingo lässt sich als

Negativexempel auch lesen, wenn man den Aufsatz *Über das Marionettentheater* (1810) als Vergleichspunkt wählt. In der *Herrmannsschlacht* (1808) gibt es mit dem Titelhelden eine Figur, die mit völliger Sicherheit die Fäden in der Hand hält und gleichzeitig eine kaum gefährdete Einheit von Intellektualität und Bewegung verkörpert. *Prinz Friedrich von Homburg* (1811) hat einen Helden, der idealtypisch den Weg von der Unmittelbarkeit über die Reflexion zur traumhaften Vereinigung beider durchlebt, bis hin zum Schlussvers, der eine radikale Feinderklärung markiert. In der *Verlobung in St. Domingo* fehlt dergleichen; Babekan, die in der Konzentration auf das Politische Herrmann vergleichbar ist, fehlt zu Tonis Glück dessen Souveränität. Strömli wie Congo Hoango sind gleichermaßen konventionelle Politiker. Gustav verbleibt im Zwischenbereich zwischen dem Verlust der Unmittelbarkeit und dem Umweg ins Paradies, und Toni wird in ihrem Tod auf das Konzept der »schönen Seele« reduziert (vgl. Brittnacher 1994), ohne eine utopische Dimension zu gewinnen. *Die Verlobung in St. Domingo* zeigt den Kleinen Krieg, den Kleist gegen die napoleonische Herrschaft erhoffte, nicht als Utopie, sondern realistischer und gegen übergreifende Konzeptionen als begrenzten Handlungsraum, in dem die Pragmatiker sich durchsetzen.

Literatur

Anderson, Benedict: Die Erfindung der Nation. Zur Karriere eines folgenreichen Konzepts. Frankfurt a.M./New York 1988.

Angress, Ruth K.: Kleist's Treatment of Imperialism: *Die Hermannsschlacht* and *Die Verlobung in St. Domingo*. In: Monatshefte 69 (1977), 17–33.

Bay, Hans-Jörg: »Als die Schwarzen die Weißen ermordeten«: Nachbeben einer Erschütterung des europäischen Diskurses in Kleists *Verlobung in St. Domingo*. In: KJb 1998, 80–108.

Brittnacher, Hans Richard: Das Opfer der Anmut. Die schöne Seele und das Erhabene in Kleists *Die Verlobung in St. Domingo*. In: Aurora 54 (1994), 167–189.

Charbon, Rémy: Der »weiße« Blick. Über Kleists *Verlobung in St. Domingo*. In: KJb 1996, 77–88.

Greiner, Bernhard: Kleists Dramen und Erzählungen. Tübingen, Basel 2000.

Gribnitz, Barbara: Schwarzes Mädchen, weißer Fremder. Studien zur Konstruktion von »Rasse« und Ge-

schlecht in Heinrich von Kleists Erzählung *Die Verlobung in St. Domingo*. Würzburg 2002.

Haverkamp, Anselm: Schwarz/Weiß. *Othello* und *Die Verlobung in St. Domingo*. In: Weimarer Beiträge 41 (1995), 397–409.

Heckner, Elke: Zur Ambivalenz kolonialer Mimikry in Kleists *Verlobung in St. Domingo*. In: KJb 2001, 226–244.

Kaiser, Volker: Epistemological Breakdown and Passionate Eruption: Kleist's *Die Verlobung in St. Domingo*. In: *Studies in Romanticism* 42 (2003), 341–367.

Kittler, Wolf: Die Geburt des Partisanen aus dem Geist der Poesie. Heinrich von Kleist und die Strategie der Befreiungskriege. Freiburg 1987.

Kontje, Todd: Passing for German: Politics and Patriarchy in Kleist, Körner and Fischer. In: German Studies Review 22 (1999), 67–84.

Lützeler, Paul Michael: Napoleons Kolonialtraum und Kleists *Die Verlobung in St. Domingo*. Wiesbaden 2000.

Marx, Stefanie: Beispiele des Beispiellosen. Heinrich von Kleists Erzählungen ohne Moral. Würzburg 1994.

Neumann, Gerhard: Anekdote und Novelle: Zum Problem literarischer Mimesis im Werk Heinrich von Kleists. In: Tim Mehigan (Hg.): Heinrich von Kleist und die Aufklärung. Rochester, NY 2000, 129–157.

Perraudin, Michael: Babekan's »Brille« and the Rejuvenation of Congo Hoango. A reinterpretation of Kleist's story of the Haitian Revolution. In: Oxford German Studies 20/21 (1991/92), 85–103.

Reuß, Roland: *Die Verlobung in St. Domingo* – eine Einführung in Kleists Erzählen. In: BKB 1 (1988), 3–45.

Uerlings, Herbert: Preußen in Haiti? Zur interkulturellen Begegnung in Kleists *Verlobung in St. Domingo*. In: KJb 1991, 185–201.

Weigel, Sigrid: Der Körper am Kreuzpunkt von Liebesgeschichte und Rassendiskurs in Heinrich von Kleists Erzählung *Die Verlobung in St. Domingo*. In: KJb 1991, 202–217.

Kai Köhler

2.6 *Das Bettelweib von Locarno*

Entstehung, Quellen, frühe Rezeption

Die Erzählung *Das Bettelweib von Locarno* wurde erstmals am 11. Oktober 1810 in den *Berliner Abendblättern* publiziert. Kleist nahm sie in nur leicht veränderter Form in den zweiten Band seiner *Erzählungen* auf, der im folgenden Jahr bei Georg Andreas Reimer erschien. Den Anstoß zur

Abfassung der Geschichte verdankte er möglicherweise dem Bericht über ein spukhaftes Abenteuer, das Friedrich von Pfuel, ein Bruder des mit Kleist befreundeten Ernst von Pfuel, im Hause seines Onkels erlebt haben will (Lebensspuren Nr. 407). Eine konkrete literarische Quelle, die ihm als Vorlage diente, lässt sich nicht ermitteln, aber die Erzählung bearbeitet ein Motiv, das sich in der zeitgenössischen Volksdichtung und der Schauerliteratur großer Beliebtheit erfreute: das Motiv des Gespenstes, das durch seinen Spuk ein verborgenes Verbrechen zum Vorschein bringt und Vergeltung dafür einfordert. Kleist verfährt mit diesem Motiv recht unkonventionell, indem er auf die Darstellung verwickelter Handlungszusammenhänge sowie auf die üblichen, der Erzeugung einer unheimlichen Atmosphäre dienenden Schauerrequisiten verzichtet, um stattdessen das auf wenige Grundelemente reduzierte Geschehen sachlich-distanziert, in einer am juristischen Relationalstil geschulten Sprache zu vermitteln, die die Umstände der Handlung genau aufschlüsselt, ihre Motive jedoch im Dunkeln lässt. Schon die Zeitgenossen erkannten, dass die besondere Wirkung der Geschichte – des kürzesten unter den in den *Erzählungen* veröffentlichten Texten Kleists – auf diese reduktionistische Tendenz zurückzuführen ist: E. T. A. Hoffmann lobt in den *Serapions-Brüdern*, dass es ihr gelinge, »die Fantasie durch sehr einfache Mittel« anzuregen (Nachruhm Nr. 657); und Joseph von Eichendorff charakterisiert sie als »epigrammatisch-grausenhaft[ ]« (DKV III, 857). Ludwig Tieck dagegen moniert, dass man die Erzählung aufgrund ihrer ungewöhnlichen Vermischung des Schauderhaft-Übernatürlichen mit dem Faktisch-Berichtenden keinem Genre eindeutig zuordnen könne – sie sei »weder Gespenstergeschichte, Märchen, noch Novelle« (ebd., 857). Er bezeugt somit die verstörende, die Erwartungshaltung der Leserschaft irritierende Wirkung, die der Text bis heute zu entfalten vermag.

Inhalt, Deutungsgeschichte

Die Handlung der Erzählung (DKV III, 262–264) ist zwar einfach, setzt den Deutungsbemühungen gleichwohl erheblichen Widerstand entgegen.

Eine alte, kranke Frau, die sich bettelnd am Tor eines Schlosses bei Locarno einfindet, wird von der Schlossherrin »aus Mitleiden« aufgenommen und in einem der Zimmer des Anwesens auf einem Lager aus Stroh gebettet. Der Schlossherr, ein Marchese, kehrt von der Jagd zurück und findet die fremde Frau zu seiner Überraschung in einem Winkel des Zimmers vor, in dem er sein Jagdgewehr aufzubewahren pflegt. Er befiehlt ihr »unwillig«, sich hinter den Ofen zu verfügen. Die Frau erhebt sich, rutscht dabei aus und verletzt sich das Kreuz. Mühsam schleppt sie sich durch das Zimmer, um den Platz hinter dem Ofen zu erreichen, wo sie sodann verstirbt. Jahre später sieht sich der inzwischen verarmte Marchese dazu genötigt, sein Schloss zu verkaufen. Ein Kaufinteressent aus Florenz wird in dem Sterbezimmer des Bettelweibs untergebracht. In der Nacht vernimmt der Gast ein ihm unerklärliches Geräusch: Eine unsichtbare Gestalt scheint sich auf raschelndem Stroh zu erheben, mühsam durch das Zimmer zu tappen und unter Ächzen hinter dem Ofen niederzusinken. Der Florentiner reist daraufhin sofort ab; seine Flucht befördert die Entstehung des Gerüchts, dass es in dem Schloss spuke. Der Marchese versucht das Gerücht, das seine Verkaufsabsichten gefährdet, »niederzuschlagen«, indem er sein Nachtlager in dem Fremdenzimmer einrichtet, wo er aber selbst Zeuge der merkwürdigen Geräusche wird. In der Nacht darauf setzt er sich dem unheimlichen Geschehen erneut aus, diesmal in Gesellschaft seiner Frau. »Um der Sache auf den Grund zu kommen«, wollen beide eine dritte Nacht in dem Zimmer verbringen und werden dabei von dem Haushund begleitet. Als dieser auf das Geräusch mit Geknurr und Gebell reagiert, verlässt die Marquise fluchtartig das Schloss, während der Marchese es, »von Entsetzen überreizt«, in Brand steckt. Er kommt in den Flammen um; seine Gebeine werden später von den Landleuten aufgesammelt und in dem Winkel des Zimmers platziert, »von welchem er das Bettelweib von Locarno hatte aufstehen heißen«.

Der Schluss der Erzählung deutet einen Zusammenhang zwischen dem Tod des Marchese und seinem Verhalten gegenüber dem Bettelweib an. Der Text selbst legt es somit nahe, auf das

Deutungsschema von Schuld und Sühne zu rekurrieren. Die Anwendung dieses Schemas führt
jedoch in Schwierigkeiten und Widersprüche.
Theodor Fontane (Nachruhm Nr. 678) war der
erste in einer langen Reihe von Interpreten, die
darauf hinwiesen, dass zwischen der außerordentlichen Schwere der ›Strafe‹, die der Marchese
erleiden muss, und der relativen Geringfügigkeit
seines ›Vergehens‹ ein Missverhältnis besteht. Ir-
ritierend ist zudem, dass der Marchese selbst
keine Beziehung zwischen dem Spuk und dem
Bettelweib zu etablieren vermag: Er kann sich offenbar nicht an sie erinnern. Es stellt sich daher
die Frage, ob er bei ihrem Sturz und Tod überhaupt zugegen war. Tatsächlich liefert der Text
dafür keinen eindeutigen Beleg. Unter dieser
Voraussetzung erscheint es problematisch, dem
Marchese im Zeichen bürgerlicher Moralvorstellungen den Prozess zu machen (Moser 1993,
193–198). Mit wenigen Ausnahmen (vgl. etwa
Werlich 1965) hat die Forschung folglich davon
abgesehen, die Erzählung einer moralisierenden
Deutung zu unterziehen und die dabei auftau-
chenden Widersprüche auszubügeln. Sie ist stattdessen dazu übergegangen, die Widersprüchlichkeit selbst als ein zentrales Strukturelement des
Textes anzuerkennen und unter diversen Gesichtspunkten zu erörtern. Vier verschiedene
Tendenzen lassen sich dabei ausmachen:

1. In seiner einflussreichen Formanalyse geht
Emil Staiger dem Problem der Widersprüchlichkeit zunächst aus dem Weg, indem er vom (als
trivial denunzierten) Inhalt der Erzählung ab-
strahiert und sie als novellistische Verwirklichung der »dramatische[n] Form an sich« bestimmt (Staiger 1967, 129). Staiger gesteht jedoch
zu, dass gerade die auf die totale Funktionalität
der Teile abzielende Reinheit der dramatischen
Form die »Widersprüche in der Weltordnung«
sichtbar zu machen vermag, die sich dem formalen Kohärenzanspruch widersetzen (ebd., 127).
Neuere strukturanalytisch verfahrende Arbeiten
holen die Widersprüchlichkeit, die Staiger an die
Welt delegiert, in den Text zurück und verweisen
auf den mit formalen Mitteln erzeugten Anschein
logischer Stringenz, die auf der inhaltlichen
Ebene durch vielerlei Unstimmigkeiten durchkreuzt werde (Mehigan 1988, 196; Stephens 1994,

272). Das Kreuz bildet zudem ein rekurrierendes
Strukturelement der Erzählung (Buhr 1997, 23),
so dass sie ihre eigene dekonstruktive Verfasstheit figurativ zur Darstellung bringt.

2. Eine zweite Gruppe von Interpreten konze-
diert (anders als Staiger) die formale und inhaltliche Brüchigkeit der Erzählung, schreibt ihr jedoch (anders als die dekonstruktive Analyse) eine
mimetisch-referentielle Funktion zu: Sie verweise, Kafka antizipierend, auf eine allgemeine
Brüchigkeit des Seins, auf die Widersprüchlichkeit einer undurchschaubaren Welt (Schröder
1967; Leroy/Pastor 1979; Grawe ²1987).

3. Eine dritte Forschungstendenz affirmiert
den Wirklichkeitsbezug der Erzählung, erkennt
darin aber nicht das Abbild einer vagen Widersprüchlichkeit der Existenz, sie sieht darin vielmehr den Ausdruck konkreter gesellschaftlicher
Konflikte (Horn 1978, 148–167). Die Schuld am
Tod des Bettelweibs ist demnach nicht in der Persönlichkeit des Marchese zu suchen, sondern in
der feudalen Machtstruktur, die er repräsentiert,
und der Untergang, den er erleidet, ist der einer
ganzen gesellschaftlichen Klasse (Fischer 1989,
89). Aus dieser Perspektive gewinnt der sozio-
ökonomische Kontext der Entstehungszeit an Relevanz, insbesondere die preußischen Reformen
von 1807, die es dem Adel gestatteten, seinen
Grundbesitz zu veräußern und am bürgerlichen
Kapitalmarkt teilzuhaben, ihn zugleich aber von
seiner Fürsorgepflicht gegenüber der armen
Landbevölkerung entbanden und somit die Entstehung eines vagabundierenden Bettelstandes
beförderten (Schreiber 1991, 262–267; Landfester 1998, 145f.; Tatlock/Loewenstein 2001, 70f.).

4. Eine vierte Richtung schließlich interpretiert die Brüchigkeit der in der Erzählung fingierten Wirklichkeit und die Beziehung zwischen
Bettelweib und Marchese weder moralisch noch
politisch, sondern epistemologisch. Zentrale Bedeutung weist sie der Unfähigkeit des Marchese
zu, das Geräusch des Spuks auf die Person des
Bettelweibs zurückzuführen. Darin sieht sie, auf
die Kantischen Kritiken Bezug nehmend, den Re-
flex eines erkenntnistheoretischen Problems –
der Frage nämlich, wie es möglich ist, die Kluft
zwischen den Sphären des Sinnlichen und des Intelligiblen zu überbrücken (Dutoit 1994). Das

Bettelweib verkörpert demnach eine Brücke, die zwischen den beiden Sphären vermittelt, nicht jedoch auf dem Wege einer harmonisierenden Versöhnung, sondern als unbestimmbarer und irritierender Schwebezustand (Greiner 2000, 314–326).

Diskursive Kontexte: Stellung und Tausch – sozial, ökonomisch und epistemologisch

Während die Forschung vorübergehend dazu tendierte, die Erzählung losgelöst von ihren diskursiven Kontexten zu betrachten, schenkt sie ihnen in jüngerer Zeit wieder verstärkt Beachtung – und zwar insbesondere dem politisch-ökonomischen sowie dem epistemologischen Diskurs. Diese beiden Diskursfelder lassen sich miteinander verbinden, wenn man in Rechnung stellt, dass das kognitive Verhalten des Marchese sozio-kulturell determiniert ist und sich auf seine ökonomische Praxis auswirkt. Das zeigt sich bereits am Eingang der Erzählung. Das Bettelweib, mit dem der Marchese bei der Heimkehr von der Jagd konfrontiert wird, stellt eine für ihn nicht hinnehmbare Störung dar. Die elende Gestalt inmitten des »schön und prächtig« eingerichteten Gemachs widerspricht seinem aristokratischen Ordnungssinn. Denn die Ordnung, die das Verhalten des Marchese reguliert, ist eine Ordnung des Sichtbaren. Er lebt in einer Welt, in der qualitative Unterschiede visuell markiert und den Gegenständen augenfällig eingezeichnet sind. Diese primitive Logik des Sichtbaren hindert den Marchese später daran, das Bettelweib im körperlosen Gespenst wiederzuerkennen. Es bleibt für ihn bis zuletzt »unbegreiflich«, weil er nur das begreifen kann, was körperlich präsent ist und seine Natur unmittelbar offenbart. Der Marchese gehört zu denjenigen Kleist'schen Figuren, die das Begreifen literalisieren (Graham 1977, 101). Seine Blicke suchen die Dinge direkt zu erfassen; für ihn gibt es keine vermittelnden Vorstellungsbilder oder Repräsentationen.

Wenn dagegen die Marquise das Bettelweib »aus Mitleiden« in ihr Haus aufnimmt, so vernachlässigt sie die augenfälligen Unterschiede zugunsten einer abstrakteren Gemeinsamkeit, die sie mit der kranken Frau verbindet. Die Tugend

des Mitleids ist in der Sphäre der Repräsentationen beheimatet – nicht nur, weil es sich dabei, wie der Theorie des bürgerlichen Trauerspiels zu entnehmen ist, um einen theatralischen Affekt handelt, sondern auch, weil sie ihrer Struktur nach auf Tausch und Substitution beruht: Der Mitleidende setzt sich in Gedanken an die Stelle des anderen, dessen Gefühle er nachempfindet, und er tut dies im Namen eines verbindenden Allgemein-Menschlichen, das der Leidende in seinem Anspruch auf Mitleid repräsentiert. Der Marchese vermag dieses Gemeinsame nicht wahrzunehmen. Anstatt sich in Gedanken an die Stelle der kranken Frau zu setzen, weist er ihr eine Stelle an. Der Befehl soll die gestörte Ordnung wiederherstellen, denn diese ist nicht nur eine Ordnung des Sichtbaren, sie erkennt zudem dem Ort, der Stelle, die man einnimmt, eine besondere Bedeutung zu. Die gesellschaftliche Stellung des Marchese basiert auf dem ›Grund‹, den er als ›Grundherr‹ verwaltet und an den er durch die Genealogie seines Namens gebunden ist. Die aristokratischen Herrschaftsrechte sind nicht an die Person oder den Namen geknüpft, sondern an das jeweilige Rittergut, den ›Sitz‹ des Geschlechts (Koselleck 1981, 81f.). Stellung, Basis, Grund, Sitz: Diese Metaphern haben für den Marchese eine literale Bedeutung. Seine ›Stellung‹ wird durch den ›Grund‹ definiert, den er innehat; seine Position *ist* zugleich der konkrete Ort, den er ›be-sitzt‹ (und von dem ihn das »Entsetzen«, das der Spuk hervorruft, zu ›ent-setzen‹ droht). Der Befehl des Marchese folgt den Prämissen dieses lokalisierenden Denkens. Er stößt damit jedoch auf Schwierigkeiten. Die Bettlerin lässt sich nicht festlegen. Als unständische Person ist sie keinem Patronat unterstellt; sie ist an keinen bestimmten Ort gebunden, sondern zieht vagabundierend umher. Diese ortlose Person will der Marchese paradoxerweise an den ihr gemäßen Ort stellen, der ja nur ein Nicht-Ort sein kann. Der Platz hinter dem Ofen ist folglich nur eine Verlegenheitslösung.

Die fortdauernde Präsenz des an einen (Nicht-) Ort gebannten Bettelweibs macht sich zunächst dadurch bemerkbar, dass mit ihr die Armut in das Haus des Marchese Einzug hält. Der aus diesem Grund beabsichtigte Verkauf des Schlosses stellt einen bedeutenden Einschnitt dar. Der Marchese will den Familienbesitz, das Unterpfand seiner grundherrlichen Position, gegen ein abstraktes Kapitalvermögen eintauschen. Er steht im Begriff, die Ordnung sichtbar inkorporierter und lokalisierter Werte zu verlassen, um in die neue bürgerlich-ökonomische Ordnung einzutreten, die auf einem dynamischen Tauschverkehr basiert. Genau in diesem Moment macht sich das Bettelweib in Gestalt des Gespenstes wieder bemerkbar. Dem intendierten Unsichtbarwerden des herrschaftlichen Vermögens (Verwandlung von Grundbesitz in Kapital) korrespondiert die Unsichtbarkeit des Gespenstes. Letztere markiert zugleich eine parodistische Umsetzung des vom Marchese geäußerten Befehls (Tatlock/Loewenstein 2001, 73). Die Unfähigkeit des Aristokraten, das Gespenst zu ›begreifen‹, lässt erkennen, wie stark er noch der Logik inkorporierter Werte verhaftet ist. Ihr entspricht sein ökonomisches Unvermögen. Ist er anfangs noch bemüht, seinen Besitz gegen einen adäquaten Gegenwert einzutauschen, so strebt er bald nur noch danach, »das Schloß, es koste was es wolle, los zu werden«, um es schließlich – in Verkehrung aller ökonomischer Prinzipien – mitsamt seiner eigenen Person zu vernichten. So sehr ist er in seinem Gut verkörpert, dass er die erstrebte Loslösung davon nur durch den Tod bewirken zu können glaubt. Doch mehr als alles andere scheint dieser drastische Akt seine Immobilität zu demonstrieren: Am Ende kehrt der tote Marchese in jenen »Winkel« zurück, den er Jahre zuvor durch eine Fremde okkupiert gefunden hatte. Die Ironie der Erzählung besteht darin, dass die vermeintliche Rückkehr an den ureigenen Ort tatsächlich mit einem Tausch der Positionen verbunden ist. Die Ansammlung von Knochen, die den Strohhaufen ersetzt, indiziert, dass der Marchese die Stelle des Bettelweibs eingenommen hat. Er kehrt in den Winkel zurück, den er nicht mit der Bettlerin tauschen wollte, aber diese Rückkehr erfolgt um den Preis, dass er dort als Besitzloser und Toter ihre ›Stelle‹ einnimmt. Sie hingegen, die bislang nur als »alte kranke Frau« tituliert wurde, wird zum »Bettelweib von Locarno« geadelt. Dieser Tausch der Positionen macht den ›Stellenwert‹ der Stelle bei Kleist erkennbar: Sie ist immer die Stelle eines

anderen und markiert keinen fixen Ort, sondern eine Position, die je schon von der dynamischen Zirkulation abstrakter Repräsentationen erfasst worden ist.

Literatur

Buhr, Gerhard: Über den Anfang der Erzählung *Das Bettelweib von Locarno*. In: BKB 10 (1997), 9–34.

Dutoit, Thomas: Ghost Stories, the Sublime and Fantastic Thirds in Kant and Kleist. In: Colloquia Germanica 27 (1994), 225–254.

Fischer, Bernd: Ironische Metaphysik. Die Erzählungen Heinrich von Kleists. München 1989.

Graham, Ilse: Heinrich von Kleist. Word into Flesh: A Poet's Quest for the Symbol. Berlin/New York 1977.

Grawe, Christian: Sprache im Prosawerk. Bonn ²1987.

Greiner, Bernhard: Kleists Dramen und Erzählungen. Experimente zum ›Fall‹ der Kunst. Tübingen/Basel 2000.

Horn, Peter: Heinrich von Kleists Erzählungen. Eine Einführung. Königstein 1978.

Koselleck, Reinhart: Preußen zwischen Reform und Revolution. Allgemeines Landrecht, Verwaltung und soziale Bewegung von 1791 bis 1848. Stuttgart ³1981.

Landfester, Ulrike: *Das Bettelweib von Locarno*. In: Walter Hinderer (Hg.): Kleists Erzählungen. Stuttgart 1998, 141–156.

Leroy, Robert/Pastor, Eckart: Die Brüchigkeit als Erzählprinzip in Kleists *Bettelweib von Locarno*. In: Études germaniques 34 (1979), 164–175.

Mehigan, Tim: Text as contract. The nature and function of narrative discourse in the Erzählungen of Heinrich von Kleist. Frankfurt a.M. u. a. 1988.

Moser, Christian: Verfehlte Gefühle. Wissen – Begehren – Darstellen bei Kleist und Rousseau. Würzburg 1993.

Schreiber, Christiane: »Was sind das für Zeiten!« Heinrich von Kleist und die preußischen Reformen. Frankfurt a.M. u. a. 1991.

Schröder, Jürgen: *Das Bettelweib von Locarno*. Zum Gespenstischen in den Novellen Heinrich von Kleists. In: Germanisch-Romanische Monatsschrift 48 (1967), 193–207.

Staiger, Emil: Heinrich von Kleist. *Das Bettelweib von Locarno*. Zum Problem des dramatischen Stils [1942]. In: Walter Müller-Seidel (Hg.): Heinrich von Kleist. Aufsätze und Essays. Darmstadt 1967, 113–129.

Stephens, Anthony: Heinrich von Kleist. The Dramas and Stories. Oxford/Providence 1994.

Tatlock, Lynne/Loewenstein, Joseph: Wer da? The Displaced Bettelweib von Locarno. In: Paul Michael Lützeler/David Pan (Hg.): Kleists Erzählungen und Dramen. Neue Studien. Würzburg 2001, 61–76.

Werlich, Egon: Kleists »Bettelweib von Locarno«. Versuch einer Aufwertung des Gehalts. In: Wirkendes Wort 15 (1965), 239–257.

Christian Moser

2.7 Der Findling

Von Kleists Novelle *Der Findling* fand man bisher keine Handschrift, publiziert wurde sie erstmals im zweiten Band der *Erzählungen* von 1811, ansonsten gibt es keine Quelle, die über die Entstehungsgeschichte des Textes Auskunft gäbe. Vermutet wird, dass es sich um ein Spätwerk Kleists handelt, weil Kleist sich in einem Brief an seinen Verleger Reimer vom 17. Februar 1811 fünf Monate Zeit zur Fertigstellung des zweiten Bandes ausbittet (vgl. Kreutzer 1968, 192f.; dagegen Reuß BKA II/6, 87). Die stilistische Radikalität der Erzählung taugt nicht als Argument dafür, denn radikal in jeder Hinsicht war schon Kleists Erstling *Die Familie Schroffenstein*. *Der Findling* gilt jedoch mit einigem Recht als Kleists schwärzeste Novelle, vor deren Lektüre die Zeitgenossen warnten. Ludwig Tieck nannte in der Vorrede zu den *Hinterlassenen Schriften* die »dargestellten Verhältnisse […] mehr peinigend als ergreifend« (LXII). Wilhelm Grimm wollte das »grause Gemälde wilder Leidenschaft und schändlicher Bosheit« den Lesern der *Zeitschrift für die elegante Welt* vom 10. Oktober 1811 nicht empfehlen (Lebensspuren Nr. 502). *Der Findling* scheint nichts weiter als ein Stück trivialer Schauerliteratur zu sein, das grobe Gemüter unterhalten soll und für ein gebildetes Publikum nicht taugt. Dafür sprechen die zahlreichen intertextuellen Bezüge zu Matthew G. Lewis' *The Monk* von 1796, und hier vor allem die Inzest-Motivik. Lewis' Held Ambrosio ist ein Findelkind, wird zum Mörder seiner Mutter Elvire bzw. zum Schänder und Mörder seiner Schwester Antonie. Man könnte – gegen diese Lesart – jedoch auch von der Annahme ausgehen, dass *Der Findling* eine höchst artifizielle und genau kalkulierte Erzählung ist und Kleist im Medium der Novelle gegen die narrativen und ideellen Schemata des Bildungsromans opponiert, um die Aporien idealistischer Pädagogik und Anthropologie gnadenlos aufzudecken (Blamberger 2002, 479).

Die Novelle als Krisengeschichte

Der Findling beginnt, wie viele Novellen Kleists, mit einem von Boccaccios *Il Decamerone* bekannten Anfangsszenario, einer Katastrophensituation: Die Pest herrscht in Ragusa, ein reicher Kaufmann namens Antonio Piachi flieht mit seinem Sohn aus der Stadt, nimmt unterwegs einen elternlosen, erkrankten Knaben in seine Kutsche auf, den Findling Nicolo. Nicolo gesundet, steckt aber Piachis Sohn Paolo an, der verstirbt. Das Pest-Zitat hat neben dem gattungsgeschichtlichen auch eine realhistorische Referenz: die Krisensituation der napoleonischen Kriege. Kleist spielt, wie später auch E. T. A. Hoffmann, im abbreviatorischen Novellenmodell nach, was in der Wirklichkeit der Fall war: die Unterbrechung von kultur-, sozial- und lebensgeschichtlichen Zusammenhängen durch ein ›unerhörtes Ereignis‹. Seine Novellen sind Experimente darauf, inwieweit es gelingen kann, das Diskontinuierliche wieder in ein Kontinuum zu überführen. Die Suche nach Ordnungsphantasien zur Integrierung des Kontingenten war das Problem der Kriegsgeneration der Romantiker schlechthin. Eine der prominentesten war die Ordnungsphantasie des Bildungs- und Entwicklungsromans. Deren Tauglichkeit stellt Kleist in *Der Findling* auf die Probe. Von Lehrjahren wird hier berichtet und von einem Jüngling, der Kaufmann werden soll, ein Wilhelm Meister aber wird Nicolo nicht.

Nach Paolos Tod nehmen Piachi und seine junge Gattin Elvire den Findling an Sohnes statt an, unter der Obhut seines Ziehvaters wird Nicolo ein guter Geschäftsmann, er treibt sich nur, zu Piachis Sorge, mit bigotten Klerikern herum und mit einer Dame von zweifelhaftem Ruf namens Xaviera Tartini. Doch dann vermählt sich Nicolo mit einer schönen Genueserin, wofür ihn sein Adoptivvater fürstlich belohnt. Er überschreibt ihm sein gesamtes Vermögen mitsamt seinem Haus. Nicolos Frau stirbt recht bald im Kindbett, Nicolo droht noch vor den Begräbnisfeierlichkeiten zu Xaviera zu entschwinden, Piachi ist erzürnt und bestellt den schnöden Adoptivsohn mit einem gefälschten Brief zum Rendezvous mit Xaviera in die Kirche, in Wirklichkeit erwartet den Liebeshungrigen dort der ohne sein

Wissen vorverlegte Abschiedsgottesdienst für seine verstorbene Gattin. Der Gedemütigte sinnt auf Rache und entdeckt, dass seine Adoptivmutter Elvire immer noch für einen genuesischen Ritter namens Colino schwärmt, der sie im Mädchenalter bei einem Brand im Elternhaus rettete, danach aber an den Folgen der Rettungstat verstarb. Nicolo lauert Elvire im Gewand eines genuesischen Ritters auf, diese fällt auf die Täuschung herein und über den Anblick des verstorben Geglaubten in Ohnmacht. Nicolo versucht die Bewusstlose, wenig selbstlos, mit Küssen auf Lippen und Brüste wiederzubeleben, wird dabei von Piachi überrascht, der den elenden Adoptivsohn des Hauses verweisen will. Dieser aber pocht auf seine Besitzrechte, worauf der Alte das Weite sucht, die nackte Elvire mit Nicolo im Hause zurücklassend. Von Elvire erfahren wir weiter, dass sie an den Folgen eines plötzlichen Fiebers stirbt, von Piachi, dass er in sein Haus zurückkehrt, Nicolo »das Gehirn an der Wand« eindrückt (DKV III, 281) und dem Toten dann das Dekret, das Nicolo als Besitzer von Piachis Eigentum ausweist, in den Mund stopft. Das Mündel ist tot, der Adoptivvater ist zum Mörder geworden und wird hingerichtet, unter einer erfolgreichen Bildungsgeschichte stellt man sich wahrlich etwas anderes vor.

Unzuverlässiges Erzählen

Wer ist schuld an dieser Katastrophe: Sohn oder Vater? Wie so viele Erzählungen Kleists ist auch *Der Findling* ein Prozessspiel, mit dem Unterschied allerdings, dass der Erzähler nicht der von Kleist in Königsberg erlernten juristischen Relationentechnik folgt und den Fall in Pro und Contra bedenkt, sondern Nicolo zum absoluten Bösewicht stempelt. Er nennt Nicolo »schändlich«, »abscheulich«, »satanisch«, Piachi dagegen »gut und redlich«, Elvire »trefflich« und eine »reine Seele« (ebd., 265, 267, 273, 279). Wer die Autorität des Erzählers nicht hinterfragt, hält Nicolo für einen von Natur aus schlechten Menschen, der gute Menschen zugrunderichtet (Dyer 1977), oder entschuldigt Nicolos Bosheiten als Rebellion gegen eine Kaufmannsgesellschaft, die Liebe und Begehren zugunsten von Askese und Besitz

unterdrückt (Schröder 1985). Jenseits aller parteilichen Lektüre ist dagegen festzuhalten, dass die Fakten der Erzählung die Wertungen des Erzählers konterkarieren. Elvire gibt dafür ein Exempel, die mit gelösten Kleidern sich vor dem Bild des geliebten Colino in eine »Stellung der Verzückung« zu werfen pflegt; der Erzähler bleibt gleichwohl davon unberührt, wenn er anmerkt, dass Piachi »sich mit seiner treuen, trefflichen Elvire, die wenige Wünsche in der Welt hatte, in den Ruhestand« zurückgezogen hatte (DKV III, 268, 273, 279f.). Die Autorität des auktorialen Erzählers wird von Kleist gründlich erschüttert.

Kleist verspottet nicht nur seinen Erzähler, sondern mit ihm die Grundlagen bürgerlich-idealistischer Erzählkunst, die auf zwei Bindegliedern beruht: dem ideellen oder moralischen Nexus und dem Kausalnexus. Der auktoriale Erzähler im Bildungsroman legitimiert sich seit Christian Friedrich von Blanckenburgs *Versuch über den Roman* von 1774 als Anthropologe, der genaue Kenntnisse von der inneren Geschichte des Menschen hat und die Fähigkeit, deren Entwicklungsgang in Ursache und Wirkung zu schildern. Die Darstellung von Ursache-Wirkungsketten verlangt ein biographisches Ordnungsprinzip, das Erzählen von Lebensgeschichten im chronologischen Zusammenhang (Schings 1980). Das Skandalon von Kleists Novelle ist nun, dass sie des Erzählers einsinnige Kausalpsychologie aufhebt. Piachis Regung des »Mitleids« (DKV III, 265), sein Entschluss, den pestkranken Nicolo in seine Kutsche aufzunehmen, ist nicht, wie zu erwarten, das erste Glied in einer Kette des Guten, sondern gerade des Bösen. Gleiches gilt für gute Taten wie die Adoption, die fürsorgliche Erziehung, die Geschäftsübergabe: Sie zeitigen stets nur böse Folgen. Wo der Glaube an die Tugend des Mitleids nichts hilft, ist nicht nur der Kausal-, sondern auch der moralische oder ideelle Nexus bürgerlicher Bildungsgeschichten affiziert, nach dem das Mitleid, wie Rousseau es in seinem *Discours sur l'origine et les fondements de l'inegalité parmi les hommes* von 1753 erklärt, eine Stütze der Vernunft sein soll. In *Der Findling* sind Mitleid und Vernunft Gegner, das Mitleid schaltet Piachis Vernunft aus, mit verheerenden Konsequenzen (Stephens 1988/89).

Aporien idealistischer Pädagogik

Kleist kritisiert in der Novelle zudem die bürgerlich-idealistischen Familien- und Erziehungsmodelle, die den Bildungsroman fundieren. Die Autorität des Vaters begründet sich im bürgerlichen Familienmodell naturrechtlich, im Sinne einer Erziehung des Kindes zur Mündigkeit. Kleist zeigt im *Findling* die tiefe Kluft zwischen Ideal und Realität. Nicolos Sozialisation gehorcht der ›double-bind-Strategie‹: »Ohne meine, deines Vaters Hilfe, wirst du nie erwachsen!« Eigentlich kann der Zögling nur Autonomie gewinnen durch das Verlassen der vom Vater vorgezeichneten Bahnen, der alte Piachi leidet es aber nicht, dass das Mündel plötzlich Vormund sein will. Der Tod Nicolos ist die Strafe für die versuchte Selbstbefreiung, der Preis der Mündigkeit, wie hundert Jahre später der Tod Georg Bendemanns in Kafkas Erzählung *Das Urteil*, die dezidiert den *Findling* fortschreibt. Das Ideal der bürgerlichen Familie besteht außerdem in der Annahme, dass sich Sinnlichkeit und Freundschaft in der Ehe verbinden lassen. Wie gewaltsam und heuchlerisch diese Vermittlung in der Realität zumeist geschieht, bezeugt die Familie Piachis, die ein künstliches Gebilde ist und nur durch Substitutionen zusammengehalten wird: Elvire ersetzt Piachis erste Frau und erfüllt deren Rolle doch weder als Mutter noch als Geliebte, Piachi ersetzt Colino, Nicolo Paolo usf. Die juristischen Absicherungen aller Substitutionen des Begehrens, die Adoptions-, Geschäfts- und Eheverträge, helfen jedoch nichts, die unterdrückte Sexualität sprengt alle Kontrakte.

Kleists Absage an die Identität bildende und schützende Institution der bürgerlichen Familie und die idealistische Konzeption einer Erziehung zur Mündigkeit ist theoretisch begründet in seinem Aufsatz *Allerneuester Erziehungsplan* von 1811, der sowohl das philanthropische Konzept einer planbaren Erziehung zur Vernunft verwirft – das Kind ist hier nichts weiter als ein unbeschriebenes Blatt, dem der Stempel des Erziehers aufgedrückt wird, eine Leerstelle also (und deren Personifikation ist der Findling) – als auch das neuhumanistische Konzept einer Entfaltung des Individualkerns des Kindes durch fürsorgliche

Erziehung. Nach Kleist unterliegt alle menschliche Sozialisation dem »gemeinen Gesetz des Widerspruchs« (DKV III, 546), die Identitätsbildung ist ein Akt situativer und partnerbezogener Entgegensetzung, sie resultiert aus einer Differenzbeziehung, in der Eigenes und Fremdes verbunden sind, in einem Kampf, in dem sie sich gegenseitig konditionieren. Der Beliebigkeit des Fremden korrespondiert damit die Beliebigkeit des Eigenen. Von der organischen Entfaltung eines Idealmenschen wie in den neuhumanistischen Konzepten des Bildungsromans kann keine Rede sein, weil in wechselnden Wirkungskonstellationen sich nichts Ganzes und Harmonisches mehr zeigen wird, sondern nur noch die schiere Potentialität charakterlicher Anlagen. Das Wechselspiel von Gut und Böse im Kampf von Piachi und Nicolo lässt sich so verstehen, wie auch die Behauptung, dass Kohlhaas »einer der rechtschaffensten zugleich und entsetzlichsten Menschen seiner Zeit« (ebd., 13) sein kann.

Moralistische Anthropologie

Kleist geht von einer allgemeinen Dissoziierung des handelnden Subjekts aus, die die Frage nach dessen gleich bleibender substantieller Qualität überflüssig macht. Das idealistische Individualitätskonzept des Bildungsromans mit seinen Grundbestandteilen Originalität, Authentizität, Eigentümlichkeit wird von Kleist destruiert. Identität ist für ihn keine Frage der Substanz mehr, der Kongruenz von Innen und Außen, sondern der Performanz. Nicolo erkennt wie sein Namensvorbild Niccolò Machiavelli, der in seinem Fürstenporträt *La vita di Castruccio Castracani da Lucca* von 1520 den Aufstieg eines Findlings mit Hilfe heuchlerischer Täuschungsspiele gepriesen hat, die Kunst der Verstellung als Macht. Die Kleist-Forschung hat immer wieder gerätselt, wie der böse Nicolo und der gute Retter Colino sich ähneln können – aus der Perspektive der Physiognomik Lavaters wäre das ein Unding. Übersehen wird dabei, dass Nicolo sich als Colino verkleidet, dessen Bild zu simulieren versteht, was Piachi »sprachlos« und »machtlos« werden lässt (ebd., 280f.). Der Konflikt zwischen Piachi und Nicolo ist also nicht bloß ein ödipaler, sondern wesentlich ein Konflikt zweier Persönlichkeitsmodelle. Piachi vertraut gut idealistisch darauf, dass jede Selbstinszenierung eine Frage der Substanz ist, so wie Schiller es fordert, wenn er in *Anmut und Würde* Anmut als sittliche Grazie, als Ausdruck der »schönen Seele« in der Erscheinung begreift. Nicolo, der nicht zufällig von der Libertinage der Aristokraten angezogen wird, vertraut einem anti-idealistischen, genuin aristokratischen Persönlichkeitskonzept, in dem es um die Berechnung von *images* in agonalen Zeiten geht. Grazie definiert sich dann von lat. *gratia* als Gunst, die man bei anderen genießt, gleichgültig, ob dem Schein ein Sein entspricht (Greiner 1994). Es geht hier nicht um die Fähigkeit, ein schönes Inneres nach Außen zu bringen, sondern um die Fähigkeit, externe Selbstbilder so zu berechnen, dass man seine Interessen durchsetzen kann.

Auch Kleists Aufsatz *Über das Marionettentheater* von 1810 träumt von solchen kalkulierten Inszenierungen, von Grazie als totaler Kontrolle über die Kommunikation, wie in aristokratischen Verhaltensbrevieren von Machiavellis *Il principe* über Castigliones *Il libro del cortegiano* bis Gracians *Oraculo Manual y Arte de Prudéncia* üblich. Kleist ist als Anthropologe Moralist und kein Moralphilosoph, Gegenstand seines Interesses ist nicht die ideale Verhaltensnorm, sondern die reale Befindlichkeit des Menschen. Folglich ist sein Schreibprogramm wie das aller skeptischen Moralisten in Krisenzeiten eines der Enttäuschung. Tugenden sind für ihn nur versteckte Laster, wie bei La Rochefoucauld, der in seinen *Maximes suivies de Réflexions diverses ...* von 1644 erkennt, dass der Eigennutz jede Sprache spricht und jede Rolle spielt, selbst die der Uneigennützigkeit. Das ist auch Kleists Leitsatz im *Findling*. Nicht nur Nicolo ist eigennützig, eigennützig ist auch Piachi. Seine Liebe zum Adoptivsohn ist in Wirklichkeit eine ›amour-propre‹, Eigenliebe. ›Proprius‹ bezeichnet im Grunde einen Rechtsterminus, die Verfügungsgewalt über Sachen ›amour propre‹, die Wortverbindung von Liebe und Eigentum, indiziert, dass possessives Denken sich auf Bereiche beziehen kann, wo Besitzkategorien fehl am Platz sind. Piachi verfügt über seinen Adoptivsohn wie über einen Besitz, er hat die Funktion, seine Nachfolge im Geschäft und damit seine Existenz zu sichern. Als Nicolo seine Eigeninteressen gegen die Piachis durchsetzen will, kommt es zur Katastrophe. Idealistische Denker mögen, wie Rousseaus Lob des Mitleids bezeugt, die Tugend der Nächstenliebe, des Mitleids, für ein Mittel der Eindämmung der Eigenliebe halten. Kleist, der Moralist, beweist in seiner Novelle *Der Findling*, dass auch im Mitleid nur der Eigennutz steckt.

Literatur

Blamberger, Günter: Die Novelle als Antibildungsgeschichte. Anmerkungen zu Kleists *Der Findling*. In: Peter-André Alt/Alexander Košenina/Hartmut Reinhardt/Wolfgang Riedel (Hg.): Prägnanter Moment. Studien zur deutschen Literatur der Aufklärung und Klassik. Fs. für Hans-Jürgen Schings. Würzburg 2002, 479–494.

Dyer, Denis: The Stories of Kleist. A Critical Study. London 1977.

Greiner, Bernhard: Eine Art Wahnsinn: Dichtung im Horizont Kants – Studien zu Goethe und Kleist. Berlin 1994.

Harms, Ingeborg: Kleists *Findling* zwischen Krypta und Handelsgewölbe. In: Christine Lubkoll/Günter Oesterle (Hg.): Gewagte Experimente und kühne Konstellationen. Kleists Werk zwischen Klassizismus und Romantik. Würzburg 2001, 149–167.

Kreutzer, Hans Joachim: Die dichterische Entwicklung Heinrichs von Kleist. Untersuchungen zu seinen Briefen und zu Chronologie und Aufbau seiner Werke. Berlin 1968.

Oesterle, Günter: *Der Findling*. Redlichkeit versus Verstellung – oder zwei Arten, böse zu werden. In: Walter Hinderer (Hg.): Interpretationen. Kleists Erzählungen. Stuttgart 1998, 157–180.

Ryder, Frank G.: Kleists *Findling*: Oedipus manqué? In: Modern Language Notes 92 (1977), 509–524.

Schings, Hans-Jürgen: Der anthropologische Roman. Seine Entstehung und Krise im Zeitalter der Spätaufklärung. In: Studien zum achtzehnten Jahrhundert. Hg. von der dt. Gesellschaft für Erforschung des 18. Jh.s. Bd. 2/3. München 1980, 247–275.

Schröder, Jürgen: Kleists Novelle *Der Findling*. Ein Plädoyer für Nicolo. In: KJb 1985, 109–127.

Schuller, Marianne: Ur-Sprung. Kleists Erzählung *Der Findling*. In: Dies.: Moderne. Verluste. Basel/Frankfurt a.M. 1997, 9–60.

Stephens, Anthony: Kleists Familienmodelle. In: KJb 1988/89, 222–237.

Günter Blamberger

2.8 Die heilige Cäcilie oder die Gewalt der Musik. Eine Legende

Entstehung und Quellen

Heinrich von Kleists Erzählung *Die heilige Cäcilie oder die Gewalt der Musik* entstand im Herbst 1810 anlässlich der Geburt und Taufe von Adam Müllers Tochter Cäcilie, zu deren Taufpaten Kleist gehörte. Der Text wurde in einer ersten Fassung in den *Berliner Abendblättern* vom 15. bis zum 17.11.1810 veröffentlicht (BA, Bl 40–42) und enthielt dort im Untertitel auch die Widmung an das Patenkind: »Zum Taufangebinde für Cäcilie M. ...« (DKV III, 286). In einer zweiten, erheblich erweiterten Fassung erschien die Novelle im zweiten Band der *Erzählungen* 1811 (vgl. Kommentar, ebd., 880). Die DKV-Ausgabe (Hg. Klaus Müller-Salget) bietet die Fassung der *Berliner Abendblätter* und die Buchfassung im Paralleldruck (ebd., 286–313).

Eindeutige Quellen für Kleists Cäcilien-Legende lassen sich nicht nachweisen, es wurden aber verschiedentlich Anklänge an Texte beobachtet, die – im Sinne des zeitgenössischen Ästhetikdiskurses – die Macht der Musik thematisieren oder auch im Titel Strukturverwandtschaften aufweisen (Puschmann 1988, 65ff.). So wurden Parallelen zu Drydens *Alexander's Feast or the Power of Musick. An Ode* wrote in Honour of St. Cecilie oder auch zu Herders Aufsatz *Die heilige Cäcilie oder wie man zu Ruhm kommt, ein Gespräch* entdeckt, ferner Bezüge zu einem Bericht von Matthias Claudius über den Besuch eines Hamburger Spitals (*Der Besuch in St. Hiob zu ***) oder auch zu Friedrich Rochlitz: *Der Besuch im Irrenhause* (Lubkoll 1995; Hinderer 1998). Wiederholt wurden auch Analogien zu Wackenroders *Berglinger*-Novelle herausgearbeitet (Puschmann 1988; Lubkoll 1995; Naumann 1996).

Inhalt

Vier Brüder treffen sich in Aachen, um dort eine Erbschaft zu erheben. Angestachelt durch die »Bilderstürmerei in den Niederlanden«, beschließen sie, zusammen mit etlichen aufrührerischen »Kaufmannssöhne[n] und Studenten« (DKV III, 287) am Fronleichnamstag das Kloster der heiligen Cäcilie zu zerstören. Die Äbtissin des Klosters, die vom protestantisch gesonnenen Stadtkommandanten keinen Schutz erhält, befiehlt ihren Nonnen, eine »uralte, von einem unbekannten Meister herrührende, italienische Messe« aufzuführen (ebd., 291). Allerdings ist die Kapellmeisterin, Schwester Antonia, am Nervenfieber erkrankt, so dass die Schwestern sich in größter Verlegenheit befinden. Plötzlich erscheint jedoch Antonia, »frisch und gesund«, und dirigiert das instrumental aufgeführte Oratorium »mit der höchsten und herrlichsten musikalischen Pracht« (ebd., 293). Daraufhin fallen die Brüder zu Boden, das Zeichen zum Bildersturm bleibt aus, das Kloster ist gerettet. Die Brüder leben fortan in einem religiösen Wahn als Insassen einer Irrenanstalt, gebärden sich wie Mönche und brüllen in einem nächtlich wiederkehrenden Ritual das ›Gloria in excelsius‹ – »Leoparden und Wölfe[n] gleich« (ebd., 303). Das Geschehen in der Kirche bleibt jedoch ein Rätsel: Stellt sich doch heraus, dass Schwester Antonia zur Zeit der Aufführung nachweislich »krank, bewußtlos, ihrer Glieder schlechthin unmächtig, im Winkel ihrer Klosterzelle darniedergelegen« hat (ebd., 311) und kurz darauf verstorben ist. Der Erzbischof deklariert daraufhin das Ereignis als Wunder der heiligen Cäcilie, ein Breve des Papstes beglaubigt dies. Im Text wird diese ›Legende‹ allerdings lakonisch mit dem Hinweis kommentiert, dass man das Kloster ein halbes Jahrhundert später, im Zuge des Dreißigjährigen Krieges, »gleichwohl säkularisierte« (ebd., 293).

Die zwei Fassungen

Während in der ersten, wesentlich kürzeren Fassung die Geschichte linear erzählt und dabei der »Triumph der Religion« zunächst besonders hervorgekehrt wird (DKV III, 293), dominiert in der Endfassung das Rätselhafte der Legende. Auffällig ist hier die deutlich verkomplizierte Erzählstruktur: Nach den beiden ersten Segmenten, die – von einigen signifikanten Abweichungen abgesehen nahezu identisch mit der Erstfassung – das Geschehen in der Kirche schildern, findet in der zweiten Fassung ein Zeitsprung statt: Sechs Jahre später wird nun, anlässlich der Recherchen der (neu eingeführten) Mutter der Brüder, im Rückblick erzählt, und zwar aus drei unterschiedlichen Perspektiven, wobei zusätzlich der auktoriale Erzähler immer wieder in die Berichte der Zeugen kommentierend eingreift. Im dritten Segment kommt zunächst der Vorsteher des Irrenhauses zu Wort, der über das »geisterartige Leben« der an einer »religiösen Idee« erkrankten Männer berichtet (ebd., 295). Anschließend findet sich im vierten Segment die Darstellung von Veit Gotthelf (ebenfalls eine Neuerung gegenüber der Erstfassung), eines ehemaligen Mitstreiters, der inzwischen ein bürgerliches Leben führt. Durch die Kontrastierung des geschilderten Wahnsinns mit der angepassten ›Normalität‹ des Tuchhändlers wird das Verhalten der Brüder, nachdem es zuvor bereits aus psychiatrischer Perspektive beleuchtet wurde, zusätzlich pathologisiert. Im folgenden fünften Segment sorgt die Rede der Äbtissin, die ihrerseits der Mutter über die Ereignisse am Fronleichnamstag berichtet, dann für die entscheidende Neuakzentuierung: Im Mittelpunkt steht nun nicht mehr das rätselhafte Verhalten der Männer, sondern das Wunder der heiligen Cäcilie. Dabei bleibt offen – allen kirchlichen Beglaubigungsversuchen zum Trotz –, ob es der »Schrecken der Tonkunst« (ebd., 311) oder das »zu gleicher Zeit schreckliche und herrliche Wunder« der Heiligen war (ebd., 313), das die Kirche gerettet und die Söhne zerstört hat. Demonstrativ bezeichnet der Erzähler daher im abschließenden sechsten Segment die Version der Äbtissin und – mit Rücksicht auf den Untertitel – auch die gesamte Geschichte als »Legende«: als eine Erzählung also, die anstelle einer verbürgten Wahrheit nur ›Lesarten‹ zu bieten hat. Wie oft am Schluss Kleist'scher Novellen wird zudem das Erzählte ironisch gewendet: In der Erstfassung erfolgt der nochmalige Hinweis darauf, dass das Kloster »noch am Schluß des Dreißigjährigen Krieges [...] säkularisiert ward« (ebd., 312); in der Endfassung kehrt die protestantische Mutter, »tief bewegt, in den Schoß der katholischen Kirche« zurück, und die Söhne sterben, »im späten Alter, eines heitern und vergnügten Todes, nachdem sie noch einmal, ihrer Gewohnheit gemäß,

das »Gloria in excelsis« abgesungen hatten« (ebd., 313).

Der ambivalente Titel

Die Frage, ob es sich bei Kleists Cäcilien-Novelle um einen religiös inspirierten Text oder um die Hinwendung zur Musik als dem ästhetischen Ideal der Romantik handelt (oder auch um eine ironische Subversion beider Modelle), wurde in der Forschung immer wieder mit Blick auf den vielschichtigen Titel diskutiert (eine Zusammenfassung der Positionen findet sich bei Haase/Freudenburg 1986). Frühe Deutungen haben das »oder« in der Überschrift stets konjunktiv gelesen: Der zweite Teil des Titels wurde als Erläuterung des ersten verstanden, die Musik erschien im Dienste der Religion, und man behauptete, mit der Novelle vollziehe Kleist selbst eine späte Hinwendung zum katholischen Glauben. Seit den Interpretationen von Hoffmeister (1967) und Wittkowski (1972) fand eine deutliche Akzentverschiebung statt: Der Titel wurde nun disjunktiv aufgefasst, als Alternative zwischen einer religiösen *oder* einer natürlichen Erklärung des Geschehens. Das Argument richtete sich auf Kleists Religionskritik und seinen ironischen Umgang mit der Gattung der ›Legende‹: Wittkowski sprach von einer »Legendenparodie« (Wittkowski 1972, 20), Hoffmeister las den Text als Beschreibung der »Entstehung einer Legende« (Hoffmeister 1967, 50). Allerdings wurde dabei der Untertitel von Kleists Erzählung lediglich auf die erste – die religiöse – Dimension der zweiteiligen Überschrift bezogen; der zweite Aspekt – die Rede von der ›Gewalt der Musik‹ – wurde nicht ironisch gelesen. Dies hat sich in neueren Deutungen geändert, die in der gesamten Cäcilien-Legende eine kritische Auseinandersetzung nicht nur mit romantischen Topoi (Religion und Musik), sondern auch mit den Möglichkeiten des Erzählens an sich erblicken (Haase/Freudenburg 1986; Lubkoll 1995; Menke 1995; Neumann 1994; Naumann 1996; Hinderer 1998; Stephens 2001). ›Legende‹ wäre demnach die Bezeichnung für einen Erzählakt, der die Leerstelle, das Rätsel um die ›wahre‹ Begründung der »ungeheuren Begebenheit« (DKV III, 297), durch ein Ensemble verschiedener Lesarten umspielt, wie Kleist sie mit seiner Geschichte von der ›heiligen Cäcilie‹ präsentiert.

Religiöser Horizont

Religiöse Deutungen der Cäcilien-Legende berufen sich zunächst auf Selbstaussagen Heinrich von Kleists zum katholischen Glauben. Während sich Kleist etwa anlässlich seiner Würzburger Reise im Jahr 1800 noch äußerst skeptisch gegenüber den Ritualen und der Sinnesüberflutung im katholischen Gottesdienst geäußert hatte (»Überhaupt, dünkt mich, alle Ceremonien ersticken das Gefühl«, Brief an Wilhelmine von Zenge vom 11./12.9. 1800, DKV IV, 113), fand – so die These – im Jahr 1801 in Dresden eine Hinwendung zum Katholizismus statt. Nach einem Kirchenbesuch schreibt Kleist an seine Braut: »Nirgends fand ich mich aber tiefer in meinem Innersten gerührt, als in der katholischen Kirche, wo die größte, erhebenste Musik noch zu den anderen Künsten tritt, das Herz gewaltsam zu bewegen« (DKV IV, 225). Der Anblick eines niederknienden frommen Mannes löst eine entsprechend emotionale Reaktion aus: »Ich hatte eine unbeschreibliche Sehnsucht mich neben ihm niederzuwerfen, und zu weinen – Ach nur einen Tropfen Vergessenheit, und mit Wollust würde ich katholisch werden« (ebd.). Es sollte allerdings nicht übersehen werden, dass die vermeintliche ›Hinwendung‹ Kleists zum katholischen Glauben hier nur im Konjunktiv durchgespielt wird. Außerdem liegt zwischen den Briefen und der Niederschrift der Cäcilien-Novelle ein ganzes Jahrzehnt, so dass die Kleist'schen Äußerungen zum Katholizismus keineswegs als unmittelbares Motiv für die Bearbeitung des Heiligen-Stoffes herangezogen werden können (vgl. Hinderer 1998, 182ff.). Stattdessen hat Wolfgang Wittkowski als erster die ironische Umgangsweise mit der katholischen Religion in Kleists Text hervorgehoben, und zwar unter Verweis auf Kleists Beziehung zu Adam Müller, die ja den biographischen Entstehungskontext der Erzählung bestimmt. In einer differenzierten Analyse des »religiösen Gehalts« (Wittkowski 1972, 17) arbeitet der Verfasser die Widersprüche, Gegensätze und Paradoxien innerhalb der

Kleist'schen »Legenden-Parodie« (ebd., 20) heraus und führt diese systematisch auf die konstruktive Adaptation des romantischen Ironie-Konzeptes zurück: auf Schlegels Ästhetik, namentlich aber auch auf Adam Müllers ›Lehre vom Gegensatz‹. Kleist spiele, so das Fazit, auf Adam Müllers 1805 erfolgte Konversion zum katholischen Glauben an und stelle diese höchst raffiniert – nämlich unter Anwendung von Müllers eigener Ironie-Theorie – in ein fragwürdiges Licht.

Macht des Musikalischen

Während so die religiöse Deutung der Novelle obsolet wurde, hielt sich in der Forschung noch für einige Zeit die alternative Lesart, wonach eine Orientierung am musikästhetischen Ideal der Romantik die eigentliche Basis von Kleists Erzählung darstelle. Begründet wurde diese These vor allem mit dem Hinweis auf einen Brief, den Kleist zur Zeit der Abfassung der Cäcilien-Legende 1811 an Marie von Kleist schrieb. Er äußert darin den Wunsch, sich »außer einigen Wissenschaften, in denen ich noch etwas nachzuholen habe, mit nichts als der Musik [zu] beschäftigen«, und begründet dies so: »Denn ich betrachte diese Kunst als die Wurzel, oder vielmehr, um mich schulgerecht auszudrücken, als die algebraische Formel aller übrigen, und […] so habe ich, von meiner frühsten Jugend an, alles Allgemeine, was ich über die Dichtkunst gedacht habe, auf Töne bezogen« (DKV IV, 485).

Dass Kleist den Begriff des ›Generalbasses‹ nicht im heute üblichen Sinne verwendete – Praxis des ›Basso continuo‹ –, sondern dass er ihn umfassend auf das von Jean Philippe Rameau begründete System der ›Harmonielehre‹ bezog, belegt Carl Dahlhaus in seinem lesenswerten Kleist-Aufsatz (Dahlhaus 1984). Es geht also bei Kleist weniger um die empfindsame Vision des »ursprünglichen Zustand[s] einer allumfassenden harmonischen Einheit«, wie noch Helga W. Kraft vermutet (Kraft 1976, 134). Vielmehr handelt es sich um eine systematische Reflexion über das Medium der Musik als poetologisches Modell. Nicht zuletzt lehnt sich Kleist hier an den kunsttheoretischen Ansatz von Novalis an, den er in-

tensiv rezipierte und der geradezu programmatisch die Verbindung von Musik, Mathematik
und Dichtung exponiert (vgl. Lubkoll 1995, 198).
In der Cäcilien-Novelle spiegelt sich diese
Auseinandersetzung in der herausragenden Posi-
tionierung der Partitur als einem abstrakten Zeichensystem wider, das die ›Gewalt der Musik‹
scheinbar beglaubigt – so jedenfalls legt es die Inszenierung der Notenschrift als ›Reliquie‹ nahe
(ebd., 218ff.; Naumann 1996). Dass die »uralte
[…] italienische Messe« (DKV III, 291) selbst auf
die romantische Idee der ›absoluten Musik‹ verweist, belegt der Umstand, dass die Nonnen sie
rein instrumental zur Aufführung bringen – als
von der Sprache losgelöstes unmittelbares Arti-
kulationsideal, das neben Novalis auch Tieck,
Jean Paul und E. T. A. Hoffmann favorisierten
(vgl. Lubkoll 1995). Zugleich lässt sich die prominente Stellung der ›alten Kirchenmusik‹ als intertextuelle Anspielung auf Wackenroders *Berglinger*-Novelle lesen. Die dort entfaltete ›Kunst-
religion‹ verbindet die Idealisierung des Musikalischen ebenso mit einer ›uralten Messe‹
(Pergolesis »Stabat mater«) wie mit dem Namen
der ›heiligen Cäcilie‹.

Berücksichtigt man jedoch die zahlreichen
Ironie-Signale, die in Kleists Cäcilien-Legende
selbst den (romantischen) Topos des Musikalischen betreffen, so muss festgehalten werden,
dass der Text nicht nur das religiöse, sondern
auch das durch den Titel nahegelegte musikäs-
thetische Deutungsmodell letztlich radikal unterläuft. Dies zeigt sich zum einen in der Pathologisierung der Wirkungsweise der Musik (die Nonne
Antonia erkrankt und stirbt am ›Nervenfieber‹;
die Brüder werden wahnsinnig). Zum anderen
erweist sich auch die Fetischisierung der Partitur
als zwiespältig, steht sie doch im Kontext eines
diskursiven (hier klerikalen) Machtsystems, das
Kleist mit seiner Erzählung ebenfalls kritisch reflektiert.

Politische und diskurskritische Implikationen

Schon Thomas Heine wendet sich daher gegen
jene disjunktiven Lesarten, die den Akzent entweder auf die religiösen oder auf die musikalischen Implikationen der Kleist'schen *Cäcilien*-

Novelle legen, und richtet sein Augenmerk statt
dessen gezielt auf den im Titel enthaltenen Terminus der ›Gewalt‹. Bereits mit dem ersten Satz,
so die These, werde die politische Thematik exponiert, nämlich die mit dem Bildersturm intendierte Auflehnung gegen eine eben nicht nur religiöse, sondern auch institutionell und macht-
politisch wirksame Autorität (Heine 1980, 74). Es
gehe im Text um die (vorübergehende) Restitution der katholischen Macht; diese werde durch
die Legendenbildung um die heilige Cäcilie und
die Ideologisierung einer ›Macht der Tonkunst‹
nur verschleiert. Weniger in diesem Sinne konkret politisch als vielmehr umfassend diskurskritisch lesen Donald Haase und Rahel Freudenburg
den Kleist'schen Text: Die politische Dimension,
so die Argumentation, sei auf vielfältige Weise
gebunden an eine Thematisierung der (diskursiven) Machtfunktion (Haase/Freudenburg
1986, 91). So werden in der Cäcilien-Erzählung
in der Tat verschiedene gesellschaftliche Ord-
nungssysteme ins Feld geführt. Neben der Macht
der Kirche sind dies vor allem die Ökonomie und
die Bürokratie. Gleich zu Beginn wird die »Erbschaft« der Brüder als ökonomisches Motiv eingeführt, und am Bildersturm beteiligen sich vornehmlich »Kaufmannssöhne« (DKV III, 287);
schließlich wird in der zweiten Fassung der Tuchhändler ins Spiel gebracht, dem nach seinen
jugendlichen Eskapaden ein ökonomisch erfolgreiches, bürgerliches Leben gelingt, welches aber
eben auf Anpassung und Ausblendung beruht:
Veit Gotthelf erinnert sich nur ungern und hinter
vorgehaltener Hand an die zügellosen Ereignisse
des Fronleichnamstags.

Als weitere Macht im Text erscheint die Bürokratie: Nachdem die vier aufrührerischen Brüder
im Dom buchstäblich umgefallen und wahnsinnig geworden sind, zeigt der sie beherbergende
Gastwirt »den Vorfall den Gerichten an«; daraufhin werden sie, »auf Befehl des Magistrats, in
ärztliche Untersuchung genommen und, da man
sie für verrückt befand […], in die Gemächer eines Irrenhauses« eingewiesen (ebd., 305). Die
Bürokratie und der psychiatrische Diskurs sind
es, die – ganz im Sinne Michel Foucaults – die
wechselseitige Ausschließung von Normalität
und Wahnsinn garantieren (vgl. Söhlke 2005).

Darüber hinaus spielt als Ausschließungssystem auch die im 18. Jh. erfolgte Dichotomisierung des Weiblichen und des Männlichen eine Rolle, worauf wiederholt hingewiesen wurde (Neumann 1994; Lubkoll 1995; Naumann 1996; Hinderer 1998). Die Brüder, die von ihrem bürgerlich-männlichen Lebensplan abweichen, verfallen der Musik bzw., wie es im Text ausdrücklich heißt, der »weiblichen Geschlechtsart dieser Kunst« (DKV III, 289). Während die Musik jedoch im Frauenkloster noch religiös funktionalisiert erscheint, gerät sie in der Spielart der Brüder, mit dem »schauderhaften und empörenden Gebrüll[]« des »Gloria in excelsis« (ebd., 303), zu einer Art antikulturellem Gegenmodell.

Zeichenproblematik und Ästhetik

Die demonstrative Herausstellung und Überlagerung von Diskurssystemen und Zeichenordnungen in Kleists Cäcilien-Novelle wird von Seiten der jüngeren Forschung vermehrt nicht nur diskurskritisch, sondern auch zeichentheoretisch gelesen und damit auf neue Weise in den schon viel diskutierten Zusammenhang des Erkennens, des Verstehens und der Sprache bei Kleist gestellt. Schon Haase und Freudenburg sehen das »Spektakel der Zeichen« in Verbindung mit der permanent vorangetriebenen, aber letztlich nicht geglückten Wahrheitsfindung im Text (Haase/Freudenburg 1986, 102). Nach Gerhard Neumann handelt die Geschichte »von der Wahrheit der Zeichen und ihrer Legitimation« (Neumann 1994, 365), ja von einem »Krieg der Zeichen« (ebd. 378ff.) im Horizont der gesellschaftlichen Machtdiskurse, aber auch angesichts der unmöglichen »Dechiffrierbarkeit des zuletzt Unentzifferbaren« (ebd., 386). Auch für Bettine Menke »steckt der Text [...] ein Feld für die Diskussion von Zeichen und Repräsentation ab« (Menke 1995, 210).

Vor dem Hintergrund der Zeichen- und Diskurskritik im Text Kleists wird immer wieder auch nach den ästhetischen Implikationen der Legende gefragt. Angesichts des Rätsels des (vermeintlichen) Cäcilien-Wunders und der im Text vorgeführten »Nicht-Auffindbarkeit der Wahrheit« (Haase/Freudenburg 1986, 90) wird

diskutiert, mit welchen kunsttheoretischen bzw. poetologischen Prämissen der Text auf das in ihm dargestellte Dilemma reagiert. Dabei wird sowohl auf das zeitgenössische romantische Paradigma als auch auf die klassizistische Ästhetik als Orientierungsmodell Bezug genommen, wobei sich allerdings alle Interpreten darin einig sind, dass Kleist sich mit beiden Konzepten zwar konstruktiv auseinandersetzt, sie aber vor allem subversiv unterläuft. Dies gilt zunächst, wie schon gezeigt, für die romantischen Anleihen: die Idee der ›absoluten Musik‹ wird schließlich, mit dem schauderhaften Gebrüll der Brüder, ins Antikulturelle verlagert und pathologisiert; und auch das Ironiekonzept dient am Ende nicht mehr, wie bei Schlegel, der unendlichen Potenzierung und wechselseitigen Spiegelung, sondern dem Aufzeigen von Leerstellen und der Darstellung einer unauflöslichen Dissonanz.

Auch das klassizistische Ästhetikmodell steht in Kleists Cäcilien-Legende auf dem Prüfstand. Schon Puschmann (1988) sowie nach ihr Neumann (1994) und Greiner (1996) verweisen auf eine Nähe zu Schillers Konzept des ›Erhabenen‹, wobei die Frage, »ob die Erfahrung des Erhabenen durch ein im Kunstwerk dargestelltes Erhabenes vermittelt werden kann«, laut Greiner bei Kleist »radikal zur Disposition« steht (Greiner 1996, 501). Dorothea von Mücke kommt daher zu dem Schluss, dass es sich bei Kleists Text »keineswegs um ein ästhetisches Programm, sondern vielmehr um die Auseinandersetzung mit dem utopischen Charakter klassisch/romantischer Kunstauffassungen« handele, namentlich um einen – zeichentheoretisch und diskurskritisch begründeten – Einspruch gegen die »autonome Kunst« (von Mücke 1996, 120). Kai Hammermeister (2002) spricht sogar von einer dezidierten »Kunstfeindschaft bei Kleist« im Gegenzug zum herrschenden Ästhetikdiskurs seiner Zeit.

Vor dem Hintergrund der äußerst kritischen ästhetischen Standortbestimmung in der Cäcilien-Legende wird immer wieder auch die narratologische Disposition des Kleist'schen Textes analysiert. Und hier spielt nun doch das musikalische Vorbild der ›Partitur‹ eine zentrale Rolle. Allerdings ruft Kleist, der Verfechter des ›Generalbasses‹, die polyphone Struktur gerade nicht im Sinne des klassizistisch-romantischen Harmonie-Modells auf, sondern er nutzt es als Darstellungsform von Aporien (Lubkoll 1995, 224): bilden doch die mehrfachen Erzählungen gerade nicht ein homogenes Ganzes, sondern ein konstitutiv dissonantisches »Stimmengewebe« (Stephens 2001, 77). Dieses ist gekennzeichnet durch »Antithetik und Verschiebung« (ebd.), und es ist gerade die unaufhörliche »Bewegung«, die der Tonkunst innewohnende Dynamik (Naumann 1996, 126), die die Musik als Darstellungsform einer fundamentalen Zeichenkrise prädestiniert. Damit weist Kleists Cäcilien-Novelle nicht nur inhaltlich – in Form einer radikalen Religions-, Kunst- und Diskurskritik –, sondern auch poetologisch – mit Hilfe der narrativen Inszenierung einer dissonantischen Polyphonie – entschieden voraus in die Moderne.

Literatur

Dahlhaus, Carl: Kleists Worte über den Generalbaß. In: KJb 1984, 13–24.

Greiner, Bernhard: »Das ganze Schrecken der Tonkunst«. *Die heilige Cäcilie oder die Gewalt der Musik.* Kleists erzählender Entwurf des Erhabenen. In: Zs. für deutsche Philologie 115 (1996), 501–520.

Haase, Donald/Freudenburg, Rahel: Power, truth, and interpretation. The hermeneutic act and Kleist's *Die heilige Cäcilie.* In: Deutsche Vierteljahrsschrift für Literaturwissenschaft und Geistesgeschichte 60 (1986), 88–103.

Hammermeister, Kai: Kunstfeindlichkeit bei Kleist. Der ästhetische Diskurs in *Die heilige Cäcilie.* In: KJb 2002, 142–153.

Heine, Thomas: Kleist's ›St. Cecilia‹ and the power of politics. In: Seminar 16 (1980), 71–82.

Hinderer, Walter: *Die heilige Cäcilie oder die Gewalt der Musik.* In: Ders. (Hg.): Interpretationen. Kleists Erzählungen. Stuttgart 1998, 180–215.

Hoffmeister, Werner: Die Doppeldeutigkeit der Erzählweise in Heinrich von Kleist *Die heilige Cäcilie oder die Gewalt der Musik.* In: Herbert Lederer/Wolfgang Neuse (Hg.): Fs. für Werner Neuse. Berlin 1967, 44–56.

Kraft, Helga W.: Erhörtes und Unerhörtes. Die Welt des Klanges bei Heinrich von Kleist. München 1976.

Lubkoll, Christine: Musik und Schrift: Die Gewalt der Zeichen in Heinrich von Kleists Cäcilien-Novelle. In: Dies.: Mythos Musik. Poetische Entwürfe des Musikalischen in der Literatur um 1800. Freiburg i.Br. 1995, 197–224.

Menke, Bettine: Sturm der Bilder und zauberische Zeichen. Kleists *Die Heilige Cäcilie oder die Gewalt der Musik (Eine Legende).* In: Hendrik Birus (Hg.): Germanistik und Komparatistik. Stuttgart 1995, 209–245.

Mücke, Dorothea E. von: Der Fluch der heiligen Cäcilie. In: Poetica 26 (1996), 105–120.

Naumann, Barbara: Inversionen. Zur Legende des Geschlechts in Kleist Erzählung *Die heilige Cäcilie oder die Gewalt der Musik.* In: Corina Caduff/Sigrid Weigel (Hg.): Das Geschlecht der Künste. Köln 1996, 105–135.

Neumann, Gerhard: Eselsgeschrei und Sphärenklang. Zeichensystem der Musik und Legitimation der Legende in Kleists Novelle *Die heilige Cäcilie oder die Gewalt der Musik.* In: Gerhard Neumann (Hg.): Heinrich von Kleist. Kriegsfall – Rechtsfall – Sündenfall. Freiburg i. Br. 1994, 365–389.

Puschmann, Rosemarie: Heinrich von Kleists Cäcilien-Erzählung. Kunst- und literarhistorische Recherchen. Bielefeld 1988.

Söhlke, Jan: Wahn – Sinn – Lesen. Zur Dysfunktionalisierung des Sinns in Heinrich von Kleists *Die heilige Cäcilie oder Die Gewalt der Musik.* In: Wirkendes Wort 55 (2005), H. 1, 53–75.

Stephens, Anthony: Stimmengewebe. Antithetik und Verschiebung in *Die heilige Cäcilie oder die Gewalt der Musik.* In: Paul M. Lützeler/David Pan (Hg.): Kleists Erzählungen und Dramen. Neue Studien. Würzburg 2001, 77–91.

Wittkowski, Wolfgang: *Die Heilige Cäcilie* und *Der Zweikampf.* Kleists Legenden und die romantische Ironie. In: Colloquia Germanica 6 (1972), 17–58.

Christine Lubkoll

2.9 *Der Zweikampf*

Entstehung, Stoff, Komposition

Kleists wahrscheinlich letzte Erzählung ist lediglich im zweiten Band der *Erzählungen* überliefert, der 1811, in Kleists Todesjahr, erschien. Die stoffliche Anregung zu seiner Erzählung verdankt Kleist einer Anekdote aus Jean Froissarts (1338–1405) *Chroniques*, die er bereits im Februar 1811 in den *Berliner Abendblättern* mit dem Titel *Geschichte eines merkwürdigen Zweikampfs* veröffentlichte. Die Anekdote bot zwar das zentrale Handlungselement von der verletzten Ehre einer Dame, doch wird dieses in der Erzählung komplex ausgestaltet. Neu ist auch die doppelte Verrätselung des Geschehens durch die Liebesintrige der Kammerzofe und den trügerischen Ausgang des Gottesurteils, das Kleist vermutlich Cervantes' Erzählung *Die Drangsale des Persiles und der Sigismunda* entlehnt hat. In deutscher Übersetzung hatte sie der zu Kleists Berliner Bekanntenkreis gehörende Franz Theremin 1808 vorgelegt.

Das Sujet der zum Duell führenden Ehrverletzung einer Adligen stellt Kleist zudem in einen übergreifenden Geschehenszusammenhang, in dem sich zwei Handlungsstränge miteinander verschränken. Mit der Kompositionstechnik der Rahmung schickt Kleist der Littegarde-Handlung nämlich einen Brudermord voraus und lässt die Erzählung in die Aufklärung des Mordanschlags münden. Gerade dieser Zusammenfügung der beiden Handlungsstränge wurden jedoch in der Forschung gravierende Kompositionsschwächen vorgehalten. Kleist schien im *Zweikampf* »Dinge […] zur Einheit der Erzählung« zusammenzufügen, die »ursprünglich nichts mit einander zu thun hatten« (Steig 1901, 536). Dem Autor wurde zudem die konzeptionelle Inkonsequenz vorgeworfen, sich auf keine der beiden Handlungen konzentrieren zu können (Wichmann 1988, 221). Gilt der Rotbart als der einzige Schnittpunkt beider Themenkreise, so erscheint dies nicht ausreichend durch eine schlüssige Handlungslogik motiviert. Nach der Ermordung des Herzogs Wilhelm von Breysach, der von einer erfolgreichen Verhandlung mit dem Kaiser über das Erbrecht seines unehelichen Sohnes zurückkehrt, fällt der Tatverdacht auf seinen mit ihm verfeindeten Halbbruder, Graf Jakob den Rotbart, der selbst den zum Mordanschlag benutzten Pfeil anfertigen ließ und gerade zur Tatzeit seine Burg verlassen hat. Das Alibi, mit dem der Rotbart die Anklage abzuwehren sucht, dient als Verbindungsglied zwischen der Mordhandlung und der Littegarde-Geschichte. Vor dem in Basel einberufenen Gericht zeigt sich der Rotbart nicht nur vom Umstand irritiert, wie der Pfeil in den Besitz des Mörders gelangt ist, er behauptet vor allem, die Mordnacht bei der verwitweten, ihm in Liebe ergebenen Littegarde von Auerstein, die auf der Burg ihres Vaters zurückgezogen lebt, zugebracht zu haben. Auch angesichts der sich später herausstellenden Tatsache, dass der Rotbart nicht nur den Mörder gedungen, sondern diesem auch noch so unbedacht das auf ihn verweisende Tatwerkzeug zur Verfügung gestellt hat, droht Kleists literarisches Können in Zweifel gezogen zu werden, unterstellt er doch dem Gericht die Naivität, eine ›mittelbare‹ Beteiligung des Rotbart am Mord ganz auszuschließen. Offenkundig ist neben der losen Zusammenfügung beider Handlungsbereiche auch die Dominanz des einen, die den anderen fast überflüssig erscheinen lässt: Obwohl die Umstände des Mordes und das vertrackte Ermittlungsverfahren eingangs auffallend ausführlich dargestellt werden, rückt diese Vorgeschichte zugunsten der Littegarde-Handlung ganz in den Hintergrund, bis am Schluss der Rotbart seinen Mordauftrag gesteht.

Gemäß dem Strukturmodell des fünfaktigen Dramas baute Kleist den *Zweikampf* wie schon manche der früheren Erzählungen in fünf Handlungsteilen auf. Die expositorische Eröffnungspartie entfaltet das Motiv der »verfeindeten Brüder«, erzählt von der Mordtat, vom Verdacht, der sich gegen den Rotbart richtet, und schließlich von dessen Verteidigung vor dem kaiserlichen Gericht in Basel. Das zentrale und den weiteren Handlungsablauf bestimmende Element dieser Verteidigung ist das Alibi, mit dem der Rotbart den Verdacht zurückzuweisen sucht. Hierdurch nämlich kommt die in ihrer Ehre betroffene Littegarde, »so wie die schönste, so auch, bis auf den Augenblick dieser schmählichen Anklage, die unbescholtenste und makelloseste Frau des Landes« (DKV III, 321), ins Spiel.

Der zweite Teil schildert zunächst die Lebenslage der Witwe, dann die konfliktsteigernden Situationen mit den schwerwiegenden Folgen ihrer öffentlichen Verfemung: Sie wird von ihren Brüdern verstoßen, enterbt und »als eine überwiesene Verbrecherin, der Verfolgung der Gesetze« (ebd., 327) preisgegeben, die den sexuellen Fehltritt einer Frau aufs schärfste ahnden. Littegarde findet jedoch in dem Kämmerer Friedrich von Trota, der sie liebt und ihr einst das Leben gerettet hat, einen Ritter, der bereit ist, ihre Unbescholtenheit mangels anderer Möglichkeiten »im Gottesurteil zu beweisen« (ebd., 329), das an den Ausgang eines Zweikampfes geknüpft ist. Damit sind, wie in der klassischen Dramaturgie üblich, Handlung und Gegenhandlung, Protagonist und Antagonist formiert.

Das dritte Stadium der Erzählung führt den Konflikt zum Höhepunkt und stellt den Zweikampf zwischen dem Rotbart und Friedrich von Trota dar. Dieser unterliegt zwar seinem Gegner, dies aber nicht wegen physischer Schwäche, sondern lediglich infolge eines unglücklichen Zufalls. Dieser mittlere Teil entspricht ganz dem Strukturgesetz des fünfaktigen Dramas, in dem der dritte Akt die antagonistischen Kräfte aufeinanderprallen lässt und auf diese Weise den Kulminationspunkt des Konflikts inszeniert.

Das vierte Stadium bringt, wieder dem Bauprinzip des fünfaktigen Dramas entsprechend, die Retardation: Gegen alle Wahrscheinlichkeit stirbt Friedrich von Trota nicht an seinen schweren Verletzungen, ja er gesundet rasch. Diese Retardation auf der Ebene des äußeren Geschehens schafft den Spielraum für Begegnungen, Gespräche und Bewusstseinsprozesse, in denen sich nun das psychische Geschehen entfaltet. Der Widerspruch zwischen der durch das vermeintliche Gottesurteil getroffenen Entscheidung, welche Littegarde als schuldig erscheinen lässt, und ihrem Unschuldsbewusstsein treibt sie an die Grenze des Wahnsinns, weil die Unschuldige das Gottesgericht aus religiöser Überzeugung doch nicht in Frage zu stellen vermag. Anders als die im Dilemma Gefangene unternimmt Friedrich von Trota, der an der Wahrheit des Gottesurteils zweifelt, eine Auslegung des Gottesurteils, die dieses letztlich – obwohl jenseits seiner Deutungsabsicht – *ad absurdum* führt. Diese aporetische Engführung von »göttlich« bewiesener Schuld und innerer Gewissheit der Unschuld bestimmt die Binnenstruktur des vierten Abschnitts.

Im abschließenden fünften Stadium eskaliert die äußere Handlung: Littegarde und Friedrich werden wegen des »sündhaft angerufenen göttlichen Schiedsurteils [...] dem bestehenden Gesetz gemäß« (ebd., 342) zum Tod auf dem Scheiterhaufen verurteilt. Im letzten Moment aber kommt es zu einer rettenden Peripetie. Während sich in der fünfaktigen Tragödie die Peripetie gegen Ende des vierten oder am Anfang des fünften Ak-

tes ereignet und hierauf endgültig die Katastrophe folgt, invertiert Kleist dieses Strukturmuster: Auf eine ›Beinahe-Katastrophe‹, die in ihrer äußeren Zurichtung als öffentliches Schauspiel schon sinnfällig wird, folgt eine plötzliche Peripetie durch das überraschende Geständnis der Kammerzofe, das die »Auflösung des fürchterlichen Rätsels« (ebd., 346) herbeiführt und die Liebenden vor der Hinrichtung rettet. Nach der Aufklärung des Mordfalls werden sie durch den Kaiser rehabilitiert und feiern drei Wochen später Hochzeit.

Im Verlauf dieser Vorgänge erweist sich das Gottesurteil als völlig belanglos. Gleichwohl baut Kleist auch hier eine Retardation und eine Peripetie ein, um das Gottesurteil – scheinbar – zu salvieren. Für den Rotbart nämlich führt die zunächst unbedeutend wirkende Verwundung im Zweikampf zu einem tödlich endenden Siechtum, weshalb der Prior des Augustinerklosters »in dieser unerwarteten Wendung der Dinge die furchtbare Hand Gottes zu erblicken glaubte« (ebd., 343); der Rotbart wiederum glaubt, nachdem er von der »Auflösung des Rätsels« durch das Geständnis der Kammerzofe erfahren hat und im Angesicht des Todes seinerseits den Mord an seinem Bruder reumütig bekennt, ebenfalls den »Spruch des höchsten Gottes« erfüllt zu sehen (ebd., 347). Der Kaiser zieht schließlich die Konsequenz aus dem Geschehen, indem er die »Statuten« (ebd., 349) des vermeintlichen Gottesurteils derart ändern lässt, dass es ins Ungreifbare entschwindet.

Zentrale Aspekte der Erzählung

Wie schon die Rede von der »Auflösung des fürchterlichen Rätsels« zeigt, folgt die Handlungslogik dem tradierten Ordnungsschema des analytischen Dramas. Bereits den *Zerbrochnen Krug* gestaltete Kleist nach dem Vorbild des sophokleischen *König Ödipus*, dem die analytische Strukturlogik zugrunde liegt. Ein Verbrechen – der Brudermord – steht am Anfang der Handlung und fordert Aufklärung, die erst nach einer Reihe von spannungserzeugenden Hindernissen zustande kommt. Auch das Verfahren, das den Handlungsverlauf nach dem Muster des analytischen Dramas aufbaut, gleicht demjenigen im *Zerbrochnen Krug*: Es kommt ein *Prozess* in Gang, der alle Eigenheiten eines kriminalistisch-juristischen Verfahrens aufweist: Indizien, Alibis, Zeugen-Aussagen, Geständnisse. Doch steigert Kleist die Schwierigkeiten der Aufklärung und die Anstrengung um die Wahrheitsfindung weit über das Maß der früheren Werke hinaus. Er verwickelt das Geschehen so labyrinthisch, dass die Betroffenen keine Möglichkeit rationalen Verstehens mehr finden. Da sie damit auch die Möglichkeit eines begründeten Urteilens verlieren, verschieben sie die »Auflösung des fürchterlichen Rätsels« ins Irrationale eines Gottesurteils und delegieren sie so an eine absolute, außermenschliche Letztinstanz, die im Grunde nur ein Produkt der eigenen Ratlosigkeit ist und auf der dezisionistischen Übertragung der ihnen selbst nicht möglichen Rechtsfindung auf den bloßen Zufall beruht. Gerade das Zufällig-Sinnlose des zunächst als Gottesurteil begriffenen Zweikampfs akzentuiert Kleist, indem er Friedrich von Trota beim Duell durch den beiläufigen Umstand scheitern lässt, dass er stolpert.

Hierbei geht es Kleist nicht um das zu seiner Zeit bereits seit einem halben Jahrtausend obsolet gewordene Gottesurteil an sich, vielmehr benutzt er das historisierend im Mittelalter angesiedelte Geschehen als eine Versuchsanordnung (Müller 1998), aus der sich ergibt, dass jedwede Verbindung menschlicher Angelegenheiten, ja der Geschichte überhaupt mit der Vorstellung eines göttlichen Eingreifens und einer göttlichen Vorsehung aus menschlicher Unzulänglichkeit resultiert. Mit ironischer Distanz greift er die im 18. Jh. intensiv thematisierte Denkfigur von Providenz und Kontingenz auf und projiziert die Vorstellung göttlicher Providenz auf die menschliche Sphäre der Kontingenz selbst.

Die aus Kleists Verwurzelung in der preußischen Spätaufklärung stammende Destruktion religiöser (Wunsch-)Vorstellungen verbindet seine letzte Erzählung mit mehreren früheren Texten, so mit dem *Erdbeben in Chili*, der *Marquise von O...* und der ebenfalls legendenhaft auf ein vermeintliches Wunder angelegten *Heiligen Cäcilie*. Ihre besondere historische Aktualität erhielten diese Texte vor dem Hintergrund der gleichzeitig aufblühenden Romantik, die das Wunderbare bis hin zu einer neureligiös-wundersüchtigen Mode kultivierte und eine regressive Vorliebe für das Mittelalter pflegte. Kleist übernimmt das romantisch-modische Kolorit in seiner im Mittelalter spielenden Erzählung; schon seine Zeitangaben stilisiert er entsprechend, wenn er von der »Nacht des heiligen Remigius« (DKV III, 314) oder vom »Montag nach Trinitatis« (ebd., 320) spricht und den Zweikampf im mittelalterlichen Basel am »Tag der heiligen Margarethe« (ebd., 329) stattfinden lässt. Solche Zeitangaben stimmen bestens überein mit dem von Kleist evozierten mittelalterlichen Ritterwesen und Kaisertum sowie den entsprechenden Bräuchen, etwa dem Gottesurteil. Wie schon im *Käthchen von Heilbronn* kam er damit dem romantischen Zeitgeschmack zwar entgegen, dies allerdings nur, um aus aufklärerischem Geist die anachronistischen Tendenzen der Romantik ironisch zu unterlaufen (Wittkowski, 1972).

Auch die Gesellschaftskritik bildet ein durchgehendes Thema und stellt die letzte Erzählung in die von aufgeklärtem Denken bestimmte Kontinuität früherer Werke. Denn wie schon öfter steht im Zentrum dieser von Rousseau inspirierten Zivilisationskritik die zerstörerische Orientierung der Menschen an Eigentums- und Erbverhältnissen. Bereits in Kleists Erstlingsdrama *Die Familie Schroffenstein* lösen in einem Erbvertrag festgehaltene Eigentumsverhältnisse Mord und Totschlag aus, in seiner Erstlingserzählung *Das Erdbeben in Chili* stürzt der Sohn eines der »reichsten« Edelleute der Stadt seine Schwester nicht nur aus Standesdünkel, sondern ebenfalls aus Habgier ins Verderben. Auch im *Zweikampf* zerstören Erbansprüche die familiären Bande: Weil der Rotbart seinen Halbbruder, den Herzog von Breysach, beerben will, lässt er ihn ermorden, und Littegardes Brüder verstoßen ihre Schwester, um sich des ihr zustehenden Erbes zu bemächtigen. Beide Handlungskomplexe, der Brudermord und die Littegarde-Geschichte, hängen demnach nicht nur äußerlich durch den infolge des Alibis entstandenen Kausalnexus, sondern auch durch das gemeinsame Grundmotiv einer katastrophenträchtigen Besitzgier zusammen: Letzte Ursache des gesamten verhängnisvollen Geschehens bildet die Fixierung auf das Eigentum, die Kleist mit Rousseau als die gesellschaftliche Ursünde schlechthin ansieht.

Im Laufe des Geschehens verlagert sich das Interesse von dieser primären Ursache der *Handlung* auf das Problem des *Erkennens und Verstehens*, das dann seinerseits sekundäre Handlungen zur Folge hat, darunter als wichtigste die Anrufung des Gottesurteils. Da das Gottesurteil in einer ans Unmögliche grenzenden Schwierigkeit menschlichen Erkennens angerufen wird, erscheint es von vornherein als Resultat eines Verschiebungsprozesses vom Endlichen ins Unendliche, vom Rationalen ins schlechthin Irrationale. Psychologisch gründet der Brauch des Gottesurteils auf der Projektion der sich bis ins Göttliche erhebenden Wunschvorstellung von höchster, unfehlbarer Sicherheit des Erkennens und Urteilens: einer Wunschvorstellung, die erst aus der Orientierungslosigkeit im Bereich menschlichen Erkennens und Urteilens entsteht. In dieser Hinsicht aber kann das Gottesurteil, nachdem es als historische Institution ohnehin längst hinfällig geworden ist, ein paradigmatisches Interesse beanspruchen. Indem Kleist eine für das moderne Bewusstsein nicht nur obsolet gewordene, sondern sogar absurde Form religiöser Wunder-Phantasie vorführt, verleiht er diesem Paradigma eine besonders subversive Energie, die aufklärerisch die Entstehungsbedingungen religiöser Gewissheiten überhaupt freilegt. Nicht zufällig offeriert der Text zwei konkurrierende Deutungsmodelle hinsichtlich der Folgen des Zweikampfes für beide Gegner. Nebeneinander werden ein religiöses und ein rationales Erklärungsmuster gestellt: Die Heilung von Friedrichs Wunden scheint einerseits dem Erzähler ein Zeichen für »eine besondere Fügung des Himmels« (DKV III, 334) zu sein, auch Friedrich wähnt sich »unter dem Hauch des Himmels« (ebd., 335) genesen. Andererseits aber kann die Heilung schlicht auf die »Stärke seiner Natur« zurückgeführt werden (ebd., 334). Das Dahinsiechen Rotbarts, der »auf eine in der Tat sonderbare und merkwürdige Weise« einer »unbedeutenden Wunde« erliegt (ebd., 342), kann aus religiöser Sicht als Fügung Gottes verstanden werden, der Erzähler verweist jedoch zugleich auf die Unzu-

länglichkeit der damaligen Heilkunst. Das »als eine Radikalkur gepriesene Heilmittel vergrößerte nur, wie man heut zu Tage leicht eingesehen haben würde, statt ihm abzuhelfen, das Übel« (ebd., 342). Hiermit wird angedeutet, dass die zunächst so *unerklärliche* und infolgedessen göttlichem Eingreifen zugeschriebene Erkrankung des Rotbart durch den unzureichenden medizinischen Kenntnisstand der damaligen Zeit durchaus *erklärt* werden kann. Die menschliche Neigung zum Wunderglauben wird somit vor dem historischen Horizont ironisiert.

Allerdings beschränkt sich die paradigmatische Funktion des Gottesurteils nicht auf die Sphäre des Erkennens und Urteilens, sie besitzt zudem eine moralpsychologische Dimension. Denn gerade der in ethischer Hinsicht so vorbildliche Friedrich von Trota ruft in der Unbedingtheit seines Gerechtigkeitsverlangens das Gottesgericht als Garanten einer absolut gedachten Gerechtigkeit an. Kleists psychologische Ironie wird noch übertroffen von der eigenen Ironie des Faktischen, die mit einem Schlage alle Phantasmen von einem gerechten, rettend eingreifenden und erlösenden Gott verabschiedet: Nicht Gott ist es, der »die Wahrheit unfehlbar ans Licht bring[t]« (ebd., 330), sondern – der desillusionierende Kontrast könnte schärfer nicht sein – das Geständnis einer Kammerzofe, die wie eine Art *deus ex machina* den Umschlag der Handlung provoziert! Erst dank dieses Geständnisses einer Bediensteten, das – in signifikantem Unterschied zum Gott zugewiesenen Urteil – endlich die »Auflösung des fürchterlichen Rätsels« (ebd., 346) bewirkt, kann das Basler Gericht (wohlgemerkt ein menschliches und kein göttliches Gericht) eine beweiskräftige Entscheidung treffen.

Gottesurteil vs. menschliche Gesetze

Seine höchste Intensität erreicht das *innere Geschehen* erst nach dem Ausgang des Zweikampfs. Nach dem abrupten Szenenwechsel vom öffentlichen Schauplatz einer Großsensation in die Abgeschiedenheit des Gefängnisses sehen Littegarde und ihr Freund der herannahenden Hinrichtung entgegen. Kleist folgt hier seiner Tendenz zum existenziellen Extremismus. Wie schon im *Erdbe-*

ben in Chili, im *Michael Kohlhaas* und im *Homburg*-Drama steht das emotional bis zum Äußersten aufgeladene Geschehen unter der ultimativen Drohung einer bevorstehenden Todesstrafe. Kleist arrangiert solche Grenzsituationen, um äußerste Möglichkeiten psychischer Betroffenheit und geistiger Anspannung zu erkunden. An Littegarde demonstriert er die verzweiflungsvolle, ähnlich wie bei der *Marquise von O...* bis zum Wahnsinn reichende Verfassung einer Seele, die von der ihr unauflösbaren Spannung zwischen eigener innerer Gewissheit und äußerem Anschein zerrissen wird; an ihrem Freund die aus der Liebe zu Littegarde resultierende geistige Anstrengung, eine Lösung des unlösbar erscheinenden Konflikts zu finden. Er nähert sich ihr ungewollt und halb unbewusst in der existenziellen Herausforderung der Dialog-Situation. Dabei zerfällt das vermeintliche Gottesurteil auf zweifache Weise, und dies wiederum in zwei auch räumlich und personell unterschiedenen Gesprächsszenen.

In der Aussprache mit seiner Mutter Helena wird Friedrich bewusst, dass das vermeintlich »göttliche« Gericht in Wahrheit lediglich auf menschlich gesetzten Regelungen beruht: Als die Mutter darauf beharrt, dass »ein Gesetz« besteht, demzufolge der »Ausspruch der Kampfrichter« (DKV III, 335) maßgeblich ist, entgegnet der Sohn rebellisch:

»Was kümmern mich diese willkürlichen Gesetze der Menschen? Kann ein Kampf, der nicht bis an den Tod eines der beiden Kämpfer fortgeführt worden ist, nach jeder vernünftigen Schätzung der Verhältnisse für abgeschlossen gehalten werden? und dürfte ich nicht [...] hoffen, den Unfall, der mich betroffen, wieder herzustellen, und mir mit dem Schwert einen ganz andern Spruch Gottes zu erkämpfen, als den, der jetzt beschränkter und kurzsichtiger Weise dafür angenommen wird?« (ebd., 335f.).

Die »Gesetze« – später wird der Kaiser von »Statuten« sprechen – sind offenkundig von Menschen geschaffen, also keineswegs göttlich begründet. Die unreflektiert autoritätsfixierte Mutter antwortet: »Gleichwohl [...] sind diese Gesetze, um welche du dich nicht zu bekümmern vorgibst, die waltenden und herrschenden; sie üben, verständig oder nicht, die Kraft göttlicher

Satzungen aus« (ebd., 336). Die Autorität der »Gesetze« wird hier allein aus ihrer pragmatischen Geltung abgeleitet, sie erscheinen weiter keiner rationalen Begründung bedürftig (»verständig oder nicht«) und üben »die Kraft göttlicher Satzungen« nur deshalb aus, weil ihre Willkür als absolut ausgegeben wird.

Das zweite Gefängnisgespräch, das Friedrich mit Littegarde führt, hat zur Folge, dass das Gottesurteil unter einem *zeitlichen* Aspekt seine Substanz vollends einbüßt. Denn es ist nur menschliche Setzung, dass der Ausgang des Zweikampfs die Wahrheit unmittelbar, d. h. sofort zeigt: »Wo liegt die Verpflichtung der höchsten göttlichen Weisheit, die Wahrheit im Augenblick der glaubensvollen Anrufung selbst, anzuzeigen und auszusprechen?« (ebd., 341). Wenn allerdings Friedrich hofft, dass sie später irgendwann einmal ans Licht kommt, und hierbei sogar auf die »Ewigkeit« (ebd., 341) setzt, dann kommt die Berichtigung für die beiden angesichts der bereits vollzogenen Hinrichtung zu spät, und aufgrund einer Verschiebung ins möglicherweise Unendliche verliert sie überhaupt jeden Sinn. Schon hier zeigt die Versuchsanordnung »Gottesurteil« die Absurdität von Versuchen, die Unendlichkeit Gottes mit der Endlichkeit menschlichen Lebens zu verbinden. Darin manifestiert sich zugleich ein »hintergründiger Angriff Kleists auf den ›Infinitismus‹ der Romantik« (Schmidt 2003, 291).

Die Konsequenz hieraus zieht ganz am Schluss nicht die göttliche, sondern die höchste menschliche Autorität: Der Kaiser lässt »in die Statuten des geheiligten göttlichen Zweikampfs, überall wo vorausgesetzt wird, dass die Schuld dadurch unmittelbar ans Tageslicht komme, die Worte einrücken: ›wenn es Gottes Wille ist‹« (ebd., 349). Doch selbst unter der Voraussetzung, dass »Gottes Wille« tatsächlich im Spiele wäre, könnten die Menschen weder wissen, ob der Ausgang eines Gottesurteils in der Tat Gottes Wille ist, noch ob es *nicht* Gottes Wille ist. Deshalb führt die Modifikation der Statuten, durch die der Kaiser die Institution des Gottesurteils zu salvieren sucht, dieses selbst *ad absurdum* – ein Paradox wird hier zur Schlusspointe ausgeformt. Der Eingriff des Kaisers in die Statuten lässt darüber hinaus erkennen, wie fragwürdig seine Rede vom »gött-

lichen Zweikampf« ist, denn da der Zweikampf
sowohl nach menschlich festgesetzten Statuten
reglementiert wie dann tatsächlich auch von zwei
Menschen ausgefochten wird, kann er nicht
»göttlich« sein. Mit der Ironie unfreiwilliger
Selbstwiderlegung zeigt die Formulierung des
Kaisers, dass das angebliche Gottesurteil lediglich
das Produkt einer dezisionistisch motivierten Sa-
kralisierung ist. Und grundsätzlich verrät die
Veränderung der Statuten, die der Kaiser kraft
seiner Autorität (und um diese seine Autorität
weiterhin wahren zu können) vornimmt, dass die
Statuten selber im Laufe der Geschichte je nach
Deutungs- und Regelungsbedarf von der über die
Deutungsmacht und Regelungsgewalt verfügen-
den menschlichen Instanz verändert werden,
folglich nicht »göttlich« legitimiert sein können.

Die am weitesten gehende Reflexion, zu der
diese Erzählung den Leser anzuregen vermag,
führt – im Hinblick auf die während der nachrevolutionären Zeit um 1800 virulente Legitimationskrise und im Wissen um Kleists ausgeprägtes
Interesse am Naturrecht – zur prinzipiellen Problematisierung von positiv gesetztem Recht überhaupt. Nicht umsonst werden die Statuten immer
wieder als »Gesetz« bezeichnet, und nicht von
ungefähr weist Friedrichs Mutter Helena in der
Kerkerszene darauf hin, dass angesichts des vermeintlichen Gottesurteils »ein Gesetz besteht«,
worauf ihr Sohn antwortet: »Was kümmern mich
diese willkürlichen Gesetze der Menschen?«
(ebd., 335), und alsbald wird Littegarde mit ihrem Freund »dem bestehenden Gesetz gemäß«
(ebd., 342) zum Tod auf dem Scheiterhaufen verurteilt. Dass die relativierende Historisierung positiven Rechts, die dessen Geltungsbedingungen
mit Blick auf die jeweiligen Entstehungsbedingungen in Frage stellt, einen bestimmenden Problemhorizont der vielschichtigen Erzählung bildet, zeigt Kleists ringkompositorisches Darstel-
lungsverfahren: Am Anfang heißt es, dass der
Herzog von Breysach seinen bisher von der Erbfolge ausgeschlossenen »natürlichen« Sohn (das
bestehende Recht verstößt also wie schon in der
Familie Schroffenstein gegen die Natur!) durch
eine »kaiserliche Legitimationsakte« (ebd., 314)
für erbberechtigt erklären ließ, und am Ende wird
das bestehende Recht ebenfalls durch einen Ein-

griff der kaiserlichen Autorität faktisch aufgehoben.

Die ironische Funktion der Handlungs-
struktur

Entgegen der Behauptung von Kompositionsschwächen, die in erster Linie auf die lose Zusammenfügung der beiden Handlungsstränge zielt,
weisen die Mordgeschichte und die Littegarde-
Geschichte, wie die vorgelegte Deutung gezeigt
hat, vielfältige Bezüge auf. Abgesehen von dem
Kausalnexus, der durch das Alibi des Rotbart zustande kommt, gibt es in finaler Perspektivierung
das entscheidende Verbindungs- und Vermitt-
lungsglied des Gottesurteils, das in beiden
Handlungssträngen vom Machtspruch des Kaisers nur scheinbar salviert, genau besehen aber
außer Kraft gesetzt und *in praxi* durch menschliche Rechtsautorität abgelöst wird. Auch der Ausgang und die Auswirkung des Zweikampfes
schließen beide Themenkreise zusammen – spätestens dann, wenn die Beteiligten bei der Deutung des vermeintlichen Gottesurteils dessen Bezugspunkt in signifikanter Weise verlagern. Zwar
wird der Zweikampf anfänglich nur mit dem Ziel
ausgetragen, über Littegardes Schuld bzw. Unschuld zu entscheiden, was einen ausschließli-
chen Rekurs auf die Littegarde-Handlung nahe
legt, doch wird dann der »heilige Ausspruch der
Waffen« (ebd., 330) sukzessive auf die Aufklärung der gesamten Mordgeschichte übertragen.
Ermöglicht wird dies durch die beliebigen oder
interessengeleiteten Auslegungen des durch das
Duell vermeintlich offenbarten Gottesurteils: So
deutet zunächst der Augustiner-Prior die Folgen
des mit dem Ausspruch des Kampfrichters ge-
setzlich bereits beendeten Kampfes als das eben
erst spät zu Tage tretende ›Gottesurteil‹ für den
Mordfall. In der unheilbaren Erkrankung des
Rotbart meint er »die furchtbare Hand Gottes zu
erblicken«, was einen »Bezug auf den zwischen
ihm [dem Rotbart] und der Herzogin Regentin
bestehenden Streit«, also auf die Untersuchung
des gesamten Mordgeschehens erlaubt (ebd.,
343); auch der Kaiser bezieht das spätere Siechtum des Rotbart, der im Zweikampf nur zunächst
den Sieg davon getragen hat, auf den Mordfall,

weshalb er in einer rhetorischen Frage ausruft: »hat das geheiligte Urteil Gottes nicht für die Gerechtigkeit seiner Sache entschieden [...]?« (ebd., 347); im Augenblick der Agonie will schließlich der schuldbewusste Mörder selbst die für die Gerechtigkeit sorgende Hand Gottes sehen. Die tödlichen Folgen des Zweikampfes meint er als »Mörder meines Bruders« »verdient« zu haben und »in dieser unerwarteten Wendung der Dinge« glaubt er, ähnlich wie der Prior, »die furchtbare Hand Gottes zu erblicken« (ebd., 348), was bei näherem Hinsehen als durchaus plausible Deutung erscheint, war der Rotbart doch bis zum Geständnis der Kammerzofe selbst davon überzeugt, mit Littegarde eine Liebesnacht verbracht zu haben.

Will man das vom Zweikampf offenbarte Gottesurteil hingegen lediglich als Element der Littegarde-Handlung gelten lassen, so ergibt sich mit Blick auf den beschränkten Wissensstand und Überzeugungshorizont des Rotbart insofern ein Dilemma, als in diesem Falle keiner der beiden Gegner Unrecht hätte, zumal sich der Betrüger im Mordfall zugleich – wie die verleumdete Dame selbst – als der Betrogene in der Littegarde-Geschichte erweist. Um den Glauben an das Gottesurteil erkenntniskritisch zu hinterfragen, schafft Kleist also gleich zwei Deutungsräume, oder genauer, er markiert mit beiden Handlungsbereichen die Reichweite höchst unterschiedlicher Deutungsversuche (Friedrich etwa sucht den Grund des zu seinen Ungunsten offenbarten Gottesurteils zwischenzeitlich im eigenen Vergehen, dem Littegarde schuldlos zum Opfer fallen mag, und vermutet, dass »Gott mich vielleicht, ganz unabhängig von ihrer [Littegardes] Sache, der Sünde meiner eignen Brust wegen Gottes, strafen wollte«; ebd., 335). In der Deutungsunsicherheit der Textfiguren, die das Gottesurteil immer wieder aus unterschiedlichen Blickwinkeln heraus auslegen, konkretisieren sich divergierende Auslegungskriterien, bis sich das als absolut gesetzte Gottesurteil als fragwürdiges Resultat von sich wechselseitig relativierenden und einander widersprechenden Zuschreibungen erweist und schließlich nurmehr als ein genuin menschliches Postulat erscheint.

Literatur

Belhalfaoui, Barbara: *Der Zweikampf* von Heinrich von Kleist. Oder die Dialektik von Absolutheit und ihrer Trübung. In: Etudes Germaniques 36 (1981), 22–42.

Conrady, Karl Otto: *Der Zweikampf*. Zur Aussageweise Heinrich von Kleists. In: Der Deutschunterricht 3 (1951), H. 6, 85–96.

Ellis, John M: Kleists *Der Zweikampf*. In: Monatshefte 65 (1973), 48–60.

De Meritt, Linda C.: The role of reason in Kleist's *Der Zweikampf*. In: Colloquia Germanica 20 (1987), 38–52.

Delabar, Walter: Stellvertretung, Verschiebung und Konkurrenz. Zu einigen strukturalen Aspekten in Heinrich von Kleists Erzählung *Der Zweikampf*. Oder: Herzog Wilhelm kehrt zurück. In: Zs. für deutsche Philologie 124 (2005), 481–498.

Ensberg, Peter: »Wo bleibt da Gott?« – Gerechtigkeit und ihre Vermittlung in Heinrich von Kleists Novelle *Der Zweikampf*. In: Ders./Hans-Jochen Marquardt (Hg.): Recht und Gerechtigkeit bei Heinrich von Kleist. Stuttgart 2002, 183–200.

Fischer, Bernd: Der Ernst des Scheins in der Prosa Heinrich von Kleists am Beispiel des *Zweikampfs*. In: Zs. für deutsche Philologie 105 (1986), 213–234.

Grawe, Christian: Zur Deutung von Kleists Novelle *Der Zweikampf*. In: Germanisch-Romanische Monatsschrift 27 (1977), 416–425.

Menke, Bettine: Am Nullpunkt des Rituals. Darstellung und Aufschub des Zweikampfs bei Kleist, Conrad und Puschkin. In: Arcadia 40 (2005), 1, 194–236.

Müller, Jan-Dirk: Kleists Mittelalter-Phantasma. Zur Erzählung *Der Zweikampf* (1811). In: KJb 1998, 3–20.

Neumann, Gerhard: *Der Zweikampf*. Kleists »einrückendes« Erzählen. In: Walter Hinderer (Hg.): Kleists Erzählungen. Stuttgart 1998, 216–246.

Reuß, Roland: »Mit gebrochenen Worten«. Zu Kleists Erzählung *Der Zweikampf*. In: BKB 7, 3–41.

Schmidt, Jochen: Heinrich von Kleist. Die Dramen und Erzählungen in ihrer Epoche. Darmstadt 2003, 282–295.

Schubert, Ernst: *Der Zweikampf*. Ein mittelalterliches Ordal und seine Vergegenwärtigung bei Heinrich von Kleist. In: KJb 1988/89, 280–304.

Schuller, Marianne: Pfeil und Asche. Zu Kleists Erzählung *Der Zweikampf*. In: KJb 1999, 194–202.

Steig, Reinhold: Heinrich von Kleist's Berliner Kämpfe. Berlin/Stuttgart 1901.

Wichmann, Thomas: Heinrich von Kleist. Stuttgart 1988.

Wittkowski, Wolfgang: *Die heilige Cäcilie* und *Der Zweikampf*. Kleists Legenden und die romantische Ironie. In: Colloquia Germanica 6 (1972), 17–58.

Hee-Ju Kim

2.10 *Über die allmähle Verfertigung der Gedanken beim Reden. An R. v. L.*

Kleist hat seinen Aufsatz wahrscheinlich in Königsberg 1805/06 und damit nach seiner ersten fundamentalen Schaffens- und Lebenskrise verfasst; er wollte ihn wohl in Cottas *Morgenblatt für gebildete Stände* veröffentlichen. Der (fehlerhafte) Erstdruck erfolgte freilich erst 1878 in Paul Lindaus Zeitschrift *Nord und Süd* (Kommentar, DKV III, 1119f.). Als ein möglicher Einfluss auf Kleists Modell sprachlicher Performanz ist Michel de Montaignes Essay *Du parler prompt ou tardif* identifiziert worden (Schlüter 1987).

Der Dichter führt in dem Essay gewissermaßen ein Selbstgespräch in der fingierten Gegenwart eines Adressaten, seines Freundes Rühle von Lilienstern. Die formale Struktur des Textes beglaubigt so die entscheidende Bedeutung unterschiedlicher Gesprächs- und Dialogsituationen, die im Aufsatz das Gemüt des Sprechers in den für den kreativen Prozess entscheidenden Erregungszustand versetzen. Nicht nur die Personen des Essays monologisieren in einer dialogischen Situation, sondern auch der Erzähler. Zudem lässt der abschließende Hinweis: »Die Fortsetzung folgt« (DKV III, 540), den Schreibprozess unabgeschlossen erscheinen. Die Anordnung der Beispiele selbst vermittelt dagegen den Eindruck einer in sich abgerundeten Komposition.

Der Aufsatz beschreibt die Mäeutik, die »Hebammenkunst der Gedanken« (ebd.), kreativitätspsychologisch als einen rein sprachlichen Vorgang. Die Vorstellung einer weitgehenden Synthese von Kognition und Kommunikation betrachtet die mündliche Sprache als bildendes Organ der Gedanken, als – im Sinne Wilhelm von Humboldts – wirkende Kraft, Tätigkeit, *Energeia*. In Form eines induktiven Beweisverfahrens führt der Essay sechs Fallbeispiele an, die sich in drei Gruppen untergliedern lassen: In den beiden ersten Fällen, in denen der Ich-Erzähler (Kleist) in Anwesenheit seiner Schwester (Ulrike) »eine algebraische Aufgabe« (ebd., 535) löst und der Nutzen, den Molière aus der Anwesenheit seiner Magd für sein dichterisches Schaffen gewonnen haben soll, hervorgehoben wird, gelingen sto-

ckende Denkprozesse dank der Gegenwart einer vertrauten Person. Im Falle der »Donnerkeil«-Rede Mirabeaus einerseits und des Fuchses in der Fabel, einer freien Lesart von Jean de Lafontaines *Les animaux malades de la peste*, andererseits führen Krisensituationen eine wenn auch höchst ambivalente Lösung auf rhetorischem Weg herbei. Abschließend zeigt Kleist am Beispiel der gesellschaftlichen Konversation und des öffentlichen Examens das Scheitern der sprachlichen Mitteilung in Situationen, in denen die Gedanken schon vor der Rede ausgeformt sind bzw. ausgeformt sein sollten.

In Kleists Modell werden die Ideen erst im Prozess des Formulierens erzeugt und nicht, wie in der klassischen Schulrhetorik, die bereits vorhandenen Gedanken in angemessene Worte gekleidet. Der Aufsatz stellt damit das traditionelle res-verba-Verhältnis auf den Kopf und parodiert so die klassische *officia*-Rhetorik (s. Kap. IV.13). Die Selbstaufklärung in einer dialogischen Situation, die, anders als im sokratischen Lehrgespräch, nichts mit der Belehrung anderer gemein hat, kann sich jedoch der Macht des Zufalls nicht entziehen. Der performative Akt des Sprechens gewinnt dabei eine Eigendynamik, die eine rationale Steuerung der Rede verhindert. Die Rede kann in diesem Falle zu einer nicht mehr zu bändigenden Naturgewalt werden, wie insbesondere Kleists eigenwillige Deutung von Mirabeaus »Donnerkeil« (DKV III, 536) vom 23. Juni 1789 vorführt. In dieser Rede, der Kleist als »Gleichnis« (ebd., 537) eine exponierte Stellung in seinem Argumentationsgang einräumt, spricht sich Mirabeau, provoziert durch die aus seiner Sicht anmaßende Forderung des Königs, derart in Rage, dass er ein historisch weitreichendes Ergebnis rhetorisch herbeiführt, ohne es tatsächlich beabsichtigt zu haben. Die psychische Erregbarkeit des menschlichen Gemüts gestaltet die Weltgeschichte, nicht die kühl abwägende menschliche Vernunft. Die Gesetze der Physik lösen eine Kettenreaktion aus, die jede Form von Souveränität des handelnden Subjekts grundlegend depotenzieren und den Autonomieanspruch des Individuums destruieren. Kleists Mirabeau beseitigt ohne jede rationale Kontrolle aufgrund einer mehr oder weniger zufälligen Provokation

– womöglich war es »das Zucken einer Oberlippe […] oder ein zweideutiges Spiel an der Manschette« (ebd., 537) – rhetorisch und faktisch die alte Ordnung. Die polare Interaktion, die hier stattfindet, ist zweifacher Natur: Polarität wirkt einerseits zwischen Mirabeau und dem Zeremonienmeister, andererseits aber auch in der Psyche des Redners selbst, in seinem sekundenschnellen Übergang von größter Erregung zu einem Gefühl der Beklemmung.

In der Fabel, die in Kleists Essay auf die Rede Mirabeaus folgt, wird erneut ein sozialpsychologisches Phänomen mit einem naturwissenschaftlichen Bild umschrieben. In Kleists freier Lesart von Lafontaines Fabel, die den Absolutismus Ludwigs XIV. kritisiert, beginnt der Fuchs im Stile eines antiken Advokaten mit einer Captatio benevolentiae und rechtfertigt die Handlungen des mächtigen Löwen, die dieser sich zuvor selbst zur Last gelegt hat. Der listige Höfling, der Strategien der europäischen Moralistik (Niccolò Machiavelli, Baltasar Gracián etc.) geschickt einzusetzen weiß, zieht die Unantastbarkeit des absoluten Monarchen raffiniert in sein rhetorisches Kalkül. Die improvisierten Phrasen und Füllwörter, mit denen der Fuchs die quälenden Augenblicke fieberhaften Nachdenkens überbrückt, führen ihn schließlich zielsicher zum entscheidenden Gedanken, der ihn wie ein Blitzableiter vor dem Gewitter schützt: Als schwächstes Glied der Gemeinschaft ist der Esel das geeignete Opfer. Die Simultaneität von Denken und Sprechen wird hier zusätzlich sowohl sozialpsychologisch als auch naturwissenschaftlich erklärt und begründet.

Kleists psychologisch-naturwissenschaftlich akzentuiertes Modell spontaner sprachlicher Performanz ist grundsätzlich dialogischer Natur. Bei ausnahmslos allen Redesituationen, so unterschiedlich sie auch sein mögen, handelt es sich im weitesten Sinne um Gesprächsmodelle, in denen jedoch die jeweiligen Partner nicht aktiv als gleichberechtigte Gegenüber partizipieren; sie lösen vielmehr eher unbeabsichtigt in einem bestimmten Augenblick im Erkenntnisprozess des Sprechenden den entscheidenden sprachlich-gedanklichen Einfall aus. Das mitunter sogar stumme Gegenüber ist unverzichtbar, schafft es

doch erst mit seiner Anwesenheit psychologisch die Voraussetzung, dass aus dem sprechenden ein erkennendes Subjekt wird.

Die persönliche Selbstaufklärung wird darüber hinaus auch philosophisch perspektiviert, gewinnt doch der subjektive Erkenntnisprozess durch die für die Aufklärung signifikante Lichtmetaphorik eine epochenspezifische Dimension. Das Subjekt, das sich sprechend in der Erkenntnis konstituiert, muss »ins Licht […] sehen, als in den hellsten Punkt, bei dem Bestreben, […] sich aufzuklären«; die »Fabrikation« einer Idee aus einer »dunkle[n] Vorstellung« erfolgt zudem »auf der Werkstätte der Vernunft« (ebd., 535). Dem Prozess der Aufklärung ist freilich auch das anthropologische Wissen um die unwiderstehliche Macht der Affekte eingeschrieben. Die menschliche Natur entzieht sich rationaler Kontrolle und damit auch die allmähliche Verfertigung der Gedanken beim Reden. Sowohl die verbale als auch die nonverbale Artikulation sind nur schwer oder gar nicht zu beherrschen und entwickeln mitunter ein Eigenleben, das den Absichten des Protagonisten nicht selten zuwider läuft.

Die allmähliche Verfertigung der Gedanken beim Reden bedarf eines agonalen Gegenübers. Das heißt aber nicht, dass dieses Du dem denkend Sprechenden bzw. sprechend Denkenden feindlich gesinnt sein muss. Im ersten Fall ist Kleists Ansprechpartnerin sogar seine Lieblingsschwester Ulrike. Auch die Magd Molières im zweiten Beispiel ist eine Vertrauensperson des französischen Dramatikers. Entscheidend ist vielmehr, dass die spezifische Situation sowohl die Lieblingsschwester als auch die Magd zu einem essentiellen Widerpart des Redners werden lässt. So nimmt der Dialog bei Kleist, auch der nonverbale, den Charakter eines Kampfes an. Eine entsprechende, für Kleist ja ausgesprochen typische militärische Metaphorik unterstreicht diese gleichsam kriegerische Dimension auch seines Redemodells. Die agonale Konfrontation mit einem Du kann sowohl kreatives Potential freisetzen als auch das Denken blockieren und zu einer Sprachhemmung führen. Ob aus einem agonal angelegten Dialog Kreativität oder Destruktivität hervorgeht, hängt von den jeweiligen Umständen ab und ist in erster Linie psychologisch bedingt. Die Gesprächssituation stellt in jedem Fall ein nicht mehr zu kontrollierendes Gewaltpotential der Rede her.

Literatur

Blamberger, Günter: Das Geheimnis des Schöpferischen oder: Ingenium est ineffabile? Studien zur Literaturgeschichte der Kreativität zwischen Goethezeit und Moderne. Stuttgart 1991, 12–22.
Groddeck, Wolfram: Die Inversion der Rhetorik und das Wissen von der Sprache. Zu Heinrich von Kleists Aufsatz *Über die allmähliche Verfertigung der Gedanken beim Reden*. In: Nikolaus Müller-Schöll/Marianne Schuller (Hg.): Kleist lesen. Bielefeld 2003, 101–116.
Itoda, Soichiro: Die Funktion des Paradoxons in Heinrich von Kleists Aufsatz *Über die allmähliche Verfertigung der Gedanken beim Reden*. In: KJb 1991, 218–222.
Riedl, Peter Philipp: Die Macht des Mündlichen. Dialog und Rhetorik in Heinrich von Kleists *Über die allmählige Verfertigung der Gedanken beim Reden*. In: Euphorion 98 (2004), 129–151.
Schlüter, Gisela: Kleist und Montaigne. In: Arcadia 22 (1987), 225–233.

Peter Philipp Riedl

2.11 *Über das Marionettentheater*

Entstehung

Kleist veröffentlichte *Über das Marionettentheater* in den von ihm redigierten und herausgegebenen *Berliner Abendblättern*. Hier erschien der Text vom 12. bis zum 15. Dezember 1810 in vier Abschnitten und jeweils als Titelbeitrag, auf insgesamt 12 Druckseiten, mit den Initialen »H.v.K.« unterzeichnet. Da die kleine Schrift nur durch diesen Druck überliefert ist, kann nicht mit Sicherheit geklärt werden, ob sie schon einige Zeit vorher als Ganzes verfasst oder ob sie erst unmittelbar vor der Veröffentlichung – möglicherweise sogar am jeweiligen Vortag – zu Papier gebracht wurde.

Bemerkenswerte Reaktionen auf die Erstpublikation sind, abgesehen von spontanen Missfallensbekundungen angesichts der ungewöhnlichen Themenwahl, kaum überliefert. Mit Ausnahme einer Bemerkung von E.T.A. Hoffmann

in einem Brief an Hitzig vom 1. Juli 1812 (»sehr sticht hervor der Aufsatz über Marionettentheater«) breitete sich bald Schweigen über diesen Text. Zwar wurde er vier Jahrzehnte später durch einen Neudruck einem größeren Publikum zugänglich gemacht, zog aber im Lauf des 19. Jh.s bis auf vereinzelte Äußerungen keine sonderliche Aufmerksamkeit auf sich. Die Lage veränderte sich erst zu Anfang des 20. Jh.s, als Kayka (1906) und dann vor allem Hellmann (1911) die Schrift als Grundtext von Kleists Ästhetik und dichterischem Selbstverständnis feierten. Seither wurde sie in ihrem außerordentlichen Charakter erkannt, entsprechend erforscht und kanonisiert. Ob es sich allerdings um ein »Stück Philosophie« (Hofmannsthal) handelt, oder eher um ein »Feuilleton«, eine »Parabel«, einen »Aufsatz« oder eine »Erzählung« (auch als »Studie«, »Traktat«, »Satire«, »Gespräch« oder gar »Plauderei« wurde die Schrift gelegentlich bezeichnet): Bis dato ist man sich in der Forschung uneinig darüber, welche Gattungszuschreibung in diesem Fall zutrifft. Es scheint eines der Markenzeichen dieses Textes zu sein, dass er jeden Versuch einer kategorialen Zuschreibung sogleich unterläuft, da er das dialogische Grundgerüst – das immer wieder eine Nähe zum platonischen Dialog suggeriert hat – mit narrativen, reflexiven und fiktionalen Elementen verbindet und sich damit einer Gattungsdefinition mit demselben Nachdruck entzieht wie jeder einengenden, seine formale und motivische Komplexität unterschätzenden Deutung.

Ein Blick auf die Situation, in der der Text entstand, zeigt, dass seine spekulative bzw. poetologische Ausrichtung nicht von jenen persönlichen und politischen Konflikten losgelöst werden darf, die ihn (mit-)motiviert haben. Kleist war mit der Erwartung nach Berlin zurückgekehrt, im Staatsdienst angestellt und auf dem Königlichen Nationaltheater aufgeführt zu werden. Beide Hoffnungen scheiterten an der restriktiven Politik des Staatskanzlers von Hardenberg und an der wenig anspruchsvollen Theaterkonzeption A.W. Ifflands – was Kleist dazu veranlasste, den rigiden Dirigismus, der seiner Ansicht nach sowohl die preußische Innenpolitik als auch die Theaterkultur bestimmte, im Blick auf die ihm vorschwebende Reform des Königlichen Nationaltheaters in verschiedenen Kritiken anzuprangern. Als Hardenberg die Zensurmaßnahmen verschärfte und Kleist Ende November 1810 jegliche Veröffentlichung über die staatliche Theaterpraxis untersagte, hatte er nur die Wahl, entweder ganz auf seine journalistische Tätigkeit zu verzichten – oder andere, indirekte Formen der Kritik zu erproben. Seine prekäre finanzielle Situation legte ihm die zweite Option nahe (zu diesen Zusammenhängen vgl. v.a. Weigel 2000).

Das Vorhaben, über Marionettentheater zu schreiben, eine als parasitär angesehene und mittlerweile ihrerseits von der Zensur verfolgte Kunstform, rückt das Kleist'sche Unternehmen von vornherein in die Umgebung von Polemik, Parodie und Pamphlet. Schon von seiner theaterpolitischen Motivation her trägt der Text also subversive Züge: er unterläuft die konventionelle Entgegensetzung von ›high and low art‹, er betreibt darüber hinaus eine Ironisierung der »Ideologie theatralischer Repräsentation« (Wild 2002, 139), wie sie Iffland verkörpert, und richtet sich implizit auch an die Adresse der Weimarer Klassik.

Inhalt und Struktur

Zwei Männer, der Ich-Erzähler und der erste Tänzer der Oper, Herr C., treffen sich zufällig im Winter 1801 in einem öffentlichen Garten in der Stadt M. Sie führen ein Gespräch über Marionetten, die Kunst des Tanzens und der Schauspielerei, das, von geschichtsphilosophischen Einschüben unterbrochen, immer wieder um das Thema der Grazie kreist. Die Grazie, so erfahren wir, ist ein prekäres Gut; ein geringfügiges Zuviel an Reflexion genügt, und man hat sie für immer verloren. Die vier Folgen der Erstveröffentlichung strukturieren den Gang des Textes und seiner Argumentation. Während sich der erste Abschnitt (DKV III, 556f.) auf das Funktionieren der Marionette, den Umgang des Maschinisten mit ihrem »Schwerpunkt« konzentriert und jene »Linie« zur Sprache bringt, die den »*Weg der Seele des Tänzers*« darstellt (ebd., 557), verdeutlicht der zweite (ebd., 557–560), worin sich die »Puppe« von »lebendigen Tänzern« vorteilhaft abhebt:

dank ihrer Antigravität gelinge es ihr, so C., mit einer Leichtigkeit zu tanzen, die den menschlichen, der »Trägheit der Materie« unterworfenen Artisten mit ihrem postlapsarischen Hang zur »Ziererei« prinzipiell versagt bleibe (ebd., 559). Die dritte Folge (ebd., 560f.) wird von einem Beitrag des Ich-Erzählers bestimmt: der Anekdote von dem jungen Mann, der auf einen irritierenden Zuruf des Erzählers bei der Nachahmung der Pariser Dornauszieher-Statue seine Grazie verliert und in der Folgezeit körperlich und seelisch verfällt – so dass schließlich »keine Spur mehr« von der einstigen »Lieblichkeit« an ihm gefunden werden kann (ebd., 561). Im Zentrum der vierten Folge steht die von Herrn C. mitgeteilte Episode von dem auf einem livländischen Landgut aufgespürten kunstvoll fechtenden Bären, der jede Finte seines menschlichen Gegners durchschaut, als ob er seine »Seele darin lesen könnte« (ebd., 562). Den Abschluss bildet ein kurzes Gespräch über die Hinderlichkeit der Reflexion für die Grazie, in dem der »Gliedermann« mit »Gott« verglichen wird: derjenige, der »gar keins«, mit demjenigen, der »ein unendliches Bewusstsein« hat (ebd., 563). Das ganze Gespräch hindurch nimmt Herr C. die Rolle des Wortführers und Protagonisten ein, während der Erzähler selbst – schon die lapidare Einleitung zeugt davon – als eine Art »quantité négligeable« behandelt wird (Wölfel 1998, 21).

Lektüren

Während der Text in der älteren Forschung mehr oder weniger als Kleists ›Ästhetik‹ galt, die auf die Dramen ›angewendet‹ (Böckmann 1967) und auf romantische Restitutionsvorstellungen oder (nach-)idealistische dialektische Figuren bezogen werden konnte (Hellmann 1911; von Wiese 1967; Bubner 1980), so setzten sich alsbald zwei alternative Tendenzen durch: die eine kaprizierte sich auf die Ambiguitäten und Paradoxien, die der Dialog zusehends offenbarte (Müller-Seidel 1961; Heselhaus 1967; Wölfel 1998; Theisen 2003), und brachte diese wiederum mit philosophischen Konstellationen, etwa Kants, in Verbindung (Greiner 2000) oder mit einer Kunstautonomie avant la lettre (Janz 1981). Die andere neigte dazu, die ironischen (Rushing 1988) bzw. erotischen Aspekte des Textes herauszuarbeiten (Földenyi 2001) und ihm jede philosophische Ernsthaftigkeit abzusprechen. So vermuteten Autoren wie Allemann (1981/82) und Kurz (1981/82) eine Persiflage des geschichtsphilosophischen Schemas, es fielen Begriffe wie »Humor«, »Scherz«, »Satire« (Daunicht 1973), und schließlich bestritt man mit Nachdruck, dass dieser Text überhaupt etwas mit einer Ästhetik oder einer Poetologie zu tun habe (Kanzog 1989). Daneben wurden andere, etwa technisch-naturwissenschaftliche Zugänge zu dem Text gesucht, die den Blick auf die Marionettentheater-Praxis (Kurock 1980), Ansätze nicht-euklidischer Mathematik (Stern Weiss 1980) oder der Theorie autopoietischer Systeme (Berger 2000) eröffneten. Neuer Schwung kam mit den dekonstruktivistischen Lektüren in die Debatte, da sie auf bisher übersehene rhetorische Mechanismen des Textes sowie auf seinen Stellenwert im klassischen Diskursgefüge aufmerksam machten. So fand Paul de Man im Spiel der Marionetten und deren ›textuellen‹ Fäden das Funktionieren der Tropen erklärt (de Man 1979/1988). An ihn anknüpfend entdeckte man in Kleists Text eine antiklassizistische Subjektkonzeption, einen »Diskurs der Äußerlichkeit«, der ein von der traditionellen Anthropologie nicht nur abweichendes, sondern ihr entgegengesetztes Körpermodell impliziere (Schneider 1998). Auch die Nähe des Konzepts der »Bewußtlosigkeit« zu dem von der Rhetorik des Textes betriebenen Verzicht auf Bedeutung wurde in diesem Zusammenhang betont (Eybl 2007, 255–270). Die Subjektfrage bewegte auch die *gender*-orientierten Studien – exemplarisch Gail K. Hart (1995), die eine ›Defeminisierung‹ des Graziebegriffs bei Kleist beobachtete – sowie die Arbeiten psychologischer bzw. psychoanalytischer Provenienz. Hier tendierte man, teilweise anknüpfend an Lacan, dazu, das Spiegel- und Narzissmus-Motiv zu untersuchen (Stephens 1999, 371–416); thematisiert wurde neuerdings auch eine Bindungskrise mit dysmorphophobischen Momenten (Oberlin 2007). Im Anschluss an Deleuze/Guattari wollte man im Text sogar eine »Wunsch-«, »Kriegs-« und »Selbstdissolvierungsmaschine« (Herrlinger-Mebus 1992, 38 f.) aufge-

spürt haben. Darüber hinaus wurde dafür plädiert, Kleists Marionettenmodell vor der Folie des *homo machinarius* zu lesen, des ›Automaten‹ in der romantischen Tradition, und es als Vorläufer jenes Androiden-Typus zu sehen, der uns durch die Moderne bis hinein in die jüngste Cyborg- und Computeranimationskunst begleitet (Beil 2006).

Eine zentrale Rolle für das Verständnis des Textes spielt die Auseinandersetzung mit dem klassischen Grazie-Begriff insbesondere Schillers (Knab 1996; Strässle 2002) und seiner anthropologischen Konzeption, die bei Kleist zugleich harmonistisch überzeichnet und in ihrer Fragwürdigkeit vorgeführt wird. Auch an die ›aristokratische‹ Grazie-Vorstellung (B. Castiglione) darf gedacht werden (Blamberger 2000). Man hat es in provokativem Gegensatz zu *Über Anmut und Würde* oder zu den *Briefen über die ästhetische Erziehung* mit einem transhumanistisch ausgerichteten Körper- und Grazie-Begriff zu tun, der an Vorstellungen französischer und italienischer Tanz-Theoretiker (La Manna 2005) oder an Diderots *Paradoxe sur le comédien* erinnert. Die Favorisierung des Marionettenmodells gegenüber dem menschlichen Körper lässt zudem auf Ansichten aus dem Umkreis des ›französischen‹ Materialismus (La Mettrie) schließen, die implizit der Aushöhlung der Schiller'schen Grazie und ihrer ›deutschen‹ *Commercium mentis et corporis*-Konzeption dienen. Es bietet sich an, das ›Misreading‹, das in *Über das Marionettentheater* praktiziert wird, mit Harold Blooms Begriff der *Kenosis* (»Entleerung«) zu erläutern. Denn die Rätselhaftigkeit des Kleist'schen Textes verdankt sich zu keinem geringen Teil einer extrem verkürzenden, asystematischen Rekombination von Begriffen, Motiven und Gedanken aus verschiedenen Werken Schillers, wodurch gerade nicht die Verbindung zum Vorgänger betont wird, sondern die Differenz. Nicht nur die Grazie wird einem solchen Ent-Stellungsprozess unterworfen, auch die idealistisch-romantischen Motive vom Bewusstsein als einer Konsequenz des Sündenfalls und von der Rückkehr ins Paradies. Letzteres kommt bei Kleist in eigenwilligen Paradoxien zur Sprache, etwa in der Überlegung, ob man nach einer »Reise um die Welt […] vielleicht von hinten« wieder in den Garten Eden hineingelangen könne (DKV III, 559) oder ob wir ein zweites Mal »von dem Baum der Erkenntnis essen« müssten, »um in den Stand der Unschuld zurückzufallen« (ebd., 563). Das Verfahren der Metonymie übernimmt dabei mindestens drei verschiedene Funktionen: zum einen zielt es auf eine ›Desakralisierung‹ kanonischer Texte wie *Über Anmut und Würde* durch Pathos-Minderung und Ironie, zum zweiten betreibt es Wiederholung als Veräußerlichung und Verwörtlichung, und zum dritten reduziert es die schon rein quantitativ respektgebietende Sprachmacht des berühmten Vorgängers auf ein wenige Seiten umfassendes, bewusst ›falsch‹ notierendes ›Stenogramm‹ (vgl. Beil 2006).

Über diese ›anarchische‹ réécriture hinaus können schließlich in Fortsetzung dekonstruktiver Analysen auch Phänomene der medialen bzw. generischen Übertragung ins Auge gefasst werden. So lässt sich der Transfer, der zwischen These und Beispiel stattfindet – etwa zwischen der These von der ›Bewusstlosigkeit‹ der Grazie und dem Exempel vom fechtenden Bären –, einerseits als problematisch beschreiben: eine Sichtweise, der zufolge sich das, was Kleist unter ›Literatur‹ versteht, gerade in Absetzung von der Philosophie und in einem Prozess der Verselbständigung (autopoietisch) entwickelt. Andererseits kann man diese Fehl-Übertragung auch als eine Art Probe aufs Exempel lesen. Die empfindlichen Differenzen von Beispielerzählung und These verdanken sich dann einer impliziten Rhetorik der Persuasion, wie sie u. a. bei Nietzsche beobachtbar ist (»Glauben Sie diese Geschichte? / Vollkommen! […] jedwedem Fremden, so wahrscheinlich ist sie […]«; DKV III 563). Aus dieser Perspektive entsteht der Eindruck, Kleists Text ›verwirkliche‹ auf subtile Weise das über die Marionetten Gesagte: Die Beispiele scheinen selbst an den ›Fäden‹ der Thesen zu zappeln, so wie der Erzähler sich seinerseits als biegsames Geschöpf in den Händen des Protagonisten, des Tänzers C., erweist. Poetologisch gewendet ließe sich diese Konstellation als performativer, nicht mehr mimetisch-nachvollziehender Schreibakt charakterisieren: als ein Akt, der konventionelle Begriffe konstruktivistisch um- und neudefiniert

und sich so vom Ideal des natürlich-organischen Textmodells ein für alle Mal verabschiedet. Eben dieser ›persuasive‹ Effekt ist es, der letztlich auch auf uns Leser/innen übergreift und uns ›verführt‹, da wir fiktionalen Texten in der Regel lieber glauben als misstrauen. Die erstere Variante ließe sich mit Kleists eigener schmerzhafter Loslösung vom Wahrheitsanspruch der Philosophie (vgl. die ›Kant-Krise‹) in Verbindung bringen, während die letztere zugleich ein Vorgriff auf ein Jahrhundert Germanistik wäre, in dem der kleine Text immer von Neuem als Beispiel diente für je andere theoretische Ansätze.

Literatur

Allemann, Beda: Sinn und Unsinn von Kleists Gespräch *Über das Marionettentheater*. In: KJb 1981/82, 50–65.

Beil, Ulrich Johannes: ›Kenosis‹ der idealistischen Ästhetik. Kleists *Über das Marionettentheater* als Schiller-réécriture. In: KJb 2006, 75–99.

Berger, Christian-Paul: Bewegungsbilder. Kleists Marionettentheater zwischen Poesie und Physik. Paderborn u. a. 2000.

Blamberger, Günter: Ars et Mars. Grazie als Schlüsselbegriff der ästhetischen Erziehung von Aristokraten. Anmerkungen zu Castiglione und Kleist. In: Sabine Doering, Waltraud Maierhofer und Peter Philipp Riedl (Hg.): Resonanzen. Fs. für Hans Joachim Kreutzer zum 65. Geburtstag. Würzburg 2000, 273–282.

Böckmann, Paul: Kleists Aufsatz *Über das Marionettentheater*. In: Helmut Sembdner (Hg): Kleists Aufsatz über das Marionettentheater. Studien und Interpretationen. Berlin 1967, 32–53.

Bubner, Rüdiger: Philosophisches über Marionetten. In: KJb 1980, 73–85.

Daunicht, Richard: Heinrich von Kleists Aufsatz *Über das Marionettentheater* als Satire betrachtet. In: Euphorion 67 (1973), 306–322.

Eybl, Franz M.: Kleist-Lektüren. Stuttgart 2007.

Földényi, László: Die Inszenierung des Erotischen. Heinrich von Kleist, »Über das Marionettentheater«. In: KJb 2001, 135–147.

Greiner, Bernhard: Kleists Dramen und Erzählungen. Experimente zum ›Fall‹ der Kunst. Tübingen 2000, 197–218.

Hart, Gail K.: Anmut's Gender: The »Marionettentheater« and Kleists's Revision of »Anmut und Würde«. In: Women in German Yearbook 10 (1995), 83–95.

Hellmann, Hanna: Heinrich von Kleist. Darstellung des Problems. Heidelberg 1911, 13–30.

Herrlinger-Mebus, Volker: Lieber nichts werden als nicht werden. Heinrich von Kleist oder die entsetzende Nacht des Kriegers – Von der Wunschproduktion als nomadischer Kriegsmaschine. Frankfurt a.M. u. a. 1992, 61–139.

Heselhaus, Clemens: Das Kleistsche Paradox. In: Helmut Sembdner (Hg.): Kleists Aufsatz über das Marionettentheater. Studien und Interpretationen. Berlin 1967, 112–131.

Janz, Rolf-Peter: Die Marionette als Zeugin der Anklage. Zu Kleists Abhandlung *Über das Marionettentheater*. In: Walter Hinderer (Hg.): Kleists Dramen. Neue Interpretationen. Stuttgart 1981, 31–51.

Kanzog, Klaus: Heinrich von Kleists *Über das Marionettentheater* – wirklich eine Poetik? In: Dieter Borchmeyer (Hg.): Poetik und Geschichte: Viktor Žmegač zum 60. Geburtstag. Tübingen 1989, 349–362.

Kayka, Ernst: Kleist und die Romantik. Berlin 1906.

Knab, Janina: Ästhetik der Anmut. Studien zur »Schönheit der Bewegung« im 18. Jahrhundert. Frankfurt a.M. 1996.

Kurock, Wolfgang: Heinrich von Kleist und die Marionette. In: Alexej Ugrinsky (Hg.): Heinrich von Kleist-Studien. Berlin 1980, 103–108.

Kurz, Gerhard: »Gott befohlen«. Kleists Dialog *Über das Marionettentheater* und der Mythos vom Sündenfall des Bewußtseins. In: KJb 1981/82, 264–277.

La Manna, Federica: Der Tanz der Marionette. *Über das Marionettentheater* Heinrich von Kleists. Quelle: http://www.textkritik.de/vigoni/lamanna.htm (28.09.2005).

Man, Paul de: Ästhetische Formalisierung: Kleists *Über das Marionettentheater* [1979]. In: Ders.: Allegorien des Lesens. Frankfurt a.M. 1988, 205–233.

Müller-Seidel, Walter: Versehen und Erkennen. Eine Studie über Heinrich von Kleist. Köln/Graz 1961.

Oberlin, Gerhard: Gott und Gliedermann. Das »unendliche Objekt« in Heinrich von Kleists Erzählung *Über das Marionettentheater* (1810). In: KJb 2007, 273–288.

Rushing Jr., James A.: The Limitations of the Fencing Bear: Kleist's *Über das Marionettentheater* as Ironic Fiction. In: The German Quarterly 61 (1988), 528–539.

Schneider, Helmut: Dekonstruktion des hermeneutischen Körpers. Kleists Aufsatz *Über das Marionettentheater* und der Diskurs der klassischen Ästhetik. In: KJb 1998, 153–175.

Stephens, Anthony: Kleist – Sprache und Gewalt. Mit einem Geleitwort von W. Müller-Seidel. Freiburg i.Br. 1999.

Stern Weiss, Sydna: Kleist and Mathematics. The Non-Euclidean Idea in the Conclusion of the Marionettentheater-Essay. In: Alexej Ugrinsky (Hg.): Heinrich von Kleist-Studien. Berlin 1980, 117–126.

Strässle, Urs: Heinrich von Kleist. Die keilförmige Vernunft. Würzburg 2002.

Theisen, Bianca: Kleists Paradoxien des Lesens. In: Inka Kording/Anton Philipp Knittel (Hg.): Heinrich von Kleist: Neue Wege der Forschung. Darmstadt 2003, 111–130.

Weigel, Alexander: Das imaginäre Theater Heinrich von Kleists. Spiegelungen des zeitgenössischen Theaters im erzählten Dialog *Über das Marionettentheater*. In: Beiträge 14 (2000), 21–114.

Wiese, Benno von: Das verlorene und wieder zu findende Paradies. Eine Studie über den Begriff der Anmut bei Goethe, Kleist und Schiller. In: Helmut Sembdner (Hg): Kleists Aufsatz über das Marionettentheater. Studien und Interpretationen. Berlin 1967, 196–220.

Wild, Christopher J.: Wider die Marionettentheaterfeindlichkeit. Kleists Kritik bürgerlicher Antitheatralität. In: KJb 2002, 109–141.

Wölfel, Kurt: *Über das Marionettentheater*. In: Walter Hinderer (Hg.): Kleists Erzählungen. Stuttgart 1998, 17–42.

Ulrich Johannes Beil

2.12 *Unwahrscheinliche Wahrhaftigkeiten*

Diese kurze Erzählung erschien am 10. Januar 1811 in den *Berliner Abendblättern* anonym unter dem Kürzel »vx.«. Da Kleist dieses häufiger verwendet hatte, wurde seine Verfasserschaft nie ernsthaft angezweifelt; zudem findet sich das zentrale Diktum von der »Wahrscheinlichkeit«, die »nicht immer auf Seiten der Wahrheit« sei, ebenso im *Michael Kohlhaas* (DKV III, 134, 376).

Der Text gibt sich durch die Struktur einer Verkoppelung von Rahmen- und (drei) Binnenerzählungen als Novelle zu erkennen, während die einzelnen Geschichten eher als Anekdoten zu bewerten wären. Im Gegensatz zu Boccaccios *Decamerone* gibt es hier aber nur einen Binnenerzähler: Ein »alter Offizier«, »der sich der Lüge niemals schuldig machte«, erzählt »in einer Gesellschaft«, die nicht weiter charakterisiert wird, drei völlig unglaubliche Geschichten (DKV III, 376). Die erste handelt von einem Soldaten in den Revolutionskriegen, bei dem eine Gewehrkugel nicht in den Körper eindrang, sondern »zwischen der Ribbe und der Haut [...] um den ganzen Leib herumglitscht« und hinten aus dem »Rock« heraustritt; die zweite davon, dass ein herabfallender Felsen einen »Elbkahn [...] durch den Druck der Luft, der dadurch verursacht worden, auf's Trockene gesetzt« habe; die dritte von einer Brückensprengung, durch die ein »Junker, Haut und Haar, samt Fahne und Gepäck« von einem Flussufer auf das andere befördert wurde (DKV III, 376–379).

Quellen und Traditionen

Für die drei Binnenerzählungen konnten bisher nur in zwei Fällen Quellen ausgemacht werden. Die erste Geschichte zeigt Parallelen zu einer Episode, die 1806 in den Kämpfen um die Stadt Lübeck vorgefallen sein soll (vgl. Sembdner 1939, 75). Für die zweite Geschichte gibt es keine belegte Quelle; die Forschung schwankt noch immer zwischen der Annahme biographischer Hintergründe und literarischer Quellen (vgl. ebd., 75f.; Kommentar, DKV III, 942f.). Die dritte Geschichte, die laut einem Zuhörer »in dem Anhang zu Schillers Geschichte vom Abfall der vereinigten Niederlande« stehe (DKV III, 379), entstammt hingegen einem Werk, das als Fortsetzung zu Schillers Werk konzipiert war: Karl Curths *Der niederländische Revolutionskrieg im 16ten und 17ten Jahrhundert: als Fortsetzung der Schillerschen Geschichte des Abfalls der vereinigten Niederlande von der spanischen Regierung* erschien 1808 bis 1810 in drei Bänden in Leipzig. Diese ›Verwechslung‹ von Schiller und Curths könnte auf eine für Kleist typische Täuschung des Lesers durch Figur, Erzähler bzw. Autor verweisen, allerdings gilt es zu bedenken, dass die ersten beiden Bände zunächst tatsächlich als »zweiter und dritter Theil« unter dem Titel »*Geschichte des Abfalls vereinigten Niederlande von der spanischen Regierung. Von Friedr. Von Schiller*« erschienen waren, also tatsächlich als eine Art »Anhang« wie es in Kleists Text ja heißt (DKV III, 379).

Dass Kleist suggeriert, es handele sich um einen von Schiller verfassten Text, kann als Volte gegen Schiller und dessen Zeitschrift *Die Horen* gedeutet werden, eventuell auch gegen Karl Curths, der zu dieser Zeit in Berlin eine neue Zeitung plante und damit eine Konkurrenz für Kleist darstellen konnte (vgl. Peters 2000, 159–161; s.

Kap. III.9). Wenn der Text gegen *Die Horen* gewandt ist, wäre auch ein Seitenhieb auf Goethes darin erstveröffentlichte *Unterhaltungen deutscher Ausgewanderten* denkbar, die – wie Kleists erste Geschichte – während der Revolutionskriege spielen und neben Boccaccios *Decamerone* und Wielands *Hexameron* das formale Vorbild geliefert haben dürften (s. Kap. II.2.1, III.7–8).

Wahrheit und Wahrscheinlichkeit

»*Unwahrscheinliche Wahrhaftigkeiten* könnte man viele dieser Texte [d. h. der kleineren Prosawerke] überschreiben. Kleist spielt hier mit dem Problem der Wahrheit, das in seinen Dichtungen so oft im Zentrum steht«, so vermerkt Klaus Müller-Salget (Kommentar, DKV III, 916). Da es sich bei diesem Wahrheitsproblem um ein ästhetisches handelt, darf dieser Text vielleicht sogar als eine der wenigen poetologischen Schriften Kleists gelten – neben unter anderem der *Allmähligen Verfertigung der Gedanken beim Reden* und *Über das Marionettentheater*, die vielleicht nicht ganz zufällig formal fast identisch gebaut sind.

Dass »die Wahrscheinlichkeit nicht immer auf Seiten der Wahrheit ist«, wissen nicht nur der Erzähler des *Michael Kohlhaas* (DKV III, 134) und Amphitryon im gleichnamigen Stück (»Doch sage mir auf dein Gewissen jetzt, / Ob das, was du für wahr mir geben willst, / Wahrscheinlich [...] ist. / Kann man's begreifen? reimen? Kann man's fassen?« DKV I, 406), sondern auch der Binnenerzähler:

»Drei Geschichten,« sagte ein alter Offizier in einer Gesellschaft, »sind von der Art, daß ich ihnen zwar selbst vollkommnen Glauben beimesse, gleichwohl aber Gefahr liefe, für einen Windbeutel gehalten zu werden, wenn ich sie erzählen wollte. Denn die Leute fordern, als erste Bedingung, von der Wahrheit, daß sie wahrscheinlich sei; und doch ist die Wahrscheinlichkeit, wie die Erfahrung lehrt, nicht immer auf Seiten der Wahrheit.« (DKV III, 376)

Sembdner verweist – gegen Hermann Schneider (1915), der Cervantes' *Don Quixote* in der Übersetzung Soltaus als Quelle vermutet hatte – auf Wielands *Agathon* als Quelle (vgl. Sembdner 1939, 74f.; s. Kap. III.7); wahrscheinlicher dürfte die Abwandlung eines dramentechnischen Hinweises von Nicolas Boileau-Despréaux sein: »Jamais au Spectateur n'offrez rien d'incroiable. / Le Vray peut quelquefois n'estre pas Vraisemblable« – »Führt dem Zuschauer nie Unglaubwürdiges vor; zuweilen wirkt selbst Tatsächliches unwahrscheinlich« (Boileau 1674/1967, 39), ohne dass bei Kleist noch vom Drama die Rede wäre.

Sein Thema ist allgemeiner die Unterscheidung von (wahrhaftiger) Historiographie und (wahrscheinlicher) Dichtung auf der Basis von Aristoteles' Poetik, nach der sich Geschichtsschreiber und Dichter dadurch unterscheiden, dass »der eine das wirklich Geschehene mitteilt, der andere was geschehen könnte« (Aristoteles 1989, 31). Zur letzten Geschichte des Offiziers heißt es in Form einer »Aristoteles-Paraphrase« (Christians 2000, 178), der »Verf.« (der eben nicht Schiller ist) habe ausdrücklich bemerkt, dass »ein Dichter von diesem Faktum keinen Gebrauch machen könne, der Geschichtsschreiber aber, wegen der Unverwerflichkeit der Quellen und der Übereinstimmung der Zeugnisse, genötigt sei, dasselbe aufzunehmen« (DKV III, 379). Indem hier nun aber der historiographische Text in einen literarischen verwandelt erscheint, wird die Begründung für Kleists Text obsolet – zumindest wenn man Novellen und Anekdoten zur Literatur zählt, was um 1800 allerdings noch nicht selbstverständlich ist (s. Kap. II.2.1). Für einen literarischen Text jedenfalls verböte sich die Verwendung dieser Geschichte, ebenso der zwei vorangegangenen, da sie zwar wahr sind (oder scheinen), aber nicht wahrscheinlich. Diese Unwahrscheinlichkeit wird durch Kleist – entgegen der Quellen – zusätzlich forciert, indem die grundsätzlich möglichen und z. T. dort bereits genannten Erklärungen unterschlagen werden (vgl. Breithaupt 2003, 346–349; Kommentar, DKV III, 943). Damit lösen sich Grundkategorien der Poetik und Ästhetik auf – und zugleich können dieses Changieren und diese Irritation als Spiel mit dem Doppelcharakter von Anekdote und Novelle verstanden werden.

Die erkenntniskritische Seite dieses Problems hat einige dekonstruktivistische Lektüren der *Unwahrscheinlichen Wahrhaftigkeiten* provoziert (s. Kap. VI.3), so v.a. 1979 im Rahmen einer Artikel-serie in der Zeitschrift *Diacritics*, in der auf den Abdruck des Texts in englischer Übersetzung drei Lektüren von Carol Jacobs, Cynthia Chase und Andrzej Warminski folgten. Jacobs (2003, 31) fasst zusammen: »Wir wurden in Kleists Text Zeuge der unaufhaltsamen impliziten Bewegung von den historischen Quellen zur Geschichte, von der Geschichte zu ihrer falschen Darstellung in der Erzählung sowie der Selbstreflexion, die aus diesem Manöver hervorgeht«.

Wahrscheinlichkeit und Probabilistik

Die Irritation des Texts existiert dementsprechend auch auf einer weiteren Ebene: der der Handlung und ihrer inneren Konsistenz. Offenbar sind nicht nur die drei Geschichten unwahrscheinlich, wenn nicht unwahr, sondern auch deren logischer Zusammenhang, was aber gerade das Interesse des Lesers provoziert: »Die Sensation hat das Besondere zum Gegenstand, welches nicht zur allgemeinen Erkenntnis einer formalen Struktur von Ereignissen führt, sondern welches die Spekulation über ihren Wahrheitsanspruch eröffnet« (Breithaupt 2003, 350). Während in Mittelalter und Früher Neuzeit das Wunder in einen religiösen Deutungszusammenhang eingebettet war (s. Kap. V.34) und in der Aufklärung rational erklärt bzw. durch eine ›innere Wahrscheinlichkeit‹ gezähmt war, verselbständigt es sich nun zum Medienphänomen des Sensationellen und unterminiert das Gegensatzpaar von ›Dichtung und Wahrheit‹: »Kleist unternimmt die erneute Zersetzung der mühsam *verwahrscheinlichten* Fabel und die Renovatio des Unwahrscheinlichen [...]« (Christians 2000, 175f.). Dies geschieht – in einer Überbietung seiner Vorbilder Wieland und Goethe – dadurch, dass die Serie der Erzählungen sich eben nicht mehr gegenseitig sukzessive erhellen.

Die Serialität verweist ebenso wie der Begriff ›Wahrscheinlichkeit‹ jedoch laut Rüdiger Campe (2003, 418–438) auch auf die mathematische Seite des Zufalls und weitergehend auf eine ›Poetik der Probabilität‹ (s. Kap. V.35). Wo Jacobs (1979, 2003) den Fokus erkenntniskritisch auf den Gegensatz *story/history* gelegt hatte, sieht Campe (2002, 435f.) kultur- und wissenschaftshistorisch konkreter »die drei Formen der *histo-ria* als *story*, Experiment und *history*«, kann aber auch nur konstatieren, dass »die wahre Wahrscheinlichkeit – nun besonders: die Wahrscheinlichkeit der Probabilität – und der Schein der Wahrheit – die Rhetorik der wahrscheinlichen Erzählung – kein gemeinsames Maß« haben, also eben nicht vergleichbar sind, obwohl gerade in der Novellistik v. a. durch die Serialität der Binnenerzählungen probabilistische Reflexionen vorkommen können (so später bei Franz Kafka und Robert Musil). Ob und inwieweit Kleist solche Ansätze hier verfolgt, bedarf noch einer weiteren Klärung (u. a. im Hinblick auf seine kameralistischen Studien).

Konversationskultur und Medienkultur

In der Regel kapriziert sich die Deutung auf die Diskussion um Wirklichkeit und Wahrscheinlichkeit und damit auf den Hinweis, dass sich der Offizier »der Lüge niemals schuldig machte«, nicht aber auf die ummittelbar vorhergehende Feststellung, dass man »den Offizier als einen heitern und schätzenswürdigen Mann« kenne (DKV III, 376). Dies impliziert, dass er seine Rolle im Rahmen der höfischen oder zumindest höflichen Konversation bestens zu spielen in der Lage ist und das Geschichtenerzählen dabei eine zentrale Rolle spielt. Dies spielt bereits bei Boccaccio eine wichtige Rolle und wird speziell in der Moralistik zentral (s. Kap. IV.1, IV.7), in der wiederum aus ebendiesem Grund die Novelle sehr geschätzt wird. Ebenso wie der Hofmann als zugleich würdig und witzig zu gelten hat, um sich Festlegungen zu entziehen (vgl. Hinz 1992, 204), changiert auch Kleists Offizier zwischen diesen Polen und entzieht sich der Diskussion und dem Gespräch (s. Kap. V.11), indem er zwar noch fragt »Haben Sie verstanden?«, als Reaktion des Landedelmanns ein »Himmel, Tod und Teufel!« erhält – und dann mit einem »Dixi!« zu Stock und Hut greift und weggeht (DKV III, 379). Der Rahmenerzähler bleibt noch einen weiteren Absatz präsent, um die Quelle der letzten Geschichte zu liefern, aber keinerlei Deutungshinweis; der Verweis auf Schiller bleibt jedoch ähnlich unklar und unzuverlässig wie die Erzählungen des Offiziers,

so dass sich die narrativen Strategien der Binnenerzählungen und der Rahmenerzählung gegenseitig spiegeln.

Doch nicht nur die Erzähler verschwinden – für die einzelnen Geschichten kann die »eklatant fehlende Zeugenschaft« nicht übersehen werden; sie stammen alle aus fremden Quellen und von fremden Beobachtern und erhalten ihren Präsenzeffekt allein durch das historische Präsens als Erzähltempus, in das der Erzähler in prekären Situationen flüchtet (Campe 2002, 431f.). – Kleists Geschichte ist gut erzählt, und ihr Autor führt dieses gelungene Erzählen vor, das aber gerade dadurch entsteht, dass sich der Erzähler/Autor dem Zuhörer/Leser entzieht – letztlich verschwindet selbst Kleist und hinterlässt als Signum von Autorschaft nur noch das Kürzel »vx.«. Das Verschwinden des Autors in der Moderne erscheint hier noch als ›spielerisches‹ Verschwinden des Erzählers (unter den Regeln der frühneuzeitlichen Moralistik und Konversationstheorie) in der Form der Novelle und im Medium Buch bzw. Zeitung (s. Kap. IV.5, VI.7).

Literatur

Aristoteles: Poetik. Griechisch/Deutsch. Übersetzt und hg. von Manfred Fuhrmann. Stuttgart 1989.

Boileau, Nicolas: L'Art poetique/Die Dichtkunst. Übersetzt von Ute und Heinz Ludwig Arnold. Stuttgart 1967.

Breithaupt, Fritz: Kleists Anekdoten und die Möglichkeit von Geschichte. In: Wolfgang Wirth/Jörn Wagner (Hg.): Literarische Trans-Rationalität. Würzburg 2003, 335–351.

Campe, Rüdiger: Spiel der Wahrscheinlichkeit. Literatur und Berechnung zwischen Pascal und Kleist. Göttingen 2002.

Chase, Cynthia: Telling Truths. In: Diacritics 9 (1979), No. 4, 62–69.

–: Decomposing Figures: Rhetorical Readings in the Romantic Tradition. Baltimore 1986.

Christians, Heiko: Mißhandlungen der Fabel. Eine kommunikologische Lektüre von Heinrich von Kleists *Michael Kohlhaas* (1810). In: KJb 2000, 161–179.

Hinz, Manfred: Rhetorische Strategien des Hofmannes. Studien zu den italienischen Hofmannstraktaten des 16. und 17. Jahrhunderts. Stuttgart 1992.

Jacobs, Carol: Uncontainable Romanticism. Shelley, Brontë, Kleist. London 1989.

–: Kleists Style [1979]. In: Nikolaus Müller-Schöll/Marianne Schuller u. a. (Hg.): Kleist lesen. Bielefeld 2003, 11–37.

Müller-Tragin, Christoph: Hans Kolhase und Michael Kohlhaas: Unwahrscheinliche Wahrhaftigkeiten. In: HKB 7 (1999), 9–40.

Peters, Sibylle: Von der Klugheitslehre des Medialen (Eine Paradoxe). Ein Vorschlag zum Gebrauch der *Berliner Abendblätter*. In: KJb 2000, 161–179.

Pielenz, Arno: Unwahrscheinliche Wahrhaftigkeiten. Heinrich von Kleists Suche nach der Wahrheit. Eine Unterrichtseinheit für das 10. Schuljahr. In: Deutschunterricht. Berlin 50 (1997), Heft 10, 473–478.

Schneider, Hermann: Studien zu Kleist. Berlin 1915.

Sembdner, Helmut: Die Berliner Abendblätter Heinrich von Kleists, ihre Quellen und ihre Redaktion. Berlin 1939.

Warminski, Andrzej: A Question of an Other Order: Deflections of the Straight Man. In: Diacritics 9 (1979), No. 4, 70–78.

Ingo Breuer

2.13 *Empfindungen vor Friedrichs Seelandschaft*

Bei diesem Werk handelt es sich um eine von Kleist grundlegend umgearbeitete Version eines Textes von Clemens Brentano und Achim von Arnim, den diese zu dem auf der Ausstellung der Berliner Akademie von 1810 gezeigten Bild »Mönch am Meer« von C.D. Friedrich verfasst hatten; veröffentlicht in den *Berliner Abendblättern*, Bl. 12 vom 13. Oktober 1810, unterzeichnet mit cb [= Clemens Brentano]. Aufgrund heftiger Proteste der Verfasser rückte Kleist am 22. Oktober 1810 eine redaktionelle Notiz in die *BA* ein, in der er betont, dass nur der Buchstabe des Artikels Arnim und Brentano gehöre, dessen ›Geist‹ jedoch von ihm verantwortet werde. Der Essay ist kunsttheoretisch von grundlegender Bedeutung – als Stellungnahme zur zeitgenössisch umstrittenen romantischen Landschaftsmalerei wie zur Frage, ob ein Erhabenes der Kunst (statt nur der Natur) überhaupt möglich sei. Weiter reflektiert Kleist mit dem Essay seine eigene Kunstpraxis – insofern sein Tragödienschaffen in der Tradition Schillers auf das Erhabene hin perspektiviert ist – und seine Wende zur Kunst als Antwort auf seine grundlegende erkenntnistheoretische Krise von 1801.

Friedrichs Bild hatte durch seine radikale Reduktion Aufsehen erregt. Es verweigert die bei Landschaftsbildern übliche Rahmung (durch Bäume, Felsen oder Bauelemente) und Belebung des Vordergrunds (durch Personen oder, bei Seestücken, durch Schiffe). Das Bild zeigt im unteren Sechstel eine ins Meer ragende vegetationslose Düne in fahlem Ocker, darüber, bis zum ersten Drittel des Bildes, schwarzgrün das Meer, darüber, allmählich sich aufhellend, blaugraue Dunstwolken und hierüber, über die Hälfte des Bildes ausmachend, Himmel, der von einer verdeckten Lichtquelle erleuchtet wird. Auf der Düne steht, klein, unter der Horizontlinie, ein Betrachter in langem, braunen Gewand, in Rückansicht, so den Bildbetrachter einladend, mit ihm auf den vor ihm ausgebreiteten, leeren Ozean und Himmel zu blicken. »Unendliche Einsamkeit am Meeresufer« und »unbegrenzte Wasserwüste« sind dann auch die ersten Bildeindrücke, die der Essayist benennt.

Der Essay besteht aus zwei Teilen. Der erste Teil beschreibt die im Bild dargestellte Erfahrung des Erhabenen (im Sinne Kants der Blick auf den das menschliche Auffassungsvermögen überfordernden, ins Unendliche ausgebreiteten Ozean und die Restitution aus dem Zusammenbruch der Auffassungsvermögen im Sich-Erheben auf die Ebene der Vernunftideen, als Akt, der nicht zu synthetisierenden Sinnenwelt »ein übersinnliches Substrat zu unterlegen« [Kant 1793, 115], hier als ›Vernehmen der Stimme des Lebens‹ konkretisiert). Die im Bild vorgestellte Erfahrung wird dann mit der Erfahrung des Bildes selbst konfrontiert (das als ein kalkuliertes Gebilde das Auffassungsvermögen nicht prinzipiell überfordert und so die Ausgangsbedingung des Erhabenen nicht bereithält) und fragt nach dem möglichen Ergebnis des Versuchs, die im Bild vorgestellte Erfahrung des Erhabenen am Bild – im Geschehen zwischen Bild und Betrachter – nachzustellen: der Mönch werde dann zum Bildbetrachter, die Düne, auf der er stehe und blicke, werde das Bild, das der Betrachter in seine Wirklichkeit geholt hat, womit es kein Objekt des Sehens mehr gebe. Statt des Blicks auf ein nicht zu synthetisierendes Unendliches widerfährt dem Betrachter so absolute Unverfügbarkeit eines Gegenstandes des Sehens, er blickt ins Nichts und so ist »Nichts« auch das erste Wort, mit dem die Empfindung des Betrachters in dieser Konstellation beschrieben wird (DKV III, 543). So weit ist Kleist Brentanos Text gefolgt. Der anschließende zweite Teil stammt ganz von Kleist, von Brentano werden nur noch Verweise auf analoge Wirkungen anderer Autoren (Ossians, des Rügener Pfarrers Kosegarten, Edward Youngs) übernommen. Der Essayist reflektiert über den Effekt der hier beschriebenen Landschaftsmalerei, was in die Metapher der weggeschnittenen Augenlider mündet: Ein so in die eigene Wirklichkeit geholtes Bild verweigert den Blick nach innen und damit ein Sich-Erheben des Betrachters im Wechsel auf eine ideelle Ebene, auf der er den Blick ins Nichts mit dem Denken des Unendlichen kompensierte. Nachfolgend wird für diese am Geschehen zwischen Bild und Betrachter entwickelte Erfahrung selbst wieder eine bildnerische Darstellung vorgestellt, die unmöglich ist, was nun damit angezeigt wird, dass Friedrichs radikale Bildsprache ironisch ins Genrehafte verharmlost wird, um zuletzt jedoch in einem Hyperrealismus zu enden (den Ozean mit dem Wasser des dargestellten Ozeans, den Felsen mit der Kreide des dargestellten Felsens zu malen). Verschoben in das Material des Bildes, so lässt dieses Gedankenexperiment durchblicken, könne die Erfahrung des Erhabenen, die die ins Unendliche ausgebreitete Natur bereithält, auch aus einem Bild gewonnen werden, allerdings als eine selbst ins Materielle, d. h. Seelenlose verschobene Erfahrung. Statt menschlicher Betrachter werden nun Füchse und Wölfe genannt, die vor solch einem Bild so zum Heulen gebracht werden könnten, wie sie den unendlichen Winterhimmel anheulen (solch eine ins Tierische verschobene Erfahrung des Erhabenen wird die einen Monat später in den *Berliner Abendblättern* veröffentlichte Cäcilienerzählung vorstellen).

Gegen die romantische Landschaftsmalerei hatte u. a. Friedrich Wilhelm Basilius von Ramdohr anlässlich von Friedrichs Bild *Das Kreuz im Gebirge* (1808) eingewendet, sie wolle vom Feld der Kunst auf das der Religion führen (verrate also das Prinzip der ästhetischen Autonomie) und Friedrichs Bild gewährleiste dies nicht einmal durch das im Bild Dargestellte, sondern erst durch seinen mit christlicher Symbolik überladenen Rahmen (Ramdohr 1808, 155f.). In Antwort hierauf betont der Essay, dass auch das neue Landschaftsbild Friedrichs bildnerische Rahmung verweigere, dem Blick mithin einen Halt nur am materiellen Rahmen des Bildes gebe, dass dies aber nicht zur Absprungstelle einer erhabenen Wende, sondern zur Erfahrung absoluter Unverfügbarkeit eines Gegenstandes des Sehens werde. Das führt zugleich die Frage nach einem Erhabenen der Kunst in ein Paradox. Dem Argument, dass ein Kunstwerk als ein kalkuliertes Gebilde die Ausgangsbedingung des Erhabenen, das Auffassungsvermögen des Rezipienten prinzipiell zu übersteigen, nicht erfüllen könne, hatte Schiller die Erwartung entgegengestellt, im Kunstwerk dargestellte erhabene Haltungen beim Rezipienten durch Identifikation erzeugen zu können. Das verneint der Essay ausdrücklich (die im Bild dargestellte erhabene Erfahrung des Mönches werde im Museum angesichts des Bildes nicht erzeugt), um dann zu einer ganz anderen Unverfügbarkeit zu gelangen, die das Geschehen zwischen Bild und Betrachter bereithalte. Die erhabene Wende, die sie eröffnet, führt allerdings in einen Raum jenseits der menschlichen Vernunft. So ist hier der Diskurs des Erhabenen zu Ende geschrieben. Das ist zugleich ein Urteil Kleists über sein Sich-Erheben aus seiner fundamentalen Erkenntniskrise in der Hinwendung zur Kunst. Was von der Kunst erwartet wurde, scheint jetzt nur in einem Raum jenseits des Menschlichen einlösbar. Das ›Verworrene‹, von dem der Essay zuletzt spricht (DKV III, 544), gehört traditionell zur Ausgangserfahrung des Erhabenen; Kleist verschiebt es zur Verwirrung des Erhabenen selbst.

Literatur

Begemann, Christian: Brentano und Kleist vor Friedrichs *Mönch am Meer*. Aspekte eines Umbruchs in der Geschichte der Wahrnehmung. In: Deutsche Vierteljahrsschrift für Literaturwissenschaft und Geistesgeschichte 64 (1990), 54–95.

Greiner, Bernhard: Kleists Dramen und Erzählungen. Experimente zum ›Fall‹ der Kunst. Tübingen 2000, 16–36.

–: Die ›Stimme des Lebens‹ und die Materialität der

Kunst: Kleists Essay über Caspar David Friedrichs Bild *Mönch am Meer*. In: Lothar Jordan/Hartwig Schultz (Hg.): Empfindungen vor Friedrichs Seelandschaft. Kleist-Museum. Frankfurt a.d.O. 2004, 49–66.

Janz, Rolf-Peter: Mit den Augen Kleists: Caspar David Friedrichs ›Mönch am Meer‹. In: KJb 2003, 137–149.

Kant, Immanuel: Kritik der Urteilskraft. Hg. von Karl Vorländer. Hamburg 1974 (Paginierung der 2. Aufl. von 1793 als Marginalie).

Kurz, Gerhard: Vor einem Bild. Zu Clemens Brentanos *Verschiedene Empfindungen vor einer Seelandschaft von Friedrich, worauf ein Kapuziner*. In: Jb. des Freien deutschen Hochstift 1988, 128–140.

Müller, Gernot: ›Man müßte auf dem Gemälde selbst stehen‹: Kleist und die bildende Kunst. Tübingen/Basel 1995.

Ramdohr, Basilius von: Über ein zum Altarblatt bestimmtes Landschaftsgemälde von Herrn Friedrich in Dresden, und über Landschaftsmalerei, Allegorie und Mystizismus überhaupt. In: Zeitung für die elegante Welt, Nr. 12–15 u. 17, 17.–21. Januar 1808 (Wiederabdruck in: Caspar David Friedrich in Briefen und Bekenntnissen. Hg. von S. Hinz. München 1968, 138–157).

Schultz, Hartwig: *Empfindungen vor Friedrichs Seelandschaft*. Kritische Edition der Texte von Achim von Arnim, Clemens Brentano und Heinrich von Kleist im Paralleldruck. In: Lothar Jordan/Hartwig Schultz (Hg.): *Empfindungen vor Friedrichs Seelandschaft*. Kleist-Museum (Frankfurt/Oder) 2004, 38–46.

Zimmermann, Jörg: Bilder des Erhabenen – Zur Aktualität des Diskurses über Caspar David Friedrichs ›Mönch am Meer‹. In: Wolfgang Welsch/Christine Pries (Hg.): Ästhetik im Widerstreit. Weinheim 1991, 107–127.

Bernhard Greiner

3. Zeitungen und Zeitschriften

3.1 *Phöbus. Ein Journal für die Kunst*

Spätestens in französischer Gefangenschaft, nachdem Anfang Mai 1807 auf Vermittlung seines Freundes Rühle von Lilienstern und mit einem Vorwort des Dresdner Staatstheoretikers, Ästhetikers und Diplomaten Adam Heinrich Müller sein Lustspiel *Amphitryon* in der Arnoldischen Buchhandlung in Dresden erschienen ist, wird in Kleist der Wunsch stärker, künftig sein Auskommen als Schriftsteller zu suchen. Er will nach seiner Entlassung aus der Gefangenschaft wegen angeblicher Spionage sich »irgendwo in der Nähe des Buchhandels auf[]halten, wo er am Wenigsten darniederliegt« (DKV IV, 377), wie er am 8. Juni 1807 der Lieblingsschwester Ulrike aus Châlons-sur-Marne schreibt. Und tatsächlich lässt er sich, nachdem er im Juli nach dem Tilsiter Frieden zwischen Frankreich und Preußen freikommt, ab 31. August 1807 in der Pirnaschen Vorstadt, Rampische Gasse 123, nieder. Kleist kennt Dresden von früheren Aufenthalten und Besuchen. Zudem hat sich in der Elbmetropole zwischenzeitlich neben Rühle auch der Freund Ernst von Pfuel niedergelassen – beide stehen als Erzieher des Prinzen Bernhard von Sachsen-Weimar im Staatsdienst. Bald zählt Kleist einige einflussreiche Dresdner zu seinem neuen Bekanntenkreis. Außer Müller, mit dem Kleist alsbald »eine intensive Arbeitsgemeinschaft« beginnt, »die mit Unterbrechungen für den Rest von Kleists Leben andauern sollte« (Schulz 2007, 326), sind darunter der Naturphilosoph Gotthilf Heinrich Schubert, der Arzt und Schriftsteller Karl Friedrich Gottlob Wetzel, der französische Gesandte in Sachsen Jean-Francois de Bourgoing, der österreichische Geschäftsträger in Dresden, Joseph Freiherr von Buol zu Berenberg und Mühlingen, sowie die Maler Ferdinand Hartmann und Gerhard von Kügelgen. Bereits zweieinhalb Wochen nach seiner Ankunft ist in einem Brief vom 17. September an die Schwester Ulrike von der Gründung »einer Buch-Karten- und Kunst-Handlung« (DKV IV, 387) die Rede. An diesem Tag fordert er auch vom Tübinger *Morgenblatt*-Verleger Johann Friedrich Cotta seine dem Verleger von Rühle zugesandte Erzählung »Jeronimo und Josephe« zurück, »um darüber auf eine andere Art verfügen zu können« (ebd., 387) – nämlich sie in der eigenen Buchhandlung zu drucken. Die Novelle ist jedoch bereits zwischen dem 10. und 15. September, verteilt auf mehrere Nummern, erschienen. Diese Tatsache ist Kleist zum Zeitpunkt seiner Bitte allerdings unbekannt. Unter dem Titel *Das Erdbeben in Chili* erscheint die Novelle 1810 im »ersten« Band seiner Erzählungen.

Für die geplante »Phönix«-Buchhandlung hofft Kleist im Herbst 1807 auf einen großen Auftrag. Denn es sei, schreibt er am 25. Oktober der Schwester Ulrike,

»nicht unmöglich, daß wir den Codex Napoleon [gemeint ist das französische Zivilgesetzbuch, der Code Napoléon] zum Verlag bekommen, und daß unsere Buchhandlung überhaupt von der französischen Regierung erwählt wird, ihre Publicationen in Deutschland zu verbreiten; wodurch, wie du leicht denken kannst, die Assiette des ganzen Instituts mit einem Male gegründet wäre« (ebd., 391).

Dennoch solle die Schwester keine voreiligen »politischen Folgerungen aus diesem Schritte« ziehen. Doch der »Phönix« erhebt sich nicht aus der Asche und scheitert im Februar 1808 endgültig am Widerstand der Dresdner Buchhändler, die keinen weiteren Konkurrenten am Ort wollen. Die endgültige Verweigerung des Buchhandelsprivilegs erhält Müller am 22. Februar 1808. Einen Monat zuvor jedoch kommt ab dem 23. Januar 1808 mit dem ersten Heft des *Phöbus* ein anderes Gemeinschaftsprojekt auf den Markt. Denn zwischenzeitlich haben Pfuel, Rühle und Kleist bzw. Ulrike von Kleist gut 2000 Reichstaler zusammengebracht, so dass Kleist und Müller als Herausgeber »das anspruchsvolle Kunstjournal *Phöbus* im Selbstverlag« (Müller-Salget 2002, 89) starten können. Ob der »Anstoß zur Gründung des Phöbus« (ebd.) auf Ferdinand Hartmann zurückgeht (vgl. Sembdner 1961, 604) oder einer Idee Adam Müllers entstammt (Peter 2007, 98), ist nicht eindeutig geklärt. Müller jedenfalls, wie er am 25. Dezember 1807 in einem Brief an Friedrich Gentz erklärt, sollte für »die Philosophie und Kritik, Kleist [für] die Poesie und Hartmann [für] die bildende Kunst« zuständig sein.

Als eigentlicher »Gründungstag des Phöbus«,

der anders als die *Berliner Abendblätter* als Stiefkind der Forschung angesehen werden muss, gilt »der 17. Dezember 1807« (Sembdner 1961, 604), denn an diesem Tag bittet zum einen Müller Goethe um Unterstützung seines »Kunstjournal[s] Phöbus«, das »ungefähr nach dem Muster der Horen« konzipiert sei und »mit Anfang des nächsten Jahres in Dresden« erscheinen solle. Als weitere Mitarbeiter nennt der »Aufschneider« und »wundersam begabte[]« (Bisky 2007, 287f.) Müller neben Kleist noch den von Goethe geschätzten Arzt und Naturphilosophen Gotthilf Heinrich Schubert, dessen Vorlesungen über die *Ansichten von der Nachtseite der Naturwissenschaft* Kleist 1807/08 in Dresden hört. Zum anderen bittet Kleist am selben Tag seinen früheren väterlichen Mentor, den Dichter Christoph Martin Wieland, um Beiträge für die neue Zeitschrift und skizziert, welche Texte künftig darin zu finden seien:

»Ich bin im Besitz dreier Manuscripte, mit denen ich, für das kommende Jahr, fragmentarisch darin aufzutreten hoffe; einem Trauerspiel, *Penthesilea*, einem Lustspiel, *der zerbrochne Krug* (wovon der GhRth v. Göthe eine Abschrift besitzt, die Sie leicht, wenn die Erscheinung Sie interessirt, von ihm erhalten könnten); und einer Erzählung, *die Marquise von O..* Adam Müller wird seine ästh. und phil. Vorlesungen geben; und durch günstige Verhältnisse sind wir in den Besitz einiger noch ungedruckter Schriften des Novalis gekommen, die gleichfalls in den ersten Heften erscheinen sollen« (DKV IV, 399).

Seiner Schwester Ulrike erläutert Kleist am selben Tag detailliert die Finanzierung der geplanten Zeitschrift. Denn von ihr erhofft er sich mindestens 500 Reichstaler als Darlehen, mit denen er seinen Teil der Gesamtkosten von 2500 Reichstalern tragen will. Von Rühle sollten 700 und von Pfuel 900 Reichstaler kommen. Der verbleibende »Rest«, gibt sich Kleist einmal mehr in dieser Dresdner Zeit optimistisch, »kann von dem, was monatlich eingeht, schon bestritten werden« (DKV IV, 400). Schließlich wird er nicht nur am 10. Oktober (an diesem Tag feierte Kleist seinen 30. Geburtstag) im Hause Buols »mit einem Lorbeer gekrönt« (ebd., 393), sondern er erfährt auch positive Resonanz bei (szenischen) Lesungen seiner Stücke.

Provozierend selbstbewusst und teilweise recht

»großsprecherisch[]« (Müller-Salget 2002, 89) werben Müller und Kleist nicht nur um renommierte Beiträger – neben Goethe, der später den *Phöbus* für Phébus, nämlich Schwulst, hält, Wieland und Schubert werden auch Ludwig Tieck, Friedrich Schlegel, der Dresdner Archäologe und Altphilologe Karl August Böttiger, der Historiker Johannes von Müller, der Theologe Friedrich Schleiermacher, die Dichter Friedrich Heinrich Jacobi und Jean Paul um Mitarbeit gebeten –, sondern auch »mit einer massiven Pressekampagne« (Amann 1996, 47). So erscheinen »in einer Reihe von Journalen Anzeigen und Notizen, wohlwollende wie ablehnende Vorabbesprechungen« (ebd.): »Kunstwerke, von den entgegengesetzten Formen, welchen nichts gemeinschaftlich zu sein braucht, als Kraft, Klarheit und Tiefe, die alten, anerkannten Vorzüge der Deutschen – und Kunstansichten, wie verschiedenartig sie sein mögen, wenn sie nur eigentümlich sind und sich zu verteidigen wissen, werden in dieser Zeitschrift wohltätig wechselnd aufgeführt werden«, heißt es in einer Ankündigung. Inspiriert ist der auf »Wettkampf« und Vereinigung verschiedener Ansätze ausgerichtete *Phöbus*, dem ein »ambitioniert-arrogante[s]« (Aretz 1983, 35) Programm zugrunde liegt, sicherlich von Adam Müllers *Lehre vom Gegensatz* (1804). Nicht zuletzt die angestrebte »Konzeption von Schönheit als Einheit von Gegensätzen« (Osterkamp 1990, 61) macht das *Journal für die Kunst*, wie der Untertitel des *Phöbus* lautet, »in der Geschichte der klassischen und romantischen Zeitschriften« (Osterkamp 1990, 52) zu einer »singulären« Zeitschrift.

Ist es zum einen vor allem Hofrat Böttiger, der mit mehreren anonymen und pseudonymen Kritiken und Lästereien über das neue Journal eine äußerst zwielichtige Rolle spielt und möglicherweise auch bei der Verweigerung des Buchhandelsprivilegs im Hintergrund mitgewirkt hat, so ist es zum anderen nicht zuletzt auch die große Konkurrenz durch Zeitschriften, wie etwa *Jason, Selene, Isis, Teutona, Der Freimüthige, Morgenblatt für gebildete Stände, Zeitung für die elegante Welt* und andere mehr, die dem *Phöbus* das Leben von Beginn an schwer machen. Die größte Konkurrenz erwächst dem *Phöbus* – dessen Namen »der Glänzende« im Übrigen auch vom angestrebten

Niveau der Zeitschrift zeugt – vor allem in Leo von Seckendorffs und Johann Ludwig Stolls Wiener Zeitschrift *Prometheus*, die einen ähnlichen Anspruch vertritt. Nach einigen Monaten stecken sowohl *Phöbus* als auch bald *Prometheus* in finanziellen Schwierigkeiten, so dass es Überlegungen gibt, beide Journale zusammenzulegen. Dazu kommt es jedoch nicht und so erleben beide Zeitschriften jeweils nur einen Jahrgang. Der *Phöbus* wird zum einen wohl wegen der teilweise großen Publikationsverzögerungen ab dem 3. Stück äußerst verhalten aufgenommen, zum anderen aber vor allem wohl auch wegen seiner »agonale[n], offene[n] Ästhetik« (Osterkamp 1990, 54), sein antiklassizistisches »interdisziplinäre[s] Mit- und Ineinander von Dichtkunst, Philosophie und bildenden Künsten« (Loch 2003, 291).

Dabei erscheint – abgesehen von der umfangreichen Werbekampagne – am 23. Januar das erste, 58 Seiten umfassende Heft im Quartformat selbst nicht gerade leise. Goethe erhält mit Hinweis auf das darin enthaltene *Penthesilea*-Fragment »auf den Knieen meines Herzens« ein Exemplar von Kleist, und darüber hinaus gehen zwei Prachtexemplare an den österreichischen Kaiser sowie an den König von Westfalen, Napoléons Bruder Jérôme. Und schon die »Verse des Prologs […] preisen die Kraftentfaltung schlechthin« (Bisky 2007, 300): »Wettre hinein, o du, mit deinen flammenden Rossen, / Phöbus, Bringer des Tags, in den unendlichen Raum! / Gieb den Horen dich hin! Nicht um dich, neben, noch rückwärts, / Vorwärts wende den Blick, wo das Geschwader sich regt!« heben die ersten vier Verse des *Prologs* kräftig an, um mit dem Hinweis auf das »Maas« zu schließen: »Fehlen nicht wirst du, du triffst, es ist der Tanz um die Erde, / Und auch vom Wartthum entdeckt unten ein Späher das Maas.«

Das »Ineinander von Ruhe und Bewegung« (Osterkamp 1990, 69) ist Signum der Zeitschrift in zweierlei Hinsicht. Zum einen in der Text-Bild-Relation und zum anderen inter- und intratextuell. Dies führt besonders eindrücklich Kleists *Prolog* vor, der zum einen den Zeitschriftentitel programmatisch darlegt und zum anderen das zum *Penthesilea*-Fragment mit Christian Gottfried Körners Aufsatz »Über die

Bedeutung des Tanzes« motivisch verbindet. Das von Ferdinand Hartmann ursprünglich für einen Theatervorhang entworfene Bild zeigt Phöbus-Apoll, als Gott der Musen und der Künste, wie er seine »Quadriga, drei Horen mit Genien« (Bisky 2007, 299) zwischen Himmel und Dresdner Stadtsilhouette lenkt, überwölbt von Tierkreiszeichen. Ob dabei die im Zenith stehende Waage als Kleists Sternbild – sie steht höher als die links stehende Jungfrau, das Sternbild Goethes, und höher als der rechts davon stehende schillersche Skorpion – auf Kleists Veranlassung angebracht war und so vielleicht gar »Kleists Kampf mit Goethe« (Mommsen 1974, 70ff.) versinnbildlicht, lässt sich nicht entscheiden. Jedenfalls weisen Bild und Text vor allem im ersten Heft besonders deutlich auf die angestrebte »Vereinigung der Künste in der Zeitschrift« hin, die paradoxerweise durch »ihre definitive[] Trennung« (Osterkamp 1990, 68) erfolgen soll. Im Übrigen weicht »[k]eines der sieben von Johann Christian Benjamin Gottschick gestochenen Kupfer des Phöbus nach Zeichnungen von Asmus Jacob Carstens, Fedor Iwanow, Ferdinand Hartmann, Gerhard von Kügelgen und Eberhard Wächter [...] in seinen ästhetischen Prinzipien vom Umschlagbild ab« (ebd., 56).

Heinrich von Kleist ist vor allem in den ersten sechs Heften mit eigenen Beiträgen stark vertreten. Aus seiner Feder stammen im Phöbus im Einzelnen: der Prolog, welcher bereits die Text-Bild-Spannung durch eine »Ästhetik der schönen Unregelmäßigkeit« (Osterkamp 1990, 59) propagiert, das nicht weniger verstörende organische Fragment aus dem Trauerspiel Penthesilea (nämlich die Auftritte 1, 5, 6, 9, 14, 19, 21, 22), das Gedicht Der Engel am Grab des Herrn sowie der Epilog im 1. Stück.

Im 2. Stück, das 48 Seiten stark ist und Mitte Februar 1808 ausgeliefert wird, ist Kleist mit der Erzählung Die Marquise von O..., die bei manchen zeitgenössischen Rezipienten wie etwa Dora Stock das moralische Empfinden verletzt, und Die beiden Tauben, einer Fabel nach Lafontaine, vertreten.

Im 3. Stück, 56 Seiten umfassend und Ende April ausgegeben, reagiert Kleist nach der missglückten Aufführung seines Lustspiels Der zer-

brochne Krug am 2. März in Weimar, für die er Goethe sogar angeblich zum Duell fordern will, mit Fragmenten aus dem Stück (die Auftritte 1, 4, 5). Außerdem enthält es die beiden Fabeln Die Hunde und der Vogel und Die Fabel ohne Moral.

Als Doppelheft mit einem Umfang von 108 Seiten erscheinen – vermutlich Ende Mai/Anfang Juni 1808 – das 4. und 5. Stück. Hier bringt Kleist das Fragment aus dem Trauerspiel Robert Guiskard. Herzog der Normänner, die 1. Reihe der Epigramme, nämlich 1 bis 24, die zum Teil recht bissig gegen Goethe gerichtet sind, sowie Fragmente aus dem Käthchen von Heilbronn (die Auftritte I/1–2 und II,1).

Das 6. Stück im Umfang von 48 Seiten erscheint erst Mitte November und bringt von Kleist die erste fragmentarische Fassung des Michael Kohlhaas sowie die 2. Reihe der Epigramme, 1 bis 20.

Ab dem 7. Stück, im Dezember 1808 mit 46 Seiten Umfang erschienen, verlegt auf Betreiben Adam Müllers die Walther'sche Hofbuchhandlung in Dresden den in tiefen finanziellen Schwierigkeiten steckenden Phöbus, nachdem zuvor Göschen und Cotta eine Übernahme abgelehnt haben. Möglicherweise hat Böttiger seine Finger auch hier im Spiel (vgl. Kraft 2007, 125). Die ohnehin kleine Auflage bleibt ab diesem Heft, wenn Böttigers Angaben in einem Brief an Cotta vom 11. November 1808 stimmen, auf 150 Exemplare beschränkt (vgl. DKV IV, 915). Als Kleist im Frühjahr 1809 die Schlussabrechnung sieht, kommt es zum Zerwürfnis zwischen ihm und Müller, da letzterer ohne Wissen Kleists Walther bei der Überlassung des Journals große finanzielle Zugeständnisse gemacht hat. Bereits seit dem 6. Stück verzichten die Herausgeber auf das Umschlagbild, den von Gottschick gestochenen Titelkupfer nach Hartmans Phöbus-Bild, so dass Böttiger unter anderem lästert, der »Sonnengott« habe »wegen Ungunst der Zeit, die eigenen Pferde [...] abschaffen müssen, und den gewöhnlichen Weg des literarischen Fortkommens eingeschlagen« (Sembdner 1961, 634).

Das 8. Heft mit einem Umfang von 48 Seiten, vermutlich Ende Dezember 1808 erschienen, enthält keinen Beitrag von Kleist. Das 9. und 10. Stück des Phöbus ist erneut ein Doppelheft mit 90

Seiten Umfang. Es erscheint Anfang 1809. Kleist legt darin ein zweites Fragment aus dem *Käthchen* (die Auftritte II/2–13) sowie die Gelegenheitsgedichte *Der höhere Frieden*, *Jünglingsklage*, *Mädchenräthsel* und *Katharina von Frankreich (als der schwarze Prinz um sie warb)* vor. Als letztes Doppelheft erscheint Ende Februar, Anfang März 1809 mit einem Umfang von 84 Seiten das 11. und 12. Stück, in dem Kleist mit der Idyllendichtung *Der Schrecken im Bade* vertreten ist.

Im Grunde gilt Helmut Sembdners Fazit aus dem Jahr 1987 noch immer:

»Für uns liegt heute der Wert des *Phöbus* vor allem in Kleists Beiträgen. Nur durch den *Phöbus* wurde uns das großartige *Guiskard*-Fragment überliefert, ebenso sind uns hier wichtige Vorstufen vor allem des *Käthchens*, des *Zerbrochnen Kruges* und der *Penthesilea* erhalten geblieben, von den kleineren Gelegenheitsgedichten, Idyllen und Fabeln nicht zu reden. Aber auch die von Goethe sehr geschätzten Beiträge Adam Müllers leben noch heute und zeugen von einem bedeutenden kritischen und philosophischen Talent. Daneben wiegen die Arbeiten eines Fouqué, Loeben, Nienstädt, Schubert, Wetzel allerdings leicht, und die Gelegenheitsgedichte aus dem Nachlaß von Novalis sind zu geringfügig, um ins Gewicht zu fallen. Einzig etwa noch der anonyme Beitrag über die Bedeutung des Tanzes, als dessen Verfasser ich Christian Gottfried Körner ermitteln konnte, vermag sich neben Kleists und Müllers Beiträgen zu behaupten, die auch schon in ihrem Umfang nach den gewichtigsten Teil der Zeitschrift ausmachen« (Sembdner 1987, 607).

Allerdings sollten die von Müller-Salget bereits im ersten Heft des *Phöbus* eruierten politischen »Konterbande« (Müller-Salget 2002, 93) in *Der Engel am Grabe des Herrn*, die im Übrigen auch durch eine entsprechende militante Bildsprache etwa durch Lyra, Bogen und Köcher umrahmt von einem Siegeskranz auf dem Gottschick'schen Kupferstich, der die hintere Umschlagseite der ersten vier Hefte ziert, verstärkt durch den Kupferstich zum 3. Heft: »Chiron unterrichtet Achilles im Bogenschießen«, ebenso wenig vergessen werden, wie die von Osterkamp herausgearbeiteten engen ästhetisch-philosophischen Verzahnungen. Dazu passt außerdem, dass auch die Musik in Wort – etwa in den Epigrammen – und Bild – neben der Lyra auf der hinteren Umschlagseite auch in Gerhard von Kügelgens Gemälde »Saul

und David«, im 3. Heft als Kupferstich beigegeben – angesprochen ist. Zudem sei an die von Peter ins Spiel gebrachte religiöse Mission erinnert, die von Adam Müller forciert sei (Peter 2007, 98ff.), ebenso an Müllers Beiträge über dramatische Dichtkunst und Theater und an den für die Caspar David Friedrich-Forschung wichtigen Ramdohr-Streit, der mit Ferdinand Hartmanns Verteidigung von Friedrichs Gemälde »Kreuz im Gebirge« (1807/1808) im 12. und letzten *Phöbus*-Heft im März 1809 abgeschlossen wird (vgl. Weiss 1984, 151ff.).

Literatur

Amann, Wilhelm: Ein Brief über den *Phöbus*. Adam Müller an den Verleger Reimer, 23.1.1808. In: BKB 9 (1996), 45–52.

Aretz, Heinrich: Heinrich von Kleist als Journalist. Untersuchungen zum *Phöbus*, zur *Germania* und den *Berliner Abendblättern*. Stuttgart 1983.

Bisky, Jens: Kleist. Eine Biographie. Berlin 2007.

Heinrich von Kleist 1777–1811. Chronik seines Lebens und Schaffens auf Grund von Selbstaussagen, Dokumenten und Aussagen Dritter. Bearbeitet von Wolfgang Barthel. Frankfurt a.d.O. 2001.

Kraft, Herbert: Kleist. Leben und Werk. Münster 2007.

Loch, Rudolf: Kleist. Eine Biographie. Göttingen 2003.

Mommsen, Katharina: Kleists Kampf mit Goethe. Heidelberg 1974.

Müller-Salget, Klaus: Heinrich von Kleist. Stuttgart 2002.

Osterkamp, Ernst: Das Geschäft der Vereinigung. Über den Zusammenhang von bildender Kunst und Poesie im *Phöbus*. In: KJb 1990, 51–70.

Peter, Klaus: Ikarus in Preußen. Heinrich von Kleists Traum von einer besseren Welt. Heidelberg 2007.

Schulz, Gerhard: Kleist. Eine Biographie. München 2007.

Sembdner, Helmut: Nachwort und Kommentar. In: Heinrich von Kleist/Adam H. Müller (Hg.): Phöbus. Ein Journal für die Kunst. Reprographischer Nachdr. Darmstadt 1987, 603–652.

Weiss, Hermann F.: Funde und Studien zu Heinrich von Kleist. Tübingen 1984.

Anton Philipp Knittel

3.2 *Berliner Abendblätter*

Die *Berliner Abendblätter* (*BA*) erschienen von Oktober 1810 bis März 1811 täglich außer sonntags jeweils am Abend und sind damit eine der ersten deutschsprachigen Tageszeitungen. Die einzelne Ausgabe umfasst vier Seiten im Oktavformat. Unregelmäßig kommt ein Extrablatt hinzu. Als Herausgeber und Redakteur publiziert Kleist die *BA* im ersten Quartal beim Verleger Hitzig, im zweiten beim Verleger Kuhn. Die *BA* werden in einem zentralen Lokal in Berlin ausgegeben, können per Post und durch Buchhandlungen bezogen werden.

Inhalt und Editionen

In den *BA* erscheint eine außergewöhnliche Mischung von Textsorten, deren Kombination das Format der Tageszeitung in eigener Weise interpretiert und auf die Probe stellt. Von besonderer Bedeutung sind dabei die Polizeinachrichten, die Kleist aus den amtlichen Polizeirapporten zusammenstellt. Zum ersten Mal wird hier ›Crime‹ ein wesentlicher Bestandteil deutschsprachiger Tagespresse (vgl. Schönert 2001). Von vergleichbarer Wichtigkeit sind die Miszellen, die allgemeinen Nachrichtencharakter haben, wobei die Grenzen zur Anekdote hier fließend sind (vgl. Schuller 2001). Die Anekdote mit ihrem Zwittercharakter zwischen Nachricht und Erzählung ist eine weitere zentrale Textsorte – sämtliche Anekdoten Kleists sind in den *BA* erstmals erschienen. Hinzu kommen Erzählungen (u. a. *Das Bettelweib von Locarno*, *Die heilige Cäcilie und die Gewalt der Musik*). Außerdem erscheinen in den *BA* Kunst- bzw. Theaterkritiken sowie kurze theoretische Abhandlungen, die häufig wiederum anekdotischen Charakter haben, oder in Form von Briefen abgefasst sind wie z. B. *Von der Überlegung* und *Brief eines Dichters an einen anderen*. Dabei mischen sich oft ästhetische Fragen mit naturwissenschaftlichen und technischen Themen wie z. B. in *Nützliche Erfindungen. (Entwurf einer Bombenpost)*. Hinzu kommen aktuelle Berichte (z. B. über die Ballonfahrt des Herrn Claudius oder über die Beisetzung der Königin Louise) und eine Reihe von Texten, die zu aktuellen Themen Stellung nehmen und in Form von Debatten aufeinander Bezug nehmen, wie zum Nationalcredit, zur Gründung der Berliner Universität und zur Aeronautik. Schließlich sind eine Reihe von Gedichten in den *BA* erschienen. Im zweiten Quartal tritt das *Bülletin der öffentlichen Blätter*, eine Zusammenstellung von Nachrichten aus anderen Zeitungen und Zeitschriften, an die Stelle der aufgrund von Schwierigkeiten mit der Zensur mehr und mehr ausfallenden Polizeinachrichten. Überhaupt übernimmt Kleist in Bearbeitung eine große Zahl an Beiträgen aus anderen Publikationen, insbesondere aus den *Gemeinnützige[n] Unterhaltungsblätter[n]*, der *Allgemeine[n] Modenzeitung*, den *Nordische[n] Miszellen*, dem *Nürnberger Korrespondenten* und dem *Museum des Wundervollen* (vgl. Sembdner 1939 und BKA II, 7/8).

Die von Kleist verfassten bzw. bearbeiteten Beiträge nehmen den Hauptteil der in den *BA* erschienenen Texte ein (die BKA zählt insgesamt 838 Texte). Die Redaktion hat keine weiteren festen Mitarbeiter, eine Reihe von Autoren tragen jedoch insbesondere im ersten Quartal regelmäßig Texte bei: Achim von Arnim, Adam Müller, Ludolph Beckedorff, Friedrich de la Motte-Fouqué, Friedrich Gottlob Wetzel, Friedrich Schulz, Clemens Brentano, Christian Freiherr von Ompteda (vgl. Sembdner 1939; BKA II, 7/8).

Der anfängliche Erfolg der *BA* war vor allem der Berichterstattung über die sog. Mordbrennerbande zuzuschreiben, die in und um Berlin für zahlreiche Brandschatzungen verantwortlich war. Das Interesse der gebildeten Leser an den *BA* stand dagegen wesentlich im Zeichen der sog. Fehde gegen Iffland und das Berliner Theater (s. u.). Zugleich löste die ungewöhnliche Mischung aus Tagesnachrichten und aktueller Berichterstattung, literarischen Texten und Abhandlungen Irritationen aus. Wilhelm Grimm schreibt an Clemens Brentano: »die Polizeianzeigen nehmen sich hier oft lächerlich aus: es ist als ob jemand, der uns raisonabel unterhalten, auf einmal mit seltsamer Vertraulichkeit seine Taschen herauszög, die Brodkrumen herauswischte und die Löcher zeigte [...]« (zit. n. Staengle 1997, 376).

Nachdem Polizei-Berichterstattung, Theaterkritik und schließlich der Versuch, politische Nachrichten zum Kriegsverlauf zu drucken, mehr und mehr an der Zensur scheitern, ist es mit dem kommerziellen Erfolg der *BA* gegen Ende des ersten Quartals vorbei, so dass ihr Erscheinen nach dem zweiten Quartals eingestellt wird.

Die *BA* sind dank der in Wilhelm Grimms Archiv bewahrten Sammlung vollständig überliefert. Gegenstand der Forschung werden sie erstmals durch Reinhold Steig 1901. Seine Abhandlung über »Kleists Berliner Kämpfe« interpretiert die *BA* als Sprachrohr der sog. Berliner Tischgesellschaft, der Steig die meisten Beiträger der *BA* zurechnet und die er zu einer anti-napoleonischen Verschwörung stilisiert. 1939 widerspricht Helmut Sembdner dieser Sicht und legt eine umfassende Studie zu den *BA* vor (Sembdner 1939), deren Forschungsergebnisse bis heute maßgeblich sind. Sembdner besorgt auch eine Neu-Edition der *BA* im Faksimiledruck mit Quellenregister (Sembdner 1925). Zudem löst Sembdner, ebenso wie schon Georg Minde-Pouet, zahlreiche kleine Schriften Kleists aus dem Zusammenhang der BA und publiziert sie in Werkausgaben. Diesem Vorgehen folgt noch die Werkausgabe im Deutschen Klassiker-Verlag (DKV). Anders geht die Berlin-Brandenburger Kleist-Ausgabe (BKA) vor, die die *BA* in Band II/7 und 8 vollständig in Transliteration vorlegt (nebst umfassendem Material an Quellen und Zeugnissen).

Bis in die 1990er Jahre hat sich die literaturwissenschaftliche Kleist-Forschung wenig mit den *BA* beschäftigt und bei Interpretationen der in den *BA* erstmalig erschienenen Texte Kleists nicht auf den Publikationskontext Bezug genommen. Zu den wenigen Ausnahmen gehören die Untersuchung Jochen Marquardts (1986), der unter dem Stichwort des »mündigen Lesers« erstmals die »Kommunikationsstrategie« der *BA* beschreibt, Dirk Grathoffs Studien zu den Konflikten mit der Zensur (1972) und Heinrich Aretz' Arbeit zu *Kleist als Journalist* (1983; vgl. ferner Rollka 1985). Erst seit den 1990er Jahren mehren sich Untersuchungen, die Kleists literarische und seine journalistische Tätigkeit in Zusammenhang sehen und allzu kategorische Unterscheidungen zwischen ›hoher Literatur‹ und Gebrauchstext hinterfragen (vgl. insbesondere Rohrwasser 1993; Dotzler 1998; Dönike 1999; Peters 2003).

Verfahren der Redaktion

Schon in der Anzeige, die das Erscheinen der *BA* ankündigt, wird ein Geheimnis geschürt. Dies betrifft zum einen die Identität des Herausgebers Kleist, auf die sich in den ersten Ausgaben versteckte Hinweise finden. Zum anderen ist wiederholt von einem Plan die Rede, den die Redaktion verfolge, der aber aus »Rücksichten, die zu weitläufig sind, auseinander zu legen« nicht offen gelegt werden könne (vgl. BKA II 7/8, CD-ROM, 308). Trotz aller Bemühungen der Kleist-Forschung und der zeitgenössischen Leserschaft ist dieser geheime »Plan« letztlich nicht aufzudecken, denn »das Geheimnis ist bei Kleist kein Inhalt mehr [...], sondern es wird im Gegenteil zur Form« (Deleuze/Guattari 1992, 308). Von Beginn an ist die Lektüre der *BA* als Spurensuche in und zwischen den Texten angelegt, regen Leerstellen dazu an, Querverbindungen zu ziehen und auf verdeckte Finten zu spekulieren. Im Mittelpunkt der ersten Ausgaben steht die Suche nach der Identität der Mordbrenner, die Berlin unsicher machen. Über den schließlich festgenommenen Anführer der Mordbrenner Schwarz schreibt Kleist in den *BA*, er sei der Nachrichtenmann der Bande, verwende fremde Namen, trete in mancherlei Verkleidung auf und fälsche Dokumente (BA, Bl. 7, Extrablatt). Auch der ›Nachrichtenmann‹ Kleist verschleiert seine Identität, unterschreibt Texte mit immer wieder anderen Kürzeln und ›fälscht‹ Dokumente, etwa in Form fingierter Einsendungen. Während die Suche nach den Mordbrennern eher ein populäres Interesse weckt, spricht das Rätsel des redaktionellen Plans bzw. der Herausgeberschaft eine gebildete Leserschaft an. Beide Geheimnisse verbinden sich jedoch in dem Versuch, zu einem vernetzenden Lesen im Zeichen des Verdachts und des Indizes zu verleiten.

Mit der Wahl des damals noch ungewöhnlichen Formats der Tageszeitung schließt Kleist an das Konzept an, das der Text *Von der allmählichen Verfertigung der Gedanken beim Reden* entwickelt (vgl. Rohrwasser 1993). Beschrieben ist hier, wie gerade das, was traditionell als Widrigkeit medialer Kommunikation begriffen worden ist, nämlich die unter äußerem Druck stattfindende

Übertragung von einem Medium ins andere, den Prozess der Artikulation befördern kann, sobald man diesen als genuin zeitlichen begreift, also nicht mehr von einem vorgängig gegebenen Inhalt ausgeht. Wenn Gedanken beim Reden und, analog dazu, Texte im Zuge des Publikationsvorgangs produziert werden, bringt dies die Gefahr der Inkohärenz, der Zerstreuung ebenso mit sich, wie die Chance, dass sich ein Zusammenhang – mit der Zeit – einstellen wird. In den *BA*, die schon durch die ungewöhnliche Zusammenstellung von Textsorten die Frage nach ihrer Kohärenz aufrufen, macht Kleist diese Frage zum Prinzip seiner publizistischen Arbeit. ›Zeitung‹ wäre hier wörtlich zu nehmen: als »der Versuch, [...] die Zeit für sich schreiben zu lassen« (Dotzler 1998, 53).

Das geschieht vor dem Hintergrund der Frage, worin grundsätzlich der Wert einer Berichterstattung liegt, die von kontingenten Ereignissen Nachricht gibt. In seinem *Ideal einer vollkommenen Zeitung* fragt noch Karl Philipp Moritz, was der Sinn einer Nachricht z. B. von einem Blitzeinschlag sei, und postuliert, Nachrichten hätten nur dann einen Wert, wenn überzeitliche, moralische Wahrheiten aus ihnen abzuleiten wären (Moritz 1981, 174). Die in Blatt 5 der *BA* erschienene Anekdote *Der Griffel Gottes* lässt sich als Kommentar zu dieser Programmatik lesen, denn auf den ersten Blick erscheint der hier dargestellte Blitzeinschlag als Paradebeispiel eines Ereignisses, aus dem eine höhere, moralische Wahrheit abgeleitet werden kann: Indem das Ereignis des Blitzeinschlags in der Inschrift eines Grabsteins Spuren hinterlässt, wird es für die Sinnstiftung verfügbar. Mit dieser Signifikation des Kontingenten im ›Zusammen Lesen‹ der verbliebenen Buchstaben wird jedoch zugleich das Kontingente der Signifikation selbst ersichtlich, denn bekanntlich können Buchstaben in den meisten Fällen so zusammen gelesen werden, dass Sinn entsteht. Das Medium des Grabsteins, hier auch Leichenstein genannt, wird damit zum wesentlichen Relais zwischen dem Ereignis und seiner Deutung. »Leiche« – das meint in der Druckersprache eine Auslassung im Zusammenhang des Drucktextes (vgl. Theisen 1996, 150); und so soll auch der Drucktext der *BA* über Leerstellen hinweg als Spur aktueller Geschehnisse »zusammen gelesen« werden, statt eine sinnvolle Beziehung zwischen Ereignissen und höherer Wahrheit zu präformieren. Wie für den ›Leichenstein‹ stellt sich für jede Ausgabe der Abendblätter wieder die Frage, welcher Sinn im Zusammenlesen der verschiedenen Texte und der aktuellen Geschehnisse entsteht (als Beispiel für ein solches ›Zusammenlesen‹ vgl. Borgards 2005). Kleist definiert damit die unter Zeitgenossen schlecht beleumundete Arbeit des ›Zeitschriftstellers‹, die sich am ›Interesse des Tages‹ orientiert, völlig neu: Das Konzept der allmählichen Verfertigung der Gedanken beim Reden fortschreibend geht es ihm gerade um das Kalkül mit der Kontingenz, dem die formale Zeitgebundenheit stattgibt.

Die zeitliche Grenze korrespondiert dabei der Begrenzung des Raumes, auf die sich auch die erste, mit den Initialen »H.v.K.« unterzeichnete »Anmerkung des Herausgebers« in den *BA* bezieht. Es handelt sich um eine Fußnote zur Kunstkritik Ludolph von Beckedorffs (*BA*, Bl. 9). Beckedorff hatte verschiedene an der Kunst-Ausstellung des Jahres 1810 beteiligte Künstler dafür getadelt, der »Gewalt des Zufalls« Eintritt in das Reich der Kunst zu gewähren (*BA*, Bl. 8) und dann angekündigt, in seiner Besprechung zahlreiche Künstler zu übergehen. Hier schließt die »Anmerk. des Herausgeb.« an und stellt klar: »Des Raums wegen. [...] H.v.K.«. Also nicht wegen ihrer Behandlung des Zufälligen, sondern aus wiederum eher zufälligen Gründen? Im gleichen Blatt nimmt der Herausgeber den knappen Raum für einen seiner eigenen Texte, nämlich für die Anekdote *Muthwille des Himmels* in Anspruch, in der es wiederum um die ›Deadline‹ und um die mit ihr verbundene »Gewalt des Zufalls« geht (vgl. Peters 2003, 60 ff.). Dem Spiel von Kontingenz und Signifikanz auf der Spur entstehen Verbindungen zwischen Texten unterschiedlichster Sorten; eine Verschleifung von Literatur und Gebrauchstext ist die Folge, die durch die fließenden Übergänge zwischen Nachricht, Anekdote, Erzählung und Abhandlung noch verstärkt wird. Dabei frappiert die Erkenntnis, dass dies gerade nicht zu minder komplexen Lesarten verführt, sondern im Gegenteil eine ›exzentrische‹ Reflexion der Texte und Textgeflechte auf die Bedingungen ihres Entstehens zutage fördert.

Vergleichbares findet sich im Umfeld der vieldiskutierten redaktionellen Bearbeitung des Textes *Empfindungen vor Friedrichs Seelandschaft*. Der Text bezieht sich auf die Debatte um die Ästhetik des Erhabenen, die es in mehrfacher Hinsicht mit den Grenzen des Darstellungsraums zu tun hat (vgl. Greiner 1994). Die von Kleist für die *BA* bearbeitete Fassung des ursprünglich von Clemens Brentano und Achim von Arnim verfassten Textes profiliert in diesem Zusammenhang die Figur von »Abbruch« und Rahmung (BA, Bl. 12) und löst damit auf Seiten Brentanos Irritationen aus. Kurz nach Erscheinen des Textes in den BA veröffentlicht die Redaktion eine Anzeige, in der die Mitarbeiter »die uns mit ihren Beiträgen beehren, ganz ergebenst [gebeten], auf die Oekonomie dieses Blattes Rücksicht zu nehmen und uns gefälligst die Verlegenheit zu ersparen, die Aufsätze brechen zu müssen« (BA, Bl. 16). Eine Beziehung zwischen jenem »Abbruch«, den Kleist in seiner Redaktion der *Empfindungen* als mediale Figur der Undarstellbarkeit profiliert, und dem entsprechenden Redaktionsverfahren, das hier als »Brechen« bezeichnet wird, stellt sich her.

Die Verschleifung zwischen Literatur und Gebrauchstext und die damit einhergehende Perforation literarischer Immanenz zeigt sich nicht zuletzt im Umgang der BA mit der Zensur. Ein Beispiel: In Blatt 27 veröffentlicht Kleist ein »Notwehr« überschriebenes Distichon: »Wahrheit gegen den Feind? Vergieb mir! Ich lege / zuweilen / Seine Bind um den Hals, um in sein Lager zu gehn.« Dies lässt sich als Leseanweisung für mehr oder weniger verklausulierte Nachrichten über französische Verluste deuten (vgl. Dönike 1999), die sich im 26. und 27. Blatt erstmals finden, im 30. Blatt einen Höhepunkt erreichen und im 31. Blatt ein Dementi nach sich ziehen, in dem ein französischer Courier fingiert wird, der angeblich den vorherigen Meldungen widerspricht.

Interessant ist nun, wie sich Finten dieser Art in bekannte Texte Kleists hinein verlängern. So erscheint der *Allerneueste Erziehungsplan*, Kleists Abhandlung über das elektrische »Gesetz des Widerspruchs«, in den *BA*, Blatt 25, 26, 27, 35 und 36, also mit einer Unterbrechung, in die gerade die journalistischen Manöver zum Kriegsgeschehen in Portugal fallen. Vor diesem Hintergrund fällt die Anmerkung auf, mit der der Allerneueste Erziehungsplan im 35. Blatt wieder aufgenommen wird. Hier wird die Unterbrechung mit der Unzuverlässigkeit eines weiteren fingierten Boten begründet und dazu aufgefordert, die vorangegangenen Ausgaben noch einmal im Zusammenhang zu lesen. So wird dem Leser jenes ›Gesetz des Widerspruchs‹ nahegelegt, dem das Publizieren in Zeiten der Zensur untersteht und das dazu verleitet, aus Nachrichten eine dem ersten Anschein entgegengesetzte Bedeutung herauszulesen. Anders liest sich dann auch die Anekdote vom portugiesischen Schiffskapitän, mit der der *Allerneueste Erziehungsplan* schließt: Er wird gerade durch den Todesmut seiner Mannschaft dazu bewegt, die weiße Fahne aufzustecken.

Doch die Strategien der *BA* gehen über das im Distichon formulierte Prinzip der Dissimulatio noch hinaus. Denn wenn es das Wissen um das Wirken der Zensur ist, das die Texte erscheinen lässt, als wäre in ihnen etwas verschlüsselt, wird sich das Gesuchte finden – auch abseits der Intention des Autors. Diese publizistische Transgression der klassischen Dissimulatio kennzeichnet die textuellen Strategien der *BA* insofern, als Kleists Texte gerade durch ihre Inkohärenzen, Bruch- und Leerstellen zu einer solchen Lektüre herausfordern.

Paradebeispiel dafür ist der Text *Über das Marionettentheater*, der in den *BA*, Blatt 63 bis 66, publiziert wird und hier im Kontext der Angriffe auf das Berliner Nationaltheater gelesen werden muss. Dass Kleist es in dieser Auseinandersetzung von Beginn an darauf anlegt, einen Zusammenhang zwischen Nationaltheater und Nationalregierung herzustellen (vgl. Weigel 1988), zeigen schon zwei in den ersten Ausgaben veröffentlichte Gedichte, die *Ode auf den Wiedereinzug des Königs im Winter 1809* und *An unsern Iffland bei seiner Zurückkunft in Berlin*, die in Szenario und Huldigungsform aufeinander Bezug nehmen. *An unsern Iffland* erweist sich dabei als Spottgedicht, und geht doch dem persiflierten ›Original‹, der *Ode auf den Wiedereinzug des Kö-*

nigs, voraus. Es folgen Theaterkritiken, in denen Iffland der Ziererei bezichtigt wird (BA, Bl. 4), in Rätsel gekleidete Invektiven gegen eine von Iffland protegierte Schauspielerin (BA, Bl. 38) und schließlich das *Schreiben eines redlichen Berliners das hiesige Theater betreffend* (BA, Bl. 47), dessen dissimulatives Prinzip darin besteht, alle gegen das Nationaltheater laut gewordenen Vorwürfe formal zurückzuweisen, um sie auf diese Weise noch einmal äußern zu können. Kurz darauf kommt es bei der zweiten Aufführung des Singspiels *Die Schweizerfamilie* zu einem Tumult im Nationaltheater. Der Polizeichef und oberste Zensor Gruner schreibt in seinem Bericht: »Alle Anzeigen deuteten nur dahin, daß die zu befürchtende Stimmung nicht nur gegen die Schauspielerin Herbst sondern auch gegen die Polizei-Officianten gerichtet sei [...]« (zit. n. Barnert 1997, 268). In der Folge verweigert die Zensur ihr Imprimatur in allem, was mit dem Theater zusammenhängt.

In dieser Situation erscheint nun *Über das Marionettentheater*. Vor diesem Hintergrund fand sich die Kleist-Forschung lange Zeit vor der Alternative, *Über das Marionettentheater* entweder als eine weitere, aus Gründen der Zensur besonders gut verschlüsselte Polemik gegen das Nationaltheater (vgl. Steig 1901) zu interpretieren, oder den Text als literarisches Meisterstück ganz aus dem Kontext der *BA* zu lösen und im Bezug auf ästhetische Programme wie z. B. Schillers *Über Anmut und Würde* zu interpretieren. Doch in der gleichen Weise, in der *Über das Marionettentheater* – gelesen als ästhetische Abhandlung – die Unterscheidung zwischen wahrer, innerlicher Grazie und äußerlich induzierter, interessengesteuerter Ziererei zugleich aufruft und ad absurdum führt, ruft der Text, gelesen im Kontext der *BA,* die Opposition zwischen autonomer ästhetischer Sphäre und am ›Interesse des Tages‹ ausgerichteter, rhetorischer Gebrauchsliteratur auf und lässt sie gleichfalls hinter sich: Obwohl *Über das Marionettentheater* bezüglich des Berliner Theaterskandals nicht als eine bestimmte Intervention decodierbar ist, sind es gerade die feinen Inkohärenzen, die vielkommentierten Bruchstellen, die vor allem die Zeitgenossen dazu eingeladen haben, ihn in die entsprechenden ta-

gespolitischen Bezüge einzulesen – auf dass »auf eine bloß zufällige Weise erschüttert, das Ganze schon in eine Art von rhythmischer Bewegung käme, die dem Tanz ähnlich wäre« (BA, Bl. 64). Der Tanz der Marionetten lässt sich solchermaßen als Figur einer Transgression der klassischen Dissimulatio lesen: Er ist Bild der Manipulation, des ›verdeckten Fädenziehens‹ schlechthin und in Kleists Text doch so ganz anders – als ein Geschehen medialer Selbststeuerung nämlich – akzentuiert.

Im Kontext der *BA* schreibt sich der Draht der Marionette darüber hinaus in eine Topologie naturwissenschaftlich-technischer Konzepte ein. Schon in seinem Bericht über die Luftschifffahrt des Herrn Claudius (BA, Bl. 13) verbindet Kleist journalistische Innovation und naturwissenschaftliches Interesse. In den Texten zur Aeronautik, im *Allerneuesten Erziehungsplan*, im *Entwurf einer Bombenpost* (BA, Bl. 11) und verschiedenen weiteren Beiträgen werden naturwissenschaftlich-technische Neuerungen vor allem im Feld der Elektrizität als Mittel und Modelle von Kommunikation erörtert. Dies liegt angesichts der historischen Parallelen zwischen Experimentalkultur und frühmodernem Journalismus hinsichtlich der Konstitution neuer, bürgerlicher Öffentlichkeiten nahe. Im Hinblick auf den technologisch gegebenen Konnex zwischen experimenteller Wissenschaft und Medienentwicklung ist diese Engführung jedoch zugleich visionär. Inhaltlich scheint Kleist dabei auf der Suche nach einer ›Logik des Massenmediums‹ zu sein. Kommunikation im Zeichen von Elektrizität verbindet sich hier mit der Frage, wie eine Zeitung sich an »alle Stände des Volkes« adressieren kann (BA, Bl. 19), obwohl es, wie Kleist formuliert, »kein Centrum der Nation« gibt (Brief an den Prinzen von Lichnowsky, zit. n. Staengle 1997, 374).

Die *BA* wollen also »Volksblatt« sein (ebd.), ohne dabei eine Gesamtheit, eine nationale Gemeinschaft der Leser zu konstruieren oder zu repräsentieren. Sie versuchen dies durch ein Text-Angebot zu erreichen, das sich multiperspektivisch lesen lässt: So wie der Ballonfahrer, Kleists *Schreiben aus Berlin* zufolge (BA, Bl. 13), die in unterschiedlicher Höhe gleichzeitig gegebenen verschiedenen Luftströme für die Steuerung nutzen kann, können die Textkonstellationen der *BA*, je nachdem auf welcher ›Höhe‹ der Text vom Leser angetroffen wird, die Lektüre in die jeweils angestrebte Direktion führen und dienen auf diese Weise »nach allen erdenklichen Richtungen [der] Beförderung der Nationalsache überhaupt«, dem erklärten Ziel der Abendblätter (BA, Bl. 19). Dabei sind die elektrischen Kommunikationsmodelle, die Kleist favorisiert, nicht mehr mit erzieherischen und ebenso wenig mit propagandistischen Konzepten vereinbar. Denn das Leiten elektrischer Ladungen ordnet dem Leitenden keine leitende, also übergeordnete Position mehr zu. Stattdessen geht es darum, in einer Verkopplung von Selbst- und Fremdreferenz einen Funken überspringen zu lassen, wobei nicht feststeht, in welcher Richtung, denn: »Bringt man den unelektrischen Körper in den Schlagraum des elektrischen, so fällt, es sei nun von diesem zu jenem, oder von jenem zu diesem, der Funken« (BA, Bl. 25).

Literatur

Aretz, Heinrich: Heinrich von Kleist als Journalist. Untersuchungen zum *Phöbus*, zur *Germania* und den *Berliner Abendblättern*. Stuttgart 1983.

Barnert, Arno (in Zusammenarbeit mit Roland Reuß und Peter Staengle): Polizei – Theater – Zensur. Quellen zu Heinrich von Kleists *Berliner Abendblättern*. In: BKB 11 (1997), 29–353.

Borgards, Roland: Experimentelle Aeronautik. Chemie, Meteorologie und Kleists Luftschiffkunst in den *Berliner Abendblättern*. In: KJb 2005, 142–161 (ungekürzte Fassung: http://www.roland-borgards.de/page8/page13/files/Experimentelle%20Aeronautik.pdf, 15.8.2008).

Deleuze, Gilles/Guattari, Felix: Kapitalismus und Schizophrenie. Tausend Plateaus. Berlin 1992.

Dierig, Fabian: Zu ›Der Griffel Gottes‹. In: BKB 11/1997, 10–28.

Dönike, Martin: »…durch List und den ganzen Inbegriff jener Künste, die die Notwehr dem Schwachen in die Hände gibt.« Zur Gedankenfigur der Notwehr bei Kleist. In: KJb 1999, 53–66.

Dotzler, Bernhard: ›Federkrieg‹. Kleist und die Autorschaft des Produzenten. In: KJb 1998, 37–61.

Grathoff, Dirk: Die Zensurkonflikte der *Berliner Abendblätter*. In: Klaus Peter u. a. (Hg.): Ideologiekritische Studien zur Literatur. Frankfurt a.M. 1972, 35–168.

Greiner, Bernhard: Eine Art Wahnsinn: Dichtung im Horizont Kants: Studien zu Goethe und Kleist. Berlin 1994.

Man, Paul de: Ästhetische Formalisierung: Kleists *Über das Marionettentheater*. In: Ders.: Allegorien des Lesens. Frankfurt a.M. 1988, 205–233.

Marquardt, Jochen: Der mündige Zeitungsleser. Anmerkungen zur Kommunikationsstrategie der *Berliner Abendblätter*. In: Beiträge 1986, 7–36.

Moritz, Karl Philipp: Ideal einer vollkommenen Zeitung. In: Ders.: Werke, Bd. 3. Hg. von Horst Günther. Frankfurt a.M. 1981, 169–177.

Peters, Sibylle: Heinrich von Kleist und der Gebrauch der Zeit. Von der MachArt der *Berliner Abendblätter*. Würzburg 2003.

Rohrwasser, Michael: Eine Bombenpost. Über die allmähliche Verfertigung der Gedanken beim Schreiben. In: Heinz Ludwig Arnold (Hg.): Text und Kritik-Sonderheft: Heinrich von Kleist. München 1993, 151–163.

Rollka, Bodo: Die Belletristik in der Berliner Presse des 19. Jahrhunderts. Untersuchungen zur Sozialisationsfunktion unterhaltender Beiträge in der Nachrichtenpresse. Berlin 1985.

Schönert, Jörg: Kriminalität und Devianz in den *Berliner Abendblättern* [2001]. In: Ders.: Perspektiven zur Sozialgeschichte der Literatur. Beiträge zu Theorie und Praxis. Tübingen 2007, 13–29; auch: URL: http://www.goethezeitportal.de/fileadmin/PDF/db/wiss/epoche/schoenert_kriminalitaet_und_devianz.pdf und http://www.textkritik.de/vigoni/schoenert.htm (15.8.2008).

Schuller, Marianne: Eine Anekdote Kleists in der Zeitung [2001]. URL: http://www.textkritik.de/vigoni/schuller.htm (15.8.2008).

Sembdner, Helmut: Die Berliner Abendblätter Heinrich von Kleists, ihre Quellen und ihre Redaktion. Berlin 1939.

Staengle, Peter: *Berliner Abendblätter* – Chronik. In: Brandenburger Kleist-Blätter 11 (1997), 369–411.

Steig, Reinhold: Heinrich von Kleists Berliner Kämpfe. Berlin/Stuttgart 1901.

Theisen, Bianca: Bogenschluß: Kleists Formalisierung des Lesens. Freiburg i.Br. 1996.

Weigel, Alexander: Der Schauspieler als Maschinist. Heinrich von Kleists *Ueber das Marionettentheater* und das *Königliche Nationaltheater*. In: Dirk Grathoff (Hg.): Heinrich von Kleist. Studien zu Werk und Wirkung. Opladen 1988, 263–280; auch in: Germanistisches Jb. der DDR-UVR 6 (1987), 56–78.

Sibylle Peters

4. Schriften zur Politik

Als dezidiert politischer Schriftsteller hat Kleist sich in der Zeit vor und während der österreichischen Erhebung gegen Napoleon betätigt, in den Jahren 1808 und 1809. Weder die damals entstandenen Gedichte (s. Kap. II.5) noch die Prosatexte konnten seinerzeit veröffentlicht werden, und die von Kleist im Mai 1809 geplante und von österreichischen Politikern befürwortete Zeitschrift *Germania* ist nach Napoleons Sieg bei Wagram (6.7.1809) nicht zustande gekommen. Erst 1862 hat Rudolf Köpke die in einer fehler- und lückenhaften Kopistenhandschrift aus dem Nachlass Ludwig Tiecks überlieferten Texte publiziert, nachdem Eduard von Bülow bereits 1848 aus diesem Konvolut den Aufruf *Was gilt es in diesem Kriege?* in seine Biographie (*Heinrich von Kleist's Leben und Briefe*) übernommen hatte. Später sind Originalhandschriften aufgetaucht (*Katechismus der Deutschen* [zu Ernst Moritz Arndts *Geist der Zeit*], *Die Bedingung des Gärtners*, *Über die Rettung von Österreich*), die teilweise wieder verschollen sind (der *Katechismus* seit dem Ersten, *Über die Rettung von Österreich* seit dem Zweiten Weltkrieg; von letzterem Text befindet sich aber eine Negativ-Fotografie im Nachlass Paul Hoffmanns im Deutschen Literaturarchiv zu Marbach; vgl. Müller-Salget 1994). Zu Beginn der 1980er Jahre hat Hermann F. Weiss noch Originalhandschriften von *Was gilt es in diesem Kriege?* und des zuvor gänzlich unbekannten Aufsatzes *Über die Abreise des Königs von Sachsen aus Dreßden* aufgespürt.

Kleist, von jeher der napoleonischen Eroberungs- und Besatzungspolitik feindlich gesonnen, hat sich 1808 in Dresden, bestärkt durch den österreichischen Geschäftsträger von Buol-Mühlingen, durch Friedrich Gentz und andere, den Gedanken einer gesamt-›deutschen‹, von Österreich ausgehenden Erhebung gegen Napoleon zu eigen gemacht und ist in diesem Sinne auch (in noch ungeklärtem Ausmaß) konspirativ tätig gewesen. In der zweiten Hälfte des Jahres 1808 schrieb er das Agitationsstück *Die Herrmannsschlacht*. Den Ausbruch des österreichisch-französischen Krieges (9.4.1809) nahm er zum Anlass, »sich mit seinem ganzen Gewicht, so

schwer oder leicht es sein mag, in die Waage der Zeit [zu] werfen« (Brief an Heinrich Joseph von Collin vom 20.4.1809; DKV IV, 431). Er beschränkte sich nicht auf Niederschrift und Versendung politischer Gedichte und Schriften, sondern brach am 29. April zusammen mit dem nachmals berühmten Historiker Friedrich Christoph Dahlmann (geb. 1785) nach Österreich auf, um dem Kriegsgeschehen nahe zu sein. Die Reise ging über Prag und Znaim in Richtung Wien (seit dem 13. Mai von Napoleon besetzt), und am Tag nach dem Sieg des Erzherzogs Carl über die Franzosen bei Aspern (21./22. Mai) besichtigten die beiden das Schlachtfeld. Seit Ende Mai wieder in Prag, betrieben sie die Gründung der Zeitschrift *Germania*, und auch nach der österreichischen Niederlage bei Wagram wollte man noch einen Friedensschluss abwenden helfen (*Über die Rettung von Österreich*), der aber am 14. Oktober zustande kam.

In den Schriften des Jahres 1809 hat Kleist mit sehr unterschiedlichen Textsorten experimentiert. Neben dem tendenziös gefärbten Bericht *Über die Abreise des Königs von Sachsen aus Dreßden* (DKV III, 455–461) steht ein sarkastisches *Lehrbuch der französischen Journalistik*, das in der Form eines Mathematikbuchs die verschiedenen Methoden der Verschleierung und der Lüge vorführt (ebd., 462–468); es gibt die *Satyrischen Briefe*, in deren drei Kleist die Rolle von Negativ-Figuren einnimmt (eines opportunistischen Rheinbund-Offiziers, eines dümmlichen Landfräuleins, das sich von einem französischen Fatzke hat schwängern lassen, und eines verräterischen Bürgermeisters, dem sein Profit wichtiger ist als die Verteidigung seiner Stadt gegen die Franzosen), während der vierte Brief den verfremdenden Blick eines fiktiven Nordländers nutzt, um einen Zeitungsartikel über einen französischen Sieg zu desavouieren (ebd., 468–477). Aufrufcharakter haben die *Einleitung* (wohl für die Zeitschrift *Germania* gedacht; ebd., 492f.), der rhetorisch glänzende Artikel *Was gilt es in diesem Kriege?* (ebd., 477–479), die »Fabel« *Die Bedingung des Gärtners* (ebd., 494f.) und ein von Ernst Moritz Arndts Schrift *Geist der Zeit* inspirierter Text, der in historischen Parallelen (Eroberung Athens durch Sulla, Zerstörung Jerusalems durch Titus) den drohenden Untergang ›Deutschlands‹ beschwört.

Der umfangreichste Text ist der an ein spanisches Vorbild angelehnte *Katechismus der Deutschen*, ein Frage-Antwort-Spiel zwischen einem Vater und einem Sohn, das in Kleist'scher Verhör-Manier den ›Sohn‹ zu allerpatriotischsten Bekundungen provoziert, in krasser Schwarz-Weiß-Manier die Franzosen verteufelt und zu einem – nach damaligen Maßstäben – ›totalen Krieg‹ bis zum letzten Blutstropfen aufruft (ebd., 479–491). Auf einen ähnlichen Ton ist auch noch die ursprüngliche Fassung des Aufrufs *Über die Rettung von Österreich* gestimmt. Die Regierung müsse einsehen, heißt es da, »daß der Sieg, wenn ihn der höchste Gott uns schenkt, um keine Träne zu teuer erkauft sei, wenn auch der Wert des ganzen Nationalreichtums im Kampf vernichtet würde, und das Volk so nackt daraus hervorginge, wie vor 2000 Jahren aus seinen Wäldern« (ebd., 500). Die überarbeitete Version ist erheblich gemäßigter und pragmatischer gehalten, und am Schluss beider Fassungen wird dem Kaiser in den Mund gelegt, dass nach Beendigung des Krieges dem wiederherzustellenden Reich durch einen allgemeinen Reichstag eine Verfassung gegeben werden solle (ebd., 502 bzw. 503).

Insgesamt erweisen sich die politischen Schriften Kleists aus dem Jahr 1809 als Texte eines Dichters, der die tatsächlichen Gegebenheiten und Möglichkeiten oft aus dem Auge verliert, sich an hyperbolischen Formulierungen berauscht, Formulierungen, von denen manche stracks aus den Dichtungen (*Penthesilea, Herrmannsschlacht*) übernommen wurden, der mit apokalyptischen Bildern operiert, in den satirischen Texten aber auch andere Töne findet und in der überarbeiteten Version der Schrift *Über die Rettung von Österreich* eine Hinwendung zu pragmatischerem Argumentieren erkennen lässt.

Später, in den *Berliner Abendblättern* (s. Kap. II.3.2), hat Kleist seine antifranzösische Haltung nur noch in versteckter Form vortragen können, z. B. durch die manipulative Zusammenstellung von Zeitungsmeldungen. Andererseits ließ er, vor allem durch Adam Müller, eine Debatte über die preußischen Reformen führen, die beim Staatskanzler Hardenberg und beim König heftigstes Missfallen erregte. Er selbst steuerte drei Artikel bei: [*Über die Luxussteuern*], *Über die Aufhebung des laßbäuerlichen Verhältnisses* (sprich: der Leibeigenschaft) und [*Über die Finanzmaßregeln der Regierung*] (DKV III, 504–511). Trotz ihres moderaten Tons haben diese Beiträge nicht verhindern können, dass den *Abendblättern* die Publikation »von eigentlich politischen Artikeln«, die nicht bereits in anderen Berliner Zeitungen erschienen waren, verboten wurde (Lebensspuren Nr. 449b).

Literatur

Berg, Rudolf: Intention und Rezeption von Kleists politischen Schriften des Jahres 1809. In: Klaus Kanzog (Hg.): Text und Kontext. Quellen und Aufsätze zur Rezeptionsgeschichte der Werke Heinrich von Kleists. Berlin 1979, 193–253.

Müller-Salget, Klaus: Heinrich von Kleist: Über die Rettung von Österreich. Eine Wiederentdeckung. In: KJb 1994, 3–48.

–: Auferstehung, Apokalypse, Widerstand: Zur Artikulation des Politischen bei Heinrich von Kleist in den Jahren 1808 bis 1811 [2002]. In: Ders.: Literatur ist Widerstand. Aufsätze aus drei Jahrzehnten. Innsbruck 2005, 201–213.

Samuel, Richard: Heinrich von Kleists Teilnahme an den politischen Bewegungen der Jahre 1805–1809 [1938]. Deutsch von Wolfgang Barthel. Frankfurt a. d. O. 1995.

–: Zu Kleists Aufsatz *Über die Rettung von Österreich*. In: Gratulatio. Fs. für Christian Wegner. Hamburg 1963, 171–189.

Schulz, Gerhard: Von der Verfassung der Deutschen. Kleist und der literarische Patriotismus nach 1806. In: KJb 1993, 56–74.

Weiss, Hermann F.: Heinrich von Kleists politisches Wirken in den Jahren 1808 und 1809. Mit einer neuentdeckten Originalhandschrift von Was gilt es in diesem Kriege? In: Jb. der Deutschen Schillergesellschaft 25 (1981), 9–40.

–: Heinrich von Kleists *Was gilt es in diesem Kriege?* Eine Interpretation. In: Zs. für deutsche Philologie 101 (1982), 161–172.

–: Zur Datierung von Heinrich von Kleists politischen Schriften des Jahres 1809. In: Neophilologus 67 (1983), 568–574.

–: Funde und Studien zu Heinrich von Kleist. Tübingen 1984.

Klaus Müller-Salget

5. Lyrik

Abgrenzung und Merkmale des Textcorpus

Das Corpus der Kleist'schen Gedichte ist von ungleich geringerem Umfang und zweifellos im Ganzen auch von geringerem Rang als dasjenige der Dramen, Erzähltexte und sogar der essayistischen Schriften. Nicht mehr als fünfzig Druckseiten umfasst es in der DKV-Ausgabe. Entsprechend gering sind Interesse und Umfang der Forschung gewesen. Abgesehen von der grundlegenden, in ihrer analytischen Akkuratesse Maßstäbe setzenden Untersuchung von Hettche (1986) und Müller-Salgets Kommentaren sowie der daraus hervorgegangenen Kleist-Monographie (2002) beschränkt sich die neuere Literatur auf Beiträge zu einzelnen Texten (einschließlich der Präsentation archivalischer Funde), oft im Kontext von thematisch nicht auf die Gedichte selbst ausgerichteten Abhandlungen zu politischen, gender-bezogenen, biographischen oder intertextuellen Aspekten. Dieses weitgehende Desinteresse ist voreilig. Denn in Kleists Lyrik bündeln sich, oft auf kleinstem Raum, wesentliche Themen und Verfahren seines Schreibens – Themen wie Krieg, Patriotismus, Gewalt, Grazie, Körperlichkeit und Erotik, Problematisierung von Geschlechterrollen, Sprechen und Verstummen, Behauptung und Befragung der eigenen Autorschaft; Verfahren eines mit Perspektiven und Positionen experimentierenden Schreibens, eines oft brüsken Wechsels der Sprecherrollen und einer Dynamik des Dialogischen, die sich in der Dominanz von Parodie, Pastiche und Kontrafaktur manifestiert. Überdies geben Kleists Verse aus unterschiedlichen Anlässen ironische, sarkastische, zuweilen enigmatische Kommentierungen zu eigenen Werken (*Penthesilea, Der Prinz von Homburg, Robert Guiskard, Die Herrmannsschlacht, Die Marquise von O…, Der zerbrochne Krug*) oder reflektieren die dort behandelten Themen im kleinen Format.

Eine trennscharfe Abgrenzung des Corpus ist trotz seines überschaubaren Umfangs kaum möglich. So erweist sich der Übergang vom lyrischen zum ›Dramatischen Gedicht‹ in einem Text wie *Der Schrecken im Bade* als durchaus fließend. Die sogenannte »Todeslitanei« an Henriette Vogel löst die Form der freien Hymne ganz in hymnische Prosa auf. Nicht wenige der Kriegslieder versifizieren Positionen und Motive aus den politischen Schriften und ließen sich ebensogut diesem Textcorpus zurechnen. Hier sollen als Kleists Gedichte diejenigen Texte gelten, die drei Bedingungen erfüllen: Es handelt sich um Texte in Versen (unter Einschluss der »freien Verse« der Klopstock-Tradition) von vergleichsweise knappem Umfang und von betonter Subjektivität.

Gedichte schrieb Kleist von früh an (bei seiner ersten überlieferten Handschrift handelt es sich um gereimte Stammbuchverse für seine Halbschwester Wilhelmine) bis mutmaßlich in seine letzten Lebenstage hinein (die »Todeslitanei«). Soweit erkennbar, hat er sich anders als mit Formen des Schauspiels, der Novelle und der Anekdote kaum systematisch mit der Gattung befasst. Größere Textgruppen bilden die von Kleist selbst zusammengestellten Epigramme, die Kriegsgedichte und im Hinblick auf ihre thematische Kontinuität die erotische Dichtung mit ihrer auffallenden Problematisierung der Geschlechterdichotomie. Bei der Mehrzahl der Texte handelt es sich um ›Gelegenheits‹-Gedichte (Müller-Salget 2002, 249) in einem freilich weiten, geduldige Ausarbeitung so wenig wie programmatisches Gewicht ausschließenden Sinn. Kleists Gedichte entstehen als Stammbucheintragungen und Albumblätter, als programmatische Paratexte wie *Prolog* und *Epilog* zum ersten Heft des *Phöbus*, als rasche und pointierte Stellungnahmen zu aktuellen Ereignissen in Literatur und Theater und, über die grundlegende Auseinandersetzung mit den antinapoleonischen Kriegen hinaus, zu politischen Tagesnachrichten (*An Palafox; An den Erzherzog Carl / Als der Krieg im März 1809 auszubrechen zögerte; An den Erzherzog Carl / Nach der Schlacht bei Aspern. Den 21sten und 22sten Mai 1809*).

Die Texte erproben auffallend unterschiedliche lyrische Genres und Formen. Sie umfassen Lehrgedicht und Legende, Hymnen in gereimter und reimlos-›freier‹ Form, Stanzen und Blankverse, elegische und epigrammatische Distichen. Kleist schreibt eine sentimental psychologisierende Vers-Fabel nach Lafontaine (vgl. Must

1977), zwei Knittelverserzählungen »nach Hans Sachs« und mit der *Germania* ein nach Vertonung und musikalischer Inszenierung verlangendes politisch-religiöses Oratorium – dem im *Kriegslied der Deutschen* wiederum das Pastiche eines Kinderliedes an die Seite tritt. ›Lyrische‹ Texte im Sinne der Goethe'schen »Erlebnisdichtung« sind nur in wenigen und schülerhaften Versuchen der frühesten Zeit erkennbar (*Hier von der Welt geschieden...*, *Hymne an die Sonne*). Die Ballade fehlt überraschenderweise ganz. Dabei steht das erkennbare Streben nach formaler Vielfalt in eigentümlicher Spannung zur Nachlässigkeit im Einzelnen, die schon von zeitgenössischen Kritikern wie Karl August Böttiger im *Freimüthigen* pedantisch geltend gemacht worden ist. Dieser experimentelle Zug wird besonders deutlich im Geburtstagsgedicht *An die Königin Louise von Preußen* (1810): Kleist entwickelt drei in Form und Motiven ganz unterschiedliche Varianten, zunächst drei für den Vortrag in einem Festgottesdienst bestimmte Stanzen, dann einen fünfunddreißig Blankverse umfassenden Monolog und endlich ein die Hauptmotive dieser Vorgänger aufs äußerste verdichtendes Sonett, das einzige seines Werks (*An die Königin von Preussen / Sonnet*).

In ihrer Gesamtheit zeigen Kleists Gedichte eine bemerkenswert agonale Grundstruktur. Sie tritt vergleichsweise unauffällig bereits in der Dominanz der Kontrafaktur hervor, die im Unterschied zur dem Lyriker Kleist zuweilen vorgeworfenen Epigonalität die Vorlagen nicht nachahmt, sondern eigenwillig, oft gegensinnig abwandelt, entstellt, ihnen gleichsam nachschreibend ins Wort fällt. Von früh an adaptiert Kleist Tonfälle der Empfindsamkeit (selbst Züge des Rokoko sind in einigen erotischen Versen und Charaden zu bemerken), des Sturm und Drang, vor allem aber der Weimarer Klassik und dort wiederum namentlich Schillers. Unübersehbar bestimmt Agonalität sodann die vergleichsweise zahlreichen Texte, die von Satire und Polemik, Ironie und einem durchaus aggressiven Spott bestimmt sind. Die Verhöhnung Ifflands (*An unsern Iffland bei seiner Zurückkunft in Berlin den 30. September 1810*) kleidet sich in ein scheinheiliges Lob des Schauspielers; das Gedicht

zur Rückkehr des preußischen Königs (*An Friedrich Wilhelm den Dritten / König in Preußen, gesungen zur Feier seiner Rückkehr nach Berlin*) rühmt den Herrscher, in einem gewissermaßen pädagogischen Appell, ebenjener Haltungen, die Kleist in seinen sonstigen politischen Äußerungen gerade an ihm vermisst. Programmatisch wird das Agonale endlich in der beispiellosen Gewaltversessenheit der ihre eigenen Rache- und Vernichtungsphantasien immer noch einmal überbietenden Kriegsdichtung, die auch in der deutschen Literatur der Zeit nicht ihresgleichen hat. Oft freilich kann sie sich selbstreflexiv auch gegen das eigene Schreiben wenden, am deutlichsten in der romantischen Selbstaufhebung in *Das letzte Lied*.

Ähnlich auffallend wie die Agonalität der Kleist'schen Gedichte ist ihre Vorliebe für Rollenspiele, nicht allein in der szenischen Wechselrede von *Der Schrecken im Bade*; etwas von jener Rollenhaftigkeit, die (mit einem Wort Thomas Manns) »den Recht haben läßt, der eben redet, und der in diesem Falle ich selbst war«, bleibt auch in den nicht explizit einem Rollen-Ich zugeschriebenen Texten noch als untergründige Irritation spürbar. Es gehört zu diesem weithin vorherrschenden Modus einer offenen oder impliziten Uneigentlichkeit, zum Experimentieren mit wechselnden Sprechern und Perspektiven, dass einzelne Texte eine geradezu dogmatische Gewissheit zu behaupten scheinen – die in einem benachbarten Text gerade wieder bestritten werden kann.

Epigrammatik

Schon ein Epigramm wie *Die Marquise von O...* scheint die Offenheit des Textes auf den ersten Blick rigoros vereindeutigend zu schließen: »Dieser Roman [im älteren Wortsinn: diese Liebesgeschichte] ist nicht für dich, meine Tochter. In Ohnmacht! / Schamlose Posse! Sie hielt, weiß ich, die Augen bloß zu.« Was sich hier als Gewissheit ausgibt (und was als Gewissheit aufzufassen dem Leser freigestellt bleibt), wird durch die Verbindung des Sprecher(innen?)-Ich mit der Anrede als Figurenrede markiert. Ob sie den Novellentext denunziert oder umgekehrt dieser sie (als reduktionistische Fehlrezeption), bleibt unauflöslich – nicht anders als in der im Wortsinne sarkastischen *Dedikation der Penthesilea* (als deren Schreiber doch der reale Autor zu unterstellen ist) an die »Zärtlichen Herzen«, denen Penthesileas Zerreißung und Zerfleischung des Geliebten ans Herz gelegt wird, oder im demselben Schauspiel gewidmeten *Komödienzettel*, der durch die unmittelbare Nachbarschaft zu einer Goethe-Sottise als Selbstkommentar eines das Geschehen drastisch vergröbernden Theatermannes lesbar ist – ohne dass die Drastik des Distichons in dieser Funktion unzweideutig aufginge: »Heute zum ersten Mal mit Vergunst: die Penthesilea, / Hundekomödie; Acteurs: Helden und Köter und Fraun.« In der Mehrzahl der Epigramme ist eine Identifikation des schreibenden Ich mit dem Autor ebenso möglich oder fraglich wie die zu einer Rolle, bleibt das Verhältnis von Eigentlichkeit und Uneigentlichkeit schwebend. Nur in der abschließenden Folge von drei Distichen unter der Überschrift *Die gefährliche Aufmunterung. An einen Anonymus im F...* gibt sich in der Attacke auf den anonymen Kritiker der ersten Folge (Böttiger im *Freimüthigen*) das Schreibsubjekt unzweifelhaft als der empirische Autor zu erkennen.

Erschienen sind die meisten Epigramme Kleists in zwei *Reihen* von jeweils 24 Distichen (die in der zweiten Reihe zweimal zu Dreiergruppen unter einer gemeinsamen Überschrift zusammentreten) im *Phöbus* 1808. Sie verbinden polemische Reaktionen auf die Rezeption eigener Stücke und Novellen und weiter ausgreifende Sottisen zum literarischen, auch zum politischen Leben mit allgemeineren, gelegentlich antike Muster aufgreifenden Bemerkungen über Geschlechter, Lebensalter, Lebensweisheit und Torheit. Ein roter Faden lässt sich am ehesten in der Konturierung des eigenen Schreibens und Denkens gegenüber der Weimarer Klassik ausmachen. Schon die (klassisch strenge, auch hier aber leger gehandhabte) Form und der spöttische, bis in die persönliche Invektive gehende Ton nehmen die *Xenien* Goethes und Schillers auf; einige wenden deren aggressive Dynamik gegen ihre Urheber selbst.

Erotische Dichtung und Gender Trouble

Der Schrecken im Bade, das umfangreichste der Kleist'schen Gedichte, gehört zu den aufschlussreichsten literarischen Gender-Experimenten Kleists (zum Folgenden vgl. Frick 2000; Ringleb 1963; Detering 2002). Seine Entstehung hängt eng zusammen mit dem Aufenthalt mit Ernst von Pfuel am Thuner See und dem homoerotischem Werbungsbrief an Pfuel. Darauf verweist nicht nur die Szenerie, darauf bezieht sich auch der zentrale Konflikt. »Ich habe«, schreibt Kleist am 7. Januar 1805 an Pfuel, »deinen schönen Leib oft, wenn du in Thun vor meinen Augen in den See stiegest, mit wahrhaft *mädchenhaften* Gefühlen betrachtet. Er könnte wirklich einem Künstler zur Studie dienen.«

In Kleists vorgeblicher »Idylle«, seinem letzten Text für den *Phöbus* (1808/09), beobachtet Johanna die Freundin Margarethe beim Bad im Alpensee. Ihre freundschaftlichen Empfindungen gehen bei der Betrachtung des nackten Leibes in erotisches Begehren über. Dabei trägt sie das Gewand des Mannes, mit dem Margarethe am nächsten Tag getraut werden soll, spielt im Dialog die Rolle des lüstern scherzenden Bräutigams und spricht »Mit Fritzens rauher Männerstimme«. Zur Erkennung kommt es erst, als der vermeintliche Fritz scherzt, er wolle lieber mit dem Großknecht zu Bett gehen als mit ihr. Im Verlauf dieses Dialogs nimmt das forciert komödiantische Geschehen durch Anspielungen auf die Wasserfrau, die den/die sie Begehrende(n) in die Fluten herabzieht, und auf den Mythos von Diana und Aktaion bedrohliche Ausmaße an und zeigt ihre Verwandtschaft mit der *cross-dressing*-Konstellation in *Die Geschwister Ghonorez* und dem *gender trouble* in *Penthesilea*. Schon in den beiden Distichen des *Wunsch[es] am neuen Jahre 1800 für Ulrike von Kleist* hatte Kleist das »Amphibion« als Bild einer biologisch determinierten Geschlechts-Ambivalenz gedeutet (»Amphibion du, das in zwei Elementen stets lebet«), die durch freie Willensentscheidung zu vereindeutigen sei. Im Gedicht läuft das buchstäblich auf einen Appell an die Schwester hinaus, sich für die eigene Männlichkeit zu entscheiden.

Folgerichtig entfalten sich Kleists weitere Lie-

besgedichte als Rollenlyrik in wechselnden
Geschlechterrollen (*Katharina von Frankreich*,
Jünglingsklage, *Der Jüngling an das Mädchen*,
Mädchenrätsel). Ein ›Liebesgedicht‹ im konventionellen Sinne leidenschaftlicher Subjektausspra-
che bildet eigentlich nur der mutmaßlich kurz
vor dem Tod entstandene Prosahymnus an Henriette Vogel. Gerade er aber gibt sich als ein hy-
perbolisch-artifizielles, in manieristischer Rhetorik entfaltetes Spiel mit literarischen Mustern zu
erkennen (vom *Hohelied* bis zum Monolog Wet-
ters im eigenen *Käthchen von Heilbronn*), das
überdies im literarisch Wettstreit mit der Angere-
deten entstanden ist (zu deren Gegen-Text vgl.
Müller-Salget, Kommentar, 1038 f.).

Nationalreligion und poetische Aporie

Gerade das umstrittenste Gedicht Kleists gehörte
zumindest zeitweise – als zunächst nur in Abschriften verbreitete Kampfschrift seit 1809, vom
späteren 19. Jh. bis in den Ersten Weltkrieg dann
als chauvinistischer Appell, schließlich im Nationalsozialismus als Legitimation des Vernich-
tungskrieges – zu den wirkungsmächtigsten Texten seines Werks überhaupt: *Germania an ihre
Kinder* (zu Kleists politischer Lyrik grundlegend
vgl. Hettche 1986, 153–250). Auch hier bildet
eine Kontrafaktur die Grundlage des Textes, ähnlich wie bei dem heute weitgehend in Vergessenheit geratenen, damals aber ebenso wie Kleists
Gedicht in Abschriften kursierenden *Schwertlied*
des 21-jährig in Berlin gefallenen Dichters Alexander von Blomberg. Wie dort Schillers *Lied von
der Glocke* gleichsam ins Martialische übertragen
und zugleich eine Verschmelzung von Kriegs-
und Liebestod proklamiert wird, so transformiert
Kleists *Germania* Schillers kosmopolitisches Lied
An die Freude in einen Wechselgesang zwischen
der mythisch-allegorischen Muttergottheit der
Germania und einer chorischen »Volks«-Ge-
meinschaft, in deren zunächst zögernd lernen-
den, dann enthusiastisch einfallenden Gesang die
intendierte Leser- oder Hörerschaft überwältigt
einstimmen sollte.

Unter den neun überlieferten Handschriften
und Drucken fallen vor allem zwei als substan-
ziell unterschiedliche Fassungen ins Auge. *Germania an ihre Kinder. Eine Ode* (die Gattungsbezeichnung im älteren Sinne eines sangbaren Gedichts) und *Germanias Aufruf an ihre Kinder*
(Paralleldruck bei Müller-Salget 1990, 426–433).
Über erhebliche Varianten in der Textgestalt hinaus lassen sich hier im Hinblick auf den prokla-
mierten Kampf zwei unterschiedliche Begrün-
dungs- und Argumentationstendenzen ausmachen.

Der *Aufruf* setzt in seiner Argumentations-
struktur die bereits im Vorjahr (Januar 1808) im
ersten Heft des *Phöbus* erschienene Osterlegende
Der Engel am Grabe des Herrn fort. Bei genaue-
rem Hinsehen erweist sich schon dieses Gedicht
nicht als eine bloße Versifikation, sondern als
entschiedene Kontrafaktur der biblischen Vorlagen oder der auf diese zurückgehenden volkstümlichen Osterspiele. Die Pointe des Textes ergibt sich aus seiner Verschiebung des Fokus von
der Auferstehung Christi selbst auf Gestalt und
Verkündigung des Engels. Das Erscheinen dieses
»Cherub« am leeren Grab, der »öde[n] Stätte«,
wird realistisch vergegenwärtigt (eben erst gelan-
det, sieht man ihn »das Flügelpaar noch regend«).
Den Marien, die hier von Anfang an keinen Zweifel kennen, sondern »ew'gen Glaubens voll« sind,
erteilt er den Auftrag, alle Nationen zur Nachfolge des Auferstandenen zu bewegen. Dabei
kontaminiert Kleist zwei Bibeltexte zu einem aus
der christlichen Glaubenswahrheit abgeleiteten
politischen Appell. Der Verkündigung der Auferstehung Christi folgt hier aus dem Mund des
Cherub der Missionsbefehl, den im Matthäus-
Evangelium der Auferstandene selbst seinen Jüngern erteilt – in markanter Abwandlung. Aus
dem biblischen »Gehet hin und machet zu Jüngern alle Völker und taufet sie« (Mt 28,19) wird
hier der Auftrag des Engels an die Völker, selbst
aufzuerstehen. »Geht hin, ihr Frau'n«, sagt der
Kleist'sche Engel, »und kündigt es nunmehr /
Den Jüngern an, die er sich auserkoren, / Daß sie
es allen Erdenvölkern lehren, / Und tun also, wie
er getan:«. Im Satzzeichen des Doppelpunkts, das
typographisch noch der Engelsrede zugehört und
dem hier kein Wort mehr, sondern nur die Tat eines nationalen ›risorgimento‹ folgen kann, kulminiert dieser Appell. Nicht mehr um die Auferstehung geht es hier, sondern um den Aufstand.

In den Varianten des *Germania*-Gedichts wird diese Kontamination aus christlicher Verkündigung und politischem Appell vollends in eine nationalreligiöse Proklamation transformiert. In sieben nummerierten Strophen entfaltet sich der oratorische Wechselgesang von Solostimme und Responsion des Chors. Als religiöse Offenbarungsinstanz und Autorität erscheint nun die allegorische Germania, die mit ihrem »Donnerruf« (*Ode*), ja geradezu »vom Thron des Himmels nieder« (*Aufruf*) die Deutschen (im *Aufruf* gleich einer Muttergottheit als »meiner Kinder Reigen«) zur Tat auffordert, deren Chor noch in der ersten Antwort das biblische Bild aufnimmt: »Stehst du auf, Germania?« Die sich überbietenden Aufforderungen zum rücksichtslosen Kampf gegen »diese Franken« und zur »Rache« an ihnen greifen in apokalyptische Dimensionen aus. In der alles Land überschwemmenden Sintflut der Aufständischen sollen die Fremden ertrinken, bis ihre Leichenberge den Strom dämmen. Wie das zur Ernte reife Feld sollen sie gemäht werden (vgl. Offb 14,15). Im meistzitierten Verspaar des Gedichts kulminiert diese Kontamination biblischer und geschichtsphilosophischer (hier auf Schillers Satz »Die Weltgeschichte ist das Weltgericht« verweisender) Bildlichkeit: »Schlagt sie tot! Das Weltgericht / Fragt euch nach den Gründen nicht.« Am konsequentesten führt *Germanias Aufruf an ihre Kinder* diese nationalreligiöse Umprägung durch. Hier wird der Endkampf am deutlichsten heilsgeschichtlich stilisiert: »der Kaiser« der *Ode* erscheint hier als »der Retter«, der Feind als »Höllensohn«, der gegen ihn kämpfende Ritter als »ihr Cherub«, und das Ergebnis ist nicht wie in der *Ode* ewiger Ruhm, sondern der »Segen« – nun freilich derjenige des »deutsche[n] Boden[s]«.

Es gehört zu den Widersprüchen der Kleist' schen Kriegsgedichte, dass sie ebenjenen barbarischen »Mordgeist« verkünden, um dessentwillen sie doch die Feinde zu bekämpfen vorgeben (*An Franz den Ersten*), dass ihre Legitimation des Krieges schwankt zwischen der Befreiung der Unterdrückten und einer Rache, deren durch keine Humanität mehr gehemmte Exekution noch die Zerstörung des zu Rächenden und den Untergang der Rächer selbst einschließt. Und wie

Kleist noch während der Ausarbeitung der *Herrmannsschlacht* im Gedicht Friedensvisionen in religiös verklärten Naturbildern beschwört (*Der höhere Frieden*, *Hier von der Welt geschieden...*, eingetragen ins Besucherbuch der Bielshöhle im Harz), wie also Idyllensehnsucht und Gewalt nebeneinander stehen, so werden auch in *Das letzte Lied* (einer Kontrafaktur von Schillers *Die Macht des Gesanges*) für das Verstummen des Sängers zwei unterschiedliche Motivationen genannt. In der Rollenrede des Sängers ist das Lied »einer Himmelsurne wie entronnen« und dazu bestimmt, »empor in's Reich der Sonnen, / Von allen Banden frei, die Seele« der Hörer zu erheben; beim Anblick der Welt als eines schaurigen Schlachtfeldes wird es vom »Todespfeil« getroffen. In der Schlussstrophe hingegen erscheint derselbe Sänger in der Außenperspektive als Verkünder der »Lust, für's Vaterland zu streiten«, dessen Ruf aber doch nur »machtlos [...] an jedes Ohr« schlägt und der nun »weinend die Leier aus den Händen« legt. Noch dort, wo Kleists Lyrik sich zur vehementesten Eindeutigkeit entschlossen zu haben scheint, führt die eigenwillige Argumentationslogik ihrer Versatzstücke in eine literarische Aporie.

Literatur

Blomberg, Alexander von: »Die verhasste Wirklichkeit.« Gedichte 1806–1812. Hg. von Heinrich Detering. Detmold 1986.

Detering, Heinrich: Das offene Geheimnis. Zur literarischen Produktivität eines Tabus von Winckelmann bis zu Thomas Mann. 2., revidierte Auflage. Göttingen 2002 (zu Kleists *Der Schrecken im Bade* und *Wunsch am neuen Jahre 1800 für Ulrike von Kleist*, 115–131.)

Frick, Werner: Männlicher Blick aus weiblichen Augen. Heinrich von Kleists erotische Idylle *Der Schrecken im Bade* (1808) und die verlorene Unschuld der Literatur. In: Fs. für Hans Joachim Kreutzer zum 65. Geburtstag. Würzburg 2000, 255–271.

Hettche, Walter: Heinrich von Kleists Gedicht *Das letzte Lied* in einer Kopie Charlotte von Steins. In: Jb. des Freien Deutschen Hochstifts 1982, 252–254.

–: Heinrich von Kleists Lyrik. Frankfurt a.M. u. a. 1986.

Müller-Salget, Klaus: Gedichte. Kommentar. In: Kleist, Sämtliche Werke und Briefe, Bd. 3. Frankfurt a. M. 1990, 959–1040.

–: Heinrich von Kleist. Stuttgart 2002.

Must, Heinrich: Zu Heinrich von Kleists Fabel *Die bei-*

den Tauben. In: Studi di filologia germanice e di litteratura tedesca 1977, 191–206.

Ringleb, Heinrich: Heinrich von Kleist: Das Ende der Idyllendichtung. In: Jb. der deutschen Schiller-Gesellschaft 7 (1963), 313–351.

Weiss, Hermann F.: Eine neuentdeckte Fassung von Heinrich von Kleists *Das letzte Lied.* In: KJb 1999, 251–265.

Heinrich Detering

6. Briefe

Kleists Briefe sind nur sehr lückenhaft überliefert, was insgesamt zu einem verzerrten Bild führen kann. Die Briefe aus der vordichterischen Zeit, d. h. vor seinem Aufenthalt in Thun (Frühjahr 1802), hauptsächlich an die Halbschwester Ulrike und an die Braut Wilhelmine von Zenge gerichtet, bilden mehr als die Hälfte des Gesamtbestandes von 234 Briefen; die folgenden neun Jahre dichterischer Produktivität erscheinen entschieden unterrepräsentiert. Auch die Briefe an die Braut und an Ulrike von Kleist sind nicht vollständig erhalten geblieben; so fehlen auffälligerweise alle an die Halbschwester während der geheimnisumwitterten ›Würzburger Reise‹ (Herbst 1800) gerichteten Briefe (von der Abreise aus Berlin bis zur Rückkunft), und aus der diesbezüglichen Korrespondenz mit Wilhelmine von Zenge fehlt ebenfalls mehreres, so vor allem ein von Kleist selbst als ein »Haupt-Brief« (DKV IV, 138) bezeichnetes Schreiben vom Anfang Oktober 1800. Gleichwohl liegt hier doch ein Corpus von einer gewissen Geschlossenheit vor, an dem sich die gedankliche, sprachliche und darstellerische Entwicklung des jungen Kleist ablesen lässt. Nur aus Briefen an die Braut und an Ulrike wissen wir z. B. von der sogenannten »Kant-Krise« im März 1801 (ebd., 204–208), über deren Auslöser und über deren tatsächliche Bedeutung die Forschung bis heute uneins ist. Andererseits haben die Landschaftsschilderungen in Briefen von der ›Würzburger Reise‹ oder die kritischen Darstellungen aus dem nachrevolutionären Paris (1801) teilweise durchaus schon literarischen Rang, wenngleich aus diesen ›Fingerübungen‹ nur wenige Bilder in den späteren Dichtungen wiederzufinden sind, so das Bild von der Eiche im Sturm (DKV IV, 256) in der *Familie Schroffenstein* (DKV I, 161) und in der *Penthesilea* (DKV II, 256), dasjenige vom Torbogen (DKV IV, 159, 165) ebenfalls in der *Penthesilea* (DKV II, 191) und das vom abziehenden, schwache Flüche murmelnden Gewitter (DKV IV, 146) in der *Heiligen Cäcilie* (DKV III, 307). Mutmaßlich hatte Kleist sich solche Formulierungen in seinem (nicht erhaltenen) *Ideenmagazin* (DKV IV, 164) notiert, dem wohl auch die auffällige Wiederholung der auf verschiedene Flüsse übertragenen Strom-Bilder zu verdanken ist (vgl. Kommentar, DKV IV, 537f.).

Kleists Briefe an Wilhelmine von Zenge hat man mit einigem Recht »unsägliche Liebesbriefe« genannt (Schrader 1981/82). Dass sie »alle in der höchsten Leidenschaft geschrieben« seien – so Wilhelmine Krug im Brief an eine Freundin aus dem Jahre 1823 (Nachruhm Nr. 167) –, wird man nicht sagen können. Sie orientieren sich, wie Schrader gezeigt hat (Schrader 1981/82, 92–94), am Typus der Chrie, dem frühaufklärerischen Typus des Briefs als Abhandlung, und sie tun es, weil der Schreiber eine Sicherheit in der Sache und eine Gewissheit seiner selbst meinte vortäuschen zu sollen, die ihm in Wahrheit schmerzlich fehlte. Die Festlegung der Braut auf die tradierte Rolle als Frau und Mutter, die teilweise anmaßend klingenden Schulmeistereien und Denkübungen wirken zumindest heutzutage befremdlich. Die Adressatin selbst freilich hat noch 1803, in einem Rechenschaftsbericht für ihren späteren Gatten, den Philosophieprofessor Traugott Krug, Kleists Bemühungen durchaus positiv beurteilt:

»Meine Ausbildung und Veredlung lag ihm sehr am Herzen. […] Er gab mir interessante Fragen auf, welche ich schriftlich beantworten mußte, und er korrigierte sie. […] Auch schärfte er meinen Witz und Scharfsinn durch Vergleiche, welche ich ihm schriftlich bringen mußte. So lebte er ganz für mich […]« (zit. nach Kommentar, DKV IV, 531).

Die intensivste Beziehung hat Kleist offenbar, bis ins Jahr 1809, zu seiner Halbschwester Ulrike gehabt. Schon der erste erhaltene Brief an sie, vom 25. Februar 1793, schlägt zwei Leitmotive an, die dann immer wiederkehren: Kleists Dankbarkeit für die Gebebereitschaft Ulrikes und das Empfinden einer über das ›Gewöhnliche‹ hinausgehenden Verbundenheit. Was Kleist an Ulrike zugleich faszinierte und beunruhigte, war ihre ›Männlichkeit‹, der die ebenso beunruhigenden ›weiblichen‹ Komponente in seinem Wesen entsprach. Mit ihrer Weigerung, die traditionelle Frauenrolle zu übernehmen (vgl. DKV IV, 39–44), fiel Ulrike in gewisser Weise ebenso aus der ›Ordnung‹ wie Kleist mit einem Dichtertum und mit seiner ebenfalls ungeklärten sexuellen Identität.

An der Reduzierung des Briefbestandes haben schon die Empfänger und Empfängerinnen kräftig mitgewirkt. Kein einziger Brief Kleists an seinen Bruder Leopold ist erhalten geblieben, und auch die Briefe, die Kleist nach der Verheiratung seiner ehemaligen Braut mit Traugott Krug an sie gerichtet hat, sind wohl vernichtet worden; wir wissen von ihnen nur aus einer erst kürzlich entzifferten, weil von der Adressatin kräftigst durchgestrichenen Nachschrift in einem Brief an Marie von Kleist (ebd., 346).

Ganz schlimm steht es um die Briefe an Marie von Kleist selbst, die Gattin eines ganz entfernten Verwandten, mit der Kleist seit spätestens 1805 intensiv korrespondiert hat und die zum Schluss seine engste Vertraute gewesen ist. Marie von Kleist hat diese Briefe als allerpersönlichsten Besitz betrachtet und zum Teil selbst verbrannt; andere sind, entsprechend einer testamentarischen Verfügung ihres Sohnes, nach dessen Tod verbrannt worden. Erhalten sind (waren) lediglich drei Briefe, deren einen Hermann F. Weiss erst 1977 in der Universitätsbibliothek Uppsala entdeckt hat. Von den Abschiedsbriefen Kleists vom November 1811 existierten wenigstens Abschriften von der Hand der Adressatin, die aber seit 1917 verschollen sind, so dass wir auf Abschriften dieser Abschriften bzw. auf einen von Georg Minde-Pouet durchkorrigierten Erstdruck angewiesen sind und dabei Marie von Kleists Seltsamkeiten in Orthographie und Zeichensetzung in Kauf nehmen müssen. Ähnliches gilt für die Auszüge aus acht weiteren Briefen, die Marie von Kleist für Ludwig Tiecks Ausgabe *Heinrich von Kleists hinterlassene Schriften* von 1821 zur Verfügung gestellt hat: Die Abschriften hat Wilhelm von Schütz angefertigt, und die Adressatin hat auch darin noch ihr bedenklich erscheinende Passagen unlesbar zu machen versucht. – Immerhin lassen diese Fragmente erkennen, dass Marie von Kleist eine der ganz wenigen Personen gewesen ist, denen gegenüber Kleist sich auch über seine Werke geäußert hat, über die *Penthesilea* (DKV IV, 395–398) und über *Das Käthchen von Heilbronn* (ebd., 398 und 484), auch über seine Absicht, sich ein Jahr lang statt mit Literatur nur mit Musik zu beschäftigen (ebd., 485).

Sonstige Erwähnungen der Werke finden sich

zumeist in Briefen an Verleger oder an Personen, von denen Kleist sich Empfehlungen seiner Dramen für die Bühnen erhoffte, und geben inhaltlich nicht sehr viel her. Auch eine große Anzahl weiterer Briefe aus der Zeit ab Herbst 1807 kann als ›Geschäftspost‹ bezeichnet werden: Bitten um Mitarbeit an der Zeitschrift *Phöbus*, Bittbriefe an den Verleger Georg Andreas Reimer (Berlin), Auseinandersetzungen mit Beiträgern zu den *Berliner Abendblättern*, der unerquickliche Streit mit dem Staatskanzler Hardenberg und seinem Regierungsrat Raumer um den Niedergang der *Abendblätter* sowie die im gleichen Zusammenhang verfassten Schreiben an König Friedrich Wilhelm III. und an den Prinzen Wilhelm.

Die wichtigsten Partner für persönlich gehaltene Briefe waren, neben Wilhelmine von Zenge sowie Ulrike und Marie von Kleist, die Freunde Otto August Rühle von Lilienstern und Ernst von Pfuel, ferner, mit wenigen, aber wichtigen Zeugnissen, Adolphine von Werdeck und die Geschwister Karoline und Henriette von Schlieben. Wie bei jeder Korrespondenz muss man auch hier, und bei Kleist besonders, die jeweilige Situation, den jeweiligen Briefpartner und die jeweilige Absicht des Schreibers in Rechnung stellen. Kleist neigte dazu, gute Aussichten zu übertreiben (dies ja auch öffentlich in den Ankündigungen des *Phöbus*) und unerfreuliche Situationen zu dramatisieren. Er schwankte immer wieder zwischen Euphorie und Depression. Außerdem hat er über manche Phasen seines Lebens (die ›Würzburger Reise‹, seinen Aufenthalt im Frühjahr 1804) den Schleier des Geheimnisses geworfen. So erfahren wir aus den persönlich gehaltenen Briefen zwar mancherlei über Kleists innere und äußere Befindlichkeiten, müssen uns aber hüten, sie immer ganz wörtlich zu nehmen. Als Beispiel mögen zwei Briefe aus dem Jahr 1802 dienen. In dem einen, am 1. Mai an seine Halbschwester Ulrike gerichtet, schildert er seine Existenz auf der Aarinsel als reines Idyll: »ein freundlich-liebliches Mädchen« namens Mädeli führe ihm die Wirtschaft, pflanze ihm Blumen in den Garten usw.; und dann beginnt die Dichtung: »Sonntags zieht sie ihre schöne Schwyzertracht an, ein Geschenk von mir, wir schiffen uns über, sie geht in die Kirche nach Thun, ich besteige das

Schreckhorn, u nach der Andacht kehren wir beide zurück« (DKV IV, 306). Das Schreckhorn (4078 m hoch) liegt mehr als 40 km von Thun entfernt. Offenkundig wollte Kleist der skeptischen Ulrike mit dieser aufgeschönten Darstellung einen Nasenstüber versetzen. Heißt es hier noch: »ich habe keinen andern Wunsch, als zu sterben, wenn mir drei Dinge gelungen sind: ein Kind, ein schön Gedicht, und eine große That« (ebd., 307), so beschließt er den im Ganzen schnöden Abschiedsbrief an Wilhelmine von Zenge vom 20. Mai mit den Sätzen: »Liebes Mädchen, schreibe mir nicht mehr. Ich habe keinen andern Wunsch als bald zu sterben« (ebd., 309). Man darf rätseln, ob er inzwischen in einer Schaffenskrise steckte (vgl. den August-Brief an Wilhelm von Pannwitz: »Ich bitte Gott um den Tod und dich um Geld«; ebd., 309) oder ob er ›nur‹ nachdrücklich der Beziehung zu seiner Braut ein Ende setzen wollte.

Die auffälligen Stimmungsschwankungen, von denen die Briefe auch anderweit zeugen, haben wahrscheinlich in den allermeisten Fällen mit (erhofftem) Gelingen oder Misslingen seiner Werke zu tun. Als er in Paris das *Guiskard*-Manuskript verbrannt und sich zu dem Selbstmordunternehmen einer Teilnahme an Napoleons geplanter England-Invasion entschlossen hatte, schrieb er am 26. Oktober 1803 an Ulrike: »Der Himmel versagt mir den Ruhm, das größte der Güter der Erde; ich werfe ihm, wie ein eigensinniges Kind, alle übrigen hin« (ebd., 321). Schon in jenem Abschiedsbrief an Wilhelmine hatte es geheißen: »kann ich nicht mit Ruhm im Vaterlande erscheinen, geschieht es nie« (ebd., 308). Sein Wesen war auf den einen triumphalen Durchbruch gestellt (vgl. Kommentar, DKV IV, 538), und dass ihm dies immer wieder versagt geblieben ist, hat ihn schließlich den schon öfter gesuchten Tod finden lassen.

Dass so viele Briefe Kleists eher monologisch wirken, liegt auch daran, dass nur ganz wenige *an* ihn gerichtete Schreiben überliefert sind, 22 an der Zahl, von denen überdies 19 nach Konzepten, Abschriften oder früheren Drucken wiedergegeben werden müssen. Lediglich ein Brief Goethes und einer an Achim von Arnim sind im Original erhalten; der einzige erhalten *gewesene* Brief der

Braut Wilhelmine von Zenge ist seit 1929 verschollen.

Aber auch wenn man das Fehlen fast aller Ge-
genbriefe in Rechnung stellt, bleibt der vorherrschende Eindruck, dass es Kleist in seinen Briefen weniger um den Adressaten als vielmehr um
sich selbst gegangen ist. Abgesehen von einem
schwärmerischen Brief an Ernst von Pfuel – in
dem es aber auch darum geht, den Freund für
eine Art Lebensgemeinschaft zu gewinnen (DKV
IV, 335–337) – und abgesehen von dem letzten,
sehr bewegenden Brief an die Halbschwester Ulrike (ebd., 513), findet Kleist herzliche Worte fast
nur für Dritte, wenn er z. B. der Braut über viele
Seiten hinweg ein rühmendes Porträt seines
Freundes Ludwig von Brockes zeichnet (ebd.,
187–193) oder wenn er in einem Brief an Marie
von Kleist seine Erschütterung über den Tod ihres Bruders Pierre de Gualtieri zum Ausdruck
bringt (ebd., 344 f.).

Die Selbstbezogenheit so vieler Briefe Kleists
entsprang freilich nicht etwa unangefochtener
Selbstsicherheit (auch wenn die frühen Briefe an
Ulrike und an die Braut solches vorzugeben versuchen). Kleist hat sich von seiner Mitwelt, auch
von Nächststehenden, kaum oder gar nicht verstanden gefühlt, empfand sich auch selbst als einen »*unaussprechlichen* Menschen« (ebd., 313),
hat aber immer wieder versucht, sein ihm selbst
teilweise rätselhaftes Wesen doch verständlich zu
machen, obwohl er schon früh die Sprache als ein
nur unzulängliches Instrument für den Ausdruck
des ihn im Tiefsten Bewegenden bezeichnet hat:
»sie kann die Seele nicht mahlen«, schrieb er an
Ulrike (ebd., 196) und: »Ich wollte ich könnte mir
das Herz aus dem Leibe reißen, in diesen Brief
packen, und dir zuschicken« (ebd., 313). Sich seinen Mitmenschen ganz verständlich zu machen
ist Kleist nicht gelungen. Aber gerade die Expo-
nierung der Widersprüche seiner Existenz, insbesondere des Konflikts eines der Tragfähigkeit
der Sprache zutiefst misstrauenden Dichters, ist
mitverantwortlich dafür, dass nicht nur seine
Werke, sondern auch seine Briefe nichts von ihrer irritierenden Strahlkraft verloren haben.

Literatur

Barthel, Wolfgang: Zu Briefen Kleists 1793–1803. Erster Teil. In: Beiträge 1978, 21–36.

Bohrer, Karl Heinz: Der romantische Brief. Die Entstehung ästhetischer Subjektivität. Frankfurt a.M. 1989.

Clauss, Elke: Liebeskunst. Untersuchungen zum Liebesbrief im 18. Jahrhundert. Stuttgart/Weimar 1993
(IV. Heinrich von Kleist an Wilhelmine von Zenge,
201–270).

Dahlhaus, Carl: Kleists Wort über den Generalbaß. In:
KJb 1984, 13–24.

Kanzog, Klaus/Kanzog, Eva: Die Kleist-Aufzeichnun-
gen von Wilhelm von Schütz. Mit zwei bisher nicht
entzifferten Briefstellen. In: Jb. der Deutschen Schiller-Gesellschaft 13 (1969), 33–46.

Knape, Joachim: Zur Struktur des Jugendbriefs an die
Schwester im 18. Jahrhundert: Goethe, Mozart, Brentano, Kleist. In: KJb 1996, 91–105.

Müller-Salget, Klaus: Heinrich, Marie und Ulrike von
Kleist. Zur Datierung und Deutung der Briefe vom
Herbst 1811. In: Zs. für deutsche Philologie 113
(1994), 543–553.

–: Heinrich von Kleists Briefwerk. Probleme der Edition eines mehrfach fragmentierten Torsos. In: Werner M. Bauer, Johannes John und Wolfgang Wies-
müller (Hg.): »Ich an Dich«. Edition, Rezeption und
Kommentierung von Briefen. Innsbruck 2001, 115–
131.

Newman, Gail: »Du bist nicht anders als ich«: Kleist's
Correspondence with Wilhelmine von Zenge. In:
German Life and Letters 42 (1989), 101–112.

Oesterle, Ingrid: Werther in Paris? Heinrich von Kleists
Briefe über Paris. In: Dirk Grathoff (Hg.): Heinrich
von Kleist. Studien zu Werk und Wirkung. Opladen
1988, 97–116.

Schrader, Hans-Jürgen: Unsägliche Liebesbriefe. Heinrich von Kleist an Wilhelmine von Zenge. In: KJb
1981/82, 86–96.

–: »Denke Du wärest in das Schiff meines Glückes gestiegen«. Widerrufene Rollenentwürfe in Kleists
Briefen an die Braut. In: KJb 1983, 122–179.

Klaus Müller-Salget

III. Konfigurationen: Epochen und Autoren

1. Antike

Im *Amphitryon* und in der *Penthesilea* ist Kleists Begegnung mit der antiken Tradition schon aufgrund der Stoffwahl zu greifen. Die ursprüngliche – nicht in die Buchausgabe von 1811 gelangte – Vorrede zum *Zerbrochnen Krug* weist explizit auf den *König Ödipus* des Sophokles hin. Eine intensive Beschäftigung mit antiker Literatur zeichnet sich vor allem in den Jahren ab, die zwischen dem am Vorbild Shakespeares orientierten Erstlingswerk *Die Familie Schroffenstein* und den seit 1807 entstandenen Werken liegen. In diesen Jahren studierte Kleist nachweislich antike Dramen. Eine Eintragung im Entleihbuch der Dresdner Bibliothek vom Juni 1803 bezeugt die Lektüre des Aristophanes (*Die Wolken* in der Übersetzung von Schütz, Halle 1798) und des Sophokles. Auf Euripides wurde Kleist wohl schon während seines Aufenthalts bei Wieland in Oßmannstedt (im Januar und Februar 1803) aufmerksam, denn in dieser Zeit arbeitete Wieland an seiner Euripides-Übersetzung. Für die *Penthesilea* sind drei Werke des Euripides von entscheidender Bedeutung: *Medea*, *Hippolytos* und die *Bakchen*, aus denen Kleist sogar wörtlich zitiert. Außerdem benutzte er das zu seiner Zeit wichtigste, auch von Goethe und Hölderlin herangezogene mythologische Nachschlagewerk: Benjamin Hederichs *Gründliches mythologisches Lexicon*. In seinen *Guiskard*, der wie die *Penthesilea* das Streben nach einem tragischen Monumental-Stil erkennen lässt, gingen aischyleische und sophokleische Elemente ein, wie schon Wieland sah. Nachdem ihm Kleist Anfang des Jahres 1803 in Oßmannstedt Teile des *Guiskard* vorgelesen hatte, konstatierte er: »Wenn die Geister des Äschylus, Sophokles und Shakespeares sich vereinigten, eine Tragödie zu schaffen, so würde das sein, was Kleists *Tod Guiskards des Normannen*, sofern das Ganze demjenigen entspräche, was er mich damals hören ließ« (Lebensspuren Nr. 89).

Die Elemente antiker Tradition nahm Kleist nicht historisierend-antiquarisch auf, sondern um sie den eigenen, aus den Fragestellungen seiner Zeit entstandenen Konzeptionen in verwandelter Form zu integrieren. Das gilt schon für den *Zerbrochnen Krug*. Kleist orientierte sich hier an zentralen Konstellationen und Strukturen der großen griechischen Tragödie, um sie ins Komische zu transformieren. Zu diesem Zweck übertrug er die Handlung zunächst von der hohen sozialen Ebene und der Stilhöhe der Tragödie auf ein dörfliches Milieu und eine entsprechende »niedere« Stilebene. Schon im 19. Jh. erkannte man, dass er die Gestalt des Ödipus in seinen Richter Adam verwandelte: Er adaptierte die Figur des klumpfüßigen Richters, der sich schließlich selbst als Täter überführt; hinzu kam die Beobachtung, dass der Seher Teiresias zum Inspektor Walter mutiert, nicht zuletzt, dass Kleist nach dem sophokleischen Muster das analytische Handlungsschema wählte und dafür ebenfalls die Form des Prozesses mit den Hauptelementen Zeugenaussage und Indizienbeweis übernahm. Die Transformation des antiken Substrats ins Komische gelang nur, weil er die schwere Blutschuld des Ödipus durch Adams missglückte sexuelle Attacke auf Evchen, also das göttliche Schicksal durch das Allzumenschliche ersetzte; ferner weil er aus der willentlich unternommenen Fahndung des königlichen Richters Ödipus, der selbst nicht weiß, dass er der Täter ist, nach dem er fahndet, das vom Dorfrichter Adam wider Willen, da im vollen Wissen um seine nächtliche Eskapade geleitete Gerichtsverfahren machte, so dass statt tragischer Ironie die durch Adams lügenhafte Finten burlesk-komische Wirkung zustandekommt. Diese Umkehr vom Tragischen ins Komische zeigt, wie unbelastet von klassizistischer Pietät Kleist der Antike begegnete. Die komischen Effekte verstärkte er gezielt durch Elemente aus der Komödie des Aristophanes, so durch die drastische Betonung der Vitalsphäre, ferner indem er ins Phantastische (Adams Ausflüchte!) und Groteske ausgriff, das sich bis in entsprechende Wortbildungen und in Marthes Krugrede hinein erstreckt.

Wohl am weitesten ging Kleist in der Adaption sophokleischer Struktur-Elemente – wiederum aus dem *König Ödipus* – in seinem Tragödien-Fragment *Robert Guiskard, Herzog der Normänner*. Am auffälligsten ist, dass er ähnlich wie Schiller in seiner *Braut von Messina* sogar den Chor aus der griechischen Tragödie übernimmt. Speziell aus dem *König Ödipus* stammt die Pest des vor Konstantinopel liegenden Normannenheeres – eine nicht nur äußerliche Analogie zu der Pest, von der bei Sophokles die Stadt Theben befallen ist, denn auch Kleist misst der Seuche eine tiefere Bedeutung zu. Und ebenso wie bei Sophokles versucht eine überragende herrscherliche Gestalt das aus dem eigenen Dasein quellende Unheil mit ungeheurer Anstrengung zu bannen, ebenso wendet sich das gequälte Volk an den charismatischen Herrscher, und Züge der Kreon-Gestalt sind auf den schlau auf den Thron rechnenden Neffen Guiskards übergegangen. Doch stellte Kleist alle diese Elemente in den völlig neuen, aktuellen Problem-Zusammenhang der zeitgenössischen Legitimationskrise, nicht in den religiösen (bei Sophokles durch das delphische Orakel und den Seher Teiresias repräsentierten) Horizont des *König Ödipus*. Dass er der sophokleischen Theologie sogar widersprach, zeigt das Ende der *Penthesilea*: Während Sophokles am Ende seiner Tragödie das Schicksal des Ödipus als Exempel menschlicher Gebrechlichkeit statuiert, um daraus auf die Allmacht Gottes zu schließen, legt Kleist am Ende seines Stücks eine analog theologisch präokkupierte Deutung von Penthesileas Schicksal der Oberpriesterin in den Mund, um sie abschließend durch Penthesileas Freundin Prothoe entschieden zurückzuweisen.

Seinem zweiten Lustspiel, dem *Amphitryon*, dessen Stoff letztlich auf den *Amphitruo* des Plautus zurückgeht, legte Kleist in großen Partien Molières *Amphitryon* zugrunde, weshalb hier nicht die Transformationen einer antiken Vorlage, sondern die des französischen Stücks von Belang sind.

Im großen Stil setzte er sich in der *Penthesilea*

mit der klassizistischen Antike-Rezeption auseinander, und wie bewusst er dies tat, verrät ein satirisches Epigramm auf die Weimarer Theaterkultur im Hinblick auf dieses ihr gänzlich inkompatible Drama. Er konzipierte die *Penthesilea* als Anti-Iphigenie und widersprach damit auch der von Winckelmann begründeten klassizistischen Stilisierung der Antike im Sinne des Maßvollen, Edlen und Schönen – Winckelmann hatte in einer berühmten Formulierung die »edle Einfalt und stille Größe« der antiken Werke gepriesen. Kleist dagegen entfesselt das Elementare, die sich zerstörerisch auswachsende große Leidenschaft, er inszeniert blutige Exzesse, die jeder Vorstellung ›klassischen‹ Maßes und klassizistischer Dämpfung widersprechen. Gerade dafür konnte er auf die griechische Tragödie zurückgreifen – seine Übernahmen folgen auch der Erkenntnis, wie die griechische Tragödie wirklich ist. Schon aus dem *König Ödipus* des Sophokles waren ihm schreckenerregende Greuel bekannt. Für die *Penthesilea* allerdings inspirierte er sich an mehreren Tragödien des Euripides, weil sie seinem Interesse am Psychologischen und Pathologischen besonders entgegenkamen. Dem Geschehen der *Medea* entspricht Penthesileas Umschlag von unbedingter Liebe in eine ungeheuerliche Rache. Noch wichtiger wurden der *Hippolytos* und die *Bakchen*. Schon vom Stoff her lag es für Kleist nahe, den *Hippolytos* heranzuziehen, denn als Sohn der Amazonenkönigin Hippolyte gehört Hippolytos seiner Herkunft wie seinem Wesen nach zum Bereich des Amazonischen. Bereits im zeichenhaften äußeren Geschehen bildet sich die Problematik ab. Hippolytos führt eine einseitige Existenz. Er lebt ganz der Jagd mit seinen Freunden und schließt die Liebe aus seinem Dasein aus. Deshalb ist ihm das Standbild der jungfräulichen Artemis heilig. Die verderbliche Wirkung dieser Verdrängung stellt Euripides im Bild einer mythologischen Rache dar: Die Liebesgöttin Aphrodite rächt sich an Hippolytos, indem sie ihn zum Opfer der verbotenen Liebesleidenschaft seiner Stiefmutter Phädra werden lässt. Wie Hippolytos mit seinen Freunden, so durchstreift Penthesilea mit ihren Jungfrauen jagend die Bergwälder. Wie ihm das Standbild der Artemis heilig ist, so ihr der Tempel der Diana – Diana ist der römische Name für die griechische Artemis. Und schließlich findet auch bei Kleist Artemis ihre Gegenspielerin in Aphrodite: »O Aphrodite!« ruft Penthesilea, als die Liebesleidenschaft zu Achill sie überwältigt.

Die zerstörerische und vor allem selbstzerstörerische Verdrängung der irrationalen Triebkräfte bildet auch das Grundmuster der dritten Tragödie, die Kleist bis in einzelne Züge hinein seiner *Penthesilea* zugrundelegte: der *Bakchen*. Dieses letzte Werk des Euripides faszinierte nicht nur Kleist, sondern auch Hölderlin und den alten Goethe, Nietzsche inspirierte sich daran für seine *Geburt der Tragödie*, und es blieb ein Grundtext für die gesamte moderne Konjunktur des »Dionysischen«. Das zentrale Geschehen: Dionysos, der Gott des Rausches, kommt nach Theben, wo sich ihm der König Pentheus als Vertreter der bestehenden Ordnung entgegenstellt. Das rauschhaft Dionysische, dem seine Stadt schon weitgehend verfällt, versucht er abzuwehren. Grausam bestraft ihn Dionysos, indem er ihn von den in dionysischen Wahnsinn versetzten Mänaden zerreißen lässt. Das tragische Geschehen gipfelt in einer Szene, die Kleist z. T. wörtlich zitierend in die *Penthesilea* übernahm: Die von Dionysos in den Wahnsinn getriebene Mutter des Pentheus tötet bestialisch ihren eigenen Sohn: So zerreißt Penthesilea, ebenfalls im Wahnsinn, den Geliebten. Und wie Pentheus die eigene Mutter zum Bewusstsein zu bringen versucht, indem er »ihre Wange anrührt« (*Bakchen*, V. 1118), so Achill Penthesilea: Er »rührt ihre sanfte Wange an« (DKV II, 241) – und ebenso vergebens. Kleist geht noch weiter in seiner Euripides-Adaption: Wie die Mutter des Pentheus nach der Rückkehr von der mänadischen Raserei nichts mehr von ihrer Wahnsinnstat weiß, wie sie fragt, wer Pentheus getötet habe, und schließlich zur schrecklichen Erkenntnis gebracht wird, so weiß auch Penthesilea nichts mehr von ihrem Exzess, so forscht auch sie, wer den Achill so furchtbar zugerichtet habe und so muss auch sie vom Wahn zur Erkenntnis finden. Im Vergleich zu Euripides hat Kleist darauf besonderes Gewicht gelegt, indem er einen psychologisch abgestuften Erkenntnisprozess gestaltete.

Neben der blutigen Zerreißungs-Szene (griech.

sparagmós) übernahm Kleist noch eine zweite Szene aus dem Dionysos-Mythos, die ebenfalls schon Euripides in den *Bakchen* dichterisch ausgestaltet hatte: die *oreibasia*, das wilde Ausschwärmen der dionysisch erregten Mänaden in die Bergwälder. Nach diesem Muster lässt Kleist in den Anfangspartien seines Dramas *Penthesilea* mit ihrer amazonischen Schar durch Wälder und Klüfte schweifen, um sie als leidenschaftliche Elementarnatur zu inszenieren. Sogar die Grenzen des Menschlichen sprengt die dahinjagende Penthesilea, wenn sie metaphorisch ins Tierische übergeht: Sie wird mit Tiger, Wölfin, Dogge verglichen, Achill mit einem Hirsch und einem »Wild« – alles Züge, die Kleist in den *Bakchen* fand, wo die Mänaden als Raubtiere oder mordgierige Meute von Hunden erscheinen, die Pentheus wie ein wehrloses Wild jagen. Indem Kleist solche extremen Phänomene der griechischen Tragödie in sein Werk übertrug, widersprach er der klassizistischen Glättung der Antike und der von der Vorstellung der »Humanität« bestimmten Stilisierung. Doch nahm er nicht nur die wild-blutige Dimension der griechischen Tragödie wahr (später, von Nietzsche bis weit ins 20. Jh., folgte eine konsequente Archaisierung und Barbarisierung); ihm lag auch an einem Gegenentwurf zur zivilisatorischen Verkümmerung der menschlichen Gefühlssphäre. Das lässt sein Epigramm *Vokation* erkennen: »Wärt ihr der Leidenschaft selbst, der gewaltigen, fähig, ich sänge, / Daphne, beim Himmel, und was jüngst auf den Triften geschehn« (DKV III, 413). Andererseits entwarf Kleist mit der Konzeption seiner *Penthesilea* ein gesellschaftskritisches Reaktionsschema, das die Entfesselung der Elementarnatur nicht bloß als großartigen Durchbruch von Kraft und Leidenschaft, sondern zugleich als zerstörerische Reaktion auf gesellschaftlich bedingte Denaturierungen erscheinen lässt (zeichenhaft steht dafür das widernatürliche »Gesetz« des Amazonenstaats und das vorgeschriebene Abreißen einer Brust). Hellsichtig inszenierte er so eine problematische Dialektik menschlicher Zivilisation, deren frühe Spuren er ebenfalls schon in den *Bakchen* des Euripides fand.

Obwohl sich Kleist nach der *Penthesilea* nicht mehr unmittelbar antiken Stoffen und Themen zuwandte, zeugt sogar noch sein letztes Drama von einer tiefreichenden konzeptionellen Ausstrahlung von antiken Traditionen, die aus modern-historischen Gründen bis in die preußische Gegenwart fortwirkten. Dem *Prinzen Friedrich von Homburg* schrieb er einen Grundzug der preußischen Staatsideologie ein. Aufgrund der engen dynastischen Verbindung des brandenburgisch-preußischen Herrscherhauses mit den Niederlanden (Natalie ist bezeichnenderweise eine Prinzessin von Oranien) und aufgrund des ebenfalls bis in die Zeit des Großen Kurfürsten zurückreichenden enormen kulturellen Einflusses der sog. »Niederländischen Bewegung« in Brandenburg-Preußen, die sich von der Übernahme der oranischen Heeresreform über die in den Niederlanden ausgebildete Naturrechtslehre bis zur Gründung eines – heute noch vorhandenen – »Holländischen Viertels« und zu zahlreichen auf »… Damm« endenden Straßennamen in Berlin auswirkte, gewann auch der in den Niederlanden formierte Neustoizismus markanten Einfluss in Brandenburg-Preußen und weit darüber hinaus in ganz Europa. Die Leitgestalt dieses Neustoizismus, Justus Lipsius, der an der im 17. Jh. führenden Universität Leiden lehrte, zog weither Studenten, Gelehrte und zahlreiche Adelige an, darunter auch den Großen Kurfürsten, der sich in Begleitung seines Erziehers Kalkhuhn (auch dieser kommt in Kleists Drama vor, DKV II, 569) zum Studium nach Leiden begeben hatte. Lipsius verkündete in zahlreichen Werken die stoischen Ideale der Standhaftigkeit (*constantia*), der Disziplin (*disciplina*), der Pflicht (*officium*), der Bewährung in schweren Situationen (*probatio*) und auch den für das stoische Ethos wesentlichen Gedanken, dass der Mensch lernen müsse, dem Tod furchtlos entgegenzusehen und die gefasste Haltung (*tranquillitas animi*) zu bewahren – dies ist die äußerste Form der *probatio*. Für die preußische Pflichtenlehre und Hochschätzung disziplinierter Haltung avancierten diese Werte des stoischen Ethos zu maßgebenden Orientierungen. Ganz besonders bestimmten sie die geistig-moralische Bildung des preußischen Offiziers: Für die Ausbildung zum Offizier wurde die Literatur der römischen Stoa kanonisiert, wie aus den militär- und staatswissenschaftlichen Lexika des 17.

und 18. Jh.s hervorgeht. Der Herausgeber des preußischen Militärrechts, des *Corpus iuris militaris* von 1732, entwickelte den Plan einer *Universalbibliothek vor einen gelehrten Offizier*, der die Werke der römischen Stoiker empfahl: Cicero, Seneca, Epiktet. Friedrich der Große bezeichnete sich selbst als »philosophe stoicien«, er hielt ein Zentralwerk der antik-stoischen Überlieferung hoch, Ciceros Schrift *De officiis*, und regte den Schriftsteller Garwe zu einem ausführlichen Kommentar an, den auch Kant in seiner Bibliothek hatte.

Kleist schrieb sein ›vaterländisches Drama‹ nicht nur mit der Absicht, ein großes militärisches und politisches Beispiel aus der Vergangenheit für den Befreiungskrieg gegen Napoleon zu aktualisieren; das Homburg-Drama greift bewusst auf das vaterländisch-stoische Ethos zurück. Der Kurfürst selbst verkörpert die stoische Tugend der *constantia* und der ruhigen Gelassenheit (*tranquillitas animi*), als er sich in der Szene V,2 mit einem drohenden Aufruhr seines Heeres konfrontiert sieht, während der jugendliche Prinz erst noch den Wert der Pflicht erkennen und die Furchtlosigkeit vor dem Tod bewähren muss (*probatio*), nachdem er zunächst angesichts des offenen Grabes die Fassung völlig verloren hatte. Schließlich findet er zur stoischen Gefasstheit, wie schon sein Monolog in der Szene IV,1 signalisiert. Doch vertritt Kleist kein inhuman-starres stoisches Ethos, wie das Geschehen zeigt; er widerspricht den rigoristischen Verengungen und damit auch dem preußischen Heldenklischee.

Literatur

Schadewaldt, Wolfgang: Der *Zerbrochne Krug* von Heinrich von Kleist und Sophokles' *König Ödipus*. In: Walter Müller-Seidel (Hg.): Heinrich von Kleist. Aufsätze und Essays. Darmstadt 1967, 317–325.

Schmidt, Jochen: Heinrich von Kleist. Studien zu seiner poetischen Verfahrensweise. Tübingen 1974, 225–241.

–: Stoisches Ethos in Brandenburg-Preußen und Kleists *Prinz Friedrich von Homburg*. In: KJb 1993, 89–102.

Schoch, Margrit: Kleist und Sophokles. Diss. Zürich 1952.

Jochen Schmidt

2. Mittelalter

Seit der humanistischen Erfindung des Begriffs *medium aevum* dient »das Mittelalter« als Topos geschichtstheologisch bzw. geschichtsphilosophisch ableitbarer Geltungsansprüche. Um die Mitte des 18. Jh.s beginnt sich im deutschen Sprachraum ein Mittelalterbild zu formieren, das mit den legitimatorischen Funktionen adliger Genealogie und dynastischer Gedächtnispolitik bricht. Durch das Studium mittelalterlicher Epik, Lyrik sowie des frühen volkssprachlichen Dramas sollen nun Anknüpfungspunkte für die Emanzipation eines nationalen Selbstbewusstseins geschaffen werden. So bemüht sich Johann Christoph Gottsched darum, die Eigenart früher deutschsprachiger Dichtungen gegenüber denen des französischen Mittelalters zu belegen und visiert Johann Jakob Bodmer eine *renovatio* des Minnesangs in den Liedformen der Gegenwart an (Müller 1977). Lessing fügt seiner historischen Poetik und Theorie der Fabel neben der antiken Tradition die ›Fabeln aus den Zeiten der Minnesinger‹ ein (Liebertz-Grün 1983), während Wieland in Nachdichtung und Eigenentwürfen den courtoisen Ton der Minneepik zu erneuern versucht. Der junge Goethe erkennt in Erwin von Steinbach, dem Architekten des Straßburger Münsters, einen deutschen Prototyp des Originalgenies und im Lebensbericht des Ritters Götz von Berlichingen zugleich die modernen Limitationen des Kraftgenies. Mit dem Appell, »über unsre mittlere Dichtkunst« den »Rittergeist« der höfischen Dichtung und den »Volksglauben« in Mythos und Märchen zu untersuchen, gibt Herder den poetischen, literaturhistorischen und philologischen Interessen der Romantik die Richtung vor. Novalis (vgl. Kasperowski 1994) und die Brüder Schlegel (vgl. Höltenschmidt 2000) bauen schließlich das Mittelalter zu einem utopischen, ästhetisch-politischen Einheits- und Ursprungsphantasma aus.

In dieses Panorama bürgerlicher Mediävalisierung der Gegenwart fügt sich der Gebrauch, den Kleist von Stoffen und Motiven aus dem Mittelalter macht, nicht bruchlos ein. Zwar scheint die Wahl einiger seiner Materien (unter den Dramen: *Die Familie Schroffenstein*, *Robert Guiskard*, *Käth-* chen von Heilbronn*, unter den Erzählungen: *Der Zweikampf*) auf den zeitgenössischen Publikumsgeschmack zugeschnitten (vgl. aber seine Karikierung der Mittelaltermode im Brief vom 14.9.1800 an Wilhelmine von Zenge: »Rittergeschichten, lauter Rittergeschichten, rechts die Rittergeschichten m i t Gespenstern, links o h n e Gespenster, nach Belieben«; DKV IV, 121). Doch ist Kleists eigenes »Mittelalter-Phantasma« (Müller 1998) derart eng an die elementaren Widerspruchsrelationen seiner Poetik gebunden, dass alle Versuche, es zu vereindeutigen, nur um den Preis durchführbar sind, dass sie sein imaginiertes Mittelalter auf eine Form ironisierender oder camouflierender Darstellung verkürzen.

Dagegen steht das Insistieren auf dem »Spielernst« (von Moos 1996) der Mittelalter-Imaginationen Kleists. Vor dem Hintergrund revolutionärer, politischer wie geistiger Erschütterungen des *ancien régime* und seiner Adelskultur, die Basisdifferenzen wie den Widerstreit zwischen genealogischer Legitimität und illegitimem Ursprung, Gesetz und Kontingenz oder Liebe und Agonalität über eine lange Dauer hinweg durch verbindliche soziale Denkgewohnheiten und ästhetische Formen auszutarieren schien, formt er »das Mittelalter« zu einem Beobachtungsfeld kollabierender Wertesysteme um. Dabei nutzt er Flexibilität und Fassungsvermögen des Topos, den er sowohl mit Details aus der Rechts- und Institutionengeschichte des »Heiligen Römischen Reichs Deutscher Nation« anreichert als auch um teils akademisch, teils durch eigene Herkunft erworbenes Wissen über die symbolische Kommunikation in der mittelalterlichen Ständegesellschaft vermehrt. Dieses Material kombiniert Kleist, indem er es – häufig gegen jede chronologische bzw. topographische Richtigkeit – bald »divinatorisch« ausweitet (Schubert 1985), bald extrem verkürzt: So verlegt er etwa das staufische *imperium sacrum* mit der Rede der Germanenfürsten vom »gesamte[n] Reich Germaniens« (DKV II, 451) in die römische Antike der *Herrmannsschlacht* vor oder überträgt das mittelalterliche Fehdewesen im *Michael Kohlhaas* auf andersartige frühneuzeitliche Rechtsverhältnisse (Boockmann 1985). Er verknüpft neuzeitliche Geschichtssujets mit Anspielungen auf literarische Formen höfischer Selbstrepräsentation wie im *Prinz Friedrich von Homburg*, dessen Protagonist zusätzlich den Namen »Arthur« erhält, weil sich im Schauspiel wie im Artusroman Traum und Realität durchdringen (vgl. auch die Erwähnung des Artus in *Michael Kohlhaas*: »doch als der Roßkamm sich erklärt hatte, fanden die Ritter ihn zu teuer, und der Junker sagte, daß er nach der Tafelrunde reiten und sich den König Arthur aufsuchen müsse, wenn er die Pferde so anschlage«, DKV III, 17). Im »großen historischen Ritterschauspiel« *Käthchen von Heilbronn* drängt er umgekehrt einen Zeitraum von rund 600 Jahren in einer Spielgegenwart zusammen, zu der die Kreuzzüge (1096–1270) ebenso zählen wie das Feme- (14./15. Jh.) oder das Reichskammergericht (gegründet 1693).

Durch derartige Amplifikationen oder Abbreviaturen des Mittelalter-Topos entstehen Spielräume von besonderer literarischer Signifikanz und Intensität. In seinem Trauerspiel *Die Familie Schroffenstein*, dessen Schauplatz Kleist im Zuge der Ausarbeitung des Konzepts (*Die Familie Thierrez*) und der Erstfassung (*Die Familie Ghonorez*) von Spanien ins schwäbische Mittelalter verlegt, siedelt Kleist den »Sündenfall«, der die verwandten Grafenhäuser von Rossitz und von Warwand in die wechselseitige Auslöschung treibt, im »Erbvertrag« der Adelsgenealogie selbst an, »Kraft dessen nach dem gänzlichen Aussterben / Des einen Stamms, der gänzliche Besitztum / Desselben an den andern fallen sollte« (DKV I, 131). Auch wenn darin ein Bezug auf Rousseaus *Contract social* gesehen werden kann, steht das Thema des Erbrechts (besonders der Patrilinearität und Primogenitur als *niuwer zeche, novum institutum*) nicht erst seit dem *Parzival* Wolframs von Eschenbach im Zentrum höfischer Literatur. Wie im *Parzival* wird auch in der *Familie Schroffenstein* eine familienübergreifende Minnegeschichte als utopischer Gegenpol zum Rechtskonflikt konstruiert: Die Verbindung zwischen Ottokar und Agnes, den Kindern aus den verfeindeten Häusern, nimmt eine tödliche Wendung durch das finale Verkleidungsspiel zwischen den Liebenden, das die verblendeten Väter nicht durchschauen, so dass die Versöhnung des »ganze[n] Haus[es]« (DKV I, 126) nur über den

Leichen der von eigener Hand ermordeten Erben geschehen kann, mit deren Tod beide Familienlinien abreißen. Die Ununterscheidbarkeit von Sein und Schein im Moment des fatalen Handelns gehört dabei ebenso zum ironischen Mechanismus des modernen Dramas wie zu den Charakteristika mittelalterlicher *minne*, deren magisch-phantasmatische Erscheinung das rationale Urteil über Trug und Wahrheit des Sichtbaren aussetzt.

Ein ähnlicher Konflikt um das »Erbgesetz« der Herrschaftsnachfolge (DKV I, 246) liegt dem Dramenfragment *Robert Guiskard, Herzog der Normänner* zugrunde, das kurz vor dem Pesttod des charismatischen Heerführers bei der Belagerung von Byzanz/Istanbul (1085) spielt. Das Sujet des Herrschers, dessen Name nach dem altfranzösischen *guiscart* »der Schlaukopf« bedeutet und der – auch darin Ödipus gleich – sich als Erlöser seines Volkes mit einer tödlichen Seuche konfrontiert sieht, wird jedoch weniger mediävalisiert als vielmehr antikisiert in Anlehnung an die Tragödie des Sophokles.

Kleists Ritterschauspiel *Käthchen von Heilbronn oder Die Feuerprobe* wendet sich ganz der Seite des Minnegeschehens zu: Indem es die »Kunst des hellen Mittags« den »Künste[n] der schwarzen Nacht« (DKV I, 324) gegenüberstellt, lenkt es die Aufmerksamkeit auf das epistemologische Problem des erotischen Phantasmas. Mittelalterlich wird dieser Inbegriff von Schönheit und Perfektion sinnlicher Erkenntnis als Resultat eines inneren Verbildlichungsprozesses gedacht, in dem *imaginatio*, *ratio* und *memoria* interagieren und durch die Wirkungen von Eros und Magie gebunden oder entfesselt werden (Culianu 2001; vgl. DKV I, 329: »geführt am Strahl seines Angesichts, / fünfdrähtig, wie einen Tau, um ihre Seele gelegt«). Dass es gegenüber solch imaginärer Produktion von Phantasmen keinen Standpunkt gibt, der es außerhalb ihrer psychischen Realität erlaubte, das wahre Bild vom magisch oder teuflisch manipulierten Trugbild zu unterscheiden, charakterisiert auch das Spektrum von Kleists Bildkonzept im *Käthchen* (das sich zusätzlich aus zeitgenössischen Pneumatheorien wie dem animalischen Magnetismus speist): Die Wahrnehmungen der Figuren changieren zwischen Einbildung (»dies wesenlose Bild«, DKV I, 356; »Du siehst Gespenster, Töchterchen!«, DKV I, 386), Rauschzustand (durch Intoxikation: »verzauberte Tränke«, »Opiate«, DKV I, 333), Traum (pathologisch: Fiebertraum in II/9, prophetisch: Traumdeutung in IV,2), Zauber (schwarze Magie: »Nun denn, so walte, Hekate, Fürstin des Zaubers, moorduftige Königin der Nacht! Sproßt, ihr dämonischen Kräfte«, DKV I, 333, vs. weiße Magie: »Der aberwitz'ge Träumer, unbekannt / Mit dem gemeinen Zauber der Natur!«, DKV I, 344) und Vision (»Marienbild«, DKV I, 375; vgl. die Cherubszene III,14). Ihre Bewertung reicht von der Dämonisierung im »Greuelbild« (DKV I, 332), das es zu verdecken gilt, bis zur göttlichen Epiphanie (»als hätten die Cherubim sich entkleidet«, ebd.), hinter der als »nackte Wahrheit« (DKV I, 410) sich der kaiserliche Fehltritt mit einer Bürgerlichen verbirgt. Poetisch arbeitet Kleist damit in der Tradition von höfischem Roman (Artus, Tristan) und Minnesang an der Invisibilisierung der Grenze zwischen Außen- und Innenwelt, Legitimität und Illegitimität.

An Wahrnehmungsweisen mittelalterlicher Adelskultur orientiert sich darüber hinaus das Schauspiel *Prinz Friedrich von Homburg*. Es beschäftigt sich zwar vordergründig mit dem »vaterländischen Stoff« der Schlacht von Fehrbellin (1675) und über diesen Anspielungshintergrund mit der Aktualität der Napoleonischen Kriege. Strukturell aber nimmt es zusammen mit den Erzählschemata des arturischen Doppelwegs und der Brautwerbung das Thema der Rivalität zweier auserwählter »Körper« (mit dem preußischen aber auch staufischen Königsnamen »Friedrich«) um das singuläre Herrscheramt auf (Kantorowicz 1990, beispielhaft gestaltet im mittelhochdeutschen Spielmannsepos *Herzog Ernst*, vgl. Scheuer 2007). Arrangiert wird diese Konkurrenz mit Hilfe eines heraldischen Erzählmoduls, das die Im- und Explikationen ritterlicher Identität am Wechsel der Pferdefarben exemplifiziert. Geschieht dies im höfischen Roman vermittelt über ein Drei- oder Vier-Tage-Turnier, in dessen Verlauf der Farbenwechsel der verschiedenen monochrom gerüsteten Tagessieger als heraldische Farbsequenz lesbar und damit die verborgene Person des einzig möglichen Besten entdeckt

wird, so formt Kleist das Schema im Kontext der Froben-Anekdote zum Substitutionskalkül um: Durch Kombination der Farbenpaare Weiß (Schimmel des Kurfürsten) – Rot (Fuchs des Stallmeisters) und Schwarz (Rappe des Prinzen) – Gold (Goldfuchs des Prinzen) werden zwischen den Protagonisten (Kurfürst, Stallmeister, Prinz) Umbesetzungen der repräsentativen Reiterposition vorstellbar, die den Distinktionsanspruch der Standesordnung im Bild des souveränen Herrschers *ad absurdum* führen (Scheuer 2003).

Kleists letzte Erzählung *Der Zweikampf* behandelt mit dem Gottesurteil (Ordal) wiederum ein Thema der mittelalterlichen Rechtssphäre, dessen Stoff er Jean Froissarts *Chroniques de France, d'Angleterre, d'Ecosse, de Bretaigne, d'Espaigne, d'Ytalie, de Flandres et d'Allemaigne* (14. Jh.) entnimmt. Zugleich stattet er die Beschreibung des Vorgangs aber mit anachronistischen Nebenumständen aus, »die ein mittelalterliches Gericht mit den Attributen der frühneuzeitlichen verschriftlichten Judikatur« versehen (Schubert 1985, 297). Umso befremdlicher wirkt auf den Leser, wenn der abnorme Ausgang des gerichtlichen Verfahrens jede institutionelle Urteilsfindung unterläuft und die Autorität eines unmittelbaren Eingriffs in den Gerichtskampf aussetzt. Erst dadurch kann sich historische Signifikanz ereignen und herausstellen. Indem Kleists Erzählen das raumzeitliche Kontinuum, das die Historiographie durch ihre Konstruktion einer »mittleren Zeit« beschwört, unterbricht und es mit diskontinuierlichen Erscheinungen aus dem Bereich des Zufalls, des Wunders, des Erhabenen oder des Entsetzlichen durchsetzt, wird sein Mittelalter zum Fundus für »Beispiele des Beispiellosen« (Marx 1994): für Argumente in einem historisch-exemplarischen »Wahrheitsspiel« (Müller 1998, 6).

Literatur

Boockmann, Hartmut: Mittelalterliches Recht bei Kleist. Ein Beitrag zum Verständnis des *Michael Kohlhaas*. In: KJb 1985, 84–108.
Culianu, Joan Petru: Eros und Magie in der Renaissance [1984]. Mit einem Geleitwort von Mircea Eliade. Frankfurt a.M./Leipzig 2001.
Höltenschmidt, Edith: Die Mittelalter-Rezeption der

Brüder Schlegel. Paderborn/München/Wien/Zürich 2000.

Kantorowicz, Ernst H.: Die zwei Körper des Königs. Eine Studie zur politischen Theologie des Mittelalters [1957]. München 1990.

Kasperowski, Ina: Mittelalterrezeption im Werk des Novalis. Tübingen 1994.

Liebertz-Grün, Ursula: Gotthold Ephraim Lessing als Mediävist. In: Euphorion 77 (1983), 326–341.

Marx, Stefanie: Beispiele des Beispiellosen. Heinrich von Kleists Erzählungen ohne Moral. Würzburg 1994.

Müller, Jan-Dirk: J.J. Bodmers Poetik und die Wiederentdeckung mittelhochdeutscher Epen. In: Euphorion 71 (1977), 336–352.

–: Kleists Mittelalter-Phantasma. Zur Erzählung Der Zweikampf (1811). In: KJb 1998, 3–20.

Scheuer, Hans Jürgen: Pferdewechsel – Farbenwechsel. Zur Transformation des adligen Selbstbildes in Kleists Prinz Friedrich von Homburg. In: KJb 2003, 23–45.

–: Vatermord in der Kemenate. Freuds ›Verneinung‹ und die Arbeit an den inneren Bildern im Spiegel vormodernen Erzählens (Herzog Ernst). In: Wolfgang Hegener u. a. (Hg.): Erinnern und Entdecken. Zur Aktualität Sigmund Freuds. Gießen 2007, 93–121.

Schubert, Ernst: Der Zweikampf. Ein mittelalterliches Ordal und seine Vergegenwärtigung bei Heinrich von Kleist. In: KJb 1985, 280–304.

Von Moos, Peter: Geschichte als Topik. Das rhetorische Exemplum von der Antike zur Neuzeit und die historiae im Policraticus Johanns von Salisbury. Hildesheim u. a. ²1996.

Hans Jürgen Scheuer

3. Frühe Neuzeit

Zu Kleists Zeit bilden vor allem die Antike und das Mittelalter die Spannungspole für epochenspezifische künstlerische und politische Referenzpunkte, doch auch die Frühe Neuzeit ist überaus präsent und wirkmächtig (vgl. Martin 2000), wenn es sich – ähnlich wie bei der Mittelalterrezeption (s. Kap. III.2) – auch oft genug weniger um konkrete historische Bezugnahmen als um Imaginationsräume handelt. Dennoch gibt es vor allem bei Kleist an einigen Punkten sehr konkrete Verknüpfungen zur Frühen Neuzeit, hier speziell zum 16./17. Jh. (für das 18. Jh. s. Kap. III.4ff.). Der Rückgriff auf ›voraufklärerische‹ oder ›vor-

bürgerliche‹ Zeiten dürfte nicht zuletzt Kleists adligen Herkunft geschuldet sein (s. Kap. IV.1), verweist aber auch – trotz aller Rhetorik der Innovation, wie sie seit dem 18. Jh. zunehmend kursiert – auf eine *longue durée* literarischer bzw. kultureller Strukturen, wie sie nicht erst seit der *Querelle des Anciens et des Moderns* geläufig ist.

Einen wesentlichen Imaginationsraum bildete das 16. Jh. als Zeitalter religiöser, gesellschaftlicher und politischer Umbrüche. Der Umbruch von mittelalterlicher zu frühneuzeitlicher Ordnung, der schon in Goethes *Götz von Berlichingen* thematisiert wird, findet bei Kleist eine Entsprechung im ›mittelalterlichen Ritterschauspiel‹ *Die Familie Schroffenstein*, dem zeitlich etwas unspezifisch zwischen Mittelalter und Früher Neuzeit angesiedelten *Das Käthchen von Heilbronn*, aber auch in *Der zerbrochne Krug*, bei dem zusätzlich ein durch die niederländische Genre-Malerei des 17. Jh.s bereitgestellter Imaginationsraum zitiert wird (s. Kap. IV.4). Alte und neue Rechtsordnung bilden den Hintergrund von Adams Ermittlung (gegen sich selbst), doch versinnbildlicht die ›alte Ordnung‹ keine Nähe zum Naturzustand im Sinne Rousseau'scher Zivilisationskritik (s. Kap. III.4), sondern eine alte schlechte ›adamitische‹ Ordnung, deren Ablösung nicht ungebrochen, doch für Kleists Verhältnisse vergleichsweise positiv erscheint.

Näher an den historischen Hintergrund von Goethes *Götz* rückt Kleist mit der Novelle *Michael Kohlhaas*, in der gerade die angeblich neu geschaffene (Zoll-)Ordnung die Rebellion auslöst, die ›alte‹ Obrigkeit nur mit großen Schwierigkeiten und in durchweg ambivalenter Bewertung die (alte?) Ordnung wiederherstellt und Kohlhaas in/wegen dieser Umbruchzeit »einer der rechtschaffensten und entsetzlichsten Menschen seiner Zeit« geworden ist (DKV III, 13). Ebenso ambivalent bleibt im *Kohlhaas* der Reformator Martin Luther (und damit die Reformation), doch auch die Gegenreformation verbindet Kleist in der *Heiligen Cäcilie* eher mit dem romantischen Faible für das Fabulöse als mit einer positiven Bewertung (s. Kap. IV.12). Somit bilden die Umbrüche der Frühen Neuzeit zunächst eine vage Projektionsfläche für Kleist, der sich in ständigen Rollenkonflikten befand, unter denen derjenige zwischen seiner Rolle als Angehöriger eines hochangesehenen preußischen Adels und Offiziersgeschlechts und als Anhänger der Aufklärung einer der ersten und wichtigsten war. Das durch Goethes *Götz* bereitgestellte Modell des Mannes zwischen zwei Zeitaltern dürfte damit bei Kleist einen weitaus existentielleren Charakter gehabt haben als bei Goethe.

Einen konkreteren staatspolitischen und herrschaftsgenealogischen Bezug zur Gegenwart liefert dagegen das Stück *Prinz Friedrich von Homburg*, das im 17. Jh. spielt und denjenigen Zeitpunkt aufgreift, an dem Preußen zur Großmacht wird, so dass hier ein scharfer und polemischer Kontrast zur Rolle Preußens im Kampf gegen Napoleon entsteht. Im Bereich der kleinen Prosawerke finden sich zudem Texte wie z. B. *Uralte Reichstagsfeierlichkeit, oder Kampf der Blinden gegen die Schweine* (DKV IV, 365f.) oder die letzte der drei Binnenerzählungen in *Unwahrscheinliche Wahrhaftigkeiten*, die auf Kaiser Maximilian I. bzw. die niederländischen Unabhängigkeitskriege rekurrieren. Kleists zahlreiche historische Rückbezüge auf das 16./17. Jh. nehmen damit einen recht breiten Raum im Werk ein, bieten kein völlig eindeutiges Bild, dokumentieren aber, dass die früheren Zeiten aristokratischer Herrschaft für Kleist nicht nur einen zentralen Stofffundus, sondern auch einen breiten Wissens- und Denkhintergrund geboten haben.

Philosophische Einflüsse finden sich bei Kleist zum Beispiel im Bereich der Renaissance antiken stoischen Denkens im Neostoizismus, das weit über das 16./17. Jh. hinaus virulent blieb (s. Kap. III.1) – ebenso wie die barocken Märtyrerdramen in ihren späteren kritischen Transformationen, so in Gottscheds *Sterbender Cato*, Goethes *Götz von Berlichingen*, Schillers *Wallenstein* und eben Kleists *Prinz Friedrich von Homburg*.

Durchgängig findet sich ebenso der Einfluss der Konversationstheorie bzw. Moralistik (s. Kap. IV.7), also Hofmannslehren wie Baldassare Castigliones *Il Libro del Cortigiano*, satirisch-politische Varianten wie Niccolò Machiavellis *Il Principe* (sicherlich nicht zuletzt durch die Selbststilisierung Friedrichs ›des Großen‹ als *Anti-Machiavell* – so der Buchtitel seiner Entgegnung des *Principe*), aber auch Baltasar Graciáns *Handorakel*

und Kunst der Weltklugheit und Michel de Montaignes *Essais*, die auf eine nicht unbedingt klassengebundene, ›moderne‹ Weisheit des ›wissenschaftlichen Zeitalters‹ abzielten. Entsprechend existieren um 1800 sowohl verbürgerlichte Varianten wie das Buch *Über den Umgang mit Menschen* (1788) des radikalen Aufklärers Adolph Freiherr Knigge als auch moralische und ›moralistische‹ Erzählungen, die einen wichtigen Beitrag z. B. zur ›Seelenerfahrungskunde‹ (s. Kap. IV.2) und Rechtsdiskussion (s. Kap. IV.11) leisteten und wesentliche Vorbilder für Kleists Erzählungen darstellen (s. Kap. II.2.1).

Kleists starkes Interesse an frühneuzeitlichen Stoffen dürfte zudem orientiert sein an konkreten literarischen Vorbildern, sei es an konkreten Autoren, sei es an (historischen) Genres. Für den Bereich der Dramatik spielen z. B. Shakespeare und Molière eine zentrale Rolle: Der antike Amphitryon-Stoff ist bei Kleist durch die französischen Barockautoren Molière (eigentlich: Jean Baptiste Poquelin) und Jean de Rotrou vermittelt, die auf dem deutschen Theater um 1800 präsent waren (s. Kap. II.1.2). – William Shakespeares Werke lagen u. a. in Übersetzungen durch Johann Joachim Eschenburg und Kleists Vorbild und Förderer Christoph Martin Wieland vor und waren Kleist – wie allen seinen gebildeten Zeitgenossen – bestens bekannt. Für den Dramatiker Kleist wurde er nicht zuletzt als ›Revolutionär der Form‹ bedeutsam (s. Kap. II.1.1) – und damit folgt er grundsätzlich dem ›Sturm und Drang‹, dessen Einfluss auf Kleist noch nicht ausreichend erforscht ist. Aber zugleich hatten Shakespeares Werke im ersten Jahrzehnt des 19. Jh.s auch schon die Qualität eines Bildungsguts für gelehrte Zitate und Anspielungen angenommen, wie Kleists Briefe nahelegen (z. B. »Mir ist das ganze vergangene Jahr wie ein Sommernachtstraum«, DKV IV, 303 mit Kommentar 796; vgl. ebd. 155/688, 175/701, 351/859, 378/886, 403/914).

Inhaltlich nicht weniger bedeutsam sind die Bezugnahmen auf eine überaus breite Tradition semi-fiktionaler Literatur(en), die in der Literaturwissenschaft meist im Umfeld von Novelle und Anekdote diskutiert wird (s. Kap. II.2.1). Selbst wenn Kleist die Werke von Giovanni Boccaccio und Miguel de Cervantes Saavedra bekannt waren und diese Einfluss auf seine eigenen Texte ausgeübt haben, bleibt für Kleist auch die breite Tradition der ›Historien‹ – von den ›histoires tragiques‹ bis zu den ›moralischen Erzählungen‹, von den Geschichtswerken bis zu den Relationen – von nicht zu unterschätzender Bedeutung. Dies gilt umso mehr, da barocke Geschichts-, Geschichten- und Erzählsammlungen wie z. B. die verschiedenen Varianten der *Acerra Philologica* und das *Theatrum Europaeum* noch in der zweiten Hälfte des 18. Jh.s zur geläufigen (v. a. Jugend-)Lektüre zählten, solche bzw. vergleichbare Werke also exzessiv weiter konsumiert und produziert wurden. Prominentes Beispiel für eine solche, neuere Buntschriftstellerei ist das in Leipzig 1803 bis 1812 erschienene *Museum des Wundervollen oder Magazin des Außerordentlichen in der Natur, der Kunst und im Menschenleben*, aus dessen neueren Heften sich Kleist für mehrere Anekdoten und andere kleine Prosatexte bedient hatte (vgl. Kommentar, DKV III, 928, 940, 942, 944f., 1102; vgl. auch Breuer 2001, 216f.). Die Faszination für das Wunderbare steht im Kontext der romantischen Frühneuzeitbegeisterung, ist jedoch nicht völlig daraus erklärbar (s. Kap. III.10, V.34; vgl. Schmitz-Emans 2005). Während bei Ludwig Tieck oder Adelbert von Chamisso jedoch frühneuzeitliche Prosawerke wie *Fortunatus* oder *Historia von D. Johann Fausten*, oder auch der barocke *Simplicissimus* von Grimmelshausen als Stofffundus dienen, scheint Kleist dem ›Volksbuch‹-Mythos nicht anzuhängen – ebenso scheint das Verspielt-Zauberhafte des Wunderbaren weniger von Interesse zu sein als dessen Vernunftwidrigkeit, so dass der Einbruch des (›barocken‹) Wunders (ebenso wie des Zufalls; s. Kap. V.35) letztlich einer ›Aufklärung der Aufklärung‹ dient.

Die einzelnen Geschichten interessieren so als »Beispiele des Beispiellosen« (Marx 1994), indem sie ihre eigenen Denk- und Gattungsvoraussetzungen zerstören: das mittelalterliche und frühneuzeitliche Exemplum, das noch in der aufgeklärten Variante auf dem durchschaubaren Zusammenhang von Besonderem und Allgemeinem basiert. Das Exemplum setzt – selbst in der Kleist'schen Negation – einen religiös-heilsgeschichtlichen Zusammenhang oder zumindest

eine kausallogisch interpretierbare Welt voraus – und genau der Glaube an solche Zusammenhänge erweist sich denn immer wieder als der fatale Irrtum der Figuren, in denen zugleich der Denk- und Erwartungshorizont des Lesers gespiegelt erscheint (vgl. Marx 1994, 166). Während die Aufklärung das rhetorisch geregelte und religiös gedeutete Exemplum zur profanisierten moralischen Erzählung verwandelt hatte, literarisiert Kleist die frühneuzeitlichen Erzähltraditionen (s. Kap. II.2.1) und ›physikalisiert‹ die Moral (s. Kap. IV.3, IV.9), so dass aus der ›Rhetorizität des Exemplums‹ eine »Poetik der Ausnahme« entsteht (Giuriato 2007).

Eine solche Exemplarität unterliegt auch der Allegorie und vor allem dem Emblem als Bildform des Humanismus und Barock, die durch das ganze 18. Jh. in einer säkularisierten, wenn nicht gar profanen bis trivialen Variante weiter existierte, doch bei Kleist wieder aufgewertet und dabei – vor allem im Rahmen seiner aufklärerischen Religionskritik – zugleich wieder destruiert wird (s. Kap. IV.12, V.2).

Damit unterscheidet sich Kleists ›Nutzung‹ der frühen Neuzeit auf weiten Strecken nicht von seiner Antike- und Mittelalterrezeption (s. Kap. III.1–2). Auffällig bleiben jedoch die Punkte, an denen er von zeittypischen, vor allem romantischen Rezeptionsweisen abweicht (s. Kap. IV.10) und sich entweder auf für die Aufklärung, Klassik oder den Sturm und Drang typische Anverwandlungen zurückbezieht (s. Kap. III.4–9) – oder eben direkt auf barocke Traditionen, was die Forschung nicht zuletzt auf seine Herkunft aus einem preußischen Adelsgeschlecht zurückgeführt hat (s. Kap. IV.1).

Literatur

Breuer, Ingo: »Schauplätze jämmerlicher Mordgeschichte«. Tradition der Novelle und Theatralität der Historia bei Heinrich von Kleist. In: KJb 2001, 196–225.

Giuriato, Davide: Kleists Poetik der Ausnahme. In: Jens Ruchatz u. a. (Hg.): Das Beispiel. Epistemologie des Exemplarischen. Berlin 2007, 224–240.

Martin, Dieter: Barock um 1800: Bearbeitung und Aneignung deutscher Literatur des 17. Jahrhunderts von 1770 bis 1830. Frankfurt a. M. 2000.

Marx, Stefanie: Beispiele des Beispiellosen. Heinrich

von Kleists Erzählungen ohne Moral. Würzburg 1994.

Menhennet, Alan: Rational probabilities and »Baroque« possibilities. Gellert and Kleist. In: William Collins Donahue/Scott Denham (Hg.): History and literature. Tübingen 2000, 327–340.

Schmitz-Emans, Monika: Wassermänner, Sirenen und andere Monster. Fabelwesen im Spiegel von Kleists *Berliner Abendblättern*. In: KJb 2005, 162–182.

Ingo Breuer

4. Französische Aufklärung

Bildungserfahrungen und biographische Rezeptionszeugnisse

Kleist hat zeit seines Lebens eine besondere Affinität zur Literatur und zum Denken der französischen Aufklärung besessen. Diese Nähe ist zum einen biographisch motiviert und auf die enge, wenngleich ambivalente Beziehung zurückzuführen, die er zu Frankreich und zur französischen Kultur überhaupt unterhielt. Als Zehnjähriger wurde er in Berlin in eine von Hugenotten geführte Privatschule gegeben, deren Unterrichtssprache Französisch war und die ihn mit den klassischen Werken der französischen Literatur vertraut machte (Müller-Salget 2002, 21; Bertheau 2002, 11f.). Während seiner Paris-Aufenthalte in den Jahren 1801, 1803 und 1804 lernte er aus eigener Anschauung die post-revolutionäre Gesellschaft Frankreichs kennen, in deren öffentlichem Diskurs das Gedankengut der ›lumières‹ noch immer präsent war.

Zum anderen ist der beträchtliche Einfluss zu berücksichtigen, den die französische Aufklärung auf das preußische Geistesleben besaß – nicht zuletzt aufgrund der Kulturpolitik Friedrichs II., der sich darum bemüht hatte, bedeutende Intellektuelle und Wissenschaftler (Voltaire, Maupertuis) nach Preußen zu holen (Schmidt 2003, 18). In Preußen wirkte das Denken der Aufklärung länger nach als in anderen deutschen Staaten, und dieses Denken war stark französisch geprägt. Darin liegt vielleicht eine Erklärung dafür, dass Kleist sich in seiner Auseinandersetzung mit der französischen Aufklärung fast ausschließlich auf Texte bezieht, die in der ersten Hälfte

oder um die Mitte des 18. Jh.s verfasst wurden. Das Denken der französischen Aufklärung wird für ihn durch die Namen Voltaire, Helvétius und Rousseau, vielleicht auch noch Diderot markiert, wohingegen die Werke der zu seinen Lebzeiten noch aktiven Spätaufklärer – etwa aus der Schule der ›idéologes‹ um den Marquis de Condorcet – oder der französischen Vor- und Frühromantik bei ihm auf keine erkennbare Resonanz gestoßen sind (David 1969, 12).

Dass das Gedankengut der französischen Aufklärung für Kleist von Bedeutung war, spürt der aufmerksame Leser seiner Texte auf Schritt und Tritt. Es ist jedoch nicht einfach, diese Bedeutung adäquat einzuschätzen, weil die Zahl der konkreten Rezeptionszeugnisse gering ist. Sein Verhältnis zur Literatur der französischen Aufklärung bildet in dieser Hinsicht keine Ausnahme. Namentliche Erwähnung finden bei ihm lediglich Jean-Jacques Rousseau, Claude Adrien Helvétius und Voltaire. Letzterer wird ein einziges Mal genannt, und dann auch noch in einem Atemzug mit den beiden anderen – allerdings in einem Briefzeugnis aus der Zeit des ersten Pariser Aufenthaltes, das für Kleists Beziehung zu den ›lumières‹ höchst aufschlussreich ist (DKV IV, 259). Helvétius wird zweifach erwähnt, in dem angesprochenen Pariser Brief vom 15. August 1801 und in einem Schreiben an Ulrike von Kleist aus dem Juli 1807, in dem die Schwester dazu aufgefordert wird, das Werk des Philosophen zu studieren (DKV IV, 383). Immerhin lässt dieses Zeugnis darauf schließen, dass Kleists Interesse am französischen Aufklärungsdenken sowohl die sog. ›Kant-Krise‹ des Jahres 1801 als auch die preußische Niederlage gegen Frankreich sowie seine französische Kriegsgefangenschaft überdauerte und während der Phase seiner aktiven dichterischen Produktion noch unvermindert anhielt.

Allein der Name Rousseau hat in den erhaltenen Lebenszeugnissen des preußischen Dichters deutlichere Spuren hinterlassen. Kleists Paris-Bild, wie es in den Briefen des Jahres 1801 gezeichnet wird, steht ganz im Zeichen der Hauptstadt-Kritik von Rousseaus Briefroman *La nouvelle Héloïse* (1761) (Lefèbvre 1989, 148f.). Um 1801/02 versucht Kleist, die Lehre des Genfer

Philosophen für seine praktische Lebensführung fruchtbar zu machen – zunächst in Gestalt des Planes, sich als Bauer in der Schweiz niederzulassen, später dann durch seine zeitweilige Übersiedelung auf die Delosea-Insel im Thuner See, wobei er sich an der fünften Promenade aus den *Rêveries du promeneur solitaire* orientierte. In den Briefen an seine Verlobte Wilhelmine von Zenge wird Kleist nicht müde, Rousseau zu preisen, ja er kündigt an, ihr seine sämtlichen Werke zum Geschenk zu machen (DKV IV, 203).

Lässt sich daraus zwar die Vermutung ableiten, dass Kleist mit dem Œuvre des Genfer Philosophen in toto vertraut war, so bleibt doch hier wie auch im Falle seines Interesses an Voltaire und Helvétius unklar, was genau ihn daran anzog. Diese Frage ist mit dem pauschalen Hinweis auf die kulturpessimistische Dimension des Rousseau'schen Werkes keineswegs abgetan, denn er wird der bemerkenswerten Tatsache nicht gerecht, dass Kleist die Aufklärungskritik des Genfer Philosophen nicht etwa mit dem fortschritts-optimistischen Denken der ›lumières‹ kontrastierte, sondern ihn mit den letzteren in eine Reihe stellte (DKV IV, 259 und 383; vgl. dazu David 1969, 11f.). Er ignorierte somit die heftigen Konflikte, die Rousseau mit Voltaire und Helvétius ausgetragen hatte, und insinuierte die Existenz eines untergründigen, die Widersprüche umgreifenden Zusammenhanges. Das wirft die Frage auf, ob Kleist die Schriften der ›philosophes‹ aus der aufklärungskritischen Perspektive Rousseaus, oder ob er Rousseau aus der materialistischen Perspektive der ›philosophes‹ las – oder ob sich beides bei ihm auf komplexe Weise miteinander verband. Steht Kleists Rezeption der französischen Aufklärung im Zeichen einer radikalen Kultur- und Erkenntniskritik, die das Aufklärungsdenken gegen sich selbst kehrt?

Kleists Rezeption der französischen Aufklärung: Forschung und Überblick

Da die biographischen Zeugnisse kaum Aufschluss über diese Frage geben, erscheint es angezeigt zu überprüfen, inwiefern Kleists Auseinandersetzung mit der französischen Aufklärung in seine literarischen Texten eingegangen ist. Eine systematische Untersuchung liegt dazu bislang noch nicht vor – sie ist ein dringendes Desiderat der Forschung. Es existiert lediglich eine Reihe von Einzelstudien, die dem Einfluss bestimmter Autoren auf Kleist bzw. auf spezifische seiner Werke gewidmet sind. Daraus ergibt sich naturgemäß kein einheitliches Bild, ein Überblick über diese Arbeiten lässt aber doch einige wichtige Tendenzen erkennbar werden.

Voltaire: In der Forschung wird allgemein darauf hingewiesen, dass Kleists Darstellung des religiösen Fanatismus und der Bigotterie (etwa in den Erzählungen *Das Erdbeben in Chili*, *Der Findling* und *Die heilige Cäcilie oder Die Gewalt der Musik*) vor dem Hintergrund der Voltaire'schen Religionskritik zu betrachten sei (Schmidt 1974, 17f.). In eine ähnliche Richtung ziele die Darstellung des Rechtswesens in *Michael Kohlhaas* und in *Der zerbrochne Krug* – sie erneuere den justizkritischen Diskurs, den Voltaire angesichts der Missstände in der Gerichtsbarkeit des *ancien régime* in Gang gesetzt habe (Schmidt 2003, 22–24). Doch nicht nur in gesellschaftskritischer Hinsicht, auch in Bezug auf Erkenntniskritik scheint Voltaire für Kleist einen wichtigen Orientierungspunkt zu markieren: *Das Erdbeben in Chili* enthält deutliche Anspielungen auf die in Voltaires satirischem Roman *Candide ou l'optimisme* (1759) enthaltene Darstellung des Erdbebens von Lissabon und somit auf dessen Kritik an der Theodizee-Konzeption des rationalistischen Philosophen Gottfried Wilhelm Leibniz, welche die optimistische Ausrichtung speziell des deutschen Aufklärungsdenkens bestimmte (Hamacher 1998, 245f.). Voltaire hatte bereits in seinem *Poème sur le désastre de Lisbonne* (1756) die Vorstellung einer teleologisch geordneten Welt und ihre Erkennbarkeit durch den Menschen in Frage gestellt (Bourke 1983). Indem Kleist die Theodizee-Kritik in seiner *Erdbeben*-Erzählung radikalisiere, greife er den Punkt im Denken Voltaires auf, der eine pessimistische Wende des französischen Aufklärungsdiskurses zum Skeptizismus und zur Selbstinfragestellung signalisiert hatte (Appelt/Grathoff 1986, 60).

Helvétius: Das Verhältnis zwischen Kleist und Helvétius ist bislang nur wenig erforscht worden. Einen möglichen Ansatzpunkt dazu bietet die vom preußischen Dichter wiederholt artikulierte Vorstellung, dass ein und dieselbe Gesetzmäßigkeit über die physische und moralische Welt herrsche (vgl. etwa DKV III, 523, 546). Die Gegenüberstellung von physischer und moralischer Welt ist im französischen Denken des 18. Jh.s ein verbreiteter Topos (Moering 1972, 36–38), wird aber von Helvétius mit besonderem Nachdruck und aus materialistischer Perspektive betrieben. Die Instanz, die laut Helvétius das menschliche Denken und Handeln in Analogie zur Newton'schen Gravitationskraft bestimmt, ist das partikulare Interesse, die Eigenliebe (Helvétius 1758, I 73). Sie ist für die Täuschungsanfälligkeit des Menschen verantwortlich (er sieht nur, was er sehen *will*); sie macht zudem die Annahme eines angeborenen Organs moralischer Erkenntnis (*moral sense*) hinfällig. Diese letztlich dem moralistischen Diskurs der Frühen Neuzeit entstammende Vorstellung einer irreduziblen Interessiertheit des menschlichen Verhaltens (Helvétius stellt sich explizit in die Tradition von Montaigne und La Rochefoucauld; vgl. Helvétius 1758, I 49ff., 176ff.) hat sich Kleist schon früh zu eigen gemacht. Wenn er etwa in seiner Erklärung des berühmten Torbogen-Gleichnisses ausführt, dass der Bogen sich hält, »weil alle Steine auf einmal einstürzen *wollen*« (DKV IV, 159; Hervorh. C.M.), so evoziert er Newtons Gravitationsgesetz und führt das moralische Äquivalent dazu auf die partikularen Willensbestrebungen der Individuen zurück, die zwar alle ihre jeweiligen Einzelinteressen verfolgen, eben darin aber einem gemeinsamen Gesetz gehorchen. Die Entlarvung des Eigeninteresses, das dem vermeintlich unparteiischen Urteil oder der vorgeblich altruistischen Mitleidsempfindung zugrundeliegt, ist eine moralistische Strategie, die Kleist vor allem in seinen Erzählungen, besonders deutlich aber im *Findling* anwendet (Behrens 1985). Wie im Falle seiner Voltaire-Rezeption greift er auch aus dem Denken Helvétius' vorrangig die Elemente heraus, die einer negativen Anthropologie dienstbar gemacht werden können.

Rousseau: Die Forschung hat der Rousseau-Rezeption Kleists schon immer besondere Bedeutung zugemessen. Die Einschätzung dieser Beziehung hat in den letzten Jahren jedoch einen starken Wandel erfahren. Die ältere Forschung (Xylander 1937; Ayrault 1966) charakterisierte den Dichter Kleist als einen bedingungslosen Irrationalisten und sah daher in der sog. ›Kant-Krise‹ den entscheidenden Wendepunkt seiner Laufbahn, der die Abkehr vom Vernunftglauben der Aufklärung und die Hinwendung zur innerlichen Instanz des Gefühls markiere. Rousseau habe den preußischen Dichter in die Geheimnisse des ›sentiment intérieur‹ eingeweiht und ihm die Überzeugung vermittelt, »que notre sentiment personnel est le seul juge et le meilleur guide de nos actes« (Ayrault 1966, 277). Dieser Absolutsetzung des Gefühls korrespondiere eine spezifische Auffassung menschlicher Soziabilität, die Kleist mit seinem Lehrmeister Rousseau geteilt habe: eine radikale Gesellschaftskritik, die sich nicht damit begnüge, bestimmte soziale Missstände aufzudecken, sondern den Gesellschaftszustand in toto ablehne, weil der Mensch durch Vergesellschaftung notwendigerweise seiner affektiven Innerlichkeit entfremdet werde (Streller 1967). Die ältere Forschung sah in Rousseau somit einen romantischen Individualisten, der einen rückhaltlosen Bruch mit der Aufklärung vollzog und gerade darin zum Vorbild für den preußischen Dichter wurde. Den Einfluss dieses vermeintlich rousseauistischen Denkens glaubte sie in nahezu allen Werken Kleists aufspüren zu können – besonders deutlich manifestiere er sich in den frühen Texten (*Die Familie Schroffenstein, Das Erdebeben in Chili*), während sich der Fokus in den späten Dramen (*Die Herrmannsschlacht, Prinz Friedrich von Homburg*) von den Gefühlen des Individuums auf kollektive Gefühlsbindungen (Patriotismus) verlagere, womit eine positivere Bewertung der Gesellschaft einhergehe.

Die neuere Forschung hat diese einseitig an der Gefühlskategorie ausgerichtete Interpretation der Beziehung zwischen Kleist und Rousseau einer Revision unterzogen. In einem ersten Schritt hat sie aufgezeigt, dass von einer kognitiven Nobilitierung des Gefühls bei Kleist keinesfalls die Rede sein könne: Seine Texte führten vielmehr vor, dass das Gefühl nicht minder in die Mechanismen der Täuschung und des Irrtums verstrickt sei als die Vernunft (Müller-Seidel 1971; Schmidt

1974, 12–26). In einem zweiten Schritt wurde dargelegt, dass die Problematisierung des Gefühls als einer kognitiven Instanz schon bei Rousseau selbst zu verzeichnen sei – er habe das »sentiment« zwar einerseits als Ausweg aus den Aporien der Ratio propagiert, andererseits aber auch seine Fehlbarkeit eingestanden und den Versuch unternommen, ihr in moralistischer Manier durch erkenntnispsychologische Analyse auf den Grund zu gehen. Gerade in punkto Gefühlskritik habe Kleists Analyse somit an Rousseau anschließen können (Moser 1993). Drittens schließlich wurde der Nachweis erbracht, dass Kleist sich nicht nur an denjenigen Texten Rousseaus orientierte, in denen das Gefühl verherrlicht und die Gesellschaft verdammt wird. Wichtige Anregungen empfing er vielmehr auch durch das autobiographische Spätwerk des Genfer Philosophen (Böschenstein 1981/82) und durch die Sprachkritik des *Essai sur l'origine des langues* (Stephens 1984). Die neuere Forschung sieht in Rousseau also nicht mehr den Proto-Romantiker, der den rationalistischen Vernunftglauben gegen irrationalistische Gefühlsgewissheit eintauscht, sondern einen Denker, der das erkenntniskritische Projekt der Aufklärung fortsetzt, radikalisiert und gegen sich selbst wendet. In dieser skeptizistischen Überbietung aufklärerischer Kritik erkennt sie den Anknüpfungspunkt für die Versuchsanordnungen, die Kleist in seinen Texten in Szene setzt.

Diderot: Schließlich sind in der Forschung vereinzelt Hinweise auf eine mögliche Rezeption der Schriften Denis Diderots durch Kleist zu finden. Die Untersuchungen konzentrieren sich bislang auf die Abhandlung *Über das Marionettentheater:* Die darin vorgestellten Konzepte der Grazie und der Ziererei orientierten sich an Gedanken, die Diderot in seinem *Paradoxe sur le comédien* entwickelt habe (Brodsky 1992), während Kleists virtuose Handhabung der Gesprächsform an den ironischen Dialogschriften des französischen Autors, insbesondere am *Neveu de Rameau* geschult sei (Brown 1980).

Dem Überblick über die bisherige Forschungsdiskussion lässt sich entnehmen, dass Kleist das Denken der französischen Aufklärung offenbar vorrangig unter den Gesichtspunkten der Erkenntnisskepsis sowie einer negativen Anthropologie rezipiert hat. Der Diskurs der ›lumières‹ interessiert ihn insofern, als er die dem kognitiven Vermögen des Menschen gesetzten Grenzen herausarbeitet, die Verstrickung der Vernunft in die Leidenschaften thematisiert und die teleologische Ordnung der Welt anzweifelt. Mag das Bild der französischen Aufklärung, das unter diesen Vorzeichen entsteht, auch einseitig und tendenziös erscheinen, so erfasst es doch eine ihrer tatsächlich vorhandenen Tendenzen. Kleists skeptizistische Sicht findet im französischen Aufklärungsdiskurs zwei konkrete Anhaltspunkte: zum einen in der konsequent empiristischen Ausrichtung des Philosophierens, die in ihrer spezifisch französischen Variante eine sensualistisch-materialistische Zuspitzung erfährt. Alle Erkenntnisse des Menschen und alle seine kognitiven Vermögen werden genetisch aus der sinnlichen Wahrnehmung hergeleitet, wodurch das Wissen zugleich in enge Schranken gewiesen wird – die Möglichkeit der Einsicht in das substantielle Wesen, das den Erscheinungen zugrundeliegt, wird prinzipiell ausgeschlossen. Einen zweiten Anhaltspunkt bildet das Fortwirken der moralistischen Tradition, der die französische Aufklärung in mancherlei Hinsicht verpflichtet bleibt, so etwa in ihrer Bereitschaft, die das Handeln der Menschen leitenden Werte relativierend auf Umweltfaktoren und affektive Voreinstellungen zurückzuführen, anstatt universal gültige Normen zu hypostasieren.

Unter diesen Voraussetzungen erscheint es denkbar, dass die skeptizistischen und relativistischen Tendenzen der französischen Aufklärung zum Ausbruch der Erkenntniskrise beigetragen haben, an der Kleist spätestens seit dem Frühjahr 1801 laborierte und die in der Forschung lange Zeit nur mit dem Namen Kant assoziiert wurde. In einer rückblickenden Betrachtung, die Marie von Kleist, eine der engsten Vertrauten des Dichters, wenige Wochen nach seinem Tod anstellte, ist hinsichtlich dieser Krise jedenfalls nicht von Kant, wohl aber von Frankreich die Rede: »Französische Literatur, Umgang mit Freigeistern hatten leider Zweifel in ihm [sic!] gebracht. Er rang, um sie los zu werden, er kämpfte nach Überzeugung« (Nachruhm Nr. 88). Wenngleich Kleists

Auseinandersetzung mit der französischen Aufklärung sicherlich nicht als alleinige Ursache seiner Erkenntnisskepsis angesehen werden kann, so hat sie ihr doch eine charakteristische Prägung verliehen: den pyrrhonistischen Zug eines radikalen Erkenntniszweifels sowie den moralistischen Zug einer Entlarvungsfreude, welche das vermeintlich Großartige im Bereich menschlichen Handelns bis auf seine unscheinbaren Quellen im Walten des Zufalls wie auch in den Mechanismen der Psyche zurückverfolgt.

Kleists Rousseau-Rezeption: Ein Sonderfall?

Vor dem Hintergrund der besonderen Färbung, die Kleist seinem Bild von der französischen Aufklärung verleiht, wird es verständlich, warum er davon absieht, Rousseau scharf gegenüber den (anderen) Aufklärern abzugrenzen. Die Erkenntniskrise führt keineswegs dazu, dass er sich, wie die ältere Forschung behauptet, in die Arme Rousseaus flüchtet, um einer romantischen Gefühlsmetaphysik zu huldigen. Vielmehr wahrt er auch dem Genfer Philosophen gegenüber eine kritische Distanz. Kleist benutzt moralistische Gedankenfiguren, die er bei Helvétius und anderen vorfindet, um Widersprüche im Denken Rousseaus herauszupräparieren. Umgekehrt dient ihm der kulturkritische Ansatz Rousseaus dazu, die fortschrittsoptimistische Komponente im Werk Voltaires und Helvétius' in Frage zu stellen. Er spielt beide Seiten gegeneinander aus und legt auf diese Weise das skeptizistisch-relativistische Substrat ihres Denkens frei. Einen frühen Beleg für dieses an die pyrrhonistische Hypotypose gemahnende Lektüreverfahren bietet der bereits erwähnte Pariser Brief vom 15. August 1801 (DKV IV, 258–63; eine genaue Analyse des Briefes bietet Moser 2000a). Darin attackiert Kleist zunächst aus rousseauistischer Perspektive das »in prächtigen Bänden« gesammelte Wissen der ›lumières‹, das nichts dazu beigetragen habe, den in Frankreich allgegenwärtigen Sittenverfall zu verhindern, ihn vielmehr wohl eher befördert habe. Sodann dekonstruiert er jedoch die Opposition zwischen Natur- und Gesellschaftszustand, die dieser Perspektive zugrundeliegt (»wir mögen am Ende aufgeklärt oder unwissend sein, so haben wir da-

bei so viel verloren, als gewonnen«), um schließlich – unter Rekurs auf das von Helvétius übernommene Argument, dass die wahren Motive unseres Handelns uns immer verborgen bleiben (Helvétius 1758, I 68) – die Existenz eines »sentiment intérieur« zu bestreiten und im totalen Relativismus zu enden: »Dieselbe [innere] Stimme, die dem Christen zuruft, seinem Feinde zu vergeben, ruft dem Seeländer zu, ihn zu braten u mit Andacht ißt er ihn auf« (DKV IV, 261).

Diese eigentümliche Mischung von Agonalität und Gefolgschaft, die Kleists Lektüreverfahren kennzeichnet, gilt es zu berücksichtigen, wenn man sich daran begibt, sein Verhältnis zu Rousseau näher zu beleuchten. Kleist macht sich rousseauistische Konzepte und Reflexionsfiguren nicht einfach affirmativ zu eigen, vielmehr schreibt er im Widerspruch *gegen* sie, wobei er sich allerdings der Widersprüche bedient, die *in* ihnen bereits wirksam sind. Denn Rousseau selbst treibt seine Kulturkritik bewusst so weit, dass sie sich in Paradoxien verstrickt: »[P]ardonez-moi mes paradoxes. Il en faut faire quand on réfléchit« (Rousseau 1959ff., IV 323). Aufgrund dieser Neigung zum Paradoxen ist Rousseaus Werk in den letzten Jahren zu einem bevorzugten Gegenstand dekonstruktiver Lektüren geworden (Jacques Derrida, Paul de Man), doch man übertreibt gewiss nur wenig, wenn man Kleist als einen der ersten dekonstruktiven Leser Rousseaus bezeichnet. Die dekonstruktive Überbietung der im Werk des Genfer Philosophen angelegten Widersprüche ist bei ihm freilich kein Selbstzweck, sondern steht im Dienste einer skeptizistischen Anthropologie. Er liest Rousseau aus moralistischer Perspektive (vgl. Moser 2000a). In dieser Hinsicht lassen sich drei Themenkomplexe identifizieren, die für Kleists Rousseau-Rezeption von besonderer Bedeutung sind:

Erkenntnispsychologie: Ähnlich wie Helvétius geht Rousseau davon aus, dass der Mensch, der den Naturzustand verlassen und somit das ursprüngliche Gleichgewicht seiner Gemütskräfte verloren hat, in seiner Erkenntnistätigkeit von einer irreduziblen Interessiertheit bestimmt wird. Doch Rousseau vertieft die moralistische Analyse, indem er aufzeigt, dass das Verhältnis von »sentir« und »juger« im Zeichen eines antizipatorischen Verlangens steht: Die durch ein exzentrisches Begehren angetriebene Urteilskraft greift der sinnlichen Wahrnehmung vor und vergegenständlicht sich im Objekt der Empfindung, die daher immer eine illusorische Komponente besitzt (Moser 1993; Stephens 1998). Für die Defizienz seines kognitiven Apparats wird der Mensch laut Rousseau durch die Instanz des inneren Gefühls entschädigt. Wer sich des Gebrauchs seiner Urteilskraft so weit wie möglich enthält, dem verschafft das »sentiment intérieur« demnach Aufschluss über das wahre Wesen der Dinge. Aus der Erläuterung seiner Funktionsweise geht dann allerdings hervor, dass das moralische Gefühl dem gleichen aberranten Mechanismus der antizipatorischen Vergegenständlichung unterliegt wie die Urteilskraft. So vermag Rousseau die Ursache der Himmelsbewegungen rational nicht einzusehen, »mais la persuasion intérieur me rend cette cause sensible, [...] que, si la terre tourne, je crois sentir une main qui fait la tourner« (Rousseau 1959ff., IV 354). Das moralische Gefühl vergegenständlicht sich in der illusorischen Wahrnehmung eines physischen Objekts, der Hand Gottes. Kleist greift das Paradox des auf das Physische regredierenden »sentiment morale« auf und spitzt es in seinen literarischen Versuchsanordnungen zu – in der *Familie Schroffenstein* etwa, wo das moralische »Rechtgefühl« der Figuren sich als zutiefst in die Struktur des Vorurteils verstrickt erweist und sich am Körper (dem abgeschnittenen Finger des Knaben) artikuliert, oder im *Amphitryon*, wo die Protagonistin Alkmene aufgrund ihres inneren Gefühls stets denjenigen für den wahren Amphitryon hält, der gerade physisch zugegen ist, in dessen Körper sie mithin ihr moralisches Empfinden vergegenständlichen kann, oder in *Die Verlobung in St. Domingo*, wo Gustav Strömli seine moralische Überzeugung von der Schuld oder Unschuld Tonis in der Wahrnehmung ihrer Hautfarbe zu materialisieren sucht (Moser 1993, 6–36). Kleist entlarvt das moralische Gefühl (in allen seinen Varianten: als Gewissensspruch, Mitleidempfindung, Liebeserkenntnis oder Gottesschau) als Körpergefühl. Das erkenntnispsychologische Instrumentarium, dessen er sich zu diesem Zweck bedient, übernimmt er von Rousseau, die Stoßrichtung seiner

Analyse ist jedoch eine moralistisch-aufklärerische: die Aufdeckung der sinnlich-begehrlichen Interessiertheit, die dem vorgeblich altruistischen »sentiment intérieur« innewohnt.

Sprachtheorie: In seiner Sprachtheorie, die im zweiten *Discours* und im *Essai sur l'origine des langues* entwickelt wird, argumentiert Rousseau, dass derjenige, der sich des Instruments der Sprache bedient, seine in einer inneren Sphäre der Eigentlichkeit geborenen Gedanken und Gefühle der Gefahr des Missverstehens und der Entfremdung ausliefert. Diese Gefahr wird noch potenziert, wenn die Schrift an die Stelle der gesprochenen Rede tritt. Die Sprache ist zudem durch die Schwäche des menschlichen Erkenntnisapparats gezeichnet – ihre Wörter fixieren die seit dem Verlassen des Naturzustands unvermeidlichen Vorurteile und Irrtümer einer gefallenen Vernunft. Kleist macht sich die radikale Sprachskepsis Rousseaus zu eigen, verleiht ihr jedoch ein ambivalentes Ansehen. Auf der einen Seite beklagt auch er, dass die Wörter »die Seele nicht mahlen« können (DKV IV, 196); in seinen Dramen (besonders deutlich in der *Familie Schroffenstein*) führt er die Sprache als ein Vehikel des Vorurteils vor, das nicht als ein ausgleichendes Verständigungsmittel, sondern als ein Katalysator des Streits und der Gewalt fungiert (Seeba 1970); in den Erzählungen schließlich wird die verhängnisvolle Macht der Schrift exponiert – etwa in Gestalt der von Michael Kohlhaas verfassten Mandate, in denen das ursprüngliche »Rechtgefühl« des Rosshändlers zum terroristischen Wahnsinn verzerrt wird (Stephens 1984, 162f.). Auf der anderen Seite bewertet Kleist die mit der Gewalt verkoppelte Sprachnot aber auch durchaus positiv. In seinem Aufsatz *Über die allmähliche Verfertigung der Gedanken beim Reden* legt er dar, dass das Individuum, das es wagt, seine unfertigen Gedanken dem Medium der Sprache anzuvertrauen, sich auf diese Weise nicht etwa entfremdet oder an das Außen verliert, sondern dadurch allererst die Möglichkeit gewinnt, sich zu (er-)finden und seine Gedanken hervorzubringen. Die Verfertigung der Gedanken beim Reden ist ein agonales Geschehen – die Auseinandersetzung mit einem Gegner, dem es zuvorzukommen und die Rede zu entreißen gilt. Der

Gewaltcharakter der Sprache erscheint hier unter seinem produktiven Aspekt: Wahrheit entsteht laut Kleist weder durch einsames Meditieren noch im vernünftigen dialogischen Austausch unter Gleichberechtigten, sondern in Situationen extremer Bedrängnis, für die paradigmatisch der Krieg, das Verhör und das Examen einstehen. Doch auch mit diesem Konzept der schöpferischen Sprachnot (Neumann 1994, 16) radikalisiert Kleist letztlich einen rousseauistischen Ansatz. Nach dem Scheitern seines Versuchs, die französische Öffentlichkeit durch den aufrichtigen Wahrheitsdiskurs der *Confessions* (1782/89) von seiner natürlichen Unschuld zu überzeugen, hatte Rousseau unter dem Titel *Rousseau juge de Jean-Jacques* eine Autobiographie in Gesprächsform verfasst. Diese *Dialogues* sind kein Gespräch im eigentlichen Sinne, sondern orientieren sich am juridischen Modell der Wahrheitsfindung. Rousseau führt darin einen Prozess gegen sich selbst, er unterzieht sich einem geschärften Verhör, um die Wahrheit wiederzuerobern, die er im Bekenntnis an seine Gegner entäußert hatte. In ihrer Insistenz auf dem agonalen Charakter der Wahrheitserzeugung weisen die *Dialogues* auf die vielfältigen Szenarien des Verhörs voraus, die Kleist in seinen literarischen Text entwirft (Moser 2000b).

Kultur- und Gesellschaftskritik, Geschichtsphilosophie: Die kulturkritische Dimension des Kleist'schen Œuvres ist diejenige, die am stärksten unter dem Einfluss Rousseaus zu stehen scheint. Kulturpessimistische Motive finden sich bei Kleist überall, angefangen bei der durch Rousseaus *La Nouvelle Héloïse* inspirierten Polemik gegen das korrupte Hauptstadtleben in den Pariser Briefen, über die an die Eigentumskritik des zweiten *Discours* angelehnte Darstellung der Folgen des Erbvertrags in der *Familie Schroffenstein*, über die Repräsentation der Zivilisationsgeschichte als eines Verfallsprozesses in der theoretischen Skizze *Betrachtungen über den Weltlauf* (DKV III, 542), bis hin zu dem in *Über das Marionettentheater* skizzierten anthropologischen Modell, das die durch Reflexion »in der natürlichen Grazie des Menschen« hervorgebrachten »Unordnungen« mit der Instinktsicherheit des Tiers und der Gleichförmigkeit maschinell erzeugter Bewegung kontrastiert (DKV III, 560).

Doch auch im Bereich von Kulturkritik und Geschichtsphilosophie macht sich Kleist rousseauistische Gedankenfiguren nicht vorbehaltlos zu eigen, sondern unterzieht sie einer Radikalisierung. Grundlegend für Rousseaus kulturkritische Geschichtskonzeption ist die Unterscheidung zwischen Natur- und Gesellschaftszustand, die im zweiten *Discours* (1754) systematisch entfaltet wird. Einerseits behauptet er dort, dass der Ausgang des Menschen aus seinem ursprünglichen Zustand keinerlei Notwendigkeit besessen habe und auf äußerliche Zufälle (»[d]es concours singuliers et fortuits de circonstances«; Rousseau 1959ff., III 142) zurückzuführen sei. Andererseits gibt er zu verstehen, dass diese Zufälle nur deshalb wirksam werden konnten, weil der Mensch die Anlage zur Kulturentwicklung in Gestalt der Perfektibilität von Anfang an in sich hatte, der Naturmensch mit dem Keim der Denaturierung also je schon infiziert war. Dieses paradoxe Zugleich von Zufall und Notwendigkeit bildet den Ansatzpunkt für Kleists Überbietung der rousseauistischen Kulturkritik, die sich in zwei unterschiedliche Richtungen bewegt. Zum einen forciert Kleist die von Rousseau betriebene Aufwertung des Zufalls, den er in seinen theoretischen und literarischen Texten zur Haupttriebkraft geschichtlicher Veränderung erhebt. Auch in dieser Hinsicht liest Kleist Rousseau durch die Brille seines Widersachers Helvétius, der (seinerseits in Anlehnung an die ältere Moralistik) die Fortschritte der Menschheit aus dem Wirken des Zufalls hervorgehen lässt (Helvétius 1758, II 211ff.). Der Zufall wird für Kleist zu einer effektiven Waffe, mit der (besonders augenfällig in der *Erdbeben*-Erzählung) das teleologische Geschichtskonzept des auf Leibniz und Wolff basierenden deutschen Aufklärungsdenkens, aber auch das triadische Geschichtsmodell des deutschen Idealismus aus den Angeln gehoben wird. Zum anderen greift er die Vorstellung des den Keim der Denaturierung bereits in sich tragenden Naturzustandes auf und baut sie zum Konzept des mit einem Schaden behafteten, »in der Not hingesetzten Anfang[s]« aus (DKV III, 537f.; Neumann 1994). Wie das Gesellschaftliche den natürlichen Urzustand als originäre Korruption unterläuft und in sich spaltet, so wirkt umgekehrt das Primitive des Ursprungs auf irritierende Weise als nie ganz zu überwindende Naturhaftigkeit in der Gesellschaft fort. Bei Kleist geht der Naturzustand dem Gesellschaftszustand nicht voran, vielmehr existiert er in einer widersprüchlichen Gleichzeitigkeit mit ihm (Böschenstein 1978) – allerdings nicht als praktikable Alternative zur gesellschaftlichen Entfremdung, sondern als ein Moment des Entfremdungskomplexes selbst: als unkontrollierbarer Einbruch der Triebnatur in die moralische Welt oder aber als ein trügerisches Phantasma der Transparenz, das maßgeblich zur Desintegration von Ordnungen und zur Eruption von Gewalt beiträgt.

In diesem Zusammenhang sind die idyllischen Unterbrechungen zu sehen (etwa der pseudo-paradiesische Mittelteil der *Erdbeben*-Erzählung oder die Liebesbegegnung zwischen der Amazonenkönigin und Achill im 15. Auftritt der *Penthesilea*), die ein wichtiges Strukturelement der Kleist'schen Texte markieren. Diese Idyllen stehen im Zeichen der Illusion und Verblendung; die gesellschaftliche Katastrophe wirkt nicht von außen in sie hinein, sondern wird aus ihnen selbst heraus motiviert (Schneider 1988, 149). Die Sehnsucht nach unschuldiger Reinheit besitzt bei Kleist ein zerstörerisches Potential. Die männlichen Protagonisten seiner Texte werden oft durch das Verlangen angetrieben, die weibliche Ursprungs- und Unschuldsnatur (im doppelten Wortsinne) zu erkennen – ein Verlangen, das paradoxerweise nur dadurch zum Ziel gelangen kann, dass es vernichtet, wonach es begehrt (Moser 1993). Doch nicht nur die Reinheit des Anfangs, auch die Vorstellung eines vollkommenen Endzustandes wird von Kleist in Frage gestellt. Rousseau entwirft in *Du contrat social* das Programm einer radikalen Gesellschaftsreform, welche die ursprüngliche Gleichheit unter den Menschen durch einen republikanischen Gesellschaftsvertrag wiederherstellen soll. Die Amazonengesellschaft, die in *Penthesilea* vorgeführt wird, geht, wie deutliche Anspielungen auf den *contrat social* nahelegen (Wolff 1947, 437–458), aus einem solchen revolutionären Akt hervor, doch Kleist macht klar, dass auch dieser Versuch eines absoluten Neuanfangs mit einem Schaden behaftet ist und Elemente jener barbarischen

Vorläufersozietät reproduziert, die doch überwunden werden sollte. Es gibt bei Kleist kein Entkommen aus der unreinen Verschlingung des Natürlichen mit dem Gesellschaftlichen, des Triebhaft-Animalischen mit dem Geistigen.

Kleists Rousseau-Nachfolge beinhaltet also ein Moment der Sezession und der agonalen Widerspenstigkeit. Er greift die in Rousseaus Theorie bereits angelegten Paradoxien auf und treibt sie ins Extrem – bis hin zu dem Punkt, an dem ihre basalen Oppositionen in sich zusammenbrechen. Was für das Verhältnis Kleist-Rousseau im Besonderen gilt, gilt aber auch für seine Beziehung zu den ›lumières‹ im Allgemeinen. Es ist paradox, dass Kleist bei seinem Vorhaben, eine radikal aufklärungskritische Position zu beziehen, auf Denkfiguren rekurriert, die zum Grundbestand der französischen Aufklärung gehören. Er wendet das Aufklärungsdenken somit gegen sich selbst. Aber eben dadurch bekundet er eine genuine Affinität zu den ›lumières‹. Denn eine dieser Denkfiguren ist ja gerade das Paradoxon. Was Kleist vor allem mit der französischen Aufklärung verbindet, ist die Abneigung gegen dogmatisches Systemdenken, an dessen Stelle eine essayistische, experimentelle und ›witzige‹ Spielart der Reflexion sowie die ihr korrespondierenden Darstellungsformen treten: Paradoxon, Fallgeschichte, Anekdote, Aphorismus und Epigramm (Moering 1972, 70–136). Einmal mehr zeigt sich hierin, dass Kleist sich vor allem von den Aspekten des französischen Aufklärungsdiskurses angesprochen fühlte, die auf die ältere Tradition der Moralistik verweisen.

Literatur

Appelt, Hedwig/Grathoff, Dirk: Heinrich von Kleist. Das Erdbeben in Chili. Stuttgart 1986.

Ayrault, Roger: Heinrich von Kleist. Edition définitive. Paris 1966.

Behrens, Rudolf: *Der Findling* – Heinrich von Kleists Erzählung von den infortunes de la vertu im Spannungsfeld zwischen Helvétius und Rousseau. In: Angel San Miguel/Richard Schwaderer/Manfred Tietz (Hg.): Romanische Literaturbeziehungen im 19. und 20. Jahrhundert. Fs. für Franz Rauhut zum 85. Geburtstag. Tübingen 1985, 9–28.

Bertheau, Jochen: Kleists französische Bildung. In: HKB 12 (2002), 9–81.

Böschenstein, Bernhard: Quelques considérations sur la presence de Rousseau dans l'œuvre de Kleist. In: Revue de théologie et de philosophie 110 (1978), 403–411.

–: Kleist und Rousseau. In: KJb 1981/82, 145–156.

Bourke, Thomas E.: Voltaire's *Poème sur le désastre de Lisbonne* and Kleist's *Erdbeben in Chili*. In: Karl Richter/Jörg Schönert (Hg.): Klassik und Moderne. Fs. für Walter Müller-Seidel. Stuttgart 1983, 228–253.

Brodsky, Claudia: Whatever Moves You: »Experimental Philosophy« and the Literature of Experience in Diderot and Kleist. In: Nancy A. Kaiser (Hg.): Traditions of Experiment from the Enlightenment to the Present. Ann Arbor 1992, 17–43.

Brown, Hilda M.: Diderot and Kleist. In: Alexej Ugrinsky (Hg.): Heinrich von Kleist-Studien. Berlin 1980, 139–145.

David, Claude: Kleist und Frankreich. In: Walter Müller-Seidel (Hg.): Kleist und Frankreich. Berlin 1969, 9–26.

Hamacher, Werner: Das Beben der Darstellung. Kleists *Erdbeben in Chili* [1985]. In: Ders.: Entferntes Verstehen. Studien zu Philosophie und Literatur von Kant bis Celan. Frankfurt a.M. 1998, 235–279.

Helvétius, Claude Adrien: De l'esprit. 2 Bde. Paris 1758.

Lefebvre, Joël: Kleist à Paris en 1801. In: Etudes Germaniques 44 (1989), 141–157.

Moering, Michael: Witz und Ironie in der Prosa Heinrich von Kleists. München 1972.

Moser, Christian: Verfehlte Gefühle. Wissen – Begehren – Darstellen bei Kleist und Rousseau. Würzburg 1993.

–: Angewandte Kontingenz. Fall-Geschichten bei Kleist und Montaigne. In: KJb 2000[a], 3–32.

–: Prüfungen der Unschuld: Zeuge und Zeugnis bei Kleist und Rousseau. In: Tim Mehigan (Hg.): Heinrich von Kleist und die Aufklärung. Columbia/South Carolina 2000[b], 192–212.

Müller-Salget, Klaus: Heinrich von Kleist. Stuttgart 2002.

Müller-Seidel, Walter: Versehen und Erkennen. Eine Studie über Heinrich von Kleist [1961]. Köln/Graz ³1971.

Neumann, Gerhard: Das Stocken der Sprache und das Straucheln des Körpers. Umrisse von Kleists kultureller Anthropologie. In: Ders. (Hg.): Heinrich von Kleist. Kriegsfall – Rechtsfall – Sündenfall. Freiburg i.Br. 1994, 13–29.

Rousseau, Jean-Jacques: Œuvres complètes. 5 Bde. Hg. von Bernard Gagnebin und Marcel Raymond. Paris 1959ff.

Schmidt, Jochen: Heinrich von Kleist. Studien zu seiner poetischen Verfahrensweise. Tübingen 1974.

–: Heinrich von Kleist. Die Dramen und Erzählungen in ihrer Epoche. Darmstadt 2003.

Schneider, Helmut J.: Verkehrung der Aufklärung. Zur Destruktion der Idylle im Werk Heinrich von Kleists. In: Kodikas/Code. Ars Semeiotica 11 (1988), 149–165.

Seeba, Hinrich C.: Der Sündenfall des Verdachts. Identitätskrise und Sprachskepsis in Kleists *Familie Schroffenstein*. In: Deutsche Vierteljahrsschrift für Literaturwissenschaft und Geistesgeschichte 44 (1970), 64–101.

Stephens, Anthony: »Eine Träne auf den Brief«. Zum Status der Ausdrucksformen in Kleist Erzählungen. In: Jb. der Deutschen Schiller-Gesellschaft 28 (1984), 315–348.

–: Antizipation als Strukturprinzip im Werk Kleists. In: Jb. der Deutschen Schiller-Gesellschaft 42 (1998), 195–213.

Streller, Siegfried: Heinrich von Kleist und Jean-Jacques Rousseau [1962]. In: Walter Müller-Seidel (Hg.): Heinrich von Kleist. Aufsätze und Essays. Darmstadt 1967, 635–671.

Wolff, Hans M.: Heinrich von Kleist als politischer Dichter. Berkeley/Los Angeles 1947.

Xylander, Oskar Ritter von: Heinrich von Kleist und J.J. Rousseau. Berlin 1937.

Christian Moser

5. Deutsche Aufklärung

In einem weiten und prinzipiellen Sinn ist das dichterische Werk Heinrich von Kleists zutiefst vom Gedankengut der deutschen und europäischen Aufklärung geprägt. Kleist greift zentrale aufklärerische Werte wie die Emanzipation des Subjekts aus hergebrachten Bindungen, den historischen Fortschrittsglauben, das vertragsrechtliche Staatsverständnis oder das Humanitätsversprechen auf, die er freilich nur allzu oft an einer von Blindheit, Kontingenz und Gewalttätigkeit beherrschten Wirklichkeit scheitern lässt. Beispiele hierfür sind die Erzählungen *Das Erdbeben in Chili* oder *Die Verlobung in St. Domingo*, in denen das Bild einer sinnvollen, den Freiheits- und Glücksanspruch des Einzelnen mit dem Gesellschaftsganzen versöhnenden Weltordnung radikal zerstört erscheint.

Die frühe *Erdbeben*-Novelle spielt dabei auf das realgeschichtliche Ereignis des Erdbebens von Lissabon im Jahre 1755 an, das den Fortschrittsoptimismus des 18. Jh.s erschüttert hatte und bereits von den unmittelbaren Zeitgenossen, darunter Voltaire, Rousseau und Kant, als solche Herausforderung reflektiert worden war. Ob Kleist deren Texte kannte, ist ungewiss. Die Prämissen einer weisen und gut eingerichteten Schöpfung aber, wie sie der idyllische Mittelteil seiner Erzählung in verführerisch-trügerischen Farben zeichnet, hatte er in seiner Jugend geteilt, wie ein langer Brief des 22-jährigen Potsdamer Offiziers an den Theologen und ehemaligen Hauslehrer Christian Ernst Martini vom März 1799 bezeugt. Die dort skizzierten Gedanken, die Kleist auch in einem etwa gleichzeitig entstandenen kleinen, freilich unvollendeten und nie von ihm veröffentlichten Text, dem an den Freund Rühle von Lilienstern gerichteten *Aufsatz, den sichern Weg des Glücks zu finden*, ausführte, dokumentieren seine vom aufklärerischen Rationalismus geprägte Weltanschauung, wobei die emphatische Diktion auch dem Anlass, nämlich der Rechtfertigung seines Entschlusses, das Militär zu verlassen und sich den »Wissenschaften«, d. h. Physik, Mathematik und Philosophie zu widmen, geschuldet sein mag. Es handelt sich um weitverbreitetes, bis auf Leibniz und Shaftesbury zurückgehendes aufklärerisches Ideengut, dessen Grundlage die Verbindung von Wissen, Tugend und Glück war (Übernahmen aus Shaftesburys Schrift *Inquiry Concerning Virtue and Merit* sind nachgewiesen worden; Gall 1985, 11–32).

Fortschreitende Erkenntnis, insbesondere Naturerkenntnis, sollte moralisches Handeln und individuelles Glück befördern. Die ontologische Grundlage hierfür bildete die Überzeugung von der Übereinstimmung der »moralischen und physischen Welt«, die Kleist auch später mehrfach äußerte (DKV III, 523; vgl. auch *Allmähliche Verfertigung*, DKV III, 536f.; *Allerneuester Erziehungsplan*«, DKV III, 546).

Nicht zu übersehen – und kaum zu überschätzen – ist die existenzielle Energie, die dieses Weltbild durch den Bruch mit der Familientradition und der altadligen Wertewelt gewann; Kleist stellt den »Mensch[en]« gegen den »Offizier«, die Vernunft gegen die Herkunft, und beruft die »moralische Ausbildung« als »eine meiner heiligsten Pflichten« (DKV IV, 27). Dieselbe Energie verrät sich in der gleichzeitig entwickelten Idee eines »Lebensplans«, dessen rigide Systematik gewissermaßen an die Stelle des militärischen Reglements tritt. Die »goldne Unabhängigkeit«, die Kleist zu gewinnen sucht, möchte er als »die goldne Abhängigkeit von der Herrschaft der Vernunft« verstehen (DKV IV, 33). In einem Brief an die Schwester Ulrike vom Mai 1799, der seinen Schritt in großenteils gleichlautenden Formulierungen wie den an den Hauslehrer gerichteten rechtfertigt, ermahnt er auch sie zum Entwurf eines solchen Lebensplans, wobei er, bewusst oder unbewusst, auf ein Lessing-Zitat zurückgreift: »Ein freier, denkender Mensch bleibt da nicht stehen, wo der Zufall ihn hinstößt; oder wenn er bleibt, so bleibt er aus Gründen, aus Wahl des Bessern« (DKV IV, 38). Die Aufforderung von Lessings Sultan Saladin an den Titelhelden seines Aufklärungsdramas *Nathan der Weise* von 1779, die Frage der Religionswahrheit nicht dem, wie es dort genauer heißt, »Zufall der Geburt« zu überlassen, macht sich der abtrünnige Adelsspössling als Postulat einer methodischen Lebensführung aus der Vernunft zu eigen. Er hätte ebenso Kants »Wahlspruch« der Aufklärung, das »sapere aude« – »habe Mut, dich deines eigenen Verstandes zu bedienen« – zitieren können, um den Vorsatz, sich nicht mit dem bloßen Zugefallensein der Lebensbedingungen abzufinden, sondern der eigenen Vernunftbestimmung zu folgen, zu untermauern.

Über die Lektüre des jungen Kleist (wie übrigens auch des späteren Autors) ist nur wenig bekannt. Kein deutschsprachiger Philosoph der Aufklärung kommt den vielen Erwähnungen Jean-Jacques Rousseaus auch nur nahe. Neben Lessings *Nathan* finden sich Spuren von Schillers *Don Karlos*, einem ebenfalls von aufklärerischem Menschheitspathos geprägten Drama; mit Lessings Dramatik und Dramaturgie dürfte Kleist auch abgesehen vom *Nathan* vertraut gewesen sein, so wie er es mit Hauptwerken Schillers und Goethes war. Seine Kantkenntnis ist bis heute Gegenstand kontroverser Diskussion; mit Sicherheit hat er die *Anthropologie in pragmatischer Hinsicht* (1798, ²1800) zur Kenntnis genommen, vor allem hinsichtlich seines Interesses an der Geschlechterbestimmung, das ihn zur selben Zeit der biographischen Neuorientierung beschäftigte (vgl. den kurzen, der Verlobten Wilhelmine gewidmeten Aufsatz *Über die Aufklärung des Weibes* vom September 1800). Auch die populäre Schrift des Berliner Kirchenmanns Johann Joachim Spalding mit dem bezeichnenden Titel *Die Bestimmung des Menschen*, die 1794 in 13. Auflage erschienen war, dürfte er gelesen haben, ebenso Moses Mendelssohns philosophische Abhandlung *Phädon oder Über die Unsterblichkeit der Seele* von 1767.

Einer der wenigen Titel, die Kleist selbst nennt und deren frühen Einfluss er bezeugt, ist Wielands kleine popularphilosophische Schrift von 1756 »*Sympathien*«. Nach eigenem Bekunden las er sie als 16-Jähriger auf dem Mainzer Feldzug von 1793, wo ihre Botschaft ihm mit der Schönheit der Rheinlandschaft verschmolz (vgl. an Wilhelmine von Zenge 22.3.1801, DKV IV, 201ff.; Adolphine von Werdeck 28./29.7.1801, DKV IV, 255). Wichtig ist diese Erwähnung im Kontext der sog. Kant-Krise, für die derselbe Brief an Wilhelmine das primäre Zeugnis ist. Bei Wieland hatte er jene Idee einer in permanenter Vervollkommnung begriffenen Schöpfung finden können, deren Relevanz für das eigene Bildungsstreben er jetzt zusammenfasst: »Ich glaubte, daß wir einst nach dem Tode von der Stufe der Vervollkommnung, die wir auf diesem Sterne erreichten, auf einem andern weiter fortschreiten würden, und daß wir den Schatz von Wahrheiten, den wir hier sammelten, auch dort einst brauchen könnten« (DKV IV, 204).

In einer 1954 erschienenen Untersuchung hat Ludwig Muth daher die These vertreten, dass Kleists weltanschauliche Krise durch die Lektüre der Kantischen *Kritik der Urteilskraft* mit ihrer Begrenzung der teleologischen Naturbetrachtung auf ein regulatives Erkenntnisprinzip ausgelöst wurde. In der Tat geben die großen Krisenbriefe vom Frühjahr und Sommer 1801 Einblick in Kleists Glauben – er selbst spricht von seiner »Religion« (DKV IV, 204) – an eine zweckmäßige Schöpfungsordnung, die dem Individuum erlaubte, durch wachsende Erkenntnis der (göttlich-vernünftigen, objektiven) Naturzwecke sich zugleich moralisch-praktisch zu perfektionieren und über seinen Tod hinaus zu höheren Stufen der Existenz zu gelangen. Dasselbe Weltbild wurde von seinem wichtigsten akademischen Lehrer in Frankfurt an der Oder, Christian Ernst

Wünsch, vertreten. Wünschs *Kosmologische Unterhaltungen für junge Freunde der Naturerkenntniß*, zuerst 1780 und in zweiter Auflage 1794 erschienen, fassten in der Manier der zeitgenössischen Populärwissenschaft und -philosophie den engen Konnex von (Natur-)Wissen, moralischer Praxis, Glück und Vervollkommnung zusammen.

Im Gefolge der großen Krise von 1801 – was immer ihr konkreter Anlass war, sofern es einen solchen überhaupt gab – häufen sich briefliche Äußerungen Kleists, die das Individuum jetzt dem Zufall und der unübersteigbaren Endlichkeit ausgeliefert sehen. Die »Abkehr von der Aufklärung« (Klüger 1997) war freilich kein einmaliger Schnitt, sondern vollzog sich als lebens- und werklange Auseinandersetzung. Dabei scheint das Pathos, mit dem Kleist in der früheren biographischen Wende seinen aufklärerischen Glauben aufgeladen hatte, noch in dessen Destruktion nachzuhallen – gewissermaßen so, als wollte sich der Autor für das gebrochene Versprechen rächen. So taucht Lessings Humanitätsdrama in Kleists erster Tragödie, der *Familie Schroffenstein*, wieder auf, wenn die Liebenden Agnes und Oskar das gegenseitige tödliche Misstrauen ihrer Familien zu überwinden suchen, indem sie sich ermahnen, mit den Augen jeweils des anderen und seines bzw. ihres Vaters zu sehen. Doch wo bei Lessing wechselseitige Anerkennung des angestammten Glaubens und hieraus schließlich die symbolische Menschheitsfamilie erfolgen, da lässt Kleist der Vereinigung des Liebespaars dessen brutale Ermordung von der Hand der eigenen Väter folgen, die sich dann mit abgewandtem Gesicht über den Leichen ihrer Kinder versöhnen: grausig-parodistischer Widerruf der Lessing'schen Utopie. Nicht weniger grausam, zynisch oder bestenfalls komisch-parodistisch werden andere aufklärerische Vereinigungsszenarien berufen (wobei der Rückgriff auf die aufklärerisch-empfindsame Natur- und Idyllentopik besonders auffällig ist, von *Schroffenstein* und *Zerbrochnem Krug* über das *Erdbeben* bis zu *Penthesilea*). Kleists Werk schreibt über weite Strecken hin »Aufklärung« in schwarzer Spiegelschrift.

Literatur

Gall, Ulrich: Philosophie bei Heinrich von Kleist. Untersuchungen zu Herkunft und Bestimmungen des philosophischen Gehalts seiner Schriften [1977]. Bonn ²1985.

Klüger, Ruth: Tellheims Neffe. Kleists Abkehr von der Aufklärung [1987]. In: Dies.: Katastrophen. Über deutsche Literatur. München 1997, 164–189.

Mehigan, Tim (Hg.): Heinrich von Kleist und die Aufklärung. Rochester, NY 2000.

Muth, Ludwig: Kleist und Kant. Versuch einer neuen Interpretation. Köln 1954.

Schneider, Helmut J.: Verkehrung der Aufklärung. Zur Destruktion der Idylle im Werk Heinrich von Kleists. In: Kodikas/Code. Ars Semeiotica 11 (1988), 149–165.

–: The Facts of Life: Kleist's Challenge to Enlightenment Humanism (Lessing). In: Bernd Fischer (Hg.): A Companion to the Works of Heinrich von Kleist. Rochester, NY 2003, 141–164; dt.: Geburt und Adoption bei Lessing und Kleist. In: KJb 2002, 21–41.

Helmut J. Schneider

6. Kant

Mit Kant verbindet sich Kleists tiefgreifende Krise des Frühjahrs 1801, seine Abkehr von der Wissenschaft als Lebensorientierung und seine Hinwendung zur Kunst. Die Krise wird damit begründet, »vor kurzem [...] mit der neueren sogenannten Kantischen Philosophie bekannt« geworden zu sein (an Wilhelmine, 22.3.1801, an Ulrike, 23.3.1801; DKV IV, 67, 205). Zur Debatte steht das begrenzte menschliche Erkenntnisvermögen generell, nicht ein spezifisches eigenes Unvermögen, so dass als Antwort eine Hinwendung zu Betätigungsfeldern jenseits der Wissenschaft möglich ist. Hiervon ist die ›Lebenskrise‹ der Herbstes 1803 zu unterscheiden, in der Kleist seinen Anspruch, mit dem Guiskard-Drama eine neue, seiner Zeit angemessene Art von Tragödie zu schaffen (vgl. DKV IV, 320), für endgültig gescheitert erkennt und sein unzureichendes eigenes (schöpferisches) Vermögen hierfür verantwortlich macht. So findet Kleist auf die ›Kant-Krise‹ eine produktive Antwort, während die ›Guiskard-Krise‹ ihn in einen physischen und psychischen Zusammenbruch führt.

Kants Philosophie ist in doppelter Hinsicht für Kleists Entwicklung bedeutsam: zum einen als Auslöser der Krise von 1801, zum andern ist unverkennbar, dass sich Kleist in seinem nachfolgenden literarischen Schaffen mit Konzeptionen Kants, insbesondere der *Kritik der Urteilskraft*, auseinandersetzt (das Problem eines Erhabenen der Kunst, die Zirkularität teleologischer Weltbetrachtung, das Schöne als Brückenschlag zwischen empirischer und ideeller Welt). Nach dieser zweiten Wirkung Kants auf Kleists Schaffen, als Erproben und Befragen von Konzeptionen Kants, hat die Kleist-Forschung bisher wenig gefragt (Ausnahmen: Muth 1954; Greiner 2000).

Welches Werk Kleists Krise akut ausgelöst hat, ist bis heute umstritten. Genannt wurden: Fichtes 1800 erschienene Schrift *Die Bestimmung des Menschen* (Cassirer 1919; Mandelartz 2006), Kants 1790 erschienene *Kritik der Urteilskraft* (Muth 1954; Greiner 2000), Karl Leonhard Reinholds 1789 erschienener *Versuch einer neueren Theorie des menschlichen Vorstellungsvermögens* (Gall 1977; Müller-Salget 2002), der zwischen September 1800 und März 1801 erschienene erste Teil von Charles de Villers Einführung in die Philosophie Kants: *Philosophie de Kant ou principes fondamentaux de la philosophie transcendentale* (Hansen 2005). Bei der Suche nach der in Frage kommenden Schrift ist zu bedenken, dass Kleist sich Vorgegebenes stets grundlegend umwandelnd aneignet. So empfiehlt es sich, nach der philosophischen Position generell zu fragen, die Kleists bisheriges Denksystem nachhaltig erschüttern konnte.

Mit zentralen Begriffen und Positionen der Kantischen Philosophie zeigt sich Kleist schon 1800 vertraut: Er zitiert aus Kants *Anthropologie in pragmatischer Hinsicht* (Brief vom 30.5.1800, DKV, IV, 58), spricht von Kants Pflichtethik (15.9.1800, DKV IV, 124), erwähnt eine von ihm selbst verfasste Schrift über die Kantische Philosophie (14.8.1800, DKV IV, 67). Kants kritische Philosophie mit ihrer scharfen Trennung zwischen der Welt der Erscheinungen und der Welt der Ideen ist dabei nicht mitvollzogen, da Kleist gleichzeitig im Sinne der aufklärerischen Populärphilosophie, die ihm insbesondere sein Frankfurter Lehrer Christian Ernst Wünsch vermittelt hat, seine Verlobte anregen kann, aus dem Blick auf die Natur »moralische Revenuen« [Erträge] zu ziehen (Brief vom 18.11.1800, DKV IV, 162), die Natur lehre, »was recht ist, u edel u gut u schön« (DKV IV, 172). Das setzt ein Denken voraus, dem die Gesetze der physischen und moralischen Welt gleich, zumindest analog sind. Als Beispiel eines moralischen Gewinns aus dem Blick auf die Natur gibt Kleist sein Torbogengleichnis: »Warum, dachte ich, sinkt wohl das Gewölbe nicht ein, da es doch keine Stütze hat? Es steht, antwortete ich, weil alle Steine aufeinmal einstürzen wollen – und ich zog aus diesem Gedanken einen unbeschreiblich erquickenden Trost [...], daß auch ich mich halten würde, wenn Alles mich sinken läßt« (Brief vom 18.11.1800, DKV IV, 159).

Gesetze der Natur derart zur Moralität hin zu perspektivieren, setzt einen ideellen Einheitsgrund beider voraus. Das betonen zeitgenössische Naturlehren, z. B. die Erxlebens, der Wünsch in seinen Vorlesungen über Experimentalphysik folgt: »Sie [die Naturlehre] lehrt uns Wahrheiten, deren Wissen uns allemal vollkommener macht und schützt uns vor tausend ungläubigen und abergläubischen Torheiten« (Erxleben 1794, 2). Die Natur kann aber dem Subjekt nur ›Trost‹ spenden, wenn sie gleichzeitig als einer eigenen, vom moralischen Subjekt unabhängigen Gesetzlichkeit gehorchend gedacht wird. Andernfalls würde das Subjekt aus der Natur nur herauslesen, was in ihm selbst ist. So ist ein Doppelblick auf die Natur gefordert, was zeitgenössisch Gemeingut des Denkens ist: »der Weltbau mit aller Ordnung und Schönheit [ist] nur eine Wirkung der ihren allgemeinen Bewegungsgesetzen überlassenen Materie« (Kant 1755, 228), der Effekt dieser Gesetze aber ist ein »wohlgeordnetes Ganzes«, das nicht anders denn als Erfüllung des Planes des Weltschöpfers gedacht werden kann (ebd., 234). Letzteres lässt erwarten, dass die Natur moralische Sätze bewahrheiten könne. Da auf dem Feld der Natur alles nach allgemeinen und notwendigen Gesetzen geschieht, ist den der Natur abgelauschten moralischen Sätzen universale, vom betrachtenden Subjekt unabhängige Gültigkeit zuzuerkennen. Diesen Doppelblick auf die Natur erweist die kritische Philosophie Kants als zirkulär und bringt sie so zu Fall. Der menschliche Verstand werfe über die Natur das Netz von apriorischen Raum-Zeit-Formen und kategorialen Strukturen, die Physik suche »demjenigen, was die Vernunft selbst in die Natur hineinlegt, gemäß, dasjenige in ihr [...], was sie von dieser lernen muß« (Kant 1783, 18).

In der *Kritik der Urteilskraft* pointiert Kant noch stärker, dass die menschliche Vernunft das Prinzip der Zufälligkeit der besonderen Naturgesetze durch das der Zweckmäßigkeit ersetze, allerdings als regulatives, nicht als objektives Prinzip, d. h. sie betrachte die Natur, als ob diese von sich aus und aus freien Stücken dem Einheitsbedürfnis der Vernunft entgegenkomme. Auf solcher erkenntnistheoretischen Grundlage sind moralische Winke, die der Natur abgehört werden, nur Projektionen, sind Wahrheiten, die man in der Erforschung der Natur gewinnt und als »Schatz« ansammeln möchte, der sich über das physische Leben des erkennenden Subjekts hinaus erhält, nur Effekte der Prämissen des Betrachters (vgl. Kant 1790, 305, § 68).

Macht man an der Argumentation der Krisenbriefe Kleists den erkenntnistheoretischen Perspektivismus stark, ausgehend vom Bild der grünen Gläser (»Wenn alle Menschen statt der Augen grüne Gläser hätten, so würden sie urteilen müssen, die Gegenstände, welche sie dadurch erblicken, sind grün« [DKV IV, 205]), so findet sich die weitestgehendste Entsprechung in Charles de Villers französischen Einführung in Kants Philosophie, die Kleist gelesen haben kann (vgl. Hansen 2005, 435–440). Macht man demgegenüber aber Kleists moralphilosophische Argumentation stark, dass es darum gehe, einen Schatz von unvergänglichen Wahrheiten anzusammeln (vgl. DKV IV, 205), legt sich als Auslöser der Krise Fichtes Schrift *Die Bestimmung des Menschen* nahe (Mandelartz 2006, 127–133). Handlung wird dort aufgespalten in Absicht, die dem Willen des Ich angehört und materiellen Gehalt, der in die jeweiligen empirischen Verhältnisse verstrickt bleibt, mithin unabsehbar ist (das Beste zu wollen, garantiert keineswegs, dass es Wirklichkeit wird und umgekehrt; vgl. Fichte 1800, 279). Moralische Handlungen sind mithin in dieser Welt nie sicher zu erkennen und so auch nicht als Schatz für eine jenseitige Welt anzusammeln. Sieht man Kleists Krise und deren Überwindung zusammen, zeigt sich eine weitreichende Analogie mit der Argumentation der *Kritik der Urteilskraft* (vgl. Greiner 2000). Kants skeptische Position, die Vernunft müsse Zweckmäßigkeit in der Organisation der Natur als Denkmaxime annehmen und sei in der Erforschung der Natur damit erfolgreich, es sei aber unentscheidbar, ob diese Betrachtungsweise die Struktur der Welt treffe oder verfehle (Kant 1790, 330f., 338, § 75), radikalisiert Kleist zur agnostischen Position, es gebe keine Wahrheit. Kants scharfe Trennung von empirischer und ideeller Welt, die selbstverständlich bei allen Nachfolgern und Auslegern Kants wiederkehrt, wird Kleist zum Vorwurf, dass »das Wissen [...] uns weder besser, noch glücklicher« mache (Brief Ende Juli 1801, DKV IV, 257). In der *Kritik der ästhetischen Urteilskraft* gibt Kant allerdings zurück, wenn auch in eingeschränkter Form, was er in der ersten Kritik und dem zweiten Teil der *Kritik der Urteilskraft* als aus Vernunftgründen nicht entscheidbar aus der Hand schlägt: dass sich in der Erfahrung des Schönen und des Erhabenen die Welt doch als eine zu erkennen gibt, die sich an den Bedürfnissen unseres Geistes ausrichtet. Analog stellt Kleist seiner emphatischen Abkehr von der Wissenschaft als Lebensorientierung in Dresden, der ersten Station seiner Reise nach Paris, die er als Antwort auf die Krise unternimmt, eine emphatische Hinwendung zur Kunst und eine eindringliche Beschreibung der Erfahrung des Erhabenen während einer katholischen Messe gegenüber (Brief vom 21.5.1801, DKV IV, 224f.). Diese Wende bleibt für Kleist aber prekär; denn er macht ihre Komponenten, das Schöne und das Erhabene, immer neu zum Gegenstand seines literarischen Schaffens, befragt sie mit der ihm eigenen Radikalität und damit zugleich die vollzogene Wende zur Kunst (hierzu Greiner 2000 und 2006). Das Schöne wird dabei als höchst fragwürdiger Ausweg aus teleologischer Befangenheit erwiesen (*Die Familie Schroffenstein*, *Der zerbrochne Krug*, *Die Herrmannsschlacht*), das Erhabene der Kunst als Konzeption, die die Kunst in die Aporie und Selbstaufhebung treibt (*Robert Guiskard*, *Penthesilea*, *Die heilige Cäcilie oder Die Gewalt der Musik*).

Literatur

Cassirer, Ernst: Heinrich von Kleist und die Kantische Philosophie. Berlin 1919.

Erxleben, Johann Christian: Anfangsgründe der Naturlehre. Göttingen ⁶1794.

Fichte, Johann Gottlieb: Die Bestimmung des Menschen [1800]. In: Johann Gottlieb Fichtes sämmtliche Werke. Hg. von Immanuel Hermann von Fichte. Bd. II. Berlin 1845/46, 165–318.

Gall, Ulrich: Philosophie bei Heinrich von Kleist. Untersuchungen zu Herkunft und Bestimmungen des philosophischen Gehalts seiner Schriften. Bonn 1977.

Greiner, Bernhard: Kleists Dramen und Erzählungen. Experimente zum ›Fall‹ der Kunst. Tübingen/Basel 2000, 16–36.

–: Sturz als Halt. Kleists dramaturgische Physik. In: KJb 2006, 67–78.

Hansen, Uffe: Grenzen der Erkenntnis und unmittelbare Schau. Heinrich von Kleists Kant-Krise und Charles de Villers. In: Deutsche Vierteljahrsschrift für Literaturwissenschaft und Geistesgeschichte 79 (2005), 433–471.

Kant, Immanuel, Allgemeine Naturgeschichte und Theorie des Himmels [1755]. In: Ders.: Werke in 10 Bänden. Hg. von Wilhelm Weischedel. Bd. 1. Darmstadt 1983, 219–400.

–: Kritik der reinen Vernunft [1783]. Hg. von Raymund Schmidt. Hamburg 1956.

–: Kritik der Urteilskraft [1790]. Hg. von Karl Vorländer. Hamburg 1974 (Paginierung der 2. Aufl. von 1793 als Marginalie).

Mandelartz, Michael: Von der Tugendlehre zur Lasterschule. Die sogenannte ›Kantkrise‹ und Fichtes ›Wissenschaftslehre‹. In: KJb 2006, 120–136.

Müller-Salget, Klaus: Heinrich von Kleist. Stuttgart 2002.

Muth, Ludwig: Kleist und Kant. Versuch einer neuen Interpretation. Köln 1954.

Bernhard Greiner

7. Wieland

Das Verhältnis zwischen Kleist und Christoph Martin Wieland (1733–1813) kann von der Biographie oder von dem literarischen Werk her betrachtet werden. Die biographischen Beziehungen lassen sich aufgrund der Quellenlage (wenige Briefe Kleists und Wielands an- bzw. übereinander, Briefe und spätere Memoirenliteratur Dritter) relativ gut darstellen, wobei bei vielen Dokumenten der persönliche und zeitliche Abstand ihrer Urheber zu den erinnerten Ereignissen einschränkend zu beachten ist. Intertextuelle Beziehungen zwischen den literarischen Werken sind erheblich schwieriger nachzuweisen, so dass hier die jüngere Forschung zurückhaltender in der Behauptung vermeintlicher Parallelen geworden ist.

Begegnungen (Chronologie)

Kleist reiste im Dezember 1801 in die Schweiz, in Bern lernte er Ende 1801/Anfang 1802 Wielands Kinder Ludwig (Friedrich August, 1777–1819, Wielands zweiter Sohn) und Charlotte (Wilhelmine, 1776–1816, Wielands fünfte Tochter), sowie den Ehemann der letzteren, Heinrich Geßner (1768–1813, Sohn des bekannten Dichters Salomon) kennen (vgl. den Brief Kleists an Ulrike von Kleist vom 1.5.1802, DKV IV, 305–307). In der Schweiz war Kleist vor allem mit den ebenfalls schriftstellerisch tätigen Ludwig Wieland und Heinrich Zschokke (1771–1848) befreundet, eine Darstellung auf einem Kupferstich, über die jeder der Freunde einen Text schrieb, veranlasste dabei Kleists Entwurf seines späteren Theaterstücks *Der zerbrochne Krug* (vgl. Zschokkes Vorwort zu seiner Erzählung in seiner Werkausgabe 1825, vgl. Lebensspuren Nr. 68).

Nach der Rückkehr aus der Schweiz hielt sich Kleist seit November 1802 in Weimar auf und besuchte Wieland auf dem Gut Oßmannstedt, wo dieser von 1797 bis 1803 lebte. Hauptquellen sind hierfür die Briefe Kleists an seine Schwester Ulrike (1774–1849) aus der Zeit (November 1802 bis Januar 1803). Von Anfang Januar bis zum Ende des Februar 1803 wohnte Kleist dort bei Wieland (vgl. die Briefe Kleists an Ulrike von Kleist vom Januar 1803, DKV IV, 311f.). Kleist schreibt im Januar 1803, »ich nähere mich allem Erdenglück«, deutet jedoch gleichzeitig schon seine Abreise an: »Ich habe aber mehr Liebe gefunden, als recht ist, und muß über kurz oder lang wieder fort; mein seltsames Schicksal!« (DKV IV, 312). Beide Dichter fanden in Oßmannstedt zu einem Austausch: »Wieland erzählt mir seine Lebensgeschichte; u ich schreibe sie auf« (ebd.). Kleist wiederum präsentierte Teile

seiner Tragödie *Robert Guiskard*: »Als ich sie dem alten Wieland mit großem Feuer vorlas, war es mir gelungen, ihn so zu entflammen, daß mir, über seine innerlichen Bewegungen, vor Freude die Sprache verging, u ich zu seinen Füßen niederstürzte, seine Hände mit heißen Küssen überströmend« (13.–14.3.1803, DKV IV, 313).

Für Kleists Verhältnis zu Luise Wieland gibt es als Quellen vorrangig drei Briefe, die Wielands Tochter Luise (eig. Maria Louisa Charlotte, 1789–1815, das vierzehnte und letzte Kind Wielands), viele Jahre nach der Begegnung mit Kleist, verfasst hat, zwei davon, noch zu Kleists Lebzeiten, an ihre Schwester Charlotte Geßner (geb. Wieland) (19.4.1811 und September 1811), und einen Brief vom 16. März 1813 an ihren Verlobten (seit 1814 Ehemann) Gustav Emminghaus (1791–1859) (vgl. Lebensspuren Nr. 94a, 127, 246, 389b; 94b, 512; 93). Von Kleist sind außer geringen Andeutungen (im Brief an Wieland, DKV IV, 400: »Ihre vortreffliche Tochter«, im Brief an seine Schwester Ulrike, DKV IV, 311: »sehr hübschen Tochter«) keine näheren Äußerungen über seine Beziehung zu Luise bekannt. Luise verliebte sich während Kleists Aufenthalt auf Oßmannstedt in den Dichter (»dieser zauberische Kleist«, der »liebenswürdige Mensch, der durch seinen Geist, dazumal noch sehr bescheidenen stillen Charakter und Benehmen so interessant« gewesen sei, Lebensspuren Nr. 127). Es kam darüber zum Streit mit den älteren Geschwistern. Kleist hat die Liebe nicht erwidert, Wieland offenbar erst spät von der Neigung seiner Tochter erfahren, als Kleist schon in der Abreise begriffen war. Inwieweit diese Verwicklung zu Kleists Abreise aus Oßmannstedt beigetragen hat, muss offen bleiben. Kleist machte so großen Eindruck auf Luise, dass die Erinnerung auch nach Jahren noch erhalten blieb und Luise sogar jede andere Liebe für sich ausschloss, während sie gegenüber dem Vater das Thema offenbar verschwieg. Luise hat sich später noch bei ihrem Bruder Ludwig für Kleist eingesetzt und auch dessen literarische Entwicklung mitverfolgt, etwa die Aufführung von *Der zerbrochne Krug* in Weimar. Über das dichterische Werk hat sie sich eher kritisch geäußert (»aber es kann sehr viel an alle getadelt werden, so wie viel fehlt, bis sie vollendet genannt werden könnten«,

Lebensspuren Nr. 389b), Kleist aber als eines »von den ausgezeichneten poetischen Genien dieses Zeitalters« (ebd.) bezeichnet. Auch aufgrund ihrer Werkbetrachtung hat sie den Menschen Kleist kritischer gesehen (»Die Lektüre einiger seiner Schriften, ein reiferer Verstand und unbefangeneres Gemüt öffneten mir hierüber die Augen, und ich sah und sagte mir es oft, mit was für eines Sterblichen ichs zu tun gehabt habe«, Lebensspuren Nr. 94b), wobei sie sich gegenüber dem Verlobten natürlich noch stärker distanziert (Kleist sei der Liebe »unwürdig« gewesen, Lebensspuren Nr. 93).

Im April 1803 verkaufte Wieland das Gut wieder und zog Ende April/Anfang Mai nach Weimar zurück. Die Gründe für Kleists Abreise sind nicht genau geklärt:»Ich mußte fort, u kann dir nicht sagen, warum? Ich habe das Haus mit Thränen verlassen, wo ich mehr Liebe gefunden habe, als die ganze Welt zusammen aufbringen kann; [...] Aber ich *mußte* fort! O Himmel, was ist das für eine Welt!« (an Ulrike, 13./14.3.1803, DKV IV, 313). Dies ist wohl nicht allein auf das Verhältnis zu Luise zu beziehen, sondern auch der Verkauf des Gutes und der bevorstehende Rückzug Wielands nach Weimar könnten neben persönlichen Problemen Kleists daran mitgewirkt haben (vgl. Schrader 1988/89, 173). Auch der Kontakt zu Ludwig Wieland brach danach ab (vgl. den Brief Wielands an Wedekind vom 10.4.1804, W 16 Nr. *310). Immerhin scheint das Verhältnis zwischen Kleist und Wieland nicht beeinträchtigt gewesen zu sein, da der dem Aufenthalt nachfolgende Brief Wielands, von dem nur ein Auszug erhalten ist, die wohl deutlichste Zustimmung darstellt, die Kleist in seinem Leben erfahren hat. Im Frühjahr (April/Mai oder Mitte Juni) 1804 kam es zu einem zweiten, kürzeren Besuch Kleists bei Wieland (vgl. die Briefe von Luise Wieland vom 19.4.1811 bzw. vom 16.3.1813, Lebensspuren Nr. 94a, 127, 246, 389b bzw. 93).

In erneuten Kontakt kamen Kleist und Wieland erst anlässlich der Vorbereitung der Zeitschrift *Phöbus* (vgl. die Briefe, in denen Wieland als geplanter Beiträger und Unterstützer des *Phöbus* genannt wird, vor allem aus der zweiten Dezemberhälfte 1807; DKV IV, 400–404, 411f.). Dies waren aber offenbar »bloße Hoffnungsvor-

griffe und Reklameunwahrheiten« (Schrader 1988/89, 182), da Wieland (ebenso wie Goethe) nicht mitwirkte und stattdessen in der ebenfalls neuen Wiener Zeitschrift *Prometheus* publizierte (zu möglichen Gründen vgl. etwa Wielands Brief an Falk vom 22.4.1808, W 17, Nr. 327). Wieland aber verfolgte Kleists Weg weiterhin, etwa anlässlich der Aufführung von *Der zerbrochne Krug* in Weimar, bei dessen Vorbereitung am 4. Februar 1808 eine Leseprobe mit Goethe bei Wieland stattfand und man anschließend über Kleists Dramen sprach (vgl. die Belege in Goethes und Riemers Tagebüchern, Lebensspuren Nr. 239aa, 239b).

Briefwechsel zwischen Kleist und Wieland

Ulrike von Kleist berichtet in ihren Erinnerungen (1828) schon von einem Briefwechsel vor der persönlichen Bekanntschaft (Lebensspuren Nr. 84). Nichts davon, falls es diese Briefe überhaupt gegeben hat, ist erhalten.

Von Kleist sind zwei Briefe an Wieland überliefert, davon nur einer handschriftlich. Wenige weitere, heute verlorene, Briefe können erschlossen werden (vgl. W 16, Nr. 167 für Juni/Juli 1803 und Nr. 337 für nach Juni 1804, vgl. auch den Brief Kleists vom 10.3.1807, DKV IV Nr. 109, der aber nicht notwenig auf verlorene Briefe schließen lässt; vgl. Schrader 1988/89, 179–180). Beide überlieferte Briefe stammen aus der Zeit lange nach den gemeinsamen Wochen in Oßmannstedt.

Der erste, handschriftlich seit 1933 verschollene und erst sehr spät publizierte, Brief stammt vom 10. März 1807 (DKV IV Nr. 109) und wurde von Kleist vom Fort de Joux aus geschrieben, wo der Dichter, auf der Reise nach Berlin verhaftet, zeitweise unter Spionageverdacht in französischem Arrest war (vgl. Lebensspuren Nr. 153–168b). Kleist – »Ich küsse Ihnen voll Rührung und Ehrfurcht die Hände« – weist eine Verwicklung in die Politik zurück (»denn auch nicht in Gedanken [...] mischt' ich mich in den Streit der Welt«). Er kündigt an, Wieland Manuskripte zu schicken (»Ich würde seelig gewesen sein, wenn ich, wie in jenem mir ewig unvergeßlichen Winter vor 5 Jahren, einen Augenblick hätte finden können, sie Ihnen vorzutragen«) und bittet ihn, diese in den Buchhandel zu vermitteln (einzelne Texte wurden dann aber, ohne Kleists Wissen und Wielands Beteiligung, von Otto August Rühle und Adam Müller veröffentlicht, vgl. Schrader 1988/89, 181–182). Kleist sieht sich als »Kaiser, wenn Sie mir sagen, daß ich Ihnen etwas weerth bin«. Auch den Kontakt zu Ludwig Wieland versucht Kleist wieder aufzunehmen.

Im zweiten, handschriftlich überlieferten Brief vom 17. Dezember 1807 aus Dresden (DKV IV, 398–400) ist der Anlass das geplante Erscheinen der Zeitschrift *Phöbus*. Der Brief ist aber auch deutlich von der Erinnerung an die frühere Verbindung geprägt und will diese erneuern: Kleist nennt vier seiner Dramen und eine Erzählung und schreibt mit Bezug auf Wielands freundliche frühere Aufnahme: »Ich wollte, ich könnte Ihnen die Penthesilea so, bei dem Kamin, aus dem Stegreif vortragen, wie damals den Robert Guiskard. Entsinnen Sie sich dessen wohl noch? Das war der stolzeste Augenblick meines Lebens.« Kleist erwähnt einen möglichen neuen Besuch bei Wieland und deutet seine Sorge an, von Wieland vergessen zu werden: »Vielleicht, daß ich in Kurzem [...] zu Ihnen komme, und mich völlig wieder in Ihrem Gedächtniß auffrische, wenn die Zeit doch mein Bild bei Ihnen ein wenig verlöscht haben sollte.«

Von Wieland an Kleist ist nur der Auszug eines Briefes (nicht im handschriftlichen Original) überliefert (W 16, Nr. *173), der wohl vom 12. Juli 1803 stammt (vgl. DKV IV, 819). Wieland selbst überliefert den Text in seinem Brief an Wedekind vom 10. April 1804: »Da mir so eben zufälliger Weise das Concept meines dem Herrn von Kleist [...] geschriebenen Briefes unter meinen Papieren in die Hände fällt, so sei mir erlaubt, die, sein Drama betreffende Stelle abzuschreiben« (W 16, Nr. *310). Dieser Brief an Wedekind wiederum ist aber auch nur im Erstdruck (Nürnberg 1824 in der Zeitschrift *Orpheus*, Heft 3, 155–160) überliefert. Es sollte bei diesem »für Wieland ganz ungewöhnliche[n], enthusiastische[n] Werturteil« (Schrader 1988/89, 171) nicht vergessen werden, dass Wieland damals kein gedrucktes Werk von Kleist kannte und auch der Vortrag der (später von Kleist zerstörten und neu begonne-

nen) *Robert Guiskard*-Szenen offenbar nur als Rezitation durch Kleist erfolgt war. Es »gibt [...] kein Wort Wielands über die Lektüre einer Kleistschen Arbeit« (ebd.). Der Brief bezieht sich auf den mangelnden Fortgang der Arbeit am *Robert Guiskard*, der »Vollendung eines Meisterwerks«, von dem Kleist Wieland (in einem verlorenen Brief) berichtet hatte: »Nichts ist dem Genius der heiligen Muse, die Sie begeistert, unmöglich. Sie müssen ihren Guiskard vollenden, und wenn der ganze Kaukasus und Alles [Atlas] auf Sie drückte[.]« Diese Ermutigung hat Kleist so nachwirkend beeindruckt (vgl. Brief an Ulrike von Kleist aus Leipzig vom 20.7.1803, DKV IV Nr. 79), dass der Brief ihm auch später noch, etwa nach der Ablehnung durch den preußischen König, als Bestärkung diente (vgl. Brief an Ulrike von Kleist aus Berlin 24.6.1804, DKV IV Nr. 82).

Auf die späteren Briefe Kleists (10.3. und 17.12. 1807) hat Wieland, dem Zeugnis seiner Tochter Luise nach (Brief an Charlotte Geßner vom 19.4.1811, Lebensspuren Nr. 94a, 127, 246, 389b), nicht mehr geantwortet, und der Kontakt brach für immer ab.

Wielands Kleist-Bild

Wieland war schon früh an Kleist, von dem er durch seinen Sohn Ludwig erfuhr, interessiert (vgl. den Brief an diesen vom 10.6.1802, W 15 Nr. 603), befürchtete aber zunächst einen schlechten Einfluss auf den eigenen Sohn (vgl. den Brief an diesen vom 9.–16.8.1802, in dem er ihn vor einem unerlaubten Weggang mit Kleist warnt, W 16 Nr. 7).

Als Quellen sind, neben marginalen Erwähnungen, vor allem drei Schreiben wichtig. Darin überliefert Wieland »die einfühlsamsten und hellsichtigsten Einschätzungen, zu denen überhaupt je einer seiner Mitlebenden gelangt ist« (Schrader 1988/89, 170).

Das Empfehlungsschreiben für Kleist an den Verleger Georg Joachim Göschen (1752–1828) vom 24. Februar 1803 (W 16, Nr. 115), nach der Trennung von Kleist, betont den familiären Zusammenhang Kleists mit dem »berühmten u unsterblichen Dichter dieses Namens« aus Wielands eigener Jugendzeit: Ewald von Kleist (1715–

1759). Wieland beschreibt Kleist als »einen jungen Mann von seltnem Genie, von Kenntnissen und von schätzbarem Karakter«, von dem er sich »nicht anders als ungern und mit Schmerz wieder« getrennt habe.

Die wohl bedeutendste Äußerung über Kleist zu dessen Lebzeiten ist der Brief Wielands an Kleists Arzt in Mainz, Georg Christian Gottlob von Wedekind (1761–1831) vom 10. April 1804 (W 16, Nr. *310). Dieser Brief – der auch den einzigen Brief Wielands an Kleist (als Auszug) enthält – ist nur im Erstdruck in der Zeitschrift *Orpheus* (Nürnberg 1824, Heft 3) überliefert. Wieland betont: »Wiewohl mir nichts mehr zuwider und peinlich ist als ein überspannter Kopf, so konnte ich doch seiner Liebenswürdigkeit nicht wiederstehen«. Eine engere Beziehung zu Kleist habe sich aber nicht hergestellt, da »etwas Räthselhaftes und Geheimnißvolles, das tiefer in ihm zu liegen schien, als daß ich es für Affectation halten konnte« ihn zurückgehalten habe, und auch später sei Kleist »zu einem offenen und vertraulichen Benehmen [...] nicht zu bringen« gewesen. Wieland schreibt von »eine[r] seltsame[n] Art der Zerstreuung, wenn man mit ihm sprach, so daß [...] ein einziges Wort eine ganze Reihe von Ideen in seinem Gehirn, wie ein Glockenspiel anzuziehen schien, und verursachte, daß er nichts weiter von dem, was man ihm sagte, hörte«. Eine »andere Eigenheit und eine noch fatalere, weil sie zuweilen an Verrücktheit zu grenzen schien, war diese: daß er bei Tische sehr häufig etwas zwischen den Zähnen mit sich selbst murmelte und dabei das Air eines Menschen hatte, der sich allein glaubt«. Wieland habe schließlich den Zusammenhang zur Arbeit Kleists am *Robert Guiskard* (wobei Kleist nach dessen hier von Wieland überlieferter Aussage »ein so hohes und vollkommenes Ideal davon seinem Geiste vorschweben habe, daß es ihm noch immer unmöglich gewesen sei, es zu Papier zu bringen« erkannt und ihn zur Arbeit daran ermuntert, ohne aber Textteile davon lesen zu dürfen. Nur einmal habe Kleist Teile vor ihm rezitiert, was Wieland zu seiner berühmten Aussage veranlasst: »Wenn die Geister des Aeschylus, Sophokles und Shakspear sich vereinigten eine Tragödie zu schaffen, so würde das seyn was Kleists

Tod Guiscards des Normanns, sofern das Ganze demjenigen entspräche, was er mich damals hören ließ.« Wieland stellt Kleist aber auch in einen nationalliterarischen Kontext: »Von diesem Augenblicke an war es bei mir entschieden, Kleist sei dazu geboren, die große Lücke in unserer dermaligen Literatur auszufüllen, die [...] selbst von Göthe und Schiller noch nicht ausgefüllt worden ist [...]«. Aber Wieland deutet auch an, dass sein Zuspruch Kleist möglicherweise noch mehr an der Vollendung gehindert habe, und ahnt bereits ein unglückliches Ende voraus:

»Wenn ich nun alle diese Umstände, seinen auf Selbstgefühl gegründeten, aber von seinem Schicksal gewaltsam niedergedrückten Stolz, die E x c e n t r i c i t ä t der ganzen Laufbahn, [...] sein fruchtloses Streben nach einem unerreichbaren Zauberbild von Vollkommenheit und seinen bereits zur f i x e n I d e e gewordenen G u i s c a r d, mit seiner zerrütteten geschwächten Gesundheit und mit den Mißverhältnissen, worin er mit seiner Familie zu stehen scheint, zusammen combinire, so erschrecke ich vor den Gedanken, die sich mir aufdrängen«.

Einen weiteren wichtigen Brief verfasste Wieland wenige Tage nach dem Tod Kleists an Wedekind (Brief vom 27.12.1811, W 18, Nr. 314), in dem von »diese[r] gar zu traurige[n] Geistesverwirrung eines der genievollsten u edelsten Sterblichen« geschrieben wird.

Eine kritischere Bemerkung Wielands über Kleist findet sich in dem Brief an Johannes Daniel Falk vom 22. April 1808 (W 17, Nr. 327; vgl. dazu Schrader 1988/1989, 182). Sehr distanzierend äußert sich Wieland hier über den *Phöbus*, allerdings ohne Nennung von Kleist oder dessen Texten – stärker gegen Kleists Mitherausgeber Adam Müller gerichtet –, und auch eine öffentliche Weitergabe seiner Äußerungen verbietend (»Dieses Blättchen ist nur für Sie [...]«, vgl. ebd., 184: »Rücksichtsvoll auch in der persönlichen Enttäuschung hat Wieland jede offene Kritik an Kleist vermieden«).

Werkbeziehungen

Das früheste Zeugnis für Kleists Wielandrezeption ist ein – allerdings nicht handschriftlich überlieferter – Stammbucheintrag Kleists (DKV

III, 397), als dessen Adressatin gemeinhin Kleists Jugendfreundin Luise von Linckersdorf (1774–1843) vermutet wird, und der auf die 1790er Jahre datiert wird, mit einem Zitat aus Wielands *Gesicht von einer Welt unschuldiger Menschen* (1758): »Geschöpfe, die den Wert ihres Daseins empfinden [...]; Menschen, die sich mit allgemeiner Freundschaft lieben, [...] die in der Vollkommenheit unaufhörlich wachsen, – o wie selig sind sie!« Ein indirektes Zitat mit der Nennung Wielands findet sich noch im Brief an Wilhelmine von Zenge vom 3.–4. September 1800 (DKV IV, Nr. 20): der »vorteilhafte Schleier [...], der uns, wie Wieland sagt, mehr erwarten läßt, als versteckt ist«. Eine weitere Kenntnis eines Werkes Wielands durch Kleist betrifft Wielands frühe Schrift *Sympathien* (1756), die im Brief an Adolfine von Werdeck vom 28.–29. Juli 1801 (DKV IV, Nr. 53) genannt wird. Die in diesem Brief geschilderte Szene in Mainz bezieht sich auf den Aufenthalt 1793 bzw. Anfang des Jahres 1794 (vgl. Schrader 1988/89, 164). Es ist die einzige Nennung des Titels eines Textes von Wieland durch Kleist überhaupt. Die Forschung hat den philosophischen Einfluss auf Kleist betont: »Die Vorstellungen der sympathetischen Attraktion verwandter Seelen, das Planetenbild von der exzentrischen Bahn einiger Seelen, das zentrale Begriffsinventar der Bestimmung und Vervollkommnung hatte Kleist in diesem Werk vorgeprägt finden können« (ebd., 165). Ebenfalls auf das Frühwerk Wielands scheint die Passage im Brief an Wilhelmine von Zenge vom 22. März 1801 (DKV IV, Nr. 39) hinzuweisen: »Ich hatte schon als Knabe (mich dünkt am Rhein durch eine Schrift von Wieland) mir den Gedanken angeeignet, daß die Vervollkommnung der Zweck der Schöpfung wäre«. Der in diesem Zusammenhang auftauchende Gedanke der Palingenesie könnte von Wielands Erstlingswerk *Die Natur der Dinge* (1752) angeregt worden sein (vgl. Kreutzer 1968, 67f.). Auch Kleists früher *Aufsatz, den sichern Weg des Glücks zu finden [...]* (1799) (DKV III, 515–530) ist wohl von Wielands Werk mitangeregt. Auffallend ist, dass Kleist in seiner Jugend nicht etwa das zeitgleich entstehende Spätwerk Wielands rezipiert zu haben scheint, sondern dessen Jahrzehnte zurückliegendes (und

von Wieland selbst distanziert betrachtetes) Jugendwerk der 1750er Jahre. Dabei war für Kleist offenbar mehr der Denker als der Dichter Wieland wichtig (vgl. Kreutzer 1968, 50). Die Forschung hat den Einfluss des Frühwerks von Wieland auf Kleist ausführlich behandelt (vgl. Angaben und Beurteilung bei Schrader 1988/89), die Behauptung von Parallelen bleibt allerdings, mangels expliziter Referenzen, schwierig, weil sie oft Gefahr läuft, allgemeinere Zeitströmungen und Philosopheme für spezifische individuelle der beiden Dichter anzusehen und derart eine direkte Beeinflussung zu vermuten (vgl. ebd., 166).

Spätere Werkbeziehungen

Friedrich de la Motte Fouqué (1777–1843) hat noch lange nach Kleists Tod (in seinen Autobiographien von 1828 und 1840) diesen als Anhänger »der Wielandschen Schule« (Lebensspuren Nr. 105) bezeichnet und zu Kleists Charakterisierung auch ein Werkzitat Wielands (aus *Oberon* VIII, 29, 8) verwendet. Während in der älteren Forschung auch eine Vielzahl von Parallelen, d. h., angesichts der Schaffenszeit beider Dichter, ein Einfluss von Wielands Schriften auf die Texte Kleists angenommen wurde, hat die jüngere Forschung auch hier diesen Ansatz mit dem Nachweis zurückgewiesen, dass viele der vermeintlichen Spuren auf generelle epochentypische Tendenzen zurückführbar sind und also keine spezifische Identifikation mit dem Werk Wielands erlauben (zu Angaben und zur Beurteilung vgl. den hierfür zentralen Forschungstext Schrader 1988/89, 188; vgl. dort über die Problematik: »Der für einflußgeschichtliche Untersuchungen beim Fehlen expliziter Lektürebelege zwingende Versuch, aus dem Befund dominanter, womöglich gehäufter und nicht polygenetisch erklärbarer Analogien zunächst hypothetisch einen Komplex an Einzelwerken zu gewinnen, deren Lektüre wahrscheinlich zu machen und dem Rezipienten auch als plausibel zugänglich zu erweisen wäre, wurde gar nicht unternommen. Eine detaillierte Nachprüfung der Parallelenangebote, die bei einiger Kenntnis des Sprach-, Motiv- und Formenschatzes der Goethezeit allenfalls isoliert betrachtet für eine Wieland-Beeinflussung sprechen könnten [...]«).

Vor allem drei intertextuelle Einflüsse sind zuletzt diskutiert worden:

1. Für sein Drama *Amphitryon* habe Kleist auf Motive – »die Ausführung der Gefühlsverwirrung Alkmenes und der Beschämung Jupiters (der beiden zentralen Motive also, die ihm die ›Amphitryon‹-Tradition nicht vorgab)« (Schrader 1988/1989, 186) – von Wielands Erzählung *Aurora und Cephalus* (1765) bzw. dessen *Wahrheit*-Aufsatz (zuerst 1778 in *Fragmente von Beiträgen zum Gebrauch derer, die sie brauchen können oder wollen*, erweitert auch 1796 in Wielands Werkausgabe, Band 24) zurückgegriffen (vgl. Proß 1986, 108–110; Schrader 1988/89, 186 stimmt nur für die Erzählung zu).

2. Ein Einfluss des *Oberon* (zuerst 1780) (IV, 44,1) wird für die Namensnennung »Babekan« in Kleists *Die Verlobung in St. Domingo* vermutet (vgl. DKV III, 841; vgl. Schrader 1988/89, 188f.).

3. Zuletzt wurde ein Motivvergleich (die Rede ist dabei vom »einzigen mir über jeden Zweifel erhaben scheinenden Komplex motivlicher Anverwandlungen«; ebd., 164) aufgrund der späten Prosaerzählungen Wielands vorgenommen, die dieser (zuletzt als Sammlung *Das Hexameron von Rosenhain*) 1803–1805 veröffentlichte, und deren Niederschrift genau in der Zeit von Kleists Aufenthalt in Oßmannstedt beendet wurde. Kleists Übernahmeverfahren (Wielands *Narcissus und Narcissa* sei dabei als Vorbild die wichtigste Erzählung) sei von »radikalisierenden Umformungen und schrillen sprachlich-psychischen Zuspitzungen« (ebd., 190) gekennzeichnet. Verwiesen wurde wiederholt (für die *Novelle ohne Titel*) auch auf die Stilistik Wielands als mögliche Anregung für Kleist, auch für dessen spätere Novellen (»Der Erzähleingang übrigens kommt wie kaum eine andere Passage Wielands der atemlos gedrängten, kommabepfählt-informationenstauenden Stillage Kleistscher Novellen nahe«, ebd., 192). Schließlich ist auch an die gattungsspezifische Vorläufer- und Anregerfunktion Wielands für die Novelle in der deutschen Literatur überhaupt und damit auch Kleist zu denken (vgl. ebd., 194).

Literaturgeschichtlich bleibt bedeutsam, dass Wieland, trotz – vielleicht aber auch wegen – aller generationenbedingten, biographischen und ästhetischen Unterschiede, als erster Kleists Bedeutung zumindest erahnt, aber auch umgekehrt Kleist, während die Romantiker Wieland stark abzuwerten versuchten, offenbar immer die höchste Wertschätzung für Wieland behalten hat.

Literatur

Bisky, Jens: Kleist. Eine Biographie. Berlin 2007.

Emig, Günther (Hg.): Heinrich von Kleist. Bibliographie. Teil 1: Bis 1990. Heilbronn 2007.

Kreutzer, Hans Joachim: Die dichterische Entwicklung Heinrichs von Kleist. Untersuchungen zu seinen Briefen und zu Chronologie und Aufbau seiner Werke. Berlin 1968.

Proß, Wolfgang: Die Konkurrenz von ästhetischem Wert und zivilem Ethos. Ein Beitrag zur Entstehung des Neoklassizismus. In: Roger Bauer (Hg.): Der theatralische Neoklassizismus um 1800. Ein europäisches Phänomen? Bern u. a. 1986, 64–126.

Schrader, Hans-Jürgen: Ermutigungen und Reflexe. Über Kleists Verhältnis zu Wieland und einige Motivanregungen, namentlich aus dem *Hexameron von Rosenhain*. In: KJb 1988/89, 160–194 (Diskussion: 195–197).

Schulz, Gerhard: Kleist. Eine Biographie. München 2007 (v.a. 90–92, 241–252).

Starnes, Thomas C.: Christoph Martin Wieland. Leben und Werk. Aus zeitgenössischen Quellen chronologisch dargestellt. Bd. 3. Sigmaringen 1987.

Wielands Briefwechsel. 15. Band. Bearbeitet von Thomas Lindenberg/Siegfried Scheibe. Berlin 2004/2006 [W 15], 16. Band. Bearbeitet von Siegfried Scheibe. Berlin 1997/1998 [W 16], 17. Band. Bearbeitet von Siegfried Scheibe. Berlin 2001/2003 [W 17], 18. Band. Bearbeitet von Klaus Gerlach/Uta Motschmann. Berlin 2004/2005 [W 18].

Jan Broch

8. Goethe

Mythen

Das »Thema Goethe und Kleist« sei »über Gebühr und wahrnehmungsverzerrend strapaziert worden«, meinte Dirk Grathoff 1995. Um das Verhältnis zwischen Kleist und Goethe und Kleists angebliche Goethe-Fixierung sei eine »Rezeptionsmythe« gewoben worden (Grathoff 1995,

322), die Bedeutung Goethes für Kleist werde notorisch überschätzt. Dieser Mythos wurde indes nicht erst von der späteren Germanistik erfunden (vgl. Goldammer 1977 – auf dem Hintergrund der DDR-Literaturpolitik –, Carrière 1981; Kurdi 2000); bereits die Zeitgenossen sahen in der Konstellation Goethe – Kleist eine repräsentative Gegensätzlichkeit ausgeprägt. Kleists agonales, ›gegensätzisches‹ Verfahren der Traditionsaneignung schien sich hier in dem um 1800 bedeutendsten denkbaren ästhetischen Gegensatz auf allen Ebenen bis ins Politische und Persönliche auszuprägen: hier der geadelte bürgerliche Dichter und Minister, dort der aus der adligen Laufbahn herausgefallene, im Staatsdienst gescheiterte ehemalige Offizier. Auch unabhängig von der konkreten Einschätzung des ›Einflusses‹ Goethes für Kleists Werk ist ihre Konfiguration zu einer der bedeutendsten innerhalb der deutschen Literatur-, Geistes- und Kulturgeschichte geworden und daher als Rezeptionsphänomen von eigenem Interesse – selbst die Editionsgeschichte Kleists lässt sich nicht ohne Seitenblick auf Goethe schreiben, da etwa Erich Schmidts Kleist-Edition von seinen Verfahrensweisen und Erfahrungen bei der Goethe-Edition geprägt war (s. Kap. I.2). Dabei sind die spärlichen Fakten und Dokumente dieser Konfiguration von den Berichten, die sich um sie ranken, und von den Mythen, die an ihnen ihren Ausgang nahmen, zu trennen (vgl. Sembdner 1984).

Spuren der Nähe

Eine schmale, aber vergleichsweise sichere Ausgangsbasis bieten Kleists Briefe, denen sich zunächst entnehmen lässt, dass Goethes Werke, obwohl ja noch zur Gegenwartsliteratur gehörig, für Kleist bereits zum selbstverständlichen Bildungskanon gehörten, aus dem er frei zu zitieren in der Lage war. Auch dass dabei gelegentlich Goethe und Schiller verwechselt wurden (an Ulrike von Kleist, 5.2.1801; vgl. DKV IV, 200), weist fast schon auf den bildungsbürgerlichen Umgang mit der klassischen deutschen Literatur im späteren 19. Jh. voraus. Während des Studiums in Frankfurt an der Oder schrieb Kleist am 12. November 1799 an Wilhelmine von Zenge von der Notwendigkeit, das bei der Beschäftigung mit abstrakten Dingen leer ausgehende Herz zu beleben: »man müßte wenigstens täglich *ein* gutes Gedicht lesen, *ein* schönes Gemälde sehen, *ein* sanftes Lied hören – oder ein herzliches Wort mit einem Freunde reden, um auch den schönern, ich mögte sagen den menschlicheren Theil unseres Wesen zu bilden« (DKV IV, 45).

Im ersten Kapitel des fünften Buches von Goethes Roman *Wilhelm Meisters Lehrjahre* spricht Serlo, den Kleist hier frei zitiert, zwar von »einige[n] vernünftige[n] Worte[n]«, doch lässt sich daraus kein Gegensatz der ästhetischen Bildungsprogramme konstruieren, die hier wie dort eine ganzheitliche Ausbildung der Persönlichkeit mit all ihren Kräften und Vermögen anstrebten. »Mit nur wenig Übertreibung kann man sagen: der junge Kleist lebt, was der junge Goethe dichtet« (Blume 1946, 26). Neben den *Lehrjahren* bilden *Die Leiden des jungen Werthers* einen wichtigen Referenztext der frühen Briefe Kleists. An Wilhelmine von Zenge etwa wird die Adressatin als Mutter mit ihren Kindern in einem Bild imaginiert, das an Lottes Verhältnis zu ihren Geschwistern in Goethes Roman erinnert (10.10. 1800; vgl. DKV IV, 141), und im Brief an Louise von Zenge vom 16. August 1801 wird die Erfahrung der Großstadt Paris nach dem Muster der Wenn-dann-Konstruktionen des Naturerlebens in Werthers Brief vom 10. Mai modelliert (vgl. DKV IV, 268). Seine Halbschwester Ulrike charakterisiert Heinrich von Kleist im Juni/Juli 1801 an drei unterschiedliche Adressatinnen mit den Worten der Klage Tassos über Antonio in Goethes *Torquato Tasso*, dass sie zwar vieles besitze und geben könne, es sich an ihrem Busen aber nicht ruhen lasse (vgl. DKV IV, 230, 240, 253).

Vor dem Hintergrund dieser und weiterer affirmativ gebrauchter Goethe-Zitate und -Anspielungen in den frühen Briefen kann es nicht verwundern, dass Kleist in seinem zwischen Ende September und Mitte November 1801 in Paris verfassten Schreiben an Adolphine von Werdeck auch Goethes Person als professionelle schriftstellerische Rollenexistenz gegen die Identifikation mit seinen fiktiven Figuren zu verteidigen sich anheischig machte: »Aber ums Himmels willen, gnädigste Frau, wenn wir von den Dichtern verlangen wollen, daß sie so idealisch sein sollen, wie ihre Helden, wird es noch Dichter geben? Und wenn die Menschen Alles thun sollen, was sie in ihren Büchern lehren, wird uns jemand wohl noch Bücher schreiben?« (DKV IV, 279).

Am 31. Juli 1807, während Kleists französischer Gefangenschaft, erhielt Goethe von Adam Müller dessen Ausgabe des *Amphitryon* – den er bereits am 13. Juli gelesen hatte – und eine Abschrift des *Zerbrochnen Krugs* übersandt. Im Dezember desselben Jahres äußerte Kleist die Hoffnung, Goethe werde für seine und Adam Müllers neue Zeitschrift *Phöbus* Beiträge liefern (vgl. DKV IV, 400–402) – eine Hoffnung, die sich nicht erfüllte. In der (wohl vor allem von Müller stammenden) redaktionellen Anzeige des *Phöbus* war gar behauptet worden, dass sich die Herausgeber »der Begünstigung *Göthes* erfreuen« (DKV III, 648), eine Zumutung, die Goethe entschieden von sich wies. Vom 24. Januar 1808 datiert Kleists einziger überlieferter Brief an Goethe, mit dem er ihm das erste Heft des *Phöbus* übersandte, welches das »Organische Fragment« aus *Penthesilea* enthielt: »Es ist auf den ›Knieen meines Herzens‹ daß ich damit vor Ihnen erscheine« (DKV IV, 407) – eine Formel aus dem apokryphen *Gebet Manasse*, die auch Goethe geläufig war, der sie selbst im Mai 1775 in einem Brief an Herder verwendet hatte. Goethe ging in seiner Antwort vom 1. Februar nicht auf die Einladung zur Mitarbeit am *Phöbus* ein, sondern auf *Penthesilea*, mit der er sich »noch nicht befreunden« könne, und lehnte vor allem Kleists Hoffnung auf eine Bühne der Zukunft als pseudo-religiöse Endzeiterwartung ab (DKV IV, 410; vgl. Schmidt 1995, 112; s. Kap. IV.15). Wie nachhaltig indes für Goethe das *Phöbus*-Fragment der *Penthesilea* bei aller Ablehnung war, zeigt noch am 27. August 1820 ein Brief an Christoph Ludwig Friedrich Schultz, in dem Goethe ankündigte, aus Nachträgen zur *Farbenlehre* »zwar kein explicites, aber ein implicites Ganze zusammenzustellen; was man in unserer ästhetischen Literatur vor einigen Jahren ein organisches Fragment nannte«. Umgekehrt lässt auch Kleists letzte briefliche Bemerkung über Goethe an Marie von Kleist im Mai 1811 von der zwischenzeitlichen Polemik nichts mehr ahnen,

wenn er seine eigenen Überlegungen zum Verhältnis von Dichtkunst und Musik (s. Kap. IV.8) – die sich überdies mit Goethes nicht ausgeführter Tonlehre in Verbindung bringen lassen – mit Goethes Farbenlehre in Beziehung setzt (vgl. DKV IV, 485).

Entfremdung

Dazwischen liegt die tiefe Entfremdung, die vor allen Dingen durch den Misserfolg von Goethes Uraufführung des *Zerbrochnen Krugs* in Weimar manifest wurde, indes von Goethes Seite bereits auf die spezifischen Umstände zurückzuführen ist, unter denen er Kleists Dramen kennenlernte, nämlich durch die Vermittlung Adam Müllers. Durch Müllers Vorrede zum *Amphitryon* war Goethes Wahrnehmung von Kleist als einem Vertreter des christlich-romantischen Synkretismus vorgeprägt – ein grundsätzliches Missverständnis, wie besonders Jochen Schmidt (1995) aufgrund von Kleists Religions- und Kirchenkritik dargelegt hat (s. Kap. IV.12). Goethe fand sich dennoch bereit, den gleichzeitig übersandten *Zerbrochnen Krug* auf die Bühne zu bringen. Ob Goethes Einteilung des Stücks in drei Akte mit Pausen für den Misserfolg der Aufführung am 2. März 1808 verantwortlich war oder aber der ursprüngliche, in Weimar gespielte Schluss, der in der Buchausgabe von 1811 so genannte *Variant* (vgl. Sembdner 1984), ist immer noch umstritten. Während Jochen Schmidt meinte, der »schlechthin entscheidende und exakt nachweisbare Grund« liege bei Kleist und der ursprünglichen Fassung des Lustspiels (Schmidt 1995, 116), urteilte Dirk Grathoff zur selben Zeit, Goethe hätte das Stück nach seinen eigenen dramaturgischen Prämissen »gewiß nicht in Akte unterteilen und durch eine Pause unterbrechen« sollen (Grathoff 1995, 315). Nur in der *Variant*-Fassung könne der *Krug* »seinen gesamten Aussagegehalt wie auch seine ästhetischen Qualitäten vollends entfalten« (ebd., 316). Kleist jedenfalls reagierte im nächsten Heft des *Phöbus* vom April/Mai 1808 mit Epigrammen, durch die er sich mit Goethe gegen Goethe stellte, denn er griff damit Goethes und Schillers *Xenien* auf. Das erste Epigramm ist *Herr von Göthe* überschrieben: »Siehe, das nenn' ich doch würdig, fürwahr, sich im Alter be-schäft'gen! / Er zerlegt jetzt den Strahl, den seine Jugend sonst warf« (DKV III, 412). Der junge Goethe wird gegen den klassischen ausgespielt, was Kleist nicht an der späteren Hochschätzung der *Farbenlehre* mit dem Zusammenhang von Dichtung und Naturwissenschaft hinderte. Mit der Anekdote *Der neuere (glücklichere) Werther* in den *Berliner Abendblättern* vom 7. Januar 1811 lieferte Kleist noch einen späten Beitrag zu den aufklärerischen *Werther*-Parodien. Substanzieller sind indes die zahlreichen Bezugnahmen auf Texte Goethes in Kleists gesamtem Werk, die von genauer Kenntnis zeugen und in ihrem jeweili-gen Stellenwert hier auch nicht annähernd ge-würdigt werden können. Die Forschung geht fast durchgehend von einem agonalen und ›gegensät-zischen‹ Verhältnis Kleists zu Goethe aus, wofür insbesondere die textliche und bildliche Pro-grammatik des *Phöbus* einstehen soll (vgl. Mommsen 1974/1979, 66–78).

Agon?

Der Befund dieser Agonalität ist indes bereits in den Rezeptionsmythos verstrickt. Einer 1863 ver-öffentlichten Erinnerung zufolge soll Kleist sei-nem einstigen Freund Ernst von Pfuel »oft ge-sagt« haben, »daß es nur das eine Ziel für ihn gebe, der größte Dichter seiner Nation zu wer-den; und auch *Goethe* sollte ihn daran nicht hin-dern. Keiner hat Goethe leidenschaftlicher be-wundert, aber auch keiner ihn so wie Kleist be-neidet und sein Glück und seinen Vorrang gehaßt. Dem Freunde gestand er in wilderregten Stunden, wie er es meinte: ›Ich werde ihm den Kranz von der Stirne reißen‹, war der Refrain sei-ner Selbstbekenntnisse wie seiner Träume ...« (Lebensspuren Nr. 112). Dieser Refrain wurde bei Katharina Mommsen (1974/1979) mit zahl-reichen Einzelnachweisen aus Kleists Gesamt-werk reich orchestriert, mit Schwerpunkten auf dem *Phöbus* und *Prinz Friedrich von Homburg*. Noch verstärkt wurde dieser Tenor durch Diet-helm Brüggemann (1985), der bereits den *Zer-brochnen Krug* als in aggressiver Weise gegen Goethe gerichtet deutete, und zwar als negative-rende Umkehrung des *Faust*-Fragments von

1790, wobei Goethe selbst die Rolle des Dorfrich-ters Adam zugedacht worden sei. Ansonsten wurde besonders *Penthesilea* in der Forschung im Hinblick auf Kleists antiklassizistisches, auf Nietzsches Konzept des ›Dionysischen‹ voraus-weisendes Bild der Antike häufig als »Anti-Iphi-genie« bezeichnet (Schmidt 1995, 118; s. Kap. III.1). Helga Gallas sah jedoch im Schluss von Kleists Tragödie eine »Demutsgeste Goethe ge-genüber«, die dieser freilich nicht verstanden habe. Die »innere Selbstbeherrschung und aufge-klärte Selbst-Gewißheit«, durch die in *Iphigenie* die antiken Götter ersetzt würden, seien Kleist ihrerseits fragwürdig geworden: »In *Penthesilea* hat Kleist nicht nur gegen die von Goethe über-nommene Winckelmannsche Konstruktion der Antike geschrieben – er hat die Determinierung des Menschen jenseits der antiken und jenseits des christlichen Gottes zu denken versucht« (Gal-las 2005, 215f.). Erich Meuthen fasste die Ge-meinsamkeiten und Unterschiede zwischen Iphi-genie und Penthesilea auf sprachlich-rhetorischer Ebene: Beide Protagonistinnen seien als ›schöne Seelen‹ eigentlich der »Welt des Wortes« zugehö-rig. Iphigenie könne heimkehren, weil sie sich auf das Wort verstehe und die Vieldeutigkeit der Rede für sich zu nutzen wisse. Penthesilea hinge-gen gehe zugrunde, »weil sie das metaphorische Wesen der Sprache verkennt. Ihr bleibt die zu sei-ner Bewältigung notwendige rhetorische Per-spektive verschlossen. In der Manier des Sturm und Drang-Helden insistiert sie auf Identität: Sie fordert Unmittelbarkeit und Eigentlichkeit« (Meuthen 2001, 51). Wiederum anders gewen-det, nämlich vehement gegen Goethe gerichtet, erschien diese sprachliche Differenz bei Mathieu Carrière, der gegen Goethes Poetik des allgemei-nen Gefühlsausdrucks, seine »Ökonomie der Sentimentalität«, polemisierte und Goethes »Zeit der Weisheit, der Reife« Kleists »Gewitter« entge-gensetzte (Carrière 1981, 31–33).

Da der »Refrain« von Kleists »Kampf mit Goe-the« (Mommsen) gelegentlich so laut und obsti-nat intoniert wurde, blieben Zwischentöne im-mer wieder ungehört, so bei Bernd Leistner, der 1998 in einer zusammenfassenden Darstellung Glauben machen konnte, »das Interesse für das Thema« Kleist und Goethe sei »[i]n jüngster Zeit

[…] zurückgetreten« (Leistner 1998, 609). Dieser Befund wurde nicht erst durch neuere Deutungen wie diejenigen von Meuthen und Gallas widerlegt. Bereits 1995 hatte Wolfgang Wittkowski für die These einer affirmativen Goethe-Rezeption Kleists plädiert, indem er auf den übersehenen Vorbildcharakter von Goethes Epos *Hermann und Dorothea* aufmerksam machte, das Kleist »mehr als irgend eine andere Dichtung geradezu geplündert« habe, und zwar für seine »Zentralthemen« des Vertrauens, der »kriegerischen Verteidigungsbereitschaft« und der Hervorrufung von »Heldentugenden« in »sonst unscheinbaren Menschen« bei Gefahr und Not (Wittkowski 1995, 384f.) – vor allem in der *Herrmannsschlacht*, darüber hinaus aber im gesamten Werk. Anthony Stephens sah im »Auseinandertreten von Kausalität und Finalität« Gemeinsamkeiten und Gegensätze in den Erzählverfahren von Goethes *Lehrjahren* und Kleists Erzählungen – Gemeinsamkeit in der Kontingenz der Handlungsführung, Gegensatz in der bei Kleist preisgegebenen »Fürsorge« der Goethe'schen Erzählinstanz für den Protagonisten (Stephens 1995, 209).

Sprache und Erzählen

Jenseits der ausgiebig erforschten und besonders in den Kommentaren der DKV-Ausgabe jeweils im Einzelnen nachgewiesenen motivischen Anleihen Kleists bei Goethe können vergleichende Analysen des Erzählverfahrens und der Sprache weiterführende Einsichten in die Konfiguration Goethe – Kleist vorbereiten (s. Kap. V.27). Eine Differenzierung kann bei der Semantik der beiden Autoren ansetzen. Während Goethes Sprachgebrauch bei wichtigen Wörtern meist das gesamte Spektrum der zeitgenössischen Semantik abdeckt, lassen sich die Einzelverwendungen überwiegend relativ präzise einzelnen Bedeutungen zuordnen (wie es im *Goethe-Wörterbuch* als einem Autorenbedeutungswörterbuch für seinen gesamten Wortschatz geschieht). Bei Kleist hingegen sind – gerade bei zentralen Begriffen – einer einzelnen Verwendung häufig unterschiedliche, nicht selten unvereinbare Bedeutungen zuzuordnen – weshalb ein Wörterbuch, wie es als

Ergänzung zu der aufgegebenen historisch-kritischen Ausgabe (s. Kap. I.2) geplant war, ein anderes Konzept verfolgen müsste als bei Goethe. Bei Goethe muss zwischen einer ›offiziellen‹ und einer ›verdeckten‹ Semantik unterschieden werden. Seine ›offiziellen‹ Konzepte sind relativ klar und zwar komplex, aber vergleichsweise einfach zu identifizieren. Bei Kleist ist die ›offizielle‹ Semantik aufgrund der gezielt herbeigeführten Mehrdeutigkeiten gewissermaßen verrätselt und verborgen, seine ›verdeckte‹ Semantik aber keine andere als die ›offizielle‹. Beide sind ineinandergeschoben und verschmolzen, nicht eine hinter der anderen versteckt wie bei Goethe.

Goethes ›verdeckte‹ Semantik lässt sich an der von Stephens betonten Geschehenslenkung durch die Erzählinstanz in den *Lehrjahren* veranschaulichen. Stephens' Betonung der erzählerischen »Fürsorge« für den Protagonisten zielt auf die ›offizielle‹ Semantik, das finalistische Konzept des Bildungsromans. Die neuere Goethe-Forschung hat jedoch die Brüche dieses Konzeptes herausgestellt und dadurch jene »Fürsorge« ins Zwielicht gerückt, indem z. B. die totalitären Züge der Turmgesellschaft betont oder die Ergebnisse von Wilhelms Bildungsgang und damit das ›gute Ende‹ für den Protagonisten überhaupt in Zweifel gezogen wurden. Unter einer solchen, die ›verdeckte‹ Semantik des Bildungskonzepts fokussierenden Perspektive erscheint die Finalität des Goethe'schen Romans fast schon in ähnlicher Weise zerstört wie in Kleists Anti-Bildungsgeschichten.

Wie stark Kleists Agonalität gegen Goethe betont wird, muss damit als normative Entscheidung bezeichnet werden, die von der zugrunde gelegten Goethe-Interpretation abhängt (wie sich besonders deutlich auch an Wittkowskis Verständnis von *Hermann und Dorothea* zeigt). Das vermeintlich klassizistische Monument, gegen das Kleist angeschrieben haben soll, erweist sich als beweglich, als Rezeptionskonstrukt, für das sich bei einer intentionalistischen Interpretation immerhin gute Gründe benennen lassen. Kleists und Goethes repräsentative Gegensätzlichkeit ist eine Reduktion von Komplexität, auf die sich bei der Literaturgeschichtsschreibung kaum verzichten lässt – zu suggestiv sind die von beiden Seiten auch aus literaturpolitischen Erwägungen heraus (über-)betonten und gestützten Oppositionen, die sich in Bezug auf schlechthin alle denkbaren Kategorien bilden lassen. Die nahezu universelle Einsetzbarkeit dieser Gegensatzkonstruktion lässt sie gelegentlich als eine Art universalontologischen Gegensatz erscheinen, der alle Oppositionen aus sich generieren kann: als Gegensatz von Grenzenlosigkeit und Begrenzung, Vollendung und Beschränkung, Unendlichkeit und Endlichkeit, Absolutem und Relativem – wobei Kleist jeweils die Fixierung auf den ersten Pol bzw. deren Scheitern, Goethe die ›entsagungsvolle‹ Beschränkung auf den zweiten Pol zugewiesen erhält. Dass solche Oppositionen gerade dann, wenn sie besonders stabil scheinen, unversehens kollabieren können, ist eine Erfahrung, die sich nicht zuletzt aus der Kleist-Lektüre gewinnen lässt.

So kann nicht verwundern, dass Kleists letztes, bereits erwähntes Zeugnis seiner Auseinandersetzung mit Goethe von besonderer, wenn auch polarer, Nähe und Verwandtschaft der poetischen Verfahrensweise spricht. An Marie von Kleist schrieb er vermutlich im Mai 1811: »so wie wir schon einen Dichter haben – mit dem ich mich übrigens auf keine Weise zu vergleichen wage – der alle seine Gedanken über die Kunst die er übt, auf Farben bezogen hat, so habe ich von einer frühesten Jugend an, alles Allg[em]eine was ich über die Dichtkunst gedacht habe, auf Töne bezogen« (DKV IV, 485). Kein Wunder auch, so gesehen, dass Goethe ausgerechnet seine Nachträge zur *Farbenlehre* mit dem Terminus Kleists als »organisches Fragment« bezeichnete.

Literatur

Blume, Bernhard: Kleist und Goethe. In: Monatshefte 38 (1946), 20–31, 83–96, 150–164.
Brüggemann, Diethelm: Kleists Lust-Spiel mit Goethe. Goethes *Faust*, Kleists *Der zerbrochne Krug* und der Kleist-Mythos. Zugleich ein Beitrag zur Rembrandt-Forschung. In: Ders.: Drei Mystifikationen Heinrich von Kleists. New York u. a. 1985, 89–174.
Carrière, Mathieu: Für eine Literatur des Krieges, Kleist. Basel/Frankfurt a.M. 1981.
Gallas, Helga: Kleist. Gesetz, Begehren, Sexualität. Zwischen symbolischer und imaginärer Identifizierung. Frankfurt a.M./Basel 2005, 209–216.
Goldammer, Peter: Kleist und Goethe. In: Weimarer Beiträge 23 (1977), Heft 9, 27–44.
Grathoff, Dirk: Goethe und Kleist. Die Geschichte eines Mißverständnisses. In: Richard Fisher (Hg.): Ethik und Ästhetik. Werke und Werte in der Literatur vom 18. bis zum 20. Jahrhundert. Frankfurt a.M. u. a. 1995, 313–327.
Kurdi, Imre: Der ›klassische Mensch‹ und der ›Barbar‹. Goethe und Kleist – mit Gundolf gelesen. In: Wolfgang Stellmacher/László Tarnói (Hg.): Goethe. Vorgaben, Zugänge, Wirkungen. Frankfurt a.M. u. a. 2000, 327–336.
Leistner, Bernd: Kleist, Heinrich von. In: Bernd Witte u. a. (Hg.): Goethe-Handbuch. Bd. 4/1. Stuttgart/Weimar 1998, 606–609.
Meuthen, Erich: Das Entsetzen der schönen Seele. Über die rhetorische Dimension des ästhetischen Scheins bei Goethe und Kleist. In: Karl Eibl/Bernd Scheffer (Hg.): Goethes Kritiker. Paderborn 2001, 45–56.
Mommsen, Katharina: Kleists Kampf mit Goethe [1974]. Erweiterte Neuausgabe Frankfurt a.M. 1979.
Schmidt, Jochen: Goethe und Kleist. In: Goethe-Jb. 112 (1995), 111–119.
Sembdner, Helmut: Goethes Begegnung mit Kleist. In: Ders.: In Sachen Kleist. Beiträge zur Forschung. München ²1984, 267–281.
Stephens, Anthony: Kleists erzählerische Repliken auf Goethes *Wilhelm Meister*. In: Gerhard Neumann (Hg.): Romantisches Erzählen. Würzburg 1995, 207–217.
Wittkowski, Wolfgang: Arminius aktuell. Kleists *Hermannsschlacht* und Goethes *Hermann*. In: Rainer Wiegels/Winfried Woesler (Hg.): Arminius und die Varusschlacht. Geschichte – Mythos – Literatur. Paderborn 1995, 367–388.

Bernd Hamacher

9. Schiller

Die Forschungslage erweist sich als paradox: Zum einen finden sich immer wieder Hinweise zur Relevanz des ›Klassikers‹ Schiller für den ›Antiklassiker‹ Kleist, zum anderen ist das intertextuelle Verhältnis beider Œuvres trotz ihres immensen Ranges für die germanistische Literaturwissenschaft noch in keiner wissenschaftlichen Publikation systematisch untersucht worden. Stattdessen wurden zumeist kürzere Beiträge vorgelegt, die Einzelzitate oder Werke miteinander korrelieren; in zahlreichen monografischen Kleist-Untersuchungen wird kursorisch auf Schiller verwiesen, oft aber ohne innovative Deutungsansätze hervorzubringen. Da die Beiträge nur selten aufeinander rekurrieren, stellt sich eine Zusammenschau der Schiller-Bezüge als unübersichtlich dar. Der vorliegende Artikel gliedert sich in vier Rubriken: (1) Biographische Elemente und Schiller-Belege bei Kleist; (2) weltanschauliche und ästhetische Korrespondenzen bzw. Divergenzen zwischen beiden Autoren; (3) intertextuelle Bezugnahmen Kleists auf Schiller in seinen literarischen Werken und theoretischen Schriften; (4) Schlussbemerkung zum Umgang Kleists mit dem verwendeten ›Schiller-Material‹ und zu den Forschungsdesideraten.

Biographische Elemente und Schiller-Belege

Zeugnisse für die persönliche Bekanntschaft oder eine briefliche Korrespondenz von Friedrich Schiller (1759–1805) und Heinrich von Kleist (1777–1811) sind nicht überliefert. Im Unterschied zu Goethe, dessen Bedeutung schon früh erforscht wurde und um dessen Gunst sich Kleist intensiv, aber vergeblich bemühte, wird das Verhältnis zu Schiller in der Forschung eher als das unterschwelliger Rivalität betrachtet. Mommsen zum Beispiel spricht davon, Kleist habe gehofft, »den nach Schillers Tod freigewordenen Platz an Goethes Seite einnehmen zu können« (Mommsen 1979, 14).

Zum Erweis der Bedeutung Schillers werden in der Regel drei Briefe angeführt, die Kleist im August 1800 und Januar 1801 verfasste. Im Brief an seine Verlobte Wilhelmine von Zenge bemerkt er, er habe ihr »den *Wallenstein von Schiller*« gekauft und fügt hinzu: »Lies ihn, liebes Mädchen, ich werde ihn auch lesen. So werden sich unsre Seelen auch in dem dritten Gegenstande zusammentreffen. [...] Träume Dir so mit schönen Vorstellungen die Zeit unsrer Trennung hinweg. Alles was *Max Piccolomini* sagt, möge, wenn es einige Ähnlichkeit hat, für mich gelten, alles was *Thekla* sagt, soll, wenn es einige Ähnlichkeit hat, für Dich gelten« (DKV IV, 71). Koopmann kommentiert die Passage mit der Bemerkung, *Wallenstein* diene Kleist »als Identifikationsprothese, als Verdeutlichungshilfe, als Verbalisierungsmedium, was die Idealität einer Liebesbeziehung angeht« (Koopmann 1990, 138). Die zweite Bezugnahme findet sich im Brief an die Schwester Ulrike, wobei hier Schillers *Don Karlos* (1787) den Referenztext darstellt: »Elisabeth ehrte die Zwecke Posa's, auch ohne sie zu kennen. [...] Ich baue ganz auf Dein Vertrauen zu mir u[nd] auf Deine Verschwiegenheit« (DKV IV, 80). Dazu schreibt Psaar, die Schwester gelte Kleist »als beispielhaft für eine vom Vertrauen getragene Haltung einem geachteten Menschen gegenüber« (Psaar 1940, 28). Im selben Brief heißt es über *Wallenstein*: »Du kannst das Buch als ein Geschenk von mir betrachten, denn sein Inhalt muß nicht gelesen, sondern gelernt werden. Ich bin begierig ob Wall[enstein] den Carlos bei Dir verdrängen wird. Ich bin unentschieden« (DKV IV, 80f.). Diese Passage ist u. a. von Beil gedeutet worden, der den »Prozess der Ersetzung, Verdrängung und des agonalen Vergleichs« (Beil 2006, 77) zwischen den Schiller-Werken betont. Die dritte Referenz erfolgt in einem anderen Brief an die Verlobte, wobei die idealistischen Protagonisten Schillers hier als Verhaltensexempel dienen:

»Würde wohl etwas Großes auf der Erde geschehen, wenn es nicht Menschen gäbe, denen ein hohes Bild vor der Seele steht, das sie sich anzueignen bestreben? Posa würde seinen Freund nicht gerettet, u[nd] Max nicht in die schwedischen Haufen geritten sein. Folge daher nie dem dunkeln Triebe, der immer nur zu dem Gemeinen führt. Frage Dich immer in jeder Lage Deines Lebens ehe Du handelst: wie könntest Du hier am Edelsten, am Schönsten, am Vortrefflichsten handeln? – und was Dein erstes Gefühl Dir antwortet, das thue« (DKV IV, 181).

Anknüpfend an diese Briefzitate spricht ein Teil der Forschung davon, dass die intellektuelle Auseinandersetzung mit Schiller primär Kleists Frühwerk prägt; doch in späteren Werken wie *Penthesilea* oder *Die Herrmannsschlacht* lassen sich ebenfalls zahlreiche Korrespondenzen finden: »Die Nähe zu Werken und Themen Schillers ist unübersehbar, die Spur eines literarischen Wettkampfs (nach Schillers Tod 1805) jedoch nicht mehr deutlich ausgeprägt« (Reinhardt 1988/89, 215).

Weltanschauliche und ästhetische Korrespondenzen bzw. Divergenzen

Fragt man nach den weltanschaulichen und ästhetischen Korrespondenzen bzw. Divergenzen zwischen den beiden Autoren, so offenbart sich ein zutiefst widersprüchliches Bild, das fortwährenden ideologischen Konjunkturen und ästhetischen Umwertungen unterworfen zu sein scheint. »In der Literatur über Schiller und Kleist wird gerne auf die Verschiedenheit der beiden Dichter hingewiesen. Wenn man über Kleist schreibt, wählt man Schiller als Kontrastfigur, um die Eigenart Kleists um so deutlicher hervortreten zu lassen« (Leber 1969, 5). Beil verweist auf das Problem einer Funktionalisierung von Schiller als bloße Folie: »Die Crux der bisherigen Schiller-Kleist-Vergleiche scheint zu sein, dass die klassische, idealistische Ästhetik als eine bekannte Größe vorausgesetzt und Kleists Entwurf dann entsprechend dagegengehalten wird« (Beil 2006, 78).

Wenn ein früher Kleist-Forscher pathetisch formuliert, zwischen Schiller und Kleist »flutet die unüberbrückbare See, welche die naive Kunst von der empfindsamen, das Kunstgewerbe von der Naturpoesie scheidet« (Mauerhof 1903, 169), so hatten derartige »Voten für Kleist« zu Beginn des 20. Jh.s »etwas Bahnbrechendes, brachten die Hierarchie der literarischen Wertung ins Wanken« (Reinhardt 1988/89, 198). Kleist wurde als der ›ganz Andere‹ interpretiert, als einsamer »Kämpfer gegen den Klassizismus« (Psaar 1940, 9). Auch Frickes Untersuchung (Fricke 1929) gilt als einer der ersten Versuche, »Kleist von dem einst für gegenwartsbestimmend erachteten Idealisten Schiller abzugrenzen« (Psaar 1940, 10). Koopmann bemerkt dazu: »Kleist als Antipode Schillers: das bedeutete zwangsläufig, daß Schillers Welt in heiterer Ruhe erschien mit einer am Ende strahlend triumphierenden Geistigkeit, in der die Schlacken der irdischen Existenz hinweggeläutert waren. Schiller also als Klassizist, Kleist als moderner Dämon, Schiller als Überwinder der Geschichte, Kleist als der hoffnungslos in sie Verstrickte, der Glanz des Idealisten hier und die schwer überschattete Welt eines unglücklichen Realisten da« (Koopmann 1990, 129) – nicht

ohne aber im Anschluss die irritierende Beobachtung zu formulieren, dass Schiller eigentlich eine katastrophischere Welt als Kleist schildere und dessen Werke zumeist im Untergang enden, während man bei Kleist (auch) utopische Tendenzen und in die Zukunft gerichtete Perspektiven finde (ebd., 133 u. 143).

Einerseits werden in der Forschung wieder und wieder die (vermeintlich) antagonistischen Gegensätze beschworen – »Schiller transzendiert, Kleist hält hingegen an der Immanenz alles Wirklichen fest, auch wenn es ihm dabei in das Bodenlose des Nichts entgleitet. [...] Wenn der Schiller'sche Held noch im Untergang freiwillig seinen Arm den Göttern leiht, so kennt Kleist nur noch den Schmerz der Verlassenen, denen sich das Göttliche verhüllt und vernächtigt und denen es stets von neuem entgleitet« (von Wiese 1958, 291f.). Andererseits werden intellektuelle Gemeinsamkeiten konstatiert: »Die philosophischen Denktraditionen, in denen Schiller und Kleist stehen, berühren und überschneiden sich vielfach« (Endres 1996, 82) – als zentral gilt die beiderseitige Auseinandersetzung mit der Philosophie Kants, was zur These führte, »the philosophical development of both thinkers can be dated from a ›Kant-Erlebnis‹« (Crosby 1961, 255). Andere Forscher begreifen hingegen die Funktion Schillers selbst als eine Art ›Kant‹ für die Herausbildung von Kleists Ästhetik. Während die Beschäftigung mit Kant für Kleist »auf eine negative Art fördernd [wirkt], so erscheint Schiller als ein positiver Markstein auf Kleists Wege zu seinem Selbst, indem er für Kleist zum Deuter einer von der irreführenden ratio unabhängigen Lebenshaltung wird« (Psaar 1940, 30). Kleists Auseinandersetzung mit Schiller sei »dem Range, wenn auch nicht der Erscheinungsform nach, mit der Kant-Krise zu vergleichen«, da sie »ähnlich tief reicht, langzeitig wirkt und ein wichtiges Moment im Selbstverständnis und in der Bekundung der eigenen Person darstellt« (Koopmann 1990, 139).

Spricht Psaar noch pathetisch davon, als »Merkmale tiefer Beeindruckung« Kleists gelten spezifische »Wesenszüge Schillerschen Menschentums [...], wie der Begriff der ›schönen Seele‹, wie die Wertung des Vertrauens, wie das

Erlebnis des Willens« (Psaar 1940, 30), so notiert
Crosby nüchterner, Schiller und Kleist »were con-
sistently attracted to the same type of material,
and it is striking that for almost every work by
Kleist there is a pendant somewhere in the works
of Schiller« (Crosby 1961, 255). Obgleich Protes-
tanten, gaben sich beide dem »sensuous charm of
Catholic forms and rituals« hin und als Dramatiker strebten sie nach dem identischen Ziel, der
»creation of a new form of German drama
through the synthesis of ancient and modern
styles« (ebd., 256). Crosby wählt die bündige Formel einer »similarity-within-difference« (ebd.,
263), um die kreative Verwandtschaft (»creative
kinship«) beider Autoren zu charakterisieren.
Reinhardt kommt zu dem Gesamteindruck, »daß
Kleist bei Schiller in die Schule gegangen ist«:
»Die Spuren im Thematischen, Sprachlichen und
Methodischen sind so offenkundig, daß man sich
über ihre Vernachlässigung in der Interpretationsgeschichte nur wundern kann [...]. Das literarische Klischee von Kleist als dem Antipoden
der Klassiker dürfte hier als Barriere gewirkt haben« (Reinhardt 1988/89, 217).

Intertextuelle Bezugnahmen Kleists auf Schiller

Bezüglich der konkreten intertextuellen Referenzen wurde konstatiert, dass »die früheren Stücke
(besonders *Die Familie Schroffenstein*) ein eng-
maschiges Netz von *Don Carlos*- und *Wallenstein*-Zitaten [enthalten], die späteren Stücke (besonders *Prinz Friedrich von Homburg*) fast nur
noch *Wallenstein*-Zitate. Gleichzeitig wechselt
der Charakter der Zitate: in den früheren Stücken
lange, meist wörtliche, noch untereinander ver-
schränkte Einlagen, in den späteren Stücken einzelne, eher stichwortartige, und dadurch in sich
verfremdet wirkende Einsprengsel« (Berns 1995,
331). Die bedeutendsten Intertexte finden sich in
den Werken *Die Familie Schroffenstein*, *Penthesilea*, *Die Hermannsschlacht*, *Michael Kohlhaas* und
Das Marionettentheater.

Nach Reinhardt erweist sich »die Zitat-Prä-
senz« von Schillers *Wallenstein*-Trilogie (1799) in
Kleists erstem Drama *Die Familie Schroffenstein*
als so massiv, »daß man den Autor gelegentlich in

einer wahren Zwangsfixierung gefangen glaubt,
zumindest aber den klaren Fall einer inneren Abhängigkeit zu konstatieren hat« (Reinhardt
1988/89, 204; zu weiteren Korrespondenzen vgl.
ebd., 204–11). Auch Koopmann geht, unter Bezugnahme auf Crosbys These von ›verbal echos‹,
auf den Zusammenhang der Werke ein (Koopmann 1990, 136f.). Als leitenden Bezug zu *Wallenstein* hält Psaar die Thematik von Vertrauen
und Argwohn sowie die Entzweiung der Fürstenhäuser Friedland und Piccolomini fest (vgl. Psaar
1940, 27). Crosby konstatiert »two thematic re-
miniscences«: den Vergleich von Ottokars und
Agnes' Liebe mit der von Max und Thekla einerseits, das freundschaftlich-väterliche Verhältnis
von Jeronimus und Sylvester und von Max und
Wallenstein andererseits (Crosby 1961, 256).
Endres weist auf Kleists Baummotiv der Eiche
hin, in dem sich »Schillersches Bildvokabular«
wiederfände (Endres 1996, 107); des Weiteren
bemerkt er: »Die dramatischen Konstellationen
im ›Wallenstein‹ und in der ›Familie Schroffenstein‹ sehen sich auf verblüffende Weise ähnlich«
(ebd., 109).

Der zweite Teil von Reinhardts Bemerkung,
»[d]aß die Stoffwahl für die Tragödie *Penthesilea*
unabhängig von Schillers *Jungfrau von Orleans*
[1801] erfolgt sein sollte, erscheint nicht gut
denkbar, wenn sich auch im Motivisch-Rhetori-
schen deutliche Rückspiegelungen nicht gewärti-
gen lassen« (Reinhardt 1988/89, 215), hat sich als
unzutreffend erwiesen. Crosby bezeichnete Johanna und Penthesilea als »literary half sisters«
(Crosby 1961, 258); Ähnlichkeiten bestünden
u. a. darin, dass sich beide auf ›heiliger Mission‹
befinden und unter einem göttlichen Verbot
kämpfen; die Ausgestaltung des Konflikts und
seiner moralisch-psychologischen Konsequenzen sei die entscheidende Neuerung Kleists:

»Schiller permits Johanna to suffer passively after her
fall from grace. She is punished less by the humiliation
of captivity than by the gnawing awareness of having
failed in her mission. [...] Unlike Johanna [...] Penthesilea does not escape the consequences of her inevitable
trespass. [...] She cannot ascend, like Johanna, to the
eternal joy of an afterlife, but must rather descend into
the depths of her being, there to forge the ›dagger of the
mind‹ with which she ends her life« (ebd., 258f.).

Endres konstatiert, der »Vorlagencharakter« der Schiller'schen *Jungfrau* reiche »bis in Einzelheiten der Gestaltung [...]. Dabei zeigt sich, daß Schillers tragische Heroin an allen Ecken und Enden des Kleist'schen Dramas präsent ist: Als Rivalin Penthesileas kommentiert sie zugleich deren Verhalten. Mit ihr ist darüber hinaus der Deutungsrahmen der idealistischen Tragödie evoziert, freilich so, daß ihn das Drama auch wieder überschreitet. Auf diese Weise wird die Schillersche Tragödie bei Kleist an ihre menschlichen und künstlerischen Grenzen geführt« (Endres 1996, 114). Weitere »zwingende Parallelen« seien die Ausgestaltung der Begegnung von Penthesilea und Achill nach dem Modell derjenigen von Johanna und Lionel, aber auch Leitmotive wie das jeweils zweifache Verbergen des Gesichts der Heldin nach dieser Begegnung sowie der in beiden Werken eintretende dreimalige Theaterdonner nach dem ›Fall‹ (ebd., 115f.): »Kleists Heldin hat, wenn man so will, ihren Schiller gelesen« (ebd., 120). Auch Nölle führt Analogien zwischen Johannas und Penthesileas Situation an, wie die Liebe zu einem Feind oder das Negieren des Auftrags aufgrund der erotischen Leidenschaft (Nölle 1999, 166). Das Hauptinteresse seines Beitrags aber ist die Frage, warum Kleist im Unterschied zu Schiller auf einen Monolog seiner Heldin verzichtet; Schillers *Jungfrau* dient dabei als Folie einer normativen Dramaturgie. Er entwickelt die Leitthese, »Kleists *Penthesilea* [werde] mit ihrer ›gegenklassischen‹ Verfahrensweise als Gegenentwurf zu Schillers Credo, zu weiten Bereichen seiner Anthropologie, seiner Menschengestaltung lesbar und vollzieh[e] insgesamt eine ›gegenklassische Bewegung‹« (ebd., 171). Nach Hinderer lässt sich die *Jungfrau* »als Vorläuferin der ›Penthesilea‹ verstehen, allerdings mehr als Widerspruch denn als Kontrafaktur, so positiv Kleist auch ansonsten auf die dramatische Produktion Schillers reagiert hat« (Hinderer 2003, 46). Als Korrespondenzen nennt er etwa den »numinosen Stellenwert« einer Eiche in beiden Werken (ebd., 50), den Umstand, dass Penthesilea wie Johanna in der Vorgeschichte in einem »idyllischen oder arkadischen Zustand« gelebt hat (ebd., 56) und dass sich Penthesilea »auf dem Tiefpunkt ihrer Existenz wie Johanna aus der Sprache zurückzieht und schweigt« (ebd., 64).

Ryan zufolge weist das Drama *Die Herrmannsschlacht* Anklänge an Schillers *Wilhelm Tell* (1804) auf: »Es ist zu vermuten, daß Hermann bewußt als Gegenbild zu jenem anderen Freiheitshelden konzipiert wurde, nämlich dem von Schiller in seinem letzten abgeschlossenen Stück gefeierten Wilhelm Tell. Kleists Drama lässt sich in einigen wesentlichen Punkten als eine versteckte Auseinandersetzung mit Schiller verstehen« (Ryan 1981, 198). Nach Kluge dient hingegen Schillers Sturm und Drang-Drama *Der Fiesco von Genua* (1783) als »Objekt für eine anhaltende und angestrengte Auseinandersetzung« Kleists, insofern sich in der *Herrmannsschlacht* Korrespondenzen auf verschiedensten Ebenen finden lassen – »Entsprechungen *und* Gegensätze, Parallelen *und* Antithesen, Weiterführungen *und* bewusste Umkehrungen, Übersteigerungen *und* Verdrehungen, Überbietungen *und* Desavouierungen Schillerscher Motive und Themen und ihrer Aussage« (Kluge 1993, 249). Kluge untersucht besonders folgende thematische Berührungspunkte: »Politisches Verschwörertum« (ebd., 250–255), Demagogie (ebd., 255–257), Freiheit (ebd., 257–260), Politik und Moral (ebd., 260–263), »Das Herausspinnen des Politischen aus dem menschlichen Herzen« (ebd., 264–267), Nemesis und Weltgericht (ebd., 267–270).

Hamacher erklärt Kleists Erzählung *Michael Kohlhaas* zu einer »Kontrafaktur« von Schillers *Verbrecher aus Infamie* (1786), »die bekannter ist als ihr Prätext« (Hamacher 2006, 68). Mit dem *Verbrecher* habe *Kohlhaas* die »kontingente Geschehensabfolge gemein [...], was unter anderem an der erzählerischen Formel ›Es traf sich, daß‹ ablesbar ist [...], mit der plötzliche, unerwartete oder unwahrscheinliche Wendungen eingeführt werden« (ebd., 70). Zu weiteren Bezugnahmen Kleists zählt er den »Kampf um Anerkennung, Gerechtigkeit und Gnade, der in Abwesenheit des natürlichen Vaters auf den Landesvater verschoben wird« (ebd., 71f.) sowie das Ende der Erzählungen: »Während bei Schiller durch die Aussage des Sonnenwirts vor dem Amtmann der Prozess der Tradierung des Geschehens als Schreibprozess und damit der Konstitution der Erzählung erst in Gang gesetzt wird, verschluckt sich im Verschlingen des Zettels durch Kohlhaas bei

Kleist die Erzählung gewissermaßen an sich selbst« (ebd., 72). Ergänzend machen Reinhardt und Koopmann Korrespondenzen zwischen *Kohlhaas* und Schillers *Wallenstein* aus (Reinhardt 1988/89, 201–204; Koopmann 1990, 131).

Bemerkte von Wiese (1967, 211), es sei »kaum anzunehmen, daß Kleist bei seiner Schrift [*Über das Marionettentheater*] an Schillers Aufsatz *Über Anmut und Würde* [1793] gedacht hat. Vielleicht kannte er ihn noch nicht einmal«, so ist diese frühe Einschätzung gründlich zu revidieren. Eine erste Deutung nahm De Man vor, der Kleists Text als Entlarvung von »Schillers Ideologie des Ästhetischen« begreift (De Man 1988, 207). Daran anknüpfend hat Schneider leitende Thesen zum Anmutsbegriff sowie zum anti-anthropologischen Modell des *Marionettentheater*-Aufsatzes aufgestellt:

»The puppeteer becoming the puppet, removing [...] his body into the perfect automaton, reduces Schiller's aesthetic project, which had human production (freedom, art) appear as nature, to a technical task. *Dehumanization* is Kleist's answer to the classical projection of artistic creativity into a humanized nature which was to be more and other than human but was at the same time stripped of its otherness and exteriority« (Schneider 1994, 220).

Ergänzend hat Hart die Auslöschung der Gender-Thematik betont:

»Kleist, who seems to be parodying Schillerian argumentation on several levels, reduces Schiller's idealism to material terms by rupturing the link between *Geist* and *Grazie*, but he also cancels its association with women – de-humanizing and de-feminizing grace. By taking the arch-feminine virtue of *Anmut* and appropriating it to mindless or mechanized beings who are specifically gendered male, Kleist reinforces the exclusivity of the male homosocial bonds being developed between the narrator and Herr C...« (Hart 1994, 83).

Für Knabs Untersuchung zur *Ästhetik der Anmut* im 18. Jh. bilden Schillers und Kleists Aufsätze grundlegende Quellen, ihr intertextuelles Verhältnis steht aber nicht im Mittelpunkt (Knab 1996).

Auch bei Greiner wird Schillers Ästhetik (neben der von Winckelmann u. a.) als Folie für die Deutung des Kleist-Aufsatzes verwendet (Greiner 2000, 197–202). Strässle hält Schillers Schrift

Über Anmut und Würde ebenfalls für einen der wichtigsten Referenztexte:

»Fast möchte es scheinen, als ob der Tänzer C. keine andere Absicht hätte, als *Schiller* zu widersprechen. Denn was dieser als Affektation beschreibt, lobt C. gerade als Merkmal des graziösen Tanzes: die elfenhafte Leichtigkeit, mit der sich die Puppen über dem Boden bewegen: und was Schiller als Zeichen von Unbeholfenheit gilt, erhebt C. nachgerade zur Formel des anmutigen Tanzes« (Strässle 2002, 186).

Beil spricht von einer »subtile[n] Demontage der repräsentativen Struktur des Schiller'schen Grazie-Begriffs« (Beil 2006, 83; s. Kap. V.15) und bemerkt, der Begriff der Seele werde bei Kleist »jeder ›schönen‹, versöhnenden Bedeutung entkleidet« und »auf das nackte materialistische Minimum eines reinen Bewegungsprinzips reduziert« (ebd., 86). Als weitere Prätexte führt Beil Schillers Abhandlung *Über naive und sentimentalische Dichtung* (1795) sowie dessen Aufsatz *Über das gegenwärtige deutsche Theater* (1782) an. Schillers Ausführungen im erstgenannten Text über die ›naive Denkart‹ und deren körperlichen Ausdruck – mit den Prototypen Kind und Genie – würden von Kleist entstellt, indem er »eine Art respektloser, entmythologisierender ›Übersetzung‹ des ganzen Abschnitts in Angriff nimmt« (ebd., 88). Schillers Theateressay stellt nach Beil »eine noch beeindruckendere Fundgrube für das Misreading dar« (ebd.): Schillers Bemerkungen zu einem Romeo-Darsteller, der auf der Bühne plötzlich vom Gedanken heimgesucht wird, von den Zuschauern beobachtet zu werden, analogisiert Beil mit dem Topos der verlorenen Unschuld bei Kleist: »Was Schiller als vorübergehende Schrecksekunde, als höheren Kunstfehler schildert, erscheint im ›Marionettentheater‹-Text als fundamentaler Sündenfall des Bewusstseins, der die Vertreibung aus dem ›Paradies‹ der anmutig-kindlichen ›Unschuld‹ zur Folge hat« (ebd., 89). In Schillers Diagnose des ›gegenwärtigen deutschen Theaters‹ findet sich darüber hinaus eine Passage, die von Marionetten handelt: »Ein flüchtiger Einfall Schillers wird durchgespielt bis hinein in die absurdesten Konsequenzen: Marionetten fungieren, ebenso wie die Behinderten mit ihren Prothesen und der fechtende Bär, ganz selbstverständlich als Alternative zu Menschen, die der Sündenfall von Narzissmus und Reflexion für immer der Grazie beraubt hat« (ebd., 92f.). Kleist lässt so den »Welthorizont von Schillers Schriften auf das Minimum einer Jahrmarktsbühne schrumpfen« und »entleert die Fülle ihrer transzendentalen Bedeutungen, bricht die mühsam gestaltete anthropologische Synthese wieder auseinander und ersetzt den ›ganzen Menschen‹ des Idealismus im Namen der Anmut durch Maschinen und Tiere« (ebd., 96).

Für weitere Werke wurden in der Forschung kursorische Schiller-Referenzen benannt. Kleists Dramenfragment *Robert Guiskard* enthält nach Reinhardt *Wallenstein*-Anklänge (vgl. Reinhardt 1988/89, 211–214); auch die Erzählung *Das Erdbeben in Chili* sowie das Drama *Prinz Friedrich von Homburg* rekurrieren auf die Schiller-Trilogie (vgl. ebd., 200f.). Berns ergänzt das Spektrum bezüglich einiger *Don Carlos*-Belege im *Homburg*, die »in besonders erregten Momenten der dramatischen Handlung [...] zu den das ganze Stück durchziehenden *Wallenstein*-Zitaten hinzukommen« (Berns 1995, 345). Endres behauptet sogar, kein Kleist-Werk sei »in vergleichbarem Maße von Schillers *Wallenstein*-Trilogie beeinflußt, wie der *Prinz Friedrich von Homburg*« (Endres 1996, 131).

Nach Crosby finden sich auch im historischen Ritterschauspiel *Das Käthchen von Heilbronn* Korrespondenzen zur *Jungfrau von Orleans*: Als »agent[s] of a higher power which has revealed itself [..] in a dream« würden beide Protagonistinnen von ihren Vätern angeklagt, in der Handlung beider Stücke ziehen sie verzweifelt durch die Wälder bzw. die Bergwelt in männlicher Begleitung und beiderseits manifestierten sich Elemente der literarischen Romantik (Crosby 1961, 259). Koopmann ergänzt die Gemeinsamkeit einer »fast somnambule[n] Gefühlssicherheit bei Kleists Käthchen und bei Schillers Jungfrau von Orleans« (Koopmann 1990, 137). Kleists Lustspiel *Amphitryon* und Schillers lyrische Operette *Semele* (1782) behandeln nach Crosby »a related mythological subject, the seduction of a mortal woman by Jupiter [...] and both share a poetic language which ranges from the coarse to the elegant« (Crosby 1961, 257). Psaar sieht Korrespondenzen von Kleists *Aufsatz, den sichren Weg des*

Glücks zu finden zu Schillers Gedicht *Resignation* (1784) sowie zu dessen Aufsatz *Was kann eine gut stehende Schaubühne eigentlich wirken* (1784/ 1802) (vgl. Psaar 1940, 29f.; zum zweiten Vergleich vgl. auch Koopmann 1990, 134f.). Reinhardt kontextualisiert Kleists Widmungsgedicht *Hymne an die Sonne* mit Schillers *Hymne an die Unendlichen* (vgl. Reinhardt 1988/98, 199). Schließlich wird Kleists *Germania*-Ode erwähnt, »die sich formal an Schillers Lied *An die Freude* [1785] anlehnt, inhaltlich aber die Idee einer allgemeinen Menschheitsverbrüderung ins Gegenteil verkehrt« (Müller-Salget 2002, 258).

Schlussbemerkung

Wie deutlich wird, steht die Forschung zur Signifikanz Schillers für Kleist noch am Anfang – wenn Koopmann vor fast 20 Jahren von einem »weißen Fleck auf der literaturwissenschaftlichen Landkarte« (Koopmann 1990, 129) sprach, so hat sich dieses Bild bis heute nicht wesentlich geändert. Interpretationsansätze, die über das Aufweisen von Textbelegen und das Formulieren von Spekulationen hinausgehen, sind selten. Dabei hat die Intertextualitätsforschung schon früh systematische Unterscheidungen zwischen verschiedenen Typen der literarischen Bezugnahme vorgenommen, etwa zwischen *Partizipation* als »dialogische[r] Teilhabe an der Kultur« (Lachmann/Schahadat 2004, 679), *Transformation* als »Usurpation des fremden Wortes« (ebd., 681) und *Tropik* als »Abwendung des Vorläufertextes« (ebd., 683). Sämtliche Formen der Intertextualität werden von Kleist fortwährend praktiziert, wie bereits der summarische Durchlauf durch die Werke zeigt.

Ein exemplarisches Modell zur Interpretation von Kleists Umgang mit dem vorhandenen ›Schiller-Material‹ stellt Beils Studie zum *Marionettentheater* dar. Unter Bezugnahme auf Harold Blooms *Topographie des Fehllesens* (1997) subsumiert er Kleists Vorgehen unter dem Stichwort der »Kenosis«, einem Begriff, der auf Griechisch ›Entleerung‹ bedeutet. Man habe es »mit Abwehrformen der Zerstückelung, der Diskontinuität, der Reduktion und der Isolation zu tun, ketzerischen Arten der Wiederholung, zu denen neben der Metonymie auch die Literalisierung, die Verwörtlichung, gehört« (Beil 2006, 95; Bezugnahme auf Bloom vgl. ebd., 96). Daraus entwickelt Beil die These, dass die »Rätselhaftigkeit des Kleistschen Textes […] sich zu keinem geringen Teil der asystematischen Rekombination von Begriffen, Motiven und Gedanken aus verschiedenen Werken Schillers [verdankt], Akten anarchischer Fragmentierung, die gerade nicht die Verbindung zum Vorgänger betonen, sondern die Abspaltung, die Differenz« (ebd., 95). Der Umgang mit dem Schiller-Material wird weiterhin als »Verfahren der Metonymie« gekennzeichnet, das drei Leitfunktionen erfüllt: erstens die »›Desakralisierung‹ kanonischer Texte«, zweitens das Betreiben von »Wiederholung als Veräußerlichung und Verwörtlichung« und drittens die Reduktion der »schon rein quantitiv respektgebietende[n] Sprachmacht des berühmten Vorgängers auf ein wenige Seiten umfassendes, bewusst ›falsch‹ notierendes ›Stenogramm‹« (ebd., 95 f.). Die hier skizzierte methodische Perspektive ist zukunftsweisend, da sie die textuellen Strategien und ihre (bewussten und unbewussten) ideologischen Intentionen gleichermaßen berücksichtigt. Es bleibt ein wichtiges Forschungsdesiderat, die vorliegenden Korrespondenzen zu Schiller einer systematischen kulturtheoretischen und philologischen Analyse zu unterziehen. Dass dabei auch ein bedeutender Bereich der Wissenschaftsgeschichte der Germanistik beleuchtet würde, legen die hier zitierten Forschungspositionen nahe.

Literatur

Beil, Ulrich Johannes: ›Kenosis‹ der idealistischen Ästhetik. Kleists *Über das Marionettentheater* als Schiller-réécriture. In: KJb 2006, 75–99.

Benthien, Claudia: Das Tribunal der Blicke. Scham und Schuld in der Tragödie um 1800 (Schiller, Kleist). Köln/Weimar/Wien 2009 [in Vorbereitung].

Berns, Gisela: ›Mit dem Rücken gegen‹ Schiller. Zur Funktion der Schillertexte in Kleists *Prinz Friedrich von Homburg*. In: Richard Fisher (Hg.): Ethik und Ästhetik. Werke und Werte in der Literatur vom 18. bis 20. Jahrhunderts. Frankfurt a.M. 1995, 329–348.

Bloom, Harold: Eine Topographie des Fehllesens [1975]. Übersetzt von Isabella Mayr. Frankfurt a.M. 1997.

Crosby, Donald H.: The Creative Kinship of Schiller and Kleist. In: Monatshefte für deutschen Unterricht, deutsche Sprache und Literatur 53 (1961), 255–264.

De Man, Paul: Allegorien des Lesens [1979]. Übers. von Werner Hamacher und Peter Krumme. Frankfurt a.M. 1988.

Endres, Johannes: Das ›depotenzierte‹ Subjekt. Zu Geschichte und Funktion des Komischen bei Heinrich von Kleist. Würzburg 1996.

Fricke, Gerhard: Gefühl und Schicksal bei Heinrich von Kleist. Studien über den inneren Vorgang im Leben und Schaffen des Dichters. Berlin 1929.

Greiner, Bernhard: Kleists Dramen und Erzählungen. Experimente zum ›Fall‹ der Kunst. Tübingen/Basel 2000.

Hamacher, Bernd: Geschichte und Psychologie der Moderne um 1800 (Schiller, Kleist, Goethe). ›Gegensätzische‹ Überlegungen zum *Verbrecher aus Infamie* und zu *Michael Kohlhaas*. In: KJb 2006, 60–74.

Hart, Gail K.: Anmut's Gender. The *Marionettentheater* and Kleist's Revision of *Anmut und Würde*. In: Women in German Yearbook 10 (1994), 83–95.

Hinderer, Walter: ›Vom giftigsten der Pfeile Amors sei, / heisst es, ihr jugendliches Herz getroffen‹. Schillers *Jungfrau von Orleans* und Kleists *Penthesilea*. In: Beiträge 17 (2003), 45–68.

Kluge, Gerhard: Hermann und Fiesko – Kleists Auseinandersetzung mit Schillers Drama. In: Jb. der Deutschen Schillergesellschaft 37 (1993), 248–270.

Knab, Janina: Ästhetik der Anmut. Studien zur ›Schönheit der Bewegung‹ im 18. Jahrhundert. Frankfurt a.M. 1996.

Koopmann, Helmut: Schiller und Kleist. In: Aurora. Jb. der Eichendorff-Gesellschaft 50 (1990), 127–143.

Lachmann, Renate/Schahadat, Schamma: Intertextualität. In: Helmut Brackert/Jörn Stückrath (Hg.): Literaturwissenschaft. Ein Grundkurs. Reinbek bei Hamburg ⁸2004, 678–687.

Leber, Elsbeth: Das Bild des Menschen in Schillers und Kleists Dramen. Bern 1969.

Mauerhof, Emil: Schiller und Heinrich von Kleist. Leipzig/Zürich ²1903.

Mommsen, Katharina: Kleists Kampf mit Goethe. Frankfurt a.M. 1979.

Müller-Salget, Klaus: Heinrich von Kleist. Stuttgart 2002.

Nölle, Volker: Eine ›gegenklassische‹ Verfahrensweise. Kleists *Penthesilea* und Schillers *Jungfrau von Orleans*. In: Beiträge 13 (1999), 158–174.

Psaar, Werner: Schicksalsbegriff und Tragik bei Schiller und Kleist. Berlin 1940.

Reinhardt, Hartmut: Rechtsverwirrung und Verdachtspsychologie. Spuren der Schiller-Rezeption bei Heinrich von Kleist. In: KJb 1988, 198–218.

Ryan, Lawrence: Die ›vaterländische‹ Umkehr in der

›Hermannsschlacht‹. In: Walter Hinderer (Hg.): Kleists Dramen. Neue Interpretationen. Stuttgart 1981, 188–212.

Schneider, Helmut: Deconstruction of the Hermeneutical Body: Kleist and the Discourse of Classical Aesthetics. In: Veronica Kelley/Dorothea von Mücke (Hg.): Body and Text in the Eighteenth Century. Stanford 1994, 209–226.

Strässle, Urs: Heinrich von Kleist. Die keilförmige Vernunft. Würzburg 2002.

Wiese, Benno von: Die deutsche Tragödie von Lessing bis Hebbel. Hamburg ⁴1958.

–: Das verlorene und wieder zu findende Paradies. Eine Studie über den Begriff der Anmut bei Goethe, Kleist und Schiller. In: Helmut Sembdner (Hg.): Kleists Aufsatz über das Marionettentheater. Studien und Interpretationen. Berlin 1967, 196–220.

Claudia Benthien

10. Romantik

Kleist und die Romantik. Kontroverse Ansätze der Forschungsgeschichte

Die Frage nach Kleists Beziehung zur Romantik ist in der Forschungsgeschichte von verschiedenen Standorten aus beleuchtet und kontrovers beantwortet worden (vgl. Strack 1990, 86). In literaturhistorischen Darstellungen wird Kleist oft als Sonderfall der Literatur um 1800 behandelt und allenfalls unter Vorbehalten als Romantiker verstanden, ähnlich wie Jean Paul und Hölderlin. Kleist sei kein Romantiker, so bilanziert 1906 Ernst Kayka in seiner Monographie *Kleist und die Romantik*. Er erläutert Kleists biographische Beziehungen zu Vertretern der Romantik, diagnostiziert bei Kleist eine Vielzahl »romantischer Ideen und Stoffe«, akzentuiert aber dennoch die Diskrepanz: Kleist widerstrebe »die romantische Formlosigkeit, [...] alles Verschwommene, Traumhafte, Reinmusikalische, [...] alle geistreiche Spielerei und Frivolität« (Kayka 1977, 157). Kleists Distanz zur romantischen Bewegung ist bis heute unter wechselnden Akzenten konstatiert worden, sei es unter Hinweis auf die Eigenart seines Stils, sei es mit Blick auf inhaltlich-thematische Differenzen (vgl. Schmidt 1974, 212ff.). Allerdings unterstreichen auch nicht wenige Interpreten Kleists Prägung durch das romantische

Denken (Müller-Seidel 1961). Hatte H.A. Korff ihn im Kontext der »Hochromantik« abgehandelt (vgl. Korff 1962, IV, 29ff.), so nennt noch Gerhard Schulz Kleists Werk »eine Erfüllung romantischer Phantasie« (Schulz 1989, 73). Zwischen der These vom »Romantiker« Kleist und ihrer Antithese situieren sich verschiedene differenzierte Antworten. Detlef Kremer etwa nennt Kleists Verhältnis zur Romantik »problematisch« und »widersprüchlich«; seine Erzählungen stünden zwar nicht »im Zentrum einer romantischen Programmatik«, doch sie seien dem Romantischen affin in ihrer Tendenz zur »manieristischen Überpointierung des heterogenen Ereignisses und der fragmentarischen Persönlichkeit« sowie in ihrer »leichten Neigung zum Phantastischen« (Kremer 2007, 1f., 160).

Auch wenn die Beziehung Kleists zur Romantik schwer auf eine Formel zu bringen ist, sind bezogen auf spezifische Themen und Strukturen doch klare Parallelen aufweisbar. Konsens besteht darüber, dass der romantische Diskurs als prägender Kontext der Kleist'schen Werke zu gelten hat. Vor allem die Frage nach der Bedeutung romantischer Ästhetik führt zu komplexen Befunden (vgl. dazu insgesamt Lubkoll/Oesterle 2001). Anders als die wichtigsten Romantiker rückt Kleist die Kunst allerdings nicht durch Geschichten über Künstler und Kunstwerke ins thematische Zentrum seiner Texte – für manche Interpreten ein maßgebliches Kriterium der Distanz (vgl. ebd., 9).

Von den Implikationen des jeweils zugrunde liegenden Romantik-Begriffs hängt es ab, ob Kleist ihm zugeordnet werden kann (Strack 1996, 204). Für Friedrich Strack beruht die Nähe Kleists zu den Romantikern auf den vor allem von den Jenensern verfolgten »bewußtseinsphilosophischen Fragestellungen« und der mit ihr verknüpften »zentrale[n] Identitätsproblematik« (ebd., 205). Paul de Man unterzieht Kleists Texte unter Akzentuierung ihrer Widerständigkeit dekonstruktivistischen Lektüren; auch dabei rücken Kleists Texte an die der Romantiker heran (De Man 1988, 205–233).

Kleist als Zeitgenosse der Romantiker

Wenn man ›Romantik‹ überhaupt als Sammelbegriff für diskursive Ereignisse verschiedener Art verwendet, so umfasst er Verschiedenstes: das Denken der kosmopolitischen Intellektuellen in Jena ebenso wie das des nationalistischen Heidelberger Kreises, der konservativ-restaurativen Wiener und der patriotischen Berliner Romantiker. Kleist geriet mit verschiedenen romantischen Kreisen in Berührung; so unterhielt er Beziehungen zu den Brüdern Schlegel, Novalis, Arnim, Brentano, Eichendorff, Loeben, Fouqué, Schubert, Adam Müller sowie zu Malern wie Hartmann, Friedrich und den Brüdern Riepenhausen. Seine Urteile über die Werke seiner Zeitgenossen lassen sich mangels direkter Stellungnahmen oft nur erschließen. So kann etwa der »Brief eines Malers an einen Sohn« mit seiner mahnenden Feststellung, man müsse, um eine Madonna zu malen, »nicht das Abendmahl nehmen« (II, 328), als kritische Reaktion auf Wackenroders *Herzensergießungen* gelesen werden. Kontakte ergaben sich vor allem aus Kleists publizistischer Tätigkeit. 1807 planten er und Adam Müller die Veröffentlichung »einiger noch ungedruckter Schriften des Novalis« (Brief an Wieland, 17.12.1807). In Dresden gab er gemeinsam mit Adam Müller die kurzlebige Zeitschrift *Phöbus* heraus, in Berlin dann die *Abendblätter*. Berlin war von etwa 1810 bis zum Tod Hoffmanns 1822 ein wichtiges Zentrum der sogenannten mittleren Romantik; hier entstanden Hauptwerke von Arnim, Brentano, Chamisso, Fouqué, Hoffmann und Eichendorff. Arnim und Müller gründeten 1811 die patriotisch gesinnte »Christlich-Deutsche Tischgesellschaft«, der neben Brentano, Chamisso, Eichendorff, Fichte und Fouqué auch Kleist angehörte (s. Kap. IV.14). Weitere literarische Bekanntschaften schloss er im Salon der Rahel Varnhagen.

Entstanden vor dem Hintergrund der napoleonischen Besetzung und der Befreiungskriege, sind Kleists literarisches Werk wie seine journalistischen Schriften teilweise durch einen rabiaten Patriotismus geprägt. Agitatorisch-chauvinistische Gedichte Kleists ermutigen »Germania« zu blutigem Widerstand gegen die »Franken« (vgl.

DKV III, 668f.). Die oft als nationalistisch gedeutete *Herrmannsschlacht* allerdings, in welcher der Partisanenkampf der Germanen gegen die Römer auf den Widerstand Preußens gegen Napoleon verweist, entzieht sich der eindeutigen Auslegung als Dokument des romantischen Chauvinismus. Der Diagnose Jochen Schmidts zufolge zwar vor dem Hintergrund einer romantischen National- und Gemeinschaftsideologie entstanden, rückt der Text zu dieser gleichwohl auf Distanz. Denn hier stellt sich, wie Schmidt betont, die Gemeinschaft als Werk des Einzelnen, Hermanns, dar – und als ein Werk, »das offensichtlich zu nichts und ins Nichts führt« (Schmidt 1974, 222).

Befreundet war Kleist mit Fouqué, der sich zu Kleists Lebzeiten wie nach seinem Tod für ihn einsetzte (vgl. Sembdner 1974, 206–226). 1808 schon zur Mitarbeit am *Phöbus* eingeladen, verfasste Fouqué auch für die *Berliner Abendblätter* Beiträge. Von Caroline Fouqué, einer Verehrerin Kleists, stammt vermutlich ein mit der Sigle C** gezeichneter Aufsatz mit dem Titel *Gespräch über die Erzählungen von Heinrich von Kleist*, der nach Kleists Tod in der *Zeitung für die elegante Welt* erschien; er kann als Vorstufe für Fouqués *Gespräch über die Dichtergabe Heinrichs von Kleist* im *Morgenblatt* von 1816 gelten. 1821 entstanden Fouqués umfangreiche »biographisch-literarische Betrachtungen« über *Die drei Kleiste* (vgl. Sembdner 1974, 227–250). Hatte Caroline Fouqué sich sofort nach Kleists Tod für die Herausgabe von dessen Nachlass ausgesprochen, so nahm Fouqué das Projekt zwar in Angriff, realisierte es aber nicht. Als Herausgeber Kleist'scher Texte wirkte stattdessen von 1821 bis 1826 Ludwig Tieck, der, wenn auch in verhaltenem Ton, Kleists dichterischen Rang würdigte und als Kommentator auf eine homogenisierende Darstellung der für dessen Œuvre prägenden Spannungen verzichtete (vgl. Korte 1993, 178). Eichendorff sah in Kleist eine Personifikation dessen, was er als problematische »Emancipation der Subjectivität« auffasste; motiviert durch »Zorn« und »Schmerz über die Schmach des Vaterlandes«, sei Kleists Werk doch »ohne rechten Glauben an das unsichtbare Walten einer göttlichen Gerechtigkeit«. Geleitet habe den Dichter »ein großartig sittlicher Ekel vor der Erbärmlichkeit des Menschengeschlechts, das ihm fortan des Lebens nicht mehr würdig erschien« (zit. nach Schulz 1989, 629; vgl. auch Nachruhm Nr. 308). Wenn Eichendorff Kleist als einen innerlich zutiefst zerrissenen Charakter beschreibt, so erinnert sein Porträt an Passagen aus seinen Erzählungen, insbesondere an seine literarischen Dichtergestalten. Eichendorffs Kleist-Porträt hat weite Teile des späteren Kleist-Bilds antizipiert; zumal an seine Wahrnehmung des Kleist'schen Werks als Darstellung einer Krise des modernen Subjekts wird noch von der rezenten Kleist-Forschung angeknüpft.

Im Spannungsfeld von Aufklärung und Romantik

Wie auch die Frühromantik, verdankt Kleist der Aufklärung maßgebliche Impulse (vgl. Schmidt 2003, 21). Dies bezeugt vor allem seine kritischfragende Einstellung gegenüber Dogmen, Wertesystemen und vermeintlichen Gewissheiten. Zu Recht betont Jochen Schmidt Kleists Inklination zu »Ironie, Kritik, Experiment« (Schmidt 2003, 1). Kleists Skepsis gegenüber einseitigen Positionen prägt seine Auseinandersetzung mit der Sphäre des Religiösen und Sakralen, mit der Macht des Widervernünftigen und mit der Frage nach der Wahrheit der Gefühle. Diverse seiner Schriften lassen sich als rationalistisch motivierter Widerstand gegenüber der Faszinationskraft des Irrationalen interpretieren – ein Widerstand, welcher sich auf inhaltlicher wie auf sprachlicher Ebene kritischer Strategien der Aufklärung bedient (vgl. Schmidt 2003, 20f.). Allerdings spricht sein Werk zugleich immer wieder von der Vergeblichkeit dieses Widerstands, ohne dabei das Irrationale zu affirmieren. Wenn sich im »Brief eines Malers an seinen Sohn« (DKV II, 328) einerseits eine kritische Distanz zum Konzept der himmlischen Inspiration artikuliert, wie es in den »Herzensergießungen« thematisiert worden war, so erinnert andererseits sein Bericht über einen in Dresden erlebten katholischen Gottesdienst (DKV II, 651) doch gerade an die »Herzensergießungen« (vgl. Kremer 2007, 109). Distanziert steht Kleist dem noch viele seiner Zeitgenossen (vor allem im rationalistischen Berlin) prägenden Fortschrittsdenken der Aufklärung gegen-

über; ebenso fremd ist ihm das humanistische Bildungskonzept seiner klassizistischen Kollegen. In einem Brief an Rühle von Lilienstern vom Dezember 1805 kommt seine Einschätzung der Umbruchsituation um 1800 prägnant zum Ausdruck: »Die Zeit scheint eine neue Ordnung der Dinge herbeiführen zu wollen, und wir werden davon nichts als bloß den Umsturz der alten erleben« (DKV IV, 352). Im Sinne vergleichbarer Diagnosen ließen sich diverse Schriften romantischer Autoren lesen. Das Bewusstsein von der Kontingenz aller symbolischen und sozialen Ordnungen hatte sich bereits in Friedrich Schlegels Bemerkung artikuliert, die Französische Revolution, Fichtes Wissenschaftslehre und Goethes *Wilhelm Meister* brächten die Tendenzen seines Zeitalters zum Ausdruck.

Wurde der sakrale Bilder- und Motivkreis, insbesondere der katholische, seit Wackenroders und Tiecks frühen Künstlergeschichten vielfach in romantisierendem Sinn als Chiffre einer höheren, wundersamen Welt eingesetzt und im Sinne eines Programms der Kunstfrömmigkeit funktionalisiert, so entwirft Kleist stattdessen bei der Darstellung der katholischen Kirche und ihrer Priester – vor allem in *Das Erbeben in Chili* – das Bild einer durch finstern Aberglauben geprägten Welt (was allerdings etwa auch für die *Nachtwachen von Bonaventura*, einen romantischen Kerntext, gilt). *Die heilige Cäcilie* erinnert zwar an Heiligenlegenden, ist jedoch weit entfernt von einer Glorifizierung der Sakralsphäre, da von dieser doch so viel Schreckliches ausgeht. Gegenläufig zu seinem demystifizierenden Umgang mit der religiös-sakralen Sphäre, ist Kleists Œuvre von der Schauerromantik, von Gothic Novel und Gespenstergeschichte, aber doch erkennbar beeinflusst (vgl. Jansen 1984). *Die Familie Schroffenstein* spielt vor »gothischer« Kulisse, das *Bettelweib* in einem Spukschloss, in *Die Marquise von O...* ist das schauerromantische Vergewaltigungsmotiv zentral. Kleists in Reiseberichten artikulierte Naturerfahrung lässt sich als weitgehend »romantisch grundiert« beschreiben (vgl. Kremer 2007, 109), auch wenn er zum romantischen Genre der Naturlyrik oder zu romantischepischen Landschaftsdarstellungen keine Affinität besitzt.

Die Frage nach Kleists Beziehung zur Romantik ist eng verknüpft mit der nach der Bedeutung der Aufklärung für sein Werk. Jochen Schmidt zufolge setzt sich Kleist in seinen Legenden (*Die heilige Cäcilie*, *Der Zweikampf*) im Zeichen »aufklärerischen Denkens« kritisch mit der Romantik auseinander: In implizitem Widerstand gegen die zeitspezifische Faszination durch das Übernatürliche biete er für alle Ereignisse eine »natürliche Erklärung« an, wende sich den »Bewußtseinsstrukturen« zu, die der Legendenbildung zugrunde lägen, und verschiebe die Frage nach dem vermeintlich Übernatürlichen somit – im Geist aufgeklärter Kritik – in den Bereich der Psychologie (Schmidt 1974, 212ff.). Dem hält Strack entgegen, dass eine solche Psychologisierung des Mythischen einer durchaus romantischen Tendenz entspreche, Kleist hier also eher ähnlich verfahre wie die Romantiker (Strack 1996, 206). Wolfgang Wittkowski liest Kleists Legendentexte im Kontext romantisch-ironischer Literatur (Wittkowski 1972) – für Strack wiederum ein Anlass, auf Abweichungen zwischen der Kleist'schen Ironie und dem Ironie-Konzept Friedrich Schlegels hinzuweisen; Kleists Ironie sei eher eine »verschwiegene« und hebe sich damit von der potenzierten Schlegel'schen Ironie ab.

Wenn Kleist seine Stoffe wiederholt aus der antiken Mythenwelt entlehnt, so besteht hier eine unübersehbare Beziehung zu den Ideen des »Ältesten Systemprogramms«, zum Friedrich-Schlegel'schen Postulat einer »Neuen Mythologie« (*Gespräch über die Poesie*) und zu den Verfahrensweisen vieler romantischer Zeitgenossen. Kleists Mythenadaptationen wirken allerdings insofern parodistisch, als sie nicht im Zeichen verklärender geschichtsphilosophischer Implikationen stehen (Schulz 1989, 381; Knauer 2001). Parodistisch verfremdet wirkt vor allem Kleists Umgang mit dem Mythologem des unschuldigen Kindes als Hoffnungsträger. Im *Findling* etwa ist das fremde Kind kein Garant einer schöneren Zukunft, sondern Träger zerstörerischer Kräfte. Zweifellos ist Kleists Denken stark durch Rousseau und den um die Kernbegriffe ›Natur‹ und ›Gefühl‹ zentrierten rousseauistischen Diskurs geprägt. Die Instanz des Gefühls erscheint bei

Kleist jedoch als ambig; Alkmene und die Marquise von O... täuschen sich ja gerade im Vertrauen auf die vom Gefühl verbürgte Wahrheit. Und der rousseauistisch inspirierte Traum eines harmonischen Zusammenlebens der Menschen in einem neuen Naturzustand, wie er im *Erdbeben in Chili* vorübergehend in Erinnerung gerufen wird, mündet in einen Alptraum von Machtmissbrauch und Gewaltexzessen. Wie seine romantischen Zeitgenossen setzt sich Kleist kritisch mit dem sogenannten Philistertum, der Enge des bürgerlichen Lebens und seinen Beschränktheiten auseinander. Mit einem an Brentano und Hoffmann erinnernden Widerwillen beschreibt er gelegentlich Bürgertum und Beamtenstand. Die Erzählungen *Das Erdbeben in Chili* und *Der Findling* besitzen einen gesellschaftskritischen Grundzug: Kleist schildert die gewalttätige und bornierte Herrschaft des Klerus, die Starrheit der gesellschaftlichen Regeln, den arroganten Anspruch der Herrschenden auf den alleinigen Besitz der Wahrheit ohne jeden romantisierenden Zug.

Kleists literarische Reflexionen über Zeitlichkeit und Geschichtlichkeit korrespondieren einem leitenden thematischen Interesse der Romantik. Während allerdings wichtige seiner Zeitgenossen einem eschatologischen Geschichtskonzept verpflichtet sind, ist Kleists Bild der Geschichte katastrophisch. Weder transzendente Lenkungsinstanzen noch die Weltvernunft gewährleisten einen sinnvollen Geschichtsverlauf. Gute Ausgänge dramatischer Handlungen sind die Ausnahme, und sie haben etwas Märchenhaftes. Allerdings hat wiederum auch die romantische Eschatologie manchmal einen gedankenspielerisch-experimentellen Zug, und Hoffmanns Visionen eines Kunstreichs jenseits der bürgerlichen Alltagssphäre – Verheißungen, die ohnehin immer nur dem Einzelnen gelten – stehen unübersehbar im Zeichen ironischer Brechung.

Klarer als bei manchen seiner Zeitgenossen – wiederum aber auch in Parallele zu Kerndokumenten des sogenannten romantischen Nihilismus – kommt bei Kleist die Erfahrung eines Transzendenzverlusts zum Ausdruck. An die Stelle des romantischen Leitkonzepts der Unendlichkeit tritt bei Kleist das der Endlosigkeit. Dies verdeutlicht vor allem sein Kommentar zu Friedrichs *Mönch am Meer.* In der Weite des Himmels, der Ungeschiedenheit von Himmel und Meer liegt für den Bildbetrachter Kleist nicht die Verheißung eines alle endlichen Begriffe überschreitenden Übersinnlichen, sondern der Ausdruck einer Desorientierung von apokalyptischer Dimension. Der Mönch ist nicht eins mit einem vom Göttlichen durchwalteten All, sondern er verliert sich in jenem Undifferenzierten, das auch auf den Betrachter seine Sogwirkung ausübt. Allerdings steht er mit einer solchen Modellierung der Beziehung von Innen- und Außenwelt gerade nicht allein, und es wäre eine unzulässige Vereinfachung, die romantische Wahrnehmung, Deutung und Darstellung von Natur ausschließlich als Ausdruck eines metaphysisch grundierten Unendlichkeitsstrebens zu sehen. C.D. Friedrich selbst unterhält bei aller Vorliebe für sakrale Motive deutliche Affinitäten zum romantischen Nihilismus. In diversen romantischen Erzählungen wird die Natur zur feindseligen, schließlich tödlich aggressiven Sphäre, vor deren Übermacht der Mensch und seine Ordnungen kapitulieren müssen.

Kleists sogenannte Kant-Krise ist kontrovers interpretiert worden. Für Harro Segeberg, der die Analogien zwischen Kleist'schem und romantischem Diskurs betont (Segeberg 2003, 50), signalisiert die »Kant-Krise« Kleists die »Absage an jedwede Form eines intersubjektiv gestützten Wissens«; dem korrespondiere eine zentrale romantische Thematik, wie sie etwa in den *Nachtwachen von Bonaventura* (1804) entfaltet werde, welche – zusammen mit den in Brentanos *Godwi* geführten »Wahnsinns«-Reden – »den Höhepunkt eines vom Zerfall aller vorgegebenen Ordnungen radikalisierten romantischen Erkenntnis-Skeptizismus darstellen«; Segeberg konstatiert eine Parallele romantischer Erkenntniskrisen zur »experimentelle[n] Erprobung eines ›ästhetischen Subjektivismus‹ in den Briefen eines Heinrich von Kleist«. Ob man die »Kant-Krise« nun als existenzielle Krise deutet oder vielmehr als Ausdruck einer Fluchthaltung gegenüber aktuellen lebenspraktischen Anforderungen, wenn nicht gar als Täuschungsmanöver gegenüber der Umwelt (vgl. Politzer 1981, 76), ob man in ihr

eine durch die Beschäftigung mit Kants Schriften induzierte Krise oder eher eine Fichte-Krise sieht, ob man im ersteren Fall eher die *Kritik der reinen Vernunft* (mit ihrer »kopernikanischen« Wende in der Modellierung der Beziehung zwischen Erkennender Instanz und Gegenständen der Erfahrung) oder eher die *Kritik der Urteilskraft* (als skeptizistische Kritik an teleologischer Naturbetrachtung) als Auslöser interpretiert (vgl. Greiner 2000, 4; Muth 1954; s. Kap. III.6) – der erkenntniskritische Tenor von Kleists einschlägigen Äußerungen ist offenkundig – so in seinem Brief an Wilhelmine von Zenge vom 22. März 1801: Da der Mensch nicht weiß, ob er farbige Augengläser trägt, bleibt für ihn unentscheidbar, ob er die Dinge sieht, wie sie sind, oder ob er etwas zum Blick selbst Gehöriges auf sie projiziert (vgl. DKV IV, 205). Parallelen bestehen zwischen solch erkenntnisskeptizistischer Haltung und romantischen Betonungen der »Perspektivik« aller Erfahrung, etwa bei E.T.A. Hoffmann. Das Motiv der grünen Brillen, durch welche die Welt ihrem Träger grün erscheint, findet ein Pendant im Hoffmann'schen Motivkomplex um Augen und Sehhilfen (etwa in dem des Taschenperspektivs oder der mikroskopischen Linse, durch welche neue Dimensionen der Welt gesehen werden und alles Vertraute sich verzerrt). In Hoffmanns *Sandmann* ist der Gebrauch von Augengläsern ausschlaggebend dafür, ob sich das Wahrgenommene als lebendig-beseelt oder als toter Mechanismus darstellt, und der perspektivisch gebrochene Erzählerbericht potenziert solche Verunsicherungen. Brentanos Romanfigur Godwi charakterisiert das Romantische selbst als »ein Perspectiv« und weist auf die Abhängigkeit der Wahrnehmung von Farbe und Form benutzter Gläser hin (Brentano 1973, 1177). Die mittels eines optischen Gleichnisses ausformulierte Wahrnehmungsskepsis Kleists korrespondiert mit thematischen Interessen seiner Zeit auf mehreren Ebenen, nicht nur auf der philosophischer Erkenntniskritik. Aus wahrnehmungsphysiologischer Sicht galten die Bilder, die sich der Mensch mittels seiner Sinne von der Welt macht, nicht mehr als einfache Abbilder, sondern als von der wahrnehmenden Instanz selbst geprägte, von ihr synthetisierte und überformte Konstrukte. In

Prozessen der projektiven Erzeugung halluzinatorischer Bilder spiegelt sich der instabile, dynamische, aber auch unzuverlässige menschliche Weltbezugs. Schiller (im *Geisterseher*), Hoffmann und Jean Paul metaphorisieren die optische Illudierung in diesem erkenntniskritischen Sinn. Analog steht für Kleist der Erkenntnisprozess selbst als ein »Perspectiv« zwischen dem wahrnehmenden Ich und den Dingen. Fern liegt ihm die vor allem für Novalis leitende Idee, die mit dem Wahrnehmungsvorgang selbst verbundene konstruktive Überformung aller Objekte als mögliche Verklärung, als Romantisierung der Welt durch das Subjekt zu akzentuieren. Wo Novalis von der »magischen Beleuchtung« spricht, in der die Dinge dem Blick erscheinen (IV, 92), da akzentuiert Kleist das Scheitern der von Sinnen und Verstand erwarteten Vermittlungsleistung zwischen dem Ich und der Welt.

Romantisches im literarischen Werk

Dramen: Die Affinität vieler romantischer Autoren zu historischen, vor allem zu mittelalterlichen Stoffen prägt auch viele Werke Kleists, so *Die Familie Schroffenstein, Das Bettelweib von Locarno,* den *Zweikampf,* die *Heilige Cäcilie.* Das *Käthchen von Heilbronn* hat Kleist selbst mit »Romantischem« in Verbindung gebracht; er meinte, er könne jährlich ein Drama »von der romantischen Gattung liefern« (Briefe an Cotta, 7.6.1808 und 12.1.1810; DKV IV, 417, 440). Hier macht sich wohl eine stark am Stofflichen orientierte Vorstellung vom Romantischen geltend; das Käthchen heißt im Untertitel »Ein großes historisches Ritterschauspiel«. Anders als diverse romantische Dramatiker verwendet Kleist allerdings keine Märchenstoffe; allenfalls die Handlung im *Käthchen* ist durch ein Moment des Wundersamen geprägt. Auch romantische Ironie und Satire finden sich in seinem dramatischen Œuvre nicht, wobei die Geschichte des Dorfrichters Adam im *Zerbrochnen Krug* immerhin als komische Groteske über Macht und Obrigkeit gelten kann.

Die Beziehung der Kleist'schen Dramen zur romantischen Poetik ist mehrdeutig und von der Forschung als problematisch charakterisiert worden (vgl. Greiner 2000; Kremer 2007, 209). Seine Dramenfiguren erfahren sich nicht als autonom, sondern als verwickelt in ihnen nicht transparente und dabei meist fatale Zusammenhänge. Stoffliche Affinitäten zum Schicksalsdrama zeigen sich in Kleists frühem Drama *Die Familie Schroffenstein* (1803). Gleichwohl steht er dem Genre insgesamt distanziert gegenüber. Das, was vordergründig schicksalhaft erscheint, lässt sich in seinen Dramen (wie auch in den Erzählungen) meist auf immanente Ursachen zurückführen und verweist nicht auf die Existenz einer höheren Ordnungsmacht oder eines sinnstiftenden Gesetzes der Geschichte.

Vor allem ihre antiklassischen Züge verbinden die Kleist'sche Dramatik mit dem romantischen Drama. Anders als in romantischen Stücken wie den Tieck'schen Märchenkomödien, die durch eine Tendenz zum Spiel mit differenten Wirklichkeits- und Spielebenen geprägt sind, kommen antiklassische Impulse bei Kleist vor allem anlässlich seiner Figurendarstellungen zur Geltung. Wie als Erzähler, so präsentiert er auch als Dramatiker in sich geschlossene, verdichtete Handlungs- und Geschehenszusammenhänge, die durch ereignishafte Einbrüche von Unbegreiflichem geprägt sind. Dramaturgisch dicht komponiert, sind die Ereignisse auf finale Höhepunkte hin ausgerichtet. Wie in den Erzählungen, so dominiert auch in den Kleist'schen Dramen nicht das Interesse an übergeordneten Erklärungs- und Deutungsmustern des Geschehens, sondern das an den innerseelischen Motiven der agierenden Figuren. Zentrales Thema ist der Affekt in seinen extremen Spielarten.

Erzählungen: Kleists Stoffe wie die einzelnen Elemente seiner Geschichten sind exzentrisch und antiklassisch. Gewalt und Sexualität, Mordlust und erotische Obsessionen dominieren, allenfalls im Ansatz durch Ironie gebrochen und relativiert, auf der Ebene der dargestellten Ereignisse. Diverse Erzählungen handeln, teilweise auf historische Quellen zurückgehend, von merkwürdigen und spektakulären Vorfällen, von Kriminalfällen oder von Katastrophen, die konventionelle Vorstellungen vom Wahrscheinlichen brüskieren. Damit korrespondieren sie einem Grundzug der Novelle nach Tieck, demzufolge diese durch die Darstellung von Sonderbarem konstituiert wird (Tieck 1966, Bd. XI, LXXXVIf.). Der Einbruch des Unbegreiflichen in das Leben der Figuren erzeugt irreversible Irritationen, unheilbare Schäden. Wenn so Terror und Gewalt das Geschehen in den Kleist'schen Erzählungen bestimmen, so gehen doch die Verstörungen stets von menschlichen Akteuren aus, nicht von übernatürlichen Instanzen. Menschen sind Täter und Opfer; allein ihnen gilt das Interesse, und Kleist hat wohl deshalb 1810/11 den Titel *Moralische Erzählungen* für eine Sammlung seiner Texte in Erwägung gezogen (Greif 2003, 250). Ein mit Unvorhersehbarkeit, Plötzlichkeit und Unbegründbarkeit konnotierter Ausnahmezustand, den er ähnlich wie seine romantischen Zeitgenossen als Anlass zur Darstellung des Unbegreiflichen in der menschlichen Seele besonders schätzt, ist die Liebe, ein anderer – für Kleist nicht minder wichtiger – ist der Krieg. Alle verstörenden Irritationen werden buchstäblich auch am eigenen Leib erfahren. Nehmen sich die Figuren Kleists samt ihrer Umwelt aus wechselnden Perspektiven wahr und wechseln dabei auch die Erzählerinstanzen die Beobachterperspektive, so geschieht Vergleichbares bei Hoffmann, Tieck und anderen romantischen Erzählern (vgl. Schmidt 1974, 148–217). Gerade das scheinbar klar und präzise Geschilderte bleibt vielfach rätselhaft; so viele Spekulationen sich an das Handeln und die Äußerungen der Figuren auch knüpfen lassen, so opak bleiben diese doch dem Leser – und sich selbst.

Anders als diverse romantische Zeitgenossen, erzählt Kleist nicht von geborenen Außenseitern, sondern von Figuren, die durch etwas Unbegreiflich-Zufälliges aus der Bahn geworfen werden, und denen darum gleichsam ihr eigenes Schicksal fremd bleibt. Er erzählt insbesondere keine Künstlergeschichten; seine Figuren weichen nicht als Folge ihrer poetischen Imaginationskraft oder ihrer schöpferischen Impulse von der Norm ab – wie es etwa diverse Protagonisten Tiecks und Hoffmanns tun. Phantastische Elemente – wie sie von der romantischen Erzählliteratur so gern verwendet werden – prägen Kleists Erzählungen nur verhalten. Die Zigeunerin im *Michael Kohlhaas* (1808/10) sowie die *Heilige Cäcilie* (1810/11) stehen immerhin für eine irratio-

nale Sphäre, die in die alltägliche Welt auf unbegreifliche Weise hineinragt – doch die Frage, was es damit auf sich habe, tritt hinter die Fokussierung seiner Effekte auf die Betroffenen zurück. Das *Bettelweib von Locarno* steht dem Phantastischen noch am nächsten (1810/11), insbesondere den Gespenstergeschichten seiner romantischen Zeitgenossen. Die volkstümliche Idee vom Gespenst als einer rastlosen Seele, deren Spuk auf eine durch menschliches Unrecht verschuldete Störung in der Ordnung der Dinge hindeutet, wird dabei zwar zitiert, zugleich aber konterkariert; die »Schuld« der vom Spuk verfolgten Schlossbesitzer ist gemessen am Strafmaß doch allzu geringfügig. Ähnlich verwendet auch Hoffmann das Spukmotiv gelegentlich, um mit der Idee einer »höheren Gerechtigkeit« sein eher parodistisches Spiel zu treiben (etwa in *Das Majorat*).

Während Hoffmann, Tieck oder Arnim vom mutmaßlichen oder tatsächlichen Einbruch des Wunderbaren in die scheinbar vertraute und beherrschbare Wirklichkeit erzählen, gehen die Irritationen in Kleists Geschichten vor allem vom Unerwarteten und Unwahrscheinlichen aus, wobei dessen Macht nicht zuletzt aus seiner Plötzlichkeit resultiert. Solche Unwahrscheinlichkeiten lassen den Verlauf individueller wie kollektiver Geschichte als kontingent und inkalkulabel erscheinen; und so vermitteln Kleists Erzählungen ein Geschichtsbild, das sich jeder rationalisierenden Auslegung entzieht. Exemplarisch zeigt sich Kleists eigenwilliger, im Zeichen der Ambiguisierung, Verkehrung und Sinnentleerung stehender Umgang mit geschichtsmetaphysischen Modellen am *Michael Kohlhaas*. Das dem Gang der Ereignisse zugrundeliegende Modell ist die Passionsgeschichte; der Held, zugleich Täter und Opfer, wird einerseits als Verbrecher, andererseits provozierenderweise als Postfiguration Christi porträtiert; sein – säkulares – Anliegen ist irdische Gerechtigkeit. Das teleologische Konzept einer möglichen Erlösung der Welt aus dem Zustand des Unrechts wird preisgegeben. Parodistisch verhält sich Kleists Rebellengeschichte indirekt auch zu romantischen Texten, in denen das Passionsmotiv zur Porträtierung von Künstlern eingesetzt wird (wie in Wackenroders und

Tiecks Geschichte über den Tonkünstler Joseph Berglinger).

Die romantischen Künstlergeschichten Hoffmanns, Brentanos, Eichendorffs und anderer stehen explizit oder implizit im Zeichen metaliterarischer Reflexion; diese Affinität zu einer »Poesie der Poesie« teilt Kleist nicht. Keinen Widerhall findet bei ihm die für Autoren wie Hoffmann und Tieck prägende, wenngleich auch keinesfalls eindeutig affirmierte Idee eines der Alltagswelt enthobenen, transzendenten Kunstreichs. Das von Kleist immer wieder thematisierte verlorene Paradies ist nicht als Kunst-Paradies konzipiert. Affinitäten zwischen Kleist und den Romantikern bestehen gleichwohl, insofern es sowohl mit der Künstlerthematik als auch mit der des Außerordentlichen um Ordnungsstörungen und damit indirekt um die Reflexion über Kontingenz geht. Einfälle, Zufälle und Unfälle im jeweils mehrfachen Wortsinn deuten auf die Präsenz und die Macht des Unbegreiflichen hin. Jegliche Orientierung in der physischen wie in der moralischen Welt erscheint gefährdet. Wo Unbegründbares geschieht, erweisen sich weder Verstandes- noch Moralbegriffe als geeignet zur Restitution der verlorenen Ordnung. Dieses Moment der Desorientierung überträgt sich auf den Leser, dem alternative Bewertungs- und Deutungsoptionen suggeriert werden, die widersprüchlich und vermittlungslos im Raum stehen bleiben. Liegt in Texten der romantischen Phantastik der Akzent vielfach auf der Frage nach dem kausalen Nexus der Ereignisse, also auf einer erkenntnistheoretischen Problematik, so deuten Kleists Geschichten stärker auf die Inkompatibilität moralischer Begriffe für die Sphäre des Psychischen hin, auf die Unberechenbarkeit und Unbegreiflichkeit des handelnden Ichs, die sich drastisch als Unzurechnungsfähigkeit manifestieren kann.

Zentrale Themen im Vergleich

Ordnungsstörung: Die »Sattelzeit« in den Jahrzehnten vor und nach 1800 ist eine Ära der gesellschaftlichen Umbrüche, der Modernisierung, im Zusammenhang damit auch der Destabilisierung und Desorientierung. Leitend ist für viele Zeitgenossen dabei vor allem die Frage nach der Funktion der Kunst, nach Perspektiven einer ästhetischen Bewältigung der zeitspezifischen Krisen. Stofflich-motivliche Analogien und entsprechende thematische Konvergenzen zwischen den Texten Kleists und seiner romantischen Zeitgenossen lassen sich vor allem auf der Ebene der Figurenkonstellationen feststellen. Kleist erzählt, ähnlich wie die Romantiker, Familiengeschichten, in denen zerrüttete familiäre Verhältnisse zum Gleichnis einer gestörten Weltordnung werden. Wird in Hoffmanns Erzählungen vor allem die schicksalhafte (und dabei doch sinnlose) Verstrickung des Einzelnen reflektiert, seine Ohnmacht, seine unaufhaltsame Bestimmung, zu wiederholen oder zu büßen, was frühere Generationen angerichtet haben, so gestaltet Kleist Generationskonflikte und gestörte Genealogien, um das Herausfallen des Einzelnen aus einer sein Leben organisierenden und ihn bergenden Ordnung darzustellen. *Der Findling* und *Das Erdbeben in Chili* erzählen exemplarisch von zerstörten Familien. Wie Eltern und Ahnen keine Repräsentanten verbürgter Ordnung mehr sind, so sind Kinder keine Verkörperungen chiliastischer Ideen (wie etwa noch bei Novalis).

Wie seine schreibenden Zeitgenossen thematisiert Kleist die Zerrissenheit der Welt. Diese Diagnose wird von keinem teleologischen Geschichtsmodell, von keiner die Zukunft idealisierenden dialektischen Geschichtsphilosophie gemildert. Der Tod Kleist'scher Figuren erscheint nicht als Sinnbild oder gar Inbegriff des Übergangs in ein höheres Dasein; auch er steht noch im Zeichen der Befangenheit in Trug und Täuschung. In Kleists Welt gibt es keine höhere Ordnung. Die Welt ist eine »gebrechliche Einrichtung«, ist in »ungeheure[r] Unordnung« (*Kohlhaas*), und der Einzelne vermag sich nicht über diese zu erheben, um Ordnung und damit Sinn zu stiften. Dass die Welt, aus dem Gleichgewicht geraten, sich weder theoretisch-begrifflich noch moralisch in Ordnung bringen lässt, spiegelt sich auch in der Struktur der Kleist'schen Texte, in einer hochkomplexen Syntax, in Perioden, deren Unüberschaubarkeit die der verhandelten Gegenstände signalisiert (vgl. Niebaum 2002, 75–91).

Bei unterschiedlicher zeitlicher und geographischer Verortung der Ereignisse handeln

Kleists Erzählungen von der irreparablen Störung der Beziehung des Einzelnen zur Allgemeinheit. Die Geschichten und ihre Einzelmotive sind zwar durch ihre latente Symbolik und den Anschluss an zentrale Topoi wie den Sündenfall charakterisiert, aber sie sind deutungsoffen und daher polyvalent. Gerade bei der äußeren Restitution der gesellschaftlichen Ordnung – wie bei Kohlhaas' Hinrichtung –, treten Einzelner und Staat noch einmal in eine antagonistische Beziehung. Fragwürdig wird die Idee einer möglichen »ausgleichenden Gerechtigkeit« (Greif 2003, 251). Die soziale Ordnung – in diesem Fall die historisch überholte absolutistische – ist brüchig geworden, der Einzelne vermag sie zu erschüttern, aber ihm selbst fehlt es an moralischer Orientierung, so dass er keine gerechte neue Ordnung zu stiften vermag. Seine Intervention bleibt Privatsache; allenfalls auf den Einzelfall bezogen kann eine Vermittlung zwischen dem Recht des Einzelnen und der Allgemeinheit erfolgen, garantiert ist sie dabei wegen ihres Einzelfallcharakters aber nicht. Im Fall der Marquise von O... wird zwar äußerlich die Ordnung der sozialen Verhältnisse wieder hergestellt, doch das Wissen um deren Instabilität, um die Ununterscheidbarkeit zwischen teuflischen und engelhaften Charakteren und um die Vieldeutigkeit menschlicher Beziehungen (die der Marquise zu ihrem Vater hat etwas Inzestuöses) hat eine irreparable Verunsicherung zur Folge. Gerade die zentrale Bedeutung des Themas der gestörten Ordnung bei Kleist legt Vergleiche mit romantischen Autoren nahe. Diese fielen unterschiedlich aus. Romantisches Denken, so etwa Friedrich Strack, sei »auf Vermittlung, Synthese und Harmonie angelegt«; Kleist akzentuiere demgegenüber die »Leistungsfähigkeit der menschlichen Erkenntnisorgane« und biete als Dichter »Katastrophenentwürfe« (Strack 1996, 207). Ob freilich die Orientierung auf Vermittlung und Synthese als Kriterium des »Romantischen« gelten kann, mag mit Blick auf Bonaventura, Hoffmann und selbst auf einzelne Werke Eichendorffs gefragt werden.

Jener Diskurs, der als romantisch-nihilistisch beschrieben worden ist, stellt nur eine Seite des Phänomenkomplexes ›Romantik‹ dar, dem utopistische Zukunftsvisionen und insbesondere Entwürfe imaginärer Kunst-Paradiese spannungsvoll gegenüberstehen; gerade Kleists Werk ist durch analoge Spannungen geprägt, wobei die pessimistische Akzentuierung überwiegt (vgl. Schmidt 1974, 221; Segeberg 2003, 61).

Krise des Ichs: Krisenhaft wie die Verfassung der Welt ist bei Kleist auch die des Ichs, das nicht mehr in der Rolle des autonomen neuzeitlichen Subjekts, sondern als sich selbst intransparentes Moment des Rätsels ›Welt‹ agiert. Wenn etwa Markus Schwering die Werke der romantischen Autoren von Figuren bevölkert sieht, »die mit ihrer Umwelt krisenhaft zerfallen sind«, die als sich selbst problematisches Ich »die Totalität der Lebensverhältnisse als undurchdringlich und als nicht mehr von einem verbindlichen Sinn durchwaltet« erfahren, so charakterisiert dies zugleich die Figuren Kleists (vgl. Schwering 2003, 510). Als zentrales Motiv in dessen Erzählungen gilt Schwering das »als Katastrophe erlebte Herausfallen des einzelnen aus einer sich verrätselnden Umwelt« (ebd., 511). Dies wiederum ließe sich auch auf die Außenseiterfiguren Hoffmanns und eine Gestalt wie Klingemanns Nachtwächter beziehen. Kleist Darstellung der Rolle des Einzelnen in der Geschichte steht im Zeichen scheiternder Vermittlung und irreparabler Brüche zwischen differenten Wertsystemen. Die Einheit des Selbst ist aufgebrochen und weder durch Reflexion noch durch die Kommunikation mit einem Gegenüber zu retten. Als Zentralthema Kleists charakterisiert Gerhard Schulz prägnant das »entfesselte Ich«, das, zugleich ohnmächtig und übermächtig, »am Übergang zur modernen Massengesellschaft« steht (Schulz 1989, 37). Besonders evident ist hier die Nähe zu romantischen Texten, die unter verschiedensten Akzentuierungen von scheiternden Selbstversicherungsversuchen, von Prozessen der Ich-Spaltung und vom Selbstverlust erzählen, aber auch von Allmachtsphantasien und Weltschöpferträumen. Zustände der Unbewusstheit, etwa somnambule Zustände, und Prozesse, die sich im Unbewussten abspielen, faszinieren Kleist ebenso wie etwa Hoffmann, Jean Paul und später Justinus Kerner.

Mesmerismus, Somnambulismus: Aus dem zeitgenössischen psychologisch-anthropologischen und naturphilosophischen Diskurs bezog Kleist gleichermaßen folgenreiche Impulse wie seine romantischen Kollegen, insbesondere aus dem Interesse am Unbewussten, das den Diskurs über die »Nachtseiten der Naturwissenschaft« entscheidend prägt. So nachhaltig der Einfluss der mesmeristischen Lehren, insbesondere in der naturphilosophischen Überhöhung durch Schubert, auf Kleists Darstellungen somnambuler Zustände aber auch gewesen ist – die harmonisierende Deutung des Unbewussten als eines Mittlers zwischen dem Einzel-Ich und der Welt und das Vertrauen Schuberts in die metaphysisch gegründete Wahrheit der Intuitionen, Visionen und mythischen Fabeln liegen Kleist fern (Wachträume, somnambule Erfahrungen und magnetische Rapporte stehen jedoch immer im Verdacht, trügerisches Blendwerk zu sein). Wie in vielen romantischen Texten, insbesondere in Hoffmanns Erzählungen über magnetische Rapporte, so stellt sich auch bei Kleist der Somnambulismus als zutiefst doppeldeutig dar: einerseits (scheinbare) Bekräftigung einer vorbewusst-intuitiven und unvermittelten Beziehung des Ichs zur Welt, ist er andererseits zumindest potenzieller Anstoß zur Selbstentfremdung. Barkhoff (1995, 246) deutet das Käthchen als »radikale ästhetische Subversion der diskursiven Horizonte des Somnambulismus«.

Doppelgänger, Puppe, Marionette: Das seit der Antike immer wieder gestaltete Doppelgängermotiv wird um 1800 im Kontext der romantischen Bewusstseins- und Reflexionsphilosophie, insbesondere im Zeichen des Interesses an der latenten Abgründigkeit und Gespaltenheit des Ichs, zum Zentralmotiv. In Werken der Zeitgenossen Kleists vielfach ausgestaltet, übernehmen Doppelgängerkonstellationen verschiedene Funktionen, darunter die der Konfrontation von idealem Ich-Entwurf und realer Selbstwahrnehmung, die Modellierung innerer Zerrissenheit, schließlich auch die Gestaltung von Verwechslungsspielen, welche (etwa bei Jean Paul) auf die Scheinhaftigkeit des historisch-gesellschaftlichen Daseins sowie auf den Kostümcharakter des die Seele einschließenden Leibs deuten. Kleist verwendet das Doppelgängermotiv mehrmals. Im *Amphitryon* treten einander ein himmlischer und ein irdischer Protagonist gegenüber; die Beziehung zwischen »Irdischem« und »Himmlischem« erscheint aber zutiefst merkwürdig; eine klare Hierarchie lässt sie weder im Sinne einer Überlegenheit des Himmels über die irdischen Verhältnisse, noch auch im Sinne einer größeren und im Gefühl erfahrenen Authentizität irdischer Bindungen feststellen und besteht insofern in diesem post-metaphysischen Verwechslungsdrama nicht.

Ein dem Doppelgänger verwandtes und ähnlich zentrales Motiv in der Literatur um 1800 ist die Puppe. Marionetten erscheinen etwa in den *Nachtwachen* als Sinnbild menschlicher Unfreiheit und Selbstentfremdung; auch bei Jean Paul dominiert die Idee der Fremdsteuerung. Kleist ambiguisiert in seinem Aufsatz über das Marionettentheater das Puppenmotiv. Gerade dieser Text ist durch paradoxale Spannungen geprägt, die jeden Entschlüsselungsversuch in seine Grenzen weisen.

Sündenfall: Der Mythos vom Sündenfall prägt fast alle Werke Kleists explizit oder implizit. Das Metaphernfeld um Paradies und Sündenfall spielte in literarischen und philosophischen Diskursen der Kleist'schen Zeit insgesamt eine tragende Rolle. Als geschichtsphilosophischer Topos konkurriert es mit dem des Goldenen Zeitalters. Wurde dieser, etwa bei Novalis und Hölderlin, für Modelle wichtig, die die Geschichte dialektisch, als dreiphasige Entwicklung auf einen neuen Zustand hin deuteten, so drückt der Topos vom Paradies die Idee des Rückkehrens an einen Ort aus, den die Menschen wegen ihrer Sündhaftigkeit verlassen mussten. Gerade der Marionettentheateraufsatz reflektiert die unauflösbare Spannung zwischen teleologischem und zirkulärem Geschichtsmodell. Allerdings deutet Claudia Borelbach, hier eher analogisierend, die Dramen Kleists, gerade insofern sie auf den Sündenfall-Topos Bezug nehmen, als dem »triadischen Argumentationsmuster« idealistisch-romantischer Geschichtsutopien verpflichtet, wie auch Schiller, Novalis und Friedrich Schlegel es vertreten (Borelbach 1998, 215). Strack zufolge verweist das triadisch strukturierte »Sündenfall- und Paradiesesmodell« bei Kant, Schiller, Hölderlin und den Romantikern auf die »freie, selbsttätige Überwindung einer modernen Bewusstseinskrise« (Strack 1996, 202); Kleist, eher ein ›eigenwilliger‹ als ein ›unwilliger‹ Idealist, greife es auf, verwende es aber manchmal zweideutig. Zu bedenken ist, dass auch die Romantiker mit dem triadischen Motivkomplex um Sündenfall und Entfremdung vom Urzustand unterschiedlich operieren.

Kunst: Versuche, Kleists Denken gegen den romantischen Diskurs abzugrenzen, setzen wiederholt beim Feld der ästhetischen Reflexion an. Klassik und Romantik, so Bernhard Greiner, seien dadurch geprägt, dass »sie von der Kunst ›alles‹, d. h. die Lösung des grundlegenden Vermittlungsproblems« erwarten und darum »die Ästhetik in den Rang der Fundamentalphilosophie« erheben (Greiner 2000, 14). Kleists Dramen und Erzählungen sind für Greiner Befragungen des »Vermittlungsversprechen[s] des Ästhetischen in dessen grundlegendem Entwurf durch Kant (ebd., 283). Kleist stelle die »Wende zur Kunst« in Frage; bei ihm reflektiere Kunst vor dem Hintergrund des klassisch-romantischen Anspruchs ihre eigene Unmöglichkeit. Kunst könne für Kleist »nur noch aus der Negation von Kunst gemacht werden« (ebd., 14f.); insofern sei Kleist ›modern‹. Rezente Kleist-Studien betonen insbesondere dessen antiklassizistische Haltung, seine Wendung gegen die Starrheit klassizistischer Schönheitsideale (vgl. Grathoff 1999), seine Orientierung an einer von Piranesi geprägten concettistischen Ästhetik (vgl. Graevenitz 2001). Günter Oesterle sieht bei Kleist klassizistische und romantische Konzepte auf dynamische Weise überblendet: in Bildern, welche in unaufhebbarer Mehrdeutigkeit sowohl auf klassizistische wie auf romantische Bedeutungshorizonte verweisen. Auch für Gerhart von Graevenitz (2001) steht Kleists ästhetisches Denken im Zeichen paradoxer Gleichzeitigkeiten, unterläuft starre Dichotomisierungen ebenso wie Harmonisierungstendenzen. Kleists literarische Reflexionen über Musik erscheinen geprägt durch seine konstruktive, dabei zwischen Bekräftigung und Distanzierung changierenden Auseinandersetzung mit Konzepten romantischer Musikästhetik (vgl. Lubkoll 1994, 337–365; Neumann 1994).

Die Frage nach Kleists Einstellung zur romantischen Ästhetik stellt sich vor allem anlässlich seiner Auseinandersetzung mit bildender Kunst. Den *Betrachtungen vor Friedrichs Seelandschaft* lag ein für die *Abendblätter* verfasstes Manuskript von Clemens Brentano und Achim von Arnim zugrunde, von dem Kleist nur einen Teil verwendete und um vielinterpretierte eigene Betrachtungen ergänzte. Der den Textcharakter fundamental verändernde Eingriff ist im Kontext der von Ramdohr ausgelösten Kontroverse um Friedrichs Werk, insbesondere den sogenannten ›Tetschener Altar‹ zu sehen; er führte zu einem Streit vor allem mit Brentano. Was Brentanos und Kleists Text bei allen sonstigen Unterschieden in Intention und Stilgestus verbindet, ist die Idee der Grenzüberschreitung: Zwischen Bild und Betrachter liegt keine klare Abgrenzung. Bei Kleist wird dies vor allem durch die drastische Metapher der abgeschnittenen Augenlider ausgedrückt, aber auch durch die Bemerkung, der Betrachter selbst werde der Kapuziner. Bei Brentano liegt der Akzent auf dem Hineinprojizieren von Bedeutungen und Assoziationen ins Bild. Jeder Ausstellungsbesucher kommentiert das Bild auf eigene Weise. Es ist durch keine Interpretation zu erschöpfen. Auch in Kleists Text wird angedeutet, der Betrachter wolle noch andere Stimmen zum Bild hören. Und insofern drücken die Texte Brentanos und Kleists durch ihre Form die Idee der Unerschöpflichkeit und Grenzenlosigkeit aus. So, wie das Bild etwas darstellt, was durch keinen Begriff erschöpft werden kann, so versuchen die kommentierenden Texte nicht, das Bild auf den Begriff zu bringen; sie »erklären« es nicht. – Christian Begemann hat die Affinitäten Kleists zur Romantik unter Akzentuierung der Konzeption des Erhabenen verdeutlicht (Begemann 1990, 54–97; vgl. auch Müller 1995).

Sprache: Wie Jean Paul, Brentano und Tieck reflektiert Kleist die Sprache selbst als problematisch. Einem berühmten Brief Kleists an Ulrike zufolge (5.2.1801) fehlt es dem Menschen »an einem Mittel zur Mitteilung« gegenüber dem anderen. Die Sprache als das einzige Mitteilungsinstrument, das er besitze, sei untauglich, könne »die Seele nicht malen« und liefere von allem »nur zerrissene Bruchstücke« (DKV II, 626). Kleists Werk kann als groß angelegte Auseinandersetzung mit der hier diagnostizierten Fremdheit zwischen Mitteilungsbedürftigem und Sprache betrachtet werden; nicht die Überwindung des Problems wurde dabei in Angriff genommen, wohl aber dessen Darstellung. Weder im Bereich der wissenschaftlichen und philosophischen Begrifflichkeit, noch in dem der geselligen Rede oder in dem der individuellen Selbstaussprache sind Wörter ein selbstverständlicher und zuverlässiger Garant für die Mitteilung des Gemeinten. Im Rechtswesen wird mit Worten über Leben und Tod entschieden, und doch wird gerade hier das Wort missbraucht. Kleists Abhandlung *Über die allmähliche Verfertigung der Gedanken beim Reden* verdeutlicht, wie Sprache geschichtsmächtig wird – unversehens und unkontrolliert. Parallelen bestehen zum *Monolog* des Novalis, aber auch zu den Reflexionen Friedrich Schlegels in *Über die Unverständlichkeit*. Entwickelt der Aufsatz laut Schanze die Kernthese, die Sprache folge nicht dem Gedanken, sondern der Gedanke der Sprache (Schanze 2003, 347), so verortet Schanze ihn deshalb im Kontext einer in der Romantik vollzogenen Transformation des rhetorischen Begriffs der »Inventorik«, wie er sich nicht nur bei Friedrich Schlegel und Novalis, sondern auch bei Hölderlin dokumentiert. Schanze erinnert in diesem Zusammenhang auch an Kleists ab etwa 1800 geführtes »Ideenmagazin«: Topik werde hier »temporalisiert«, »Ideengenerator« sei die Zeit, das literarische Werk bediene sich »des Magazins der Gedanken, indem es die einzelnen Stellen neu und überraschend kombiniert« (ebd., 446). Wolfgang Binder hat unter dem Stichwort »Ironischer Idealismus« von »Kleists unwillige[r] Zeitgenossenschaft« gesprochen; Kleists Werk stehe »im Zeichen eines idealistischen Denkens«, dem er zwar kein »Zutrauen« entgegenbringe, dessen »Kategorien« und Sprache er aber mangels einer Alternative verwenden müsse (Binder 1976, 311). Kleists Reaktion auf den »erzwungenen Gebrauch eines im Grunde nicht geglaubten Denkens« sei die Wende zur Ironie, allerdings nicht zu einer »handfeste[r] Ironie der Bloßstellung«, die einen festen Standort des Ironikers voraussetze, sondern eine, welche die »Tragfähigkeit« aller Standorte in Frage stelle.

Kleist legt seine Erzählungen und Dramen so an, dass sie keine eindimensionale Deutung der Figuren und Ereignisse zulassen; die Texte selbst fügen sich keinem Ordnungsmuster. Sein Werk ist geprägt durch Doppeldeutigkeiten, Paradoxien, Widersprüche. Hoffmann, Tieck, Fouqué, Eichendorff und andere Zeitgenossen zielen auf analoge Effekte ab; auch hier stellt sich die Wirklichkeit als fundamental zweideutig dar. Das von den Romantikern geschätzte Spiel mit Erzähler- und Herausgeberfiguren liegt Kleist allerdings fern. Anders als etwa Hoffmann und Brentano spielt er auch nicht mit fragmentarischen Formen; seine Erzählungen sind formal gerundet und kompositorisch auf einen Höhepunkt hin ausgerichtet. Dennoch erzeugen sie bei aller Detailgenauigkeit nicht den Eindruck umfassender und umfassend klärender Darstellung. Die Spannung zwischen Dargestelltem und Nichtdargestelltem begleitet seine Texte als Unterströmung und wird oft gerade durch die Mitteilung besonders prägnanter Momente, durch konkret sinnliche Detailinformationen, etwa über Gesten, Mienen, Ausrufe, genährt.

Bilanzierend spricht Strack von der »Nähe und Distanz« Kleists zur Romantik: »Er operiert mit deren Vorstellungen nach eigener Maßgabe und erteilt ihnen poetische Realität«; je nach Kontext setze er sie »affirmativ oder ironisch« ein (Strack 1996, 202). Ist die Beziehung Kleists zum Idealismus schon spannungsvoll, so gilt dies umso mehr für die romantische Literatur, denn diese bietet kein festes Ideengerüst, kein begriffliches Konstrukt, das sich ironisch unterwandern ließe; romantische Texte sind selbst subversiv. Die ›Romantik‹, gedacht im Sinne eines kohärenten, wenn auch nicht widerspruchsfreien Komplexes von Texten und Ideen, ist ebenso ein diskursives Konstrukt wie »das Kleist'sche Werk«. Wie die bisherige Forschungsgeschichte gezeigt hat, sprechen viele Gründe dafür, das jeweils eine mit Blick auf das andere zu konstruieren. Kleist teilt mit seinen Zeitgenossen zentrale thematische Interessen. Insofern seine eigenen Text sich bereits der Festlegung auf eindeutige Thesen und Positionsbestimmungen entziehen, erübrigt es sich, sie vereindeutigend als Bestätigung oder Kritik an romantischen Vorstellungen zu deuten – zumal auch diese kein statisches und in sich konsistentes Vergleichsrelat bilden.

Literatur

Barkhoff, Jürgen: Magnetische Fiktionen. Literarisierung des Mesmerismus in der Romantik. Stuttgart/Weimar 1995.

Begemann, Christian: Brentano und Kleist vor Friedrichs ›Mönch am Meer‹. Aspekte eines Umbruchs in der Geschichte der Wahrnehmung. In: Deutsche Vierteljahrsschrift für Literaturwissenschaft und Geistesgeschichte 64 (1990), 54–95.

Binder, Wolfgang: Ironischer Idealismus. Kleists unfreiwillige Zeitgenossenschaft. In: Ders.: Aufschlüsse. Studien zur deutschen Literatur. Zum 60. Geburtstag von Wolfgang Binder. Hg. von Rolf Tarot. Zürich/München 1976, 311–329.

Borelbach, Doris Claudia: Mythos-Rezeption in Heinrich von Kleists Dramen. Würzburg 1998.

Brentano, Clemens: Godwi. Hg. von Friedhelm Kemp. München ²1973.

De Man, Paul: Allegorien des Lesens [1979]. Übers. von Werner Hamacher und Peter Krumme. Frankfurt a.M. 1988.

Dierkes, Hans: Philosophie der Romantik. In: Helmut Schanze (Hg.): Romantik-Handbuch. Stuttgart ²2003, 429–478.

Graevenitz, Gerhart von: Die Gewalt des Ähnlichen. Concettismus in Piranesis Carceri und in Kleists Erdbeben in Chili. In: Gewagte Experimente und kühne Konstellationen – Kleists Werk zwischen Klassizismus und Romantik. Würzburg 2001, 63–92.

Grathoff, Dirk: Kleist: Geschichte, Politik, Sprache. Aufsätze zu Leben und Werk Heinrich von Kleists. Wiesbaden 1999.

Greif, Stefan: Novelle/Erzählung. In: Helmut Schanze (Hg.): Romantik-Handbuch. Stuttgart ²2003, 242–257.

Greiner, Bernhard: ›Die neueste Philosophie in dieses Land verpflanzen‹. Kleists literarische Experimente mit Kant. In: KJb 1998, 176–208.

–: Kleists Dramen und Erzählungen. Experimente zum ›Fall‹ der Kunst. Basel/Tübingen 2000.

Jansen, Peter K.: ›»Monk Lewis‹ und Heinrich von Kleist. In: KJb 1984, 25–54.

Kayka, Ernst: Kleist und die Romantik [1906]. Neudruck Hildesheim 1977.

Knauer, Bettina: ›... ein gewisser Zustand unserer, welcher weiß‹. Substitutionen und Legitimationsstrategien bei Kleist. In: Christine Lubkoll/Günter Oesterle (Hg.): Gewagte Experimente und kühne Konstellationen. Kleists Werke zwischen Klassizismus und Romantik. Würzburg 2001, 137–148.

Korff, Hermann August: Geist der Göthezeit, IV, 5. Aufl. Leipzig 1962.

Korte, Hermann: Eichendorffs Kleist. In: Heinz Ludwig Arnold (Hg.): Heinrich von Kleist. Text + Kritik Sonderband. München 1993, 177–191.

Kreft, Jürgen: Kleists Bettelweib von Locarno – Naiver oder kritischer Geisterdiskurs? In: KJb 1997, 185–201.

Kremer, Detlef: Romantik. Stuttgart/Weimar ³2007.

Lubkoll, Christine: Die heilige Cäcilie oder die Gewalt der Zeichen. Zur musikalischen Poetik in Heinrich von Kleists Cäcilien-Novelle. In: Gerhard Neumann (Hg.): Kriegsfall – Rechtsfall – Sündenfall. Freiburg i.Br. 1994, 337–365.

Müller, Gernot: »Man müsste auf dem Gemälde selbst stehen«. Kleist und die bildende Kunst. Tübingen/Basel 1995.

Müller-Seidel, Walter: Verstehen und Erkennen. Eine Studie über Heinrich von Kleist. Köln/Graz 1961.

Muth, Ludwig: Kleist und Kant. Versuch einer neuen Interpretation. Köln 1954.

Neumann, Gerhard: Eselsgeschrei und Sphärenklang. Zeichensystem der Musik und Legitimation der Legende in Kleists Novelle Die heilige Cäcilie oder Die Gewalt der Musik. In: Ders. (Hg.): Heinrich von Kleist. Kriegsfall – Rechtsfall – Sündenfall. Freiburg i.Br. 1994, 365–389.

Niebaum, Peter: Die lateinische Syntax in Heinrich von Kleists Novellenprosa. In: Euphorion 96 (2002), Heft 1, 75–91.

Politzer, Heinz: Auf der Suche nach Identität. Zu Heinrich von Kleists Würzburger Reise [1967]. In: Kleists Aktualität. Neue Aufsätze und Essays 1966–1978. Hg. von Walter Müller-Seidel. Darmstadt 1981, 55–76.

Schanze, Helmut: Romantische Rhetorik. In: Ders. (Hg.): Romantik-Handbuch. Stuttgart ²2003, 337–351.

Schmidt, Jochen: Heinrich von Kleist. Studien zu seiner poetischen Verfahrensweise. Tübingen 1974.

–: Heinrich von Kleist. Die Dramen und Erzählungen in ihrer Epoche. Darmstadt 2003.

Schulz, Gerhard: Die deutsche Literatur zwischen Französischer Revolution und Restauration 2: Das Zeitalter der napoleonischen Kriege und der Restauration 1806–1830. München 1989.

–: Romantik. München 1996.

Schwering, Markus: Romantische Theorie der Gesellschaft. In: Helmut Schanze (Hg.): Romantik-Handbuch. Stuttgart ²2003, 510–542.

Segeberg, Harro: Phasen der Romantik. In: Helmut Schanze (Hg.): Romantik-Handbuch. Stuttgart ²2003, 31–78.

Sembdner, Helmut: Fouqués unbekanntes Wirken für Heinrich von Kleist. In: Ders.: In Sachen Kleist. Beiträge zur Forschung. München 1974, 206–226.

–: Heinrich von Kleist im Urteil der Brüder Grimm. In: Ders.: In Sachen Kleist. Beiträge zur Forschung. München 1974, 227–250.

Strack, Friedrich: Suchen und Finden. Romantische Bewußtseinsstrukturen im Werk Heinrich von Kleists? In: KJb 1990, 86–112.

–: Heinrich von Kleist im Kontext romantischer Ästhetik. In: KJb 1996, 201–218 (Diskussionsbericht von Sabine Doering, 219–220).

Tieck, Ludwig: Schriften. Nachdruck der Ausgabe 1828–1854 in 28 Bänden. Berlin 1966.

Wittkowski, Wolfgang: *Die heilige Cäcilie* und *Der Zweikampf*. Kleists Legenden und die romantische Ironie. In: Colloquia Germanica 1972, 17–58.

Monika Schmitz-Emans

IV. Kontexte:
Quellen, Diskurse, kulturelle Codes

1. Adel und Adelskultur

Kleist mag als Dichter, wie Thomas Mann einmal schrieb, »sondergleichen« sein, »völlig einmalig, aus aller Hergebrachtheit und Ordnung fallend« (Mann 1954) – seine bekannten Schwierigkeiten mit der Erstellung eines Lebensplanes sind nichts ihm Eigentümliches, es handelt sich eher um ein Generationenproblem der nach 1770 Geborenen, die mit den Mündigkeits- und Selbstbestimmungsmodellen der Aufklärung erzogen worden sind, vom Jahrhundertereignis der Französischen Revolution 1989 erschüttert werden und dann in die Wirren der Befreiungskriege gegen Napoleon geraten, in der die deutschen Staaten politisch instabil und in allen sozialen Bereichen reformbedürftig sind und die ständische Gesellschaft allmählich entsichert wird. Gerade die Lebensläufe von Aristokraten entwickeln sich so ins gefährlich Offene, die Verbindlichkeit des eigenen Standesmodells wird brüchig, der soziale Handlungsraum vergrößert sich, der Zugewinn an Freiheit kann zugleich aber als Beliebigkeit empfunden werden, als Orientierungsverlust (Luhmann 1980; Koselleck 1989). Anders als in der altständischen Welt ist es an der Epochenschwelle um 1800 nichts Ungewöhnliches, dass ein Aristokrat wie Kleist ein Leben lang auf der Suche nach dem Sinn seines Lebens bleibt, wenn er kein Gutsherr ist und Zweifel hat an den sonst vorgezeichneten aristokratischen Karrieren von Militär und Staatsbeamtentum. Es ist auch nichts Ungewöhnliches, dass Aristokraten sich schreibend ihrer Identität versichern und in fiktionalen Werken Alternativen durchspielen, im Spannungsfeld der alten ständischen Traditionen und der neuen bürgerlichen Anthropologie und Ethik. Eine ganz auf die bürgerlich-idealistische Dichtkunst der Klassik und Romantik fokussierte Literaturwissenschaft hat nur den unbestreitbaren Zusammenhang von Adel und Autorschaft um 1800 vergessen und übersieht die vorgeblich obsolete aristokratische Herkunft von Dichtern wie Fouqué, Chamisso, Novalis, Eichendorff oder eben Kleist (Strobel 2005).

Kleists Sozialisation ist definitiv keine bürgerliche, sie verläuft nach aristokratischem Muster, das heißt: Kindheit in einer patriarchalisch organisierten Großfamilie, über deren Formen von Intimität Kleist in seinen Briefen kein Wort äußerte bzw. äußern konnte, Hauslehrer- und Pensionatserziehung, Adoleszenz in einem Eliteregiment und Kriegsdienst, Freundschaftspflege in den Adelshäusern von Frankfurt an der Oder und Potsdam. Die Frage ist, ob Kleist mit der Abkehr vom Militär 1799 zugleich von Stand und Herkunft sich lossagen wollte, die Adelskonventionen also willentlich zugunsten eines bürgerlichen Habitus als eines der Wahrheit und der Moral verpflichteten Wissenschaftlers aufgab, wie die Forschung zumeist behauptet (u. a. Loch 2003). Dass Kleist sein Adelsprädikat in dem Bekenntnisbrief über die Veränderung seines Lebensplans an Martini vom 18./19.3.1799 nicht verwendete und bis 1803 meist mit Heinrich Kleist seine Post unterschrieb, ist nicht wegzuleugnen. Je heftiger man sich allerdings vom Überkommenen abgrenzt, umso mehr bleibt man daran gebunden. Kleists Alternative von 1799 lautete sowieso zunächst nicht Bürger versus Aristokrat, sondern Mensch versus Offizier. Von einer totalen Verbürgerlichung Kleists kann in der Folge auch keine Rede sein, die Frage ist vielmehr, ob Kleist sich seinem angestammten Adelsmilieu entfremdet und entzogen hat oder ob Relikte von ›Adeligkeit‹ sich über die Lebensschwelle 1799 hinüberretteten.

Was heißt eigentlich ›Adeligkeit‹, verstanden als ein kulturelles System von aristokratischer Mentalität, typischen Lebensformen, ritualisierten Handlungs- und Sprechweisen (Wehler 1990; Reif 1999)? Zunächst und zuallererst: permanenter Kampf ums Obenbleiben, um den Erhalt der Ehre des Hauses und der sozialen Privilegien, um die fortdauernde Zugehörigkeit zur gesellschaftlichen Machtelite und um kulturelle Hegemonie. Nicht Gleichheit wie im Bürgertum, sondern Ungleichheit ist die selbstverständliche Voraussetzung des aristokratischen Rechts- und Freiheitsbegriffs. Kleist wird diese gewohnte Stütze aristokratischen Selbstverhältnisses niemals auswechseln. Sein Leben bleibt auch nach 1799 beherrscht vom agonalen Denken. Ständig sucht er nach Bereichen, Medien und Strategien, um wieder nach oben zu kommen und oben zu bleiben. Bescheiden auf der »Mittelstraße« sich zu bewegen, wie er es im *Aufsatz, den sichern Weg des Glücks zu finden ...* 1798 verspricht (DKV III, 522), wird ihm nie genügen. In aristokratischer Manier verpflichtet er sich auf Ruhm und Ehre. Einige Zeugnisse von vielen: Von der Schweiz aus schreibt er am 20. Mai 1802 der Verlobten Wilhelmine von Zenge über die Bedingungen seiner Rückkehr in die Heimat: »Kurz, kann ich nicht mit Ruhm im Vaterlande erscheinen, geschieht es nie« (ebd., 308). Als der *Guiscard* scheitert und damit Kleists Versuch, »zu so vielen Kränzen noch einen auf unsere Familie herabzuringen«, will er den ehrenhaften »schönen Tod der Schlachten« suchen (DKV IV, 320f.). Kleist versteht sich bis ans Lebensende als »ein Mann von Ehre« und fordert bei Kränkungen notfalls »Satisfaction«, so z. B. vom preußischen Regierungsrat Friedrich von Raumer am 22. Februar 1811, den er für die Misere seines Zeitungsprojekts der *Berliner Abendblätter* verantwortlich macht (ebd., 474). Raumer ist zum Duell bereit, der Reichskanzler Friedrich von Hardenberg verhindert es.

Kleists Biographie lässt sich nicht zweiteilen in eine aristokratische Präexistenz vor 1799 und eine selbstbestimmte, an bürgerlich-idealistischer Ethik orientierte Existenz nach 1799, sie verläuft vielmehr »in Zyklen der Abkehr und Rückkehr zum standesgemäßen Leben« (Strobel 2005, 218) und häufig genug kontaminiert sie das Althergebrachte mit dem Modernen und findet doch nirgendwo festen Halt, wie es für Lebensläufe in der Krisenzeit um 1800 typisch war (Fohrmann 1998). Kleists Entscheidung für die Wissenschaft zunächst und dann für die Schriftstellerei ist keine Entscheidung für eine bürgerliche Berufskarriere, sie entspricht eher dem aristokratischen

Habitus, das Stigma des Brotberufs zu vermeiden. Dergestalt verbinden sich bürgerlicher Geniegedanke und aristokratischer Exklusivitätsanspruch. Kärrnerarbeit ist nichts für Aristokraten, seit der Antike gilt für sie das ›scholé-Konzept‹ des Aristoteles, wonach Muße und Muse zusammengehören, und aristokratische und künstlerische Lebensführung lassen sich verbinden im Sinne eines ebenso legitimen wie noblen, also ehrenhaften Dienstes für die Allgemeinheit (Reif 1999, 25ff.).

Das Motiv der Standesehre schreibt sich im Leben Kleists fort, aber auch in seinen Werken, sichtbar in Novellen wie *Die Marquise von O...* oder *Der Zweikampf* und in einem Drama wie *Prinz Friedrich von Homburg*, das sich schlüssig als »Schauspiel der ›Adeligkeit‹« (Strobel 2005, 231) lesen lässt. Jenseits motivischer Anleihen aus dem Komplex der ›Adeligkeit‹ ist entscheidend, dass Kleists gegenidealistische Anthropologie und Poetik in der europäischen Moralistik wurzelt, dass er in seinen Essays wie in seiner Dichtung auf voraufklärerische Verhaltensbreviere des Adels rekurriert, die zum Überleben in Krisenzeiten entwickelt wurden. So versteht man den Grazie-Begriff im *Marionettentheater* besser, wenn man statt Schillers idealistischer Konzeption einer Kongruenz von *Anmut und Würde*, von innerer und äußerer Schönheit, den Grazie-Begriff aus Castigliones *Il libro del cortegiano* zum Vergleich bemüht, in dem Grazie als eine Kunst bestimmt wird, seinen Ausdruck, seine Wirkung auf andere vollkommen zu berechnen. Identität stellt sich in der ästhetischen Erziehung des Adels als eine Frage der Performanz dar, in der ästhetischen Erziehung des Bürgertums dagegen als eine Frage der Substanz. Agonalität und Theatralität oder Verstellung versus Redlichkeit, in diesem Spannungsfeld bewegt sich auch ein Drama wie *Die Herrmannsschlacht*, dessen Held sich an Machiavellis *Il principe*, an den Ratschläge für Fürsten zu intriganten Simulationsspielen zu orientieren scheint. Kleist richtet in seinen Dramen und Erzählungen sein Augenmerk eher darauf, wie unter Menschen gehandelt wird als wie unter Menschen gehandelt werden soll. Er ist ein enttäuschter Moralphilosoph, der zum skeptischen Moralisten wird. Er transkribiert die aristokratischen Klugheitslehren eines Machiavelli, Castiglione, Gracián, Montaigne oder La Rochefoucauld in seine Dichtung. Diese Transkription ist zugleich eine Aktualisierung, die Kleist zum Vorläufer der Moderne macht. Denn Kleist entsichert die moralistische Verteidigungskunst und macht den Kontrollverlust zur Urszene seines Faszinationskalküls. Die Moralisten der Frühen Neuzeit universalisieren kommunikative Risiken theoretisch, um dann im Gegenzug ein präventives Kontrollsystem der Überlegung zu etablieren. Kleist dagegen entwickelt eine subversive Anthropologie und Poetik, die nicht mehr auf die Vermeidung von Havarien, sondern auf die kluge Inszenierung von Unfällen angelegt ist. Was im Leben fatal wäre bzw. im Leben Kleists fatal ist, wird produktiv für seine Dichtung. Kleist wird zum Krisen- und Katastrophenspezialisten in seinen Dramen und Novellen (Blamberger 1999 und 2004).

Literatur

Blamberger, Günter: Agonalität und Theatralität. Kleists Gedankenfigur des Duells im Kontext der europäischen Moralistik. In: KJb 1999, 25–40.
–: Antiparastatische Genies. Politiken des Privaten in Kleists Essays. In: Rüdiger Görner (Hg.): Politics in Literature. Tübingen 2004, 25–39.
Fohrmann, Jürgen (Hg.): Lebensläufe um 1800. Tübingen 1998.
Koselleck, Reinhart: Preußen zwischen Reform und Revolution. Allgemeines Landrecht, Verwaltung und soziale Bewegung von 1791 bis 1848 [1967]. München 1989.
Loch, Rudolf: Kleist. Eine Biographie. Göttingen 2003.
Luhmann, Niklas: Interaktion in Oberschichten. In: Ders.: Gesellschaftsstruktur und Semantik. Studien zur Wissenssoziologie der modernen Gesellschaft. Bd. 1. Frankfurt a.M. 1980, 72–161.
Mann, Thomas: Heinrich von Kleist und seine Erzählungen [1954]. In: Ders.: Leiden und Größe der Meister. Gesammelte Werke in Einzelbänden. Frankfurter Ausgabe. Hg. von Peter de Mendelssohn. Frankfurt a.M. 1982, 495–515.
Reif, Heinz: Adel im 19. und 20. Jahrhundert. München 1999.
Strobel, Jochen: Adel auf dem Prüfstand. Kleists *Prinz Friedrich von Homburg*. In: KJb 2005, 216–232.
Wehler, Hans-Ulrich (Hg.): Europäischer Adel 1750–1950. Göttingen 1990.

Günter Blamberger

2. Anthropologie

Die seit den 1980er Jahren stark prosperierende Erforschung der literarischen Anthropologie hat Kleist merkwürdig unterschätzt. Angesichts seines ausgeprägten Interesses an der inneren Natur des Menschen mit allen Licht- und Schattenseiten wie auch an Differenzen zwischen Völkern und Hautfarben ist das erstaunlich. Die im letzten Drittel des 18. Jh.s zwischen den Fächern Medizin, Philosophie und physische Geographie neu sich etablierende Universitätsdisziplin Anthropologie befasst sich genau mit solchen Themen, die den Menschen in seiner psychischen, ethnischen und naturgeschichtlichen Ganzheit erfassen. »The proper study of mankind is man« – diese Zeile aus Alexander Popes *Essay on Man* (1733/34) eignet sich als Überschrift für dieses Unternehmen. Ernst Platner, der Leipziger Professor für Medizin und Philosophie, in dessen Auditorium Kleist auf der Reise nach Würzburg im Juni 1801 eine Vorlesung hört, ist lediglich *eine* Leitfigur der neuen Bewegung ›philosophischer Ärzte‹, die den Menschen in seiner Doppelnatur von Leib und Seele erfassen. Kleist nennt Platner – wie auch den Göttinger Anthropologen Johann Friedrich Blumenbach – einen »Lehrer der Menschheit« (DKV IV, 231). Platner zieht Literaten wie Engel, Garve, Jean Paul, Meißner, Rebmann, Seume u. a. an und vermittelt so die neue Menschenkunde in das Reich der Künste. Ähnliches gilt etwa für Johann Georg Zimmermann als Anreger Wielands oder für Jakob Friedrich Abel als Lehrer Schillers (der 1780 mit einem anthropologischen *Versuch über den Zusammenhang der thierischen Natur des Menschen mit seiner geistigen* promoviert). Ganz besonders trifft es auch für die Doppelbegabung Karl Philipp Moritz zu, der als Berliner Herausgeber des *Magazins zur Erfahrungsseelenkunde* (1783–93) – der ersten psychologischen Zeitschrift in Deutschland – sowie als Autobiograph und Dichter ebenfalls zum innersten Zirkel literarischer Anthropologen gehört.

Kleist kommt mit der akademischen Disziplin der Anthropologie nur sporadisch und schwer belegbar in Berührung. Christian Ernst Wünsch, sein wichtigster Lehrer im Bereich der Philosophie, versieht den dritten Band der von Kleist eingehend studierten *Kosmologischen Unterhaltungen für die Jugend* (3 Bde., Leipzig 1778–80) mit der Überschrift *Von dem Menschen*. Anatomie, Sinnesphysiologie und Völkerkunde sind dabei die thematischen Schwerpunkte zu einer allgemeinen Verortung des Menschen in der Welt. Es handelt sich dabei also um keine Anthropologie im profilierten Sinne. Einschlägiger ist der Mainzer Arzt Georg Wedekind, bei dem Kleist zwischen Dezember 1803 und Juni 1804 in psychologischer Behandlung war. Wedekind beherbergte seinen Patienten zur intensiven Beobachtung zuhause und zog bei Wieland Informationen über ihn ein. Dieser Professor an der Ecole spéciale provisoire de Médicine war vor allem durch seine populären Diätetikvorlesungen bekannt, von denen eine Nachschrift aus dem Jahre 1789/90 erhalten ist (Weber 1988). Über die ›sex res non naturales‹ hinaus – Licht und Luft, Essen und Trinken, Bewegung und Ruhe, Schlafen und Wachen, Verdauung, Gemütsbewegungen – enthält diese Diätetik auch eine ausführliche Sexualkunde und Affektenlehre. Als Beiträger von Moritz' *Magazin zur Erfahrungsseelenkunde* oder Ernst Gottfried Baldingers medizinischem *Magazin* könnte Wedekind das Interesse seines Hausgastes für empirische Psychologie und die Lektüre von Fallgeschichten befördert haben. Dass Kleist schon früher ein Faible für Protokolle über menschliche Verirrungen hatte, zeigen etwa sein Bericht eines Irrenhausbesuchs im Würzburger Julius-Hospital (DKV IV, 117–121) oder spätere literarische Texte, die Stoffe aus wahren Kriminalgeschichten beziehen. Die literarische Form solcher Fallbeschreibungen (›species facti‹ oder ›relatio facti‹), die im Bereich der Jurisprudenz und Medizin einen vergleichbar dokumentarischen Charakter haben, war Kleist aus seiner Verwaltungstätigkeit in Königsberg vertraut.

Neben Wünsch und Wedekind tritt der Heilbronner Arzt Eberhard Gmelin, auf den Kleist durch Wedekind aufmerksam geworden sein könnte. Denn Gmelin kam 1787 nach Mainz, um die mesmeristischen Experimente seines Kollegen Christoph Ludwig Hoffmann zu verfolgen. Noch im gleichen Jahr widmete er diesem seine eigenen Ergebnisse *Über thierischen Magnetis-*

mus. In einem Brief an Herrn Geheimen Rath Hoffmann in Mainz (2 Bde., 1787). Just im gleichen Jahr wurde Wedekind nach Mainz berufen. Gmelin als wichtige Quelle für Kleists evidente Beschäftigung mit Phänomenen des Mesmerismus und Somnambulismus wie auch anderen anthropologischen Themen anzunehmen, ergibt sich vor allem aus den Briefen und dem literarischen Œuvre. In Gmelins *Materialien für die Anthropologie* (2 Bde., 1791/93) befasst sich die erste Krankengeschichte mit einer 21-jährigen Patientin, die deutliche Parallelen zum *Käthchen von Heilbronn* erkennen lässt: Das keusche und gute Mädchen redet im magnetischen Schlaf, beteuert ihre Identität anhand eines Schmuckstücks, in das ihre Initialen »C. H.« graviert sind, sie scheint außerehelich geboren und hat eine Vergangenheit im Kloster. Hinzu kommt eine andere Patientin Gmelins, der Fall einer Ratsherren-Tochter namens Lisette Kornacher, den Gotthilf Heinrich Schubert in die *Ansichten von der Nachtseite der Naturwissenschaften* (1808) übernimmt. Kleist hörte zwar im Januar 1808 Schuberts Vorlesung über den magnetischen Schlaf, doch zu diesem Zeitpunkt war das *Käthchen* bereits konzipiert und weitgehend in Arbeit. Gmelin kommt daher viel eher als Quelle in Betracht.

Selbst wenn die Einflüsse Gmelins und Schuberts sich im Falle des *Käthchens* überlagern sollten, lässt sich mit letzterem keinesfalls der hypnotische Zustand in der Höhlenszene des ersten Dramas *Die Familie Schroffenstein* (V/1) erklären. Ottokar streicht mit der typischen Gebärde eines Magnetiseurs an Agnes Körper entlang, versetzt sie in einen somnambulen Zustand und überredet sie so zu dem tragischen Kleidertausch. Gmelin dürfte schon hier Pate gestanden haben, zumal sich noch weitere konkretere Übereinstimmungen in Kleists Werk finden. In seinen *Materialien für die Anthropologie* diskutiert Gmelin beispielsweise Probleme unwillkürlicher Verlegenheit, Denkhemmung oder von Stottern in Prüfungssituationen, die Kleist im Aufsatz *Über die allmählige Verfertigung der Gedanken beim Reden* frappierend ähnlich fasst. Nicht weniger erstaunlich ist, dass in Gmelins *Neuen Untersuchungen über den thierischen Magnetismus* (1789) wiederholt das Motiv von gefärbten Gläsern oder farbigen Brillen auftaucht, die einen klaren Blick auf die Wirklichkeit verstellen. Die sogenannte Kant-Krise Kleists entzündet sich ganz analog an der Überlegung, dass wohl eklatante Zweifel am Wirklichkeitsgehalt von Wahrnehmungen aufkämen, wenn etwa »alle Menschen statt der Augen grüne Gläser hätten« (DKV IV, 205).

Die vierte Leitfigur für Kleists Anthropologie ist der Berliner Ordinarius Johann Christian Reil. Er ist Mitbegründer der Psychiatrie in Deutschland und ein führender Überwinder der Humoralpathologie, gleichzeitig vertritt er aber einen eher romantisch-spekulativen als ausschließlich empirischen Ansatz zum ganzheitlichen Verständnis des Menschen. Kleist kannte den Mann zumindest dem Namen nach, jedenfalls kündigt er 1810 selbst in den *Berliner Abendblättern* die Eröffnung des Universitätsklinikums »unter der Direktion der Herrn Professoren Reil und Gräfe« (DKV III, 603) an. Sehr wahrscheinlich ist zudem eine Auseinandersetzung mit Reils Hauptwerk *Rhapsodieen über die Anwendung der psychischen Curmethode auf Geisteszerrüttungen* (1803). Darin finden sich ausführliche Passagen über das Nachtwandeln und Zustände zwischen Zerstreuung und Vertiefung, die für den *Prinz Friedrich von Homburg* oder die *Penthesilea* einschlägig sind.

Das Thema Anthropologie bei Kleist wird sich indes kaum durch die Suche nach exakten Quellentexten bewältigen lassen. Vielmehr erweisen die Dramen, Erzählungen und Aufsätze selbst das eindringliche Interesse an der Menschennatur. Die Essays *Über die allmähle Verfertigung der Gedanken* und *Über das Marionettentheater* verraten eine intime Kenntnis der Vermögenspsychologie aus dem frühen 18. Jh. Sie preisen die Vorzüge intuitiver und spontaner, vorbewusster und vorsprachlicher Seelenvermögen gegenüber dem lichten Verstand. Die These dazu findet sich bereits in einem Brief an Rühle von Lilienstern: »Jede erste Bewegung, alles Unwillkührliche, ist schön; und schief und verschroben Alles, so bald es sich selbst begreift. O der Verstand! Der unglückseelige Verstand!« (DKV IV, 362). Laut dem *Marionettentheater* wird Grazie durch Reflexion verhindert, Denken beeinträchtigt körpersprachliche »Unschuld« und das »freie Spiel der Gebär-

den« (DKV III, 560f.). Dem pädagogischen Aufsatz zufolge verspricht im Unterschied zu einem Examen die ungezwungene mündliche Entwicklung eines Gedankens, gleichsam während des Redens, die Läuterung einer »dunkle[n]« oder »verworrene[n] Vorstellung zur völligen Deutlichkeit« (ebd., 535).

Die Terminologie und die damit verbundene These entstammen der gnoseologischen Erkenntnistheorie von Leibniz/Wolff. Sie beschreibt, wie eine dunkle (*cognitio obscura*) oder verworrene Vorstellung (*cognitio confusa*) in eine zunehmend klare oder deutliche Erkenntnis (*cognitio clara* oder *distincta*) übergeht. Während Leibniz sich mit den unteren Ebenen dieser Erkenntnishierarchie (die nach oben durch die *cognitio adaequata* und *cognitio intuitiva* zu steigern ist) nicht abgibt, entdecken Anthropologen wie Baumgarten, Herder, Meier oder Sulzer gerade diesen Seelengrund (*fundus animae*) als besondere Erkenntnisquelle, als das Reich der ästhetischen Wahrnehmung, des Traums wie überhaupt der psychischen Innensphäre. Aus dieser Aufwertung der unteren Erkenntnisvermögen (*facultates inferiores*) folgt für Kleist im Essay: »Denn nicht *wir* wissen, es ist allererst ein gewisser *Zustand* unsrer, welcher weiß« (DKV III, 540).

Kleist macht diese Sphäre auch zur Grundlage seines Paradoxes *Von der Überlegung* (1810); demnach sollte das Nachdenken »schicklicher *nach*, als *vor* der Tat« (DKV III, 554) erfolgen. Anders gesagt: Gefühl und Intuition sind oft schneller und genauer als der Verstand. Die militärischen Erfolge des tollkühnen Reiters in der *Anekdote aus dem letzten preußischen Kriege* oder des Prinzen von Homburg sprechen dafür. Für die *Marquise von O ...* eilt ihr »eignes, innerliches, [ihr] nur allzuwohlbekanntes Gefühl« (ebd., 162) dem reinen Bewusstsein ständig voraus, doch zugleich fragt sie sich auch, ob »ein innerliches Gefühl denn, das doch nur dunkel sich regt, nicht trügen« könne (ebd., 164). Fast keiner von Kleists literarischen Texten verzichtet auf diesen anthropologischen Konflikt zwischen oberen und unteren Vermögen, zwischen Wachen und Traum/Hypnose, zwischen Verstand und Gefühl, der indes nicht immer zugunsten letzterer entschieden wird. Ein wichtiger Indikator für die inneren Seelenregungen ist dabei die Körpersprache, die alle Dramen und Novellen als Regieanweisungen und Erzählerkommentare oder aber als Figurenrede begleitet. Das Ziel der Aufklärungsanthropologie, den Menschen durch Studium seines Innersten transparenter, berechenbarer und zugänglicher zu machen, ist mit Kleist kaum erreichbar. Seine Figuren sind beständig Suchende, Zweifelnde, Irrende, Zerrissene, Scheiternde – gerade mit der rasanten Fortentwicklung der Anthropologie wissen sie zwar mehr über sich und die Welt als Menschen vorangehender Epochen, bezahlen diesen Schritt in Richtung Moderne aber mit neuen, bis dahin unbekannten Leiden und Identitätskrisen. Wenn fehlgeleitete Introspektion nicht gar zum Suizid führt, unterstützt das neue psychologische Interesse auch einen reflektierteren Umgang mit den anthropologischen Konstanten von Sterben und Tod, die jüngst verstärkt ins Blickfeld der Kleist-Forschung getreten sind.

Literatur

Barkhoff, Jürgen: Magnetische Fiktionen. Literarisierung des Mesmerismus in der Romantik. Stuttgart/Weimar 1995.

Bennholdt-Thomsen, Anke: Kleists Standort zwischen Aufklärung und Romantik. Ein Beitrag zur Quellenforschung. In: Marie Haller-Nevermann/Dieter Rehwinkel (Hg.): Kleist – ein moderner Aufklärer? Göttingen 2005, 13–40.

Engelhardt, Dietrich von u. a. (Hg.): Sterben und Tod bei Heinrich von Kleist und in seinem historischen Kontext. Würzburg 2006.

Gribnitz, Barbara: Schwarzes Mädchen, weißer Fremder. Studien zur Konstruktion von ›Rasse‹ und Geschlecht in Heinrich von Kleists Erzählung *Die Verlobung in St. Domingo*. Würzburg 2002.

Huff, Steven R.: Heinrich von Kleist und Eberhard Gmelin: Neue Überlegungen. In: Euphorion 86 (1992), 221–239.

Itoda, Soichiro: Die Funktion des Paradoxons in Heinrich von Kleists Aufsatz *Über die allmähliche Verfertigung der Gedanken beim Reden*. In: KJb 1991, 218–228.

Koschorke, Albrecht: Poesis des Leibes. Johann Christian Reils romantische Medizin. In: Gabriele Brandstetter/Gerhard Neumann (Hg.): Romantische Wissenspoetik. Die Künste und die Wissenschaften um 1800. Würzburg 2004, 259–272.

Košenina, Alexander: Vorbewußtsein und Traum in Kleists Anthropologie. In: Peter-André Alt/Christi-

ane Leiteritz (Hg.): Traumdiskurse der Romantik. Berlin/New York 2005, 232–255.

–: Ratlose Schwestern der Marquise von O...: Rätselhafte Schwangerschaften in populären Fallgeschichten – von Pitaval bis Spieß. In: KJb 2006, 45–59.

Neumann, Gerhard: Das Stocken der Sprache und das Straucheln des Körpers. Umrisse von Kleists kultureller Anthropologie. In: Ders. (Hg.): Heinrich von Kleist. Kriegsfall, Rechtsfall, Sündenfall. Freiburg i. Br. 1994, 13–29.

Reeves, Nigel: Kleist's Bedlam. Abnormal psychology and psychiatry in the works of Heinrich von Kleist. In: Andrew Cunningham/Nicholas Jardine (Hg.): Romanticism and the Sciences. Cambridge 1990, 280–294.

Tatar, Maria M.: Psychology and Poetics: J. C. Reil and Kleist's *Prinz Friedrich von Homburg*. In: The Germanic Review 48 (1973), 21–34.

Thorwart, Wolfgang: Heinrich von Kleists Kritik der gesellschaftlichen Ordnungsprinzipien. Zu H. v. Kleists Leben und Werk unter besonderer Berücksichtigung der theologisch-rationalistischen Jugendschriften. Würzburg 2004.

Weber, Martin: Georg Christian Gottlieb Wedekind 1761–1831. Werdegang und Schicksal eines Arztes im Zeitalter der Aufklärung und der Französischen Revolution. Stuttgart/New York 1988.

Alexander Košenina

3. Ästhetik

Die Schaffensperiode Heinrich von Kleists deckt sich mit dem Zeitalter der großen ästhetischen Theorieentwürfe zwischen Aufklärung und Romantik. Die poetologischen Reflexionen des Sturm und Drang, die ästhetischen Konzepte der Weimarer Klassik und der Frühromantik sowie die philosophischen Entwürfe des Deutschen Idealismus finden sich in Kleists Werk brennpunktartig verdichtet. Mit seinem zweibändigen Werk *Aesthetica* (1750/58) inaugurierte Alexander Gottlieb Baumgarten die Ästhetik als philosophische Disziplin und sprach ihr die Aufgabe zu, durch Aufwertung der Sinnlichkeit die Wahrheit von Dichtung und Kunst mit der Wahrheit der Philosophie zu versöhnen: »Zweck der Ästhetik ist die Vollkommenheit der sinnlichen Erkenntnis als solche. Diese heißt auch Schönheit« (Baumgarten 1961, 6). Durch diese Definition wird der Kunstvollzug sowohl auf der Ebene der

Produktion wie der Rezeption als eine spezifische Form des Weltzugangs begriffen, dem eine bestimmte Disposition der Erkenntniskräfte im Subjekt ebenso entsprechen kann, wie ein bestimmendes Formprinzip im Gegenstand. Aber auch der Begegnungsraum von Subjekt und Objekt kann im Sinne eines besonders ausgezeichneten Verhältnisses charakterisiert sein, durch das ästhetische Erfahrung allererst freigesetzt wird (Theorie des Scheins). Die wirkungsmächtigen Konzepte von Moritz, Kant und Schiller, die unter dem Begriff der *Autonomieästhetik* bis in die Gegenwart hinein den philosophischen und literaturtheoretischen Diskurs prägen, variieren diese Möglichkeiten, die sich sämtlich als emphatische Versuche begreifen lassen, den Menschen noch einmal *ganz* zu denken. Denn im Kunstwerk vollzieht sich nicht nur die spannungsreiche Bewegung zwischen Vielfalt und Einheit, Entgrenzung und Begrenzung, sondern es steht auch für die Hoffnung, »im metaphysischen Augenblick des Kollabierens der Unterscheidung, *Welt* zur größtmöglichen Entfaltung kommen zu lassen, *Schöpfung* zu sein« (Fohrmann 1998, 97).

Die maßgeblichen Ästhetik-Konzeptionen seiner Zeit waren Kleist gut bekannt. Vor allem mit den Entwürfen von Kant und Schiller hat er sich intensiv auseinandergesetzt. Die von Kant in der *Kritik der Urteilskraft* vollzogene ›kopernikanische Wende‹ hin zur Konstruktionsleistung des Subjekts im ästhetischen Urteil findet sich bei Kleist etwa in einem Brief an seine Cousine Marie von Kleist: »Denn nicht das was dem Sinn dargestellt ist, sondern das was das Gemüth, durch diese Wahrnehmung erregt, sich denkt, ist das Kunstwerk« (DKV IV, 379). Damit präpariert Kleist einen der Zentralgedanken der *Analytik des Schönen* heraus, welche das Geschmacksurteil als ein Reflexionsurteil begreift. Kants berühmte Formel vom »interesselosen Wohlgefallen« am Schönen hat genau hier ihren Ursprung: Weil das Subjekt im ästhetischen Urteil letztlich nur sich selbst fühlt, ist es folgerichtig an der Existenz des Gegenstandes nicht interessiert. Insbesondere Bernhard Greiner hat den engagierten Versuch unternommen, das gesamte Kleist'sche Werk im Licht von Kants *Kritik der Urteilskraft* neu zu lesen (vgl. Greiner 2000). Zwar folge Kleist, so

Greiner, in gewisser Hinsicht den Bemühungen Kants, die Aporien von Kausalität und Freiheit bzw. Erscheinung und Idee aufzulösen; doch stelle Kleist die vermittelnde Funktion, die Kant der Kunst noch zuspricht, radikal in Frage.

Kleists theoretische Überlegungen und Äußerungen zur Kunst lassen sich insgesamt allerdings kaum zu einer kohärenten ästhetischen Theorie vereinheitlichen, wenngleich doch einigen seiner Texte durchaus ein *ästhetisches Programm* zu Grunde liegt. Eine der wenigen Stellen, an denen sich Kleist explizit über ästhetische Fragen äußert, ist der kurze Text *Brief eines Dichters an einen anderen*. Kernpunkt der dort rhapsodisch vorgetragenen Überlegungen ist ein Plädoyer für das Primat des Inhalts vor der Form. Ziel der Kunst sei es, so der Briefschreiber, Formelemente wie Sprache, Rhythmus und Wohlklang allein in den Dienst des mitzuteilenden Gedanken zu stellen: »Ich bemühe mich aus meinen besten Kräften, dem Ausdruck Klarheit, dem Versbau Bedeutung, dem Klang der Worte Anmut und Leben zu geben: aber bloß, damit diese Dinge gar nicht, vielmehr einzig und allein der Gedanke, den sie einschließen, erscheine« (DKV III, 566). Die ganze Forderung seiner Seele wäre erfüllt, so der Verfasser des Briefes, wenn er seine Gedanken wie mit Händen ergreifen und ohne weitere Zutat in den Busen des Empfängers legen könnte. Vor dem Hintergrund dieser Idealvorstellung bleibt die Sprache nicht mehr »als ein wahrer, obschon natürlicher und notwendiger Übelstand; und die Kunst kann, in Bezug auf sie, auf nichts gehen, als sie möglichst *verschwinden* zu machen« (ebd.). Wenn die Kunst die symbolische Ordnung, der sie entspringt, *verschwinden* machen soll, so zeigt sich in dieser paradoxen Formulierung einerseits die dialektische Schärfe von Kleists ästhetischen Überlegungen. Auf der anderen Seite aber kann Kleist einem dominierenden Formprinzip durchaus etwas Positives abgewinnen, zumindest wenn man seine Gedanken zur Musikästhetik berücksichtigt. In einem späten Brief an Marie von Kleist aus dem Jahr 1811 äußert er die Absicht, sich fortan »mit nichts als der Musik« zu beschäftigen und begründet dieses Vorhaben wie folgt: »Denn ich betrachte diese Kunst als die Wurzel, oder vielmehr, um mich schulgerecht auszudrükken, als die algebraische Formel aller übrigen [...]. Ich glaube, d[a]ß im Generalbaß die wichtigsten Aufschlüße über die Dichtkunst enthalten sind« (DKV IV, 485). Der Generalbass ist ein auf einer durchlaufenden Bassstimme basierendes Notationssystem für die harmonische Aussetzung eines Musikstücks. Was Kleist hier fasziniert haben mag, ist wahrscheinlich die Zifferschrift, mit der die charakteristischen Intervalle, vom Basston aus gerechnet, notiert sind. Trotz der formalen Strenge, die mit dieser Notation assoziiert scheint, sind damit doch nur Klangtypen bezeichnet, also Grundharmonien, die der Generalbassspieler je nach musikalischem Zusammenhang frei ausgestalten konnte. Die »algebraische Formel« beschreibt also kein Kalkül, das immer dasselbe Ergebnis produziert, sondern ein harmonisches – respektive *poetisches* – Grundgerüst, in dessen Rahmen kreative Gestaltung durchaus noch möglich ist. Mathematische Logik und sinnliche Kunst vereinen sich für Kleist in der Musik auf paradigmatische Weise. Daher konnte er der Musik eine Objektivität zuschreiben, die er in seiner Dichtung erst noch zu erreichen hoffte (vgl. Görner 2001, 14). Was diesbezüglich die Einschätzung der eigenen Fähigkeiten betrifft, war Kleist durchaus selbstbewusst. Schon sechs Jahre zuvor, im Januar 1805, notiert er in einem Brief an Ernst von Pfuel: »Ich kann ein [Diffe]rentiale finden, und einen Vers machen; sind das nicht die beiden Enden der menschlichen Fähigkeit?« (DKV IV, 336).

Als ein Basistext von Kleists Ästhetik bzw. als poetologischer Schlüssel zur Interpretation seiner Dichtungen gilt in der Forschung vor allem die viel interpretierte Schrift *Über das Marionettentheater*. Seit der wirkungsmächtigen Lektüre durch Paul de Man wird das *Marionettentheater* als eine sehr gezielte poetisch-rhetorische Auseinandersetzung bzw. veritable Dekonstruktion von Grundannahmen der zeitgenössischen Ästhetik gelesen, deren Paradoxien auf diese Weise erst sichtbar gemacht werden (vgl. Man 1988, 205–233). In der Folge dieser und anderer dekonstruktivistisch inspirierter Lektüren der Kleistschen Texte wird häufig von einer »Ästhetik des Rätselhaften« (Brors 2002) oder einer »Ästhetik des Negativen« (Hinderer 2001) gesprochen, wo-

bei nicht immer deutlich wird, ob diese Formulierungen nicht doch nur weitere Leerstellen ohne Erkenntnispotential produzieren. Zielführend, aber bislang in der Forschung noch unterrepräsentiert, sind vor allem solche Ansätze, die Kleists Ästhetik vor dem Hintergrund des Ansatzes von Theodor W. Adorno zu fassen suchen, wie etwa die Arbeit von Joachim Pfeiffer *Die zerbrochenen Bilder*. Folgt man Pfeiffer, so geht es Kleist in seinem Werk um die »Auflösung begrifflicher Fixierungen, um die Destruktion festgeschriebener Deutungsmuster, die sich von metaphysischen, gesellschaftlichen oder psychischen Instanzen herleiten« (Pfeiffer 1989, 34f.). Pointiert formuliert, wäre Kleist derjenige, der die Dialektik der Aufklärung ästhetisch ins Werk setzt, und zwar vor allem durch seine sprachskeptischen Äußerungen. So schreibt er im Februar 1801 an seine Schwester Ulrike: »Und gern möchte ich Dir alles mittheilen, wenn es möglich wäre. Aber es ist nicht möglich, u wenn es auch kein weiteres Hinderniß gäbe, als dieses, daß es uns an einem Mittel zur Mittheilung fehlt. Selbst das einzige, das wir besitzen, die Sprache taugt nicht dazu, sie kann die Seele nicht mahlen, u was sie uns gibt sind nur zerrissene Bruchstücke« (DKV IV, 196). Max Kommerell hat 1937 in seinem Essay *Die Sprache und das Unaussprechliche* als einer der ersten im Unaussprechlichen einen Grundzug des Kleist'schen Werkes erkannt und damit eine ganze Reihe von Arbeiten initiiert, die ihr Augenmerk auf die durch die Sprachproblematik initiierte Produktivität seines sprachlichen Handelns richteten (vgl. Kommerell 1962, 243–317). Vor allem Dieter Heimböckel hat in seiner instruktiven Studie *Emphatische Unaussprechlichkeit* den Versuch unternommen, Kleists Arbeit an der Grenze des Unsagbaren als eine neue Form des literarischen Sprechens aufzufassen; Sprachskepsis und Sprachkrisis somit als Initiationspunkte einer radikal neuen Ästhetik zu deuten (vgl. Heimböckel 2003).

Schon früh wurden die Beziehungen des *Marionettentheaters* zu Schillers *Über naive und sentimentalische Dichtung* thematisiert (vgl. Kayka 1906). Allerdings lassen sich auch Bezüge zu weiteren ästhetischen Schriften Schillers nachweisen, so etwa zu *Über Anmut und Würde, Über die ästhetische Erziehung des Menschen* und *Über das gegenwärtige deutsche Theater.* In der neueren Forschung wird das *Marionettentheater* auch als eine kreative *réécriture* der Schiller'schen Ästhetik aufgefasst, wobei es Kleist freilich nicht bei einer bloßen Akzentverlagerung belasse, sondern die Intentionen Schillers vom Kopf auf die Füße stelle (vgl. Beil 2006, 75–99).

Untermauern lassen sich diese Ansätze insbesondere im Rekurs auf Kleists kurzen Text *Betrachtungen über den Weltlauf,* dem einzigen Text in seinem Werk, in dem das Wort ›Ästhetik‹ explizit auftaucht. Die dort vorgetragenen Überlegungen erweisen sich als eine polemische Inversion eben des kulturgeschichtlichen Stufenbaus, den Schiller in seiner Schrift *Über die ästhetische Erziehung des Menschen* zu Grunde legt. Ganz offensichtlich will Kleist vom Kunstschönen als idealistischen Gegenentwurf zur Kontingenz der Realität wenig wissen, wie er überhaupt jedem »ästhetisch begründete[n] Geschichtsoptimismus« eine klare Absage erteilt (Oellers 1998, 103).

Folgt man den Überlegungen Uwe Schüttes, so verweigert sich Kleists Poetik konsequent der Kompensationsanforderung an die Literatur und setzt stattdessen – zumindest partiell – auf literarische Erkundungen des Extremen, die sich programmatisch in vielen seiner Figuren verdichten (vgl. Schütte 2006, 130). Denn wo Babys »an eines Kirchpfeilers Ecke zerschmettert« (DKV III, 220) werden, wo dem Nebenbuhler »das Gehirn an der Wand« (ebd., 281) eingedrückt oder das eines Junkers »an den Steinen versprützt[]« (ebd., 63) wird, wo die Geliebte mit ihren Hunden über den Geliebten herfällt, ihn mit den eigenen Zähnen zerreißt, um dann zu sinnieren: »So war es ein Versehen. Küsse, Bisse, / Das reimt sich, und wer recht von Herzen liebt, / Kann schon das eine für das andre greifen« (DKV II, 105) – wo sich also all dieses und Ähnliches ereignet, da greifen die ästhetischen Kategorien des 18. Jh.s und mit ihnen Kants Geschmacksästhetik ganz offensichtlich nicht mehr in ihrem traditionellen Sinn. Sie werden aber auch nicht gänzlich aufgegeben, sondern im Spannungsfeld von Sinnversprechen und Kontingenz neu situiert. Von Penthesilea etwa heißt es: »Dies wunderbare Weib, / Halb Fu-

rie, halb Grazie« (ebd., 137). Eben weil die Figur einerseits im besten Schiller'schen Sinne Anmut und Grazie verkörpert und trotzdem, jenseits allen Ethos' von Schlacht und Ehre, dem geliebten Feind bzw. feindlichen Geliebten kannibalisch attackiert, erschüttert sie jegliche Dezenzregeln des Dramatischen. Indem Penthesilea Oppositionen (Küsse/Bisse) zusammenführt, lässt sie binäre Ordnungen kollabieren, die nicht nur die epistemischen, sondern auch die ästhetischen Konstellationen des Dramas selbst erschüttern. Zurecht hat Werner Hamacher daher (mit Blick auf *Das Erdbeben in Chili*) von einem »Beben der Darstellung« gesprochen und bemerkt, dass Kleists Ethik der Lektüre letztlich fordere, »die scheinbar naturwüchsigen Erkenntnisversicherungen der Theo-teleo-logik und mit ihnen den festen Stand, den das Verstehen wie die Darstellungen zu gewinnen sucht, aufzugeben« (Hamacher 1987, 173).

Mit Bezug auf Kleists Werke von einem ästhetischen Konzept zu sprechen, bedeutet daher immer auch zu konstatieren, dass Schillers Nullsummenspiel aus den *Briefen über die ästhetische Erziehung* sich nicht notwendig in Richtung Vernunft auflösen muss. Das wusste freilich auch Schiller schon, wenn er betont, dass diejenigen, »welche das Schöne und die Stimmung, in die es unser Gemüt versetzt, in Rücksicht auf *Erkenntnis* und *Gesinnung* für völlig indifferent und unfruchtbar erklären«, im Recht sind (21. Brief). Allerdings hat zwischen Aufklärung und Romantik wohl niemand außer Kleist diese Einsicht so drastisch in der Literatur vor Augen geführt. Indem Kleist auf diese Weise nachdrücklich auf der Differenz zwischen Ästhetik und Ethik insistiert, weisen seine Texte schon voraus auf eine Ästhetik der Moderne.

Ein Mittel dazu ist sicher der Einbruch exzessiver Gewalt, die, wie häufig gesehen wurde, nicht nur von besonderer Grausamkeit, sondern auch von besonderer Sinnlosigkeit ist. Bei Kleist ist die Gewalt nicht mehr nur Störfall der schönen Ordnung, sondern Symptom einer aus den Fugen geratenen Welt (vgl. Brittnacher 2000, 317–344). Die ostentative Lust, mit der Kleist seine Gewaltdarstellungen inszeniert, hat durchaus gegensätzliche Deutungen evoziert. Manche Interpreten sehen darin eine Kritik an der Gewalt durch ideologiekritische Entlarvung ihres Faszinationspotentials (vgl. Müller-Seidel 1985, 7–38). Andere wiederum erheben sie zum poetischen Programm. Die Ansätze, welche das Gewaltpotential über die dunkle Seite der klassischen Ästhetik, nämlich über das Erhabene, in den Griff zu bekommen trachten, vermögen in diesem Kontext allerdings nur bedingt zu überzeugen. Denn wo immer die Gewalt als mythischer, juridischer oder in ähnlicher Weise legitimierter, absoluter Akt dargestellt wird, ist sie zugleich auch mit so profanen Motiven durchsetzt, dass die klassische Reflexionsfigur, die das Erhabene im Subjekt freisetzen soll, nicht rein zum Tragen kommen kann.

Kleists Texte entlarven nicht nur die Widersprüche der Idee des Schönen, sie unterlaufen auch die charakteristische Selbstversicherungsbewegung des Erhabenen (d.h. aus dem Scheitern, das Übersinnliche auf den Begriff zu bringen, die positive Bilanz zu ziehen, das Übersinnliche zumindest als Idee noch denken zu können). Vielmehr betont Kleist mit dem in der Forschung mittlerweile topisch gewordenen Motiv des Torbogens (Theisen 1996) den durch keine Theorie des schönen Scheins abgemilderten und durch keinen Erhabenheitstopos zu kompensierenden, desillusionierenden Sturz aller Elemente hin auf das gemeinsame Gravitationszentrum Tod – ein Prozess, der sich nur durch die gegenseitige Hemmung für eine gewisse Zeit aufhalten lässt. Erst diese radikale Einsicht gewährt ex negativo einen Halt. Denn wo alle fallen, ist der eigene Sturz nichts Besonderes mehr: »Warum, dachte ich, sinkt wohl das Gewölbe nicht ein, da es doch *keine* Stütze hat? Es steht, antwortete ich, *weil alle Steine auf einmal einstürzen wollen* – und ich zog aus diesem Gedanken einen unbeschreiblich erquickenden Trost« (DKV IV, 159).

Vor dem Hintergrund nicht nur dieses Bildes spricht vieles dafür, von einer Ästhetik der Kontingenz bzw. im Rekurs auf Kleists kurzen Text *Unwahrscheinliche Wahrhaftigkeiten* von einer Poetik der Probabilität zu sprechen. Rüdiger Campe rückt die *Unwahrscheinlichen Wahrhaftigkeiten* als »ein Stück Theorie des Romanerzählens« in eine Reihe mit Friedrich von Blancken-

burgs *Versuch über den Roman* (1774) und Friedrich Schlegels *Gespräch über die Poesie* (1800) und charakterisiert den anekdotischen Text zutreffend als »eine Erzählung von der Theorie des Erzählens, auf die Probe gestellt durch Erzählen« (Campe 2002, 421). Die Parallelen dieses Textes zum *Marionettentheater* sind in der Forschung bislang kaum beachtet worden, ebenso wie die Tatsache, dass Kleist hier Grundkonstellationen moderner Narrationspoetologie durchspielt (vgl. Campe 2002; Lugowski 1936; Jacobs 1989; Chase 1986). In drei Erzählungen werden absonderliche Ereignisse berichtet, die allesamt als unerklärliche Gewalteinbrüche trotz vorgeblicher *Wahrhaftigkeit* in ihrer *Wahrscheinlichkeit* vom Erzähler nicht mehr verbürgt, sondern als Experimentalanordnung dem Leser überantwortet werden. Nimmt man die Dichotomie von Wahrhaftigkeit und Wahrscheinlichkeit im Sinne der Luhmann'schen Systemtheorie als beobachtungsleitende Unterscheidung, so lässt sich die Textur, die sich zwischen diesen Polen aufspannt, als die für Kleist typische ästhetische Grundkonstellation begreifen. Eine Konstellation, die sich, als Experimentalanordnung, freilich weder stringent in Richtung Schönheit noch in Richtung Erhabenheit auflösen lässt. Mit Blick auf diese Gesamtkonstellation wird deutlich, dass Kleists Ästhetik genau die Position einer alternativen Klassik markiert, die es literarhistorisch so schwer macht, sein Werk in der Chronologie epochaler Strömungen zu verorten.

Literatur

Baumgarten, Alexander Gottlieb: Aesthetica [⁷1779]. Hildesheim 1961.

Beil, Ulrich Johannes: ›Kenosis‹ der idealistischen Ästhetik. Kleists *Über das Marionettentheater* als Schiller-réécriture. In: KJb 2006, 75–99.

Brittnacher, Hans Richard: Implosionen des Sinns und Ekstasen der Gewalt. Zur Prosa Heinrich von Kleists. In: Ders./Fabian Stoermer (Hg.): Der schöne Schein der Kunst und sein Schatten. Bielefeld 2000, 317–344.

Brors, Claudia: Anspruch und Abbruch. Untersuchungen zu Heinrich von Kleists Ästhetik des Rätselhaften. Würzburg 2002.

Campe, Rüdiger: Spiel der Wahrscheinlichkeit. Literatur und Berechnung zwischen Pascal und Kleist. Göttingen 2002.

Chase, Cynthia: Decomposing Figures: Rhetorical Readings in the Romantic Tradition. Baltimore 1986.

Fohrmann, Jürgen: Schiffbruch mit Strandrecht. Der ästhetische Imperativ in der ›Kunstperiode‹. München 1998.

Görner, Rüdiger: ›Der einsame Mittelpunkt im einsamen Kreis‹. Über Kleists Ästhetik. In: Beiträge 15 (2001), 11–25

Greiner, Bernhard: Kleists Dramen und Erzählungen. Experimente zum ›Fall‹ der Kunst. Tübingen/Basel 2000.

Hamacher, Werner: Das Beben der Darstellung. In: David E. Wellbery (Hg.): Positionen der Literaturwissenschaft. Acht Modellanalysen am Beispiel *Das Erdbeben in Chili*. München ²1987, 149–173.

Heimböckel, Dieter: Emphatische Unaussprechlichkeit. Sprachkritik im Werk Heinrich von Kleists. Ein Beitrag zur literarischen Sprachskepsistradition der Moderne. Göttingen 2003.

Hinderer, Walter: Immanuel Kants Begriff der negativen Grössen, Adam Müllers Lehre vom Gegensatz und Heinrich von Kleists Ästhetik des Negativen. In: Christine Lubkoll/Günter Oesterle (Hg.): Gewagte Experimente und kühne Konstellationen zwischen Klassizismus und Romantik. Kleists Werk zwischen Klassizismus und Romantik. Würzburg 2001, 35–62.

Jacobs, Carol: Uncontainable Romanticism. Shelley, Brontë, Kleist. London 1989.

Kayka, Ernst: Kleist und die Romantik. Berlin 1906.

Kommerell, Max: Die Sprache und das Unaussprechliche. Eine Betrachtung über Heinrich von Kleist. In: Ders.: Geist und Buchstabe der Dichtung. Goethe. Schiller. Kleist. Hölderlin. Frankfurt a.M. 1962, 243–317.

Lugowski, Clemens: Wirklichkeit und Dichtung. Untersuchungen zur Wirklichkeitsauffassung Heinrich von Kleists. Frankfurt a.M. 1936.

Man, Paul de: Ästhetische Formalisierung. Kleists *Über das Marionettentheater*. In: Ders.: Allegorien des Lesens. Frankfurt a.M. 1988, 205–233.

Müller-Seidel, Walter: Todesarten und Todesstrafen. Eine Betrachtung über Heinrich von Kleist. In: KJb 1985, 7–38.

Oellers, Norbert: *Das Erdbeben in Chili*. In: Walter Hinderer (Hg.): Interpretationen. Kleists Erzählungen. Stuttgart 1998, 85–110.

Pfeiffer, Joachim: Die zerbrochenen Bilder. Gestörte Ordnungen im Werk Heinrich von Kleists. Würzburg 1989.

Schütte, Uwe: Die Poetik des Extremen. Ausschreitungen einer Sprache des Radikalen. Göttingen 2006.

Theisen, Bianca: Bogenschluß: Kleists Formalisierung des Lesens. Freiburg i.Br. 1996.

Georg Mein

4. Bildende Kunst

Ob Kleist während seiner Ausbildung bei Christian Ernst Martini oder Samuel Heinrich Catel auch kunstgeschichtliche Lektionen erhielt, ist nicht bekannt. Die Musik sagte ihm wohl mehr zu. Noch 1811 betrachtete er die Musik »als die Wurzel« »aller übrigen« Künste, was er von seiner »frühesten Jugend an« getan hätte (an M. v. Kleist, Mai 1811). Und doch war nichts »so fähig«, ihn »wegzuführen von dem traurigen Felde der Wissenschaft, als« die in Dresden »gehäuften Werke der Kunst«, die er während seiner Bildungsreise 1801 aufsuchte. »Mir war so wohl bei diesem ersten Eintritt in diese für mich ganz neue Welt voll Schönheit. Täglich habe ich die griechischen Ideale und die italienischen Meisterstücke besucht«, schrieb Kleist an seine Braut Wilhelmine von Zenge am 21.5.1801.

Der Kunstenthusiasmus, der Kleists Übergang von den Wissenschaften zur Dichtung begleitete, war konventionell und epigonal. Jedes Mal, wenn er in die »Bildergallerie« gegangen sei, habe er »stundenlang vor dem einzigen Raphael« – gemeint ist die sog. Sixtinische Madonna – »gestanden«, »vor jener Mutter Gottes [...] mit dem hohen Ernste, mit der stillen Größe«, deren »Umrisse« ihn an seine Verlobte erinnerten (ebd.). Dies waren angelesene Urteile und Verhaltensweisen. Man findet ähnliche Formulierungen in Winckelmanns Beschreibung der Sixtinischen Madonna (1755) und in Wackenroders *Herzensergießungen eines kunstliebenden Klosterbruders* (1796). Henrich Steffens, der als junger Mann ebenfalls dem romantischen Raffael-Kult frönte und »die Madonna als die göttliche Frau mit aller Illusion der Dichtkunst« verehrte, ironisierte im Rückblick dergleichen Verhalten: »nachdem Tieck, August Wilhelm Schlegel und Novalis ihr die poetische Weihe erteilt hatten, sah man alle jungen Dichter vor dem Altar der Madonna knieen [...] und in Entzücken« geraten (Steffens 1841, 240, 242f.).

Vor dem ›Kunsterlebnis‹ in der Dresdner Galerie gibt es bei Kleist einen lediglich »latenten Bilderbezug« (Müller 1995, 21). Es waren vor allem Landschaften, die Kleist wahrnahm, als seien es Gemälde, die ein »Genie auf das Tableau geworfen, u aufgestellt vor der Welt« habe »mit der Zuversicht auf Bewunderung« (an W. v. Zenge, 5.9.1800). Erstmals aus Brandenburg herausgekommen, wunderte sich der junge Kleist, dass es »Gegenden« gibt, »so schön«, »als ich sie gemahlt gesehen habe« (an A. H. v. Massow, 13.3.1793). Von Gemälden erwartete er in den Jahren vor 1800 vor allem unmissverständliche Klarheit (vgl. den *Aufsatz, den sichern Weg des Glücks zu finden*) und illusionistische »Täuschung« (vgl. den Brief an W. v. Zenge, 16.8.1800). Trotz dem sich entwickelnden »Sehekult« (Müller 1995, 21–27) blieb Kleist die bildende Kunst zunächst fremd. Im Allgemeinen war er der Meinung, dass »die Natur« die Welt »[t]ausendmal schöner […] gebildet« habe, als die »Pfuscher von Künstler« sie jemals abbilden könnten (an W. v. Zenge, 5.9.1800). Noch bei seinem ersten Besuch der Dresdner »Bildergallerie« stand Kleist befremdet vor den Gemälden: »wenn man nicht genau vorbereitet ist, so gafft man so etwas an, wie Kinder eine Puppe. Eigentlich habe ich daraus nicht mehr gelernt, als daß hier viel zu lernen sei« (an W. v. Zenge, 3.9.1800).

Dies war ein halbes Jahr später, als Kleist über Dresden, Kassel, Mannheim und Straßburg nach Paris reiste, gänzlich anders. Wenn auch zunächst noch im Modus der Nachahmung enthusiasmierte sich Kleist für die Werke der bildenden Kunst. Anlässlich von zwei in Kassel gesehenen Bildern Raffaels und Guido Renis bekannte er: »Das sind ein Paar Bilder, die man stundenlang mit immer beschäftigter Seele betrachten kann. Man steht vor einer solchen Gestalt, wie vor einem Schatze von Gedanken, die in üppiger Mannichfaltigkeit auf den Ruf einer Seele heraufsteigen. […] *Eine* Empfindung, aber mit ihrer ganzen Kraft darzustellen, das ist die höchste Aufgabe für die Kunst, u darum ist Raphael auch mir ein Liebling« (an A. v. Werdeck, Nov. 1801). In Paris und Versailles bewunderte Kleist den »Apoll von Belvedere«, die »mediceische Venus« und »die italienischen Tableaus, wo Menschen auf Leinwand gemahlt sind« (an L. v. Zenge, 16.8.1801), namentlich Raffaels »Erzengel«, Rubens' Antwerpener Kreuzabnahme, den Bruno-Zyklus von Le Sueur und Guido Renis »Vereinigung der Zeichnung mit dem Colorit«. Von dem zuletzt

genannten Bild schrieb Kleist, dass es »keinen andern Fehler hat, als diesen, daß es eine Allegorie ist« (an A. v. Werdeck, Nov. 1801).

Die Ablehnung des von Winckelmann noch verteidigten Allegorischen in der Malerei wurde für Kleists Kunstverständnis grundlegend und ist erster Aufweis eines selbstständig werdenden Urteils. Innerhalb kürzester Zeit eignete sich Kleist Kenntnisse an, die seine Bekannten in Erstaunen setzten. Heinrich Lohse, der Kleist in den Louvre eingeführt hatte, verwunderte sich später in Dresden, wenn dieser »über die Kunstwerke« sprach, weil er »es für unmöglich« hielt, »daß einer«, der »nicht selbst Maler« sei, »so Gemälde beurteilen, so darüber sprechen könnte« (Lebensspuren 55a). In diesem Zusammenhang ist auch bezeichnend, dass Kleist seine ›romantische‹ Begeisterung für Raffaels Sixtinische Madonna revidierte und 1803 das Christkind auf dem Gemälde sogar für »tückisch« und »dagegen eine Magdalena [gemeint: Jusepe de Riberas ›Hl. Agnes im Gefängnis‹] im schlechtesten Geschmack […] für das schönste Stück der Gallerie« erklärte, wie Johann Daniel Falk kolportierte (Wartusch 1996, 194).

Raffaelo Santi: Die Sixtinische Madonna (Dresden)

Jusepe de la Ribera: Die Hl. Agnes (Dresden)

Simon Vouet: Le Ravissement de la Madeleine (Besançon)

Riberas Bild, bei dem nicht recht klar ist, ob der Engel die Hl. Agnes »kleidet oder entkleidet« (Aragon), ist paradox und »erbarmungslos« (Alpatow 1966, 98) genug, um Kleists Aufmerksamkeit zu erregen. »Alles Vortrefliche führt etwas Befremdendes mit sich«, hieß es bei Kleist später (BA Bl. 76). Seine antiklassizistische Haltung führte Kleist auf die Bilder eines David Teniers oder anderer Künstler im sog. ›niederländischen Geschmack‹. Von seinem *Zerbrochnen Krug* behauptete Kleist, das Stück sei »nach dem Tenier gearbeitet«, aber von einem, der an sich »lieber dem göttlichen Raphael« nachstrebe (an F. de la Motte Fouqué, 25.4.1811). Gemäß dem besonders von Adam Müller, »dem Lehrer des Gegensatzes« (an C. M. Wieland, 17.12.1807), propagierten Programm versuchte sich Kleist an einer harmonischen Vereinigung von Gegensätzen im organischen Kunstwerk.

Das selbstständige Kunsturteil Kleists bewährte sich 1807 in der Begegnung mit dem Gemälde »Le Ravissement de la Madeleine« von Simon Vouet (heute im Musée des Beaux-Arts, Besançon). Zwar sei es »schlecht gezeichnet«, »doch

von der schönsten Erfindung, die man sich denken kann, und Erfindung ist es überall was ein Werk der Kunst ausmacht. Denn nicht das was den Sinnen dargestellt ist, sondern das was das Gemüth, durch diese Wahrnehmung erregt, sich denkt, ist das Kunstwerk«. Mit diesen Worten formuliert Kleist sein rezeptionsästhetisches Credo. Gegenstand der Ekphrasis ist in Folge dessen primär die Beobachtung der eigenen Empfindungen vor dem Gemälde. Dieses zeige

»[...] ein Paar geflügelte Engel, die aus den Wohnungen himmlischer Freude niederschweben um eine Seele zu empfangen. Sie liegt mit Bläße des Todes übergossen auf den Knien, der Leib sterbend in die Arme der Engel zurükgesunken. Wie zart sie das zarte berühren. Mit den äußersten Spitzen ihrer rosenrothen Finger nur das liebliche Wesen, das der Hand des Schiksals jetzt entflohen ist. Und einen Blik aus sterbenden Augen wirft sie auf sie, als ob sie in Gefilde unendlicher Seligkeit hinaussähe: Ich habe nie etwas Rührenderes und Erhebenderes gesehen.« (an M. v. Kleist, Sommer 1807).

Deutlich ist die todesselige Beschreibung von den Empfindungen des Betrachters geprägt, der die dargestellte Magdalena entgegen dem optischen

David Teniers d.J.: Dorfhochzeit
(Dresden)

Eindruck zu einer zarten Seele entkörperlicht. Auffällig ist weiterhin, dass Kleist die Vernachlässigung des ›disegno‹, also der zeichnerischen Linie, in antiklassizistischer Haltung bedenkenlos hinnimmt. Vouets Gemälde wirkt tatsächlich allein durch sein Kolorit, wovon Kleists Beschreibung v. a. durch die Kontrastierung der außerordentlichen »Bläße« der Sterbenden mit den »rosenrothen« Fingern der Engel Zeugnis ablegt.

Offensichtlich fühlte sich Kleist durch Vouets Darstellung des »wollüstigsten aller Tode« (an M. v. Kleist, 21.11.1811) angesprochen. Dass in Vouets Gemälde Liebe und Tod in einem ›entzückenden‹ Augenblick zusammenfallen, musste den Dichter der *Penthesilea*, die Kleist wenig später auszuarbeiten begann, interessieren. Man hat daher auch Vouets Gemälde als mögliche Anregung für *Penthesilea* bezeichnet. Bekanntlich waren Gemälde für Kleist häufiger Keimzellen dichterischer Imagination. Das bekannteste Beispiel ist *Der zerbrochne Krug*, der seinen Ausgangspunkt in einem Stich von Jean Jacques Le Veau nach dem Gemälde »Le juge ou la cruche cassée« von Philibert Louis Debucourt hatte. *Amphitryon* soll nicht zuletzt durch Teniers' in Dresden hängendes Gemälde »Fête flamande oder die lustige Hahnreyschaft« beeinflusst sein. *Prinz Friedrich von Homburg* fand ein Vor-Bild in einem Gemälde von Johann Karl Heinrich Kretschmar und reproduziert in der Traumszene Raffaels Allegorie vom träumenden Ritter (»Scipios Traum«, heute in der National Gallery London). Annibale Caraccis »L'onore« (Dresden) findet sich im *Käthchen von Heilbronn* wie im *Prinzen Friedrich von Homburg* wieder. In *Michael Kohlhaas* erkennt man Raffaels Erzengel aus dem Louvre und Teniers' Bauernbilder; das Mitteltableau des *Erdbebens in Chili* scheint eine Darstellung der ›Ruhe auf der Flucht nach Ägypten‹ zu sein; *Die heilige Cäcilie* bezieht sich auf ein in Dresden hängendes Gemälde von Carlo Dolci; das Porträt im *Findling* könnte Anthonis van Dycks in Kassel aufbewahrtes Bildnis eines Genueser Edelmannes zum Vorbild haben. Die Gemäldegedichte im *Phöbus* (1. St.: *Prolog* und *Die Engel am Grabe des Herrn*; 11./12. St.: *Der Schrecken im Bade*) sind z. T. mit der Absicht geschrieben, im »Umriß« gegebene Bilder »durch eine poetische Behandlung desselben Stoffes« zu begleiten bzw. neu zu schöpfen (DKV III, 649).

Das Problem des Verhältnisses von »Malerei und Poesie« sollte im *Phöbus* »deutlich erörtert werden« (ebd.); dazu kam es aber vor Ende des Journals nicht mehr. Erst in Berlin beschäftigte sich Kleist als Herausgeber und Autor der *Berliner Abendblätter* wieder intensiver mit der bildenden Kunst. Zuerst publizierte er den rigoros gekürzten und inhaltlich gewendeten Aufsatz von Brentano und Arnim über *Friedrichs Seelandschaft* (BA Bl. 12), bevor er in drei fiktiven ›Künstlerbriefen‹ (BA Bl. 19; Bl. 32; No. 4) und dem Aufsatz *Ueber das Marionettentheater* (BA Bl. 63–66) seine Kunstauffassung umriss.

In dem Aufsatz über die *Seelandschaft* rügt Kleist bei aller Anerkennung der malerischen Qualität Friedrichs Preisgabe ästhetischer Selbst-

behauptung vor der als bedrohlich und unermess-
lich empfundenen Natur. In dem *Brief eines Mah-
lers an seinen Sohn* wird dann »der romantische[n] Kunstauffassung eine schneidende
Absage erteilt« (Müller 1995, 198). Die Idee einer
durch religiöse Empfindung verklärten Kunst
wird als »falsche […] Begeisterung« abgetan und
der handwerkliche Aspekt des Kunst-Machens
betont (BA Bl. 19). Die Vorstellung vom spontanen künstlerischen Schöpfungsprozess wird in
dem *Brief eines jungen Dichters an einen jungen
Mahler* weiter ausgeführt, wenn der Autor gegen
das Kopieren der alten Meister polemisiert und
stattdessen verlangt, im Gemälde »Eigenstes und
Innerstes, durch Umriß und Farben, zur Anschauung zu bringen«. Die folgende Polemik rechnet mit dem eigenen Bildungsgang ab: »Aber ihr
[…] bildet euch ein, ihr müßtet durch euren Meister, den Raphael oder Correge, oder wen ihr euch
sonst zum Vorbild gesetzt habt, hindurch; da ihr
euch doch ganz und gar umkehrt, mit dem Rücken gegen ihn stellt, und, in diametral-entge-
gengesetzter Richtung, den Gipfel der Kunst […]
auffinden und ersteigen könntet« (BA Bl. 32).

Ausdrucksunmittelbarkeit forderte Kleist vom
Maler wie vom Dichter. »Wenn ich beim Dichten
in meinen Busen fasse, meinen Gedanken ergreifen, und mit Händen, ohne weitere Zuthat, in
den Deinigen legen könnte: so wäre, die Wahrheit zu gestehn, die ganze innere Forderung meiner Seele erfüllt«, heißt es in dem *Brief eines Dichters an einen anderen* (BA No. 4). Allerdings bedarf der »Gedanke« stets einer malerischen oder
sprachlichen Hülle, die ihn indes nicht ver-, sondern entbergen soll: »Denn das ist die Eigenschaft
aller ächten Form, daß der Geist augenblicklich
und unmittelbar daraus hervortr[i]tt, während
die mangelhafte ihn, wie ein schlechter Spiegel,
gebunden hält, und uns an nichts erinnert, als an
sich selbst« (ebd.).

Es ist der Vorteil eines Bildkunstwerks, dass es
anders als ein Sprachkunstwerk ›augenblicklich‹
zu wirken im Stande ist, d. h. den Betrachtern auf
ein Mal »in die Sinne springt« (BA No. 1). Anders
als noch 1801 ging es Kleist zu diesem Zeitpunkt
nicht mehr darum, unumstrittene Meisterwerke
»nachzuerfinden« (BA Bl. 32), sondern um die
Konfrontation mit dem »Geist« oder »Gedan-

Kopie des Dornausziehers (Rom)

ken« (BA No. 4) des Kunstwerks, wobei es durchaus sein kann, dass man mit der eigenen »Imagination« selbiges vom »Mangelhaften […] säu-
bern« müsse (BA No. 1).

1810/11 war es Kleist nicht mehr um bestimmte Bilder zu tun. Im *Marionettentheater*-
Aufsatz, dem der von Goethe bekannt gemachte
Essai sur la Peinture von Denis Diderot als Subtext unterliegt (vgl. Müller 1995, 224–227), werden Teniers und Bernini als beliebige Beispiele
aus der Kunstgeschichte genannt, ohne dass damit programmatische Positionen reklamiert würden. Wie in der zitierten Äußerung im Brief an
Fouqué (25.4.1811) amalgamierte Kleist zuletzt
die gewöhnlich ästhetische Gegensätze markie-
renden Namen von Teniers und Raffael. Zum Inbegriff »der natürlichen Grazie des Menschen«
wurde im *Marionettentheater*-Aufsatz (BA Bl. 65)
die hellenistische Statue des »Dornausziehers«
(1. Jh. v. Chr.; heute in den Musei Capitolini,
Rom). Die Statue figurierte für Kleists Ideal der
sich selbst unbewussten Schönheit, das zugleich
sein Kunstideal war.

Literatur

Alpatow, Michael W.: Die Dresdner Galerie. Alte Meister. Mit Beiträgen von Katharina Scheinfuß und Irina. Dresden 1966.

Müller, Gernot: »Man müßte auf dem Gemälde selbst stehen«. Kleist und die bildende Kunst. Tübingen/Basel 1995 (nennt die ältere Literatur; 6–14: Forschungsbericht; 330–332: Literaturverzeichnis).

Pfotenhauer, Helmut: Kleists Rede über Bilder und in Bildern. Briefe, Bildkommentare, erste literarische Werke. In: KJb 1997, 126–148.

Steffens, Henrich: Was ich erlebte. Aus der Erinnerung niedergeschrieben. Vierter Band. Breslau 1841.

Schmitz-Emans, Monika: Das Verschwinden der Bilder als geschichtsphilosophisches Gleichnis. *Der zerbrochne Krug* im Licht der Beziehungen zwischen Bild und Text. In: KJb 2002, 42–69.

Wartusch, Rüdiger: Neue Lebensspuren Heinrichs von Kleist im Briefwechsel zwischen Böttiger und Falk. In: KJb 1996, 188–200.

Arnd Beise

5. Medien

Kleist hat nicht nur für eine Reihe unterschiedlicher Medien (Brief, Theater, Erzählung/Buch, Zeitschrift, Zeitung) geschrieben, seine Texte reflektieren zugleich die Verfasstheit dieser Medien und beziehen sie in ihr Kalkül mit ein. Die Forschung hat Kleists Literatur immer wieder als Auseinandersetzung mit den epistemologischen Grenzen der Referenz gelesen (vgl. Schuller/Müller-Schöll 2003). Diese Grenzen kommen nicht zuletzt als mediale Bedingtheiten in den Blick.

Die frühen Briefe Kleists, insbesondere an Ulrike von Kleist und Wilhelmine von Zenge, sind Austragungsort einer ersten Auseinandersetzung mit der Medialität von Sprache: Sprache wird dabei weniger als Mittel denn als Hindernis der Mitteilung erfahren und beschrieben. Im Zuge der vielfach variierten Figur der Mitteilung von der Unmöglichkeit der Mitteilung wird diese Krisenerfahrung jedoch zugleich literarisch produktiv. In diesem Sinne hat die Forschung hier einen entscheidenden biographischen Ausgangspunkt für Kleists Tätigkeit als Autor gesehen (vgl. Schulte 1988).

In seinen Dramen stellt Kleist immer wieder traditionelle Kriterien der ›Spielbarkeit‹ auf die Probe: So dramatisiert der *Amphitryon* das Prinzip der Verkörperung in einer Differenzierung, die die Gepflogenheiten szenischen Rollenspiels hinter sich lässt. In der *Penthesilea* findet sich szenische Repräsentation durch narrative Vergegenwärtigung ersetzt. Diese Figur, die traditionell als Hilfsmittel im Umgang mit dem szenisch nicht Darstellbaren gilt, gibt bei Kleist einer »anderen Modellierung von Theatralität« Raum (Brandstetter 1996): Statt zum Medium mimetischer Verkörperung zu werden, wird der Körper der Darsteller zum Projektionsschirm der sprachlichen Bilder, die ihre Rede heraufbeschwört.

Ebenso wie die Dramen thematisieren auch Kleists Erzählungen vielerorts das Medium der Schrift. Anagrammatische oder logographische Spiele, wie zum Beispiel in *Der Findling* (vgl. Schuller 1997), oder auch Verschränkungen von Figural- und Litteralsinn stellen Buchstäblichkeit als eine Matrix vor Augen, die der Semantik nicht nur zugrunde liegt, sondern die ihrerseits an Bedeutungsproduktion mitwirkt. Intentionalität und Sinn werden als sekundäre Wirkungen einer ›Logik der Schrift‹ markiert, die zugleich dissimuliert wird und dadurch immer wieder neuen, oft katastrophischen Wendungen des erzählten Geschehens stattgibt. In *Die heilige Cäcilie oder die Gewalt der Musik* wird dieser formale Charakter von Schrift/Sprache im Motiv der Musik reflektiert. Im Unterschied zu romantischen Vorstellungen erscheint Musik dabei nicht als ›absolute Sprache‹, sondern als Zeichensystem, das Kleist im Sinne mathematischer Kombinatorik medientechnisch begreift (vgl. Lubkoll 1994; Theisen 1996).

Als Publizist, vor allem als Redakteur und Herausgeber der *Berliner Abendblätter*, wird Kleist schließlich zum »Autor als Produzent« (Dotzler 1998). In *Von der allmähligen Verfertigung der Gedanken beim Reden* ist beschrieben, wie gerade scheinbar rein äußerliche Hindernisse von Kommunikation den Prozess der Artikulation und Signifikation befördern können, sobald man diesen als genuin zeitlichen begreift. Mit den *Berliner Abendblättern* scheint Kleist dies zum Prinzip seiner publizistischen Arbeit zu machen (vgl. Rohrwasser 1993). War die Wirkung des Medialen in Kleists Literatur zunächst als epistemologisches Problem, als aporetischer Horizont aller Sinnstiftung oder als katastrophisches Agens thematisiert worden, wird sie nun Teil eines publizistischen Kalküls (vgl. Peters 2003). Im Zuge dessen verschleift Kleist die Grenzen zwischen ›hoher Literatur‹ und Gebrauchstext: Vieldeutigkeit und Rekursivität werden als mediale Effekte begriffen und sind damit nicht länger Privileg ästhetischer Kommunikation. In seiner Reflexion auf medientechnische Prinzipien, etwa in *Nützliche Erfindungen. (Entwurf einer Bombenpost)* oder in *Allerneuester Erziehungsplan*, nimmt Kleist zudem Figurationen vorweg, die erst die auf Elektrizität basierenden Medien kennzeichnen (vgl. Peters 2003). Zudem thematisieren Kleists Texte und Publikationen Medialität insgesamt qua Kontiguität: Briefe und Erzählungen erscheinen in Zeitungen, Zeitungen und Briefe spielen in Erzählungen und Dramen eine Rolle – Medien treten ineinander ein, so dass das eine sich jeweils im anderen reflektiert.

Ohne von ›Medien‹ im heutigen Sinne zu sprechen, legt Kleists Literatur einen starken Akzent auf Medialität, wie insbesondere im Kontext des zeitgenössischen ästhetischen Diskurses deutlich wird: Ausgehend von Kants Theorie des Erhabenen wird Medialität um 1800 vor allem als Bedingtheit menschlicher Wahrnehmung thematisiert, die als solche der Reflexivität des Subjekts stattgibt (vgl. Greiner 1994). Als ›romantisch‹ im Sinne der entsprechenden ästhetischen Schule bzw. Epoche gilt demnach ein ›Mittler‹, der einen entfernten Gegenstand nahe bringt, ihn qua Vermittlung aber zugleich formatiert und so das Prinzip subjektiver Wahrnehmung verdoppelt und zu Bewusstsein bringt (vgl. Menninghaus 1987; Arbeitsgruppe München 2001). Bei Kleist scheint die menschliche Wahrnehmung dagegen umgekehrt nach dem Modell des Mediums gedacht. Diese Inversion zeigt denaturalisierende und dehumanisierende Effekte in Kleists Literatur, wie zum Beispiel im Text *Empfindungen vor Friedrichs Seelandschaft*, in dem die formale Problematik des Bildes auf die Wahrnehmung übertragen wird: »als ob einem die Augenlider weggeschnitten wären«.

Eine vergleichbare Wende vom aisthetischen zum medialen Paradigma, zeigt sich auch im Verhältnis von Zufall und Notwendigkeit: Während der zeitgenössische ästhetische Diskurs generell auf Ganzheiten orientiert ist, die das kontingente Einzelne in einer sinnvollen Bezüglichkeit bündeln, thematisiert Kleists Literatur mediale Konstellationen, in denen kontingente Ereignisse sich einschreiben, Spuren und Indizien hinterlassen, wie etwa in der Anekdote *Der Griffel Gottes* oder in der Erzählung *Der Zweikampf*. Häufig spielt dabei der Topos des verwundeten Körpers eine Rolle. Die entsprechenden Verzeichnungen geben dann zwar der Sinnstiftung statt, lassen diese jedoch im gleichen Zug ihrerseits als fraglich, als kontingent erscheinen. Wenn Kleist also zum Beispiel den zeitgenössischen Zug zum Sinnganzen, traditionell gebunden an den Topos des vollendeten Lebens, mit dem zufälligen Erscheinungsbild einer Leiche kontert (vgl. *Muthwille des Himmels*), so geht es dabei auch um eine prinzipielle Umkehr literarischer Wertigkeiten vom Signifikat zum Signifikanten, von der Dominanz des Sinns zur Materialität der Kommunikation.

Literatur

Arbeitsgruppe München: Wissen und Sehen. Epistemische Struktur der Medialität. In: Erika Fischer-Lichte u. a. (Hg.): Wahrnehmung und Medialität. Tübingen/Basel 2001, 31–50.

Brandstetter, Gabriele: Penthesilea. »Das Wort des Greuelrätsels«. Überschreitung der Tragödie in Kleists »Penthesilea«. In: Walter Hinderer (Hg.): Interpretationen: Heinrich von Kleist. Dramen. Stuttgart 1996, 75–115.

Dotzler, Bernhard: ›Federkrieg‹. Kleist und die Autorschaft des Produzenten. In: KJb 1998, 37–61.

Greiner, Bernhard: Eine Art Wahnsinn: Dichtung im Horizont Kants: Studien zu Goethe und Kleist. Berlin 1994.

Lubkoll, Christine: Die heilige Musik oder Die Gewalt der Zeichen. Zur musikalischen Poetik in Heinrich von Kleists Cäcilien-Novelle. In: Gerhard Neumann (Hg.): Kriegsfall – Rechtsfall – Sündenfall. Freiburg i.Br. 1994, 337–364.

Menninghaus, Winfried: Unendliche Verdopplung. Die frühromantische Grundlegung der Kunsttheorie im Begriff absoluter Selbstreflexion. Frankfurt a.M. 1987.

Peters, Sibylle: Heinrich von Kleist und der Gebrauch der Zeit. Von der MachArt der Berliner Abendblätter. Würzburg 2003.

Rohrwasser, Michael: Eine Bombenpost. Über die allmähliche Verfertigung der Gedanken beim Schreiben. In: Heinz Ludwig Arnold (Hg.): Text und Kri-
tik-Sonderband: Heinrich von Kleist. München 1993,
151–162.
Schuller, Marianne: Moderne, Verluste. Literarischer
Prozeß und Wissen. Basel 1997.
- / Müller-Schöll, Nikolaus (Hg.): Kleist lesen. Bielefeld
2003.
Schulte, Bettina: Unmittelbarkeit und Vermittlung im
Werk Heinrich von Kleists. Göttingen/Zürich 1988.
Theisen, Bianca: Bogenschluß: Kleists Formalisierung
des Lesens. Freiburg i.Br. 1996.

Sibylle Peters

6. Militärwesen

Die eminente Bedeutung des Militärwesens für
Kleists literarisches Werk hat ihren Grund, abgesehen von biographischen und zeitgeschichtlichen Aspekten, in einer spezifisch poetischen Affinität, die es durchaus angemessen erscheinen
lässt, hier von einer »Literatur des Krieges« (Carrière 1981) zu sprechen. Dass der aus einem alten
preußischen Offiziersgeschlecht stammende Autor eine Vorliebe für militärische Themen und Situationen besaß, ist ganz offensichtlich (vgl.
Scherrer 1919). Dabei ist der Krieg für Kleist stets
mehr als bloßes Kolorit. Er liefert ihm vielmehr
den konkreten Schauplatz für eine Dichtung, die
sich in dezidiert antiklassizistischer Weise dem
Irregulären verschreibt.

Das Militärwesen bestimmte für den als Sohn
eines Kompaniechefs der friederizianischen Armee geborenen Kleist von frühester Jugend das
soziale und intellektuelle Umfeld (vgl. Baumgart
1983). Am 1. Juni 1792 trat er, wie es seiner Herkunft entsprach, im Alter von 14 Jahren als Gefreiter-Korporal in das Potsdamer Infanterieregi-
ment Garde Nr. 15 ein. Hier gehörte Kleist dem
dritten Bataillon an, das im Rahmen des Rhein-
feldzugs mehrfach in Kampfhandlungen verwickelt wurde. In den Gefechten bei Trippstadt im
Juli 1794 sah sich Kleists Regiment mehreren
Tausenden französischer Tirailleurs gegenüber,
die sich, die natürliche Deckung des Geländes
ausnutzend, heimlich bis an die preußischen Stellungen herangeschlichen hatten. Diese Kampf-
weise der Revolutionstruppen widersprach allem,

was man in Preußen bis dahin unter Kriegführung verstand. Statt mit diszipliniert vorrücken-
den Infanterielinien hatte man es hier mit einer
›Räuberbande‹ von republikanisch Begeisterten
zu tun, die sich an keine militärische Regel hielten und ihren Feind auf alle nur erdenkliche
Weise zu treffen suchten. Das Ausbleiben einer
Neuordnung der preußischen Armee durch
Friedrich Wilhelm III. war einer der Gründe, die
den im Februar 1797 zum Secondelieutenant beförderten Kleist im März 1799 von seinem König
den Abschied aus dem Militärdienst erbitten ließen. Über seine Freunde Ernst von Pfuel, den
späteren General und Erfinder des militärischen
Schwimmens, sowie Otto August Rühle von Lilienstern, dessen Laufbahn ihn bis in den Berliner
Generalstab führen sollte, blieb Kleist dem Militärwesen aber weiter eng verbunden.

Der »Umsturz der alten [Ordnung der Dinge]«
(DKV IV, 352), den Kleist in einem Brief an Rühle
vom Dezember 1805 sich vollziehen sah, erreichte Preußen unwiderruflich im Oktober 1806
mit der Niederlage bei Jena und Auerstedt. In den
reformerischen Kreisen um Scharnhorst und
Gneisenau wusste man genau, dass ein Ende der
französischen Besatzung nur dann herbeizuführen wäre, wenn man sich in Zukunft weniger auf
mühsam gedrillte Söldner als vielmehr auf eine
patriotisch gesinnte Bevölkerung würde stützen
können. Zum propagandistischen Leitbild des
antifranzösischen Widerstands avancierte in dieser Situation der Partisan. Militärisch geboren im
spanischen Guerillakrieg von 1808 wurde er von
der nationalistischen Berliner Intelligenzschicht
sogleich philosophisch entdeckt. Diesem Milieu
ist auch Kleist zuzurechnen, der, nach einer Formulierung von Carl Schmitt, »der eigentliche
Dichter des nationalen Widerstands« gegen die
napoleonische Besatzung wurde und mit der
Herrmannsschlacht »die größte Partisanendich-
tung aller Zeiten« (Schmitt 1992, 15) verfasste.

»Irregularität, gesteigerte Mobilität des aktiven
Kampfes und gesteigerte Intensität des politischen Engagements« sind neben der »Verbindung [...] mit der autochthonen Bevölkerung
und der geographischen Eigenart des Landes –
Gebirge, Wald, Dschungel oder Wüste –« (Schmitt
1992, 26) die Kriterien, durch die der Partisan

theoretisch bestimmt werden kann. In seiner 1832 postum erschienenen Abhandlung *Vom Kriege* hat Carl von Clausewitz im Partisanen- oder Volkskrieg eine »Folge des Durchbruches« gesehen, »den das kriegerische Element in unserer Zeit durch seine alte künstliche Umwallung gemacht hat« (Clausewitz 1991, 799). In einer Inszenierung am Schauspielhaus Bochum hat Claus Peymann 1982 gemeinsam mit dem Dramaturgen Hermann Beil diesen von allen staatlichen Hegungen befreiten ›kleinen Krieg‹ als historischen Kern der *Herrmannsschlacht* analytisch freigelegt (Peymann/Kreutzer 1984, 77f., 97).

Anknüpfend an Schmitts Bemerkung hat Wolf Kittler in einer bahnbrechenden Studie zeigen können, dass der preußische Diskurs des Partisanenkriegs das literarische Werk Kleists in einem sehr weitgehenden Maße bestimmt. Kleists Schriften, so Kittlers leitende These, bewegen sich in engster Nachbarschaft zu den theoretischen Überlegungen von Carl von Clausewitz, insbesondere bezüglich der »Unterscheidung zwischen dem Krieg der Regenten und dem Krieg der Herzen, die der eine dramatisch dargestellt hat, während sie der andere in Begriffe faßt« (Kittler 1987, 243). Einen wahrscheinlichen, wenn auch sehr späten Anlass des persönlichen Zusammentreffens dürfte die im Januar 1811 von Achim von Arnim in Berlin gegründete Christlich-Deutsche Tischgesellschaft (s. Kap. IV.14) geboten haben.

Auch den Aufsatz *Über das Marionettentheater* liest Kittler im militärhistorischen Kontext, und zwar als

»eine letzte Antwort auf die Frage [...], die sich den preußischen Generalen seit dem Frankreichfeldzug des Jahres 1792/93 stellte: die Frage nämlich, wie es möglich war, daß eine so perfekt ausgebildete Armee wie die preußische des 18. Jahrhunderts, von einer Horde von Heckenschützen besiegt werden konnte. Kleist Antwort auf diese Frage stimmt [...] mit der der Heeresreformer überein. Er sagt nämlich, wir brauchen beides: [...] wir brauchen die spontane Empörung von Hermanns Germanen und den bis in den Schwerpunkt der Psyche reichenden Drill, der den Prinzen von Homburg schließlich zur perfekten Marionette seines Kurfürsten und Feldherrn macht« (Kittler 1987, 345).

Wohl angeregt durch Kittlers Ergebnisse hat Stefani Engelstein im Aufsatz *Über das Marionetten-* *theater* ebenfalls militärhistorische Spuren entdeckt, wobei sie sich vor allem auf das Thema der militärärztlichen Amputationspraktiken und des Prothesenbaus konzentriert. Dabei hält sie etwa Paul de Mans dekonstruktivistischer Lektüre des Textes (s. Kap. VI.3) entgegen, die von Kleist angesprochenen Verstümmelungen müssten als historischer Klartext ernstgenommen werden, wenngleich sie selbst wenig später doch eine metaphorische Deutung vorschlägt: »Actual prostheses, for Kleist, are simply a visible sign for the hidden fractures which already inhabit our bodies and our understanding« (Engelstein 2000, 239).

Die weitgehende Übereinstimmung zwischen Kleist und Clausewitz in ihrer Behandlung des Krieges lässt sich auch epistemologisch fassen, und zwar im Sinne einer »Kalkulation des Irregulären« (von Herrmann 1998). So beschreibt Clausewitz den modernen Krieg überhaupt als einen Raum des Individuellen im Sinne des Occasionellen, weshalb es ausgeschlossen erscheint, ihn zum Gegenstand einer allgemeinen Lehre zu machen. Indem es dem Feldherrn, als sei er ein Verwandter des frühromantischen Subjekts, obliegt, aus zufälligen oder regellosen Ereignissen eine militärische Ordnung zu bilden, wird der Krieg bei Clausewitz zu einem poetischen Raum oder, wie er selbst immer wieder betont, zu einem »*Spiel*« (Clausewitz 1991, 207). Die Kriege des Ancien Régime hatten ihr Modell im »Schachspiel« gehabt, denn sie erschöpften sich zumeist in einem Manövrieren »gleichgewichtiger Kräfte, um eine glückliche Gelegenheit zu Erfolgen herbeizuführen und diese dann als eine Überlegenheit über den Gegner zu benutzen« (ebd., 898). Ein Modell des modernen Krieges stellte 1812 Georg Leopold von Reiswitz mit seinem taktischen Kriegsspiel vor, das die Felder des Schachbretts durch variable Geländeelemente ersetzte und mit Würfeln ein weiteres Zufallselement hinzufügte. Auf diese Weise verfügte das preußische Militär fortan über »ein Medium, das es erlaubte, mit Unberechenbarkeiten operativ und performativ umzugehen, anstatt sie auf dem Exerzierplatz auszutreiben« (von Hilgers 2008, 58). Vor diesem Hintergrund liegt es nahe, auch in Kleists literarischer Hinwendung zu den Unberechenbarkeiten des Krieges die Leidenschaft des Spielers zu erkennen, auf dem schwankenden Grund des Zufalls (s. Kap. V.35) sein Glück zu suchen.

Literatur

Baumgart, Peter: Die preußische Armee zur Zeit Heinrich von Kleists. In: KJb 1983, 43–70.

Carrière, Mathieu: Für eine Literatur des Krieges, Kleist. Basel/Frankfurt a.M. 1981.

Clausewitz, Carl von: Vom Kriege [1832]. Bonn ¹⁹1991.

Engelstein, Stefani: Out on a Limb: Military Medicine, Heinrich von Kleist, and the Disarticulated Body. In: German Studies Review 23 (2000), No. 2, 225–244.

Herrmann, Hans-Christian von: Bewegliche Heere. Zur Kalkulation des Irregulären bei Kleist und Clausewitz. In: KJb 1998, 227–243.

Hilgers, Philipp von: Kriegsspiele. Eine Geschichte der Ausnahmezustände und Unberechenbarkeiten. München 2008.

Kittler, Wolf: Die Geburt des Partisanen aus dem Geist der Poesie. Heinrich von Kleist und die Strategie der Befreiungskriege. Freiburg i.Br. 1987.

–: Kleist und Clausewitz. In: KJb 1998, 62–79.

Peymann, Claus/Kreutzer, Hans Joachim: Streitgespräch über Kleists *Hermannsschlacht*. In: KJb 1984, 77–97.

Scherrer, Max: Kampf und Krieg im deutschen Drama von Gottsched bis Kleist. Zur Form- und Sachgeschichte der dramatischen Dichtung. Zürich 1919.

Schmitt, Carl: Theorie des Partisanen. Zwischenbemerkung zum Begriff des Politischen [1963]. Berlin ³1992.

Hans-Christian von Herrmann

7. Moralistik

Wenn die Annahme von dem grundsätzlichen Ausgeliefertsein des Menschen an das Kontingente und die sich daraus ergebende Einsicht in die fundamentale Dissoziation der Individuen zu leitenden Überzeugungen werden, wie dies in Kleists Texten geschieht, erhält die von der Aufklärung verpönte höfische Anthropologie erneut Plausibilität. Kleists Figuren zeichnen sich durch eine Verstellungskunst (*dissimulatio artis*) aus, wie sie in der europäischen Moralistik, etwa in den Texten Balthasar Graciáns präfiguriert war (vgl. Gracián 1964).

Im Laufe des 18. Jh.s findet eine radikale Ab-

wertung der einstmals etablierten Staats- und Hofführung statt. Sie dient als Negativfolie, um bürgerliche Moralvorstellungen zu popularisieren. Auch Kleist zitiert in seinen Texten die zeitgenössische Semantik empfindsamer Unschuld und klassischer Anmut, doch letztlich nur, um sie mit dem höfisch-rhetorischen Körpermodell zu unterwandern. Ein gedrängter und lediglich exemplarischer Streifzug durch die Verstellungsszenarien Kleists mag dies versinnbildlichen: Im *Findling*, in der *Verlobung in St. Domingo* und in der *Marquise von O...* sind die Protagonistinnen Elvire, Toni und die Marquise dem Vorwurf der *dissimulatio* ausgesetzt. Elvire gilt als heimliche Ehebrecherin (vgl. Soboczynski 2000), Toni ist auf die Verstellungskunst im Kampf gegen die weißen Besatzer Haitis angewiesen (vgl. Dönike 1999), während die Marquise ihrem Vater als gefallene Witwe gilt: »O die verschmitzte Heuchlerin! Zehnmal die Schamlosigkeit einer Hündin, mit zehnfacher List des Fuchses gepaart, reichen noch an die ihrige nicht! Solch eine Miene! Zwei solche Augen, Ein Cherub hat sie nicht treuer!« (DKV III, 173f.).

Der Verweis auf die List des Fuchses sowie die Anspielung auf die perfekte Körperbeherrschung seiner Tochter beziehen sich auf Machiavellis *Der Fürst (Il principe)*. Der Fürst habe, so Machiavelli, sowohl von der Natur des Menschen, die auf Gesetzen gründet, als auch von der gewalttätigen »Natur des Tieres [...] den rechten Gebrauch zu machen [...], und wer es am besten verstanden hat, von der Fuchsnatur Gebrauch zu machen, hat es am besten getroffen. Aber man muß eine solche Fuchsnatur zu verschleiern wissen und ein großer Lügner und Heuchler sein« (Machiavelli 2001, 137).

Nicht nur in der *Marquise von O...* werden bürgerlicher und höfischer Verhaltensgestus derart eng geführt, dass die Protagonisten unentschieden zwischen disparaten Körpercodierungen pendeln, zwischen der aufklärerisch-moralischen Transparenzforderung einerseits und der moralistischen Verstellungskunst andererseits: Ob etwa die Marquise im Sinne der alten *arcana imperii* agiert oder dem bürgerlichen Tugendkatalog folgt, bleibt durchaus offen.

Diese Beobachtung wird durch den theatralischen Erzählgestus Kleists, der keine reflektierende Introspektion der dargestellten Figuren offenbart, flankiert. In der Novelle *Michael Kohlhaas*, um ein signifikantes Beispiel anzuführen, wird im Schloss des sächsischen Kurfürsten über das Schicksal des Rosshändlers verhandelt; und zwar dergestalt, dass »auf verbindliche Weise [Stühle] ins Zimmer« gestellt werden; der Kurfürst wendet sich, »über das ganze Gesicht rot« geworden, zum Fenster; »ungewisse Blicke« werden ausgetauscht; der Mundschenk legt, während er argumentiert, »die Finger an die Nase«; Graf Wrede und der Prinz Christiern von Meißen antworten »mit einem bloßen Blick« (DKV III, 84f.).

Das Spezifikum des Kleist'schen Verfahrens erschöpft sich nicht darin, dass die Lüge oder die Verdeckung von Absichten thematisiert werden. Auch in aufklärerischen und klassischen Texten spielt bekanntlich die höfische Intrige eine große Rolle, allerdings lediglich, insofern sie die humanistische Motivation der Protagonisten vorführt, um die gefährdete, zumeist weibliche Unschuld zu rekonstituieren und sie damit als bedrohtes (und umso schützenswerteres) kulturelles Modell vorzuführen. Im Gegensatz hierzu wird in Kleists Texten die Verstellungskunst nicht als zu bekämpfende höfische Korruption humanistisch instrumentalisiert, sondern ist elementarer Bestandteil einer poetologischen Erzählstrategie (im weitesten Sinn des Wortes, das auch das Drama mit einschließt). In einem Akt brutaler Opposition gegen die aufgeklärte Lesererwartung stellen Kleists Erzähler ihre Machtstrategien gefällig zur Schau. Der markante Bindestrich in der *Marquise von O...* (vgl. DKV III, 145) ist hier nur das bekannteste Beispiel. Auch in der *Heiligen Cäcilie* wird die Unwissenheit des Lesers zum konstitutiven Bestandteil der Erzählung: »Dies und noch Mehreres sagte Veit Gotthelf, der Tuchhändler, das wir hier, weil wir zur Einsicht in den inneren Zusammenhang der Sache genug gesagt zu haben meinen, unterdrücken« (ebd., 305). Regelrecht unterdrückt wird der Leser auch im *Zweikampf*, wenn ihm die Auflösung eines rätselhaften Mordfalls demonstrativ – und reichlich verspätet – als Wissensvorsprung des Erzählers präsentiert wird (vgl. ebd., 343). Gewiss, in einer

Erzählstrategie, die dem Leser als machtvolle Verstellungskunst entgegentritt, in der simuliert und dissimuliert wird, mag – wie es in *Michael Kohlhaas* heißt – ein jeder »die Freiheit« haben, an dem Mitgeteilten »zu zweifeln« (ebd., 134).

Kleist lebte in einer Zeit politischer Umwälzungen. Preußen ist 1806 am Abgrund: Die Königsfamilie flieht nach der Schlacht von Jena/Auerstedt vorübergehend nach Memel, der preußische Staat verliert im darauf folgenden Frieden von Tilsit die Hälfte seines Gebietes und muss ein Zwangsbündnis mit Frankreich eingehen. Bereits im Vorfeld des Krieges legte Kaiser Franz II. die Krone des zersplitterten Reiches nieder, nachdem einzelne deutsche Fürsten des Heiligen Römischen Reich Deutscher Nation sich zum Rheinbund zusammengeschlossen hatten. Es scheint durchaus plausibel, dass die Re-Etablierung von »Verhaltenslehren der Kälte« (vgl. Lethen 1994) in Kleists Œuvre der politischen Krise seiner Zeit zu verdanken ist, die den Dichter auf sein aristokratisches Erbe sich besinnen ließ. So muss man keinen überspannten Biographismus betreiben, um zu sehen, dass Kleists Verhältnis zur höfischen Welt und ihren Verhaltenslehren lebensgeschichtlich bedingt ist. Dass der preußische Adlige bisweilen intensiv mit dem Berliner Hof in Kontakt stand – zentral ist hier sein enger Kontakt zu Marie von Kleist und Adolphine von Werdeck, beides Hofdamen der Königin Luise –, wurde selten beachtet.

Zwar sind aristokratische Herkunft und zahlreiche Konflikte, die Kleist mit der preußischen Regierung und ihrem Umfeld ausgetragen hat, positivistisch aufgearbeitet, doch erst in jüngerer Zeit wurden diese Befunde auch darstellungstheoretisch auf Kleists Literatur bezogen: Günter Blamberger zufolge nimmt Kleist (etwa in *Über das Marionettentheater*) auf einen aristokratischen Grazie-Begriff Bezug, der die idealistische Anmutsvorstellung konterkariere (vgl. Blamberger 1999; ders. 2000). Anhand der frühen Briefe Kleists legt Christian Moser nahe, dass Kleists intertextuelle Rousseau-Reminiszenzen auf einer Rezeption von Montaignes *Essais* basieren (vgl. Moser 2000), während Bianca Theisen den Kleist'schen Skeptizismus mit Bezügen zu Shakespeare erhellt (vgl. Theisen 1999).

Weitere Arbeiten gehen den politischen Implikationen der Kleist'schen Verstellungskunst nach. Herrmann erweist sich als »politisch-machiavellistisch agierende Taktierer« Gracián'scher Verstellungskunst, der in der *Herrmannsschlacht* mit der *dissimulatio* ein »geschicktes Wechselspiel von Verheimlichung und Entlarvung« vollführt, »um bestimmte Bilder vom Eigenen und Fremden vorzutäuschen, andere Bilder dagegen wieder zu enttäuschen« (Essen 1999, 43). Hierzu gehört die strategisch eingesetzte Desinformation sowohl seiner verbündeten Germanenführer als auch der Römer, seine gezielte Greuel-Propaganda und die Affektsteuerung von Herrmanns Frau Thusnelda, die schließlich bereit ist, ihren römischen Bewerber einem Bären zu opfern. Kleist subvertiert mit der Hofkunst Herrmanns somit den anti-monarchischen Diskurs seiner Zeit, der Adel und Weiblichkeit einer bürgerlich befreiten, aufrechten Männlichkeit gegenüberstellte.

Wenn mit der höfischen Verstellungskunst in Kleists Texten auf die Rhetorizität und die Theatralität des Körpers verwiesen wird, dann werden kulturelle Muster appliziert, »welche, darin den Konzepten des 18. Jahrhunderts sozusagen weit voraus, die Mittelbarkeit der Kommunikation, die Polyvalenz der Zeichen und die Opazität der ›vorausgehenden‹ und ›zugrundeliegenden‹ Gedanken reflektier[en]« (Geitner 1993, 5). Kleists vielfach besprochener Agonalität geht nicht selten ein »Versehen« voraus (vgl. z. B. *Die Familie Schroffenstein*; DKV I, 232). Dieses basiert auf jener, dem Überlebenskampf am Hof entlehnten, Komplexität der Zeichen, die das Geselligkeitsmodell einer befriedeten Aufklärungsgesellschaft sprengen.

Von der Attitüde eines der Aufklärung verpflichteten Moralphilosophen, die Kleist sich in seinen frühen Briefen zu eigen macht, hat er sich in seinen literarischen Werken distanziert. Hier erscheint er uns als skeptischer Moralist, den nicht mehr interessiert, »wie unter Menschen gehandelt werden soll, sondern wie unter Menschen gehandelt wird« (Blamberger 1999, 25). Das Verdikt von Georg Lukács, der in Kleist einen reaktionären, altständischen Junker sah, lässt sich somit positiv wenden: Erst mit dem Rückgriff auf die kühle Menschenbeobachtung vor-

aufklärerischer Zeit kommt Kleists verstörende Modernität ans Licht.

Literatur

Blamberger, Günter: Agonalität und Theatralität. Kleists Gedankenfigur des Duells im Kontext der europäischen Moralistik. In: KJb 1999, 25–40.

–: Ars et Mars. Grazie als Schlüsselbegriff der ästhetischen Erziehung von Aristokraten. Anmerkungen zu Castiglione und Kleist. In: Sabine Doering u. a. (Hg.): Resonanzen. Fs. für Hans Joachim Kreutzer. Würzburg 2000, 273–281.

Dönike, Martin: »... durch List und den ganzen Inbegriff jener Künste, die die Notwehr dem Schwachen in die Hände gibt«. Zur Gedankenfigur der Notwehr bei Kleist. In: KJb 1999, 53–66.

Geitner, Ursula: Die Sprache der Verstellung. Studien zum rhetorischen und anthropologischen Wissen im 17. und 18. Jahrhundert. Tübingen 1992.

Gracián, Balthasar: Handorakel und Kunst der Weltklugheit. Übersetzt von Arthur Schopenhauer. Stuttgart 1964.

Lethen, Helmut: Verhaltenslehren der Kälte: Lebensversuche zwischen den Kriegen. Frankfurt a. M. 1994.

Machiavelli, Niccolò: Il Principe – Der Fürst. Italienisch/Deutsch. Übersetzt und hg. von Philipp Rippel. Stuttgart 2001.

Moser, Christian: Angewandte Kontingenz. Fallgeschichten bei Kleist und Montaigne. In: KJb 2000, 3–32.

Soboczynski, Adam: Die Impotenz des Händlers und das Geheimnis einer trefflichen Frau. Ökonomie und Verstellung in Kleists Novelle *Der Findling*. In: KJb 2000, 118–135.

–: Versuch über Kleist. Die Kunst des Geheimnisses um 1800. Berlin 2007.

Theisen, Bianca: Der Bewunderer des Shakespeare. Kleists Skeptizismus. In: KJb 1999, 87–108.

Von Essen, Gesa: Römer und Germanen im Spiel der Masken. Heinrich von Kleists *Hermansschlacht*. In: KJb 1999, 41–52.

Adam Soboczynski

8. Musik

Heinrich von Kleist spielte die Klarinette, manchmal »nach Herzenslust«. Unterricht erhielt er – wie auch der gefeierte Klarinettenvirtuose Heinrich Joseph Baermann – in Potsdam bei Joseph Beer (Brief an Wilhelmine von Zenge, Sept. 1800,

DKV IV, 106). Im Juni 1798 zog Kleist mit einem Bläserquartett durch den Harz. Otto Rühle von Lilienstern, mit von der Partie, berichtet, »als reisende Musikanten« habe man den Unterhalt durch Aufspielen in Dörfern und Städten verdient (Schulz 2007, 72f.). Wie weit Kleists musiktheoretische Kenntnisse reichten, ist unklar. Kleists Äußerungen zur Musik beschränken sich auf wenige knappe Briefstellen (an Wilhelmine von Zenge, 19.9.1800 und 21.5.1801; an Marie von Kleist, Mai [?] 1811, DKV IV, 132, 225, 485). Die Forschung liest sie meist als poetologische Kommentare und setzt sie in Beziehung zu Kleists einziger, 1810/11 entstandener Musik-Erzählung *Die heilige Cäcilie oder die Gewalt der Musik (Eine Legende)*.

Terminologisch ist bei der Rede über Musik grundsätzlich Vorsicht angebracht. Häufig sind vorausgesetzte Strukturparallelen von Sprache und Musik zu unscharf. Das gilt für einen »Form«-Vergleich des *Robert Guiskard* mit dem ersten Brandenburgischen Konzert Bachs wie für das Verdikt des Musikkritikers Alfred Einstein, Kleists »dramatische Prosa« sei »die musikfeindlichste Prosa, die es gibt« (Müller-Hennig 1984, 312–317). Im Übrigen ist die »poetologische Verwendung musikalischer Termini« insofern »fast immer schief« (Dahlhaus 1984, 13), als es sich um Metaphern handelt, also in einen neuen Kontext übertragene Begriffe. Gerade dadurch aber sind sie produktiv. Das zeigt die Vielzahl von Deutungen des Metaphernkomplexes ›Musik‹ bei Kleist (vgl. Barthel/Janz 2002).

Geschichtsphilosophisch interpretiert Bernhard Greiner die ›Musik‹ in der *Heiligen Cäcilie*. Spielt die im Titel sogenannte »*Legende*« am Ende des 16. Jh.s, dann steht die zur Zeit der Handlung schon »uralte […] italienische Messe« (DKV III, 291) für jene Polyphonie, deren Stimmführung so kompliziert ist, dass ihr Text nicht zu verstehen ist: eine esoterische Musik, über die das gegenreformatorische Konzil von Trient (1545–63) stritt. Das Hörerlebnis dieser polyphonen Musik vor 1600 dient Kleist, so Greiner, als Beispiel für die entgrenzende, ja »berauschende Erfahrung« vom »Eins-Werden mit dem unendlichen ›Gotteskörper‹«. Das ist, geschichtsphilosophisch verstanden, eine Reminiszenz an das verlorene

Paradies, um das sich Kleists *Marionettentheater*-Essay dreht. Die in zunehmendem Maße homophone, im Generalbass notierbare Musik nach 1600 hingegen steht nach dieser Lesart für die nach-paradiesische Jetztzeit, die keine sprachlos-unmittelbare Ganzheits-Erfahrung »jenseits aller Unterscheidung« mehr kennt, sondern nur noch eine durch die – häufig als mangelhaft empfundene – Sprache vermittelte Erfahrung (Greiner 1996, 507–512). So gesehen, handelt es sich bei Kleists Wort, »im Generalbaß« seien »die wichtigsten Aufschlüße über die Dichtkunst enthalten« (DKV IV, 485), um eine typisch moderne Sprachkritik, wie sie auch der sogenannte Sprachskepsis-Brief artikuliert (an Ulrike von Kleist, 5. 2. 1801, ebd., 195–201).

Gegen diese Interpretation spricht jedoch, dass in der *Cäcilien*-Erzählung gar keine Rede von Gesang oder einzelnen Stimmen ist, sondern nur von einer Partitur und von den Instrumenten der Nonnen. Diese auf den ersten Blick paradoxe Überblendung von vokaler Kirchenmusik und instrumentaler Symphonik ist typisch für die Romantik, in der die absolute Musik »als Sprache, die nicht durch ein Alltags- oder Umgangsidiom korrumpiert wurde«, von dem »sich die Dichtung in fast hoffnungsloser Anstrengung abheben muß, einen Gegenstand poetologischen Neides darstellt« (Dahlhaus 1984, 14). Kleist, so Carl Dahlhaus, folgt der romantischen Musik-Poetologie von Wackenroder, Tieck und Novalis, derzufolge eine »fest umrissene[] Syntax« eine »sich tendenziell ins Ahnungsvoll-Vieldeutige auflösende[] Semantik« erlaube – eine Poésie pure avant la lettre. Dahinter wiederum steht die Vorstellung der Musik als Logik und Empfindungssprache zugleich, wie sie sich 1788 in Johann Nicolaus Forkels *Allgemeiner Geschichte der Musik* findet. Hier überlagern sich der relativ junge musiktheoretische Diskurs von der Musik als Empfindungssprache mit der aus der Antike stammenden Idee, Musik sei tönende Mathematik. Kleist sieht darin einen Ausweg aus dem poetologischen Dilemma von individuellem Ausdruck und allgemeiner Verbindlichkeit: Eine wie die Musik seiner Zeit durch den »Generalbaß« organisierte »Dichtkunst« könnte einerseits dem »Herzen ganz und gar […] folgen« (an Marie von

Kleist, Mai [?] 1811; DKV IV, 484) und wäre andererseits so allgemeinverbindlich wie die Mathematik – etwa wie eine »Wurzel« oder eine »algebraische Formel« (ebd., 485). Zugrunde liegt hier also die Vorstellung, der Generalbass sei ein zwingend konsequentes System – ein System, das sich aus den von der platonisch-pythagoreischen Philosophie beschriebenen mathematischen Verhältnissen der Naturtonreihe ergeben soll. Das allerdings ist, so Dahlhaus, ein musiktheoretischer Irrtum, der zu Kleists Zeit zwar schon als widerlegt gelten musste, aber immer noch populär war (Dahlhaus 1984, 15–19). So folgt Kleist, der häufig als historisch abseits stehender Solitär beschrieben worden ist, zumindest in dieser Lesart seiner Musik-Poetik relativ konventionell den Diskursen seiner Zeit.

Anders Christine Lubkolls Deutung, die Kleists Rede von »Generalbaß«, »Wurzel« und »algebraische[r] Formel« der Musik auf die temperierte Stimmung bezieht, die durch die um 1596 von Simon Stevin entdeckte Wurzelrechnung möglich wurde. So wie die temperiert-gleichschwebende Stimmung durch Ausgleich des ›pythagoreischen Kommas‹, das heißt der natürlichen Unreinheit der Intervalle, erst das künstliche System schafft, das eine komplexe Mehrstimmigkeit erlaubt, so setzt Kleist den »Konstrukt-Charakter der Dichtkunst« und die »Idee eines künstlichen Harmoniesystems« gegen Rousseaus Postulat von natürlicher Ursprünglichkeit, welche die Dichtung möglichst authentisch nachbilden soll. Stattdessen, so Lubkoll, geht es Kleist darum, Mängel der Natur wie der Sprache unmerklich zu überspielen. Kleist erscheint in dieser Sicht nicht mehr konventionell seiner Zeit verhaftet, sondern als progressiver früher Konstruktivist, dessen Musik-Poetik das leistet und gleichzeitig analytisch reflektiert, was Claude Lévi-Strauss und Hans Blumenberg im 20. Jh. als ›Mythos‹ beschrieben haben: die sprachliche Bewältigung von Aporien durch die Um-Schreibung ihrer nicht ausfüllbaren Leerstellen (Lubkoll 1995, 199–203, 9–14).

Lubkolls poetologisch-selbstreflexive Lektüre kann als repräsentativ gelten für eine Vielzahl von zeichentheoretischen Interpretationen der ›Musik‹ bei Kleist. Gelegentlich tendieren sie dazu, ›Musik‹ sehr weit als Generalmetapher für *das Andere* zu interpretieren – gewissermaßen als Metapher für *alles andere,* bis hin zum Zusammenfall von Gegensätzen. So soll die ›Musik‹ zum Beispiel für unterdrückte männliche Sexualität stehen, obwohl ihr der Text ausdrücklich eine »weibliche Geschlechtsart« zuweist (ebd., 210).

Gegen solche weit ausgreifenden und häufig bis in die Moderne des 20. Jh.s vorausgreifenden Deutungen wendet sich Nicola Gess, indem sie den Topos der ›Gewalt der Musik‹ bei Kleist in den historischen Kontext der Musik-Diskurse seiner Zeit stellt. Schon zehn Jahre, bevor »die Gewalt der Musik« im Untertitel der *Cäcilien*-Erzählung auftaucht, schreibt Kleist: »Nirgends fand ich mich aber tiefer in meinem Innersten gerührt, als in der Katholischen Kirche, wo die größte, erhabenste Musik […] das Herz gewaltsam [bewegt]« (DKV IV, 225). Hier klingt wohl nicht zufällig das ›Erhabene‹ an, dessen Beschreibung Kleist aus Kants *Kritik der Urteilskraft* vertraut gewesen sein muss. Tatsächlich greift Kleists *Heilige Cäcilie* Kants »Erhabenen-Szenario von zwei widerstrebenden Mächten [auf] – einer Macht und einer Gewalt, die der Macht überlegen ist« (Gess 2006, 344). Während jedoch bei Kant gerade die Musik eine Gefahr darstellt, weil sie – ähnlich wie überwältigende Naturobjekte – die Einbildungskraft mit einem inneren Bilderrausch überflutet und deshalb durch die ›Anspannung‹ begrifflicher Vernunftideen – die überlegene Gewalt – eingeschränkt werden muss, ist es in Kleists *Heiliger Cäcilie* zunächst gerade die überwältigende Musik-Erfahrung, die dem geplanten Bildersturm der Brüder Einhalt gebietet. Dennoch, so Gess, wird bei Kleist nicht einfach Kants Vernunft-Ästhetik des Erhabenen durch eine vorkantische Bilderrausch-Ästhetik des Erhabenen ersetzt. Vielmehr geht es um eine Kritik am kantisch-aufklärerischen Imperativ der Körperdisziplinierung. Das zeigt sich darin, dass die Gewalt der Musik erst am Ende der Geschichte tatsächlich zerstörerisch wirkt: dann nämlich, wenn die Brüder jeden Tag in der Geisterstunde mit schauerlichen Tierstimmen das Gloria absingen. In dieser Stunde durchbricht also die Gewalt der Musik die aufklärerisch-protestantische Askese der Brüder, die auf die Kontrolle ihrer Sinnlichkeit gerichtet ist – und damit immer wieder aufs Neue scheitert. So schlägt die permanente »Autoaggression des zivilisierten Menschen«, sein aufklärerisch-»repressive[r] kulturelle[r] Habitus«, am Ende um in die Regression ins Körperlich-Tierische. Die Vermittlung von Sinnlichkeit und Vernunft, die bei den Nonnen unter der alten katholischen Autorität noch zu funktionieren scheint, misslingt denen, die sich von dieser Autorität zu emanzipieren versuchen (Gess 2006, 341–354).

Sowohl auf die Wirkung – wie Gess – als auch auf die Zeichentheorie – wie Lubkoll – richtet sich Bettine Menkes Interesse. Während sie Kleists Sprachreflexionen und ihre Paradoxa in einer dekonstruktiv geprägten Rhetorik von Kippfiguren und Unentscheidbarkeit nachzeichnet, stellt sie die Wirkung der Musik streng historisch in den Kontext der Physiologie um 1800, wie sie Ernst Florens Friedrich Chladni und Johann Wilhelm Ritter geprägt haben. Das Musik-Hören als körperliche Berührung durch den Schall, das heißt als Resonanz, ist Kleist ein »Modell für eine Mitteilung [...], die das Verstehen überbietet«, ja: ein »Modell idealer Teilhabe [a]n der Mitteilung« – vorausgesetzt, die Eigen- ist auf die Fremdfrequenz sympathisch eingestimmt. Damit aber ist, wer hört, stets in Gefahr, der Gewalt des über den Schall Mitgeteilten zum Opfer zu fallen: Das erfahren ja die Brüder (Menke 1997, 231–237).

So unterschiedlich die ›Musik‹ bei Kleist gedeutet wird, scheinen doch alle Interpretationen einer Vorgabe Kleists zu folgen: der Assoziation von ›Musik‹ und Gewalt. Darin unterscheidet sich Kleist von den Frühromantikern, aber auch von seinem Zeitgenossen E.T.A. Hoffmann. Für Kleist ist die ›Musik‹ kein utopischer Fluchtpunkt jenseits der entzauberten Welt. Die Aporien des Diesseits löst sie nicht. Sie ist ihre Metapher.

Literatur

Barthel, Wolfgang/Janz, Rolf-Peter (Hg.): Kleist – Musik und Literatur in der Romantik. [Beiträge des Kolloquiums am 6./7.7.2001]. In: Beiträge 16 (2002), 11–173.

Bock, Stephan: Der Klarinettenpreuße oder »Nach Herzenslust«. Heinrich von Kleist und die Klarinette. Frankfurt a.d.O. 2001.

Dahlhaus, Carl: Kleists Wort über den Generalbaß. In: KJb 1984, 13–24.

Gess, Nicola: Gewalt der Musik. Literatur und Musikkritik um 1800. Freiburg i.Br./Berlin 2006.

Greiner, Bernhard: »Das ganze Schrecken der Tonkunst«. *Die heilige Cäcilie oder Die Gewalt der Musik*: Kleists erzählender Entwurf des Erhabenen. In: Zs. für deutsche Philologie 115 (1996), 501–520.

»Kleist – Musik und Literatur in der Romantik«. Kolloquium in Frankfurt/Oder, 6. und 7. Juli 2001. In: Beiträge 16 (2002), 11–173.

Lubkoll, Christine: Mythos Musik. Poetische Entwürfe des Musikalischen um 1800. Freiburg i.Br. 1995.

Menke, Bettine: Prosopopoiia. Die Stimme des Textes – die Figur des ›sprechenden Gesichts‹. In: Gerhard Neumann (Hg.): Poststrukturalismus: Herausforderung an die Literaturwissenschaft. Stuttgart/Weimar 1997, 226–251.

Müller-Hennig, Detlef: Vom Musikalischen der Kleistschen Dichtung. In: Steven Paul Scher (Hg.): Literatur und Musik. Ein Handbuch zur Theorie und Praxis eines komparatistischen Grenzgebietes. Berlin 1984, 312–325.

Schulz, Gerhard: Kleist. Eine Biographie. München 2007.

Stefan Boernchen

9. Naturwissenschaften

Im April des Jahres 1799 steht der 21-jährige Heinrich von Kleist, Leutnant im 3. Bataillon des Regiments Garde Nr. 15b, Potsdam, biographisch an einem Wendepunkt. Kleist entscheidet sich – gegen den Willen seiner Familie und dem Rat seiner Vorgesetzten – nach fast sieben Jahren Militärdienst von der Fahne zu gehen. Er immatrikuliert sich am 10. April 1799 an der Universität zu Frankfurt an der Oder, seiner Heimatstadt, für die Fächer Physik, Mathematik, Kulturgeschichte, Naturrecht und Latein.

Die Hinwendung zu den Naturwissenschaften wird von Kleist selbst als logischer Endpunkt eines langjährigen inneren Entwicklungsprozesses begriffen. Im berühmten Rechenschaftsbrief an seinen Mentor Christian Ernst Martini gesteht Heinrich von Kleist, er sei bereits in der Potsdamer Garnison »mehr Student als Soldat gewesen« und habe sich im Selbststudium der »Mathematik und Philosophie – als den beiden Grundfesten alles Wissens« (DKV IV, 28) – auf die Welt der Gelehrsamkeit vorbereitet. Das zentrale Motiv, den Militärdienst zu verlassen, ist dabei ebenso einfach wie gravierend: Die Naturwissenschaften sollen für Kleist zum integralen Bestandteil jenes »Lebensplans« werden, von dessen penibler Einhaltung nichts Geringeres als das Gelingen der Existenz, das Wandeln auf dem »sichern Weg des Glücks« (DKV III, 514) abhängig ist.

Drei Semester hat Kleist in Frankfurt an der Oder studiert. Der detaillierte Verlauf der Studien lässt sich nur bruchstückhaft rekonstruieren. Unter den wenigen brieflichen Zeugnissen aus jener Phase verweisen die gewichtigsten auf Kleists Interesse an den Kollegien des Professors für Naturlehre und Mathematik Christian Ernst Wünsch (vgl. Meinel 1996). Wünsch lehrt u. a. Elementarmathematik, Geometrie und Trigometrie, Hydrostatik und Aerometrie, sowie die zu jener Zeit außergewöhnlich populäre Experimentalphysik.

Bereits in seinem ersten, dem Sommersemester 1799, schreibt sich Kleist für Wünschs privatim vorgetragene Experimentalphysik ein. Über Wünschs Kolleg kommt der junge Studiosus in praktische Berührung mit dem »Elektrizitäts-Diskurs« der Epoche. Ewald Georg von Kleists Experiment mit der »Leidener Flasche« (1745), bei dem aufgrund einer elektrischen Leitung mittels Wasser ein Stromschlag entsteht (Schmidt 1978, 37f.), Benjamin Franklins Entdeckung des Blitzableiters (1752), Lichtenbergs Versuche mit Harzmehlstaub und seine terminologische Differenzierung zwischen positivem und negativem Pol (1778), Galvanis Froschexperimente und ihr biophysikalischer Nachweis der Kontaktelektrizität (1780) und Voltas Konstruktion des ersten stromerzeugenden Kondensators (1783) prägen den Wissenshorizont der zeitgenössischen Physik (Lorenz 1991, 77f.; Hochadel 2003).

Kleist zeigt sich dabei besonders beeinflusst vom physikalischen Phänomen der Polarisierung von Ladungen durch elektrostatische Influenz. Er adaptiert in einem metaphorischen Transfer dieses Naturgesetz als Vorlage für die Beschreibung eines Funktionsprinzips menschlicher Affekte. Entwickelt ist dies am eindringlichsten in der 1810 entstandenen Schrift *Allerneuester Erziehungsplan*, die in den von Kleist herausgegebe-

nen *Berliner Abendblättern* erscheint (Borgards 2005). Kleist formuliert in dieser Schrift ein moralisches »Gesetz des Widerspruchs«, das in Form einer physikalischen Gleichung zu einer literarischen Versuchsanordnung transformiert wird:

»Dieses höchst merkwürdige Gesetz findet sich, auf eine, unseres Wissens, noch wenig beachtete Weise, auch in der moralischen Welt; dergestalt, daß ein Mensch, dessen Zustand indifferent ist, nicht nur augenblicklich aufhört, es zu sein, sobald er mit einem Anderen, dessen Eigenschaften, gleichviel auf welche Weise, bestimmt sind, in Berührung tritt: sein Wesen sogar wird, um mich so auszudrücken, gänzlich in den entgegengesetzten Pol hinübergespielt; er nimmt die Bedingung + an, wenn jener von der Bedingung −, und die Bedingung −, wenn jener von der Bedingung + ist« (DKV III, 546).

Die Kleist-Forschung hat sich auf die Suche gemacht nach derart polaren Verhaltensmustern, die laut Kleist als Beleg für jene »merkwürdige[n] Übereinstimmung zwischen den Erscheinungen der physischen und moralischen Welt« (ebd., 537) dienen können. Die Monographie von Herminio Schmidt (1978) glaubt, in Kleists Beschäftigung mit dem zeitgenössischen Elektrizitäts-Diskurs »Naturwissenschaft als Dichtungsprinzip« verwirklicht zu sehen. Die Studie ist als erster systematischer Versuch zum Konnex Kleist und die Naturwissenschaften verdienstvoll, arbeitet jedoch in den Textanalysen zu Kleists Dramen *Penthesilea* und *Käthchen von Heilbronn* (»Denn wer das Käthchen liebt, dem kann die Penthesilea nicht ganz unbegreiflich sein, sie gehören ja wie das + und − der Algebra zusammen, und sind ein und dasselbe Wesen, nur unter entgegengesetzten Beziehungen gedacht«; DKV IV, 424) spekulativ und vermag die behauptete Bekanntschaft Kleists mit den angeführten naturwissenschaftlichen Quellen nur selten zu belegen (vgl. Schmidt 1978, 117). Jüngere Einzelstudien weisen enger an den Textzeugnissen orientiert den Zusammenhang zwischen Kleists Beschäftigung mit der Experimentalphysik nach. Vergleichsgrößen bilden hier die Körpersprache der Figuren (»elektrische Ohnmachten, Taschenmesser-Effekt«) in der Erzählung *Der Findling* (Weigel 2001) oder »Kräftespiele mit polarisierten Figuren«, deren Interaktionen etwa in den Kleist'schen Erzählungen *Das Erdbeben in Chili* und *Michael Kohlhaas* (Lorenz 1991, 85f.) dem Verhalten elektrisch polarer Größen zu folgen scheinen. Neben dem klassischen Referenztext *Penthesilea* (Schmidt 1978, 57ff., Lorenz 1991, 86f.) fokussiert die Forschung zudem verstärkt auf Kleists Aufsatz *Über die allmählige Verfertigung der Gedanken beim Reden* und die hier dargestellte »elektrische Psychologie« (Bohrer 1981; Lorenz 1991; Hinderer 2005) oder verweist auf die Nähe von Kleists Experimentalphysik zu Konzepten der romantischen Naturphilosophie (Daiber 2005).

Neben diesem metaphorischen Transfer von Experimenten mit elektrischen Körpern in literarische Versuchsanordnungen spiegelt sich naturwissenschaftliches Datenmaterial des Frankfurter Studiums in jenen »unsägliche[n] Liebesbriefe[n]« (Schrader 1981/82) wider, die Kleist an die Verlobte Wilhelmine von Zenge verfasst hat. Kleist verwendet hier ein Verfahren, welches er als »Lernen von der Natur« (DKV IV, 159) bezeichnet. Dieses Verfahren hat didaktisch-erzieherische Funktion und besteht im Kern darin, die Verlobte mit »Denkaufgaben zu traktieren« (Frick 1997, 213), deren Bildmaterial (Vergleich des Menschen mit einem Klavier und dessen Saiten, Newtons Apfel, Bild und Politur eines Spiegels etc.) Kleist Christian Ernst Wünschs populärwissenschaftlicher Schrift *Kosmologische Unterhaltungen für junge Freunde der Naturerkenntnis* entnimmt (Meinel 1996, 2f.; Frick 1997, 211ff.).

Bereits Ende des Jahres 1800, im dritten Semester seines Studiums, ergreifen Kleist Zweifel, ob es richtig gewesen sei, sich ganz auf die Naturwissenschaften zu verlegen. In seinen Briefen an die Verlobte beklagt er die Lebens- und Tatferne der Wissenschaften (»Handeln ist besser als Wissen«; DKV IV, 189), er mokiert sich über die »zyklopische Einseitigkeit« der Forscher, welche den holistischen Charakter des Seins ignorieren: »Bei den Küssen seines Weibes denkt ein echter Chemiker nichts, als daß ihr Atem Stickgas und Kohlenstoffgas ist« (ebd., 257). Schließlich erhält Kleists Wissenschaftsenthusiasmus im Frühjahr 1801 durch die in der Forschung als »Kant-Krise« (s. Kap. III.7) bekannte Denkerschütterung einen weiteren nachhaltigen Dämpfer. Kleist bricht

nicht mit den Wissenschaften, sucht jedoch verstärkt nach Diskursübergängen.

Neben einer ab 1802 beobachtbaren Hinwendung zur Literatur, die Heinrich von Kleist zeitlebens pflegen wird, markiert ein solcher Diskursübergang die Beschäftigung mit den Phänomenen des Tierischen Magnetismus und Somnambulismus im Umfelde der romantischen Naturphilosophie.

Kleist hält sich zwischen August 1807 und April 1809 in Dresden auf und hört dort die Vorlesungen Gotthilf Heinrich Schuberts zu den *Ansichten von der Nachtseite der Naturwissenschaften* (Müller-Salget 2002, 88). Er eignet sich über den Besuch der Vorlesungen und in persönlichen Diskussionen mit Schubert detaillierte Kenntnisse zum Magnetismus an, die ihren Niederschlag in den späten Dramen *Käthchen von Heilbronn* und *Prinz Friedrich von Homburg* finden (vgl. Barkhoff 1995, 239–269; Peters 1990, 135–152).

Schließlich bieten die von Kleist ab 1810 herausgegebenen *Berliner Abendblätter* einen reichen Fundus an Texten, deren Form von der Forschung wahlweise als »geistreiche Wissenschafts-Mimikry« (Frick 1997, 232) oder »naturwissenschaftliche Spekulationen« (Peters 1990, 128) beschrieben wird. Gemeint sind Gedankenexperimente Kleists (Kühne 2005; Daiber 2001), in denen wissenschaftliches Datenmaterial in einen neuen Kontext gebracht wird, z.B. ein neues Verfahren, »die Wäsche durch Dämpfe zu reinigen« (SW II, 433, nicht in DKV), eine Aufforderung, neue mathematische Modelle für eine preußische Lotterie zu erfinden und Spekulationen zur Aëronautik (DKV III, 596–602). Ziel dieser Neu-Kombinatorik naturwissenschaftlich inspirierter Denkbilder ist die Produktion progressiver Erkenntnis, die das strenge Register rein empirisch gesicherten Wissens nutzt und gleichzeitig überschreitet. Einen Höhepunkt dieser Textsorte bildet fraglos der in den *Abendblättern* (Bl. 63ff.) publizierte Essay *Über das Marionettentheater*, in dem Kleist seine Vertrautheit mit der zeitgenössischen Mathematik, speziell der aufkommenden Nicht-Euklidischen Geometrie, für spekulative bewusstseins- und geschichtsphilosophische Reflexionen fruchtbar macht. Letztlich findet in diesen Anekdoten, Fragmenten und Essays der *Berliner Abendblätter* Kleists Versuch einer Fusion der Wissenschaften und Künste im Medium der Poesie ihren bündigsten Ausdruck. Oder, um Kleist aus den *Abendblättern* selbst sprechen zu lassen: »Man könnte die Menschen in zwei Klassen abteilen; in solche, die sich auf eine Metapher und 2) in solche, die sich auf eine Formel verstehn. Deren, die sich auf beide verstehn, sind zu wenige, sie machen keine Klasse aus« (DKV III, 555). Zu diesen Wenigen ist Heinrich von Kleist uneingeschränkt zu zählen.

Literatur

Barkhoff, Jürgen: Magnetische Fiktionen. Literarisierung des Mesmerismus in der Romantik. Stuttgart/Weimar 1995, 239–269.

Bohrer, Karl Heinz: Plötzlichkeit. Frankfurt a.M. 1981, 161–180.

Borgards, Roland: »Allerneuester Erziehungsplan«. Ein Beitrag Heinrich von Kleists zur Experimentalkultur um 1800. In: Marcus Krause/Nicolas Pethes (Hg.): Literarische Experimentalkulturen. Poetologien des Experiments im 19. Jahrhundert. Würzburg 2005, 75–103.

Daiber, Jürgen: Experimentalphysik des Geistes. Novalis und das romantische Experiment. Göttingen 2001.

–: »Nichts Drittes... in der Natur.« Kleists Dichtung im Spiegel romantischer Selbstexperimentation. In: KJb 2005, 45–67.

Frick, Werner: Kleists »Wissenschaft«. Kleiner Versuch über die Gedankenakrobatik eines Un-Disziplinierten. In: KJb 1997, 207–240.

Hinderer, Walter: Ansichten von der Rückseite der Naturwissenschaft. Antinomien in Heinrich von Kleists Welt- und Selbstverständnis. In: KJb 2005, 21–45.

Hochadel, Oliver: Öffentliche Wissenschaft. Elektrizität in der deutschen Aufklärung. Göttingen 2003.

Kühne, Ulrich: Die Methode des Gedankenexperiments. Frankfurt a.M. 2005.

Lorenz, Otto: Experimentalphysik und Dichtungspraxis. Das »geheime Gesetz des Widerspruchs« im Werk Heinrich von Kleists. In: Nicholas Saul (Hg.): Die deutsche literarische Romantik und die Wissenschaften. München 1991, 72–91.

Meinel, Christoph: »Des Wunderlichen Wünsch seltsame Reduktion...«. Christian Ernst Wünsch, Kleists unzeitgemäßer Zeitgenosse. In: KJb 1996, 1–32.

Müller-Salget, Klaus: Heinrich von Kleist. Stuttgart 2002.

Peters, Sibylle: Die Experimente der *Berliner Abendblätter*. In: KJb 2005, 128–142.

Peters, Uwe Henrik: Somnambulismus und andere Nachtseiten der menschlichen Natur. In: KJb 1990, 135–152.

Reeves, Nigel: Abnormal psychology and psychiatry in the works of Heinrich von Kleist. In: Andrew Cunningham/Nicholas Jardine: Romanticism and the sciences. Cambridge 1990, 280–295.

Schmidt, Herminio: Heinrich von Kleist. Naturwissenschaft als Dichtungsprinzip. Bern/Stuttgart 1978.

Schrader, Hans-Jürgen: Unsägliche Liebesbriefe. Heinrich von Kleist an Wilhelmine von Zenge. In: KJb 1981/82, 86–96.

Weigel, Sigrid: Der »Findling« als »gefährliches Supplement«. Der Schrecken der Bilder und die physikalische Affekttheorie in Kleists Inszenierung diskursiver Übergänge um 1800. In: KJb 2001, 120–134.

Jürgen Daiber

10. Politik

Kleist verlieh seinen politischen Anschauungen in nichtfiktionalen Schriften wie in poetischen Texten Ausdruck. Der Begriff des Politischen selbst ist für ihn nicht von Bedeutung, der Sache nach aber äußerte er sich politisch in nahezu allen Bereichen. Sein Ausgangspunkt ist eine radikale, weil grundsätzliche Gesellschaftskritik, zu der ihn Rousseaus Schriften inspirierten: Von seinem Erstlingsdrama *Die Familie Schroffenstein* bis zu der letzten Erzählung *Der Zweikampf* betont er die zerstörerische Wirkung des Eigentums und er beklagt die gesellschaftlich bedingte Denaturierung des Menschen. Weiterhin übt er, vor allem im *Michael Kohlhaas* und in Briefen, eine schichtenspezifische Kritik im Hinblick auf den Adel und das Junkerwesen. Im *Michael Kohlhaas* stellt er systematisch ein korruptes und reformbedürftiges Rechtswesen bloß, schon früh lehnt er in seinen Briefen das preußische Militärwesen entschieden ab, er führt die antiklerikale Kritik der Aufklärung, insbesondere Voltaires, angesichts einer neureligiös gestimmten Romantik zu einem neuen Höhepunkt (*Das Erdbeben in Chili*, *Der Findling* u. a.). Gegenüber diesen auf grundsätzliche Probleme des politisch-sozialen Lebens bezogenen kritischen Positionen sind die Reflexe der großen politischen Ereignisse unmittelbarer zu greifen: vor allem das Nachbeben der Französischen Revolution (*Das Erdbeben in Chili*, *Die*

Verlobung in St. Domingo, Michael Kohlhaas), die Bedrohung und Unterdrückung Deutschlands durch die Napoleonische Fremdherrschaft (*Die Herrmannsschlacht, Prinz Friedrich von Homburg*, nichtfiktionale politische Schriften, Briefe); schließlich zeichnet sich das Interesse an den seit 1807 beginnenden Preußischen Reformen ab, welche die gesellschaftliche Basis für den Befreiungskampf gegen Napoleon schaffen sollten.

Kleists politische Präferenzen verschieben sich im Laufe der Zeit. Zunächst dominiert klar die im Zeichen Rousseaus stehende prinzipielle Ablehnung von Staat und Gesellschaft. Die Berufung auf die ›Natur‹ dient einer grundsätzlichen Zivilisations- und Gesellschaftskritik, wie sie Rousseau schon in seinem Erstlingswerk, in dem 1750 erschienenen *Discours sur les sciences et les arts* und dann in seinem zweiten, bis hin zur Französischen Revolution wirkungsreichen *Discours sur l'origine et les fondements de l'inégalité parmi les hommes* (1755) formuliert hatte. In letzterem bezeichnete er Eigentum und Besitzgier als Grund für die Ungleichheit unter den Menschen und überhaupt als ein Grundübel der Menschheitsgeschichte. Dies ist für Kleist ein strukturbildendes Thema von seinem ersten Werk, der *Familie Schroffenstein*, bis zu seiner wahrscheinlich letzten Erzählung *Der Zweikampf*. Trotz solcher Kontinuitäten, die sich auch in anderen gesellschaftskritischen Bereichen zeigen, gewichtet und wertet Kleist seit etwa 1806 manches neu. So arbeitet er in seiner 1807 erschienenen Erzählung *Das Erdbeben in Chili* den utopischen und illusionären Charakter des Rousseau'schen Natürlichkeits- und Gleichheitsideals heraus und leitet aus dieser Sicht einen nachrevolutionären Geschichtspessimismus ab. Und während zunächst seine radikale Gesellschaftskritik eine individualistische Reaktion und einen Rückzug aus der Welt zeitigte, der so weit ging, dass er in seiner Rousseau-Nachfolge sogar »im eigentlichsten Verstand ein Bauer« werden wollte (Brief an Wilhelmine von Zenge, Oktober 1801; DKV IV, 275) und sich 1802 auf der Delosea-Insel im Thuner See die idyllisch-naturhafte Existenz eines »promeneur solitaire« zurechtmachte, vollzieht er seit 1806 unter dem Eindruck der Bedrohung durch Napoleon eine Wendung zum öffentlich-politischen Engagement. Am 2. Dezember 1805 hatte Napoleon bei Austerlitz einen entscheidenden Sieg über die verbündeten österreichischen und russischen Truppen errungen, im Juli 1806 hatte er deutsche Vasallenstaaten zum sogenannten Rheinbund zusammengeschlossen, worauf Kaiser Franz II. am 6. August 1806 die deutsche Kaiserkrone niederlegte. Damit war das Ende des alten Reichs offiziell und förmlich besiegelt. Am 14. Oktober 1806 besiegte Napoleon das schlecht ausgerüstete und noch schlechter geführte preußische Heer in der Schlacht bei Jena und Auerstedt. Preußen brach militärisch zusammen; am 27. Oktober marschierte der Eroberer in Berlin ein, das preußische Königspaar floh in die alte Krönungsstadt Königsberg. Die preußische Bevölkerung litt schwer unter den französischen Kontributionen. Unter dem Eindruck dieser Ereignisse entstand bei Kleist und bei vielen Gleichgesinnten ein politisch-patriotisches Engagement. Zwar identifizierte er sich nicht mit den bestehenden gesellschaftlichen und staatlichen Verhältnissen, aber er ergriff entschieden Partei für das in seiner Existenz bedrohte Vaterland und gegen die französische Unterdrückungspolitik. Davon zeugen seine Briefe, seine politischen Schriften und seine Dramen *Die Herrmannsschlacht* und *Prinz Friedrich von Homburg*.

Als einen politischen Hauptmissstand empfand Kleist die unentschlossene Haltung des preußischen Königs gegenüber Napoleon. In den Jahren 1808 und 1809 setzte er deshalb seine Hoffnungen auf Österreich, das tatsächlich am 9. April 1809 die Kriegshandlungen gegen Napoleon eröffnete. Als politischer Publizist versuchte Kleist, mit einigen Gesinnungsgenossen die österreichische Erhebung propagandistisch zu unterstützen. Leidenschaftlich rief er in mehreren Gedichten und mit der *Herrmannsschlacht* (1808) zum Kampf gegen die Franzosen auf, die am 13. Mai 1809 Wien besetzten. Seine Hoffnungen entzündeten sich besonders an dem Sieg, den Erzherzog Karl über Napoleon in der Schlacht bei Aspern errang – seither galt Napoleon nicht mehr als unüberwindlich. Kleist widmete dem »Überwinder des Unüberwindlichen« eine Ode (*An den Erzherzog Carl. Nach der Schlacht bei Aspern. Den 21sten und 22sten Mai 1809.* In: DKV III, 439f.).

Drei Tage nach dem Sieg der Österreicher über das französische Heer am 22. Mai reiste er mit Friedrich Christoph Dahlmann, dem später berühmten Historiker, zum Schlachtfeld von Aspern, um den Ort des Geschehens in Augenschein zu nehmen. Die wohl wichtigste von seinen im Jahre 1809 verfassten patriotischen Kampf-Schriften trägt den Titel *Was gilt es in diesem Kriege?*.

Kleist bewegte sich in einem ganzen Umfeld patriotischer Propaganda. Ihren Höhepunkt erreichte sie in dem von Friedrich von Gentz redigierten österreichischen Kriegsmanifest und in dem von Friedrich Stadion und Friedrich Schlegel verfassten Aufruf, den der zum Generalissimus ernannte Erzherzog Karl an die deutsche Nation richtete. Doch bald schwanden die auf Österreich gesetzten Hoffnungen. Am 6. Juli 1809 siegte Napoleon in der Schlacht bei Wagram über die Österreicher. Zwar versuchte Kleist nachher, die in Österreich noch aktive Kriegspartei zu unterstützen, er verfasste den Aufruf *Über die Rettung von Österreich*, um zur Mobilisierung der letzten Kräfte beizutragen, aber der am 14. Oktober 1809 geschlossene Frieden von Schönbrunn ließ keine Aussicht mehr. Seine letzte Lebenszeit, die Jahre 1810 und 1811, verbrachte Kleist in Berlin, wo er noch einmal seine Hoffnungen auf eine preußische Erhebung gegen Napoleon setzte. Hauptzeugnis dieser Hoffnungen ist das Schauspiel *Prinz Friedrich von Homburg*. Zugleich hoffte er in einer verzweifelten Lebenssituation mit diesem vaterländischen Werk am Königshof Unterstützung zu finden. Er bot es am 21. Juni 1811 einem Berliner Verleger – vergebens – zum Druck an mit den aufschlussreichen Worten: »Wollen Sie ein Drama von mir drucken, ein *vaterländisches* (mit mancherlei Beziehungen) namens *der Prinz von Homburg* […]?« (DKV IV, 496). Zu den »mancherlei Beziehungen« gehörten zunächst die in politisch-aktueller Absicht unternommenen Rückgriffe auf die brandenburgisch-preußische Geschichte. Seine historische Hauptquelle, das Lesebuch von Karl Heinrich Krause *Mein Vaterland unter den hohenzollerischen Regenten* (1803), entlieh Kleist vom 9. Januar bis zum 1. März 1809 aus der Dresdner Königlichen Bibliothek (vgl. Nachruhm Nr. 307), als

er gerade die *Herrmannsschlacht* vollendet hatte. In seinem neuen Stück erinnerte er an den Sieg in der Schlacht von Fehrbellin im Jahr 1675, den der Große Kurfürst in der Zeit der von Ludwig XIV. gegen Deutschland geführten Raubkriege über die (von Frankreich finanzierten) Schweden errungen hatte. Dieser Sieg markierte einen entscheidenden Wendepunkt in der brandenburgisch-preußischen Geschichte. Indem Kleist dieses Ereignis beschwor, wollte er ein politisches Signal für den Beginn des Befreiungskampfes gegen die französische Besatzungsmacht setzen. Der letzte Vers des Dramas »In Staub mit allen Feinden Brandenburgs!« lässt an Deutlichkeit nichts zu wünschen übrig. Zu den aktuellen politischen Bezügen des Stücks, insbesondere im Hinblick auf die Befehlsübertretung des Prinzen von Homburg, der »Ordre vom Herzen« nimmt, gehören auch die entgegen den Anweisungen des preußischen Königs unternommenen militärischen Aktionen preußischer Freikorps, darunter diejenige des Majors von Schill. Kleists Briefe lassen erkennen, wie ungeduldig er auf den Beginn des Befreiungskampfes in Preußen hoffte und dass er am Los des Majors von Schill Anteil nahm.

Es gibt auch Anhaltspunkte dafür, dass Kleist an den seit dem Jahr 1807 in Gang kommenden Preußischen Reformen Interesse zeigte und sich in ihrem Sinn engagierte. Unter dem Eindruck von Preußens Katastrophe nach der Schlacht von Jena und Auerstedt und dem demütigenden Frieden von Tilsit 1807 begannen noch im gleichen Jahr die preußischen Reformer um den Freiherrn vom Stein, später dann um Hardenberg, ihr Reformwerk, das auf innere Reorganisation zielte. Es sollte durch Abbau von Privilegien und durch Maßnahmen, die aus Untertanen teilnehmende Staatsbürger machten, nationale Solidarität bewirken und das Nationalbewusstsein wecken – eine wichtige Voraussetzung für den Befreiungskampf gegen Napoleon. Auch entwickelten Gneisenau, Scharnhorst und vor allem der Freiherr vom Stein seit Juli 1808 politische Pläne für einen gesamtdeutschen Aufstand. Zur gleichen Zeit schrieb Kleist seine *Herrmannsschlacht*. Ein Brief an seine Schwester Ulrike vom August 1808 und andere Indizien deuten darauf hin, dass er selbst an der politischen Geheimtätigkeit beteiligt war, die den gesamtdeutschen Aufstand vorbereiten sollte.

Eine Denkschrift, in welcher der Freiherr vom Stein am 11. August 1808 forderte, man müsse »in der Nation das Gefühl des Unwillens« über die Fremdherrschaft erhalten, sie »mit dem Gedanken der Selbsthilfe, der Aufopferung des Lebens und des Eigentums« vertraut machen und »gewisse Ideen über die Art, wie eine Insurrektion zu erregen und zu leiten, verbreiten und beleben«, enthält alle für Kleists *Herrmannsschlacht* maßgeblichen Impulse. In einer Denkschrift Scharnhorsts, die der Freiherr vom Stein am 21. August 1808 dem zögernden preußischen König übermittelte, heißt es: »Der Krieg muß geführt werden zur Befreiung Deutschlands durch Deutsche«. Auch dass Kleists *Herrmannsschlacht* und mehrere seiner politischen Schriften ein Konzept psychologischer Kriegsführung erkennen lassen, entspricht den Absichten des Freiherrn vom Stein. In einem Geheimbrief vom 15. August 1808, den die Franzosen abfingen, worauf Napoleon den Rücktritt des Freiherrn vom Stein verlangte, schrieb dieser: »Die Erbitterung nimmt in Deutschland täglich zu, und es ist ratsam, sie zu nähren und auf die Menschen zu wirken.« Ganz in Übereinstimmung damit nährt Kleists Protagonist Herrmann durch geschickte Propaganda – bis hin zur Greuelpropaganda, die zu einem Bestandteil der modernen Kriegsführung geworden ist – die Erbitterung gegen den Feind.

Mit der Gestalt seines Herrmann schuf Kleist ein politisches Gegenbild zu dem schwachen und unentschlossenen preußischen König Friedrich Wilhelm III., den er in seinen Briefen immer wieder kritisierte. Zugleich übertrug er eines der zentralen politischen Anliegen der zum Befreiungskrieg drängenden preußischen Reformer in sein Drama: Nur die Bereitschaft Preußens und Österreichs, alle Gegensätze und Rivalitäten zu überwinden, bot die Chance für einen erfolgreichen Befreiungskampf. Deshalb lässt Kleist die politischen Rivalen Herrmann und Marbod die jeweiligen eigenen Machtinteressen zugunsten des gemeinsamen Befreiungskampfes hintansetzen. Freiheit ist das zentrale politische Anliegen in der *Herrmannsschlacht*. Kleist propagiert in

seinem Drama um der Freiheit willen eine große nationale Erhebung, aber keineswegs einen blindwütigen Nationalismus, für den das Stück später immer wieder herhalten musste. Nicht die Nation, sondern die Freiheit ist der höchste Wert. Trotz eines im Furor des Befreiungskampfes sich abzeichnenden Radikalismus, in dem Kleist seinem generellen Hang zum Exzessiven folgte, lässt er seinen Herrmann sogar eine über alle nationalen Grenzen hinausreichende und von keiner Nation dominierte europäische Staatengemeinschaft ins Auge fassen (DKV II, 459). Dennoch scheint Kleist schon gewisse Gefahren seines Stücks geahnt zu haben, denn in einem Brief an den österreichischen Dichter Heinrich Joseph von Collin vom 20. und 23. April 1809 betonte er, es sei »einzig und allein auf diesen Augenblick berechnet« (DKV IV, 432).

Mit der Politik der preußischen Reformer stimmte Kleist auch im innenpolitischen Bereich überein – es waren ja wesentlich *innere* Reformen, mit denen sie eine Stärkung gegen den äußeren Feind erreichen wollten. Sie sollten, wie der Freiherr vom Stein in seiner *Nassauischen Denkschrift* 1807 schrieb, »die Wiederbelebung der Gefühle für Vaterland, Selbständigkeit und Nationalehre« bewirken. Für Belange der Justizreform und der wirtschaftlichen Reformen engagierte sich Kleist mit dem *Michael Kohlhaas*. Zur Sprache kommen darin – durch die auf die Gegenwart gemünzte Darstellung der Verhältnisse in älterer Zeit – die adeligen Privilegien und das höfische Günstlingswesen, die zu gravierenden Missständen in der Justiz geführt hatten. Sogar ganz bestimmte Anliegen der preußischen Reformer wie die Aufhebung der Binnenzölle (ein adeliges Privileg) und die Einführung der Gewerbefreiheit greift Kleist im *Michael Kohlhaas* auf – diesem Thema widmete er außerdem einen mit dem Edikt Hardenbergs zur Gewerbefreiheit abgestimmten Artikel in den *Berliner Abendblättern*. Als Angestellter der Kriegs- und Domänenkammer in Königsberg, wo er auch in engem Kontakt zu den dort aktiven liberalen Wirtschaftstheoretikern und Reformern stand (Königsberg war ein reformerisches Zentrum), signalisierte Kleist schon am 10. Februar 1806 dem Freiherrn von Stein zum Altenstein sein Engagement für die

»Wiederherstellung der natürlichen Gewerbsfreiheit« (DKV IV, 354). Im engeren Sinn staatspolitisch stimmt Kleist mit den Zielen der preußischen Reformer im *Prinzen Friedrich von Homburg* überein. Denn dieses Werk ruft nicht nur zum Befreiungskampf gegen den äußeren Feind auf, es lässt auch eines der zentralen innenpolitischen Anliegen der Reformer erkennen: Die Umwandlung des Untertanen- und Obrigkeitsstaats in ein lebendiges Gemeinwesen, an dem alle in lebendiger Wechselwirkung teilhaben können. Was das Homburg-Drama in einer familienähnlichen Konstellation auf hoher Gesellschaftsebene als Ideal vorführt, hatte Kleist bereits im *Guiskard*-Fragment in weitergehender Form angedeutet: die Ablösung eines autokratischen Herrschaftssystems (sei es dynastisch oder charismatisch begründet) durch eine von der Mitwirkung des Volkes bestimmte Regierungsform.

Literatur

Freiherr vom Stein: Briefe und amtliche Schriften. Bearbeitet von Erich Botzenhart, neu hg. von Walther Hubatsch, Bd. II,2: Das Reformministerium (1807–1808). Neu bearbeitet von Peter G. Thielen. Stuttgart 1960.

Hamacher, Bernd: Erläuterungen und Dokumente: Heinrich von Kleist, *Prinz Friedrich von Homburg*. Stuttgart 1999.

Kleist, Heinrich von: *Prinz Friedrich von Homburg*. Ein Schauspiel. Nach der Heidelberger Handschrift hg. von Richard Samuel unter Mitwirkung von Dorothea Coverlid. Berlin 1964.

Peter, Klaus: Für ein anderes Preußen. Romantik und Politik in Kleists *Prinz Friedrich von Homburg*. In: KJb 1992, 96–125.

Prignitz, Christoph: Vaterlandsliebe und Freiheit. Deutscher Patriotismus von 1750 bis 1850. Wiesbaden 1981.

Ryan, Lawrence: Die ›vaterländische Umkehr‹ in der *Hermannsschlacht*. In: Walter Hinderer (Hg.): Kleists Dramen. Neue Interpretationen. Stuttgart 1981, 188–212.

Samuel, Richard: Kleists *Hermannsschlacht* und der Freiherr vom Stein [1961]. In: Walter Müller-Seidel (Hg.): Heinrich von Kleist: Aufsätze und Essays. Darmstadt 1967, 412–458.

Schmidt, Jochen: Michael Kohlhaas in der Ära der Preußischen Reformen. In: Ders.: Heinrich von Kleist. Die Dramen und Erzählungen in ihrer Epoche. Darmstadt 2003, ²2008, 207–244.

Weiss, Hermann F.: Kleists politisches Wirken in den Jahren 1808 und 1809. In: Jb. der Deutschen Schillergesellschaft 25 (1981), 9–40.

–: Heinrich von Kleists *Was gilt es in diesem Kriege?* In: Zs. für deutsche Philologie 101 (1982), 161–172.

–: Studien und Funde zu Heinrich von Kleists politischem Wirken 1808 bis 1809. In: Ders.: Funde und Studien zu Heinrich von Kleist. Tübingen 1984, 187–340.

Jochen Schmidt

11. Recht und Justiz

Obgleich Kleist nicht explizit zur Gruppe der sogenannten ›Dichter-Juristen‹ gezählt werden kann, hat er in seinem Werk »Rechtsfragen in besonderer Weise zum Thema gemacht und sich an ihnen gerieben« (Willoweit 1997, 58). Kurz nach seiner Immatrikulation an der brandenburgischen Landesuniversität kommt Kleist zu dem Ergebnis, dass ein Studium der Rechte für ihn nicht das Richtige sei: »Nein, nein, [...] nicht die Rechte will ich studieren, nicht die schwankenden ungewissen, zweideutigen Rechte der Vernunft will ich studieren, an die Rechte meines Herzens will ich mich halten, und ausüben will ich sie, was auch alle Systeme der Philosophen dagegen einwenden mögen« (an Wilhelmine von Zenge, April/Mai 1800, DKV IV, 55). In eben diesem Brief gesteht Kleist der Verlobten, dass er »nur ein höchstes Gesetz« anerkenne, nämlich »die *Rechtschaffenheit*« (ebd.). Rechtschaffenheit und Rechtgefühl (vgl. *Kohlhaas*, Buchfassung, DKV III, 13 und *Familie Schroffenstein*, DKV I, 130, 194) bilden dann auch zentrale Begriffe in Kleists Auseinandersetzung mit Fragen des Rechts und der Gerechtigkeit – zugespitzt in der Figur des Michael Kohlhaas, den eine Ausschweifung in der Tugend des »Rechtgefühl[s]« schließlich »zum Räuber und Mörder« (*Kohlhaas*, DKV III, 13) macht.

Die Skepsis, die Kleist gegenüber dem Rechtssystem formuliert, scheint zunächst den historischen Umständen geschuldet zu sein. Es ist anzunehmen, dass Kleist während des Studiums bereits mit wesentlichen Aspekten des Naturrechts vertraut gemacht wurde (vgl. Willoweit 1997, 60ff.). Als Naturrechtskodifikation des späten Absolutismus wurde 1794 das *Allgemeine Land-*

recht für die Preußischen Staaten (*ALR*) eingeführt, das die Rechtsunsicherheit in den preußischen Landen beseitigen sollte. Doch litt das
Landrecht grundsätzlich an dem »Widerspruch
zwischen dem theoretischen Entwurf, der in die
Zukunft wies, und der Hinnahme unendlich
mannigfaltiger, aus der Vergangenheit überkom-
mener Rechtsbestände« (Koselleck 1975, 143)
und schien damit, kaum erlassen, bereits überholt zu sein (vgl. ebd., 23). Die Durchsetzung des
ALR gegen altständische, regionale und lokale
Gesetze und Rechtsgepflogenheiten zog einen
Prozess der ständigen Verwandlung dieses Geset-
zeskorpus nach sich, der den gesamten preußischen Staat erfasste (vgl. ebd., 24), was nicht gerade dazu geeignet war, ein Gefühl der Rechtsbe-
ständigkeit bzw. Rechtssicherheit zu vermitteln.
Die Ausbildung eines sensiblen, hinterfragenden
Rechtsbewusstseins dürfte bei Kleist nicht allein
auf den Einfluss der von der französischen Auf-
klärungsphilosophie inspirierten Rechtsgelehr-
ten an der Frankfurter Universität zurückzuführen sein. Zum einen war die Auseinandersetzung
mit der »Gegensatzphilosophie« (vgl. Ogorek
1988/89) Adam Müllers für die Rechtsauffassung
Kleists von Bedeutung. Einen wesentlichen Anstoß erfuhr Kleist jedoch auch durch den Kontakt
zu wesentlichen Vertretern der preußischen Re-
formbewegung (vgl. Lebensspuren Nr. 313): zu
dem damaligen Oberfinanzrat und späterem Finanzminister Karl Freiherr von Stein zum Altenstein (vgl. Lebensspuren Nr. 130), dem Freiherrn
Karl August von Hardenberg, zunächst stellvertretender Außenminister und später Erster Minister, sowie dem Reichsfreiherrn Karl von und
zum Stein, Finanzminister und späterer Nachfolger Hardenbergs im Amt des Premierministers –
den Namensgebern der sogenannten »Stein-Har-
denbergschen Reformen« (Koselleck 1975, 13).
Unter Leitung der Reformer wurden ganze Bündel von Gesetzen erlassen, »die sektorenweise
den Staat erneuern sollten« (ebd., 153). Die Reformen richteten sich im Wesentlichen auf die
Heeresverfassung, die innere Verwaltung des
Staatsapparates und auf die Befreiung der Bauern
in Zusammenhang mit einer Bodenreform. Ziel
der Reformer war es, den »Schritt vom Untertan
zum Staatsbürger, von der absolutistisch regier-

ten Ständegesellschaft zur monarchisch nach Gesetzen regierten Staatsbürgergesellschaft« (ebd.,
154) einzuleiten, um damit nicht zuletzt einer Revolution ›von unten‹ vorzubeugen (vgl. ebd.,
159).

Die Berichterstattung in den *Berliner Abendblättern* zwischen 1810 und 1811 lässt darauf
schließen, dass sich Kleist durchaus kritisch mit
den Reformplänen, insbesondere mit Hardenberg, auseinandersetzte (vgl. Hermann 2003, 297;
Lebensspuren Nr. 481). In der Kleist-Forschung
hat man sich intensiv mit der Frage auseinandergesetzt, inwieweit der Autor mit seinen Texten
konkrete Kritik an zeitgenössischen Rechtsdis-
kursen übt (vgl. Schneider 1988/89). Das ist eine
spannende Diskussion, die aber insofern zu kurz
greift, als Kleist in seinen Werken nicht allein Bezug auf die Probleme des zeitgenössischen Justiz-
wesens und die Ideen der Reformer nimmt, sondern insbesondere auf rechtsphilosophische Fragen eingeht, die den Ursprung des Rechts, den
Zusammenhang zwischen Recht und Gewalt und
die dem Rechtsdiskurs innewohnenden Paradoxien betreffen.

Allegorie der Gerechtigkeit: Michael Kohlhaas:
Von Juristen wird Kleists *Michael Kohlhaas* gern
als »exemplarische juristische Literatur« (Naucke
2000, 111) betrachtet, die als »Pflichtstoff in jede
juristische Anfängervorlesung« (ebd.) gehöre. So
verwundert es nicht, dass gerade der *Kohlhaas*
eine zentrale Rolle in der sogenannten Recht-
und-Literatur-Forschung spielt (vgl. KJb 1988/89;
Miller 2003; Ensberg/Marquardt 2002). In diesem Kontext lässt sich zum einen an Walter Ben-
jamins *Kritik der Gewalt* (1980) anknüpfen, in
der Recht grundsätzlich mit Gewalt verknüpft ist,
der zum einen eine »rechtsetzende« und zum anderen eine »rechtserhaltende« (Benjamin 1980,
186f.) Funktion zugewiesen wird. Kleists Kohlhaas thematisiert einen solchen Konflikt zwischen rechtserhaltender (Landesfürsten) und
rechtsetzender Gewalt (Kohlhaas verfasst selbst
einen »Rechtsschluß«, vgl. DKV III, 61), der sich
als »Konflikt zwischen zwei Rechtsprechungen«
(Miller 2003, 189) darstellt, wie es sich auch in
der Metapher der Waage andeutet. Der Waage
der Justitia, die das äußere Rechtssystem repräsentiert, wird ein innerer Maßstab, »vor der

Schranke seiner eigenen Brust«, entgegengesetzt, der »einer Goldwaage« gleicht (DKV III, 25). So lebt Kohlhaas quasi unter einer »doppelten Rechtsprechung« (Miller 2003, 189).

Darüber hinaus wird der Text als »Allegorie der Gerechtigkeit« (ebd., 191, Fn. 29) gelesen, da er die Differenz zwischen Recht und Gerechtigkeit thematisiert. Die Inkommensurabilität zwischen Recht und Gerechtigkeit findet ihren stärksten Ausdruck wohl im Schluss der Erzählung: »Mit der einen Hand erstattet das Gesetz ihm [Kohlhaas] vollen Ersatz, mit der anderen beraubt es ihn seines Lebens« (ebd., 192). So wiederholt das Urteil – wie in vielen anderen Erzählungen und Dramen Kleists – auch hier das Verbrechen (vgl. ebd., 191). Das Ende der Erzählung konfrontiert den Leser/die Leserin auch mit dem Problem der Unentscheidbarkeit, das sich aus dem Moment der Erfahrung dessen ergibt, »was dem Berechenbaren, der Regel nicht zugeordnet werden kann, weil es ihnen gegenüber fremd ist« (Derrida 1996, 49).

Rechtsfall und Sündenfall: Der zerbrochne Krug: Auch in Bezug auf den *Zerbrochnen Krug* stellt sich die Frage, worauf sich die Justizkritik hier genau bezieht (vgl. Schneider 1988/89, 309). In der Kleist-Forschung ist viel und kontrovers zu diesem Thema diskutiert worden: Handelt es sich um einen »Konflikt zwischen der staatlichen Zentralverwaltung auf der einen und den lokalen Autoritäten auf der anderen Seite« (ebd., 314)? Dabei hat die Forschung bisher einen wesentlichen Aspekt vernachlässigt, der den Ursprung des Rechts – und damit das Recht als solches – betrifft. Der Zusammenhang zwischen Rechtsfall und Sündenfall, wie er im *Krug* angelegt ist, verweist auf den problematischen Ursprung des Rechts, insbesondere auf den Zusammenhang zwischen Recht und Gewalt. Auch im römischen Mythos vom Ursprung des Rechts wird der Gesetzgeber zugleich als Gesetzesbrecher dargestellt (vgl. Fögen 2002, 102). Und auch im römischen Ursprungsmythos wird das Motiv des Richters als Rechtsbrecher mit dem Topos einer sexuell motivierten Gewalttat verknüpft – hier Verginia (vgl. ebd.), bei Kleist Eve. Dabei steht die Metapher des *zerbrochnen Krugs* nicht allein für die verlorene Ehre/Unschuld Eves, sondern auch für die

Zer- bzw. Gebrechlichkeit des Rechts selbst: »Der ›Rechtsbrecher‹ und der ›Rechtsbruch‹ zeugen bis heute davon, daß Tafeln und Recht zerbrechliche Dinge sind. [...] im Akt des Setzens ist das Entsetzen angelegt, im Akt der Begründung von Autorität die Rebellion, im Akt der Festlegung die Freisetzung« (ebd., 104). Es ist Frau Marthe, die im *Krug* diese Terminologie aufgreift und auf den Zusammenhang zwischen (Recht) setzen/ersetzen und scheiden/entscheiden verweist: »O ja. Entscheiden. [...] / Den Krug mir, den zerbrochenen, entscheiden. / Wer wird mir den geschied'nen Krug entscheiden? [...] / Er mir den Krug ersetzen. / Wenn ich mir Recht erstreiten kann, ersetzen. / Setz' er den Krug mal hin, versuch' er's mal« (DKV I, 303).

Weitere Rechtsfälle, Kriegsfälle und Grenzfälle: Obwohl die Auseinandersetzung mit Problemen des Rechtsdiskurses im *Michael Kohlhaas* und im *Zerbrochnen Krug* am deutlichsten zutage tritt, thematisiert Kleist auch in vielen anderen seiner Werke verschiedene Rechtsfragen. So insbesondere in seinem Drama *Prinz Friedrich von Homburg*, wo es einerseits um Fragen der Subordination im militärrechtlichen Sinne geht (vgl. Kittler 1987, 256ff.), andererseits aber auch um die Möglichkeit und Problematik von Gnade (vgl. Just 1993) sowie um Recht als Mittel der »Verständigung unter Gleichen« (Lüderssen 1991). Ebenso ist *Die Herrmannsschlacht* inzwischen vor dem Hintergrund kriegs- und menschenrechtlicher Fragen untersucht worden (vgl. Kittler 1987, 218ff.; Sossou 2003). Auch die Erzählung *Der Zweikampf* erweist sich im Hinblick auf Fragen des Rechtes und der Ehre als ergiebig (Häker 2002). Darüber hinaus haben die Verhörsituationen in Kleists Texten das Interesse der Forschung erregt und werden zunehmend im Kontext der zeitgenössischen Rechtspraxis diskutiert. So hat Oesterle z. B. festgestellt, dass sich in Kleists Texten jene »Umakzentuierung des Ziels des Inquisitionsprozesses« (Oesterle 2001, 321) zeige, die für das reformierte preußische Landrecht charakteristisch sei, nämlich dass eine Verhörpraxis ins Zentrum des Interesses trete, die nicht allein auf die Überführung eines Beschuldigten, sondern vielmehr auf die Ermittlung der materiellen Wahrheit ausgerichtet sei (vgl. ebd.; vgl. auch van

Kempen 2005, 97ff.). Weniger Beachtung wurde bisher dagegen der Geschlechterperspektive innerhalb der Diskussion des Rechtsdiskurses bei Kleist geschenkt – und das, obwohl die Erzählung *Die Marquise von O...* wohl einen der ambivalentesten und zugleich eklatantesten Fälle von Vergewaltigung in der deutschsprachigen Literatur vorstellt (s. Kap. V.12). Versucht man, eine möglichst genaue Bestimmung eines strafrechtlich relevanten Tatbestandes aus der Erzählung abzuleiten, so kommt man zu dem Ergebnis, dass es Kleist hier gelingt, einen Präzedenzfall zu konstruieren, für den es keine befriedigende rechtliche Lösung geben kann. Im Kontext zeitgenössischer Rechts-, Medizin- und Geschlechterdiskurse ist es insbesondere der Aspekt der »Ohnmacht« (*Marquise von O...*, DKV III, 145) des Opfers zum Tatzeitpunkt, der den ›Fall‹ der Marquise als ›Grenzfall‹ erscheinen lässt (vgl. Künzel 2003, 41ff.). Insgesamt entfaltet Kleist anhand der Figur der Marquise eine Vergewaltigungserzählung, die über den medizinisch-juristischen und sozialen Diskurs seiner Zeit hinausweist, indem sexuelle Gewalt hier nicht allein als Ehrverletzung der Frau und ihrer Familie, sondern als Verletzung des Willens und der persönlichen Integrität einer Frau begriffen und dargestellt wird, in dem Sinne, dass hier ein »Mann sein brutales *Recht des Stärkeren* [...] gegen die Frau ausübt« (Denkübungen für Wilhelmine von Zenge, Frühjahr bis Sommer 1800, [Frage 4], DKV IV, 64).

Literatur

Benjamin, Walter: Zur Kritik der Gewalt [1921]. In: Ders.: Gesammelte Schriften, Bd. II,1: Aufsätze, Essays, Vorträge. Hg. von Rolf Tiedemann und Hermann Schweppenhäuser. Frankfurt a.M. 1980, 179–203.

Derrida, Jacques: Gesetzeskraft. Der »mystische Grund der Autorität«. Sonderausgabe. Frankfurt a.M. 1996.

Ensberg, Peter/Marquardt, Hans-Jochen (Hg.): Recht und Gerechtigkeit bei Heinrich von Kleist. Stuttgart 2002.

Fögen, Marie Theres: Römische Rechtsgeschichten. Über Ursprung und Evolution eines sozialen Systems. Göttingen 2002.

Häker, Horst: Wessen Recht und Ehre? Parabolische Hinweise in Heinrich von Kleists Erzählung *Der Zweikampf*. In: Peter Ensberg/Hans-Jochen Mar-

quardt (Hg.): Recht und Gerechtigkeit bei Heinrich von Kleist. Stuttgart 2002, 167–181.

Hermann, Ingo: Hardenberg. Der Reformkanzler. Berlin 2003.

Just, Renate: Recht und Gnade in Heinrich von Kleists Schauspiel *Prinz Friedrich von Homburg*. Göttingen 1993.

Kittler, Wolf: Die Geburt des Partisanen aus dem Geist der Poesie. Heinrich von Kleist und die Strategie der Befreiungskriege. Freiburg i.Br. 1987.

Koselleck, Reinhart: Preußen zwischen Reform und Revolution. Allgemeines Landrecht, Verwaltung und soziale Bewegung von 1791 bis 1848 [1967]. Stuttgart ²1975.

Künzel, Christine: Vergewaltigungslektüren. Zur Codierung sexueller Gewalt in Literatur und Recht. Frankfurt a.M./New York 2003.

Lüderssen, Klaus: Recht als Verständigung unter Gleichen in Kleists Prinz von Homburg – ein aristokratisches oder ein demokratisches Prinzip? In: Ders.: Produktive Spiegelungen. Recht und Kriminalität in der Literatur. Frankfurt a.M. 1991, 163–196.

Miller, J. Hillis: Die Festlegung des Gesetzes in der Literatur – am Beispiel Kleists [1990]. In: Nikolaus Müller-Schöll/Marianne Schuller (Hg.): Kleist lesen. Bielefeld 2003, 181–208.

Naucke, Wolfgang: Die Michael-Kohlhaas-Situation. Ein juristischer Kommentar. In: Heinrich von Kleist. *Michael Kohlhaas* (1810). Mit Kommentaren von Wolfgang Naucke und Joachim Linder. Baden-Baden 2000, 111–129.

Oesterle, Günter: Vision und Verhör. Kleists *Käthchen von Heilbronn* als Drama der Unterbrechung und Scham. In: Christine Lubkoll/Günter Oesterle (Hg.): Gewagte Experimente und kühne Konstellationen. Kleists Werk zwischen Klassizismus und Romantik. Würzburg 2001, 303–328.

Ogorek, Regina: Adam Müllers Gegensatzphilosophie und die Rechtsausschweifungen des Michael Kohlhaas. In: KJb 1988/89, 96–125.

Schneider, Hans-Peter: Justizkritik im *Zerbrochnen Krug*. In: KJb 1988/89, 309–326.

Sossou, Pierre Kadi: Kleists *Hermannsschlacht* als literarisches Recycling. In: Beiträge 17 (2003), 233–249.

Van Kempen, Anke: Die Rede vor Gericht. Prozeß, Tribunal, Ermittlung: Forensische Rede und Sprachreflexion bei Heinrich von Kleist, Georg Büchner und Peter Weiss. Freiburg i.Br. 2005.

Willoweit, Dietmar: Heinrich von Kleist und die Universität Frankfurt an der Oder: Rückblick eines Rechtshistorikers. In: KJb 1997, 57–71.

Christine Künzel

12. Religion und Kirche

Konfessionelle Fragen: Über Kleists religiöse Prägung und Sozialisation ist – wie über viele Stationen seiner Biographie – nur wenig bekannt. Bezeugt ist ein Erziehungsaufenthalt 1788 in Berlin bei dem hugenottischen Prediger Samuel Henri Catel in der Privatschule von dessen Schwager Frédéric Guillaume Hauchecorne (vgl. Häker 1983, 1988/89). Der Große Kurfürst hatte in Brandenburg seit 1661 die Aufnahme von reformierten Religionsflüchtlingen aus Frankreich gefördert, und um 1700 gehörte bereits jeder dritte Einwohner Berlins zur rasch wachsenden französischen Hugenotten-Gemeinde, deren Mitglieder in kommerzieller, politischer und geistiger Hinsicht zur Elite Preußens gehörten und aufgrund der in der reformierten Tradition verankerten Staatsloyalität zahlreiche wichtige Amtsstellungen bekleideten. Die Beziehungen zum märkischen Adel waren sehr eng, und so ist Kleists zeitweilige französische Erziehung, die nach dem Tod des Vaters womöglich schon nach kurzer Zeit wieder abgebrochen wurde, nichts Ungewöhnliches.

Obwohl die dokumentierte Phase von Kleists religiöser Sozialisation sehr kurz ist, lassen sich entsprechende Prägungen nachweisen. Kleists Bemühen um einen »Lebensplan« ist auch im Licht des Calvinismus zu sehen, aus dessen Prädestinationslehre ein ausgeprägtes Arbeitsethos abgeleitet werden kann. Durch ein erfolgreiches Leben vermag der Gläubige demzufolge den Beweis für die göttliche Gnadenwahl zu erbringen. Der religiöse Kult des Calvinismus ist äußerst nüchtern: Bilder und Kunstwerke sind aus den Kirchen verbannt, Musik spielt im Gottesdienst, der ganz auf die Wortverkündigung zentriert ist, eine untergeordnete Rolle. Wenn Kleist, vermutlich im Mai 1799, an seine Halbschwester Ulrike schreibt, dass ihnen »die Ceremonien der Religion« nicht »heilig« seien (DKV IV, 41), so ist dies noch keine antireligiöse Aussage, sondern steht im Einklang mit der zeremoniellen Kargheit des reformierten Christentums, vor dessen Folie Kleist einen lutherischen Gottesdienst in Leipzig als »antik«, sprich: gotisch-mittelalterlich empfindet (ebd., 109). Noch ungleich größer ist die

Fremdheitserfahrung bei den in Würzburg besuchten katholischen Messen. Kleists Haupteinwand gegen die »Ceremonien« ist, dass sie auf das »Gefühl« berechnet seien und diese »Absicht [...] sichtbar« werde (ebd., 113f.), was den adligen Verhaltenslehren widerspricht, denen zufolge die *simulatio* nicht durchschaut werden darf, um als anmutig zu gelten (s. Kap. IV.1, IV.7). Diese Voraussetzung der Gefühlsrührung ist offenbar im Jahr darauf bei einem katholischen Gottesdienst in Dresden gegeben, »wo die größte, erhabenste Musik noch zu den andern Künsten trit, das Herz gewaltsam zu bewegen«. Selbst diese Ästhetisierung der katholischen Religion als äußerster kultischer Gegenpol zum Calvinismus – eine Opposition, die in der *Heiligen Cäcilie* thematisiert wird – bleibt noch insofern protestantisch geprägt, als von der Einsamkeit der religiösen »Innbrunst« eines Beters berichtet wird, »ganz isolirt von den Andern« (DKV IV, 225).

Auch die emphatische Rede von »*meiner* Religion« im Brief an Ulrike vom 12. November 1799 (ebd., 47) ist die Konsequenz der Individualisierung und Verinnerlichung der Religion durch Protestantismus und Pietismus. Damit aber ist die individualisierte Religion – wenn der ›katholische‹ Preis der »Vergessenheit« nicht bezahlt werden kann (ebd., 225) – letztlich mit dem »Selbstbewußtsein« identisch und auf die Bestätigung und Vermittlung durch ein Gegenüber angewiesen: »wer weiß ob Christus am Kreuze gethan haben würde, was er that, wenn nicht aus dem Kreise wüthender Verfolger seine Mutter u seine Jünger feuchte Blicke des Entzückens auf ihn geworfen hätten« (ebd., 105; an Wilhelmine von Zenge, 5. September 1800).

Aufklärerische Religions- und Kirchenkritik: In Widerstreit zum reformierten Christentum trat in Kleists Sozialisation eine von der Grundtendenz her atheistisch ausgerichtete aufklärerische Kirchen- und Religionskritik, die sich gegen religiöse Vorurteile, Fanatismus, Dogmatismus, Intoleranz und Heuchelei wandte. Diese ideengeschichtliche Tradition schrieb sich ebenfalls aus Frankreich her, wobei vor allem die Namen Voltaire und Helvétius zu nennen sind (vgl. Schmidt 2003, 22–27). In sozialgeschichtlicher Hinsicht ist in Würzburg, wo die Werke Wielands, Goethes und Schillers in den Leihbibliotheken verboten waren (vgl. DKV IV, 121), die kulturelle Rückständigkeit des Katholizismus Zielscheibe von Kleists Kritik. Seine »Religion« ist zu diesem Zeitpunkt (1800/01) eine Bildungsreligion (ebd., 204). Seine Glaubensskepsis treibt die »religiöse Toleranz« (ebd., 118), die er im Würzburger Julius-Hospital preist, weiter bis zum Agnostizismus, der die Konsequenz aus der Individualisierung der Religion und der Unerkennbarkeit des »Innern« als Maßstab für die Geltung religiöser Gebote zieht: »Man sage nicht, daß eine Stimme im Innern uns heimlich u deutlich anvertraue, was Recht sei. Dieselbe Stimme, die dem Christen zuruft, seinem Feinde zu vergeben, ruft dem Seeländer zu, ihn zu braten u mit Andacht ißt er ihn auf« (ebd., 261). Im weiteren Verlauf dieses Briefes an Wilhelmine von Zenge vom 15. August 1801 wird dieser religiöse Relativismus zwar unter Verweis auf die behauptete zweifelsfreie Erkennbarkeit himmlischer Forderungen wieder aufgehoben (s. Kap. V.13), doch Kleists poetisches Werk demonstriert in immer neuen Facetten die katastrophalen Folgen konkurrierender religiöser Bezugnahmen auf das Absolute und kann daher in dieser Hinsicht in Gänze als literarische Religionskritik aus dem Geiste eines aufklärerischen Agnostizismus bezeichnet werden, eine Kritik, die sich vor allem in den biblischen Bezügen ausprägt.

Bibel, religiöse Ambivalenz und Gewalt: Der reformierte Protestantismus ist besonders schriftgeprägt und bibelzentriert, wobei die genaue Bibelkenntnis für die tägliche Lebensführung funktionalisiert werden soll. Kleists Form der Berufung auf die Bibel ist durchaus typisch, indem aus dem Gedächtnis und dann häufig ungenau, wenn nicht gar verfälschend zitiert wird: »Denn schon die Bibel sagt, willst Du das Himmelreich erwerben, so lege selbst Hand an« (DKV IV, 38). Dieser Ausspruch (aus einem Brief an Ulrike vom Mai 1799) ist nicht biblisch, aber charakteristisch für das pragmatisch ausgerichtete reformierte Religionsverständnis, dessen Scheitern bei Kleist immer wieder gezeigt wird. Die Ungenauigkeit und die Ambivalenz biblischer Bezugnahmen, die traditionell einen stabilen religiösen Handlungs- und Deutungsrahmen bilden sollten, werden vor allem in den Erzählungen in vielfältiger Weise poetisch ausgemünzt. Der folgende Überblick beschränkt sich auf einige signifikante Beispiele aus einem Werk, in dem in Gänze religiöse Fragen auf unterschiedlichen Ebenen und in vielen Facetten thematisiert und problematisiert werden.

In *Michael Kohlhaas* zeigt dessen Frau Lisbeth auf ihrem Sterbebett »mit dem Zeigefinger« auf den Bibelvers: »Vergib deinen Feinden; tue wohl auch denen, die dich hassen« (DKV III, 59). In der Bergpredigt Jesu im Neuen Testament (Matthäus 5,44) ist der Wortlaut des Gebots der Feindesliebe etwas anders: »Liebet eure Feinde; segnet, die euch fluchen; tut wohl denen, die euch hassen; bittet für die, so euch beleidigen und verfolgen.« Diese Ungenauigkeit – für Kleists unzuverlässigen Erzähler charakteristisch – lässt es denkbar erscheinen, dass Lisbeths Fingerzeig eigentlich (oder in gleicher Weise) dem folgenden Vers gilt: »denn er läßt seine Sonne aufgehen über die Bösen und über die Guten und läßt regnen über Gerechte und Ungerechte«, zumal in den beiden weiteren Versen (DKV III, 46f.) auch noch von Zöllnern die Rede ist, also ein Bezug auf den Tronka'schen Schlagbaum möglich ist. Die meteorologische Ambivalenz wird kurz darauf bei Kohlhaases Überfall auf das Stift Erlabrunn ausgespielt, wo es tatsächlich »über Gerechte und Ungerechte« regnet, damit aber offen bleibt, ob Kohlhaas gerecht oder ungerecht ist. Die Einäscherung Wittenbergs erfolgt »am heiligen Abend vor Pfingsten« (DKV III, 68) und erscheint damit als Werk des Heiligen Geistes, dessen Ausgießung nach dem Zeugnis der biblischen Apostelgeschichte durch »Zungen, zerteilt, wie von Feuer« (Apg 2,3) vonstatten ging. Während Kohlhaas hier durch die höchste Instanz gerechtfertigt erscheint, wird kurz darauf ausgerechnet »am Tage des heiligen Gervasius« ein Feldzug eröffnet, »um den Drachen, der das Land verwüstete, zu fangen« (DKV III, 69). Diese Einschätzung ist das Gegenbild zu Kohlhaases späterer Selbststilisierung als »Statthalter Michaels, des Erzengels« (ebd., 73). Der Bezug geht beide Male auf die Offenbarung des Johannes: »Und es erhob sich ein Streit im Himmel: Michael und seine Engel stritten mit dem Drachen« (Offb 12,7). Während sich im Text (und bei seinen Interpreten) immer wieder ein Streit darüber erhebt, ob Kohlhaas nun Engel oder Drache sei, agiert er nach dem durchgehenden Befund der eschatologischen Bezüge der Erzählung beide Rollen aus (zur Identifikation der biblischen Anspielungen in der Erzählung vgl. Lange 1969). Diese Ambivalenz betrifft auch die Deutung der Figur Luthers in der Erzählung. In der Forschung ist umstritten, welches Lutherbild vermittelt wird (in repräsentativer Gegensätzlichkeit: *pro* Luther vgl. Wittkowski 2002, *contra* Luther vgl. Schmidt 2003, 234–239): Wird Luthers Zweireichelehre affirmiert oder kritisiert? Falls reformatorische Maßstäbe gelten sollen, welche wären es – die Forderung nach christlicher Nächstenliebe und Vergebung oder die radikalreformatorische Endzeiterwartung mit der Vorstellung eines göttlichen Strafgerichts an allen Feinden christlicher Lehre? Solche mit der Religion verknüpften Fragen können bei Kleist nicht mehr entschieden werden. Die dafür notwendige Unterscheidung von wahr und falsch ist nicht mehr möglich, wie die gleichzeitige Verkörperung unvereinbarer eschatologischer Rollen durch Kohlhaas zeigt. *Michael Kohlhaas* erzählt von einer Kultur, in der die Menschen sich mit dieser ebenso illusions- wie alternativlos dargestellten Situation nicht abfinden können und weiterhin so agieren, als sei ihnen der selbstverständliche Bezug auf einen transzendenten Rahmen möglich. Die Folge ist, dass konkurrierende Ansprüche und auch Weltdeutungen nicht als relativ ausgehandelt werden, sondern in ihrer vorgeblichen Absolutheit aufeinanderprallen und Gewalt erzeugen. Die »Subversion religiöser Vorstellungen« (Schmidt 2003, 204), auf die Jochen Schmidt (hier mit Bezug auf *Die Marquise von O...*) einen markanten Akzent seiner Kleist-Deutung legt, muss sich gegen die Ausweglosigkeit der transzendenten Fixierung durchsetzen.

Die katastrophalen Folgen dieser Fixierung zeigen sich vor allem im *Erdbeben in Chili*. Ob ein Erdbeben als Strafe Gottes gedeutet werden könne, wurde vor allem seit dem Erdbeben von Lissabon 1755 verstärkt diskutiert. Für die Gelehrten des 18. Jh.s war es retrospektiv ein Fanal der Erschütterung der christlichen Weltordnung

– zunächst war die traditionelle Deutung als göttliches Strafgericht vorherrschend. Wenn nun bei Kleist das über ein Jahrhundert frühere Erdbeben in Santiago de Chile vom 13. Mai 1647 thematisiert wird, weist diese Stoffwahl historisch hinter das aufgeklärte Europa zurück und räumlich über es hinaus auf einen Schauplatz, auf dem sich eine noch ungebrochene, von den spanischen Eroberern importierte religiöse Kultur besichtigen lässt, deren Erschütterung dann erzählerisch umso wirkungsvoller inszeniert werden kann, wenn sie von problematisierenden und relativierenden Reflexionen noch völlig unberührt imaginiert wird. Wie sich an Jeronimos Reaktion auf seine Rettung zeigt, hat sich die Mentalität der Menschen durch das Erdbeben nicht geändert. Sie halten an der Verbindung von physischem Übel und moralischem Bösen ebenso fest wie an einer religiösen Deutung der Ereignisse. Die Stimme Donna Elisabeths, die an die unheilvolle Rolle der Religion als Begründung und Rechtfertigung von Gewalt erinnert und daher vor dem Besuch der Dankmesse warnt, wird nicht gehört. Auch wenn alle Zeichen dagegen sprechen: Die Menschen in der Erzählung können nicht anders, als die religiöse Weltordnung aufrechtzuerhalten. Indem sie damit gegen ihren möglichen Erkenntnisstand historisch zurückfallen und die Deutung natürlicher Zeichen als Offenbarungszeichen künstlich in Geltung halten, bleiben sie der undurchschauten Gewalt hilflos unterworfen, die zuvor Gott zugerechnet wurde, nun aber zum Signum der Kultur als solcher wird (s. Kap. V.12). Um mit ihr leben zu können, wird nicht etwa der transzendente Rahmen suspendiert, sondern im Gegenteil von Seiten der Überlebenden, die in die Dominikanerkirche strömen, die Deutungshoheit explizit noch einmal an die alte religiöse und kirchliche Macht zurückgegeben. So wird mit dem Erdbeben bei Kleist nicht von einem religiösen Erlebnis schlechthin erzählt, wie René Girard es interpretiert hat (vgl. Girard 1993), sondern historisch genauer von einem gewaltsamen Einbruch in eine religiös konsistent gedeutete Welt. In der Versuchsanordnung der Erzählung entsteht dabei die paradoxe, aber bei Kleist typische Situation, dass diese Zerstörung der religiösen Kultur von den Menschen reflexartig ihrerseits als Offenbarungserlebnis und damit als Restauration derjenigen Weltorientierung gedeutet wird, die soeben zusammengebrochen war. Die auch in dieser Erzählung außerordentlich zahlreichen biblischen Zitate und Anspielungen dienen weder bloß der »Beeinflussung der Lesersympathie« im Sinne der Idylle im Mittelteil (vgl. Schrader 1991, 39), noch funktionieren sie ausschließlich »anti-biblisch« zur Inszenierung einer »Geschichte der Gottesferne, des Unheils, der Verlorenheit und der Verzweiflung« (Oellers 1998, 100f.), sondern indizieren die transzendente Fixierung der Figuren und des Erzählers.

Die mit einer religiösen Krisensituation, der radikalreformatorischen Bilderstürmerei, einsetzende »Legende« *Die heilige Cäcilie oder die Gewalt der Musik* zeigt die Entlastungsfunktion einer religiösen Deutung unerklärlicher Ereignisse, die im Verlauf der Erzählung von immer mehr unmittelbar, mittelbar und schließlich gar nicht mehr Beteiligten von Veit Gotthelf und der Mutter über die Äbtissin bis hin zum Papst und gar zum Erzähler nachvollzogen wird. Eine Alternative zur religiösen Zwangsneurose der Brüder scheint zunächst nur die Restitution der katholischen Einheitsreligion zu bieten. Der Mutter leuchtet die von der Äbtissin empfohlene Entlastung von der mühevollen und psychisch durchaus riskanten Deutungsarbeit offenbar ein, denn sie kehrt »ein Jahr darauf, durch diesen Vorfall tief bewegt, in den Schoß der katholischen Kirche zurück[]« (DKV III, 313). Für den historischen Moment scheint die Reparatur des metaphysischen Rahmens der Kultur – bei allen dabei zu entrichtenden Kosten – zu gelingen; wie es indes nach der Säkularisierung aussieht, darüber schweigt sich die Erzählung aus. Dass eine kulturelle Regression in eine sinnhaft religiös gedeutete Welt bei Kleist letztlich nicht möglich ist, zeigt *Der Zweikampf*, dessen Schluss die Institution des Gottesurteils ad absurdum führt, in dem Umstand aber, dass an ihm festgehalten wird, gleichzeitig abschließend noch einmal die Fixierung an das Absolute demonstriert.

Literatur

Girard, René: Mythos und Gegenmythos. Zu Kleists *Das Erdbeben in Chili*. In: David E. Wellbery (Hg.): Positionen der Literaturwissenschaft. Acht Modellanalysen am Beispiel von Kleists *Das Erdbeben in Chili*. München ³1993, 130–148.

Häker, Horst: Kleists Beziehungen zu Mitgliedern der französisch-reformierten Gemeinde in Berlin. In: KJb 1983, 98–121.

–: Kleists Aufenthalt bei Catel in Berlin im Jahre 1788. In: KJb 1988/89, 445–454.

Lange, Henrik: Säkularisierte Bibelreminiszenzen in Kleists *Michael Kohlhaas*. In: Kopenhagener germanistische Studien 1 (1969), 213–226.

Oellers, Norbert: *Das Erdbeben in Chili*. In: Walter Hinderer (Hg.): Kleists Erzählungen. Interpretationen. Stuttgart 1998, 85–110.

Schmidt, Jochen: Heinrich von Kleist. Die Dramen und Erzählungen in ihrer Epoche. Darmstadt 2003.

Schrader, Hans-Jürgen: Spuren Gottes in den Trümmern der Welt. Zur Bedeutung biblischer Bilder in Kleists *Erdbeben*. In: KJb 1991, 34–52.

Wittkowski, Wolfgang: Fiat potestas, et pereat iustitia. *Michael Kohlhaas*, Luther und die preußische Rechtsreform. In: Peter Ensberg/Hans-Jochen Marquardt (Hg.): Recht und Gerechtigkeit bei Heinrich von Kleist. Stuttgart 2002, 87–114.

Bernd Hamacher

13. Rhetorik

Eine nähere Bestimmung der Rolle der Rhetorik um 1800 erfordert zunächst eine Ausdifferenzierung des Gesamtphänomens. Die regelhafte *officia*-Schulrhetorik stand bereits während des 18. Jh.s zunehmend in Misskredit und wurde durch das wirkungsorientierte Konzept einer persuasiven Beredsamkeit, die auf die Macht der Affekte setzte, herausgefordert. Die Abwertung der rhetorischen *ars*, der Figurenlehre, ging mit einer Aufwertung der *natura*, der ›natürlichen‹ Affekte, einher. Das rhetorische Wissen selbst floss in neue wissenschaftliche Disziplinen wie die Ästhetik, Psychologie und Anthropologie ein. Der Transformationsprozess der Rhetorik um 1800 hat freilich nur die Disziplin betroffen, nicht die rhetorische Praxis. Eine dem eigenen Anspruch nach natürliche, muttersprachliche und praktisch-handlungsorientierte Beredsamkeit emanzipierte sich von einer regelgeleiteten lateinischen *ars rhetorica*, der es an theoretischem Innovationspotential ebenso mangelte wie an dem für jeden Redner alles entscheidenden Adressaten- und Wirkungsbezug.

In Kleists Werk finden sich Phänomene der Affekt-Rhetorik ebenso wie Strategien persuasiver Beredsamkeit. Die Dramensprache, insbesondere diejenige der *Penthesilea*, verrät eine Rhetorizität, die nicht zuletzt die sprachliche Inszenierung von Affekten in der *tragédie classique* produktiv aufgreift (Kanzog 2003). Die grundlegende Ambivalenz persuasiver Beredsamkeit, die begeistern und überzeugen soll, aber eben auch die Zuhörer manipulieren kann, veranschaulicht insbesondere die Buß- und Strafpredigt des fanatischen Chorherrn im *Erdbeben in Chili*. Diese Predigt, die mit ihrem insinuierenden Anklagegestus Mord und Totschlag provoziert, offenbart ein Kernproblem der Rhetorik: die Frage nach einem angemessenen Verhältnis von Ethos und Pathos. Das Ideal des ›vir bonus dicendi peritus‹, das Quintilian dem älteren Cato zugeschrieben hatte, wurde seit der Antike als notwendiges Korrektiv beschworen, um die manipulativen Gefahren der Rhetorik zu bannen. Der für jeden Redeerfolg notwendige Appell an die Gefühle war so, zumindest in der Theorie, an die persönliche Glaubwürdigkeit des Redners, d. h. die sittlich-moralische Größe seiner Haltung und die daraus hervorgehende Wahrhaftigkeit seiner Äußerungen, rückgebunden. Wie leicht und wie schnell sich jedoch gegebenenfalls eine Menge durch eine emotive Überwältigungsrhetorik verführen lässt, die ehrlichen oder gespielten Gefühle des Redners ohne innere Distanz teilt, zeigt die Lynchjustiz, die das Volk im *Erdbeben* nach dem »Flusse priesterlicher Beredsamkeit« (DKV III, 215) verübt.

Der sozialpsychologische Zusammenhang von persuasiver Rede und ihrem Manipulationspotential ist von Anfang an eine Kernfrage und ein Kernproblem der Rhetorik gewesen. Ein ähnliches Schicksal wie Josephe, Jeronimo, der kleine Juan, Donna Constanza und Don Fernando, die am eigenen Leib erfahren müssen, dass die freigesetzten Emotionen einer rhetorisch entfesselten Menge im Zweifel nicht zu bändigen sind, ereilt denn auch den Esel in Jean de Lafontaines Fabel »Les animaux de la peste«, die Kleist in einer freien Lesart als viertes Fallbeispiel seines 1805/06 entstandenen Aufsatzes *Über die allmähliche Verfertigung der Gedanken beim Reden* erzählt. Auf der Suche nach einem Schuldigen für die im Tierreich grassierende Pest – gleichsam das Pendant zum Erdbeben – lenkt der listige Fuchs den Volkszorn auf das schwächste Glied der Gemeinschaft. Die Strategie des Fuchses, der mit phrasenhaften Einschüben Zeit gewinnen will und durch improvisiertes Sprechen zum entscheidenden Gedanken findet, bestätigt zudem die auch in der Rhetorik anerkannte Einsicht, dass der Druck einer Redesituation Gedanken erzeugen müsse (vgl. z. B. Quintilian: *Institutio oratoria*, X,7,17). In jedem Fall erfolgt die allmähliche Verfertigung der Gedanken beim Reden im Kampf, ja sie ist selbst ein Kampf, wie ja auch die rhetorische Praxis grundsätzlich im Kämpferischen, Agonalen verwurzelt ist.

Indem Kleist gleichzeitig den kreativitätspsychologischen Charakter der Sprache als Gebärerin von Gedanken und die jeweiligen sozialpsychologischen Konsequenzen betont, d. h. unter bestimmten Umständen Konstruktion und Destruktion miteinander verbindet und aufeinander bezieht, zeigt sich nicht zuletzt die Janusköpfigkeit der persuasiven Rede, ihr gleichermaßen produktives und zerstörerisches Potential. Sowohl die Rede des Mönchs im *Erdbeben* als auch die Rede des Fuchses im Essay appellieren insbesondere an die Gefühle und stellen so eine unmittelbare und direkte Verbindung zwischen Wort und Tat her. Die Vorstellung einer wirkungsvoll-persuasiven Rhetorik, bei der Wort und Tat im machtvollen Augenblick eins werden, führt auch ins Zentrum von Mirabeaus revolutionärem »Donnerkeil« (DKV III, 536), der jedoch in Kleists Lesart eher den Gesetzen der Physik als denjenigen der Redekunst folgt. Der politische Redeakt mit seinen weitreichenden politischen Folgen wird so dem für die Rhetorik essentiellen Bereich der Intentionalität entzogen und gerät in die Grauzone des einerseits Determinierten, andererseits aber auch Zufälligen, das die naturwissenschaftliche Kettenreaktion der sprachlichen Entladung »[v]ielleicht« (ebd., 537), wie es vielsagend einschränkend in dem Aufsatz heißt, ausgelöst haben soll. Die rhetorische Konstituierung der politischen Nation ist ein sprachlicher Schöpfungsakt sui generis, der unwillkürlich als Blitz, ohne willentliche Steuerung, einschlägt. Die psychische Transformation des Redners Mirabeau vollzieht sich in einer grundlegenden Transformation der Rede, die wiederum in ihrem Kulminationspunkt zu einer weit reichenden Transformation der Geschichte führt.

In Kleists Lesart der Rede Mirabeaus wird darüber hinaus die für den Erfolg rhetorischer Persuasion entscheidende Instanz ganz in den Hintergrund gedrängt: die Wirkung auf die Öffentlichkeit. Die Auseinandersetzung erfolgt, einem Duell vergleichbar, einzig und allein zwischen den beiden Protagonisten, Mirabeau und dem Zeremonienmeister. Nur zu Beginn erwähnt der Erzähler, dass »die Stände« im »Sitzungssaal […] noch verweilten« (ebd., 536). Die für den Ablauf des Geschehens entscheidende Reaktion der Deputierten auf Mirabeaus Auftritt blendet Kleist im Unterschied zu den Quellen, die als mögliche Vorlagen für den Essay identifiziert worden sind, vollständig aus (Kommentar, ebd., 1121; Grathoff 1994, 33, 56). Zwischen Mirabeaus Niedersinken »auf einen Stuhl« und dem »völligen Geistesbankerott« (DKV III, 537) des Zeremonienmeisters klafft eine tiefe inhaltliche Lücke. Das Interesse gilt in erster Linie dem Bewusstsein des Redners, der erst wieder im ruhigen Nachdenken zu sich selbst findet. Immanuel Kant hat in der *Kritik der Urteilskraft* (1790) moniert, bei öffentlichen Reden würden die Zuhörer, denen Kleist in diesem Fall und im Unterschied etwa zum *Erdbeben* auffallend wenig Aufmerksamkeit schenkt, grundsätzlich um die Möglichkeit des ruhigen Nachdenkens gebracht. Kant verurteilte denn auch die Rhetorik als Überwältigungs- und Überlistungsmethode, die jeden Zuhörer zu einer willenlosen Maschine degradiere. Bei Kleist ist es dagegen der Redner Mirabeau, der seinen Willen und seine Souveränität verliert, steuert doch die Sprache das Bewusstsein, nicht umgekehrt.

In Kleists Essay wird darüber hinaus das Regelsystem der *officia*-Rhetorik gleich in zweifacher Weise kritisch gespiegelt oder auch parodiert. Zum einen ist der Begriff ›Verfertigung‹ ein Terminus technicus der Schulrhetorik und meint das Verfassen schriftlicher Arbeiten nach Regeln. Kleists Essay ließe sich demnach auch als satirischer Kommentar zur pädagogischen Praxis im 18. Jh. lesen (Kowalik 1989). Zum anderen stellt Kleists Modell das traditionelle res-verba-Verhältnis der klassischen *officia*-Rhetorik auf den Kopf. Bei Kleist wird nicht das bereits Gedachte und Verstandene in angemessene Worte gekleidet; die Gedanken entstehen vielmehr erst im kreativen Vorgang des Formulierens. Die dialogische Situation dient dabei ausschließlich der Selbstbelehrung, nicht der Aufklärung eines Gegenübers wie im traditionellen Lehrgespräch sokratischer Provenienz. Wenn indes das Sprechen selbst nicht nur spontan, sondern sogar innovativ ist, verliert der Sprecher notgedrungen die Kontrollmacht, die er freilich unbedingt bewahren müsste, wenn er das zentrale Ziel jeder Rede nicht verfehlen will: die strategisch geplante persuasive Wirkung. Die Machtzentrale der Rede verlagert sich so vom planenden Verstand zur plötzlichen Intuition, von der Rhetorik zur Poiesis.

Kleist verschärft den Gegensatz zu der rhetorischen Kernaufgabe der Disposition noch dadurch, dass er in seinem Essay, wie auch in anderen Werken, das Geschehen implizit wie explizit unter die unwiderstehliche Macht des Zufalls stellt. So verliert der Redner Mirabeau gerade durch Umstände, die er nicht mehr rational steuern kann, seine Kontrolle und schafft auf rhetorischem Wege politische Fakten, die er im Zustand der Besonnenheit bereut. Das physische Ich und das moralische Ich fallen in Kleists Modell einer anthropologischen Destruktion der Rhetorik auseinander. Nicht wenigen von Kleists Sprechern entgleitet, wie etwa dem Dorfrichter Adam in *Der zerbrochne Krug*, die eigene Sprache und diese konstituiert eine eigene Wirklichkeit, unabhängig von ursprünglichen Intentionen, mitunter auch quer zu ihnen.

Die Frage nach dem Zusammenhang von Sprache und Anthropologie, von Rede und Gemütsbewegung stellt sich bei grundsätzlich allen Formen des mündlichen Vortrags. Der Erregungszustand von Redner und Hörer sowie die Unmittelbarkeit der Wirkung spielen sowohl in der Schauspielkunst als auch in der Deklamation, in der sich Kleist von Heinrich August Kerndörffer unterrichten ließ, und natürlich in der Rhetorik selbst eine entscheidende Rolle. Kleist war denn auch überzeugt, dass die Wirkung seiner *Guiskard*-Tragödie mit der Qualität seiner Deklamation zunehme (vgl. Brief an Ulrike, 13./14.3. 1803; DKV IV, 313). Die eigene Affizierung ist dabei die Voraussetzung dafür, dass der Funke vom Sprecher auf den Hörer überspringt. Das gilt selbstredend auch für die Wirkungsmechanismen der Redekunst, über die Kleist Ende Dezember 1805 in einem Brief an Rühle von Lilienstern nachgedacht hat. In der politisch zugespitzten Lage dieser Krisen- und Kriegszeiten hätte der König vor seinen Ständen »in einer rührenden Rede (der bloße Schmerz hätte ihn rührend gemacht) seine Lage« offen legen sollen (ebd., 351). In der Rhetorik und Poetik (vgl. z. B. Horaz: *Ars poetica*, V 102f.; Quintilian: *Institutio oratoria*, VI,2,26) ist die natürliche oder technische Selbstaffektation eine Conditio sine qua non erfolgreicher Persuasion. Die emotionale Ergriffenheit und leidenschaftliche Erregung des Redners übertragen sich auf die Hörer und rufen jene Wirkung hervor, die erzielt werden soll.

Gegen den rational-berechnenden Charakter von pathetischen Gefühlsappellen wurde immer wieder der Vorwurf der Unaufrichtigkeit, der Verstellung und Täuschung erhoben. Im Gegenzug verheißt die geglückte Verschleierung einer kühl kalkulierten Lenkung der Gefühle anderer einen im wörtlichen Sinne überwältigenden persuasiven Erfolg – so in Kleists *Die Herrmannsschlacht*: Herrmann ist ein konsequenter Stratege dieses Zuschnitts und setzt ohne Rücksicht jedes Mittel ein, das ihn der Verwirklichung seines angestrebten Ziels näher zu bringen verspricht. Herrmanns mathematisch genau konzipierte List, die er mit Todeskälte umzusetzen vermag, überlässt nichts dem Zufall, der in Kleists Werken ansonsten eine omnipotente Größe ist. Die teilweise falsche Einschätzung seiner Motive durch Thusnelda und andere ist dabei elementarer Bestandteil seiner erfolgreichen Strategie, die auch derjenigen eines Redners entspricht, dessen Leidenschaftsappelle den Eindruck erwecken müssen, als wären sie aus dem Augenblick heraus geboren.

Die Propaganda treibt, wie Herrmann mit meisterhafter Virtuosität vorführt, ein ebenso raffiniertes wie infames Spiel mit den Affekten ihrer Adressaten, die nach allen Regeln der rhetorischen Kunst manipuliert werden. Kleists eigene propagandistischen Werke zielen auf die rhetorische Konstituierung einer politischen Nation und orientieren sich dabei an den offensichtlich erfolgreichen Strategien des überlegenen französischen Feindes. So waren insbesondere Dialoge im Zeitalter der Französischen Revolution eine verbreitete Form der Propaganda, die schichtenübergreifend durch das leidenschaftlich vermittelte Wort zur Tat aufrief. Dialoge dienten auch den antinapoleonischen Agitatoren der Befreiungskriege als probates Mittel für die eingängige Vermittlung der eigenen politischen Ziele. Kleists 1809 verfasster, allerdings erst postum veröffentlichter *Katechismus der Deutschen abgefaßt nach dem Spanischen, zum Gebrauch für Kinder und Alte* erhebt allein durch die Wahl der Gattung einen Anspruch auf Wahrhaftigkeit und monumentalisiert den Inhalt zur Glaubensfrage: Er transformiert das Kondensat des christlichen Glaubens zum Vademekum patriotischer Gesinnung. Im Unterschied zum Modell einer allmählichen Verfertigung der Gedanken beim Reden steht bei dieser Form eines Dialogs die Intention, nicht das Akzidentielle, die Planung, nicht der Zufall, das Gewollte, nicht das unmittelbar Hereinbrechende, im Zentrum. Dem Zweck politischer Indoktrination dient auch die Schrift *Was gilt es in diesem Kriege?*, die 1809, zur Zeit der Planungen für das *Germania*-Projekt, entstanden ist. Dieser hochpathetische Aufruf ist eine im Medium der Schrift gehaltene persuasive Rede, die mit der Macht der Affekte emotional überwältigen will. Die Transformation der Rede zur Agitation reduziert die Beredsamkeit ganz auf ihr funktionalistisches Moment. Das *Lehrbuch der französischen Journalistik* ist demgegenüber eine satirische Anleitung zur Manipulation der öffentlichen Meinung durch Propaganda, die Kleist indes für die von ihm verfochtenen Ziele selbst einzusetzen bereit war.

Literatur

Grathoff, Dirk: Heinrich von Kleist und Napoleon Bonaparte, der Furor Teutonicus und die ferne Revolution. In: Gerhard Neumann (Hg.): Heinrich von Kleist. Kriegsfall – Rechtsfall – Sündenfall. Freiburg i.Br. 1994, 31–59.

Kanzog, Klaus: Im Geiste der Tragédie de L'Âge Classique. Die Rhetorik in Racines *Phèdre* und Heinrich von Kleists *Penthesilea*. In: Beiträge 17 (2003), 211–232.

Kowalik, Jill Anne: Kleist's Essay on Rhetoric. In: Monatshefte 81 (1989), 434–446.

Riedl, Peter Philipp: Transformationen der Rede. Kreativität und Rhetorik bei Heinrich von Kleist. In: KJb 2003, 79–106.

Peter Philipp Riedl

14. Sozietäten (Christlich-deutsche Tischgesellschaft)

Soweit man weiß, hat Kleist erst kurz vor seinem Tod Anschluss an jene geselligen Kreise gesucht, in denen die politische, militärische und akademische Prominenz Berlins regelmäßig zusammenkam. Sein Verhältnis zu diesen Zirkeln ist relativ unklar. Nach der Demütigung Preußens durch Napoleons Heere waren in der besetzten Hauptstadt Salons, Vereine und Clubs zum überwiegenden Teil ein Treffpunkt von Patrioten. Die Gelegenheit, sich hier über neueste Sachlagen und Pläne auf dem Laufenden zu halten, dürfte Kleist des Öfteren genutzt haben. Dennoch gibt es für Rückschlüsse auf nähere Beziehungen keinen Anlass.

Das betrifft auch die Christlich-deutsche Tischgesellschaft, die am 18.1.1811 in Berlin zum ersten Mal zusammentrat und lange mit Kleist in Verbindung gebracht wurde. Ob Kleist bei diesem Stiftungstreffen anwesend war und die weiteren Einladungen häufiger oder auch nur sporadisch wahrnahm, lässt sich nur vermuten. In den Briefen seines letzten Lebensjahres wird die Gesellschaft nirgends erwähnt. Nur in den Mitgliederlisten, die Achim von Arnim anlegte – möglicherweise handelte es sich zunächst um Vorschläge (Schultz 1986, 11) –, taucht sein Name auf, gemeinsam mit den Namen anderer, die Kleist als Mitarbeiter für seine seit dem 1.10.1810

erscheinenden *Berliner Abendblätter* gewonnen hatte: Adam Müller, Ludolph Beckedorff, Clemens Brentano, August Leopold Titus von Möllendorff.

Aus den personellen Überschneidungen hat Reinhold Steig 1901 in seinem einflussreichen Buch *Heinrich von Kleist's Berliner Kämpfe* geschlossen, beide Unternehmen stünden in engem Zusammenhang; Blatt und Tafelrunde hätten im Vorfeld der Befreiungskriege unter der ideologischen Führung Kleists gemeinsam die nationale Sache vorangetrieben. Dass »Wesen und politische Bedeutung der zur christlich-deutschen Tischgesellschaft zusammengefaßten Patriotengruppe« schwer zu verstehen seien, »wenn uns das journalistische Organ, das sie sich schuf, nicht Aufschluß gäbe« (Steig 1901, 40), war trotz früher Einwände von Seiten einzelner Kleist-Forscher bis in die 1970er Jahre hinein Konsens. Inzwischen sind die überlieferten Akten der Christlich-deutschen Tischgesellschaft umfassend aufgearbeitet, und die Befunde haben Steig widerlegt.

Tatsächlich ist die Tischgesellschaft aus einer Initiative des Kleist-Freunds Achim von Arnim hervorgegangen. Man habe das politische Experiment wagen wollen, bilanzierte Arnim in einer späteren Rede selbst, »ob eine gemischte Gesellschaft aus vielen trefflichen, aber einander wenig bekannten Menschen zur gemeinsamen Beratung über Gesetze und zur gemeinsamen Lust führen könnte« (Arnim 1992, 481). Wesentliche Gesetze hatte Arnim dabei bereits durch das Zirkular festgelegt, mit dem er für seine Tafelrunde warb. Jedes Mitglied war »befugt Fremde mitzubringen«; aufgenommen werden konnte jeder, der »von zehn Mitgliedern als der Gesellschaft wohlanständig und angemessen eingeführt wird«; explizit ausgeschlossen waren mit diesen beiden Kriterien Juden, »lederne[] Philister« und Frauen (Schultz 1986, 12).

Der Eklat ließ nicht lange auf sich warten. Vor allem die Exklusion der Juden wurde rasch über den Kreis der Tischgesellschaft hinaus publik und rief helle Empörung hervor. Umgekehrt dürfte gerade sie es gewesen sein, die der Tafelrunde einen Zulauf einbrachte, von dem selbst »Gesetzgeber« Arnim und sein »Mitunternehmer« Adam

Müller (Brief Arnims an Wilhelm Grimm Oktober 1810; Steig/Grimm 1904, 95) überrascht waren. Schon im »Bericht« über die erste Sitzung wurde die angestrebte Obergrenze der Teilnehmer von 50 auf 60 angehoben (Arnim 1992, 361), und gleich mehrfach wurde ein – nicht immer freiwilliger – Wechsel des Lokals nötig. Angesichts der Vielzahl von geselligen Vereinigungen, die im Berlin des beginnenden 19. Jh.s bereits existierten, war die große Resonanz des neuen Vereins doppelt bemerkenswert (Nienhaus 2003, 11).

Zu den Mitgliedern der Tafelrunde zählten neben den genannten Mitarbeitern der *Abendblätter* renommierte Professoren der neu gegründeten Berliner Universität – mehrheitlich aus der Philosophischen Fakultät –, aber auch Spitzenbeamte aus der Finanz- und Justizverwaltung sowie ranghohe Militärs. Die meisten unter ihnen waren bereits in anderen geselligen Zirkeln eingeführt: etwa in der Liedertafel des Goethe-Freunds Zelter und in den patriotischen Salons der Gräfin von Voß und Elisabeth von Staegemann, in denen auch Kleist verkehrte. Dennoch darf man die Tischgesellschaft nicht als Sammelbecken einer Junkerfronde mit reaktionärer Tendenz abtun. Folgt man Stefan Nienhaus, der die Teilnehmer durchweg den Anhängern der Reformfraktion in Preußen zurechnet (Nienhaus 2003, 14–24), wird die Sachlage verwickelter – und brisanter. Das Wohlwollen galt den Heeres-, Finanz- und Bildungsreformen; daneben bereitete die preußische Regierung jedoch auch ein Edikt zur Judenemanzipation vor, mit dem die bürgerliche Gleichstellung der Juden rechtskräftig werden sollte.

Die Debatte darüber war bereits seit dem ausgehenden 18. Jh. im Gange, wobei die entscheidenden Impulse ebenfalls von geselligen Kreisen ausgingen: namentlich von der Berliner Mittwochsgesellschaft, einem geheimen Zirkel aufklärerischer Gelehrter, und den offenen Berliner Salons jüdischer Frauen (Wilhelmy 1989; Seibert 1993; kritischer Hahn 1997). Nach 1806, als jüdische Bankiers mit ihren Krediten dem militärisch gebeutelten und finanziell ausgebluteten Preußen über die Runden halfen, ließen sich politische Zugeständnisse um so schwerer verweigern. Dass die beiden einzigen jüdischen Salons, die ihre

Soiréen nach der Niederlage fortsetzten, den französischen Besatzungsbeamten und Diplomaten ihre Türen öffneten – durchaus zum Vorteil Berlins –, nährte das wachsende antijudaische Ressentiment (Oesterle 1992, 64ff.).

Dem bot die Christlich-deutsche Tischgesellschaft ein Ventil, indem sie die Salongeselligkeit auch der Form nach demonstrativ konterkarierte. Frauen hatten keinen Zutritt; das Wirtshaus ersetzte die privaten Räumlichkeiten; statt kosmopolitischer Gesinnung kultivierte man patriotischen Geist; anstelle frugaler Speisen genehmigte sich die Tafelrunde regelmäßig ein üppiges – und keineswegs billiges – Mahl. Damit nicht nur »der Nachbar käuend mit dem Nachbarn über Gewerbskrämerei, wo nicht vom Fraße selbst spricht«, wie Carl Friedrich Zelter gegenüber Goethe äußerte (Brief vom 4.4.1810, zit. nach Nienhaus 2003, 67), bemühten sich die Organisatoren der Sitzungen auch um kulturelle Einlagen. Einen besonderen Höhepunkt bildeten die Tischreden. Neben Brentanos grober Satire *Der Philister vor, in und nach der Geschichte* – die wegen großer Nachfrage umgehend in einer Auflage von 200 Exemplaren publiziert wurde – erlangte Arnims Rede *Über die Kennzeichen des Judenthums*, gehalten im Frühjahr 1811, die traurige Berühmtheit des perfidesten antisemitischen Textes, den die deutsche Romantik hervorgebracht hat (Härtl 1987, 1162; Matala de Mazza 1999, 377ff.).

Dass Kleist die Tafelrunde regelmäßig besucht hätte, ist nicht belegt. Es erscheint schon deshalb abwegig, weil seine notorisch knappe Kasse die kostspielige Zeche kaum zugelassen haben dürfte. Dem »scherzhaften und ironischen« Krieg gegen die Philister und dem »gründlichen, ernsthaften« gegen die Juden (Rede Beckedorffs am 18.6.1811, zit. nach Nienhaus 2003, 238) wird er keine Bedeutung beigemessen haben; dazu war er zu sehr auf den französischen ›Feind‹ fixiert. Immerhin ist es denkbar, dass er Arnim eine Darbietung jener dressierten »*drei Kanarienvögel*« empfohlen hat, von deren staunenswerter »Gelehrsamkeit« die *Berliner Abendblätter* bereits am 11.12.1810 berichteten. Zwei Monate später waren die gefiederten »Scholaren« (BKA II/7, 279) mit ihren alphabetischen Kunststücken bei der Tischgesellschaft zu Gast (Nienhaus 2003, 151ff.).

Zu dieser Zeit kämpfte Kleist – am Ende vergebens – um den Erhalt seiner Zeitung. Nicht an die Tafelrunde – die 1813 immerhin eine Kollekte veranstalten sollte, um einen Reiter für den Befreiungskrieg auszustatten –, sondern an die Familie und an den Staatskanzler Hardenberg richtete er im Herbst 1811 seine Gesuche um ein Darlehen, das er für die Anschaffung einer Offiziersausrüstung verwenden wollte. Durch das Bündnis des preußischen Königs mit Napoleon gegen Russland wurde dieser Plan der Selbstmobilmachung gegenstandslos. Während sich die konsternierten Patrioten in der Tischgesellschaft damit begnügten, dem Esstisch vorläufig den Rücken zu kehren, zog Kleist aus allen Ernüchterungen den düsteren Schluss, dass ihm auf Erden nicht zu helfen war.

Literatur

Arnim, Achim von: Werke in sechs Bänden. Bd. 6: Schriften. Hg. von Roswitha Burwick, Jürgen Knaack und Hermann F. Weiss. Frankfurt a.M. 1992.

Hahn, Barbara: Der Mythos vom Salon. *Rahels Dachstube* als historische Fiktion. In: Hartwig Schultz (Hg.): Salons der Romantik. Beiträge eines Wieperdorfer Kolloquiums zu Theorie und Geschichte des Salons. Berlin/New York 1997, 213–234.

Härtl, Heinz: Romantischer Antisemitismus. Arnim und die Tischgesellschaft. In: Weimarer Beiträge 33 (1987), H. 7, 1159–1173.

Matala de Mazza, Ethel: Der verfaßte Körper. Zum Projekt einer organischen Gemeinschaft in der Politischen Romantik. Freiburg i.Br. 1999.

Nienhaus, Stefan: Geschichte der deutschen Tischgesellschaft. Tübingen 2003.

Oesterle, Günter: Juden, Philister und romantische Intellektuelle. Überlegungen zum Antisemitismus in der Romantik. In: Athenäum 2 (1992), 55–89.

Schultz, Hartwig: Zwei Zirkulare Arnims zur deutschen Tischgesellschaft. In: Aurora 4 (1986), 11–14.

Seibert, Peter: Der literarische Salon. Literatur und Geselligkeit zwischen Aufklärung und Vormärz. Stuttgart/Weimar 1993.

Steig, Reinhold: Heinrich von Kleist's Berliner Kämpfe. Berlin/Stuttgart 1901.

–/ Grimm, Herman (Hg.): Achim von Arnim und die ihm nahe standen. Bd. 3: Achim von Arnim und Wilhelm Grimm. Stuttgart 1904.

Wilhelmy, Petra: Der Berliner Salon im 19. Jahrhundert (1780–1914). Berlin/New York 1989.

Ethel Matala de Mazza

15. Theater

Der Dramatiker Kleist hat auf dem Theater seiner Zeit fast keine Rolle gespielt. Lediglich drei seiner Stücke wurden zu Lebzeiten uraufgeführt: *Die Familie Schroffenstein* in Graz (9.1.1804), *Der zerbrochne Krug* in Weimar (2.3.1808) und *Das Käthchen von Heilbronn* in Wien (17.3.1810). Nach Kleists Tod kommen der *Prinz Friedrich von Homburg* in Wien (3.10.1821), die *Penthesilea* in Berlin (25.4.1876) und *Die Herrmannsschlacht* in Breslau (18.10.1860) auf die Bühne. Zuletzt haben *Amphitryon* (8.4.1899) und das Fragment *Robert Guiskard* in Berlin (6.4.1901) Premiere. Kleist bezweifelte selbst wiederholt die Bühnentauglichkeit seiner Schauspiele, dennoch hat er sich – in der Hoffnung auf dringend benötigte Einnahmen – wiederholt um Aufführungen bemüht.

Aufschlussreich sind die Bedenklichkeiten oder Absagen von Theaterleitern, denen Kleist seine Stücke anbot. Vor allem Goethes Reaktionen auf *Der zerbrochne Krug* und die *Penthesilea* sind berüchtigt (s. Kap. III.8). Die Komödie rechnete er dem »unsichtbaren Theater« zu, aufgrund der »stationären Prozeßform« und der Handlungsarmut schätzte er die Wirkung auf »Augen und Sinne« gering (Lebensspuren Nr. 185). Seine Inszenierung bescherte dem Stück einen legendären Misserfolg – vor allem die Zerlegung in drei Akte mit Kürzungen im ersten Teil statt im langen ›Variant‹ sowie das langsame, bedeutungsvolle Sprechen der Schauspieler verwandelten den rapiden, volkstümlichen Sprachwitz in eine zähe, langwierige Deklamation. Nach diesem Scheitern beantwortete Goethe die *Penthesilea*, die Kleist bereits in seinem Anschreiben als »eben so wenig für die Bühne geschrieben« annoncierte wie den *zerbrochnen Krug* (DKV IV, 407), mit mehr Zurückhaltung. Er könne sich damit »noch nicht befreunden«, meldet Goethe, und er bedaure, wenn er »junge Männer von Geist und Talent sehe, die auf ein Theater warten, welches da kommen soll« (ebd., 410).

Um Goethes Mutmaßung über Kleists Streben nach einer künftig veränderten Bühnenwirklichkeit zu verstehen, ist die Theatersituation um 1800 kurz zu vergegenwärtigen. In den etablierten Spielstätten der großen National- und kleineren Hoftheater lassen sich zwei gegenläufige Stile beobachten: In der zweiten Hälfte des 18. Jh.s dominierte das naturwahre, durch ausdrucksvolle Körpersprache und feine psychologische Nuancen zur Identifikation und Rührung einladende Spiel. Diesem »Naturalism in der Kunst« erklären hingegen die Weimarer Klassiker »offen und ehrlich den Krieg« – so lautet Schillers Parole in der Vorrede zur *Braut von Messina* (1803), und Goethes *Regeln für Schauspieler* (1805) fordern eine nicht weniger artifizielle Ästhetik. Gegen die Mitleidspoetik und Wirklichkeitsnähe des bürgerlichen Trauerspiels – also die dargestellte Natur – kommt so die Kunst und Künstlichkeit in möglichst hoher, reiner, klassischer Form zur Geltung. Distanz statt Identifikation ist die neue Zielsetzung, die mit der Wiedereinführung antiker Elemente wie Chor, Masken, Versifikation, symbolischer Körpersprache und alltagsfremder Ausstattung erreicht werden soll. Die Zuschauer sind sich durch solche Verfremdungen jederzeit bewusst, es mit einem Kunstwerk und nicht mit realistischen Lebensausschnitten zu tun zu haben.

Ganz unabhängig von jeder Inszenierbarkeit entsprechen Kleists Dramen schon auf den ersten Blick keiner der beiden Stilrichtungen: Zum einen wird das *genus sublime* und das Künstelnde im Modell der Weimarer Klassik durch volkstümliche, zuweilen derbe oder märchenhafte Elemente unterminiert – vor allem in der *Familie Schroffenstein*, in *Der zerbrochne Krug*, in *Amphitryon* oder im *Käthchen von Heilbronn*. Zum anderen wird die klassische Tragik in der *Penthesilea*, *Herrmannsschlacht* oder im *Homburg* durch verstörende Gewalt, verlorene Selbstkontrolle und Trance gebrochen. Vom Natürlichkeitsgebot scheint sich hingegen mehr erhalten zu haben: Vielfach funktioniert noch der Einblick in den Gefühlsraum der Seele durch den darstellerischen Ausdruck und die Körpersprache – unwillkürliches Erröten und Erblassen, Zeichen von Abscheu und Wahnsinn, von Verwirrung und Raserei, Pausen voll Schrecken und Entsetzen, sind nur einige der beredtesten unter den zahlreichen Regieanweisungen.

Dennoch geht die Gleichung zwischen Innen und Außen, zwischen Empfindung und Ausdruck bei Kleist niemals so glatt und eindeutig auf, wie es dem Aufklärungstheater als Ideal vorschwebte. Das alte Vertrauen in die Lesbarkeit des Menschen, seines Verhaltens und seiner Physiognomik oder Pathognomik, ist zutiefst erschüttert. Immer wieder bestätigt sich Ottokars Zweifel aus dem ersten Drama: »Mienen / Sind schlechte Rätsel, die auf vieles passen« (DKV I, 137). Keineswegs gilt das nur für den ungleichen Wettbewerb mit der überlegenen Verwandlungskunst der Götter im *Amphitryon*: Alkmenes Glaube, ihren Ehemann stets identifizieren zu können – »Aus einer Welt noch find' ich ihn heraus« (ebd., 421) – erweist sich als Illusion. Amphitryons witzige Schlussfolgerung spiegelt treffend die Erkenntniszweifel des gesamten nachkantischen Zeitalters: »Hat man *bis heut* mit fünf gesunden Sinnen / In seinen Freunden nicht geirret [...] *Jetzo* wird man / Die Ehemänner brennen, Glocken ihnen, / Gleich Hämmeln um die Hälse hängen müssen« (ebd., 437; Hervorh. A.K.). Nicht nur der sinnliche Augenschein hat indes für Kleist an Erkenntniswert verloren, sondern damit Hand in Hand auch die Sprache. Diese tritt nun im Unterschied zum Aufklärungstheater in scharfe Konkurrenz zum sichtbaren Zeichensystem, die *dramatis personae* sind unablässig bemüht, das jeweils Gehörte und Gesehene zu erfassen, erfragen, erforschen, ermitteln, erkennen, erprüfen, begreifen (so einige von Kleists analytischen Lieblingsverben).

Vor diesem Hintergrund haben das naturwahre Aufklärungstheater wie das künstlich distanzierte Spiel der Weimarer Klassik für Kleist gleichermaßen an Geltung verloren. Im Unterschied zu den meisten Theoretikern der Schauspielkunst verfügt er über keine theaterpraktische Erfahrung. Immerhin nimmt er aber im Jahre 1803 bei dem Leipziger Sprachlektor Heinrich August Kerndörffer »Unterricht in Deklamation« und lernt so seine »eigne Tragödie [*Robert Guiskard*] bei ihm declamiren«. Diese Übungen bestärken ihn in der Überzeugung, dass sie »mit vollkommener Declamation vorgetragen, eine ganz ungewöhnliche Wirkung thun« würde (DKV IV, 313). Als Zuschauer kennt Kleist nicht nur die oben erwähnten etablierten Traditionen, sondern ebenso das Volks- und Marionettentheater auf Marktplätzen und in Wirtshäusern. Mit der auch sonst bekannten Lust an Paradoxien – dokumentiert etwa im Aperçu *Von der Überlegung* (DKV III, 554f.) – ergreift er sogar Partei für diese oft drastisch-komischen Volksunterhaltungen, die 1809 in Preußen der Zensur unterzogen wurden.

Allerdings geschieht das in vermittelter Weise: Im Essay *Über das Marionettentheater* (1810) vertritt der Künstler C. die Partei des ausgegrenzten Puppenspiels, obwohl er »als erster Tänzer der Oper« (DKV III, 555) eigentlich die hohe Kultur zu verteidigen hätte. Seine These, die Tanzkunst könne von solchen Belustigungen des Pöbels lernen, vergrößert die Verwunderung des in Ich-Form berichtenden Gesprächspartners. C. bringt zwei Hauptargumente vor, die das Marionettentheater als Modell vollkommener Grazie empfehlen: Gliederpuppen zieren sich nicht und agieren unabhängig von der Schwerkraft, haften also nicht plump am Bühnenboden. Das bewegende Prinzip, die »vis motrix« oder »Seele« (ebd., 559), ist in den Maschinisten ausgelagert, es kommt zu keiner Vermischung des Körperausdrucks mit den Gefühlen und der Persönlichkeit des Darstellers. Genau das fordern in der Aufklärung die avancierten Theoretiker der Schauspielkunst: Reflexion und Distanz zur Rolle sei die Voraussetzung für ein überzeugendes Spiel, denn ein die darzubietenden Emotionen aktuell empfindender Akteur würde alle Selbstkontrolle, Präzision und kalkulierte Wiederholbarkeit verlieren. Denis Diderot bedient sich im 1769 entstandenen *Paradoxe sur le comédien* (posthum 1830) der gleichen Metapher, er spricht von einer großen, aus Weidenruten geflochtenen Marionette (›mannequin‹), die den Schauspieler umgibt. Wie der Mensch in der Marionette – so Diderots Analogie –, wirke die Seele im Körper.

Die Geziertheit, so kann man den Gedanken des Tänzers C. zusammenfassen, ergibt sich aus einer zu großen Einmischung des Schauspielers in seine Rolle. Während Aufklärer wie Lessing über Möglichkeiten nachdenken, die vom Darsteller in Distanz gerückte, ›erborgte Seele‹ (wie Diderot das nennt) in kalkulierter Weise mit den passenden und erwünschten Inhalten zu erfüllen, träumt Kleists Tänzer von einer natürlichen, un-

schuldigen, archaischen Harmonie zwischen Körper und Seele, Außen und Innen, Akteur und Rolle. Da dieser konzeptionelle Zielpunkt praktisch nicht so leicht erreichbar erscheint (auch Diderot spricht analog von einem ›modèle idéal‹), fasst Kleist das Problem als Paradox von der Marionette – eine Denkfigur, die Spuren bis zu Gordon Craigs antirealistischer Vision *The Actor and the Ueber-Marionette* (1911) zeigt.

Die Konsequenzen für Kleists Theaterideal lassen sich am besten aus den Erläuterungen des Tänzers C. ableiten: In der wirklichen, »organischen Welt« zeigt sich, so argumentiert er, dass »die Grazie darin immer strahlender und herrschender hervortritt«, je schwächer die Reflexion wird. Die Beispiele des Dornausziehers und des Bären demonstrieren es: Der Knabe scheitert an dem Versuch, seine anmutige und graziöse Bewegung zu wiederholen – Vorsatz und Nachdenken verhindern Natürlichkeit; der Bär bleibt von diesen schädlichen Einflüssen als nicht denkendes Wesen bewahrt, aufgrund seiner Intuition und naturwüchsigen Wildheit erweist er sich als souveräner Fechter. In der künstlichen Welt des Theaters gelten hingegen andere Gesetze als in der »organischen Welt«: Wenn schlechte Schauspieler Anmut und Grazie nachahmen statt sie darzustellen und natürlich *erscheinen* zu lassen, verfallen sie in Übertriebenheit, Geziertheit, Koketterie oder eine Tanzmeistermanier. Auch Schiller verurteilt das in *Über Anmut und Würde* (1793) und zieht schon im Aufsatz *Über das gegenwärtige teutsche Theater* (1782) einen ganz ähnlichen Schluss wie Kleists Tänzer C.: Er will den Marionetten das Wort reden und die Kunst eines David Garrick wieder in hölzerne Puppen verpflanzen. Denn das Medium Marionette ist gegen die genannten Gefahren immun. Für den Bühnenschauspieler taugt es als innere Aufforderung zur Selbstdisziplin, Zurücknahme und Beschränkung auf den darzustellenden Charakter.

Insgesamt ist es kaum möglich, Kleists Position zum Theater verbindlich zu bestimmen. Neben Bemerkungen in Briefen, kleinen Feuilletons und Spottversen auf Iffland, ist der Aufsatz *Über das Marionettentheater* der einzige einschlägige Text zum Thema. Als Dialogerzählung kommt der Essay gleichwohl nur bedingt als theoretisches Bekenntnis in Frage. Auch der Versuch, aus dem fiktiven Spiel im Spiel zu Beginn des *Prinz Friedrich von Homburg* eine Innovation Kleists zu entwickeln, die auf der Opposition gegen die eindeutige Körpersprache der Aufklärung oder das symbolisch distanzierte Theater Goethes beruht, bleibt ein methodisch fragwürdiger Notbehelf. Letztlich erscheint das ähnlich spekulativ wie der Ansatz, aus den neu auf die Bühne gebrachten Themen und Bewusstseinszuständen – etwa des Somnambulismus, der Trance oder des Außer-sich-Seins – eine diskursive Theorie der Schauspielkunst ableiten zu wollen. Dass Kleists Stücke dem Theatergeschmack der Zeit widersprachen, steht außer Frage. Wie er sie aber auf der Bühne eingerichtet sehen wollte, kann man bestenfalls ahnen. Zweihundert Jahre Aufführungsgeschichte deuten dafür höchst kontroverse Möglichkeiten an.

Literatur

›Kleist(s)Inszenierungen‹ [Beiträge der Jahrestagung 2000]. In: KJb 2001, 25–264.

Meister, Monika: Zur Geschichte mißglückter Lektüren: Heinrich von Kleists *Zerbrochner Krug* und die Weimarer Uraufführung in der ›Inszenierung‹ Johann Wolfgang von Goethes. In: Maske und Kothurn 43 (2000), 29–43.

Orzechowski, Norman: Kleists Dramen in den Bühnendekorationen des 19. und 20. Jahrhunderts. Aachen 1997.

Reeve, William C.: Kleist on stage, 1804–1987. Montreal 1993.

Weigel, Alexander: Der Schauspieler als Maschinist. Heinrich von Kleists *Über das Marionettentheater* und das ›Königliche Nationaltheater‹. In: Dirk Grathoff (Hg.): Heinrich von Kleist. Studien zu Werk und Wirkung. Opladen 1988, 263–280.

–: Das imaginäre Theater Heinrich von Kleists. Spiegelungen des zeitgenössischen Theaters im erzählten Dialog *Über das Marionettentheater.* In: Beiträge 14 (2000), 21–114.

Weiss, Hermann F.: Die Berliner Theaterkrawalle des Jahres 1810 und Heinrich von Kleists *Berliner Abendblätter.* In: Beiträge 16 (2002), 177–203.

Wild, Christopher J.: Wider die Marionettentheaterfeindlichkeit. Kleists Kritik bürgerlicher Antitheatralität. In: KJb 2002, 109–141.

Alexander Košenina

V. Konzeptionen: Denkfiguren, Begriffe, Motive

1. Aufmerksamkeit

Ein zentraler Bezugspunkt von Kleists Schaffen ist die ›gebrechliche Einrichtung der Welt‹, d.i. eine Welt, der es an Einheit und Wahrheit begründenden Instanzen mangelt, eine Welt, in der die Menschen auf Ordnungen treffen, die sich in einem chaotischen Zustand der Zerstreuung befinden: Dieser betrifft politische, religiöse sowie juridische Ordnungen gleichermaßen und wirkt zum einen auf die körperlich-seelische Ordnung des Subjekts selbst zurück, zum anderen bleibt er nicht ohne Auswirkungen auf die Ordnung der Sprache. Kleists Texte antworten dabei auf die veränderten Wahrnehmungsstrukturen und Wissensordnungen, welche die Moderne um 1800 bestimmen, und damit zugleich auf die Anforderung, den sinnlichen und intelligiblen Reizen des Neuen eine gesteigerte Aufmerksamkeit entgegenzubringen sowie den Identität zersetzenden Effekten der Zerstreuung entgegenzuwirken. »Prozesse der Wahrnehmung, ihre Medialität, Prozesse der Aufmerksamkeit und Zerstreuung sowie Konstitutionen von Subjektivität« sind vor diesem Hintergrund »systematisch nicht zu trennen«, zumal die Aufmerksamkeit eine sinnesphysiologisch fundierte Kulturtechnik ist, die im Übergangsbereich zwischen Anthropologie und Ästhetik operiert sowie »die Begründung der Anthropologie in und durch die Literatur strukturiert« (Thums 2008, 10, 24).

Kleists Texte interessieren sich für die Fälle, bei denen eine fehlgeleitete Aufmerksamkeit fatale Folgen hat, die Aufmerksamkeit als geordnete und konzentrierte Form der Wahrnehmung scheitert oder – wie im Traum und in der Ohnmacht – prinzipiell unmöglich ist. Während die Aufmerksamkeitsökonomie der Aufklärung Komplexität reduzierende Wahrnehmungstheorien bevorzugt, die durch die zentralperspektivische Rahmenschau das Sehen auf Klarheit und Deutlichkeit verpflichten, setzen Kleists Experi-

mente der Wahrnehmung die aufklärerischen Ordnungen der Vernunft mit dem Ergebnis außer Kraft, dass die Sinnenreize ungefiltert auf die Körper der Subjekte einstürmen. Im Zuge von Kleists kritischer Auseinandersetzung mit der Aufklärung (Mehigan 2000) werden solche Effekte der Zerstreuung etwa in den *Empfindungen vor Friedrichs Seelandschaft* im Kontext einer Ästhetik des Erhabenen diskutiert: Die Metapher von den weggeschnittenen Augenlidern akzentuiert dabei das schutzlose Ausgeliefert-Sein an die unermessliche Weite, mithin die Überforderung des Wahrnehmungsapparates durch die Unmöglichkeit einer rahmenden Begrenzung des Entgrenzten als ideelle Voraussetzung einer Ermächtigung und Erhebung des Subjekts über die Natur (Begemann 1990). In vergleichbarer Orientierung an der Kantischen Bestimmung des Erhabenen (Greiner 2000) werden auch in *Die heilige Cäcilie oder die Gewalt der Musik* – nun in kritischer Relektüre der romantischen Musikästhetik – zugleich die bedrohlichen Aspekte des Romantischen sowie der Natur in Form des Wahnsinns betont.

Dabei ist das in den Texten Kleists inszenierte Zusammenspiel von Aufmerksamkeit und Zerstreuung konstitutiv für eine dynamische Poetik »im Spannungsfeld von Klassizismus und Romantik« (Lubkoll/Oesterle 2001, 9). Es übt Kritik an einer klassizistischen Ästhetik des Schönen, die auf einem Aufmerksamkeitskonzept des diätetischen Ausgleichs zwischen den Extremen basiert. Kleist experimentiert etwa in der *Penthesilea* im Zuge einer antiklassizistischen Hinwendung zur Antike mit einem Konzept von Aufmerksamkeit, das die sinnliche Wahrnehmung bis hin zur »Verwirrung [der] wilden Sinne« (DKV II, 253) aufwertet und das Gewaltpotential der Affekte in ihrer Wirkung auf Sprache und Bewusstsein auslotet: Auf Begrenzung und Zentrierung abzielende Formgesetze, deren Tendenz zur Erstarrung ausgestellt wird, werden auf diese Weise verflüssigt und habitualisierte ästhetische Wahrnehmungsmuster zurückgewiesen. Im Unterschied hierzu geht Kleist von der »Notwendigkeit einer Aufmerksamkeits-Intensivierung« (Kapp 2000, 33) aus: »mit der Seele den Eindruck der Sinne auffassen u denken« (DKV IV, 172) meint dabei, Aufmerksamkeit als denkende Anschauung und produktive Schöpfungskraft zu verstehen. Diese richtet sich – an Karl Philipp Moritz' Aufmerksamkeit auf das Kleinscheinende ebenso wie an Friedrich Schlegels Auffassung des Interessanten erinnernd – insbesondere auf Nebensächliches, »Befremdendes« (DKV III, 589), Unverfügbares oder Entsetzliches und macht so das Hintertreiben einer auf Identifikation zielenden Wirkung, den Einbruch des Plötzlichen und Unerwarteten sowie des Normen Sprengenden zur Grundlage von Kleists Ästhetik.

Kleists derart zu einer Kunst der Zerstreuung tendierende Ästhetik der Aufmerksamkeit führt im *Marionettentheater*-Essay zu einer Neubestimmung des tradierten Verständnisses von Grazie (s. Kap. V.15). In diesem Kontext spielt das Wechselverhältnis von Aufmerksamkeit und Zerstreuung – wie auch im Essay *Über die allmähliche Verfertigung der Gedanken beim Reden* und in *Die heilige Cäcilie oder Die Gewalt der Musik*, *Michael Kohlhaas* und *Das Bettelweib von Locarno* – auch in narratologischer Hinsicht eine zentrale Rolle. Die Aufmerksamkeit des Lesers wird in diesen Texten auf das gleichnishafte Sprechen, auf die Aneinanderreihung von Anekdoten, auf die digressive Argumentation, auf Widersprüche bei der Figurenzeichnung bzw. insgesamt auf eine Logik des Paradoxen gelenkt und damit auf eine Kompositionstechnik der Zerstreuung, die neben ihrer subjekt- und erkenntniskritischen Dimension überdies aufmerksam macht auf die Indienstnahme der manipulativen Gewalt der Sprache durch staatliche und kirchliche Normalisierungsmächte.

Das wechselseitige Beziehungsverhältnis von Aufmerksamkeit und Zerstreuung ist auch in gattungstheoretischer Hinsicht von Belang. Bereits in der *Familie Schroffenstein* ist es das »kranke Aug'«, d. h. die fixierte Aufmerksamkeit auf die generationenübergreifende Rache, die den tragischen Konflikt bestimmt und die verfeindeten Familien Rossitz und Warwand in die Katastrophe führt: »Das Nichts bedeutende, Gemeine, ganz / Alltägliche, spitzfündig, wie zerstreute / Zwirnfäden, wird's zu einem Bild geknüpft / Das uns mit gräßlichen Gestalten schreckt« (DKV I, 143f.). Unfähig zu jeder Wahrnehmung, die sich dem festgefahrenen Freund-Feind-Schema nicht unmittelbar fügt, folgen die Handlungen beider Familien der Struktur des Verkennens bzw. des – wie es im Drama selbst genannt wird – Versehens. Einzig die jugendliche Liebe Ottokars aus dem Grafenhaus von Rossitz zu Agnes aus dem von Warwand scheint dieses Wahrnehmungsmuster durchbrechen zu können. Doch das notwendige Scheitern einer fixierten, immer schon festgelegten Aufmerksamkeit betrifft letztlich das Wahrnehmungsmuster, das auf der Ausschließlichkeit des sprachlosen Gefühls basiert, ebenso wie jenes, welches sich auf augenscheinliche Zeichen bzw. »nur« auf »ein Wort« verlässt, »[d]as doch im Grunde stets sehr unbestimmt« (DKV I, 191). Bezeugt wird so bereits in diesem frühen Drama die umfassende Erkenntnis- und Sprachskepsis, die sich in ihrer Auswirkung insbesondere auf Fragen der Identität und des Rechts wie ein roter Faden durch Kleists Schaffen zieht.

Eingelassen in das Koordinatensystem von Kriegsfall, Rechtsfall, Sündenfall (Neumann 1994) wird u. a. in der Komödie *Der zerbrochne Krug* die Einheit des Rechts im Kontext eines breit geführten Krisendiskurses der Wahrnehmung problematisiert: Auf der Folie einer Verblendungsstruktur, die den Ödipusmythos ins Komische wendet, wird durch die Sprechsituation des Verhörs vorgeführt, wie der Dorfrichter Adam, der Richter und Angeklagter in einer Person ist, mit allen Mitteln versucht, die Aufmerksamkeit aller Beteiligten von sich und seiner Schuld abzulenken. Der Zerstreuung des einen Rechts durch das »gewaltsame[] Verfahren« (DKV I, 310) des Dorfrichters Adam – »Ich kann Recht so jetzt, jetzo so erteilen« (DKV I, 311) – korrespondiert ein Verwirrspiel der Zeichen, deren zerstreute Ordnung ebenso wenig einen einheitlichen Sinn ergeben wie sich die Scherben des zerbrochenen Kruges wieder zusammensetzen lassen. Recht setzen wird hier, wo schon zu Beginn darauf hingewiesen wird, dass »das Auge«

»auch gelitten« (DKV I, 288) hat, zur Infragestellung der Möglichkeit, recht zu sehen. Auf diese Weise wird zum einen die Subjektivität jedes Wahrnehmungsaktes ausgestellt und gezeigt, dass der Akt der Wahrnehmung auch ein Akt der Machtsetzung sein kann. Zum anderen wird der Faktor Gewalt in jedem Akt der Rechtsetzung deutlich markiert. Insgesamt sind in Kleists Schaffen mit seinen poetologischen Analysen der Macht, der Verblendungszusammenhänge in Akten der Wahrnehmung und Selbstbegründung, der Zerrissenheit und der Abgründe der menschlichen Psyche sowie mit seinen ästhetischen Experimenten der Aufmerksamkeitserregung und Sinnzerstreuung jene Parameter beobachtbar, die nach wie vor in Theoretisierungen der Aufmerksamkeit und Entwürfen zur Wahrnehmungsdisziplinierung leitend sind.

Literatur

Begemann, Christian: Brentano und Kleist vor Friedrichs *Mönch am Meer*. Aspekte eines Umbruchs in der Geschichte der Wahrnehmung. In: Deutsche Vierteljahrsschrift für Literaturwissenschaft und Geistesgeschichte 64 (1990), 54–95.

Eybl, Franz M.: Kleist-Lektüren. Wien u. a. 2007.

Greiner, Bernhard: Kleists Dramen und Erzählungen. Experimente zum ›Fall‹ der Kunst. Tübingen/Basel 2000.

Kapp, Gabriele: »Des Gedanken Senkblei«. Studien zur Sprachauffassung Heinrich von Kleists 1799–1806. Stuttgart/Weimar 2000.

Lubkoll, Christine/Oesterle, Günter (Hg.): Gewagte Experimente und kühne Konstellationen. Kleists Werk zwischen Klassizismus und Romantik. Würzburg 2001.

Mehigan, Tim (Hg.): Heinrich von Kleist und die Aufklärung. Rochester, NY u. a. 2000.

Menke, Bettine: Prosopopoiia: Stimme und Text bei Brentano, Hoffmann, Kleist und Kafka. München 2000.

Müller-Seidel, Walter: Versehen und Erkennen. Eine Studie über Heinrich von Kleist. Köln/Graz 1961.

Neumann, Gerhard: Eselsgeschrei und Sphärenklang. Zeichensystem der Musik und Legitimation der Legende in Kleists Novelle *Die heilige Cäcilie oder die Gewalt der Musik*. In: Ders. (Hg.): Heinrich von Kleist: Kriegsfall – Rechtsfall – Sündenfall. Freiburg i. Br. 1994, 365–389.

Thums, Barbara: Aufmerksamkeit. Wahrnehmung und Selbstbegründung von Brockes bis Nietzsche. München 2008.

Barbara Thums

2. Bildlichkeit und Metaphorik

Die Werke Kleists sind voll von bildkünstlerischen Quellen und Anregungen. Dass die Kunstbegeisterung in dem Maße zunahm, wie er zum Schriftsteller wurde, dokumentiert zunächst bloß die traditionelle, wenn nicht zu Kleists Zeiten schon veraltete Vorstellung von der engen Verwandtschaft der beiden Künste. Entsprechend schrieb er: »Man könnte die Menschen in zwei Klassen abteilen; in solche, die sich auf eine Metapher und 2) in solche, die sich auf eine Formel verstehn. Deren, die sich auf beides verstehn, sind zu wenig, sie machen keine Klasse aus« (DKV III, 555). Neben der Bildenden Kunst stellt auch Literatur, will man Kleists Äußerung unbildlich verstehen, nicht anderes als eine Bilderwelt dar. Doch bietet sie nicht einfach nur (Ab-)Bilder, sondern stellt speziell für Kleist auch den *Ort* der Auseinandersetzung mit Bildlichkeit im weitesten Sinne dar.

Speziell für sein Schreiben über Bilder sieht Gernot Müller (1995, 17–30, 75–265) vier Phasen, die sich im Wesentlichen mit dem Phasen seiner literarischen Produktion decken – 1801ff. (frühe Dramen), 1808 (*Phöbus*), 1808/09 (mittlere Dramen), 1810/11 (hier v.a. die *Berliner Abendblätter*) –, was für den generellen Umgang mit ›Bildlichkeit‹ nur mit gewissen Einschränkungen gilt. Hier bleibt die entscheidende Zäsur der Schritt vom (frühen) Briefautor zum bereits völlig un-idealistischen Schriftsteller (vgl. Stephens 1999, 195–203).

Kleist benutzt zunächst überaus traditionelle Bilder und Metaphern; er führt nach eigenen Angaben als Vorbereitung »für das schriftstellerische Fach [...] ein kleines Ideenmagazin« (DKV IV, 164), das auf die rhetorische Topik, wie sie von der Antike bis zur Frühen Neuzeit auch für die ›Literatur‹ maßgeblich war, zurückverweist und auch schon in den Bildern und Beschreibungen seiner Briefe selbst vermutet wurde, nicht zuletzt da mit zunehmender literarischer Tätigkeit die Ideen und Bilder in den Briefen nachlassen bzw. sich stark ändern (vgl. Kreutzer 1968, 119–123; Pfotenhauer 1997). So spielt er in der *Verlobung in St. Domingo* den Schwarz-Weiß-Gegensatz noch mit all seinen Schattierungen aus und operiert im Stück *Prinz Friedrich von Homburg* mit den Farben der Heraldik (vgl. Scheuer 2003), betreibt damit aber inzwischen sein subversives Spiel – wie auch mit traditionellen Tierbildern, der Geburtsmetaphorik und Mythen wie dem von Narziß (vgl. Stephens 1999, 253–279, 317–336, 371–416). Einflüsse aus den Bereichen der Magie, Alchemie und Freimaurerei wurden vermutet (vgl. Brüggemann 2004), nachweisbar sind solche durch frühneuzeitliche (Text-)Bildprogramme wie die Emblematik (vgl. Eybl 2000).

Als markantes Beispiel Kleist'scher Arbeit an und mit der (literarischen) Bildlichkeit darf *Der zerbrochne Krug* gelten, vor allem der berühmte Monolog Marthe Rulls, die Abbildung und Abgebildetes, Signifikant und Signifikat nicht zu unterscheiden vermag: »Hier kniete Philipp, und empfing die Krone: / Der liegt im Topf, bis auf den Hinterteil, / Und auch noch der hat einen Stoß empfangen« (DKV I, 311) usw. Doch bereits in Szene I/1 werden ausführlich und mit einer dichten Folge von Wortspielen grundlegende Fragen nicht nur literarischer Bildlichkeit diskutiert. Wenn Adam vermerkt »Zum Straucheln braucht's doch nichts als Füße. / [...] Gestrauchelt bin ich hier, und jeder trägt / Den leid'gen Stein zum Anstoß in sich selbst« und auf Lichts Frage »Unbildlich hingeschlagen?« entgegnet »Ja, unbildlich. / Es mag ein schlechtes Bild gewesen sein« (DKV I, 269), so gerät das aus den Fugen, worauf die Substitutionstheorie gerade basiert: die Vorstellung, dass ein literarisches Bild genau eine Bedeutung ersetzt bzw. substituiert. Hier jedoch stellen sich bereits die Fragen, ob die Figuren ›Adam‹ und ›Eve‹ sowie ›Adams Fall‹ eine Anspielung auf den biblischen Sündenfall sind (s. Kap. V.30); ob das ›Straucheln‹ auch moralisch zu verstehen ist, ob sein Klumpfuß auf den Teufel oder Ödipus verweist, ob auf Sophokles' *Ödipus*, ob auf dessen Trugbild, Verblendung und anschließender Blendung usw. Bezug genommen wird?

Nicht nur die Bilder auf dem Krug sind zerstört, sondern – als ihre Bedingung – auch der Krug, ihr Träger selbst, was als ›literarisches Bild‹ für das Zerbrochensein der – jeder Transformation von Text zu Bild zu Text zugrundeliegenden – Sinn-Ordnungen gelten kann (vgl. Pfeiffer

1989). Weniger radikal gedeutet, betreibt Kleist »Bildkritik im Ausgang von Bildern, vor allem Kritik von Geschichts-›Bildern‹«, die eine Kritik an »der Abgeschlossenheit von Bildern« einschließt: Wie »der Geschichtsprozeß kein feststellbares Telos hat, so zielt der Sprachprozeß nicht auf eine festgelegte Wahrheit«, wie sie die Bilder suggerierten (Schmitz-Emans 2002, 69). Damit wird die Prozesshandlung im *Zerbrochnen Krug* »als ein Prozeß um und mit Metaphern lesbar« (ebd., 48), das analytische Drama zur Metaphern- und Bildanalyse.

Zerbrochene oder zumindest vieldeutige Bilder bilden so ein Zentrum des Kleist'schen Œuvres. Dies gilt insbesondere für die bei Kleist beliebten Idyllen-Bilder. Der Mittelteil von *Das Erdbeben in Chili* präsentiert einen *locus amoenus* als Klischee, der gerahmt wird durch zwei ihn konterkarierende Stadt- und damit Zivilisationsszenen – und gerade die letzte zerstört mit ihrer ausführlichen Darstellung eines Gemetzels in und vor der Kirche jeden weiteren Glauben in Idyllen (s. Kap. V.24). Schon der Granatapfelbaum im Mitteltableau aber symbolisiert nicht nur Liebe und Sexualität (die es denn auch unter diesem Baum gibt), sondern auch den Tod (der wenige Seiten später eintrifft). Bereits in *Der Schrecken im Bade* über den Diana-Aktäon-Mythos findet sich eine Idyllendestruktion, die geprägt ist von solchen »Phantasien der Zerstörung und Zerstückelung und des Erstarrens« (Tausch 1999, 211). Gerade da Kleists Zeitschrift *Phöbus*, als deren letzter Text dieses Anti-Idyll erschienen war, sich zur Aufgabe gemacht hatte, die beliebte Frage nach den Grenzen der Malerei und Literatur ein weiteres Mal zu behandeln, darf dieser in der Forschung bereits ausführlich diskutierte Text als durchaus programmatisch gelten (vgl. ebd., 189f.; Schneider 1988; Frick 2000; Mücke 2003).

Die Debatten um Kleists Umgang mit der Bildlichkeit verlaufen analog zu den üblichen Debatten um die Frage, ob bzw. inwieweit Kleist noch Sinnkonzepten anhängt. Während Harald Tausch (1999, 211) annimmt, dass »sich das emblematische Kontinuum von Bild und Schrift in der Zeit der Lektüre [zersetzt], die sich auf das Vexierspiel mit Bildern und Allusionen einlassen muß«, wurde von Michael Diers (2007, 474) geltend gemacht, dass das »Verfahren der Bildkritik [...] den Autor zu einem ›Kunstgeschichtsforscher‹ par excellence und darüber hinaus zu einem politischen Ikonographen avant la lettre« macht. Kleists Bildpolitik mag einerseits einer radikalen Skepsis unterliegen, die alle Gewissheiten zu zerstören scheint (s. Kap. IV.3, V.6), doch zugleich tendiert er zur Funktionalisierung dieser Bildkritik.

Dies gilt speziell für seine dezidiert politischen Schriften und Dramen, so für das Drama *Die Herrmannsschlacht* und seine politischen Schriften, in denen er die Produktion von Trugbildern, Simulationen und Dissimulationen propagandistisch einsetzt und zugleich dieses Verfahren selbst dramaturgisch vor Augen stellt. Auch das Lustspiel *Amphitryon* basiert auf einem Bündel von solchen Täuschungen, die – besonders drastisch und witzig beim Diener Sosias, besonders ›tragisch‹ bei Alkmene – zu einer Krise der Identität führen, während der Zuschauer – ebenso wie im *Zerbrochnen Krug* – häufig mehr weiß als die Figuren. Dies gilt bereits für *Familie Schroffenstein*, in der es bereits zu Beginn heißt: »Das Nichts bedeutende, Gemeine, ganz / Alltägliche, spitzfindig, wie zerstreute / Zwirnfäden, wird's zu einem Bild geknüpft / Das uns mit gräßlichen Gestalten schreckt« (DKV I, 143f.). Während bei Friedrich Schiller (s. Kap. III.9) die Schreckbilder auf der Bühne den Menschen ganz in aufklärerischer Manier vom Bösen abhalten sollten, führen hier die Trugbilder der Väter schließlich sogar zur versehentlichen Ermordung ihrer eigenen Kinder.

Dennoch bleibt eine grundlegende Irritation bestehen, die sich aus der zeittypischen und vor allem romantischen Skepsis gegenüber Trugbildern ableitet (s. Kap. III.10), vor allem wenn sie durch technische Apparate wie *camera obscura* und *laterna magica*, Mikroskop und Teleskop produziert werden und zur ideologischen Verblendung eingesetzt werden (wie in Friedrich Schillers *Geisterseher*). Kleist bezieht dies einmal auf die Geschwindigkeit des Reisens (per Kutsche!), wenn er schreibt, dass »immer rechts u links die Erscheinungen wechseln, wie Bilder auf dem Tuche bei dem Kuckkasten« (DKV IV, 106), und er steht dem populären Panorama skeptisch gegenüber, aber gerade aus dem gegenteiligen

Grund, dass die Täuschung nicht ganz gelingt: »Man müßte auf dem Gemälde selbst stehen, u nach allen Seiten zu keinen Punct finden, der nicht Gemälde wäre« (ebd., 71). Während Kleist hier nur bemängelt, dass das Panorama seinem Anspruch einer totalen Täuschung nicht gerecht werde, geht es ihm ansonsten eher umgekehrt um das Problem gelungener (Selbst-)Täuschungen.

Eine zentrale Rolle spielt dementsprechend die ›Macht der inneren Bilder‹, wie später auch in Goethes *Novelle* und E.T.A. Hoffmanns *Der Sandmann*, in denen jeweils deutlich wird, dass das Wahrnehmungsproblem nicht (vorrangig) technikbedingt ist, sondern im Menschen selbst begründet liegt, also in seiner Verarbeitung äußerer Bilder und der Transformation in innere Trugbilder. Kleists angebliche ›Kant-Krise‹ von 1801 basiert bereits auf einem ähnlichen Problem:

»Wenn alle Menschen statt der Augen grüne Gläser hätten, so würden sie urteilen müssen, die Gegenstände, welche sie dadurch erblicken, sind grün – und nie würden sie entscheiden können, ob ihr Auge ihnen die Dinge zeigt, wie sie sind, oder ob es nicht etwas zu ihnen hinzutut, was nicht ihnen, sondern dem Auge gehört. So ist es mit dem Verstande. Wir können nicht entscheiden, ob das, was wir Wahrheit nennen, wahrhaft Wahrheit ist, oder ob es uns nur so scheint« (DKV IV, 205).

Da die Wahrnehmungskrise eine Krise der Bildlichkeit einschließt und den Beginn seiner literarischen Tätigkeit markiert, kann es nicht verwundern, dass das kritische, manchmal überaus subversive Spiel mit der Bildlichkeit – sei's mit der Metapher oder bestimmten Bildfeldern, sei's mit dem Trugbild oder der Simulation/Dissimulation – ein zentrales und durchgängiges Moment seiner Werke darstellt. Dies setzt sich fort bis in die Struktur der Werke hinein, indem Kleist beispielsweise auch in seinen Erzählungen ein deutliches Interesse am *tableau* und theatralischen Bild zeigt, so dass diese Texte streckenweise wie Serien von Bildbeschreibungen wirken (vgl. Breuer 2001; Stephens 2007). Diese funktionalisiert Kleist ebenso wie den »Schrecken der Bilder« im Rahmen einer »physikalische[n] Affekttheorie« (Weigel 2001), die nicht nur der Analyse der Figuren dient, sondern auch der Rezeptionssteuerung, so dass die Plötzlichkeiten und Zufälle, Schrecken und Schocks, persiflierten Symbole und zerstörten Bilder die (Fehl-)Wahrnehmung des ›verführten‹ Lesers oder Zuschauers (vgl. Stephens/Lü 1999) – in den Erzählungen durch den unzuverlässigen Erzähler (s. Kap. V.7) – widerspiegeln.

Selbst die in Krise befindliche Substitution, auf der die traditionelle Bildlichkeit beruht, gerät bei Kleist auch innertextlich aus den Fugen. Nicht nur funktionieren die eindeutigen Bedeutungszuweisungen, der Zusammenhang von Bezeichnung und Bezeichnetem, nicht mehr, sondern diese Fehl-Substitutionen erfassen auch die Figuren in Kleists Erzählungen, wenn beispielsweise im *Erdbeben in Chili* am Schluss die Söhne ausgetauscht werden (müssen), was sich besonders radikal in Kleists letzter Erzählung *Der Findling* fortsetzt, die eine ganze Serie von fatalen Ersetzungen vorführt: Nicolo wird in der Familie den verstorbenen leiblichen Sohn Paolo ersetzen; dann erweist er sich als Doppelgänger von Elvires angebetetem Retter Colino und will schließlich sowohl Colinos als auch Piachis Rolle einnehmen; nachdem Nicolo ein Verhältnis mit Xaviera Tartini durch eine Ehe mit Constanza Parquet ersetzen muss, versucht er schließlich beide durch ein Verhältnis mit Elvire zu substituieren. Der verstorbene Colino wird sogar tatsächlich durch ein Gemälde ersetzt, das Elvire anbetet und das dann Nicolo zunächst zufällig ›nachbildet‹, dann kalkuliert zu ersetzen versucht. Wirklichkeit und Bildlichkeit werden – für die Figuren, den Erzähler und/oder die Leser – oft genug ununterscheidbar, sie unterliegen allerlei zufälligen und beabsichtigten Täuschungen. Und zum Schluss »knüpfte« man Piachi – als letzte Irreführung – »ganz in der Stille, auf dem Platz del popolo«, also des Volkes, einem der damals wichtigsten und belebtesten Plätze Roms, auf (DKV III, 284).

Kleists Umgang mit Bildlichkeit erweist sich in der Bilanz dennoch als überaus ambivalent: Einerseits findet er beeindruckende Bilder für das Zerbrechen der Bilder, übt aufklärerische Bildkritik als Autoritäts- und Ideologiekritik, indem er den Zuschauer über den »Bildzauber« aufklärt (Diers 2007, 474), andererseits entzieht er durch seine radikale Erkenntniskritik jedem Bild-Ver-

stehen die Grundlage und praktiziert somit eine Ästhetik der Bild-Störung.

Literatur

Breuer, Ingo: ›Schauplätze jämmerlicher Mordgeschichte‹. Tradition der Novelle und Theatralität der Historia bei Heinrich von Kleist. In: KJb 2001, 196–225.

Brüggemann, Diethelm: Kleist. Die Magie. Würzburg 2004.

Diers, Michael: Ein Scherbengericht. Zur politischen Ikonographie von Heinrich von Kleists Lustspiel *Der zerbrochne Krug*. In: Philine Helas u. a. (Hg.): Bild/Geschichte. Berlin 2007, 461–474.

Eybl, Franz M.: »Unbeschreiblich erquickender Trost«? Präsenz und Evidenz des Emblematischen bei Heinrich von Kleist. In: Polyvalenz und Multifunktionalität der Emblematik. Akten des 5. Internationalen Kongresses der Society for Emblem Studies. Frankfurt a.M. u. a. 2002, 111–123.

Frick, Werner: Männlicher Blick aus weiblichen Augen. Heinrich von Kleists erotische Idylle *Der Schrecken im Bade* (1808) und die verlorene Unschuld der Literatur. In: Sabine Doering/Waltraud Maierhofer (Hg.): Resonanzen. Würzburg 2000, 255–271.

Gerrekens, Louis: »Nun bist Du ein verschloßner Brief«: Wörtlichkeit und Bildlichkeit in Heinrich von Kleists *Käthchen von Heilbronn* und *Familie Schroffenstein*. Frankfurt a.M. 1988

Henning, Thomas/Rüsel, Manfred: Kleists virtuelle Welten – Ein intermediales Projekt. In: Paul Michael Lützeler/David Pan (Hg.): Kleists Erzählungen und Dramen. Neue Studien. Würzburg 2001, 241–260.

Kreutzer, Hans Joachim: Die dichterische Entwicklung Heinrichs von Kleist. Untersuchungen zu seinen Briefen und zu Chronologie und Aufbau seiner Werke. Berlin 1968.

Labhardt, Robert: Metapher und Geschichte: Kleists dramatische Metaphorik bis zur *Penthesilea* als Widerspiegelung seiner geschichtlichen Position. Kronberg i.Ts. 1976.

Mücke, Dorothea von: Metamorphose und Idylle. Entgrenzungsphantasien bei Kleist. In: KJb 2003, 184–198.

Müller, Gernot: »Man müsste auf dem Gemälde selbst stehen«. Kleist und die bildende Kunst. Tübingen/Basel 1995.

Pfeiffer, Joachim: Die zerbrochenen Bilder. Gestörte Ordnungen im Werk Heinrich von Kleists. Würzburg 1989.

Pfotenhauer, Helmut: Kleists Rede über Bilder und in Bildern. Briefe, Bildkommentare, erste literarische Werke. In: KJb 1997, 126–148.

Rübsamen, Silja: Biblische Bilder bei Kleist. Eine Untersuchung zu seinen Erzählungen. Magisterarbeit, Germanistisches Seminar der Ruprecht-Karls-Universität Heidelberg 2003. URL: http://www.grin.com/e-book/55914 (29.9.2008).

Scheuer, Hans Jürgen: Pferdewechsel – Farbenwechsel. Zur Transformation des adligen Selbstbildes in Kleists *Prinz Friedrich von Homburg*. In: KJb 2003, 23–45.

Schmitz-Emans, Monika: Das Verschwinden der Bilder als geschichtsphilosophisches Gleichnis. *Der zerbrochne Krug* im Licht der Beziehungen zwischen Bild und Text. In: KJb 2002, 42–69.

Schneider, Helmut J.: Verkehrung der Aufklärung. Zur Destruktion der Idylle im Werk Heinrich von Kleists. In: Kodikas/Code. Ars Semeiotika 11 (1988), Nr. 1/2, 150–165.

Schrader, Hans-Jürgen: Spuren Gottes in den Trümmern der Welt. Zur Bedeutung biblischer Bilder in Kleists *Erdbeben*. In: KJb 1991, 34–52.

Stephens, Anthony: Kleist – Sprache und Gewalt. Freiburg i.Br. 1999.

–: Zur Funktion der ›Schauspiele‹ in Kleists Erzählungen. In: KJb 2007, 102–119.

–/ Lü, Yixü: Die Verführung des Lesers im Erzählwerk Kleists. In: A.S.: Kleist – Sprache und Gewalt. Freiburg i.Br. 1999, 281–296.

Tausch, Harald: Das Bad der Diana. Heinrich von Kleists *Der Schrecken im Bade*. In: Gerhard Neumann/Günter Oesterle/Alexander von Bormann (Hg.): Bild und Schrift in der Romantik. Würzburg 1999, 189–211.

Weigel, Sigrid: *Der Findling* als ›gefährliches Supplement‹. Der Schrecken der Bilder und die physikalische Affekttheorie in Kleists Inszenierung diskursiver Übergänge um 1800. In: KJb 2001, 120–134.

Ingo Breuer

3. Dramaturgie und dramatischer Stil

Unter den deutschen Autoren ist neben Schiller wohl Kleist derjenige mit der größten dramaturgischen Energie. In seinen Werken verbinden sich hohe Handlungsdichte und oft bis zum Äußersten getriebene Handlungsintensität mit effizientem Spannungsaufbau. Diese Eigenarten zeigen sich nicht nur in den Dramen, sondern auch in den Erzählungen. Sämtliche seiner Dramen, sogar diejenigen, die wie *Der zerbrochne Krug* und die *Penthesilea* in eine Abfolge von Auftritten – und nicht, dem traditionellen Muster gemäß, in Akte – eingeteilt sind, baute Kleist nach den Strukturgesetzen des fünfaktigen Dramas

(Schmidt 2003, 113f.), mit einer Abfolge analoger Handlungsphasen, ebenso die meisten Erzählungen: Gestaltung von Handlung und Gegenhandlung, offener Ausbruch des Konflikts, Retardation, Peripetie, Katastrophe oder glückliche Lösung. Aber auch seine Erzählungen sind reich an theatral ausgestalteten Szenen, an dramatisch gespannten und zugespitzten Dialogen, an expressiver, zuweilen bis ins Pantomimische gesteigerter Mimik und Gestik, überhaupt an einer dramatisch intensivierten Zeichensprache. Besonders auffallend ist in den Erzählungen wie in den Dramen die Markierung »erregender Momente« durch (meist auditive) Signale: So, wenn im *Amphitryon* Alkmene zu ihrem Schrecken auf dem Diadem plötzlich das Monogramm J (für: Jupiter) statt des A (für: Amphitryon) sieht (II, 4); wenn im Homburg-Drama nach der schon in der Parole-Szene mehrfach exponierten Signal-Vereinbarung (»Eh wird er nicht Fanfare blasen lassen« – »Doch dann wird er Fanfare blasen lassen«, DKV II, 574f.) der Prinz seinen verhängnisvollen Entschluss zum ordrewidrigen Eingreifen mit den Worten kundtut: »Auf! Laß Fanfare blasen!« (DKV II, 582); wenn im *Erdbeben in Chili* die unglückliche Josephe »bei dem Anklange der Glocken« (DKV III, 189) in Mutterwehen auf den Stufen der Kathedrale niedersinkt; wenn in der *Marquise von O...* zum festgesetzten Termin, an dem sich der unbekannte Vergewaltiger der Marquise und ihrer Familie offenbaren soll, alle in höchste Spannung geraten, »als die Glocke eilf schlug« (DKV III, 189), ja die Glocke noch »summt«, als der Graf F... angekündigt wird (DKV III, 182); wenn die wahnsinnig gewordenen Bilderstürmer in der *Heiligen Cäcilie*, als plötzlich »die Stunde der Mitternacht [schlägt]« und »nachdem sie einen Augenblick gegen den dumpfen Klang der Glocke aufgehorcht«, »mit einer entsetzlichen und gräßlichen Stimme, das Gloria in excelsis« intonieren (DKV III, 303), das später zur Kennmelodie ihres Wahnsinns avanciert.

Die Beispiele machen deutlich, dass Kleist mit solchen Signalen ein Höchstmaß an dramatisierender, auf kritische Augenblicke hin fokussierter Zeit-Regie intendiert. Dies gilt sogar für teichoskopisch vermittelte Ereignisse. So gipfelt etwa im *Michael Kohlhaas* der hochdramatische und durch Kohlhaasens Zwischenfragen dialogisch aufgereizte Bericht Herses über die ihm auf der Tronkenburg widerfahrenen Misshandlungen in einer Schlusspartie, die mit Signalen aufgeladen und ganz auf präzipitierende Zeitraffung hin entworfen ist:

»Und da ich sage: die Raubhunde! Wo führen sie mir die Pferde hin? und mich erhebe: heraus aus dem Schloßhof! schreit der Vogt, und: hetz, Kaiser! hetz, Jäger! erschallt es, und: hetz, Spitz! und eine Koppel von mehr denn zwölf Hunden fällt über mich her. Drauf brech' ich, war es eine Latte, ich weiß nicht was, vom Zaune, und drei Hunde tot streck' ich neben mir nieder; doch da ich, von jämmerlichen Zerfleischungen gequält, weichen muß: Flüt! gellt eine Pfeife; die Hunde in den Hof, die Torflügel zusammen, der Riegel vor: und auf der Straße ohnmächtig sink' ich nieder« (DKV III, 37).

Dramaturgische Virtuosität zeigt Kleist nicht weniger in der Gestaltung von Dialogen, die – von polysemantischer Valenz und symbolträchtigen Anspielungen gekennzeichnet – fast immer auf dramatische Effekte angelegt sind. Die Dialoge *beziehen* sich dabei nicht nur deskriptiv oder aktional auf den Handlungsverlauf, sie werden auch in hohem Maße von Handlungsenergien *gesteuert*. In solchen Gesprächen findet häufig das dramatische Ringen um Entscheidungen und Taten konzentrierten Ausdruck, sie vollziehen sich oft unter der atemlosen Spannung eines rasant verlaufenden Geschehens, das sie aus rasch wechselnder Perspektive der Dialogpartner so intensiv vermitteln, dass der Eindruck des Unmittelbaren entsteht. Die Dialoge bilden damit nicht zuletzt äußerlich-situativ den ultimativen Druck einer tödlichen Bedrohung, oft einer bevorstehenden Hinrichtung oder einer Mordtat ab (*Das Erdbeben in Chili, Michael Kohlhaas, Prinz Friedrich von Homburg; Die Familie Schroffenstein, Die Verlobung in St. Domingo*). Aus den Dialogen, die emotionale Konflikte und Krisen widerspiegeln, entspringt ein Psychodrama, in dem Angst, Wut, Todesfurcht, Panik, aber auch heldenhafte Fassung oder Tatbereitschaft in jähen Peripetien, emotionalen Ambivalenzen und Turbulenzen eindrücklich zum Vorschein kommen.

Mit dem Handlungsdrama und dem Gefühls-

drama verknüpft der Dramaturg Kleist gern eine dritte dramatische Dimension, die des Erkenntnisdramas. In dieser Verbindung bestimmt die Erkenntnis nie in vorgängiger Weise die äußere Handlung oder das psychische Gefühlsdrama, vielmehr entsteht die Erkenntnis erst aus irritierenden Erfahrungen und emotionalen Erschütterungen. Im Sinne einer Dramatik des Erkennens konzipierte Kleist schon von der gesamten Anlage her Werke, die dem Kompositionsmodell des analytischen Dramas folgen. Dessen Grundstruktur besteht darin, dass ein zunächst unaufgeklärtes Faktum, etwa ein Verbrechen, Aufklärung fordert und in einem etappenweise vorangetriebenen und von Irritationen und Täuschungen retardierten Aufklärungsprozess schließlich auch findet. Dieser Aufklärungsvorgang zieht die ins Geschehen verwickelten Personen in einen Prozess des Erkennens hinein, der immer wieder durch objektive Hindernisse und subjektive Irrtümer vielfältig aufgehalten, abgelenkt oder sogar durchbrochen wird. Erstmals wählte Kleist diese dramatische Form im *Zerbrochnen Krug* nach dem Vorbild des sophokleischen *König Ödipus*.

Das aus diesem antiken Urtyp des analytischen Dramas abgeleitete Handlungsschema legte er dann ebenfalls zwei Erzählungen zugrunde, die gerade aus dem entsprechenden Aufbau ihre spezifisch dramatische Erkenntnis-Spannung gewinnen: der *Marquise von O...* und dem *Zweikampf*. Immer stehen am Anfang eine ungeklärte Tat und die dadurch herausgeforderte Aufklärungs- und Erkenntnis-Anstrengung: Wer hat den Krug zerbrochen, wer hat die Marquise vergewaltigt, wer hat den Herzog von Breysach ermordet? Wie in einer Kriminalgeschichte ergibt sich dann jeweils die Erkenntnis-Spannung zunächst aus der Suche nach dem Täter; der kriminalgeschichtlichen Komposition entspricht es auch, dass ein Corpus delicti den äußeren Anhaltspunkt bildet: der zerbrochne Krug, der Körper der Marquise, der Mordpfeil im *Zweikampf*. Doch offenkundig konstituieren diese kriminalistisch relevanten Elemente ebenso wie die prozessualen Beweismittel (Zeugen-Aussagen, Geständnisse, Alibis und Indizien) nur das äußere dramaturgische Gerüst. Kleists eigentliches Interesse gilt indes dem Verhalten der von dem Geschehen betroffenen Personen – sowohl ihren Gefühlsreaktionen wie auch ihren Erkenntnisprozessen. Demnach resultiert die Erkenntnis-Spannung nur vordergründig aus der Erhellung der für den Leser ohnehin recht bald offenkundigen Tatbestände. Die wesentliche Erkenntnis-Dramaturgie zielt auf die durch das äußere Handlungsmoment ausgelösten inneren Vorgänge; unter ihnen ziehen neben den affektiven v.a. die reflexiven die Aufmerksamkeit auf sich. Besondere Spannung erzeugen die durch Affekte oder Vorurteile bedingten Schwierigkeiten des Erkennens.

Ihren Höhepunkt erreicht die tiefenpsychologisch verfahrende Erkenntnisdramaturgie dort, wo Erkenntnis zur Selbsterkenntnis führt. Das kann auch, als final tragische Erkenntnis, die Einsicht in das bisher verfehlte Selbstverständnis bedeuten. In Handlungszusammenhängen, die zu einem positiven Ende führen, kommt die Erkenntnis, auch wenn ihr (wie für Alkmene im *Amphitryon*) die für Kleist typischen schmerzlichen Torturen vorausgehen, noch rechtzeitig; in tragischen Verläufen hingegen kommt sie stets zu spät. Infolgedessen hängt auch die dramaturgische Zeitdisposition eng mit der Erkenntnisproblematik zusammen. Im *Variant* des *Zerbrochnen Krugs* ruft Evchen am Schluss, als sie sich gerade noch rechtzeitig aus ihrer durch Adams Machenschaften verursachten Verstörung erlöst sieht: »O Himmel! / Daß ich nicht solche Münze mehr erkenne!« (DKV I, 376). Penthesileas Erkenntnis dagegen kann den tragischen Ausgang nicht verhindern. Nachdem sie aus ihrem zerstörerischen Wahnsinn erwacht ist, erfährt sie, dass Achill tot ist, dass kein anderer als sie selbst ihn auf schreckliche Weise zugrunde gerichtet hat. Schließlich muss sie erkennen, dass ihre blinde Befangenheit in der naturwidrigen Ordnung des Amazonenstaats, dessen Normen von ihr als Selbstverständlichkeiten internalisiert wurden, sie in diese Katastrophe gestürzt hat: Das Ergebnis dieser Erkenntnis ist die Absage an jene amazonische Ordnung: »Ich sage vom Gesetz der Fraun mich los« (DKV II, 255). Bereits im Erstlingsdrama *Familie Schroffenstein* erfolgt die Erkenntnis zu spät, so dass nur das lapidare Fazit bleibt: »Wenn ihr euch totschlagt, ist es ein Versehen« (DKV I, 232).

In der *Verlobung in St. Domingo*, die mit durchgehendem Clair-Obscur und entsprechenden Orientierungsversuchen die Schwierigkeiten des Erkennens zu höchster existenzieller Intensität steigert, wirkt (wie in der *Penthesilea*) die Erkenntnis des tödlichen Irrtums selbst tödlich: Als Gustav, nachdem er den Schuss auf Toni abgefeuert hat, über den wahren Sachverhalt aufgeklärt worden ist, jagt er sich eine Kugel in den Kopf. Andere Dramen und Erzählungen verlagern die aus dramaturgischer Wirkungsabsicht erzeugte Spannung in Illusionsbildungen, die, sobald sie rechtzeitig in Desillusionierung durch Erkenntnis münden (wie etwa für Alkmene im *Amphitryon* und die Marquise von O...), noch ein leidlich gutes Ende zulassen, sofern aber eine auf Erkenntnis angelegte Desillusionierung nicht stattfindet, in die Katastrophe führen (wie bei Jeronimo und Josephe im *Erdbeben in Chili*).

Schon Aristoteles hatte in seiner *Poetik* den Umschlag von Nichterkennen in Erkenntnis als einen der zwei Höhepunkte (neben der »Peripetie«) in der Wirkungsdramaturgie der Tragödie bestimmt und mit dem Terminus »Anagnorisis« bezeichnet. Doch versteht er Anagnorisis nicht nur in einem allgemein-übergreifenden Sinn als Umschlag von Nichterkennen in Erkenntnis und – wie im *König Ödipus* des Sophokles – in Selbsterkenntnis; eine spezielle Ausformung sieht er auch im gegenseitigen Erkennen von Personen, die sich bisher unerkannt gegenüberstanden. Bekannte Beispiele in der griechischen Tragödie sind Elektra und Orest sowie die auch noch von Goethe zur Gestaltung der Anagnorisis herangezogene Konstellation zwischen Iphigenie und Orest. Auch Kleist hat seine Dramaturgie des Erkennens nicht bloß auf die Anagnorisis im allgemeinen Sinn angelegt, sondern diese noch speziell als gegenseitiges Erkennen von Personen gestaltet. Dabei wird die Erkenntnis auf eine für ihn charakteristische Weise zu einem Akt des Sich-Vergewisserns abgewandelt, und dies vorzugsweise in Liebesbegegnungen, die er mit der Nennung des Namens als eines Kenn-Zeichens verbindet: An diesem kann sich die Erkenntnis festhalten. Solches Sich-Vergewissern im gegenseitigen Erkennen und Namen-Nennen kommt bereits in der *Familie Schroffenstein* vor, als Ottokar und Agnes zusammenfinden; großes Pathos gewinnt es ferner im zentralen 15. Auftritt der *Penthesilea* (DKV II, 209–211), in dem Achill zweimal die geliebte Gegnerin fragt: »Wer bist du?« und dann der Name »Penthesilea« sogar dreimal exponiert wird; ferner in der *Verlobung in St. Domingo* von der ersten Frage des in das Haus Congo Hoangos eintretenden Fremdlings Gustav an die ihm noch unbekannte Toni: »Wer bist du?« (DKV III, 225) bis zu der in einem Traum unbewusst beglaubigten Namens-Nennung (»[...] hörte sie, zu wiederholten Malen, von seinen glühenden, zitternden Lippen das geflüsterte Wort: Toni!« DKV III, 248).

Wie die Erkenntnis-Metabole »Anagnorisis«, so setzt Kleist auch die Handlungs-Metabole »Peripetie« präzise ein und begnügt sich dabei selten mit nur einer einzigen Peripetie. Außer der Hauptperipetie fügt er weitere Peripetien, auch Binnen-Peripetien, ja gegenläufige Peripetien ein, um das Geschehen noch stärker zu dramatisieren, so in der *Penthesilea*, im *Erdbeben in Chili*, ganz besonders aber im *Michael Kohlhaas* und im *Zweikampf*. Die Katastrophen wachsen sich unter großem schauspielhaftem Aufwand zum spektakulären Finale aus. Beispielhaft hierfür sind das Ende der *Penthesilea*, der im grandiosen Zusammenspiel der Beleuchtung, Stimmen-Regie und Raum-Suggestion präsentierte Untergang des Liebespaars im *Erdbeben in Chili*, die als öffentliches Spektakel inszenierte Hinrichtung des Kohlhaas inmitten »einer unermeßlichen Menschenmenge« (DKV III, 139) sowie in Gegenwart des Kanzlers, des brandenburgischen und sächsischen Kurfürsten und nicht zuletzt der beiden »die Erde mit ihren Hufen stampfenden Rappen« (DKV III, 140). Auch am Schluss des *Zweikampfs* wird die Hinrichtung des bereits auf dem Scheiterhaufen festgebundenen Paares inmitten einer vom »Glockengeläut« zusammengerufenen »unermeßlichen Menschenmenge« vorbereitet (DKV III, 346), als sich im allerletzten Moment die rettende Peripetie durch das Geständnis des sterbenden Rotbart vollzieht, um dessen Lager sich »mehr denn tausend Ritter« (!) drängten, »denen alles Volk, über Bänke und Schranken herab, folgte« (DKV III, 347). Hier erreicht die Dramatisierung auch strukturell einen Grenzwert: Nicht

auf die Peripetie folgt die Katastrophe, sondern auf die unmittelbar bevorstehende Katastrophe – sie ist bereits voll inszeniert – folgt eine Peripetie, welche diese Katastrophe gerade im letzten Augenblick verhindert. Kleist verfährt hier mit den dramaturgischen Standards derart experimentell frei, um das Äußerste an paradoxaler Erregung zu erreichen. Auch im *Prinz Friedrich von Homburg* verbindet sich die Hinrichtungsszene – obwohl als eine Schein-Katastrophe eingefügt, die das Geschehen schon bis an den Rand des Unwirklich-Traumhaften treibt – mit der vollends unwirklich-paradoxalen Peripetie, die zur Rettung des Prinzen führt.

Über die Gestaltung der sowohl konventionell angewandten wie experimentell variierten Handlungsstrukturen hinaus verfolgt Kleist auch spezifisch kompositorische Strategien, die der szenischen Konturierung und dem Spannungsaufbau dienen. Als er sich mit dem *Guiskard* und der *Penthesilea* der großen Tragödie zuwandte (später schrieb er nur noch »Schauspiele«: *Das Käthchen von Heilbronn*, *Die Herrmannsschlacht* und *Prinz Friedrich von Homburg*), strebte er insgesamt nach einem monumentalisierenden Verfahren: von der »großen« und kühnen Bildlichkeit bis hin zum dramaturgischen Aufbau einer heroischen, ans Übermenschliche grenzenden Größe der Hauptfiguren. Um die dem Ziel der Monumentalisierung entsprechende hochgespannte Erwartungshaltung zu erzeugen, vergegenwärtigt er die Protagonisten zunächst nur indirekt durch erstaunte Berichte anderer in ungewöhnlich langen Anfangspartien. Erst nachdem so die Erwartung bis zum Äußersten angespannt ist, treten die Hauptakteure selbst auf. Da Kleist in der Anfangspartie der *Penthesilea* das rätselhafte Wesen und Verhalten der Heldin (das erst in der zweiten, nachgeholten Exposition des 15. Auftritts seine Enträtselung findet) nur in teils retrospektiven, teils simultan reportageartigen Berichten anderer von ihrem wilden Dahinjagen und Verfolgen Achills darstellen kann, greift er auf die klassischen Mittel indirekter Dramaturgie zurück: auf Bericht und Teichoskopie – dies allerdings in einem so ungewöhnlichen Ausmaß, dass Goethe irritiert reagierte, nachdem ihm Kleist die *Penthesilea* zugesandt hatte: Ihn, den Dichter der

Iphigenie, befremdeten nicht nur das »so wunderbare Geschlecht« der Penthesilea und die so »fremde Region«, in der sie sich bewegte; ebenso skeptisch antizipierte er das inszenatorische Problem der Realisation auf der Bühne. Er sei, so schrieb er an Kleist am 1.2.1808, »immer betrübt und bekümmert«, wenn er »junge Männer von Geist und Talent sehe, die auf ein Theater warten, welches da kommen soll«.

Zu den Merkmalen einer ganzen Reihe von Kleists Dramen und Erzählungen gehört weiterhin die schon erwähnte intensive Ausgestaltung der Schluss-Szenen, die ein besonderes Schwergewicht in der Gesamtkomposition erhalten. Ihr zuweilen disproportional ausgedehnter Umfang zog nicht selten das Problem einer gewissen Verselbständigung nach sich, wie beim *Zerbrochnen Krug*. Dessen ursprünglicher Schluss (der von Kleist der Buchausgabe von 1811 separat beigegebene, von ihm so genannte »Variant«) machte nicht weniger als zwanzig Prozent des Gesamtumfangs aus, und gewinnt auch qualitativ ein vom Duktus des Lustspiels stark abweichendes Eigenleben – deshalb und nicht aufgrund dramaturgischer Missgriffe, die man Goethe immer wieder unterstellte, hatte das Stück auf dem Weimarer Theater keinen Erfolg. Kleist zog aus der Kritik die Konsequenz und konzipierte für die Endfassung einen knappen, lustspielgemäßen Schluss. Einen ausgeprägt szenischen Akzent erhalten die Schlusspartien der *Penthesilea* und der entschieden dramatisierten Erzählungen *Das Erdbeben in Chili*, *Der Zweikampf* und *Michael Kohlhaas*. In diesen Werken kommt ein dramaturgisch integriertes und zugleich als Fortissimo eindrucksvoll instrumentiertes Finale zustande. Lediglich auf eine quantitative Anhäufung läuft dagegen der Schluss der *Herrmannsschlacht* hinaus.

Neben solchen Merkmalen der finalen Komposition ist Kleists Dramaturgie auch ein Verfahren der kontrastiven bzw. dialektischen Komposition von Szenen eigentümlich. Schon in der *Familie Schroffenstein* verfolgt er eine gegenszenische Dramaturgie mit markantem Ausdruckswert: Mit den Szenen zivilisatorischer Deformation, ja zerstörerischer Unnatur im Bereich der Schlösser kontrastieren ihre Gegenszenen in der freien Natur, in denen sich das Menschliche, die Liebe entfaltet (»Gegend im Gebirge«, DKV I, 151). Eine in ähnlicher Weise von der rousseauistischen Opposition von Natur und Zivilisation bestimmte gegenszenische Dramaturgie organisiert auch das *Käthchen von Heilbronn*: Das Naturkind Käthchen träumt *vor* dem Schloss unter dem Holunderbusch (IV/2), die Zivilisationskarikatur Kunigunde staffiert sich indes *im* Schloss mit künstlich-falschen Reizen aus. In der *Penthesilea* komponierte Kleist eine Fülle von Parallel- und Gegenszenen, um die antagonistische Liebe der beiden Protagonisten, in der ihre schwer vereinbaren Herkunftswelten, -identitäten wie Geschlechterkodes in konfliktgeladener Attraktion aufeinander treffen, auch strukturell ins Profil zu heben (Schmidt 1974, 129–136). Das Homburg-Drama schließlich treibt die antithetischen und antagonistischen Konstellationen, die sich inhaltlich im Gegensatz von Traum und Wirklichkeit sowie in der Dyade von Kurfürst und Prinz veranschaulichen, aber zugleich auf Vermittlung zielen, bis zu einer auf einen dialektischen Ausgleich angelegten Szenen-Konfiguration. Kleists gegenszenische Dramaturgie bildet hier das dialektische Vermittlungsgeschehen in einer kunstvoll symmetrischen Komposition ab, die alles in ein strukturell bipolares Beziehungsgefüge und sogar Gleichgewicht bringt (ebd., 137–142).

Wie seine Dramen und Erzählungen in Handlungsführung und szenischer Gestaltung, so dramatisierte Kleist auch die sprachlichen Strukturen bis in einen unverkennbar eigenen Satzbau hinein. Untersuchungen zu Kleists Sprache haben gezeigt, dass seine Syntax oft dem Rhythmus von Ballung und Entladung, von Stauung und Lösung folgt. Eines der charakteristischen Mittel ist die Sperrung grammatikalisch zusammengehöriger Satzglieder durch Zwischenschaltungen, die Spannung aufbauen.

Literatur

Klotz, Volker: Radikaldramatik. Szenische Vor-Avantgarde. Von Holberg zu Nestroy, von Kleist zu Grabbe. Bielefeld 1996.

Kreuzer, Hans Joachim: *Amphitryon*. Mythos und Drama. In: Paul Michael Lützeler/David Pan (Hg.): Kleists Erzählungen und Dramen. Neue Studien. Würzburg 2001, 179–190.

Schmidt, Jochen: Heinrich von Kleist. Studien zu seiner
  poetischen Verfahrensweise. Tübingen 1974.
–: Heinrich von Kleist. Die Dramen und Erzählungen
  in ihrer Epoche. Darmstadt 2003.

Hee-Ju Kim

4. Duell und Zweikampf

Der Begriff des Duells besitzt in Bezug auf Kleists
Leben und Werk ein weites Bedeutungsspektrum,
das von der Bezeichnung des rituellen Kampfs
um Ehre bis zur davon weitgehend abstrahierten
Gedankenfigur binärer Zuspitzung und des potentiell vernichtenden Kampfs zweier Gegner
reicht. Als ›Zweikampf um Ehre‹ war das Duell
zu Kleists Lebenszeit zwar rechtlich untersagt,
wurde in Offizierskreisen, Adel und akademi-
schem Milieu jedoch häufig praktiziert, denn es
besaß für die soziale Identität von »Ehrenmän-
nern« größte Bedeutung. Beleidigungen und andere Ehrverletzungen konnten mit einer Herausforderung zum Duell beantwortet werden und
mussten dies bis zu einem gewissen Grad auch,
wollte der Beleidigte weiter als »Mann von Ehre«
(DKV IV, 474) gelten. Obwohl gerade Verletzungen »weiblicher Ehre« häufig Anlass von Ehren-
händeln wurden, waren Frauen ebenso wie Angehörige niedriger Stände und Juden grundsätzlich von der Duellpraxis ausgeschlossen. Im
Verhältnis zum Recht spiegelte das Duell die Ambivalenz eines Epochenumbruchs: Zwar unter-
sagten die großen Rechtskodifikationen (wie das
preußische *Allgemeine Landrecht*, 1794) allen
Subjekten eigenmächtigen Gewaltgebrauch und
drohten Duellanten daher strenge Bestrafung an;
aber diese Strafen wurden selten verhängt und
Duelle als ›Kavaliersdelikte‹ par excellence behandelt, galt doch die Wahrung der Ehre als ›ed-
les‹ Motiv und im Selbstverständnis der militärischen Elite als unverzichtbar. In der Duellbereit-
schaft zeigte sich in diesem Sinn nicht etwa
Rachsucht, sondern die Bereitwilligkeit zum ›erhabenen‹ Selbstopfer für die Ehre; es selbst ist ein
zentrales Ritual der durch die ›Sprache der Ehre‹
konstituierten und kommunizierten männlichen,
elitären Identität.

Als Adliger und zumal nach fast sieben Jahren
des Lebens im preußischen Offizierscorps kannte
Kleist den preußischen Ehrenkodex selbstverständlich genau. Zu einer (folgenlosen) Duellfor-
derung kam es jedoch vermutlich nur einmal in
einer Auseinandersetzung mit Raumer 1811 (vgl.
DKV IV, 474f.). Sehr viel häufiger sind die Bezüge zum Duell-Ritual in Kleists literarischen
Texten. Doch erscheint der Zweikampf dort praktisch immer in spezifischen Verschiebungen und
Differenzen zum Ehrenduell: Am auffälligsten ist
seine Version als (vermeintlich) mittelalterliche
Praxis des »Ordals« oder gottesgerichtlichen
Zweikampfs, vor allem in der Erzählung *Der
Zweikampf* (DKV III, 314–349, bes. 329ff.) und
der *Geschichte eines merkwürdigen Zweikampfs*
(ebd., 383–385), aber auch im *Käthchen von Heilbronn* V/1 (DKV II, 417ff.). Hier wird das Duell
zu einem juridischen Ritual, das angesichts zweier
unvereinbarer Aussagen die Wahrheit ermitteln
soll, indem es den Verlierer der Lüge überführt.
Als »Wahrheitsspiel« (Müller 1998, 11) steht es so
jedoch in unklarem Verhältnis zu seiner Bewahr-
heitung der »Ehre«, die ja schon durch die bloße
Bereitschaft zum Duell gewährleistet wird. In allen drei Fällen akzentuiert Kleist außerdem den
theatralen Charakter des Zweikampfs, der vor
Kaiser und Zuschauern und mitbestimmt durch
deren Urteil vollzogen wird, gegenüber dem »in-
offiziellen«, ja illegalen Charakter der zeitgenössischen Duellpraxis; durch den Bezug auf die vermeintliche Providenz inszenieren die Texte aber
wiederum die Kontingenz der Kampfentschei-
dung in Duellen überhaupt. Eine andere, gegenüber dem Ehrenduell verschobene Zweikampf-
Struktur in den Erzähltexten ist der athletische
Agon, der im Fall der »Baxer« (DKV III, 366f.)
mit dem Ehrenkodex nicht mehr verbunden
wird, wenngleich er für beide tödlich endet, im
Fall des Ringens jedoch (*Von der Überlegung. Eine
Paradoxe*, ebd., 554f.) zum Sinnbild des »Kampf[s]
mit dem Schicksal« (ebd.) überhaupt wird.

Auch in anderen Bezügen auf das Duell dominieren in den Texten Kleists die strukturellen Differenzen zum Ehrenzweikampf. Als kardinale
Abweichung von der Duell-Regel der (Ehren-)
Gleichheit der Gegner lässt sich der Kampf zwischen *Amphitryon* und seinem göttlichen Doppelgänger Jupiter lesen, welcher ihm – in Amphitryons Worten – nichts weniger als »Weib, Ehre,

Herrschaft, Namen stehlen« (DKV I, 446) will. Das Stück spiegelt den (potentiell) tragischen menschlich-göttlichen Zweikampf zudem in der komischen Prügelei der Merkur-Sosias-Handlung und motiviert beide Konflikte deutlich mit dem Code der Ehre (»Nicht so viel Ehr in Theben, und mehr Ruhe«, ebd., 403). Doch »der Ehre Fordrung« (ebd., 415) geböte Amphitryon nicht nur die Verstoßung der vermeintlich betrügerischen Athene, sondern auch das Duell mit dem Betrüger, und dies ist im Fall Jupiters offenbar unmöglich. Als Fluchtpunkt der Handlung erscheint so einerseits – in Alkmenes berühmtem Schlusswort – die Ohnmacht der Frau im Ehrspiel der Männer, und sie wird paradoxerweise gerade dort sichtbar, wo das (männliche) Duell die verletzte »weibliche Ehre« nicht restituieren kann. Andererseits wird der (unmögliche) Zweikampf durch das Doppelgängermotiv zum »Duell im Spiegel« (vgl. Brandstetter 1999), zur Inszenierung einer fundamentalen Identitätsproblematik.

Bezeichnend ist auch die Subversion der geschlechtlichen Codierung des Duells in *Penthesilea*. Im abschließenden Zweikampf zwischen Achill und Penthesilea überlagern sich dadurch nicht nur Liebe und Krieg. Das Duell selbst wird jenseits aller Regularien ausgetragen: Von Achills Seite, »der nur zum Schein / Mit einem Spieß sich arglos ausgerüstet«, ist das Eingehen auf den Zweikampf nur Spiel; von Penthesileas Seite, die ihre Hunde auf den Geliebten hetzt und seine Glieder »in Stücken« reißt, wird er aber entgrenzt zum Massaker (DKV II, 239f.). Die Irritation ist jedoch auch struktureller Art, dringen doch die Amazonen von Beginn an in die ›reguläre‹ binäre Kampfsituation zwischen Griechen und Trojanern ein: »So viel ich weiß, gibt es in der Natur / Kraft bloß und ihren Widerstand, nichts Drittes. [...] Doch hier / Zeigt ein ergrimmter Feind von beiden sich [...] Der Trojer wirft, gedrängt von Amazonen, / Sich hinter eines Griechen Schild, der Grieche / Befreit ihn von der Jungfrau, die ihn drängte« (ebd., 148f.).

Über Bezüge auf den Code der Ehre hinaus zeigt sich das Duell in Kleists Texten aber auch als *Gedankenfigur* und Struktur binärer Zuspitzung. So verdichten sich sowohl Dramen als auch die »szenischen« Passagen der Erzählungen häufig zu förmlichen Sprach-Duellen, die der Überführung des Gegners, der Erpressung von Geständnissen oder Wahrheiten dienen; die Produktivität dieser Zwangssituation führt der Aufsatz *Über die allmähliche Verfertigung der Gedanken beim Reden* an Beispielen wie einer Lafontaine'schen Fabel oder dem Rededuell Mirabeaus mit dem Zeremonienmeister des Königs vor (vgl. DKV III, 536ff.). Im Kontext der Moralistik akzentuiert dies Kleists antiidealistischen Rekurs auf aristokratische Verhaltenslehren, welche die Agonalität des Zweikampfs als permanent und seine Theatralität als unhintergehbar ansehen (vgl. Blamberger 1999).

Wieder mit Körperlichkeit verbunden wird die Sprachfigur des Zweikampfs im Essay *Über das Marionettentheater*, der vom Sprach-Duell zwischen dem Erzähler und Herrn C. bis zum ungleichen Zweikampf von Fechter und Bär reicht. Letzterer ist indessen auch als »Lektüre« des Gegners, als Sieg hermeneutischer Überlegenheit gekennzeichnet; »auf Finten«, heißt es vom Bären, »ging er gar nicht einmal ein: Aug' in Auge, als ob er meine Seele darin lesen könnte, stand er, die Tatze schlagfertig erhoben, und wenn meine Stöße nicht ernsthaft gemeint waren, so rührte er sich nicht« (DKV III, 562). Auffällig ist aber auch, dass das Adverb »schlagfertig« hier erneut auf die Verbindung von sprachlicher und körperlicher Agonalität verweist.

Im Sinn von Clausewitz' Formel »Der Krieg ist nichts als ein erweiterter Zweikampf« (vgl. Kittler 1998, 74) lassen sich Kleists Figurationen des Duells schließlich auf die sein Leben wie seine Texte durchziehende Auseinandersetzung mit dem Krieg und dessen grundlegender Veränderung im napoleonischen Zeitalter beziehen: Die »Erweiterung« und Entgrenzung des Kriegs mitsamt der ihr entsprechenden Veränderung des Subjekts wären in dieser Perspektive allerdings das gerade Gegenteil des streng regulierten und damit »eingehegten« Duells beziehungsweise Kabinettskriegs. Die Entfesselung schierer Gewalt und Vernichtungsabsicht, wie sie in Kleists Werk notorisch erscheint, steht im diametralen Gegensatz zu deren Sozialkontrolle und zeremonieller Affektbändigung.

Insgesamt findet sich bei Kleist also eine refle-
xive Bezugnahme auf das Duell als Form des »Eh-
renhandels« und eine Subversion praktisch aller
Vorstellungen, die es konstituieren. In der Entgrenzung der Zweikampfs über die Norm der
Ehre hinaus, für die er letztlich ein Integrations-
ritual und eine Form der Krisenbewältigung war,
zu einem universalen Modell sowohl des Kampfs
als auch der (letztlich unmöglichen) Kommunikation, erweist sich eine für Kleists Texte charakteristische Modernität: Das Ritual des Duells be-
wältigt nicht mehr die Krise einer Ordnung, es
demonstriert vielmehr die Unhintergehbarkeit
ihrer Aporien.

Literatur

Blamberger, Günter: Agonalität und Theatralität.
    Kleists Gedankenfigur des Duells im Kontext der eu-
    ropäischen Moralistik. In: KJb 1999, 25–40.
Brandstetter, Gabriele: Duell im Spiegel. Zum Rahmen-
    spiel in Kleists *Amphitryon*. In: KJb 1999, 109–127.
Frevert, Ute: Ehrenmänner. Das Duell in der bürgerli-
    chen Gesellschaft. München 1991.
Kittler, Wolf: Kleist und Clausewitz. In: KJb 1998, 62–
    79.
Müller, Jan-Dirk: Kleists Mittelalter-Phantasma. Zur
    Erzählung *Der Zweikampf* (1811). In: KJb 1998,
    3–20.
Vgl. auch die Dokumentation der Beiträge zur Jahresta-
    gung 1998 »Kleists Duelle« der Heinrich-von-Kleist-
    Gesellschaft in KJb 1998 und KJb 1999.

Michael Ott

5. Eigentum

Das Eigentum als Faktor, der das menschliche
Verhalten sowie die gesellschaftlichen Strukturen
und Wertungen wesentlich bestimmt, bildet von
Kleists Erstlingswerk *Die Familie Schroffenstein*
bis zu seiner letzten Erzählung *Der Zweikampf*
immer wieder einen Angelpunkt des Geschehens.
Fast durchgehend bewertet Kleist das Eigentum
negativ, obwohl im *Michael Kohlhaas* eine gewisse Gegenläufigkeit festzustellen ist, da er hier
unter dem Eindruck der Preußischen Reformen,
insbesondere vor dem Hintergrund der reformerischen Bemühungen um Gewerbefreiheit und
die rechtliche Sicherung des Einzelnen dem Eigentum eine positive Bedeutung zumisst.

Bei der dennoch fundamental kritischen Einschätzung der menschlichen Fixierung auf Eigentum und Eigentumsverhältnisse geht Kleist von
Rousseaus Zivilisationskritik aus. Rousseau leitet
in seinem auf antike Traditionen zurückgreifen-
den, aber revolutionär wirkenden *Discours sur
l'origine et les fondements de l'inégalité parmi les
hommes* von 1755 die Ungleichheit der Menschen
und damit die gesellschaftlichen Konflikte von
der Eigentumsbildung ab. Eigentum und Besitz-
streben bezeichnet er als Grundübel der menschlichen Zivilisation, weil sie zur Abgrenzung der
Menschen voneinander und zur Ungleichheit
führen. Kleist interessiert sich weniger für die mit
dem Eigentum verbundene Ungleichheit als für
dessen alle menschlichen Beziehungen vergif-
tende und zerstörende Wirkung.

In der *Familie Schroffenstein* bringt er diese
kritische Wertung erstmals zum Ausdruck. Wie
sehr das Drama von Rousseaus zivilisationskriti-
scher Berufung auf die »Natur« ausgeht, zeigt
sich alsbald, als Rupert, der negative Hauptreprä-
sentant der gesellschaftlich deformierten Verhältnisse, seine Frau mit den Worten zurückweist:
»nichts mehr von Natur« (DKV I, 127, vgl. ebd.,
17). Das widernatürlich-zerstörerische Geschehen hat seinen geradezu als Erbsünde gekennzeichneten Grund in der Festschreibung von Ei-
gentumsdispositionen durch einen »Erbvertrag«.
Dieser entfesselt eine Hölle von Ängsten, Misstrauen (ein Hauptmotiv des Werks) und Feindse-
ligkeiten, die schließlich in Mord und Totschlag
münden. Die Zerrüttung von Familienkonstella-
tionen und verwandtschaftlichen Bindungen
weist auch später auf die Widernatur des Eigentums. Immer wieder erscheint es als eigentliche,
weil letzte Ursache der gesellschaftlichen und
menschlichen Katastrophen. Im *Erdbeben in
Chili*, dessen Titelbegriff »Erdbeben« auch eine
Revolutionsmetapher ist, verrät der Bruder Josephes das Liebesverhältnis seiner Schwester zu
dem armen Hauslehrer Jeronimo dem Vater nicht
nur aus Standesstolz – die scheinbar beiläufige
Bemerkung, der Vater sei einer der »reichsten«
Edelleute der Stadt, lässt noch ein anderes Motiv
erkennen. Es tritt vollends zu Tage, als die
Schwester aufgrund der Denunziation durch den
Bruder ins Kloster gezwungen und damit von der

Erbfolge ausgeschlossen wird. Der ›Moral‹ und der Religion kommt in dieser Erzählung die Funktion zu, die Unnatur ideologisch zu legitimieren sowie Besitzinteressen und Unterdrückungsinstinkte zu bedienen. Dass aber Kleist die Aufhebung der gesellschaftlichen – letztlich auf Eigentumsverhältnisse und Standesgrenzen zurückzuführenden – Ungleichheit als utopisch wertet, geht aus der so deutlich rousseauistisch besetzten Szene in der freien Natur hervor, in der sich die Menschen für kurze Zeit wahrhaft human verhalten: Es handelt sich um eine von der gesellschaftlichen Wirklichkeit schnell wieder eingeholte idyllische Ausnahme-Situation, die nur gefährliche Illusionen erzeugt.

Die *Verlobung in St. Domingo* verschärft die Eigentumsproblematik, indem sie an den geschichtlichen Auswirkungen der Sklaverei, zu deren Wesen es gehört, dass Menschen zum Eigentum anderer werden, die katastrophalen, bis zur Perversion und zur Selbstzerstörung reichenden Folgen vorführt. Auch versäumt es Kleist nicht, die negative Wirkung von Eigentums- und Besitzverhältnissen bis in die Beziehung zwischen Mann und Frau hinein zu verfolgen: Tonis Mutter Babekan wurde von einem »*reichen* Marseiller« Kaufmann um »einer jungen *reichen* Braut« willen schändlich verraten (DKV III, 231f.). Wie schon im *Erdbeben in Chili* ist noch in der letzten Erzählung, im *Zweikampf*, die handlungsauslösende Ursache das bis in die engsten Familienverhältnisse verderblich durchschlagende Eigentumsinteresse. Dies gilt sowohl für den rahmenbildenden Anfangsteil, in dem Jacob der Rotbart seinen Bruder ermorden lässt, um sich das Erbe zu sichern, wie auch für die dann dominierende Binnenerzählung, in der Littegardes Brüder die Schwester verstoßen, um sich des ihr zustehenden Erbes zu bemächtigen. Dass beide Geschehenskomplexe von der gleichen Ur-Verfehlung bestimmt sind, die damit als eine wesentliche Triebkraft der Geschichte überhaupt erscheint, bezeugt noch einmal die fundamentale Bedeutung der Eigentumsproblematik für Kleist. Sie bildet den Kern seiner pessimistischen Gesellschaftskritik. Indem er sie gerade an Familien-Konstellationen vorführt, macht er die Familie zum Modell von Gesellschaft und zugleich betont

er so den von Rousseau statuierten Verstoß gegen die ursprüngliche Natur-Ordnung.

In einer kaum auflösbaren Spannung zu dieser grundsätzlichen Kritik am Eigentum steht die positive Wertung im *Michael Kohlhaas*. Die für die Kohlhaas-Erzählung konstitutive Verbindung des Rechtsbewusstseins mit dem Schutz des Eigentums bestimmt schon eine Grundschrift des ganzen Aufklärungszeitalters: John Lockes *Second Treatise of Government* (1690). Locke erklärt es für die oberste Pflicht der Staatsgewalt, Leben und Eigentum der Bürger zu schützen. Unter Eigentum versteht er »Leben, Freiheit und Vermögen«, im engeren Sinn das Privateigentum. Er erhebt das Eigentumsrecht zu einem Grundrecht, indem er es aus dem Prinzip der Selbsterhaltung naturrechtlich begründet. Die französische Erklärung der Menschen- und Bürgerrechte vom 26.8.1789, Artikel 2, zählt zu den natürlichen Menschenrechten ausdrücklich auch das Recht auf Eigentum. In Preußen wirkten sich diese Maßgaben schon im Vorfeld der Preußischen Reformen aus. In den sogenannten *Kronprinzenvorträgen*, die der geistige Vater des *Allgemeinen Landrechts für die Preußischen Staaten* von 1794, Carl Gottlieb Svarez im Jahr 1791/92 dem preußischen Kronprinzen und späteren König Friedrich Wilhelm III. hielt, forderte er neben dem »Gebrauch der natürlichen Freiheit eines jeden« die »Sicherheit des Eigentums« und die »Beförderung des Privatwohlstandes«. In der Zeit der Preußischen Reformen kamen diese Vorstellungen vollends zum Tragen. Auch gewann gerade in den Jahren der Preußischen Reformen der liberale Wirtschaftstheoretiker Adam Smith großen Einfluss, in dessen Werk die Begriffe ›Wohlstand‹ und ›Eigentum‹ von zentraler Bedeutung sind.

Als Anwärter für den Staatsdienst trat Kleist während seiner Königsberger Zeit zu den liberalen Reformern in nähere Beziehung: Königsberg war die Hochburg politischer Aufklärung, die sich philosophisch an Kant, wirtschaftstheoretisch an Adam Smith orientierte. Ein Schüler und Freund Kants, Christian Jakob Kraus, verkündete Smiths Lehren mit großem Erfolg, und schon eine Woche nach der Ankunft in Königsberg, am 13.5.1805, meldete Kleist den Besuch von Vorlesungen bei Kraus (DKV IV, 340). Im August 1805 beendete er einen Brief an den Freund Ernst von Pfuel, der ihn offensichtlich gebeten hatte, ihm Smiths maßgebende Schrift zu leihen, mit dem Satz: »Adieu, den Smith brauche ich selbst« (DKV IV, 348). Am 10.2.1806 schrieb er als Angestellter der Kriegs- und Domänenkammer in Königsberg an den Freiherrn von Stein zum Altenstein, die »Wiederherstellung der natürlichen Gewerbsfreiheit« sei sein »Lieblings-Gegenstand« (DKV IV, 354). Dass dies keineswegs nur adressatenbezogen als eine Versicherung des amtlich Gewünschten zu verstehen ist, zeigt in der Kohlhaas-Erzählung die große und positive Bedeutung des Eigentums, des Wohlstands und seiner Voraussetzung: der Gewerbefreiheit. Nur wenige Monate nach Erscheinen des *Michael Kohlhaas*, am 2.11.1810, ließ Hardenberg durch ein Edikt die Gewerbefreiheit proklamieren, und einen Tag später nahm Kleist einen Grundsatzartikel unter dem Titel *Gewerbefreiheit* in die *Berliner Abendblätter* auf.

Jochen Schmidt

6. Erkenntnis und Wahrheit

In einem frühen Brief, der oft als Zeugnis einer folgenreichen ›Kant-Krise‹ verstanden wurde, beruft sich Kleist auf Kant, um die Möglichkeit von Wahrheitserkenntnis grundsätzlich in Frage zu stellen. Seiner Vorliebe für das Grenzwertige und Paradoxe folgend, räsoniert er später über das Verhältnis von Wahrheit und Wahrscheinlichkeit: In die Schlusspartie des *Michael Kohlhaas* fügt er die Bemerkung ein: »wie denn die Wahrscheinlichkeit nicht immer auf Seiten der Wahrheit ist« (DKV III, 134; vgl. ebd., 377). In seinem dichterischen Werk erhält die Problematik von Wahrheit und Erkenntnis große Bedeutung vor allem aufgrund einer durch Illusionen, Täuschung, Verstellung, Verblendung oder Irrtum gestörten Wahrheitsfähigkeit und Erkenntnismöglichkeit. Dies hat die Forschung schon früh erkannt, wie insbesondere der programmatische Titel von Walter Müller-Seidels Buch *Versehen und Erkennen* signalisiert. Kleist problematisiert ›Wahrheit‹ und ›Erkenntnis‹ nicht transzendentalphilosophisch, sondern im Sinne

adäquater Wirklichkeitswahrnehmung und gelingender oder misslingender Orientierung. Die Schwierigkeiten, die ›Wahrheit‹ in einer bis zum Rätselhaften undurchschaubaren Welt zu erkennen, erzeugen in den Dramen und Erzählungen oft tragische Katastrophen oder Beinahe-Katastrophen. Insofern ist die Problematik von Wahrheit und Erkenntnis ein wesentliches Element der Werke.

Im Brief an seine Braut Wilhelmine von Zenge vom 22.3.1801 sagt Kleist den »Wissenschaften« ab, nachdem er erst zwei Jahre zuvor gerade sein Interesse für die Wissenschaften in einem Brief vom 18./19. 3. 1799 an den Lehrer Christian Ernst Martini kundgetan hatte, um damit die Aufgabe der schon begonnenen militärischen Laufbahn zu begründen und zu rechtfertigen. Im Hinblick auf seine Herkunft aus einer angesehenen Familie des preußischen Militäradels mit entsprechender militärischer Tradition war dies für ihn notwendig. Nun aber, so schreibt Kleist an seine Braut, sehe er infolge von Kants philosophischer Erkenntniskritik, dass wir nicht entscheiden können, »ob das, was wir Wahrheit nennen, wahrhaft Wahrheit ist, oder ob es uns nur so scheint [...]. Mein einziges, mein höchstes Ziel ist gesunken, und ich habe nun keines mehr – / Seit diese Überzeugung, nämlich, daß hienieden keine Wahrheit zu finden ist, vor meine Seele trat [...]« (DKV IV, 205). Immer wieder hat man diese Aussage als Zeugnis einer von Kants Philosophie verursachten tiefgreifenden Lebenskrise ernst genommen (s. Kap. III.6). Die entsprechende wissenschaftliche Literatur verfolgte dabei zwei Ziele. Vor allem versuchte sie zu klären, welche Schrift Kants eine derartige Wirkung auf Kleist gehabt habe. Ludwig Muth wies auf Kants *Kritik der Urteilskraft*, insbesondere auf deren zweiten Teil, die *Kritik der teleologischen Urteilskraft* hin. Später führte Ulrich Gall (1985) Kleists Kant-Kenntnis auf einen wichtigen Vermittler der Kantischen Philosophie zurück: auf Karl Leonhard Reinholds Schrift *Versuch einer neuen Theorie des menschlichen Vorstellungsvermögens* (1789). Ferner untersuchte die Forschung im Hinblick auf weitere Formulierungen im genannten Brief, ob Kleist Kant überhaupt richtig verstanden habe. Gegen dieses Ernstnehmen der brieflichen Aussage wurden verschiedene Argumente ins Feld geführt (Schmidt 1974 und 2003): Erstens ihre intentionale Färbung, die auch andere Briefe Kleists erkennen lassen. Die Berufung auf Kants Autorität sollte die Absage an die »Wissenschaften« und die Wahl eines anderen »Lebensweges« legitimieren. Zweitens das Argument, dass die »Wissenschaft«, die Kleist um diese Zeit trieb, sich lediglich auf die Aneignung von Grundkenntnissen für die Ausübung eines praktischen Berufs bezog, also gar nicht die Wahrheitsproblematik berührte. Drittens die klare Aussage Kleists in einem Brief an die Schwester vom 5.2.1801, sechs Wochen vor dem Kantbrief: »[…] wenn bloß [!] Wahrheit mein Ziel wäre, – ach, es ist so traurig, weiter nichts als gelehrt zu sein« (DKV IV, 200). Dass die Erkenntnis der Wahrheit als wenig erstrebenswertes »Ziel« erscheint, dementiert zum Voraus die bald darauf unter Berufung auf Kant formulierte Klage, sein höchstes »Ziel«, nämlich die Erkenntnis der Wahrheit, sei gesunken. Außerdem lässt dieser frühere Brief erkennen, dass Kleist »Wahrheit« nicht transzendentalphilosophisch in den Bedingungen der Möglichkeit zu ihrer Erkenntnis anzweifelt, sondern nur pragmatisch als Erwerb fachlich-»gelehrter« Erkenntnisse für einen Beruf versteht, für ein »Amt«, das er sich als Lebensaufgabe nicht wünscht. Aus all dem folgt, dass Kleist die im Kantbrief behauptete philosophische Krise nicht erlebte, sondern lediglich inszenierte, um gegenüber der Braut die Abwendung von einem bürgerlichen Beruf und damit auch von einer tragfähigen Lebenskonstruktion zu rechtfertigen – er wollte sich der mit hohen existentiellen Risiken verbundenen schriftstellerischen Laufbahn zuwenden.

Nicht weniger Kontroversen um Kleists Begriff der ›Wahrheit‹ lösten Verse in der ursprünglichen Schlusspartie des *Zerbrochnen Krugs* aus. Adams lügenhafte Manöver haben Eves Vertrauen auf die Obrigkeit so sehr untergraben, dass sie auch den Worten des Gerichtsrats Walter nicht mehr glauben kann, als er versichert, Ruprecht solle den normalen Militärdienst in der Heimat versehen und werde nicht zum lebensgefährlichen Einsatz in eine ferne Kolonie abkommandiert. Deshalb greift Walter zu einem handfesten Wahrheitsbeweis: Für den Fall, dass seine

Worte nicht die Wahrheit enthalten, bietet er ihr einen Beutel Gulden an, mit dem sie Ruprecht vom Militärdienst loskaufen könnte. Doch ist Eve aufgrund von Adams falschen Auskünften (die besagen, dass die Obrigkeit die Bevölkerung täuschen wolle) so voller Misstrauen, dass sie zunächst auch diesen Wahrheitsbeweis nicht nachzuvollziehen vermag; dann aber geht ihr plötzlich auf, dass Walter nur die Wahrheit gesagt haben kann, so dass sie auf seine Frage: »So glaubst du jetzt, daß ich dir Wahrheit gab?« antwortet: »Ob ihr mir Wahrheit gabt? O scharfgeprägte, / Und Gottes leuchtend Antlitz drauf. O Himmel! / Daß ich nicht solche Münze mehr erkenne!« (DKV I, 264). Diese Verse haben theologische, semiotische und sogar numismatische Erörterungen veranlasst, die den Bezug zum Kontext weitgehend vernachlässigen. Auf den Gulden ist das »Antlitz« des aufgrund seiner despotischen Herrschaft bei den Niederländern verhassten Spanierkönigs zu sehen. Dass Eve im Augenblick der Wahrheitserkenntnis aber paradox von Gottes leuchtendem Antlitz spricht, erklärt sich psychologisch aus der befreienden, ja geradezu erlösenden Wirkung dieser Wahrheitserkenntnis, denn damit ist sie auch von der Angst um Ruprechts Schicksal erlöst. Im Ganzen zeigt die Szene die zerstörende Macht der Lüge und die reinigende und befreiende Kraft der Wahrheit – aber auch wie schwer es ist, die Wahrheit in einer verderbten und schwer durchschaubaren Welt zu erkennen. Das ist ein Grundthema auch in anderen Werken Kleists.

Schon in seinem Erstlingsdrama, in der *Familie Schroffenstein*, wirkt eines der Haupthindernisse für die Erkenntnis der – auch hier ganz untheoretisch gemeinten – Wahrheit geradezu strukturbildend: das Vorurteil. An die aufklärerische Tradition der Vorurteilskritik und an Rousseaus These von der gesellschaftlichen Ursünde der Eigentumsfixierung anknüpfend demonstriert Kleist, wie aus dem Erbvertrag der miteinander verfeindeten Linien der Schroffensteiner ein angstbesetztes, von pathologischem Misstrauen befördertes Vorurteil entsteht, das immer tiefer in den Irrtum und schließlich zu mörderischen Aggressionen führt. Die Wahrheit kommt, zu spät, erst am Schluss heraus. »Wenn ihr euch totschlagt, ist es ein Versehen« lautet der sarkastische Schlusskommentar (DKV I, 232). Während Vorurteil und Hass die Erkenntnis verhindern, ermöglichen die Liebe und das aus ihr sich ergebende vertrauensvolle Gespräch die Auflösung des Irrtums und damit Erkenntnis, ohne allerdings die Katastrophe aufhalten zu können. Die zentrale Liebesszene zwischen Ottokar und Agnes (III/1) gipfelt in den Worten: »O / Mein Gott, was ist das für ein Irrtum« (ebd., 181).

Ebenfalls ein tödlicher Irrtum, auf den tragisch zu spät die Erkenntnis der Wahrheit folgt, bestimmt das Geschehen in der *Penthesilea*. Und wiederum ist der Ausgangspunkt ein allem individuellen Handeln vorausliegender gesellschaftlicher Missstand – diesmal nicht die deformierende Eigentumsfixierung, sondern ein falsches gesellschaftliches Normensystem, das der widernatürliche Amazonenstaat repräsentiert. Es erzeugt falsche Bewusstseinsstrukturen und zerstörerische Verhaltensmuster bei den Menschen, die in diesem Normensystem aufgewachsen sind, besonders bei denjenigen, deren naturhafte Kraft davon betroffen ist und die sich infolgedessen mit sich selbst entzweien. Das zeigt sich an Penthesilea. Erst am Ende, in der Katastrophe und durch die Katastrophe, vermag sie die von ihr aufgrund ihres Sozialisationsprozesses unbewusst internalisierten Normen als falsch zu *erkennen*. Aufgrund dieser Erkenntnis sagt sie sich von den amazonischen Normen los. Zwar hatte schon früher Achill im Gespräch mit ihr gefragt: »Und woher quillt, von wannen ein Gesetz, / Unweiblich, du vergibst mir, unnatürlich [...]?« (DKV II, 68). Aber erst durch die Katastrophe dringt sie selbst zur Erkenntnis dieser zerstörerischen Unnatürlichkeit vor und zieht daraus die Konsequenz: »Ich sage vom Gesetz der Fraun [d. h.: der Amazonen] mich los« (ebd., 255). Dass Penthesilea erst durch leidvolle Erfahrung zur Erkenntnis gelangt, entspricht einem alten tragischen Muster, das schon Aischylos formuliert hatte: »durch Leiden zur Erkenntnis« (*páthei máthos*).

Eine ganz andere Form von Erkenntnis gestaltete Kleist in seiner Komödie *Amphitryon*, die hart an die Grenze des Tragischen reicht. Die Erkenntnis kann hier noch rechtzeitig regulierend wirken. Sie resultiert aus einem Desillusionierungsprozess, in dem Alkmene ihre Liebes-Illusion abarbeitet. Zunächst befindet sie sich noch in den »Flitterwochen« (DKV I, 400) und ›vergöttert‹ ihren Mann Amphitryon buchstäblich – so sehr, dass als Projektion dieser vergötternden Liebe der Gott Jupiter ihr in der Gestalt Amphitryons als göttlicher Doppelgänger erscheint (»ins Göttliche verzeichnet«, ebd., 422). Gerade Alkmenes vollkommene Liebe erzeugt eine idealisch-illusionäre Sicht. Zwar gibt schon bald ihre Dienerin Charis die realistisch-desillusionierende Diagnose: »Einbildung, Fürstin, das Gesicht der Liebe« (ebd.), womit sie die Erscheinung Amphitryons in göttlicher Gestalt als Produkt von Alkmenes eigener illusionsträchtiger Liebe kennzeichnet. Wie auch in einigen anderen Werken zeigt sich hier Kleists Prägung durch die französische Aufklärung, insbesondere durch die Illusionslehre, wie sie Helvétius in seinem Hauptwerk *De l'esprit* (1758) entwickelt hatte. Darin analysiert er auch die illusionsbildende Kraft starker, an sich durchaus als positiv anzuerkennender Gefühle.

Alkmene muss in einem langen Prozess schmerzlicher Irritationen zur Erkenntnis finden, die schließlich zur Selbsterkenntnis wird: sie nimmt am Ende wahr, dass aus der eigenen Gefühlsintensität eine Illusion entstanden ist. Da aber die Liebe mit ihrer illusionierenden Kraft das Unbedingte und Ideale (›Göttliche‹) will, versucht Alkmene so lange als möglich die Idealität des Realen zu behaupten. Indem sie sich in den Gesprächen mit Jupiter weigert, den »Geliebten« und den »Gatten« voneinander zu trennen, versucht sie die Spannung zwischen Idealität und Realität auszuhalten, die sie zu zerrütten droht. Die dennoch nicht aufzuhaltende Abspaltung des Ideals (Jupiter in Amphitryons Gestalt) von der menschlichen Realität (Amphitryon) erhält erstmals einen markanten Ausdruck in der vierten Szene des zweiten Akts, als Alkmene auf dem Diadem plötzlich ein J (für: Jupiter) statt des A (für: Amphitryon) sieht. In der fünften Szene des zweiten Akts – der zentralen des ganzen Stücks – kommt der Desillusionierungsprozess in Gang, bis dann die Dissoziation zwischen Ideal und Wirklichkeit so weit geht, dass sich Alkmene in Szene III/11 zwischen den beiden Amphitryonen entscheiden muss. Indem sie sich für Jupiter als den überlegenen Amphitryon entscheidet, spaltet sich dieser als Ideal ab und entschwebt ins Reich des Überwirklichen und Unwirklichen: in den Olymp. Zurück bleibt der »reale« Amphitryon. Alkmene muss schmerzhaft erkennen, dass der ideale Amphitryon in Gestalt Jupiters nicht real vorhanden sein kann, vor allem aber findet sie zu der entscheidenden Selbsterkenntnis: dass er nur eine von ihr selbst ausgehende Illusion war und sie sich mit der menschlichen Realität abfinden muss: mit ihrem realen Amphitryon. Diese mit der Selbsterkenntnis verbundene Desillusionierung erfährt sie als existentiellen Schock: ohnmächtig sinkt sie in Amphitryons Arme. Aus der Ohnmacht erwacht, ruft sie nur »Amphitryon!« aus und er »Alkmene« (DKV I, 461): eine Anagnorisis, ein gegenseitiges neues Erkennen, nachdem Alkmene durch den Prozess der Desillusionierung hindurchgegangen ist und Amphitryon »entamphitryonisiert« wurde.

Auch in mehreren Erzählungen verbindet Kleist das Geschehen mit Erkenntnis*prozessen* der Figuren, so dass Erkenntnis nicht einfach zustandekommt, sondern selbst zu einem dramatisch und psychologisch spannenden Vorgang wird. Das gilt besonders für die *Marquise von O...*, und hier bereits auf der Ebene der äußeren Handlung, die wie *Der zerbrochne Krug* analytisch angelegt ist: Am Anfang steht ein unaufgeklärter Tatbestand und ein erst noch zu entdeckender Täter: Wer hat den Krug zerbrochen? Wer hat die Marquise vergewaltigt? Ein prozesshaftes Geschehen bringt nach der spannungserhöhenden Überwindung vieler Hindernisse für die Marquise und ihre Familie die Erkenntnis des Hergangs und die Entdeckung des Täters. Weit über diese auch in jeder Detektiv-Geschichte vorhandene Grundstruktur hinaus reicht aber der innere Erkenntnisprozess der Personen, denn sie gelangen nach vielen durch Emotionen, Vorurteile oder sogar Wahnvorstellungen verursachten falschen Wertungen und Verhaltensweisen zu einer aufklärenden Erkenntnis, so dass sie sich regulieren können. Theoretisch formulierte Kleist diesen Vorgang in einer Reflexion mit dem Titel *Von der Überlegung. Eine Paradoxe.* »Wenn die Handlung abgetan ist«, heißt es darin, lasse sich

von ihr der Gebrauch machen, »zu welchem sie dem Menschen eigentlich gegeben ist, nämlich sich dessen, was in dem Verfahren fehlerhaft und gebrechlich war, bewußt zu werden, und das Gefühl für andere künftige Fälle zu regulieren« (DKV IV, 554). Möglich ist das nur, wenn die Erkenntnis überhaupt zustandekommt, und obendrein noch rechtzeitig. Dies ist in tragischen Handlungszusammenhängen nicht der Fall, wie *Die Verlobung in St. Domingo* zeigt. Bis zum Extrem treibt Kleist die Schwierigkeit des Erkennens in Konstellationen, die rätselhaft undurchdringlich erscheinen. In der letzten Erzählung *Der Zweikampf* geraten die Beteiligten in eine solche Konstellation. Nur mit knapper Not gelangen sie am Ende zur rettenden »Auflösung des fürchterlichen Rätsels« (DKV IV, 346), und lediglich durch eine absurd anmutende Hintertreppengeschichte (das ans Licht kommende Liebesabenteuer einer Kammerzofe) – nicht durch das Gottesurteil, das vorher schon als Mittel zur Wahrheitsfindung angerufen wird. Das Gottesurteil ist ein *asylum ignorantiae* in einer von gänzlicher Orientierungslosigkeit und Wahrheitsverdunkelung bedrohten Situation. Dass die Menschen einen solchen irrationalen Ausweg wählen, zeugt vom Zustand einer Welt, in der es unmöglich sein kann, Wahrheit und Erkenntnis zu gewinnen oder zu vermitteln.

Vom Übergang aus dem Unbegreiflichen, das nicht prinzipiell unbegreiflich, sondern lediglich in diesem Stadium des Geschehens *noch nicht* begreiflich ist, ins Irrationale zeugt die *Marquise von O....* Weil die Marquise sich ihre Schwangerschaft nicht zu erklären vermag und auch um sich psychisch zu entlasten, flüchtet sie in religiöse Vorstellungen – ein auch in anderen Erzählungen Kleists charakteristisches Verhaltensmuster, so im *Erdbeben in Chili* und in der subversiv erzählten ›Legende‹ *Die heilige Cäcilie oder die Gewalt der Musik.* »Ihr Verstand«, so heißt es von der Marquise, »gab sich ganz unter der großen, heiligen und unerklärlichen Einrichtung der Welt gefangen« (DKV IV, 167), ja sie spricht in Erwartung ihres Kindes, das doch nur die Frucht einer Vergewaltigung sein kann, von dem »Geschenk das ihr Gott [...] gemacht hatte« (ebd.), und deutlich überkompensierend redet sie sich ein, dass der »Ursprung« des jungen Wesens »eben weil er geheimnisvoller war, auch göttlicher zu sein schien, als der anderer Menschen« (ebd., 168). In groteskem Widerspruch dazu meint sie, dass der Vater des Kindes nur »zum Auswurf seiner Gattung« gehören könne. Am Ende der Erzählung, als sich alles geklärt hat, ist nicht mehr von der großen, heiligen und unerklärlichen Einrichtung der Welt« die Rede, bei deren Annahme sich der »Verstand« gefangen gibt, sondern von der durch die Erkenntnis der wahren Zusammenhänge zustandegekommenen Einsicht in die »gebrechliche Einrichtung der Welt« (ebd., 186).

Die *Marquise von O...* ist, wie die angeführten Textstellen zeigen, ein besonders auffälliges Beispiel für die Unzuverlässigkeit von Vorstellungen, Meinungen und Urteilen der handelnden Personen. Das gilt auch für sämtliche andere Erzählungen. Daher haben nicht nur diese Personen ein Erkenntnisproblem – auch der Leser hat eines, denn er muss seinerseits erkennen, dass und inwiefern die handelnden Personen sich trügerischen Illusionen hingeben, von Vorurteilen hinreißen lassen, verborgene Absichten verfolgen, in Konventionen befangen sind oder situativ bedingten Fehleinschätzungen zum Opfer fallen. Das Erkenntnisproblem des Lesers potenziert sich noch durch das Phänomen des unzuverlässigen Erzählers.

Im *Michael Kohlhaas* wird es durch eine Erzählerfigur, den Chronisten greifbar, der die Geschichte nicht nur erzählt, sondern immer wieder eigene Meinungen und Wertungen mit einbringt, die höchst fragwürdig sind. Kleist setzt dieses Kunstmittel ein, um den Leser zu einer selbständigen, kritisch hinterfragenden Lektüre herauszufordern: Er muss eine besondere Erkenntnisleistung vollbringen, um nicht den Vorurteilen, den Befangenheiten oder schlicht dem mangelnden Durchblick des Erzählers zu verfallen, zumal dessen Erzählung doch oft glaubwürdig und zuverlässig scheint.

Mit noch größeren Schwierigkeiten sieht sich der Leser konfrontiert, wenn der Erzähler nicht wie der Chronist im *Michael Kohlhaas* eigens markiert ist. Um dennoch die Fehlurteile und falschen Wertungen sowie die immer wieder irreführende Identifikation eines solchen Erzählers

mit der subjektiven Erlebnisperspektive seiner Figuren wahrzunehmen, muss sich der Leser zu einem diagnostischen Widerspruch aktivieren. Ein Beispiel für die irreführende Identifikation mit der Figurenperspektive ist die Versicherung des Erzählers, dass die Marquise »sehr richtig [!] schloß, daß derselbe [der Vater des Kindes] doch, ohne alle Rettung, zum Auswurf seiner Gattung gehören müsse, und, auf welchem Platz der Welt man ihn auch denken wolle, nur aus dem zertretensten und unflätigsten Schlamm derselben, hervorgegangen sein könne« (DKV IV, 168). Der Leser soll hier nicht nur das Fehlurteil der Marquise, sondern auch das ihr zustimmende des Erzählers erkennen – der Täter ist nicht aus dem »Schlamm« hervorgegangen, sondern ein russischer Graf, und trotz der Tat erweist er sich als durchaus nicht unedler Mann. Auch soll der Leser über die Problematik moralischer Urteile nachdenken. Zwar lenkt Kleist in seinen Erzählungen immer wieder durch knappe Signale sowohl auf die Defizite der Figuren-Perspektive wie auf die Unzulänglichkeiten eines unzuverlässigen Erzählers hin, so wenn er gelegentlich ein verdachterregendes »schien« oder ein »Als ob« (ein besonders gutes Beispiel hierfür ist das *Erdbeben in Chili*) einfügt oder das Unangemessen-Übertriebene einer Vorstellung oder Aussage durch hyperbolische Ausdrucksweise als kaum glaubwürdig erscheinen lässt; aber der Leser muss diese Signale dekodieren, und manchmal fehlen sie ganz oder der Erzähler legt sogar falsche Spuren. Bewusst treibt Kleist den Leser über eine bloß rezeptive Haltung hinaus in eine Lektüre, die ihn als selbständig Erkennenden zu einer entschieden kritischen Aufmerksamkeit herausfordert. Damit zielt er nicht lediglich auf kriminalistische Entschlüsselung des Verschlüsselten, auf Erhellung des Dunklen, auf eine bloße Aktivierung des Spürsinns. Er stimuliert eine Aufklärungsleistung, die der Leser erkennend auch an sich selbst vollziehen soll.

Literatur

Gall, Ulrich: Philosophie bei Heinrich von Kleist. Untersuchungen zu Herkunft und Bestimmung des philosophischen Gehalts seiner Schriften. Bonn 1977, ²1985.

Müller-Seidel, Walter: Versehen und Erkennen. Eine Studie über Heinrich von Kleist. Köln 1961, ³1971.

Muth, Ludwig: Kleist und Kant. Versuch einer Interpretation. Köln 1954.

Schmidt, Jochen: Heinrich von Kleist. Studien zu seiner poetischen Verfahrensweise. Tübingen 1974.

–: Heinrich von Kleist. Die Dramen und Erzählungen in ihrer Epoche. Darmstadt 2003, ²2008, 12–16.

Stockum, Theodorus C. van: Heinrich von Kleist und die Kant-Krise [1955]. In: Walter Müller-Seidel (Hg.): Heinrich von Kleist. Aufsätze und Essays. Darmstadt 1967, 269–271.

Jochen Schmidt

7. Erzählen und Erzählung

Schon viele Zeitgenossen bemerkten an Kleists Erzähltexten nicht nur inhaltliche, sondern ebenso formale und stilistische Besonderheiten. So schrieb Wilhelm Grimm 1812 in der Halleschen *Allgemeinen Literaturzeitung*, die Erzählungen behandelten

»Gegenstände ohne Reiz, zum Teil von widriger und abschreckender Art; kein merkliches Streben nach Abwechslung; in der Anlage die größte Willkür, anscheinend unbedeutende, oft häßliche Szenen sehr genau und wie mit Vorliebe ausgeführt [...]; der Periodenbau mühsam, und durch die vielen ineinander geschobenen Sätze verdunkelt [...]. Doch durch dieses alles blickt ein Geist, der tief in die Verhältnisse des Lebens und das Innerste der Menschenbrust geschaut, der das, was er so nachlässig darzulegen scheint, mit bewunderungswürdiger Klarheit und Sicherheit aufgefaßt hat, und des, dem Ansehn nach, ihm widerstrebenden Stoffes in einem hohen Grade Meister ist« (zit. n. Kommentar, DKV III, 702f.).

Diese ambivalente Charakteristik verdeutlicht zum einen, wie sehr Kleists Texte bestimmten Erzählkonventionen seiner Zeit widersprachen; vorsorglich betont Grimm daher, man dürfe sie nicht nach dem »Muster des nach der feinen Umgangssprache geglätteten Erzählungstones« beurteilen (ebd.). Zum anderen benennt er einige der kardinalen Punkte, die auch in der Forschung zu Kleists Erzählen immer wieder diskutiert wurden – das Nebeneinander von ›szenischer‹ Genauigkeit und scheinbarer Nachlässigkeit und Willkür; den durch ›mühsamen‹, komplizierten Periodenbau und Hypotaxen gekennzeichneten Erzähl-

duktus; und schließlich ihr eigentümliches Verhältnis von »Klarheit« und »Dunkelheit«, »widriger und abschreckender« Stofflichkeit und dichterischer »Meisterschaft«.

Die Nähe der Kleist'schen Prosa zum ›Dramatischen‹ und eine temporale Verdichtung in detailliert ausgeführten, dialogisch gestalteten ›Szenen‹ ist tatsächlich kaum übersehbar und oft beschrieben worden (vgl. Kommentar, DKV III, 685ff.). So beginnt *Michael Kohlhaas* nach dem programmatischen Einleitungsabsatz mit der ausführlichen Darstellung des Kohlhaas angetanen Unrechts in einer mehrgliedrigen dialogischen Passage (DKV III, 13–21). Eingangs des nächsten Absatzes wird sein Handeln in Dresden dagegen wie im Zeitraffer skizziert; dies abschließend heißt es in der Buchfassung: »und die Koppel der Pferde, die er bei sich führte, einige Wochen darauf, zu seiner Zufriedenheit, verkauft, kehrte er, ohne irgend weiter ein bitteres Gefühl, als das der allgemeinen Not der Welt, zur Tronkenburg zurück« (DVK III, 21). Während sogar das finite Verb des Partizips »verkauft« dem zeitraffenden Erzählen zum Opfer gefallen zu sein scheint (eine in Kleists Prosa häufige Elision), ist die anschließende Passage wieder äußerst detailliert und der Erzähler betont die Dramatik selbst, indem er von »Auftritt« und »Szene« spricht (DKV III, 23, 25). Ferner werden hier wie in anderen Erzählungen Sprechakte häufig mit der Beschreibung gestischer oder mimischer Aktionen und vor allem unwillkürlicher Körperzeichen (wie Erröten oder Erbleichen) kontrastiert und so der »theatrale« Eindruck der Simultaneität sprachlicher und körperlicher Zeichen erzeugt. Gelegentlich erinnern Nebensätze oder Einschübe förmlich an Regieanweisungen: »Der Junker antwortete, mit einem verlegnen Gesicht, indem er abging: ja, Kohlhaas, den Paß mußt du lösen« (DKV III, 19; zum Beispiel des *Bettelweibs* vgl. Staiger 1942).

Dieser szenischen Plastizität korrespondiert andererseits eine nur selten durch Reihungen unterbrochene hypotaktische Komplexität der einzelnen Satzperioden:

»Gleichwohl, als der Knecht schreckenblaß, wenige Momente nachdem der Schuppen hinter ihm zusammenstürzte, mit den Pferden, die er an der Hand hielt, daraus hervortrat, fand er den Kohlhaas nicht mehr; und da er sich zu den Knechten auf den Schloßplatz begab, und den Roßhändler, der ihm mehreremal den Rücken zukehrte, fragte: was er mit den Tieren nun anfangen solle? – hob dieser plötzlich, mit einer fürchterlichen Gebärde, den Fuß, daß der Tritt, wenn er ihn getan hätte, sein Tod gewesen wäre: bestieg, ohne ihm zu antworten, seinen Braunen, setzte sich unter das Tor der Burg, und erharrte, inzwischen die Knechte ihr Wesen forttrieben, schweigend den Tag« (DKV III, 64f.).

Neben der Informationsdichte und der Entgegensetzung von Sprechen (bzw. Schweigen) und der körperlichen »Gebärde« fällt hier eine dreigliedrige Struktur auf, die auf allen Ebenen in Kleists Erzählen immer wiederkehrt und deren ihrerseits »dramatische« Elemente Situation/ Frage, Klimax/Spannung und Antwort/Aktion genannt werden könnten (vgl. Müller-Salget 1973; Kommentar, DKV III, 686ff.). Zusätzlich wird die innere Spannung der Perioden durch die oft willkürlich wirkende Interpunktion und den variierenden Gebrauch von Anführungs- und Satzzeichen bei direkter und indirekter Rede verstärkt, die als Unterstützung mündlichen Vortrags gedeutet wurden (vgl. Sembdner 1962), tatsächlich aber auch Bedeutungsfunktion besitzen können (vgl. Reuß 1988, 7ff.). Zusammen mit spezifischen Konjunktionen wie »indem«, »da«, »dergestalt, dass« oder »inzwischen«, die oft zwischen mehreren Verknüpfungsfunktionen changieren, trägt insofern auch die syntaktische Struktur zum »szenischen Erzählen« bei: Sie impliziert Simultaneität, kausale oder konsekutive Kohärenz, semantische Verdichtungen und schließlich Wertungen und Figurenperspektiven in einem stark auf Handlung fokussierten erzählerischen Diskurs; so dramatisiert sie gewissermaßen die einzelne Periode selbst (vgl. Ott 2003). Demgegenüber treten epische Schilderungen, beispielsweise von Räumen oder Landschaften, deutlich zurück.

Ein Detail des eben zitierten Satzes – »als der Knecht schreckenblaß, wenige Momente nachdem der Schuppen hinter ihm zusammenstürzte, mit den Pferden [...] daraus hervortrat« – lässt sich aber auch als Beispiel der von der älteren Forschung häufig bemängelten »Flüchtigkeit« und Nachlässigkeit des Kleist'schen Erzählens le-

sen; korrekt müsste hier »bevor« statt »nachdem« stehen. Derartige, tatsächlich häufige »Fehler« wurden indes in den letzten Jahrzehnten auch als Indizien der Brüchigkeit des Kleist'schen Erzählens gelesen, d. h. als systematische Irritationen allzu raschen Sinnverstehens, die von »rätselhaften«, unaufgelöst bleibenden Fakten auf der Handlungsebene bis zu narrativen Inkohärenzen und logischen Brüchen reichen. Das schließt nicht aus, dass einzelne dieser Irritationen tatsächlich auf Flüchtigkeitsfehler zurückgehen; ein offenbar anagrammatischer Namenswechsel des Protagonisten (*Gustav* zu *August* in *Die Verlobung in St. Domingo*, BKA II/4, 76, 83f.) lässt sich indessen kaum als unabsichtlich erklären, zumal im *Findling* gerade ein derartiges Namensanagramm thematisch ist (vgl. DKV III, 277). Insofern ist im Fall Kleists nicht nur (wie grundsätzlich) jeder Gleichsetzung der Erzählperspektive mit der des Autors zu misstrauen; die Erzählerfigur der Texte ist, will man denn überhaupt eine solche »Figur« konstatieren, generell »unzuverlässig«, verfährt mit wechselnder Distanz und zweifelhaften Wertungen (besonders deutlich im *Findling*; vgl. Schröder 1985) und scheint sich gelegentlich, z. B. in der *Verlobung in St. Domingo*, förmlich als Vertreter eines männlichen, aufgeklärten Diskurses zu maskieren, dessen Urteile indessen durch Details und Verlauf der Erzählung subvertiert werden (vgl. Weigel 1991). Neben den scheinbar realistisch referierenden Details der Erzählungen zeichnet sich in solchen Brüchen und Widersprüchen eine Komplexität des Erzählvorgangs ab, die diese Referenz grundsätzlich infrage stellt. So bringt sich die Erzählerfigur beispielsweise im *Zweikampf* in eigentümlichen Wendungen wie »Nun muß man wissen, daß« (DKV III, 321) zur Geltung, die poetologisch als Reflexionsmomente ernstzunehmen sind; denn damit verschaltet der Erzähler unvermittelt zwei Handlungsstränge des Textes, in denen gerade ein Problem des Unwissens zentral ist und juristische oder rituelle Prozeduren auslöst. Damit werden jedoch die auf der Handlungsebene vorliegenden Deutungsaporien auf die Erzählung als Ganze übertragen, ähnlich wie sich der vom Kaiser abschließend ins Gesetz »eingerückte« Deutungsvorbehalt des Zweikampfrituals (vgl. DKV III, 349) in eben jener »einrückenden« Wendung des Erzählers spiegelt (vgl. Neumann 1998).

Man hat ausgehend von solch offenkundig fragwürdigen Elementen eine spezifische Ironie des Kleist'schen Erzählens bemerkt (vgl. Fischer 1988). Tatsächlich lassen sich beispielsweise viele seiner Figurennamen als in diesem Sinn ironisch »sprechende« interpretieren; so steht in der *Verlobung in St. Domingo* die Familie des Herrn »Strömli« gegen einen »Congo Hoango«, in dessen Namen zwei der größten Ströme der Erde (Kongo und Hoangho; vgl. Häker 1987, 160) verbunden werden. Die Verschlüsselung der Namen in *Die Marquise von O...* lässt sich als gewissermaßen ausgestellte Dezenz und insofern ironisches Spiel mit der Begierde der Leser/innen verstehen, die Protagonisten der vorgeblich wahren Geschichte zu erraten (vgl. Grathoff 1999). Potentiell ironische Bezugnahmen finden sich ferner in den oft absurd wirkenden juridischen Prozeduren, in zeitlichen Markierungen, die – nicht nur im *Zweikampf* – oft den christlichen Heiligen- oder Festkalender berufen (»Nacht des heiligen Remigius«, »Mittagssonne des Margarethentags«, DKV III, 314, 329), auch wenn an diesen Tagen die allerunchristlichsten Dinge geschehen; und ebenso in biblischen Anspielungen wie dem Toni auferlegten »Kreuz« (DKV III, 238) oder gar dem Satz des Petrus vor dem Hohen Rat (»diesen Menschen kenne ich nicht!«, DKV III, 238) in der *Verlobung in St. Domingo*. Der gemeinsame Nenner dieser ironischen Bezüge ist offenbar ihre systematische Subvertierung von Ordnungsvorstellungen – sei es der (ständischen) Genealogie, des Rechts, der Religion oder auch der Erkenntnis versprechenden Aufklärung.

Das letztere Beispiel verweist auf ein weiteres Element des Kleist'schen Erzählens, indem es auch in Binnenerzählungen die Bedingungen und Folgen des Erzählens selbst reflektiert. Die beiden Geschichten, die Gustav in der *Verlobung* Toni erzählt (DKV III, 233, 237f.), orientieren sich als ›exempla‹ an Schemata von Schauergeschichte und Heiligenlegende, so wie sich die ganze Erzählung an Mustern von Kolonialerzählungen orientiert (vgl. Lützeler 1991). Damit werden indessen nur die Narrative anschaulich, innerhalb derer die Figuren ihre Situation zu deuten versuchen, sowie die Folgen und die persuasiven Kräfte dieser (regelmäßig fatalen) Deutungen (vgl. auch *Das Erdbeben in Chili*, DKV III, 205). Erzählstrukturell hiermit verbunden ist auch der oft als Aufsatz oder Essay bezeichnete Text *Über das Marionettentheater*, der formal als Ich-Erzählung eben solche Binnenerzählungen (des Herrn C.) integriert (vgl. DKV III, 555–563), ansonsten als erzählter Dialog aber alle Eigenheiten des oben beschriebenen »szenischen« Erzählens aufweist.

Die Orientierung an Erzählmustern und zeitgenössisch verbreiteten Erzählgattungen, die einerseits »meisterlich« erfüllt werden, an solchen Konventionen anknüpfende Interpretationen jedoch desto gründlicher infrage stellen, zeigt sich gelegentlich auch ganz offen: So schlug der Autor seinem Verleger für den ersten Band den Titel »Moralische Erzählungen von Heinrich von Kleist« vor (vgl. Kommentar, DKV III, 699). Auf deren Titelblatt hießen sie zwar nurmehr »Erzählungen«, dafür erhielt *Michael Kohlhaas* den Zusatz »*(aus einer alten Chronik)*« (ebd., 698). Das vermeintlich Chronikalische gerade dieser Erzählung, das vom Erzähler in ihr selbst nochmals aufgegriffen wird (vgl. ebd., 138), lässt sich als Faktizitätssignal und Parteinahme Kleists für die *historia* lesen, die in der Tradition der Novellistik gegen die *fabula* des Romanhaften steht; freilich wird die solchermaßen verbürgte Evidenz des Erzählten durch die Unzuverlässigkeit des Erzählers erst recht problematisch (vgl. Breuer 2001). Ebenso fragwürdig ist die Gattungsbezeichnung im Untertitel der Erzählung *Die heilige Cäcilie oder die Gewalt der Musik (Eine Legende)*, der nicht nur im Sinn christlicher Gründungsnarration, sondern schon in jenem ihrer Entmystifizierung, also der Infragestellung ihrer Zuverlässigkeit gelesen werden kann. Das Kostüm der zeitgenössischen Mittelalter-Mode (im *Zweikampf* ebenso wie in der »Rittergeschichte« *Das Bettelweib von Locarno*) wird zwar nicht explizit benannt, ist aber im Erzählen desto sichtbarer. Kleists Erzählen stürzt also nicht nur seine Protagonisten und zeitgenössischen Leser in Zweifel und Deutungsaporien. Es erweist sich bis in die Kontroversen der gegenwärtigen Forschung als ebenso virtuoses wie ernstes Spiel mit den Möglichkeiten des Erzählens überhaupt.

Literatur

Breuer, Ingo: ›Schauplätze jämmerlicher Mordgeschichte‹. Tradition der Novelle und Theatralität der Historia bei Heinrich von Kleist. In: KJb 2001, 196–225.

Fischer, Bernd: Ironische Metaphysik. Die Erzählungen Heinrich von Kleists. München 1988.

Grathoff, Dirk: Kleist: Geschichte, Politik, Sprache. Opladen/Wiesbaden 1999.

Häker, Horst: Heinrich von Kleist. *Prinz Friedrich von Homburg* und *Die Verlobung in St. Domingo*. Frankfurt a.M. u. a. 1987.

Lützeler, Paul Michael: Verführung und Missionierung. Zu den Exempeln in *Die Verlobung in St. Domingo*. In: Ders./David Pan (Hg.): Kleists Erzählungen und Dramen. Neue Studien. Würzburg 1991, 35–48.

Müller-Salget, Klaus, Das Prinzip der Doppeldeutigkeit in Kleists Erzählungen. In: Zs. für deutsche Philologie 92 (1973), 185–211.

Neumann, Gerhard: *Der Zweikampf*. Kleists einrückendes Erzählen. In: Walter Hinderer (Hg.): Interpretationen: Kleists Erzählungen, Stuttgart 1998, 216–246.

Ott, Michael: »Einige große Naturscenen«. Über Kleists Schrifttheater. In: Ethel Matala de Mazza/Clemens Pornschlegel (Hg.): Inszenierte Welt. Theatralität als Argument literarischer Texte. Freiburg i.Br. 2003, 27–52.

Reuß, Roland: *Die Verlobung in St. Domingo*. Eine Einführung in Kleists Erzählen. In: BKB 1 (1988), 3–45.

Schröder, Jürgen: Kleists Novelle *Der Findling*. Ein Plädoyer für Nicolo. In: KJb 1985, 109–127.

Sembdner, Helmut: Kleists Interpunktion. In: Jb. der deutschen Schillergesellschaft 6 (1962), 229–252.

Staiger, Emil: Heinrich von Kleist, *Das Bettelweib von Locarno*. Zum Problem des dramatischen Stils. In: Deutsche Vierteljahrsschrift für Literaturwissenschaft und Geistesgeschichte 20 (1942), 1–16.

Weigel, Sigrid: Der Körper am Kreuzpunkt von Liebesgeschichte und Rassendiskurs in Heinrich von Kleists Erzählung *Die Verlobung in St. Domingo*. In: KJb 1991, 202–217.

Michael Ott

8. Familie und Genealogie

Die eigene Herkunft aus einer der angesehensten preußischen Adelsfamilien, deren Angehörige über Generationen hinweg hohe Positionen im Militär innehatten, und der frühe Verlust seiner

Eltern mögen bei Kleist früh ein Bewusstsein für die Bedeutung von familiären und genealogischen Zusammenhängen geschaffen haben. Allerdings wäre es verfehlt, den hohen Stellenwert, der Familienstrukturen in seinem literarischen Werk zukommt, überwiegend oder gar ausschließlich auf Kleists biographische Erfahrungen zurückzuführen. »Kleists Familienmodelle« (Stephens 1999) fußen vielmehr auf vielfältigen Grundlagen und sind eher als experimentelle, oft extreme Variationen wiederkehrender Verwandtschaftsmuster zu verstehen.

Gleichwohl ist der sozialhistorische Hintergrund deutlich erkennbar, vor dem Kleist seine fiktionalen Familien entwarf: Das Erstarken der bürgerlichen Kleinfamilie, das sich seit der Mitte des 18. Jh.s in Deutschland vollzog und das mit der zunehmenden Betonung der häuslichen Intimität wie der emotionalen Bindung der Familienangehörigen einherging, bildet einen erkennbaren Hintergrund für die Handlungsstrukturen vor allem seiner Novellen: Michael Kohlhaas, dessen Lebenszeit zwar auch in Kleists Erzählung dem historischen Stoff entsprechend ins 16. Jh. fällt, wird dennoch als guter Ehemann und fürsorglicher Vater geschildert, wie ihn die Hausväterliteratur des 18. Jh.s gezeichnet hat; in der *Marquise von O...* kehrt die verwitwete Tochter in die Geborgenheit und Enge der elterlichen Kleinfamilie zurück; der Kaufmann Piachi im *Findling*, der mit seiner Ehefrau Elvire ein zurückgezogenes Leben führt, versucht den Verlust des leiblichen Sohnes durch die Adoption des Waisenknaben Nicolo auszugleichen; die Angehörigen der Familie Strömli in der *Verlobung in St. Domingo* sind einander ebenfalls emotional eng verbunden. In den genannten Fällen entspricht die intime Häuslichkeit den neuen Formen bürgerlichen Familienlebens, die sich parallel zum allmählichen Rückgang des »ganzen Hauses« entwickelten, in dem mehrere Generationen von Familienangehörigen mit Dienstboten unter einem Dach leben. Neben bürgerlichen Familienstrukturen entwarf Kleist freilich ebenso häufig aristokratische Familien, wobei der Frage des Fortbestands dieser Familien, also der dynastischen Erbfolge, besondere Bedeutung zukommt.

In der Gestaltung seiner fiktiven Familien reagiert Kleist nicht allein auf den sozialen Wandel seiner Zeit, sondern auch auf aktuelle juristische Entwicklungen. Mit der Einführung des Allgemeinen Landrechts im Jahr 1794 trat in Preußen eine moderne Rechtsprechung in Kraft, die insbesondere neue Grundlagen für das Familien- und Sexualstrafrecht schuf. Kleists Interesse an den vertraglichen Voraussetzungen der Familiengründung (Verlobung, Adoption, Ehe, Sorgerecht) gewinnt vor diesem rechtshistorischen Hintergrund besondere Aktualität.

Schließlich fand Kleist auch in literarisch vermittelten Familienbildern Anregungen für seine Werke. Die Familienkonstellation seines ersten Dramas, *Die Familie Schroffenstein*, ähnelt derjenigen von Shakespeares Trauerspiel *Romeo und Julia* – in beiden Fällen finden die jungen Liebenden, die verfeindeten Familien bzw. Familienzweigen angehören, am Ende den Tod. Allerdings verschärft Kleist in seinem Drama die verwandtschaftlichen Konflikte noch erheblich, da Agnes und Ottokar einer einzigen Familie entstammen, die sich seit Generationen in verschiedene Zweige aufgespalten hat. Deutliche intertextuelle Bezüge finden sich auch zwischen Kleists literarischen Familien und der zeitgenössischen Literatur. Die Problematisierung der väterlichen Rolle, die vielfach in Werken der Aufklärung und des Sturm und Drang im Zentrum steht, bildet auch für Kleist ein wiederkehrendes Motiv. Deutlich wird insbesondere der kritische Bezug zu Lessings Hochschätzung des Mitleids, kann die Handlungsstruktur des *Findling* doch als zugespitzte Auseinandersetzung mit dem Modell der Familiengründung durch Adoption gelesen werden, für das Lessings Drama *Nathan der Weise* zweifellos das prominenteste literarische Beispiel der Zeit darstellt. Neben der allgemeinen Bezugnahme auf Handlungselemente der zahlreichen bürgerlichen Rührstücke und Liebeskomödien, die sich etwa im *Käthchen von Heilbronn* und der *Marquise von O...* finden, hat Kleist schließlich das skeptische Familienbild Rousseaus in vielfältiger Variation adaptiert. Insbesondere die innige Versöhnung der schwangeren Marquise von O... mit ihrem Vater, die wegen der inzestuösen Färbung schon früh das Interesse der Interpreten auf sich gezogen hat, kann als intertextuelles Spiel ver-

standen werden, als parodistische Anspielung nämlich auf die Versöhnung zwischen Vater und Tochter und Rousseaus Roman *La nouvelle Héloïse*.

Ein durchgehendes Strukturelement in Kleists literarischen Familienbildern ist der »lädierte Patriarchalismus« (Stephens 1999, 91) – in vielfältigen Variationen demonstriert Kleist die Infragestellung der väterlichen Autorität. Die Väter versagen bei ihrer Aufgabe, ihre Angehörigen zu beschützen (wie etwa bei dem Angriff der russischen Truppen in der *Marquise von O...*) oder sie werden selbst zur Bedrohung für ihre leiblichen wie adoptierten Kinder (*Familie Schroffenstein, Erdbeben in Chili, Verlobung in St. Domingo, Findling*). Als vorbildliche Vaterfigur erweist sich einzig Don Fernando im *Erdbeben*; freilich kann auch sein ritterliches Verhalten die Ermordung seines leiblichen Sohnes nicht verhindern. Die Adoption des kleinen Philipp, des Kindes von Jeronimo und Josephe, gibt dieser Erzählung einen versöhnlichen Ausklang, wie überhaupt dem Kind mehrfach die Funktion eines Hoffnungsträgers in Kleists Novellen zukommt (vgl. Durzak 1969). Auffällig ist insbesondere die erzählerische Anteilnahme, die Kleist außerehelich geborenen Kindern zuteil werden lässt. Der *Brief eines Malers an seinen Sohn*, den Kleist vor allem als Kritik an der religiös motivierten Kunst seiner Gegenwart verstanden hat, empfiehlt sogar die unbekümmerte Zeugung »ohne weitere Gedanken« in einer »heitern Sommernacht« (DKV III, 544), um einem gesunden, tatkräftigen Sohn zum Leben zu verhelfen.

Die mit diesem unkonventionellen Ratschlag verbundene Missachtung bürgerlicher Moralvorstellungen kann allerdings zur Verunsicherung der Familienväter über die Herkunft ihrer Kinder führen. Diese Infragestellung der Vaterschaft hat Kleist in zwei Dramen ausführlich gestaltet: Im *Käthchen von Heilbronn* erfährt Theobald Friedeborn am Ende der Verwicklungen, dass das von ihm erzogene Käthchen nicht seine leibliche Tochter ist, sondern einem ihm bis dahin unbekannten Seitensprung des Kaisers mit seiner inzwischen verstorbenen Ehefrau entstammt. Dem Feldherrn Amphitryon verkündet Jupiter vor seiner Rückkehr in den Olymp, dass dessen Ehefrau den von ihm, Jupiter, empfangenen Halbgott Herkules gebären wird.

Eng verbunden mit der labilen Familienstruktur ist in den aristokratischen bzw. herrschenden Familien die Frage der dynastischen Erbfolge. Ob in der *Familie Schroffenstein*, im *Guiskard*-Fragment, in der *Penthesilea* oder in der Familie des Herzogs Wilhelm von Breysach im *Zweikampf* – stets ist die Nachfolge für das Familien- bzw. Staatsoberhaupt gefährdet. In der bürgerlichen Familie schließlich, der die männlichen Protagonisten in der Erzählung *Die heilige Cäcilie oder die Gewalt der Musik* entstammen, scheint die Existenz von gleich vier Brüdern die Fortsetzung der Genealogie zu sichern; doch hindert hier die – so die erzählerische Logik – durch die »Gewalt der Musik« ausgelöste Geisteskrankheit die Brüder an der Gründung eigener Familien.

Eine versöhnliche Lösung findet die Frage nach dem legitimen Nachfolger allein in Kleists letztem Drama, *Prinz Friedrich von Homburg*, allerdings um einen hohen Preis; denn Prinz Friedrich muss erst das ihm geltende Todesurteil anerkennen, bis ihn Kurfürst Friedrich Wilhelm begnadigt und in die Verbindung Friedrichs mit Natalie, der Nichte des Kurfürsten, einwilligt. Die Aufnahme des Prinzen in die kurfürstliche Familie kann als Zeichen einer der bei Kleist seltenen gelingenden Fortsetzung der Familientradition gedeutet werden.

Gefährdet sind Kleists Familien nicht zuletzt auch durch innerfamiliäre Moralvorstellungen, offene oder versteckte Gewalt und vielfach ausgeübten Zwang. So wird Toni in der *Verlobung in St. Domingo* durch ihren Stiefvater Congo Hoango als Lockvogel benutzt, um seinen Hass auf die »Weißen« zu stillen; ihr jähzorniger Vater treibt die Marquise von O... aus dem elterlichen Haus; und das innerhalb der Familie sorgsam verschwiegene Geheimnis seiner Stiefmutter Elvire stachelt Nicolo im *Findling* zur gewalttätigen Rache an ihr an. Dort schließlich, wo eine bürgerliche Familie scheinbar ohne innere Gefährdungen zu leben scheint, werden Kräfte von außen bedrohlich: Kohlhaas verliert seine Frau durch die Folgen einer Verletzung, die ihr bei dem Versuch zugefügt wurde, im Rechtsstreit ihres Mannes eine Eingabe an den brandenburgischen Kurfürs-

ten zu richten. Vor seiner Hinrichtung erlebt Kohlhaas immerhin die Genugtuung, dass seine Söhne zu Rittern geschlagen werden, und mit dem letzten Satz weist der Erzähler auf den vitalen Fortbestand von Kohlhaas' Familie über mehrere Jahrhunderte hinweg hin – einer der seltenen Fälle einer ungestörten genealogischen Reihe in Kleists Werk.

So vielfältig die Familienstrukturen und ihre Gefährdungen sind, die Kleist in seinem dramatischen wie erzählerischen Werk zeichnet, so unterschiedlich sind auch die Darstellungsmittel, derer er sich dabei bedient. Neben realistische Schilderungen treten Übertreibungen (etwa bei der Schilderung der häuslichen Gewalt im *Findling*), parodierende Partien (wie bei der Versöhnung zwischen Vater und Tochter in der *Marquise von O...*) und Sentimentalisierungen. Auch durch diese Gestaltungsmittel tritt Kleist in einen intertextuellen Bezug mit anderen literarischen Werken seiner Zeit, in der sich für seine anhaltende Beschäftigung mit Familienstrukturen und ihren Gefährdungen freilich kein Vorbild findet.

Literatur

Anker-Mader, Eva-Maria: Kleists Familienmodelle – Im Spannungsfeld zwischen Krise und Persistenz. München 1992.

Becker, Hans-Jürgen: Adoption – Verlöbnis – Ehe. Die zivilrechtliche Einbindung des Individuums bei Kleist. In: KJb 1993, 75–88.

Durzak, Manfred: Zur utopischen Funktion des Kindesbildes in Kleists Erzählungen. In: Colloquia Germanica 3 (1969), 111–129.

Klüger, Ruth: Tellheims Neffe. Kleists Abkehr von der Aufklärung. In: Dies.: Katastrophen. Über deutsche Literatur. Göttingen 1994, 163–188.

Schulz, Gerhard: Kleist. Eine Biographie. München 2007.

Stephens, Anthony: Kleists Familienmodelle. In: Ders.: Kleist. Sprache und Gewalt. Mit einem Geleitwort von Walter Müller-Seidel. Freiburg i.Br. 1999, 85–102.

Vogel, Anke: Unordentliche Familien. Über einige Dramen Kleists. Heilbronn 1996.

Sabine Doering

9. Gefühle und Affekte

Dass das Feld der Gefühle und Affekte von einiger Bedeutung für Kleists Œuvre ist, wird bereits bei einer ersten Lektüre deutlich. Es gibt kaum einen wichtigen Text, wo dieses Feld nicht einen neuralgischen Gegenstand bildet. Viele Texte Kleists sind berühmt für ihre Gefühlsverwirrungen (bei fiktivem Personal wie realer Leserschaft) und für ihre Darstellung heftiger Affekte mitsamt einer Fülle von körperlichen Signalen wie Erröten, Erblassen, prägnanten Gebärden, Minenspielen u.Ä. (s. Kap. V.18). In der euripideischen und racineschen Dramen-/Theatertradition (vgl. Schmidt 1974, 26) und im Gattungshorizont novellistischer Fallgeschichten (inklusive des zeitgenössischen Fallberichts der ›Erfahrungsseelenkunde‹; s. Kap. IV.2) wird die literarische Inszenierung forcierter emotionaler Regungen zum Programm: »*Eine* Empfindung, aber mit ihrer ganzen Kraft darzustellen, das ist die höchste Aufgabe für die Kunst« (Brief an Adolfine von Werdeck, September/November 1801, DKV IV, 280f.; vgl. auch das publikumskritische Epigramm *Vokation* mit seinem Insistieren auf »der Leidenschaft [...], der gewaltigen«, DKV III, 413).

Dementsprechend bildet dieses Feld ein zentrales und kontroverses Thema der Forschung. Für mehrere Generationen diskursprägend, z.T. noch als verborgen wirksame Denkfigur (vgl. Moser 1993, 1), war die Rede von Kleist als dem »Dichter des Gefühls«, wie sie Gerhard Fricke 1929 in einem ganzen Buch entfaltet hat (Fricke 1975, 7). Fricke dramatisiert den Gegensatz zwischen einer als »Schicksal« erfahrenen äußeren Wirklichkeit und einem absoluten, reinen und untrüglichen »Gefühl«, das als letztlich religiös fundiertes Organ in der existentiellen Selbstbehauptung und Entscheidungsnot der Kleist'schen Figuren eine unerschütterliche Orientierungsinstanz bildet (Fricke 1975, bes. 4, 63f., 69ff., 121f., 138f., 203). Gegenüber dieser dezisionistischen Verzeichnung Kleist'scher Konstellationen, deren inhaltliche Unzulänglichkeit in der Forschung hinreichend aufgearbeitet ist, geht es im Folgenden um einen Überblick über das Feld der Gefühle und Affekte, der deren Bedeutung aus historischen Kontexten und textstrukturellen Konfigurationen erhellen möchte, ohne sie zum Kleist'schen ›Superthema‹ zu stilisieren.

Eine Relativierung der Rede vom »Dichter des Gefühls« betrifft die historische Semantik. Kleists Texte entstehen zwar zu einem historischen Zeitpunkt, in dem sich im Deutschen eine distinkte Bedeutung des Wortes ›Gefühl‹ herausgebildet hat, jedoch besitzt das Wort bei Kleist keine deutlich abgrenzbare Besonderheit gegenüber und auch keinen Vorrang vor anderen Termini, mit denen ein Vermögen oder Bereich des affektiven Gemütslebens bezeichnet wird. Zeitgenössische Versuche der philosophischen Vermögenspsychologie, der Erfahrungsseelenkunde und der Medizin, semantisch signifikant zwischen ›Gefühl‹, ›Empfindung‹, ›Affekt‹ und ›Leidenschaft‹ zu unterscheiden, sind für Kleist nur bedingt interessant. Seine Texte verfügen über eine weitgefächerte Begrifflichkeit, wenn es darum geht, seelische Vermögen, Leistungen und Impulse aus der Sphäre des Affektiven zu benennen und zu umschreiben (vgl. hierzu bes. Kreutzer 1968, 79–105, allerdings unter dem unglücklichen Oberbegriff der »Innerlichkeit«, der seinerseits so etwas wie eine Selbstgenügsamkeit des Seelischen suggeriert).

Der Terminus »Empfindung« kann bei Kleist sowohl synonym für ›Gefühl‹ (z.B. DKV I, 428; III, 164) wie für ›Affekt‹ (z.B. DKV II, 246; III, 527) benutzt werden. Wird die passivische Komponente der affektiven Regung im Sinne einer Irritation von außen betont, werden häufig »Rührung« oder Wortbildungen mit ›rühren‹/›gerührt‹ verwandt (z.B. DKV I, 173, 420, 427; II, 247, 606; III, 159, 239). Wird die besondere Stärke der Regung hervorgehoben, können Begriffe wie ›Affekt‹, ›Leidenschaft‹, ›Pathos‹ und metaphorisch/metonymisch das Wort ›Herz‹ zum Einsatz kommen: »Pathos« singulär (DKV III, 163), »Affekt« oft mit Blick auf willkürliche und unwillkürliche körperliche Symptome, die eine Erregung verraten (z.B. DKV II, 340, 372; III, 178, 273, 571), äquivalent dazu »leidenschaftlich« (DKV II, 170, 469); »Leidenschaft« häufig (z.B. DKV II, 205; III, 75, 271, 477, 562; IV, 274) und in den meisten – nicht allen – Fällen problematisierend in stoizistischer, moralistischer oder rousseauistischer

Tradition, oft auch abbreviatorisch für ›Liebes-Leidenschaft‹ qua passionierter erotischer Zuneigung (z. B. DKV II, 171, 473; III, 153ff. passim, 271ff. passim, 344, 383; IV, 55). Synonym für erotisches Begehren stehen auch »Lust« bzw. »Gelüst« (DKV II, 229; III, 276, 544) und metaphorisch »Herz« (z. B. DKV I, 433; II, 200), letzteres besonders häufig in der *Penthesilea*. »Herz« wird aber auch im Sinne des griechischen *thymos* metonymisch für Gemüt, Gefühl, Leidenschaft, Furor gebraucht (z. B. DKV II, 189, 515; vgl. Kreutzer 1968, 99).

Eher selten ist von ›*dem* Gefühl‹ im Sinne eines Allgemeinbegriffs die Rede, geschweige denn, dass das Wort an irgendeiner Stelle als Begriff für ein im Jenseits der psychophysischen Realität angesiedeltes ›Existential‹ erschiene. Die mit dem Wort »Gefühl« bezeichnete Größe wird meist durch den unbestimmten Artikel »ein« als eine einzelne und besondere Regung ausgewiesen (Kreutzer 1968, 85 mit Blick auf Kleists Briefe). Am häufigsten werden jedoch konkrete Gefühle/Affekte namhaft gemacht: quantitativ hochfrequent insbesondere ›Liebe‹ (s. Kap. V.20), ›Freude‹, ›Wut‹, auch ›Schrecken/Furcht‹ inklusive seiner adjektivischen Ableitungen, seltener, aber immer signifikant ›Hass‹, darüber hinaus viele andere. Diese Regungen nun sind zum einen angemessen nur kontextuell beschreibbar mit Blick auf den kulturellen, gesellschaftlichen und historischen Ort, an dem sie hervorgerufen und geformt werden. Zum anderen stehen sie in vielfältigen Beziehungen untereinander.

Einem zeitgenössischen anthropologischen Erkenntnisinteresse folgend thematisiert Kleist markante Zusammenspiele, Interferenzen und Kollisionen der verschiedenen Gefühle. Blickt er in sich selbst, sieht er »Gefühle mit Gefühlen kämpfen« (Brief an Wilhelmine von Zenge, 3.7.1801, DKV IV, 228). Es gibt jedoch nicht nur Kämpfe, sondern auch Kooperationen wie bei der tödlichen Legierung des »vernichtende[n] Gefühl[s]« mit der Affekttrias von »Jammer[]«, »Reue« und »Hoffnung« beim Suizid Penthesileas (DKV II, 256). Kongruent mit der im 18. Jh. verbreiteten Ästhetik des ›gemischten Gefühls‹ kann es auch zu einer Kontamination von »Wollust« und »Schmerz« kommen (*Familie Schrof-*

fenstein, DKV I, 163). Auch soll das von Kleist im *Allerneuesten Erziehungsplan* postulierte »Gesetz des Widerspruchs« für Gefühle und Affekte gelten (DKV III, 546f.). Oppositär einander zugeordnete Regungen können nach dieser Einsicht, die das Affektsteuerungsmodell der Aristotelischen *Rhetorik* dynamisiert (Port 2002, 98f.), wechselseitig ineinander übergehen, so etwa beim Wechsel von »Wut« zum »Gefühl gemeinen Mitleidens«, das Strömli beim Anblick der tödlich verletzten Toni ergreift (*Die Verlobung in St. Domingo*, DKV III, 258). Insbesondere die Affekt-Dynamik zwischen Penthesilea und Achill lässt sich nach diesem Modell begreifen. Die sachlich wie terminologisch »unbegriff'ne[] Leidenschaft« Penthesileas (DKV II, 205) konkretisiert und ordnet sich erst im Angesicht ihres Gegenpols Achill, ohne dadurch jedoch eindeutig als eine Liebes- oder Hassregung stabilisiert werden zu können.

Gefühle und Affekte formieren sich in Kleists Szenarien immer im intersubjektiven Raum. Ein Gefühl wie Liebe ist nur in einer deiktischen Konstellation von ›Ich‹ und ›Du‹ möglich (Neumann 1986). Die Marquise von O… beruft sich in der Konfusion ihrer ambivalenten Empfindungen für den Grafen auf »das Gefühl der Anderen« (DKV III, 157). Intersubjektive Bezüge bleiben auch dann bestimmend, wenn auf Einsamkeit, Sprachlosigkeit und die Unmöglichkeit adäquater Artikulation des Gefühlten abgehoben wird wie in den Kommunikationspathologien der *Marquise von O…* oder dem spätempfindsamen Epigramm *Die Bestimmung* (DKV III, 417). In vielen Fällen entwickeln sich die forcierten und in ihren Folgen meist katastrophalen Affektkurven der Kleist'schen Figuren im Spannungsfeld von intersubjektiv-kommunikativem Missverständnis und ›Versehen‹, so bei der *Familie Schroffenstein*, der *Penthesilea*, der *Verlobung in St. Domingo*, dem *Findling* und – ohne dezidierte Schlusskatastrophe – der *Marquise von O…* Es gibt unter sozialem Zwang erpresste Gefühle wie diejenigen Alkmenes in den verhörartigen Dialogen mit Jupiter (*Amphitryon* I/4, II/5, III/11) und solche, die zu militärisch-propagandistischen Zwecken eingesetzt werden wie in der *Herrmannsschlacht* und den politischen Schriften von 1809. Ein Feldzug, auf dem »keine Leidenschaft das Gefühl schwellt« (*Was gilt es in diesem Kriege?*, DKV III, 477), dokumentiert ein strategisches Versagen seiner Organisatoren. Gefühle müssen hier simuliert werden, vorbildlich in Herrmanns »Wehmut« über den Tod der jungen Hally, aber auch stimuliert wie bei der anschließenden Instrumentalisierung dieses Todes zum Zwecke der Volks-»Empörung« (DKV II, 510f.) oder bei der Aufstachelung Thusneldas gegen den Römer Ventidius. Im Horizont des Krieges mit seiner harten Freund-Feind-Logik werden ambivalente Gefühlslagen aufgelöst bzw. vereindeutigt: »Verwirre das Gefühl mir nicht!« (*Herrmannsschlacht*, DKV II, 539).

Die Sphäre der Gefühle und Affekte ist bei Kleist somit vielfältigen ›Regulationen‹ (*Von der Überlegung*, DKV III, 554), Bearbeitungen und Manipulationen unterworfen, fremdbestimmten wie selbstproduzierten. In einer Bemerkung über den »Quell der Begeisterung« skizziert er eine Rhetorik der rednerischen Selbstaufreizung am Publikum (*Über die allmähliche Verfertigung der Gedanken beim Reden*, DKV III, 536). Markante Beispiele für andere affektive ›Selbsttechnologien‹ bilden etwa Herrmanns voluntaristische Fixierung auf den »Hass« als sein »Amt« (DKV II, 515), das vom Opferpathos erfüllte Rollen-Ich, das der Prinz von Homburg sich im Schlussakt des Schauspiels zulegt (Wittkowski 1961, 63), oder die Selbsttötung Penthesileas durch ein autopoetisch hervorgebrachtes und autoaggressiv eingesetztes Bündel von Affekten (DKV II, 256; Port 2002, 102f.).

Die Diskurse und Codes, aus denen sich Kleists Affektdarstellungen speisen, sind vielfältig: Adelskultur, Anthropologie, Ästhetik, Militärwesen, Physik, Recht, Rhetorik u.a.m. (s. Kap. IV). Einzelne Fallbeispiele wie das novellistische Experiment mit Nicolo und Elvire im *Findling* zeigen eine kunstvolle Verschränkung verschiedener Register, in diesem Falle von Familienrecht, Experimentalphysik, Ikonographie und Hysteriediskurs (Weigel 2001). Von »Irrationalismus« (Fricke 1975, 36) kann bei Kleist keine Rede sein. Ein entscheidender Grundzug ist es vielmehr, in Gefühlsordnungen und Affektszenarien Ambivalenzen herauszustellen, früh etwa schon in den kulturvergleichenden Beobachtungen zu Gefüh-

len religiöser Inbrunst (*Über die Aufklärung des Weibes*, DKV III, 532). Auch eine strikte Opposition zwischen Gefühl/Affekt und Denken/Verstand findet sich eher selten, und einen Primat des Gefühls gibt es nur in ganz spezifischen Zusammenhängen: gegenüber dem rationalen Kriegskalkül (DKV II, 149) und der Unbegreiflichkeit der Liebesleidenschaft (ebd., 189, 205) in der *Penthesilea*; mit Blick auf die »zum Handeln nötige Kraft« im »Augenblick der Entscheidung« (DKV III, 554) in der Verhaltensmaxime *Von der Überlegung* sowie paradigmatisch auserzählt in einigen Anekdoten (z. B. *Mutterliebe*); im Kontext eines Ratschlags ›unter Künstlern‹ im Brief an Rühle vom 31.8.1806 (»Der unglückselige Verstand! [...] Folge deinem Gefühl«, DKV IV, 362); ebenfalls als produktionsästhetischer Rat im *Brief eines Malers an seinen Sohn*, das sexualisierte Gefühl beim Malen einer Madonna nicht zu verdammen, diese »rechtschaffene[] Lust« vielmehr als Kreativitätsquelle zu achten (DKV III, 328f.).

Für die verschiedentlich vertretene These, dass das ›Gefühl‹ bei Kleist auch unter subjektivitätstheoretischer Perspektive eine primordiale Instanz darstellt, gibt es nur zwei Belegstellen. Im ›Glücksaufsatz‹ findet sich die Wendung vom unverlierbaren »Gefühl unsrer selbst« (DKV III, 525), im *Amphitryon* spricht Alkmene vom »innerste[n] Gefühl, [...] das mir sagt, daß ich Alkmene bin« (DKV I, 421). In beiden Fällen meint ›Gefühl‹ so etwas wie eine ursprüngliche Vertrautheit mit sich selbst in der Tradition der stoischen *oikeiosis*-Lehre, deren Grundgedanke um 1800 in verschiedenen philosophischen Konzepten vom ›Selbstgefühl‹ als einem Modus unmittelbarer Existenz-Gewissheit aufgegriffen wird (Frank 2002). Allerdings unterstreicht die Aussage Alkmenes die intersubjektive Komponente eines solchen Gefühls, insofern es nämlich »am Mutterbusen eingesogen« wird, also in engster Vertrautheit mit einer Bezugsperson erwächst. Zum anderen aber demonstriert diese vieldiskutierte Passage gerade nicht die Sicherheit, sondern die »Verwirrung des Gefühls« (Goethe, Lebensspuren Nr. 182a), insofern dieses intuitiv evidente Selbst-Gefühl Alkmenes eigener Auffassung nach enttäuschungsanfälliger sein soll als dasjenige, mit dem sie den geliebten Gatten Amphitryon sicher als den echten zu identifizieren vermeint. Gerade letzteres Gefühl aber erweist sich keineswegs als untrüglich, vielmehr ist es verwirrt und irrend bis zum Schluss (DKV I, 397, 421ff., 457).

Abgesehen vom märchenhaften Fall des *Käthchens von Heilbronn*, das mit schlafwandlerischer Sicherheit seinen vom Himmel gesteuerten Intuitionen folgt (Schmidt 1974, 15), bilden Gefühle bei Kleist weder unerschütterliche noch sakrosankte Orientierungsgrößen. Der zitierte Brief an Rühle vergleicht die (künstlerische) Option für das Gefühl mit dem unkalkulierbaren Wurf eines Würfels (DKV IV, 362). Nicolas »Leidenschaft« für seine Stiefmutter ist so ›scharfsinnig‹ wie ›schändlich‹ (*Der Findling*, DKV III, 279). Sowohl im *Zweikampf* wie im Aufsatz *Über das Marionettentheater* geht die Leidenschaft fehl oder stiftet Verwirrung (DKV III, 323, 562). Als Urteilsinstanz bleibt das Gefühl prinzipiell irrtumsanfällig (Harms 1986, 37). Zwar wird seine Untrüglichkeit mehrfach geltend gemacht (z. B. DKV I, 177, 425; II, 601; III, 162ff.; IV, 190), hier ist jedoch immer Kontext, Pragmatik und perspektivische Brechung durch Situationsbezug, Sprecher und Adressat, Figuren- oder Erzählerrede zu berücksichtigen. Das Gefühl, auf das sich sowohl Agnes wie Eustache berufen (DKV I, 177, 187), erscheint in der *Familie Schroffenstein* janusköpfig, einmal liegt die Intuition richtig, einmal geht sie in die Irre. Insbesondere das »Rechtgefühl«, sowohl bei den Schroffensteinern wie bei Kohlhaas ein zentrales Motiv (DKV I, 130, 186; III, 13, 25, 27), erweist sich als zwiespältige Größe. In bestimmten Situationen bildet es eine nicht korrumpierbare Instanz, die im Zweifel auch über andere Gefühle wie Furcht und Liebe siegt (*Familie Schroffenstein*, DKV I, 194), in anderen Konstellationen kann es einen Menschen zum »Räuber und Mörder« machen (*Michael Kohlhaas*, DKV III, 13). Seine Tauglichkeit zum Richtmaß oszilliert zwischen der feinen Justierung einer »Goldwaage« und dem »Wahnsinn stockblinder Leidenschaft« (ebd., 24, 75). Dass ein hochsensibles »Gefühl« nicht unbedingt von Nutzen ist, vielmehr zur verletzbarsten Stelle eines Menschen werden kann, bekennt schließlich auch einer der letzten Briefe Kleists (an Marie von Kleist, 10.11.1811; DKV IV, 508).

Literatur

Frank, Manfred: Selbstgefühl. Eine historisch-systematische Erkundung. Frankfurt a.M. 2002.

Fricke, Gerhard: Gefühl und Schicksal bei Heinrich von Kleist. Berlin 1929, Reprogr. Nachdr. Darmstadt 1975.

Harms, Ingeborg: Passionen. Zu Kleists *Familie Schroffenstein*. In: Eveline Valtink (Hg.): Heinrich von Kleist. Die dramatische Verwirrung der Gefühle. Hofgeismar 1986, 25–75.

Kreutzer, Hans Joachim: Die dichterische Entwicklung Heinrich von Kleists. Untersuchungen zu seinen Briefen und zu Chronologie und Aufbau seiner Werke. Berlin 1968, 78–105.

Moser, Christian: Verfehlte Gefühle. Wissen – Begehren – Darstellen bei Kleist und Rousseau. Würzburg 1993.

Neumann, Gerhard: Hexenküche und Abendmahl. Die Sprache der Liebe im Werk Heinrich von Kleists. In: Eveline Valtink (Hg.): Heinrich von Kleist. Die dramatische Verwirrung der Gefühle. Hofgeismar 1986, 76–120.

Port, Ulrich: »In unbegriffner Leidenschaft empört«? Zur Diskursivierung der (tragischen) Affekte in Kleists *Penthesilea*. In: KJb 2002, 94–108.

Schmidt, Jochen: Heinrich von Kleist. Studien zu seiner poetischen Verfahrensweise. Tübingen 1974, 12–27.

Weigel, Sigrid: Der *Findling* als ›gefährliches Supplement‹. Der Schrecken der Bilder und die physikalische Affekttheorie in Kleists Inszenierung diskursiver Übergänge um 1800. In: KJb 2001, 120–134.

Wittkowski, Wolfgang: Absolutes Gefühl und absolute Kunst in Kleists *Prinz Friedrich von Homburg*. In: Der Deutschunterricht 13 (1961), 27–71.

Ulrich Port

10. Geschlecht

Der Begriff ›Geschlecht‹ ist im Hinblick auf Kleist nicht allein deshalb von zentraler Bedeutung, weil seine Briefe »einen tiefen Einblick in die Konstruktionsmechanismen geschlechtlicher Identität für die Zeit um 1800 bieten« (Herrmann 1997, 231), sondern weil er in seinen Werken die dichotome Geschlechterordnung immer wieder überschreitet und im Hinblick auf das Spiel mit Geschlechterrollen als ›Verbündeter der Dekonstruktion‹ im Sinne der Geschlechtertheorie

Judith Butlers (1991) erscheint (s. Kap. VI.3, VI.5). Biographisch betrachtet sind es zunächst zwei Frauen, die Kleist als Projektionsfläche in der Auseinandersetzung mit zeitgenössischen Geschlechterdiskursen dienen: seine (Halb-)Schwester Ulrike und seine Verlobte Wilhelmine von Zenge.

Auf der Suche nach dem sicheren Geschlecht: Während die Korrespondenz mit der Verlobten ganz im Zeichen eines rousseauistisch, sprich moralphysiologisch geprägten Geschlechterdiskurses der Spätaufklärung (s. Kap. III.4) steht, der Geschlecht als eine naturgegebene Kategorie mit entsprechend komplementär angelegten Geschlechtercharakteren bestimmt (vgl. Honegger 1991), formuliert Kleist in den Briefen an die Lieblingsschwester vielmehr die Unsicherheiten, die sich aus den vorgeschriebenen Rollenmodellen ergeben. Bisweilen wurde der Briefwechsel mit Wilhelmine von Zenge in der Kleist-Forschung als Zeugnis eines chauvinistischen und frauenfeindlichen Geschlechterbildes Kleists ausgelegt (vgl. Herrmann 1997, 212). Möglicherweise fungierten die Briefe an die Verlobte jedoch eher als geeignetes Medium, um mit der kulturell vorgeschriebenen Männerrolle als potentieller Ehemann und Ernährer einer Familie zu experimentieren (vgl. ebd., 215). Parallel dazu bietet der Briefwechsel mit Ulrike Gelegenheit dazu, die propagierten Rollen zu überschreiten. Doch sind die Briefe an die Schwester von einer Ambivalenz gekennzeichnet, die für Kleists Umgang mit dem Geschlechterdiskurs charakteristisch ist. Diese Ambivalenz zeigt sich wohl am deutlichsten in einem Neujahrsgruß an Ulrike zum Jahreswechsel 1800: »Amphibion du, das in zwei Elementen stets lebt, / Schwanke nicht länger und wähle dir endlich ein sichres Geschlecht [...]« (DKV III, 406). Das Modell einer ›Wahl‹ des Geschlechts, das Kleist hier suggeriert, scheint mit der vorherrschenden biologistisch-deterministischen Geschlechterordnung radikal zu brechen, indem es Geschlecht nicht als absolute Kategorie darstellt, sondern als graduelle Differenz entwirft – ganz im Sinne von Bourdieus Habitus-Modell, nach dem die soziale Welt den Körper durch einen Prozess der permanenten Formierung als »Speicher von vergeschlechtlichten Wahrnehmungs- und

Bewertungskategorien« (Bourdieu 1997, 167) konstruiert, die wiederum auf die physische Realität des Körpers zurückwirken. Die Formulierung »sicher« im Hinblick auf das Geschlecht im zweiten Vers ist nicht unbedingt als Zugeständnis an den zeitgenössischen dichotomen Geschlechterdiskurs zu lesen (»Aber welchen Mißgriff hat die Natur begangen, als sie ein Wesen bildete, das weder Mann noch Weib ist, und gleichsam wie eine Amphibie zwischen zwei Gattungen schwankt?« Kleist an Adolfine von Werdeck, 28./29.7.1801, DKV IV, 253), sondern verweist vielmehr auf die gesellschaftlichen Probleme bzw. die ›Unsicherheiten‹, die mit einer Überschreitung der Geschlechterrolle verbunden sind. Das Amphibien-Modell lässt den Wunsch nach einem Geschlechtermodell erkennen, das auf eine »Diffusion der Geschlechtergrenzen« (Herrmann 1997, 216) abzielt, ein Konzept, das nicht nur im Briefwechsel, sondern insbesondere auch in den Werken Kleists eine zentrale Rolle spielt.

Mann-Weib und Weib-Mann: Zur Überschreitung der Geschlechtergrenzen im Werk: In dem Drama *Die Familie Schroffenstein* ist es die Kleidertauschszene V/1 zwischen Ottokar und Agnes (DKV I, 220–224), die durch eine Travestie mittels *cross-dressing* auf den performativen Charakter des Geschlechts verweist (vgl. Butler 1991, 200f.). Darüber hinaus ist es die Vorstellung einer Vermischung der Geschlechter, die sowohl an den antiken Mythos eines androgynen ›dritten Geschlechts‹ (Platon 2006, 55–65 [189e–191e]) als auch an einen Androgynitätsdiskurs romantischer Prägung anknüpft, die Kleists Werk durchzieht. Eine solche Verschmelzungsfantasie der Geschlechter – »ich bin doppelt« (DKV II, 410) – liegt Kleists *Käthchen von Heilbronn* zugrunde. Dagegen präsentiert sich *Penthesilea* – die »Kehrseite« (Brief an Marie von Kleist, Spätherbst 1807; DKV IV, 398) zum *Käthchen* – als Drama einer extremen Überschreitung der zeitgenössischen Vorstellung der weiblichen Geschlechterrolle durch die Protagonistin. Auch der Umgang mit diesen scheinbar entgegengesetzten Entwürfen von Weiblichkeit knüpft an die Vorstellung eines graduellen Geschlechtermodells an, schließen sich die beiden Extreme doch auch hier nicht gegenseitig aus, sondern sollen als »ein und dasselbe Wesen, nur unter entgegengesetzten Beziehungen gedacht« (Brief an Heinrich Joseph von Collin, 8.12.1808; DKV IV, 424) werden.

Geschlechter-Perspektiven: Das Spiel mit dem Blick: Ein weiterer Topos, der Kleist dazu dient, mit Geschlechterstereotypien zu spielen, ist der Blick, der traditionell männlich kodiert ist, in dem Sinne, dass der Mann mit der Position des »Aktiven/Schauenden« und die Frau mit der des »Passiven/Angesehenwerdens« (Mulvey 2003, 405) identifiziert wird. Die männliche Kodierung des Blickes und dessen Gewaltpotential in Bezug auf das weibliche Geschlecht wird im *Zerbrochnen Krug* deutlich vorgeführt: Hier beschreibt Eve, wie Richter Adam zu später Stunde in ihre Kammer eindringt, die Tür verriegelt und sie dann »zwei abgemessene Minuten« (Variant; DKV I, 371) lang anstarrt, bis Eve sich schließlich mit einem Stoß aus der Macht von Adams Blick befreit. Das Spiel mit den geschlechtsspezifischen Konnotationen des Blickes kommt in zwei Texten Kleist besonders zum Tragen: in der Idylle *Der Schrecken im Bade* (DKV III, 420–425) und in einem Brief an Ernst von Pfuel. Während Kleist in seinem Brief an Pfuel vom 7.1.1805 beschreibt, wie er den »schönen Leib« des Freundes bei einem Bad im Thuner See »mit wahrhaft *mädchenhaften* Gefühlen betrachtet« (DKV IV, 336), sich also in der Rolle einer weiblichen Betrachterin imaginiert, ist es in der Idylle Johanna, die ihre Freundin Margarete beim Baden als ihr vermeintlicher Bräutigam Fritz betrachtet. In Anlehnung an den Aufsatz *Über das Marionettentheater* könnte das erneute Essen vom Baum der Erkenntnis (sprich auch die Szene eines gegenseitigen Erkennens der Geschlechter) darin bestehen, »das heterosexuelle Rollenschema nicht als zwingende Identitätsvorgabe anzunehmen, sondern als Maske eines Spiels freizusetzen« (von Mücke 2003, 197).

Geschlecht – Begehren – Sexualität: Anmerkungen zur Forschung: In der Kleist-Forschung wird die Kategorie Geschlecht zumeist mit Bezug auf die Begriffe ›Begehren‹ (vgl. Gallas 2005), ›Erotik‹, ›Liebe‹ und ›Sexualität‹ (vgl. Emig 2000) diskutiert. Kleists Liebesmodell wird in der Forschung im Allgemeinen als »Absage an das idyllische Modell der wechselseitigen Anerkennung in der Liebe« (von Mücke 2003, 195) bzw. als »anti-

romantische Liebeskonzeption« (Gallas 2005, 141) betrachtet, die auch Auswirkungen auf das traditionelle Familienmodell hat (Anker-Mader 1992). Der Begriff des Begehrens spielt im Kontext psychoanalytischer Theorien eine zentrale Rolle, da die Geschlechterdifferenz der Struktur des Begehrens im Sinne eines heterosexuellen Kodes eingeschrieben zu sein scheint (s. Kap. VI.1). Ein eher epistemologisch interessierter Ansatz untersucht die Zusammenhänge zwischen Geschlecht und Wissen und geht der Frage nach, inwiefern die Geschlechter die Wirklichkeit unterschiedlich reflektieren (vgl. Berroth 2003). Neuere, diskursanalytisch ausgerichtete Studien widmen sich – insbesondere mit Blick auf die Erzählung *Die Verlobung in St. Domingo* – der Konzeption von Geschlecht in ihrer Verflechtung mit der Konstruktion von ›Rasse‹ bzw. Ethnizität (vgl. Gribnitz 2002).

Literatur

Anker-Mader, Eva-Maria: Kleists Familienmodelle: Im Spannungsfeld zwischen Krise und Persistenz. München 1992.

Berroth, Erika: Heinrich von Kleist. Geschlecht – Erkenntnis – Wirklichkeit. New York u. a. 2003.

Bourdieu, Pierre: Die männliche Herrschaft [1990]. In: Irene Dölling/Beate Krais (Hg.): Ein alltägliches Spiel: Geschlechterkonstruktion in der sozialen Praxis. Frankfurt a.M. 1997, 153–217.

Butler, Judith: Das Unbehagen der Geschlechter [1990]. Frankfurt a.M. 1991.

Emig, Günther (Hg.): Erotik und Sexualität im Werk Heinrich von Kleists. Heilbronn 2000.

Gallas, Helga: Kleist. Gesetz, Begehren, Sexualität. Zwischen symbolischer und imaginärer Identifizierung. Frankfurt a.M./Basel 2005.

Gribnitz, Barbara: Schwarzes Mädchen, weißer Fremder. Studien zur Konstruktion von ›Rasse‹ und Geschlecht in Heinrich von Kleists Erzählung *Die Verlobung in St. Domingo*. Würzburg 2002.

Herrmann, Britta: Auf der Suche nach dem sicheren Geschlecht: die Briefe Heinrich von Kleists und Männlichkeit um 1800. In: Walter Erhart/Dies. (Hg.): Wann ist der Mann ein Mann? Zur Geschichte der Männlichkeit. Stuttgart/Weimar 1997, 212–234.

Honegger, Claudia: Die Ordnung der Geschlechter. Die Wissenschaft vom Menschen und das Weib. Frankfurt a.M. 1991.

Mücke, Dorothea von: Metamorphose und Idylle. Entgrenzungsphantasien bei Kleist. In: KJb 2003, 184–198.

Mulvey, Laura: Visuelle Kunst und narratives Kino [1973]. In: Franz-Josef Albersmeier (Hg.): Texte zur Theorie des Films. Stuttgart ⁵2003, 389–408.

Platon: Symposion. Griechisch/Deutsch. Übersetzt u. hg. von Thomas Paulsen/Rudolf Rehn. Stuttgart 2006.

Christine Künzel

11. Gespräch

In der Kleist-Forschung besteht kein Zweifel darüber, dass den Gesprächssituationen im Werk Heinrich von Kleists eine besondere Bedeutung beizumessen ist. In ihnen bündelt sich all das, was Kleist in den Augen seiner Zeitgenossen zu einem unheimlichen Dichter gemacht hat. Dies liegt allen voran daran, dass die Kommunikation in seinen Werken von einer radikalen Sprach- und Erkenntniskritik determiniert ist, die die Protagonisten durch ihre Unfähigkeit zur Verständigung fortwährend zum Ausdruck bringen. Die Problematisierung des Verstehens ist bei Kleist dabei mehr als nur ein poetologischer Kunstgriff, wie er in einem Brief an seine Halbschwester Ulrike zum Ausdruck bringt: »Und gern möchte ich Dir Alles mittheilen, wenn es möglich wäre. Aber es ist nicht möglich, u wenn es auch kein weiteres Hinderniß gäbe, als dieses, daß es uns an einem Mittel zur Mittheilung fehlt. Selbst das einzige, das wir besitzen, die Sprache taugt nicht dazu, sie kann die Seele nicht mahlen, u was sie uns giebt sind nur zerrissene Bruchstücke. [...] Ach, es gibt kein Mittel, sich Andern ganz verständlich zu machen u der Mensch hat von Natur keinen andren Vertrauten, als sich selbst« (DKV IV, 196f.).

Betrachtet man das Kleist'sche Œuvre vor dem Hintergrund der Unmöglichkeit einer unmissverständlichen Kommunikation, so fällt auf, dass die Dialoge der Protagonisten durch ein »prekäre[s] Dreiecksverhältnis von Sprache, Macht und Wahrheit« geprägt sind und dass das Scheitern der Kommunikation in diesen Determinanten ihren Ursprung hat (Stephens 1999, 28f.).

Der Paradetext, der die Problematisierung des Verstehens zu einem zentralen Anliegen macht, ist Kleists Werk *Über das Marionettentheater*, in dem die radikale Sprach- und Erkenntniskritik zum Ausdruck gelangt (s. Kap. V.6, V.27). Im *Marionettentheater* führt Kleist seine »Zeichentheorie mit seiner Geschichtsphilosophie zusammen und demonstriert zugleich einmal mehr das Verfahren der Vieldeutigkeit« (Eybl 2007, 255). Er macht deutlich, dass das Spiel der Marionetten, das ›Versetzen‹ der Tropen, »schwindelerregende Möglichkeiten der Verirrung« (Hamacher 1998, 15) evoziert und dass in der Sprache selber ein Grund für die *misreadings* der Protagonisten zu suchen ist. Der Text führt die Unversöhnlichkeit von Körper und Geist als Resultat des Sündenfalls vor und negiert somit das klassische Ideal der ästhetischen Erziehung, das gerade die Harmonie von Körper und Geist als erstrebenswert postuliert. Entgegen Schillers Idee der ästhetischen Erziehung präsentiert Kleist nämlich das Bewusstsein als eigentlichen Initiator von Unordnung, ja sogar von Bewußtlosigkeit, schließlich sind »Mißgriffe [...] unvermeidlich, seitdem wir von dem Baum der Erkenntnis gegessen haben« (DKV III, 559; s. Kap. III.9). Der Grund des *misreadings*, dem die Figuren fortwährend erliegen, lässt sich demnach nicht allein auf das ›gebrechliche‹ Sprachmaterial zurückführen, sondern auf die gebrochene Identität der Protagonisten in einer *verzeichneten* Welt. Die »Dissoziation von Gesagtem und Gemeintem, Zeichen und Bedeutung, Signifikat und Signifikant« korrespondiert mit »[d]em Bruch zwischen Innen und Außen, Seele und Körper, mit dem die Tänzer zu kämpfen haben« (Bay 2004, 181f.). Was sich hier also zeigt, ist die Problematisierung des Zusammenhangs zwischen »Bewußtsein, Sprache und Wirklichkeit« (Heimböckel 2003, 25), die in der gestörten Kommunikation zum Ausdruck gelangt.

Dieser Zusammenhang wird auch in Kleists Essay *Über die allmähliche Verfertigung der Gedanken beim Reden* zu einem zentralen Anliegen gemacht. Anhand von sechs divergenten Gesprächssituationen wird vor Augen geführt, dass Kommunikation nur da funktionieren kann, wo sich die Sprecher nicht über ihre Redeabsichten bewusst sind: Sie können sich nur artikulieren, wenn das Reflexionsvermögen ausgeschaltet ist, da sie sonst dem Stocken ihrer eigenen Sprache erliegen. Der fiktive Autor des Briefes legt die

Gründe dafür nahe, wenn er sagt, dass »nicht *wir* wissen, [sondern] es [...] allererst ein gewisser *Zustand* unsrer [ist], welcher weiß« (DKV III, 540). Sprache wird im Verlauf des Essays als ein zweites, mit dem Geist »parallel fortlaufendes [...] Rad an seiner Achse« (DKV III, 538) bezeichnet, wobei bezeichnend ist, dass es erst die Sprache ist, die das Rad ankurbelt und den Geist ›in Gang‹ bringt. Wenn Sprache als primärer Initiator der Bewegungen des Geistes angesehen wird und die Figuren erst nach ihrer Rede wissen, was sie sagen wollen, dann muss sich zwangsläufig die Frage stellen, ob sie überhaupt über ihre eigene Sprache verfügen können, mithin, ob es grundsätzlich möglich ist, eine *bewusste* Kommunikation zu evozieren. Denn wenn ein elektrischer Zustand (s. Kap. IV.3, IV.9) und nicht der eigene Geist eigentlicher Initiator der Rede ist, dann bedeutet das zugleich, dass derjenige, der spricht, ersichtlich nicht zugleich der Autor der Rede ist und das sich artikulierende Ich vielmehr zum Objekt einer Situation degradiert wird (vgl. Strässle 2002, 166).

Die beiden Essays *Über das Marionettentheater* und *Über die allmähliche Verfertigung der Gedanken beim Reden* legen also nahe, Sprache als »Signum der Entfremdung des Menschen« (Heimböckel 2003, 59) anzusehen, da in der misslingenden Kommunikation der Riss des eigenen Selbst zum Vorschein kommt, schließlich wird in beiden Texten das Bewusstsein als Initiator von Unordnung identifiziert.

Dass sich dieser Bruch nicht nur in der Selbstwahrnehmung der einzelnen Protagonisten manifestiert, sondern auch in den Gesprächen zwischen den Figuren zum Ausdruck gelangt, kann man an nahezu jedem der Kleist'schen Werke beobachten. Die Gesprächssituationen seiner Werke geben indes auch Aufschluss über seine Anthropologie (s. Kap. IV.2). Kleist geht es ganz offensichtlich nicht darum zu zeigen, wie sich Menschen verhalten *sollen*. Seine Werke sind nicht als Ausdruck (s)einer verborgenen Ethik anzusehen, die dem Leser mit einem normativen Duktus vorführen, was unter sittlichem Handeln zu verstehen ist. Im Gegenteil gewähren die Gespräche, die die Protagonisten seiner Werke führen, einen Einblick in das Denken Kleists als Moralist (s.

Kap. IV.7), der hinter die Fassade der Gesellschaft schaut; statt ein (höfisch orientiertes oder aufklärerisches) Ideal der gesellschaftlichen Kommunikation – und damit des gesellschaftlichen Lebens *sui generis* – zu präsentieren, stellt er das reale Verhalten der Menschen möglichst unverfälscht dar. Er zeigt dem Menschen nicht wie er sein *soll*, sondern wie er *ist*.

Der Einblick, den Kleist seinen Lesern auf diese Weise in ›die gebrechliche Einrichtung der Welt‹ gewährt, ist schwindelerregend – nicht umsonst fallen die Figuren in Situationen höchster Sprachnot reihenweise ohnmächtig zu Boden (s. Kap. V.30), wie die Marquise von O..., als sich ihre vermeintliche Krankheit als ungeahnte Schwangerschaft entpuppt. Innerhalb dieses Szenarios geht zudem signifikanterweise sowohl der Marquise als auch ihrer Mutter im Verlauf des Gesprächs über die (Un-)Möglichkeit der Schwangerschaft ein ums andere Mal die »Sprache [...] aus« (DKV III, 163) und die Marquise glaubt sogar, »vor Verwirrung in die Erde zu sinken« (DKV III, 183).

Der Sprachverlust, von dem die Figuren fortwährend bedroht sind, spiegelt sich darüber hinaus auch auf einer anderen Ebene wider, schließlich manifestiert sich ein weiteres Merkmal der Kleist'schen Dialoge in der sprachlichen Wirklichkeitsinadäquatheit der personalen Rede. In kaum einem anderen Werk tritt die Ambivalenz von Signifikat und Signifikant deutlicher zu Tage als in Kleists *Amphitryon*, wo es geradezu vor »zweideutig[en] Zeichen« (DKV I, 409) wimmelt. Die Suche nach Wahrheit steigert sich soweit, bis selbst die Identitäten der Figuren in Frage gestellt werden (s. Kap V.6, V.16), schließlich können sich die Figuren sogar ihrer selbst nicht mehr sicher sein. Das cartesische *cogito* wird *ad absurdum* geführt, und die Kommunikation ist zum Scheitern verurteilt, denn dort, wo die Initiale ›J‹ und die Person Amphitryon nicht mehr aufeinander zu beziehen sind, entzieht sich die Wirklichkeit der sprachlichen Vermittlung (Heimböckel 2003, 206).

Neben der Wirklichkeitsinadäquatheit der Sprache ist auch die enge Verwobenheit von Sprache und Macht charakteristisch für die Gespräche im Werk Kleists, die oft mit dem Einbruch von Gewalt einhergeht und als Ausdruck gestörter Kommunikation angesehen werden kann (s. Kap. IV.7, V.4, V.12). Ist in der *Familie Schroffenstein* die Rede davon, dass Gott seine Rache äußert, indem er »jedes Wort [...] mit Blitzen« (DKV I, 126) bewaffnet, beschreibt der fiktive Autor in *Über die allmählige Verfertigung der Gedanken beim Reden* den idealen Sprecher als denjenigen, der versucht, »geschwinder als sein Gegner« zu sprechen, weil er ihm gegenüber dann einen »Vorteil« hat, der darin besteht, dass er »mehr Truppen als er ins Feld führ[en]« (DKV IV, 359) kann. Dort aber, wo sich die Sprecher primär als Gegner ansehen, kann von einer Kommunikation im konventionellen Sinne gar keine Rede mehr sein und gerade das, so könnte man sagen, ist das Charakteristische für die Gespräche im Werk Kleists: Sie widersprechen den konventionellen Regeln der Kommunikation und entziehen sich jeglicher Übereinkunft, eine gelungene Verständigung zu evozieren.

Die Gespräche des Kleist'schen Œuvres sind folglich von einer radikalen Sprachkritik determiniert, die sogar bisweilen im Verlust der Möglichkeit eindeutiger Kommunikation mündet. Der Sprachverlust ist gleichzeitig Ausdruck des Verlusts der Teilhabe am gesellschaftlichen Sein, da Kleist über die gestörte Kommunikation »die in seinen Werken allgegenwärtige Brüchigkeit zwischen menschlicher und gesellschaftlicher Ordnung« (Heimböckel 2003, 161) zum Ausdruck bringt und so Auskunft über den Defekt intersubjektiver Beziehungen gibt.

Literatur

Bay, Hansjörg: Mißgriffe. Körper. Sprache und Subjekt in Kleists *Über das Marionettentheater* und *Penthesilea*. In: Sandra Heinen/Harald Nehr (Hg.): Krisen des Verstehens um 1800. Würzburg 2004, 169–190.

Eybl, Franz M.: Kleist-Lektüren. Wien u. a. 2007.

Hamacher, Werner: Unlesbarkeit. In: Paul de Man (Hg.): Allegorien des Lesens. Frankfurt a.M. 1998, 7-29.

Heimböckel, Dieter: Emphatische Unaussprechlichkeit. Sprachkritik im Werk Heinrich von Kleists. Ein Beitrag zur literarischen Sprachskepsistradition der Moderne. Göttingen 2003.

Holz, Hans Heinz: Macht und Ohnmacht der Sprache.

Untersuchungen zum Sprachverständnis und Stil Heinrich von Kleists. Frankfurt a.M./Bonn 1962.

Kommerell, Max: Die Sprache und das Unaussprechliche. Eine Betrachtung über Heinrich von Kleist. In: Ders.: Geist und Buchstabe der Dichtung. Goethe – Schiller – Kleist – Hölderlin. Frankfurt a.M. 1940, 180–254.

Neumann, Gerhard: Das Stocken der Sprache und das Straucheln des Körpers. Umrisse von Kleists kultureller Anthropologie. In: Ders. (Hg.): Heinrich von Kleist: Kriegsfall – Rechtsfall – Sündenfall. Freiburg i.Br. 1994, 13–29.

Stephens, Anthony: Kleist – Sprache und Gewalt. Mit einem Geleitwort von Walter Müller-Seidel. Freiburg i.Br. 1999.

Strässle, Urs: Die keilförmige Vernunft. Würzburg 2002.

Jennifer Pavlik

12. Gewalt und Verbrechen

Problemstellung: Die Allgegenwärtigkeit der Gewalt in den Handlungen der Dramen und Erzählungen Kleists kann nicht adäquat mit einer lapidaren Begründung ›erklärt‹, sondern nur punktuell aus verschiedenen textimmanenten und zeitgeschichtlichen Perspektiven beleuchtet werden. Kleist war sich durchaus bewusst, dass dieser Aspekt seiner Werke seine Leserschaft vielfach befremden musste. So versucht er, sich mit Sarkasmus in dem Epigramm *Dedikation der Penthesilea* gegen das allgemeine Unverständnis zu wehren, auf die seine Tragödie mit ihrem Höchstmaß an Gewalttätigkeit stoßen musste: »Zärtlichen Herzen gefühlvoll geweiht! Mit Hunden zerreißt sie, / Welchen sie liebt, und isst, Haut dann und Haare, ihn auf« (DKV III, 412). Bereits in diesem etwas forciertem Humor wird eine Zwiespältigkeit erkennbar, was die auktoriale Haltung zur Gewalt in Kleists Werken anbetrifft: zum einen schreibt er in seiner Tragödie bewusst provozierend – nicht nur gegen den bürgerlichen Geschmack, sondern auch gegen die Wertsetzungen der Aufklärung und der Weimarer Klassik –, so dass das Ausmaß der Gewalt in dieser Tragödie als innovative Überschreitung der damals herrschenden Normen zu verstehen ist; zum anderen betont Kleist mit Selbstironie das Moment des Exzesses selbst, das er einerseits durchaus ernst genommen haben will, das aber andererseits über das Ziel der Erschaffung eines Gegenbildes zu jener Auffassung der Antike weit hinausschießt, die etwa Goethes *Iphigenie auf Tauris* exemplifiziert. Denn paradoxerweise gilt Penthesilea für ihren Schöpfer als mit »jungen, lieblichen Gefühlen« begabt (DKV II, 216) – obwohl ihre Zerfleischung Achills, sowohl im Kontext der *inhumanen* Gesetze des Amazonentums als auch im Rahmen des aufklärerischen Humanismus als Verbrechen eingestuft wird.

Dies macht außerdem deutlich, dass es keinen einheitlichen Code des ›Verbrechens‹ in Kleists Dichtungen gibt. Kleist erfindet oft Gesetze nur, um entsprechende Transgressionen zu inszenieren. Ihn interessiert weniger der moralische Gehalt des jeweiligen ›Verbrechens‹ als vielmehr der Vorgang der Grenzüberschreitung selbst und die damit verbundenen Ambivalenzen. In diesem Sinne ist Penthesileas letzte Transgression, ihr Selbstmord, zugleich ein Akt der Selbstbefreiung: »Ich sage vom Gesetz der Fraun mich los,/Und folge diesem Jüngling hier« (DKV II, 255).

Kleists ambivalente Stellungnahme zu seiner *Penthesilea* gibt ein Musterbeispiel jenes Dilemmas ab, dem die Kleist-Forschung mit Vorliebe aus dem Wege geht oder aber mit Erklärungen begegnet, die keinen Konsens finden. Es lässt sich – allerdings vereinfachend – auf folgende Frage reduzieren: Hat die Gewalt, die Grausamkeit, das Grauenhafte mancher Stelle in den Werken Kleists einen Eigenwert für den Autor oder nicht?

Denn das Moment des Exzesses in dieser Hinsicht, das mancher zeitgenössische Leser an der *Penthesilea* abstoßend fand, durchzieht das ganze Schaffen Kleists. Die im Jahr 1808 verfassten ›patriotischen‹ Schriften können noch heute durch ihre Blutrünstigkeit den unbefangenen Leser empören. Auch wenn man deren Emphase durch Kleists propagandistische Intentionen zu verharmlosen versucht, so bleibt dennoch das Rätsel bestehen, dass Kleist in Darstellungen der Quälerei oder aber in grässlichen Details schwelgt, die in struktureller Hinsicht überflüssig erscheinen. Wenn Gustav in der *Verlobung in St. Domingo* Toni und dann sich selbst erschießt, so hat dieser Abschluss der langen Reihe tragischer Missver-

ständnisse auch ihre Notwendigkeit. Ob das Gleiche für die weitere Ausmalung der Todesszene gilt, ist fraglich: »aber des Ärmsten Schädel war ganz zerschmettert, und hing, da er sich das Pistol in den Mund gesetzt hatte, zum Teil an den Wänden umher« (DKV III, 259). Ähnliche Fragen erheben sich anhand der seelischen Folter, die Alkmene oder Käthchen durch sie jeweils ›Liebenden‹ unterworfen werden – wie auch anhand der Brutalität, mit der der Tod der geschändeten Jungfrau Hally in der *Herrmannsschlacht* inszeniert wird.

Klaus Müller-Salget hat 1990 die auktoriale Haltung Kleists zu den Figuren in seinen Erzählungen als eine »Art von leidendem Sadismus« (Kommentar, DKV III, 691) gekennzeichnet und damit den von der Kleist-Forschung ständig tabuisierten Vergleich zum Marquis de Sade flüchtig aufleuchten lassen. Anthony Stephens hatte bereits 1988 eine Gegenüberstellung der beiden Autoren vorgenommen und das Fazit gezogen: »Der wesentliche Unterschied zwischen de Sade und Kleist, was die Grausamkeit anbetrifft, liegt wohl darin, dass sie für jenen prinzipiell im Dienste des Verlangens nach absoluter Herrschaft steht, aber immer wieder in der Form der *jouissance* zum Selbstzweck tendiert, während sie bei diesem vielmehr Nebenprodukt bestimmter Konstellationen der Ungleichheit ist, für die die Asymmetrie der Geschlechterrollen das Paradigma abgibt« (Stephens 1988, 31). Damit wird eine partielle Lösung des Dilemmas im Kontext humanistischer Werte in Aussicht gestellt.

Zeitgeschichtliche Aspekte: Alle Werke Kleists entstehen im Zuge der Entfesselung der Mobgewalt im Pariser Terror und in der Epoche der Napoleonischen Kriege. Das gespannte Verhältnis zwischen der vorherrschenden Gewalt in der zeitgenössischen Geschichte und dem humanistischen Denken des 18. Jh.s lässt Kleist immer wieder Versuchsanordnungen erfinden, die Wertsetzungen der Aufklärung aus der Perspektive eines von Kriegen zerrütteten Europas erneut auf die Probe stellen – mit vorwiegend negativen Ergebnissen. Exemplarisch dafür ist sein reichlich belegter Umgang mit Texten Rousseaus. Hans-Joachim Kreutzer hat diesen treffend so charakterisiert, dass Kleist »rousseauistische Gedanken«

[...] beständig im Zustand ihrer Krise [gestaltet]« (Kreutzer 1980, 70). Hatte sich der junge Kleist in seinen Briefen vorbehaltlos zu Lehrsätzen der Aufklärung bekannt, die für andere Autoren um 1800 an Selbstverständlichkeit eingebüßt hatten, so zeigen seine Dichtungen immer wieder, wie – in Ermangelung einer »neuen Ordnung der Dinge« (an Rühle von Lilienstern, November 1805) – ein naives Vertrauen in Denkweisen der Aufklärung immer wieder ins Gewalttätige, Katastrophale ausartet.

Kleists Geschichtspessimismus, sein Leiden am Ausbleiben einer »neuen Ordnung der Dinge«, erzeugt das ständige Gefühl des Ausgeliefertseins an die Geschichte und findet ein Echo in der Häufigkeit der Gewaltszenen und im Arbiträren des ›Verbrechens‹ in seinen Dichtungen. Das Ausmaß der erdichteten Gewalttätigkeit korreliert mit seiner Verzweiflung über die Sinnlosigkeit der Geschichte: »Wie schrecklich sind diese Zeiten! [...] Man kann kaum an eine solche Raserei der Bosheit glauben« (an Ulrike von Kleist, 24.10.1806). Die Phase der ›patriotischen‹ Schriften, die um den Mai 1808 einsetzt und mit der Niederlage von Wagram im Juli 1809 zu Ende geht, scheint wohl für Kleist das illusorische Versprechen einer Umkehrung dieses Verhältnisses in sich zu bergen. Dies hat zweierlei Konsequenzen: die Welt in seinen Schriften, vor allem in der *Herrmannsschlacht*, vereinfacht sich auf radikale Art; die bedenkenlose Gewaltausübung wird in Texten wie *Germania an ihre Kinder* (DKV III, 426–432) auf eine Art und Weise gepredigt, die noch heute befremden kann. Eine völlige Indifferenz im Hinblick auf die moralische Dimension der Gewalt geht damit einher, so dass ›Verbrechen‹ zur leeren Kategorie wird: »Schlagt ihn [Napoleon] tot! Das Weltgericht / Fragt euch nach den Gründen nicht!« (DKV III, 430f.). Nach Wagram wird die Gewalt jedoch bei Kleist erneut zum unbegrenzt variationsfähigen Enigma und nicht mehr zur Vorschrift. Das Verbrechen erfordert wieder ein analytisches Vorgehen, um einen verschleierten Tatbestand aufzuklären, und ist nicht mehr einfach mit patriotischem Eifer synonym.

Sprache und Gewalt: Die Sprache erscheint immer wieder in Kleists Werken als Vehikel der Macht, als Mittel der Gewaltausübung (s. Kap. V.11, V.27). Besonders in den Verhörszenen kann die Sprache zum Folterinstrument werden. Die häufigen Proteste der Richter des »Femgerichts« gegen die Art der Befragung Käthchens durch den Grafen von Strahl deuten an, dass Kleist selber gegen diesen Gebrauch der Sprache Bedenken hatte: »Ihr sollt das Kind befragen, ist die Meinung, / Nicht mit barbarischem Triumph verhöhnen. / Sei's, daß Natur euch solche Macht verliehen: / Geübt wie ihr's tut, ist sie hassenswürd'ger, / Als selbst die Höllenkunst, der man euch zeiht« (DKV II, 341).

Der Wirksamkeit der Sprache als Waffe entspricht paradoxerweise deren Unzulänglichkeit als »Mittel zur Mittheilung«, wo keine Aggression vorhanden ist: [...] »sie kann die Seele nicht mahlen u was sie uns gibt sind nur zerrissene Bruchstücke« (an Ulrike von Kleist, 5.2.1801). Das vergebliche Ringen um einen wirksamen Dialog ist im ganzen Schaffen Kleists ein ständig wiederkehrendes Thema, und die Gewalt tritt häufig dann ein, wo die sprachliche Verständigung scheitert – in den Worten Helmut Arntzens: »Gewalt ist bei Kleist das Verhältnis der Menschen zueinander, die die Sprache verloren haben bzw. die ihre Sprache nicht finden wollen, die verstummen oder der Sprache sich unterwerfen, indem sie sie zu beherrschen meinen« (Arntzen 1980, 73). Ähnlich argumentiert Gerhard Gönner – »Im Austausch des Dialogs spricht sich das Humanum aus« (Gönner 1989, 11) – wobei stets zu bedenken ist, dass die Sprache selbst Dissonanzen in die dialogische Verständigung einführt, die dann als Auslöser des Inhumanen fungieren. In diesem Sinne geraten die meisten Hauptfiguren Kleists in dem von Anthony Stephens beschriebenen Teufelskreis, der darin besteht, »dass der Weg zur Verwirklichung des Humanen einzig durch die Brüchigkeit der von Missverständnissen strotzenden Dialogsituationen führt, während ein Verzicht auf den Dialog nichts anderes erreicht, als der Sprache als schlichter Gewaltausübung freien Lauf zu lassen. [...] Der Entfremdung des Subjekts von der Sprache [...] entspricht eine parallele Entfremdung des Individuums von den geschichtlichen Ereignissen der Gegenwart« (Stephens 1999, 31). Da zu der Zeit von Kleists Selbstmord keine Aussicht auf ein Ende der Herrschaft Napoleons bestand, weisen auch seine letzten Dichtungen dieses vertrackte Verhältnis von Sprache und Gewalt auf.

Literatur

Arntzen, Helmut: Heinrich von Kleist: Gewalt und Sprache. In: Wieland Schmidt (Hg.): Die Gegenwärtigkeit Kleists. Reden zum Gedenkjahr 1977 im Schloß Charlottenburg zu Berlin. Berlin 1980, 62–78.

Gönner, Gerhard: Von »zerspaltenen Herzen« und der »gebrechlichen Einrichtung der Welt«. Versuch einer Phänomenologie der Gewalt bei Kleist. Stuttgart 1989.

Kreutzer, Hans Joachim: Über Gesellschaft und Geschichte im Werk Kleists. In: KJb 1980, 34–72.

Stephens, Anthony: »Das nenn ich menschlich nicht verfahren«. Skizze zu einer Theorie der Grausamkeit im Hinblick auf Kleist. In: Dirk Grathoff (Hg.): Heinrich von Kleist. Studien zu Werk und Wirkung. Opladen 1988, 10–39.

–: Kleist – Sprache und Gewalt. Mit einem Geleitwort von Walter Müller-Seidel. Freiburg i.Br. 1999.

Yixu Lü

13. Glaube und Aberglaube

Aberglaube: Im Unterschied zu ›Glaube‹ gibt es nur zwei Belegstellen für das Wort ›Aberglaube‹ in Kleists gedruckten Texten. Beide stammen aus der am 23. Oktober 1810 veröffentlichten (und auf den 15. Oktober datierten) *Zuschrift eines Predigers an den Herausgeber der Berliner Abendblätter.* Der Prediger reagiert auf die von der preußischen Regierung in aufklärerischer Absicht durchgeführte Ersetzung der Zahlen-Lotterie mit frei wählbaren Zahlen durch den Verkauf von Losen mit feststehenden Nummern. Damit sei – so der Prediger – der eine Aberglaube, der sich auf die Losnummern bezog, durch einen anderen, auf die Losverkäufer bezüglichen abgelöst worden. Daher solle der »Entwurf einer anderweitigen Lotterie« veranlasst werden, »die den Aberglauben auf eine bestimmtere und so unbedingte Weise, als es der Wunsch aller Freunde der Menschheit ist, ausschließe« (DKV III, 603). Wie aber soll dies gelingen, wo doch der erste Versuch gescheitert und »der Aberglauben, auf einem Ge-

biet, auf dem man ihn gar nicht erwartet hatte, wieder zum Vorschein« gekommen war (DKV III, 602)?

Dieser kurze späte Text macht zweierlei deutlich: Erstens ist der Aberglaube nicht auszurotten, zweitens aber wird er nur aus der Perspektive eines Predigers überhaupt als solcher erkennbar und benannt. Fehlt diese Verankerung in einem stabilen Glaubenssystem, so kann nicht zwischen einem ›richtigen‹ Glauben – an Gott – und einem ›falschen‹ (Aber-)Glauben – an Schicksal, Traumzeichen, Wunder, Zufall etc. (s. Kap. V.34) – unterschieden werden.

Zwischen Glaubensgewissheit und –verzweiflung: Kleists Ausgangsposition ist aufklärerisch. Im Brief an seinen Lehrer Christian Ernst Martini vom 18. März 1799 erscheint der Glaube als defizitärer Modus des Für-wahr-Haltens und wird als »blind[ ]« bezeichnet (DKV IV, 19), wenn er sich nicht auf geprüfte Überzeugung und daher die Vernunft berufen könne. In dem im selben Brief formulierten Verhaltensprogramm nennt er »Glück« und »Tugend« die »beiden Gottheiten«, das Ziel, nach dem er strebe, ohne es ausdrücken zu können, während die »Philister[ ] [...] unter eben diesen Umständen von Gott reden« (DKV IV, 22f.). ›Glück‹ ist dabei eine zentrale Vokabel der Aufklärungstheologie, die den Menschen auf dem Wege gewissenhafter Selbstprüfung zur Vervollkommnung und damit zur Glückseligkeit führen wollte (s. Kap. V.14; Mohr 1997, 77). Wie sehr Kleist dieses Programm ursprünglich verinnerlicht hatte, zeigt schon im Titel sein früher *Aufsatz, den sichern Weg des Glücks zu finden und ungestört – auch unter den größten Drangsalen des Lebens, ihn zu genießen!* (DKV III, 515–530; vgl. Thorwart 2004). Weiter formuliert er seine frühe Glaubenslehre in einem Text, bei dem es sich um eine Briefbeilage an Wilhelmine von Zenge vom 16. September 1800 handelt und der in den Kleist-Ausgaben *Über die Aufklärung des Weibes* betitelt ist. Von den höchsten Zielen des überlieferten christlichen Glaubens als der »Bestimmung unseres *ewigen* Daseins« rückt er zwar noch nicht grundsätzlich ab, stellt jedoch in aufklärerischer Skepsis »die Bestimmung unseres *irrdischen* Daseins« in den Mittelpunkt (DKV III, 531). Ein halbes Jahr später, in seinen berühmten Krisenbriefen an Wilhelmine von Zenge vom 22. März 1801 und an Ulrike von Kleist vom Tag darauf, wird unter Berufung auf die Kantische Philosophie das höchste Ziel als Glaube an eine absolute Wahrheit völlig suspendiert (vgl. DKV IV, 205–208), doch behält die Verzweiflung nicht das letzte Wort, denn schon am 14. April schreibt er an Wilhelmine: »laß uns beide uns bemühen, so ruhig u so heiter unter der Gewitterwolke zu stehen, als es nur immer möglich ist« (DKV IV, 219). Damit wird ein zentrales alttestamentliches Bild des Gottvertrauens zitiert und abgewandelt: Das Volk Israel wurde auf dem Weg durch die Wüste von der Wolke Gottes begleitet und beschützt (vgl. 2. Mose 13, 21f.; 4. Mose 9, 15–23). Bei Kleist wird dieses Bild durch das Gewitter ins Bedrohliche verschoben. Angesichts der Gefahr von Zerstörung und Vernichtung soll Gelassenheit als neues Verhaltensprogramm eingeübt werden. Und so kann er denn am 15. August an dieselbe Adressatin schreiben, dass »Unwissenheit« und »Unschuld [...] allen Gräueln des Aberglaubens die Thore« öffneten, »die Wissenschaften« hingegen »vor allen Gräueln des Aberglaubens« schützten (DKV IV, 261). Die radikale Erkenntnisskepsis scheint wieder entschärft, es braucht keine Aktivität in die Deutung himmlischer ›Zeichen‹ investiert zu werden. Im Zusammenfall von Signifikant und Signifikat wird das Phantasma eines Offenbarungszeichens imaginiert, das keiner Bedeutungszuschreibung bedarf: »Ja, thun, was der Himmel sichtbar, unzweifelhaft von uns fordert, das ist genug« (DKV IV, 262). Wenn freilich der Mensch die Zeichen des Absoluten versteht, ist dieses entmachtet, er ist in seiner Welt geborgen und braucht die Wolke nicht zu fürchten, wie die Beschreibung eines ohnmächtig abziehenden Gewitters in einem früheren Brief an Wilhelmine vom 11.10.1800 aus Würzburg verdeutlicht (vgl. DKV IV, 146).

»Es kann kein böser Geist sein, der an der Spitze der Welt steht: es ist ein bloß unbegriffener!« (DKV IV, 358 und 361; vgl. Földényi 1999). So findet Kleist in Briefen an Altenstein vom 4. und an Rühle von Lilienstern vom 31.8.1806 wieder in die Mittellage einer gelassenen Zuversicht angesichts fundamentaler Ungewissheit zurück. Die ›Kant-Krise‹ bildet einen Extrempunkt auf der Skala von Kleists Glaubensüberzeugung und -verzweiflung, aber keine radikale Zäsur.

Skepsis und transzendente Fixierung: Aus dieser Mittellage einer fundamentalen Glaubensskepsis heraus, die ebenso die beiden existenziellen Extremzustände von Glücksgewissheit und Verzweiflung durchlaufen und hinter sich gelassen hat, wie sie nicht mehr zwischen Glaube und Aberglaube unterscheiden kann, stellt Kleist den Glauben und die Grundüberzeugungen seiner Figuren in immer neuen poetischen Experimenten auf die Probe. Eine Art Problemexposition stellt 1808 das Gedicht *Der Engel am Grabe des Herrn* dar. Die »gläubigen« Frauen stürzen angesichts des Geschehens am Ostermorgen »wie Leichen, selbst, getroffen, / Zu Boden hin, und fühlten sich wie Staub, / Und meinten, gleich im Glanze zu vergehn« (DKV III, 407f.). Die Situation wird jedoch dadurch entschärft, dass der Rahmen der traditionellen christlichen Glaubenslehre, der für die sichernde Einordnung und Eingrenzung des unverständlichen Ereignisses sorgt, hier stabil ist, während er in Kleists dramatischem und erzählerischem Werk gezielt entfernt wird. Bereits im Dramenerstling *Die Familie Schroffenstein* finden die Figuren aus der Konfundierung von Diesseits und Jenseits nicht mehr hinaus, alle letztgültigen Gewissheiten des Glaubens sind zerstört. Auch die Anrufung einer religiösen Deutungsinstanz hilft nicht weiter, denn diese hat keine unabhängige, von allen anerkannten Autorität mehr: »Aus diesem Wirrwarr finde sich ein Pfaffe! / Ich kann es nicht.« – so klagt Jeronimus in Szene II/3, und Sylvester erwidert: »Ich bin Dir wohl ein Rätsel? / Nicht wahr? Nun tröste Dich, Gott ist es mir« (DKV I, 170). Die Fixierung an den transzendenten Rahmen bleibt indes bestehen, die Figuren erscheinen sich abwechselnd als Engel und als Teufel, jedoch nicht als Menschen. Wie stark die transzendente Fixierung der Kleist'schen Figuren ist, zeigt *Der zerbrochne Krug*, wo sie im *Variant* als Mittel dienen kann, die durch Adams Intrige aussichtslos erscheinende Blockierung zu lösen und den Komödienschluss zu sichern. Dass es ausgerechnet das Antlitz des feindlichen Spanierkönigs auf der Münze ist, das Eve als dasjenige Gottes bezeichnet, macht als gleichsam größte anzunehmende

Unwahrscheinlichkeit die Stärke der Fixierung deutlich, die das im Dramenkontext höchste denkbare Glaubenshindernis überwinden muss (vgl. DKV I, 376).

In der neueren Forschung verwies Anthony Stephens gegen Beda Allemann, der hinter den Antizipationen der Kleist'schen Figuren »eine geradezu göttliche Gewalt« erblickte (Allemann 2005, 20), auf den »Verlust des Paradieses« und die »Loslösung« der Figuren »aus der Abhängigkeit von einer göttlich fundierten Weltordnung« (Stephens 1998, 210). Neben der objektiven Freisetzung des Individuums bleiben indes die subjektiven Fixierungen auf die Transzendenz bestehen. Beide Phänomene zusammen – Geltungsverlust göttlicher Weltordnung bei fortbestehender transzendenter Fixierung – entbinden, z. B. im *Erdbeben in Chili*, religiös motivierte Gewalt (s. Kap. IV.12, V.12).

Dass das Problem des Glaubens nicht auf den religiösen Bereich beschränkt bleibt, sondern die gesamte menschliche Lebenswelt bei Kleist umgreift, zeigt der Text *Unwahrscheinliche Wahrhaftigkeiten*, in dem drei Geschichten erzählt werden, denen der Erzähler »zwar selbst vollkommenen Glauben beimesse«, er auf den Glauben der Zuhörer indes »keinen Anspruch mache« (DKV III, 376). Mit den drei Anekdoten werden Ereignisse statuiert, die die lebensweltlichen Regelmäßigkeitsannahmen durchbrechen. In keinem der erzählten Fälle können solche Ereignisse unmittelbar sinnlich wahrgenommen werden, so dass kein sicheres Urteil über ihren Status möglich ist. Die Menschen sind auf Interpretationen, auf Schlussfolgerungen von einer unerklärlichen Wirkung auf eine unbekannte Ursache, angewiesen, und dabei verlassen sie sich auf die ihnen zugänglichen Erkenntnisinstrumente – Medizin im ersten, Physik im zweiten, Philologie im dritten Fall –, die zwar eine Erklärung liefern, welche aber jeweils ebenso kontingent ist wie religiöse Deutungen und zu den letztlich inkommensurabel bleibenden Ereignissen in einem Verhältnis grotesker Unangemessenheit steht.

Literatur

Allemann, Beda: Heinrich von Kleist. Ein dramaturgisches Modell. Aus dem Nachlaß hg. von Eckart Oehlenschläger. Bielefeld 2005.

Földényi, Lászlo F.: Gott. In: Ders.: Heinrich von Kleist. Im Netz der Wörter. München 1999, 164–168.

Mohr, Rudolf: »Denk ich, können sie doch mir nichts rauben, ... nicht an Gott den Glauben«. Versuch einer theologiegeschichtlichen Charakterisierung des Glaubens bei Kleist. In: KJb 1997, 72–96.

Stephens, Anthony: Antizipation als Strukturprinzip im Werk Kleists. In: Jb. der Deutschen Schillergesellschaft 42 (1998), 195–213.

Thorwart, Wolfgang: Heinrich von Kleists Kritik der gesellschaftlichen Ordnungsprinzipien. Zu H. v. Kleists Leben und Werk unter besonderer Berücksichtigung der theologisch-rationalistischen Jugendschriften. Würzburg 2004.

Bernd Hamacher

14. Glück

Es ist immer wieder als Ironie des Schicksals verstanden worden, dass Kleists erste Veröffentlichung ausgerechnet dem Glück galt, genauer: dem sicheren Weg, das Glück zu finden. Der *Aufsatz, den sichern Weg des Glücks zu finden und ungestört – auch unter den größten Drangsalen des Lebens, ihn zu genießen!* markiert im Wechsel zwischen privater und öffentlicher Adressierung (vgl. Schulz 2007, 87) den Beginn seiner Unabhängigkeit und begründet den Abschied von der durch Stand und Familientradition vorgeschriebenen Militärlaufbahn. Gleichzeitig bildet die Suche nach dem Glück den Ausgangspunkt der eigenen Lebensplanung, wie Kleist in einem ausführlichen Brief an seinen Lehrer Ernst Christian Martini vom 18./19.3.1799 dargelegt hat (vgl. DKV IV, 19–35), in dem er Auszüge aus dem Aufsatz zitiert. Die Glückssuche wird damit zugleich zur Suche nach dem richtigen Leben (vgl. Loch 2003, 42). Dass Kleist den Weg zu seinem Ziel nicht gefunden hat, hat ihn ebenso wenig wie viele seiner literarischen Figuren dazu bewogen, die Suche aufzugeben.

In seinem an den Freund Otto Rühle von Lilienstern gerichteten, vermutlich Anfang 1799 verfassten Aufsatz versucht Kleist, die »Regel des Glückes« zu finden (DKV III, 515). Wie eng diese

Regel mit der Suche nach dem Lebensplan zusammenhängt, zeigt sich am Ende des Textes,
wenn er dem Freund und sich zugesteht, vorerst
noch auf »regellosen Bahnen« umher zu »wanken« (DKV III, 523). An ihre Stelle soll die möglichst vollkommene »Ausbildung aller unser geistigen Kräfte« (DKV III, 519) treten. In dem Brief
an Martini hatte sich Kleists Glückssuche denn
auch in einem ausführlichen Studienplan nieder-
geschlagen, um darauf sein weiteres Leben zu
bauen.

Der Aufsatz setzt offenkundig persönliche
Gespräche fort, denn er geht auf Zweifel des
Freundes ein und versucht, ihn von der Richtigkeit seiner Argumentation zu überzeugen. Dadurch unterscheidet er sich von dem teilweise
gleichlautenden Brief an Martini, der als Ratge-
ber angesprochen wird. Der Glücksaufsatz ist somit zum einen als eine gemeinsame Wegbeschreibung für alles Künftige zu verstehen. Zum anderen ist seiner Überzeugungsrhetorik aber bereits
der Zweifel an dem Gelingen der Verständigung,
die hier zur Bedingung des Glückes wird, eingeschrieben. Der emphatische Titel kann insofern
auch als performativer Selbstwiderspruch verstanden werden.

Kleist geht in seinem Aufsatz davon aus, dass
das Glück Ziel des Lebens ist: »Denn glücklich zu
sein, das ist ja der erste aller unsrer Wünsche, der
laut und lebendig aus jeder Ader und jeder Nerve
unsers Wesens spricht, der uns durch den ganzen
Lauf unsers Lebens begleitet, der schon dunkel in
dem ersten kindischen Gedanken unsrer Seele
lag und den wir endlich als Greise mit in die Gruft
nehmen werden« (DKV III, 516). Auf dieses
Glück haben alle Menschen ein Anrecht – ein
Gedanke, der nicht nur den Optimismus der Aufklärung offenbart, sondern sogar Eingang in die
Amerikanische Unabhängigkeitserklärung gefunden hat.

Auch Kleist greift zunächst auf bekannte Positionen der aufklärerischen Tugendphilosophie
zurück und zeigt sich damit tief in aufgeklärt-
christlichen Werten verankert. Seinem Aufsatz
liegt die Annahme zugrunde, dass das Glück
nicht in Äußerlichkeiten wie Besitz oder Status
liegt, sondern da, »wo es auch nur einzig genossen und entbehrt wird, im *Innern*« (DKV III,

515). Insofern könne jeder glücklich werden, der
nach innerer Vervollkommnung, Edelmut, Menschenliebe und Bildung strebe: Das Glück erscheint dergestalt als Belohnung der Tugend.
Dennoch ist es keinesfalls nur Mittel zum Zweck,
sondern Ziel der Tugend selbst. »Es ist kein beß-
rer Sporn zur Tugend möglich, als die Aussicht
auf ein nahes Glück, und kein schönerer und ed-
lerer Weg zum Glücke denkbar, als der Weg der
Tugend« (DKV III, 517). Die Tugend, diese
»himmlische[n] Kraft der Seele« (DKV III, 519)
verleiht die für diese Entwicklung nötige innere
Kraft und Standhaftigkeit. Dass das Glück auch
von äußeren Umständen und damit vom Zufall
abhänge, bestreitet Kleist, denn »so ungerecht
kann Gott nicht sein« (DKV III, 516).

Gleichzeitig mischen sich Zweifel in seine Tu-
gendrhetorik, wenn er die möglichen Einwände
des Freundes vorwegnehmend einräumt, dass
auch er »mit diesem Worte nur einen dunkeln
Sinn« verknüpft, »wenn ich gleich so viel davon
rede« (DKV III, 518). Sein Zweifel bezieht sich
indes auf die Tugend als »Unnennbares«, auf die
Unvollkommenheit seiner Vorstellungen von ihr,
nicht auf ihre Existenz. Er »ahnde« sie als etwas
»Höheres« und »Erhabeneres«, »und das ist es
recht eigentlich, was ich nicht ausdrücken und
formen kann« (DKV III, 518). Das Ideal der Tugend bleibe ein Rätsel, das bei aller Anstrengung
von Geist und Herz gleichwohl dafür sorge, »daß
wir nie unglücklich sein werden« (DKV III, 519).
Denn so Kleist weiter:

> »Ich nenne nämlich Glück nur die vollen und über-
> schwenglichen Genüsse, die, – um es mit einem Zuge
> Ihnen darzustellen, – in dem erfreulichen Anschaun
> der moralischen Schönheit unseres eigenen Wesens lie-
> gen. Diese Genüsse, die Zufriedenheit unsrer selbst, das
> Bewußtsein guter Handlungen, das Gefühl unsrer
> durch alle Augenblicke unsers Lebens vielleicht gegen
> tausend Anfechtungen und Verführungen standhaft
> behaupteten Würde, sind fähig, unter allen äußern Um-
> ständen des Lebens, selbst unter den scheinbar trau-
> rigsten, ein sicheres tiefgefühltes und unzerstörbares
> Glück zu gründen« (DKV III, 519).

Die »Denkungsart«, von der er den Freund überzeugen will, ist also eigentlich eine »Empfin-
dungsweise« (DKV III, 519), mithin ein Gefühl.
Glück besteht demzufolge im sicheren Fühlen ei-

genen Selbstbewusstseins und in der Selbstbehauptung gegenüber dem Anderen, die unmittelbar an die persönliche Integrität gebunden ist. Glück ist mit anderen Worten gefühlte Selbstgewissheit und gelingende Verständigung.

Die Auseinandersetzung mit der Differenz zwischen Denken und Gefühl kulminiert in einer Lehre, die Kleist dem Freund gibt und die vorsieht, die »Mittelstraße« zwischen höchstem Glück und Unglück als Weg der Tugend zu wählen. Von der Wahrheit dieser Lehre, so räumt er bereitwillig ein, sei sein Geist überzeugt, »obgleich mein Herz ihr unaufhörlich widerspricht« (DKV III, 522). Dieser Widerspruch macht deutlich, dass der Aufsatz nicht nur an Rühle, sondern auch an die eigene Adresse gerichtet ist, als gelte es, sich selbst noch einmal zu überzeugen. Denn dieses Zitat stellt – wie auch Mark-Georg Dehrmann hervorgehoben hat – die vorher angeführte Sicherheit, den Weg zum Glück bereits gefunden zu haben, wieder in Frage: »Kleists Sprechen wendet sich subversiv gegen den Sinn seiner Worte« (Dehrmann 2007, 215). Insofern scheint es tatsächlich folgerichtig, dass der *Aufsatz, den sichern Weg des Glücks zu finden* [...] am Beginn von Kleists eigenem Lebensplan und seiner schriftstellerischen Laufbahn steht. Er enthält wichtige Hinweise auf Gehalt und Struktur seines Denkens, »dem immer das bedeutungsvolle Wort der Auflösung fehlt« (DKV III, 518), und das daher stets aufs Neue auf die Probe gestellt werden muss.

Zur letzten Bedingung des Glücks erklärt Kleist schließlich die Menschenliebe:

»Aus allen diesen Gründen, mein teurer Freund, verscheuchen Sie, wenn er wirklich in Ihrem Busen wohnt, den häßlich unglückseligen [...] Haß der Menschen. Liebe und Wohlwollen müssen nur den Platz darin einnehmen. Ach es ist ja so öde und traurig zu hassen und zu fürchten, und es ist so süß und so freudig zu lieben und zu trauen. Ja, wahrlich, mein Freund, es ist ohne Menschenliebe gewiß kein Glück möglich, und ein so liebloses Wesen wie ein Menschenfeind ist auch keines wahren Glückes wert« (DKV III, 529f.).

Die Anrufung der Menschenliebe verweist nicht nur auf die aufklärerische Tugendphilosophie zurück, sie unterstreicht auch Kleists Betrachtung des Glücks als Gefühl. Damit antizipiert er gleich-zeitig die emphatische Bedeutung des Du in seinem Werk und die Bedeutung des an das affektive Erkennen dieses Anderen gebundenen Vertrauen.

Die Bedeutung der Verständigung mit dem Anderen, dem Du, zeigt sich in biographischer Hinsicht zunächst in den Reisen, die die Freunde unternehmen: »Denken Sie nur, mein Freund, an unsre schönen und herrlichen Pläne, an unsre Reisen« (DKV III, 525), die der Bildung von Geist und Herz dienen. Der Ausblick auf eine weitere gemeinsame Reise beschließt den Aufsatz. Daraus entwickelte Kleist die Vorstellung vom »Reisen als Lebenshaltung«, die die Glückssuche allerdings zu einer oft quälenden Angelegenheit machte (vgl. Schulz 2007, 89).

Auch Kleists Figuren begeben sich immer wieder auf die Suche nach dem Glück, das als Ziel der Lebensplanung erscheint, aber nie erreicht wird. Diese Suche ist schon das Thema seiner ersten Erzählung *Das Erdbeben in Chili*, in der die Menschen nach der Erschütterung durch das Erdbeben für einen Moment paradiesisches Glück erleben. Auch in der *Marquise von O...* erscheint das Glück der Protagonistin zunächst in der Gestalt des Grafen und einer gemeinsamen Lebensplanung. Darüber hinaus ist Glück das Gefühl der Liebenden, das momenthaft aufscheint: durch Alkmenes Liebe beglückt zu werden, ist die Sehnsucht Jupiters in *Amphitryon*, auf des »Glückes Gipfel« wähnt sich auch Penthesilea in der Schlacht um den Geliebten. Doch nicht nur in Penthesilea ist der jähe Umbruch nah. Auffällig oft und auf grausame Weise werden die Glücklichen bei Kleist schließlich sogar zu »Unglücklichen«. Dies gilt für Josephe und Jeronimo im *Erdbeben von Chili* ebenso wie für die Marquise oder Littegarde und Friedrich im *Zweikampf*. In *Michael Kohlhaas* ist der Protagonist sogar von Anfang an als Unglücklicher gezeichnet und »unglücklich« sind die Schritte, die er in seiner Sache unternimmt. Der in seinem Aufsatz angesprochenen »Mittelstraße« zwischen Glück und Unglück ist Kleist auch in seinem literarischen Werk nicht gefolgt. Die Suche nach dem Glück bildet zwar dessen Ausgangs- und Zielpunkt, das Glück selbst aber bleibt unerreichbar.

Literatur

Dehrmann, Mark-Georg: Die problematische Bestimmung des Menschen. Kleists Auseinandersetzung mit einer Denkfigur der Aufklärung im *Aufsatz, den sichern Weg des Glücks zu finden*, im *Michael Kohlhaas* und der *Hermannsschlacht*. In: Deutsche Vierteljahrsschrift für Literaturwissenschaft und Geistesgeschichte 2 (2007), 193–227.
Loch, Rudolf: Kleist. Eine Biographie. Göttingen 2003.
Schulz, Gerhard: Kleist. Eine Biographie. München 2007.

Anne Fleig

15. Grazie

Zu den bekanntesten Konzeptionen Kleists gehört die Grazie: als ästhetisches wie anthropologisches Ideal, als geschichtsphilosophische Erfüllungsfigur (Wiedergewinnen der Grazie als gleichbedeutend mit Wiedergewinnen des Paradieses) und als Argumentationsfigur, die die Abgründigkeit Kleist'scher Diskurse markant hervortreten lässt. Kleists später, im Dezember 1810 in den *Berliner Abendblättern* veröffentlichter *Marionettentheater*-Essay über die Grazie steht aber nicht unvermittelt im Œuvre des Autors, er schließt vielmehr eine lange Auseinandersetzung mit dieser Denkfigur ab und schreibt dabei den Grazie-Diskurs zu Ende.

In der zweiten Hälfte des 18. Jh.s hat die Konzeption der Grazie Konjunktur, der mit ihr verbundene Begriff der ›schönen Seele‹ wird zu einem Modewort. Winckelmann bestimmt 1759 in seiner Schrift *Von der Grazie in den Werken der Kunst* die Grazie als das »vernünftig Gefällige« (Winckelmann 1968, 157). Grazie ist ein Fluchtpunkt der Dichtung Wielands, sein Poem *Musarion, oder die Philosophie der Grazien* von 1768 entwirft eine Versöhnung von Vernunft und Gefühl in der – an Shaftesburys *moral grace* orientierten – moralischen Anmut der ›schönen Seele‹. Schiller bestimmt 1793 in seiner Schrift *Über Anmut und Würde* die Grazie als Figur gelungener Übereinstimmung des Sinnlichen und des Geistigen, nicht als Geschenk der Natur, sondern als Werk des Subjekts, wobei er den etymologischen Gehalt von Grazie, *gratia*, die Gunst, die man gibt oder erhält, stark macht: Die Grazie sei »eine Gunst [...], die das Sittliche dem Sinnlichen erzeigt«. Anmut entstehe, »wenn sich der Geist in der von ihm abhängenden sinnlichen Natur auf eine solche Weise äußert, daß sie seinen Willen aufs treueste ausrichtet und seine Empfindungen auf das sprechendste ausdrückt, ohne doch gegen die Anforderungen zu verstoßen, welche der Sinn an sie, als an Erscheinungen macht« (Schiller 1992, 361). Bei der ›schönen Seele‹ habe sich »das sittliche Gefühl aller Empfindungen des Menschen endlich bis zu dem Grad versichert, daß er dem Affekt die Leitung des Willens ohne Scheu überlassen darf und nie Gefahr läuft, mit den Entscheidungen desselben in Widerspruch zu stehen«. So harmoniere in der ›schönen Seele‹ »Sinnlichkeit und Vernunft, Pflicht und Neigung [...] und Grazie ist ihr Ausdruck in der Erscheinung« (Schiller 1992, 371).

Goethe nimmt die Verknüpfungsleistung der Grazie zurück, wenn er in seinem Laokoon-Essay von 1798 Anmut als ›sinnliche Schönheit‹ von ›geistiger Schönheit‹ unterscheidet, wobei er die antike Plastik des Dornausziehers der Anmut zuordnet. In der Natalie des *Wilhelm Meister* hat er aber zuvor eine Figur entworfen, die Schillers Bestimmung der Grazie vollkommen entspricht. Aber nicht nur auf dem Feld des Ästhetischen und der Anthropologie ist Grazie eine leitende Denkfigur, diese ist vielmehr der Naturauffassung der Aufklärung ebenso inhärent, insofern es für diese charakteristisch ist, analog zwei einander widersprechende Betrachtungsweisen zu verbinden. Die Natur wird zum einen als ein eigenen Gesetzen (der Kausalität und Determination) gehorchender Wirkungszusammenhang betrachtet. Entsprechend kann der vorkritische Kant formulieren, »der Weltbau mit aller Ordnung und Schönheit [sei] nur eine Wirkung der ihren allgemeinen Bewegungsgesetzen überlassenen Materie« (Kant 1983, 228). Zum andern wird betont, dass das als Effekt dieser Gesetze sich ergebene »wohlgeordnete Ganze« der Natur nicht anders gedacht werden könne denn als Erfüllung des Planes eines Weltschöpfers (ebd., 234). Die Annahme solch eines Zusammenstimmens material-kausaler wie ideeller Organisation, und eben das bestimmt der zeitgenössische Diskurs als Grazie, erlaubt, aus der Betrachtung der Natur moralische Sätze zu gewinnen, wozu Kleist seine Verlobte Wilhelmine z. B. in Briefen vom 18.11. und 29./30.11.1800 nachdrücklich anhält. Erschüttert wird solches Denken für Kleist durch die Transzendentalphilosophie, das aber heißt durch die Reflexion des denkenden Subjekts auf die Grundlagen seines Denkens. Denn sie zeigt, so Kant, dass der Naturforscher aus der Natur nur herausliest, was er als Maxime seines Denkens (die Annahme einer zweckmäßigen Organisation der Naturdinge) zuvor auf die Natur projiziert hat. Das Zusammenstimmen beider Betrachtungsweisen der Natur ist mithin Schein, der Betrachtung der Natur lassen sich keine ideellen Wahrheiten abgewinnen.

Diese Erkenntnis macht Kleists ›Kant-Krise‹ aus. Deren Folge aber ist die Hinwendung zur Kunst (s. Kap. III.6). So steht Kleists künstlerisches Schaffen von seinem Beginn an im Zeichen des Verlusts der Grazie. Hatte Schiller die Grazie als Werk des Subjekts herausgestellt, so besagt das Dysfunktional-Werden dieser Denkfigur durch die Transzendentalphilosophie nichts anderes, als dass die Grazie mit der Reflexion des Subjekts auf sein Denken und mit dem Hinweis eines Dritten (sei dieser Kant oder Fichte), die wahrgenommene Grazie sei eine Täuschung, unwiederbringlich verlorengeht. Der Blick des Jünglings in den Spiegel, sein Reklamieren von Grazie und der Einwurf des Dritten, »er sähe wohl Geister« (DKV IV, 561), die Szenerie, die Kleist am Ende seines künstlerischen Schaffens entwirft, ist derart wohl zuvor schon dessen Initiation gewesen. So überrascht es nicht, dass Kleist in seinem literarischen Schaffen immer neu nach Konzeptionen der Vermittlung von empirischer und ideeller Welt fragen wird, die anstelle der verlorenen Grazie treten können (das Schöne, das Erhabene; vgl. Greiner 2000), und dass er, nachdem diese Konzeptionen sich als nicht tragfähig erwiesen haben, zur Grazie nur dadurch zurückkehren kann, dass er abweist, was den Grazie-Diskurs zu Fall gebracht hat: das reflektierende Subjekt und die Erwartung, unvergängliche Wahrheiten zu gewinnen (vgl. DKV IV, 205). Entsprechend wird die Grazie in einem Raum jenseits des reflektierenden Subjekts situiert, d. h. dem zuerkannt, »der entweder gar keins, oder ein unendliches

Bewußtsein hat, d. h. [...] dem Gliedermann oder dem Gott« (DKV III, 563) und wird die Grazie dabei in den Horizont des Unwahren resp. Irrtümlichen gerückt, was der Essay *Über das Marionettentheater* in den vielfach festgestellten Brüchen und Unstimmigkeiten seiner Argumentation vollzieht, die der Essayist herausstellt und so als konstitutiven Bestandteil seiner Aussage kenntlich macht.

Wenn Kleist Figuren seiner Dramen Grazie im herkömmlichen Sinn zubilligt, dann bezogen auf einen vergangenen Zustand oder auf eine transgeschichtliche Zeit. Die Szene, da Ottokar in Agnes' Blick deren Seele lesen konnte und er sie auf den Namen der Gottesmutter taufte, erinnert er als unwiederbringlich vergangen: »wie war es damals / Ganz anders, so ganz anders« (DKV I, 173). An Penthesilea erinnert die erste Priesterin als »so reizend, wenn sie tanzte, wenn sie sang! / So voll Verstand und Würd' und Grazie!« (DKV II, 242), das aber im Augenblick, da die Königin nach ihrer Greueltat als »Gorgo« vor ihr steht (ebd.). Von Ruprecht verlangt Eve, er hätte an ihre Sittlichkeit glauben sollen, selbst wenn er sie mit dem Lebrecht zusammen gesehen hätte und werde sich dies »im Leben nicht« bewahrheiten, so doch »jenseits, [...] wenn wir auferstehn« (DKV I, 329).

Auf die Bedeutung der Grazie im *Amphitryon* weist der Name der Dienerin Charis, wenn an ihr auch eher ein komisches Missverhältnis von Name und Person zur Debatte steht. Grazie macht aber das Wesen Alkmenes aus. Jupiter will ihr die Aussage entlocken, dass sie in ihrem Lieben, jetzt, da sie weiß, dass der Gott in der Nacht bei ihr war, dem Gott den Vorzug vor dem Gatten gebe. Aber Alkmene beharrt auf ihrer Gattenliebe und doch preist Jupiter, der in der Gestalt Amphitryons vor ihr steht, sie hierfür (vgl. DKV I, 433). Alkmene hat sich für die endliche Menschenliebe erklärt, aber an Jupiter (in Gestalt Amphitryons) gerichtet. Sie ist nur ihrem Herzen, also ihrer Natur, gefolgt und hat sich dabei gerade der unendlichen Gottesliebe, also dem Ideellen zugewandt. So vollzieht ihre Antwort vollkommen die Figur der Grazie, aber diese Grazie ist ohne Bewusstsein, sie ist weiter in einem Raum der Täuschung situiert und impliziert eine grundlegende Erschütterung des Selbstbildes aller an diesem Grazie-Geschehen Beteiligten. Die Grazie, die der Marionettentheater-Essay entwirft, ist hier schon gestaltet, sogar deren heilsgeschichtliche Perspektive, denn im Herausbringen dieser Grazie wurde ein Erlöser der Menschheit, Herakles, gezeugt.

Ehe im Essay aber dieses neue Grazie-Verständnis begründet wird, spielt Kleist im *Prinzen von Homburg* ein Wiedergewinnen der Grazie in der geschichtlichen Zeit durch (analog in der *Herrmannsschlacht* das Wiedergewinnen der Grazie Thusneldas, die diese durch das falsche Spiel des Ventidius verloren hat; vgl. Seger 2004). In der Eröffnungsszene regiert der Kurfürst den somnambulen Prinzen wie im Essay der Maschinist die Marionette, beschreibt er, indem er sich in ihn versetzt, den »Weg der Seele des Tänzers« (DKV III, 557). Es folgt das ›Nein‹ und der Verweis auf die Wirklichkeit der Schlacht, in der die Grazie erst zu erringen ist. In ihr agiert der Prinz jedoch, als ob er die Grazie noch hätte; später zum Tode verurteilt, rechnet er auf eine andere Grazie, d.i. auf die Verbindung des Gesetzes mit *gratia*, der Gnade in Ansehung des besonderen Falles. Statt dass ihm diese zuteil würde, hat er erhabene Selbstnegation zu lernen. In deren Horizont gewinnt die in der Schlussszene zurückgegebene Grazie einen anderen Gehalt: statt Wiedergewinnen des Paradieses Vernichtung und Auslöschung all dessen, das der Verwirklichung des Ideellen (der Freiheit des Vaterlandes) entgegensteht. Mit diesem Herausarbeiten des Gewaltpotentials der Grazie ›in‹ der geschichtlichen Zeit und der nachfolgenden Situierung der Grazie im Raum jenseits des Menschen hat Kleist den Grazie-Diskurs wahrhaft zu Ende geschrieben.

Literatur

Greiner, Bernhard: Kleists Dramen und Erzählungen. Experimente zum ›Fall‹ der Kunst. Tübingen/Basel 2000.

Kant, Immanuel: Allgemeine Naturgeschichte und Theorie des Himmels [1755]. In: Ders.: Werke in 10 Bänden. Hg. von Wilhelm Weischedel. Bd. 1. Darmstadt 1983, 219–400.

Schiller, Friedrich: Über Anmut und Würde. In: Friedrich Schiller. Werke und Briefe in 12 Bänden. Hg. von Rolf-Peter Janz u. a. Bd. 8. Frankfurt a.M. 1992, 330–394.

Seger, Daniel Tobias: »Sie wird doch keine Klinke drücken?« Kleists *Herrmannsschlacht* im Rahmen seines Graziedenkens. In: Deutsche Vierteljahrsschrift für Literaturwissenschaft und Geistesgeschichte 78 (2004), 426–458.

Winckelmann, Johann Joachim: Von der Grazie in den Werken der Kunst. In: Ders.: Kleine Schriften, Vorreden, Entwürfe. Hg. von Walter Rehm. Berlin 1968, 157–162.

Bernhard Greiner

16. Identität

Das Problem der Identität war um 1800 besonders aktuell. Aufgrund der industriellen, politischen und gesellschaftlichen Umwälzungen in der von Koselleck so genannten »Sattelzeit« entstand zwar das bürgerliche Bewusstsein individueller Autonomie. Der Glaube an das einmalig-unverwechselbare Ich wurde jedoch zugleich verdächtigt, lediglich ein uneinlösbares Postulat darzustellen. Symptomatisch dafür ist die Beliebtheit der Doppelgänger-Thematik – nicht nur bei Kleist. Gerade die für Idealismus und Romantik signifikante Spannung zwischen Wirklichkeit und Ideal, Leben und Phantasie fand in doppelgängerischen Konfigurationen ihr bevorzugtes Medium literarischer Gestaltung. Vor Kleist schuf bereits Jean Paul in seinen Romanen eine Reihe solcher Doppelgänger-Konstellationen; und obwohl Romantiker wie Tieck, Chamisso und Brentano das Doppelgänger-Motiv in zahlreichen Variationen durchspielten, gewann es vor allem bei E. T. A. Hoffmann eine psychologische Tiefendimension: Doppelgänger, in deren irritierendem Wechselspiel sich die innere Zerrissenheit des hypertrophen Subjekts und seine phantasmagorischen Spaltungserfahrungen bis zum Wahnsinn steigern, bevölkern geradezu Hoffmanns Werk. In derartigen doppelgängerischen Ich-Dissoziationen manifestiert sich eine psychische Problematik, die sich im Spannungsfeld von subjektivem Identitätsanspruch und gesellschaftlichen Entfremdungserfahrungen entfaltet. Sie unterziehen zugleich den krisenhaft übersteigerten romantischen Innerlichkeits- und Phantasiekult, der im

Extremfall zum pathologischen Wirklichkeitsverlust führt, einer kritischen Reflexion.

Auch bei Kleist treten mehrmals Doppelgängerinnen und Doppelgänger auf: Unter dem Vorzeichen subjektiv wie situativ geprägter Realitätswahrnehmungen begegnen sie in der *Verlobung in St. Domingo*, so etwa wenn der Protagonist eine »wunderbare Ähnlichkeit« (DKV III, 237) seiner ehemaligen Verlobten Mariane mit der Mestizin Toni entdeckt, und im *Michael Kohlhaas*, in dem die verstorbene Frau der Titelgestalt vor dem tragischen Ausgang der Erzählung in der gespenstischen Gestalt einer alten Zigeunerin wiederkehrt. Strukturbildend für das gesamte Geschehen wird das Doppelgänger-Motiv im *Amphitryon* und im *Findling*.

Der Tradition des Amphitryon-Stoffs seit der Antike entsprechend, verführt der Gott Jupiter kraft seiner göttlichen Fähigkeit, beliebige Identitäten anzunehmen, Alkmene, die Frau des Amphitryon in dessen Gestalt; sein göttlicher Begleiter Merkur nimmt indes das Aussehen von Amphitryons Diener Sosias an. Die beiden göttlichen Doubles machen den menschlichen Originalen ihre Identität streitig, indem sie in deren Rechte als Ehemänner eintreten sowie ihre gesellschaftlichen Rollen übernehmen. So wird Amphitryon »entamphitryonisiert« und Sosias »entsosiatisiert«, wie es schon bei Molière heißt, dessen *Amphitryon* Kleist der eigenen Komödie zugrunde legt. Obwohl Kleist mit dem Untertitel »Lustspiel nach Molière« den Prätext seines Dramas explizit benennt, unterscheidet es sich doch in seinem allgemeinen Problemhorizont deutlich von der französischen Vorlage, die den antiken Amphitryon-Mythos bloß als Folie der frivolen Hofkomödie und des libertinen Rollenspiels benutzt. Kleist hingegen experimentiert mit der mythischen Verwechslungskonstellation, um die Frage, wodurch sich ein Individuum als solches auszeichnet, auf radikale Weise zu formulieren. Das göttliche Doppelgängertum oktroyiert den betroffenen Menschen, die von ihren überirdischen Nebenbuhlern um alle äußeren Identitätsmerkmale gebracht werden, den existenziellen Selbstzweifel, ob sie jenseits der gesellschaftlichen Außenperspektive überhaupt einen identitätsstiftenden authentischen Wesenskern besitzen. Für

Amphitryon, den siegreichen Feldherrn von hohem Stande, verläuft der Prozess der Entamphitryonisierung insofern um so schmerzlicher, als er gewohnt ist, sich durch sein gesellschaftlich formiertes Rollengefüge, durch Ehre und Ruhm zu definieren. Nicht um das Selbstbewusstsein des auf sich selbst reflektierenden Subjekts geht es in Kleists *Amphitryon* (wie in der gleichzeitig mit dem Identitätsproblem befassten Bewusstseinsphilosophie des deutschen Idealismus), sondern um den Verlust einer aus der Verinnerlichung sozialer Rollenvorgaben und Wertvorstellungen resultierenden Selbstgewissheit.

Zu diesem Selbstbewusstsein gehören für Amphitryon in erster Linie seine Rolle als Ehemann und seine durch kriegerische Leistung erworbene Ehre, die ihm der göttliche Doppelgänger entzieht. Als Amphitryon alles soziale Prestige verloren hat, muss sich – so will es das von Kleists radikal gesellschaftskritischer Grundeinstellung mitbestimmte Experiment – erweisen, ob es neben der gesellschaftlich und damit letztlich äußerlich formierten und fixierten Identität noch eine tiefer liegende, innere gibt. Indem Amphitryon, sobald er alles, sogar seine ›Rechte‹ als Ehemann eingebüßt hat, nur noch ausruft »Alkmene« und »Geliebte!« (DKV I, 457), gibt er seine Identität zu erkennen: Sie liegt im Gefühl als dem einzig Authentischen, Rein-Menschlichen.

Gleichwohl wird dieser innere Selbstfindungsprozess am Ende des Stückes ironisch unterlaufen. Amphitryon fällt in sein altes Verhaltensmuster zurück: Er lässt sich in seinem Selbstverständnis erneut von außenorientierten Wertvorstellungen bestimmen, wenn er den durch Jupiter verursachten Identitätsentzug nunmehr als ein sein eigenes Ich nobilitierendes Geschehen ausdeutet. Da es schließlich ein *Gott* war, der ausgerechnet *ihn* ›seiner selbst beraubte‹, hält er sich schier für einen Götterliebling und äußert Jupiter gegenüber den Wunsch, »Was du dem Tyndarus getan, tust du / Auch dem Amphitryon: Schenk’ einen Sohn / Groß, wie die Tyndariden, ihm« (DKV I, 460). Der göttliche Raub verleiht ihm – so das Identitätsparadoxon, das den scheinbar positiven Prozess der ›Reamphitryonisierung‹ letztlich ad absurdum führt – die neue, quasi-göttliche Identität als künftiger Vater eines halbgöttlichen Sohnes. Bedankt er sich bei dem olympischen Gönner, so gilt dieser Dank dessen Versprechen, ihm einen übermenschlichen Sohn zu schenken, der seinen »Ruhm« fortsetzen und seinen Nachruhm verkörpern wird: »Dir wird ein Sohn geboren werden, / Des Name Herkules: es wird an Ruhm / kein Heros sich, der Vorwelt, mit ihm messen, / Auch meine ew'gen Dioskuren nicht« (ebd.).

Der Diener Sosias macht es sich leichter. Obwohl auch er von gesellschaftlichen Normen, insbesondere von Ehrbegriffen und Standesrücksichten bestimmt ist, zeigt er sich schneller bereit, seine äußere Identität aufzugeben – und das gilt auch, wie in burlesker Komik deutlich wird, für seine Ehe. Bereits bei der ersten Begegnung mit seinem göttlichen Double Merkur bekundet Sosias, der nur widerwillig seiner nächtlichen Botenpflicht nachgeht, den Wunsch, einem höheren sozialen Stand anzugehören, ist ihm doch seine niedere soziale Stellung durch Geburt aufgenötigt (Nölle 1993, 171f.), »weil es / Die großen Götter wollen; weil es nicht / In meiner Macht steht, gegen sie zu kämpfen, / Ein And'rer sein zu wollen als ich bin; Weil ich muss Ich, Amphitryons Diener sein, / Wenn ich auch zehenmal Amphitryon, / Sein Vetter lieber, oder Schwager wäre« (DKV I, 389f.).

Mit der Gestalt der Alkmene, die Kleist gegenüber Molière mit einer ganz neuen psychischen Tiefendimension ausstattet, treibt er im Vergleich zur Amphitryon-Figur das Experiment des Identitätsverlustes bis zu einem psychischen Spaltungsprozess (»Gehört das Bild mir, das der Spiegel strahlt?«; DKV I, 421) weiter, der gerade aus ihrem vollkommenen Liebesgefühl entsteht. Denn sie, die noch in den »Flitterwochen« lebt (DKV I, 400), ›vergöttert‹ ihren Mann so sehr, dass dessen idealisierte Imago sich von der Realität abspaltet (»Einbildung, Fürstin, das Gesicht der Liebe«, sagt ihre Dienerin Charis; DKV I, 422) und – »in's Göttliche verzeichnet« (ebd.) – dem realen Amphitryon schließlich eine Niederlage bereitet. Kleists Orientierung an der schon in der französischen Aufklärung völlig ausgebildeten und später noch von Stendhal aufgenommenen Illusionslehre erreicht hier eine eigenwillige Intensität: Die aus dem übersteigerten Liebesge-

fühl erwachsende menschliche Illusionsbereitschaft gefährdet mit dem selbstentworfenen Ideal die menschliche Realität. Alkmene weigert sich so lange, den (idealisierten) Geliebten und den (realen) Gatten voneinander zu trennen, dass schließlich deren Identität, an der sie festzuhalten sucht, in einer psychischen Dissoziation verloren geht: Zeichenhaft drückt sich diese Dissoziation aus, als Alkmene in Szene II/4 auf dem Diadem das Monogramm J (für: Jupiter) statt des A (für: Amphitryon) erblickt. Das Ideal hat sich derart verselbständigt, dass es die Realität zerstörerisch abzuwerten und zu verdrängen droht.

Kleists eindringliche Psychologisierung der Identitätsproblematik erreicht ihren Höhepunkt in der zentralen Szene II/5, die keinerlei Vorbild bei Molière hat, sowie in der Szene III/11. Es kommt zur Konfrontation der beiden Amphitryonen, des göttlichen und des menschlichen. Alkmene muss sich zwischen beiden entscheiden. Sobald sie sich aber für den – von ihrer eigenen Liebesillusion projizierten – göttlich-idealen entschieden hat, entrückt dieses Ideal notwendigerweise ins Jenseitig-Unwirkliche: In der Gestalt Jupiters entschwebt es zum Olymp. In einem schmerzlichen Erkenntnisprozess muss Alkmene die Einsicht in die eigene Illusion gewinnen. Kleist setzt die Identität Alkmenes zunächst mit der Vollkommenheit ihres Liebesgefühls und ihrem davon abgeleiteten Selbstverständnis und Selbstvertrauen gleich. Doch gerade in dieser gefühlsfundierten Identität lässt er sie schwere Irritationen erleiden, die letztlich in die Desillusionierung münden. Dennoch endet das Geschehen nicht bloß mit Alkmenes ernüchterter Annahme der Realität, d.h. des Amphitryon, wie er wirklich ist; die idealisierende, den Geliebten vergöttlichende Kraft ihrer Hingabe zeugt weiterhin von dem Unbedingten *in ihr*, von ihrer eigenen Identität. Das Göttliche, das sie nach außen projizierte und dann als illusionären Schein erfahren musste, lebt als menschliche Wirklichkeit in ihrem Gefühl weiter. Kleist bringt dies unmissverständlich zum Ausdruck. Am Ende der Szene II/5 nennt Jupiter Alkmene »so urgemäß, dem göttlichen Gedanken, / In Form und Maß, und Sait' und Klang« (DKV I, 433), und am Ende preist er sie mit den Worten: »Du Göttliche! / Glanzvoller als die Sonne! / Dein wartet ein Triumph« (DKV I, 458). Diese von Kleist bis zur Paradoxie getriebene existenzielle Identität von Menschlichem und Göttlichem geht von einer aufklärerisch säkularisierenden Denkfigur aus, die damals weit verbreitet war. Bereits Goethe hatte sie in seinem Gedicht *Das Göttliche* programmatisch formuliert.

Dass Kleist in seiner späten Erzählung *Der Findling* die Versuchsanordnung des *Amphitryon* geradezu invertiert, zeugt von seinem systematischen Interesse am Problem der Identität. Während Amphitryon in der Folge des Verlusts der reichlich erworbenen gesellschaftlichen Qualifikationen einen Identitätsentzug erleidet, um schließlich zur inneren Selbstgewissheit zu gelangen, besitzt der Findling von Anfang an weder soziale noch emotionale Identität. Er ist ohne Familie, ohne Heimat, wird zufällig aufgelesen, auch sein Verhalten signalisiert sogleich eine entsprechend bezugslose und sogar bis zur Beziehungsunfähigkeit isolierte Existenz. So stellt sich die Frage, ob die Einbeziehung in ein familiäres und gesellschaftliches Umfeld ihm zu einer Identitätsfindung zu verhelfen vermag. Das Ergebnis des Experiments fällt negativ aus: Zwar weist die Familie dem Findling, den sie als Adoptivkind aufnimmt, die üblichen Rollenmuster zu und ordnet ihn in bürgerliche Normen- und Wertesysteme ein. Doch kann der Findling nur Ersatz- und Stellvertreterfunktionen ausüben, denn in allen Bereichen rückt er an die Stelle eines Anderen, ohne sich die eigene Identität erarbeiten zu können. So muss »der geborene Stellvertreter und Lückenbüßer, eine Unperson« »zuerst den Sohn Paolo ersetzen, dann den Kommis, dann nimmt er, freiwillig den Platz des Güterhändlers Piachi ein und wird zum Ehemann der Constanze gemacht« (Schröder 1985, 113).

Vollends misslingt der Sozialisationsprozess aufgrund des emotionalen Vakuums und der dementsprechend ausgeprägten Kommunikationsdefizite in der Adoptivfamilie, die von vielfältigen Surrogat- und Kompensationsverhältnissen gekennzeichnet ist: Der alte Piachi, der die Leerstelle seiner ersten, verstorbenen Frau durch die zweite Heirat gefüllt sowie die seines ebenfalls verstorbenen, leiblichen Sohnes durch den Ad-

optivsohn besetzt hat, widmet sich nun ganz seinen Geschäften. Seine junge Ehefrau Elvire flüchtet aus ihrer unerfüllten Ehe in eine phantasmatische Liebesbeziehung zu einem jungen, aber bereits verstorbenen Edelmann, der sie einst aus Lebensgefahr gerettet hat. In der heimlichen Idolatrie, der sie sich vor seinem Bildnis hingibt, kommt es zur Überkompensation ihres erotisch unerfüllten Daseins. Der Findling Nicolo, identitätslos und liebesunfähig, weil er schon immer nur Funktionen anderer zu übernehmen hatte, usurpiert jetzt die Rolle des Angebeteten als »die Ideal-Version seiner selbst« (Schmidt 2003, 207), um als dessen Stellvertreter betrügerisch und gewaltsam die Liebe zu erlangen, die er selbst nicht finden und geben kann. Seine doppelgängerische Ähnlichkeit mit dem Idol, die zudem signalisiert, dass er schon äußerlich kein authentisches Selbst, keine Identität besitzt, wird zum Anlass einer zerstörerischen Perversion, die alle Beteiligten in den Abgrund reißt.

Zeichenhaft, logographisch hebt Kleist das Moment der Perversion als Identität des Nichtidentischen hervor: Nicolo, der Name des Findlings, ist eine anagrammatische (Per)Version des Namens Colino – so heißt der von Elvire Angebetete. In diesem Erzählexperiment radikalisiert Kleist einerseits Rousseaus Gesellschaftskritik, indem er alles gesellschaftlich Vermittelte sogar im Bereich der – hier nachgeholten – Primärsozialisation mit dem Stigma des Unauthentischen versieht, das folglich auch keine gelingende Identitätsfindung zulässt; andererseits lehnt er die Vorstellung von der ursprungshaft »guten« Natur einer nichtentfremdeten Identität ab, wie sie etwa in Rousseaus Erziehungsroman *Émile* idealisiert wurde, und subvertiert damit »das optimistische aufklärerische Denkmuster, in dem der Mensch als anfängliche *tabula rasa* alle Chancen der Erziehung zum Höheren bietet« (Schmidt 2003, 210). Identitätslos kommt der Findling aus dem *Nichts, nichts* kann ihm eine Identität verleihen, und mit innerer Konsequenz führt sein (selbst)zerstörerischer Weg auch ins *Nichts.*

Weniger experimentell, doch mit umso stärkerer Kritik an der logozentrisch orientierten Anthropologie der Aufklärung verhandelt Kleist das Problem der Identität in der *Verlobung in St.*

Domingo. Besondere Brisanz erhält die *Verlobung* durch die Verbindung von Identitätsthematik und Erkenntnisproblematik. Das Selbstverständnis des Menschen erweist sich, wie der vermeintliche Identitätsfindungsprozess Tonis exemplarisch zeigt, nicht als Produkt eines rational-reflexiven Selbstverhältnisses, sondern als Spielfeld beständig wechselnder Fremdzuschreibungen. Die von einer Mulattin und einem Franzosen unehelich gezeugte, fast hellhäutige Toni dient in der Zeit des Aufstands der Schwarzen gegen die französische Kolonialmacht auf der Insel Haiti als Köder finsterer Machenschaften: Sie soll asylbedürftige Weiße in Sicherheit wiegen, bis der Anführer der Schwarzen Hoango in die Pflanzung zurückkehrt und sie ermordet. Doch entgegen der von ihrer ›schwarzen‹ Herkunftswelt vorgegebenen Rolle geht die Mestizin eine Liebesbeziehung mit dem Schweizer Offizier Gustav ein, setzt sich für seine Rettung ein, bis sie schließlich von den Angehörigen ihrer schwarzen Herkunftswelt eines Verrats bezichtigt wird und ihre nunmehr weiße Rassenidentität deklariert: »ich habe euch nicht verraten; ich bin eine Weiße, und dem Jüngling, den ihr gefangen haltet, verlobt; ich gehöre zu dem Geschlecht derer, mit denen ihr im offenen Kriege liegt« (DKV III, 256).

Mit diesem Bekenntnis vollzieht Toni zwar ihre identifikatorische Wandlung zur Weißen, doch dieser scheinbar selbstbestimmte und -bestimmende Identitätswechsel ist ebenfalls nur Resultat subtiler Fremdzuschreibung. Gustav, der sich in lebensbedrohlicher Situation befindet und in Toni die Rettung sucht, offeriert ihr, deren zwischen schwarz und weiß zu oszillieren scheinende Hautfarbe sich einer eindeutigen Zuordnung der Rassenangehörigkeit entzieht, eine neue Identität. Er erzählt ihr zwei Episoden: Die erste handelt von einer pestkranken Schwarzen, die sich an ihrem ehemaligen lüsternen Herrn rächt, indem sie ihn in ihr Bett lockt und mit der Krankheit infiziert; im Zentrum der anderen Erzählung steht seine frühere weiße Verlobte Mariane, die einst für ihn ihr Leben geopfert hat. Wenn Gustav beiden Geschichten auch jeweils moralisch entgegengesetzte Botschaften von böse und gut zugrunde legt – die Tat der schwarzen Heldin wird als »schauderhaft« (DKV III, 233) verurteilt, die

weiße Verlobte hingegen als »die treuste Seele unter der Sonne« (ebd., 237) verklärt –, und wenn er Toni nach dem Liebesakt zusätzlich noch das symbolträchtige Kreuz, das frühere Brautgeschenk Marianes, übergibt, so initiiert er damit geradezu Tonis Wandlung zur marianesken Weißen. Gustavs narrative Verführungsstrategie hat Erfolg. Toni ist nach der Liebesnacht nicht länger die gehorsame Tochter einer Mulattin, die Weiße in die Falle lockt, sondern die Verlobte eines Weißen, die ihre Herkunftswelt verneint. In ihre alte Rolle als Schwarze kann und will sie nicht zurückkehren, also arbeitet sie konsequent daran, sich der neuen, ihr narrativ und zeichenhaft zugewiesenen Identität als ›zweite‹ Mariane würdig zu erweisen. Der weitere Handlungsverlauf macht deutlich, wie sie sich deren Opferhaltung vollständig zueigen macht: »sie frohlockte bei dem Gedanken, in dieser zu seiner Rettung angeordneten Unternehmung zu sterben« (ebd., 252).

Wie blind Toni in die Falle der narrativen Identitätskonstruktion Gustavs läuft, macht das wahrnehmungspsychologisch wie erkenntniskritisch eingesetzte Doppelgänger-Motiv deutlich: Aus der wörtlich nur »entfernten Ähnlichkeit« (ebd., 235), die Gustav bei Tonis erstem Anblick unausgesprochen bemerkt haben will, ohne sich darüber klar zu werden, wem sie ähnlich sein soll, wird bezeichnenderweise »eine wunderbare Ähnlichkeit« (ebd., 237) Tonis mit seiner Heldin, wie er Toni euphorisch mitteilt, um die Mariane-Episode einzuleiten. Hatte seine Rettungsphantasie wegen Tonis »anstößiger« (ebd., 235) Hautfarbe zunächst unbewusst partielle Züge seiner ehemaligen Beschützerin auf die der künftigen projiziert, so potenziert Gustav später die marginale Ähnlichkeit in bewusster Verführungsrhetorik zur wunderbaren, um Tonis Neugier auf die Geschichte ihrer ›Doppelgängerin‹ zu wecken (Kim 2007).

Doch nimmt die Liebesgeschichte eine tragische Wendung, die Tonis Sehnsucht nach einem selbstlosen Opfertod als Weiße ironisch realisiert. Als Gustav ihr nach seiner Befreiung wieder begegnet, verkennt er die Lage und erschießt sie, weil er sich von ihr verraten glaubt. Zum Mord an seiner Verlobten trägt noch besonders ihr zufälliges Erscheinungsbild bei der Wiederbegegnung bei: Da sie ein schwarzes Kind in den Armen hält, identifiziert er sie mit der schwarzen, feindlichen Seite. Bei diesem Anblick spricht er Toni die Rolle der positiven Heldin seiner zweiten Erzählung ab- und assoziiert sie nun mit der negativen Figur aus seiner ersten Erzählung: Er degradiert Toni mit der verächtlichen Bezeichnung »Hure« zur pestkranken Schwarzen.

An den von den Binnenerzählungen Gustavs inszenierten, positiven und negativen Verhaltensmodellierungen beider Rassen wird deutlich, dass die physisch vorgegebenen und geschichtlich gewordenen Konkurrenzmodelle von weiß und schwarz in hohem Maße gesellschaftliche Konstrukte darstellen. Indem es Gustav gelingt, Toni narrativ in die Leerstelle seiner aus Liebe sich opfernden Braut zu integrieren, werden – parallel zum Verlauf von Tonis Wandlung zu einer ›Weißen‹ – St. Domingo und Europa zu Diskursfeldern. Auf diese bezieht man sich, um *anderen* eine Identität zuzuschreiben, oder man beruft sich auf sie, um eine *eigene* Identität zu erwerben. Der Mechanismus einer rhetorischen Rassen- und Identitätstransformation Tonis erweist sich zudem als eine Art ›psychische Kolonisation‹. Auf diese Weise wird das politische Kolonisationsphänomen im privaten Beziehungsgefüge repetiert. Raubend und mordend zieht nicht allein der »fürchterliche Neger« Hoango durchs Land, auch Gustav raubt Toni zunächst ihre alte Herkunftsidentität, ermordet sie dann aber in deren Zeichen.

Wie tödlich eine – von außen oder innen vermittelte – Entfremdung von der eigenen kulturellen Identität sein kann, demonstriert nicht zuletzt der Kollaps der Titelgestalt in Kleists *Penthesilea*: Bereits durch die Liebe zu Achilles in ihrer sozialinduzierten Identität als Amazone verunsichert, geht Penthesilea zugrunde, indem sie sich (nach der Tötung des mit der eigenen Identität nicht zu vereinbarenden Geliebten) »vom Gesetz der Fraun« lossagt (DKV II, 255). Der Verlust der alten sozial-ideologisch präformierten Identität geht einher mit dem eigenen Sterben.

Literatur

Behrens, Rudolf: *Der Findling* – Heinrich von Kleists Erzählung von den ›infortunes de la vertu‹ im Span-

nungsfeld zwischen Helvétius und Rousseau. In: Romanische Literaturbeziehungen im 19. und 20. Jahrhundert. Tübingen 1985, 9–28.

Jancke, Gerhard: *Zum Problem des identischen Selbst in Kleists Lustspiel Amphitryon.* In: Colloquia Germanica 3 (1969), 87–110.

Jauß, Hans Robert: Poetik und Problematik von Identität und Rolle in der Geschichte des Amphitryon. In: Odo Marquard/Karlheinz Stierle (Hg.): Identität. München 1979, 213–254.

Kim, Hee-Ju: Identitätskonstruktion im Diskurs der Rassen, dargestellt an Kleists *Verlobung in St. Domingo.* In: Jean-Marie Valentin (Hg.): Akten des XI. Internationalen Germanistenkongresses Paris 2005 »Germanistik im Konflikt der Kulturen«. Bd. 9: Divergente Kulturräume in der Literatur. Kulturkonflikte in der Reiseliteratur. Bern u. a. 2007, 123–130.

Nölle, Volker: Verspielte Identität. Eine expositorische »Theaterprobe« in Kleists Lustspiel *Amphitryon.* In: KJb 1993, 160–180.

Pfeiffer, Joachim: Widersprüche geschlechtlicher Identität in Heinrich von Kleists *Penthesilea.* In: Freiburger literaturpsychologische Gespräche 17 (1998), 89–99.

Schmidt, Jochen: Identität als aporetisches Projekt. Kleists Erzählung *Der Findling.* In: Werner Frick u. a. (Hg.): Aufklärungen. Zur Literaturgeschichte der Moderne. Tübingen 2003, 203–210.

Schröder, Jürgen: Kleists Novelle *Der Findling.* Ein Plädoyer für Nicolo. In: KJb 1985, 109–127.

Hee-Ju Kim

17. Ironie

Der Begriff der Ironie hat sich in einer langen Bedeutungsgeschichte verändert und erweitert. Sie reicht von der einfachen Grundbestimmung, dass die ironische Redeweise das Gegenteil des wörtlich Gesagten meine, bis in spezielle, z. T. auch historisch bedingte Formen. Der Grundbestimmung am nächsten ist das ironische Werturteil, etwa ein Lob, das durch seine überzogene Form sich selbst desavouiert und parodistisch und satirisch wirken kann. Im allgemeinsten Sinn kann Ironie eine skeptische Bewusstseinshaltung ausdrücken, die auf universelle Nicht-Identifikation zielt, indem sie alle bestimmten Positionen relativiert. Die bevorzugte Methode dafür ist das Erzeugen von Konstellationen, die sich gegenseitig ganz oder teilweise aufheben. Dieses ironische Verfahren wählt z. B. Goethe, in schärfer markierter Form Thomas Mann. Bezeichnend ist es, dass Kleist keinerlei Affinität zur zeitgenössischen Theorie der romantischen Ironie erkennen lässt. Diese steht im Horizont idealistischen Denkens und setzt die (prinzipiell als ungenügend aufgefasste) Wirklichkeit dem Ideal, das Endliche dem Unendlichen so entgegen, dass die Wirklichkeit als das bloß Endliche eine ironische Relativierung oder sogar Aufhebung erfährt. Heine kehrt die romantische in eine antiromantische Ironie um. Zwar geht er immer noch von der Unvereinbarkeit von Ideal und Wirklichkeit aus, aber er macht nicht mehr das Ideal, sondern die Wirklichkeit zum Maßstab. Vom Standpunkt der Wirklichkeit aus erweisen sich alle »romantisch«-idealen Vorstellungen als illusionär. Folgerichtig manifestiert sich Heines antiromantische Ironie in Strategien der Desillusionierung.

Kleists ironisches Verfahren führt noch nicht so weit, aber im Horizont einer ebenfalls kritisch-aufklärerischen Grundhaltung, die aus seiner Orientierung an Leitfiguren der französischen Aufklärung und aus seiner Verwurzelung in der preußischen Spätaufklärung entstand, taucht auch er vorurteilshafte Haltungen und Wertungen sowie illusionäre Vorstellungen ins Licht der Ironie. Diese Ironie hat nicht nur eine kritisch-subversive, sondern immer wieder auch eine tragische Dimension, wenn sie verderbliche Illusionsbildungen zum Gegenstand hat, etwa wenn im *Erdbeben in Chili* religiöse Illusionen in die Katastrophe führen. Gerade in der Auseinandersetzung mit der in der Romantik neu formierten religiösen Vorstellungswelt kommt aber auch eine rein subversive Ironie zum Tragen, so wenn in der auf die neureligiöse Legendenmode der Romantik zielenden Cäcilien-Erzählung scheinbar sachlich berichtet wird, wie das Eingreifen des Himmels das Kloster vor den Bilderstürmern gerettet habe, dieses dann aber »gleichwohl« nur wenig später säkularisiert wurde. Nicht weniger ironisch gebrochen sind die religiösen Vorstellungen der Marquise von O…, die aus der ihr rätselhaften Schwangerschaft auf die »große, heilige und unerklärliche Einrichtung der Welt« schließen zu können glaubt (DKV III, 167) und das Kind, das sie erwartet und das doch die Frucht einer Vergewaltigung ist, als ein »Geschenk« be-

trachtet, das ihr »Gott« gemacht hat. Ihren Höhepunkt erreicht die Ironie, als der Marquise der »Ursprung« des jungen Wesens, »eben weil er geheimnisvoller war, auch göttlicher zu sein schien, als der anderer Menschen« (DKV III, 168).

Noch weiter geht Kleists ironische Strategie, wenn er in einer ganzen Reihe von Erzählungen nicht allein die Vorstellungen und Wertungen der Figuren ironisiert, sondern darüber hinaus einen unzuverlässigen Erzähler einführt, entweder durch die (fiktive) Zwischenschaltung einer eigens markierten Erzählerinstanz, wie des Chronisten im *Michael Kohlhaas*, der aus einem befangenen Bewusstsein und aufgrund mangelnden Urteilsvermögens fragwürdige Wertungen des von ihm erzählten Geschehens gibt, oder durch einen nur indirekt zu erschließenden Erzähler, der in seiner Unzuverlässigkeit vor allem daran zu erkennen ist, dass er sich entweder identifikatorisch in die Erlebnisperspektive der Figuren begibt oder sich vom Geschehen distanzlos zu deutlich subjektiv gefärbten und insofern zu relativierenden Meinungen und Wertungen hinreißen lässt.

Die ironisch inszenierten Figuren- und Erzählerperspektiven, insbesondere die mit ironischer Absicht präsentierten Meinungen, Wertvorstellungen und Deutungen haben die Funktion, den Leser zur selbständigen Erkenntnisanstrengung zu provozieren. Damit steht Kleist der sokratischen Ironie am nächsten, die eine maieutische Methode der Erkenntnisförderung ist. Er stellt sie in den Dienst einer kritischen Aufklärung, die nicht nur Vorurteile und Illusionen betrifft, sondern auch die Bewusstseinslagen und historischen Bedingungen erhellt, aus denen diese entstehen. Allerdings treten seine ironischen Strategien meistens nicht offen zu Tage. Sie entfalten ihre kritische und oft subversive Energie indirekt, indem sie den Leser zu einer Hermeneutik des Verdachts herausfordern. Ganz fern liegt Kleist die spielerische Attitüde, die manche Autoren kultivieren, indem sie ihre eigene Subjektivität als eine ironisch distanzierte herausstellen. Stattdessen bevorzugt er immer wieder geradezu experimentell entworfene Konstellationen, um durch Doppeldeutigkeiten, durch Inszenierung des Unwahrscheinlichen, durch Diskrepanzen, Brüche und Paradoxien eine im Schein des Objektiven verhüllte Ironie zu erzeugen. Ihren Extremwert erreicht Kleists Ironie, wo sie ins Tragisch-Katastrophale geht. So, wenn er am Ende des *Michael Kohlhaas* und des *Zweikampfs* ein märchenhaftes ›Happy ending‹ inszeniert, um eben durch das Märchenhafte oder unwahrscheinlich Glückhafte des Endes das Schlimme und Sinnlose der wirklichen Verhältnisse und der aus ihnen zu erschließenden Geschehenslogik umso deutlicher ins Bewusstsein treten zu lassen.

Literatur

Moering, Michael: Witz und Ironie in der Prosa Heinrich von Kleists. München 1972.
Schmidt, Jochen: Heinrich von Kleist. Die Dramen und Erzählungen in ihrer Epoche. Darmstadt 2003, ²2008, bes. 204–207 (zur *Marquise von O...*), 270–280 (zur Cäcilien-Erzählung).
Wittkowski, Wolfgang: *Die heilige Cäcilie* und *Der Zweikampf*. Kleists Legenden und die romantische Ironie. In: Colloquia Germanica 6 (1972), 17–58.

Jochen Schmidt

18. Körper und Körpersprache

Kleists ästhetische Radikalität zeigt sich konkret in seiner Auffassung und Darstellung des menschlichen Körpers. Die auffällige Präsenz des Körpers in seinem Werk lässt sich als Antwort auf die von ihm formulierte Erkenntniskrise (sog. Kant-Krise) verstehen, die zugleich als Krise der Repräsentation erscheint. Kleist legt seiner Körper-Konzeption die cartesianische Trennung von Geist und Körper zugrunde, die er jedoch zugunsten der Vorstellung einer leibgebundenen Erkenntnis zu überwinden sucht. Dieser Versuch schlägt sich beispielsweise in den zahllosen Ohnmachten in seinem Werk nieder, die die Trennung von Geist und Körper buchstäblich zu Fall bringen.

Die Ohnmachtsanfälle der Kleist'schen Figuren, die sowohl Männer- als auch Frauenfiguren in Krisensituationen betreffen, verweisen auf das komplexe Zusammenspiel von Denken, Fühlen und Wissen. Darüber hinaus lassen sich diese Ohnmachten ebenso wie heftiges Erröten oder Erblassen als körpersprachliche Zeichen deuten. Die Körpersprache ist Teil des Zeichenangebotes des literarischen Textes, das insbesondere für die Interaktion der Figuren und ihren unwillkürlichen Gefühlsausdruck von Bedeutung ist. Körpersprachliche Zeichen sind durch ihre konkrete Sichtbarkeit von sprachlichen Zeichen zu unterscheiden, unterliegen aber ebenfalls kulturspezifischen, körperhistorischen Prägungen. Die Körpersprache ist darüber hinaus Teil eines historischen Wissens, das die Rhetorik bereits seit der Antike reflektiert. Im 18. Jh. greift die aufklärerische Sprachphilosophie (u. a. Lessing, Herder, Moritz) kritisch auf dieses Wissen zurück. Damit legen die Aufklärer gleichzeitig die Grundlagen für eine moderne Ästhetik.

Unter Bezugnahme auf diesen Reflexionsprozess machen Körper und Körpersprache Kleists erkenntniskritische Haltung literarisch unmittelbar anschaulich. Im Zentrum seiner Auffassung von Körper, Sprache und Körpersprache steht die Bewegung des Körpers. Der bewegte Körper kommt dabei gleich zweifach ins Spiel: nämlich thematisch, auf der Ebene des Dargestellten, und formal, auf der Ebene der Darstellung. Seine Texte zielen mithin darauf, Bewegung darzustellen und die Sprache selbst in Bewegung zu versetzen. Diese beiden Ebenen versucht Kleist dadurch zu verbinden, dass er die Sprache selbst als sinnliche Erscheinung vor Augen treten lässt (vgl. Oschmann 2007, 40f.).

Der für diesen Zusammenhang grundlegende Essay *Über das Marionettentheater* ist als körperhistorische Bewegungsstudie lesbar, die sich genau durch die Verbindung von Thematisierung und Darstellung des Körpers auszeichnet. Der Essay setzt nicht nur den biblischen Sündenfall als Beginn bewusster Körperlichkeit in Szene, das Bewusstsein ist, wie die verschiedenen Beispiele des Textes zeigen, immer schon an den bewegten Körper gebunden. Insofern bildet die szenische Präsentation des Textes nicht einfach das Medium der Argumentation, sondern »dient der Selbstdarstellung eben des Körpers, ›über‹ den gesprochen wird« (Schneider 1998, 156). Kleist macht den Diskurs über die Anmut zum Schauspiel, dessen Erörterung sich vor den Augen des Lesers im Tanz und im Fechtkampf als gleichsam

»pantomimische[s] Ballett« entfaltet (Ruprecht 2004, 154). Gerahmt wird die Szene durch das Gespräch über die Bewegung der Marionetten zwischen Tänzer und Ich-Erzähler, die gleichzeitig *über* und *mit* ihrem Körper zum Körper des Gegenübers sprechen und damit in scharfen Kontrast zum geistigen Dialog der klassischen Ästhetik treten (vgl. Schneider 1998, 159).

Wie *Über das Marionettentheater* zeigt, sind Körper, Sprache und Körpersprache im Werk Kleists deutlich aufeinander bezogen. Der bewegte Körper bildet zum einen den Ursprung der Sprache und der lebendigen Rede. Bereits der Ausgangspunkt des Essays – das Gespräch als gemeinsamer Spaziergang von Tänzer und Ich-Erzähler – lässt die Bewegung des Körpers im Raum als Sprach- und Gedankenbewegung erkennbar werden. Zum anderen kommt dem Körper ein eigenes Sprachvermögen zu, das sich in Mimik und Gestik ausdrückt. Doch auch die Körpersprache hat durch den Sündenfall ihre Unschuld verloren. Diesen Zusammenhang spielen Kleists Texte immer wieder nach, wobei der Körper regelmäßig das göttlich-unbewusste Gleichgewicht der Marionette verliert. Wie der Sprechakt in das Doppelspiel von fließender Rede und Stottern, ist der Sturz des Körpers in das »gleiche Doppelspiel von Freiheit in der Grazie und Fessel durch die Ziererei« verstrickt (Neumann 1994, 21). Kleists erstes Drama setzt dieses Straucheln des Körpers als Konsequenz des Sündenfalls geradezu exemplarisch in Szene, wie das komödiantische Spiel um den symbolhaften Sturz des Kruges zwischen Dorfrichter Adam, Evchen und Frau Marthe verdeutlicht.

Mit diesen beiden Erscheinungsformen des Verhältnisses von Körper und Sprache – nämlich lebendige Rede auf der einen und Körpersprache auf der anderen Seite – setzt Kleist die Sprachreflexion der Aufklärung fort. Er entwickelt zum einen in Auseinandersetzung mit Rousseau jene Konzeption von Sprache weiter, die gegenüber einer sich verselbständigenden Rationalität die Sinnlichkeit der Sprache zu stärken versucht (vgl. Oschmann 2007, 240). Zum anderen knüpft er an die im 18. Jh. prominent geführte Diskussion über die Beredsamkeit des Leibes an, die Fragen der Physiognomik, Pathognomik, Mimik und

nicht zuletzt der Schauspielkunst thematisiert (vgl. Košenina 1995).

Nach übereinstimmender Meinung der Zeitgenossen besitzt die Körpersprache gegenüber der gesprochenen Sprache nicht nur den Vorzug der Unwillkürlichkeit, sondern vor allem den der Nähe zur Natur, und damit zur Wahrheit (vgl. Oschmann 2007, 242). Sie erscheint als System natürlicher Zeichen, die unmittelbar zu den Augen sprechen, als gemeinsame Sprache der Menschheit. Gleichzeitig versuchen einige Aufklärer (u. a. Lessing, Engel) im Zuge der Auseinandersetzung um die Entwicklung der Schauspielkunst, ein verbindliches Regelwerk dieser natürlichen Zeichen zu entwerfen. Wenn Herr C. in *Über das Marionettentheater* die »Mißgriffe« (DKV III, 559) einiger Schauspieler kritisiert, steht er als Theaterkritiker in eben dieser Tradition.

Schon Max Kommerell hatte die Bedeutung der Körpersprache, der Pantomime und Gebärden bei Kleist betont: »Kleist ist der Dichter, der mit den Mitteln der Sprache in Gebärden dichtet« (Kommerell 1991, 306). Mimik und Gestik erscheinen als Zeichen des bewegten Körpers, die sich in den Regieanweisungen der Dramen finden oder Teil des szenisch-theatralen Erzählens in Kleists Novellen sind. Denn die Körperzeichen sprechen noch, wenn die Worte schon fehlen und die verbale Sprache versiegt. »[S]prechende Blicke« (DKV III, 16) legen davon in *Michael Kohlhaas* ein ebenso beredtes Zeugnis ab wie das lodernde Antlitz der Marquise von O..., das Zucken der Oberlippe von Nicolo in *Der Findling* oder die Ohnmachtsanfälle der Kleist'schen Figuren.

Doch unterstreicht oder ersetzt die Körpersprache die verbale Sprache nicht nur. Daher ist zwischen den Zeichen des Körpers und dem Körper als Zeichen noch einmal zu unterscheiden (vgl. Oschmann 2007, 244). Anders ausgedrückt: Der Körper ist nicht nur Bote, sondern auch Botschaft. Er wird in seiner Materialität selbst zum Zeichen, was Adams Wunde nach dem Fenstersturz ebenso verdeutlicht wie die Entwicklung der Wunden im *Zweikampf* oder die verschiedenen Hautmale der Figuren (z.B. von Kohlhaas' Frau und der Zigeunerin oder dem Käthchen von

Heilbronn). Im Fall der Marquise von O... spricht ihr Körper jene Wahrheit aus, die sich nicht in Worte fassen lässt und die die Protagonistin auch gar nicht wissen *will* (vgl. DKV III, 171).

Durch seinen Einsatz von Körper und Körpersprache stellt Kleist die zeitgenössischen Konventionen – sowohl thematisch als auch auf der Ebene der Darstellung selbst – radikal in Frage. Sprach- und Körperzeichen treten dabei nicht selten in Konkurrenz zueinander. Diese Konkurrenz prägt beispielsweise die tragikomischen Züge in Kleists *Amphitryon*: Alkmenes Gewissheit des Gefühls steht hier gegen das Spiel der Zeichen A und J auf dem Diadem. Durch Gewalt zur Tragödie gesteigert, erscheint diese Konkurrenz in *Penthesilea*. Denn die Amazonenkönigin, die sich nur »versprochen« hat, als sie Achill kurz und klein machte – »Küsse, Bisse, / Das reimt sich« (DKV II, 254) –, tötet sich anschließend selbst mit Worten. Gleichzeitig zerstört sie den Sitz der lebendigen Rede, indem sie einen Dolch aus Sprache in sich versenkt: »Denn jetzt steig' ich in meinen Busen nieder, / Gleich einem Schacht, und grabe, kalt wie Erz, / Mir ein vernichtendes Gefühl hervor« (ebd., 256). Das Verhältnis von Körper und Sprache wird hier verkehrt und materialisiert zugleich, und damit an seine äußerste Grenze geführt.

Darüber hinaus radikalisiert Kleist die Vorstellungen der Aufklärung, insofern die Natur des Körpers selbst trügerisch wird (vgl. Košenina 1995, 289). Die Authentizität des Körpers muss daher einer Prüfung unterzogen werden, die den Wahrheitsanspruch der Natur in Frage stellt. Diesen Zusammenhang macht die problematische Zuschreibung von Rasse und Geschlecht in *Die Verlobung in St. Domingo* besonders deutlich, eine Prüfung, die – wie auch hier die Eskalation der Gewalt zeigt – in einer Katastrophe mündet. In *Der Zweikampf* – Kleists letzter Novelle – wird schließlich das Gottesurteil angerufen, um zu klären, ob sich Reden und Handeln der Menschen bewahrheiten lassen (vgl. Neumann 1994, 24).

Literatur

Kommerell, Max: Die Sprache und das Unaussprechliche. Eine Betrachtung über Heinrich von Kleist. In:

Ders.: Geist und Buchstabe der Dichtung: Goethe, Schiller, Kleist, Hölderlin [1940]. Frankfurt a.M. ⁶1991, 243–317.

Košenina, Alexander: Anthropologie und Schauspielkunst. Studien zur ›eloquentia corporis‹ im 18. Jahrhundert. Tübingen 1995.

Neumann, Gerhard: Das Stocken der Sprache und das Straucheln des Körpers. Umrisse von Kleists kultureller Anthropologie. In: Ders. (Hg.): Heinrich von Kleist: Kriegsfall – Rechtsfall – Sündenfall. Freiburg i.Br. 1994, 13–29.

Oschmann, Dirk: Bewegliche Dichtung. Sprachtheorie und Poetik bei Lessing, Schiller und Kleist. München 2007.

Ruprecht, Lucia: Körperbewegung – Sprachbewegung. Kleists *Über das Marionettentheater* aus tanzästhetischer Perspektive. In: Internationale Konferenz »Heinrich von Kleist« für Studentinnen und Studenten, für Nachwuchswissenschaftlerinnen und Nachwuchswissenschaftler. Stuttgart 2004, 143–158.

–: Dances of the Self in Heinrich von Kleist, E.T.A. Hoffmann and Heinrich Heine. Burlington 2006.

Schneider, Helmut J.: Dekonstruktion des hermeneutischen Körpers. Kleists Aufsatz *Über das Marionettentheater* und der Diskurs der klassischen Ästhetik. In: KJb 1998, 153–175.

Anne Fleig

19. Lachen

Kleists erste halböffentliche Lesung des »Trauerspiels« *Die Familie Schroffenstein* im Sommer 1802 muss abgebrochen werden, da sowohl das Publikum als auch Kleist selbst »so stürmisch und endlos« lachen müssen »daß bis zu seiner letzten Mordszene zu gelangen Unmöglichkeit wurde« (Kommentar, DKV I, 565f.). Nur wenige Jahre später bleibt das Lachen, das die Erstaufführung des »Lustspiels« *Der zerbrochne Krug* beim Zuschauer auslösen soll, aus. Seine Premiere unter der Leitung Goethes in Weimar 1808 ist zunächst kein Publikumserfolg (Kommentar, DKV I, 762). Beide Beispiele zeigen, wie schnell Tragödie und Komödie (s. Kap. II.1.1f.) in das jeweils andere Genre umschlagen können.

Das »Lustspiel« *Der zerbrochne Krug* kreist um das semantische Feld des Falls (s. Kap. V.30) und wäre eine Slapstick-Komödie avant la lettre, würden die vielfältigen Stürze tatsächlich auf der Bühne agiert und nicht erzählt. Dennoch ist diese

Thematik gattungsrelevant, denn die Komödie ist eben auch der Ort, wo über Stürze ohne Legitimation gelacht werden darf, sie ist das Genre ohne Mitleid, das am wenigsten auf identifizierendes Lesen abzielt. Zudem holt Kleist in der Figur des korrupten verfressenen Dorfrichters den in der Komödie der Aufklärung verbannten Hanswurst auf die Bühne zurück, ›erlaubt‹ also das unbeherrschte, exzessive Lachen, das Gottscheds 1730 erschienener Text *Versuch einer kritischen Dichtkunst* programmatisch verurteilt.

Am 3.6.1801 schreibt Kleist Wilhelmine von Zenge über eine bemerkenswert komische private Dichterlesung Gleims, die ein entfernter Verwandter, Ewald Kleist, verletzt durch ein Duell, erleben durfte. Dieser gerät bei der komischen Beschreibung eines sterbenden Mädchens so ins Lachen, dass seine Wunde aufplatzt und die Verbände sich lösen. »Man ruft einen Feldscheer. Es ist ein Glück, sagt dieser, daß Sie mich rufen lassen, denn [...] morgen wäre es zu spät gewesen« (DKV IV, 232). In keiner einzigen Erzählung, keinem einzigen Drama Kleists ist ein Lachender nicht zugleich Opfer oder Zeuge von Verwundung; und das gilt auch für das Lachen des Zuschauers oder Lesers. Ebenso wie der Stoff des *Zerbrochnen Kruges* taugt auch der Stoff des *Amphitryon* zur Tragödie. Beide Texte werden erst zu Komödien, indem sie körperliche Turbulenzen und Katastrophen in Sprachkomik überführen, die im Fall des Jupiter, besonders aber in der Figur des Dorfrichters Adam, als Basis für Freuds Ausführungen zur Komik des Selbstverrats und zum Lachen als Abfuhr psychischer Potenz hätten dienen können (Freud 1989).

Das Personal der Kleist'schen Texte lacht selten, die Textstellen bedienen aber tradierte oder zeitgenössische Theorien des Lachens oder lassen sich sogar als implizite Anthropologien des Lachens beschreiben, die ihrer Zeit weit voraus sind. So lässt sich der Dialog zwischen Sosias und Charis in *Amphitryon* (DKV I, 417) als Parodie auf Kants Diktum lesen, dass das Lachen ein Affekt sei, der auf die plötzliche Verwandlung einer »gespannten Erwartung in nichts« (Kant 1962, 332) folge. Fungiert das Lachen des Marchese im *Bettelweib von Locarno* zum einen als Machtde-

monstration, wie es Thomas Hobbes schon 1640 konzipiert, zum anderen als Akt der Angstbewältigung (womit Kleist zentrale Thesen aus Plessners anthropologischer Untersuchung des Lachens vorwegnimmt), so werden im *Marionettentheater* diese Konzepte um eine pädagogische Perspektive erweitert: Als Akt der Disziplinierung soll das Lachen zunächst die Eitelkeit des Jünglings brechen, der sich selbst als Abbild der Statue des Dornausziehers im Spiegel erkennt (s. Kap. V.26). In seinen vergeblichen Versuchen, die zuvor eingenommene Haltung zu wiederholen, evoziert er beim zuschauenden Erzähler jedoch noch ein anderes Lachen: »[D]ie Bewegungen, die er machte, hatten ein so komisches Element, daß ich Mühe hatte, das *Gelächter* zurückzuhalten« (DKV III, 561). Dient das erste Lachen der Korrektur der Eitelkeit des Jünglings, so ist das zweite eine kaum zu kontrollierende Reaktion des Körpers auf den Verlust der Grazie (s. Kap. V.15). Kleists implizite Anthropologie (s. Kap. IV.2) des Lachens lässt sich als Vorläufer derjenigen Henri Bergsons verstehen, geht dieser doch davon aus, dass alles Komische etwas Lebendiges sei, dem etwas Mechanisches anhafte. Der Ausgelachte werde bestraft für übertriebene Steifheit oder unpassendes Verhalten. Um einen Menschen komisch zu finden, müsse man ihn mitleidlos anschauen, ihm gegenüber eine ästhetische Haltung einnehmen. Das Lachen entspringe also ästhetischer Anschauung, ist aber selbst kein ästhetisches Phänomen, sondern ein körperliches und verfolgt sogar soziale Ziele (Bergson 1972). So auch im Marionettentheater: Der Ausgelachte wird zunächst für seine Eitelkeit bestraft, später jedoch für sein Unvermögen, sich anmutig zu bewegen. Doch wenn Kleist hier das Lachen als Erziehungsmittel ins Feld führt, gilt es zu bedenken, dass der Lachende ihm wenig später selbst unterworfen ist, die Beherrschung über seinen Körper zu verlieren droht, und damit eine merkwürdige Allianz mit dem eben noch Ausgelachten eingeht.

Literatur

Bergson, Henri: Das Lachen [1900]. Deutsche Übersetzung von Roswitha Plancherel-Walter. Zürich 1972.

Endres, Johannes: Das depotenzierte Subjekt. Zur Geschichte und Funktion des Komischen bei Heinrich von Kleist. Würzburg 1996.

Freud, Sigmund: Der Witz und seine Beziehung zum Unbewußten [1905]. In: Ders.: Studienausgabe. Hg. von Alexander Mitscherlich. Bd. IV: Psychologische Schriften. Frankfurt a.M. 1989, 9–219.

Greiner, Bernhard: Gerichtstag des Lachens am »Morgen danach«. Die Komödie Kleists. In: Thomas Vogel (Hg.): Vom Lachen. Einem Phänomen auf der Spur. Tübingen 1992, 174–191.

Hobbes, Thomas: Human Nature, or the Fundamental Elements of Policy. In: Ders.: The Collected Works of Th. Hobbes. Hg. von William Wotesworth. Vol. IV. London 1992.

Kant, Immanuel: Kritik der Urtheilskraft [1788]. In: Akademieausgabe von Immanuel Kants Gesammelten Werken. Bd. V. Berlin/Göttingen 1962.

Plessner, Helmuth: Lachen und Weinen [1941]. Bern/München 1961.

Preisendanz, Wolfgang/Warning, Rainer (Hg.): Das Komische. München 1976.

Pusse, Tina-Karen: Von Fall zu Fall. Lektüren zum Lachen (Kleist, Hoffmann, Nietzsche, Kafka, Strauß). Freiburg i.Br. 2004.

Tina-Karen Pusse

20. Liebe und Freundschaft

Hatte die Aufklärung den einzelnen Menschen mehr und mehr in den Mittelpunkt des Interesses gestellt, so erweiterte sich damit zugleich auch das Verständnis für die Dimensionen des menschlichen Empfindens: Liebe und Freundschaft nahmen neue Qualitäten an; die Grenzen zwischen Sexualität, Eros, Agape, Patriotismus und Religiosität verliefen ineinander. Kleists literarischer Erfahrungsbereich für Liebe und Freundschaft waren einerseits die frühen empfindsamen Schriften Christoph Martin Wielands und andererseits der Freundschaftskult in den Werken Schillers. Biographisch bestand eine Liebesbindung zu Wilhelmine von Zenge, mit der Kleist von Anfang 1800 bis Mai 1802 verlobt war. Manifestiert hat sich diese Bindung vor allem in Kleists Briefen an die Verlobte, denn nur für kurze Zeit hat er in ihrer Nähe gelebt. Als spätere Liebesbindungen lassen sich dann lediglich Marie von Kleist – eine entfernte Verwandte – und seine Todespartnerin Henriette Vogel bezeich-

nen. Kleist selbst hat gegenüber beiden Frauen von »Liebe« gesprochen.

Für männliche Freundschaften bot der Dienst in der preußischen Armee zwischen 1795 und 1799 reichlich Gelegenheit – Kleist galt trotz aller Neigung zur Eingezogenheit als ein freundschaftsfähiger, geselliger Mensch. Dort wurden ihm insbesondere Otto Rühle von Lilienstern und Ernst von Pfuel zu lebenslangen Freunden – letzterer wohl sein engster überhaupt. Hinzu kam außerhalb des Militärs noch Ludwig von Brockes, sein Begleiter auf der Würzburger Reise von 1800, den er später in einem Brief an die Verlobte so beschrieb: »Niemand versteht mich ganz, Niemand *kann* mich ganz verstehen, als *er* u[nd] *Du* – ja selbst Du vielleicht, liebe Wilhelmine, wirst mich u[nd]meine künftigen Handlungen nie ganz verstehen, wenn Du nicht für das, was ich höher achte, als die Liebe, einen so hohen Sinn fassen kannst, als er« (DKV IV, 187). Worum es sich bei diesem Höheren handelte, hatte dann die Braut aus den folgenden sieben eng beschriebenen Seiten herauszufinden, auf denen Kleist seiner Begeisterung über den Freund in rauschhaften Worten weiten Raum gibt. Sichtbar wird an dieser exemplarischen Mitteilung, wie sehr für Kleist die herkömmlichen Grenzen zwischen Liebe und Freundschaft füreinander durchlässig werden. Unter den weiteren Bekanntschaften Kleists, denen zu Zeiten der Rang der Freundschaft zuerkannt werden kann, ist vor allem seine lange, aber nicht krisenfreie Arbeitsgemeinschaft mit Adam Müller zu nennen.

Kleist hat zeitlebens an der Unzulänglichkeit der Sprache gelitten, das auszudrücken, was er erkannte und empfand. Matt sei die Sprache gegenüber dem Sinn, der ihn belebe (DKV IV, 141). Das gilt in besonderem Maße für die beiden Begriffe ›Liebe‹ und ›Freundschaft‹ und die von ihnen bezeichnete Sphäre der Gefühle.

Tatsächlich stellt er in seinem gesamten Werk komplexe und vielgestaltige Formen der Liebe dar, wobei ein weites Spektrum von Gefühlen und sozialen Beziehungen erfasst wird: Freundschaft, Zuneigung, Zärtlichkeit, erotisches und sexuelles Begehren, Leidenschaft, Vertrauen, vor allem aber die unbedingte Hingabe eines Menschen an einen anderen. Dieser unmittelbare und absolute, Ausschließlichkeit und Exklusivität fordernde Liebes-Bezug auf eine andere Person ist zweifellos die markanteste Erscheinungsform der Liebe in Kleists Werk. Sie steht bereits im Zentrum seines ersten Dramas, der *Familie Schroffenstein*, und wird später noch vielfach variiert. Eine lustspielhafte Variante der Forderung nach unbedingtem Vertrauen zwischen den Liebenden stellt im *Zerbrochnen Krug* Eves Anspruch an ihren Verlobten Ruprecht dar, er solle ihr entgegen dem äußeren Anschein vertrauen. Die von Kleists selbst kontrastierend aufeinander bezogenen Dramenheldinnen Käthchen und Penthesilea verkörpern zwei unterschiedliche Ausprägungen dieses Unbedingtheit fordernden Liebeskonzepts: Während Käthchen in ihrer Hingabe an den Grafen Wetter vom Strahl bis zur Selbstaufgabe und äußersten Selbsterniedrigung bereit ist, kann Penthesilea ihre Zuneigung gegenüber Achill nicht von der Forderung trennen, dass sie nach den Gesetzen des von ihr regierten Staates ihren Bräutigam im Kampf erobern muss. Zwar ist es in metaphorischer Umschreibung der »Gott der Liebe« (DKV II, 222), der Achill und die Amazonenkönigin zueinanderlenkt, doch führt das wechselseitige Verkennen der beiden Liebenden zur tragischen Katastrophe, bei der die Zerfleischung Achills durch die Amazonenkönigin an die Stelle der körperlichen Vereinigung tritt.

So unzureichend für Kleist die Sprache als Ausdrucksmittel der Liebe ist, so unzulänglich bleibt auch das physische Ausdrucksvermögen. Zwar spiegeln Körpersprache, Mimik und vor allem das häufige Erröten und Erblassen seiner Figuren immer wieder deren heftige Gefühlsbewegungen, aber auch diese nicht-willentlichen Äußerungen folgen keiner klaren Semantik, bleiben vielmehr in ihrer Aussagekraft ambivalent. Das demonstriert Kleist insbesondere in seinem Lustspiel *Amphitryon*, mit dem er Molières Komödie adaptiert. Gerade weil Jupiter die körperliche Erscheinung von Alkmenes Ehemann Amphitryon so perfekt imitiert, gelingt der Ehebruch, denn Alkmene ist überzeugt, ihren »ins Göttliche verzeichneten« (DKV I, 422) Gatten zu umarmen. Die hier demonstrierte Unzulänglichkeit der sinnlichen Erfahrung als verlässliche Grundlage eines intellektuellen Urteils lässt Alkmenes Lie-

bes-Irrtum zu einem philosophischen Experiment zur Frage der Erkenntnismöglichkeit überhaupt werden.

Im *Amphitryon* zeichnet Kleist das einzige ausführliche Beispiel einer ehelichen Verbindung, in der sich erotisches Begehren erhalten hat, sonst werden Ehen von ihm weitgehend als leidenschaftslose Zweckgemeinschaften dargestellt, wie ja überhaupt die Familie bei ihm stets als gefährdete Institution geschildert wird. Die erfolgreichen Eheschließungen am Ende des *Käthchen von Heilbronn* und der *Marquise von O...* entsprechen dann auch vor allem den Gattungsgesetzen des Lustspiels.

Die Anfechtungen, denen Kleist seine Liebenden im Arrangement komplexer Handlungen seiner Dramen und Erzählungen aussetzt, sind allerdings durchaus nicht harmloser oder gar lustspielhafter Natur. Insbesondere die Bedrohung idealisierender Liebe durch sexuelles Verlangen und triebhafte Gewalt wird von ihm wiederholt dargestellt. Mehrfach geschieht dies in antagonistischer Zuspitzung, wie in der Figurenkonstellation des *Käthchen von Heilbronn*, wo der schwärmerisch liebenden Protagonistin die verführerische Kunigunde gegenübergestellt wird, deren körperliche Attraktion das Werk künstlicher Hilfsmittel ist. Aber auch der Konflikt der Marquise von O..., im Grafen F... erst einen Engel, dann einen Teufel gesehen zu haben, beruht auf der Unvereinbarkeit ihrer verklärenden Liebe gegenüber ihrem Retter mit der Einsicht, dass ausgerechnet dieser durch seine Triebhaftigkeit ihr gegenüber schuldig geworden ist. Elvires keuscher, idealisierender Totenverehrung im *Findling* steht schließlich der frühe »Hang« Nicolos »für das weibliche Geschlecht« (DKV III, 267) gegenüber, der das Missfallen seiner Adoptiveltern findet.

Schwer bestimmbar bleiben Kleists Vorstellungen von Freundschaft. Von den Personenkonstellationen in seinen Werken lässt sich am ehesten die Beziehung zwischen dem Prinzen und dem Grafen Hohenzollern im *Prinz Friedrich von Homburg* als Freundschaftsbund bezeichnen, in dem ein Freund für den anderen lebensrettend einsteht oder einstehen soll (Prinz: »O Freund! Hilf, rette mich! Ich bin verloren«; DKV II, 604).

Aber das Wort »Freund« wird im Stück geradezu inflationär gebraucht als Anrede zwischen Liebenden (Natalie: »O lieber, süßer Freund!«; ebd., 620) wie dann sogar dem Kurfürsten gegenüber und als Anrede unter den Offizieren generell.

An anderer Stelle in Kleists Werk hat Freundschaft sogar negativen Beiklang. Im *Michael Kohlhaas* wird die politische Unzuverlässigkeit des Prinzen von Meißen mit den Worten umschrieben, dass er mit einem »für Freundschaft sehr empfänglichen Herzen« ausgestattet sei (DKV III, 86). In derselben Erzählung wird die moralische Unzulänglichkeit des selbstherrlichen Junkers von Tronka dadurch illustriert, dass er »mit einem Troß junger Freunde« (ebd., 63) fröhlich feiert, während Kohlhaas seinen Rachefeldzug beginnt. Ganz ähnlich wird im *Zweikampf* der verbrecherische Burgherr Jakob der Rotbart geschildert, der »mit einer Gesellschaft von Freunden bei der Tafel« sitzt (ebd., 318). Richter Adam appelliert an die »Freundschaft« des Schreibers Licht, als der Besuch des Gerichtsrats bevorsteht, damit dieser die Unregelmäßigkeiten in Adams Amtsführung zu decken helfe (DKV I, 291); und in der *Herrmannsschlacht* schließlich wird Freundschaft zum Kalkül im politischen Spiel der Bündnisse und wechselnden Loyalitäten.

Erweist sich die Freundschaft zwischen Männern somit als ein ambivalentes Konzept, das von wechselseitigem Vertrauen und Beistand bis hin zur moralisch bedenklichen Kumpanei und zum politischen Instrument reichen kann, entwirft Kleist die Freundschaft zwischen Mann und Frau als eine verlässliche Verbindung, die mit wechselseitiger Verantwortung einhergeht und die Basis für eine Liebesbeziehung legen kann. So schildert Gustav in der *Verlobung* seine frühere Verlobte Mariane Congreve, die seinetwegen in den Tod gegangen ist, emphatisch als seine »Freundin« (DKV III, 237); im *Zweikampf* wird die verfolgte Littegarde durch ihren »Freund« (ebd., 325) Friedrich von Trota unterstützt, der sie nach dem Tod ihres Widersachers heiraten wird. Auffällig bleibt angesichts dieser unterschiedlichen Konzeptionen von Freundschaft, dass Kleist, der ja ein begeisterter Leser Schillers war, an keiner Stelle seines Werks eine Entsprechung zum Schiller'schen Freundschaftspathos schafft.

Literatur

Clauss, Elke: Liebeskunst. Untersuchungen zum Liebesbrief im 18. Jahrhundert. Stuttgart/Weimar 1993.

Doering, Sabine: Himmelstochter, Höllenbraut: Bilder des Weiblichen bei Schiller und Kleist. In: Günther Emig/Anton Philipp Knittel (Hg.): Käthchen und seine Schwestern, Frauenfiguren im Drama um 1800. Heilbronn 2000, 105–120.

Hölscher, Uvo: Gott und Gatte. Zum Hintergrund der Amphitryon-Komödie. In: KJb 1991, 109–123.

Moser, Christian: Verfehlte Gefühle. Wissen – Begehren – Darstellung bei Kleist und Rousseau. Würzburg 1993.

Neumann, Gerhard: Hexenküche und Abendmahl. Die Sprache der Liebe im Werk Heinrich von Kleists. In: Eveline Valtink (Hg.): Heinrich von Kleist. Die dramatische Verwirrung der Gefühle. Hofgeismar 1986, 76–120.

Neumann, Michael: Genius Malignus Jupiter oder Alkmenes Descartes-Krise. In: KJb 1994, 141–155.

Schrader, Hans-Jürgen: Unsägliche Liebesbriefe. Heinrich von Kleist an Wilhelmine von Zenge. In: KJb 1981/82, 86–96.

–: »Denke, du wärest in das Schiff meines Glücks gestiegen«. Widerrufene Rollenentwürfe in Kleists Briefen an die Braut. In: KJb 1983, 122–179.

Schulz, Gerhard: Kleist. Eine Biographie. München 2007.

Skrotzki, Ditmar: Die Gebärde des Errötens im Werk Heinrich von Kleists. Marburg 1971.

Sabine Doering / Gerhard Schulz

21. Nation

Begriff und Idee der Nation sind keine Erfindungen der Französischen Revolution, doch können sie erst seit dem Umsturz der Ordnung der Dinge, seit der gewaltsamen Beseitigung des Ancien Régime als Basiskategorien für die politische Selbstverständigung und Institutionenbildung gelten. Dass die Nation Befehle »gibt« und keine »empfängt«, wie es in Kleists Miszelle *Über die allmählige Verfertigung der Gedanken beim Reden* heißt (DKV III, 536f.), trifft dabei zunächst nur auf Frankreich zu, wo der dritte Stand sich – im Sinne der berühmten Definition des Abbé Sieyès – mit der Nation synonym setzt und umfassende Vollmachten für sich beansprucht: allen voran das souveräne Recht der Gesetzgebung. In der neuen Republik begründen sich Nation und Gesetz wechselseitig, wenn die Nation sich eine Verfassung gibt und damit als Bund von freien und gleichen Brüdern konstituiert (Koschorke u. a. 2007).

Anders als in Frankreich, wo der Kult der Nation später noch Napoleons Armeen beflügelt zahllose Freiwillige in dessen Bataillone treibt, entspringen die nationalen Emphasen in Deutschland zu Beginn des 19. Jh.s einer Niederlage. Nach dem Debakel des preußischen Heeres 1806 bei Jena und Auerstedt, das Napoleons Macht endgültig festigte, beschworen nicht nur Dichter und Publizisten die Ehre des bedrohten Vaterlands (das Heilige Römische Reich deutscher Nation war zu diesem Zeitpunkt bereits formal aufgelöst; weite Teile des Landes standen unter französischer Besatzung; in den übrigen regierten Fürsten von Napoleons Gnaden). Auch in höchsten preußischen Militär- und Verwaltungskreisen dachte man über die »Nationalisierung der Massen« (Mosse 1976) nach und suchte den widerstrebenden König davon zu überzeugen, dass die Stimulation patriotischer Leidenschaften – allen Aufruhrängsten zum Trotz – kriegsstrategisch geboten war.

Als Kleist 1805 in einem Brief an Rühle von Lilienstern klagte, dass der Monarch sich besser »in einer rührenden Rede« an seine Stände gewandt hätte, statt sich in umständlichen Manövern zu verzetteln, stand er mit solchen Diagnosen noch allein. Auf die planvolle Organisation spontaner Erhebungen hat er seither mit wachsendem Nachdruck gedrängt und beharrlich an »Ehrgefühl« und »Nationalgeist« (DKV IV, 351) appelliert. Einen Staat (s. Kap. V.28), der die »Nation« territorial definierte, gab es nicht. Schon deshalb mussten sich Kleists Phantasien an ein imaginäres Wunschobjekt heften. In seinen Schriften war die »Nation« eine Herzenssache und lebte als »Geist«, der die deutschen Befreiungskämpfer im Widerstand gegen den äußeren ›Feind‹ Frankreich einen sollte, ohne sich destruktiv gegen den Monarchen und die überkommen Strukturen in Preußen zu kehren.

Dabei bestand Kleist von Anbeginn darauf, dass die Liebe zum Vaterland, die schon in Thomas Abbts älterer, 1761 veröffentlichter Programmschrift *Vom Tode fürs Vaterland* die Liebe

zum König einschloss, mehr als das Opfer des eigenen Lebens forderte. Für die Nation galt es nicht nur zu sterben, sondern vor allem zu töten (Bröckling 1997, 100ff.). Dokument dieser mörderischen Vaterlandsliebe waren seit 1806 zahllose Schmähschriften, die den Hass gegen die Franzosen schürten und sich in maßlosen Vernichtungsphantasien ergingen. In Kleists Ode *Germania an ihre Kinder*, einem der rabiatesten Texte der Zeit, lautet der bündige Befehl: »Alle Plätze, Trift’ und Stätten, / Färbt mit ihren Knochen weiß; / Welchen Rab’ und Fuchs verschmähten, / Gebet ihn den Fischen preis; / Dämmt den Rhein mit ihren Leichen; / Laßt, gestäuft von ihrem Bein, / Schäumend um die Pfalz ihn weichen, / Und ihn dann die Grenze sein!« (DKV III, 430).

Ob man einen solchen besessenen Chauvinismus im Vorfeld der Befreiungskriege tatsächlich klar von einem friedfertigen Patriotismus deutscher Aufklärer im 18. Jh. trennen kann, wie von der historischen Forschung der letzten Jahrzehnte nahe gelegt (Vierhaus 1980; Giesen 1991), ist in jüngerer Zeit wieder bezweifelt worden (Blitz 2000). Wenn der Begriff der Nation jemals eine politische Unschuld besaß, so hat er sie jedenfalls im Preußen des frühen 19. Jh.s – in Agitationsschriften, die von Fichtes *Reden an die Deutsche Nation* (1809) über Friedrich Ludwig Jahns *Deutsches Volkstum* (1810) bis hin zu Ernst Moritz Arndts Pamphlet *Ueber Volkshaß* (1813) reichten – verloren. So abstoßend die Texte heute wirken, so sehr sind sie in ihrem Furor zu lesen als Zeugnis der faktischen Ohnmacht gegenüber dem Expansionismus Napoleons. Zugleich spricht aus ihnen der Zugzwang zur Selbstbehauptung angesichts einer französischen Nation, die als Gegnerin zugleich Vorbild war. Der Wille zur eigenen Nation, der bei den Autoren laut wird, entspringt einem mimetischen Begehren *und* einem Verlangen nach Differenz. Das Eigene soll sich in einer autochthonen Gemeinsamkeit zeigen, die als ursprünglich gedacht wird und doch erst nach der Exorzisierung alles ›Fremden‹ zutagetreten kann (Jeismann 1992).

Kleists Gedichte, Dramen und Kampfschriften – insbesondere jene, die 1809 entstehen, unmittelbar nach dem Ausbruch des österreichisch-französischen Kriegs (s. *Schriften zur Politik*) – haben an der Einschwörung auf das Eigene, Gemeinsame teil, indem sie den Feindeshass anstacheln und Strategien entwickeln, um eine *levée en masse* gegen die ›Fremdherrschaft‹ Napoleons zu forcieren. Hinter den akuten Mobilisierungsabsichten bleiben die genaueren Umrisse der deutschen »Nation« diffus. Verklärungen einer kosmopolitischen »Gemeinschaft«, die »die Wilden der Südsee noch, wenn sie sie kennten, zu beschützen herbeiströmen würden« (*Was gilt es in diesem Kriege?* DKV III, 479), stehen unvermittelt neben konservativ-ständischen Vorstellungen eines zu restituierenden alten Reichs. So will Kleist dem »Kaiser von Österreich« die Rolle des »Vormunds, Retters und Wiederherstellers der Deutschen« (*Katechismus der Deutschen*; ebd., 491) antragen. Ihm legt er nahe zu proklamieren, dass »das deutsche Reich wieder vorhanden sein« soll. Die Festlegung einer »Staatsverfassung« bliebe dann die Sache der »Fürsten des Reichs«, die sich nach der »Beendigung des Kriegs« auf einem »Reichstag« einigen müssten (*Über die Rettung der österreichischen Staaten*; ebd., 500, 502). Gleichzeitig ist das Programm der nationalen Verteidigung so angelegt, dass es die Möglichkeit der völligen (Selbst-)Vernichtung von vornherein einschließt. Den Krieg als »heiligen Krieg« zu führen, bedeutet mit Kleist, in Kauf zu nehmen, dass ihm alles zum Opfer fällt – Fürsten- und Kaiserthrone inklusive – und »das Volk so nackt daraus hervorginge, wie vor 2000 Jahren aus seinen Wäldern« (ebd., 498, 500).

Kleist wusste sehr wohl, wie vermittlungsbedürftig solche Ideen gerade unter denjenigen waren, die ihretwegen Leib und Leben riskieren sollten. Neben der Zeitschrift *Germania*, die mit dem Dichterbefehl zur nationalen Erhebung den »erste[n] Atemzug der deutschen Freiheit« (ebd., 492) hätte tun sollen – Napoleons Sieg bei Wagram machte das Projekt dann zunichte –, hat Kleist auch in seinem Drama *Die Herrmannsschlacht* den breiten Bedarf an patriotischer Nachhilfe einkalkuliert. Während Herrmanns Aufruf, die »eignen Fluren« zu »verheeren«, die übrigen Fürsten noch verstört, bringt seine Propaganda endlich den gewünschten Erfolg. Die planvoll gestreuten Gerüchte über angebliche

Untaten der Römer treiben alle Germanen zu den Waffen. Den Rat der »Brüder«, die ihm zunächst ein Bündnis und später auch die Krone antragen, schlägt Herrmann aus. Wichtiger als die Verteidigung von Grund und Boden – das »Land der großen Väter« (DKV II, 460) – wird dem Cherusker die Bewahrung der nationalen Physis. Die Pflicht, den »Leib Germaniens« von der fremden »Brut« (ebd., 514) zu befreien, gebietet die restlose Vertilgung der Invasoren. Für dieses Ziel sollen noch die »Enkel« kämpfen, die, wie Herrmann sagt, »hier in diesem Paar der Lenden ruhn« (ebd., 461).

Es sind solche staatsfernen, organizistischen Vorstellungen, in denen Kleists »Hinwendung zu einer neuen Auffassung der Nation« (Samuel 1995, IX) die deutlichsten Spuren hinterlässt. Damit einher geht die obsessive Besetzung des weiblichen, vorzugsweise jungfräulichen Körpers, in dem sich Substanz und Reinheit der Nation verkörpern und mit der Idee der Einheit legieren. Seit der Antike gehört die Vergeltung sexueller Übergriffe gegen unberührte Frauen zum Kernbestand politischer – und namentlich republikanischer – Mythen. In Rom starben Lucretia und Verginia als prominenteste Frauenopfer weniger für ihre verletzte weibliche Ehre denn für die Ehre ihrer Ehemänner und Familienväter, denen die Leiche zum Fanal wurde, um im Kampf gegen patrizische Tyrannen die Rechte der Bürger zu verteidigen. In entstellter Form kehrt das Modell dieser Opfer in Kleists *Herrmannsschlacht* in der geschändeten und vom Vater getöteten Hally wieder, deren Körper Herrmann zerteilen lässt, um dem Vergehen der Römer gegen »Germania« ein »graues Sinnbild« (DKV II, 443) zu setzen.

Dem steht in der *Penthesilea* die biopolitisch extreme Konstruktion eines Frauenstaats gegenüber, der seine Reinheit – und mit ihr die Freiheit, die der »Stamm der Scythen« von jeher am Kaukasus genoss – durch die gesetzliche Festschreibung des Ausnahmezustands restituiert. Die Amazonen verteidigen die nationale Unabhängigkeit durch ein wehrhaftes Matriarchat, das den Genozid an den Ehemännern, verübt von barbarischen Besatzern, mit einem strikten Exogamieverbot beantwortet und sich nur dem Kriegsgott weiht, damit der »Segen keuscher

Marsbefruchtung« (ebd., 213, 217) die Scythen vor dem Aussterben bewahrt.

In analoger Manier gehören im *Zerbrochnen Krug* sexuelle Integrität der Frau und politische Autonomie zusammen. Weil durch Adams Sündenfall nicht nur Eves Hochzeit ein »Loch bekommen« (DKV I, 273) hat, sondern auch das »Pactum« (ebd., 312), das die Freiheit der Niederlande verbürgte und den Krug für Frau Marthe so wert machte, hängt alles daran, die entstandenen Sachschäden und Vertrauensbrüche zu beheben. In der Komödie genügt dazu das Versprechen, das die »Jungfer« einem höheren Staatsbeamten abnimmt, den Verlobten allein zu Zwecken der Landesverteidigung entbehren zu müssen.

Konstellationen wie diese geben Wolf Kittler Recht, der gegen den Konsens der Forschung betont hat, dass Kleist bereits hier, in dem 1803 begonnenen Lustspiel, »zum politischen Dichter in einem sehr präzisen Sinn« (Kittler 1987, 138) avanciert ist. Je verzweifelter sich die Lage Preußens später darstellte, desto mehr hoffte Kleist mit seinen Interventionen – von denen damals jedoch die wenigsten ihr Publikum erreichten – auf Resonanz.

Den teils restaurativen, teils archaischen und dann wieder hochmodernen Vorstellungen, die sich in seinen Schriften mit der Idee der Nation verknüpfen, ist bei aller Widersprüchlichkeit gemeinsam, dass sie quer stehen zum Modell des rechtlich verfassten Brüderbunds, der das Selbstverständnis der französischen Nation prägt. An die Stelle politischer Allianzen von egalitären *citoyens* treten hier – wie im nationalistischen Diskurs der deutschen Romantik insgesamt – Phantasmen einer ethnischen Gemeinschaft, die sich durch Blutsbande geeint weiß und durch Blutbäder purifiziert. Immerhin sind Kleists Texte – allen Gewaltdelirien zum Trotz, in denen sie so häufig eskalieren – hellsichtig genug, stets den Fiktionscharakter der Feind- und Selbstbilder präsent zu halten. Die schiere Brutalität, mit der Akteure wie Herrmann ihre politische Überzeugungsarbeit leisten, führt eindrücklich vor Augen, wie wenig sich das, was »Nation« heißen soll, von selbst versteht.

Literatur

Blitz, Hans-Martin: Aus Liebe zum Vaterland. Die deutsche Nation im 18. Jahrhundert. Hamburg 2000.

Bröckling, Ulrich: Disziplin. Soziologie und Geschichte militärischer Gehorsamsproduktion. München 1997.

Giesen, Bernhard/Junge, Kay: Vom Patriotismus zum Nationalismus. In: Bernhard Giesen (Hg.): Nationale und kulturelle Identität. Studien zur Entwicklung des kollektiven Bewußtseins in der Neuzeit 1. Frankfurt a.M. 1991, 255–303.

Jeismann, Michael: Das Vaterland der Feinde. Studien zum nationalen Feindbegriff und Selbstverständnis in Deutschland und Frankreich 1792–1918. Stuttgart 1992.

Kittler, Wolf: Die Geburt des Partisanen aus dem Geist der Poesie. Heinrich von Kleist und die Strategie der Befreiungskriege. Freiburg i.Br. 1987.

Koschorke, Albrecht/Lüdemann, Susanne/Frank, Thomas/Matala de Mazza, Ethel: Der fiktive Staat. Konstruktionen des politischen Körpers in der Geschichte Europas. Frankfurt a.M. 2007.

Mosse, George L.: Die Nationalisierung der Massen. Politische Symbolik und Massenbewegungen in Deutschland von dem Napoleonischen Krieg bis zum Dritten Reich. Frankfurt a.M./Berlin/Wien 1976.

Samuel, Richard: Heinrich von Kleists Teilnahme an den politischen Bewegungen der Jahre 1805–1809 [1938]. Deutsch von Wolfgang Barthel. Frankfurt a.d.O. 1995.

Schulz, Gerhard: Von der Verfassung der Deutschen. Kleist und der literarische Patriotismus nach 1806. In: KJb 1993, 56–74.

Vierhaus, Rudolf: »Patriotismus« – Begriff und Realität einer moralisch-politischen Haltung. In: Ders. (Hg.): Deutsche patriotische und gemeinnützige Gesellschaften. München 1980, 9–29.

Ethel Matala de Mazza

22. Natur

Kleists Naturvorstellung hat nur wenig mit der romantischen Konzeption des unbewussten Geistes und nichts mit der Goethes von einer den Menschen umgreifenden organischen Gesetzlichkeit gemeinsam. Sie ist zuallererst naturwissenschaftlich geprägt und steht hierin Denkern der französischen Aufklärung nahe (Diderot, d'Alembert, Helvétius), nicht zuletzt hinsichtlich der Annahme, dass die derart physikalisch verstandene Natur mit der »moralischen« Natur des

Menschen übereinstimmt. Eine solche Übereinstimmung behaupten noch die Schriften über die *Allmähliche Verfertigung der Gedanken beim Reden*, der *Allerneueste Erziehungsplan* und *Über das Marionettentheater*, die mit naturwissenschaftlichen Analogien argumentieren. Der letztere Aufsatz kann geradezu als mechanistische Provokation an die in der klassischen Figur der »Grazie« gedachte Vorstellung einer mit der Vernunft versöhnten Natur verstanden werden: Die technische Konstruktion des »Gliedermanns« soll der Anmut des menschlichen Körpers, der die Puppe führende »Maschinist« oder sogar der menschliche Automat dem Tänzer überlegen sein. Physikalische Gesetzlichkeit, moralische Norm und literarische Bildlichkeit sind unscharf miteinander verbunden, wenn der frühe Kleist seine Verlobte (so wie sich selbst) ermahnt, sich an die »Lehrmeisterin Natur« (DKV IV, 172) für ihre innere Bildung zu halten und als Beispiel einen Torsturz anführt, dessen Statik ihm in einer entscheidenden Situation zum Gleichnis eigener Selbsterhaltung geworden sei.

In den Briefen von der Würzburger Reise schenkt Kleist aber auch der äußeren, landschaftlichen Natur in ihrem Eigenwert eine intensive Aufmerksamkeit, die auf den späteren Reisen nach Paris und in die Schweiz erhalten bleibt. Auffallend an den ausführlichen Landschaftsschilderungen, die zum größten Teil noch der aufklärerisch-empfindsamen Naturtopik verpflichtet sind, ist die allegorische Stilisierung, die der objektiven Anschauung eine das Ich einbegreifende Bedeutungsstruktur zuschreibt: so in der Schilderung des Würzburger Sonnenaufgangs, die den Verfasser in den Mittelpunkt einer grandiosen theatralischen Szene stellt (an Wilhelmine 10./11.10.1800; DKV IV, 138–143, wiederholt an Adolphine von Werdeck 28./29.7.1801; DKV IV, 248–158); so in der Darstellung des Mains bei Würzburg bzw. des Rheins bei Mainz, der in denselben Briefen zum Gleichnis des durch die ›weiblichen‹ Rebhügel umgelenkten und gemäßigten männlichen Willens wird. In diesem – bezeichnenderweise für die verschiedenen Lokale fast identisch wiederholten – emblematischen Flussbild manifestiert sich das doppelte Anliegen von Kleists »Lebensplan«-Periode: ver-

nünftige Zielstrebigkeit und das polare Geschlechterverhältnis; auch hat man in ihm den Ausdruck eines unbewussten sexuellen Begehrens gesehen (Fronz 2000, 70–88).

In den Pariser Briefen erhält »Natur« eine zunehmend zivilisationskritische, von Rousseau beeinflusste Bedeutung. So wird die Seine zum durch die Großstadt korrumpierten ursprünglich reinen Jüngling (DKV IV, 264); der Blick wendet sich von dem unabsehbaren Häusermeer und der anonymen Menschenmenge weg zu einer als »Kathedrale der Gottheit« idealisierten, ihrerseits längst zum Klischee geronnenen Schweizer Alpenszenerie (DKV IV, 269), dem bald der Entschluss folgt, sich am Thuner See als Landwirt anzusiedeln. Auch hier steht ein literarisches Vorbild im Hintergrund, Rousseaus postum erschienene *Träumereien eines einsamen Spaziergängers* (1782). Rousseaus *Émile* bestimmte auch die Anschauung des jungen Kleist von der natürlichen Bestimmung der Frau – im Unterschied zu dem zwischen Natur und »Staat« geteilten Mann –, die ein vielfältiges, freilich hochkomplexes, den zeitgenössischen Geschlechterdiskurs entschieden eher dekonstruierendes als affirmierendes Echo im dichterischen Werk gefunden hat.

Als ideologische Größe im Gefolge der Aufklärung und Rousseaus, kaum aber als deskriptiv vergegenwärtigte Landschaft, spielt Natur in Kleists poetischen Texten eine Rolle. Auffallend häufig greifen sie auf die literarische Gattungstradition der Idylle zurück, in der sich die anthropologische, soziale und geschichtsphilosophische Dimension der aufklärerischen Naturvorstellung subtil verdichtet und auskristallisiert hatte. Schon das erste Werk, *Die Familie Schroffenstein*, zeichnet sich durch eine ebenso intensive Beschwörung wie radikale Zerstörung der idyllischen Utopie aus. Die Verfluchung der Natur zu Beginn durch Rupert, der der Familie seines Bruders einen tödlichen Kampf ansagt, wirkt wie die verzweifelte Absage des Autors an seine eigene Vergangenheit aufklärerischer Naturgläubigkeit: »[...] nichts mehr von Natur. / Ein hold ergötzend Märchen ists der Kindheit, / Der Menschheit von den Dichtern, ihrer Amme, / Erzählt. / Vertrauen, Unschuld, Treue, Liebe [...] sind wie / Die Tiere, welche reden« (DKV I, 17). So wie im

ersten Drama erteilt dann auch der Geschehens-
verlauf der Erdbeben-Erzählung den »natürlichen« Werten familiärer und erotischer Gefühls-
gemeinschaft eine gewalttätige Absage, die umso
brutaler erscheint, als die vorangegangene Darstellung der paradiesischen Hügellandschaft, in
der sich das aus der zusammengestürzten Stadt
gerettete und wiedervereinigte Liebespaar von einer versöhnten Gesellschaft wie von einer universalen Familie aufgehoben glaubt, in ihrer poetischen Gefühlsqualität nur wenigen anderen im
Kleist'schen Werk vergleichbar ist (etwa der Ho-
lunderszene im *Käthchen* oder dem Liebesdialog
zwischen Achill und Penthesilea im 15. Auftritt
des Dramas).

Die Landschaft macht Kleist dann in einem
seiner letzten Texte anhand einer Beschreibung
von Caspar David Friedrichs Bild *Mönch am
Meer* zum Gegenstand ästhetischer Reflexion.
Die *Empfindungen vor Friedrichs Seelandschaft*
beschreiben zunächst das von dem Bild im Betrachter hervorgerufene Gefühl des Erhabenen,
wie es die Ästhetik des 18. Jh.s übermächtigen
Naturerscheinungen zuschrieb. Doch während
dort der Niederlage des sinnlichen Subjekts vor
der Gewalt der Natur ein Innewerden seines stärkeren moralisch-vernünftigen Vermögens korre-
spondierte, entzieht Kleist seinem Betrachter diesen metaphysischen Trost, indem er ihm gleich-
nishaft die Augenlider wegschneidet und eine
Kunst anvisiert, die rahmenlos ihren Kunstcha-
rakter abgelegt hat und den Betrachter mit ele-
mentarem Schrecken überfällt. Vergleichbar der
Implosion der Idyllen und der Verkehrung der
Geschlechterrollen, wird nun auch der Landschaft, der ausgezeichneten Garantieinstanz der
normativen Naturvorstellung des Jahrhunderts,
der Boden entzogen.

Literatur

Fronz, Hans-Dieter: Verfehlte und erfüllte Natur. Variationen über ein Thema im Werk Heinrich von
Kleists. Würzburg 2000.
Hülk, Walburga: Natur und Fremdheit bei Rousseau
und Kleist. In: KJb 2000, 33–45.

Helmut J. Schneider

23. Paradies und Idylle

Ungeachtet der vielfachen Darstellungen der
»Gebrechlichkeit der Welt« entwirft Kleist in seinem literarischen Werk wiederholt paradiesische
und idyllische Szenen, die oft in starkem Kontrast zu den häufigen Schilderungen drastischer
Gewalt und den zahlreichen Formen menschlicher Entfremdung stehen. Dabei können drei Be-
deutungsebenen unterschieden werden: eine bib-
lisch-religionsgeschichtliche, eine säkulare und
eine gattungspoetische.

1. Für Kleist bleibt die Vorstellung eines in der
Heilsgeschichte verwurzelten Paradieses nicht allein auf die christlich-jüdische Tradition beschränkt, was aus der beiläufigen Erwähnung von
»Mahoms Paradies« (im *Aufsatz, den sichern Weg
des Glücks zu finden ...*; DKV III, 522) hervorgeht.
Wie bei anderen Verweisen auf den Islam, die
Kleists anhaltendes, wenn auch zu keiner Zeit besonders ausgeprägtes Interesse an orientalischen
Vorstellungen bezeugen, steht hier die vermeintliche Dominanz der sinnlichen Erfüllung und des
leiblichen Genusses für den Glauben der Mus-
lime im Vordergrund.

Intensiver hat sich Kleist indes mit der alttesta-
mentlichen Überlieferung eines Paradiesgartens
und dem damit verbundenen Mythos vom Sündenfall beschäftigt. Die Paradieserzählung aus
dem zweiten und dritten Kapitel der Genesis bildet den Hintergrund für den heilsgeschichtlichen
Rahmen, den Kleist in dem Aufsatz über das *Marionettentheater* entwirft. Den Verlust der ursprünglichen Grazie des Menschen setzt er mit
dem Verlust der paradiesischen Unschuld durch
das Essen vom Baum der Erkenntnis gleich; der
gegenwärtige Zustand der Menschheit entspricht
in dieser Argumentation folgerichtig dem der biblischen Ureltern, die aus dem Paradies vertrieben wurden, das seitdem – so die alttestamentliche Schilderung – von einem Cherub bewacht
wird.

Mit dieser im *Marionettentheater* entfalteten
Vorstellung eines ursprünglichen, harmonischen
Naturzustandes folgt Kleist nicht allein zentralen
Gedanken Rousseaus, vielmehr finden sich auch
partielle Übereinstimmungen mit einem solchen
triadischen Geschichtsmodell, wie es von mehre-

ren zeitgenössischen Denkern, die der Frühromantik zugerechnet werden, entwickelt wurde. Anders als beispielsweise Hölderlin oder Novalis sieht Kleist im *Marionettentheater* die Möglichkeit der Überwindung einer durch Entfremdung gekennzeichneten Gegenwart, der eine paradiesische Urzeit vorangeht, allerdings nicht in einer fernen Zukunft. Vielmehr überblendet er temporale mit topographischen Vorstellungen und schlägt in ironischer, wörtlicher Lesart von Genesis 3 vor, die »Reise um die Welt« (DKV III, 559) zu machen, um zu prüfen, ob das Paradies möglicherweise von hinten offenstehe, es also durch die Hintertür betreten werden könne. Mit traditionell christlichen Vorstellungen ist diese topographische Konzeption des Paradieses, das auf Erfahrungen der großen Weltreisen und Entdeckungsfahrten des 18. Jh.s zurückgreift, nicht vereinbar.

Spielerisch-ironische Bezüge auf die biblische Paradieserzählung prägen auch das Handlungsgerüst des Lustspiels *Der zerbrochne Krug*, erinnern die Namen der Protagonisten Adam und Eve doch an die ersten Menschen im Paradies. Die Lüsternheit des Dorfrichters Adam ist hier allerdings der Unschuld des Bauernmädchens Eve entgegengesetzt, das – anders als die biblische Eva – jedweder Verführung widersteht. Der Schreiber Licht verweist hingegen bereits im ersten Auftritt auf den biblischen Sündenfall, indem er Adams Lügengeschichte über die Herkunft seiner Verletzung mit der ironischen Wendung kommentiert, dies sei »der erste Adamsfall«, den der Richter »aus einem Bett hinaus getan« habe (DKV I, 289).

Verweise auf das biblische Paradies finden sich auch in Kleists erstem Drama, der *Familie Schroffenstein*, wo mit dem Bild der Schlange verschiedentlich auf den Sündenfall angespielt wird. Der Paradiesgarten als Ort des Sündenfalls bildet auch den Vorstellungsrahmen für die Schilderung der intimen Zusammenkunft der Liebenden im *Erdbeben von Chili*, die sich in einem Klostergarten vollzieht, der für Jeronimo »zum Schauplatze seines vollen Glückes« wird (DKV III, 189).

2. Paradiesisch-idyllische Szenen finden sich in verschiedenen Werken Kleists. Stets handelt es

sich, wie bereits an der Begegnung Jeronimos und Josephes im Klostergarten zu sehen ist, um eine zeitlich wie räumlich eng begrenzte Sphäre, die von einer feindlich-aggressiven Umwelt abgeschlossen ist und für eine kurze Zeit einen utopischen Gegenentwurf zu der auf Konventionen und Gesetzen gegründeten menschlichen Gesellschaft ermöglicht. Der Kontrast zwischen idyllischer Szenerie und der unharmonischen Außenwelt folgt traditionellen Gattungsgesetzen, denn seit der Antike ist für die Schilderung idyllischer Zustände die Existenz einer nicht-idyllischen Umwelt konstitutiv.

Die ausführlichste Gestaltung einer paradiesähnlichen Idylle findet sich im Mittelteil des *Erdbebens in Chili*, wo nach der Naturkatastrophe die Überlebenden vor den Toren der Stadt in lieblicher Natur zu einer friedlichen Gemeinschaft zusammenfinden, in der die überkommenen Standesunterschiede und die traditionellen Moralvorstellungen keine Geltung mehr zu haben scheinen. Ausdrücklich vergleicht der Erzähler das Tal, in dem diese neue Gemeinschaft entsteht, mit dem biblischen »Tal von Eden« (DKV III, 201), hebt aber zugleich hervor, dass dieser utopische Gesellschaftsentwurf nur von begrenzter Dauer ist und dass seine vermeintliche Beständigkeit auf einer Täuschung beruht. Mit der Rückkehr der Überlebenden in die Stadt gewinnen die alten Gesetze und Vorstellungen ihre Gültigkeit zurück; das unverheiratete Paar wird Opfer der Gewalt von Klerus und Pöbel.

Die idyllische Liebesbegegnung von Agnes und Ottokar in Kleists erstem Drama, der *Familie Schroffenstein*, vollzieht sich ebenfalls in einem abgetrennten Schutzraum, einer Höhle im Wald (Szene V/1). Der idyllisch-utopischen Szene (Ottokar entwirft für Agnes im liebevoll-überredenden Gespräch ihre gemeinsame Zukunft) folgt die Katastrophe, die Ermordung der beiden Liebenden durch die jeweils eigenen Väter. Ähnlich verhält es sich mit der kurzen idyllischen Szene, in der Achill und Penthesilea einander ihre Liebe bekennen (15. Auftritt): Auch hier findet die Idylle ein jähes Ende, als Penthesilea begreift, dass Achill sie über den Ausgang ihres vorangehenden Zweikampfes getäuscht hat.

Das wiederkehrende Strukturmuster der Kontrastierung von Idylle und menschlicher Gewalt hebt das utopische Moment der idyllischen Szenen hervor, die von Kleist stets als Gegenentwurf zu der durch Traditionen und Gesetze strukturierten sozialen Ordnung konzipiert werden. Die räumliche wie zeitliche Beschränkung der idyllischen Momente unterstreicht ihren ephemeren Charakter; das jeweils für eine kurze Dauer möglich erscheinende Paradies erweist sich somit als »zukünftige Vergangenheit« (Földényi 1999, 312).

Allein in Texten, die Kleist als untragisch konzipiert hat, führen die zeitenthobenen idyllischen Szenen nicht in eine Katastrophe, sondern können als Antizipation künftigen Glücks verstanden werden, ohne dass die spätere Erfüllung dieses Glücks freilich selbst ausführlich dargestellt wird. Das gilt insbesondere für die Begegnung des Grafen Wetter von Strahl mit Käthchen in IV/2, wo der idyllische Schutzraum durch den Holunderstrauch geschaffen wird. Diese Abgeschlossenheit von der Außenwelt ermöglicht allererst das intime Gespräch, in dem Käthchen in somnambulem Zustand die Gründe ihrer Fixierung auf den Grafen schildert, wodurch das glückliche Ende des Dramas vorbereitet wird, was freilich erst durch die unwahrscheinliche Wendung der Offenbarung von Käthchens kaiserlicher Abkunft vollends ermöglicht wird.

Idyllischen Charakter hat schließlich auch die »klösterliche Eingezogenheit« (DKV III, 168), in welcher die Marquise von O... im Garten ihres Landgutes den Entschluss fasst, sich mit der ihr unerklärlichen Schwangerschaft abzufinden und durch das Medium der Zeitungsannonce nach dem ihr unbekannten Vater des Kindes zu suchen. Das Eindringen des Grafen in den paradiesähnlichen Garten beendet vorerst die Idylle; die destruktiven Kräfte der gesellschaftlichen Ordnung werden jedoch durch komödienhafte Elemente gebändigt, nämlich die Finte der Mutter, um sich von der Unschuld der Tochter zu überzeugen, die übertriebene Versöhnung zwischen Vater und Tochter und die durch großzügige Geldgeschenke herbeigeführte abschließende Aussöhnung zwischen Graf und Marquise. Während im *Käthchen von Heilbronn* also die Idylle durch die märchenhaften Elemente der Handlung vor einem Umschlagen in die Katastrophe bewahrt wird, sind es in der Novelle die genannten lustspielhaften Züge.

3. Die Form der seit Mitte des 18. Jh.s populären Versidylle greift Kleist in seinem 1809 im *Phöbus* veröffentlichten Gedicht *Der Schrecken im Bade* auf, das er ausdrücklich mit der Gattungsangabe »Eine Idylle« versieht. Wie in den bekannten Idyllen beispielsweise von Salomon Geßner (dessen Sohn Heinrich Geßner zu Kleists Freundeskreis in der Schweiz gehörte) oder Johann Heinrich Voß wird in diesem erzählenden Gedicht, das in fünfhebigen Jamben verfasst ist, eine ländliche Szenerie geschildert. Am Vorabend ihrer Hochzeit nimmt die junge Margarete ein Bad im Dorfteich, wird dabei aber von ihrer Freundin Johanna gestört, die sich für Margaretes Bräutigam ausgibt, was der Badenden so große Verlegenheit bereitet, dass sie schließlich wegen der vermeintlichen Verletzung ihrer Ehre die Verlobung aufkündigen will. Der gattungskonforme heitere Schluss des Gedichts sollte nicht den Blick für seine ernstere Thematik verstellen, greift Kleist doch hier erneut die für ihn zentrale Frage nach den sozialen und biologischen Grenzen der vermeintlich natürlichen Geschlechterordnung auf; zudem wird die Interaktion der beiden Freundinnen von subtiler Gewalt bestimmt. Die idyllisch-erotische Badeszene verweist schließlich auf einen anderen biblischen Text als die Paradieserzählung, nämlich die apokryphe Überlieferung der Susanna im Bade, die von zwei Männern belauert wird. Neben dem *Schrecken im Bade* hat Kleist an keiner weiteren Stelle seines Werks die Gattungsangabe »Idylle« verwendet.

Literatur

Dietrick, Linda: Prisons and Idylls. Studies in Heinrich von Kleist's Fictional World. Frankfurt a.M./Bern/New York 1985.

Doering, Sabine: Persien im märkischen Sand. Kleists Bild vom Orient. In: KJb 1996, 171–186.

–: Im Bad der Erkenntnis. Die Entfaltung eines Motivs in Kleists Werk. In: Tim Mehigan (Hg.): Heinrich von Kleist und die Aufklärung. Rochester 2000, 58–72.

Földényi, László: Heinrich von Kleist. Im Netz der Wörter. München 1999.

Frick, Werner: Männlicher Blick aus weiblichen Augen. Heinrich von Kleists erotische Idylle *Der Schrecken im Bade* (1808) und die verlorene Unschuld der Literatur. In: Sabine Doering/Waltraud Maierhofer u. a. (Hg.): Resonanzen. Fs. für Hans Joachim Kreutzer. Würzburg 2000, 255–272.

Kurz, Gerhard: »Gott befohlen«. Kleists Dialog *Über das Marionettentheater* und der Mythos vom Sündenfall des Bewußtseins. In: KJb 1981/82, 264–277.

Neumann, Gerhard: »... der Mensch ohne Hülle ist eigentlich der Mensch«. Goethe und Heinrich von Kleist in der Geschichte des physiognomischen Blicks. In: KJb 1988/89, 259–275.

Ringleb, Heinrich: Heinrich von Kleist: Das Ende der Idyllendichtung. In: Jb. der deutschen Schiller-Gesellschaft 7 (1963), 313–351.

Schneider, Helmut J.: Verkehrung der Aufklärung. Zur Destruktion der Idylle im Werk Heinrich von Kleists. In: Kodikas/Code. Ars Semeiotica 11 (1988), Nr. 1/2, 149–165.

Schulz, Gerhard: Kleists poetische Meditationen über die Rückkehr ins Paradies. In: Anthony Stephens/H. L. Rogers/Brian Coghlan (Hg.): Fs. für Ralph Farrell. Bern/Frankfurt a.M./Las Vegas 1977, 57–79.

Wittkowski, Wolfgang: Skepsis, Noblesse, Ironie. Formen des Als-ob in Kleists *Erdbeben*. In: Euphorion 63 (1969), 247–283.

Sabine Doering

24. Schönheit

Was die lexikalische Statistik betrifft, so sind das Adjektiv ›schön‹ und seine substantivische Ableitung ›Schönheit‹ in Kleists Texten häufig zu finden, durchaus gemäß einer semantischen Hochkonjunktur in den Jahrzehnten um 1800. Im Unterschied zu prominenten Fällen in der zeitgenössischen Literatur, Philosophie und Ästhetik jedoch firmiert die Schönheit bei Kleist selten als dominierendes Thema oder argumentationsstrategischer Schlüsselbegriff, sieht man vom gewichtigen Fall der Grazie/Anmut als einer Filiation des Schönen ab. ›Schönheit‹ ist bei Kleist weder ein Symbol für den gelingenden Brückenschlag zwischen der physischen und der moralischen Welt wie bei Kant (vgl. Greiner 2000, 51) noch ein normativ verbindliches Wertprädikat wie in der gesamten Ästhetik des Idealismus (vgl. kritisch die redaktionelle Anzeige des *Phöbus*, die mit dem Schönheitsideal Monotonie und Bewe-

gungslosigkeit assoziiert; DKV III, 645). Sie ist auch keine politisch-pädagogische Leitvorstellung wie in der Geschichtsphilosophie Schillers (vgl. kritisch gegen derartige Verheißungen die *Betrachtungen über den Weltlauf*; DKV III, 542), geschweige denn ein metaphysisches Prinzip wie bei Hölderlin. Allein die Favorisierung des »Unwillkürliche[n]« bei der inhaltlichen Bestimmung von Schönheit (Brief an Rühle von Lilienstern, 31.8.1806; DKV IV, 362) lässt eine Affinität zu prominenten Vorstellungen der Schönheitstheorie um 1800, etwa Kants Vorrang des Naturvor dem Kunstschönen oder Schillers Konzept der Anmut, deutlich werden.

Objektsprachlich wird ›schön‹/›Schönheit‹ in Kleists gesamtem Œuvre inklusive der Briefe als positives Attribut auf die unterschiedlichsten Gegenstände bezogen, auf das Wetter (DKV III, 307), japanische Tapeten (DKV IV, 13), arabische Pferde (DKV II, 431), Kunstsammlungen (DKV IV, 224), das Vaterland des patriotischen Autors (ebd., 105), den titelgebenden Krug der Komödie (DKV I, 311), den Tanz im *Marionettentheater* (DKV III, 557), eine lehrreiche Fabel in den politischen Agitationsschriften (ebd., 487), die Utopie vom wieder aufgebauten Teutoburg in der *Herrmannsschlacht* (DKV II, 551) oder auf Gottes ganze Welt in den Augen des von Todesangst ergriffenen Prinzen von Homburg (ebd., 607). Damit folgen Thematisierung und Sprachverwendung weitgehend einer noch heute üblichen Pragmatik. ›Schönheit‹ wird assoziiert mit Gutem, Erfüllendem, Nützlichem, allem irgendwie Wünschenswerten. Es gibt den »schöne[n] Tag« (ebd., 493 u.ö.), »schöne nützliche Ställe« für Vieh (DKV IV, 85), ein »schönstes Glück« für den liebesbedürftigen Allgott Zeus (DKV I, 397), »die schönste Ordnung« kurfürstlicher Milde im Falle des Prinzen von Homburg (DKV II, 613) und »die schöne Anstrengung« der Marquise von O..., sich gegenüber ihrem Vater zu behaupten (DKV III, 167). Im spätesten thematisch relevanten Text allerdings, dem Brief an Marie von Kleist vom 10.11.1811, rechnet Kleist die Schönheit auch zu den Mächten, die für seine ›wunde Seele‹ verantwortlich sind (DKV IV, 508) – ein Verhängniszusammenhang von Schönheit und pathologischer (Über-)Empfindlichkeit, auf den

auch schon früher im *Findling* bei der Figur Elvires aufmerksam gemacht wird (DKV III, 269).

Die Texte, in denen der Schönheit eine thematisch tragende, strukturbildende oder argumen-
tationsorganisierende Funktion zukommt, sind
*Das Käthchen von Heilbronn, Die Verlobung in St.
Domingo,* der *Aufsatz, den sichern Weg des Glücks
zu finden,* der novellistische Dialog *Über das Marionettentheater* mit seiner Diskussion und Subversion der klassischen Grazie/Anmut (s. Kap.
V.15), die Miszelle *Ein Satz aus der höheren Kritik*
sowie die Reisebriefe, insbesondere diejenigen
der sog. Würzburger Reise. Letztere folgen den
Mustern der zeitgenössischen Landschafts- und
Reisebeschreibung, berichten vom Himmel, der
»malerisch schön« ist, dem »schöne[n] Dreßden«, »einem schauerlich schönen Wege« (an
Wilhelmine von Zenge, 1. und 3.9.1800; DKV IV,
92, 94, 96) und anderen mit dem Attribut des
Schönen verbundenen Sehenswürdigkeiten. Die
Miszelle *Ein Satz aus der höheren Kritik* schreibt
der Wirkung des Schönen unmittelbare Evidenz
zu: »Schönheit und Wahrheit leuchten der
menschlichen Natur in der allerersten Instanz
ein«. Gerade deshalb aber, so das dialektische Argument dieser Geschmackskritik, besteht der Beweis eines »vorzüglichen und außerordentlichen
Schönheitssinnes« nicht etwa im Lob kanonisch
hervorragender Kunstwerke, in denen das Schöne
»rein enthalten« ist, sondern vielmehr in der Fähigkeit, auch mangelhaftere zu goutieren, weil
dort die Evidenzerfahrung der Schönheit weniger leicht zu haben ist (DKV III, 564f.). Im popu-
larphilosophischen ›Glücksaufsatz‹ wird das
Schöne zu einem definitorisch nicht ausgewiesenen, operativ jedoch geradezu inflationär benutzten Wertbegriff, der in Verbindung mit den Verheißungen eines glücklichen Lebens steht, meist
im Horizont einer an Shaftesbury und seinen
Nachfolgern orientierten Lehre der *moral grace*
(bes. DKV III, 517, 519f., 523f.; vgl. Gall 1977,
23f.). Um eine (problematische) Korrespondenz
zwischen leiblicher Schönheit und charakterlicher Güte geht es auch in Schauspiel und Erzählung. Im *Käthchen* wird am Kontrast zwischen
der wahren Schönheit der Titelheldin und der
falschen ihrer Konkurrentin Kunigunde die Frage
nach der Erkennbarkeit einer ›schönen (qua gu-

ten) Seele‹ am schönen Körper zum Problem. In
der *Verlobung in St. Domingo* gerät der vermeintlich sichere Anhalt, den das Vertrauen auf die
Güte eines Menschen am schönen Körper hat, in
das Kraftfeld der Kriegslogik und in den Sog sub-
jektivistischer, kulturrelativistischer, aber auch
rassistischer Auffassungen des Schönen (Gilman
1975; Brittnacher 1994).

In den fiktionalen Texten ist das signifikan-
teste und zugleich brisanteste Themenfeld damit
dasjenige der menschlichen Schönheit. Ein ›inte-
resseloses Wohlgefallen‹ am Schönen in der Spur
Kants wird man hier allerdings vergeblich suchen. Menschliche Schönheit ist in Kleists Dramen und Erzählungen kategorial und phänome-
nal trennscharf nicht vom ›Reizvollen‹ zu unterscheiden und verbindet sich meist mit einem
sexuellen Begehren, etwa im *Amphitryon* (DKV
I, 396), in der *Penthesilea* (DKV II, 188, 200, 241),
im *Käthchen von Heilbronn* (ebd., 349), der *Verlobung in St. Domingo* (DKV III, 236) oder dem
Findling (ebd., 273, 280). Entsprechend besitzt
die Schönheit hier eine geschlechtscodierte Akzentuierung, sie betrifft weibliches wie männli-
ches Personal.

Männliche Schönheit ist meist gebunden an
virile Heldenfiguren, deren Sex-Appeal sich mit
der Aura des Kriegers, Ritters oder neuzeitlichen
Militärs verbindet. ›Schön‹ sind die jungen Griechenhelden in der *Penthesilea* (DKV II, 149, 170),
Amphitryon resp. Zeus in der Gestalt desselben
(DKV I, 422), der Schlachtführer Herrmann
(DKV II, 548), der Graf vom Strahl (ebd., 407)
und der Graf F... (DKV III, 149). Eine Abweichung von diesem Muster findet sich bei den
›schönen‹ Tragödienhelden Ottokar (DKV I, 218)
und Achill (DKV II, 238), die beide durch Interaktion mit weiblichen Komplementärfiguren im
Laufe der Dramenhandlung ins Androgyne hinübergespielt werden, sei es durch Kleidung oder
Verhalten.

Weibliche Schönheit entspricht an vielen Stellen dem Stereotyp dessen, was sich um 1800 mit
dem Schlagwort vom ›schönen Geschlecht‹ verbindet (vgl. z.B. DKV II, 571; IV, 62), teilweise
ironisch gebrochen, etwa durch ein *gender-crossing,* bei dem sich das »Schönheitspflästerchen«
der »Dame« schließlich im Gesicht des »Dok-

tors« wiederfindet (*Rätsel*, DKV III, 362f.). Meist ist die leibliche Schönheit weiblicher Figuren eng verbunden mit Gemütsgüte, unbeirrbarer Tugend und Unschuld – mit einem verbreiteten Schlagwort des 18. Jh.s, das Kleist für die Figur der Toni übernimmt: Der schöne Körper der Frau ist die sichtbare Entsprechung einer »schönen Seele« (*Verlobung in St. Domingo*, DKV III, 259). Das gilt für Agnes (DKV I, 129, 135, 172, 230), Alkmene (ebd., 396, 423, 430), Käthchen (DKV II, 325f., 349, 430, 432), Prinzessin Natalie (ebd., 567), Toni (DKV III, 225, 235f., 259), Littegarde (ebd., 321) und Franzeska (*Sonderbare Geschichte*; ebd., 368), eine der Vorbildfiguren für die Marquise von O…, deren eigene körperliche Erscheinung im Unterschied zu ihrem Verhalten (ebd., 167) hingegen nicht als ›schön‹ qualifiziert wird.

Meist besitzt diese Art der Schönheit in den Kleist'schen Fallbeispielen etwas extrem Irritierbares und/oder Verletzbares. Von himmlischen Mächten beschützt, traumwandelnd unbeirrbar erscheint sie nur im Märchenspiel des *Käthchens*. Im Falle Tonis siegt das tödliche Misstrauen. Dem auch ästhetisch hartnäckigen Ressentiment der falschen Hautfarbe und der nackten Kriegsgewalt gegenüber bleibt die ›schöne Seele‹ letztlich ohnmächtig. *Die Verlobung in St. Domingo* liefert damit eine desillusionierende Autopsie dieses klassisch-idealistischen Schönheitskonzeptes (Brittnacher 1994, 188f.). Andere Beispiele von seinem Ruin liefern zwei Schönheiten des Schreckens, Penthesilea und Thusnelda – beides schöne Frauenfiguren (DKV II, 200, 212, 217; 474, 493, 497, 516 u.ö.), die durchaus auch Züge der schönen Seele besitzen (ebd., 241, 515), die aber, durch eine Beleidigung tief getroffen, die vermeintlichen Verursacher der erlittenen Schmach in einem Gewaltexzess töten. Nimmt man Schillers Theorie menschlicher Schönheit aus der Abhandlung *Über Anmut und Würde* als Hintergrundfolie, haftet beiden Fällen etwas Parodistisches an. So wie mit der Vorstellung einer anmutigen Marionette das Domestizierungsmoment in Schillers Konzept der Anmut bloßgestellt und parodiert wird (Schneider 1998, 157), handelt es sich in diesem Fall um eine blutige Parodie auf Schillers Postulat, in Konfliktsituationen müsse

sich die schöne Seele in eine erhabene verwandeln.

Mit Kunigunde von Thurneck gibt es noch eine weitere weibliche Dramenfigur, deren Schönheit in fragwürdigem Licht erscheint: Ihre aus verschiedenen prothetischen und kosmetischen Elementen zusammengesetzte Kunst-Schönheit ist eine (fast) perfekte Täuschung, die die Schrecken erregende Hässlichkeit ihres natürlichen Körpers wie auch die Verderbtheit ihrer Seele verdecken soll (DKV II, 310f., 356, 422f.). Damit erscheint ihr »wesenlose[s] Bild« (ebd., 356) in den rigiden Gegensätzen des Märchenspiels als direkter Kontrast zu Käthchen, der Verkörperung einer unauflösbaren Korrespondenz von schönem Inneren und Äußeren (anders Reuß 2004, 4). Die von Kleist selbst behauptete unmittelbare Evidenz der Schönheit (vgl. DKV III, 564), von deren Macht auch die Wirkung Kunigundes zehrt, hat hier etwas Prekäres, insofern der Zusammenhang mit dem Wahren und Guten durchtrennt ist (vgl. Kommentar, DKV III, 947; Kluge 1995, 33f.; Grathoff 1999, 148). Trotz der märchenhaften Lösung des Dramas handelt es sich hier wie in der *Verlobung in St. Domingo* um eine Krise der Schönheit und ihrer Beurteilung.

Literatur

Brittnacher, Hans Richard: Das Opfer der Anmut. Die schöne Seele und das Erhabene in Kleists *Die Verlobung in St. Domingo*. In: Aurora 54 (1994), 167–189.

Gall, Ulrich: Philosophie bei Heinrich von Kleist. Untersuchungen zu Herkunft und Bestimmung des philosophischen Gehalts seiner Schriften. Bonn 1977.

Gilman, Sander L.: The Aesthetics of Blackness in Heinrich von Kleist's *Die Verlobung in St. Domingo*. In: Modern Language Notes 90 (1975), 661–672.

Grathoff, Dirk: Schönheit und Hässlichkeit im Käthchen von Heilbronn. In: Ders.: Kleist: Geschichte, Politik, Sprache. Aufsätze zu Leben und Werk Heinrich von Kleists. Opladen 1999, 139–148.

Greiner, Bernhard: Mediale Wende des Schönen – ›freies Spiel‹ der Sprache und ›unaussprechlicher Mensch‹. *Über die allmähliche Verfertigung der Gedanken beim Reden. Brief eines Dichters an einen anderen*. In: Ders.: Kleists Dramen und Erzählungen. Experimente zum ›Fall‹ der Kunst. Tübingen/Basel 2000, 37–51.

Kluge, Gerhard: *Das Käthchen von Heilbronn* oder die verdinglichte Schönheit. Zum Schluß von Kleists Drama. In: Euphorion 89 (1995), 23–36.

Reuß, Roland: »Leimruthen«. Zum Problem der Kunst in Kleists *Das Käthchen von Heilbronn oder die Feuerprobe*. In: BKB 16 (2004), 3–20

Schneider, Helmut J.: Dekonstruktion des hermeneutischen Körpers. Kleists Aufsatz *Über das Marionettentheater* und der Diskurs der klassischen Ästhetik. In: KJb 1998, 153–175.

Ulrich Port

25. Schrift und Schreiben

Die im Kleist'schen Werk beinahe omnipräsenten Schriftzeugnisse (Zeichen, Schrift[en], Dekret, Brief, Papier[e], Zettel, Billet, Dokument[e], Urkunde, Anzeige – Annonce, Notenschrift, Breve etc.) können nicht einfach unabhängig von ihren textlichen Umfeldern, in denen sie in immer neuen Verkettungen ihre Bedeutungsnuancen akzentuieren, benannt werden. So haben wir beispielsweise sowohl in *Michael Kohlhaas* (DKV III, 129f.) als auch im *Findling* (DKV III, 272) die Konstellation Papier-Zettel und Brief-Zettel. Bezeichnend ist, dass in diesem Kontext ›Zettel‹, in dem manche Ableitungen noch ›Zeile‹ erkennen wollen, »weil die Fäden des Aufzuges gleichsam aus Zeilen bestehen« (Adelung 2001, IV, 1695), das konnotative Element ›Aufzug‹ oder ›Kette‹ der Webersprache aufruft: Der Text als Textur neuer Verstrickungen. Dass dann Piachi Nicolo mit dem Dekret den Mund stopft, während das Hirn an der Wand eingedrückt wird (DKV III, 281), und Kohlhaas den Zettel schluckt, verweist auf ein Zweifaches. Die Signifikanten inkorporieren sich im Körper (Grab, Pyramide, Schacht), als »Inkarnation des Scripts« (Hillis Miller 2003, 206) – und bestimmend wird der Mund als Schnittstelle der Sprachwerdung –, während die Signifikate des Wissens über das Hirn, als den organischen Schauplatz von Körper und Sprache, erneut im Außen als Dispersion eingezeichnet werden.

Im *Prinz von Homburg* gewinnt ein Innen erst durch die Schrift im Außen festere Kontur (DKV II, 622f.). Und wir haben den Ort des Schreibens im *Käthchen* im Mittelzimmer des brennenden Schlosses. Und in dieser Szene bleibt, wenn man »die Darstellung des Kleist'schen Textes auf die poetologische Selbstreflexion der Kunst bezieht«

(Reuß 2004, 14), die Feuerprobe in zweifacher Weise auf Schrift bezogen. Da ist zum einen der Ort des Schreibens, den Kleist selbst allerdings zu verwischen sucht. Der Putztisch, an dessen *Stift* des Spiegels der *Schlüssel* hängt, der den Zugang zu Bild und Schenkungsurkunde erschließt, kann von Käthchen erst unter dirigistischer Anleitung Kunigundes gefunden werden. Im »*Schreibtisch*winkel, / Den ich erschloß« (DKV II, 399), dieses *Putz*tisches findet sich dann, *neben* und nicht *im* Futteral, das Bild. Die Stelle konstelliert aber auch Bild und Schenkungsurkunde. In den geretteten Zeugnissen können wir künstliche Mittel sehen, »die krückenhaft und alienatorisch aufbewahren wollen, was sich Künstlichkeit und Ding entzieht: das menschliche Antlitz und die Gabe jenseits des Tauschprinzips« (Reuß 2004, 16).

Penthesilea verdeutlicht in einer Konversion eine skripturale Prozesshaftigkeit, die in der Doppelung des Namens im Innen und im Außen gleicher Weise auf das Imaginäre (als Bild, Züge des Gesichts) wie auf die symbolische Ordnung (als Namenszug) zielt (DKV II, 210). Und die Zeichen bei Kleist bleiben immer auf vielfältige Konversionsvorgänge bezogen. Den komplexesten Vorgang medialer Konversionen hält der Brief an Ulrike von Kleist vom 13./14.3.1803 fest. Da ist zuerst die Frage, was der Briefschreiber über sich selbst als *unaussprechlichen* Menschen *sagen* soll. Dieses ›sagt‹ sich im Brief aber schon als Schrift. Dann aber: »– Ich wollte ich könnte mir das Herz aus dem Leibe reißen, in diesen Brief packen und Dir zuschicken. – Dummer Gedanke!« (DKV IV, 313). Die Unaussprechlichkeit des Herzens hat sich über den ›erbrochenen‹ Körper im materiellen Substrat inkarniert; dieses aber kann, als bloßer Signifikant, das Immateriellste als *ineffabile*, als die fremde Seele nur inkorporieren, weil das Herz von jeher schon im *modus conversionis* metaphorischem Sprechen unterliegt.

Die Schriftstücke bei Kleist schreiben sich dann in Kontexte ein, die in bestimmter Weise Fragen des Rechts und der Gerechtigkeit konstituieren und sie treten gleichermaßen in Substitutionsreihen ein, in denen sie auf Tausch- und Austauschverhältnisse bezogen bleiben. Sie zeigen sich in Verkettungen, die zu immer neuen

Leseanleitungen werden und deren Signifikationsprozesse dann erst autoritativ durch einen Erlass beendet werden können (das Breve des Papstes in *Die heilige Cäcilie*).

Die Signifikanten der Schrift zerstreuen sich über den Text, geben sich als Gleiten von Namen zu erkennen und verweisen, in *Michael Kohlhaas*, auf ein Textbegehren (Gallas 1981). Signifikanten zeigen sich in ihrer Dispersion und schaffen so Bezugsfelder der Signifikation. So verkettet sich sichtbar in der Erzählung *Die heilige Cäcilie* der geisterhafte Ton immer neu, wird hörbar in An*toni*a, zeichnet sich ein in das In*toni*eren des ›Gloria in excelsis‹ und kehrt der Mutter wieder als »das ganze Schrecken der *Ton*kunst, das ihre Söhne verderbt hatte« (DKV IV, 311). Und dies in dem Text, dessen Zeichenkrieg sich um *das* zentrale Moment der Konvertierung, der Transsubstantiation, anlagert. In diesen schreibt sich die weitere folgenschwere Konvertierung ein: Die Notation der Musik des uralten Oratoriums wird abgesungen, wird Ton des Gesangs, und dieser erschüttert das Innen der Brüder so, dass diese ihrerseits konvertieren. Ihre inerten Körper, die bewegungslos »als ob sie zu Stein erstarrt wären« (DKV IV, 301) im Staub der Kirche liegen, umschließen wie der Körper der Schrift als Schacht der Pyramide, als Grab, die fremde Seele des ›Gloria in excelsis‹ als sedimentierte Spur, als Umschrift (»was ihnen in aller Welt Schreckliches, fähig, ihr innerstes Gemüt dergestalt umzukehren, zugestoßen sei«; (DKV IV, 301), die sie dann, in einem neuen medialen Umschlag, gleichsam Freuds Konversionsterm vorwegnehmend, in ihrem Abgesang um die Mitternachtsstunde stimmlich so ausagieren werden, dass die Fenster »von ihrer Lungen sichtbarem Atem getroffen« (DKV IV, 303) zusammenzubrechen drohen.

Das die Demarkationslinie des Todes einziehende Phänomen der Konversion aber stellt sich in Kleists logographischen bzw. anagrammatischen Vorlieben ein. Die entscheidende Stelle des *Findling* zentriert sich in der Anordnung der Lettern, die in der anagrammatischen Umschrift Nicolo wohl die Identität, nicht aber die Differenz zu Colino mitlesen lassen. So gibt auch *Der Griffel Gottes* ein Gesicht und entzieht dieses wieder.

Der Griffel Gottes, der den Leichenstein, der der polnischen Gräfin in einer testamentarischen Inschrift als Tauschabstraktion ein Gesicht verliehen hatte, einschmelzt, schreibt aber im eigentlichen Sinne nicht, er liest. Er führt die Signifikanten, indem er sie neu [auf]liest, in die neue Ordnung: »Sie ist gerichtet« (DKV III, 355). So wäre vielleicht immer schon zu lesen gewesen, hätte man die lineare und die konsekutive Ordnung der Signifikanten verlassen. Diese lineare Ordnung der Zeichen verweist aber nur auf die lineare Ordnung der Zeit. Und am Ende der Zeit hätte sich der Text selbst zu lesen gegeben. In ›Leichenstein‹ und ›Graph/Gräphin‹ hält der Text aber Elemente bereit, die auf die Selbstreflexion der Schriftlichkeit verweisen. Darüber hinaus verketten sich in diesem Text die auch für das Kleist'sche Werk insgesamt bestimmenden Elemente zu einem Begriffsfeld, in dem sich, um Griffel zentriert, seit Platon und seit der Schleiermacher'schen Übersetzung des *Kratylos*-Dialogs, die Bestimmungselemente Kerker, Grab, Zeichen, zu einer »semiologischen Gedankenkette« fügen (Groddeck 2001, 76).

Literatur

Adelung, Johann Christoph: Grammatisch-kritisches Wörterbuch der Hochdeutschen Mundart. Elektronische Volltext- und Faksimile-Edition nach der Ausgabe letzter Hand, Leipzig 1793–1801. Berlin 2001.

Gallas, Helga: Das Textbegehren des *Michael Kohlhaas*. Reinbek 1981.

Groddeck, Wolfram: Grab und Griffel. Kleists semiologische Anekdote vom *Griffel Gottes*. In: Elmar Locher (Hg.): Die kleinen Formen in der Moderne. Bozen/Innsbruck/Wien 2001, 57–78.

Hillis Miller, J.: Die Festlegung des Gesetzes in der Literatur – am Beispiel Kleists. In: Nikolaus Müller-Schöll/Marianne Schuller (Hg.): Kleist lesen. Bielefeld 2003, 181–208.

Hörisch, Jochen: Abbrüche: Konversionen. In: Ders.: Der Sinn und die Sinne. Eine Geschichte der Medien. Frankfurt a.M. 2001, 389–407.

Jacobs, Carol: Kleists Style. In: Nikolaus Müller-Schöll/Marianne Schuller (Hg.): Kleist lesen. Bielefeld 2003, 11–37.

Reuß, Roland: »Leimruthen«. Zum Problem der Kunst in Kleists *Das Käthchen von Heilbronn oder die Feuerprobe*. In: BKB 16 (2004), 3–20.

Schuller, Marianne: Ur-sprung. Zu Kleist. In: Dies.: Moderne Verluste. Frankfurt a.M./Basel 1997, 7–68.
Theisen, Bianca: Bogenschluß. Kleists Formalisierung des Lesens. Freiburg i.Br. 1996.

Elmar Locher

26. Schuld und Scham

Die Thematik der Schuld findet sich bei Kleist in drei Dimensionen: (1) im Kontext der Tragödie und der Theorie des Tragischen, (2) mit Blick auf juridische Diskurse und (3) hinsichtlich des biblischen Motivs der Erbschuld. Des Weiteren wird (4) das Schuldgefühl mit dem ihm verwandten Gefühl der Scham korreliert; es lässt sich eine Dynamik beobachten, wonach das eine Gefühl durch das andere ersetzt wird. Zur Scham lassen sich ebenfalls zwei separate Bedeutungsdimensionen in Kleists Werk benennen, zum einen (5) die leitende Funktion dieses Affekts als Ausdruck größter Innigkeit und Authentizität, zum anderen (6) die Unwillkürlichkeit des Schamgefühls sowie die Uneindeutigkeit seiner körpersprachlichen Gebärden (Erröten).

1. Seit der Antike ist ›Schuld‹ eine zentrale Kategorie des Tragischen. Während die Zeit Homers noch als »Schamkultur« gilt, wird die Zeit der griechischen Tragiker als »Schuldkultur« verstanden (vgl. Dodds 1970, Kap. 1f.). Aristoteles konzipiert den Tragödienhelden als ›unschuldig schuldig‹: Er ist weder moralisch makellos noch schlecht, besitzt aber einen charakterlichen Fehler (*hamartia*; vgl. Aristoteles: *Poetik*, Kap. 13). In der attischen Tragödie vollzieht sich der Übergang von einer »faktizistischen« zu einer »voluntaristischen« Schuldauffassung (Glei 1992, 1443) – eine Unterscheidung, die auch später relevant bleibt. Sie differenziert eine Form der unfreiwilligen, kontingent und schmachvoll erlittenen Bürde (genealogische Erbschuld) von einer eher aktiven, vom Subjekt zu verantwortenden Form der Schuld. In Kleists dramatischem Œuvre finden sich mit *Die Familie Schroffenstein* und *Penthesilea* nur zwei explizite Tragödien (bzw. »Trauerspiele«). In beiden spielt der Aspekt des tragischen Irrtums bzw. Verkennens (vgl. Seeba 1970; Müller-Seidel 1971) eine entscheidende Rolle:

Die Protagonisten werden schuldig am Tod einer geliebten Person (Agnes, Ottokar, Achill), da sie Fakten oder Identitäten missdeuten. Ihre Schuld ist insofern als tragisch zu bezeichnen, als sie die Tötung unwissentlich oder im Zustand geistiger Umnachtung selbst vollziehen. Doch ist zu betonen, dass Kleist dem teleologischen Konzept der Tragödie eher kritisch gegenübersteht – so finden sich in *Schroffenstein* persiflierende und groteske Elemente, die die tragischen Ereignisse konterkarieren, und in *Penthesilea* werden Elemente der (griechischen) Tragödie, wie etwa die Katharsis, metatheatral verhandelt (vgl. Brandstetter 1997). In vielen seiner Werke finden sich tragische und komische Elemente auf komplexe Art und Weise miteinander verschränkt (zum Tragödienmodell Kleists vgl. Szondi 1961; Greiner 2000, 148–73; s. Kap. II.1.1).

2. Schuld wird bei Kleist oft im Zusammenhang mit juridischen Diskursen verhandelt, was durch die im Gesamtwerk auffällige Präsenz juristischer Rechtspersonen – des Dorfrichters Adam im *Zerbrochnen Krug*, des Basler Gerichtshofs im *Zweikampf*, der Richter des Vehmgerichts in *Käthchen* etc. – betont wird. In anderen Werken Kleists sind demgegenüber zwar die Inhalte des Rechts vorgegeben, ein Gesetzgeber aber bleibt absent (vgl. Bohnert 1985, 43), was verunsichernde Wirkungen hat und die soziale Ordnung gefährdet. Oder die Figuren vertrauen auf ein Gottesurteil, das Schuld unzweideutig belegen soll. Die Infragestellung göttlicher Gerechtigkeit und die damit einhergehende Ambivalenz von Schuld und Unschuld ist Leitthema mehrerer Erzählungen (*Michael Kohlhaas*, *Der Findling*, *Das Erdbeben in Chili*). Recht und Unrecht ist für Kleist ein ebenso zentrales – und enigmatisches – Thema wie später für Kafka. Kleists Protagonisten berufen sich auf ein ihr Verhalten leitendes »Rechtgefühl«; so heißt es über Kohlhaas in einer berühmten Formulierung: »Das Rechtgefühl aber machte ihn zum Räuber und Mörder« (DKV III, 12f.). Auf dieses Gefühl – das von Kleist ohne Genitiv-›s‹ geschrieben wird, und somit nicht nur auf ›das Recht‹, sondern auch auf das Adjektiv ›recht‹, im Sinne von ›richtig‹ verweist – berufen sich insbesondere jene Figuren, die im Verlauf der Handlung tatsächlich ein Gefühl für die fakti-

sche Schuld und Unschuld entwickeln (z. B. Eustache in *Schroffenstein*; DKV I, 194).

3. Die dritte Dimension, in der Schuld bei Kleist verhandelt wird, ist die Bezugnahme auf die biblische Anthropologie (*Genesis* 3). Mehrere Forschungsbeiträge haben den Topos vom ›Sündenfall‹ im Titel aufgenommen (Seeba 1970; Greiner 2000) und damit dessen Programmatik für Kleist herausgestellt. Theologisch besteht die Schuld des Menschen in der Übertretung eines Verbots, dem Essen vom Baum der Erkenntnis von Gut und Böse. Bevor sich Adam und Eva aber für ihr Vergehen schuldig fühlen, empfinden sie Scham. Sie wird dadurch initiiert, dass sich Mann und Frau als nicht gleich wahrnehmen und das voneinander Abweichende durch Schurze aus Blättern zu verbergen suchen. Erst als Gott selbst sich nähert, verbergen sich beide von Kopf bis Fuß in den Bäumen; nun löst das Gesehenwerden an sich Scham aus. Von Gott erhalten sie jeweils zwei Strafen: die Plage der körperlichen Arbeit auf dem Feld ebenso wie die Sterblichkeit werden dem Mann auferlegt, die Schmerzen der Geburt und das sexuelle Begehren der Frau; sodann werden sie aus dem Paradies vertrieben. Beiden wird durch diese Strafen Schuld zugesprochen und Gott selbst ist es, der ihre Scham gewissermaßen in kulturelle Vollzüge transformiert. Kennzeichnend ist, dass die Schuld nicht abgetragen werden kann, sondern sich in Form der Erbschuld sogar auf alle Nachfahren überträgt und damit Teil der *conditio humana* ist. Kleist nimmt vielfach auf die *Genesis*-Erzählung Bezug, zentral etwa im *Marionettentheater*-Aufsatz. In *Schroffenstein*, in *Penthesilea* und im *Erdbeben* finden sich jeweils Sequenzen in einer idyllischen Natur, in denen Figuren eine ›unschuldige‹ Nähe zueinander entwickeln und die als rückwärtsgewandte Utopien an das verlorene Paradies erinnern. Im *Zerbrochnen Krug* wird die weibliche Hauptfigur mit Namen Eve vom »Dorfrichter Adam« sexuell bedrängt, was sich wie eine Art Parodie des ersten Menschenpaars und seiner faktischen Schuld liest. Ähnlich wie in Sophokles' *König Ödipus* besteht der Handlungsgang in der sukzessiven (Selbst-)Entlarvung des Schuldigen, was hier aber keine tragische, sondern eine komische Wirkung hat.

4. Wie schon in der Bibel, so wird das Gefühl der Schuld auch bei Kleist affektdynamisch in enger Verbindung zu dem der Scham konzipiert. Die Psychoanalytiker Bastian und Hilgers haben überzeugend dargelegt, inwiefern die ›Umwandlung‹ von Scham in Schuld durch Akte der Aggression und Gewalt oft die einzige Möglichkeit ist, den Affekt der Scham abzuwehren. Das aus der Tötung resultierende Schuldgefühl kann aber wiederum Scham auslösen usw. Man spricht daher von ›Scham-Schuld-Zyklen‹, wie sie sich bei Kleist nachweisen lassen (vgl. Benthien 1999, 135). Scham bezieht sich auf Eigenschaften, auf die Integrität einer Person, während Schuld eher auf (Fehl-)Handlungen rekurriert und daher leichter (durch Konfession, Buße oder auferlegte Sanktionen) verarbeitet werden kann. Im Unterschied zu den Autoren der deutschen Klassik, bei denen der ›Zwiespalt von Pflicht und Neigung‹ zumeist zugunsten der Pflicht entschieden wird (z. B. in Schillers *Die Jungfrau von Orleans* und Goethes *Wilhelm Meister*), sind Kleists Protagonisten den Affekten obsessiv unterworfen und in der Regel nicht zu einer rationalen, ihren Neigungen entsagenden Lösung fähig. Sie werden daher schuldig, um die Scham über ihre Gefühle zu überwinden.

5. In zahlreichen Werken ist Scham allerdings auch ein vom Autor positiv bewertetes Leitgefühl, gerade weil es den Kern der Person tangiert. Insbesondere in jenen Texten, die Kleist in die Antike (*Penthesilea*), ins Mittelalter (*Das Käthchen von Heilbronn*, *Die Familie Schroffenstein*, *Der Zweikampf*) oder in die Frühe Neuzeit (*Michael Kohlhaas*) zurückverlegt, kommt dieser Affekt und das mit ihm einhergehende Konzept personaler Ehre zum Tragen (vgl. Ott 1999). Beabsichtigt ist eine historisierende Wirkungsästhetik, die die Wucht des Tragischen in archaischen Affektkulturen sucht. Die Scham hat dabei die Funktion, existenzielle, die Protagonisten zerstörende Konflikte aufzuzeigen – am Eindringlichsten wird dies in der Selbsttötung Penthesileas durch ein »vernichtendes Gefühl« (DKV II, 256) evident.

6. In der Forschung wird Scham bei Kleist zumeist mit Blick auf den körpersprachlichen Ausdruck, insbesondere das Erröten, behandelt (vgl.

Fischer 1908/09; Skrotzki 1971; Nutz 1988). Drei Aspekte stehen dabei im Mittelpunkt: Erstens die Tatsache, dass diese physiologische Reaktion eine unwillkürliche, vom Subjekt nicht steuerbare Regung ist. Ihr eignet daher eine entscheidende Authentizität und ›innere Wahrheit‹, wie sie in Kleists Werk vergleichbar nur der Ohnmacht zukommt. Zweitens betont die Forschung die semiotische Uneindeutigkeit des Errötens – so besteht Skrotzkis Forschungsbeitrag im Wesentlichen in einer Benennung bzw. Fixierung jener Affekte, die Kleist seines Erachtens mittels dieser »Gebärde« codiert. Doch die Mehrdeutigkeit des Errötens als Körperzeichen wird in *Penthesilea* selbst verbalisiert: »der Wangen Rot, war's Wut, war's Scham« (DKV II, 147). Drittens wird Scham mit einer Theorie der Darstellung und der »Antitheatralität« korreliert, denn das Erröten, ebenso wie das Senken oder Verbergen des Blicks, erfüllt in dieser Lesart eine Doppelfunktion von Zeigen und Verbergen; dem Schamaffekt wohnt entsprechend ein »Entzug der Darstellung« inne: das »Paradox gegenwärtiger Nichtanwesenheit« (Lehmann 1991, 829).

Literatur

Bastian, Till/Hilgers, Micha: Kain. Die Trennung von Scham und Schuld am Beispiel der Genesis. In: Psyche 44 (1990), 1100–1112.

Benthien, Claudia: Gesichtsverlust und Gewaltsamkeit. Zur Psychodynamik von Scham und Schuld in Kleists *Familie Schroffenstein*. In: KJb 1999, 128–143.

–: Das Tribunal der Blicke. Scham und Schuld in der Tragödie um 1800 (Schiller, Kleist). Köln/Weimar/Wien 2009 [in Vorbereitung].

Bohnert, Joachim: Positivität des Rechts und Konflikt bei Kleist. In: KJb 1985, 39–55.

Brandstetter, Gabriele: *Penthesilea*. ›Das Wort des Greuelrätsels‹. Die Überschreitung der Tragödie. In: Walter Hinderer (Hg.): Kleists Dramen. Interpretationen. Stuttgart 1997, 74–115.

Dodds, Erec Robertson: Die Griechen und das Irrationale. Darmstadt 1970.

Fischer, Ottokar: Mimische Studien zu Heinrich von Kleist. In: Euphorion 15 (1908), 488–510/716–725; Euphorion 16 (1909), 62–92, 412–425, 747–772.

Glei, Reinhold: Schuld I. In: Historisches Wörterbuch der Philosophie. Hg. von Joachim Ritter/Karlfried Gründer. Bd. VIII. Basel 1992, 1442–1446.

Greiner, Bernhard: Kleists Dramen und Erzählungen.

Experimente zum ›Fall‹ der Kunst. Tübingen/Basel 2000.

Lehmann, Hans-Thies: Das Welttheater der Scham. Dreißig Annäherungen an den Entzug der Darstellung. In: Merkur 45 (1991), Heft 9/10, 824–839.

Leon, R. St.: The question of guilt in Kleist's *Penthesilea*. In: Seminar 10 (1974), 19–37.

Müller-Seidel, Walter: Versehen und Erkennen. Eine Studie über Heinrich von Kleist. Köln/Wien 1971.

Nutz, Maximilian: Lektüre der Sinne. Kleists *Penthesilea* als Körperdrama. In: Dirk Grathoff (Hg.): Heinrich von Kleist. Studien zu Werk und Wirkung. Opladen 1988, 163–185.

Ott, Michael: »... ich will keine andre Ehre mehr, als deine Schande...«. Zu Ehre, Duell und Geschlechterdifferenz in Kleists Erzählungen. In: KJb 1999, 144–165.

Seeba, Hinrich: Der Sündenfall des Verdachts. Identitätskrise und Sprachskepsis in Kleists *Familie Schroffenstein*. In: Deutsche Vierteljahrsschrift für Literaturwissenschaft und Geistesgeschichte 4 (1970), 64–100.

Skrotzki, Ditmar: Die Gebärde des Errötens im Werk Heinrich von Kleists. München 1971.

Stephens, Anthony: »Was hilft's, daß ich jetzt schuldlos mich erzähle?« Zur Bedeutung der Erzählvorgänge in Kleists Dramen. In: Jb. der deutschen Schillergesellschaft 29 (1985), 301–323.

Szondi, Peter: Die Familie Schroffenstein. In: Ders.: Versuch über das Tragische. Frankfurt a.M. 1961, 97–103.

Claudia Benthien

27. Sprache

Um 1800 findet im Gefolge der Französischen Revolution, aufklärerischer Säkularisierungstendenzen, neuer Familien- und Arbeitsmodelle ein entscheidender Modernisierungsschub statt, der alle Diskurse erfasst. In der Kunst werden oft Gefühle wie Ohnmacht, Orientierungslosigkeit und Zerrissenheit geäußert; auch das literarische Medium selbst, die Sprache, wird – in Werken der Spätaufklärung und Frühromantik sowie Goethes und Schillers – zunehmend skeptisch betrachtet. Gerade Heinrich von Kleists fiktionale und essayistische Schriften, insbesondere seine Briefe, konzentrieren und radikalisieren diese erstmals in der deutschen Literatur so massiv auftretende Sprachskepsis auf repräsentative Weise (Bartl 2005, 313–361). Kleists Sprachskepsis verdichtet sich 1801 zu einer gravierenden Sprachkrise (Kapp 2000, 160ff.; Holz 1962; Stephens 1999), so schreibt er am 21. Mai 1801 an Wilhelmine von Zenge: »Ich habe selbst mein eignes Tagebuch vernachläßigt, weil mich vor allem Schreiben ekelt« (DKV IV, 224; vgl. V.25, V. 29).

Sprache und Erkenntnis: Zunächst von einem aufklärerischen Sprachoptimismus geprägt (Kapp 2000, 131), relativiert Kleist spätestens nach der vielbeschriebenen ›Kant-Krise‹ das rational-wissenschaftliche Erkenntnismodell der Frühaufklärung, das die Sprache als verstandesorientiertes Benennungsinstrument für bereits präverbal existente Ideen ansieht. Kleist meldet nun Zweifel an einer objektiven, der Vernunft unterworfenen Wahrheitsfindung an und unterzieht folglich die Sprache als abstraktes Ordnungssystem sowie als Repräsentationsraum außersprachlicher Wirklichkeiten einer Kritik (Schmidt 2003, 251–256; s. Kap. V.6).

Signifikant und Signifikat, Wort und Sache, sieht Kleist – etwa in einem Brief an Wilhelmine von Zenge vom 16. September 1800 – ausschließlich durch willkürliche Konvention verbunden. Nicht ein apriorischer Sinn lenkt zudem die Bedeutungsproduktion linguistischer Zeichen, sondern dieser stellt sich erst im jeweiligen Kontext momenthaft her und kann ebenso schnell wieder zerstört werden. Das Wort bezeichnet daher nicht mehr die erkannte Natur, sondern schärft Begriffe, produziert Sinnkonzepte und konstituiert Wirklichkeitsentwürfe. Allerdings wird dieser Prozess von verschiedenen äußeren Faktoren, auch vom Zufall oder von den Störimpulsen der eigenen Leidenschaften mitbestimmt (s. Kap. V.9), sodass sich der Sprecher nicht auf eine linear ablaufende, willentlich steuerbare Entwicklung von Ideen im Sprechakt verlassen kann. Ob sich Sinn ergibt oder nicht, liegt nicht in der Macht des Sprechers, vielmehr gerät er selbst in den eigendynamischen Strudel sprachlicher Semiose. Aus einer dergestalt diagnostizierten Krise der verbalen Repräsentation leitet sich für Kleist in Ansätzen bereits die Vorstellung allumfassender Textualität und der Unhintergehbarkeit von Sprache ab.

Sprache, Kommunikation und Gewalt: Ebenso wenig kalkulierbar wie die Konstruktion von Sinn ist die Verständigung zwischen den Sprechern. In Kleists Briefen, selbst in jenen an seine Schwester Ulrike, äußert sich immer wieder die Angst, missverstanden zu werden: »Und gern möchte ich Dir Alles mittheilen, wenn es möglich wäre. Aber es ist nicht möglich, u wenn es auch kein weiteres Hinderniß gäbe, als dieses, daß es uns an einem Mittel zur Mittheilung fehlt. Selbst das einzige, das wir besitzen, die Sprache taugt nicht dazu, sie kann die Seele nicht mahlen u was sie uns giebt sind nur zerrissene Bruchstücke« (DKV IV, 196).

Kleists Argumentation trifft sich hier mit sprachskeptischen Bemerkungen Lessings, Goethes, Schillers und anderer Autoren um 1800, was die Unmöglichkeit angeht, die Totalität der individuellen Gefühls- wie Gedankenwelt ganzheitlich durch Worte mitzuteilen. Leidenschaften, dynamisch-vitale Vorgänge, komplexe Verfahren der eigenen Identitätsbildung erstarren im Wort, in dem das Fremde die eigenen Empfindungen gewaltsam überlagert. Das löst bei den Sprechern Emotionen des Ausgeliefertseins und der Fremdbestimmung aus und führt zur sozialen Isolation (Heimböckel 2003, 55f.; s. Kap. V.16).

Kleists Dramenfiguren Penthesilea, Achill, die Mitglieder der Familie Schroffenstein oder Alkmene versuchen vergeblich, sich gegenüber dem sozialen Druck zu behaupten und autonome Selbstentwürfe zu verwirklichen. Im Wort – und diese Diagnose erinnert frappierend an moderne Sprechakttheorien wie die Judith Butlers – konzentriert sich ein allmächtiger gesellschaftlicher Anspruch, der das Glücksbegehren des Einzelnen in gefährdete Zwischenräume und flüchtige utopische Augenblicke verbannt. Selbst in Bezug auf diese spärlichen idyllischen Momente in Kleists Dramen muss freilich die Negativbilanz der Kommunikation aufrechterhalten werden, sprechen die Figuren doch sogar in den bekannten Liebesdialogen (beispielsweise im 15. Auftritt der *Penthesilea*) auffällig aneinander vorbei (Bartl 2005, 318f.). Alle Kleist'schen Dramen laufen im Grunde auf das Schweigen zu (Holz 1962, 99f.); Alkmenes »Ach« am Ende des *Amphitryon* macht es hörbar.

Der Dolch, mit dem sich Penthesilea – als letzte Konsequenz ihrer Fremdbestimmung –

tötet, ist ebenfalls aus Sprache geschmiedet. Schon vorher – in ihrer Vereinigung mit Achill, die in ein Zerfleischen des Geliebten umschlägt – manifestiert sich die existentielle Wechselwirkung von Kommunikations- und Tötungstrieb: »Küsse, Bisse, / Das reimt sich, und wer recht von Herzen liebt, / Kann schon das Eine für das Andre greifen. […] Ich habe mich, bei Diana, bloß versprochen« (DKV II, 254). Auch die Verhörsituationen, die in den Dramen, etwa dem *Zerbrochnen Krug*, die Dialoge der Figuren bestimmen, deuten die für Kleists Werk charakteristische Verbindung von Sprache, Kommunikation und Gewalt an (Arntzen 1980; Stephens 1999; Heimböckel 2003, 186ff.; s. Kap. V.11f.).

Sprachskepsis als Chance: Für die subjektzerstörende Gewalt von Sprechakten findet Kleist in einem Brief an seine Schwester Ulrike vom 13./14. März 1803 ein drastisches Bild: »Ich wollte ich könnte mir das Herz aus dem Leibe reißen, in diesen Brief packen, und dir zuschicken« (DKV IV, 313). Es zeigt, wie der Wunsch nach zwischenmenschlicher Verständigung leidvoll an der Sprache scheitert, und lässt zugleich innovative, expressive Schreibstrategien erahnen, die die Sprachskepsis produktiv machen und Kleists spezifische Ästhetik am Rande des Verstummens begründen. Wo in den Dramen lange, psychologisch feinziselierte Monologe versagen würden, teilt sich die Verfasstheit der Figuren auf andere Weise mit: in symbolisch aufgeladenen Motiven (Ohnmacht, Erröten oder Erblassen, Gebärden der Zerstreutheit, Verstummen), pantomimischen Szenen (den wortarmen ›Traumsequenzen‹ in *Prinz Friedrich von Homburg* oder *Das Käthchen von Heilbronn*; Stephens 1999, 207f.), Dingsymbolen (Adams Perücke) oder Experimenten mit auditiv-musikalischen Erweiterungen der Sprache hin zum Klanglichen (Durzak 2002; s. Kap. IV.8). Mit Gedankenstrichen, häufig verwendeten Adjektiven wie »unaussprechlich«, »unsäglich« (»Ich weiß nicht, was ich dir über mich *unaussprechlichen* Menschen sagen soll«; DKV IV, 313, Brief an Ulrike von Kleist vom 13./14.3.1803) oder Aussagen wie »Was in diesem Augenblicke Alles in meiner Seele vorging kann ich Dir wieder nicht beschreiben« (DKV IV, 198; Brief an Ulrike von Kleist vom 5.2.1801) er-

öffnen Kleists Texte Leerstellen des Schweigens. Erst kurz vor dem Verstummen ist ein Sich-Äußern möglich, mehr noch: die schmerzhafte Ausrichtung auf das Unaussprechliche wird zur Voraussetzung der eigenen Poetik (Heimböckel 2003, 74f.).

Literatur

Arntzen, Helmut: Heinrich von Kleist: Gewalt und Sprache. In: Wieland Schmidt (Hg.): Die Gegenwärtigkeit Kleists. Reden zum Gedenkjahr 1977 im Schloß Charlottenburg zu Berlin. Berlin 1980, 62–78.

Bartl, Andrea: Im Anfang war der Zweifel. Zur Sprachskepsis in der deutschen Literatur um 1800. Tübingen 2005.

Durzak, Manfred: Die Wahrheit des Gefühls in der Musik und die Unzulänglichkeit der Sprache bei Kleist. In: Beiträge 16 (2002), 75–87.

Grathoff, Dirk: Die Zeichen der Marquise. Das Schweigen, die Sprache und die Schriften. Drei Annäherungsversuche an eine komplexe Textstruktur. In: Ders. (Hg.): Heinrich von Kleist. Studien zu Werk und Wirkung. Opladen 1988, 204–229.

Heimböckel, Dieter: Emphatische Unaussprechlichkeit. Sprachkritik im Werk Heinrich von Kleists. Ein Beitrag zur literarischen Sprachskepsistradition der Moderne. Göttingen 2003.

Holz, Hans Heinz: Macht und Ohnmacht der Sprache. Untersuchungen zum Sprachverständnis und Stil Heinrich von Kleists. Frankfurt a.M./Bonn 1962.

Kapp, Gabriele: »Des Gedankens Senkblei«. Studien zur Sprachauffassung Heinrich von Kleists 1799–1806. Stuttgart/Weimar 2000.

Kommerell, Max: Die Sprache und das Unaussprechliche. Eine Betrachtung über Heinrich von Kleist. In: Ders.: Geist und Buchstabe der Dichtung. Goethe – Schiller – Kleist – Hölderlin [1940]. Frankfurt a.M. ⁵1962, 243–317.

Marquardt, Hans-Jochen: »Ich bin Dir wohl ein Rätsel?«. Anmerkungen zu Kleists Sprache. In: Wolfgang Barthel/Hans-Jochen Marquardt (Hg.): Heinrich von Kleist. 1777–1811. Leben, Werk, Wirkung, Blickpunkte. Frankfurt a.d.O. 2000, 121–140.

Oschmann, Dirk: How to Do Words with Things. Heinrich von Kleists Sprachkonzept. In: Colloquia Germanica 36/1 (2003), 3–26.

Schmidt, Friedrich: »[…] die Sprache taugt nicht dazu«. Zur Sprachkritik Heinrich von Kleists. In: Beiträge 17 (2003), 250–279.

Stephens, Anthony: Kleist – Sprache und Gewalt. Mit einem Geleitwort von Walter Müller-Seidel. Freiburg i.Br. 1999.

Andrea Bartl

28. Staat

Kleist erlebte mit der Auflösung des Deutschen Reichs 1806 und der napoleonischen Neuordnung Mitteleuropas nicht nur einschneidende Wandlungen im europäischen Staatensystem. Er bewegte sich auch in einem Konfliktfeld zwischen dem Territorialstaat Preußen, der für ihn zunächst als Offizier und später zeitweilig als Beamter und 1810/11 als Zeitungsherausgeber wichtigster Bezugspunkt war, und dem Reich, auf dessen Wiederherstellung mindestens seine politischen Aktivitäten 1808/09 zielten. Als Hörer an der Universität Königsberg konnte er sich 1805 mit Staatswissenschaften befassen.

Gemessen an der epochalen und lebensgeschichtlichen Bedeutung des Staates ist die Zahl einschlägiger Äußerungen in Briefen und Schriften gering. Zudem sind sie sämtlich durch Kontext und aktuelle Zwecke bestimmt. Sie ergeben kein Ganzes, auch keine stringente Entwicklung, und wären nur gewaltsam als Entsprechung zeitgenössischer Staatstheorien zu lesen. Wenn Kleist am 30.5.1800 an Wilhelmine von Zenge schreibt, dass der Mann Verpflichtungen als Bürger eines Staates habe, fungiert das als geschlechtsspezifischer Gegensatz zu den Pflichten der Frau, die bei ihm allein auf ihren Mann bezogen bleiben (DKV IV, 58); wenn er es kein halbes Jahr später, am 13.11.1800, gegenüber derselben Adressatin ablehnt, vom Staat als Werkzeug zu nicht von ihm bestimmten Zwecken gebraucht zu werden (DKV IV, 150), ist das ein Versuch, sich über einen Lebensplan zu verständigen, doch keine grundsätzliche Ablehnung des Staates. Ebensowenig lassen die politischen Schriften des Jahres 1809 in ihrem dominanten Adressatenbezug Rückschlüsse auf Kleists politische Position zu.

Wichtiger sind daher die Erzählungen und Dramen, in deren Mehrzahl Fragen des Staats eine Rolle spielen. Dabei ist der Staat fast durchgehend mit Krieg verbunden. Schon da, wo andere Themen im Vordergrund stehen, ist der Krieg präsent: Religionskriege bilden den Hintergrund der *Heiligen Cäcilie*, Michael Kohlhaas führt einen Guerillakrieg, der zum Anlass staatsrechtlicher Erwägungen wird. Ohne die drohende Einberufung Ruprechts wäre die Handlung des *Zerbrochnen Krugs* nicht denkbar.

Häufig aber steht der militärische Konflikt im Vordergrund: Krieg zu führen und Männer zu erbeuten, ist Voraussetzung dafür, dass der Amazonenstaat in *Penthesilea* fortexistiert. Das einzige Gesetz, das der »Stamm der Negern« (DKV III, 233) in der *Verlobung in St. Domingo* schriftlich fixiert hat, ist ein Kriegsgesetz. Zugespitzt ist das Prinzip in den letzten beiden Dramen: In der *Herrmannsschlacht* bleibt der künftige Staatsrat vage und entsteht eine Gemeinschaft, die außerhalb einer Feinderklärung keine Grundlage hat. Der Schlachtruf »In Staub mit allen Feinden Brandenburgs« (DKV II, 644), der das Drama *Prinz Friedrich von Homburg* beschließt, markiert, wie sich an dem vorangegangenen Konflikt die Kriegergesellschaft stabilisiert hat.

In solchen Texten entsteht die politische Gemeinschaft weder auf naturrechtlicher Grundlage noch durch ein Vertragsmodell, sondern durch Abgrenzung von einem Fremden. Der Staat ist in diesen späten Extremfällen Auflösung der Ordnung, die er doch im Brief an Ulrike von Kleist vom Mai 1799 garantieren sollte; dort waren seine Aufgaben, »unser Eigentum, unsre Ehre, und unser Leben« (DKV IV, 41) zu sichern.

In früheren Werken ist das paradoxe Ineinander von Anarchie und Staat gemildert dadurch, dass Staat und Kirche sich auf vielfältige Weise relativieren. In der für den Katholiken Adam Müller geschriebenen *Heiligen Cäcilie* versagt die weltliche Macht, die dem Kloster nicht den angemessenen Schutz gibt. Sonst aber ist die katholische Kirche negativ dargestellt, so im *Erdbeben in Chili*, wo ihre Repräsentanten moralisierend die Volksmassen aufhetzen, während der weltliche Staat zu mäßigen versucht. In *Michael Kohlhaas* erscheint Martin Luther als positiver Vertreter protestantischer staatlicher Ordnung, wenn diese auch im Falle Sachsens als dem Verfall preisgegeben erscheint. Die Oberpriesterin in *Penthesilea* beansprucht zunächst und leugnet es am Ende, Repräsentantin jener Ordnung zu sein, die ihre Königin zur äußersten Konsequenz führt. Eine Einheit von Kirche und Staat liegt nur in den letzten beiden Erzählungen vor, in gegensätzlicher Gestaltung: negativ im korrupten Kirchenstaat im *Findling*, positiv im Gottesurteil von *Der Zwei-kampf*, das entgegen dem ersten Anschein schließlich doch Gerechtigkeit herstellt.

Fast überall sonst ist die staatliche Ordnung in einer Herrscherperson verkörpert. Das gilt für das *Robert Guiskard*-Fragment wie auch für *Penthesilea*, die *Herrmannsschlacht* und *Prinz Friedrich von Homburg* und ebenso wie für die Position, die die Kaiser als letzte Instanz im *Käthchen von Heilbronn* und im *Zweikampf* für die Klärung der Konflikte einnehmen. Dass Familienstrukturen dabei eine große Rolle spielen, ist zwar zunächst durch die Bedeutung dynastischer Fragen in einer monarchischen Ordnung erklärbar; die Exposition von *Robert Guiskard* deutet eine Konzentration auf diese Ebene von Familie an. Wenn aber der Prinz von Homburg sich als Teil der kurfürstlichen Familie imaginiert, zielt er auf keine Erbfolge, sondern auf eine auch emotionale Geborgenheit, die auf bürgerliche Normen verweist. Das entspricht der Transformation eines allein auf starre Regeln gegründeten Staats in eine vom Gefühl durchwirkte Gemeinschaft, die der Verlauf des Dramas zeigt. In dieser Verbindung von Staatlichkeit und Gefühl liegt eine Konstante von Kleists Denken, von der Begründung an, die er 1799 für seinen Abschied als Offizier formulierte.

Der Bereich des Rechtlichen (s. Kap. IV.11), der im letzten Drama zuletzt vor allem als pädagogisches Moment integriert ist, tritt in verschiedener Form auf. Im *Findling* zwingt der rachedürstige Piachi den Staat, seine eigenen Normen radikalisierend zu überschreiten. Im *Erdbeben von Chili* agiert mit dem »Vizekönig« ausnahmsweise nur ein Repräsentant des Monarchen. Er mildert zunächst die Strafe, die Josephe zugedacht ist, und versucht nach dem Erdbeben, die Ordnung wiederherzustellen, was aber in der Welt des Erzählten nur zu einem Justizmord führt und auf die von Kirche und Pöbel verschuldete Katastrophe keinen Einfluss hat. Ein moderner Staat ist hier nebensächlich, was sogar für *Michael Kohlhaas* gilt, jener Erzählung, die staatsrechtlichen Momenten den größten Raum einräumt. In den Schlusspassagen erscheinen die zuvor zentralen Konflikte durch den moralischen Triumph des Rosshändlers über den sächsischen König verdrängt.

Damit erweist sich auch hier der Verwaltungsapparat, dessen Versagen den Streit erst hatte eskalieren lassen, als unwichtig und steht allein eine Herrscherpersönlichkeit für den Staat. Eine gewichtige Ausnahme bildet alleine der *Zerbrochne Krug*, in der der Gerichtsrat »Walter« die Normen eines anonymisierten Apparats verwaltet. Im Gegeneinander von Walter und dem Dorfrichter Adam ist der Konflikt zwischen allgemeinen Normen und lokalen Besonderheiten gestaltet (vgl. bes. DKV I, 308), wobei in der frühen Komödie durchaus antiromantisch das Besondere als im Dienste der individuellen Tyrannei Adams dargestellt ist und Walters Rechtsdenken, wenn Kleist auch seine Gewaltsamkeit schon andeutet, für die Betroffenen Rettung bedeutet. In dieser einzigen Republik in Kleists Werk erscheint ein Staat als intakt, doch ist auch er relativiert und konterkariert durch den religiösen Bezug der Namen, die die Hauptfiguren tragen. Das verweist auf einen Mangel im Weltlichen, der im Staatsbegriff des letzten Schauspiels aufgehoben wird, um den Preis, dass das Gefühl am Ende über das Rechtliche dominiert.

Literatur

Kittler, Wolf: Der ewige Friede und die Staatsverfassung. In: Heinz Ludwig Arnold (Hg.): text + kritik (Sonderband): Heinrich von Kleist. München 1992, 134–150.

Kreutzer, Hans Joachim: Über Gesellschaft und Geschichte im Werk Heinrichs von Kleist. In: KJb 1980, 34–72.

Namowicz, Tadeusz: Ablehnung und Affirmation des Staates in den Erzählungen Heinrich von Kleists. In: Peter Ensberg/Hans-Jochen Marquardt (Hg.): Recht und Gerechtigkeit bei Heinrich von Kleist. Stuttgart 2002, 35–48.

Press, Volker: Das Ende des Alten Reiches und die deutsche Nation. In: KJb 1993, 31–55.

Schreiber, Christiane: »Was sind das für Zeiten!« Heinrich von Kleist und die preußischen Reformen. Frankfurt a. M. u. a. 1991.

Kai Köhler

29. Stimme

Alkmenes »Ach!«, ein Laut, am untersten Rande des Textes und am Rande der Sprache gesprochen (Reuß 1991, 23) – schon Wort oder noch Schall – würde, nach Jean Paul, »zu *viel* bedeuten, wenn es nicht auch zu *vielerlei* bedeutete« (zit. nach ebd., 22). Und schon Johann Christoph Adelung hatte in seinem *Grammatisch-kritischen Wörterbuch* versucht, zwölf verschiedene Bedeutungen des ›Ach‹, das er als Interjektion kennzeichnet und in den Anmerkungen dann als »Schall, den der von einer beängstigten Brust ausgestoßene Athem verursacht« (Adelung 1793–1801, I, 146), begreift, auseinanderzuhalten. Zwischen Schmerz, Angst, Furcht, Schrecken, Unwillen, Mitleiden, Wehmut/Gram, Sehnsucht/Wunsch/Verlangen und Bewunderung nuanciert sich die Bedeutungsamplitude (ebd., 145f.). In diesen Gefühlsnuancierungen spricht sich auch die Stimme bei Kleist, und innerhalb dieses Rahmens ließen sich drei Fragenkomplexe ausmachen: 1. Was kann die Stimme, wenn sie auf ein Innerstes (Gefühl, Seele) bezogen wird und zum Träger dieses Innersten in einem Außen werden soll? 2. Reicht die ›reine‹, die ›bloße‹ Stimme hin, wenn sich in ihr die Person offenbaren soll? 3. Wie bleibt diese Stimme auf andere Zeichensysteme – beispielsweise körpersprachliche Zeichen oder die Signifikanten der Schrift – bezogen, innerhalb derer sie ihre Konvertierungen zu vollziehen hat und – gegebenenfalls – in einem performativen Akt zum Sprachhandeln führt?

In der Adelung'schen Bestimmung des ›Ach‹ als »Interjection« wird aber das ›inter‹ bedeutsam als ein ›Zwischen‹, das Stimme ganz allgemein zu charakterisieren scheint; denn wo ist Stimme? Ist sie bei dem, der spricht, oder ist sie bei dem, der hört, oder irrt sie, echohaft, in einem Dazwischen? Spricht oder schreibt das ›Korn‹, die ›Rauheit‹ (*le grain*) der Stimme (Barthes 1979, 22) oder wird die Stimme »von ihrem sprachlichen Inhalt, huckepack, als materieller Zusatz getragen?« (Hart Nibbrig 2001, 7). Wird sich der Sprecher in der Stimme selbst präsent, oder ist sie Maske, ›persona‹, Rollen-Medium, in dem sich nur Spur und Differenz zeigen: residuale Reste? Als Maske aber und als Persona wäre sie dem zu-

zuordnen, was nach Barthes (1979, 24) »im Dienste der Kommunikation, der Repräsentation, des Ausdrucks« steht und was seit den Anfängen der Rhetorik immer schon in den Dienst dieser Stimme genommen wurde. Wenn sich aber die Kleist'schen Personen vernehmen lassen, aus dem Innersten ihres Gefühls heraus, dann müssten sie auf eine Stimme setzen, in der durch alle Codierungen der Repräsentation noch ein Subjekt durchtönte, das sich sonst in diesen, immer schon und immer noch, versteckt/verstrickt hielte.

Dieses »Ach!« Alkmenes am Rande der Sprache spricht sich in einer Sequenz und antwortet Amphitryons Anrufung »Alkmene!«, die sie in eine gemeinsame Gegenwart zurückrufen soll. Diese Anrufung wiederum folgt der Feststellung des Ersten Obersten »Du siehst durchdrungen uns –« (DKV II, 461). Und in diesem »durchdrungen«, zeigt sich ein Zweifaches: eine wechselseitige Anreicherung, die zur Auflösung des Differenten führt und, dem direkt entgegengesetzt: gewaltsame Scheidung, Diskretion, trennender Schnitt (Reuß 1991, 24). Indem Alkmene auf diese Anrufung, schon abgespalten von dieser Gegenwart, antwortet, ist ihre Antwort Ausdruck des trennenden Schnittes. Da diese Antwort aber als Interjektion noch den Verlust dieser sicher geglaubten Zusammenhänge indiziert, »ist diese Äußerung selbst noch authentische Anzeige von deren *Präsenz: Residuum*« (ebd., 25). Stimme ist in diesem Zusammenhang also nur mehr Residuum; Spur ja, aber nicht Präsenz.

Dass nun aber das ›Korn‹ der Stimme nicht hinreicht, ein Ich als sich selbst präsentes, als reinen Ausdruck einer Innerlichkeit, zu setzen, führt uns der fünfte Auftritt des dritten Aktes des *Käthchen von Heilbronn* vor Augen. Die Szene ist gekennzeichnet durch ein Innen und ein Außen. Der Graf vom Strahl sitzt an einem Tisch im Zimmer, er hält eine Laute in der Hand und tut einige Griffe darauf: intentionslose Stimme des Instruments innen, und vernehmbar wird – außen – Stimme, ohne jegliche Kennzeichnung des Geschlechts, des Namens; diese Stimme spricht sich ohne Artikel, verlangt Einlass, klagt in dem dreimal wiederholten »Macht auf!« aber auch ein

›Sich-öffnen‹ ein. Und seit Platons Verdikt gegen das Flötenspiel ist die nackte Stimme dem Verdacht ausgesetzt, sie entzöge sich in ihrer Verselbständigung jeglicher Kontrolle des Wortes, korrumpiere durch Verführung, sei ohne belehrenden Inhalt. Im inquisitorisch zirkulären Frage-Antwortspiel zwischen Käthchen und Gottschalk, in dem sich die Stimme Käthchens im sich wiederholenden »Ich, ich bin's« vernehmen lässt, lässt sich ein personales ›Ich‹ nicht sagen. Dann legt der Graf die Laute weg: »Die Stimme kenn' ich!« ›Stimme‹ sagt dann und schreibt sich ein in die symbolische Ordnung: »Das Käthchen ist's! Wer sonst! Das Käthchen ist's, / Das kleine Käthchen von Heilbronn!« Noch einmal sagt diese Stimme »Ich bin's«. Diese Stimme sagt sich nun aber als Käthchen (indem sie eintritt, steht als Regieanweisung). Und jetzt erst kann Gottschalk als Schlussaufforderung ausrufen: »Schaut her, bei Gott! Schaut her, sie ist es selbst!« (DKV II, 383f.). Da sich ein ›Ich‹ immer nur als ›shifter‹ zeigt, folgt man der Linguistik, und sich dieses ›Ich‹ nur als das Allgemeine sprechen kann, folgt man Hegel, reicht die ›nackte‹ Stimme, ›bloß‹ huckepack getragen von diesem ›Ich‹, nicht hin, in diesem ein Innerstes zu sagen.

Und Kleists Einlassung zur Sphärenmusik macht gleichermaßen deutlich, dass diese Stimme zuletzt als im ›Innern‹ gehörte, als rein imaginäre, auf den Hörer selbst bezogen bleibt; ein Vernehmen, das sich selbst erzeugt und das sich aufhebt, wenn es sich im Äußern auf den Weg macht vom Mund zum Ohr. Und dass die Stimme im Äußern durch Konversionsvorgänge auf das Zeichensystem Schrift bezogen bleibt, zeigt die Erzählung *Die heilige Cäcilie oder die Gewalt der Musik* (s. Kap. V.25).

Literatur

Adelung, Johann Christoph: Grammatisch-kritisches Wörterbuch der Hochdeutschen Mundart, mit beständiger Vergleichung der übrigen Mundarten, besonders aber der Oberdeutschen. 4 Bde. Leipzig 1793–1801.

Barthes, Roland: Was singt mir, der ich höre in meinem Körper das Lied. Berlin 1979.

Göttert, Karl-Heinz: Geschichte der Stimme. München 2004.

Hart Nibbrig, Christiaan: Geisterstimmen. Echoraum Literatur. Weilerswist 2001.

Menke, Bettine: Prosopopoiia: Stimme und Text bei Brentano, Hoffmann, Kleist und Kafka. München 2000.

Reuß, Roland: »... daß man's mit Fingern läse«. Zu Kleists *Amphitryon*. In: BKB 4 (1991), 3–26.

Zeeb, Ekkehard: Die Unlesbarkeit der Welt und die Lesbarkeit der Texte. Ausschreitungen des Rahmens der Literatur in den Schriften Heinrich von Kleists. Würzburg 1995.

Elmar Locher

30. Sturz und Fall

Wollte man den Texten Kleists eine favorisierte Dynamik attestieren, so wäre diese sicher als Vertikalbewegung nach unten zu beschreiben. In Kleists Texten stolpert und stürzt es allenthalben. Mal mit tragischem, mal mit komischem Ausgang kämpft das Personal gegen die Gesetze der Schwerkraft; und auch dem wohl berühmtesten Gedankenstrich der Weltliteratur (*Die Marquise von O...*) geht ein ›Niedersinken‹ voraus. Kleist verknüpft dabei – jeweils mit unterschiedlichem Akzent – den sowohl moral- als auch erkenntnistheoretisch überblendeten Topos des Sündenfalls mit seinen Studien der Grundsätze der Mechanik (s. Kap. IV.9) und seinen Überlegungen zum Zufall (s. Kap. V.35, III.6). Dabei kann er auf eine breite zeitgenössische Rezeption der Sündenfallerzählung zurückgreifen. Kants *Mutmaßlicher Anfang der Menschengeschichte* von 1786 und Friedrich Schillers *Etwas über die erste Menschengesellschaft* von 1790 sind nur die populärsten Texte jener Hausse, die der Text in der Kulturphilosophie des 18. Jh.s erlebt (Koch 1997).

Die ständige Präsenz des Motivs des Falls markiert dabei in Kleists Texten die Abkehr von der Wissenschaft als alleiniger Lebensorientierung und die Hinwendung zu Kunst- und Moraltheorie. Im Fall oder Sturz werden beide Perspektiven parallelgeführt, jedoch mit unterschiedlichen Schwerpunkten:

Das Erdbeben in Chili ist unübersehbar durch das semantische Feld des Sturzes oder Sprunges sowie des Zufalls bestimmt. Jeronimos zufällige Rettung, gerade als sich ein absichtlicher Sprung in den Tod zum abgefangenen Sturz verschoben hat, ergibt sich durch das gleichzeitige Zusammenschlagen der beiden gegeneinander umstürzenden Häuser, »nur der, seinem langsamen Fall begegnende, Fall des gegenüber stehenden Gebäudes verhinderte [...] die gänzliche Zubodenstreckung desselben« (DKV III, 192).

Im *Zerbrochnen Krug* ist, was Halt und Sicherheit angeht, nicht einmal mehr auf die Hose Verlass: »Nun faß ich sie, versteht Ihr, denke mich, / Ich Tor daran zu halten, und nun reißt / Der Bund; Bund jetzt und Hos und ich, wir stürzen / Und häuptlings mit dem Stirnblatt schmettr' ich auf« (DKV I, 289). Adam erfindet einen slapstickreifen Sturz aus dem Bett, um den Fall aus Eves Fenster zu verschleiern. Mit dieser Verdopplung gibt er den Auftakt zur potenzierten Vervielfältigung der Fälle. Körperlicher Fall (Unfall), und metaphorischer Fall (Sündenfall) kommen hier als juristischer Fall (casus) zusammen; Eve steht in dem Ruf, ein gefallenes Mädchen zu sein seit Adam versucht hatte, über sie herzufallen; die Niederlande sind von ihrer historischen Verbindung mit Spanien abgefallen.

In der bereits in den ersten Sätzen auf eine vertikal ausgerichtete Topographie verweisenden Erzählung *Das Bettelweib von Locarno* lässt sich eine ähnliche Signifikantenverkettung konstatieren: ›Zufällig‹ betritt der Marchese das Zimmer und verursacht durch seinen Befehl den tödlichen Fall des Bettelweibs, der ein Unfall ist, jedoch zugleich zum Verfall der Familie und zur Zerstörung des Schlosses führt. Der folgenschwere Sturz der Bettlerin ist umso bemerkenswerter als sie zuvor trotz ihrer Gehbehinderung besagtes Zimmer über eine Treppe erreicht hat (DKV III, 263). Die Faszination Kleists für die Gesetze der Schwerkraft und deren Amalgamierung mit Kunst-, Erkenntnis- und Moraltheorie (s. Kap. IV.3, IV.7) wird in der Forschung breit diskutiert. Als am häufigsten zitierte Gelenkstelle zwischen naturwissenschaftlichem (s. Kap. IV.9), ästhetischem und moraltheoretischem Diskurs – und damit im Rückblick als Leitmetapher der Kant-Krise (s. Kap. III.6) – fungiert dabei Kleists Schilderung des Würzburger Stadttors in seinem Brief an Wilhelmine von Zenge vom 30.12.1800: »Da gieng ich, in mich gekehrt, durch das ge-

wölbte Thor [...]. Warum, dachte ich, sinkt wohl das Gewölbe nicht ein [?], da es doch *keine* Stütze hat. Es steht, antwortete ich, *weil alle Steine auf einmal einstürzen wollen* – u[nd] ich zog aus diesem Gedanken einen unbeschreiblich erquickenden Trost [...], daß auch ich [...] mich halten würde, wenn Alles mich sinken läßt« (DKV IV,159). Das Stehen gerade als Ergebnis und Ausdruck des Sturzes wird Kleist also zu einer Figur des Trostes und dies geschieht unter Vernachlässigung der horizontal wirkenden Kraft des Schubes (vgl. Greiner 2005, 70). Die Übertragungsmöglichkeit der Newton'schen Fallgesetze auf die eigene biographische Situation ist jedoch limitiert: Aus »alles fällt« (einem der elementaren Grundsätze der Mechanik) wird »alles läßt mich fallen« – wodurch die gegenseitige Blockade in der Fallbewegung nicht mehr gewährleistet wäre. Dennoch findet die Metapher des Gewölbebogens aus fallenden Steinen sich auch in *Penthesilea* und zwar gerade als Ratschlag Prothoes angesichts Penthesileas Sündenfall mit Achill, auf dessen Lager sie ›gesunken‹ ist: »Steh, stehe fest wie das Gewölbe steht, / Weil seiner Blöcke jeder stürzen will!« (DKV II, 191).

In unmittelbarem zeitlichen Zusammenhang mit Kleists Lektüre der *Kritik der Urteilskraft* liefert das Bild des Torbogens die Grundlage für das Modell der Grazie als Balance gegeneinander strebender Kräfte, das Kleist in *Über das Marionettentheater* entwickelt: Zum Einen fungiert sie als Kulminationspunkt ästhetischer und moralischer Konzepte (s. Kap. V.15), zum anderen aber erhält sie eine physikalische Bestimmung. Sie ist Ergebnis des Gleichgewichts von Schwerkraft und Zug (der vertikalen Bewegung nach oben). In Abgrenzung zu Schillers Begriff der Anmut (als Ergebnis ›natürlicher‹ Schönheit, als Einheit von Darstellung und Dargestelltem) betont Kleists Begriff der Grazie gerade die Möglichkeit, durch die Kunstfertigkeit des mechanischen Ersatzes die grundsätzliche Endlichkeit und Versehrtheit des menschlichen Körpers zu überwinden, wie sie sich als Ergebnis des Sündenfalls darstellt. Im Tanz der Marionetten erreicht der Maschinist, der sie steuert, stellvertretend (indem er sich »versetzt«) also ein Simulacrum der verlorenen *gratia*, der Gnade Gottes (DKV III, 577); er erreicht sie jedoch nicht an seinem eigenen Körper, sondern durch die Kunst, die er hervorbringt. Buchstäblich genommen handelt es sich beim Wiedererlangen der Grazie ohnehin um ein aporetisches Projekt, müsste man doch, so der Erzähler »wieder vom Baum der Erkenntnis essen, um in den *Stand* der Unschuld zurückzu*fallen*« (DKV III, 563, meine Hervorhebung).

Schließlich findet sich bei Kleist jedoch auch ein positiv konnotierter Sturz: In einem Brief an Adolfine von Werdeck vom 30.10.1807: bemerkt er: »Es ist, als ob Sie im Walzen, gleich einer alten Frau, plötzlich nachgäbe (sie wäre zu Tode getanzt worden, wenn sie festgehalten hätte). [I]ch lache darüber, wenn ich es denke« (DKV IV, 394). Die Metaphorik des Nachgebens beziehungsweise sich Fallenlassens funktioniert hier – genau gegenläufig zum *Bettelweib von Locarno*, aber *auch* gegenläufig zur Grazie der Marionetten und des Gleichgewichtes des Torbogens – als Entlastung und als komische Umwertung der Fallsituation.

Literatur

Berger, Christian-Paul: Bewegungsbilder: Kleists Marionettentheater zwischen Poesie und Physik. München/Wien/Zürich 2000.
Greiner, Bernhard: Sturz als Halt. Kleists dramaturgische Physik. In: KJb 2005, 67–78.
Honold, Alexander: Die Sonne steigt, der Apfel fällt. Bewegte Körper und ihre Bahnen auf Kleists astronomischem Theater. In: KJb 2005, 79–91.
Koch, Manfred: Der Sündenfall ins Schöne. Drei Deutungen der Paradiesgeschichte im 18. Jahrhundert (Kant, Herder, Goethe). In: Wolfgang Braungart (Hg.): Ästhetische und religiöse Erfahrungen der Jahrhundertwende. Paderborn u. a. 1997, 97–114.
Michelsen, Peter: Die Lügen Adams und Evas Fall. Heinrich von Kleists *Der zerbrochne Krug*. In: Herbert Anton/Bernhard Gajek/Peter Pfaff (Hg.): Geist und Zeichen. Heidelberg 1977, 268–304.
Neumann, Gerhard (Hg.): Kriegsfall – Rechtsfall – Sündenfall. Freiburg i.Br. 1994.
Pusse, Tina-Karen: Von Fall zu Fall. Lektüren zum Lachen (Kleist, Hoffmann, Nietzsche, Kafka, Strauß). Freiburg i.Br. 2004.
Theisen, Bianca: Bogenschluß. Kleists Formalisierung des Lesens. Freiburg i.Br. 1996.

Tina-Karen Pusse

31. Tod

Der Tod ist in Kleists Leben und Werk eine zentrale Denkfigur von der Kindheit an, bedenkt man den frühen Tod des Vaters 1788, der Mutter 1793 und die damit verbundene Pauperisierung, die Erlebnisse des ›Kindersoldaten‹ im ersten Koalitionskrieg, den Preußen und Österreich gegen das revolutionäre Frankreich im Frühjahr 1793 beginnen, als einer Zeit, in der »wir hier so unmoralisch tödten«, wie Kleist zwei Jahre später am 25.2.1795 an seine Schwester Ulrike schreibt (DKV IV, 18), oder den Selbstmord seines Vetters und Freundes Carl von Pannwitz 1795, vermutlich zur Verdeckung homosexueller Erfahrungen während des Militär- und Kriegsdienstes. Von solchen biographischen Traumata abgesehen, ist der Tod für einen Dichter vorwiegend ein Repräsentationsproblem. Das Sterben (der anderen) ist erfahrbar, der Tod nicht, post mortem kann keiner mehr berichten, folglich gilt es Deutungs- und Darstellungsmuster des Todes für das eigentlich Unvorstellbare zu entwickeln.

Auffällig bei Kleist ist, dass christliche Sinngebungen des Todes kaum eine Rolle spielen, eher macht er sich lustig darüber, wenn er im Angesicht des eigenen Todes an Sophie Müller am 20. November 1811 schreibt, dass Henriette und er von »lauter himmlischen Fluren und Sonnen« träumen, »in deren Schimmer wir, mit langen Flügeln an den Schultern umher wandeln« (DKV IV, 511). Auffällig ist weiter, dass Kleists literarische Inszenierungen des Sterbens und des Todes nicht dem consolatorischen Todesbild folgen, das seit Lessings Abhandlung *Wie die Alten den Tod gebildet* von 1769 in der idealistischen Ästhetik und deren Nachfolge im 19. Jh. Triumphe feiert: das illusionäre und heitere Bild vom Tod als Zwillingsbruder des Schlafes, das einen Abschied aus der Erfahrungswelt bedeutet um der Freiheit des schönen Scheins willen. Kleists Tode sind gewaltsam, angsterregend, unheimlich und nicht mehr friedlich und schön. Man denke an das Niedermetzeln der Kinder durch die eigenen Väter in *Die Familie Schroffenstein*, an den Tod Nicolos im *Findling*, dem der Adoptivvater das »Gehirn an der Wand« eindrückt (DKV III, 281), um vor der Hinrichtung dann die Absolution zu verweigern, oder an den Anblick des unschuldigen kleinen Juan im *Erdbeben*, »mit aus dem Hirne vorquellenden Mark«, den Don Pedrillo an »eines Kirchpfeilers Ecke zerschmettert« (ebd., 221), oder an Penthesileas kannibalische Zerfleischung Achills mitsamt ihren Hunden. Kleists Todesdarstellungen sind gegenidealistisch und weisen auf die Moderne voraus, insofern sie den schönen Schein, der die autonome Kunst vom Leben trennt, durchbrechen und das Entsetzliche und Hässliche der Wirklichkeit nicht mehr verschweigen.

Funktional betrachtet ist der Tod in Kleists Werken nicht nur Ordnungsstörer, wie z. B. in allen Novellen Kleists, die stets durch eine Katastrophe initiiert werden, er ist zugleich Stifter von Ordnung. Zum einen poetologisch gesehen als Kombinator und Operator in den Textgeweben, ein Beispiel dafür geben die Tauschrelationen von Toten und Lebenden im *Findling*, Nicolo ersetzt Paolo, ersetzt Colino usw., ein weiteres Beispiel gibt der stumme Körper Peters in *Die Familie Schroffenstein*, dessen rätselhafter Tod zum Incitament der Verdächtigungen und der mörderischen Taten wird. Zum anderen kulturgeschichtlich gesehen als Einsicht darin, dass »Erhaltung nur durch Zerstörung möglich [ist], so wie oft Leben nur aus dem Tode hervorgeht« (BKA II/8, 190). Von dieser Einsicht vom Februar 1811 in den *Berliner Abendblättern* sind Homburgs oder Penthesileas Todesbereitschaft geleitet, und wohl auch Kleists Selbstmord. Von Interesse ist hier nicht, warum Kleist sterben *muss* – weil er an seiner Familie leidet, am preußischen Staat, am Misserfolg als Dichter usw. Das erscheint in der Addition banal, von Interesse ist, warum Kleist so gelassen, nüchtern, vergnügt und ohne religiösen Trost sterben *kann*. Die Annahme, es handle sich dabei um einen romantischen Liebestod, um die Verabsolutierung der Liebe im Tod, ist fraglich – aufgrund von Kleists vermutlich homosexueller Disposition und aufgrund des bloß galanten Masken- und Zitatenspiels im Wechselbrief von Kleist und Henriette Vogel, der *Todeslitanei*. Im Brief an seine Cousine Marie vom 10. November 1811 erkennt Kleist als »höchste Lebenskraft, nämlich es [das Leben] opfern zu können« (DKV IV, 247). Er beschreibt den Freitod als Ausdruck eines destruktiven Charakters, der sich dem aller Natur

eingeschriebenen Zwang zur Selbsterhaltung ein Leben lang entzieht, der Freiheit als einen Akt begreift, der die eigene Selbsterhaltung notwendig verletzen muss. Wobei der destruktive Akt zugleich ein schöpferischer Akt ist, denn ohne die Aufgabe jeglicher Sicherheit ist Neues im Leben nicht möglich und nicht in der Kunst. Dichtung, die den Erwartungshorizont der Zeit radikal bricht und für die Nachwelt ficht, steht häufig im Zeichen des Selbstmords – von Kleist über Mishima bis Virginia Woolf oder Ann Sexton. Von Goethe und den Zeitgenossen noch als krankhaft gebrandmarkt, geht Kleists ebenso rätselvolle wie wirkungsmächtige Ökonomie des Opfers erst in der Moderne auf: Sein spektakulärer Selbstmord brennt sich ins Gedächtnis ein und hält auch die Erinnerung an seine Werke lebendig.

Literatur

Blamberger, Günter: Ökonomie des Opfers: Kleists Todesbriefe. In: Detlev Schöttker (Hg.): Adressat Nachwelt: Briefkultur und Ruhmbildung. München 2008, 145–160.

–/ Földényi, László/Pfeiffer, Joachim/Poluda, Eva S./ Weigel, Alexander/Stelly, Gisela: ›Kleists letzte Inszenierung‹. Podiumsdiskussion in der Akademie der Künste in Berlin, 12.10. 2000. In: KJb 2001, 245–264.

Helbig, Holger: Herr von Kleist und Frau Vogel beschließen ihren Tod und verwirren die Wissenschaft. Der Briefwechsel zwischen Heinrich von Kleist und Henriette Vogel als philologische Grenzsituation. In: Dorothea Lauterbach/Uwe Spörl/Uli Wunderlich (Hg.): Grenzsituationen. Wahrnehmung, Bedeutung und Gestaltung in der neueren Literatur. Göttingen 2002, 107–130.

Hinderer, Walter: Seinsausstand als Lebensfeier: Anmerkungen zu Heinrich von Kleists romantischer Todesauffassung. In: Dietrich von Engelhardt/Jan C. Joerden/Lothar Jordan (Hg.): Sterben und Tod bei Heinrich von Kleist und in seinem historischen Kontext. Würzburg 2006, 79–100.

Müller-Seidel, Walter: Todesarten und Todesstrafen. Eine Betrachtung über Heinrich von Kleist. In: KJb 1985, 7–38.

Roussel, Martin: Kleists Gräber. Schrift, Identität, Modernität (Epigraphien). In: Oliver Kohns/Martin Roussel (Hg): Einschnitte. Identität in der Moderne. Würzburg 2007, 243–262.

Schulz, Gerhard: Todeslust bei Kleist und einigen seiner Zeitgenossen. In: KJb 1990, 113–125.

Günter Blamberger

32. Traum

Um die vermeintlich wirre Rede seines Dieners Sosias über Ich-Verdoppelung und Identitätsverlust auf einen Begriff zu bringen, bietet Amphitryon eine Auswahl möglicher Synonyme für »Träumerei«: »Irrgeschwätz«, »Wischwasch«, »Betrunkenheit«, »Gehirnverrückung«, »Scherz« (DKV I, 405). Das Wortfeld verdeutlicht, dass das Träumen in Bereiche jenseits von Rationalität, psychischer Balance und sprachlicher Fasslichkeit führt. Darin besteht aber der Reiz und die Herausforderung des Traums für die romantische Philosophie und Ästhetik. Für Kleist ist dieses eng mit Trance, Somnambulismus, Ohnmacht oder Hypnose verwandte Phänomen grundlegend. Solche Bewusstseinszustände begegnen bei ihm als Stimulantien der Phantasie, als imaginäre Fluchträume, als Medien für übernatürliche Weisungen, als Projektionsflächen für Ängste, Schuldgefühle oder erotische Wunschvorstellungen.

Es gibt nur indirekte Verbindungen zur theoretischen Diskussion der Zeit, natürliche Erklärungen von Träumen durch die Aufklärungsmedizin deuten sich bestenfalls an: etwa die Herleitung aus unverbrauchtem, unkontrolliert zirkulierendem Nervensaft, aus inneren physischen Ereignissen wie Harndrang, Fieber oder Blutdruck, aus äußeren Sinneseinflüssen auf den Schläfer oder aus Assoziationen längst vergangener Eindrücke. Dass Träume der blinde Fleck der Aufklärungsanthropologie sind, da sie sich dem empirisch-experimentellen Zugriff weitestgehend entziehen, tritt gleichwohl in den Blick. Toni versucht beispielsweise in *Die Verlobung in St. Domingo*, Schlüsse aus spärlich verfügbaren Daten zu ziehen, als sie Gustav fest schlafend vorfindet: »ein tiefer Traum, von dem sie der Gegenstand zu sein schien, beschäftigte ihn: wenigstens hörte sie, zu wiederholten Malen, von seinen glühenden, zitternden Lippen das geflüsterte Wort: Toni!« (DKV III, 248). Der Graf vom Strahl betätigt sich im *Käthchen von Heilbronn* ebenfalls als Traumdeuter. Seinen »Versuch« mit der Somnambulen gründet er auf das Wissen, dass sie »wie ein Murmeltier« schläft, »wie ein Jagdhund« träumt und »im Schlaf spricht« (DKV II, 405).

Auch das Experiment mit dem schlafwandelnden Prinzen von Homburg, das der Kurfürst vor der Hofgesellschaft aus Neugierde forciert – »ich muß doch sehn, wie weit er's treibt!« (DKV II, 560) – ähnelt der Versuchsanordnung systematischer Traumbeobachtung. Als sich der Prinz am Ende für die im »Scherz« (DKV II, 635) vorgegaukelten Zeichen von Ruhm und Ehre – »Jungfrau und Kett' und Lorbeerkranz« (DKV II, 634) – nur bedingt qualifiziert, bewahrheitet sich die harsche Zurückweisung des Kurfürsten vom Beginn: »Im Traum erwirbt man solche Dinge nicht!« (DKV II, 560).

Interessanter als die empirische Traumforschung scheint Kleist das Erkenntnisproblem, das mit einer imaginierten Parallelwelt verbundenen ist – letztlich also seine Kardinalfrage, »ob das, was wir Wahrheit nennen, wahrhaft Wahrheit ist, oder ob es uns nur so scheint« (DKV IV, 205). Die Grenze zwischen Traum und Realität potenziert diesen Zweifel, überwältigende oder unfassbare Ereignisse werden häufig auf diese Differenz bezogen. Bei der ersten Begegnung mit dem kampfbereiten Bären im *Marionettentheater*, ist sich z. B. Herr C... nicht sicher, »ob ich träumte, da ich mich einem solchen Gegner gegenüber sah« (DKV III, 562). Sosias im *Amphitryon* muss sich umgekehrt gefallen lassen, dass sein Herr ihm den »aberwitzen Vorfall« (DKV I, 408) mit dem frechen Doppelgänger und Identitätsdieb nicht glaubt. Soll es ein »böser Traum« (ebd., 408) gewesen sein, was er da so handfest zu spüren bekam? Gegenüber Alkmene wappnet sich Amphitryon gleich mit entsprechender Ironie: »Hat mich etwan ein Traum bei dir verkündet, / Alkmene? Hast du mich vielleicht im Schlaf / Empfangen« (ebd., 411). Die durch solche Unterstellungen verletzte Gattin antwortet zwar schlagfertig: »hat dir vielleicht / Ein Gott den heitern Sinn verwirrt?« (ebd.), erinnert sich jedoch später, dass der Geliebte ihr in jener Nacht tatsächlich herrlich »wie im Traum« (ebd., 422) erschienen sei.

Viele Figuren Kleists sind den heteronomen Kräften ihres Inneren widerstandslos ausgeliefert, was aus der Vermögenspsychologie der Aufklärung erklärbar ist: Statt vom taghellen Bewusstsein (*cognitio clara* oder *distincta* oder *adaequata*) werden sie von ihren unteren Erkenntnisvermö-gen (*facultates inferiores*), den dunklen, verwor-renen Vorstellungen (*cognitio obscura* oder *confusa* oder *inadaequata*) aus regiert, die vom Grund der Seele (*fundus animae*) aufsteigen. Vor allem im Essay *Über die allmählige Verfertigung der Gedanken beim Reden* sind diese Fachbegriffe präsent. Zusammenfassend heißt es da: »Denn nicht *wir* wissen, es ist allererst ein gewisser *Zustand* unsrer, welcher weiß« (DKV III, 540). Vor allem gilt das für die tranceartigen Dramenfigu-ren Penthesilea, Käthchen von Heilbronn und Prinz von Homburg. In allen drei Fällen hat man überlegt, ob ihr Bewusstseinszustand durch die Praktiken eines Magnetiseurs mit verursacht sein könnte: Ob Prothoe und Achilles der Amazonen-königin also hypnotisch ihre Niederlage ver-schleiern, Friedrich Wetter vom Strahl das Käth-chen in einen Rapport verwickelt oder der Kur-fürst seinen Prinzen um das freie Bewusstsein bringt, um ihn so besser dirigieren zu können.

Die unbegreifliche Niederlage in der Schlacht gibt Penthesilea als bösen Alptraum aus, den sie im anschließenden Traumspiel zu dementieren versucht: »Welch einen Traum entsetzensvoll träumt ich – / [...] – Mir war, als ob, im heftigen Getümmel, / Mich des Peliden Lanze traf« (DKV II, 201). Doch der Schleier des Selbstbetrugs ist anfangs allzu durchsichtig, zu Beginn des Halb-schlaf-Dialogs befallen Penthesilea noch Zweifel: »– Du hörst's, es war ja nur ein Traum, es ist nicht – / Wie! Oder ist es? Ist's? Wär's wirklich? Rede! –« (DKV II, 202). Erst über sechshundert Verse später nimmt Achilles ihr jede Illusion: »Bist mir zu Füßen, Treffliche, gesunken, / Als wir im Kampf uns trafen, nicht ich dir« (DKV II, 224). Das Erwachen aus ihrem Traum vom Sieg ver-wandelt Penthesilea in eine »Hündin, Hunden beigesellt«: »Die Glieder des Achills reißt sie in Stücken!« (DKV II, 241, 239). In *Prinz Friedrich von Homburg* begegnet der umgekehrte Fall: Der Traum von Ruhm und Sieg hat eine reale Grund-lage, nämlich das Spiel mit dem Schlafwandler: »Welch einen sonderbaren Traum träumt ich?! – / Mir war, als ob, von Gold und Silber strahlend / Ein Königsschloß sich plötzlich öffnete« (DKV II, 564). Homburg bleibt bis zum Beginn der Schlacht im Bann seines nur halb bewussten Zu-

standes, vor allem der Handschuh Natalies, realer Überrest aus dem Traum, lenkt ihn bei der Be-fehlsausgabe ab. Erst mit dem Kanonendonner im Feld erwacht er endgültig und greift ohne Wissen in die Schlacht ein. Die kühnste und rät-selhafteste Grenzüberschreitung zwischen Wirk-lichkeit und Traum findet indes in dem gleichzei-tigen, telepathischen Traum Käthchens und des Grafen vom Strahl statt: Sein Körper lag, »tod-krank am Nervenfieber« im Schloss zu Strahl, während sein »Geist in ihrer Klause zu Heil-bronn« war. Seine Schlussfolgerung aus dem Pa-radox lautet: »Was mir ein Traum schien, nackte Wahrheit ist's« (DKV II, 410).

Gegenüber solchen metaphysischen oder wun-derbaren Spielen, kommen in Kleists Texten kon-ventionelle Traumerzählungen nur selten vor. In der literarischen Tradition finden darin göttliche oder dämonische Prophetien statt, die im Text Funktionen einer Voraus- oder Selbstdeutung übernehmen. Ein Paradefall dafür ist etwa Sara Sampsons Schreckvision in der Exposition zu Lessings Trauerspiel. Auch Adams »Traum vom ausgehunzten Richter« (DKV I, 298) im *Zer-brochnen Krug* wirkt wie die modernisierte Form eines antiken Orakels, das die nachfolgende Handlung ankündigt: »Mir träumt', es hätt' ein Kläger mich ergriffen, / Und schleppte vor den Richtstuhl mich; und ich, / Ich säße gleichwohl auf dem Richtstuhl dort, / [...] Und judizirt' den Hals ins Eisen mir« (DKV I, 297). Da der Täter hier – im Unterschied zu Ödipus – wissend gegen sich selbst ermittelt, könnte man den Traum als Vorausgeständnis lesen. Ebenfalls von schlech-tem Gewissen geprägt ist die Fiebererscheinung des Grafen F... in *Die Marquise von O...*, die ein schuldhaft erinnertes Kindheitserlebnis gramma-tikalisch klar mit der Marquise verknüpft: Der vom Grafen einst mit Schmutz beworfene, sich aber selbst reinigende Schwan wird von ihm mit »sie« (DKV III, 156) bezeichnet, noch bevor er den sprechenden Namen Thinka (für Kathinka / Katharina, von gr. *katharós*, rein) nennt.

Literatur

Alt, Peter-André: Der Schlaf der Vernunft: Literatur und Traum in der Kulturgeschichte der Neuzeit. München 2002.

Fink, Gonthier-Louis: Der doppelte Traum in Kleists *Käthchen von Heilbronn*. In: Wolfram Malte Fues/ Wolfram Mauser (Hg.): »Verbergendes Enthüllen«. Zu Theorie und Kunst dichterischen Verkleidens. Würzburg 1995, 159–175.

Haag, Ingrid: »Ein Traum geträumt in Morgenstunden scheint mir wahrhaft'ger.« Zu Kleists Penthesilea. In: Cahiers d'études germaniques 33 (1997), 73–85.

Hansen, Uffe: Der Aufklärer in extremis. Heinrich von Kleists *Die Marquise von O...* und die Psychologie des Unbewußten im Jahre 1807. In: Klaus Bohnen/Per Øhrgaard (Hg.): Aufklärung als Problem und Aufgabe. München 1994, 216–234.

–: Prinz Friedrich von Homburg und die Anthropologie des animalischen Magnetismus. In: Jb. der Deutschen Schillergesellschaft 50 (2006), 47–79.

Hinderer, Walter: Traumdiskurse und Traumtexte im Umfeld der Romantik. In: Gabriele Brandstetter/ Gerhard Neumann (Hg.): Romantische Wissenspoetik. Die Künste und die Wissenschaften um 1800. Würzburg 2004, 213–241.

Horn, Peter: »... sich träumend, seiner eignen Nachwelt gleich...«. Verhinderte Tragik im Traum des Prinzen Friedrich von Homburg von seinem postumen Ruhm. In: KJb 1992, 126–139.

Košenina, Alexander: Vorbewußtsein und Traum in Kleists Anthropologie. In: Peter-André Alt/Christiane Leiteritz (Hg.): Traumdiskurse der Romantik. Berlin/New York 2005, 232–255.

Weder, Katharine: Kleists magnetische Poesie. Experimente des Mesmerismus. Göttingen 2008.

Alexander Košenina

33. Wahn und Wahnsinn

Kleists Interesse für psychische Ausnahmezustände geht seinem literarischen Œuvre voran. Damit folgt er zunächst einer allgemeinen Mode im Zeitalter der Anthropologie, Erfahrungsseelenkunde und neu entstehenden Psychiatrie. In der europäischen Aufklärung verstärken sich seit Mitte des 18. Jh.s Bemühungen, psychische Krankheiten nicht länger zu dämonisieren und tabuisieren, sondern sie nüchtern zu beschreiben, zu systematisieren und verständnisvoll zu behandeln. Damit entwickelt sich eine Sensibilität für den inneren Menschen, die – literarisch in Briefen, Tagebüchern oder Autobiographien – jene im Pietismus verpönte Selbstbeobachtung aufwertet. Psychopathographien wie Goethes *Werther*, Klingers *Zwillinge*, Moritz' *Anton Reiser*

oder Spieß' *Biographien der Wahnsinnigen* und *Biographien der Selbstmörder* verzeichnen so bemerkenswerte Erfolge beim Publikum. Vor diesem Hintergrund wird Kleists Neigung verständlich, auffällige Seelenzustände zu offenbaren, selbst wenn das zunächst nur in der intimen Briefform unter dem Siegel der »Verschwiegenheit« (DKV IV, 80) geschieht.

Kleists Introspektionen in seinen Briefen offenbaren vielfältige Zwänge und Nöte, die sich zwar erst im finalen Todeswunsch zu einer Art Wahn steigern, aber schon sehr früh deutliche Züge von Anspannung, übersteigerter Wahrnehmung, Furchtsamkeit, Unentschlossenheit, sexueller Orientierungslosigkeit oder Misanthropie verraten. Die über Wochen verfolgte Vorstellung, im stillen Kämmerlein einen Lebensplan entwerfen zu müssen, mag noch der preußischen Erziehung geschuldet sein. Bedenklicher ist die Obsession, »nicht unter die Menschen« zu passen, weil eine »unerklärliche Verlegenheit«, innere Schwäche und Seelenlähmung (DKV IV, 198f.) bis hin zu »glühender Angst« (DKV IV, 208) das verhindern. In den Krisenbriefen von Februar und März 1801 verdichten sich solche Verstörungen, hier verbinden sich Irritationen des Erkenntnisvermögens, der Sprachfähigkeit und des psychischen »Innersten« miteinander. In vielen Varianten beklagt Kleist, »daß es uns an einem Mittel zur Mittheilung fehlt. Selbst das einzige, das wir besitzen, die Sprache taugt nicht dazu, sie kann die Seele nicht mahlen u was sie uns giebt sind nur zerrissene Bruchstücke« (DKV IV, 196). Auf solche »Zweifel« (DKV IV, 200) können die sonst so zuverlässigen Wissenschaften keine Antwort geben, denn es handelt sich um existentielle und absolute Fragen, die unter dem Einfluss der »sogenannten Kantischen Philosophie« zu einem maximalen Vertrauensverlust gegenüber der Vernunft führt: »Wir können nicht entscheiden, ob das, was wir Wahrheit nennen, wahrhaft Wahrheit ist, oder ob es uns nur so scheint« (DKV IV, 205).

Solche subjektiven Störungen des psychischen Gleichgewichts – bis hin zur »Gemüthskrankheit« (DKV IV, 330) – werden im September 1800 mit dem Besuch des Würzburger Julius-Hospitals in Beobachtungen des Pathologischen gespiegelt

(DKV IV, 117–121). Kleists Brief changiert zwischen Historia und Fabula, also zwischen dem verbürgten Rundgang durch die Irrenabteilung und der rhetorischen Topik, mit der solche Besichtigungen in der literarischen und ikonographischen Tradition dargestellt werden. Zu denken ist etwa an Hogarths Bild vom Londoner Bedlam auf der achten Platte von *The Rake's Progress* (1735) nebst *Lichtenbergs ausführlichen Erklärungen* (1796), an Claudius' Besuch im St. *Hiob zu* ** (1783) oder an das *Fragment aus dem Tagebuch eines Reisenden* aus Moritz' *Magazin zur Erfahrungsseelenkunde* (1788). Wie in diesen Darstellungen schreitet Kleist an den Insassen vorbei und hebt einige Fälle hervor. Auf den lateinisch parlierenden, überstudierten Professor folgt ein Mönch, dem ein simpler Versprecher zur angstbesetzten *Idée fixe* geriet, und schließlich ein 18-jähriger Onanist. Am letzten Beispiel ist die perhorreszierende literarische Bearbeitung besonders deutlich, in flammenden Farben werden die Gefahren der ›Selbstbefleckung‹ beschworen. Die daraus entstandene Annahme, der Fall sei erfunden und damit Kleists erster fiktionaler Text, ließ sich inzwischen durch die Würzburger Krankenakten widerlegen. Trotz mancher Diskussion der Passage ist der Forschung bisher entgangen, dass Kleists einflussreichster Lehrer für Philosophie und »Selbstdenken« (DKV IV, 163), der »gescheute Professor [Christian Ernst] Wünsch« (DKV IV, 49), im »Anhang« zu seinen *Kosmologischen Unterhaltungen für die Jugend* (Bd. 3, Leipzig 1780, 533ff.) auf solch' »schändliche Ausschweifungen« ausführlich eingeht und eindringlich vor der »schrecklichen Zerstörung des Leibes« warnt – insbesondere vor einem Abfaulen »ganzer Glieder, vorzüglich aber derjenigen, mit welchen sie [unverheiratete Leute] am meisten gesündiget haben«.

Kleists Auseinandersetzung mit dem Topos des Irrenhausbesuchs trägt auch literarische Früchte. Die Erzählung *Die heilige Cäcilie oder die Gewalt der Musik* geht unmittelbar auf den erwähnten Text von Matthias Claudius zurück. Die vier katholischen Brüder, deren Plan zu frevelhafter Bilderstürmerei in einem Cäcilienkloster nur von der »höchsten und herrlichsten musikalischen Pracht« (DKV III, 293) eines Oratoriums

verhindert wird, fallen zunächst in Katalepsie (»als ob sie zu Stein erstarrt wären«, DKV III, 301) und leiden seither »an der Ausschweifung einer religiösen Idee« (ebd., 295). Seit Jahren sitzen sie im Irrenhaus der Stadt und brüllen um Mitternacht »mit einer entsetzlichen und grässlichen Stimme das Gloria in excelsis« (ebd., 303). Dieses Motiv eines Religionswahns, das sich bereits im Würzburger Juliusspital in Gestalt des besessenen Mönchs andeutet, ist fest mit dem Topos vom Irrenhausbesuch verbunden.

Kleist nutzt es auch in anderen Erzählungen zur aufklärerischen Kritik an religiöser Observanz. Besonders im *Erdbeben in Chili* wird die Glaubensdoktrin von einer göttlichen Strafe wider die weltlichen Sünden ad absurdum geführt. Für die vermeintlichen Frevler Jeronimo und Josephe ist das rettende Erdbeben »ein Wunder des Himmels« (ebd., 197), während dabei die Äbtissin mit den meisten Nonnen von einem Giebel des Klosters und der Erzbischof vom Schutt der Kathedrale erschlagen werden. Statt die verlorene Harmonie wiederherzustellen, schlägt der obsessive Glaube im abschließenden Dankgottesdienst in Wahnsinn um: Der durch eine Hasspredigt aufgewiegelte Mob erschlägt blindwütig die Unglücklichen, zusammen mit ihren edlen Helfern. Im *Findling* unterliegt hingegen der bigotte Nicolo, ein von habgierigen Karmelitern gesteuerter satanischer Bösewicht, seinem Adoptivvater Piachi. Nachdem er seinen Wohltäter um dessen Sohn, dessen Frau und das Vermögen gebracht hat, rächt sich dieser in einem Anfall wahnhafter Wut und drückt Nicolo »das Gehirn an der Wand ein« (ebd., 281).

Religionswahn ist nur eine Spielart pathologischer Gewaltexzesse, wie sie sich fast überall in Kleists Werken finden. Auffällig häufig lassen sie sich auf die von Philipp Pinel im *Traité médicophilosophique sur l'aliénation mentale ou la manie* (1800) eingeführte Kategorie der *Idée fixe* zurückführen, ein Begriff, den Kleist auch selbst gebraucht (DKV IV, 323). Neben Michael Kohlhaas' Fixierung auf Gerechtigkeit denkt man vor allem an Penthesileas Wahnvorstellung vom Sieg, die sie als Fiktion gegen die reale Niederlage ausspielt und dann real umsetzt, ebenso wie an Gustavs Besessenheit von Tonis vermeintlicher Treulosigkeit und Schuld in der *Verlobung in St. Domingo.* Die zuletzt genannten Verirrungen führen zu Mordtaten, die an Drastik kaum zu überbieten sind. Penthesilea reißt Achill »Gleich einer Hündin« (DKV II, 241) so grauenhaft in Stücke, dass die Amazonen das Greuel »der Rasenden« (ebd., 252) zunächst nur mit einer »*Pause voll Entsetzen*« (ebd., 241) beantworten können. Die entsetzliche Szene am Wannsee präfigurierend, schießt Gustav – »knirschend vor Wut« (DKV III, 257) – erst Toni durch die Brust und jagt sich die nächste Kugel selbst durch den Mund, dass Hirn und Schädel »an den Wänden umher« (ebd., 259) hingen.

Anregungen für einen solchen schonungslosen Realismus konnte Kleist in der sensationellen Unterhaltungsliteratur – etwa bei Christian Heinrich Spieß – finden. Seine theoretischen Vorlagen für das Studium der Psychopathologie sind bislang kaum gesichert. Einschlägig ist zweifellos der Berliner Ordinarius Johann Christian Reil, neben Pinel maßgeblicher Begründer der Psychiatrie, den Kleist kannte. Die Eröffnung des Klinikums unter Reils Direktion kündigt er 1810 jedenfalls selbst in den *Berliner Abendblättern* an. Im Vorwort zu den *Rhapsodieen über die Anwendung der psychischen Curmethode auf Geisteszerrüttungen* (1803) skizziert Reil seine humanitären Ideen zur Behandlung des Wahnsinns, der seinem romantischen Verständnis zufolge die ganze verrückte Welt im Irrenhaus lediglich intensiver spiegelt. Neben Reil tritt als wichtiger Vermittler der Arzt Georg Wedekind, bei dem Kleist von Dezember 1803 bis Juni 1804 als Patient und zeitweiliger Hausgast in Mainz war. Er publizierte u.a. in Moritz' *Magazin zur Erfahrungsseelenkunde* (Bd. 3.2, 1785), wo er Kleists spätere Lieblingsthese entwickelt, »daß die *dunkeln Ideen* [...] uns oft zum Handeln determinieren«. Von Wedekind führt auch eine Spur zum Heilbronner Arzt Eberhard Gmelin, dessen Arbeiten *Über thierischen Magnetismus* (1787) und *Neue Untersuchungen über den thierischen Magnetismus* (1789) aufgrund der früheren Datierung viel eher als Gotthilf Heinrich Schuberts *Ansichten von der Nachtseite der Naturwissenschaften* (1808) für die somnambulen psychischen Ausnahmezustände in der *Familie Schrof-*

fenstein als Quelle in Frage kommen. In der Forschung kursieren hierzu verschiedene Hinweise und Annahmen, systematisch erschlossen ist das Thema Literatur und Wahn bei Kleist bisher aber nicht.

Literatur

Bennholdt-Thomsen, Anke: Die Tradierung einer unbewiesenen Behauptung in der Kleist-Forschung. In: Euphorion 76 (1982), 169–173.
Gilman, Sander L.: Den Geisteskranken sehen: Henry Mackenzie, Heinrich von Kleist, William James. In: Ders.: Wahnsinn, Text und Kontext. Die historischen Wechselbeziehungen der Literatur, Kunst und Psychiatrie. Frankfurt a.M./Bern 1981, 59–76.
–: Disease and Representation. Images of Illness from Madness to AIDS. Ithaca/London 1988, 67–73.
Košenina, Alexander: Von Bedlam nach Steinhof: Irrenhausbesuche in der Frühen Neuzeit und Moderne. In: Zs. für Germanistik N.F. 17 (2007), 322–339.
Liebrand, Claudia: Das suspendierte Bewußtsein. Dissoziation und Amnesie in Kleists Erdbeben in Chili. In: Jb. der deutschen Schillergesellschaft 36 (1992), 95–114.
Reeves, Nigel: Kleist's indebtedness to the science, psychiatry and medicine of his time. In: Oxford German Studies 16 (1985), 47–65.
–: Kleist's Bedlam. Abnormal psychology and psychiatry in the works of Heinrich von Kleist. In: Andrew Cunningham/Nicholas Jardine (Hg.): Romanticism and the Sciences. Cambridge 1990, 280–294.
Ziolkowski, Theodore: Das Irrenhaus. Asyl der Phantasie. In: Ders.: Das Amt der Poeten. Die deutsche Romantik und ihre Institutionen. München 1994, 173–276.

Alexander Košenina

34. Wunder und Magie

Wunder und Magie nehmen in Kleists Poetik des rätselhaften Faktums (Kommerell 1962, 246) Struktur tragende Positionen ein. Sie gehören nicht zur Sphäre des schlechthin Irrationalen oder Außerrationalen, sondern zu den Operationen einer invertierenden dichterischen Logik, die zum Zusammensturz bringt, was aus der Sicht der Unterscheidung ›rational‹ – ›irrational‹ einen unauflösbaren Widerspruch darstellt. Wunderbare und magische Erscheinungen sind daher nicht zweiteiligen Oppositionen, sondern doppelbödigen, vierstelligen Analogiekalkülen eingeschrieben (Theisen 1996, 196–212). Innerhalb solcher Kalküle besetzen sie je den Punkt des Umschlags der Leitdifferenzen: von Kontingenz in Providenz, von Realität in Traum und umgekehrt. Der Moment solchen Umschlagens ist mit der Epiphanie gesteigerter bildlicher Evidenz verbunden, die in unbegreiflicher Weise gleichzeitig katastrophische und utopische Züge trägt. Aus poetologischer Perspektive betrachtet, begegnen sich so Magie und Wunder auf dem Feld intensivster literarischer Imagination.

Motivisch findet sich das Wunder bei Kleist in zweierlei Sinn: Als *miraculum* steht es im Zusammenhang mit Akten der Bezeugung und Anerkennung eines zufälligen oder kausal nicht erklärbaren innerweltlichen Geschehens, das für den Betrachter ein mysteriöses Zeichen setzt. Als *mirabile* bezieht es sich auf Phänomene des physisch, psychisch, gelegentlich auch topographisch Fremden, dessen chimärischer, keinem einzelnen Diskurs kommensurabler Monstrosität Kleist zumal im Rahmen seiner publizistischen Tätigkeit ein besonderes Sammlerinteresse entgegenbringt.

Kleists Gebrauch des Wortes »Wunder« und seiner Derivate »wunderlich« bzw. »wunderbar« fokussiert auf der elementarsten Stufe den semiotischen Aspekt des Begriffs: Im *Amphitryon* nennt Alkmene den »wunderliche[n] Zug«, der ihr das »Unerklärliche [...] zu erklären« erlaubt, das sich auf dem Diadem des Labdakus im Wechsel des Namenszuges – »J« statt »A« – manifestiert, »ein fremdes Zeichen / Das kein verletzter Sinn verwechseln kann« (DKV I, 421), das ihr aber entgeht, da sie allein auf das Bild des Geliebten fixiert ist. Während Amphitryon von Wundern gehört hat als »unnatürlichen Erscheinungen, die sich / Aus einer andern Welt hieher verlieren« (DKV I, 413), die sich ihm jedoch als »zweideutig Zeichen« (DKV I, 409) ankündigen, möchte sein göttliches Double Jupiter, dass »hier [...] Alles, was sich zeigt« (DKV I, 427) von Alkmene als zweifelsfreie Präsenz des Wunders akzeptiert werde. Das Wunder zeigt sich der Doppelfigur »Amphitryon« also in gespaltener Perspektive: als undurchdringlicher Trug der Welt

und als aufscheinende Wahrheit der Transzendenz.

Mit der schockhaften Erscheinung solch wunderlicher Doppelnatur überkommt die Kleist' schen Betrachterfiguren ein Stupor, der ihnen die Kontrolle über ihre Sinne raubt, wie etwa dem Prinzen Friedrich von Homburg, den der Anblick des Handschuhs der Prinzessin in einen Trancezustand versetzt, als wäre er »von Wundern ganz umringt« (DKV II, 636). Während der Prinz angesichts des Zusammenfalls von Traum und Realität seinen Schreibprozess beim Diktat des Tagesbefehls unterbrechen muss, reflektiert Kleist in *Die Heilige Cäcilie oder die Gewalt der Musik* Schrift als notwendiges Supplement des Wunders: Erst im institutionellen Rahmen (Breithaupt 2003) der katholischen Kirche kommt das Unbegreifliche und Erschütternde, eingespannt in einen juristischen Vorgang, zu seiner Ordnung stabilisierenden, keiner weiteren Erläuterung bedürftigen Geltung: Der Wahnsinn, der die drei Brüder befällt, als sie beim versuchten Bildersturm in der Klosterkapelle das ›Gloria‹ vernehmen, wird zunächst durch ein »Zeugnis, das am Morgen des folgenden Tages, in Gegenwart des Klostervogts und mehrerer anderen Männer aufgenommen und im Archiv niedergelegt ward«, in einen beglaubigten Bericht verwandelt, den die Äbtissin an höhere Stellen weiterleitet. Dort deklariert der Erzbischof von Trier den »Vorfall« durch »das Wort [...], das ihn allein erklärt« (DKV III, 313), allererst zum Wunder, das dann vom Papst kanonisiert und schließlich mit dem Explicit der Erzählung (»Hier endigt diese Legende«) als Heiligkeitsbeweis *ad acta sanctorum* gelegt wird. Angesichts solcher Institutionalisierungsprozesse, die das Ereignis durch Verfahren seiner Beglaubigung überschreiben und zum Verschwinden bringen, kann sich das rettende Wunder in der Erzählung *Der Zweikampf*, die ebenfalls legendarische Muster aufruft, nur dadurch Bahn brechen, dass die Aufdeckung der Wahrheit durch das Gottesurteil gegen die Evidenz des Kampfausgangs und abseits kalendarisch markierter Heilszeit im Modus des Aufschubs bzw. schierer Kontingenz inszeniert wird (Müller 1998).

Die doppelte Perspektive auf das unfassbare

»fremde Zeichen« findet ihre Entsprechung in der Kompositnatur der wunderlichen Objekte und Figuren. So wird Penthesilea unter dem Blick des Achill zu einem Mischwesen aus dem Fundus der antiken *mirabilia mundi*: »Dies wunderbare Weib, / Halb Furie, halb Grazie« (DKV II, 233). Hierher gehören auch die Wassermänner und Sirenen, von denen der gleichnamige Artikel in den *Berliner Abendblättern* berichtet (DKV III, 379–381). Für ihn hat Kleist neben der *Wiener Zeitung* das *Museum des Wundervollen oder Magazin des Außerordentlichen in der Natur, Kunst und im Menschenleben* (1803ff.) und Gehlers *Physikalisches Wörterbuch* (1787–1801) ausgewertet oder mindestens zur Authentifizierung als Quellen ausgewiesen (BKA II/8, 155–161). Dadurch erscheint das *mirabile*, das keine Entscheidung darüber erlaubt, »von welcher Gattung es sei« (DKV III, 380), als ein durch Augenschein und Archivierung bezeugtes, flüchtiges Geschöpf von diskursiven Grenzüberschreitungen und -überschneidungen, an dem »in komprimierter Form« das kompilatorische und analogische Verfahren Kleists sichtbar wird (Schmitz-Emans 2005, 181f.).

Der Wahrnehmung derartiger Kreuzungen des Nicht-Zusammengehörigen korrespondiert ein Modus der Aufmerksamkeit »auf *alle* Erscheinungen«, den Kleist in seinem Brief vom 18.11.1800 an Wilhelmine von Zenge durch die beiden Grundfragen charakterisiert: »worauf deutet das hin?« und »womit hat das eine Ähnlichkeit?« (DKV IV, 160). Das Gleichnis vom Gewölbebogen, der nicht einstürzt, »weil alle Steine aufeinmal einstürzen wollen« (DKV IV, 159), beruht auf derselben Form von Aufmerksamkeit. Es wird im *Erdbeben zu Chili* als »zufällige Wölbung« zum Signum der »wunderbare[n] Errettung« (DKV III, 195) Jerômes und kann zugleich als Kleists Symbol für das »Wunder der Poesie« überhaupt gefasst werden, das dem »Befremdenden« (ebd., 589) in der Darstellung Raum schafft.

Mit dem Thema Magie und Zauber vertieft Kleist die Frage nach der Herstellbarkeit des Wunderbaren und nach der produktiven Teilhabe der Poesie am Unbegreiflichen. Dabei verarbeiten Kleists Texte nicht nur Topoi naturphilosophischer Magica- und Kuriositätenliteratur,

über deren Gebrauch sie sich einer langen, bis in Renaissance, Mittelalter und Antike zurückverfolgbaren Tradition einreihen, die Magie und Poesie als wesensverwandte *artes* versteht. Sie knüpfen darüber hinaus auch an eine epochenspezifische Konstellation an: Während die empirischen Wissenschaften im 18. Jh. sich vom Ähnlichkeitsdenken der »klassischen Episteme« (Foucault) entfernen, bilden die Künste das Residuum eines Wissens, das die Phantasie weiterhin als Organon der Erkenntnis innerhalb eines geisterfüllten Universums anerkennt. Dass dabei vormoderne Wissens- und Denkformen der *philosophia naturalis* wie Hermetik, Alchemie und natürliche Magie in die Reflexion des poetischen Prozesses einfließen, lässt sich einer »für die Epoche charakteristischen Rückgriffsstruktur« zurechnen, die nicht mit einem Rückfall in Irrationalismus verwechselt werden darf: »Jedesmal wird das Alte in etwas Neues verwandelt, dem der Durchgang durch die Aufklärung eingeschrieben ist« (Brummack 2002, 134).

Der einschneidende Unterschied zur mittelalterlichen und frühneuzeitlichen Magie besteht in der Verlagerung der Perspektive: Die romantische Poesie überführt die kosmische Dimension der *ars magica* in eine innersubjektive und innersprachliche. Vor diesem Hintergrund erscheinen Versuche problematisch, Bezüge zum alchemistischen und hermetischen Symbolismus zum Generalschlüssel für eine Allegorese des Unbegreiflichen in Kleists Werk zu erklären (Brüggemann 2004). Zugleich lässt sich nicht leugnen, dass Theorien über die Dynamik stofflicher Transformationen und mentaler Übertragungen zu Kleists Zeiten mit magischen Vorstellungen von natürlicher Allverbundenheit zusammengehen. So haben die beiden Prinzipien, die notwendig zur Annahme einer Kommunikation zwischen Mikro- und Makrokosmos gehören – das universale Medium des Pneuma (Agamben 2005) und die darin wirkende Anziehungskraft des Eros (Culianu 2001) –, weiter Bestand. Sie spielen im animalischen Magnetismus Franz Anton Mesmers (*Abhandlung über die Entdeckung des thierischen Magnetismus*, 1781), dessen Lehre Kleist u. a. im Austausch mit Gotthilf Heinrich Schubert (*Ansichten von der Nachtseite der Naturwissen-*

schaften, 1808) studiert hat (Lebensspuren Nr. 191/196), modifiziert als »All-Flut« und »All-Magnetismus« eine zentrale Rolle (Barkhoff 1995).

Magie thematisieren Kleists Texte auf dreierlei Weise:

1. in Form zauberischer und mantischer Praktiken: Pharmakopöie bzw. Nekromantie (Ursula und Barnabe in *Die Familie Schroffenstein*), *veneficium* und Alchemie (Kunigunde als Giftmischerin und Artefakt »aus allen drei Reichen der Natur zusammengesetzt« im *Käthchen von Heilbronn*), Chiromantie und Loszauber (die Zigeunerin und ihr »Wunderblatt« im *Michael Kohlhaas*), sibyllinische Orakelkunst (die Alraune in der *Herrmannsschlacht*) und Buchstabenprophetie (*ars notoria* in *Der Griffel Gottes*; DKV III, 355);

2. in Gestalt von Somnambulismus und Geistererscheinungen (z. B. *Käthchen von Heilbronn*, Holunderbuschszene IV/2; *Prinz Friedrich von Homburg*, I/1–4; *Das Bettelweib von Locarno*);

3. am machtvollsten aber in Kontexten, in denen es um die Beeinflussung von Wahrnehmung und Handlungen anderer geht: sei es durch extreme Formen erotischer Sympathie bzw. Antipathie (*Käthchen von Heilbronn, Penthesilea, Marquise von O...*), sei es durch die unwillkürliche, von äußeren Kräften fremdgesteuerte Produktion innerer Bilder und Empfindungen (*Amphitryon, Käthchen von Heilbronn*), auf deren physiologisch-phantasmatische Präsenz am deutlichsten Penthesileas Frage an Achill verweist: »Wenn dir der Nam entschwänd, der Ring sich mißte: / Fändst du mein Bild in dir wohl wieder aus? / Kannst du's wohl mit geschloßnen Augen denken?« (DKV II, 210).

Wie im Fall des Wunders reicht Kleists literarische Verarbeitung dieser Magie-Motive von der Dokumentierung im Archiv der *Berliner Abendblätter* (vgl. *Geistererscheinung*; DKV III, 388–393) über den Gebrauch von Topoi und die szenische Illustration bis zur komplexen poetischen Konstruktion phantasmatischer Effekte. So verwendet er beispielsweise in der *Familie Schroffenstein* das Adynaton der bergauf fließenden Ströme (DKV I, 147f.) als *locus classicus* für die Markierung des magisch verkehrten inneren Bildes und inszeniert die Herstellung des »Glücksbrei[s]« (ebd., 208), zu dessen Ingredienzien der abgeschnittene Kinderfinger zählt. Darüber hinaus führt er die makabre Pharmakopöie mit der Poiesis seines Trauerspiels eng: Der dramatische Prozess, der die Empfindungen im Innersten seiner Protagonisten antreibt, bildet die Produktion des erotischen Phantasmas mit ab, dessen magisch-operative Gewalt, personifiziert in der Figur der Agnes, zwischen »Ebenbild der Mutter Gottes« (ebd., 173) und »blut'ge[m] Fratzenbilde« (ebd., 137), Liebe und Mord, Heiliger und Leiche schwankt. Jeder Versuch, auf seine Wahrheit und Schönheit zuzugreifen (egal ob durch Name, Wort, Zauberspruch oder Vertrag), lässt ein groteskes Inversbild des Erhofften zum Vorschein kommen. Zugleich wird dieses »Kunststück« ironisch als Taschenspielertrick entzaubert, indem in V/1 ein »Kindesfinger in die Mitte der Bühne« (ebd., 231) geworfen und so der Berührung der Sinne durch Magie in kruder theatralischer Verdinglichung Abbruch getan wird.

Im *Käthchen von Heilbronn*, das als »großes historisches Ritterschauspiel« die meisten expliziten Bezüge zur Interferenz von Eros und Magie aufweist, stellt Kleist das erotische Phantasma, angesiedelt zwischen den satanischen »Künste[n] der schwarzen Nacht« und der gaukelnden »Kunst des hellen Nachmittags« (DKV II, 324), ähnlich ambivalent dar: An Käthchen zeigt es sich als Instrument magischer Fesselung aller Sinne (»geführt am Strahl seines Angesichts, / fünfdrähtig, wie einen Tau, um ihre Seele gelegt«; DKV II, 329), am Grafen dagegen als Mittel wunderbarer Befreiung von Schwermut und Heilung von tödlichem Fieberwahn (DKV II, 367). Es scheint zudem sowohl im zerstückten Prothesen-Körper der »falschen Braut« Kunigunde, dem betörenden »Gespenst einer vollständig künstlichen Frau« (Kittler 1987, 194) als auch im engelsgleichen Astralleib der »rechten Braut« Käthchen auf. In der Traumbegegnung des Grafen Wetter vom Strahl mit seiner künftigen Braut sinkt dann, wie in II/12 zuerst von Kunigunde (!) als Wunsch formuliert, »die Scheidewand« (DKV II, 373) nieder, die – im Sinne der Psychologie Johann Christian Reils (*Über die Eigenschaften des Ganglien-Systems und sein Verhältnis zum Cerebralsys-*

tem, 1807, vgl. Schott 2000, 162–164) – bewusste Wahrnehmung und unbewusste Empfindung trennt und deren Fall ein vollkommenes Verschmelzungsphantasma erzeugt (vgl. das Hirschgleichnis in V,12). In umgekehrter Richtung vollzieht sich die erotische Entgrenzung in der *Penthesilea*: Die Amazonenkönigin zerreißt den Körper ihres Geliebten Achill in einem Zustand traumwandlerischer Steuerung durch die eigenen unbewussten Empfindungen (vgl. das auditive Phantasma im 24. Auftritt: »Küsse, Bisse, / Das reimt sich, und wer recht von Herzen liebt, / Kann schon das Eine für das Andre greifen«; DKV II, 254). Noch einmal anders gewendet werden Somnambulismus und Magnetismus schließlich in *Prinz Friedrich von Homburg* (Wilhelm 1994). Hier wird nach einer Reihe komplexer figürlicher Substitutionen nicht der Protagonist, sondern das schriftliche Dokument seines Todesurteils zerrissen, so dass im Zuge einer totalen Inversion des Realitätsprinzips der in Ohnmacht fallende Held am Ende durch Schüsse nicht hingerichtet, sondern ins Leben zurückgerufen wird. Mit dem konstativen Sprechakt des Realisten Kottwitz, dies sei »Ein Traum, was sonst?« (DKV II, 644), bringt das Schauspiel seinen poetischen Aussagemodus auf eine Formel, die sich *per analogiam* auf die Nachtseite der Naturwissenschaft bezieht.

Literatur

Agamben, Giorgio: Stanzen. Das Wort und das Phantasma in der abendländischen Kunst [1977]. Zürich/Berlin 2005.

Barkhoff, Jürgen: Magnetische Fiktionen. Literarisierung des Mesmerismus in der Romantik. Stuttgart/Weimar 1995.

Breithaupt, Fritz: Wie Institutionalisierungen Freiräume schaffen. *Die Marquise von O...*, *Die heilige Cäcilie* und einige Anekdoten. In: Marianne Schuler/Nikolaus Müller-Schöll (Hg.): Kleist lesen. Bielefeld 2003, 209–241.

Brüggemann, Diethelm: Kleist. Die Magie. Würzburg 2004.

Brummack, Jürgen: Natürliche Magie, Magnetismus, Alchemie: Über Jean Pauls *Komet*. In: Nicola Kaminski/Heinz J. Drügh/Michael Herrmann (Hg.): Hermetik. Literarische Figurationen zwischen Babylon und Cyberspace. Tübingen 2002, 129–160.

Culianu, Joan Petru: Eros und Magie in der Renaissance. Mit einem Geleitwort von Mircea Eliade [1984]. Frankfurt a.M./Leipzig 2001.

Kittler, Wolf: Die Geburt des Partisanen aus dem Geist der Poesie. Heinrich von Kleist und die Strategie der Befreiungskriege. Freiburg i.Br. 1987, 181–217.

Kommerell, Max: Die Sprache und das Unaussprechliche. Eine Betrachtung über Heinrich von Kleist. In: Ders.: Geist und Buchstabe der Dichtung. Goethe – Schiller – Kleist – Hölderlin [1940]. Frankfurt a.M. 1962, 243–317.

Müller, Jan-Dirk: Kleists Mittelalter-Phantasma. Zur Erzählung *Der Zweikampf* (1811). In: KJb 1998, 3–20.

Peters, Uwe-Henrik: Somnambulismus und andere Nachtseiten der menschlichen Natur. In: KJb 1990, 135–152.

Schmitz-Emans, Monika: Wassermänner, Sirenen und andere Monster. Fabelwesen im Spiegel von Kleists *Berliner Abendblättern*. In: KJb 2005, 162–182.

Schott, Heinz: (Hg.): Franz Anton Mesmer und die Geschichte des Mesmerisimus. Beiträge zum internationalen wissenschaftlichen Symposion anläßlich des 250. Geburtstages von Mesmer. Stuttgart 1985.

–: Erotik und Sexualität im Mesmerismus. Anmerkungen zum *Käthchen von Heilbronn*. In: Erotik und Sexualität im Werk Heinrich von Kleists. Internationales Kolloquium des Kleist-Archivs Sembdner 1999. Heilbronn 2000, 152–175 (Heilbronner Kleist-Kolloquien 2).

Theisen, Bianca: Bogenschluß. Kleists Formalisierung des Lesens. Freiburg i.Br. 1996.

Wilhelm, Hans-Jakob: Der Magnetismus und die Metaphysik des Krieges: Kleists *Prinz Friedrich von Homburg*. In: Gerhard Neumann (Hg.): Heinrich von Kleist. Kriegsfall – Rechtsfall – Sündenfall. Freiburg i.Br. 1994, 85–105.

Wolters, Gereon (Hg.): Franz Anton Mesmer und der Mesmerismus. Wissenschaft, Scharlatanerie, Poesie. Konstanz 1988.

Hans Jürgen Scheuer

35. Zufall

Semantik: Der Zufall spielt bei Kleist eine zentrale Rolle. Das zeigt sich nicht nur an den durch keine sinnstiftende Ordnung gerahmten ›unerhörten Begebenheiten‹, von denen das gesamte Werk geprägt ist, sondern selbst an stilistischen Details wie der typisch Kleist'schen Erzählformel »es traf sich«, die geradezu als wörtliche Übersetzung des lateinischen *contingere* gelesen werden kann, von dem der Begriff der Kontingenz abgeleitet ist. Zudem wird die Bedeutung des Zufalls auch bei einem Blick in die Kleist-Indices augenfällig.

Der Zugang über den Wortschatz birgt freilich einige Tücken, denn der »Zufall« bei Kleist ist nicht immer der Zufall im heute dominanten Wortsinne, d. h. er steht nicht immer für ein unberechenbares, scheinbar grundloses Geschehen oder die Macht, die ein solches bewirkt (Grimm 1854ff., XVI, 345f., Bedeutungen 5 und 6). Das ist z. B. offensichtlich, wenn im *Michael Kohlhaas* von dem »unangenehmen Zufall« des sächsischen Kurfürsten die Rede ist, als dieser bemerkt, dass Kohlhaas im Besitz des Zettels mit den Weissagungen über sein Leben ist (DKV III, 120). Hier heißt Zufall so viel wie Ohnmacht oder Anfall und gehört zum weiteren Feld des Akzidentellen als des Nicht-Wesenhaften (Grimm 1854ff., XVI, 343f., Bedeutung 3c). In anderen Fällen hingegen kann die Polysemie einige Verwirrung stiften. Beispielhaft zeigt sich das in den vielfältigen Interpretationen des folgenden Satzes aus *Das Bettelweib von Locarno*: »Der Marchese, der, bei der Rückkehr von der Jagd, zufällig in das Zimmer trat, wo er seine Büchse abzusetzen pflegte, befahl der Frau unwillig, [...] sich hinter den Ofen zu verfügen« (DKV III, 261). Für Emil Staiger standen hier Zufall und Gewohnheit in so störender Spannung zueinander, dass er das »zufällig« unter Hinweis auf Kleists angebliche »Nachlässigkeit« am liebsten gestrichen sehen wollte (Staiger 1973, 120). Andere haben versucht, das Paradox durch gewagte syntaktische Konjekturen zu glätten, indem sie argumentierten, das »zufällig« sei nicht auf das Eintreten des Marchese zu beziehen, sondern auf das Zusammentreffen mit dem Bettelweib (Kommentar, DKV III, 859) oder auf den Umstand, dass dieser auf der Jagd gewesen sei (Greiner 2000, 322). Wieder andere schließlich haben gerade in dem unaufgelösten Paradox die besondere Kleist'sche Qualität dieses Satzes ausgemacht (Herrmann 1973, 372; Földényi 1999, 531). Alle sind aber davon ausgegangen, dass hier von einem Zufall im Sinne eines überraschenden Geschehens die Rede sei. Im *Deutschen Wörterbuch* heißt es freilich, das Adverb »zufällig« habe »sich in eigenthümlicher weise entwickelt« und erscheine »ungemein häufig [...] for-

melhaft in der erzählung«. Es sei »gleichsam ein syntaktisches mittel, durch welches ein einzelner vorgang in die reihe des geschehens eingeordnet« werde, und so sei es oft zu lesen im Sinne von »es geschah, es begab sich einmal« (Grimm 1854ff., XVI, 352, Bedeutung 4).

Damit erscheint der zitierte Satz in einem anderen Licht, und es zeigt sich, wie wichtig eine Differenzierung des Zufallsbegriffs nach seinen unterschiedlichen Bedeutungsschattierungen ist, die – wie übrigens auch im Falle der Formel »es traf sich« – vom bloß Nicht-Notwendigen bis zum ganz Unwahrscheinlichen reichen. Die Grenzen der verschiedenen Schattierungen genau zu bestimmen ist zwar oft schwierig, und gerade bei einem Autor wie Kleist ist immer mit zu bedenken, dass sich über die Grenzen semantischer Teilbereiche hinweg – und vermittelt über die Morpheme »Zu« und »Fall« auch über Wortgrenzen hinweg (s. Kap. V.30) – neue semantische Färbungen ergeben können. Das Erkennen solcher spezifischen Färbungen setzt aber eine Differenzierung voraus; eine Differenzierung, die auch aufschlussreich vertieft werden kann im Blick auf den wissenschaftlichen Zufalls- und Wahrscheinlichkeitsdiskurs um 1800, wie ihn Kleist, in freilich schwer zu bestimmendem Maße, während seines Studiums kennengelernt hat (Campe 2002, 418–438).

Leben – Reden – Schreiben – Lesen: In der Zeit vor der sog. Kant-Krise vertritt Kleist eine genuin aufklärerische Haltung gegenüber dem Zufall (im bis heute aktuellen Sinne). Immer wieder betont er – so etwa in einem Brief an Ulrike von Kleist vom Mai 1799 –, wie wichtig es sei, einen »Lebensplan« zu haben, denn andernfalls werde man zu einem »Spiel des Zufalls« (DKV IV, 40): »Ein freier, denkender Mensch bleibt da nicht stehen, wo der Zufall ihn hinstößt; oder wenn er bleibt, so bleibt er aus Gründen, aus Wahl des Bessern« (ebd., 38). Das ist ein fast wörtliches Zitat aus Lessings *Nathan* (III/5), wo der Gedanke vom »Zufall der Geburt« ins Spiel gebracht wird, der für die Aufklärung zugleich Errungenschaft und Skandalon ist: Durch diesen Gedanken wird die Geburt mit emanzipatorischer Geste aus ihren providentiellen Bezügen isoliert und zum kontingenten Faktum erklärt. Zugleich aber kann sie nicht als Zufall hingenommen werden. Sie muss gleichsam durch eine zweite Geburt im Zeichen der Vernunft aufgehoben werden, und eine solche zweite Geburt beschwört auch Kleist mit seiner optimistischen Rede vom »Lebensplan«.

Schon wenige Monate später bricht seine von Anfang an forciert wirkende Zuversicht allerdings zusammen. Nun erscheint ihm die Beherrschung des Zufalls nur noch als Illusion, wie er im April 1801 gegenüber Wilhelmine von Zenge klagt: »Ach, [...] wir dünken uns frei, u der Zufall führt uns allgewaltig an tausend feingesponnen Fäden fort« (DKV IV, 214f.). Diese Wende – die auch als eine Wende zum Zufall beschrieben werden kann – ist von größter Bedeutung für sein gesamtes literarisches Werk, und zwar nicht nur auf einer inhaltlichen, sondern auch auf einer poetologischen Ebene. Und gerade auf dieser letzteren Ebene zeigt sich auch, wie Kleist jenseits seines Pessimismus eine Theorie über den produktiven Umgang mit dem Zufall entwickelt hat. Vor seiner Wende schien es ihm – in dem bereits zitierten Brief an Ulrike vom Mai 1799 – verantwortungslos, »ohne Reiseplan sich auf die Reise [zu] begeben«, denn so würde man erwarten, »daß der Zufall uns an das Ziel führe, das wir selbst nicht kennen« (DKV IV, 40).

Nun macht er aber in gewissem Sinne genau diese Erwartung zum Programm und entwickelt, spätestens in seinem Aufsatz *Über die allmähliche Verfertigung der Gedanken beim Reden*, so etwas wie einen Plan der Planlosigkeit. Hier beschreibt er als Alternative zur konventionellen logozentrischen Kommunikationsmaxime, »von nichts zu sprechen, als nur von Dingen, die du bereits verstehst« (DKV III, 534), eine Form der Mitteilung, in der ein Ich »auf gutes Glück hin« (ebd., 536) einen Anfang macht und seine Rede unberechenbaren sprachlichen und außersprachlichen Zufälligkeiten aussetzt, um gerade über solche kontingenten Umstände zu neuer Erkenntnis geführt zu werden.

Die Zufälle in Kleists Werken fügen sich nicht in theologische und teleologische Ordnungen. Vielmehr werden sie in ihren dramatischsten Zuspitzungen als Klippen inszeniert, an denen jedes Ordnungsdenken zerschellt. Das zeigt sich besonders anschaulich in *Das Erdbeben in Chili* (Hamacher 1985). Hier nimmt Kleist im Medium der Literatur (neben anderen Themen) jenes Ereignis auf, das seit der zweiten Hälfte des 18. Jh.s den philosophisch-theologischen Kontingenz-Diskurs wie kein zweites beschäftigt hat: Das Erdbeben von Lissabon. Kleists Text beginnt mit dem unerhörten Zufall, dass genau in dem Augenblick ein Erdbeben einsetzt, als Jeronimo sich im Gefängnis mit einem »Strick, den ihm der Zufall gelassen hatte« (DKV III, 191) erhängen will. Für Jeronimo wird die Katastrophe zum Glücksfall, denn das Gefängnis stürzt ein und die gegeneinander fallenden Mauern bilden für einen Moment eine »zufällige Wölbung« (ebd., 193), durch die er entkommen kann, bevor sie ganz zusammenstürzen. Ebenso gelingt es der zum Tode verurteilten Josephe dank des Bebens mit ihrem Kind zu fliehen, und es kommt zu der trügerischen Idylle vor den Toren des zerstörten St. Jago: Es bildet sich im Zusammenfall all der glücklich-unglücklichen Zufälle der Vorgeschichte vorübergehend gleichsam eine »zufällige Wölbung«, und dieser glückhafte Zusammenfall scheint eine Fügung, »ein Wunder des Himmels« (ebd., 197) zu sein. Wie die Wölbung im Gefängnis bricht aber auch diese Zufallskonstellation kurz darauf in sich zusammen, als Josephe und Jeronimo in der Stadt erschlagen werden und allein ihr Kind – durch einen Zufall – entkommt. Das virtuose Spiel mit dem Zufall, wie es Kleist in dieser Erzählung entfaltet, kann als paradigmatisch für sein Schaffen betrachtet werden. Überall werden in seinen Texten – sowohl für die Protagonisten als auch für die Leser – durch Zufälle hermeneutische Prozesse in Gang gesetzt, die immer nur vorübergehend in fragilen Sinnkonstruktionen zum Stillstand kommen.

Literatur

Campe, Rüdiger: Spiel der Wahrscheinlichkeit. Literatur und Berechnung zwischen Pascal und Kleist. Göttingen 2002, 418–438.

Földényi, László: Zufall. In: Ders.: Heinrich von Kleist. Im Netz der Wörter. Übers. von A. Doma. München 1999, 531–537.

Greiner, Bernhard: Kleists Dramen und Erzählungen. Experimente zum ›Fall‹ der Kunst. Tübingen/Basel 2000.

Grimm, Jacob und Wilhelm (Hg.): Deutsches Wörterbuch. Leipzig 1854ff.

Hamacher, Werner: Das Beben der Darstellung. Kleists
Erdbeben in Chili. In: David E. Wellbery (Hg.): Positionen der Literaturwissenschaft. München 1985, 149–
192.

Herrmann, Hans Peter: Zufall und Ich. Zum Begriff der
Situation in den Novellen Heinrich von Kleists
[1961]. In: Walter Müller-Seidel (Hg.): Heinrich von
Kleist. Darmstadt 1973, 367–411.

Staiger, Emil: Heinrich von Kleist, *Das Bettelweib von
Locarno*. Zum Problem des dramatischen Stils
[1942]. In: Walter Müller-Seidel: Heinrich von Kleist.
Darmstadt 1973, 113–129.

Wellbery, David E.: Contingency. In: Ann Fehn u. a.
(Hg.): Neverending Stories. Toward a Critical Narra-
tology. Princeton 1992, 237–257.

Peter Schnyder

VI. Forschungsansätze

1. Psychoanalyse

Zu Kleists Werk sind zahlreiche psychoanalytische Interpretationen erschienen – möglicherweise lässt sich eine gewisse Affinität zwischen Kleists literarischen Welten und den Konzepten und Erkenntnisinteressen der Psychoanalyse feststellen. Für diese Nähe *avant la lettre* stehen u. a. Freuds Einsicht in die widersprüchliche Struktur des Menschen, sein desillusionistisches Welt- und Menschenbild und seine dezidiert anti-metaphysische Grundhaltung. Freud war überzeugt, dass die Menschen zwar nach Glück streben, dass dieses Glücksstreben jedoch »im Hader mit der ganzen Welt« liege – was ihn zu der radikalen Aussage veranlasste: »die Absicht, daß der Mensch ›glücklich‹ sei, ist im Plan der ›Schöpfung‹ nicht enthalten« (GW XIV, 434). Mit dieser desillusionierenden Weltsicht verbindet sich bei ihm die anthropologische Grundannahme, der Mensch sei nicht Herr im eigenen Hause, vielmehr ein Austragungsort gegensätzlicher Strebungen.

Kleist waren ähnliche Grundannahmen seit seiner ›Abkehr von der Aufklärung‹ vertraut. Die widersprüchliche Konstruktion seiner Figuren und Texte, bis in die Struktur der Sprache hinein, hat in der Forschung häufig zur Verwendung von Begriffen wie ›Widerspruchsstruktur‹, ›Paradox‹, ›Ambiguität‹ oder ›Prinzip der Doppeldeutigkeit‹ geführt. Nicht nur die »gegensätzische« Methode des *Allerneuesten Erziehungsplans* (DKV III, 545 ff.), nach dem man Schulen des Lasters errichten solle, um die Tugend zu lehren, folgt dem Gesetz des Widerspruchs; oft sind die literarischen Figuren in sich selbst widersprüchlich angelegt – wenn etwa die Liebe in brutale Gewalt umschlägt (wie in der *Herrmannsschlacht*, in der *Verlobung in St. Domingo* oder in der *Penthesilea*) oder sich hinter der Gewalt die Liebe verbirgt (wie im *Käthchen von Heilbronn*). Die in Kleists Dramen inszenierte Gewalt veranlasste einen Interpreten sogar dazu, die Texte »schizoanaly-

tisch« als »Kriegsmaschine« zu deuten (Herrlinger-Mebus 1992).

Es ist auffällig, dass die meisten literaturpsychologischen Arbeiten zu Kleist auf Ansätze Freuds und seiner Nachfolger zurückgreifen; Untersuchungen, die sich an C.G. Jung orientieren, finden sich kaum (eine der wenigen Ausnahmen ist Engel 1984); dasselbe gilt für die Individualpsychologie Adlers. Seit längerem dominieren zeichentheoretische, poststrukturalistische Arbeiten in der Nachfolge Lacans, die sich mit gendertheoretischen Fragestellungen verbinden.

Die psychoanalytische Kleist-Deutung beginnt eher unrühmlich mit der »pathographisch-psychologischen Studie« Isidor Sadgers, die Kleists Lebenszeugnisse als Belege für homosexuelle und masturbatorische Tendenzen heranzieht und seinen Patriotismus psychosexuell erklärt (Sadger 1910). Sadger entwickelte seine Thesen zum Teil gegen den heftigen Widerstand der Mittwoch-Gesellschaft (Vorläuferin der Wiener Psychoanalytischen Vereinigung), auch gegen Freud, der sich von der Pathographie des 19. Jh.s abzugrenzen suchte und sich zunehmend für den Prozess künstlerischer Kreativität interessierte (Nunberg/Federn 1976, 250). In der Folgezeit tauchen jedoch immer wieder pathographische Analysen zu Kleist auf, bis in die 1970er Jahre hinein: Margret Schaefer (1981) etwa schließt vom *Marionettentheater* mit Hilfe problematischer Symboldeutungen auf eine sexuelle Impotenz Kleists (der Aufsatz wurde heftig kritisiert von Heller 1977/81). Peter Dettmering, dem wir eine der ersten psychoanalytischen Kleist-Monographien verdanken (*Zur Psychodynamik in seiner Dichtung*, 1975/86), entfernt sich von pathologisierenden Tendenzen und wendet sich entschieden dem literarischen Text zu, den er im Detail analysiert; die textnahe Deutung ist sein großes Verdienst. Er bewegt sich dabei jedoch auf der Ebene einer Figurenpsychologie, die Gefahr läuft, seine Figuren auf die Couch zu legen.

Für die Kleist-Forschung ergiebiger sind Ansätze, die im Anschluss an Freuds Aufsatz *Der Dichter und das Phantasieren* (GW VII, 2211–223, vgl. Pietzcker 1974) von dem Grundparadigma der Traumanalogie ausgehen und im dichterischen Werk einen latenten und manifesten Textsinn unterscheiden (Politzer 1974) oder mit Peter von Matt ein »psychodramatisches Substrat« postulieren, das als Subtext, als »abstrakte Statik« des Textes fungiert (Matt 1972/2001). Pfeiffer geht von dem Zentralmotiv des »Torbogens« aus und entdeckt in Kleists Werk, in Analogie zu dem Torbogengleichnis, eine widersprüchliche Grundstruktur, in der die Texte auf paradoxe Weise »verankert« seien (Pfeiffer 1989, 17f.).

Zahlreiche Einzelmotive wurden Grundlagen für psychoanalytische Interpretationen: das Motiv des Doppelgängers (Dettmering 1979/86; Wiesmann 1975), des Spiegels und des Narziss (Stephens 1994), des Selbstmords (Berger 2004), der Liebe und der Sexualität (Cullens/Mücke 1989). Auch Kleists »Kodifikation des Unbewussten«, das Spannungsfeld von Bewusstem und Unbewusstem, von Körper- und Sprachzeichen, von Rhetorik, Physiognomik und Psychosomatik wurden in Untersuchungen thematisiert (z. B. Schneider 1993). Besondere Aufmerksamkeit erlangte die Figur der Marquise von O..., deren Empfängnis im Zustand der Ohnmacht zu vielfältigen Deutungen Anlass gab: So versteht Engstfeld den Grafen als symbolische Vaterfigur, die den ödipalen Konflikt ins Panische steigere (Engstfeld 1984, 79). Die ambivalente Beziehung zwischen Graf und Marquise wurde häufig als Gegensatz von unbewusstem Begehren und bewusstem Verbot gedeutet: Für Cohn etwa ist der emphatische Ausruf der Marquise »Ich *will nichts* wissen« (DKV III, 171) ein Hinweis auf nicht zugelassene Bewusstseinsinhalte (Cohn 1975); Politzer setzt in der Figur der Marquise den Konflikt zwischen unbewusstem Begehren und dessen Abwehr ins Licht: »Es weiß in ihr; aber ihr Über-Ich weigert sich bis ans Ende erfolgreich, dieses Es zu erkennen und anzuerkennen« (Politzer 1977, 128). Pfeiffer geht von dem inzestuösen Vater-Tochter-Verhältnis aus und versucht, am Ödipuskomplex ›rückwärts‹ zu lesen: Hinter der ödi-

palen Phantasie des Textes, die ironisch gebrochen sei, verberge sich eine narzisstische, die sich mit rousseauistischer Sehnsucht nach dem Naturzustand verbinde (Pfeiffer 1988). Narzissmustheoretische Weiterentwicklungen der Psychoanalyse (die die große Bedeutung von Einheits- und Fragmentierungsphantasien betonen) haben zunehmend in die Kleist-Forschung Eingang gefunden, etwa in Interpretationen des *Michael Kohlhaas* und des *Marionettentheaters* (Kohut 1973).

Lange Zeit wurde die Erforschung literarischer Formen und Strukturen und die Frage nach ihren Funktionen in der psychoanalytischen Literaturwissenschaft vernachlässigt. Ein Band der *Freiburger literaturpsychologischen Gespräche* (1990) widmet sich ausdrücklich diesem ausgesparten Thema, wobei die psychoanalytischen Erklärungsversuche gerade im Blick auf die Kleist'sche Formsprache unbefriedigend erscheinen: Die Durchbrechung ästhetischer Tabus etwa in der *Penthesilea* lässt sich schwer mit der These Freuds in Einklang bringen, die Form stehe im Dienst der Abwehr, stelle eine Art »Verlockungsprämie« dar, die durch Verfahren der Ästhetisierung das Bedrohliche der Inhalte abwehre und das Anstößige besänftige. Ein Beitrag geht in dem Band der Frage nach, wie sich die unzeitgemäße provozierende Sprachform der *Penthesilea* psychoanalytisch verstehen lasse (Pfeiffer 1990).

Wie sehr Kleists Werk schon im Horizont der literarischen Moderne angesiedelt ist, zeigen mehrere Abhandlungen, die sich mit dem Problem der Identität bzw. des Identitätsverlusts befassen: der Identitätssuche auf der Würzburger Reise (Politzer 1967), dem »Identitätsproblem« in der *Penthesilea* (Hoffmann 1975), dem »Psychodrama der Ich-Bildung« im Kontext eines amimetischen Theaters (Greiner 1987). Die Theorien der Psychoanalyse ermöglichen es, den in der Moderne häufig thematisierten ›Einheits- und Ganzheitsverlust‹ des Subjekts im topographischen Modell (Widerstreit von Bewusstem und Unbewusstem) oder im Strukturmodell (Konflikt von Es, Ich und Über-Ich) begrifflich zu fassen. Kleist selbst machte sich andere psychologische Erklärungsmodelle zunutze, die er der damaligen Medizin und Psychiatrie entlehnte: Mesmerismus, tierischer Magnetismus oder Somnambulismus versuchte, das Phänomen des Unbewussten zu erklären und therapeutische Lösungen für Zustände von ›Geisteszerrüttung‹ anzubieten; dafür standen Namen wie Pinel, Reil, G. H. Schubert oder Wünsch. Der Einfluss der zeitgenössischen Medizin und Psychiatrie auf Kleist wurde mehrfach zum Gegenstand von wissenschaftlichen Untersuchungen (vgl. Thomas 1959; Tatar 1973; Reeves 1985).

Einen entscheidenden Impuls für die psychoanalytische Kleist-Forschung brachte die Revision der Freud'schen Theorien durch Jacques Lacan, der die Gründungsschriften der Psychoanalyse im Licht strukturalistischer Theorien neu las. Neben der Theorie vom »Spiegelstadium« (in dem das Kind sich, so Lacan, zum ersten Mal als Ganzheit wahrnehme, wobei diese Ganzheit als ›imaginäre‹ fragil bleibe) wurde vor allem die These Lacans literaturwissenschaftlich fruchtbar, das Unbewusste sei wie eine Sprache strukturiert: Die Sprache besteht für Lacan aus einem unendlichen Verweisungssystem von Zeichen, das der Struktur des menschlichen Begehrens entspricht; im Unterschied zum Saussure'schen Zeichenmodell nimmt hier jedoch der Signifikant die ›Toplage‹ ein. Der Entthronung des Signifikats entspricht die Unterordnung des Subjekts unter den Signifikanten oder die »Dominanz des Signifikanten über das Subjekt« (Lacan, Schriften I, 60). Das (Inzest-)Verbot des Vaters setze eine endlose Substitution und einen Prozess des Begehrens in Gang, das nicht gestillt werden könne. Das Unbewusste gleicht insofern der Sprachstruktur, als das Begehren – wie der endlose Verschiebungsprozess der Signifikanten – die Struktur einer unabschließbaren Signifikation hat.

Die ersten Kleist-Arbeiten, die sich an Lacan orientierten, stammen von Helga Gallas. Sie trugen auch deswegen zur literaturwissenschaftlichen Verbreitung Lacan'schen Gedankenguts bei, weil sie in einer klaren Wissenschaftssprache verfasst sind. In ihrer Studie zum *Textbegehren des ›Michael Kohlhaas‹* (1981) deutet Gallas die Pferde als Phallussubstitute, wobei sie ›Phallus‹ im Sinn Lacans als Symbol für die erstrebte Vollständigkeit versteht – das Begehren treibe wechselnde Ersatzbildungen im Text hervor, letzten Endes die Kapsel mit dem Zettel, die als Substitut fehlender Ganzheit – für Kohlhaas wie für den Kurfürsten – figuriere. Der Begriff »Text-Begehren« verschränkt schon begrifflich die unendlichen Verschiebungen der Signifikanten mit dem unabschließbaren Prozess des Begehrens.

Lacan'sche Theorien und Begriffe wurden in letzter Zeit verstärkt für genderorientierte Interpretationen verwendet, z. B. bei Bettine Menke (1997), die von den Inszenierungen der imaginären Körperganzheit Penthesileas und Achills ausgeht und deren »Zerfällung« darstellt. Annette Runte (1995) versteht das *Penthesilea*-Drama als literarische Probe auf den epochalen Umbruch der Geschlechterverhältnisse – das Trauerspiel stelle die ›Unmöglichkeit der Geschlechterbeziehung‹ (Lacan) als eine nicht-darstellbare Traumatisierung dar: auf einer rhetorischen Ebene, als Tragödie des Ver-Sprechens. Der imaginäre Liebestraum sei immer schon die Folge eines symbolischen Geschlechtertraumas (Runte 1995, 305).

Sichtet man die Arbeiten seit den 1990er Jahren, gewinnt man den Eindruck, dass konsequent angewandte psychoanalytische Ansätze in der Kleist-Forschung zugunsten von Synkretismen zurückgegangen sind. Psychoanalytische Aspekte verbinden sich mit anderen Ansätzen (z. B. der Diskursanalyse; vgl. Hörisch 1983) und Fragestellungen, in denen die Psychoanalyse nicht mehr im Zentrum steht: der Ethnizität, Rasse, Entgrenzung, Agonalität, Theatralität, Performanz. Die psychoanalytische Literaturwissenschaft muss sich hier auf Grenzüberschreitungen einlassen, die einst Voraussetzung ihres Entstehens waren.

Literatur

Berger, Margret: Schacht im Busen. Gedanken einer Psychoanalytikerin zu Kleists Figur der Penthesilea. In: Ines Kappert u. a. (Hg.): Ein Denken, das zum Sterben führt. Selbsttötung – das Tabu und seine Brüche. Göttingen 2004, 97–114.

Cohn, Dorrit: Kleist's *Marquise von O...*: The problem of knowledge. In: Monatshefte 67 (1975), 129–144.

Cullens, Chris/Mücke, Dorothea von: Love in Kleist's *Penthesilea* and *Die Marquise von O...* In: Deutsche Vierteljahrsschrift für Literaturwissenschaft und Geistesgeschichte 63 (1989), 461–493.

Dettmering, Peter: Heinrich von Kleist. Zur Psychodynamik in seiner Dichtung [1975]. München ³1986.

–: Das Doppelgänger-Motiv in psychoanalytischer Sicht und seine Beziehung zum Entfremdungserleben [1979]. In: Ders.: Das ›Selbst‹ in der Krise. Literaturanalytische Arbeiten 1971–1985. Eschborn 1986, 45–53.

Engel, Brigitte: »Auf den Knieen meines Herzens …« Zum tiefenpsychologischen Verständnis von Kleists Penthesilea. In: Analytische Psychologie 15 (1984), 96–109.

Engstfeld, Peter: Über die Folgen verdrängter Motive. Zur Kritik psychoanalytischer Kleist-Interpretationen. Diss. Bremen 1984.

Freud, Sigmund: Gesammelte Werke [= GW]. Bd. I–XVIII. Unter Mitwirkung von Marie Bonaparte hg. von Anna Freud u. a. London/Frankfurt a. M. 1940ff.

Gallas, Helga: Das Textbegehren des Michael Kohlhaas. Die Sprache des Unbewußten und der Sinn der Literatur. Reinbek 1981.

Greiner, Bernhard: »Der Weg der Seele des Tänzers«. Kleists Schrift Über das Marionettentheater. In: Neue Rundschau 98 (1987), H. 3, 112–131.

Heller, Erich: Die Demolierung eines Marionettentheaters oder: Psychoanalyse und der Mißbrauch der Literatur. Zur Ehrenrettung Kleists im Jahr der 200. Wiederkehr seines Geburtstags [1977]. In: Walter Müller-Seidel (Hg.): Kleists Aktualität. Neue Aufsätze und Essays 1966–1978. Darmstadt 1981, 261–280.

Herrlinger-Mebus, Volker: Lieber nichts werden als nicht werden. Heinrich von Kleist oder die ent-setzende Nacht des Kriegers – von der Wunschproduktion als nomadischer Kriegsmaschine. Frankfurt a. M. u. a. 1992.

Hoffmann, Sven Olaf: Das Identitätsproblem in Heinrich von Kleists Penthesilea [1974]. In: Jahrbuch der Psychoanalyse 8 (1975), 153–162.

Hörisch, Jochen: Die Not der Welt. Der Ausnahmezustand in Kleists Dichtung. In: fragmente 7/8 (1983), 40–64.

Kohut, Heinz: Überlegungen zum Narzißmus und zur narzißtischen Wut [1972]. In: Psyche 27 (1973), 513–554.

Lacan, Jacques: Schriften, Bd. I-II, ausgew. u. hg. von Norbert Haas [1973/85]. Weinheim/Berlin ³1991.

Matt, Peter von: Literaturwissenschaft und Psychoanalyse [1972]. Stuttgart 2001.

Menke, Bettine: Körper-Bild und -Zerfällung, Staub. Über Heinrich von Kleists Penthesilea. In: Claudia Öhlschläger/Birgit Wiens (Hg.): Körper – Gedächtnis – Schrift. Der Körper als Medium kultureller Erinnerung. Berlin 1997, 122–156.

Nunberg, Herman/Federn, Ernst (Hg.): Protokolle der Wiener Psychoanalytischen Vereinigung, Bd. I (1906–1908). Frankfurt a. M. 1976.

Pfeiffer, Joachim: Literaturpsychologische Anmerkungen zu Kleists Marquise von O.... In: Dirk Grathoff (Hg.): Heinrich Kleist. Studien zu Werk und Wirkung. Opladen 1988, 230–247.

–: Die zerbrochenen Bilder. Gestörte Ordnungen im Werk Heinrich von Kleists. Würzburg 1989.

–: Form als Provokation. Kleists Penthesilea. In: Freiburger literaturpsychologische Gespräche 9 (1990), 200–225.

Pietzcker, Carl: Zum Verhältnis von Traum und literarischem Kunstwerk. In: Johannes Cremerius (Hg.): Psychoanalytische Textinterpretation. Hamburg 1974, 57–69.

Politzer, Heinz: Auf der Suche nach Identität. Zu Heinrich von Kleists Würzburger Reise. In: Euphorion 61 (1967), 383–399.

–: Kleists Trauerspiel vom Traum. Prinz Friedrich von Homburg [1970]. In: Ders.: Hatte Ödipus einen Ödipuskomplex? München 1974, 156–181.

–: Der Fall der Frau Marquise. Beobachtungen zu Kleists Die Marquise von O.... In: Deutsche Vierteljahrsschrift für Literaturwissenschaft und Geistesgeschichte 51 (1977), 98–128.

Reeves, Nigel: Kleist's indebtedness to the science, psychiatry and medicine of his time. In: Oxford German Studies 16 (1985), 47–65.

Reske, Hermann: Traum und Wirklichkeit im Werk Heinrich von Kleists. Stuttgart u. a. 1969.

Runte, Annette: Liebestraum und Geschlechtertrauma. Kleists Amazonentragödie und die Grenzen der Repräsentation. In: Gerhard Härle (Hg.): Grenzüberschreitungen. Friedenspädagogik, Geschlechter-Diskurs, Literatur – Sprache – Didaktik. Festschr. für W. Popp zum 60. Geburtstag. Essen 1995, 295–305.

Sadger, Isidor: Heinrich von Kleist. Eine pathographisch-psychologische Studie. Wiesbaden 1910.

Schaefer, Margret: Kleists Über das Marionettentheater und der Narzißmus des Künstlers [1975]. In: Claire Kahane (Hg.): Psychoanalyse und das Unheimliche. Bonn 1981, 265–292.

Schneider, Manfred: Die Inquisition der Oberfläche. Kleist und die juristische Kodifikation des Unbewußten. In: Rudolf Behrens/Roland Galle (Hg.): Leib-Zeichen. Körperbilder, Rhetorik und Anthropologie im 18. Jahrhundert. Würzburg 1993, 23–39.

Stephens, Anthony: Verzerrungen im Spiegel. Das Narziß-Motiv bei Heinrich von Kleist. In: Gerhard Neumann (Hg.): Heinrich von Kleist. Kriegsfall – Rechtsfall – Sündenfall. Freiburg i. Br. 1994, 249–297.

Tatar, Maria M.: Psychology and poetics: J.C. Reil and Kleist's Prinz Friedrich von Homburg. In: Germanic Review 48 (1973), 21–34.

Thomas, Ursula: Heinrich von Kleist and Gotthilf Heinrich Schubert. In: Monatshefte 51 (1959), 249–261.
Wiesmann, Louis: Das Doppelgängermotiv innerhalb des Weltbildes und des Selbstverständnisses einzelner deutscher Dichter. In: Gaetano Benedetti (Hg.): Aspekte des Schöpferischen und schöpferische Aspekte des Psychiatrie. Göttingen 1975, 130–146.

Joachim Pfeiffer

2. Strukturalismus und Poststrukturalismus

Strukturalismus und Poststrukturalismus werden im Folgenden nicht als konkrete Methoden begriffen, sondern als paradigmatische Szenen (literatur-)wissenschaftlicher Forschung. Die Unsicherheit der Bedeutung von Zeichen in Kleists Œuvre insgesamt – thematisch in Kleists Formel von der ›gebrechlichen Einrichtung der Welt‹ auf den Punkt gebracht – verdeutlicht die Relevanz, die einer Diskussion semiologischer Grundlagen von Interpretation in der Kleist-Forschung der letzten 40 Jahre zukommt. Der Fall ›Kleist‹ forciert eine Stellungnahme zur Zeichenhaftigkeit von Welt überhaupt; zeichentheoretische Konzepte bieten hier die Chance, anstelle thematischer Zuspitzung (etwa auf das Rätselhafte, Gebrechliche etc.) das Offene des Sinns als strukturelles Moment herauszustellen. Dabei nicht stehenzubleiben, sondern Fragen der »Strukturalität der Struktur« (Derrida 1976, 424) genealogisch oder in einer Lektürehinsicht zu verorten, führt zur z. T. polemisch geführten Diskussion um die Legitimität geöffneter Deutungshorizonte und – letztlich, im Sinne des ›Poststrukturalismus‹ – ihrer Verankerung in der Brüchigkeit von Texten.

Strukturale Verfahren verlagern zunächst, so David Wellbery am Beispiel des *Erdbeben in Chili*, den Modus von Lektüre; an die Stelle ›naiven‹ oder ›identifikatorischen‹ Lesens tritt ein ›analysierender‹ oder ›abstrahierender‹ Blick: »Die Literatursemiotik treibt einen Keil zwischen den normalen Umgang mit Literatur einerseits und die Analyse von Literatur andererseits.« Das Textmodell des Strukturalismus – »ein geschichtetes Gefüge von Strukturen« – modifiziert Wellbery jedoch zugleich (kultur-)historisch, wenn er von

einem »Produkt kultureller Arbeit« spricht (Wellbery 1993, 69f.). Roland Barthes hat schon früh diese notwendigen Weiterungen strukturaler Rekonstitution bzw. Analyse erkannt, denn die »Struktur ist in Wahrheit […] ein *simulacrum* des Objekts, aber ein gezieltes, ›interessiertes‹ Simulacrum« (Barthes 1996, 217). Die Erkenntnishinsichten entscheiden über den Wert, mithin über die »Strukturalität der Struktur«. Strukturale Analyse bedarf also selbst einer wissenschaftstheoretischen Begründung und Präzisierung ihres kategorialen Zuschnitts etwa durch einen Vergleich verschiedener struktural Verfahrensweisen; im Übrigen schließt eine klar definierte strukturale Analyse interpretatorische (z. B. hermeneutische) Aspekte nicht aus, wie dies etwa Jürgen Schröders Interpretation des *Findling* zeigt (Schröder 1985). In der Frage, inwiefern epistemologische oder pragmatische Aspekte eine Trennung von Analyse und Interpretation problematisch erscheinen lassen, liegt wohl der Hauptunterschied zwischen strukturaler Analyse und (dem ja oft in polemischer Absicht vorgeworfenen) poststrukturalistischem Schreiben.

Die Kleist-Forschung hat zur Frage verschiedener Deutungsparadigmen und ihren Grundlagen einen selbst modellhaften Versuch vorzuweisen: den Band *Positionen der Literaturwissenschaft. Acht Modellanalysen am Beispiel von Kleists ›Das Erdbeben in Chili‹*, den Wellbery herausgegeben hat und dem auch sein obiger Beitrag entstammt. Drei Aspekte sind hieraus für das Verhältnis von Strukturalismus, Poststrukturalismus und Literatur zu gewinnen:

1. Wie Wellberys eigener Beitrag über ›Literatursemiotik‹ verdeutlicht, bietet ein strukturalistisches Paradigma eine Systematisierung des textanalytischen Instrumentariums und eröffnet damit die Möglichkeit eines Vergleichs der verschiedenen interpretatorischen Zugänge. Dabei bleiben strukturale Verfahrensweisen selbst auf Vergleichsmomente - Relationen - angewiesen, um bedeutungtragende Aspekte herauszustellen. Genau die Relativität von Bedeutung wird, so Walter Hinderer für die Erzählungen, bei Kleist zentral verhandelt: »Kleists Lehre vom Gegensatz ist auch eine Lehre der Relativität, die nicht nur für die ›gebrechliche Einrichtung der Welt‹ gilt,

sondern ebenso für unsere Erfahrungen und Vorstellungen, unser Denken und unsere Gefühle,
unseren Glauben und unsere Meinungen« (Hinderer 1998, 11).

2. Das Problem heterogener ›Lesarten‹ löst der
Strukturalismus nicht – er verschärft es –, weshalb der Begriff ›Strukturalismus‹ zwar ein polemischer ist für das Verhältnis von ›normaler‹ und
›analytischer‹ Lektüre, weniger aber innerhalb
der Wissenschaften. Der Begriff ›Poststrukturalismus‹ hingegen markiert eine zum Teil offene
Polemisierung von Wissenschaftlichkeit, die darum kreist, inwiefern jeweilige Erkenntnishinsichten methodologisch überhaupt restlos einzu-
holen sind. Wellbery reflektiert dieses Problem
formaliter, wenn er in seiner wichtigen »Vorbe-
merkung« auf eine »Spannung [...] zwischen (um
ein Wort Roland Barthes' aufzugreifen) Methode
und Schreiben« (Wellbery 1993, 10) hinweist.
Der Beitrag Werner Hamachers über *Das Beben
der Darstellung* bietet die Probe aufs Exempel für
diesen Grenzbereich des Methodischen, insofern
hier das Stichwort ›Grammatologie‹ auf Wunsch
des Autors durch eine Leerstelle ersetzt wurde (s.
Kap. VI.3). Insgesamt spiegelt der Wellbery-Band
jedoch ein »buntes Nebeneinander von methodologischen Subdiskursen« (Wellbery 1993, 7).

3. Deren gemeinsamer Bezug ist das, was Wellbery einen »›Anlaß‹ und nicht ›Gegenstand‹«
(ebd., 8) nennt: Kleists *Erdbeben in Chili*. Dieser
Text erscheint nämlich nicht nur wegen seiner
Kürze und strukturellen Dichtheit für wissenschaftliche Modelldiskussionen als Paradigma
gut gewählt. Die von Wellbery akzentuierte strukturale Analytik arbeitet zunächst mit Segmentie-
rung (zur Isolation einzelner, vergleichbarer Elemente) sowie syntagmatischer (Kombination einzelner Elemente; narrative Verknüpfung) und
paradigmatischer (Auswahl aus äquivalenten Elementen) Strukturierung. Ziel ist es, die narrative
Strukturierung sowie deren kulturelle Schichtung
sichtbar zu machen. Genau diesem Vorhaben
kommt Kleists Text entgegen. Denn nicht zufällig
schiebt die Erzählung die Rolle des ›Zufalls‹ für
die Kohärenz der Handlung in den Vordergrund,
während zugleich strukturanaloge Zustände oder
Situationen der Novelle durch das Moment der
›Gewalt‹ als verschiedene ›Optionen‹ kenntlich

gemacht werden. Beispiele hierfür wären die Modelle von ›Familie‹ (mit der Rolle Philipps als
›Bastard‹ bzw. nach der Ermordung Juans als
›Pflegesohn‹) oder die gesellschaftliche Ordnung,
die durch das Erdbeben in eine Naturidylle kippt,
um durch das Schauspiel und den Gewaltaus-
bruch vor der Kirche wiederhergestellt zu werden. Der Zufall wie die Gewalt als Kippfigur prä-
destinieren den Text für Modellanalysen, indem
sie je eigene Deutungen bzw. Lesarten erfordern.

Die Notwendigkeit eines Pluralismus der Lesarten und deren Fundierung in ihrem ›Anlass‹
sind mittlerweile auf breiter Basis auf die wichtigsten Texte Kleists bezogen worden; in einführend gedachten Artikeln bieten die beiden von
Walter Hinderer (1997, 1998) herausgegebenen
Bände zu *Kleists Dramen* und zu *Kleists Erzählungen* hierzu einen Überblick; Hinderer kommentiert: »Kleists narrative Strategie arbeitet mit
Widersprüchen und bringt verschiedene Erzähl-
perspektiven durchaus zielstrebig miteinander in
Kollision« (Hinderer 1998, 10).

Die Freiheiten, die strukturale Analysen gegenüber etwa einer thematischen Orientierung
an Biographie, Sinngehalt oder Geistesgeschichte
bietet, nutzten einzelne Studien schon seit den
1970er Jahren. Hervorzuheben ist hier der von
Klaus Kanzog herausgegebene Band *Erzählstrukturen – Filmstrukturen* (1981). Insbesondere Lot-
mans topologisches Modell (das auch bei Wellbery eine Rolle spielt) mit seinen Möglichkeiten,
Grenzüberschreitungen als Ordnungsverletzun-
gen (auch im normativen Bereich) zu beschreiben, aus deren Konsequenz ›Handlung‹ (etwa in
Form von Sanktionen) analytisch fassbar wird,
macht Kanzog für einen intermedialen Vergleich
fruchtbar. Der Band enthält Studien zu Verfilmungen des *Findling*, des *Erdbeben in Chili* und
vor allem zu Eric Rohmers Verfilmung der *Marquise von O...* . Auch hier bleibt die strukturale
Analyse nicht bei Textbeschreibung stehen, sondern erschließt einen neuen, letztlich interdiszi-
plinären Raum. – Viel diskutiert wurde die Studie
von Helga Gallas (1981) zum *Michael Kohlhaas*,
einer Anwendung der strukturalen Psychoanalyse Jacques Lacans. Das recht schematische Or-
ganisationsmoment der Semiotik löst Gallas von
vornherein mit Lacan in dynamische Textbewe-

gungen auf, die um den Begriff des ›Begehrens‹ kreisen, mit dem die Signifizierungsstrategien und -strategeme des Textes in der Suchbewegung des Lesers lesbar gemacht und – in der Strukturalität des Begehrens – uneinholbar entzogen werden.

Fragen nach den Konsequenzen, die aus der Verortung interpretatorischer Spannung in das literarische Werk selbst resultieren, haben sich für die Kleist-Forschung jedoch nicht nur an Einzelstudien entzündet. Gespalten zeigte sich die Forschung anfangs angesichts der historisch-kritischen Kleist-Ausgabe von Roland Reuß und Peter Staengle. Insbesondere die *Brandenburger Kleist-Blätter* mit zum Teil ergänzenden Materialien, zum Teil aber auch einführend gedachten Interpretationen wurden vielfach angegriffen, man sah eine unzulässige Vermischung von Textsicherung und Interpretation (trotz der säuberlichen Trennung in verschiedene Bände). Hans Joachim Kreutzer, damaliger Präsident der Heinrich-von-Kleist-Gesellschaft, schreibt: »Auf die […] in Wahrheit schwankende Textgrundlage gründet Roland Reuß seine ›Lektüren‹, die in zwangsweise mitzuabonnierenden Begleitheften zu den einzelnen Textbänden erscheinen, dort also, wo man eigentlich einen Kommentar erwarten dürfte, im Mindestfall genaue Angaben über Quellen, Entstehung und Überlieferung. Stattdessen trägt Reuß mit wahrer Assoziationswut eine Interpretation vor, die Ausschließlichkeitsanspruch erhebt, in einem hochfahrenden Ton zudem, der die Diskussion abschneidet« – kurz, es sei »keine wissenschaftliche Edition« (Kreutzer 1990). Sibylle Wirsing kommentiert den Forscher-Streit in der FAZ: »Im Gegensatz zu Kanzog [und seinen *Prolegomena zu einer historisch-kritischen Ausgabe* von 1970, die auf eine mit Kreutzer zusammen avisierte Kleist-Ausgabe zielten], der davon ausging, die Textkritik werde sich bis zur ›exakten Disziplin‹ vervollkommnen lassen, steht Reuß illusionslos auf dem Standpunkt, daß jeder Edition eine Interpretation zugrunde liegt, und sei die Absicht noch so verborgen hinter dem wissenschaftlichen Apparat« (Wirsing 1988). Am Wert der sogenannten Brandenburger Ausgabe von Reuß und Staengle kann inzwischen kein Zweifel mehr bestehen, doch be-

merkt Müller-Salget noch 2002 die »oft wunderliche Mischung« von »Information, Polemik und spekulative[r] ›Interpretation‹« in den Beiheften – ein ähnlicher Gestus wie gegenüber dem vermeintlich »teilweise überanstrengten Aufsatz von Paul de Man« über das *Marionettentheater* (Müller-Salget 2002, 14, 124, Anm. 1). – Einen originären Weg, den Deutungsspielraum in die Ordnungen von ›Wissenschaftlichkeit‹ einzuschreiben, unternimmt László Földényis *Im Netz der Wörter* (1999), ein Kleist-Wörterbuch, das die dezidiert subjektive Auswahl der Lemmata durch zahlreiche Verschaltungen zu einem dezentralisierten, gleichwohl markanten Bedeutungs-Netz ›Kleist‹ öffnet.

Insgesamt muss wohl als unstrittig gelten, dass Kleists ›ästhetische Formalisierung‹ (vgl. de Man 1988) mit der »konstitutive[n] Bedeutung des Zufalls […]« eine Leerstelle geschaffen« hat, die »wiederum [nur] mit *absoluten* Sinnangeboten gefüllt werden kann« (Hamacher 2003, 268). Damit aber ist ein – letztlich alternativloses – Spektrum der Deutung eröffnet, an dessen einem Ende der ›poetische Spielraum‹ in die Interpretation eingeschrieben ist, dessen andere Seite jedoch auf der Historizität sprachlicher Formen und damit auf den Möglichkeiten genealogischer Rückführung insistiert. Während im ersten Fall das Bewertungsspektrum zwischen dem Vorwurf ›postmoderner Beliebigkeit‹ und gelegentlich anklingendem existentiellem Pathos der ›Krise‹ (Reuß 2003) oszilliert, bewahrt auch die zweite Option nicht davor, dass beispielsweise Günter Blamberger mit seiner Rückführung von Kleists angeblicher »Krise aller semiotischen Ordnungen« (Blamberger 1999, 37) auf die Tradition der europäischen Moralistik von Wolfgang Wittkowski »für einen dekonstruktivistischen Kultur- und Humanitätszertrümmerer« gehalten wird (Hamacher 2003, 268). Dabei muss man nicht notwendig einen Gegensatz konstruieren, denn auch im Ausgang von »sprachlich-strukturellen und rhetorischen Aspekte[n]« stehe, so Birgit Hansen mit Blick auf die Forschung zur *Penthesilea*, einem Bezug auf »die diese einbettenden historisch-wissenschaftlichen und zeitgenössisch-philosophischen Diskurse« (Hansen 2003, 225) nichts entgegen. Historische Genauigkeit jedoch zeigt sich einmal mehr nicht als Ende und Ziel, sondern als Anfang literaturwissenschaftlicher Deutung.

Literatur

Barthes, Roland: Die strukturalistische Tätigkeit [1966]. In: Dorothee Kimmich/Rolf Günter Renner/Bernd Stiegler (Hg.): Texte zur Literaturtheorie der Gegenwart. Stuttgart 1996, 215–223.

Blamberger, Günter: Agonalität und Theatralität. Kleists Gedankenfigur des Duells im Kontext der europäischen Moralistik. In: KJb 1999, 25–40.

De Man, Paul: Ästhetische Formalisierung. Kleists *Über das Marionettentheater* [1979]. In: Ders.: Allegorien des Lesens. Aus dem Amerikanischen von Werner Hamacher/Peter Krumme. Mit einer Einleitung von Werner Hamacher. Frankfurt a. M. 1988, 205–233.

Derrida, Jacques: Die Struktur, das Zeichen und das Spiel im Diskurs der Wissenschaft vom Menschen [1976]. In: Ders.: Die Schrift und die Differenz. Frankfurt a. M. 1976, 422–442.

Földényi, László: Heinrich von Kleist: Im Netz der Wörter. Aus dem Ungarischen übersetzt von Akos Doma. München 1999.

Gallas, Helga: Das Textbegehren des *Michael Kohlhaas*. Die Sprache des Unbewussten und der Sinn der Literatur. Reinbek 1981.

Hamacher, Bernd: Schrift, Recht und Moral: Kontroversen um Kleists Erzählen anhand der neueren Forschung zu Michael Kohlhaas. In: Inka Kording/Anton Philipp Knittel (Hg.): Heinrich von Kleist. Neue Wege der Forschung. Darmstadt 2003, 254–278.

Hamacher, Werner: Das Beben der Darstellung. In: Wellbery, David E. (Hg.): Positionen der Literaturwissenschaft. Acht Modellanalysen am Beispiel von Kleists Das Erdbeben in Chili. München ³1993, 149–173, 188–192.

Hansen, Birgit: Poetik der Irritation: *Penthesilea*-Forschung 1977–2002. In: Inka Kording/Anton Philipp Knittel (Hg.): Heinrich von Kleist. Neue Wege der Forschung. Darmstadt 2003, 225–253.

Hinderer, Walter (Hg.): Interpretationen: Kleists Dramen. Stuttgart 1997.

–: Kleists Erzählungen. Stuttgart 1998.

Kanzog, Klaus: Prolegomena zu einer historisch-kritischen Ausgabe der Werke Heinrich von Kleists. Theorie und Praxis einer modernen Klassiker-Edition. München 1970.

– (Hg.): Erzählstrukturen – Filmstrukturen. Erzählungen Heinrich von Kleists und ihre filmische Realisation. Berlin 1981.

–: Bemerkungen zu Elisabeth Lacks Interpretation von Heinrich von Kleists *Der Findling* [2003]. In: www.

kleistonline.de/texte/diskussion/kk_findling.htm (5.7.2008).

Kreutzer, Hans Joachim: Näherungsversuche auf getrennten Wegen. Heinrich von Kleist in zwei neuen Ausgaben. In: Süddeutsche Zeitung vom 17./18.11.1990.

Reuß, Roland: Was ist das Kritische an einer kritischen Ausgabe? Erste Gedanken anlässlich der Edition von Kleists Erzählung *Die Marquise von O...*. In: Marianne Schuller (Hg.): Kleist lesen. Bielefeld 2003, 38–59.

Müller-Salget, Klaus: Heinrich von Kleist. Stuttgart 2002.

Schröder, Jürgen: Kleists Novelle *Der Findling*. Ein Plädoyer für Nicolo. In: KJb 1985, 109–127.

Wellbery, David E. (Hg.): Positionen der Literaturwissenschaft. Acht Modellanalysen am Beispiel von Kleists *Das Erdbeben in Chili*. München ³1993.

–: Literatursemiotik. Semiotische Anmerkungen zu Kleists *Das Erdbeben in Chili*. In: Ders. ³1993, 69–87, 178f.

Wirsing, Sibylle: Kleist im Handstreich. In: FAZ vom 2.9.1988.

Siehe auch: www.textkritik.de/rezensionen/rezkleist. htm (1.10.2008) [Übersicht über Rezensionen zur Berlin-Brandenburger Kleist-Ausgabe (BKA)]

Martin Roussel

3. Dekonstruktion

Ist Kleists Œuvre in besonders hohem Maße dekonstruktiv? Man müsste die Frage wohl bejahen, wenn man das hohe Interesse zum Maßstab nimmt, das der Dekonstruktion verpflichtete Lektüren Kleist entgegenbringen: Kleist ist neben Kafka ihr meistbesprochener deutschsprachiger Autor.

Will man ›die Dekonstruktion‹ definieren, muss man mindestens drei Auffassungen unterscheiden, von denen zwei unmittelbar mit den Gründungsvätern der Dekonstruktion verbunden sind, Jacques Derrida und Paul de Man. Dabei ist eine Definition schwierig, weil es zum Programm der Dekonstruktion gehört, gegen Programme und definitorische Setzungen zu sein und dies deshalb nicht systematisch zu begründen, weil man dazu nun einmal definitorische Aussagen bräuchte. Die logischen Selbstwidersprüche eines solchen Programms, das keines sein will, liegen auf der Hand. Meist werden sie entweder durch vorläufig-schwebende Aussagen verschleiert, oder aber sie werden sogar durch eigens als solche inszenierte Widersprüche unterstrichen. Bezeichnend für diese von der Dekonstruktion häufig als ›Aporien‹ bezeichneten Verwicklungen ist ihr Widerwille gegen die Bezeichnung ›die Dekonstruktion‹. Zum Beispiel hat Werner Hamacher in dem Band *Positionen der Literaturwissenschaft* darauf bestanden, dass sein der Derrida'schen *Grammatologie* verpflichteter Beitrag nicht wie alle anderen Beiträge unter eine methodologische Kategorie wie etwa »Diskursanalyse«, »Hermeneutik« oder eben ›Dekonstruktion‹ gestellt wird. So stehen über Hamachers Beitrag drei Sternchen – als Platzhalter für die Leerstelle, die sich aus der Unmöglichkeit einer methodologischen Bezeichnung für ›die Dekonstruktion‹ ergeben soll (Wellbery 1993, 5, 10, 148). Das lässt nicht zufällig an Unsagbarkeitstopoi denken, wie sie sich bei Ernst Robert Curtius finden. Denn tatsächlich steht die Dekonstruktion einerseits in derjenigen Tradition emphatisch bejahter und – paradoxerweise – gleichzeitig wortgewaltig beschworener Sprachlosigkeit, zu der seit jeher der Sophismus und seit dem 19. Jh. die Sprachkritik gehören, wie sie etwa Hofmannsthals Lord Chandos formuliert. Andererseits neigt die Dekonstruktion in *double-bind*-hafter Faszination durch das Erhabene und Absolute zu einem quasi-religiösen Darstellungsverbot alles Absoluten: In ihrem Verhältnis zum Absoluten stellt die Dekonstruktion gewissermaßen die romantische Ironie von den Füßen auf den Kopf. De Mans Formel dafür lautet: Erkenntnis ist »notwendig, aber unmöglich« (de Man 1988, 224f.).

Gibt es also nicht ›die eine‹ Definition der Dekonstruktion, so finden sich doch immer wieder definitorische Ansätze. Anschaulich ist etwa Paul de Mans Kurzdefinition, »daß der Text nicht praktiziert, was er predigt«. Eine »rhetorische« oder, hier gleichbedeutend, ›dekonstruktive‹ »Lektüre« eines Textes »enthüllt, daß seine figurative Praxis und seine metafigurative Theorie nicht konvergieren« (de Man 1988, 45). Anders gesagt: Die Rhetorik eines Textes mit ihrer in der Materialität der Sprache begründeten nie abzustellenden Mehrdeutigkeit unterläuft immer die

»Theorie« oder den propositionalen Gehalt, von dem der Text seine Leser überzeugen möchte. Rhetorik ist also in de Mans dekonstruktiver Perspektive gerade *nicht* wie in der Antike Mittel erfolgreicher *persuasio* – ›Predigt‹ –, sondern im Gegenteil Quell ihres Misslingens. Die rhetorische Text-›Praxis‹ weicht von der propositionalen ›Predigt‹ ab und subvertiert sie auf diese Weise. Damit lässt, so de Man, die Dekonstruktion alle ›metaphysischen‹ Geltungsansprüche auf eindeutige Wahrheit hinfällig werden, die etwa ein philosophischer Text erheben mag. Auch ein philosophischer Text mit Anspruch auf Eindeutigkeit ist so vieldeutig wie jene literarischen Texte, die de Man zufolge gar nicht erst solche falschen Geltungsansprüche erheben. Dabei soll »[d]ie Dekonstruktion« »nichts« sein, was »dem Text hinzugefügt« würde, sondern vielmehr das, was ihn »allererst konstituiert«. Deshalb schreibt de Man: »Dichtung ist die avancierteste und verfeinertste Form der Dekonstruktion; sie mag sich von kritischen oder diskursiven Texten nach der Ökonomie ihrer Artikulation unterscheiden, aber nicht ihrer Art nach« (de Man 1988, 48; ähnlich Derrida 1987, 391). So betrachtet sind alle Texte für den, der auf hermeneutische Eindeutigkeit zielt, ›unlesbar‹; de Man spricht von der »Unmöglichkeit des Lesens«. Eine Lektüre aber, die hermeneutische »Widersprüche […] ertragen« kann und nicht auflösen muss, ist eine »Allegorie des Lesens«: Das ist de Mans Lektüreideal (de Man 1988, 111, 105). Von einer ähnlichen Idee lässt sich László Földényi leiten, wenn er sein Kleist-Buch wie ein Wörterbuch mit aufeinander verweisenden Lemmata organisiert: So soll es sich einer Kleist nicht angemessenen »hermetisch abgeschlossene[n] Einheit« widersetzen und Kleists »Kohärenz« gerade dadurch »rekonstruieren, daß es sie zerstört« (Földényi 1999, 10–13).

Auch Jacques Derridas Lektüren drehen sich immer wieder um die Sinn-Effekte der Interferenz von Text-Predigt und -Praxis, ziehen dabei aber über das Sprachmateriell-Rhetorische hinaus thematisch weitere Kreise. Wie de Man meidet Derrida eine umfassende Definition der ›Dekonstruktion‹. Am nächsten ist er ihr in einem relativ abgelegenen Text gekommen, dem *Brief*

an einen japanischen Freund. Hier beschreibt
Derrida die dekonstruierende Lektüre als ein Re-
Kontextualisierungsverfahren. Durch die Supple-
mentierung (vgl. Hamacher 1993, 169) neuer
Kontexte, so Derrida, irritiert die dekonstruktive
Lektüre das, was bisher hermeneutisch als selbstverständlich galt. Wo eine hermeneutische Analyse auf Komplexitätsreduktion zielt, will die dekonstruktive Lektüre Komplikationen schaffen –
etwa, indem sie etablierte Identifizierungen oder
anscheinend naturgegebene, häufig binäre kon-
zeptuelle Ordnungsstrukturen auflöst (Derrida
1987, 389–393). Hätte die Dekonstruktion ein
hermeneutisches Motto, könnte es *tertium datur*
heißen (vgl. Földényi 1999, 99–102).

Aus dem Gesagten ergibt sich eine Reihe von
Kleist-Affinitäten zur Dekonstruktion. Dazu zählen etwa Kleists »sehr eigenwillige[r] Satzbau«
mit seiner »kunstvollen Unübersichtlichkeit«
(Müller-Salget 1973, 208f.) und sein Hang zu
Doppeldeutigkeit und Widersprüchlichkeit. Michael Kohlhaas zum Beispiel ist »einer der rechtschaffensten zugleich und entsetzlichsten Menschen seiner Zeit« (DKV III, 13). Immer wieder
lässt Kleist »die Doppeldeutigkeit bewußt in ihrer Unentschiedenheit«, um so »als Erzähler seiner skeptischen erkenntnistheoretischen Position
gerecht zu werden« (Müller-Salget 1973, 185).
Vertritt Odysseus die Auffassung »So viel ich
weiß, gibt es in der Natur / Kraft bloß und ihren
Widerstand, nichts Drittes« (DKV II, 148), widerlegt der Kampf zwischen Achill und Penthesilea diese Geschlechter-Theorie eines *tertium non
datur*. Von einem ähnlich komplizierten Ge-
schlechter-Bewusstsein zeugt auch Kleists *Amphibion*-Gedicht an seine Schwester (DKV III,
406). So kommt Kleist in der Geschlechter-Frage
dem dekonstruktiven Feminismus oder den dekonstruktiv geprägten *Queer Studies* weit vor der
Zeit entgegen – ähnlich, wie er nicht nur aufgrund seines sogenannten Sprachskepsisbriefes
(an Ulrike von Kleist, 5.2.1801, DKV IV, 195–
201) als Vorläufer der literarischen Sprachkritik
und »Sprachskepsistradition der Moderne« gelesen worden ist (Heimböckel 2003, 9–13).
Die Beispiele zeigen mit Blick auf Kleist, dass
meist schon die Hermeneutik gesehen hat, was
später die Dekonstruktion für sich entdeckt. So

greift bereits Hegel 1828 in einer Rezension der
Nachgelassenen Schriften von Karl Wilhelm Ferdinand Solger dessen Einschätzung auf, Kleist
leide an der »unglücklichen Unfähigkeit, in Natur und Wahrheit das Hauptinteresse zu legen,
und an dem Triebe, es in Verzerrungen zu suchen« (Hegel 1970 [1828], 218) – und damit benennt Hegel, wenn auch polemisch abwertend,
das Programm der Dekonstruktion, wie de Man
und Derrida es entwerfen. Berühren und überschneiden sich aber Hermeneutik und Dekonstruktion immer wieder in ihren Befunden zu
Kleist – und nicht allein zu Kleist –, ist es an der
Zeit, nicht nur zu betonen, was beide Lektüre-
Verfahren voneinander unterscheidet, sondern
vor allem, was sie verbindet. So hält es die dritte
eingangs genannte Auffassung der Dekonstruktion, wie sie Hans Ulrich Gumbrecht in seinem
Buch *Die Macht der Philologie* skizziert hat. Sie
versteht ›die Dekonstruktion‹ als ein forciertes
Kommentieren, als »bis zur Grenze des Möglichen getrieben[en]« »fortlaufenden Kommentar[]« und als »Vollschreiben der Ränder« (Gumbrecht 2003, 82–87). Auch in diesem Sinne ist
Kleist ein besonders dekonstruktiver Autor –
zählt er doch zu den meistkommentierten Autoren überhaupt.

Die wirkmächtigste der dekonstruktiven
Kleist-Lektüren ist Paul de Mans Aufsatz *Ästhetische Formalisierung: Kleists ›Über das Marionettentheater‹*. De Man liest Kleists Aufsatz als »Text
über das Lehren« beziehungsweise die »Überzeugung« – »Persuasion« – sowie als Text über das
Lesen und Verstehen (de Man 1988, 211f.): Ausdrücklich steht der Fechter dem Bären »Aug in
Auge« gegenüber, »als ob er meine Seele darin lesen könnte«. So verkörpert er krass hyperbolisch
die »Überlegenheit des Lesens über das Schreiben«, denn er vermag vollkommen sicher die
Finten des Fechters – Autors – zu erkennen: Der
Bär unterscheidet also »zwischen intendierter
und ausgesagter Bedeutung« auf der einen Seite,
auf der anderen »zwischen der wirklichen Bedeutung und dem Prozeß der Bezeichnung« (ebd.,
212, 222f.). Doch so mächtig der Bär als »Über-
Leser[]« (ebd., 223) ist, so ohnmächtig ist der
Fechter oder Autor. Seine Stöße treffen nie – und
de Man folgert: »So auch die Sprache: sie stößt

immer und trifft nie. Sie referiert immer, aber nie auf den richtigen Referenten« (ebd., 227).

Trotz, vielleicht auch wegen seiner argumentativen Verwicklung und logischen Probleme hat de Mans Kleist-Aufsatz Unmengen von Nachfolgern und -ahmern gefunden. Geradezu in rhetorischer Anschmiegung sucht Cynthia Chase die Nähe Paul de Mans (Chase 1986, ix, 1–10, 141–156). Ebenfalls in de Man'scher Perspektive untersucht Bianca Theisen die »Tautologien und Paradoxien des Lesens« bei Kleist und verfolgt dabei Signifikantenketten und Anagramme. Emblem der Kleist'schen Paradoxien ist bei ihr der »Keil«: »einerseits das Instrument des Spaltens, andererseits […] der Schlußstein eines römischen Bogens«, wie ihn Kleist im November und Dezember 1800 in einem Brief an Wilhelmine von Zenge skizziert hat (DKV IV, 157–165): Der Keil, so Theisen, markiere »die Einheit der Strukturierung als gespaltene« und markiere »jenen unmöglichen Punkt, der die ganze Konstruktion möglich macht« (Theisen 1996, 11, 44–54, 93, 209, 183–187).

Mehr noch dem Dekonstruktionsverständnis Derridas als dem de Mans verpflichtet ist Werner Hamachers Aufsatz *Das Beben der Darstellung* über *Das Erdbeben in Chili*. Bei Descartes noch »Metapher möglicher Rekonsolidierung zum Einsturz gebrachter Vorstellungsgebäude«, ist das Erdbeben nach der Katastrophe von Lissabon nunmehr Metapher physischer wie epistemologischer Unsicherheit. Kleists *Erdbeben* gestaltet diese Unsicherheit als Erzählung von »unversicherbare[r] Kontingenz«: »Sie inszeniert den Prozeß einer nicht-synthetischen Dialektik der Kontingenz« (Hamacher 1993, 151–154). Noch die Rettung Jeronimos durch die sich zufällig zu einer Art Gewölbebogen verkeilenden einstürzenden Wände ist nur ein Zufall, der einen anderen aufhebt. Gerade darin aber sieht Hamacher – damit Wegbereiter von Theisens gerade skizziertem Argument – eine Kleist'sche Chiffre: Ausgerechnet im »Zusammenbruch von Erfahrungsregeln« wird »ihre Fortgeltung – im Sturz – bewahrt«. Dieses Prinzip aber soll nicht nur innerhalb der Diegese gelten, sondern auch für die Erzählung selbst: Kleists »Darstellung ist – suspendierter – Sturz«, wie sich Hamacher zufolge

»auf der sprachlichen Ebene« in der »Sprengung der konventionellen, verständnisregulierenden Bedeutungseinheit des Wortes ›Zufall‹« zeigt. »›Zufall‹«, so Hamacher, »ist eine Sprachfigur jenseits von Begriff und Metapher, in der sich die Sprachlichkeit der Sprache als Suspendierung eines ihr transzendenten Sinns artikuliert« (ebd., 156f.). Das ist eine typisch dekonstruktiv-selbstreflexive Wendung vom Dargestellten auf die Darstellung selbst, wie sie sich auch im Titel des Aufsatzes findet: »Kleists *Erdbeben in Chili* stellt dies Erdbeben nicht dar, ohne zugleich das Beben der Darstellung zu sein« (ebd., 161). Gleichzeitig, argumentiert Hamacher, ist Kleists Erzählung dem Dynamisch-Erhabenen in der Natur nachgebildet, wie es Kant in der *Kritik der Urteilskraft* analysiert (ebd., 158).

Deutet Hamacher das Erdbeben schließlich auch als »Theophanie-Topos *par excellence*« und Kleists Erzählung somit als »subversive Form der heiligen Schrift« (164), befasst sich Bettine Menke in ihrem Aufsatz über Kleists *Heilige Cäcilie* mit den Fronleichnamsaporien des Textes (Menke 1995, 211–216) und seinen zeichentheoretischen Implikationen. Wie bei seinen Zeitgenossen der Romantik dient Kleist die Musik als Generalmetapher für eine andere, nicht-defiziente Über-Sprache, deren kommunikative Macht sich allerdings auch als zerstörerische Gewalt manifestieren kann, wie es die Bilderstürmer erleben (ebd., 231). Das mit dem »ganze[n] Schrecken der Tonkunst« assoziierte »[R]auschen[..]« allerdings ist ausdrücklich nicht mit einem auditiven, sondern optischen Effekt assoziiert: nämlich dem Anblick der »unbekannten zauberischen Zeichen« (DKV III, 311) der Partitur. »Die ›Gewalt‹«, so Menke, »wird nicht als die des Klangs, sondern als dessen Überspringen, *vor* und *jenseits* seiner sich ereignen. […] Rauschen ist und trägt sich ein als Desintegration« (Menke 1995, 237, 240).

›Desintegration‹ aber ist nicht nur ein dekonstruktiver Topos, sondern auch der Fluchtpunkt, auf den fast alle dekonstruktiv inspirierten Lektüren am Ende argumentativ – das heißt: mehr oder weniger argumentativ – hinauslaufen. Das ist immer wieder kritisiert worden und mag ebenso als Einwand gelten wie der Vorwurf, die Dekonstruktion verfahre grundsätzlich ahistorisch.

Doch diese Kritik gleitet an der Dekonstruktion ab: Sie hat einfach kein systematisches und kein synthetisches Erkenntnisinteresse – und damit auch kein historisches. Ihr Ehrgeiz gilt dem Aufspüren von Analogien, der anti-systematischen, subversiven Pointe. Wie Till Eulenspiegel nimmt die Dekonstruktion die Metapher beim Wort und den Begriff als Metapher. Im Ergebnis ist das manchmal logisch schief oder unsauber – und im besten Falle ein Effekt wie Penthesileas unreiner Reim »Küsse, Bisse« (DKV II, 254). So gesehen, wäre das Ideal der Dekonstruktion: Schreiben wie Kleist.

Literatur

Chase, Cynthia: Decomposing Figures. Rhetorical Readings in the Romantic Tradition. Baltimore/London 1986.

De Man, Paul: Allegorien des Lesens. Aus dem Amerikanischen von Werner Hamacher/Peter Krumme. Mit einer Einleitung von Werner Hamacher. Frankfurt a. M. 1988.

–: Ästhetische Formalisierung: Kleists *Über das Marionettentheater* [1979]. In: Ders. 1988, 205–233.

Derrida, Jacques: Lettre à un ami Japonais. In: Ders.: Psyché. Inventions de l'autre. Paris 1987, 387–393.

Földényi, László F.: Heinrich von Kleist. Im Netz der Wörter. Aus dem Ungarischen übersetzt von Akos Doma. München 1999.

Gumbrecht, Hans Ulrich: Die Macht der Philologie. Über einen verborgenen Impuls im wissenschaftlichen Umgang mit Texten. Aus dem Amerikanischen von Joachim Schulte. Frankfurt a. M. 2003.

Hamacher, Werner: Das Beben der Darstellung. In: Wellbery ³1993, 149–173.

Hegel, Georg Wilhelm Friedrich: Solgers nachgelassene Schriften und Briefwechsel. In: Ders.: Werke. Auf der Grundlage der Werke von 1832–1845 neu ediert von Eva Moldenhauer und Karl Markus Michel. Frankfurt a. M. 1970, Bd. 11, 205–274.

Heimböckel, Dieter: Emphatische Unaussprechlichkeit. Sprachkritik im Werk Heinrich von Kleists. Ein Beitrag zur literarischen Sprachskepsistradition der Moderne. Göttingen 2003.

Menke, Bettine: Sturm der Bilder und zauberische Zeichen. Kleists *Die heilige Cäcilie oder die Gewalt der Musik. (Eine Legende)*. In: Hendrik Birus (Hg.): Germanistik und Komparatistik. DFG-Symposion 1993. Stuttgart/Weimar 1995, 209–245.

Müller-Salget, Klaus: Das Prinzip der Doppeldeutigkeit in Kleists Erzählungen. In: Zs. für deutsche Philologie 92 (1973), 185–211.

Theisen, Bianca: Bogenschluß. Kleists Formalisierung des Lesens. Freiburg i.Br. 1996.

Wellbery, David E. (Hg.): Positionen der Literaturwissenschaft. Acht Modellanalysen am Beispiel von Kleists *Das Erdbeben in Chili*. München ³1993.

Stefan Boernchen

4. Kulturwissenschaften

In der anglo-amerikanischen Philologie wird seit Anfang der 1960er Jahre über Konzepte einer Literaturwissenschaft mit kulturtheoretischer Ausrichtung nachgedacht (*cultural turn*); im deutschsprachigen Raum beherrscht das Stichwort ›Kulturwissenschaft‹ seit etwa 1990 die Debatten um eine Neuorientierung der Geisteswissenschaften. Der Begriff ›Kulturwissenschaft‹ ist dabei in zwei Varianten gebräuchlich: im engeren Sinn als Disziplin, die sich mit Erscheinungen der Kultur beschäftigt; im weiteren Sinn als interdisziplinäre Verzahnung von Geistes- und Naturwissenschaften, als produktive Schnittstelle von Literaturwissenschaft, Physik, Medizin, Geschichte, Rechtswissenschaft, Ökonomie etc.

Kulturwissenschaftlich orientierte Studien zu Kleists Werk beschäftigen sich daher entweder mit der Frage »Welche Rückschlüsse lassen sich aus Kleists Texten diachron und synchron für das Phänomen der Kultur gewinnen?« oder machen Kleists Werk – um ein Bild Stephen Greenblatts zu benutzen – als Kräftefeld sichtbar, in dem soziokulturelle Energien aus den Wissensfeldern Medizin, Pädagogik, Politik, Psychologie, Technik, Bildende Kunst etc. zirkulieren und das seinerseits diese Diskurse mit neuen Impulsen bereichert. Literatur wird als ein (wichtiges!) Element im komplex vernetzten Bedeutungszusammenhang kultureller Praktiken untersucht.

Diese Grundannahme führt in Bezug auf kulturwissenschaftlich orientierte Deutungen zu einem großen Methodenpluralismus: Kulturanthropologie (Welche Wechselwirkung ergibt sich zwischen kulturellen und individuellen sowie zwischen unterschiedlichen kulturellen Identitätsentwürfen?), Kulturgeschichte (Wie verändern sich kulturelle Diskurse im Verlauf der Historie?), Interkulturelle Kommunikation (Wie interagieren und kommunizieren verschiedene

Kulturen?), Kulturökologie (In welchem Verhältnis stehen Kultur und Natur?), Kulturwissenschaftliche Xenologie (Welche Konzepte von Fremdheit prägen die kulturelle Identitätsbildung?), Kulturelle Geschlechterforschung (Welche Rolle spielen kulturelle Standards für die Konzepte von Männlichkeit und Weiblichkeit?; s. Kap. V.10, VI.5) etc.

Kleists Werk zeigt sich für kulturwissenschaftliche Fragestellungen besonders geeignet: Seine Texte reflektieren grundlegend das Phänomen ›Kultur‹ und verbinden programmatisch geistes- und naturwissenschaftliche Wissensbereiche (s. Kap. IV).

Ausgangspunkte vieler Definitionen des Begriffs ›Kultur‹ sind das Gegensatzpaar Natur / Kultur und die Vorstellung der kulturellen Kultivierung (lat. *cultura*: Pflege, Landbau), die sich nicht nur auf eine Überformung der Natur im Ackerbau bezieht, sondern auf die Erziehung des Menschen (v.a. durch Pädagogik, Religion und Kunst) übertragbar ist. Um diese Konstanten kreist eine im 18. Jh. intensiv wie nie zuvor geführte Debatte über Kultur, auf die sich auch Kleists Texte beziehen.

Aufklärerische Kulturkonzepte betonen die positive Entwicklung, die den Menschen durch kulturelle Verfeinerung über seinen Naturzustand erhebt und in eine unabschließbare, aber stetig ›aufwärts‹ führende Bewegung versetzt. Die Kultur gestaltet, ordnet, perfektioniert die Natur und wird somit zur Schlüsselsemantik der europäischen Aufklärung (vgl. noch Herders *Ideen zur Philosophie der Geschichte der Menschheit*, 1784–91). Diesem Kulturoptimismus entspringen in der zweiten Hälfte des 18. Jh.s erste Ansätze der Kulturgeschichtsschreibung, die sich von den Ausnahmesituationen der Haupt- und Staatsaktionen emanzipiert und die alltägliche Lebenswelt der Masse – durchaus mit erzieherischen Absichten – in den Blick nimmt (Voltaires *Essay sur l'histoire générale et sur les mœurs et l'esprit des nations*, 1756; Johann Christoph Adelungs *Versuch einer Geschichte der Cultur des menschlichen Geschlechts*, 1782; Edward Gibbons *The history of the decline and fall of the roman empire*, 1776–88).

Eine aufklärerische Hierarchie der überlegenen Kultur und der unterlegenen Natur spiegeln Kleists Texte, etwa *Penthesilea*, und ziehen sie zugleich radikal in Zweifel. Damit geben sie der im kulturellen Identitätsbildungsprozess verdrängten Natur eine Stimme und äußern Kulturkritik, wie sie im 18. Jh. gegenläufig zur Kulturideologie der Aufklärung erstmals von Rousseau und anderen formuliert wird (s. Kap. III.4).

Auch für aktuelle Kulturdefinitionen bietet Kleists Werk reizvolle Impulse. Kultur besteht aus einem von Menschen angefertigten Gewebe überindividuellen Wissens, an dem eine Gruppe über Generationen hinweg unabschließbar weiterspinnt. Neuere kulturtheoretische Studien betonen daher den Aspekt von »Kultur als Text«: Alles, was der Mensch produziert, wahrnimmt und reproduziert, ist kulturell geprägt und auch kulturbildend. Diese Prozesse vollziehen sich textuell, narrativ. Kultur kann damit nicht mehr als ein »einheitliches Gesamtgefüge« beschrieben werden, »das in der Summe von Normen, Überzeugungen, kollektiven Vorstellungen und Praktiken aufgeht. Kultur ist vielmehr eine Konstellation von Texten, die – über das geschriebene oder gesprochene Wort hinaus – auch in Ritualen, Theater, Gebärden, Festen usw. verkörpert sind« (Bachmann-Medick 2004, 10). Die intensive Reflexion, die in Kleists Werken über die Textualität von Wahrnehmung und Erkenntnis sowie über die (durchaus kritisch gewertete) Dominanz der Sprache in allen Bereichen menschlicher Existenz zu finden ist, bietet hier ertragreiche Anknüpfungspunkte (s. Kap. V.6, V.11, V.27).

Penthesilea – das Stück, in dem sich so viele geistes- wie naturwissenschaftliche Diskurse schneiden – eignet sich als ideales Exempel für kulturwissenschaftliche Deutungskonzepte.

Die seit den 1970er Jahren sich ausdifferenzierende Methode der Kulturanthropologie (vgl. Clifford Geertz: *The Interpretation of Cultures*, dt.: *Dichte Beschreibung*), die sich mit »(fremden) Kulturen, [...] ihrer Erfahrung, Analyse und Darstellung« beschäftigt (Bachmann-Medick 2008, 86), lässt sich insbesondere in Bezug auf die Frage nach Alterität für die Interpretation literarischer Texte fruchtbar machen. Jeder literarische Text lotet die Grenzen der eigenen kulturellen Identität aus und beschäftigt sich mit dem kulturell

Fremden (Bachmann-Medick 2004, 9). Die Analyse kultureller Identitätsentwürfe, die immer auch auf einer Grenzziehung zu dem als fremd Definierten beruhen, steht im Zentrum kulturanthropologischer Textdeutungen. Anhand der Texte wird die Frage nach kulturellen Differenzen, nach dem Fremden gestellt; problematische Ideologisierungen und Machtgefüge können somit sichtbar gemacht und kritisch reflektiert werden.

Penthesilea führt anhand der Griechen und Amazonen die agonale Differenz zweier Kulturen vor und skizziert, wie kulturelle Selbstbilder durch die Wahrnehmung des Andersartigen entstehen, welche Rolle Narrationen dabei spielen, wie Selbst- und Fremdbilder in zerstörerische kulturelle Hierarchien umschlagen, die den Glücksanspruch des Einzelnen gefährden. Die Differenzen zwischen Griechen und Amazonen manifestieren sich insbesondere in unterschiedlichen kulturellen Riten wie den Ritualen der Brautwerbung und Hochzeit, überhaupt den Geschlechterrollen. Auch der mythische Stoff an sich – Penthesilea und Achill – in seiner konkreten Aktualisierung durch Kleists Drama bietet die interessante Möglichkeit zum synchronen wie diachronen Kulturvergleich, was unterschiedliche Zugänge zum mythischen Muster angeht.

An diesem Punkt berühren sich Kulturanthropologie und Interkulturelle Kommunikation. Die Erforschung von Interkulturalität entlarvt jede Grenze zwischen zwei Kulturen als Fiktion. Keine Kultur ist hermetisch von anderen abgeschlossen, sondern interagiert beständig und vielfältig mit diesen. Die Grundidee dazu entsteht in ersten Ansätzen übrigens zu Kleists Lebzeiten; die Ringparabel in Lessings *Nathan* zeigt diesen Paradigmenwechsel: Sie beruht auf der Annahme, Moslems, Juden und Christen seien in ihren Kulturen objektiv und wesensmäßig unterschiedlich, löst diese Festschreibung aber bewusst auf und betont die interkulturellen Übereinstimmungen, ja sucht nach dem Eigenen im Fremden.

Auch Kleists *Penthesilea* deckt die kulturellen Fremd- und Selbstbilder der Amazonen und Griechen als Konstrukt auf. Eine Deutung, die sich methodisch an Fragen der interkulturellen Kommunikation orientiert, arbeitet sie heraus

und richtet den Blick darauf, wie sich Angehörige unterschiedlicher Kulturen austauschen (paradigmatisch Achill und Penthesilea). In ihrem Zusammentreffen manifestieren sich die kulturell geprägten Verhaltensmuster (»Kulturstandards«). Im Kontakt zweier Kulturen verwischen sich diese klaren Definitionen und eine Grenzzone entsteht, in der die Kulturen ein Stück weit eigene Positionen aufgeben und fremde übernehmen (*third culture*). Die Liebesbeziehung der beiden politischen Repräsentanten ihres Staates, Penthesilea und Achill, potenziert geradezu Schemata der interkulturellen Kommunikation mit ihrer Differenzerfahrung, aber auch der Auflösung fester Kulturstandards.

Den Aspekt der Fremdwahrnehmung, und damit eine xenologische Deutung, unterstützen noch weitere Texte Kleists, insbesondere *Die Verlobung in St. Domingo*, deren Gegensatzpaar Schwarz / Weiß unter anderem als Problematisierung von Alteritätskonzepten der preußischen Gesellschaft um 1800 zu deuten ist. Zwar scheint die Novelle kulturelle Stereotypen zu bestätigen (je ›schwärzer‹ die Hautfarbe der Figuren ist, desto moralisch ›verkommener‹ sind sie; auch erfüllt die Mulattin Toni mehrere erotische Klischees), was in der Kleist-Forschung durchaus zu der kritischen Frage führte: »Hatte Kleist Rassenvorurteile?« (Horn 1975, 117; s. Kap. VI.6). Aber der Text löst die Gegensätze und kulturellen Festschreibungen in zahllose Zwischentöne, in eine *third culture*, auf, indem die Mulattin Toni zur Identifikationsfigur wird, sich – wie bei Penthesilea und Achill – zwischen Toni und Gustav eine interkulturelle Liebesbindung ergibt und selbst der weiße Protagonist moralisch fragwürdige Züge zeigt.

Mittlerweile liegt eine Vielzahl von Studien vor, die sich – explizit wie implizit – mit kulturwissenschaftlich orientierten Methoden Kleists Werk nähern. So erschließen beispielsweise Neumann (1994) und Girard (1985) einen kulturanthropologischen Zugang zu Kleists Texten. Das Gruppenverhalten der Figuren in Kleists *Erdbeben in Chili* zeigt, kulturanthropologisch analysiert, »vor allem in der Ansteckung mimetischer Rivalität und Gewalt [...] Ursprünge von Mythos und Ritual« (Girard 1985, 147), die in Hinblick auf Identität und Alterität aufschlussreich sind.

Die kulturwissenschaftliche Verbindung von Physik und Philologie nutzen die Studien von Lorenz (1991), Selbmann (2004), Hinderer (2005) und Daiber (2005). Sie setzen Kleists großes Interesse an Experimentalphysik, geprägt von seinem Studium in Frankfurt an der Oder bei Christian Ernst Wünsch, in Bezug zu Kleists Ästhetik. Die Polarität von Körpern im Prozess elektrostatischer Influenz, mit der sich Kleist nachweislich beschäftigte, findet ihre Analogie in den polaren Konstellationen, die die Novellen, Dramen und Essays leitmotivisch durchziehen (Hinderer 2005, 44). Die wechselhafte Anziehung und Abstoßung von Figuren wie Penthesilea und Achill zeigt ähnliche Muster.

Kleist interpretiert naturwissenschaftliche Hypothesen daher anthropologisch und macht diese kulturwissenschaftliche Verbindung ästhetisch produktiv. Mehr noch: die naturwissenschaftliche Perspektive wird durch die poetische erweitert, indem Kleists Texte eine Synthese der Gegensätze, einen Bereich des Dritten, verwerfen: »Diese verweigerte Figur des Dritten [...] wird über das einzelne Textbeispiel hinaus bei Kleist zu einem literarischen Narrativ erhoben, welches als Störer und Mittler gleichermaßen innerhalb des poetischen Systems fungiert« (Daiber 2005, 61).

Literatur

Assmann, Aleida: Einführung in die Kulturwissenschaft. Grundbegriffe, Themen, Fragestellungen. Berlin 2006.

Bachmann-Medick, Doris (Hg.): Kultur als Text. Die anthropologische Wende in der Literaturwissenschaft. Frankfurt a. M. ²2004.

Bachmann-Medick, Doris: Kulturanthropologie. In: Nünning u. a. (Hg.): Konzepte der Kulturwissenschaften. Theoretische Grundlagen – Ansätze – Perspektiven. Stuttgart u. a. 2008, 86–107.

Böhme, Hartmut/Scherpe, Klaus R. (Hg.): Literatur und Kulturwissenschaften. Positionen, Theorien, Modelle. Reinbek 1996.

Daiber, Jürgen: »Nichts Drittes ... in der Natur?«: Kleists Dichtung im Spiegel romantischer Selbstexperimentation. In: KJb 2005, 45–66.

Fauser, Markus: Einführung in die Kulturwissenschaft. Darmstadt 2003.

Girard, René: Theorie der Mythologie / Anthropologie.

In: David E. Wellbery (Hg.): Positionen der Literaturwissenschaft. Acht Modellanalysen am Beispiel von Kleists *Das Erdbeben in Chili*. München 1985, 130–148.

Hinderer, Walter: Ansichten von der Rückseite der Naturwissenschaft: Antinomien in Heinrich von Kleists Welt- und Selbstverständnis. In: KJb 2005, 21–44.

Horn, Peter: Hatte Kleist Rassenvorurteile? Eine kritische Auseinandersetzung mit der Literatur zur *Verlobung in St. Domingo*. In: Monatshefte 67 (1975), 117–128.

Lorenz, Otto: Experimentalphysik und Dichtungspraxis. Das »Geheime Gesetz des Widerspruchs« im Werk Heinrich von Kleists. In: Nicholas Saul (Hg.): Die deutsche literarische Romantik und die Wissenschaften. München 1991, 72–90.

Neumann, Gerhard: Das Stocken der Sprache und das Straucheln des Körpers. Umrisse von Kleists kultureller Anthropologie. In: Gerhard Neumann (Hg.): Heinrich von Kleist. Kriegsfall – Rechtsfall – Sündenfall. Freiburg i. Br. 1994, 13–29.

Nünning, Ansgar: Kulturwissenschaftliche Literaturwissenschaft. Disziplinäre Ansätze, theoretische Positionen, transdisziplinäre Perspektiven. Tübingen 2004.

– u. a. (Hg.): Einführung in die Kulturwissenschaften. Theoretische Grundlagen – Ansätze – Perspektiven. Stuttgart 2008.

Schößler, Franziska: Literaturwissenschaft als Kulturwissenschaft. Eine Einführung. Tübingen 2006.

Selbmann, Rolf: Gleichnis, Formel und Blitz. Heinrich von Kleists Begründungsfiguren im ästhetischen und wissenschaftlichen Diskurs der Epoche. In: Scientia poetica 8 (2004), 31–45.

Andrea Bartl

5. Gender-Forschung

Gender Studies als Paradigmenwechsel: Die Gender Studies etablierten sich Anfang der 1990er Jahre in der deutschen universitären Landschaft in Abgrenzung zur feministischen Literaturwissenschaft der 70er und 80er Jahre, die sich mit dem Œuvre Kleists nur am Rande auseinandergesetzt hatte. Der feministischen Literaturwissenschaft war es, neben dem (archäologischen) Projekt, Texte schreibender Frauen wieder zu entdecken und der Konzeption einer écriture féminine, um die Rekonstruktion von ›Frauenbildern‹ in Texten zu tun, die als durch ein dichotomisches Schema (Heilige versus Hure, Madonna versus Mätresse) organisiert betrachtet wurden. Einer solchen Kategorisierung ihrer ›Frauenbilder‹ in ein simples dichotomisches Schema hatten sich die Kleist'schen Erzählungen und Dramen verweigert. Die Gender Studies, zu deren wichtigsten Theoretikerinnen Judith Butler (mit ihrer 1990 erschienenen, schnell Kultstatus erwerbenden Studie *Gender Trouble*) und Teresa de Lauretis (als deren wirkmächtigste Schrift *Technologies of Gender* aus dem Jahr 1987 genannt werden kann) gehören, lösten sich von den sogenannten *images of women studies*. Sie verabschiedeten die Unterscheidung zwischen *sex* (biologischem Geschlecht) und Gender (der soziokulturellen Geschlechterrolle) – und damit eines der theoretischen Grundaxiome des ›klassischen‹ Feminismus. *Sex* wie Gender werden als diskursiv verfasst und performativ hervorgebracht begriffen.

Geschlechter- und Intimitätsmodelle: Für die Kleist-Forschung ist dieser Paradigmenwechsel, die Ablösung von feministischer Literaturwissenschaft durch Gender-Forschung, als besonders produktiv zu bewerten. Die Fragen der Gender Studies danach, wie das Kleist'sche poetische Œuvre die Kategorie ›Gender‹ komplex und widersprüchlich verhandelt und wie es ›Gender‹ performativ hervorbringt, erwiesen sich als überaus fruchtbar. Entwirft Kleist noch in den sogenannten *Brautbriefen* an Wilhelmine von Zenge (s. Kap. II.6) ein rousseauistisch inspiriertes, ganz auf die ›Natur‹ und den Geschlechtscharakter setzendes Weiblichkeitsideal (und damit korrespondierend eine Männlichkeitskonstruktion, die ganz auf den zeitgenössischen Erwartungshorizont ausgerichtet ist), erscheinen die Protagonistinnen in den Erzählungen oder Dramen als ›androgyn‹ oder zumindest untypisch angelegt, verstoßen mit ihren Verhaltensmustern gegen Weiblichkeitspräskriptionen. Dieser Krise der Weiblichkeit an die Seite gestellt ist eine Krise der Männlichkeit: die Kleist'schen Protagonisten versuchen sich – immer wieder scheiternd – an verschiedenen Männlichkeitsmodellen und -entwürfen. Diese Männlichkeitsmodelle orientieren sich an zeitgenössischen Vorgaben der Spätaufklärung (s. Kap. III.4–5, IV.2), der Empfindsamkeit und der Romantik (s. Kap. III.10), die mit-

einander verschränkt und gegeneinander geführt werden. Die Männlichkeits- (wie auch die Weiblichkeits-)Repräsentationen, die in Kleists Texten erprobt werden, dokumentieren die schwierigen, historisch variablen Konstruktionsmechanismen geschlechtlicher Identität (s. Kap. V.10, V.16). Auch die brieflichen Entwürfe von Geschlechter- und Intimitätsmodellen gehen über das Präskript hinaus, das für die *Brautbriefe* bestimmend ist, entwerfen etwa das Modell einer Art von Geschwisterehe mit Ulrike von Kleist oder in dem bekannten Brief an Ernst von Pfuel vom 7. Januar 1805 eine homoerotisch aufgeladene Freundschaftskonstellation (vgl. Herrmann 1997; s. Kap. II.6.).

Aspekte genderspezifizierter Lektüren: Zwar nimmt die genderspezifizierte Kleist-Forschung, die sich mit den Mechanismen der Konstruktion und immer auch der Dekonstruktion (s. Kap. VI.3) geschlechtlicher Identitäten beschäftigt, nur *einen* Aspekt des Œuvres in den Blick, thematisiert damit aber die wohl wichtigste gesellschaftskonstituierende Differenz der bürgerlichen Moderne: die Geschlechterdifferenz, deren Verhandlung im Zentrum einer ganzen Reihe von Kleist'schen Texten steht. Überdies thematisiert sie mit der Kategorie ›Gender‹ eine privilegierte Funktionsstelle, an der sich andere Diskurse ›ablagern‹. So bezieht *Die Verlobung in St. Domingo* ›Gender‹ auf den ›Rasse‹-Diskurs. Kleists zu Beginn des 19. Jh.s auf Haiti spielende Erzählung kompliziert eine Liebesgeschichte (s. Kap. V.20) durch den Rassengegensatz; die Kategorien ›Geschlecht‹ und ›Rasse‹ erweisen sich als bewegliche, miteinander verflochtene. Ist es zunächst die ethnische Zugehörigkeit, die die Positionen der Figuren zu fixieren scheint, verschiebt sich der Fokus der Erzählung auf die Frage, welche Weiblichkeitsmodelle die Protagonistin Toni nachstellt (vgl. Weigel 1991, 209f.). In der *Marquise von O...* wird eine als Auslassung markierte Vergewaltigung zum Ausgangspunkt einer Exploration der zeitgenössischen Diskurse um den weiblichen Geschlechtscharakter; quasi experimentell kombiniert die Erzählung tugendhaftes Bewusstsein, ›Unschuld‹ und schwangeren Körper – und verhandelt das Geschlechterverhältnis im Spannungsfeld zwischen Geschlechterkrieg und Geschlechterliebe. »Die Frau in ihrer Doppelrolle als Engel und Dirne und der Mann in seiner doppelten Charaktermaske als Liebender und Vergewaltiger werden in der Novelle in eben dieser ihrer Zwiegesichtigkeit gezeigt: im Spiel des Begegnungsmusters zwischen Mann und Frau einerseits, zwischen Vater und Tochter andererseits« (Neumann 1994, 170f.).

In Kleists Drama *Prinz Friedrich von Homburg* werden Spielformen von Männlichkeit inszeniert; am Ende der vorgeführten Initiation steht ein Protagonist, dessen *performing masculinity* martialisch konfiguriert ist, der durch absoluten Kampfeswillen besticht: »In Staub mit allen Feinden Brandenburgs!« (DKV II, 644). Vor dieser Transformation zur männlichen Kriegsmaschine, einer Männlichkeitspräsentation, die zeitgenössische Genderkonzepte nicht nachstellt, sondern als deren Hypertrophie zu lesen ist, präsentiert der *Prinz von Homburg* den Protagonisten auch als vor Todesfurcht wimmernden: das Drama stellt die Verwerfungen und Gefährdungen der prekären Initiation zur Männlichkeit mit großer Drastik dar (Liebrand 2000). Geht es im *Prinzen von Homburg* in erster Linie um Männlichkeitsperformanzen, explorieren die Dramen *Käthchen von Heilbronn* und *Penthesilea*, von Kleist im Brief vom 8.12.1808 an Heinrich Joseph von Collin dem *Käthchen* als Plus dem Minus gegenübergestellt (DKV IV, 424), Weiblichkeitskonfigurationen. Käthchen folgt ihrem »Herren«, dem Graf Wetter von Strahl, »einem Hunde gleich« (DKV II, 404) in traumwandlerischer Unbeirrbarkeit (Klüger 1993). Weibliche Selbstaufgabe, wie sie die zeitgenössischen Genderdiskurse propagieren, erscheint als Vexierbild einer Selbstermächtigung, die ganz auf das Projekt, das eigene Begehren zu verfolgen, ausgerichtet ist. Die Amazone Penthesilea zerreißt ihren Geliebten Achill; der topische Liebeskrieg zwischen den Geschlechtern wird radikal entmetaphorisiert.

Literatur

Bronfen, Elisabeth: Liebeszerstückelung. Penthesilea mit Shakespeare gelesen. In: KJb 1999, 174–193.
Gelus, Marjorie: Josephe und die Männer. Klassen- und Geschlechteridentität in Kleists Erdbeben in Chili. In: KJb 1994, 118–140.
Gribnitz, Barbara: Schwarzes Mädchen, weißer Fremder. Studien zur Konstruktion von ›Rasse‹ und Geschlecht in Heinrich von Kleists Erzählung *Die Verlobung in St. Domingo*. Würzburg 2002.
Haverkamp, Anselm/Vinken, Barbara: Die zurechtgelegte Frau. Gottesbegehren und transzendentale Familie in Kleists *Marquise von O*. In: Gerhard Neumann (Hg.): Heinrich von Kleist. Kriegsfall – Rechtsfall – Sündenfall. Freiburg i.Br. 1994, 127–148.
Herrmann, Britta: Auf der Suche nach dem sicheren Geschlecht. Männlichkeit um 1800 und die Briefe Heinrich von Kleists. In: Dies./Walter Erhart (Hg.): Wann ist ein Mann ein Mann? Zur Geschichte der Männlichkeit. Stuttgart/Weimar 1997, 212–234.
Klüger, Ruth: Die andere Hündin – Käthchen. In: KJb 1993, 103–115.
Künzel, Christine: Vergewaltigungslektüren. Zur Codierung sexueller Gewalt in Literatur und Recht. Frankfurt a. M. 2002, 23–89.
Liebrand, Claudia: Preußische Initiationen. Kleists *Prinz Friedrich von Homburg*. In: Der Deutschunterricht 52/5 (2000), 21–26.
Lubkoll, Christine: Mythos Musik. Poetische Entwürfe des Musikalischen in der Literatur um 1800. Freiburg i.Br. 1995, 197–224.
Naumann, Barbara: Inversionen. Zur Legende des Geschlechts in Kleists Erzählung *Die heilige Cäcilie oder Die Gewalt der Musik*. In: Corinna Caduff/Sigrid Weigel (Hg.): Das Geschlecht der Künste. Köln u. a. 1996, 105–135.
Neumann, Gerhard: Skandalon. Geschlechterrolle und soziale Identität in Kleists Erzählung *Marquise von O...* und in Cervantes' Novelle *La fuerza de la sangre*. In: Ders. (Hg.): Heinrich von Kleist. Kriegsfall-Rechtsfall-Sündenfall. Freiburg i.Br. 1994, 149–192.
Pfeiffer, Joachim: Die Konstruktion der Geschlechter in Kleists *Penthesilea*. In: Christine Lubkoll/Günter Oesterle (Hg.): Gewagte Experimente und kühne Konstellationen. Kleists Werk zwischen Klassizismus und Romantik. Würzburg 2001, 187–198.
Runte, Annette: Traum-Bild-Schrift. Zur Rhetorik der Geschlechter in Kleists *Käthchen von Heilbronn*. In: Marianne Schuller/Nikolaus Müller-Schöll (Hg.) unter Mitarbeit von Susanne Gottlob: Kleist lesen. Bielefeld 2003, 117–136.
Schuller, Marianne: Den »Übersichtigkeiten« das Wort geredet. Oder »Verrückte Rede?« Zu Kleists *Penthesilea*. In: Nathalia Amstutz/Martina Kuoni (Hg.): Theorie – Geschlecht – Fiktion. Frankfurt a. M. 1994, 61–74.
Stefan, Inge: »Da werden Weiber zu Hyänen...« – Amazonen und Amazonenmythen bei Schiller und Kleist. In: Inge Stefan/Sigrid Weigel (Hg.): Feministische Literaturwissenschaft. Dokumentation der Tagung in Hamburg vom Mai 1983. Berlin 1984, 22–42.

Weigel, Sigrid: Der Körper am Kreuzpunkt von Liebes-
geschichte und Rassendiskurs in Heinrich von Kleists
Erzählung *Die Verlobung in St. Domingo*. In: KJb
1991, 202–217.
Wellbery, David E.: *Der zerbrochne Krug*. Das Spiel der
Geschlechterdifferenz. In: Walter Hinderer (Hg.):
Kleists Dramen. Interpretationen. Stuttgart 1997,
11–32.

Claudia Liebrand

6. Postkolonialismus

Postkoloniale Literaturwissenschaft fragt nach
der literarischen Konstruktion kultureller Differenzen und nach der Bedeutung des europäischen
Kolonialismus für die Thematik und ästhetische
Struktur literarischer Texte. Dementsprechend
konzentriert sich die postkoloniale Auseinandersetzung mit Kleist auf die *Verlobung in St. Domingo*: Angesiedelt während des erfolgreichen
Aufstands der afrokaribischen Bevölkerung Haitis gegen die um Wiedereinführung der Sklaverei
bemühte französische Kolonialmacht, ist Kleists
Geschichte um Liebe, Vertrauen und Verrat zwischen einem europäischen Offizier und der Tochter einer mulattischen Sklavin der ›klassische‹
deutschsprachige Text, in dem koloniale Verhältnisse eine entscheidende Rolle spielen.

Entsprechend intensiv wurde die *Verlobung* in
postkolonialer Perspektive diskutiert, wobei der
Text insbesondere auch die methodologische Reflexion innerhalb des postkolonialen Paradigmas
herausforderte (für einen Forschungsbericht vgl.
Bay 2005). Ihr spezifisches Profil gewannen postkoloniale Ansätze in Auseinandersetzung mit
zwei konkurrierenden Strömungen der Kleist-
Forschung. Während ältere, hermeneutisch orientierte Arbeiten zur *Verlobung* die Handlungsebene in den Mittelpunkt rückten und Kleists
Thematisierung von Liebe, Vertrauen, Täuschung
und Verrat als Auseinandersetzung mit allgemein
menschlichen Problemen verhandelten, akzentu-
ierten dekonstruktivistisch orientierte Ansätze
die durch die Neuedition des Textes im Rahmen
der BKA ins Licht gerückte Spezifik der
Kleist'schen Erzählweise, um sie in einem poetologischen Rahmen zu diskutieren. Postkolonial
orientierte Beiträge arbeiteten demgegenüber die

historisch-politische Dimension des Textes heraus und stellten die Frage der Rassenverhältnisse
in den Mittelpunkt.

Charakteristisch für den forschungsgeschicht-
lichen Durchbruch des postkolonialen Paradigmas Anfang der 1990er Jahre waren eine primär
diskursanalytische Herangehensweise und die
Verknüpfung der Fragen nach *race* und *gender*.
Frühere Arbeiten zum Verhältnis zwischen
›Schwarzen‹ und ›Weißen‹ hatten nach der Beurteilung von Kolonialismus, Sklaverei und Revolution innerhalb der Erzählung gefragt, Kleist eine
Parteinahme zugunsten der ›Schwarzen‹ beschei-
nigt und den haitianischen Unabhängigkeits-
kampf auf die historische Situation in Preußen bezogen. Demgegenüber erlaubten nun eine genau-
ere historische Situierung, die Erschließung neuer
diskursiver Kontexte sowie vor allem ein Wechsel
der Analyseebene eine differenziertere politische
Einschätzung und eine Einbeziehung der Liebesgeschichte in die postkoloniale Fragestellung.

Im Sinn einer erweiterten Kontextualisierung
wurde diskutiert, inwiefern die Beurteilung der
haitianischen Revolution innerhalb der Erzählung derjenigen in der zeitgenössischen Publizistik entspricht und wie sich die erzählte Liebesgeschichte zum Genre der Kolonialidylle verhält
(Uerlings 1991, 1997; Zantop 1994, 1999). Gleichzeitig verlagerte sich die analytische Aufmerksamkeit von der Beurteilung von Kolonialismus
und Rassenverhältnissen durch die verschiedenen narrativen Instanzen des Textes auf die impliziten Konzepte, Bilder und Darstellungsmuster. In einer einflussreichen und für diese Verlagerung paradigmatischen Arbeit betonte Sigrid
Weigel (1991) das Ineinandergreifen von Rassen-
und Geschlechterverhältnissen, analysierte den
im Text entfalteten Hautfarbendiskurs und diskutierte Tonis unklare Identität vor dem Hintergrund des von der Erzählung eröffneten Gegensatzes zwischen der ›schwarzen‹, Verderben brin-
genden Verführerin und der ›weißen‹, sich
opfernden Braut.

Diese Aspekte erwiesen sich für die postkolonial orientierte Forschung der 1990er Jahre als
richtungsweisend. Betont wurden hier die Befangenheit des Protagonisten in rassistischen Wahr-
nehmungsmustern (Werlen 1992), das Versagen

seiner humanistischen Orientierungsstrategien (Herrmann 1997), die Unangemessenheit seiner bürgerlich-individualistischen Ethik (Pan 1999), die hierarchisierende Konstruktion des Schwarz-Weiß-Gegensatzes und die von Toni durchlaufene ›Rassenkarriere‹ (Bay 1998). Umstritten blieb u. a., inwiefern Tonis Tod die in Frage gestellte Rassenordnung symbolisch wiederherstelle und wie sich die Erzählung als ganze zu den in ihr exponierten politischen Positionen und diskursiven Mustern verhalte.

Will man die Einschätzung der *Verlobung* in der postkolonialen Forschung der 1990er Jahre auf einen gemeinsamen Nenner bringen, so bietet sich die Aussage an, dass Kleists Erzählung den europäischen Rassen- und Geschlechterdiskurs zugleich wiederhole und subvertiere. Dieser etwas ratlose Minimalkonsens verweist auf ein methodologisch bedingtes Unvermögen, die narrativen Irritationspotential des Textes in eine postkoloniale Analyse mit einzubeziehen und die von dekonstruktivistischen Ansätzen aufgeworfenen Fragen der Lesbarkeit und der poetologischen Selbstreflexion aufzugreifen. Während sich eine diskursanalytisch reformulierte Ideologiekritik im Sinn von Saids *Orientalismus*-Studie (1981) als geeignet erwies, die Reichweite und den strukturbildenden Effekt des Rassen- und Geschlechterdiskurses in Kleists Erzählung herauszuarbeiten, stand sie dessen Destabilisierungen eher hilflos gegenüber.

Die Veränderungen innerhalb der neueren postkolonialen Theoriebildung dürften mit dazu beigetragen haben, dass sich hier mittlerweile neue Ansätze abzeichnen. Gegenüber einem rein diskursanalytischen Vorgehen ist das Bemühen in den Vordergrund getreten, dekonstruktivistische Verfahren politisch fruchtbar zu machen, um die Subversionspotentiale der Texte besser ausloten zu können. So ermöglicht der von Elke Heckner (2001) ins Spiel gebrachte ›Mimikry‹-Begriff Homi Bhabhas (2000), die Themen der Täuschung, der List und des Scheins, die die Handlungsebene des Textes mit der ihm immanenten Reflexion auf seine eigene Lesbarkeit verbinden, auf die asymmetrischen Machtverhältnisse der kolonialen Situation zu beziehen (vgl. auch Zantop 2003). In ähnlicher Weise lässt sich

der postkoloniale Begriff der ›Hybridität‹ für eine Lektüre der *Verlobung* nutzbar machen (Loster-Schneider 2003). Eine weitere Möglichkeit, die Subversionspotentiale des Textes in eine postkoloniale Lektüre mit einzubeziehen, ergibt sich aus der historischen Signifikanz der haitianischen Revolution als Beginn der Dekolonisierungsbewegung. Begreift man sie als ein Ereignis, mit dem die kolonisierten ›Anderen‹ aus ihrem für die Konstruktion der europäischen Identität grundlegenden Bild ausbrachen (Weigel 1991), so lassen sich das Thema der Täuschung und die Frage der Lesbarkeit auch auf diese grundlegende Erschütterung des europäischen Selbstverständnisses beziehen (Bay 1998 und 2005).

Literatur

Bay, Hansjörg: »Als die Schwarzen die Weißen ermordeten«. Nachbeben einer Erschütterung des europäischen Diskurses in Kleists *Verlobung in St. Domingo*. In: KJb 1998, 80–108.

–: Germanistik und (Post-)Kolonialismus. Zur Diskussion um Kleists *Verlobung in St. Domingo*. In: Axel Dunker (Hg.): (Post-)Kolonialismus und deutsche Literatur. Impulse der angloamerikanischen Literatur- und Kulturtheorie. Bielefeld 2005, 69–96.

Bhabha, Homi K.: Die Verortung der Kultur [1994]. Tübingen 2000.

Fischer, Bernd: Zur politischen Dimension der Ethik in Kleists *Die Verlobung in St. Domingo*. In: Dirk Grathoff (Hg.): Heinrich von Kleist. Studien zu Werk und Wirkung. Opladen 1988, 248–262 (auch in: B.F.: Ironische Metaphysik. Die Erzählungen Heinrich von Kleists. München 1988, 101–112).

Gribnitz, Barbara: Schwarzes Mädchen, weißer Fremder. Studien zur Konstruktion von ›Rasse‹ und Geschlecht in Heinrich von Kleists Erzählung *Die Verlobung in St. Domingo*. Würzburg 2002.

Heckner, Elke: Zur Ambivalenz kolonialer Mimikry in Kleists *Verlobung in St. Domingo*. In: KJb 2001, 226–244.

Herrmann, Hans Peter: *Die Verlobung in St. Domingo*. In: Walter Hinderer (Hg.): Heinrich von Kleist. Erzählungen. Stuttgart 1997, 111–141.

Loster-Schneider, Gudrun: Von Amphibien und Zwittern, Mannweibern und Mauleseln. Nationalkulturelle und sexuelle Hybridität in Heinrich von Kleists *Die Verlobung in St. Domingo*. In: Dies. (Hg.): Geschlecht – Literatur – Geschichte II. Nation und Gesellschaft. St. Ingbert 2003, 53–77.

Pan, David: Defending the Premodern Household against the Bourgeois Family. Anti-Enlightenment

Anticolonialism in Heinrich von Kleist's *Die Verlobung in St. Domingo*. In: Colloquia Germanica 32/2 (1999), 165–199.

Said, Edward: Orientalismus [1978]. Frankfurt a. M. 1981.

Uerlings, Herbert: Preußen in Haiti? Zur interkulturellen Begegnung in Kleists *Verlobung in St. Domingo*. In: KJb 1991, 185–201.

–: Poetiken der Interkulturalität. Haiti bei Kleist, Seghers, Müller, Buch und Fichte. Tübingen 1997.

Weigel, Sigrid: Der Körper am Kreuzpunkt von Liebesgeschichte und Rassendiskurs in Heinrich von Kleists Erzählung *Die Verlobung in St. Domingo*. In: KJb 1991, 202–217.

Werlen, Hans Jakob: Seduction and Betrayal: Race and Gender in Kleist's *Die Verlobung in St. Domingo*. In: Monatshefte 84/4 (1992), 459–471.

Zantop, Susanne: Verlobung, Hochzeit und Scheidung in St. Domingo: Die Haitianische Revolution in zeitgenössischer deutscher Literatur (1792–1817). In: Sigrid Bauschinger/Susan Cocalis (Hg.): »Neue Welt«/ »Dritte Welt«. Interkulturelle Beziehungen Deutschlands zu Lateinamerika und der Karibik. Tübingen/ Basel 1994, 29–52.

–: Kolonialphantasien in Deutschland (1770–1870) [1997]. Berlin 1999.

–: Changing Color: Kleist's *Die Verlobung in St. Domingo* and the Discourses of Miscegenation. In: Bernd Fischer (Hg.): A Companion to the Works of Heinrich von Kleist. Rochester/Suffolk 2003, 191–208.

Hansjörg Bay

7. Medienwissenschaft

Die Frage nach der Medialität von Zeichen, Texten, Techniken und kulturellen Praktiken hat heute einen festen Platz im analytischen Werkzeugkasten der Literaturwissenschaften. Bei aller Vielfalt der verwendeten Medienbegriffe lassen sich zwei Haupttendenzen unterscheiden. Während die eine die Literatur in einem übergreifenden historischen Feld von Diskursen und Medientechniken verortet, betont die andere die Autonomie des Literarischen, nicht aber im Sinne autonomer Werke, sondern im Sinne einer Immanenz poetischer Zeichenoperationen.

Im deutschen Sprachraum war es vor allem Friedrich Kittler, der um die Mitte der 1980er Jahre dem Vorbild des Kanadiers Marshall Mc Luhan folgte und die Grenzen der Literaturwissenschaft auf eine Medienkulturgeschichte hin überschritt. Dabei verknüpfte Kittler McLuhans essayistisch formulierte Intuitionen mit poststrukturalistischen Ansätzen, insbesondere der Diskursanalyse Michel Foucaults (vgl. Kittler 1985/ 2003). Was damit auch für Kleists Leben und Werk in den Blick geriet, war der Horizont einer unhintergehbaren Zeitgenossenschaft. Dies bedeutete einen markanten Perspektivenwechsel, insofern die Kleist-Forschung zuvor lange das Unzeitgemäße ihres Gegenstandes hervorgehoben hatte. Die erste ausführlichere Beschäftigung mit Kleist im Rahmen des von Kittler eröffneten Forschungsfeldes stammt von Frank Haase, der in Kleists Dichtung unter anderem die Spuren der Telegraphie im Sinne einer kommunikationstechnischen Revolution nachzeichnete (Haase 1986, 162–174). Den strategischen Stellenwert der Post für den Autor Kleist hat Bernhard Siegert anhand des Briefwechsels mit Wilhelmine von Zenge beschrieben. »Die Bildungsgeschichten«, so Siegert, »aus denen der Text der Welt gewebt ist, sind Effekt einer bestimmten Seinsweise des Briefverkehrs – mithin Effekt einer Nachrichtentechnik. Aber ebenso notwendig, wie die Fäden des Postnetzes den Text der ›Welt‹ aufspannen, so notwendig müssen sie auch vergessen werden« (Siegert 1993, 92f.). Diese Argumentationsfigur kann als typisch gelten. McLuhan folgend geht sie vom Inhalt eines Mediums zu seiner Wirkung über, die sich stets unbewusst entfaltet und erst dem Historiker zugänglich ist. Statt Literatur weiter vom Autor her zu interpretieren, wird »Autorschaft« selbst nun »als Medieneffekt« (ebd., 94) erkennbar, und zwar als eine um 1800 historisch gänzlich neue, durch postalische Adressierung ermöglichte individuelle Zurechnung von Schriften. Zwar hatten Männer und Frauen über den Anschluss ans Postnetz gleichermaßen Zugang zur Zirkulation der Zeichen, orientiert am metaphysischen Dualismus von Geist und Natur fielen ihnen aber die funktional miteinander verschalteten Diskurspositionen des Autors und der Leserin zu. »Die Rolle der zirkulierenden Briefe ist daher nicht, Kommunikation herzustellen, sondern die Position der Geschlechter zu verteilen, die Positionen innerhalb einer Organisation des Wissens sind« (ebd., 84).

In etwas anderer Weise hat Bernhard Dotzler die Technikvergessenheit der Literatur um 1800 an Kleist akzentuiert. Die in jener Zeit vielerorts zu beobachtende programmatische »Abkehr von der [barocken] Maschine« »im Namen des Menschen« diente, Dotzler zufolge, nämlich zu nichts anderem als zur »Errichtung einer neuen Maschine« (Dotzler 1996, 523). So sei »das offenbare Geheimnis der *allmähligen Verfertigung der Gedanken beim Reden* [...] fraglos kein anderes als das von Feedback und dadurch Control« (ebd., 522). Literatur, mit anderen Worten, hat ihren Platz in einer Geschichte, deren Horizont die Erfindung programmierbarer Rechenautomaten im 20. Jh. bildet, die den Menschen samt seiner Literatur dann selbst wieder technisch überboten haben. So beschreibt Kleists Aufsatz *Über das Marionettentheater* den aus der anthropologischen Wende »geborenen Menschen als technische Neuerung« (ebd., 523) einer mit sich selbst rückgekoppelten menschlichen Natur (s. Kap. IV.2). Wenn Dotzler den Aufsatz *Über das Marionettentheater* ausdrücklich als »Literatur« und »nicht« als »Philosophie« (ebd., 59) liest, wird darüber hinaus deutlich, dass der medienkulturwissenschaftliche Blick, orientiert an der Technizität des Literarischen, Sprache auch nach dem Ende der Rhetorik nicht von ihrem Sinn, sondern von ihrer Operativität und Wirkung her erfasst. Demgemäß lässt sich auch in Kleists journalistischer Redaktion der *Berliner Abendblätter* eine Literaturpolitik erkennen, die in erster Linie darauf zielt, »*zu Wort zu kommen*, es zu ergreifen, zu behalten, Gehör zu finden« (ebd., 57).

Geht es den an Friedrich Kittlers ›Aufschreibesysteme‹ geschulten Arbeiten stets um eine Öffnung der literarischen Texte auf ein historisches Außen hin, so bestehen systemtheoretisch geleitete Lektüren, darin der Dekonstruktion (s. Kap. VI.3) verwandt, strikt auf ihrer Immanenz. Niklas Luhmann zufolge hält Kunst als ein »Medium zweiter Ordnung« (Luhmann 2007, 203) in ihren Formen stets das Medium als den zugrundeliegenden Raum möglicher Formselektionen präsent und fordert auf diese Weise auf, diese Differenz nachzuvollziehen. Ausgehend von Luhmanns Kommunikationstheorie hat Bianca Theisen das Spiel beschrieben, in das Texte wie der Aufsatz *Über das Marionettentheater* ihre Leser verstricken.

»Die Kunst zu schließen überlässt Kleist seinen Lesern. Seine Texte sind auf Schluß- und Urteilsprozesse hin angelegt, die für seine Leser zur Leserfalle werden können. Vervollständigen sie die trügerischen Urteile, supplementieren sie die über Leerstellen organisierten Schlußprozesse, werden ihre Urteile und Schlüsse an sich selbst gespiegelt und immer wieder nur auf sich selbst zurückgeführt. Indem sie die in den Texten angelegten Schluß- und Urteilsprozesse zu Ende führen und über den Leerstellen schließen, entdecken Kleists Leser die eigenen Schließungsoperationen. Kleists Leser lesen, wie sie lesen« (Theisen 1996, 11).

Ohne jeglichen Halt in einem referentiellen Bezug gleichen die Texte damit dem von Kleist in einem Brief vom 16. November 1800 an Wilhelmine von Zenge beschriebenen »Gewölbe« eines Würzburger Torbogens, das »nicht ein[sinkt]«, »*weil alle Steine aufeinmal einstürzen wollen*« (DKV IV, 159). Indem die Lektüre, im Nachvollzug literarischer Autoreferentialität, immer wieder auf sich selbst zurückgeworfen wird, lenkt sie die Aufmerksamkeit auf die Sprache als Medium literarischer Formselektionen.

Eine solche Rückwendung auf sich selbst ist in Kleists Texten auch im Blick auf die Praktik des Schreibens feststellbar (s. Kap. V.25). Rüdiger Campe (Campe 1991) und Martin Stingelin haben vorgeschlagen, zwischen ›Schreibszenen‹ und ›Schreib-Szene‹ zu unterscheiden.

»[U]nter ›Schreibszene‹ [verstehen wir] die historisch [...] veränderliche Konstellation des Schreibens, die sich innerhalb des von der Sprache (Semantik des Schreibens), der Instrumentalität (Technologie des Schreibens) und der Geste (Körperlichkeit des Schreibens) gemeinsam gebildeten Rahmens abspielt, ohne daß sich diese Faktoren als Gegen- oder Widerstand problematisch würden; wo sich dieses Ensemble in seiner Heterogenität und Nicht-Stabilität an sich selbst aufzuhalten beginnt, thematisiert, problematisiert und reflektiert, sprechen wir von ›Schreib-Szene‹« (Stingelin 2004, 15).

So lässt sich das Bild des Würzburger Torbogens auch als ›Schreib-Szene‹ begreifen, und das heißt als Selbstthematisierung des Schreibens im Sinne einer »Serialisierung von Figuren, in der Signifikate nicht als verdeckte Gesetzgeber, sondern als

Effekte zur Eröffnung und Gestaltung von Spiel-
räumen zur Geltung kommen« (Zanetti 2004,
221f.). Dem entspricht bei Kleist eine Literatur, in
der, in einem Wechsel von »Spannung und Entladung« (Rohrwasser 1993, 160), der poetische
»Zustand, der wir sind«, immer wieder als
»schlagartige Entbindung von aller Form« hervortritt (Schneider 1998, 224).

Literatur

Campe, Rüdiger: Die Schreibszene. Schreiben. In: Hans
  Ulrich Gumbrecht/K. Ludwig Pfeiffer (Hg.): Parado-
  xien, Dissonanzen, Zusammenbrüche. Situationen
  offener Epistemologie. Frankfurt a.M. 1991, 759–
  772.
Dotzler, Bernhard: Papiermaschinen. Versuch über
  Communication & Control in Literatur und Technik.
  Berlin 1996.
–: »Federkrieg«. Kleist und die Autorschaft des Produ-
  zenten. In: KJb 1998, 37–61.
Haase, Frank: Kleists Nachrichtentechnik. Eine dis-
  kursanalytische Untersuchung. Opladen 1986.
Kittler, Friedrich A.: Aufschreibesysteme 1800/1900
  [1985]. München ⁴2003.
Luhmann, Niklas: Das Medium der Kunst. In: Ders.:
  Aufsätze und Reden. Stuttgart 1986/2007, 198–217.
Rohrwasser, Michael: Eine Bombenpost. Über die all-
  mähliche Verfertigung der Gedanken beim Schrei-
  ben. In: Heinz Ludwig Arnold (Hg.): Text + Kritik-
  Sonderband: Heinrich von Kleist. München 1993,
  151–162.
Schneider, Manfred: Die Gewalt von Raum und Zeit.
  Kleists optische Medien und das Kriegstheater. In:
  KJb 1998, 209–226.
Siegert, Bernhard: Relais. Geschicke der Literatur als
  Epoche der Post. Berlin 1993.
Stingelin, Martin: ›Schreiben‹. Einleitung. In: Ders.
  (Hg.): »Mir ekelt vor diesem tintenklecksenden Sä-
  kulum«. Schreibszenen im Zeitalter der Manuskripte.
  München 2004, 7–21.
Theisen, Bianca: Bogenschluß. Kleists Formalisierung
  des Lesens. Freiburg i.Br. 1996.
Zanetti, Sandro: Doppelter Adressenwechsel. Heinrich
  von Kleists Schreiben in den Jahren 1800 bis 1803.
  In: Martin Stingelin (Hg.): »Mir ekelt vor diesem tin-
  tenklecksenden Säkulum«. Schreibszenen im Zeital-
  ter der Manuskripte. München 2004, 205–226.

Hans-Christian von Herrmann

8.   Ausblick

Die Kleist-Forschung darf inzwischen als un-
überschaubar gelten. Spätestens seit seiner (durch
den 100. Todestag 1911 mit ausgelösten) Renaissance in der frühen Moderne besitzt Kleist den
Status eines Klassikers und Anti-Klassikers zugleich. Während sich bei manch einem Autor nur
bestimmte Forscherkreise tummeln, darf Kleist
zu den wenigen zählen, der vor keiner Methode
geschützt geblieben ist. Die daraus resultierende
Unübersichtlichkeit lässt sich allein daran ablesen, dass ein neuerer Forschungsüberblick für
Kleists Gesamtwerk fehlt. Immerhin existieren
einige neuere Forschungsberichte zu zentralen
Werken, so z.B. zu den Dramen *Amphitryon* (Fetscher 2003), *Penthesilea* (Hansen 2003) und *Prinz
Friedrich von Homburg* (Hamacher 1999) sowie
zu den Erzählungen *Michael Kohlhaas* (Hamacher 2003) und *Die Marquise von O...* (Bubser-
Wildner 1993), daneben mehr oder weniger systematische Forschungsüberblicke v.a. in den zahlreichen Dissertationen und Habilitationen unter
den jeweils gewählten Schwerpunkten.

Die Unübersichtlichkeit macht aber paradoxerweise zugleich eine Stärke Kleists und der
Kleist-Forschung aus, denn sie dokumentiert die
gleichzeitige Rätselhaftigkeit und Aktualität seines Werks, das die Interpretierenden zu immer
neuen Anstrengungen herausfordert. So zählt es
inzwischen zu den Gemeinplätzen der Germanistik, dass fast jede neue Methode und jedes
neue Paradigma der Forschung im frühesten Stadium an Kleist exemplarisch entwickelt oder auf
seine Brauchbarkeit getestet wird (s. Kap. VI.1–
7), was die drei Kleist-Bände der »Wege der
Forschung«-Reihe für die letzten gut hundert
Jahre Kleist-Forschung nachhaltig dokumentieren (Müller-Seidel 1967, 1981; Kording/Knittel
2003).

Einen prominenten Platz dafür bietet das
Kleist-Jahrbuch der Heinrich-von-Kleist-Gesellschaft, in dem u.a. die seit Ende der 1990er Jahre
stark kulturwissenschaftlich orientierten Tagungen dokumentiert sind. Einen Schwerpunkt bilden ›Ordnungen des Wissens‹ und Interferenzen
mit anderen Diskursbereichen, so bei den Tagungen über »Kleists Duelle« (vgl. KJb 1998, 1999),

»TransFormationen« (vgl. KJb 2003) und »Kleist und Naturwissenschaften« (vgl. KJb 2005), der ›performative turn‹ in den Kulturwissenschaften mit einer Konferenz zu »Kleist(s)Inszenierungen« (vgl. KJb 2001) und »Kleists Choreographien« (vgl. KJb 2007). Dem ›emotive turn‹ in den Kulturwissenschaften folgt die Tagung 2008 »Kleists Affekte« (vgl. KJb 2008/09).

Wichtige Tagungen, in denen ebenfalls kulturwissenschaftliche Fragestellungen im Vordergrund standen, veranstalteten regelmäßig (z. T. jährlich) auch andere Kleist-Institutionen, z. B. das Kleist-Archiv Sembdner in Heilbronn zu »Erotik und Sexualität« (vgl. Emig 2000) oder das Kleist-Museum in Frankfurt an der Oder zu »Recht und Gerechtigkeit« (vgl. Ensberg/Marquardt 2002) und »Sterben und Tod bei Heinrich von Kleist und sein historischer Kontext« (vgl. Engelhardt 2006). In der Regel sind diese Veranstaltungen und Publikationen jedoch stärker auf Regionales, Biographisches, einzelne Werke (z. B. in Heilbronn das *Käthchen von Heilbronn*) und/oder die Kleist-Rezeption ausgerichtet, so 1999 zu »Kleist-Bildern des 20. Jahrhunderts in Literatur, Kunst und Wissenschaft« (vgl. Ensberg 2003), 2005 zu »Kleist im Nationalsozialismus« (vgl. Maurach 2007) und 2008 »Heinrich von Kleist im ›Dritten Reich‹« (s. Kap. VII.1.4; vgl. Maurach 2008; Stiftung Schloss Neuhardenberg 2008); hinzu kommen vom Kleist-Archiv Sembdner die laufende Kleist-Bibliographie in den HKB (vgl. auch Emig 2007) und zahlreiche Editionen und Reprints.

Neben diesen regen Forschungsaktivitäten der ›Kleist-Institutionen‹ stehen die zahlreichen ›Individualforschungen‹ und anderen institutionellen Bemühungen. Exemplarisch genannt werden soll die »Stiftung Romantikforschung«, die beispielsweise im September 2008 zusammen mit dem Gießener Sonderforschungsbereich »Erinnerungskulturen« in einer Tagung dem Thema »Romantische Dingkulturen in Text und Bild« nachging, die den Forschungsparadigmen Bruno Latours (2000) *agency, faitiche* und der damit neu diskutierten Frage der ›Handlungsmacht‹ (vgl. Böhme 2006) auch anhand von Kleists Werken nachgingen. In diesem kulturwissenschaftlich höchst relevanten Themengebiet sind in Zukunft weitere Untersuchungen zu erwarten, denn die Erforschung der ›Macht der Dinge‹ lässt sich unschwer auf Themen wie die Rolle von (Alltags-) Gegenständen, Dingsymbolen und Naturphänomenen (Klima, Naturkatastrophen) ausweiten, ebenso lassen sich andere Aspekte dahingehend neu befragen, so beispielsweise das Wunderbare (s. Kap. V.34), der Körper (s. Kap. V.18) und das Eigentum (s. Kap. V.5) oder genereller z. B. die ›Ordnungen des Wissens‹ (s. Kap. IV.9) oder die ›Materialität der Kommunikation‹ (s. Kap. IV.5, V.25, V.29, VI.7).

Im weiteren Sinne zählt hierzu bereits ein seit Ende der 1990er Jahre viel diskutiertes kulturwissenschaftliches Paradigma, das als ›topographic‹ oder ›spatial turn‹ bezeichnet wurde (vgl. Bachmann-Medick 2006, 284–328). Denn die Ortswechsel waren nicht nur für den Menschen Kleist höchst bedeutsam und die jeweiligen Orte (Berlin, Dresden, Königsberg, Paris) im höchsten Grade mit Bedeutung aufgeladen, sondern auch in den Werken kann die Bedeutung der vorgeführten Orte und Lokalitäten, die Grenzen und Territorien – speziell für Denk- und Werkstrukturen – nicht hoch genug bewertet werden, wie eine Studie zum *Kohlhaas* eindrucksvoll zeigt (Karcher 2005).

Die genannten kulturwissenschaftlichen Fragestellungen und Probleme, die im Kontext von Kleists (Leben und) Werk diskutiert wurden bzw. als weiterhin forschungsrelevant gelten können, dürfen jedoch nicht ablenken von der Tatsache, dass auch die Fragen einer philosophie-, sozial- bzw. kulturhistorischen Literaturwissenschaft oder gar Fragen positivistischer Art an Kleist noch längst nicht alle beantwortet sind. Zum einen liegt dies selbstverständlich in der für Kleist äußerst unbefriedigenden Quellenlage begründet, zum anderen an einem allzu verbreiteten Desinteresse von Förderinstitutionen an geisteswissenschaftlicher Grundlagenforschung, zum Beispiel in Bereichen wie Gattungsgeschichte, Editions- und Quellenphilologie.

Trotzdem zu nennen wären zunächst die von Roland Reuß und Peter Staengle herausgegebene epochemachende Kleist-Edition der BKA (s. Kap. I.2), dann die Studien zur Poetik und Geschichte der Anekdote und Novelle (s. Kap. II.2.1), die rezeptionsgeschichtlichen (s. Kap. VII.) Untersuchungen und Dokumentationen in den vom Kleist-Museum Frankfurt an der Oder herausgegebenen *Beiträgen zur Kleist-Forschung* und *Heilbronner Kleist-Blättern* (HKB), die zahlreichen kleinen positivistischen Funde – um nur einige Autorennamen zu nennen – von Roland Reuß und Peter Staengle im Rahmen ihrer Arbeiten an der Kleist-Ausgabe in den *Berlin-/Brandenburger-Kleist-Blättern* (BKB) sowie in zahlreichen Einzelforschungen, durchaus auch von ›Nicht-Wissenschaftlern‹, die noch heutzutage immer wieder neue Funde bieten.

Dennoch wäre es ein Desaster, die einzelnen Arbeitsbereiche gegeneinander auszuspielen, da sie sich wechselseitig erhellen oder genauer: da sie aufeinander angewiesen sind, da jede ›Lektüre‹ und jede ›Interpretation‹ auf genauer Textarbeit basiert, wenn sie wissenschaftlich sein soll, zugleich aber jede Edition eine ›Interpretation‹ oder ›Lektüre‹ voraussetzt bzw. bedeutet. Jedweder Verengung des Blicks steuert aber gerade die Breite der Kleist-Forschung und ihre Pluralität entgegen, die dem Projektemacher Kleist mit immer neuen Forschungsprojekten beizukommen versucht – und ebensowenig wie Kleists Schachzüge berechenbar waren, sind es die zukünftigen Bewegungen der wissenschaftlichen Moden und Methoden, Trends und ›turns‹.

Literatur

Bachmann-Medick, Doris: Cultural Turns. Neuorientierungen in den Kulturwissenschaften. Reinbek 2006.

Böhme, Hartmut: Fetischismus und Kultur. Eine andere Theorie der Moderne. Reinbek 2006

Bormann, Alexander von: Kleist redivivus. Zur neueren Kleistliteratur. In: Deutsche Bücher. Referatenorgan deutschsprachiger Neuerscheinungen 8 (1979), 214–229.

Bubser-Wildner, Siegrun: Heinrich von Kleists *Die Marquise von O...* Ein Forschungsbericht (1980–1991). In: New German review 9 (1993), 84–98.

Emig, Günther (Hg.): Erotik und Sexualität im Werk Heinrich von Kleists. Internationales Kolloquium des Kleist-Archivs Sembdner, 22.–24. April 1999. Heilbronn 2000.

- unter Mitarbeit von Arno Pielenz (Hg.): Heinrich von Kleist. Bibliographie Teil 1: Bis 1990. Heilbronn 2007.

Engelhardt, Dietrich von (Hg.): Sterben und Tod bei Heinrich von Kleist und in seinem historischen Kontext. Interfakultatives Kolloquium 25./26. Juni 2004. Würzburg 2006.

Ensberg, Peter (Hg.): Kleist-Bilder des 20. Jahrhunderts in Literatur, Kunst und Wissenschaft. IV. Frankfurter Kleist-Kolloquium 6.–7. August 1999 der Kleist-Gedenk- und Forschungsstätte Frankfurt a.d.O. Stuttgart 2003.

–/ Marquardt, Hans-Jochen (Hg.): Recht und Gerechtigkeit bei Heinrich von Kleist. II. Frankfurter Kleist-Kolloquium, 17.–18. Oktober 1997. Stuttgart 2002.

Fetscher, Justus: Vorstellungen. Zur Erforschung von Kleists *Amphitryon* in den Jahren 1978 bis 2001. In: Kording/Knittel 2003, 203–224.

Grathoff, Dirk: Materialistische Kleist-Interpretation. Ihre Geschichte und ihre Entwicklung bis 1945. In: Klaus Kanzog (Hg.): Text und Kontext. Quellen und Aufsätze zur Rezeptionsgeschichte der Werke Heinrichs von Kleist. Berlin 1979, 117–192.

Greiner, Bernhard: Mediale Wende des Schönen – ›freies Spiel‹ der Sprache und ›unaussprechlicher Mensch‹. Über die Allmähliche Verfertigung der Gedanken beim Reden. Brief eines Dichters an einen anderen. In: Kording/Knittel 2003, 163–176 (engl. Fassung: The Performative Turn of the Beautiful: ›Free Play‹ of Language and the ›Unspeakable Person‹. In: Bernd Fischer (Hg.): A Companion to the Works of Heinrich von Kleist. Rochester/New York 2003, 123–137.)

Hamacher, Bernd: »Darf ichs mir deuten, wie es mir gefällt?« 25 Jahre *Homburg*-Forschung zwischen Rehistorisierung und Dekonstruktion (1973–1998). In: HKB 6 (1999), 9–67.

–: Schrift, Recht und Moral. Kontroversen um Kleists Erzählen anhand der neueren Forschung zu *Michael Kohlhaas*. In: Kording/Knittel 2003, 254–278.

Hansen, Birgit: Poetik der Irritation: *Penthesilea*-Forschung 1977 – 2002. In: Kording/Knittel 2003, 225–253.

Karcher, Sascha: (Un-)berechenbare Räume. Topographien in Kleists Novelle *Michael Kohlhaas*. In: KJb 2005, 111–127.

Kleist-Archiv Sembdner der Stadt Heilbronn (Hg.): Bestandsergänzungen Erscheinungsjahr 1990–1995. [Vorläufige Kleist-Bibliographie 1990ff.]. Zusammengestellt von Günther Emig. In Zusammenarbeit mit Roland Reuß und Peter Staengle. Unter Mitarbeit von Anke Tanzer. Heilbronn 1996.

Kleist-Archiv Sembdner der Stadt Heilbronn (Hg.): Bestandsverzeichnis. Bearbeitet von Brigitte Schillbach. Heilbronn 1994.

Kluckhohn, Paul: Kleist-Forschung 1926–1943. In: Deutsche Vierteljahrsschrift für Literaturwissenschaft und Geistesgeschichte 21 (1943), 45–87.

Kording, Inka/Knittel, Anton Philipp (Hg.): Heinrich von Kleist. Neue Wege der Forschung. Darmstadt 2003.

Kreutzer, Hans Joachim: Die dichterische Entwicklung Heinrichs von Kleist. Berlin 1968, 9–44.

Kreuzer, Helmut: Kleist-Literatur 1955–1960. In: Deutschunterricht 13 (1961), 116–135.

Latour, Bruno: Die Hoffnung der Pandora: Untersuchungen zur Wirklichkeit der Wissenschaft. Frankfurt a. M. 2000.

Lefévre, Manfred: Kleist-Forschung 1961–1967. In: Colloquia Germanica 3 (1969), 1–86.

Maurach, Martin (Hg.): Kleist im Nationalsozialismus. Beiträge der Internationalen Tagung »Kleist im Nationalsozialismus«, 17.–18.6.2005. Würzburg 2007.

–: Betrachtungen über den Weltlauf. Kleist 1933–1945. Berlin 2008.

Minde-Pouet, Georg: Kleist-Bibliographie 1914–1937. In: Jahrbuch der Kleist-Gesellschaft 1921–1937.

Müller-Seidel, Walter (Hg.): Heinrich von Kleist. Aufsätze und Essays, Darmstadt 1967.

– (Hg.). Kleists Aktualität. Neue Aufsätze und Essays 1966–1978. Darmstadt 1981.

Paß, Dominik: Die Beobachtung der allmählichen Verfertigung der Gedanken beim Reden. Eine systemtheoretische Lektüre. In: KJb 2003, 107–136.

Ribbat, Ernst: Neue Kleist-Forschungen. Ein Zwischenbericht zu einigen Neuerscheinungen 1983–1984. In: Zeitschrift für deutsche Philologie 105 (1986), 283–292.

Rothe, Eva: Kleist-Bibliographie 1945–1960. In: Jahrbuch der deutschen Schiller-Gesellschaft 5 (1961), 414–547.

Schmidt, Heiner u. a.: Quellenlexikon zur deutschen Literaturgeschichte. Personal- und Einzelwerkbibliographien der internationalen Sekundärliteratur 1945–1990 zur deutschen Literatur von den Anfängen bis zur Gegenwart. Band 17. Duisburg ^{3}1998, 56–134.

Stiftung Schloss Neuhardenberg (Hg.): »Was für ein Kerl! Heinrich von Kleist im ›Dritten Reich‹. Kommentiertes Exponatverzeichnis zur gleichnamigen Ausstellung in der Ausstellungshalle von Schloss Neuhardenberg und im Kleist-Museum, 17.8.–23.11.2008. Kuratorin: Caroline Gille, wiss. Beratung: Martin Maurach. Berlin 2008.

Wichmann, Thomas: Heinrich von Kleist. Stuttgart/Weimar 1988.

Ingo Breuer

VII. Rezeption und Wirkung

Helmut Koopmann leitete die Jahrestagung 1994 der Heinrich-von-Kleist-Gesellschaft zum Thema »Kleist im Spiegel der Moderne« mit den Worten ein: »Kaum ein anderer Dichter hat sich so sehr allen vorschnellen Annäherungsversuchen verschlossen, kaum ein anderer ist in seiner Sprache, ist in seinen Themen unzugänglicher als Kleist [...]. Kleist hatte keine Nachfolger, Epigonen, Literaturtrabanten – weil sein Werk dies von vornherein unmöglich machte. Aber kaum ein anderer hat die Kunst der Moderne stärker beschäftigt als dieser so unzugängliche Kleist [...]« (KJb 1995, 24). Sicherlich hat Kleist ein Moment des Widerständigen stets behalten, doch ist der Anti-Klassiker Kleist oft genug auch zum Klassiker transformiert und domestiziert worden. Die Trennlinie geht teilweise mitten durch Kleists Werk: *Das Käthchen von Heilbronn* ist zum Beispiel sicherlich von Thema und Struktur her leichter zu verstehen als *Penthesilea*, doch gibt es auch Missverständnisse, so wenn man bei den Erzählungen vielleicht *Michael Kohlhaas* für leichter verständlich als *Der Zweikampf* hält oder *Die Herrmannsschlacht* nur als nationalistisches Propagandastück begreift. Die Rezeption und Wirkung zeigt starke Eigendynamiken aber auch

in dem Sinne, dass sich ein manchmal nicht unproblematisches Image von Autor und Werk stärker als die (besonders bei Kleist nicht immer so sichere) Realität erweist. Letztlich kann und muss jedoch jedes Verstehen und Missverstehen (wenn überhaupt vorausgesetzt wird, dass man Kleist ›verstehen‹ kann) als ›produktive Rezeption‹ verstanden werden.

Im Folgenden können die verschiedenen Arten der Wirkung und Rezeption von Kleists Leben und Werk natürlich nur exemplarisch vorgeführt werden. Dies geschieht in teils neuen Anläufen, teils in Ergänzung und Systematisierung des Kapitels II über Kleists Werke, und zwar für die deutschsprachige Rezeption in chronologischer Hinsicht (Kap. VII.1) und schließlich auf internationaler Ebene für ausgewählte Sprachräume und Regionen (Kap. VII.2) und für verschiedene mediale Formen und andere Rezeptionswege (Kap. VII.3). Die Kapitel zu denjenigen Werken, die eine besonders breite Rezeption aufweisen, enthalten selbst entsprechende Hinweise, auf die hier nicht mehr eigens verwiesen wird.

Ingo Breuer

1. Rezeption und Wirkung in der deutschsprachigen Literatur

1.1 1811 bis 1880

Als Henriette Vogel und Heinrich von Kleist am 21. November 1811 einen gemeinsamen Freitod sterben, löst der unerhörte Vorfall einen handfesten gesellschaftlichen Skandal aus, der für die weitere Rezeption des Autors im 19. Jh. maßgeblich sein wird. Denn der Mittdreißiger Kleist ist, bei allem erlittenen Missgeschick, längst kein Unbekannter mehr, hat er sich doch sowohl durch seine Schriften als auch durch seine Tätigkeit als Herausgeber in der zeitgenössischen Kulturszene einen – allerdings umstrittenen – Namen gemacht. Umso brutaler und verständnisloser fällt die Reaktion auf den inszenierten Doppeltod aus; der Blick wendet sich fortan ab von dem Werk und richtet sich nunmehr (fast) ausschließlich dem Leben des Verstorbenen zu, das jahrzehntelang rückblickend, vom Tod her, nach Spuren krankhafter Veranlagung durchsucht wird. Somit wird der ehemalige preußische Offizier im 19. Jh. viel eher als gescheiterter Mensch denn als Autor wahrgenommen oder, um es mit Anett Lütteken zu formulieren, im weiteren Verlauf des Jahrhunderts besteht eine »Dominanz der Biographie und auch der Todesart über das Werk« (Lütteken 2004, 114). Die Todesstunde als Entstehungsstunde des viel beschworenen ›Mythos Kleist‹ läutet demnach paradoxerweise den Beginn einer länger anhaltenden Epoche ein, in der das Werk des Dichters allmählich in Vergessenheit gerät, so dass bis über die Jahrhundertmitte hinaus von einer breiten Rezeption desselben kaum die Rede sein kann – ein Phänomen, zu dem andere Elemente noch beitragen.

Als erstes ist daran zu erinnern, dass die meisten Theaterstücke Kleists 1811 noch gar nicht aufgeführt worden sind, so dass sie ihrer eigentlichen Rezeptionsstätte beraubt sind und es nach dem erfolgten Skandal noch lange bleiben werden. Um nur zwei extreme Beispiele zu nennen: Dem *Amphitryon*, den Julian Schmidt 1876 noch als einziges Drama Kleists »von der Aufführung

ausgeschlossen« sehen will, weil er »durch zu großen Scharfsinn in der Hauptszene ins Abgeschmackte verfallen« (Nachruhm Nr. 637) sei, wird die Aufführbarkeit bis über die hier behandelte Zeitspanne hinweg immer wieder schlichtweg abgesprochen; und auch *Penthesilea* erlebt erst 1876 ihre Uraufführung, nachdem das Trauerspiel lange als Ausgeburt eines kranken Geistes mit Empörung und »Abscheu« (Treitschke 1858, 613) abgelehnt worden ist. Und selbst 1876 wird das Publikum nicht mit dem originären Text konfrontiert, sondern es bekommt eine stark bearbeitete Fassung zu sehen, die unter anderem das von den Rezipienten immer wieder beanstandete Anstößige darin stark mildert.

Ein ähnliches Schicksal wie *Penthesilea* erleiden allerdings auch die zwei einzigen Dramen Kleists, die relativ früh echte Bühnenpräsenz erlangen. Wird *Das Käthchen von Heilbronn* bald zu dem Stück Kleists, das durchgehend und mit großem Erfolg gespielt wird, so geschieht auch dies in wesentlich abgeänderter Form. Aus Anstands- und Zensurgründen wird nämlich das »Motiv der körperlichen Häßlichkeit Kunigundes« (Grathoff 1994, 100) getilgt, und die verfängliche Lage eines Kaisers, der einem ehrlichen Bürger, Käthchens vermeintlichem Vater Theobald, Hörner aufsetzt, wird durch den Trick beseitigt, dass Theobald zum Großvater umfunktioniert wird, auf die Gefahr hin, dass das Drama so um Grundmotive seiner Handlung gebracht wird. Erst 1876 wird das Stück – fast – in der ursprünglichen Fassung aufgeführt. Ähnlich ergeht es dem zweiten öfter gespielten Drama Kleists, dem *Prinzen von Homburg*, der auch »eher als Bearbeitung denn im Original« (Lütteken 2004, 134) zur Geltung kommt. Mit anderen Worten: Den Theaterliebhabern bleiben die Dramen zwischen 1811 und 1880 entweder ganz vorenthalten, oder aber sie nehmen sie in einer Form zur Kenntnis, die die Texte großenteils um den beunruhigenden, sperrigen Charakter bringt, der aus heutiger Sicht gerade das Besondere an Kleists Œuvre ausmacht. Wenn Heinrich Laube 1876, im vermeintlichen Gedenkjahr zum 100. Geburtstag des Dichters, schreibt, dass von Kleist »nur noch ein einziges Stück auf der Bühne [steht], das *Käthchen von Heilbronn*«, aber auch dieses sei bedauerlicherweise »ziemlich alt geworden« (Nachrum Nr. 342), so handelt es sich da um ein zusammenfassendes Diktum, das einem drohenden Schlusspunkt ähnlich sieht.

Erklären lässt sich das hier beschriebene fehlende beziehungsweise abnehmende Interesse für die Dramen also nicht ausschließlich durch Kleists skandalöses Ableben, sondern auch durch die in fast allen Stücken vorkommenden Szenen, die ein ganz am klassischen Ideal der schönen Kunst geschultes und orientiertes Publikum eben nicht anders als geschmacklos und empörend anmuten können. Wie tief solche Abneigung gewesen sein muss, zeigt sich vielleicht am besten daran, dass selbst innerhalb des kleinen Kreises von Autoren, die – wie etwa Tieck oder Fouqué – den Dichter Kleist stets geschätzt und zur Lektüre weiter empfohlen haben, Unbehagen an mancher Stelle laut wird. Freilich sind es diese Dichter, die Kleists Andenken gewahrt und so dafür gesorgt haben, dass er nie ganz in Vergessenheit geraten ist, aber auch sie üben immer wieder Kritik an der einen oder anderen Textpassage oder selbst an dem einen oder anderen Stück – es sei hier nur an Tiecks Urteil im Jahr 1821 erinnert, der *Amphitryon* sei eine »Verirrung« (Nachruhm Nr. 632). Oder an sein ambivalentes Verdikt über *Penthesilea*: »Bei allem aber, was sich diesem Werk mit Recht vorwerfen läßt, könnte seine Armut noch manchen der neueren Dichter reich machen« (Nachruhm Nr. 603).

Ähnlich kritische Stimmen begegnen immer wieder, wenn es um die Erzählungen geht, insofern diese überhaupt besprochen werden. Als Kleist stirbt, sind die Erzählungen nämlich noch kaum bekannt – da sie, wenn überhaupt, erst kurze Zeit zuvor erschienen sind –, und eine Gesamtausgabe wird es erst über ein Jahrzehnt später geben. Hinzu kommt, dass ihre Verbreitung noch durch Zensurverbote erschwert wird: Die Wiener Zensur belegt den ersten Teil der Erzählungen noch zu Lebzeiten des Autors (1810) mit einem Verbot, und den zweiten Teil dann ebenfalls kurz nach Kleists Tod (1812). Besonders auffallend ist an dem Urteil über die aus der Sicht damaliger Leser sehr »provokativ« (Appelt/Grathoff 2004, 109) wirkenden Prosatexte der immer wieder erhobene Vorwurf des Anstößigen oder

der anstößigen Stellen, der so Dramen und Novellen gleichermaßen betrifft und den Lütteken sehr treffend formuliert: »Ähnliche Rezeptionshürden bestanden bei den meisten seiner Erzählungen, bei denen die Leser vor allem eine Schwierigkeit hatten: sie wurden darin mit häßlichen, disharmonischen und brutalen Elementen konfrontiert und mit einer ebenso eigenwilligen wie neuartigen Schreibart, die offenbar gewöhnungsbedürftig, jedenfalls aber nur begrenzt unterhaltsam war, weil immer auch verstörend« (Lütteken 2004, 144).

Die von Peter Goldammer und Helmut Sembdner gesammelten Dokumente zur Rezeptionsgeschichte enthalten denn auch eine ganze Reihe von Urteilen, die das Unverständnis gegenüber einem Autor dokumentieren, dem zwar in der Regel Erzählfertigkeit zugesprochen, dafür aber immer wieder eine schlechte Wahl der Sujets oder eine falsche Behandlung derselben vorgeworfen wird: Wie z. B. kann man einem größtenteils weiblichen Lesepublikum die Geschichte der *Marquise von O…* zumuten, die ohne ihr Wissen geschwängert wird, noch dazu von einem Adligen, der nachher auch noch ein Muster der Tugendhaftigkeit sein soll? Wie lässt sich das schreckliche, unversöhnliche Ende der *Verlobung in St. Domingo* oder des *Erdbebens in Chili* mit den moralisch-sittlichen Erwartungen der Zeit in Einklang bringen?

Diese Form moralisch-ästhetischer Ablehnung vieler Erzählungen hält bis zur Jahrhundertmitte an und zum Teil noch darüber hinaus, wie aus Julian Schmidts Einleitung zu seiner Kleist-Ausgabe des Jahrs 1859 hervorgeht: »Fast in jedem seiner Stücke, namentlich in den Novellen, finden sich anstößige Szenen, zuweilen durch gar keinen inneren Grund gerechtfertigt, oder mit einer beleidigenden Paradoxie vorgetragen« (Nachruhm Nr. 329). Zu nennenswertem Erfolg gelangt daher unter den Erzählungen zunächst nur *Michael Kohlhaas*; allerdings geschieht dies durch eine Lektüre, die allen erzählerischen Ungereimtheiten und historischen Ungenauigkeiten zum Trotz das Fiktionale zum Realistischen umbiegt und »Kleists Figur an Stelle des Hans Kohlhase zur historischen Person« (Hamacher 2003, 97) werden lässt. Durchaus parallel zu der Erfolgsgeschichte des *Käthchen von Heilbronn*, die auf einer stark modifizierten Fassung gründet und nur durch die Ausschaltung heikler Themen möglich wird, verdankt der *Kohlhaas* also ebenfalls seinen Ruhm in jener Zeit nicht so sehr dem vom Autor gewollten fiktionalen Rahmen als vielmehr der Verleugnung der von Kleist darin vorgenommenen Infragestellung hergebrachter ästhetischer Kategorien – eine verfälschende realistische Lektüre also, die den doch bereits von Tieck 1821 festgestellten »Mangel an wahrer Lokalität« (Nachruhm Nr. 659) einfach ignoriert.

Diese ernüchternde Übersicht kann nur dadurch relativiert werden, dass Kleists Texte in den elitären Kreisen der Schriftsteller immer wieder gelesen und bewundert werden, so dass überspitzt gesagt werden darf, der »vergessene Dramatiker und Erzähler« (Lütteken 2004, 141) Kleist sei über fünfzig Jahre lang vornehmlich nur von seinen Kollegen, vom frühen Bewunderer E.T.A. Hoffmann bis hin zu Heinrich Heine oder Theodor Fontane – durchgängig wahrgenommen worden. Für dieses auch in der zweiten Hälfte des Jahrhunderts nie abreißende Interesse der Schriftsteller für das Werk Kleists kann beispielhaft Theodor Storm angeführt werden, der 1853 an Fontane schreibt, »Kleists *Zerbrochner Krug* sei das einzige deutsche Lustspiel, das ihm ganz gefalle« (Sembdner 1998, 126) und 1857 »einem Freund [berichtet], daß man sich ›alle Sonntage‹ mit einem befreundeten Ehepaar treffe, um ›Kleist zu lesen‹« (Laage 1991, 158). Storms besondere Vorliebe für Kleist dauert bis zu seinem Tod 1887 an, er kommt immer wieder auf dessen Texte zurück und liest 1885 noch seiner Familie verschiedene Dramen vor. Dabei schlägt sich diese akribische Lektüre in seinem eigenen Werk in einer vielfältigen intertextuellen Auseinandersetzung nieder, die in einigen Storm-Texten sogar zur »Adaption« (Gerrekens 2002, 165) einer Kleist'schen Vorlage wird – wobei dies als die Form literarischer Wertschätzung schlechthin aufgefasst werden kann, die auch bei anderen Autoren vorkommt (man denke nur an Fontanes *Effi Briest* vor dem Hintergrund des *Käthchen von Heilbronn*).

Ohnehin zeichnet sich ab der Jahrhundertmitte allmählich eine Wende in der Rezeptionsgeschichte ab. Auch wenn die Kritik an Kleists Werk nicht verstummt, erlebt dieses eine zunehmende Aufwertung seines Status, und es erfolgt eine allmähliche Aufnahme in den Kanon deutscher Literatur, was unter anderem die Tatsache belegt, dass Kleists Texte ab den 1870er Jahren »[w]ie selbstverständlich« in die verschiedenen »Klassiker-Ausgaben der Gründerzeit« (Doering 2004, 67) aufgenommen werden. Dennoch führt dies nicht einmal zu einer besseren Kenntnis des Dichters, wie schon die Tatsache belegt, dass selbst sein Geburtsdatum nicht bekannt ist, feiert man sein Jubiläumsjahr doch 1876 statt 1877!

Eine andere wenig erfreuliche Komponente der Rezeptionsgeschichte von Kleists Werk nimmt ebenfalls nach der Jahrhundertmitte an Bedeutung zu: die Vereinnahmung des Autors für nationalistische Zwecke. Diese Entwicklung, die im 20. Jh. dann noch ganz andere Ausmaße annehmen wird, lässt sich besonders deutlich an dem allmählich erwachenden Interesse für die *Herrmannsschlacht* aufzeigen. Dieses Drama, das »bis in die sechziger Jahre hinein allenfalls als ein ›Buchdrama‹ ein Schattendasein« (Lütteken 2004, 164) fristet, wird dann zunehmend wieder aktuell, was allerdings eher mit den politischen Ereignissen der Zeit – mit der Gründung eines neuen Reichs, die in der Hermanngeschichte bildlich präfiguriert erscheint, und der bewussten politischen Herstellung eines neuen Nationalgefühls – als mit der literarischen Qualität des Kleist'schen Werks zu tun hat. So beurteilt Lütteken die steigende Bekanntheit des Stücks, die auch durch seine Aufführung 1875 belegt wird, geradezu als eine Verleugnung seines künstlerischen Werts, da die *Herrmannsschlacht* im Grunde – in Anlehnung an die berühmte Clausewitz'sche Formel – »als eine Fortführung der Politik mit anderen Mitteln angesehen« werde (Lütteken 2004, 165).

Diese Zweckentfremdung von Texten Kleists aus politischen Gründen ist am Ende der hier behandelten Zeitspanne auch an anderen Beispielen zu beobachten. Besonders aufschlussreich sind in dieser Hinsicht die vielen Versuche, den zunächst vom preußischen Königshaus abgelehnten und 1828 sogar mit einem Aufführungsverbot belegten *Prinzen von Homburg* doch noch für nationalistische Zwecke zu retten. Denn die Darstellung eines preußischen Offiziers, der größte Angst vor dem Tod empfindet, passt gar nicht in das gewünschte Bild, wie immer wieder betont wird, unter anderem sehr anzüglich 1889 von Bismarck: »Denn dieser Prinz ist doch ein schwaches Rohr – mit seiner Todesfurcht« (Nachruhm Nr. 360). Dennoch wird das Stück »von Anfang an nationalistisch instrumentalisiert« (Hamacher 1999, 127), und zwar meistens indem der Blick statt auf den Prinzen auf die Figur des Kurfürsten gelenkt wird, der somit zur Identifikationsfigur für das Publikum wird. Auf diese Art und Weise kommt die Tendenz in der Rezeptionsgeschichte von Kleists Werk bereits vor 1880 zum Ausdruck, die nach 1900 darin gipfeln wird, dass Kleist im Namen der Nation zum vaterländischen Dichter schlechthin erhoben wird.

Im Jahr 1880 verdankt der weitgehend vergessene Autor Heinrich von Kleist das Fortbestehen seines Œuvres also einerseits dem nie erlahmenden Interesse von Schriftstellerkollegen für seine faszinierenden und seltsamen Texte und andererseits verschiedenen Bemühungen von Personen, die das Eigenartige an seinen Werken kaum interessiert: Die einen bringen seine Dramen in entstellter Form zur Aufführung, und die anderen vereinnahmen sie für politische Zwecke. Zu diesem Zeitpunkt lässt sich die bevorstehende grundlegende Aufwertung seines Schaffens denn auch noch nicht erahnen. Dass Lütteken diese als eine echte »Dichterrenaissance« – so der Titel ihrer Arbeit – darstellt, zeigt an sich schon zur Genüge, wie verkannt und vergessen Heinrich von Kleist durch fast das gesamte 19. Jh. gewesen ist.

Literatur

Appelt, Hedwig/Grathoff Dirk: Erläuterungen und Dokumente: Heinrich von Kleist. *Das Erdbeben in Chili.* Stuttgart 2004.

Bachmaier, Helmut: Erläuterungen und Dokumente: Heinrich von Kleist. *Amphitryon.* Stuttgart 1995.

Doering, Sabine: Erläuterungen und Dokumente: Heinrich von Kleist. *Die Marquise von O...* Stuttgart 2004.

Gerrekens, Louis: Heinrich von Kleists literarisches Nachwirken: Storms Novelle *Im Brauer-Hause* als Adaption des Trauerspiels *Die Familie Schroffenstein.* In: KJb 2002, 165–186.

Goldammer, Peter (Hg.): Schriftsteller über Kleist. Eine Dokumentation. Berlin/Weimar 1976.

Grathoff, Dirk: Erläuterungen und Dokumente: Heinrich von Kleist. *Das Käthchen von Heilbronn.* Stuttgart 1994.

Hamacher, Bernd: Erläuterungen und Dokumente: Heinrich von Kleist. *Michael Kohlhaas.* Stuttgart 1999.

–: Erläuterungen und Dokumente: Heinrich von Kleist. *Der Prinz von Homburg.* Stuttgart 2003.

Kanzog, Klaus (Hg.): Text und Kontext. Quellen und Aufsätze zur Rezeptionsgeschichte der Werke Heinrich von Kleists. Berlin 1979 (Jahresgabe der Heinrich-von-Kleist-Gesellschaft 1975/76).

Laage, Karl Ernst: Zwei Kleist-Raritäten aus dem Storm-Nachlaß. In: KJb 1991, 158–164.

Lütteken, Anett: Heinrich von Kleist. Eine Dichterrenaissance. Tübingen 2004.

Sembdner, Helmut: Erläuterungen und Dokumente: Heinrich von Kleist. *Der zerbrochne Krug.* Stuttgart 1998.

Treitschke, Heinrich von: Heinrich von Kleist. In: Preußische Jahrbücher 2 (1858), 599–623.

Louis Gerrekens

1.2 1870 bis 1911

Aus dem Jahr 1927 zurückblickend resümiert Hermann Bahr: »In meiner Kindheit war das Andenken Kleists fast erloschen, wir hörten auf der Schule kaum seinen Namen [...]. Erst nach 1870 kam seine Zeit. Scherer und seine Schüler erinnerten sich seiner, Otto Brahm schrieb über ihn [...]. Populär aber wurde Kleist darum noch immer nicht. Erst im Weltkrieg [...] begann die Nation sich auf ihn zu besinnen, ungefähr um dieselbe Zeit, als sich die ersten Zeichen einer Goethedämmerung meldeten. [...] Er ist ein Mythos geworden« (Nachruhm Nr. 467). Bahrs Genealogie des ›Mythos‹ Kleist erfasst zentrale Momente der Wiederentdeckung, vom naturalistischen Einfluss (Brahm), dem Nationalismus, der ästhetischen Umwertung (»Goethedämmerung«) bis zum projektiv erfassten Spiegelbild ›Kleist‹. Dabei täuscht die emphatische ›Entdeckung‹ über konstante wirkungsgeschichtliche Linien schon Mitte des 19. Jh.s hinweg: Primär in preisgünstig vertriebenen Volksausgaben war vor allem der Kleist des *Käthchen von Heilbronn* (teilweise *Prinz Friedrich von Homburg*) breiten Leserschichten zugänglich (vgl. Lütteken 2004, 121). Das Meininger Hoftheater begann, einen stilistisch weniger bearbeiteten, doch immer noch dramaturgisch geglätteten Kleist aufzuführen (vgl. Stuber 2001). Erst mit dem Generationenwechsel von Paul Lindau (1895–1900 Intendant am Meininger Theater) zu Max Reinhardt (schon 1905 führte Reinhardt das *Käthchen von Heilbronn* am Deutschen Theater in Berlin auf) beginnt eine Tradition progressiv moderner Aufführungspraxis. Als einen Bruch konstatiert schon Detlev von Liliencron die moderne Rezeption gegenüber der bürgerlichen, die das *Käthchen von Heilbronn* »in der fürchterlichen Verballhornisierung, [als] ein Zugstück der Vorstadttheater« (Nachruhm Nr. 366) zugerichtet hätte. Lange Zeit gelten etwa die *Penthesilea*, die *Herrmannsschlacht* oder der *Amphitryon* als unspielbar (vgl. exemplarisch Nachruhm Nr. 637).

Mit ihrer Formel eines ›Dichters für die Dichter‹ (so fraglich diese Feststellung für den nach 1945 ja gerade wegen seiner Rätselhaftigkeit Kanonisierten erscheint) erfasst Lütteken bündig signifikante Tendenzen der Rezeption, so beispielsweise bei Theodor Fontane, in dessen *Effi Briest* (1896) exemplarisch die romantisierende Zurichtung des *Käthchen von Heilbronn* geschildert ist (vgl. Lütteken 2004, 118–130, hier 119). Gegenüber Blambergers (1995) Akzentuierung der Rezeption im 20. Jh. überzeugt Lüttekens diskursgeschichtliche Verlagerung, insbesondere der preußisch-nationalen Deutungslinie auf die Zeit vor 1900, durch die »Fülle des Überlieferten (die für die hier behandelten Jahre 1880 bis 1920 besonders reichlich existiert)« (Lütteken 2004, 33). Allerdings bleibt die Rezeption vor 1911 von ambivalenten Wertungen gekennzeichnet, so dass Pauschalisierungen problematisch erscheinen – eine Tendenz, die sich schon in Kanzogs (1988) These vom »Wechsel vom rechten zum linken Mythos« nach 1945 eingelagert findet und die Lütteken 2004 noch einmal differenziert.

Als ›Prototyp‹ einer ›Dichterrenaissance‹ (Lütteken) beruht der ›Kleist-Mythos‹ der Moderne ab etwa 1890 auf einem aus verschiedenen Richtungen instruierten Paradigmenwechsel:

1. Ab 1870/71 beginnt das wilhelminische Kaiserreich parallel zum politisch-militärischen Machtzuwachs nach Traditionen und ästhetischem Ausdruck in der Selbstdarstellung zu suchen. »Erst seit den nationalen Kriegstagen des preußischen Heeres im Jahre 1870 ist die ganze nationale Bedeutung des Stücks [*Prinz Friedrich von Homburg*] voll hervorgetreten, und ganz natürlich ist es, daß seither auch der Ruhm des lange vernachlässigten preußischen Dichters sich stets vergrößert!«, berichtet der Literarhistoriker Max Koch 1902. Und nach 1875, als auf der Grotenburg im Teutoburger Wald das Hermannsdenkmal für den Cheruskerfürsten Arminius enthüllt wurde, rückte auch die *Herrmannsschlacht* ins Zentrum der Diskurse um die ›Einheit‹ der ›Nation‹.

2. Mit Nietzsches Kategorie der ›Unzeitgemäßheit‹ (vgl. besonders die *Unzeitgemäßen Betrachtungen* von 1874, hier »Schopenhauer als Erzieher«, wo es heißt: »Hölderlin und Kleist [...] verdarben an dieser ihrer Ungewöhnlichkeit und hielten das Clima der sogenannten deutschen Bildung nicht aus«; Nietzsche 1999, 352) bereitet sich ein Anti-Klassizismus vor, wobei Nietzsches vielfach belegte Kleist-Lektüren selbst kaum diskursiviert werden (zum nietzschisch-dionysischen Kleist ab 1900 vgl. Lütteken 2004, 214–244). Kleist, Hölderlin und Büchner figurieren als »Schlüsselfiguren des sich wandelnden deutschsprachigen Literaturkanons« ab 1890 (ebd., 5). Verbunden mit einer zunehmend am Biographischen interessierten Geschichtsauffassung – für die wohl Jacob Buckhardts 1860 erschienenes *Die Kultur der Renaissance in Italien* den Weg bereitete –, werden »Techniken des [...] industrialisierten Gedenkens« (ebd.) entwickelt, so etwa, wenn nach einem Besuch Kaiser Wilhelm II. erstmals Postkarten vom (wieder entdeckten, wenn nicht zwischenzeitlich verlegten) Kleist-Grab gedruckt werden (vgl. Erika Müller-Lauter 1991; Schumacher/Siebert 1993). »Dieses mehr oder weniger explizite Bewußtsein, verbunden mit dem Wunsch, Historiographen einer kulturell-geistigen Hoch-Zeit zu sein, läßt die ›Poeten-Philologen‹ des 19. und 20. Jh.s den Phänotyp einer Wiederentdeckung entwickeln, bei dem Leben und Dichtung auf eine ganz besondere Weise zusammenwachsen« (Lütteken 2004, 7). Dabei figuriert der Modus der Wiederentdeckung des ›Unzeitgemäßen‹ ein prototypisches Dichter-Bild, das implizit mehr über das Verlan-

gen nach ›Moderne‹ bzw. Abkehr vom Überkommenen aussagt, als über eine tatsächliche Auseinandersetzung mit den jeweils verfügbaren Textbeständen (vgl. Blamberger 1995, 35).

3. Historismus und Positivismus intendieren eine neutralere bzw. ›umwertende‹ Aufarbeitung auch der Literatur. In Wilhelm Scherers *Geschichte der deutschen Literatur* (Berlin 1883) »reicht [Kleist] näher an Shakespeare als irgendein anderer moderner Dramatiker« (Nachruhm Nr. 354) heran. Zwischen Adolf Wilbrandts 1863 und Otto Brahms (ein Scherer-Schüler) viel gelesener Biographie von 1886 wird Kleist, wenn auch mit zwiespältigen Wertungen, in Verbindung zum aktuellen Zeitempfinden gesetzt (insgesamt eine »breitenwirksam konzipierte[] Germanistik auf der Basis minutiös zusammengetragener Resultate«; Lütteken 2004, 194). – Zunehmend wird das Interesse am Skandalon Kleist (dem Doppelselbstmord) neu verstanden: Schon 1876 entdeckt Ludwig Speidel Kleist als denjenigen, dem »gegenüber [den Klassikern wie Lessing und Herder] seine Eigentümlichkeit« bleibe (zit. nach Goldammer 1976, 95). Detlev von Liliencron (und seine Nietzsche-Rezeption) übte etwa mit seinen Romanen *Breide Hummelsbüttel* (1886) und *Der Mäcen* (1889) (vgl. Nachruhm Nr. 367) nachhaltigen Einfluss auf die literarischen und kulturellen Zirkel wie den Friedrichshagener Kreis im Berlin (später dann auch in Wien) vor und um die Jahrhundertwende aus (mit Einflüssen auf Max Reinhardt, Hugo von Hofmannsthal, Otto Ludwig, Fritz Mauthner, Frank Wedekind; in Gerhard Hauptmanns *Festspiel in deutschen Reimen. Zur Erinnerung an den Geist der Freiheitskriege der Jahre achtzehnhundertunddreizehn, -vierzehn und -fünfzehn* von 1913 erscheint Kleist gleichgeordnet mit dem Reformer Stein, dem ›Turnvater‹ Jahn und Scharnhorst). Von diesen literarischen Zirkeln aus vollzogen sich »Klärungsprozesse [...], die über geistige Befindlichkeiten wie Identifikations- und Projektionsbedürfnisse der Dichtergeneration um die Jahrhundertwende Auskunft geben« (Lütteken 2004, 354), namentlich eine konträr zum ›Preußen Kleist‹ stehende Entpolitisierung, die als Resultat des sozialen ›Aschenbrödeltums‹ (Fontane) der Literaten zu lesen ist. Das Bewusst-

sein, mit der Projektionsfigur Kleist eine neue Epoche zu betreten, formuliert exemplarisch Franz Servaes 1902: »Kleist ist einer der wichtigsten Vorläufer des ›modernen Menschen‹« (Nachruhm Nr. 388).

Das ästhetische Bewusstsein von ›Modernität‹ um die Jahrhundertwende lässt sich in fünf Strängen der ›Typogenese‹ (Blamberger 1995) des ›Kleist-Mythos‹ aufarbeiten:

1. Der nationalistische ›Kleist-Mythos‹: Historisch erscheint Kleist als Zufrühgeborener im Kontext der napoleonischen Befreiungskriege und des uneinigen Deutschland, der so als Patriot ins Nationalbewusstsein eingelagert werden kann (vgl. Heinrich Treitschkes Kleist-Aufsätze ab den 1860er Jahren; im Überblick bei Lütteken 2004, 138–141). Aus dem ›Märker‹ wurde der ›Preuße‹ Kleist, schließlich einer der »deutschesten unter unseren nationalen Dichtern« (Gustav Schüler: An Kleist [1906], 22f.; vgl. Lütteken 2004, 151–190). Zu zentralen Werken werden insbesondere die *Herrmannsschlacht* und der *Prinz Friedrich von Homburg*, erst ab 1862 waren auch die von Rudolf Köpke publizierten politischen Schriften greifbar. Dass ästhetische Fragen hier nicht nur marginalisiert wurden, sondern dezidiert ausgeschlossen, verdeutlicht der Umgang mit dem Textmaterial. So wurde die *Herrmannsschlacht* zwar »zunehmend als Programmpunkt für typisch wilhelminische Festtage akzeptiert« (Lütteken 2004, 172), jedoch störte sich Wilhelm II. etwa im Fall des *Prinz Friedrich von Homburg* – der durchwegs als »patriotisches Lehrstück« rezipiert wurde – nicht an aus politischen Erwägungen vorgenommenen Kürzungen (ebd., 185f.; vgl. auch Nachruhm Nr. 360 mit Bismarcks Abwertung des *Prinz Friedrich von Homburg* zugunsten der in der Regel romantisierend bearbeiteten Lustspiele). In einer Ausdifferenzierung der preußisch-deutschen Nationalmythen-Bildung wird so etwa die Figur Herrmanns rückgekoppelt an den Personenkult um Otto von Bismarck. »Alle genannten Beispiele bezeugen, daß dieses zwischen 1870/71 und 1918 verbreitete Deutungsmuster, das den Konnex von Kleists Hermann und Bismarck als Tatsache präsentierte, nachhaltig in die zeitgenössische National-Mythologie integriert werden konnte« (Lütteken 2004, 172). Als Inbegriff genuin nordisch-

germanischer Rassen führt von dieser reduktiven Lektüre ein Weg zu rassisch-völkischen Deutungen – eine Entwicklung, die ungeachtet positivistischer und editorischer Verdienste etwa der historisch-kritischen Ausgabe Erich Schmidts und Georg Minde-Pouets von 1904 auch die akademische Kleist-Forschung befördert (so etwa stilisiert Reinhold Steigs vieldiskutiertes Buch *Kleists Berliner Kämpfe* den preußischen Patrioten, Steig wiederum wird als adäquater Kleist-Interpret wahrgenommen, weil er selbst »Märker« sei; vgl. Hermann Grimm, 1901, zit. nach Nachruhm Nr. 220b). Hinzuweisen ist allerdings auf die Vielschichtigkeit und Differenziertheit der zeitgenössischen Diskussionen. In Anspruch genommen wird Kleist (in der von häufigen Lagerwechseln geprägten Zeit) parallel etwa auch von der sozialistischen Arbeiterpresse, die ihm zusprach, »den Weg zum Fortschritt gewiesen« zu haben (Max Quarck [1902], 950): Der gescheiterte Rebell und Revolutionär steht hier im Vordergrund (zur materialistischen Kleist-Rezeption vgl. Grathoff 1979).

2. Kleists stets wahrgenommene ›Eigentümlichkeit‹ (vgl. Erich Schmidt 1883: »Niemand ist so sehr Eigenthümer seiner Werke als er«; in: Nachruhm Nr. 353) wird diskursiviert in u. a. neoromantischen Argumentationsfiguren der ›Zerrissenheit‹ (vgl. Georg Heym, 1909, in: Nachruhm Nr. 392) oder des ›Verschollenen‹ (z. B. in Bezug auf *Robert Guiscard*, vgl. etwa Sigismund Rahmer: Heinrich von Kleist als Mensch und Dichter. Berlin 1909), die einen »Modernisierungsschub« (Lütteken 2004, 243) durch insbesondere die psychologisch-pathographische Deutungsmuster erhielten, die am ›Abnormen‹ den exemplarischen Einzelfall herausstellen konnten (vgl. schon 1886 Richard Krafft-Ebings *Psychopathia sexualis*, S. 89; später der Einfluss Freuds). Fast schon expressionistisch erzählt Ricarda Huch am Beispiel Kleist nichts weniger als »Ausbreitung und Verfall der Romantik« (Leipzig 1902), »ein in Explosionen krankhaft und zerstörend sich abspielendes Leben« (Goldammer 1976, 105).

3. Zugleich wird der ›dionysische Kleist‹ nach Nietzsche in einer »Sprache der Verehrung« (vgl. Lütteken 2004, 311–332) gefeiert. Eine Tendenz zur Nobilitierung (zumeist topisch indiziert durch den Lorbeerkranz), die entlang der Perspektive, Goethes »›Schauder und Abscheu‹ vor dem hypochondrischen Kleist« habe »seine Kanonisierung im 19. Jh. [verhindert] und ermöglicht sie im 20.« (Blamberger 1995, 31), betont Kleists ›Lebensnähe‹ oder ›Unzugänglichkeit‹ in der Regel im vergleichenden und Goethe relativierenden Rekurs auf Shakespeare. Hier hinein gehört auch die Entdeckung des »von Verstand und Anmut glänzende[n] Stück[s] Philosophie«, *Über das Marionettentheater*, in Hugo von Hofmannsthals *Deutschem Lesebuch* (Hofmannsthal 1955, 138).

4. Die künstlerische Avantgarde erschließt parallel (und unabhängig) von der nationalistischen Vereinnahmung Kleists Leben und Werk vom Rande her, besonders die *Penthesilea* wird zum Paradestück (schon 1884 kennt Liliencron von seinem »Abgott« vor allem die *Penthesilea* »fast auswendig«; zit. nach Goldammer 1978, 203; eine breite Würdigung bereitet sich mit dem Expressionismus vor). Hugo Wolf legt 1883–85 mit *Penthesilea* eine »symphonische Dichtung« auf (hg. von Hans Jancik. Wien 1971), weitere Kleist-Opern (*Prinz Friedrich von Homburg*, *Amphitryon*) waren geplant.

5. Weiter fortbesteht eine bürgerliche Rezeptionslinie, die Aufwertungen des Kleist-Bildes aufnimmt, und zunehmend den in Grundlinien bis heute gültigen Kanon (mit dem *Käthchen von Heilbronn*, dem *Prinz Friedrich von Homburg* und dem *Michael Kohlhaas*) formiert. Hieran anschließend lässt sich eine ›privatisierte‹ Rezeptionshaltung dokumentieren, die sich nicht um den ›politischen‹ Kleist gruppiert, sondern den Außenseiter in ›stiller Lektüre‹ sucht (gemischt beispielsweise mit melancholischem Pathos in Rilkes Gedicht vom Besuch am »wintereinsamen / Waldgrab in Wannsee«; Nachruhm Nr. 374). Schon Theodor Fontane berichtet über den *Zerbrochnen Krug*: »Es ist ein Lesestück« (Goldammer 1976, 415), und für Nietzsche ist Kleist der, »welcher mit seiner Phantasie dem Leser Gewalt antun will« (Nachruhm Nr. 357; vgl. ähnlich Theodor Storm, 1885, der die *Herrmannsschlacht*, *Penthesilea* und den *Prinz Friedrich von Homburg*, letzteres »besonders schön«,

aber »ob auch dramatisch, ist mir etwas fraglich«, empfunden habe; Nachruhm Nr. 366). Robert Walsers 1907 erschienene Erzählung *Kleist
in Thun*, die »lebendige Sensation« erregte, wie
Walter Muschg 1925 rückblickend berichtet
(Nachruhm Nr. 451), greift (zur populären Gattung ›literarischer Porträts‹ vgl. Eickenrodt
2004) gegen den ›Preußen Kleist‹ den ›Deterri-
torialisierten‹ des Schweizer Exils auf (vgl. auch
die 1922 erschienene Skizze *Kleist in Paris*). In
diese Tradition lässt sich auch Franz Kafka einreihen, der zwar den *Michael Kohlhaas* in Briefen mehrfach zur Lektüre empfahl, von seiner
eigenen öffentlichen *Kohlhaas*-Lesung jedoch,
wie Max Brod berichtet, Unbehagen zurückbe-
hielt. Die Nähe Kafkas zu Kleist ist schon früh
erkannt worden: »Parallelen hat man seit Wal-
zels und Tucholskys Kommentaren zum Kleistischen an Kafka gesehen« (Lütteken 2004, 282;
weitere Literatur ebd., 297).

Insgesamt zeichnet sich ein Bild ab, das sich
mit Thomas Mann auf die Formel »kleistisch
[...], – was aber wohl nur heißen will: modern«
(Thomas Mann 1979, 161) bringen lässt, jedenfalls wenn man unter Modernität das antagonistische Spiel von Totalität und Heterogenität bzw.
Alterität versteht, mit dem »[s]eit den sechziger
Jahren des 19. Jh.s« ein Kleist-Bild zugleich geprägt und verrätselt wird, das »Details aus Leben
und Werk, häufig das Rätselhafte, Unerklärliche
und Unklärbare betonend, darbiete[t], und so das
Faszinosum ›Kleist‹ breiteren Leserschichten
überhaupt erst zugänglich mach[t]« (Lütteken
2004, 190).

Literatur

Berg, Rudolf: Intention und Rezeption von Kleists poli-
tischen Schriften des Jahres 1809. In: Klaus Kanzog
(Hg.): Text und Kontext. Quellen und Aufsätze zur
Rezeptionsgeschichte der Werke Heinrich von
Kleists. Berlin 1979, 193–237.
Blamberger, Günter: »nur was nicht aufhört, *weh zu
thun*, bleibt im Gedächtniss«. Zur Typogenese des
Kleist-Bildes in der deutschen Literatur der Mo-
derne. In: KJb 1995, 25–43.
Busch, Rolf: Imperialistische und faschistische Kleist-
Rezeption 1890–1945. Eine ideologiekritische Unter-
suchung. Frankfurt a. M. 1974.
Eickenrodt, Sabine: Kopfstücke. Zur Geschichte und

Poetik des literarischen Porträts am Beispiel von Ro-
bert Walsers *Kleist in Thun*. In: KJb 2004, 123–144.
Goldammer, Peter (Hg.): Schriftsteller über Kleist. Eine
Dokumentation. Berlin/Weimar 1976.
–: Heinrich von Kleists *Penthesilea*. Kritik der Rezepti-
onsgeschichte als Beitrag zur Interpretation. In: Wal-
ter Dietze/Peter Goldammer (Hg.): Impulse. Auf-
sätze, Quellen, Berichte zur deutschen Klassik und
Romantik. Folge 1. Berlin/Weimar 1978, 200–231.
Grathoff, Dirk: Materialistische Kleist-Interpretation.
Ihre Vorgeschichte und ihre Entwicklung bis 1945.
In: Klaus Kanzog (Hg.): Text und Kontext. Quellen
und Aufsätze zur Rezeptionsgeschichte der Werke
Heinrich von Kleists. Berlin 1979, 110–179.
Hofmannsthal, Hugo von: Gesammelte Werke in Ein-
zelausgaben [in 15 Bänden]. Frankfurt a. M. 1956–
1973.
Kanzog, Klaus: Vom rechten zum linken Mythos. Ein
Paradigmenwechsel der Kleist-Rezeption. In: Hein-
rich von Kleist. Studien zu Werk und Wirkung. Hg.
von Dirk Grathoff. Opladen 1988, 312–328.
Knittel, Anton Philipp: Kleist-Bilder der Moderne. Ein
Rückblick auf die 9. Kleist-Festtage und das Kollo-
quium der Kleist-Gedenk- und Forschungsstätte
Frankfurt a.d.O. In: Heilbronner Kleist-Blätter 8
(2000), 11–16.
Koch, Max, zit. nach Fedor Mamroth: Über ›preußi-
sche‹ Literaturwissenschaft. In: Frankfurter Zeitung,
12. Juli 1902.
Lütteken, Anett: Heinrich von Kleist. Eine Dichterre-
naissance. Tübingen 2004.
Mann, Thomas: Tagebücher. 1918–1921. Hg. von Peter
de Mendelssohn. Frankfurt a. M. 1979.
Müller-Lauter, Erika: Geschichte des Kleist-Grabes. In:
KJb 1991, 229–256.
Nietzsche, Friedrich: Unzeitgemässe Betrachtungen,
Drittes Stück: Schopenhauer als Erzieher [1874]. In:
Kritische Studienausgabe (KSA), Bd. 1. München/
Berlin/New York 1999, 335–427.
Orzechowski: Kleists Dramen in den Bühnendekorati-
onen des 19. und 20. Jahrhunderts. Eine historisch
orientierte Darstellung unter Einbeziehung ausge-
wählter Theaterkritiken. Inaugural-Diss., FU Berlin,
1989.
Quarck, Max: Ein preußischer Junker als dichterischer
Revolutionär. In: Sozialistische Monatshefte 6 (1902),
H. 2, 949–959.
Reeve, William C.: Kleist on Stage. 1804–1987. Mont-
real/Kingston 1993.
Schüler, Gustav: An Kleist [1906]. In: Gedichte auf
Heinrich von Kleist. Eine Auswahl. Als Privatdruck
zusammengestellt von Georg Minde-Pouet. Leipzig
1927, 22f.
Schumacher, Horst/Siebert, Eberhard: Wurde das
Kleist-Grab verlegt? In: Beiträge 7 (1993), 109–122.

Stuber, Petra: Kleists ›Käthchen‹ in der Inszenierung des Meininger Hoftheaters 1876. In: KJb 2001, 178–195.

Zigelski, Hans: Heinrich von Kleist im Spiegel der Theaterkritik des 19. Jahrhunderts bis zu den Aufführungen der Meininger. Inaugural-Diss., Erlangen, 1934.

Martin Roussel

1.3 1911 bis 1933

Wenn auch die beiden ›Kleist-Jahre‹ 1911 und 1927, die als besonders öffentlichkeitswirksame Schreibanlässe am ehesten die sachlich angemessene Begrenzung des zu behandelnden Zeitraums darstellen, eine wahre Flut von Publikationen über den Dichter direkt oder mittelbar veranlasst haben, so fällt es dennoch schwer, den bleibenden poetischen Ertrag der durch massive gesellschaftliche Umbrüche geprägten Phase zwischen Kaiserreich und der Machtübernahme durch die Nationalsozialisten zu bestimmen. Allein die große Anzahl der Kleist gewidmeten, dessen Leben und Werk in vielfältiger Weise thematisierenden, systematisch meist nur ansatzweise erforschten und kaum kontextualisierten literarischen Arbeiten bekannter und weniger bekannter Autoren steht einer solchen Bestimmungsleistung entgegen. Hinderlich sind zudem epigonale Formen (vgl. etwa Johannes R. Bechers Kleist-Sonett von 1914 oder die von Georg Minde-Pouet 1927 herausgegebene Sammlung *Gedichte auf Heinrich von Kleist*) mitsamt ihrem Pathos in Wortwahl und Gestus, von der thematischen Disparität oder den in ihnen zum Ausdruck gebrachten, unversöhnbaren weltanschaulichen Differenzen ganz zu schweigen. Anders gesagt: Die auf den ersten Blick mannigfach problematisch wirkende Fülle belegt vor allem eines, nämlich die schon beim einhundertsten Todestag Heinrich von Kleists 1911 längst fraglos gewordene Zugehörigkeit des Dichters zum engsten Kanon der deutschsprachigen Literatur. Dies vorausgesetzt mag es gestattet sein, viele der Zeugnisse kreativer Rezeption, die sich im Falle Kleists mit stetig wachsender Frequenz schon seit den 1890er Jahren finden lassen, als Belege einer vermeintlichen Wiedergutmachung, einer postumen Kompensa-

tion an einem – aus Sicht ihrer Urheber – von der Mitwelt verkannten Autor zu verstehen. Eine repräsentative Auswahl – besonders markante, zeittypische und/oder ambitionierte poetische Entwürfe – soll nachfolgend vorgestellt werden.

Das Kleist-Bild der Schriftsteller und der Öffentlichkeit(en): Die intellektuellen Eliten jener Jahre neigten auffällig dazu, Kleist (wie auch verschiedene andere historische Persönlichkeiten) stilisierend zu funktionalisieren. Gerade die Schriftsteller entfalteten hierbei bemerkenswerte Energien, indem sie ihn beständig und weitgehend unabhängig von ihrer weltanschaulichen Orientierung oder nationalen Zugehörigkeit als einen besonders zeitgemäßen Wegbereiter und -gefährten gekennzeichnet haben. Des Dichters Werdegang wurde so geradezu zur Denkfigur, die häufig auch der künstlerischen Selbstvergewisserung zu dienen hatte. Stellvertretend für viele andere mag in diesem Zusammenhang Richard Schaukal genannt werden, der die Affinität zu Kleist 1918 prototypisch formuliert hat: »Du, den ich wie keinen kenne, / Weil dein Wesen mir verwandt, / Den ich schweigend Bruder nenne: / Hat dein Blick mich auch erkannt? [...]« (*An mein Kleist-Bildnis*, in: Minde-Pouet 1927, 76). Autoren wie Georg Heym, Franz Kafka oder Rainer Maria Rilke drückten ihre innige Verbundenheit dagegen durch Besuche am Grab Kleists aus oder schrieben über diese ›Wallfahrten‹ wie der Kleist-Preisträger Hermann Burte (in: *Ursula*. Gedichte. Leipzig: H. Haessel, 1930, 5ff.; vgl. auch die Texte von Otto Erler, Max Rosenfeld, Julius Bab oder Gustav Schüler in: Minde-Pouet 1927, 35, 63, 66, 70).

Solch ein Dichter-Kult freilich – als zweifellos konstitutiver Teil des ›Kleist-Mythos‹ – konnte bisweilen auch Mittel zum Zweck sein, ein nützliches Vehikel, um persönliche Anliegen der Autoren publik zu machen. Frank Wedekinds Polemik gegen die Zensur anlässlich der Münchner Kleist-Feier von 1911 (Nachruhm Nr. 410b) wäre hier zu nennen, Helene Keßlers emanzipatorisch gedachte *Gräfin Wetter vom Strahl* (in: *Licht und Schatten*, Nr. 12 (1913)), aber auch Hans Kysers *Epilog auf Kleist* von 1911 (Nachruhm Nr. 399a), der weniger als Hommage, vielmehr aber als versifizierter Kommentar zu den Zielen des »Schutzverbandes deutscher Schriftsteller« gelesen werden kann. Jenseits solcher bewusst durchsichtiger Vereinnahmung ließen Kleists exzentrisch-tragischer Werdegang wie seine poetische Normen außer Kraft setzenden Texte ihn nun, unter den intellektuellen Auspizien des 20. Jh.s (wie z. B. Nietzsches Philosophie, Freuds Psychoanalyse und der gleichfalls florierenden Psychopathologie), als Ahnherrn avantgardistischen Künstlertums erscheinen, als gegenwärtigen, nicht historischen Klassiker mithin und herausragenden Exponenten eines durch die Schriftsteller der literarischen Moderne gerade erst entworfenen Gegenkanons.

Wenn also Thomas Mann 1919 (im Tagebucheintrag vom 26. Februar), einen Text Goethes betrachtend, feststellen konnte, er sei »kleistisch [...], – was aber wohl nur heißen will: modern«, so verwendet er damit in charakteristischer Brechung eine im Literaturbetrieb gewohnheitsmäßig mit dem Namen des Dichters verknüpfte Assoziation. Hinter solcher bekenntnishaft vorgetragenen Modernität verbarg sich jedoch nicht selten lediglich eine eher diffuse Lesart, bei der bestimmte Spezifika der Kleist'schen Existenz (wie etwa die mit chronischer Unrast verknüpfte psychische Labilität oder seine Unfähigkeit zur Integration in die bürgerliche Lebensform und Gesellschaft) wie auch die Machart einiger seiner Werke als Ursachen dafür angeführt wurden, dass dieser Dichter als ein Unzeitgemäßer innerhalb der eigenen Epoche notwendig ein Missverstandener hatte werden müssen, den es postum nun zu rehabilitieren galt. So jedenfalls sahen es viele der jüngeren Autoren, die sich in vergleichbarer Lage und als späte, aber besonders berufene Geistesverwandte wähnten – ob wirklich zurecht, darf getrost bezweifelt werden. Noch 1927 wurde diese Position von Heinrich Mann in der Rundfrage »Wie stehst du zu Kleist?« der *Frankfurter Oderzeitung* vom 18.10. ausdrücklich bekräftigt: Popularität sei keineswegs eine für das Urteil über Kleist relevante Kategorie, allzu sehr nämlich sei sie an »Zeit und Umstände gebunden«; bei zeitunabhängigen Phänomenen wie ihm gelte es dagegen festzuhalten, dass »sie in jeder der folgenden Epochen die geistig Aufmerksamsten zu Freunden« hätten (Nachruhm Nr. 467), womit

im Superlativ zugleich die typische und ein wenig hybride Selbstsicht vieler zeitgenössischer Intellektueller bezeichnet wäre; eine Sichtweise, die kaum je kritisiert bzw. in ihren erheblichen Konsequenzen bedacht wurde. Eine Ausnahme stellte Franz Blei dar, der schon 1920 gerade diese Haltung scharf kritisiert hatte (*Das große Bestiarium der Literatur*, 1995, 186f.):

»Der kleinste Schreiber schüchtert die sentimental gewordene Bourgeoisie seiner Zuhörerschaft mit der Erinnerung ein, daß sie einen Büchner nicht erkannt habe, [...] Kleist und Keats umgebracht habe, und eingeschüchtert beeilt sich das Publikum, lieber alles herrlich zu finden, als das Verbrechen zu riskieren, einen neuesten Lyriker [...] verhungern zu lassen«.

Den Namen Kleists als synonym für eine fortschrittliche bzw. avantgardistische Geisteshaltung zu begreifen, implizierte zudem bestimmte, im Prinzip sogar bis heute wirksame Textpräferenzen (etwa für *Penthesilea* oder *Über das Marionettentheater*) und zugleich eine Tendenz zur Ausblendung anderer Werkteile (wie etwa der patriotischen Schriften im weitesten Sinne). Dass im Gegensatz dazu eher konservativ gesonnene Kleist-Rezipienten der allenthalben im Werk sich Bahn brechenden ›Ästhetik des Hässlichen‹ wenig abzugewinnen vermochten und mit dem zuzeiten gefährdet wirkenden Preußentum des todesfürchtigen Prinzen Friedrich auch weiterhin ihre Mühe hatten, deutet darüber hinaus darauf hin, dass der ›ganze‹ Kleist in diesem Zeitraum kaum je Gegenstand seiner Verehrer gewesen ist. Diese bildeten nicht *eine* Öffentlichkeit, sondern – schon wegen der nachgerade komplementären Werkpräferenzen und Interpretationen – verschiedenste Teilöffentlichkeiten, die einander im medialen Diskurs mitunter beinahe feindlich, mindestens aber skeptisch gegenübertraten. Schon 1911 ließ sich daher feststellen: »Es ist, als gäb es zwei Dichter mit dem Namen« (Nachruhm Nr. 237). Ein derart dekonstruierter Autor, dessen Schicksale man, einer weiteren Zeitgeist-Mode folgend, als eng und beziehungsreich verknüpft mit denen anderer, mehr oder weniger ebenso tragisch gescheiterter oder früh ›vollendeter‹ Geistesgrößen (Büchner, Grabbe, Hölderlin, Lenz, Nietzsche) betrachtete, die allesamt zu Märtyrern der als geistfeindlich wahrgenommenen gesellschaftlichen Realität Deutschlands erklärt wurden, bot wiederum insbesondere den Schriftstellern vielfältigste Ansatzpunkte für Projektionen aller Art, bei denen durchweg eine ahistorische bzw. teleologische Sichtweise dominierend ist.

Einige der Texte über Kleist schließlich lassen sich auch als Ansätze zur Distanznahme verstehen, als Gegenentwürfe zur vermeintlichen »gelehrten Armut« (Walter Muschg, Nachruhm Nr. 451) der akademischen Germanistik und als ein bewusstes Korrektiv zu dem – aus Sicht der Autoren – allzu leidenschaftslos und blutleer anmutenden Kleist-Bild der Philologen. »Nein« – so hatte wiederum Thomas Mann betont – »dies ungerührte Zeug« habe er nicht zum Ausgangspunkt der eigenen »Wiedereroberung« des *Amphitryon* gemacht, in der er den gelehrten Interpretationen bannergleich seine, des Schriftstellers, empathiegesättigten Einsichten in das »geistreichste, das tiefste und schönste Theaterspielwerk der Welt« entgegenhielt (GW 1982, 453f.). Das Ringen der so ungleichen Literaturverständigen, der Produzenten und Exegeten, jedoch um das ›richtige‹, das gültige Kleist-Bild, eröffnet den Blick auf das in dieser Phase praktisch gegenläufige Vorgehen beider Parteien: Wo die Wissenschaftler in objektivierender Absicht detailliertes Faktenmaterial zusammentrugen, präsentierten Schriftsteller drastisch subjektive Entwürfe und versuchten sich so im emphatischen Sinne in der Annäherung an das ›Phänomen‹ Kleist. Dies gilt für die schicksalserhellend konzipierten biographischen Skizzen (vgl. Herbert Eulenberg 1918 oder Robert Walsers *Kleist in Thun*) und die ostentativ eingesetzte Fragment-Form (z. B. bei Hans Henny Jahnn (*Heinrich von Kleist. Eine jämmerliche Tragödie*, 1917), Albrecht Schaeffer (*Kleist. Zwei szenische Fragmente*. In: *Die Horen* 2 (1926), 51–69), vgl. Paul Ernst: *Die Kunstfigur und die Maske* 1921 (Nachruhm Nr. 627)) ebenso wie für das verbreitete essayistische Schreiben über Kleist, aber auch bei dem Grenzbereiche von Literatur und Literaturwissenschaft absteckenden und sie derart zugleich hinterfragenden Friedrich Gundolf.

Spielarten poetischer Anverwandlung: Der Facettenreichtum der literarischen Wirksamkeit Kleists sei nachfolgend hinsichtlich einiger besonders typischer Ausdrucksformen beschrieben.

1. *Literarische Prägung*: Die Tatsache, dass Kleist in Tagebüchern und sonstigen biographischen Notaten von Schriftstellern regelmäßig als eine feste Bezugsgröße erwähnt wird, lässt sich in gleichem Maße als Teil einer künstlerischen Identitätsbildung verstehen wie als explizites Deutungssignal – und zwar auch dann, wenn die faktische Relevanz für die jeweilige literarische Produktion eines Autors kaum je präzise zu bestimmen sein mag. Georg Heyms Lektüre-Empfehlung: »Lies: Grabbe, den erlauchten Grabbe, Büchner, Kleist. Lies Rimbaud, Baudelaire, Samein, Keats. Das sind Kerle, die sich noch sehen lassen können« (an Hildegard Krohn, Anfang Juni 1911), gibt demgemäß ebenso wichtige Einblicke in seine Bücher-, Denk- und Lebenswelten wie die korrespondierenden Tagebucheinträge desselben Zeitraums (Nachruhm Nr. 392). Den »Grundriß eines Kopfes« vermittels seiner wichtigsten Identifikationsfiguren zu bestimmen, mag so also nicht allein beim jungen Bertolt Brecht ein legitimer Ansatz sein, der Kleist explizit zu den seinen zählte (vgl. den Brief an Therese Ostheimer vom Juli 1916 in: Brecht 1988–2000, Bd. 28, 20). Ähnlich verhält es sich mit Franz Kafkas legendärer *Kohlhaas*-Lesung in der Prager Toynbeehalle von 1913 (vgl. Nachruhm Nr. 421a/b), die aus dieser Perspektive genauso ›sprechend‹ ist wie Hermann Hesses Hinweis von 1915 auf »Kleistens herrliche[n] Kohlhaas« (Hesse 2001–2007, Bd. 17, 467; vgl. Nachruhm Nr. 683), Georg Kaisers leidenschaftliches Bekenntnis zum Vorbild: »Wie kann ein Dichter ohne das Vorbild Heinrich v. Kleists dies schmutzige Meer der menschlichen Gesellschaft durchwaten?« (Kaiser 1970–1972, Bd. 4, 593), oder Kurt Tucholskys Hinweis auf die »an Kleist« streifenden »höchsten epischen Leistungen« Hebels (Tucholsky 1975, Bd. II, 164). Wo – wie in vielen autobiographischen Schriften – der Wille zur Stilisierung vorauszusetzen ist, erscheint es naheliegend, solche vom Autor selbst betonte Geistesverwandtschaft auch zur Interpretation seiner Werke hermeneutisch fruchtbar machen zu wollen. Wie Ernst Ribbat für Alfred Döblin nachweisen

konnte, erläutern dessen Hinweise auf Kleist und Hölderlin als »die Götter« seiner Jugend, mit denen er sich »gegen das Ruhende, das Bürgerliche, das Gesättigte und Mäßige« hatte auflehnen wollen (Nachruhm Nr. 623b), nicht nur das typisch juvenile und zum Antithetischen neigende Weltbild, sondern stellen zugleich einen wichtigen Schlüssel zum adäquaten Verständnis mancher Werkpassagen dar.

2. *Werkspuren:* Exemplarisch und anhand einiger Ausschnitte aus Texten Hugo von Hofmannsthals sei hier die ›Technik‹ der literarischen Anverwandlung – Zitat, Anspielung, Paraphrase, Adaptation etc. – demonstriert. Hofmannsthal, nach eigenem Bekunden ausschließlich an der überzeitlich gültigen Aussage von Poesie interessiert, zeigte sich früh (1896) schon ausgesprochen skeptisch gegenüber Versuchen, »Einflüsse, Beziehungen und dergleichen« zu analysieren (Hofmannsthal 1956–1973, Bd. 1, 242). Unabhängig hiervon jedoch sind seine eigenen literarischen Arbeiten zu allererst Dokumente einer virtuos gehandhabten, auf poetologische Abstraktion zielenden Sublimierung von Lektüren. Im Blick auf die Komödien bzw. die Libretti Hofmannsthals lässt sich also durchaus festhalten, dass Kleists *Amphitryon* ebenso wie *Der zerbrochne Krug* in gleich mehrfacher Hinsicht als konstitutive literarische Vorbilder für die vom Autor angestrebten ›Meta‹-Komödien gelten müssen. Deutliche Hinweise auf solche voraussetzungsreiche, zugleich aber die zugrundegelegten Quellen verschleiernde wie amalgamisierende Intertextualität finden sich z. B. im *Rosenkavalier* (UA 1911). Wenn der dem Dorfrichter Adam hinsichtlich seiner tragikomischen Züge eng verwandte Baron Ochs von Lerchenau im 1. Akt von seiner chronisch handgreiflichen Vorliebe für junge Mädchen berichtet: »Wollt’, ich könnt’ sein wie Jupiter selig / in tausend Gestalten, / wär’ Verwendung für jede« (Hofmannsthal 1975ff., Bd. 23, 24), dann ist eine solche männliche Allmachtsphantasie in komplexer Form auf den Prätext *Amphitryon* bezogen: etwa auf die dort verschiedentlich thematisierte »olympische Seligkeit« Jupiters im Verhältnis zu Alkmene (Vers 1306 u. a.), die in der Allusion den Grad der Anmaßung wie den der Lächerlichkeit des Ochs de-

finiert. Im verunglückten Souper des 3. Aktes hingegen kommt dem turbulenten Spiel mit der die Kahlköpfigkeit in entscheidenden Momenten nicht kaschierenden Perücke eine so gewichtige Rolle zu, dass es beinahe zwingend wird, sich des ebenfalls auf erotischen Seitenpfaden wandelnden Dorfrichters zu erinnern, der es – am Ende wie Ochs schwer angeschlagen – vorzieht, das Weite zu suchen. Eine solche variierende Wiederaufnahme dient einer artifiziellen Potenzierung ebenso wie die mehr oder weniger deutlichen feinen Anklänge und Reminiszenzen an Kleist in anderen Werken.

Der Hinweis des Tanzmeisters im Vorspiel von *Ariadne auf Naxos:* »Hundert große Meister, die wir auf den Knien bewundern, haben sich ihre erste Aufführung mit noch ganz anderen Opfern erkauft« (Hofmannsthal 1975ff., Bd. 24, 20) etwa ironisiert künstlerische Sachzwänge durch die Anspielung auf die gescheiterte Uraufführung des *Zerbrochnen Krugs* 1808 in Weimar und die berühmte Formel »auf den Knien meines Herzens« aus dem Brief Kleists vom 24.1.1808 an Goethe. Ein solcher Blick in die Schreibwerkstatt eröffnet wichtige Perspektiven, auf das Werk selbst, aber auch auf die Ausdrucksmöglichkeiten künstlerischer Wertschätzung. Hofmannsthal respektierte und schätzte den Dichter Kleist in hohem Maße, was er immer wieder auch in anderen Kontexten signalisierte: Sein Eintreten für den Kleist-Preis und die Mitgliedschaft in der Kleist-Gesellschaft bezeugen dies ebenso wie die Begeisterung für die Inszenierung von *Penthesilea* im »Deutschen Theater« Max Reinhardts (vgl. den Brief an Ottonie Gräfin Degenfeld vom 29.9.1911).

3. *Exkurs: Kleist-Poesien der Gedenkjahre 1911 und 1927:* Reichlich Gelegenheiten zu Gelegenheitsdichtungen brachten die ›Kleist-Jahre‹ 1911 und 1927, in denen traditionelle Dichterehrung mit den technischen Möglichkeiten und dem Marktkalkül des industrialisierten Verlagswesens verknüpft wurde: Dichterfeiern, Sondernummern in Feuilletons oder Festaufführungen in Theatern waren Teil dieser Gedenkmaschinerie, die einer bis dahin ungekannten Inanspruchnahme Kleists Raum gab. Bemerkenswert wenige Beobachter störten sich daran, unter ihnen der

Theaterkritiker Siegfried Jacobsohn (2005, Bd. 2, Nr. 157) und auch der Kleist-Biograph Wilhelm Herzog, der auf das »Geschäft, das seinen Mann ernährt«, hinwies (in: Pan 1 [1910/11], 4). Kaum je aber wurden die Auswüchse der medial verordneten Dichterschau so explizit hervorgehoben wie von Rudolf Blümner. Im »Vorspiel« seiner galligen Satire *Kleistfeier. Dramatischer Entwurf* von 1927 entlarvt er die perfide Oberflächlichkeit des gedankenlosen offiziellen Gedenkens (durch den Auftritt von 33 Bürgermeistern an Kleists Grab), nicht ohne zugleich auch den Literaturbetrieb, der sich seinen allzu modischen »Zeit-Geist-Kleist« (H. Walden; Nachruhm Nr. 399b) nach Gutdünken und gänzlich unbekümmert um das Publikum zurechtlegte, ebenso drastisch wie zutreffend zu karikieren.

Im Kontext des Gedenkens an die Befreiungskriege von 1813 zeigte sich hingegen recht deutlich, wie man Kleist in dieser Zeit auch bewertete: als Vorbereiter eines starken Preußen und mit ihm eines noch stärkeren Deutschen Reichs. Folgerichtig wurde von Autoren wie Fritz von Unruh, Ernst Lissauer, Gerhart Hauptmann oder Julius Bab die Nähe Kleists zu Schriftstellern wie Arndt, Körner oder Schenkendorff (Nachruhm Nr. 433a 425, 426; Minde-Pouet 1927, 66) betont, wie denn derart auch der Weg zum »großartigste[n] Soldatendichter« (Nachruhm Nr. 429) des Ersten Weltkriegs geebnet war. Auch wenn diese Lesart heute insgesamt irrelevant geworden ist, erscheint es wichtig, derartige Texte nicht allein als künstlerisch substanzlose Dokumente eines mehr oder weniger unreflektierten Chauvinismus, sondern vielmehr als festen und in dieser Zeit gesellschaftlich hochgradig akzeptierten Bestandteil der Kleist-Rezeption zu bewerten. Keineswegs immer nämlich handelte es sich dabei um so kuriose Machwerke wie das von Hermann von Festenberg verfasste »Gedenkblatt zum hundertjährigen Todestage des Vaterländischen Dichters Heinrich v. Kleist«, ein 147 Seiten umfassendes Versepos mit dem Titel *Ein Dichterleben* aus dem Jahr 1911. Um sich ein leidlich angemessenes Bild vom Kleist-Verständnis dieser Epoche und der es bestimmenden Mentalitäten und politischen Ansichten machen zu können, ist es unbedingt erforderlich, die jeweiligen Umstände seiner Genese genauer noch zu rekonstruieren.

4. *Biographische Projekte und literarische Projektionen:* Kleists Biographie und vor allem wohl die Suche nach den tieferen Ursachen seines spektakulären Suizids regten zahlreiche Autoren und Autorinnen zu poetischen Deutungen in verschiedensten literarischen Genres an. Als aufschlussreiche Belege für das offenkundig vorhandene Interesse auch breiterer Leser- bzw. Leserinnenschichten wird man dabei die historischen, das Leben Kleists und namentlich sein Verhältnis zum schönen Geschlecht keineswegs frei von Trivialem thematisierenden, gleichwohl aber bisher kaum erforschten Romane von Henriette von Meerheimb (*Die Toten siegen*, 1917) und von Gertrud von Brockdorff (*Das Mal der Sehnsucht*, 1928) bezeichnen dürfen. Allerdings sind die Grenzen des Trivialen im konkreten Fall keineswegs geschlechtsspezifisch gezogen, jedenfalls aber fließend: ein wenig rührselig mutet auch Herbert Eulenbergs *Schattenbild* von 1918 an, eine Prosaskizze, in der in der »alte Wieland« die Nachricht vom Tode Kleists dem gleichfalls erschütterten Goethe überbringt, der bei dieser Gelegenheit und in durchaus unüblicher Lesart als großer, aber durch die Umstände verhinderter Förderer des Verstorbenen beschrieben wird. Im Kleist-Abschnitt des Romans des populären Erzählers Walter von Molo *Das Volk wacht auf* (1921) findet sich dagegen eine diffus politisierte wie idealistische Sicht angedeutet, die der Autor in seinem 1938 erschienenen Kleist-Roman *Geschichte einer Seele* (überarbeitet: 1958) eingehender noch erörtert hat.

Als besonders zeittypisch erscheint die ausgeprägte Vorliebe für das im weitesten Sinne essayistische Schreiben über Kleist, bei dem die zutreffende Einsicht in die nur bedingt mögliche Annäherung an ihn ihr Korrelat explizit auch in der Form findet (vgl. Julius Harts *Kleist-Buch* (1912), Ernst Cassirers *Heinrich von Kleist und die Kantische Philosophie* (1920), Ernst Bertrams Kleist-Rede von 1925, Alfred Wolfensteins *Kleist-Erlebnis* (in: Die Scene 1927), die Essay-Folge des Kleist-Preisträgers Arnold Zweig *Lessing. Kleist. Büchner* (1925) oder Walter Muschgs *Kleist in Thun* (1928)).

Den literarischen, Kleist-Klischees freilich potenzierenden und der pathetischen Sprache wegen durchaus fremd gewordenen, Höhepunkt stellt in diesem Kontext sicherlich der im Bemühen, »drei Dichterbildnisse im Sinn einer inneren Gemeinschaft« zu vereinen, konzipierte Essay von Stefan Zweig *Der Kampf mit dem Dämon* (Zweig 1925, 11) dar. Kleists Vita, kombiniert mit den entsprechend exemplarisch gedeuteten Schicksalen von Hölderlin und Nietzsche, dient dem sichtlich von Friedrich Gundolfs Arbeit inspirierten Verfasser dazu, das Dasein und Scheitern des genialen Menschen schlechthin zu behandeln (Nachruhm Nr. 444b). In idealtypischer Manier präsentiert er so die auf psychologische Tiefenschau ausgelegte ›moderne‹ Kleist-Sicht. Für Zweig ist er »der ewig Heimatlose« (Zweig 1925, 159), ein Ahasver, von dem man sich kein Bild zu machen vermag. Als ein Gegenstand gleichsam kultisch-religiöser Verehrung fasziniert Kleist den Autor noch in anderer Hinsicht. Charakteristisch für ihn sei das in Werk und Leben vielfach dokumentierte, im Kern vor allem »Kleistens Erotik« (ebd., 173) betreffende Pathologische, seine »Unmitteilsamkeit« (ebd., 167) ebenso wie seine »Todesleidenschaft« (ebd., 222). Ebenso selbstverständlich wie Zweig verstanden aber auch andere Autoren Kleist als einen zutiefst ›kranken‹ bzw. durch Krankheit erst zum ›eigentlichen‹ Künstlertum gelangenden, abnormen Autor, so z. B. Gottfried Benn in seinem Essay *Das Genieproblem* von 1930, indem er u. a. beeinflusst durch Lange-Eichbaums Studien diagnostizierte, Kleist habe an »ausgesprochener klinischer Schizophrenie« gelitten (Benn 1986–1990, Bd. 3, 283).

Eher unbeeindruckt von derartigen Zeitgeist-Präferenzen suchte Thomas Mann in seiner voluminösen Interpretation *Kleists ›Amphitryon‹. Eine Wiedereroberung* von 1927 herauszuarbeiten, was genau an diesem Werk es gewesen war, das ihn besonders berührt hatte. Mag man Thomas Manns Urteile über die Werke anderer mit einigem Recht für mitunter sehr selbstbezogen halten können und sein Faible zur Maskierung des Eigenen durch das Schreiben über das Fremde nicht unterschätzen dürfen – im konkreten Fall wäre dies u. a. die von Marcel Reich-Ranicki er-

läuterte literarisch gespiegelte Neigung von »Jupiter« Thomas Mann zu Klaus Heuser (Reich-Ranicki 1995, 716) –, so wird man doch kaum umhin kommen, den berühmten Essay als einen, wegen der vorherrschenden autobiographischen Lesart vielleicht ein wenig unterschätzten, in Wahrheit aber dezidiert kreativen Interpretationsansatz eines Schriftstellers über das Werk eines anderen zu lesen. Dass es sich hierbei um Lektüre und Deutung auf Augenhöhe handelt, braucht wohl nicht eigens betont zu werden; namentlich die Schreibart lohnt eine präzise Analyse, nimmt Mann doch mit seinem ›close reading‹ eine der zentralen Vorgaben Kleists, die Synthese von antikem und christlichem Gedankengut, virtuos potenzierend auf, indem er auf subtile Weise zugleich dasjenige seiner eigenen Zeit integriert. Weitab von der modischen und damit auch zeitgebundenen Lesart Stefan Zweigs und zugleich nahe an der eigenen künstlerischen Prämisse, dass das Dasein allem voran durch Lust und Last ausgezeichnet ist, ersteht *Amphitryon* so als ein »komisch-peinigendes Seelenexperiment« (459), dessen Darstellungsformen durch pathologisches Denken und Fühlen wie eine im Wortsinne psycho-analytische Sprache geprägt sind. Folgerichtig erübrigt sich in dieser nur scheinbar immanenten Werkschau auch der ansonsten übliche Rückgriff auf die Gemeinplätze des Kleist-Mythos weitgehend. Thomas Mann gelingt es, Kleists radikale Modernität aus dem Geist seiner Schreibart nachzuweisen: ein gewiss nicht selbstloser, aber – im Unterschied zu vielen anderen Intellektuellen seiner Zeit – wenigstens nicht vorrangig der eigenen Stilisierung gewidmeter Dienst am Dichter.

Einen Sonderstatus im Gesamtgefüge der Wirkungsgeschichte Kleists im ersten Drittel des 20. Jh.s nimmt schließlich die 1922 erschienene Studie des bis heute umstrittenen Literaturwissenschaftlers Friedrich Gundolf ein. Die signifikante Unzeitigkeit des Bandes, der bei Stefan George keineswegs allein seiner Zueignung an Elisabeth Salomon wegen auf strikte Ablehnung stieß, hatte ihre Ursache vor allem im direkten geistigen Umfeld Gundolfs. Der George-Kreis nämlich mit seinem zementiert wirkenden Kern-Kanon hegte eine tiefsitzende Skepsis gegenüber Kleist und nahm damit eine unter den seit 1890 im deutschen Sprachraum maßgeblichen literarischen Strömungen praktisch solitäre Position ein. Gundolfs vielbeachtetes Buch lässt sich daher vornehmlich als programmatische Revision einer als defizitär und überholt verstandenen Ansicht des Dichters Stefan George verstehen. Gundolf schrieb hier wie stets ohne Nachweise oder wissenschaftlichen Apparat; sein leidenschaftsvoller, zugleich auch gegen die zeitgenössische »Kleist-schwärmerei« gerichteter Ansatz (vgl. Nachruhm Nr. 445b) zu einer Neubewertung des Dichters zielte in inhaltlicher wie formaler Hinsicht in erster Linie aber auf die internen Diskurse und sprachlichen Gepflogenheiten des Dichterkreises: Der Literarhistoriker tarnte sich hier als Literat. Seine zum Teil unkonventionellen, mitunter kompromisslosen Wertungen (vgl. etwa sein Urteil über *Käthchen von Heilbronn* als das »weitaus schwächste Drama Kleists«; Gundolf 1922, 116) und wissenschaftlichen Einsichten jedoch, von denen manche es wert wären, erneut oder überhaupt erstmals Eingang in die Diskussion zu finden, ließen sich derart pathetisch-formvollendet mitteilen. In charakteristischer Kombination mit dem vom George-Kreis überhaupt erst ›entdeckten‹ Friedrich Hölderlin und Friedrich Nietzsche deutete Gundolf Kleist als den »Träger eines deutschen Fluchs, der volklosen Einsamkeit des schöpferischen Genius« (ebd., 172), womit er, bei allen grundlegenden Differenzen zu den verbreiteten Ansichten, in erstaunlich große Nähe zu anderen zeitgenössischen Kleist-Deutungen rückte.

Literatur

Benn, Gottfried: Sämtliche Werke. Stuttgart 1986–1990.

Blümner, Rudolf: Kleist-Feier. Dramatischer Entwurf [1927/28]. In: Ders.: Ango laïna und andere Texte. Hg. von Karl Riha/Marcel Beyer. München 1993, 64–69.

Brecht, Bertolt: Große kommentierte Berliner und Frankfurter Ausgabe in 30 Bänden. Hg. von Werner Hecht u. a. Frankfurt a. M. 1988–2000.

Brockdorff, Gertrud von: Das Mal der Sehnsucht. Ein Kleist-Roman. Berlin 1928.

Ensberg, Peter/Marquardt, Hans-Jochen (Hg.): Kleist-Bilder des 20. Jahrhunderts in Literatur; Kunst und Wissenschaft. IV. Frankfurter Kleist-Kolloquium, 6.–7.8.1999. Stuttgart 2003.

Eulenberg, Herbert: Heinrich von Kleist. In: Ders.: Schattenbilder. Eine Fibel für Kulturbedürftige in Deutschland. Berlin 1918, 56–62.

Gundolf, Friedrich: Heinrich von Kleist. Berlin 1922.

Hart, Julius: Das Kleist-Buch. Berlin 1912.

Hesse, Hermann: Sämtliche Werke in 20 Bänden. Frankfurt a. M. 2001–2007.

Hofmannsthal, Hugo von: Sämtliche Werke. Frankfurt a. M. 1975ff.

Jakobsohn, Siegfried: Gesammelte Schriften in 5 Bänden. Göttingen 2005.

Kaiser, Georg: Werke in 6 Bänden. Hg. von Walther Huder. Frankfurt a. M./Wien/Berlin 1970–1972.

Lütteken, Anett: Heinrich von Kleist. Eine Dichterrenaissance. Tübingen 2004.

Mann, Thomas: Kleists *Amphitryon*. Eine Wiedereroberung. In: Ders.: Leiden und Größe der Meister. Frankfurt a. M. 1982, 452–495 [zuerst: Vortrag, gehalten bei der Kleist-Feier im Münchner Schauspielhaus am 10. Oktober 1927; erste Buchveröffentlichung in erweiterter Form in: Die Forderung des Tages. Reden und Aufsätze aus den Jahren 1925–1929. Berlin 1930].

Meerheimb, Henriette von [Margarete Gräfin von Bünau]: Die Toten siegen. Ein Kleistroman. Braunschweig 1917.

Minde-Pouet, Georg (Hg.): Gedichte auf Heinrich von Kleist. Eine Auswahl. Privatdruck. Leipzig 1927.

Reich-Ranicki, Marcel: Thomas Mann als literarischer Kritiker. In: Koopmann, Helmut: Thomas-Mann-Handbuch. Frankfurt a. M. 1995, 707–720.

Ribbat, Ernst: »Ein roher Hund ist der Mensch, wenn er dichtet«. Zur Kleist-Rezeption im Werk Alfred Döblins. In: Germanisch-romanische Monatsschrift 37 (1987), 90–98.

Rudolph, Andrea: Tragödienmuster auf dem Prüfstand. Die Kohlhaasrezeption in Arnold Zweigs Novelle *Helbret Friedebringer* (1915/25). In: Beiträge 6 (1992), 7–23.

Schaeffer, Albrecht: Kleist – zwei szenische Fragmente zu einer Tragödie. In: Die Horen. Berlin 2 (1926), Nr. 1, 51–69.

Sembdner, Helmut (Hg.): Kleist in der Dichtung. Frankfurt a. M. 1977, ²1985.

Tucholsky, Kurt: Gesammelte Werke in 10 Bänden. Hg. von Mary Gerold-Tucholsky/Fritz J. Raddatz. Reinbek 1975.

Zweig, Stefan: Der Kampf mit dem Dämon. Hölderlin, Kleist, Nietzsche [1925]. Hg. von Knut Beck. Frankfurt a. M. 1998.

Anett Lütteken

1.4 Nationalsozialismus

Die Kleist-Rezeption während des Nationalsozialismus ist grundsätzlich durch Ambivalenz gekennzeichnet. Lektüren Kleists als eines politischen Allegorikers werden bevorzugt. Wie in keiner zweiten Periode spiegelt sich in ihr exemplarisch die ambivalente Beziehung ›preußischer‹ Traditionen zur gesellschaftlichen Moderne. Das gilt besonders für ressentimentgeladene Vergleiche zwischen dem Ersten Weltkrieg und den Befreiungskriegen gegen Napoleon. Versuche, solche Parallelen zu etablieren, bilden den Rahmendiskurs nationalsozialistischer Kleist-Rezeption.

In ihr zeigt sich eine dreifache Überlagerung differierender Rezeptionsweisen und -felder, deren Pole jeweils nicht miteinander deckungsgleich sind: (1) die ideologische Differenz sowohl einer Funktionalisierung Kleists für die NS-Propaganda als auch einer intensiven Rezeption in Widerstand und Exil; (2) die Modernitätsdifferenz zwischen einer fortgeführten historistisch-patriotischen Rezeptionstradition und ihrer ›futuristischen‹ Faschisierung; (3) die chronologische Differenz in den wechselnden Vorlieben für einzelne Figuren, so zwischen dem ›Kohlhaas‹ der Vorkriegs- und dem ›Homburg‹ der Kriegsjahre.

1. Im Jahr 1935 erschien im Alfred Protte Verlag, Potsdam, die einzige Einzelausgabe der *Politischen und journalistischen Schriften* Kleists während des Nationalsozialismus. Ihr Herausgeber, der Jurist und Diplomat Adam von Trott zu Solz, wurde am 26.8.1944 in Zusammenhang mit dem gescheiterten Attentat auf Hitler vom 20.7.1944 hingerichtet. Sein Buch und sein Schicksal erhellen die ideologische Ambivalenz der Kleistrezeption zwischen 1933 und 1945. Kleist galt der nationalsozialistischen Propaganda als ›Trommler‹ für deutsche Einheit und Hegemonie, so insbesondere in der Einleitung von Trotts als antinapoleonischer Rebell und Repräsentant eines unhintergehbaren individuellen Rechtsbewusstseins. Vor allem die *Herrmannsschlacht* und einzelne politische Schriften wurden einerseits als Affirmationen rassistischer Aggressivität bis hin zur Vernichtungspropaganda, anderseits

als Entlarvungen politischer Demagogie sowie der Paradoxie jeder Machtausübung gelesen.

Bereits 1933 sah Ottokar Fischer in der *Weltbühne* die aus der *Herrmannsschlacht* vertrauten Provokationstaktiken beim Reichtagsbrand praktiziert. Aufführungen des *Zerbrochnen Krugs* auf einer Kolchose in Dnjepropetrowsk 1936 (Regie: Maxim Vallentin) bildeten dank ihrer Kritik an Machtwillkür ein bewusstes Gegenprogramm zur NS-Vereinnahmung Kleists im 125. Todesjahr. Curt Trepte führte den *Zerbrochnen Krug* im Oktober 1943 mit der Freien Bühne in deutscher Sprache in Stockholm auf, in Zusammenarbeit mit der dortigen Borgarskola. – Zu den Aufführungen des *Amphitryon* in London-Hampstead durch die Bühne des Freien Deutschen Kulturbunds schrieb Oskar Kokoschka am 28.5.1944 an den Regisseur Heinz W. Litten von der »Lockung zur Freiheit« und zum Humanismus, die er entgegen der katastrophal fehlgehenden europäischen Geschichte aus dieser Aufführung vernommen habe.

2. Weite Teile der NS-offiziellen Rezeption griffen zurück auf nationalistische Deutungsmuster, die sich spätestens seit 1870/71 herausgebildet und zwischen dem hundertsten Todesjahr (1911) und dem Ersten Weltkrieg noch intensiviert hatten. Damals traten auch die frühesten Deutungen im Sinne eines Aufrufs zur Vernichtung anderer Völker auf, die von den Nationalsozialisten aufgegriffen wurden. Der ›Mainstream‹ ihrer Rezeption ist nationalistisch-historistisch. Bei der Aufführung der *Herrmannsschlacht* unter Lothar Müthel 1933/34 im Berliner Schauspielhaus am Gendarmenmarkt wurde die vermeintliche historische Treue zu neuesten Ergebnissen der Vorgeschichtsforschung gerühmt; bei der Verfilmung des *Zerbrochnen Krugs* durch die Berliner TOBIS Film AG mit Emil Jannings (Dorfrichter Adam, 1937) feierte die Presse das ›Abfilmen‹ in der originalen Szenenfolge als besondere Werktreue.

Die Aufführungen aller Dramen unter Saladin Schmitt in Bochum 1936/1937 aus Anlass des 125. Todestages bewahrten den klassizistischen Stil (Pesch 1999) des damaligen Intendanten. Ähnliches gilt auch für die Aufführungen der Heidelberger Reichsfestspiele (*Der zerbrochne Krug*, 1934 mit Heinrich George als Dorfrichter

Adam; *Das Käthchen von Heilbronn*, 1935; *Amphitryon*, 1937) und ungezählte andere. Eine Übersicht über Kleist-Aufführungen mit Zahlen findet sich in Rischbieter 2000.

Der weit überwiegend traditionalistischen Bühnenrezeption stehen andere Bereiche gegenüber, in denen sich eine modernistisch-dynamisierte, mit futuristischen und insofern spezifischer faschistischen Elementen durchsetzte Rezeption andeutet.

Zwischen beiden steht die Reichsautobahnbühne, die 1936/37 in ihrer dritten Spielzeit im Rahmen der ›Sonderaktion‹ der Deutschen Arbeitsfront für Reichsautobahnarbeiter mit dem *Zerbrochnen Krug* von Baulager zu Baulager tourte. Sollte einerseits den Arbeitern ›hohe Kunst‹ nahegebracht werden im Zuge einer vorgeblichen nationalsozialistischen Überwindung von Klassen- und Bildungsschranken, so war diese mobile Bühne andererseits ein Testlauf für die späteren Fronttheater. Im Krieg wurde der Bildungs- auf den Unterhaltungsauftrag reduziert; der Spielplan, einschließlich des *Krugs*, blieb gleich. Bereits anlässlich der zahlreichen Freilicht-Aufführungen Kleists, die ein besonderes Erlebnis der ›Volksgemeinschaft‹ ermöglichen sollten (Stommer 1985), hatte sich eine Propaganda-Sprache der Dynamisierung und Uniformierung des Raumes entwickelt, die mit der immer gewaltsameren Expansion des Deutschen Reiches parallel ging.

Eine Stilisierung des Menschenkörpers zur seelenlosen heroischen Plastik wäre vermutlich von Leni Riefenstahls 1939 angeblich durch den Kriegsbeginn unterbrochener Verfilmung der *Penthesilea* zu erwarten gewesen. Da veröffentlichte Memoiren und Tagebuchauszüge auf weit fortgeschrittene Arbeiten schließen lassen, wäre die Freigabe weiterer Materialien durch die Hüter des Nachlasses zu wünschen. Auch Riefenstahl war übrigens Mitglied der Kleist-Gesellschaft.

Ebenfalls auf Körperkult sowie auf eine Funktionalisierung der menschlichen Rede im Dienste ideologischer Propaganda weisen die Spuren einer Rezeption theoretischer Schriften wie *Über das Marionettentheater* und *Über die allmähliche Verfertigung der Gedanken beim Reden* in pädagogischen Programmen der Leibes- und Sprech-

erziehung hin. Auch hier handelt es sich eher um radikalisierende, ein faschistisches Menschenbild implizierende Aneignungen, die allerdings noch weiterer Erforschung bedürfen (Maurach 2007, 2008).

3. Zwischen etwa 1923 und 1945 dominieren unterschiedliche ›Allegorisierungen‹ einzelner Figuren. Bis in die Mitte der 1930er Jahre bedienten sich etliche Nationalsozialisten quasi einer als SA-Mann missverstandenen *Kohlhaas*-Figur, um sich zu Befreiern Deutschlands vom angeblichen ›Diktat‹ des Friedensvertrags von Versailles zu stilisieren und ihre Verweigerung einer Re-Zivilisierung zu propagieren. Das prägt auch die Rezeption von Bearbeitungen der Erzählung als Drama (z. B. Karl Mayer-Exner: *Ein Mann sucht Gerechtigkeit*, Berlin 1933) oder Oper (Paul v. Klenau; Uraufführung Stuttgart 1933). Für die Folgejahre bis zum Kriegsende wurde dagegen der *Prinz Friedrich von Homburg* immer wichtiger. Mit ihm sollten einerseits im Zuge der Durchhaltepropaganda vermeintliche preußische Traditionen beschworen werden. Andererseits sahen sich Offiziere im Widerstand in einem *Homburg*-analogen Loyalitätskonflikt, insbesondere in ihren Bemühungen um ausländische Solidarität. Auch hier bildet Kleist als politischer Allegoriker das Grundmuster der Rezeption.

Institutionengeschichtlich ist die Kleist-Gesellschaft (gegründet Berlin 1920) unter ihrem Vorsitzenden Georg Minde-Pouet (1871–1950; Vorsitz seit Gründung bis 1930 und 1933–1945) vor allem ein Beispiel für die frühe, freiwillige Selbst-›Gleichschaltung‹ wissenschaftlicher Gesellschaften. Ab 1934 mussten Mitglieder erklären, weder Juden noch Freimaurer zu sein. Auf ihren Jahrestagungen setzte die Gesellschaft ebenfalls seit 1934 mit jeweils einer öffentlichen »Kundgebung für Volk und Jugend« auf Massenwirksamkeit – letztlich jedoch ohne Erfolg und auf Kosten ihres akademischen Rufs. Dass auch Minde-Pouet möglicherweise Kontakt zu Widerstandskreisen hatte, macht das Bild in diesem Punkt lediglich rätselhafter. Wie die Kleist-Rezeption allgemein, war die Kleist-Gesellschaft bis in die 1930er Jahre hinein in ihrer Mitgliederzusammensetzung ein Spiegelbild der Widersprüche der damaligen deutschen Gesellschaft.

Literatur

Albert, Claudia (Hg.): Deutsche Klassiker im Nationalsozialismus. Schiller – Kleist – Hölderlin. Stuttgart/
Weimar 1994, 77–187.

Busch, Rolf: Imperialistische und faschistische Kleist-
Rezeption 1890–1945. Eine ideologiekritische Untersuchung. Frankfurt a. M. 1974.

Klassiker in finsteren Zeiten 1933–1945. Eine Ausstellung des Deutschen Literaturarchivs im Schiller-Na-
tionalmuseum Marbach am Neckar. Marbach 1983.

Maurach, Martin (Hg.): Kleist im Nationalsozialismus.
Würzburg 2007.

–: »Betrachtungen über den Weltlauf«: Kleist 1933–
1945. Berlin 2008.

Pesch, Jessica: Festspiele für ein neues Deutschland? Saladin Schmitts ›Klassikerwochen‹ am Schauspielhaus
Bochum im Dritten Reich. Herne 1999.

Rischbieter, Henning (Hg.): Theater im ›Dritten Reich‹.
Theaterpolitik. Spielplanstruktur. NS-Dramatik. Von
Thomas Eicher, Barbara Panse und Henning Risch-
bieter. Seelze-Velber 2000.

Scholz, Kai-Uwe: »Deshalb machte ich von meinem
Führerrecht Gebrauch, ganz allein zu bestimmen.«
Georg Minde-Pouet und die Kleist-Gesellschaft
1934–1945. In: Beiträge 10 (1996), 86–99.

Stommer, Rainer: Die inszenierte Volksgemeinschaft.
Die ›Thing-Bewegung‹ im Dritten Reich. Marburg
1985.

Martin Maurach

1.5 DDR

Die kontroversen Stellungnahmen, die das Werk
Kleists in der DDR über Jahre hinweg provoziert
hat, spiegeln ein Stück weit die Schwankungen
der Kulturpolitik im real existierenden Sozialismus. Unter dem Einfluss einer bis weit in die
1960er Jahre hinein gültigen Erbekonzeption, die
die Literaturgeschichte in ein fortschrittliches
(Klassik, bürgerlicher Realismus) und ein reakti-
onäres (Romantik, Moderne/Avantgarde) Erbe
teilte, zählte das Werk Kleists in der DDR zunächst zur problematischen Hinterlassenschaft
der deutschen Literatur. Verantwortlich dafür
war – neben der Vereinnahmung Kleists durch
die Nationalsozialisten – in nicht geringem Maße
das von Georg Lukács bereits in den 1930er Jahren in der Nachfolge Franz Mehrings entworfene
Kleist-Bild einer zutiefst widersprüchlichen
Persönlichkeit, die »in der schroffsten Weise die

romantische Opposition, mit allen ihren reaktionären Tendenzen, gegen den klassischen Humanismus der Weimarer Periode Goethes und Schillers« (Lukács 1964, 202) verkörpert habe.

Widerstand gegen die (von hier aus begründete) kulturpolitische Ausgrenzung Kleists aus
dem zu bewahrenden Erbe formierte sich anfänglich weniger von Seiten der Literaten bzw. der Literatur her als vielmehr in Teilen der Literaturwissenschaft (vgl. Honnef 1988 sowie Lefèvre
1969; Weigand 1980; Namowicz 1995), obwohl
die Marginalisierung Kleists von Anfang an auch
in gewisser Weise quer zum Kleist-Verständnis
prominenter linker Remigranten stand – wie Johannes R. Becher und Friedrich Wolf, Anna Seghers und Arnold Zweig (beide waren Kleist-
Preisträger; Seghers hatte überdies bereits in der
Exilzeit in einem Briefwechsel mit Georg Lukács
die nichtklassischen Außenseiter der Literatur als
Traditionsgeber für eine sozialistische Literatur
ins Spiel gebracht). Zwar hatte Bodo Uhse bereits
1950 auf dem 2. Deutschen Schriftstellerkongress
mit der Forderung nach einer »dialektische[n]
Wertung« der »widerspruchsvolle[n] Erscheinung Kleists« einen ersten wichtigen Vorstoß zur
Rehabilitierung des ungelittenen Dichters unternommen (Uhse 1950, 680). Die entscheidenden
Signale zur Reintegration Kleists in das Literatur-
system der DDR aber wurden gesetzt durch Heinrich Deiters' Einleitung zu der von ihm besorgten
ersten Ausgabe der *Gesammelten Werke* Kleists (4
Bde. Berlin/DDR 1955). Gegen Mehring und
Lukács schlug Deiters Kleist hier dem Lager der
preußischen Reformer um den Freiherrn von
Stein und damit der Partei des fortschrittlichen
Bürgertums zu.

Etwa zeitgleich mit der beginnenden Umcodierung Kleists vom Parteigänger der Reaktion
zum Vordenker einer demokratischen Gesellschaft und der sie begleitenden ›Ehrenrettung‹
des ›Patrioten‹ Kleist gegenüber dem reaktionären ›Nationalisten‹ lassen sich – beginnend mit
Dora Wentschers Drama *Heinrich von Kleist*
(1956) – in der Literatur erste zaghafte Versuche
zu einer annähernden Auseinandersetzung mit
der Künstlerfigur Kleist beobachten (Jutta He-
ckers: *Wieland. Die Geschichte eines Menschen in
der Zeit*, 1959; Bodo Uhse: *Mit Kleist*, 1962). Be-

reits in diesen frühen Auseinandersetzungen mit Kleist deutet sich ein Grundzug der literarischen Kleist-Rezeption an, der in den 1970er und den 1980er Jahren vielfach dann ausgeschrieben werden wird: Kleist wird zur Spiegelfigur der Diskrepanz von Werk und Wirklichkeit, Staat/ Gesellschaft und Individuum, Utopie und (Real-) Politik (vgl. u. a.: Jürgen Rennert: *Märkische Depeschen* [Gedicht], 1976; Erich Arendt: *G.H.* [Gedicht], 1978; Klaus Schlesinger: *Aus dem Exposé zu einem Film über Kleist*, 1977; Rudo Melchert: *Ein Tag im Leben* [Prosa], 1982). Explizite politische Stellungnahmen, wie sie der bereits 1965 in die BRD übergesiedelte Hartmut Lange mit dem Drama *Die Gräfin von Rathenow* (UA 1969; 2. Fassung: 1972) unternimmt, bleiben allerdings in den 1950er und 1960er Jahren noch die Ausnahme, auch wenn in Wentschers Drama Kleist als Vertreter eines utopischen, als Menschheitssehnsucht aufs Ganze gehenden Denkens die Bühne betritt. Nicht nur konterkariert Lange in seiner Komödie mit der Versetzung der Handlung von Kleists *Marquise von O...* in das Preußen der Napoleonischen Kriege die idealistische Psychologie Kleists durch einen materialistischen Ansatz; er gewinnt aus der Engführung des ›progressiven‹ Frankreich und des rückständigen Preußen der von Kleist übernommenen Konstellation zugleich auch einen zeitaktuellen politischen Hintersinn. Er nimmt damit seinerseits bereits den zweiten wichtigen Zug der literarischen Kleist-Rezeption vorweg, der in den 1970er Jahren Bedeutung gewinnen sollte, nachdem Kleist sukzessive zunächst als Rousseau-Schüler (Streller 1962) und verspäteter Jakobiner (Mayer 1962) sowie als Dichter zwischen den Zeiten (Fischer 1961) Anerkennung gefunden hatte und schließlich im Zuge einer allgemeinen Rehabilitierung der Romantik und der nicht-klassischen Autoren (vgl. Herminghouse 1981) zum weithin akzeptierten Dichter geworden war.

Indem sie Kleists Werk und Biographie in ihrem Vorbild-Charakter für zeitaktuelle gesellschaftliche Widersprüche aufnahm, unterlief die Literatur der 1970er Jahre in signifikanter Weise eine diesen Aneignungsprozess des »Fremdling[s]« (Fischer 1961, 760) begleitende Tendenz innerhalb der Literaturwissenschaft, über eine ästhetische Zuwendung zum Werk die Beunruhigung durch das Skandalon der persönlichen Katastrophe Kleists, seines Lebens und Sterbens, stillzustellen. Lizensiert durch die kulturpolitischen Revisionen des VIII. Parteitags der SED 1971 und des wenige Monate später anschließenden 4. Plenums des ZK, mit denen der utopische bürgerliche Humanismus seine längst abhanden gekommene Vorbildfunktion für die sozialistische Kunst auch offiziell einbüßte und das Erbe seine sakrosankte Bedeutung verlor, hielten in den 1970er Jahren allenthalben nun phantastische und spezifisch moderne Formelemente Einzug in die Literatur der DDR. Kleist – aber auch Hölderlin, Jean Paul, Rimbaud, Lautréamont und Baudelaire, die Romantik, Sturm und Drang, Vormärz, die Phasen historischer Krisen und Umbrüche – wurde in diesem Rahmen nun zu einem wichtigen ästhetischen und geistigen Bezugspunkt, von dem aus eine sensibilisierte Literatur einem Zeitgefühl der Stagnation, der Leere der Geschichte und der Tragik Ausdruck verlieh.

Erstmals wird mit Helmut T. Heinrichs Erzählung *An Marie von Kleist* (1971) in dieser Hinsicht ein neuer Ton in der literarischen Kleist-Rezeption der DDR hörbar: Kleist, der an den Trägheiten und Widerständigkeiten seiner Zeit scheiternde Künstler, erscheint als Projektionsfigur explizit politischer Enttäuschungserfahrungen. Diese Linie wird fortgeschrieben in den literarischen Kleist-Rezeptionen insbesondere Günter Kunerts (*Pamphlet für K.*, 1975; *Ein anderer K.*, 1976) und Christa Wolfs (*Kein Ort. Nirgends*, 1979), die mit ihren Werken auf je eigene Weise an dem bereits für die Kleist-Rezeption der 1920er Jahre (Arnold Zweig, Anna Seghers, Thomas Mann) grundlegenden Mythos des an den Borniertheiten und Beschränktheiten seiner Zeit leidenden Künstlers ansetzen. Kunert nimmt in seinem *Pamphlet für K.* Kleists Lebenskatastrophe zum Anlass einer solchen Generalabrechnung mit der Kulturpolitik/Literaturwissenschaft der DDR, die bis in die Gegenwart mit scheinwissenschaftlichen Argumenten zur Diffamierung missliebiger Künstler und Intellektueller beitrage. ›Krankheit‹, wie sie Kleist bis in die Gegenwart unterstellt werde, wird von Kunert in diesem Zusammenhang ›umgewertet‹ zur Voraussetzung der künstlerischen Kreativität: als Leiden, das sich aus der ›gebrechlichen Einrichtung‹ der Welt herleitet und als solches erst zur Diagnose der Welt befähigt. Für Kunert ist Kleist eine exemplarische Figur des an den Widersprüchen seiner Zeit zugrunde gehenden Dichters, der – an den Rand gedrängt – vom Rand aus die Gesellschaft in Frage stellt. Das ist der Ausgangspunkt auch seines Hörspiels *Ein anderer K.*: Kleists Selbstmord passt auf mehrfache Weise nicht ins Bild und weckt das Bedürfnis auf Seiten der politisch Mächtigen, sich dieses störenden Ereignisses zu bemächtigen. Zum einen befürchtet der Staatskanzler Hardenberg, dass die Tat des preußischen Patrioten und ehemaligen Offiziers die Politik des Sich-Arrangierens mit dem Sieger Napoleon stören und als Fanal zum Aufstand gegen die französischen Besatzer begriffen werden könnte; zum anderen sorgt er sich um das Ansehen Preußens, falls Kleists Tod als Kritik an den preußischen Zuständen verstanden werden würde.

Auch bei Christa Wolf firmiert Kleist als Figur der Krise (genauer: der Krisenerfahrung) in einer historischen Konstellation, die das Weiterwirken der Geschichte zur Geltung bringen und gleichermaßen an Nicht-Erledigtes erinnern soll. Allerdings führt Wolf die Spurensuche für die Ursachen dieser Erfahrung weit über die historische Situation des Jahres 1804 hinaus, in dem sie Kleist und die romantische Dichterin Karoline von Günderrode einander im Rahmen einer literarischen Teegesellschaft begegnen lässt. Wolf lenkt so den Blick auf die Grundlegung der bürgerlichen Gesellschaft in Zweckrationalität und Effizienzdenken, zugleich damit auf den Riss, der mit der Geschlechtertrennung durch die abendländische Kultur geht. Kleist ist in *Kein Ort. Nirgends* einerseits Paradigma für das Leiden des Künstlers an seiner Zeit, andererseits macht die Suche nach Alternativen ihn und die Günderrode im Horizont der Erzählung zu Vorläufern, deren Beispiel zur Nachfolge einlädt.

Den selbstbezogenen Identifikationen von Schriftstellern mit dem ›Vorbild‹ Kleist treten die ästhetischen Wirkungen des Dichters Kleist an die Seite. Diesen anderen Vorbild-Charakter Kleists hat Rolf Schneider in seinen *Fünf Anmerkungen zu Heinrich von Kleist* hervorgehoben.

Erstveröffentlicht wurden sie in der Anthologie *Schriftsteller über Kleist*, die 1976 ein Gegengewicht hatte schaffen sollen zu den »psychologische[n], mitunter auch psychopathologische[n] Fragestellungen [die] […] im Falle Kleists oft den Blick für die kritische Analyse und ästhetische Würdigung des Werkes getrübt, ja nicht selten sogar den Zugang zu seiner Dichtung überhaupt verstellt« hätten (Goldammer 1976, 9). Das »Geheimnis der literarischen Nachwirkung« Kleists sieht Schneider ähnlich wie im Falle Büchners und Hölderlins »in einer gleichsam existentiellen Disposition zum Fragmentarischen« begründet. Kleists Werk sei »nicht abgeschlossen. Es ist offen: wie ein Experiment, wie eine Wunde«. Es zeige »keine Antworten her, bloß Anstrengungen« (Schneider 1976, 366).

Anklänge an Kleist'sche Erzählweisen finden sich insbesondere bei Christoph Hein, der in der Erzählung *Der neuere (glücklichere) Kohlhaas* (1980) (nach *Michael Kohlhaas* und *Der neuere (glücklichere) Werther*) bis in den Sprachduktus, die syntaktische Struktur und die lexikalischen Mittel hinein an Kleist anknüpft. Zugleich bezieht Hein wichtige Impulse aus der von Kleist zur Meisterschaft gebrachten literarischen Form der Anekdote für eine nüchterne Analyse der – letztlich – selbstzerstörerischen Mechanismen gesellschaftlicher Machtstrukturen im real existierenden Sozialismus. Sein ›kohlhaasscher‹ Held, der Buchhalter Hubert K., erhält zwar am Ende mit seiner durch einen Fehler des Systems – eine Lappalie: die geringfügige Kürzung seiner Leistungsprämie – ausgelösten Revolte Recht; er verliert aber sein Leben (seine Familie), während der Staat zugleich mit der Anerkennung des Individualanspruchs K.s den Protest des ›verfluchten Gottesnarren‹ zur Festigung seiner Strukturen zu nutzen versteht.

Von den Dramatikern fanden insbesondere Heiner Müller und Stefan Schütz im Werk Kleists in der von Schneider markierten Perspektive Anknüpfungspunkte für ihr Werk, und zwar sowohl im Schreibgestus lakonischer Verknappung bei gleichzeitig höchster inhaltlicher Intensität, als auch was den Umgang mit den antiken Mythen als Gegenstand ihres Theaters betrifft (vgl. Stillmark 1991; Lehmann 2002). Gerade für den späten Müller hat Kleist im Zusammenhang einer Auseinandersetzung mit der »Thematik von Krieg, revolutionärem und militärischem Gesetz und Recht« besondere Bedeutung gewonnen (Lehmann 2003, 128). In der Szenenfolge *Leben Gundlings Friedrich von Preußen Lessings Schlaf Traum Schrei* (UA 1979) steht das von Müller entworfene Kleist-Bild des Dichters, der seine auf die ›preußischen‹ Verhältnisse gerichteten destruktiven Energien ohnmächtig nach innen, gegen sich selbst wendet, einerseits noch ganz in der Tradition des Kleist-Mythos, der von der Gleichsetzung von Leben und Werk zehrt; andererseits hat Müller den selbstzerstörerischen Dichter Kleist in diesem Stück als eine mögliche Ausdrucksseite »eines Traums von Preußen« konzipiert, »der dann staatlich abgewürgt wurde in der Allianz mit Russland gegen Napoleon« (Müller 1994, 269). Die wichtigeren Bezugnahmen Müllers auf Kleist nehmen ihren Ausgangspunkt vor allem von einem Werk: *Prinz Friedrich von Homburg*. Dieses Drama steht im Hintergrund von *Mauser* (UA 1975), einem Lehrstück das um die Gewalt im Sozialismus kreist, um das Versinken der mit großen Idealen angetretenen Revolution in Grausamkeit und Tod, und des ersten Teils des Erinnerungstheaters der *Wolokolamsker Chaussee* (*Russische Eröffnung*) (UA 1985), der die Dialektik des revolutionären Terrors von der Seite eines Konflikts sich ausschließender Rechtsprinzipien her umkreist. Das dritte (*Das Duell*, UA 1987) und das fünfte Teilstück (*Der Findling*, UA 1988) dieser Erinnerungsfolge in der Panzerspur des Sozialismus sind jeweils Überschreibungen dann von Kleists Novellen *Der Zweikampf* und *Der Findling*.

Wie für Müller lässt sich auch für Schütz ein lang anhaltendes Interesse an Kleist belegen, das von der Antikenbearbeitung *Antiope und Theseus* (UA 1975) (Kleists *Penthesilea* steht sowohl im Hinblick auf die dramatische Struktur wie für die Modellierung der Zwangslagen Pate für dieses Drama), bis hin zu seinen Stücken *Kohlhaas* (UA 1978) und *Kleistfragment* (UA 1990) reicht: Schreie allesamt nach Veränderung, die frei sind von der Illusion der Veränderbarkeit der Welt und gleichzeitig Erinnerung »an die Möglichkeit eines Lebens ohne Ketten und Käfig« (Neuhaus

1983, 397) im Echoraum der Sprachverstörungen Kleists.

Literatur

Fischer, Ernst: Heinrich von Kleist. In: Sinn und Form 13 (1961), 759–844.

Goldammer, Peter: Der Mythos um Heinrich von Kleist. In: Ders. (Hg.): Schriftsteller über Kleist. Eine Dokumentation. Berlin/Weimar 1976, 7–26.

Herminghouse, Patricia: Die Wiederentdeckung der Romantik. Zur Funktion der Dichterfiguren in der neueren DDR-Literatur. In: Jos Hoogeveen/Gerd Labroisse (Hg.): DDR-Roman und Literaturgesellschaft. Amsterdam 1981, 217–248.

Honnef, Theo: Heinrich von Kleist in der Literatur der DDR. New York u. a. 1988.

Küntzel, Heinrich: Der andere Kleist. Wirkungsgeschichte und Wiederkehr Kleists in der DDR. In: Paul Gerhard Klussmann/Heinrich Mohr (Hg.): Literatur im geteilten Deutschland. Bonn 1980, 105–139.

Lefèvre, Manfred: Kleist Forschung 1961–1967. In: Colloquia Germanica 1969, 1–86.

Lehmann, Hans-Thies: Kleist/Versionen. In: Ders.: Das politische Schreiben. Essays zu Theatertexten. Berlin 2002, 154–170.

–: Müller und die Tradition. Deutsche Literatur. In: Ders./Patrick Primavesi (Hg.): Heiner Müller Handbuch. Leben, Werk, Wirkung. Stuttgart/Weimar 2003, 123–129.

Leistner, Bernd: Goethe, Hoffmann, Kleist et cetera. Zu einem Kapitel DDR-Literatur der siebziger, achtziger Jahre. In: Lothar Ehrlich/Gunther Mai (Hg.): Weimarer Klassik in der Ära Honecker. Weimar/Wien 2001, 127–135.

Lukács, Georg: Die Tragödie Heinrich von Kleists (1936). In: Ders.: Werke. Bd. 7: Deutsche Literatur in zwei Jahrhunderten. Neuwied/Berlin 1964, 201–231.

Mayer, Hans: Heinrich von Kleist. Der geschichtliche Augenblick. Pfullingen 1962.

Mehring, Franz: Heinrich v. Kleist (1911). In: Ders.: Gesammelte Schriften. Bd. 10: Aufsätze zur deutschen Literatur von Klopstock bis Weerth. Berlin 1961, 314–324.

Müller, Heiner: Krieg ohne Schlacht. Leben in zwei Diktaturen. Eine Autobiographie. Erweiterte Ausgabe. Köln 1994.

Namowicz, Tadeusz: Heinrich von Kleist in der DDR. Ein preußischer Dichter und die sozialistische Literaturgesellschaft. In: KJb 1995, 150–166.

Neuhaus, Volker: Die Täter, die Liebenden und die Dichter. Zu Stefan Schütz' dramatischem Werk. In: Hans Dietrich Irmscher/Werner Keller (Hg.): Drama und Theater im 20. Jahrhundert. Göttingen 1983, 386–401.

Schneider, Rolf: Fünf Anmerkungen zu Heinrich von Kleist. In: Peter Goldammer (Hg.): Schriftsteller über Kleist. Eine Dokumentation. Berlin/Weimar 1976, 364–368.

Stillmark, Hans-Christian: Zur Kleist-Rezeption Heiner Müllers. In: KJb 1991, 72–81.

Streller, Siegfried: Heinrich von Kleist und Jean-Jacques Rousseau. In: Weimarer Beiträge 8 (1962), H. 3, 541–566.

Uhse, Bodo: Das neue Leben verlangt nach Gestaltung. In: Aufbau 6 (1950), H. 8, 678–687.

Weigand, Kurt: Kleist oder die falsche Basis. In: Paul Gerhard Klussmann/Heinrich Mohr (Hg.): Literatur im geteilten Deutschland. Bonn 1980, 79–103.

Norbert Otto Eke

1.6 Bundesrepublik Deutschland, Österreich, Schweiz nach 1945

Ebenso wie in der DDR war Kleist nach 1945 auch in der BRD, in Österreich und in der Schweiz zunächst aufgrund seiner Vereinnahmung durch den Nationalsozialismus weitgehend desavouiert. Dies bedeutet jedoch nicht, dass ein völliger Bruch in der Rezeption zu verzeichnen ist, sondern eher eine Verschiebung des Interesses. Vermeintlich unpolitische, populäre Stücke wie *Der zerbrochne Krug*, *Amphitryon* und *Das Käthchen von Heilbronn* boten unmittelbar nach der Zeit des Nationalsozialismus geringere Rezeptionshindernisse als die politischen Dramen und Schriften, aber auch als die Erzählung *Michael Kohlhaas*, die sich trotzdem ungebrochener Beliebtheit erfreute: 1948 wurde in Wien die *Kohlhaas*-Dramatisierung Arnolt Bronnens von 1929 wieder aufgelegt, der während der Entstehung des Stücks völkisch-nationalen Kreisen nahestand, aber 1944/45 Kontakte zu Widerstandskämpfern hatte, was ihn vorübergehend entlastete; 1950 erschien im Drei-Masken-Verlag eine Volksstück-Variante von 1935 des Journalisten, Reise- und Sachbuchautors Max Geisenheyner; eine Tragödienvariante Friedrich Löchners von 1946 scheint Fragment geblieben zu sein (vgl. Wolter 1997). Ab den 1960er Jahren folgen Adaptionen von meist weniger bekannten Autorinnen und Autoren (vgl. ebd.); hinzu kommen Hör-

spiele (s. Kap. VII.3.3) und 1965 Kohlhaas-Dialoge des späteren Aachener Anglistik-Professors Richard Matthias Müller im Band *Über Deutschland. 103 Dialoge*, die inhaltlich und formal an Kleists *Katechismus der Deutschen* angelehnt sind, außerdem Novellen und Romane, so von Werner Bergengruen und Dieter Eue (vgl. Wolter 1997) oder auch Martin Walser, der in *Finks Krieg* (1996) ältere Kohlhaas-Bilder aufgreift (vgl. Schlosser 2007).

Die alten Kleist-Mythen blieben weiter aktiv (s. Kap. VII.1.1–5), vor allem das Bild eines von Publikum und Vaterland unverstandenen Kleist, dessen Leiden denn auch notwendig in den tragischen Tod geführt habe – ein Kleist-Bild, das ideologisch völlig unterschiedlich verwendet werden konnte. In den 1960/70er Jahren wird daraus der politische Renegat, so in den zahlreichen Kleist-Filmen der Zeit (s. Kap. VII.3.4), und ab der subjektivistischen Wende der 1970/80er Jahre öffnete diese Konstruktion romantisierenden, einfühlenden Darstellungen (wieder) Tür und Tor (vgl. Lütteken 2004, 20f.; s. Kap. V.31). Gerade der Film und die Theaterinszenierungen müssen für die Zeit ab den 1960er Jahren als maßgeblich für die Kleist-Rezeption angesehen werden, zumindest als wesentliche Auslöser für die Auseinandersetzung mit Kleists Leben und Werk (s. Kap. VII.3.1, VII.3.4).

Die breiteste Rezeptionslinie dürfte – jenseits aller politischen Vereinnahmungen Kleists – die stärker affirmative und oft historisierende, aber künstlerisch nicht selten problematische (quasi-)biographische Anverwandlung sein. Der Schweizer Schriftsteller Roman Bösch wollte in seiner ›fiktiven Autobiographie‹ Kleists »Geschichte meiner Seele« (2007) durch eine stark identifikatorische Lesart das ›innere Wesen‹ Kleists deutlicher als in den konventionellen Biographien hervortreten lassen. Hans Rehberg provozierte mit seinem 1958 aufgeführten Stück *Kleist* heftige Debatten, nicht nur weil er in den 1930er Jahren durch mehrere Preußen-Dramen bekannt geworden war und den Ruf eines nationalsozialistischen Schriftstellers nicht wieder los wurde, sondern auch aufgrund der sehr freien Stoffbearbeitung. Allzu große Freiheiten wurden bei biographisch angelegten Werken häufig bemängelt, doch zugleich fordert die überaus lückenhafte Überlieferung zu Kleists Leben und Tod die Phantasie von Dichtern und Wissenschaftlern geradezu heraus. Dies gilt speziell für das wohl beliebteste ›Kleist-Thema‹: den gemeinsamen Selbstmord mit Henriette Vogel. In seiner Novelle *Tod am Wannsee* (2002) imaginiert Henning Boëtius (sich in) die letzten Stunden und ergänzt dabei manchmal recht wagemutig die Lücken der Überlieferung, während Peter Schünemann in seiner Erzählung *Die Nacht* (1992) das gleiche Ereignis poetisierte. Giudo Bachmann imaginierte in *Wannsee* (1967) unter Verwendung von Dokumentarmaterial den Doppelselbstmord virtuos in der Sprache und im Stil Kleists.

Bei den zahlreichen ›Einfühlungen‹ in Kleist als Außenseiter und Selbstmörder, als zerrissene Identität und tragische Gestalt usw. wird regelmäßig die Grenze zur verkitschten Außenseiterromantik überschritten, und der besprochene Autor Kleist droht verdeckt zu werden durch die (Selbst-) Darstellung der (literarischen, aber auch wissenschaftlichen) Autoren, der Künstler und Filmemacher. Doch kann ein solches Verschwinden Kleists auch dem Umstand geschuldet sein, dass historische Wahrnehmung selbst höchst fraglich geworden ist – und damit auch die Erkenntnis des historischen Menschen und/oder Autors Kleist. Wer dann über Kleist schreibt, indem er *nicht* über ihn schreibt, dokumentiert im besten Fall so etwas wie die Uneinholbarkeit des historischen Kleist – im schlechtesten Fall allerdings nur einen uninteressanten Narzissmus.

Überzeugender als die populären Einfühlungen in den Außenseiter Kleist und nicht zuletzt auch die literarischen Ausstaffierungen des Selbstmords (vgl. Wolter 1988) ist ein Text wie Jan Christs *Kleist fiktional. 84 Treibsätze* (1999), in dem die »zahlreichen Satzbrüche in Christs Prosa« auf »die innere Brüchigkeit der Kleistschen Gedankenwelt« verweisen (Riedl 2000, 74), wo also die Form – wie schon ansatzweise bei Plessen – einen Widerstand gegen eine leichte Konsumierbarkeit bereithält (vgl. auch Christ 2000). Eine ganze Reihe von eher experimentellen Texten zu Kleist stammt von D. Stephan Bock, zum Beispiel eine Fortschreibung von *Die Familie Schroffenstein* (2001, 2002).

Ähnliches gilt für Ilse Aichingers kurzen Prosatext *Kleist, Moos, Fasane* (1987), der einer Textsammlung den Titel gibt und den Band eröffnet, also gleichsam als poetologischer Kern dieser Serie von zum Teil traumatischen Erinnerungstexten verstanden werden kann, in der Kleist nur als »Kleistgasse« erscheint, »die vielleicht deshalb so hieß, weil nichts darin an Kleist erinnerte« (Aichinger 1987, 11f.). Eine solche Verweigerung fester Sinnzuschreibung findet sich auch in Friederike Mayröckers Prosatext *lehrstück liliengracht* (Alternativtitel: *wahntext*), der auf Kleists *Allmähliche Verfertigung der Gedanken beim Reden* rekurriert (vgl. Riess-Berger 1995, 64–72).

Hatte Christa Wolf in *Kein Ort. Nirgends* (1979) utopische Potentiale in einer fiktionalen Begegnung mit der Günderrode aufscheinen lassen (s. Kap. VII.3.5), so imaginierte sich Karin Reschke in *Verfolgte des Glücks. Findebuch der Henriette Vogel* (1982) in Kleists Todespartnerin und erzählt deren gemeinsame Geschichte aus dieser weiblichen Perspektive, ohne jedoch der Titelfigur befriedigende Plastizität zu geben (vgl. Osterkamp 1984). Jürg Amann, von dem auch eine *Penthesilea*-Bearbeitung stammt und bei dem weitere Kleist-Reminiszenzen zu finden sind, ließ Wilhelmine von Zenge und Henriette Vogel je einen Monolog über Kleist halten (Amann 1983).

Eine Variante bietet Elisabeth Plessen mit ihrem historischen Roman *Kohlhaas* (1979), mit dem sie den Versuch einer quasi-dokumentarischen Rekonstruktion der realen Kohlhase-Geschichte unternimmt und dabei nicht nur Kleists Deutung kritisch beleuchtet, sondern durch ›verfremdende‹ Aktualisierungen den Kohlhaas-Mythos zu destruieren versucht (vgl. Kiefer 1994, 109–124).

Zahlreiche, wenn auch selten explizite Kleist-Bezüge finden sich bei Thomas Bernhard. So kreist z. B. der Roman *Alte Meister. Komödie* um die Einladung Regers an den Ich-Erzähler zu einem gemeinsamen Besuch einer Inszenierung des *Zerbrochnen Krugs* (»das beste deutsche Lustspiel«) am Wiener Burgtheater; über drei Stunden (und über 300 Druckseiten) vergehen, bis Reger diese »perverse[] Verrücktheit« zu äußern wagt (Bernhard 1988, 310); zudem finden sich einzelne Kleist-Erwähnungen bzw. Anspielungen (vgl. ebd., 77, zur *Allmähligen Verfertigung* 188, 197). Eine zentrale Rolle spielen für Bernhard jedoch Kleists Anekdoten und Erzählungen: Seine ›Anekdotensammlung‹ *Der Stimmenimitator* verweist nicht nur durch den ursprünglichen Titel »Wahrscheinliches, Unwahrscheinliches«, sondern auch durch entsprechende Anspielungen im Text auf Kleists *Unwahrscheinliche Wahrhaftigkeiten* (vgl. Bernhard 1987, 29f.), ebenso finden sich Anspielungen auf Kleists *Über das Marionettentheater* und *Michael Kohlhaas* (vgl. ebd., 76f., 178); vor allem aber lesen sich Bernhards Anekdoten – wie auch die Literaturkritik feststellte – in Sprache, Stil und Inhalt wie Fortsetzungen von Kleists Anekdoten (vgl. Skasa 1978, 45; auch Eybl 1995, 38f.), was zum Teil bereits für die frühe Sammlung *Ereignisse* (1969) gilt und möglicherweise auch auf die Romane und die darin wiederum eingebetteten Erzählungen.

Das Faible für produktive Fortschreibungen von Anekdoten und Erzählungen im Kleist'schen Stil ist auch anderweitig in der österreichischen Literatur deutlich sichtbar (vgl. Lütteken 2007), so im Umfeld der sogenannten »Wiener Gruppe«: bei H.C. Artmann (vgl. auch Artmann/Kleist 1992) und dem Kleist-Preisträger 2005, Gert Jonke (vgl. Dokumentation in KJb 2006), aber auch bei Gerhard Rühm, der zwei »kleist-reduktionen«, *Der zerbrochene Krug – in Scherben* und *Das Käthchen von Heilbronn – sprachlos*, verfasst hat (Rühm 1972, 161–186). Fortschreibungen Kleist'schen Erzählens finden sich aber auch an zahllosen anderen Stellen, wie beispielsweise in Botho Strauß' *Mikado* (2006).

Elfriede Jelinek greift in ihrem 1988 in Bonn uraufgeführten Theaterstück *Wolken. Heim* dagegen Kleists Verfahren der Sprachzertrümmerung auf. Unter Verzicht auf Dialog und Figuren spricht hier ein faschistisches ›Wir‹ einen vielstimmigen Monolog, der sich fast völlig auf die Kraft seiner (ideologie-)kritischen Intertextualität verlässt; er besteht »aus Texten Hölderlins, Hegels, Heideggers, Fichtes, Kleists und aus den Briefen der RAF aus der Zeit der Isolationshaft« (Janz 1995, 123). Während Jelinek diejenigen Autoren, die sich einer rechtsradikalen Vereinnahmung nicht konsequent sperren (wie Heidegger),

kaum verändert übernimmt, werden zum Beispiel die Hölderlin-Zitate stark bearbeitet, um die ideologische Indienstnahme von Literatur, Kultur und Philosophie zu präsentieren, so dass ein Bewusstseins- und Gedächtnisdrama entsteht (vgl. Breuer 2004, 395–457). Die Verwendung von Kleists Texten fällt aus dieser Methode heraus, da Jelinek hier zwar die *Herrmannsschlacht* zitiert, daraus jedoch nicht die leicht von den Nationalsozialisten und Faschisten in Gebrauch zu nehmenden Passagen, sondern die Szene V/4, in der der Feldherr Varus der Alraune (als realer Figur) begegnet, dem ›Galgenmännlein‹, das hier auf die (von den Nazis) Getöteten zurückverweisen könnte (vgl. Polt-Heinzl in: Jelinek 2000, 50f.). Eine feministische Variante bietet Jelinek in *Ein Sportstück* (1998) mit Zitaten aus *Penthesilea* (Jelinek 1999, 118–120, 164).

Einen wesentlichen Anknüpfungspunkt für postkoloniale Lesarten bietet *Die Verlobung in St. Domingo*, so vor allem in Hans Christoph Buchs Haïti-Trilogie, die aus den Romanen *Die Hochzeit von Port-au-Prince* (1984), *Haiti Chérie* (1990) und *Rede des toten Kolumbus am Tag des jüngstens Gerichts* (1992) besteht und das wohl umfangreichste direkt auf Kleist bezogene literarische Œuvre der Gegenwartsliteratur darstellt (vgl. Uerlings 1997; Lützeler 2001, 44–48). Speziell Jelinek und Buch dürfen zudem als die herausragenden der wenigen Beispiele einer dezidiert ›linken‹ Kleist-Rezeption jenseits der DDR-Literatur gelten (s. Kap. VII.1.5).

Weitere Rezeptionshinweise hat schon Helmut Sembdner (1985; vgl. auch Nachruhm) gesammelt – eine Tätigkeit, die speziell durch die *Heilbronner Kleist-Blätter* des Kleist-Archivs Sembdner und die *Beiträge zur Kleist-Forschung* des Kleist-Museums in Frankfurt an der Oder rege fortgesetzt wird. Beide Institutionen bemühen sich zudem aktiv darum, dass sich Schriftsteller, Künstler und Musiker mit Kleists Person und Werk auseinandersetzen – was natürlich auch durch den von der Heinrich-von-Kleist-Gesellschaft verliehenen Kleist-Preis geschieht, der den Autoren stets zum Anlass einer (erneuten) Auseinandersetzung mit Kleist wird (s. Kap. VII.3.7). Diese Aktivitäten werden ergänzt durch private Initiativen von Sammlern und Forschern, deren

Kompetenz bisher erst ansatzweise produktiv gemacht wurde (so in den genannten Publikationen oder auch in den ›Kleist-Salons‹ der Heinrich-von-Kleist-Gesellschaft).

Ein Verzeichnis oder gar eine umfassende Studie fehlt für die Kleist-Rezeption in der deutschsprachigen Literatur nach 1945 völlig, wohingegen der Zeitraum 1811 bis 1945 inzwischen recht gut dokumentiert ist (s. Kap. VII.1.1–4). Zu entdecken wären nicht nur ›Rezeptionen‹ im Sinne einer Adaption bestimmter Werke, variantenreiche Nacherzählungen von Kleists Leben oder Fortführungen Kleist'schen Erzählens, sondern auch manch' kleinere Reminiszenz, wie beispielsweise das Kleist-Motto, ein Hinweis auf *Prinz Friedrich von Homburg* und ein dreiseitiges Zitat eines Kleist-Briefs in Uwe Timms *Kerbels Flucht* (Timm 2000, 5, 101, 124–126) oder Leni Riefenstahls Projekt, Kleists *Penthesilea* zu inszenieren, in Thea Dorns Stück *Marleni* oder sicherlich auch eine ganze Reihe von Gedichten auf und über Kleist, z. B. von Yaak Karsunke und Hans-Ulrich Treichel (vgl. Wolter 1997 und 1998; Schillbach/ Emig 1994, 308–319) – gedacht werden könnte auch an Horst Bosetzky, der sich als Organisationssoziologe von Kleist für den »Prinz von Homburg-Effekt« hat inspirieren lassen, was in seinen zahlreichen und populären Kriminalromanen, die er unter dem Pseudonym »-ky« publiziert, Spuren hinterlassen haben könnte. Für einen kleinen literarischen Skandal sorgte Leander Scholz 2001 mit seinem Roman *Rosenfest*, in dem er die Geschichte der frühen RAF zu einer Love Story umdichtete und dafür zudem Kleists *Penthesilea* als Assoziationsraum nutzte.

Vor allem wäre dann die Frage leichter zu beantworten, worin Kleists Aktualität für die Gegenwart (und Gegenwartsliteratur) besteht. Es lässt sich nicht übersehen, dass es inzwischen viele ›Kleists‹ gibt. Textzeugnisse für die ›durchschlagende Wirkungslosigkeit eines Klassikers‹ (so Max Frisch über Bertolt Brecht) gibt es genug – bei Kleist aber auch einige für die Wirkungslosigkeit eines Anti-Klassikers: Sein Name und sein ›Image‹ schmücken inzwischen ›Kleist-Städte‹ (wie Frankfurt an der Oder und Heilbronn als ›Käthchen-Stadt‹), Schulen und Stadthallen, Gebrauchskunst und Souvenirs (s. Kap. VII.3.5):

Kleist lädt Dinge mit seiner Bedeutung auf, die die Dinge selbst nicht immer haben, und droht dabei selbst Bedeutung zu verlieren. Aber es gibt nach wie vor auch Texte, Lektüren und Interpretationen, bei denen Kleist (als Person) und ›Kleist‹ (als Image) und Kleist als Autor virulent und produktiv bleiben: als »Agent der Moderne« (Blamberger 1995, 41), der das Rastlose und Nomadische verkörpert, die ›Krise‹ und die ›Rätselhaftigkeit‹, aber auch das Spielerische und Kalkulierte, die Finten und Tricks seines Lebens und Schreibens.

Literatur

Aichinger, Ilse: Kleist, Moose, Fasane [1987]. Frankfurt a. M. ³2004 [Titelgeschichte: 11–18].

Amann, Jürg: Nachgerufen. Elf Monologe und eine Novelle. München 1983.

Artmann, H.C./Kleist, Heinrich von: Der zerbrochene Krug. Wien 1992.

Bachmann, Guido: Wannsee. Erzählung. Mit sechs Holzschnitten von Peer Wolfram. Stierstadt 1967; Aachen 1983.

Bernhard, Thomas: Ereignisse. Berlin 1969.

–: Der Stimmenimitator [1978]. Frankfurt a. M. 1987.

–: Alte Meister. Komödie [1985]. Frankfurt a. M. 1988.

Blamberger, Günter: »nur was nicht aufhört, *weh zu thun*, bleibt im Gedächtniss«. Zur Typogenese des Kleist-Bildes in der deutschen Literatur der Moderne. In: KJb 1995, 25–43.

Bock, D. Stephan: Der Klarinettenpreuße oder »Nach Herzenslust«: Heinrich Kleist und die Klarinette. Lesung zur Neueröffnung des Kleist-Museums am 15.10.2000. Hg. von Wolfgang Barthel. Frankfurt a.d.O. 2001.

–: »Mit einer Sylbe das Unendliche zu fassen, nur den Namen sage mir«: im Schatten der Woerter; Heinrich von Kleists Familie Thierrez-Ghonorez-Schroffenstein (eine erste Skizze). In: HKB 11 (2001), 81– 134.

–: Stammburg Schroffenstein: »Mit einer Sylbe das Unendliche, Zu fassen, nur den Namen sage mir« (erste Fortschreibung). In: HKB 12 (2002), 99–104.

Boëtius, Henning: Tod am Wannsee. Eine Novelle mit 10 Lithographien von Johannes Grützke. Gifkendorf 2002.

Bösch, Roman: Kleists »Geschichte meiner Seele«. Frankfurt a. M./Freiburg i.Br. 2007.

Breuer, Ingo: Theatralität und Gedächtnis: Deutschsprachiges Geschichtsdrama seit Brecht. Köln/Wien/ Weimar 2004.

Buch, Hans Christoph: Die Hochzeit von Port-au-Prince. Frankfurt a. M. 1984.

Christ, Jan: Kleist fiktional. 84 Treibsätze. Klagenfurt/Wien 1999.

–: Kleist-Dramolette. In: HKB 10 (2000), 9–50.

Emig, Günther: Heinrich von Kleist in der Dichtung [2000]. URL: http://www.kleist.org/dichtung/index.htm (1.10.2008).

Eybl, Franz M.: Thomas Bernhards *Stimmenimitator* als Resonanz eigener und fremder Rede. In: Wolfram Bayer (Hg.): Kontinent Bernhard. Zur Thomas-Bernhard-Rezeption in Europa. Wien/Köln/Weimar 1995, 31–43.

Frenzel, Elisabeth: Stoffe der Weltliteratur. Stuttgart [8]1992, 434–438.

Janz, Marlies: Elfriede Jelinek. Stuttgart/Weimar 1995.

Jelinek, Elfriede: Ein Sportstück [1998]. Reinbek 1999.

–: Wolken.Heim. Mit einem Nachwort von Evelyne Polt-Heinzl. Stuttgart 2000.

Kiefer, Rumjana: Kleists Erzählungen in der Literatur der Gegenwart. Ein Beitrag zur Geschichte der Intertextualität am Beispiel von Texten A. Muschgs, E.L. Doctorows und E. Plessens. St. Ingbert 1994.

Lányi, Dániel: Kleistsche Konstellationen in Josef Winklers *Friedhof der bitteren Orangen*. In: Markus Knöfler (Hg.): Die Lebenden und die Toten. Beiträge zur österreichischen Gegenwartsliteratur. Budapest 2000, 205–210.

Lütteken, Anett: Heinrich von Kleist. Eine Dichterrenaissance. Tübingen 2004.

–: Kleist in Österreich – Notizen zu einer Affinität. In: HKB 19 (2007), 19–49.

Lützeler, Paul Michael: Verführung und Missionierung. Zu den Exempeln in *Die Verlobung in St. Domingo*. In: Ders./David Pan (Hg.): Kleists Erzählungen und Dramen. Würzburg 2001, 35–48.

Müller, Richard Matthias: Über Deutschland. 103 Dialoge. Olten/Freiburg i.Br. 1965, Frankfurt a.M. 1967.

Osterkamp, Ernst: [Rezension:] Karin Reschke: Verfolgte des Glücks [...]. In: KJb 1984, 163–175.

Plessen, Elisabeth: Kohlhaas. Roman. Zürich/Köln 1979, München 1982, Frankfurt a.M. 1987.

Reschke, Karin: Verfolgte des Glücks. Findebuch der Henriette Vogel. Berlin 1982.

Riedl, Peter Philipp: Das Leben – ein Stückwerk. Jan Christ formuliert 84 Treibsätze über einen »Abseitigen«. In: HKB 9 (2000), 72–76.

Riess-Berger, Daniela: Lebensstudien. Poetische Verfahrensweisen in Friederike Mayröckers Prosa. Würzburg 1995.

Rühm, Gerhard: Ophelia und die Wörter. Gesammelte Theaterstücke. Neuwied/Darmstadt 1972.

Schillbach, Brigitte (Bearbeiterin)/Emig, Günter (Hg.): Bestandsverzeichnis des Kleist-Archivs Sembdner der Stadt Heilbronn [1994]. URL: http://www.kleist.org/bibl/schillb.pdf (1.11.2008); zur Wirkungsgeschichte 293–333.

Schlosser, Jan T.: Intertextuelle Markierungen. Martin Walsers Dialog mit Kleists *Michael Kohlhaas*. In: Orbis Litterarum 62 (2007), Nr. 1, 71–82.

Scholz, Leander: Das Rosenfest. München/Wien 2001.

Schünemann, Peter: Die Nacht. Bielefeld 1992.

Sembdner, Helmut (Hg.): Kleist in der Dichtung. Frankfurt a.M. 1977, [2]1985.

Skasa, Michael: Naturgeschichte von dem Menschenleben. Sprachtänze über dem Abgrund. Thomas Bernhard: *Der Stimmenimitator*. In: Die Zeit 52/1978 (22.12.1978), 45.

Strauss, Botho: Mikado. Frankfurt a.M. 2006.

Timm, Uwe: Kerbels Flucht [1991]. München 2000.

Treichel, Hans-Ulrich: Kleistkongreß. In: Theo Elm (Hg.): Kristallisationen. Deutsche Gedichte der achtziger Jahre. Stuttgart 1992, 54.

Uerlings, Herbert: Poetiken der Interkulturalität: Haiti bei Kleist, Seghers, Müller, Buch und Fichte. Tübingen 1997.

Walser, Martin: Finks Krieg. Frankfurt a.M. 1996.

Wolf, Christa: Kein Ort. Nirgends. Berlin/Weimar 1979.

Wolter, Burkhard: Bibliographie der Kohlhaas-Bearbeitungen. In: HKB 2 (1997), 64–86. URL: http://www.kleist.org/bibl/kohlh01.htm (1.10.2008).

–: Zu Kleists Tod. Ein Streifzug durch die Selbstmordliteratur. In: Beiträge 12 (1998), 215–227.

Zantop, Susanne: Verlobung, Hochzeit und Scheidung in St. Domingo: Die Haitianische Revolution in zeitgenössischer deutscher Literatur (1792–1817). In: Sigrid Bauschinger/Susan Cocalis (Hg.): »Neue Welt«/«Dritte Welt«. Interkulturelle Beziehungen Deutschlands zu Lateinamerika und der Karibik. Tübingen/Basel 1994, 29–52.

Ingo Breuer

2. Internationale Rezeption und Wirkung

Die folgenden Kapitel bieten eine exemplarische Darstellung der internationalen Rezeption Kleists. Diese Auswahl ist – trotz einiger Ausnahmen – eurozentrisch, doch nicht aus Überzeugung, sondern aus Not. Die internationale Rezeption Kleists ist eines der größten Forschungsdesiderata zu diesem Autor. Es existieren bislang nur vereinzelte Überblicksdarstellung zu regionalen bzw. nationalen Rezeptionsverhältnissen, so zu Frankreich, Großbritannien, Kroatien, Polen, Russland und Spanien (s. Kap. VII.2.1–3, VII.2.6), die eine wichtige Basis der Forschung bieten, aber teilweise älteren Datums sind, so dass neuere Entwicklungen ausgeblendet bleiben. Dies gilt insbesondere für die nordamerikanische Rezeption, für die 1985 eine kleine, sehr instruktive Studie erschien (vgl. Hubbs 1985). Sicherlich lässt sich auch heute noch nicht von einem durchschlagenden Erfolg Kleists in den USA und Kanada sprechen, doch hat Kleist v.a. durch die prominent besetzten filmischen *Kohlhaas*-Adaptionen *Ragtime* und *The Jack Bull* eine gewisse Breitenwirkung erzielt (s. Kap. VII.3.4), im Bereich der Bildenden Kunst wäre auf Frank Stella hinzuweisen (s. Kap. VII.3.5) und im Wissenschaftsbereich auf Paul de Man mit seiner international Schule machenden Lektüre von *Über das Marionettentheater* (s. Kap. VI.3).

Daneben entstanden in den letzten Jahren Einzelstudien zur Rezeption einzelner Werke bzw. bei einzelnen Autoren z.B. in Südafrika (vgl. Horn 2005) und Ungarn (vgl. György 1987; Gönczy 2003; Márton 2003), vereinzelte Auswahlbibliographien (vgl. Emig 2006; Wolter 1997/2008) und Übersichten zu Übersetzungen des Gesamtwerks (Gönczy 2003). Eine Dokumentation der japanischen Kleist-Rezeption ist geplant, weitere Studien zu anderen Ländern und Regionen dürften im Umfeld des 200. Kleist-Todestages 2011 in Angriff genommen werden.

Literatur

Emig, Günter: Kleist auf Türkisch [2006]. URL: http://www.kleist.org/bibl/tuerk.htm (2.8.2008).

Gönczy, Gabriella: Einführung [zur Dokumentation der Podiumsdiskussion »Kleist übersetzen. Fremdsprachige Gesamtausgaben der Werke Kleists« am 29.11.2002]. In: KJb 2003, 235–240.

György, Eszter: Die Rezeption Heinrich von Kleists auf ungarischen Bühnen. In: Germanistisches Jb. DDR – Republik Ungarn 6 (1987), 9–18.

Horn, Peter: Michael K: Pastiche, Parody or the Inversion of *Michael Kohlhaas*. In: Current Writing: Text and Reception in Southern Africa, 17 (2005), H. 2, 56–73 [zu J.M. Coetzee: Life and Times of Michael K (1983)].

Hubbs, Valentine C.: Heinrich von Kleist in America. A History of his Reception (with a Bibliography). In: KJb 1985, 143–165.

Márton, László: Über die Frage, ob es möglich ist, mit einem Toten Freundschaft zu schließen. In: KJb 2003, 252–255.

Wolter, Burkhard: Bibliographie der Kohlhaas-Bearbeitungen. In: Heilbronner Kleist-Blätter 2 (1997), 64–86 (auch: http://www.kleist.org/bibl/kohlh01.htm, 2.8.2008).

Ingo Breuer

2.1 Frankreich

Eine deutliche Verspätung kennzeichnet die Rezeption Kleists in Frankreich. Der mangelnde Bekanntheitsgrad Kleists zu Lebzeiten sowie seine erst allmählich zunehmende Repräsentanz in den Literaturgeschichten und im öffentlichen Bewusstsein geben hierfür den allgemeinen Rahmen ab. Auch für Frankreich war Goethes Diktum, dass ihm »dieser Dichter, bei dem reinsten Vorsatz einer aufrichtigen Teilnahme, immer Schauder und Abscheu« (Nachruhm Nr. 274) erregte, von fataler Wirkung. In Randnoten erscheint Kleist zunächst als Imitator Molières, nach Tiecks Werk-Ausgabe werden seine Novellen übersetzt, eine umfassendere Auseinandersetzung beginnt jedoch erst mit dem Positivismus und einer allmählichen Abkehr vom Klassizismus. Die Entwicklung verläuft nur bedingt parallel zu der in Deutschland; insbesondere für die (politischen) Dramen gilt in Zeiten Wilhelminischer *Homburg*-Verehrung sogar teilweise eine diametral entgegengesetzt verlaufende Rezeptionshaltung. Ist Kleist in Deutschland oftmals ›Dichter für die Dichter‹ (vgl. Lütteken 2004), so findet Kleist in Frankreich seltener Eingang in kreative Prozesse. Dies ändert sich erst mit dem existenzialistischen Theater der 1950er Jahre, mit dem Kleist in verschiedenen Facetten als Romantiker, Avantgardist oder tragische Figur in die breite Öffentlichkeit tritt.

»*Un auteur sans génie*«: In Frankreich taucht der Name Heinrich von Kleist erstmals im Zusammenhang mit den Aufführungen des *Käthchen von Heilbronn* 1810 in Wien und zuvor des *Amphitryon* in Dresden (1807) auf, wobei die französische Presse Kleist als Beispielfall einer bloßen Imitation französischer Klassiker kritisiert. So heißt es im *Journal Phèdre*: »Un poète allemand, nommé M. de Kleist, a fait imprimer à Dresde un *Amphytrion* [!] qu'il veut bien donner comme une imitation de la pièce de Molière« (zit. nach Richardson 1962, 10). Noch 1897 firmiert Kleist in einer *Histoire des Relations littéraire entre la France et l'Allemagne* lediglich unter dem Stichwort »Kleist et ses imitations françaises«. Kleist, so heißt es, »qui a fini comme Werther, s'est nourri de notre littérature« (Rossel 1897, 469), und der Autor stellt neben dem üblichen Verweis auf den *Amphitryon* Überlegungen zu französischen Vorlagen der *Marquise von O...* an und sieht es als sicher an, dass »le chef-d'œuvre de Kleist, *Der Tod der Penthesilea*«, auf Racines *Thébaïde* zu beziehen sei (ebd., 470). Hinzu kommt die Steuerung des Deutschlandbildes durch Madame de Staëls *De l'Allemagne*: Sie »erwähnt Kleist kein einziges Mal und gerade dies ist von Bedeutung« (Bertaux 1980, 34); über den *Phöbus*, zu dem sie im Juni 1808 selbst einen Beitrag beisteuerte, war sie jedoch zweifellos über Kleists literarisch-publizistische Tätigkeit informiert.

Die Situation zum Zeitpunkt von Kleists Tod kommentiert Richardson: »France knew virtually nothing of Heinrich von Kleist on the eve of this event [Selbstmord 1811]« (Richardson 1962, 7). Berichte über den Berliner Skandal im *Journal de Paris* vom 9. Dezember, dann in einem längeren Artikel vom 18. Dezember, der am gleichen Tag auch in *Le Moniteur*, am 19. Dezember in der *Gazette de France* und am 28. Dezember in der *London Times* erschien, vermitteln erstmals ein Kleist-Bild nach Frankreich, das – auch wenn die Einschätzungen hierüber nicht immer ins Pathologische gehen – die Rezeption bestimmte, indem es die gescheiterte Person vor die Lektüre des Werkes schiebt. Von hier aus ist es nur ein kurzer Schritt, die Biographie auf das Werk zu projizieren, wie es Madame de Staël in ihren wohl anlässlich Kleists Selbstmord geplanten, erst 1820 veröffentlichten, *Réflexions sur le suicide* unternimmt: »Cet homme [...] n'a-t-il pas l'air d'un auteur sans génie qui veut produire avec une catastrophe véritable les effets auxquels il ne peut atteindre en poésie?« (zit. nach ebd., 12).

»*un style [...] presque inconnu jusque-là chez nos voisins*«: Nach der 1826er Ausgabe der Werke Tiecks ist in Frankreich ein einsetzendes Interesse am *Werk* Kleists festzustellen (1828 sind Besprechungen in der französischen Presse nachweisbar). 1829 erfolgt mit *La Nonne de San Iago* (*Das Erdbeben in Chili*) eine erste Übersetzung (vermutlich von Adolphe-François Loève-Veimars), 1830 übersetzen A.I. und J. Cherbuliez in drei Bänden sämtliche Erzählungen Kleists mit Ausnahme des *Bettelweib von Locarno*: »For more than fifty years this collection of Novellen constituted the only works of Kleist available to those French who were unable to read Kleist in German« (Richardson 1962, 22). Erfolgreich ist vor allem der *Kohlhaas*, ab 1880 in einer Übersetzung von A. Dietrich. 1884 wird mit *La Cruche cassée* erstmals ein Drama übersetzt, es folgt 1905 *La Petite Catherine de Heilbronn, ou l'épreuve du feu* und erst 1920 *Le Prince Frédéric de Hombourg*. Die – nach anfänglich positiver Aufnahme – späte Übersetzung des *Homburg* erklärt sich leicht aus der veränderten Rezeptionssituation nach dem deutsch-französischen Krieg 1870/71; im Gegensatz zu Deutschland war der Erzähler Kleist populärer als der (politische) Dramatiker. Neben der national differenzierten Aufnahme des Werks – ohne dass der 1870/71er Krieg zu einem generellen Bruch in den kulturellen Beziehungen beider Länder führte – dürfte ein weiterer Grund für die Wertschätzung der Novellen in den z. T. romanischen Stofftraditionen liegen.

Die bereits an die deutsche Forschung anschließende akademische Auseinandersetzung bereitete allmählich eine veränderte Bewertungslinie vor: »The renewal of interest in Kleist that began with Dietrich's translation of *Kohlhaas* in 1880 finds its culmination in the Sorbonne thesis of Raymond Bonafous« (Richardson 1962, 45). Klassifizierte Hippolyte Taine 1870 Kleist noch als von »deuxième ou troisième ordre« (zit. nach Richardson 1962, 36), geht Bonafous trotz vieler kritischer Besprechungen im Detail insgesamt zu einem positiven Urteil über. Er schließt hiermit an die deutsche Forschung (Adolf Wilbrandt, Otto Brahm) an. In vorsichtiger Annäherung bereitet sich ein Interesse vor, das dem Antiklassizismus und der ›geistigen Anormalität‹ eine eigene psychologische, symptomatische oder analytische Bedeutsamkeit abgewinnt. Saint-René Taillandier schreibt schon 1859 in der *Revue des Deux Mondes*: »Lorsqu'on lit ces nouvelles où l'originalité de l'invention est relevée encore par un art consommé, par un style net, rapide, dramatique, presque inconnu jusque-là chez nos voisins, on ne peut s'empêcher de conclure, avec les principaux chefs de la critique moderne, que Henri de Kleist doit être placé parmi les premiers artistes de l'Allemagne« (zit. nach Richardson 1962, 30f.).

1912 weist René Lauret am Beispiel von *Über die allmähliche Verfertigung der Gedanken beim Reden* auf Kleists Affinität zu Beispielen aus der französischen Literatur hin. Zunehmend macht sich um die Jahrhundertwende eine neo-romantische, später expressionistische und existenzialistische Deutungslinie bemerkbar. Charles Andler sieht 1920 in *Les Précurseurs de Nietzsche* (schon 1914 geschrieben) das gesamte Werk Nietzsches als Radikalisierung und Fortführung von Kleist. Erst allmählich werden mehr und mehr auch die Dramen gewürdigt. 1930 erscheinen Übersetzungen des *Prinz von Homburg*, des *Zerbrochnen Krug*, der *Herrmannsschlacht* und der *Penthesilea*. Das Tragische und psychologisch Uneingeholte an Kleist – das ›Drama seines Lebens‹ – wird zum Faszinosum, so wenn Henry Bidou eine Wegbeschreibung zum Kleist-Grab veröffentlicht; es gilt nicht nur »den unbekannten Weg [zum Grab] finden helfen«, sondern symbolisch den zum »Drama vom 21. November 1811« (zit. nach NR 472). Parallel hierzu erreicht die rationalistisch-positivistische Kleist-Forschung mit Roger Ayraults *La légende de Henri de Kleist* (1934) einen Höhepunkt, zumal Ayrault nicht nur die komplexe Psychologie bei Kleist aufarbei-

tet, wenn er in der *Penthesilea* »die unbewußten Regungen des Daseins, auf deren Lenkung der Verstand verzichten muß«, ins Werk gesetzt sieht, in einer Sprache, die die feinsten Nuancen ausschöpft und zugleich verklärt« (zit. nach NR 473). Denn Ayrault akzentuiert darüber hinaus »the changing facets of the Kleist legend«, »attempting […] to combat the near unroutable French view of Kleist as being sick« (Richardson 1962, 116). Noch bevor Kleist in der breiten Öffentlichkeit bekannt war, existiert in der akademischen Landschaft bereits ein differenziertes Bild.

»l'œuvre paraîtra d'autant plus grande qu'on rendra la vie plus minable«: »In 1951 the choice went to a romantic young Prince who, between the nothing of dreams and the nothing of death, had to discover alone what defines a man« (Richardson 1962, 139). Auf dem Theaterfestival in Avignon, im Innenhof des Papstpalastes, führte Jean Vilar den *Prinz Friedrich von Homburg* in der Übersetzung von Jean Curtis auf, in der Hauptrolle brilliert Gérard Philippe, die Rolle der Natalie übernahm Jeanne Moreau. Das Stück, im Folgejahr in Paris und auch mehrfach in Deutschland aufgeführt, macht Kleist in Frankreich berühmt. In Deutschland wird hierdurch trotz der dezidiert unpolitischen Inszenierung eine Diskussion um ›Kleist aus Frankreich‹ ausgelöst, die die Spannungen zwischen der national-patriotischen und der avantgardistisch-widerständigen Kleist-Rezeption spiegelt. Es folgen Inszenierungen des *Zerbrochnen Krug* und 1955 im Théâtre de Marigny die *Penthesilea* in der Übersetzung von Julian Gracq. Die vernichtenden Kritiken zu Jean Anouilhs Aufführung des *Käthchen von Heilbronn* von 1966 dokumentiert Jung (2002). Die Probleme, Kleist zu inszenieren, sind seither Bestandteil auch der französischen Kleist-Rezeption.

Vorbereitet durch Kleists Präsenz im Kontext des Surrealismus wird die *literarische* Bedeutung auch der Dramen zum Thema – der nicht-preußische Kleist Frankreichs spaltet sich auf in (aus heutiger Sicht: verstaubten) Romantizismus, wie ihn anlässlich der Inszenierung des *Käthchen* in Paris 2008 Thomas Hahn in der *Welt* diagnostiziert, das Moment ›tragischer Grazie‹, wie es der Existentialist Gabriel Marcel für Vilars *Homburg* gegeben sah (»il s'est situé sur le plan où la grâce pourra fondre sur lui et le sauver«; Marcel 1952, 81) und den Visionär abwesender Sprachszenerien. Kleists bereits von Goethe apostrophiertes »unsichtbare[s] Theater« (über den *Zerbrochnen Krug*; Lebensspuren Nr. 185) scheint im existenzialistischen und absurden ›Theater der Abwesenheit‹ seine Nachfolge gefunden zu haben. Wohl unter dem Eindruck von Vilars Inszenierung schreibt Eugène Ionesco 1958 in *Expérience du théâtre*: »Les textes mêmes de théâtre que j'avais pu lire me déplaisaient. Pas Tous! Car je n'étais pas fermé à Sophocle ou Eschyle, ni à Shakespeare, ni par la suite à certaines pièces de Kleist ou de Büchner« (Ionesco 1958, 7). Zur Begründung verweist er nicht etwa auf die dramatische Konzeption Kleists, sondern auf die *literarische* Qualität, der er die Singularität und Aktualisierbarkeit zuschreibt: »Les grands chef-d'œuvre, les grands poètes, semblent se justifier […] les uns les autres; Eschyle n'est pas annulé par Calderon, ni Shakespeare par Tchékov, ni Kleist par les ›nô‹ japonais« (ebd., 22). Zu Zeiten, in denen Molière und Racine als ›langweilig‹ gelten, wird Kleist im Zeichen eines neuen Theaters populär. Ob freilich auch diese Popularität des Preußen Kleist in Frankreich nicht letztlich auf einer Verwechslung beruht, wäre zu diskutieren, denn so hat zwar Eric Rohmer anlässlich der Produktion seines Erfolgsfilms *Die Marquise von O.* (1975) bemerkt, Kleists Erzählung sei »schon ein echtes ›Drehbuch‹« (zit. nach DKV IV, 686); es »ist aber nicht von der Hand zu weisen, daß beim französischen Publikum eine Verwechslung zwischen Kleists *Marquise von O...* und der *Madame d'O...*, der Heldin eines berühmten Porno Romans […] mitgespielt hat« (Bertaux 1980, 39).

Ist es auch der Regelfall, dass das Skandalon seines Todes die Aufnahme seines Werkes vorprägt, so gibt es doch auch eine eigenständige Rezeption kleistscher Figuren in Frankreich, etwa wenn Michel Cournot in einem Artikel von *Le Monde* (1977) – die politisch bewegten 1968er hatten dem antibürgerlichen Kleist ihre Lesart abgewonnen – den »Autor des Michael Kohlhaas, […] als ein[en] hellsehende[n] Dichter und als unmittelbare[n] Vater der heutigen deutschen Terroristen, der Roten Armee Fraktion« (Bertaux

1980, 42) bezeichnet. In Henri Pierre Rochés *Jules et Jim* – berühmt geworden durch die Verfilmung von François Truffaut – gibt die *Penthesilea* implizit das tragische gender-Muster vor, indem die Hauptfigur Kathe Jules und Jim aus »son fragment préféré de la *Penthésilée* de Kleist« (Roché 1953, 113) vorliest.

Ernst Jünger wusste in seinen Tagebüchern bereits 1943 von der »seltsame[n] Vorliebe« der französischen Surrealisten für Kleist zu berichten, »von dem sie anscheinend nur das Käthchen von Heilbronn kennen, nicht aber sein Marionettentheater, in dem er das höchst gefährliche Rezept gegeben hat« (NR 494a). Nicht Kleists Traum von Ordnung hat die Franzosen fasziniert, sondern die Konsequenzen aus dem Scheitern von Ordnung für das Schreiben. André Gide zeigt sich nach seiner *Penthesilea*-Lektüre 1942 gespalten, sieht das Werk als »zerstört« an; allerdings »ganz vollkommen wäre dieses Werk weniger offenbarend, weniger wert, uns zu erschüttern« (NR 629). Diese Rezeptionslinie führt vom Pathologischen zunehmend zu einer Einreihung Kleists in eine Gegen-Tradition, zu der neben den Surrealisten etwa Nietzsche, Melville, Dostojewski, Kafka, Artaud oder Beckett gehören. Als ›héros négatif‹ wählt sich Emil Cioran in jungen Jahren Kleist, neben etwa Karoline von Günderrode oder Gérard de Nerval. Kleists quasi-surrealistische Variante des Romantizismus, die man im *Homburg* oder im *Käthchen* entdecken mochte, weicht dabei zunehmend der Erkenntnis der Abgründigkeit, dass die Kehrseite des Käthchen die Penthesilea ist. Gilles Deleuze verortet Kleists ›gewaltsam verzerrendes‹ Schreiben als ›minoritäre‹ Literatur, die von der ›großen‹ Literatur Goethes ausgeschlossen sei: »l'œuvre paraîtra d'autant plus grande qu'on rendra la vie plus minable« (Deleuze 1977, 61). Wie in Bartlebys »I would prefer not to« aus Melvilles gleichnamigem Roman sieht Deleuze bei Kleist eine Bejahung der Verneinung, das Schreiben als die serielle Insistenz von Paradoxa: »Das *Käthchen von Heilbronn* hat selbst ihre eigene Formel, die mit der Bartlebys verwandt ist: ›Ich weiß nicht‹ oder noch knapper: ›Weiß nit‹« (Deleuze 2000, 110, Anm. 15). Dieser ›Kleist aus Frankreich‹ akzentuiert nicht mehr das Pathologische, noch weniger eine nationalpolitische Vereinnahmung, sondern sieht in den Pathologien seiner Literatur sowohl ein Symptom als auch die Analyse diskursiver, sozialer und ethologischer Ordnungs- und Steuerungsmodelle.

Literatur

Bertaux, Pierre: Die Kleist-Rezeption in Frankreich. In: Die Gegenwärtigkeit Kleists: Reden zum Gedenkjahr 1977 im Schloss Charlottenburg zu Berlin. Berlin 1980, 30–42.

David, Claude: Kleist und Frankreich. In: Kleist und Frankreich. Im Auftrag der Heinrich-von-Kleist-Gesellschaft hg. von Walter Müller-Seidel. Berlin 1969, 9–26 [Rezension: Peter Horwarth. In: The German Quarterly 45 (1972), Nr. 1, 179–181].

Deleuze, Gilles: Dialogues. En collaboration avec Claire Parnet. Paris 1977.

–: Kritik und Klinik [1993]. Aus dem Französischen von Joseph Vogl. Frankfurt a. M. 2000.

Hahn, Thomas: Frankreich entdeckt Kleist. Sehnsucht nach Mythen und Mysterien: »Das Käthchen von Heilbronn« und »Penthesilea« auf großen Pariser Bühnen. In: Die Welt, 14.3.2008. URL: http://www.welt.de/welt_print/article1798406/Frankreich_entdeckt_Kleist.html (1.10.2008).

Höller, Frank: Der »Amphitryon« von Molière und der von Kleist. Eine sozialgeschichtliche Studie. Heidelberg 1982.

Ionesco, Eugène: Expérience du théâtre (1958). In: Ders.: Notes et contre-notes. Paris 1962.

Jung, Michèle: »Das Käthchen von Heilbronn oder die Feuerprobe«. Jean Anouilhs Inszenierung von 1966. In: Heilbronner Kleist-Blätter 12 (2002), 83–98.

Kleist, Heinrich von: Œuvres complètes. Hg. von Pierre Deshusses. Paris: Gallimard 1999–2001. Tome I: Petits Écrits. Essais, chroniques, anecdotes et poèmes. Trad. de l'allemand par Pierre Deshusses et Jean-Yves Masson. Notes de Pierre Deshusses, préface de Georges-Arthur Goldschmidt. – Tome II: Récits. Trad. de l'allemand par Pierre Deshusses. Annoté par le traducteur, avant-propos de Pierre Deshusses. – Tome III/IV: Théâtre. Trad. de l'allemand par Pierre Deshusses et Irène Kuhn. Annoté par Pierre Deshusses et Irène Kuhn, avant-propos de Pierre Deshusses. Tome III: La Famille Schroffenstein, Robert Guiscard, La Cruche cassée, Amphitryon. Tome IV: Penthésilée, Kätchen de Heilbronn, La Bataille d'Hermann, Le Prince von Homburg.

Lütteken, Anett: Heinrich von Kleist. Eine Dichterrenaissance. Tübingen 2004.

Marcel, Gabriel: Tragédies romantiques. In: Olivier Qéant (Hg.): Théâtre de France II. Paris 1952, 78–81.

Richardson, F[rank] C.: Kleist in France. Chapel Hill 1962.

Roché, Henri Pierre: Jules et Jim. Paris 1953.

Rösener, Michael: Kleist-Rezeption in Frankreich. Anhand ausgewählter Beispiele aus dem Zeitraum 1807–1955. Saarbrücken 2008.

Rossel, Virgile: Histoire des Rélations littéraire entre la France et l'Allemagne. Paris 1897.

Martin Roussel

2.2 Spanien, Mittel- und Südamerika

Die Rezeption Kleists in Spanien ist auch am Anfang des 21. Jh.s noch ein weitgehend unerforschtes Feld. Einen ersten grundlegenden Überblick gibt der spanische Germanist Javier Orduña in »kleist-online.de« (2003). Er datiert die spanische Rezeption mit Beginn der 1920er Jahre, als Kleists Novelle *Die Marquise von O...* zum ersten Mal in spanischer und katalanischer Sprache veröffentlicht wurde. Doch muss man davon ausgehen, dass Kleist schon vor diesen Verlagsinitiativen auf Grund früher französischer und italienischer Publikationen unter einzelnen Intellektuellen bekannt war. Im Bestand der katalanischen Bibliotheken finden wir z. B. eine französische Übersetzung des *Michael Kohlhaas* von 1888 sowie eine Kleist-Monographie des Verlags Hachette (Paris 1894), in der spanischen Nationalbibliothek zwei Publikationen des italienischen Verlags Carabba (Lanciano): Kleists Briefwechsel (1919) und Erzählungen (1922). Bereits 1895 übersetzte der italienische Hispanist und Germanist Arturo Farinelli im Rahmen einer Buchrezension (*Revista crítica de historia y literatura españolas* Jg. I, Nr. 5, 137ff.) einen Vers aus der Ode *An Palafox* als Beispiel deutsch-spanischer Empathie während des spanischen Unabhängigkeitskrieges. Kleist habe General José de Palafox y Melci neben Leonidas, Armin und Tell gerühmt und so der legendären Verteidigung der Stadt Zaragoza ein unvergessliches Denkmal gesetzt. Nach über hundert Jahren wird Spanien als nationales Vorbild neu beleuchtet. Die Niederlage Napoleons in Bailén (Juli 1808) und das Modell der spanischen Partisanen habe die Entstehung der *Herrmannsschlacht* entscheidend beeinflusst, schreibt die Historikerin Remedios Solano in der Onlinezeitschrift *Espé-*

culo (Universität Complutense, Madrid 2001). Kleist wollte die Deutschen zum Volksaufstand gegen die Franzosen bewegen, Preußen aber verhängte die Zensur. Indirekt wird dieses Bild auch 1949 in einer Anthologie deutscher Gedichte (Verlag Janés, Barcelona 1948/49) aktualisiert. Jaime Bofill y Ferro übersetzte nur ein Gedicht Kleists: *An die Königin Luise von Preußen*.

Neben diesem patriotischen bzw. propagandistischen Kleist steht der große unzeitgemäße Kleist Nietzsches der introvertierten Lektüre von Miguel de Unamuno. Der Baske forderte, wie alle Vertreter der *Generation von 1898*, eine grundlegende geistige Neuerung Spaniens. In seinem Hauptwerk *Vom tragischen Lebensgefühl* (1913) beruft er sich auf Kleist und Lenau, in denen er jenen existentiellen Grundgedanken verkörpert sieht. Unamuno besaß auch *Phöbus* (1.–12. Stück), kannte also *Die Marquise von O...*, Teile von *Michael Kohlhaas* und ein Fragment des seiner Poetik nahestehenden Dramas *Penthesilea*. Lebenstragik und große Gestalten faszinierten – in der Nachwirkung Nietzsches, Carlyles und Emersons – auch in Spanien bis in die 1920er Jahre. So publiziert z.B. Editorial Catalana, der Verlag der klassizistisch orientierten katalanischen Bewegung *Noucentisme*, 1921 zuerst *Die Marquise von O...* und *Michael Kohlhaas* in einem Band. Ungefähr zur gleichen Zeit erscheint auch *Die Marquise von O...* als Einzelübersetzung von Manuel Pedroso auf Spanisch. Neben dieser undatierten Ausgabe (ca. 1921) gibt es noch eine datierte Übertragung von 1924, die der erfolgreichere Verlag Prensa popular (Madrid) wohl als Neuauflage der nur wenig beachteten ersten spanischen Ausgabe des Madrider Jiménez-Fraud-Verlags publizierte. Alberto Jiménez Fraud, ein Freund Unamunos, war im Umkreis des *Krausismo* tätig, einer spanischen Geistesströmung, die auf den deutschen Idealisten Karl Christian Friedrich Krause (1781–1832) zurückgeht. Offensichtlich gibt es keine Verbindung zwischen der kastilischen und katalanischen Verlagsinitiative; doch sahen beide, im Rahmen der eigenen Reformbewegungen, in Kleist einen repräsentativen Autor des europäischen Kanons. Anders die Perspektive des Diana-Verlags (Madrid), der 1933 Kleists *Die Marquise von O...* den Untertitel

»Kolportagenovelle« gab und so das Werk stärker ins Licht des Skandalgeschehens um die Protagonistin stellte. Die Rezeption der 1930er Jahre steht aber v.a. im Zeichen von Stefan Zweigs Essay über Kleist. Zweigs Buch *Der Kampf mit dem Dämon* kam 1934 auf den spanischen Markt und prägte das Kleistbild nachhaltig, besonders durch die beiden 1951 (Verlag Apolo) und 1959 (Verlag G.P.) in Barcelona erschienenen Separatdrucke mit dem Titel *Kleist*, übersetzt von Joaquín Verdaguer. Die psychologisierende Darstellung Zweigs wirkte wie ein Rezeptionsersatz. Selbst die mit Beginn der Franco-Diktatur in Argentinien aufgenommenen Übersetzungsarbeiten fanden kaum Verbreitung. Umso erstaunlicher, dass im Januar 1954 zum ersten Mal ein Theaterstück Kleists auf die spanische Bühne kam: *Der Zerbrochne Krug* (Prosaübersetzung von Manuel Manzanares). Die wenigen Vorstellungen des Madrider Teatro de Cámara y Ensayo blieben jedoch so gut wie unbeachtet, während das Stück 1961 in Buenos Aires zum Publikumserfolg wurde.

Im Zuge der französischen Rezeption wuchs aber auch das Interesse in Spanien: Jean Vilars Inszenierung des *Prinz Friedrich von Homburg* hatte Kleist neben Georg Büchner bekannt gemacht. So erschien 1961 – ebenfalls im Tandem mit Büchner – eine spanische Übersetzung des Stückes in der oppositionellen Theaterzeitschrift Primer Acto. Auch 1990 finden wir dort (Primer Acto, Nr. 236) mehrere Beiträge zu Kleist sowie eine neue, 1991 in Madrid aufgeführte Fassung von *Der zerbrochne Krug*. Schon die Aufnahme, zusammen mit *Prinz Friedrich von Homburg* und *Penthesilea*, in die Reihe Maldoror des Labor-Verlags (Barcelona 1973) hatte das zuerst wenig geschätzte Stück aufgewertet: Nun ist es das Werk, mit dem Kleist, laut Nietzsche, aus der Anonymität trat. Dazu kam 1988 die katalanische Übersetzung von Feliu Formosa mit einem Vorwort von Pau Monterde über Realitätsgehalt und Symbolwert des Lustspiels. Später lieferte Formosa auch eine katalanische Versfassung der *Penthesilea*. Die Vertonung einzelner Textfragmente dieser Fassung als Kammeroper (Enric Ferrer 1999) sowie der Kommentar von Marisa Siguan zur Buchausgabe (Verlag des Theaterinstituts Barcelona,

2000) legen den Akzent auf die ästhetische Bedeutung des Werkes. Neben der Dramen-Rezeption ist v.a. die weitverbreitete, erstmals 1969 bei Alianza Editorial (Madrid) erschienene und sogar für Kioske und Leserzirkel immer wieder neu aufgelegte Taschenbuchausgabe *Die Marquise von O und andere Erzählungen* (ohne Kohlhaas) von Carmen Bravo-Villasante zu nennen. Ihre Kleist-Biographie von 1971 blendet jedoch die literaturhistorische Dimension Kleists weitgehend aus und ignoriert die Komplexität seiner Sprache. Mit der spanischen Publikation von Marcel Brions Studie aus demselben Jahr und der Anthologie zur deutschen Romantik von Antoni Marí (1979) festigt sich indessen die Romantikzuweisung Kleists. Die bisher letzte Rezeptionsphase ab 1977 (vgl. Orduña 2003) bemüht sich v.a. um Übersetzungsrevision und Erörterung des erkenntniskritischen Kleist.

Angeregt durch die katalanische Inszenierung des *Prinz Friedrich von Homburg* (Ricard Salvat 1981) veröffentlichte der Ästhetikprofessor José Maria Valverde 1981 in der Zeitschrift *Quimera* Kleists Schrift *Über die allmählige Verfertigung der Gedanken beim Reden* und setzte damit ein Signal in der Indentitätsdebatte eines nunmehr freien Spaniens. In derselben Zeitschrift kommentierte auch Pedro Madrigal 1984 den Text *Über das Marionettentheater*, der 1986 in einer dreisprachigen baskischen Ausgabe erscheint. Mehrere Texte aus *Kleine Schriften* finden wir, neben Schiller, Novalis und Hölderlin, erstmals 1987 in Javier Arnaldos Anthologie zur romantischen Kunsttheorie (Verlag Tecnos, Madrid). Schließlich übertrug der auch als Übersetzer Heiner Müllers in Spanien bekannte Jorge Riechmann *Über das Marionettentheater* und weitere Texte aus *Kleine Schriften* ins Spanische (Verlag Hiperión, Madrid 1988). Seine Anmerkungen und Kommentare finden bis in die Gegenwart Anerkennung. Sein Kleist steht, auch als literarischer *Guerrillero*, an keinem Ort und nirgends. Lebenstragik und Dramenstoff ortete der katalanische Schriftsteller Palau i Fabre in *Michael Kohlhaas*. In Anlehnung an Brecht und Piscator verfasste er Anfang der 1960er Jahre eine Theateradaption auf Katalanisch (Verlag Edicions 62, Barcelona 1978), die allerdings nie zur Auffüh-

rung kam. Indessen blieb die Erzählung in den folgenden Jahren Hauptgegenstand der Rezeption: 1977 gab Carlos Trost eine Neubearbeitung der Übersetzung von 1948 heraus und sprach vom Einwirken struktureller Gewalt und Kafkas Vorliebe für Kleists *Kohlhaas*. Wie einst erschien die Erzählung in einem Band mit *Die Marquise von O...* (Verlag Caralt, Barcelona). Später werden beide Erzählungen vorzugsweise separat herausgegeben. 1990 legte Javier Orduña im Verlag Destino (Barcelona) eine neue, von Estaquio Barjau präsentierte, spanische Fassung des *Michael Kohlhaas* vor und 1993 folgte eine Übertragung der Erzählung ins Baskische; fast gleichzeitig mit der Neuauflage von Orduñas Fassung (Verlag Nórdica, Madrid) erschien 2006 im Verlag Alba (Barcelona) eine mit Anmerkungen versehene Übertragung von Isabel Hernández. Ohne *Kohlhaas* erschien 1997 *Die Marquise von O... und andere Erzählungen* in katalanischer Übersetzung (Feliu Formosa) mit einem aus dem Französischen übertragenen Vorwort von Antonia Fonyi. Viel Anerkennung fand die spanische Übersetzung der Erzählungen von Yolanda Mateo (Verlag Cátedra, Madrid 1999). In der einleitenden Studie gibt die Herausgeberin Ana Perez Kleists Texten wieder den Universalanspruch zurück, der sich über Jahre im Anekdotischen verloren hatte. Zu nennen sind in dieser Hinsicht auch die Beiträge des Germanisten Jordi Jané, der u. a. die jakobinischen Züge im Erzählwerk Kleists untersuchte.

1964 macht der Argentinier Gerardo Moldenhauer eine erste Bestandsaufnahme zur Kleistrezeption in Lateinamerika, die die Lähmung der spanischen und Aktivierung der lateinamerikanischen Rezeption während der Franco-Diktatur verdeutlicht, sich aber v.a. auf spanische und argentinische Publikationen beschränkt. Zusätzliche Hinweise liefert eine von Marlene und Dietrich Rall herausgegebene Bibliographie zu den im Zeitraum von 1949 bis 1994 in Mexiko erschienenen germanistischen Studien. Dazu kommen die zwischen 1999 und 2007 durchgeführten Kleiststudien einiger mexikanischer Examensarbeiten, so z. B. ein Beitrag zur Rezeption von *Der zerbrochne Krug* in Mexiko. Die Germanistin Marianne de Bopp hatte Anfang der 1960er Jahre erstmals zu Kleiststudien in der mexikanischen Germanistik angeregt. In Kolumbien übernahm die Zeitschrift *Eco Bogotá* eine gewisse Vermittlerrolle, indem sie einzelne übersetzte Beiträge, wie z. B. von Curt Hohoff oder Helmut Lamprecht, publizierte. Im akademischen Bereich Argentiniens spricht Juan Probst 1939 gleich im ersten Heft der Fachzeitschrift des Instituts für germanistische Studien der Universität Buenos Aires von der Tragödie des Heinrich von Kleist, ein Jahr später veröffentlicht sein Kollege Guillermo Thiele in derselben Zeitschrift die Abhandlung *Über das Marionettentheater,* welche auch 1952 in Brasilien, 1953 und 1961 in Chile, 1973 in Peru übersetzt und 2001 in Kolumbien von Carlos Másmela aus philosophischer Sicht erörtert wird (Publikation der Universität Antioquia). In Mexiko stellt Raúl Nocedal 1974 den Text neben seine Übertragung des bereits 1964 in Argentinien erschienenen *Guiskard*-Fragments (Moldenhauer 1964, 83–103). Bewusst verwischt er im Titel seines Kommentars die Konturen von Kleists Leben und dem Schicksal des Normannen. Daneben skizziert 1957 Ricardo Freire (Guatemala) das Bild des impulsiv schaffenden, hypersensiblen und von Goethe gepeinigten Genies. Während der Beitrag aber Kleists Lebenstragik minutiös inszeniert, entsteht durch die fortlaufende Verwechslung von *Homburg* mit Hamburg der Eindruck, als sei das Werk Nebensache. Unverständlich ist jedoch, dass dieser vermeintliche Druckfehler auch wiederholt in der weit verbreiteten Publikation *Goethe, Schiller und die romantische Epoche* (Buenos Aires 1960) von Alfredo Cahn, dem Literaturagenten Zweigs in Argentinien, zu finden ist. Stärker werkbezogen argumentieren die argentinischen Philologen Rodolfo Modern und Ilse M. de Brugger Ende der 1960er Jahre. Modern erörterte 1962 u. a. das Thema Kleist und Amerika. In seinem Band deutscher Autorenportraits (1986) widmete er dem von Kafka geschätzten Außenseiter fünf Seiten: Kleist habe, trotz seines zum Scheitern verurteilten Absolutheitsanspruchs an sich und die Welt, die Abweisung seiner Zeitgenossen nicht verdient. Brugger befasste sich stärker mit Kleists Dramaturgie. 1954 waren die argentinischen Übersetzungen von *Prinz Friedrich von Homburg* und *Penthesilea* erschienen, letztere im Verlag Sur, dessen Zeitschrift gleichzeitig einen Artikel von Alfredo Terzaga über den zerstörerischen Eros der Amazonenkönigin und 1955 den Kleist-Artikel von André Maurois publizierte.

Einzelne Inszenierungen sind an den Universitätstheatern zu verzeichnen: 1988 produzierte das Theater der UNAM (Mexiko) eine Adaption der *Penthesilea* von Luis de Tavira, die 1991 vom spanischen Dramaturgenverband publiziert wurde, und 1996 kam *Der zerbrochne Krug* als sozialkritische Projektion mexikanischer Realität mit großem Erfolg zur Aufführung. Allein Chile bleibt in dieser Hinsicht, vielleicht gerade aufgrund einer konservativen deutschen Auswanderergeneration, in Lateinamerika ein Grenzgebiet der Kleist-Rezeption. Weder das chilenische Nationaltheater noch das Goethe-Institut haben bisher eine Aufführung registriert. Offensichtlich beschränkte man das Interesse auf die topographische Identität mit der Erzählung *Das Erdbeben in Chili* (übers. von Ramón de la Serna, Santiago 1954), was eine aktuelle Publikation, allerdings mit dem Titel *Erdbeben in Santiago* (Verlag Arces-Lom, Santiago 2002) sowie ein Artikel zu dieser Erzählung von Marcelo Somarriva (El Mercurio, 8.6.2003) nahezulegen scheint. Bei der Rezeption des Erzählwerks steht jedoch *Michael Kohlhaas* im Vordergrund: Neben der ersten argentinischen *Kohlhaas*-Übersetzung von 1948 sind noch eine brasilianische Fassung von 1959 und v.a. zwei kubanische Übersetzungen von 1963 und 1984 zu nennen. Selbst in der zeitgenössischen kubanischen Musik finden wir Spuren der Kleistbegeisterung: Carlos Fariñas komponierte 1989 ein Präludium für *Penthesilea*, eine Musik für Kleists Werk (Edición Musical de Cuba, La Habana). Für viele lateinamerikanische Literaten ist Kleist – falls man ihm begegnet – Inbegriff des Extremen und Paradoxen, vom radikal romantischen Revolutionär bis zum xenophoben Nationalisten. Doch auch diese Bilder sind relativ; denn aus der Perspektive des 21. Jh.s versteht man Kleist, sowohl hier als auch dort, immer mehr als noch weitgehend unbekannte Vaterfigur der modernen Literatur.

Literatur

Moldenhauer, Gerardo: Ensayo de una bibliografía hispánica de Heinrich von Kleist. In: Ders. (Hg.): Homenaje a Heinrich von Kleist. Universidad Nacional del Litoral. Rosario de Santa Fé 1964, 143–146.

Orduña, Javier: Auf den Spuren der Rezeption Kleists auf Spanisch [2003]. URL: http://www.kleistonline.de./texte/beitraege/jo_spanisch.htm (2.5.2007).

Rall, Marlene/Rall, Dieter: Bibliografía de estudios germanísticos en Mexico. 1949–1964. Mexiko 1994.

Heidi Grünewald

2.3 Großbritannien

Mit *Mistrust*, dem ersten und längsten seiner *Romantic Tales* (1808) deutschen Ursprungs, hat ›Monk‹ Lewis denjenigen Lesern weiter geschmeichelt, die schon durch Grosses *Horrid Mysteries* (*Der Genius*), Bürgers *Lenore*, Schillers *Ghost-Seer* samt Fortsetzungen (*The Armenian*), und nicht zuletzt seinen eigenen berühmt-berüchtigten Schauerroman *The Monk* (1796), auf den Geschmack für alles »Gothische« gekommen waren. Anonyme Quelle seiner Bearbeitung war Kleists Erstling, *Die Familie Schroffenstein*, dessen Urfassung seinerseits in einer wohl einmaligen Wechselbeziehung von Anregung und Übernahme dem *Mönch* stark verpflichtet ist: deutsche Schauerliteratur > *Monk* > *Ghonorez* > *Schroffenstein* > *Mistrust*. Zu einer Aufführung kam es jedoch nicht. Obwohl Lewis mit *The Harper's Daughter* (*Kabale und Liebe*) für Schiller einen Bühnenerfolg erzielt hatte, wie auch mit der ›Germanico-terrifico-Romance‹ *The Bravo of Venice* für Zschokke (nach dem, laut Kleist, »erbärmlichen« Roman *Abällino*), war ›the modern rage / Of German dramas on the English stage‹, vor allem die von Sheridan geförderte Kotzebue-Manie, um die Jahrhundertwende eigentlich vorbei.

Beim Namen genannt wird Kleist erst im Nachruf auf den »berühmten preußischen Dichter«; *The Times* reproduziert aber weitgehend das eher berüchtigte Objekt von Mme de Staëls moralischer Entrüstung. »M de K«, heißt es in *Réflections sur le suicide* (1811), sei »un auteur sans génie qui veut produire avec une catastrophe véritable les effets auxquels il ne peut pas atteindre en poésie«. Die große Gegnerin Napoleons, mittlerweile im Zentrum des Londoner Kulturbetriebes, war anscheinend über Kleists antibonapartesches Engagement so wenig informiert wie über seine sonstige Schriften, denn in *De l'Allemagne* (London 1813, auch auf englisch), das über Jahrzehnte das britische Deutschlandbild prägte, wird er keines Wortes gewürdigt.

Mit der allmählichen Aufhebung der Kontinentalsperre auch in Sachen Kultur taucht der Name Kleist endlich wieder auf. Coleridge war seiner frühen *Räuber*-Schwärmerei und allem literarischen ›Jakobinismus‹ inzwischen längst entwachsen, und für eine *Schroffenstein*-Aufführung, wie Tieck sie vorschlug, nicht zu gewinnen: das Stück wäre »harsh and branny« [grob, derb], »the freedom from sentimentality [Kotzebue! *Werther*!] for which our friend Tieck gives him so much credit, too evidently a matter of purpose« (hier eher »sentimentalisch« im Schiller'schen Sinn). Wenn der beste Übersetzer deutscher Literatur (*Wallenstein*, 1800) und sachkundigste, wenn auch umstrittene, Vermittler deutschen Gedankenguts (v.a. Kant) in den *Hinterlassenen Schriften* (1821) auch nur den *Homburg* gelesen hätte, wäre die britische Kleist-Rezeption wohl anders ausgefallen.

Aus Tiecks nuanciertem Bild des edlen, aber unglücklichen Dichters in dürftiger Zeit, das in der umfangreichen Vorrede [auch zu den *Gesammelten Schriften*, 1826] erschien, exzerpierte die *Foreign Quarterly Review* (1828) aber nur den Melancholiker Henry Kleist, »his genius more or less paralysed by a degree of irritability, impatience and hypochondriacal gloom, such as has seldom been equalled« [dessen Genie gelähmt war durch Gereiztheit, Ungeduld und einen hypochondrischen Trübsinn fast ohnegleichen]. Damit hat Gillies, ehemals bekannter ›Germanist of *Blackwoods*‹, das pauschale, fast pathologische Muster abgegeben für die anderen germanophilen Zeitschriften und Literaten – Scott, De Quincey, Crabb Robinson, Lockhart, Bisset Hawkins – sowie für die künftige Betonung des moralischen Charakters des Autoren im viktorianischen England. Dementsprechend wird *Homburg*, Tieck zum Trotz und mit Ausnahme nur der Schlacht- und Paroleszenen, als »a lamentably tame play [...] with faulty dialogue« abgestempelt.

Auch Carlyle, der mit dem »State of German Literature« in der *Edinburgh Review* (1827) eine literarische Geschmacksänderung weg von ›Bad Taste‹ in Richtung Goethes ›Weltliteratur‹ bewirken wollte, verwechselt sogar Heinrich mit Ewald von Kleist [dessen *Frühling* erst 1818 auf Englisch erschien]. Mehr noch, als er 1852 in Berlin bei Tieck und Varnhagen von Ense für seine *History of Frederick II of Prussia* (1858) Auskunft einholte, fiel der Name Kleist anscheinend gar nicht, denn dort heißt es zum Großen Kurfürsten nach der Schlacht bei Fehrbellin, »He has also wanted a sacred poet [Ihm fehlte auch der heilige Dichter]; and found only a bewildering Dryasdust [fand aber nur einen verworrenen trockenen Pedanten]«.

Der bekannteste Kleist-Text um die Jahrhundertmitte war also weder *Homburg* noch der deutsche Evergreen *Käthchen* (laut Impey's *Illustrations of German Poetry* (1841) »schwach und krankhaft«; immerhin von den Meiningern 1881 in London aufgeführt), sondern – wie schon bei Gillies – *Kohlhaas*. Für das fortschrittliche *Athenäum* war zur Zeit der Chartismus-Bewegung die Übersetzung von John Oxenford in *Tales from the German* (1844) ein Lobgesang auf des Menschen Freiheits- und Gerechtigkeitsdrang. Anders die stark ›gereinigte‹ Fassung in dem konservativen *Dublin University Magazine* (1853), die Kohlhaasens ›moralischen Wahnsinn‹ implizit mit dem Aufbegehren der Iren nach der großen Hungersnot gleichsetzte.

Neue Übersetzungen von *Homburg* und *Kohlhaas* erschienen in Lloyd und Newtons sonderbarer Umwertung, *Prussia's Representative Man* (1875), dessen Titel allein (wie auch das Datum) Bände spricht. Nachdem der ›representative man‹ von Carlyles bahnbrechender Schiller-Biographie (1825) noch 1859 von Tausenden deutscher Emigranten im Londoner Crystal Palace als Nationalheld gefeiert wurde, der ›unmoralische‹ Verfasser von *Werther* und *Faust* dagegen zuerst nur langsam als Teil der »unsterblichen Dioscuri« Bulwer Lyttons (1844) akzeptiert wurde, dann aber als höchste Verkörperung von Emersons *Representative Men* (1850) und durch Lewes' normative Biographie (1855) immer mehr ins Blickfeld rückt, wird auf einmal Kleist als echte Verkörperung des erwachenden Volkes, als Höhepunkt ›darwinistischer Evolution‹, ja ›Potsdam gegen Weimar‹, ausgespielt. Aus Kleists krankhafter, selbstmörderischer Natur wird ein durch den Zeitgeist bedingter Weltschmerz; aus Homburgs schlafwandlerischer Psychopathologie ein deutscher Hamlet; aus der Barbarei der *Herrmannsschlacht* ein Vorbild für preußische Disziplin.

Mit der allmählichen Kenntnisnahme Kleists in der neuen britischen Germanistik des ausgehenden 19. Jh.s und gelegentlich auch im Schullehrplan entsteht parallel zu den ästhetischen und bald auch existentialistischen Gesichtspunkten auch der vermeintlich nationalpolitische Dichter, der (wie seinerseits Wagner) als Folge zweier Weltkriege jahrelang in Verruf gerät. Es fehlen auch nicht einheimische Stimmen, die den Produkten von »Kleist's distorted mind« (*Penthesilea*; *Marquise von O...*); »the unthinking, unreflective behaviour of the puppets, entirely responsive to the controlling hands of the operator« im *Marionettentheater*, seinem »insane and brutal nationalism« (*Herrmannsschlacht*) und »madness of discourse« (*Kohlhaas*), einen unheilvollen erzieherischen Einfluss zuschreiben (Gray 1965). Andererseits sind es gerade deutsche Emigranten – man denke an Ernest Stahl (1948) oder Richard Samuels vorbildliche *Homburg*-Ausgabe (1957) – die ein einigermaßen ausgeglichenes Kleistbild zuerst ermöglichen.

Erstaunlich bleibt es dennoch, dass *Prinz Friedrich von Homburg* nicht während Peter Daubeneys »World Theatre Season« in London, oder in Edinburgh, gespielt wurde (Gerard Philippe war allerdings schon tot), sondern erst 1976 mit Tom Courtenay im Royal Exchange Theatre, Manchester, uraufgeführt wurde: nach dem *Daily Telegraph* »an exciting entertainment«, laut der *Sunday Times* aber »no more than a standard bit of High Romantic twaddle [das übliche hochromantische Gewäsch]«. Trotz der vielen exzellenten Übersetzungen gilt aber für Kleist in England wie noch frappanter für Schiller: »If only Verdi had made an opera out of it!«

Zu einer ersten Aufführung im Londoner Nationaltheater meinte *The New Statesman* 1982: »so drab and plodding, so lacking in any excitement [...] that it must surely have been deliberate«. Als Henzes Oper *The Prince of Homburg* 1996 von English National Opera neu aufgeführt wurde, hat The Young Vic aber gleichzeitig das Stück brillant gespielt. Auch The Royal Shakespeare Company hat *Homburg* schließlich 2002 mit großem Erfolg in ihr Repertoire aufgenommen.

Dem *Zerbrochnen Krug* ging es zuerst nicht besser, eine Aufführung als *Jug* erweckte 1986 in *The Times* »the bizarre impression of a Shakespearian sub-plot gone mad«. Erst Blake Morrison hat 1995 mit *The Cracked Pot*, einer Übersetzung des *Kruges* ins Volkstümliche für *Northern Broadsides*, wenigstens einem Yorkshire Publikum bewiesen, dass die Deutschen einen übertragbaren Sinn für Humor haben. Aber Kleist, anders als etwa Čechov, ist noch lange kein Adoptiv-Engländer.

Literatur

Ashton, Rosemary: The German Idea. Four English Writers and the Reception of German Thought, 1800–1860. Cambridge 1980.

Bridgham, Fred: Schiller, Kleist, Wagner – A Great British Tradition? In: Richard Byrn (Hg.): Cousins at One Remove. Anglo-German Studies 2. Leeds 1988, 1–26.

–: Kleist's *Familie Schroffenstein* and ›Monk‹ Lewis's *Mistrust*: Give and Take. In: Susanne Stark (Hg.): The Novel in Anglo-German Context. Cultural Cross-Currents and Affinities. Amsterdam/Atlanta, GA 2000, 75–101.

Carlyle, Thomas: State of German Literature. In: The Edinburgh Review 46, Juni-Okt. (1827), 304–351.

–: History of Frederick II of Prussia Called Frederick the Great. In: Works of Thomas Carlyle, Bd. 4. London 1858–1865.

Emerson, Ralph Waldo: English Traits and Representative Men. In: Ders.: Works, Bd. 4. London 1884.

Gray, R.D.: The German Tradition in Literature. Cambridge 1965.

Guthke, Karl S.: Englische Vorromantik und deutscher Sturm und Drang. M.G. Lewis' Stellung in der Geschichte der deutsch-englischen Literaturbeziehungen. Göttingen 1958, 102–120.

Hawkins, Bisset: Germany. The Spirit of Her History, Literature, Social Condition, and National Economy. London 1838

Howard, Mary: Das deutsche Drama im viktorianischen Zeitalter. Zur interkulturellen Geschichte der Bühnendichtung. In: Eda Sagarra (Hg.): Deutsche Literatur in sozialgeschichtlicher Perspektive. Ein Dubliner Symposium. Dublin 1989, 90–107.

–: Vom Sonderling zum Klassiker. Hundert Jahre Kleist-Rezeption in Großbritannien. Berlin 1990.

–: Image and Counter-Image. German Literature in Early Nineteenth Century British Magazines (1815–1835). In: Roger Bauer/Douwe Fokkema (Hg.): Proceedings of the XIIth Congress of the International Comparative Literature Association, Bd. 4. München 1990, 377–382.

Jansen, Peter: ›Monk‹ Lewis and Heinrich von Kleist. KJb 1984, 25–54.

Lewis, M.G.: Romantic Tales, Bd. 1. London 1808.

Lloyd, Francis/Newton, William: Prussia's Representative Man. London 1875.

Mander, John: Our German Cousins. London 1974.

Paulin, Roger: Kleist in Großbritannien. Aus Anlaß von Mary Howards Buch *Vom Sonderling zum Klassiker*. In: KJb 1992, 179–186.

Reeve, William C.: Kleist on Stage, 1804–1987. Montreal/Kingston 1993.

Ward, Albert: Book Production, Fiction, and the German Reading Public. Oxford 1974.

Fred Bridgham

2.4 Skandinavien

Die literarische und szenische Kleistrezeption in Dänemark, Norwegen und Schweden verläuft überwiegend parallel. In allen drei Ländern lässt sich eine lange Übersetzungstradition nachweisen; die Bühnenrezeption dagegen fällt überraschend spärlich aus. Im Bereich der Übersetzungen bilden die in mehreren Fassungen vorliegenden Erzählungen, angeführt von *Michael Kohlhaas*, den Schwerpunkt. Das dramatische Werk, wobei sich *Der zerbrochne Krug* besonderer Beliebtheit erfreut, ist in keinem der drei Länder komplett zugänglich.

1871 wurde die erste dänische Übersetzung von *Michael Kohlhaas* herausgegeben, übertragen von Fredrik Winkel Horn, es folgten zahlreiche Neuübersetzungen. Eine Gesamtausgabe des Erzählwerks, übertragen von Niels Brunse, erschien erst 1982. Brunse übersetzte ebenfalls *Das Käthchen von Heilbronn* (1990) und *Der zerbrochne Krug* (1992). *Der Prinz von Homburg* liegt in zwei

Fassungen vor: 1826 in einer Übertragung von A.E. Boye sowie in einer 1996 erfolgten Neuübersetzung von Peter Laugesen.

In Norwegen schenkte man dem erzählerischen Werk wenig Aufmerksamkeit. Eine Ausnahme bildet *Michael Kohlhaas*, der zwischen 1916 und 2001 mehrmals ins Norwegische übersetzt wurde. Erwähnenswert sind vor allem die im Zeitraum 1986 bis 1996 im Aschehoug-Verlag herausgegebenen Dramen in der Übersetzung von Trond Winje. Durch diese Reihe ist fast das komplette dramatische Werk zugänglich: *Prinz Friedrich von Homburg, Penthesilea, Der zerbrochne Krug, Amphitryon* und *Das Kätchen von Heilbronn*. Eine besondere Rezeption ist *Der zerbrochne Krug* zuteil geworden; das Stück ist nicht nur in die beiden offiziellen norwegischen Schriftsprachen mehrmals übersetzt worden, sondern liegt auch in für den Rundfunk gestalteten Mundartversionen vor.

Die erste schwedische Fassung von *Michael Kohlhaas* erschien 1808 und zwar von Alf Ahlberg; es folgten weitere Übertragungen. Erst seit 1992 liegt eine Gesamtausgabe der Erzählungen in der Übersetzung von Margaretha Holmqvist vor. Der erste Dramenübersetzer war Nils Personne, der 1895 *Der zerbrochne Krug* auf Schwedisch zugänglich machte; diese Übertragung bildete die Grundlage für spätere Bearbeitungen. *Prinz Friedrich von Homburg* wurde mehrfach übersetzt, u.a. von Fredrik Böök (1927) und Gösta Montelin (1939). *Amphitryon* und *Penthesilea* erschienen 1987 in der Übersetzung von Horace Engdahl. Bo Forsberg übertrug 1994 *Die Familie Schroffenstein* unter dem Titel *Schroffenstein: ofreden* (Schroffenstein: der Unfriede).

Auch wenn die meisten von Kleists Dramen in Übersetzungen zugänglich sind, ist die Theaterrezeption nicht umfassend. Kleist als Dramatiker scheint in den skandinavischen Ländern kaum zur Kenntnis genommen worden zu sein. Nur in Det Kongelige Teater in Kopenhagen kann man von einer gewissen Kleist-Tradition sprechen. Hier wurden Anfang des 19. Jh.s *Käthchen von Heilbronn* (1818) und *Prinz Friedrich von Homburg* (1828) gespielt. Gegen Ende des 20. Jh.s wurden die beiden Dramen neu übersetzt und inszeniert: 1990 in der Regie von Henrik Sartou

und 1996 in der Regie von Klaus Hoffmeyer. Die bekannteste schwedische Bühne, Dramaten in Stockholm, hatte zwischen 1916, als Tor Hedberg *Der zerbrochne Krug* inszenierte, und der 1986 aufgeführten *Penthesilea* in der Regie von Hilda Hellwig, kein weiteres Kleist-Stück im Repertoire. Weder Nationaltheatret in Oslo noch Den nationale scene in Bergen, die beiden bedeutendsten norwegischen Bühnen, haben jemals Kleist gespielt. Besondere Erwähnung verdient allerdings die vergleichsweise umfangreiche Rezeption von *Der zerbrochne Krug*; kleinere Provinzbühnen und freie Gruppen, nicht zuletzt in Schweden, hatten das Stück mehrmals im Spielplan. In allen drei Ländern zeichnet sich jedoch seit Anfang der 1990er Jahre ein neues Interesse an Kleist als Bühnenautor ab. Erwähnenswert sind folgende Produktionen: *Familie Schroffenstein*, schwedische Erstaufführung 1994 am Malmö Dramatiska Teater (Regie: Staffan Valdemar Holm), *Der zerbrochne Krug* im dänischen Aarhus Teater 1995 (Regie: Asger Bonfils), *Penthesilea*, 1996 am norwegischen Regionaltheater Rogaland Teater (Regie: Henrik Sartou) sowie *Amfitryon II*, eine Kooperation zwischen dem norwegischen Nordland Teater und der freien Gruppe Uendelig Teater, 2004 (Regie: Terje Skonseng Naudeer).

Ein Beispiel für eine literarisch produktive Rezeption ist die dokumentarisch-biographische Annäherung an Kleist unter dem Titel *kleist – slutet* (Kleist – das Ende) von Peter Handberg, illustriert von Jan Håfström (Stockholm 1999). Anhand von unterschiedlichen zeitgenössischen Dokumenten und Briefen de- und rekonstruiert Handberg Kleists Leben und Tod. Der Text belässt trotz wissenschaftlicher Akribie noch Lücken und Unstimmigkeiten, die den Mythos Kleist fortschreiben.

Elin Nesje Vestli

2.5 Russland und Osteuropa

In den slavischen Literaturen setzte eine nennenswerte Rezeption der Werke Heinrich von Kleists erst zu Beginn des 20. Jh.s ein. Zwar erschien bereits 1819 eine anonyme, fast zeitgenössische Übersetzung der *Verlobung in St. Domingo* ins Polnische (vgl. Meyer-Fraatz 1997). Des weiteren wurden in Russland sowie in einigen Gebieten des Habsburger Reichs Adaptationen des *Käthchens von Heilbronn* in der zweiten Hälfte des 19. Jh.s auf die Bühne gebracht (so in Lemberg, Prag und Osijek), aber erst mit der Entdeckung Kleists durch die Moderne und insbesondere in Folge der deutschen Inszenierungen der *Penthesilea* anlässlich des 100. Todestags des Dichters 1911 wuchs das Interesse an diesem Autor auch in den Kulturen des östlichen und südöstlichen Europa. Im Gegensatz zu Goethe, Schiller und Heine war Kleist jedoch in allen slavischen Kulturen wenig bekannt. Dies hängt auch damit zusammen, dass Kleist schwer übersetzbar ist. Seine oft mit Ambiguitäten spielende Sprache, Medium einer elementaren Sprach- und Erkenntnisskepsis, muss in Übersetzungen allzu oft vereindeutigt werden. Ihrer sprachlichen Eigenarten nahezu beraubt, werden die zu Grunde liegenden Geschichten nicht selten als trivial empfunden.

Am umfangreichsten wurde Kleist in Russland zur Kenntnis genommen. Dennoch wurde in der ersten Hälfte des 19. Jh.s der Name Kleists nur vereinzelt in Zeitschriften erwähnt. Seltene Gastspiele vor allem des *Käthchens von Heilbronn*, gegen Ende des 19. Jh.s auch der *Herrmannsschlacht* durch das Meininger Theater, stießen durchaus auf Publikumsinteresse. In den 1890er Jahren entstanden, angeregt durch Rudolf Iherings Schrift *Der Kampf um's [!] Recht*, die Kleists Erzählung umfassend besprach und die alsbald ins Russische übertragen wurde, mehrere Übersetzungen des *Michael Kohlhaas*, bisweilen unter Titeln, die den juridischen Aspekt der Novelle betonen (vgl. Meyer-Fraatz 2002, 46–50).

Die positivistische Literaturgeschichtsschreibung hatte Kleist in der zweiten Hälfte des 19. Jh.s ebenso wie in Deutschland als Psychopathen und seine Werke als Produkte einer kranken Seele dargestellt. Dies änderte sich um 1900 mit dem aufkommenden psychologischen Diskurs, der die bis dahin als psychopathologisch bewerteten Züge von Autor und Werk nunmehr als Antizipation psychologischer Problematik interpretierte. Im Mittelpunkt stand vor allem Kleists *Penthesilea*. 1914 wurde das Stück von dem Symbolisten

Fedor Sologub und seiner Frau Anastasija Čebotarevskaja übersetzt und publiziert. In einem begleitenden Essay wurde das Drama als Vorläufer der Dramatik eines Ibsen interpretiert (vgl. Meyer-Fraatz 2002, 65–76). Ein Jahr später erschien die erste Übersetzung des *Zerbrochnen Krugs* von Boris Pasternak in Gor'kijs Zeitschrift *Sovremennik*. Der Erste Weltkrieg verhinderte jedoch eine Bühnenrezeption beider übersetzter Stücke.

Nach 1917 war die russische Kleist-Rezeption vom Historischen Materialismus geprägt. Insbesondere *Der zerbrochne Krug* kam in den frühen 1920er Jahren im Dienste der Revolution wiederholt auf sowjetische Bühnen (vgl. Meyer-Fraatz 1994). Dank der wohlwollenden Bewertung von Kleists Werk durch den Volksbildungskommissar Anatolij Lunačarskij erschien 1923 eine Werkausgabe Kleists im Verlag »Weltliteratur«. Daneben wurden mehrere einzelne trivialisierend adaptierte Erzählungen in der populären Reihe »Biblioteka Ogonek« veröffentlicht. 1928 erschien als Einzelveröffentlichung *Michael Kohlhaas* in der Übersetzung des Futuristen Grigorgij Petnikov. Deren Nachwort präsentierte Kleist noch weitgehend neutral als Klassiker der deutschen Literatur, während dasjenige zum zweiten Band der Anthologie *Nemeckaja romantičeskaja povest'* [Die deutsche romantische Novelle], die außer *Michael Kohlhaas* sämtliche Erzählungen Kleists enthält, einen kompromisslosen Dogmatismus offenbart, der Kleist als verstrickt in Klassengegensätze und unfähig, sein Junkertum zu überwinden, auffasste. Eine besondere Rolle spielten bei der ideologischen Wertung von Kleists Schaffen die einschlägigen, in Russische übersetzten Schriften von Franz Mehring und Georg Lukács.

Der Hitler-Stalin-Pakt ermöglichte Ende der 30er Jahre eine erneute Auseinandersetzung mit dem im nationalsozialistischen Deutschland besonders gefeierten Autor (vgl. Ugrinsky 1981, 93). Boris Pasternak erhielt die Möglichkeit, seine früheren Übersetzungen von Kleists Stücken zu überarbeiten; 1940 erschien *Prinz Friedrich von Homburg* als Einzelausgabe; ein Band mit sämtlichen Kleist-Übersetzungen Pasternaks kommt aufgrund des Einfalls von Hitlers Wehrmacht nicht mehr heraus. Für Pasternak hat Heinrich von Kleist eine elementare Bedeutung: Bereits 1911 erkannte der Philosophiestudent in der Biographie Kleists, insbesondere in der Ablösung der Wissenschaft durch das literarische Schaffen, ein Muster, dem er selbst zwei Jahre später folgen wird. Eine Identifikation mit biographischen Stationen Kleists kommt auch im Nachwort zur unveröffentlichten Ausgabe seiner gesammelten Kleist-Übersetzungen von 1940 zum Ausdruck. Intertextuelle Bezüge zu Kleist finden sich vor allem in Pasternaks spätem Prosawerk *Doktor Živago* (vgl. Meyer-Fraatz 2002, 95–136).

Nach dem Zweiten Weltkrieg setzte sich die dogmatische Linie der materialistischen Kleist-Rezeption in der Sowjetunion fort. Es erschienen in Abständen von fünf bis zehn Jahren immer wieder neue Werkausgaben, z. T. in neuen Übersetzungen. Kleists Stücke wurden selten gespielt; häufig handelte es sich um Gastspiele. Obwohl seit Ende der 1980er Jahre ideologische Hindernisse einer freieren und umfassenderen Kleist-Rezeption nicht mehr bestanden, blieb Kleist in Russland ein nur wenigen Spezialisten bekannter Dichter.

Ähnlich wie in Russland belebte sich die Kleist-Rezeption in anderen slavischen Literaturen um 1911. *Penthesilea* ist das Stück, in dem sich die Merkmale konzentrieren, die Kleist als vorzeitig modernen Dichter ausweisen. In der ersten Hälfte des 20. Jh.s wurde es in mehrere slavische Sprachen (ins Tschechische 1912 von Otokar Fischer, ins Bulgarische fragmentarisch von Geo Milev 1913, ins Kroatische vollständig von Milan Begović 1923, ins Polnische von Witold Hulewicz 1938) übersetzt, ohne jedoch jemals gespielt worden zu sein. Ähnlich wie in Russland waren es in anderen slavischen Kulturen oft Schriftsteller, die sich besonders für Kleist interessierten und sich in Essays über ihn äußern oder gar Werke von ihm übersetzten. Vor dem Zweiten Weltkrieg waren dies in Polen der Modernist Karol Irzykowski, der Expressionist Witold Hulewicz sowie der Aphoristiker Jan Sztaudynger, in Kroatien der Erneuerer des kroatischen Dramas Milan Begović, der Überwinder der Avantgarde Tin Ujević und der Doyen der kroatischen Literatur des 20. Jh.s, Miroslav Krleža. Letzterer funktionalisierte Anfang der 1930er Jahre Kleists *Michael Kohlhaas* im sogenannten ›Streit auf der literarischen Linken‹, um sein Konzept einer undogmatischen sozial engagierten Literatur durchzusetzen. In der Tschechoslowakei hatte sich der Germanist Otokar Fischer für eine Verbreitung der Werke Kleists eingesetzt.

Während der deutschen Besatzung im Zweiten Weltkrieg dehnt sich die nationalsozialistische Kleist-Rezeption teilweise auf die okkupierten Länder aus. Texte Kleists erscheinen vermehrt sowohl im deutschen Original als auch teilweise in Übersetzung, neben Anekdoten vornehmlich *Michael Kohlhaas*, *Der zerbrochne Krug* und *Prinz Friedrich von Homburg*. Die Indienstnahme Kleists durch den Nationalsozialismus hat über eine grundsätzliche Abneigung gegen alles Deutsche hinaus insbesondere im Nachkriegspolen die Bereitschaft, sich mit Kleist auseinanderzusetzen, stark gedämpft.

Nach dem Zweiten Weltkrieg wurde Kleist in den Ländern des Warschauer Pakts ähnlich interpretiert wie in der Sowjetunion, zumindest für die Zeit des Stalinismus. Im poststalinistischen Jugoslawien wurde Kleist weiterhin spärlich rezipiert, und seine Stücke wurden nur selten gespielt, obwohl eine Reihe von Übersetzungen, z. T. von bekannten Schriftstellern angefertigt, ins Kroatische bzw. Serbische sowie ins Slowenische vorliegt. Dagegen wurden Kleists Dramen, vor allem der *Zerbrochne Krug*, aber auch *Prinz Friedrich von Homburg* in Polen auf die Bühne gebracht und sogar im Fernsehen gesendet. Die Warschauer Aufführung von 1958, in der Regie von Wilam Horzyca und der Übersetzung von Jan Sztaudynger, die erst nach Einsetzen des ›Tauwetters‹ möglich geworden war, wurde ähnlich gefeiert wie einige Jahre zuvor die Pariser Inszenierung des Théâtre National Populaire (vgl. Ergetowski 1988).

In der postsozialistischen Zeit seit 1989 ist in mehreren slavischen Ländern ein wachsendes Interesse für Kleists Werk, aber auch für seine Biographie zu beobachten. So rekurrierte der polnische Autor Stefan Chwin in seinem Roman *Haneman* (dt. *Tod in Danzig*) auf die 1983 in polnischer Übersetzung erschienenen Briefe und zog aufgrund des Doppelselbstmords eine Parallele zum polnischen Avantgardisten Stanisław Ignacy Witkiewicz. Kleists Sprach- und Erkenntnisskepsis stieß gerade in Zeiten des Umbruchs auch in Tschechien, der Slowakei und Slowenien auf Zuspruch und führte neben neuen Übersetzungen zu mehreren Inszenierungen des *Zerbrochnen Krugs*. Zudem wird Kleist auch über die Vermittlung poststrukturalistischer Autoren wie Paul de Man und dessen Essay über Kleists Marionettentheater-Dialog rezipiert, so z. B. in Kroatien. Obwohl Kleist zu keiner Zeit einen vergleichbaren Bekanntheitsgrad und eine dem deutschen Sprachraum vergleichbare Häufigkeit auf Spielplänen genossen hat, gilt weiterhin, dass der zu Lebzeiten unzeitgemäße Kleist immer wieder eine zeitbedingte, wenngleich nur punktuelle Rezeption bei den Slaven findet.

Literatur

Ergetowski, Ryszard: Die polnische Inszenierung des *Prinzen Friedrich von Homburg*. In: Beiträge 1988, 62–69.

–: Recepcja twórczości Heinricha von Kleista w Polsce. Kraków 1989.

Meyer-Fraatz, Andrea: *Der zerbrochne Krug* auf russisch. Zur Rezeption durch Bühne und Übersetzung. In: Beiträge 8 (1994), 140–157.

–: Keine Verlobung in St. Domingo. Zur ersten polnischen Übersetzung von Kleists Novelle *Die Verlobung in St. Domingo*. In: J. Lichański u. a. (Hg.): Między oświeceniem i romantyzmem. Kultura polska około 1800 roku. Warszawa 1997, 273–284.

–: Die slavische Moderne und Heinrich von Kleist. Zur zeitbedingten Rezeption eines Unzeitgemäßen in Rußland, Polen und Kroatien. Wiesbaden 2002.

Ugrinsky, Alexej: Heinrich von Kleist in Russia. 1892–1976/77. Diss. New York University 1981.

Andrea Meyer-Fraatz

2.6 Japan

Die über hundertjährige Geschichte der japanischen Kleist-Rezeption wurde bislang kaum dargestellt. Der folgende Überblick stützt sich auf Yoko Tawadas Beitrag im Kleist-Jahrbuch 2003 und auf verstreute Bemerkungen verschiedener Germanisten und Japanologen. – Die Kleist-Rezeption in Japan lässt sich, der allgemeinen Rezeption westlicher Literatur folgend, in drei große

Phasen gliedern: (1) In die Formierungsphase der modernen japanischen Nation nach 1868 (Meiji-Zeit) fallen die ersten, experimentellen Versuche literarischer Übersetzungen aus westlichen Sprachen. Um die Jahrhundertwende bildet sich ein Kanon westlicher Literatur heraus, in dem auch Kleist seinen Platz findet. (2) In der Taishô- und frühen Shôwa-Zeit (seit 1912) liegt schon eine gefestigte moderne japanische Literatursprache vor, die die aktuellen westlichen Literaturbewegungen, insbesondere den Naturalismus, aufgreift. Die Germanistik formiert sich als Wissenschaft, und mit dem japanischen Imperialismus setzt zu dieser Zeit auch die patriotische Kleist-Rezeption ein. (3) Nach dem Zweiten Weltkrieg wird Kleist im Zeichen der Moderne rezipiert, und seit Mitte der 1990er Jahre erfährt er eine Wiederbelebung durch die japanische Gegenwartsliteratur.

1. Frühe Übersetzungen (Meiji-Zeit, 1868–1911): Die Abschließung Japans während der Edo-Zeit (1603–1867) hatte zur Folge, dass westliche Literatur überhaupt nicht und wissenschaftliche Texte nur sehr vereinzelt übersetzt wurden. Zu Beginn der Meiji-Zeit (1868–1911) gab es daher kaum brauchbare Wörterbücher, Grammatiken und Erfahrungen mit der Übersetzung deutscher Literatur. Nach der Öffnung Japans (1868) unter dem Leitgedanken, das Land durch Aneignung westlichen Wissens zu stärken, wurden zahlreiche Wissenschaftler in westliche Länder entsandt, darunter der Mediziner Ôgai Mori (1862–1922). Er verband seinen Aufenthalt an der Berliner Charité (1884–1888) mit intensiven Studien zur deutschen Literatur, aus denen nach der Rückkehr zahlreiche Übersetzungen, Essays, Novellen und Romane hervorgingen. Bekannt wurde v.a. seine *Faust*-Übersetzung (1913), einflussreich waren aber auch die früheren Kleist-Übersetzungen von 1890: *Das Erdbeben in Chili* und *Die Verlobung in St. Domingo* (unter dem Titel *Das schlechte Karma*). Inzwischen wurde im Nachlass eine Übersetzung des *Zweikampfs* aufgefunden (Kobori 1982).

Die Aneignung der westlichen Kultur seit 1868 im Rahmen der Formierung des Nationalstaats und der Herausbildung des korrespondierenden modernen Subjekts führte zu einem tiefgehenden kulturellen Bruch, speziell in der Sprachgeschichte: Aus der japanischen Bildungssprache, die stark durch Übersetzungen aus dem Chinesischen und die altjapanischen Klassiker geprägt war, bildete sich durch Übersetzung westlicher Werke eine neue, stärker umgangssprachlich orientierte japanische Schriftsprache heraus. Ôgais Übersetzungen sind an dieser Transformation beteiligt. Die Kleist-Übersetzungen sind allerdings noch im altjapanischen Stil gehalten. Während die spätere *Faust*-Übertragung und seine eigenen Werke sich eher an der neuen Umgangssprache orientieren, kam es Ôgai in diesem frühen Stadium mehr auf die Vermittlung der ungewohnten Gattungen, im Falle Kleists der Novelle, als auf die riskante Einführung einer neuen Literatursprache an (Kobori 1982, 3, 8, 14f.). Trotz dieser Einschränkung kann für die frühe Phase der Kleist-Rezeption resümiert werden, dass Kleist bei der Ausbildung der modernen japanischen Literatursprache eine (Neben-)Rolle zufiel. Tawadas Bemerkung (2003), Ôgai habe die verschachtelnde Sprache Kleists nicht angemessen berücksichtigt, ist daher zu relativieren.

2. Literarische Aneignung, Interpretation und ideologische Vereinnahmung (Taishô- und frühe Shôwa-Zeit, 1912–1945): Nach der Festigung der Literatursprache stiegen in der Taishô-Zeit (1912–1926) Quantität und Qualität der Übersetzungen aus der Weltliteratur (Shimada 2001, 53). In diese Zeit fallen die meisten Erstübersetzungen Kleist'scher Werke, zumeist durch Germanisten, sowie die ersten, geistesgeschichtlich orientierten Monographien: Masakichi Aokis *Goethe und Kleist* (1925) und Osamu Hamanos *Kleist* (1926). 1929 erschienen Kleists Erzählungen in der Übersetzung Seiichi Sakumas, 1934 wurde Gundolfs Kleist-Buch (1922) von Masaru Oguchi im Rahmen eines Gundolf-Sammelbandes teilübersetzt.

Schon vor 1920 beginnt die literarische Rezeption. Katai Tayama, einer der wichtigen Schriftsteller dieser Zeit, hebt in *Dreißig Jahre Tokyo* (1917) den Einfluss Kleists auf den Naturalismus hervor. Riichi Yokomitsu, ein Mitglied der Gruppe um Tayama, bearbeitete 1926 die *Verlobung in St. Domingo* unter dem Titel *Der schöne Verrat (Eine Kleist-Adaption)*. Im Sinne des Neuen Sensualis-

mus betont Yokomitsu weniger das novellistisch ›unerhörte Ereignis‹ als die komplexen emotionalen Beziehungen der Protagonisten. Nach Shimada (2001) bezeichnet der Perspektivwechsel von Ôgai zu Yokomitsu einen Epochenbruch in der japanischen Literaturgeschichte: Es geht nicht mehr um die möglichst originalgetreue Übersetzung und die Nachahmung westlicher Werke; die Autoren bewegen sich inzwischen frei in der neugeschaffenen Literatursprache und wechseln strategisch zwischen verschiedenen Stilrichtungen der Moderne.

Ähnlich wie Goethe wurde auch Kleist nicht nur mit seinen Werken, sondern mehr noch als Person wahrgenommen. Während Goethe für Lebenskunst und ›menschliche Größe‹ stand, wurde Kleist als ›großer Leidender‹ rezipiert. So nennt Ryûnosuke Akutagawa (1892–1927), Namensgeber eines wichtigen Literaturpreises, Kleist in der Erzählung *Flusskobolde* (1927/1978) in einer Reihe mit historisch bedeutsamen Selbstmördern. In ähnlicher Weise verwendet ihn Atsushi Nakajima (1909–1942) in *Ein Gedicht, das kein Waka* [japanisches Kurzgedicht] *ist* (posthum 1949/2001 erschienen); und Osamu Dazai (1909–1948) erwähnt Kleist zusammen mit Baudelaire in der fiktiven Briefsammlung *Fiktiver Frühling* (1936) als ›großen Leidenden‹.

Der stilistisch versierte, letztlich jedoch beliebige Umgang mit der Weltliteratur diente den Autoren der Taishô- und der frühen Shôwa-Zeit (und ihrem Publikum) zur Bestätigung, sich die Instanz des modernen, verinnerlichten Ichs errungen zu haben und sich frei in seinen Ausdrucksformen bewegen zu können. Die mit der Adaption westlicher Literatur verbundene Verleugnung der eigenen Tradition äußert sich, insbesondere bei Dazai, in der Geste der Scham. Er nahm sich mit 39, Ryûnosuke Akutagawa mit 35 Jahren das Leben. Auch in dieser historisch-biographischen Konstellation besteht vielleicht eine Affinität zu Kleists Leben und Werk.

Neben der ästhetisch-literarischen Rezeption wurde Kleist vom Literaturbetrieb der Taishô- und frühen Shôwa-Zeit mehr und mehr politisch-ideologisch vereinnahmt (Tawada 2003). Vor und während des Zweiten Weltkrieges wurde er, auch von germanistischer Seite, als vorbildlicher preußischer Schriftsteller, Militär und Patriot dargestellt. Die künstlerische Rezeption verlief daneben in Berufung auf Ôgai weiter.

3. *Wiederaufnahme und produktive Umdeutung (von der Nachkriegszeit bis heute, 1945–2008):* Nach der Niederlage und Besetzung Japans setzte die erneute Rezeption Kleists nur zögernd und unter neuen Aspekten ein. Wohl erstmals wurde 1947 mit dem *Zerbrochnen Krug* ein Theaterstück Kleists in Japan aufgeführt. Der bekannte Regisseur Koreya Senda inszenierte es in der Übersetzung Tomio Tezukas im Nissei-Theater (Tokyo) mit dem Haiyûza-Ensemble. Erst in den 1980er Jahren folgten drei weitere Aufführungen, des *Zerbrochnen Krugs* durch das Amateurtheater »Mugi« in Sendai (1980, Regie: Masatoshi Tominaga) und die Mingei-Theater-Company (1983, Regie: Jûkichi Uno) sowie der *Penthesilea* durch ein Studententheater unter Leitung des Germanisten Tatsuji Iwabuchi (1988). 2003 inszenierte der deutsche Regisseur Peter Gössner die *Penthesilea* in Fukuoka, Kyoto und Tokyo.

Seit den 1950er Jahren erschienen vermehrt Einzelausgaben und Teilsammlungen im Taschenbuch, u. a. beim renommierten Iwanami-Verlag, die veralteten Übersetzungen standen aber einer breiteren Rezeption entgegen. Dies änderte sich erst, als 1996 ein Sammelband mit den Erzählungen und zwei Essays in der Übersetzung des Germanisten und Schriftstellers Suehiro Tanemura in einer Taschenbuchausgabe erschien. 1994 bis 1998 erschien schließlich auch die Gesamtausgabe in drei Bänden bei Chûseki.

Wohl auch durch die Neuübersetzungen veranlasst, setzte seit Mitte der 1990er Jahre eine erneute, intensive Kleist-Rezeption ein. Der Zugang erfolgte nun nicht mehr primär über die germanistische Rezeption, sondern eher über Querverweise aus den verschiedensten aktuellen kulturellen Strömungen. Zu nennen wären etwa die Partisanentheorie und die nomadische Theorie Gilles Deleuzes und Félix Guattaris sowie die Rezeption des *Marionettentheaters* im Rahmen der Dekonstruktion.

Auch in der japanischen Literatur erfährt Kleist derzeit eine Wiederbelebung. Mehrere bekannte Schriftsteller beziehen sich in Interviews auf Kleist und benutzen Episoden aus Kleists Leben und Schriften in ihren Werken. Norio Mobu gibt in einem Interview (2004/2008) an, er lese gern Kleist; Furui Yoshikichi vergleicht die Rolle des Bewusstseins für den Tanz im japanischen Nô-Theater mit der in Kleists *Marionettentheater* (2005). Yoko Tawada setzt sich kritisch mit der Kleist-Rezeption um 1910 auseinander (2003). Tetsushi Suwa, Akutagawa-Preisträger und ehemaliger Student von Suehiro Tanemura, benutzt in dem Roman *Der Mann von Übermorgen* (2007) Kleists *Marionettentheater* als Metapher für die Verwirrung des Alltagshandelns durch Bewusstsein und Künstlichkeit. Kyojin Ônishi, ebenfalls ehemaliger Germanistik-Student, erwähnt Kleist neben anderen deutschen Dichtern und Philosophen in seinem Roman *Der Abgrund* (2004).

Eine größere Rolle spielt Kleist im neuesten Roman des Literatur-Nobelpreisträgers Kenzaburô Ôe, *The Beautiful Annabel Lee was Chilled and Killed* (2007). Der Ich-Erzähler schreibt darin Kleists *Kohlhaas* für einen Film um, in dem eine Theateraufführung seiner Großmutter zur Zeit der amerikanischen Besetzung reinszeniert werden soll. Eine ganze Reihe Kleist'scher Texte wird metaphorisch in den Roman verflochten, ohne dass die Person Kleist noch eine Rolle spielen würde. Heute ist Kleists Werk in der japanischen Literatur gegenwärtig.

Literatur

Akutagawa, Ryûnosuke: Kappa [Flusskobolde] [1927]. In: Ders.: Gesammelte Werke, Bd. 8. Tokyo 1978.

Aoki, Masakichi: Gête to kuraisuto [Goethe und Kleist]. Tokyo 1925.

Dazai, Osamu: Sämtliche Werke, Bd. 1. Tokyo 1975.

Furui, Yoshikichi: Ningyô meguri [Rundreise um Puppen]. In: Ders.: Shi-heno komichi [Pfade zur Dichtung]. Tokyo 2006, 23–27.

Gundolf, Friedrich: Gundorufu bungei ronshû [Gesammelte Aufsätze zur Literatur]. Übers. von Masaru Oguchi. Tokyo 1934.

Hamano, Osamu: Kuraisuto [Kleist]. Tokyo 1926.

Kleist, Heinrich von: Kuraisuto tanpenshû [Erzählungen]. Übers. von Suehiro Tanemura [1990]. Tokyo 1996.

–: Kuraisuto zenshû [Sämtliche Werke]. Hg. von Keizô Satô. Tokyo 1994–1998. Bd. I: Erzählungen, Anekdoten und Essays (1998). Bd. II: Dramen I (1994). Bd. III: Dramen II und Gedichte (1995).

Kobori, Keiichirô: Mori Ôgai bungyô kaidai. Honya-kuhen [Ôgai Mori. Erläuterungen zu seinen Arbeiten: Übersetzungen]. Tokyo 1982.

Mobu, Norio: [Interview 2004]. In: Web hon-no zasshi [Web-Zeitschrift für Bücher]. URL: http://www.webdokusho.com/rensai/sakka/michi35.html (18.7. 2008).

Mori, Ôgai: Sämtliche Werke. Hg. von Mokutarô Kinoshita, Bd. 1. Tokyo 1971.

Nakajima, Atsushi: Waka-de-nai uta [Ein Gedicht, das kein Waka ist] [1949]. In: Ders.: Sämtliche Werke, Bd. 2. Tokyo 2001, 263–270.

Nakamura, Shirô: Kuraisuto josetsu. Gendai bungaku-no kaitakusha [Kleist-Einführung. Pionier der modernen Literatur]. Tokyo 1997.

Ningyoshibai [Marionettentheater]. Kleist-Blätter [Zeitschrift der Kleist-Gesellschaft, Sendai/Japan. Erschienen 1985–2001].

Ôe, Kenzaburô: Rôtashi Anaberu Rî sôkedachitsu mimakaritsu [The Beautiful Annabel Lee was Chilled and Killed]. Tokyo 2007.

Ônishi, Kyojin: Shin-en [Abgrund]. Tokyo 2004.

Shimada, Kenji: Yokomitsu Riichi Utsukushiki uragiri (gensaku kuraisuto) no Tenkyo-to Shûhen Honyaku-juyô-no Ichisokumen [Quellen und Entstehungsgeschichte von Riichi Yokomitsus Novelle Der schöne Verrat (eine Kleist-Adaption). Ein Aspekt der Rezeption von Übersetzungsliteratur]. In: Kukubungaku ronso [Aufsatzsammlung zur japanischen Literatur], Bd. 46. Tokyo 2001, 41–55.

Suwa, Tetsushi: Asatte-no hito [Der Mann von ÜBER-MORGEN]. Tokyo 2007.

Tawada, Yoko: Kleist auf Japanisch. In: KJb 2003, 241–244.

Tayama, Katai: Tokyo-no sanjû-nen [Dreißig Jahre Tokyo]. Tokyo 1917.

Yokomitsu, Riichi: Utsukushiki uragiri (gensaku kuraisuto) [Der schöne Verrat (eine Kleist-Adaption)]. In: Josei [Die Frau] 1926.

Masanori Manabe / Michael Mandelartz

2.7 China

Die Rezeption Kleists begann in China erheblich später als in Japan und hat aus historisch-politischen Gründen bis heute sowohl quantitativ als auch qualitativ kein sehr hohes Niveau erreicht. Während des Zeitraums, in dem eine gründliche und unvoreingenommene Auseinandersetzung mit Kleist (chinesisch: Kelaisite) am ehesten möglich gewesen wäre, nämlich zwischen dem Ende der Qing-Dynastie (1911/12) und der japanischen Invasion (1937), beschäftigten sich chinesi-

sche Germanisten in der Hauptsache mit »großen Namen« wie Goethe, Schiller und auch Nietzsche. Immerhin wurden einige der Kleist'schen Werke damals übersetzt, so. z. B. *Der Findling* (1927, in der Zeitschrift *Dongfang zazhi*, Übers. Li Heting), *Der Prinz von Homburg* (Shanghai 1935, Übers. Mao Qiubai) oder *Das Erdbeben von Chili* (Shanghai 1935, Übers. Mao Qiubai).

Die 1926 bzw. 1928 erschienenen Literaturgeschichten Zhang Weilians (1902–2004) und Liu Dajies (1904–1977) thematisieren Kleists eigenwilligen Stil und seine Sonderstellung innerhalb der Epoche der deutschen Romantik. Der bedeutende Autor Yu Dafu (1896–1945) stellte dagegen Kleist in seinem Aufsatz »Die deutsche Literatur nach Goethe« (1931) als einen Kämpfer für die Freiheit seines Vaterlandes dar und hob in diesem Zusammenhang besonders die *Herrmannsschlacht* hervor – ein Ansatz, der aus der Sorge des Literaten um die Zukunft seines politisch wie ökonomisch instabilen Landes resultierte und auch an anderer Stelle auftaucht: Schon in einem Artikel Zhong Yuns aus dem Jahre 1924 (in dem Kleist erstmals Erwähnung findet) wird Kleist als »patriotischer Dichter« gerühmt. Schon zu Kriegszeiten (1937–1949) verfestigte sich diese Einschätzung zusehends, wie ein Artikel Shang Chengzus (1900-?) aus dem Jahre 1940 beweist, in dem Kleist vor allem als ein unbeugsamer Patriot dargestellt wird.

Nach dem Ende des Bürgerkrieges und der Machtübernahme der Kommunisten auf dem chinesischen Festland verfestigte sich der ideologisch-schematische Zugang zu Kleist: Zu der patriotischen Komponente (die auch unter der KPCh Bestandteil der Massenerziehung war) gesellten sich nun verstärkt eindimensionale marxistische Denkweisen. Neben der *Herrmannsschlacht* (Shanghai 1961, Übers. Liu Dezhong) wurden daher auch andere Werke übersetzt: *Der zerbrochne Krug* (Shanghai 1956, Übers. und Vorwort Bai Yong) schildert laut Vorwort der chinesischen Ausgabe einen Sieg über die herrschende Klasse im Feudalismus und ist von Mitleid mit den geknechteten Bauern geprägt, während im *Michael Kohlhaas* (Shanghai 1957, Übers. und Vorwort Shang Zhangsun) ein Kämpfer gegen die Ausbeutung und Unterdrückung der Massen gepriesen wird. Seit dem Ende der verheerenden »Kulturrevolution« (1966–1976) hat sich die Forschung in China von solchen groben Vereinfachungen zwar weitgehend entfernt, in Bezug auf Kleist ist sie jedoch nicht sehr weit vorangeschritten – eine Auswahl seiner Werke in Übersetzung (Shanghai 1985, Hg. und Übers. Shang Zhangsun) blieb die letzte einschlägige Buchpublikation. Als Impulsgeber für chinesische Autoren spielt Kleist offenbar keine Rolle, höchstens Fachleuten ist er noch ein Begriff. Die restriktive Atmosphäre an chinesischen Bildungs- und Forschungsinstitutionen verhindert aber leider bis heute weitgehend eine von politischen oder patriotischen Denkmustern unbeeinflusste Beschäftigung mit Kleist. Die nicht sehr zahlreichen Artikel zu Kleist und seinem Werk, die im Laufe der letzten Jahre in China erschienen sind, setzen sich beispielsweise mit den sprachlichen Eigenheiten Kleists oder der Struktur seiner Dramen auseinander; da jedoch die westliche Forschungsliteratur durchweg zu wenig rezipiert wird, erreicht man kaum Ergebnisse, die internationale Aufmerksamkeit verdienen würden.

Die Zeit für eine gründliche Auseinandersetzung mit einem vielschichtigen und kaum in grobe Schemata einzuordnenden Autor wie Kleist ist in China noch nicht gekommen.

Literatur

Ruan Huishan/Jiao Hailong: Kelaisite de yuyan lilun jiqi xiandaixing [Kleists linguistische Theorie und ihre Modernität]. In: Jiefangjun waiguoyu xueyuan xuebao (Luoyang/Shanghai) 2005/3, 90–94.

Sun Yixue: Lun Kelaisite juzuo *Po weng ji* de jiegou he xiju yishu [Zur Kunstfertigkeit des Aufbaus von Kleists Drama *Der Zerbrochne Krug*]. In: Tongji daxue xuebao/Shehui kexue ban (Shanghai) 2001, H. 1, 26–30.

Wang Jian: Ping Kelaisite de *Lun wan ouxi* [Eine kritische Betrachtung von Kleists *Über das Marionettentheater*]. In: Waiguo wenxue pinglun (Peking) 1993, H. 4, 37–43.

Ye Jun: Xiandai Zhongguo de Kelaisite jieshou [Die Rezeption Kleists im modernen China] [in Vorbereitung].

Zhang Rongchang: Heinrich von Kleist aus chinesischer Sicht. In: Symposium Deutsche Literatur und Sprache aus ostasiatischer Perspektive. Berlin 1992, 354–360.

Thilo Diefenbach / Ye Jun

3. Weitere Rezeption und Wirkung

3.1 Inszenierungen

Die Kleist'schen Dramen waren zur Zeit ihrer Entstehung dem Theater weitgehend fremd. Goethe bedauerte, dass der *Zerbrochne Krug* »auch wieder dem unsichtbaren Theater angehört« (Brief an Adam Müller, 28.8.1807, Lebensspuren Nr. 185), dennoch ließ er das Lustspiel in Weimar (2.3.1808) aufführen, aber die Bearbeitung wurde der »neuen Manier« nicht Herr. Kleist gestand, die *Penthesilea* sei »eben so wenig für die Bühne geschrieben, als jenes frühere Drama: der Zerbrochne Krug« (Brief an Goethe, 24.1.1808, DKV IV, 407), und beklagte seine Absicht, das *Käthchen von Heilbronn* »für die Bühne paßend« gemacht zu haben (Brief an Marie von Kleist, Mai [?] 1811 DKV IV, 484); andererseits hatte er es Heinrich Joseph Collin im Hinblick auf die Wiener Uraufführung des *Käthchen von Heilbronn* freigestellt, mit dem Text zu verfahren, »wie es der Zweck Ihrer Bühne erheischt« (8.12.1808, DKV IV, 424). Soweit seine Konzepte der Theaterkonvention entsprachen, wie im Fall der »Ritterstücke«, bedienten sich die Theaterleute schon zu seinen Lebzeiten, in Graz (9.1.1804) der *Familie Schroffenstein*, in Wien (Theater an der Wien 17.3.1810) und Bamberg (1.9.1811) des *Käthchen von Heilbronn*.

Grundsätzlich hielt man seine Dramen lange nur in »Bearbeitungen« für bühnenwirksam, von denen sich vor allem die zweite Bearbeitung des *Käthchen von Heilbronn* durch Franz von Holbein (Karlsruhe 18.9.1814) auf den Bühnen bewährte und das Werk auch für Komponisten als »romantische Oper« interessant machte (J. Hoven 1845, Friedrich Lux 1845/81, Wassily Kühner 1860, Moritz Jaffé 1867, Carl Reinthaler 1881, Siegfried Morbach 1896, Hans Pfitzner 1905). Einige Dramen gelangten erst Jahrzehnte nach ihrer Entstehung, nunmehr dem Stilempfinden einer jüngeren Generation für die ›Moderne‹ entsprechend, zur Aufführung: *Penthesilea* (Berlin 25.4.1876, in der Bearbeitung Salomon Mosenthals; München 15.6.1892 im Original, jeweils mit Clara Ziegler als Penthesilea), *Amphitryon* (Berlin 8.4.1899, eine Aufführungswelle auslösend), *Robert Guiskard* (Berlin 6.4.1901 zusammen mit Goethes *Elpenor* und *Satyros*, auch später kombiniert mit Werken Kleists oder anderer Autoren). Die ›Bären-Szene‹ in der *Herrmannsschlacht* (V. 2385–2425) und die ›Todesfurcht-Szene‹ im *Prinz Friedrich von Homburg* (V. 965–1019) galten noch lange als anstößig.

Nach dem *Käthchen von Heilbronn* wurde auch *Der zerbrochne Krug* aufgrund der Paraderolle des Dorfrichters Adam (L. A. Wohlbrück, München 27.11.1816) früh für das Theaterrepertoire entdeckt. In der Bearbeitung durch Friedrich Ludwig Schmidt, der in Hamburg (28.9.1820) den Adam spielte, fasste das Lustspiel schnell auf den deutschen Bühnen Fuß und blieb das am meisten gespielte Werk Kleists. Der Misserfolg der Wiener Uraufführung des *Prinz Friedrich von Homburg* u.d.T. *Die Schlacht von Fehrbellin* (Burgtheater 3.10.1821) wurde durch die von Ludwig Tieck initiierte Dresdner Aufführung (6.12.1821), die das Werk auch für andere Bühnen besonders interessant machte, überwunden. In Berlin (26.7.1828, Bearbeitung: Ludwig Robert) wurde *Prinz Friedrich von Homburg* allerdings nach drei Aufführungen auf Anweisung König Friedrich Wilhelms III. abgesetzt und blieb dort bis 1840 gesperrt. Wie *Prinz Friedrich von Homburg* geriet auch die seit der Breslauer Uraufführung in der Bearbeitung Feodor Wehls durchgesetzte *Herrmannsschlacht* (18.10.1860) als »historisches Drama« in den Sog des nach dem Deutsch-Französischen Krieg 1870/71 erstarkenden Nationalgefühls. Das Stück kam besonders an nationalen Gedenktagen zum Einsatz, hatte nach 1933 Konjunktur (vgl. Maurach 2008, 38–52) und eignete sich für Freilichtaufführungen (Harzer Bergtheater 1933, 1957).

Die moderne Inszenierungsgeschichte der Dramen Kleists ist geprägt durch die Ausbildung charakteristischer Darstellungsstile, kongeniale Regiekonzeptionen und innovative Impulse exemplarischer Inszenierungen.

1. Als Musterinszenierungen galten die durch Gastspielreisen (1874–1890) in Deutschland und im Ausland bekannt gewordenen Aufführungen des *Prinz Friedrich von Homburg* (1874), der *Herrmannsschlacht* (1875) und des *Käthchen von Heilbronn* (1876) der »Meininger« unter Leitung Herzog Georgs II. von Meiningen und seines Regisseurs Ludwig Chronegk. Ihr Ziel war die möglichst originalgetreue Wiedergabe der Werke, die Individualisierung auch der Nebenfiguren und Massenszenen.

2. Nach dem Ersten Weltkrieg, dem Ende des »Hoftheaters«, wurde der »historische« Inszenierungsstil und pathetische Realismus durch die Stilisierung der Bühnenbilder und Kostüme und eine neue Profilierung der Figuren überwunden. Leopold Jessners *Amphitryon*-Inszenierung mit der Treppenbühne Emil Pirchans (Berlin, Staatl. Schauspielhaus 4.9.1926) steht beispielhaft für das »Interpretationstheater«. Zuvor hatte Jürgen Fehlings in seiner Inszenierung des *Käthchen von Heilbronn* (Berlin, Staatl. Schauspielhaus 1.2.1923, Bühnenbilder: Caspar Neher) das Werk in Lustspiel-Nähe gerückt.

3. Nach dem Zweiten Weltkrieg bedurften die in Stadt- und Staatstheater-Konventionen gegossenen und von der NS-Ideologie missbrauchten Werke Kleists einer Regeneration. Sie wurde durch die existenzialistische ›Repatriierung‹ des *Prinz von Homburg*, Jean Vilars Inszenierung des Théâtre nationale populaire (Avignon 15.7.1951, danach in Paris, Gastspielreisen in Deutschland), eingeleitet.

4. Karl Ernst Herrmanns Neukonstituierung des Bühnenraums in Peter Steins Inszenierung *Kleists Traum vom Prinzen von Homburg* in der Berliner Schaubühne am Halleschen Ufer (4.11.1972) bereitete den Weg für die autonome Bühnenrealität der Dramen Kleists und setzte neue Interpretationsenergien frei.

5. Die Umkodierung der Texte und Funktionalisierung ausgewählter Signifikanten führte auf breiter Front zum »Regietheater«. Wegweisend waren Hans Neuenfels' *Penthesilea* (Berlin, Schiller-Theater 17.6.1981, Bühnenbild: Anna Viebrock), Claus Peymanns *Herrmannsschlacht* (Bochum, Schauspielhaus 10.11.1982, Bühnenbild; Vincent Calara) und Jossi Wielers *Amphitryon* (Bonn, Stadttheater 28.9.1985, Bühnenbild: Anna Viebrock). Zwangsläufig wurde damit das Postulat der ›Werkgerechtigkeit‹ in Frage gestellt und eine ›Zweikanal-Wahrnehmung‹ initiiert.

Daneben erwiesen sich einige Inszenierungen auch für die Literaturwissenschaft von Interesse. So die Wiederentdeckung der *Familie Ghonorez* durch Hans Bauer (Darmstadt, 18.3.1962) und die Neubewertung der *Familie Schroffenstein* durch Jürgen Flimm (Thalia-Theater Hamburg 11.5.1989), die Besinnung auf den *Variant* des *Zerbrochnen Kruges* in der Inszenierung Dieter Dorns (Münchner Kammerspiele 14.12.1986) und die »Doppelpremiere« von Racines *Phèdre* und Kleists *Penthesilea* (mit korrespondierender Besetzung der Hauptrollen) in der Inszenierung Alexander Langs (Münchner Kammerspiele 28./29.3.1987). Adolf Dresen wagte im Deutschen Theater Berlin, das nach dem Zweiten Weltkrieg bis 1975 kein Werk Kleists auf die Bühne gebracht hatte, ein revolutionäres Kleist-Projekt, das in der Sehnsucht nach individueller Freiheit obrigkeitliche Rechtsverhältnisse in Frage stellte: Er ließ *Prinz von Homburg* und den *Zerbrochnen Krug* (gleichfalls mit korrespondierender Besetzung der Hauptrollen) an einem Abend (15.5.1975) spielen und setzte *Michael Kohlhaas* (30.1.1977) in Szene.

Literatur

Albrecht, Egon-Erich: Heinrich von Kleists *Prinz Friedrich von Homburg* auf der deutschen Bühne. (Masch.) Diss. Kiel 1921.

Baravelle, Robert: Unbekannte Erst- und Frühaufführungen Kleistscher Dramen. In: KJb 1929/30, 14–20.

Barth, Ilse-Marie: Zur Aufführung von Kleists Lustspiel *Der zerbrochne Krug* am Weimarer Hoftheater 1808. In: Akten des VI. Germanisten-Kongresses Basel 1980. Bern 1980, T. 4, 405–411.

Böhm, Karl Hans: Kleists *Robert Guiskard* auf der Bühne. Diss. München 1932.

Buchtenkirch, Gustav: Kleists Lustspiel *Der zerbrochne Krug* auf der Bühne. Heidelberg 1914.

Catholy, Eckehard: Der preußische Hoftheater-Stil und seine Auswirkungen auf die Bühnen-Rezeption von Kleists Schauspiel *Prinz Friedrich von Homburg*. In: Walter Müller-Seidel (Hg.): Kleist und die Gesellschaft. Eine Diskussion. Berlin 1965, 75–94.

Dorr, Rüdiger: Heinrich von Kleists *Amphitryon*. Deutung und Bühnenschicksal. Oldenburg 1931.

Fraude, Otto: Heinrich von Kleists *Hermannsschlacht* auf der deutschen Bühne. Kiel 1919.

Heilmann, Matthias: Leopold Jessner – Intendant der Republik. Tübingen 2005.

Kanzog, Klaus: : Heinrich von Kleist: *Prinz Friedrich von Homburg*. Text, Kontexte, Kommentar. München 1977, 252–260.

–: Codierung – Umkodierung. Zu Heinrich von Kleists *Hermannsschlacht* in der Bühnen- und Filmrealisation Claus Peymanns. In: KJb 2001, 267–277.

Kilian, Eugen: Kleists Schroffensteiner auf der Bühne. In: Dramaturgische Blätter. München 1905, 216–228.

Koller, Ann Marie: The Theatre Duke: Georg II of Saxe-Meiningen and the German Stage. Stanford 1984.

Maurach, Martin: »Betrachtungen über den Weltlauf«. Kleist 1933–1945. Berlin 2008.

Merschmann, Michael: Spiel der Mächtigen [*Robert Guiskard* in Bochum]. In Theater heute 26 (1985), H. 7, 6–7, 10–15.

Peymann, Claus/Kreutzer, Hans Joachim: Streitgespräch über Heinrich von Kleists *Hermannsschlacht*. In: KJb 1984, 77–97.

Schaub, Martin: Heinrich von Kleist und die Bühne. Diss. Zürich 1966.

Seeba, Hinrich C.: Kommentare in DKV I, 565–580, 696–700, 757–794, 898–914; DKV II, 733–749, 904–942, 1093–1100, 1199–1222.

Sembdner, Helmut: Das Detmolder *Käthchen von Heilbronn*. Eine unbekannte Bühnenfassung Heinrich von Kleists. Heidelberg 1981.

Stolze, Reinhold: Kleists *Käthchen von Heilbronn* auf der deutschen Bühne. Berlin 1923.

Zigelski, Hans: Heinrich von Kleist im Spiegel der Theaterkritik des 19. Jahrhunderts bis zu den Aufführungen der Meininger. Diss. Erlangen 1934.

Klaus Kanzog

3.2 Musiktheater

Unter den zahlreichen Vertonungen von Texten Kleists bilden die musikdramatischen Werke die größte Gruppe; eine mittlerweile zu ergänzende Auflistung hat Klaus Kanzog (Kanzog/Kreutzer 1977, 172–210) zusammengestellt. Wichtige, teils 1977 noch unbekannte, teils danach komponierte Werke sind Viktor Ullmanns *Der zerbrochene Krug* (1942), Sukhi Kangs *Penthesilea* (1985) und Avet Terterjans *Das Beben*. Das Erdbeben in Chili ist ebenfalls aufgegriffen in Dieter Schnebels *St. Jago – Musik und Bilder zu Kleist* (1989/91). Hier zeigt sich die neuere Tendenz, Kleist selbst zum Opernhelden zu machen, wobei zuweilen Abschnitte aus der Biographie mit Handlungselementen aus seinen Werken kombiniert werden. In diese Gruppe gehören Winfried Radekes *Die*

Nacht des Cherub. Eine Kleist-Oper (1999), Rainer Rubberts *Kleist* (2008) und die Vertonung von Christa Wolfs *Kein Ort. Nirgends* durch Anno Schreier (2006).

Kanzogs Überblick zeigt zunächst, in welchem Maße der Gang der Kleist-Rezeption auch die Komponisten beeinflusst hat. Die einzigen Dramen, die vor 1900 zur Grundlage einer Oper wurden, sind *Das Käthchen von Heilbronn* und *Der zerbrochne Krug* – zugleich auch die meistkomponierten Stücke. Auch Schwerpunkte philosophischer oder politischer Aktualisierung lassen sich erschließen. So entstanden die drei beendeten Opern nach *Amphitryon* in enger Folge 1950 (Robert Oboussier), 1958 (Hermann Heinrich) und 1961 (Giselher Klebe), was auf die Möglichkeit verweist, gerade dieses Stück mit existentialistischen Reflexionen über Ich-Konstitution und Handlungsfreiheit zu verknüpfen. Fast gleichzeitig wurden zwei der drei Opern nach der *Verlobung in St. Domingo* komponiert, von Winfried Zillig (Ursendung 1957 als Funkoper, szenisch 1961) und Werner Egk (1963). Drängten sich den zeitgenössischen Hörern Bezüge zu den zeitgenössischen Kämpfen auf, die die Entkolonialisierung Afrikas und Asiens einleiteten, so war die erste Oper nach *Prinz Friedrich von Homburg* durch das Jahr der Uraufführung 1934 wie durch die Person des Komponisten Paul Graener, der in der Folge als Vorsitzender der Komponistensektion der Reichsmusikkammer amtierte, als Bestandteil einer faschistischen Kleist-Rezeption markiert. Das Gegenmodell arbeitete Hans Werner Henze zusammen mit seiner Librettistin Ingeborg Bachmann aus. Ihre *Homburg*-Oper (1960), im Text um viele militärische und politische Details reduziert und stärker als das Drama auf die Subjektivität des Prinzen konzentriert, entging nicht dem Vorwurf, dadurch der existentialistischen Geschichtsvergessenheit ihrer Entstehungszeit verhaftet zu sein (Kreutzer in Kanzog/Kreutzer 1977, 60–100, hier 83). In neueren Analysen liegt hingegen der Akzent auf einem Libretto als Vorlage für eine Komposition statt als in sich abgeschlossener Text, und es wurde gezeigt, dass Henzes Musik die eingeforderte Konkretisierung durchaus herzustellen vermag (Thumat 2004).

Das Interpretationsproblem lenkt den Blick auf die Differenzen zwischen Sprech- und Musiktheater. Zu singen dauert länger als zu sprechen, so dass meist einschneidende Kürzungen notwendig werden. Sprechen Theaterfiguren miteinander, als sei das Publikum abwesend, so sind dagegen Illusionsbrechung und Ausdruck des Gefühls in Arien und Ensembles zumindest Formprinzipien der traditionellen Oper. Das Musiktheater braucht zudem, schon weil ein Großteil des Gesungenen nicht verstanden wird, eine szenisch sinnfällige Anlage; Möglichkeiten, eine Vorgeschichte oder verdeckte Handlungen nachzutragen, sind äußerst begrenzt.

Angesichts dessen überrascht, dass zunächst mit dem *Käthchen* und etwas später dem *Zerbrochnen Krug* gerade jene beiden Stücke auf die Opernbühne kamen, in denen die Vorgeschichte eine große Rolle spielt. Doch fallen die *Käthchen*-Opern mit einer Ausnahme in die Zeit vor 1900. Es handelt sich noch nicht um Literaturopern, in denen ein literarischer Text – wenn auch mit Kürzungen und Umformulierungen – als Libretto fungiert, sondern um Werke, in denen lediglich Stoff und Handlungsgerüst aufgegriffen werden. Wie frei die Librettisten hier vorgegangen sind, ist für diese Werkgruppe gezeigt worden (vgl. Heinle 1994).

Wie in diesen Werken, so gibt es auch in den späteren Literaturopern viele Beispiele szenischer Vergegenwärtigungen. So wird in Othmar Schoecks *Penthesilea* (1927) der kurz vor seinem Tod fliehende Achill für einen Moment sichtbar, und Paul von Klenau eröffnet seinen *Michael Kohlhaas* (1933) mit einer Jahrmarktsszene, in der die Zigeunerin den versiegelten Zettel, auf dem das Schicksal des sächsischen Kurfürsten aufgezeichnet ist, Kohlhaas übergibt. Dem Prinzip der Vergegenwärtigung entspricht es auch, wenn Henze und Bachmann die Todesfurcht des Prinzen angesichts des für ihn ausgehobenen Grabs vom Bericht auf die Bühne übertragen.

Mit der Auflösung tradierter musikalischer Regeln in der Neuen Musik ist es grundsätzlich kein Problem mehr, die Verse und Prosa Kleists zu komponieren. Momente theatraler Episierung, die sich allmählich auf der Sprechbühne etablierten, können auch für die Vertonung genutzt werden; so konfrontierte 1963 die Exposition von Egks *Verlobung in San Domingo* einen Herrn Weiß und einen Herrn Schwarz, die das Geschehen mit verschiedenen Akzentuierungen vortragen und nahm so eine Problematisierung des Erzählers vorweg, die die Kleist-Forschung für diese Erzählung erst später leistete. Schoeck nutzt in seiner *Penthesilea* eine differenzierte Abstufung vom melodisch freien Gesang über einen rhythmisch notierten Sprechgesang bis hin zum Sprechen und vermag so gleichzeitig die nötigen Informationen über die Handlung zu vermitteln wie eine Abstufung der emotionalen Zustände und Umschwünge der Personen zu veranschaulichen. Schoecks *Penthesilea* ist dabei, mit Ullmanns *Der zerbrochene Krug*, jene Oper, in der am entschlossensten gekürzt wurde. Schoeck setzt erst mit dem Vers 1113 des Dramas ein, umreißt aber mit seiner Eingangsszene mit musikalischen Mitteln sogleich den Rahmen, in dem die Hauptpersonen agieren.

Zeigt dieses Beispiel die Möglichkeiten von Musik, die erst eine Vertonung rechtfertigen, so lässt sich umgekehrt fragen, weshalb die Komponisten einige Werke Kleists nicht aufgegriffen haben. So gibt es zwar Bühnenmusiken, Chöre und Orchesterwerke zur *Herrmannsschlacht*, doch keine Oper. Die Schwierigkeit hätte hier darin bestanden, eine musikalische Sprache für die kühl kalkulierende Titelfigur zu finden, die das Geschehen beherrscht. Kollidiert das Stück mit der Tradition der Oper, Emotionen zu vermitteln, so sperrt sich auch ausgerechnet jene Erzählung Kleists, die am meisten mit Musik zu tun hat, einer Vertonung. *Die heilige Cäcilie oder Die Gewalt der Musik* hat eine göttlich inspirierte Musik zum Stoff, die nur schwer ohne Verluste aus der textlichen Imagination in real Komponiertes umgesetzt werden kann. Wenn diese Erzählung darum auch selbst nicht zum Opernstoff wurde, so bezieht sich doch Rubbert in seiner biographischen *Kleist*-Oper auf wichtige Motive daraus.

Literatur

Heinle, Lothar: Kleists *Käthchen von Heilbronn* auf der Opernbühne. Ein Beitrag zur Rezeptionsgeschichte. Heilbronn 1994.

Kanzog, Klaus/Kreutzer, Hans Joachim (Hg.): Werke Kleists auf dem modernen Musiktheater. Berlin 1977.

Klein, Hans-Günter: Ideologisierung von Werken Kleists in Opern aus dem 20. Jahrhundert. In: Norddeutsche Beiträge 1 (1978), 44–65.

Schmitz, Christoph: Negerrevolution auf der Opernbühne – Winfried Zilligs und Werner Egks Vertonungen von Kleists *Die Verlobung in St. Domingo*. In: Jb. für Geschichte von Staat, Wirtschaft und Gesellschaft Lateinamerikas 28 (1991), 407–425.

Schönhaar, Rainer: Penthesilea furens. Antiklassisches Musiktheater im Zeichen Kleists bei Othmar Schoeck. In: Peter Csobádi et al. (Hg.): Europäische Mythen von Liebe, Leidenschaft, Untergang und Tod im (Musik-)Theater: Der Trojanische Krieg. Anif/Salzburg 2002, 611–642.

Thumat, Antje: Dichterin und Komponist. Ästhetik und Dramaturgie in Ingeborg Bachmanns und Hans Werner Henzes *Prinz von Homburg*. Kassel u. a. 2004.

Kai Köhler

3.3 Hörspiele

Seit den späten 1920er Jahren – fast seit Beginn der Hörspielzeit – sind sehr viele Bearbeitungen aller Dramen und der größeren Erzählungen Kleists sowie biographische Hörstücke entstanden. Tondokumente und Quellen zur Produktion sind schwer zugänglich; es fehlt eine umfassende Untersuchung.

Wie verhalten sich Kleists Werkstrukturen und seine angeblich besonders musikalische Sprache im Medienwechsel? Jeder Abschnitt der Hörspielgeschichte hat eigene und zugleich zeitspezifische Antworten gesucht. Wenn z. B. Textbearbeitungen der 1920er Jahre, inszeniert im Stil der 1950er, ein weiteres halbes Jahrhundert später als Hörbücher ›auferstehen‹ wie Bronnens *Kohlhaas*, muss man so exempelorientiert wie präzise in die Hörspielgeschichte hineinhören.

Aus dem Nationalsozialismus, als Kleist extensiv rezipiert wurde, sind im Deutschen Rundfunkarchiv nur Tondokumente von Lesungen und Funkdramen erhalten. In den zahlreichen ›nationalen‹ Lebensbildern, auf deren Produktion und Sendung Manuskripte und Rezensionen deuten, werden radiospezifische Mittel kaum genutzt, ein Rückschritt gegenüber NS-Propagandasendungen wie auch den Montagehörspielen

der späten Weimarer Republik (Bischoff, Rutt-
mann).

Eduard Reinachers *Zerbrochner Krug* (Hessischer Rundfunk, Radio Frankfurt 1951, Regie Ulrich Lauterbach) stammt vom Kleist-Preisträger
1929. Reinacher überträgt seinen um 1930 entwickelten Hörspieltyp der ›inneren Bühne‹ in die
1950er Jahre. Musik und Geräusche werden sehr
sparsam eingesetzt, die verhaltene Mono-Insze-
nierung erlaubt nur wenige Bewegungen, die
Dramaturgie setzt auf realistische Einfühlung.
Möglichkeiten des Funks werden genutzt, wenn
etwa Adams Ahnungsmonolog »Die werden
mich doch nicht bei mir verklagen?« (7. Auftritt)
zugleich mit dem Stimmengewirr der Parteien
erklingt, oder wenn Ironie und Zweideutigkeit
psychologisch deutlich in die Stimme gelegt werden. Damit war ein ›klassischer‹ Inszenierungsty-
pus wiederentdeckt.

Vergleicht man die *Kohlhaas*-Hörspiele nach
Arnolt Bronnens Dramatisierung (1929) und von
Harald Mueller, werden Wandel und Ungleichzeitigkeit von Hörspielästhetiken deutlich. Lauterbach realisiert Bronnens Wechselspiel von
Epik und Drama mit den Rahmengesprächen
von »Anfrager« und »Ansager« (Klepper 1932,
414), pro und contra Kohlhaas, ebenfalls sehr
wortorientiert. Aber Kohlhaas' neusachlicher
»Krieg mit den Einrichtungen der Menschheit«
wendet das ›verinnerlichte‹ Hörspiel zum lehr-
stückartigen Tribunal (Hessischer Rundfunk
1953; als Hörbuch 2003 erschienen).

Harald Mueller bietet in seiner mehrteiligen
Kohlhaas-Version (1. *Der Händler*, 2. *Der Rebell*;
Hessischer Rundfunk, Bayerischer Rundfunk
1983; Regie: Walter Adler) ein stilisiertes Histori-
engemälde der Klassenjustiz mit aufwändigem
Musik- und Geräuscheinsatz. Zwischen Naturalismus und Stilisierung greift er auf den historischen »Hans Kohlhase« zurück. Echos der sozial
bewegten 1970er und Mediensprache der Folgejahre verbinden sich.

In den 1970er Jahren hatte Günter Kunerts *Ein
anderer K.* (Berliner Rundfunk, Berlin (DDR)
1976, Regie: Horst Liebach) als nicht nur auf
Kleist beziehbares Schlüsselstück und Gegen-
wartssatire in Ost wie West ein außergewöhnli-
ches Echo (Küntzel 1980, 127f.).

Mit der »*Penthesilea*-Aubade« von Carlo Quar-
tucci und Carla Tato (Westdeutscher Rundfunk
1986, Realisation der Autoren) nimmt das Kleist-
Hörspiel radiophone, vielsprachige Klangtechni-
ken der 1980er auf (Schöning 1989). Italienisch-
sprachige Passagen stehen neben deutschsprachigen; andere Zeugnisse Kleists werden einmontiert.
Fern psychologisierenden Rollensprechens werden die Stimmen neben traditionellen und elek-
troakustischen Klangerzeugern Teile einer Klang-
partitur.

Biographische Hörspiele und Hörspielessays
der 1980er und 1990er Jahre setzen auf Doku-
mentarmontage und verzichten weitgehend auf
eigenen deutenden Text. Im eher essayistischen
Typ setzen sie ›historische‹ Musik illustrativ ein;
andere führen die radiophone Linie elektroakus-
tischer Klangerkundung fort. Beide Formen ver-
mischen sich gelegentlich. Kaum eines übergeht
den ›Freitod‹, die letzten Briefe und die »Todeslitanei«. Deutungsmutiger ist Stephan Bock (*Kleist
besingen oder Von der innern Freiheit der Klarinette*, Sender Freies Berlin, Westdeutscher Rundfunk 1999; Autorenrealisation), der Kleist als zwischen spät-barocken Opernlibretti und latentem
Sansculottentum ›gespaltenen‹ Klarinettisten
hörbar macht.

Literatur

Döhl, Reinhard: Das Neue Hörspiel. Darmstadt 1988.
Klepper, Jochen: Was unterscheidet das Hörspiel vom
  Drama? In: Die Volksbühne (Berlin), Januar 1932,
  413–415.
Küntzel, Heinrich: Der andere Kleist. Wirkungsgeschichte und Wiederkehr Kleists in der DDR. In:
  Paul Gerhard Klussmann/Heinrich Mohr (Hg.): Literatur im geteilten Deutschland. Bonn 1980, 105–
  139.
Schöning, Klaus: Silence sometimes. Von der Vielspra-
  chigkeit der akustischen Kunst. Westdeutscher Rundfunk Köln 1989.

Martin Maurach

3.4 Filme

Die Konjunkturen Kleists im 20. Jh. lassen sich
besonders deutlich an den Filmen über ihn und
vor allem an den Verfilmungen seiner Werke ab-

lesen. Hier sind einerseits Schwankungen in der Zahl der Filme zu beobachten, andererseits auch starke Veränderungen in den filmischen Verfahren und künstlerischen Moden. Die wenigen frühen filmischen Anverwandlungen weisen einen starken Hang zum Populären und Monumentalen auf. Die Zeit nach 1945, vor allem seit den 1960er Jahren, erlebte eine Welle von höchst unterschiedlichen Kleist-Filmen: Weiterhin gepflegt werden vor allem in den 1950er Jahren die Kostümfilme, ergänzt durch ›Einrichtungen‹ von Theaterinszenierungen für das Fernsehen; ab Mitte der 1960er Jahre tritt mit dem Autorenfilm eine neue, ›modernistische‹ Variante hinzu (vgl. Schneider 1989, 100). Seit den 1990er Jahren ist die Lage geprägt durch ein Nebeneinander der bisherigen Formen, nicht zuletzt dem Nebeneinander (und Gegeneinander) von zum Beispiel aufwändigen populäreren Produktionen, traditionellen Inszenierungsmitschnitten, Autorenfilmen und experimentellen Formen.

Im Internet kursieren zudem Trailer für Theateraufführungen, Ausschnitte aus Amateurinszenierungen, Proben von Schauspielschülern, Abiturienten-Spaßvideos usw. Das vielversprechende Multimedia-Projekt »Kleists Virtuelle Welten« an der Rheinisch-Westfälischen Technischen Hochschule Aachen (vgl. Hennig/Rüsel 2001) kam über das inzwischen nicht mehr im Internet vorhandene Teilprojekt zum Zerbrochnen Krug nicht hinaus.

Nicht erst in neuerer Zeit finden sich ›Großproduktionen‹, sondern diese stehen bereits am Anfang filmischer Anverwandlungen von Kleists Œuvre. Im Berliner Gloria-Palast wurde 1935 der Film Amphitryon: Aus den Wolken kommt das Glück uraufgeführt (mit Willy Fritsch in der Titelrolle, Paul Kemp als Sosias/Merkur, Käthe Gold als Alkmene, Fita Benkhoff als Andria), in dem sich der Regisseur und Drehbuchautor Reinhold Schünzel bei den Stoffvorlagen von Plautus, Molière und Kleist so frei bediente, dass dieser Film kaum als Kleist-Adaption angesehen werden kann, aber im deutschsprachigen Bereich häufig mit Kleists Werk assoziiert wird – ein Sachverhalt, der auf viele Amphitryon-Filme zutrifft (vgl. Kanzog 1981, 144, Anm. 1). Tatsächlich dürfte hier – wie auch in manch anderen Fällen – ein

»Prestigegewinn durch den Namen Kleist« einkalkuliert gewesen sein (Schneider 1989, 100). Es »wird der bis dahin teuerste Ufa-Tonfilm und der größte Erfolg Schünzels als Regisseur, der mit diesem Film deutlich das nationalsozialistische Regime und den Stil [von] Leni Riefenstahls Reichstagsfilme[n] persifliert«; selbst nach dem endgültigen politischen Zerwürfnis mit den Nazis und der gerade noch rechtzeitigen Flucht des ›Halbjuden‹ Schünzel 1937 in die USA (und dort nach Hollywood) blieb der Film noch jahrelang ein Kassenschlager (Loebe 2008).

Seine Uraufführung erlebte im Jahr 1937 der Film Der zerbrochene Krug des Regisseurs Gustav Ucicky, der sich völlig mit den Nazis arrangiert hatte und hier leichte Unterhaltung mit prominenter Besetzung bot (mit Emil Jannings als Adam, Friedrich Kayßler als Walter, Max Gülstorff als Licht, Lina Carstens als Marthe Rull, Angela Salloker als Eve, Elisabeth Flickenschildt als Frau Brigitte). Den dezidiert ›nationalen Kleist im Film‹ kann man schon vor 1933 finden; über die Uraufführung des Monumental-Stummfilms Die Hermannschlacht (Regie: Leo König) am 23.2.1924 im Landestheater Detmold berichtete fünf Tage später ein anonymer Rezensent in der Lippischen Post: »Das Publikum zeigte sich so begeistert wie – außer bei dem Fridericusfilm – wohl noch niemals bei einer Kinovorführung. Eine Welle vaterländischer Begeisterung umfaßte das dichtbesetzte Theater [...]. Zum Schluß sangen alle stehend das Deutschlandlied.«

Für die Zeit der Weimarer Republik, des Nationalsozialismus und des Exils sind Kleist-Filme ansonsten aus der Projektphase nicht hinausgekommen: Der Plan des oben genannten Reinhold Schünzel zu einer Verfilmung des Zerbrochnen Krugs 1927 scheiterte, ebenso Verfilmungen von Das Erdbeben in Chili (1919) und des Michael Kohlhaas (1935, Bertolt Brecht); der Regisseur Arthur von Gerlach erlitt während der Vorbereitungen zu Prinz Friedrich von Homburg 1925 einen Herzinfarkt (vgl. Kanzog 1981, 171f.).

Nach 1945 bleibt die Kleist-Rezeption im Film zunächst verhalten. Den Anfang machen unterschiedliche filmische Varianten von Theaterinszenierungen, zunächst v.a. der bisher schon erfolgreichen Stücke: Von Der zerbrochne Krug existieren mindestens acht Verfilmungen (1958, 1965, 1967, 1969, 1974, 1990, 1995, 2003). Bekannt geblieben (und auch als DVD erschienen) ist der Film *Jungfer, Sie gefällt mir* (DDR 1969), für den Jurek Becker und Regisseur Günter Reisch das Drehbuch verfasst hatten: ein »[t]urbulentes, nicht immer geschmackvolles Spektakel, das Motive aus Kleists *Der zerbrochne Krug* äußerst frei verwendet« (Lexikon des Internationalen Films, 2901). Nach der Zahl der Verfilmungen folgen bei den Dramen *Prinz Friedrich von Homburg* (1967, 1977 [2x], 1983, 1994, 1997, darunter zwei italienische Produktionen) und das auf der Bühne durchgängig erfolgreiche *Käthchen von Heilbronn* (1968, 1980 [2x], 1981, 2004), während die anderen Stücke selten verfilmt wurden. Für *Amphitryon* sind Angaben unsicherer, da bei Filmen oft mehrere Versionen des Stoffs zugleich verarbeitet werden, also beispielsweise auch diejenigen von Sophokles, Plautus, Jean Rotrou und Molière. Bei den ›Verfilmungen‹ der Stücke handelt es sich grundsätzlich in der Mehrheit nicht um originäre filmische Anverwandlungen des Stoffs, sondern um Mitschnitte von Theaterinszenierungen oder ›Einrichtungen für das Fernsehen‹. Die Produktionsjahre dieser Filme lassen bereits deutlich erkennen, dass erst Mitte der 1960er Jahre eine breite Kleist-Rezeption im Film stattfindet, dann aber ein regelrechter Kleist-Boom einsetzt und neue Ansätze entwickelt werden.

Den Beginn macht der ›Autorenfilm‹, dessen jeweiligen Formen, Inhalte und Tendenzen naturgemäß recht unterschiedlich sind. Zu den Regisseuren, die sich Kleists Leben und/oder Werken angenommen haben, zählen George Moorse und Volker Schlöndorff mit zwei gesellschaftskritischen Varianten, die zugleich einen weiteren entscheidenden Einschnitt markieren, indem nun zunehmend die Erzählungen statt den Dramen im Fokus stehen. Moorse, einer der führenden Regisseure des ›Neuen deutschen Films‹ der 1960/70er Jahre, transponiert *Der Findling* in die Gegenwart und deutet die ökonomische Ebene um den Händler (hier: den Industriellen) Piacchi kapitalismuskritisch. Volker Schlöndorff brachte 1969 den Spielfilm *Michael Kohlhaas – der Rebell* heraus, für den er zusammen mit dem britischen

Dramatiker Edward Bond das Drehbuch geschrieben hatte. Die auf ein größeres internationales Publikum ausgerichtete Produktion mit David Warner als Kohlhaas und Anna Karina als seine Ehefrau (in weiteren Rollen Thomas Holtzmann, Gregor von Rezzori, Anita Pallenberg) bietet eine deutliche Aktualisierung, indem der Film mit dokumentarischen Aufnahmen der 1968er Studentenrevolte beginnt. Vor allem der rein pessimistische Schluss mit seiner besonders ausgebreiteten Hinrichtungsszene und die reichlichen Action-Szenen bieten vielleicht nicht einmal so sehr ein Bild der Resignation als der zunehmenden Kommerzialisierung der Revolte.

Helma Sanders-Brahms brachte zunächst den 1974 entstandenen und 1975 uraufgeführten TV-Film *Erdbeben in Chili* heraus, der gefolgt wurde von dem preisgekrönten biographischen Film *Heinrich* – laut Untertitel ein Film »nach Briefen, Dokumenten und Schriften von Heinrich von Kleist« (1976/77). Mit dem ersten Film, einer deutsch-spanischen Ko-Produktion, lieferte sie einen beeindruckenden ›Historienfilm‹, bei dem sie beispielsweise aus Jeronimo einen indianischen Mischling und Dominikanerschüler macht und Erbstreitigkeiten als zusätzliche Motivation einführt. Hierbei rücken zeittypisch vor allem die sozialen Hintergründe der Geschichte in den Vordergrund. (Bereits 1969 erschien ein anderer biographischer Film, *Wie zwei fröhliche Luftschiffer*, von Regisseur Jonathan Briel, der die letzten drei Tage im Leben Kleists zum Thema machte.)

Einen bedeutenden Anteil an den Kleist-Verfilmungen leisteten auch drei überaus unterschiedliche Erneuerer des bundesrepublikanischen Theaters: Hans Jürgen Syberberg, Hans Neuenfels und Jürgen Flimm. Syberberg bietet die eigenwilligen filmischen Kammerspiele *Penthesilea* (1988, TV-Erstaufführung 1989) und *Die Marquise von O.* (1989, TV-Uraufführung 1992), jeweils mit Edith Clever, die die Rolle der Marquise bereits in Rohmers Film gespielt hatte, als alleiniger Darstellerin; berühmt wurde jedoch zunächst sein Kinofilm *San Domingo* von 1970 mit der Musik von Amon Düül II, den er weitgehend mit Laiendarstellen inszeniert und aktualisierend in das Münchener Studenten- und Rockermilieu verlegt hatte. Die kühle Distanz gegenüber der Studentenrevolte, aber auch gegenüber den Figuren sind aus einem Anti-Modernismus gespeist, der in der Französischen Revolution den Untergang der alten Welt sieht und damit Kleist nahesteht – nicht aber im manchmal unkritischen Patriotismus und Mystizismus.

Der Theaterregisseur Hans Neuenfels brachte über Kleist ebenfalls drei Filme heraus: *Heinrich Penthesilea von Kleist* (1983, mit Berta Drews, Ulrich Haß, Nicole Heesters, Jörg Holm, Verena Peter, Lieselotte Rau, Edith Robberts, Hermann Treusch, Elisabeth Trissenaar; Musik: Heiner Goebbels), *Die Familie oder Schroffenstein* (1983, Inszenierungsmitschnitt) und *Europa und der zweite Apfel* als Adaption von *Über das Marionettentheater* (1988, mit Hans-Michael Rehberg als Herr C. sowie Klaus Maria Brandauer, Mathieu Carrière, Ingo Hülsmann, Bernhard Minetti, Peter Palitzsch, Elisabeth Trissenaar, Ulrich Wildgruber u. a.). Im Zentrum steht bei Neuenfels – wie die Titelvarianten schon nahelegen – keine ›werkgetreue‹ Umsetzung des Stoffs, sondern die explizite, also mit-inszenierte Auseinandersetzung mit Kleist und den Schwierigkeiten bei der Verfilmung, so dass bei *Heinrich Penthesilea von Kleist* die Trennung zwischen Figur und Schauspieler, also auch zwischen Kunst und Leben partiell aufgehoben wird: »All diese angespielten Analogien legen die Spur für eine imaginierte Biographie Kleists, und sie sind zugleich Ausdruck des filmisch inszenierten Lebens des Regisseurs und seiner Schauspieler« (Schneider 1989, 111). Er entlarvt jede Inszenierung als Interpretation und unterlässt es darum, das Subjektive jeder Aneignung zu kaschieren, wobei ein »Eskapismus aus der Realität« droht, die »dem Zuschauer keinen Platz« mehr lässt (ebd., 105f.).

Die radikale Subjektivierung, die bereits Bestandteil der Studentenrevolte war, setzt sich auch in den folgenden Jahrzehnten fort, so als ob die Entpolitisierung eine wesentliche Grundlage für eine erfolgreiche Kleist-Rezeption darstellte. Die eher experimentellen Filme seit den 1960er Jahren zeichnen sich – analog zu Tendenzen in der Bildenden Kunst der (Post-)Moderne, in Installationen und Performances (vgl. exemplarisch Reher 2007) – durch einen sehr freien Umgang mit dem Material aus, bei dem Autor und Werk zu ei-

nem bildmächtigen Identifikations- oder Assoziationsraum werden (s. Kap. VII.3.5). Hierzu zählen beispielsweise auch die biographisch angelegten Filme wie der Kurzfilm *Donnerstag um Vier* von Anette Kuhn (2000) über Kleists letzte Stunden oder auch Adaptionen von sonst nicht berücksichtigten Werken wie Zoltan Spirandellis Kurzfilm *Anekdote aus dem letzten preußischen Krieg* (1995).

Gegen solche Tendenzen zur Subjektivierung und partiellen Enthistorisierung Kleists steht zumindest ansatzweise der Film *Käthchens Traum* (2004), in dem der Regisseur Jürgen Flimm den originalen Text mit einer aktuellen Thematik (Gentechnik) und Szenerie (ehemalige Industrieanlagen in Duisburg, die auf den Strukturwandel der Region verweisen) konfrontiert und dadurch einen starken Verfremdungseffekt, aber auch suggestive Bilder und starke Effekte schafft (vgl. Flimm 2004).

Für eine strenge Orientierung am Original, die gleichwohl nicht den Aporien einer biederen ›Werktreue‹ erliegt, hatte Eric Rohmer mit seiner 1976 uraufgeführten deutsch-französischen Ko-Produktion der *Marquise von O...* – unter anderem mit Edith Clever (Marquise), Bruno Ganz (Graf), Peter Lühe (Obrist), Edda Seippel (Obristin), Otto Sander (Forstmeister) – den Maßstab gesetzt. Zugleich ist die Bedeutung dieses Films für die internationale Kleist-Rezeption von überragender Bedeutung, selbst wenn der Film dieses *Nouvelle Vague*-Regisseurs zunächst nur in (film-)künstlerischen Insider-Kreisen kursierte.

Eine kanadisch-italienisch-französische Ko-Produktion von *Der Findling* (1984) mit dem Titel *A Strange Passion*/*Una strana passione* bzw. *Un amour interdit* (der Arbeitstitel lautete *Nicolo ou l'enfant trouvé*) hatte keinen Erfolg, auch wenn eine prominente Besetzung gewonnen werden konnte, darunter Brigitte Fossey, Fernando Rey und Emmanuelle Béart, die für ihre Rolle als Constance den César als beste Nachwuchsschauspielerin bekam. Der Film ist besonders auf die Figur Elvires und ihr Feuertrauma fokussiert; für die schwer durchschaubaren Handlungsmotivationen Piachis und Nicolos wurde offenbar keine adäquate Umsetzung gefunden. – Ins Spektakulär-Grausame kippte dagegen der Versuch des mexikanischen Regisseurs Arturo Ripstein um, *Die Verlobung in St. Domingo* in seinem Film *La seduccion* (1980) auf die mexikanische Revolution der 1910er/20er Jahre zu beziehen.

Kleists *Marquise von O...* erweist sich insgesamt als erfolgreicher, weil immer wieder neu aktualisierbar. Die italienische Filmkomödie *Il seme della discordia* von 2008 mit deutlichen Einflüssen Pedro Almodovars ist laut Regisseur Pappi Corsicato durch Kleists *Marquise von O...* inspiriert und spielt im heutigen Neapel, in dem eine Frau genau in dem Moment von ihrer Schwangerschaft erfährt, als ihr Partner seine Unfruchtbarkeit diagnostiziert bekommt. Einerseits ist der Film aufgeladen mit zahllosen Anspielungen auf die Filmgeschichte, andererseits bleibt das Personal nur schwach konturiert und die Handlung tendiert zum Belanglosen. – Die substantiellere deutsche Produktion *Julietta. Es ist nicht wie Du denkst* (2001) des Regisseurs Christoph Stark ist auf ein jugendliches Publikum zugeschnitten, indem die Handlung auf die Berliner ›Love Parade‹ verlegt wird, auf der Julietta aufgrund von Drogenkonsum ohnmächtig wird und ein vermeintlicher Sanitäter die Vergewaltigung begeht, der sich später zudem mit Juliettas Partner anfreundet.

Zu den ›großen‹ Produktionen zählen vor allem zwei sehr freie US-amerikanische Bearbeitungen des *Michael Kohlhaas*: Als Fernsehfilm wurde der Western *The Jack Bull* produziert (USA 1999), in dem der Regisseur John Badham und der Drehbuchautor Dick Cusack den Pferdehändler Myrl Redding (John Cusack) mit einem Rancher in einen Konflikt geraten lassen, der den Status von Wyoming als Bestandteil der USA gefährdet. – Anspruchsvoller ist der Kino-Film *Ragtime* (USA 1981, Regie: Milos Forman, Musik: Randy Newman, mit James Cagney u. a.), eine Verfilmung vom gleichnamigen postmodernen Roman-Bestseller (1975) des Literaturprofessors Edgar Lawrence Doctorow (Buch und Film lieferten wiederum die Basis für ein preisgekröntes, weltweit erfolgreiches Broadway-Musical). Bereits im Buch sind vielfältige historische Personen und literarische Vorlagen verarbeitet, darunter eine Szene gegen Anfang, in der es um ein uneheliches Kind geht, die vage auf *Die Mar-*

quise von O... anspielen dürfte. Die Haupthandlung basiert weitgehend auf Kleists *Michael Kohlhaas*: Forman siedelt seine Parabel über Widerstand und Anpassung in Immigrantenszenen der 1920er Jahre in den USA an, in der der Barpianist Coalhouse Walker Jr. (Howard Rollins Jr.) seinen Rachefeldzug startet, nachdem er (und sein neuer Ford Modell T) Opfer eines rassistischen Übergriffs geworden ist. – Beide Produktionen zeigen, dass *Michael Kohlhaas* vor allem als Rachegeschichte, die das Verhältnis von Individuum und Gesellschaft auslotet, fast grenzenlose Möglichkeiten eines Transfers in andere Zeiten und Räume bietet, die zugleich aber nicht völlig in künstlerische Belanglosigkeit verfallen müssen.

Künstlerisch und/oder kommerziell erfolgreiche Film-Projekte im Umfeld des ›literarischen Kanons‹ finden sich grundsätzlich selten, bei Kleist jedoch in einem überraschend großen Umfang. Diese internationalen Produktionen und auch die sonstige internationale Kleist-Rezeption (s. Kap. VII.2) zeigen ebenso wie die Disparatheit der Filmproduktion zu Kleists Leben und Werken, dass sich Kleist auch in der Rezeption längst aus den regionalen und nationalen Verhältnissen befreit hat. Kleist als ›anti-klassischer Klassiker‹ bietet offensichtlich Material für ein extrem weites Spektrum filmischer und multimedialer Formen.

Literatur

Flimm, Jürgen: *Käthchens Traum* [Abdruck der beiden Drehbuch-Fassungen; Einleitung: Günther Emig]. In: HKB 16 (2004), 9–111.

Gaupp, Eberhard/von Hugo, Niels: Die kleine Filmkunstreihe Bd. 44: Der zerbrochene Krug. Göttingen 1965.

Gelus, Marjorie/Crowley, Ruth: Kleist in Ragtime: Doctorow's Novel, Its German Source and Its Reviewers. In: Journal of Popular Culture 14 (1980), Nr. 1, 20–26.

Greye, Harald: Die kleine Filmkunstreihe Bd. 80: George Moorse: Der Findling. Göttingen 1969.

Hennig [jetzt: Hilger], Thomas/Rüsel, Manfred: Kleists virtuelle Welten – ein intermediales Projekt. In: Paul Michael Lützeler/David Pan (Hg.): Kleists Erzählungen und Dramen. Würzburg 2001, 241–260.

Hickethier, Knut: Literatur als Film – verfilmte Literatur. Helma Sanders: *Das Erdbeben in Chili*. Nach der Novelle von Heinrich von Kleist. In: Ders./Joachim

Paech (Hg.): Methoden der Film- und Fernsehanalyse. Stuttgart 1979, 63–90.

Kanzog, Klaus (Hg.): Erzählstrukturen – Filmstrukturen: Erzählungen Heinrich von Kleists und ihre filmische Realisation. Berlin 1981 (Übersicht über die bis dahin erschienenen Filme: 144–165).

–: Codierung – Umcodierung. Zu Heinrich von Kleists *Hermannsschlacht* in der Bühnen- und Filmrealisation Claus Peymanns. In: KJb 2001, 267–277.

Kleist, Heinrich von: Die Marquise von O... Mit Materialien und Bildern aus dem Film von Eric Rohmer. Frankfurt a. M. 1979.

König, Leo: Die Hermannschlacht (1924). [Abdruck der Zwischentexte zum Stummfilm]. URL: http:// www.lwl.org/westfaelische-geschichte/portal/Internet/ku.php?tab=web&ID=329 (27.7.2008).

Kurth-Voigt, Liselotte: Kleistian Overtones in E.L. Doctorow's *Ragtime*. In: Monatshefte 69 (1977), Nr. 1, 404–414.

Lexikon des internationalen Films. Hg. Katholisches Institut für Medieninformation und Katholische Filmkommission für Deutschland. Neuausgabe, 10 Bände. Reinbek 1995.

Loebe, Jan-Eric: Reinhold Schünzel. URL: http://www. deutscher-tonfilm.de/rschuenzel1.html (27.7.2008).

Mews, Siegfried: Brechts ›dialektisches Verhältnis‹ zur Tradition. Die Bearbeitung des *Michael Kohlhaas*. In: Brecht-Jahrbuch 1975, 63–78.

Moeller, Hans-Bernhard/Lellis, George: Volker Schlöndorff's Cinema. Adaption, Politics, and the »Movie-Appropriate«. Carbondale/Illinois 2002 (Kap. V zu *Michael Kohlhaas*).

Neuenfels, Hans: Die Familie oder Schroffenstein: ein Film. Mit einem Essay zur *Schroffenstein*-Geschichte von Ingeborg Harms. Zürich/Schwäbisch Hall 1984.

–: Europa und der zweite Apfel / Der tollwütige Mund. Ein Film nach Heinrich von Kleist. Über das Marionettentheater / Stationen eines Europäers. Ein Theaterprojekt. Fotos von Gerhard Kassner. Berlin 1989.

Pollard, Matthew: Die Wiederkehr des Körpers im Kleist-Diskurs des 20. Jahrhunderts: Versuch einer Deutung von Helma Sanders-Brahms' *Heinrich* und Hans von Neuenfels' *Heinrich Penthesilea von Kleist*. Stuttgart 2003, 125–138.

Prodolliet, Ernest: Filme nach Werken von Heinrich von Kleist. In: Schweizer Monatshefte 56 (1977), H. 11, 1037–1040.

Reher, Nicolai: Auf den Spuren einer Spurensuche nach den Spuren Heinrich von Kleists. Notizen zur performativen Installation WANN THUN von Esther Ernst und Jörg Laue. In: KJb 2007, 204–209.

Renner, Karl Nikolaus: *Der Findling*. Ein Film von George Moorse nach H. v. Kleist. Zum Vergleich von Text und Film. In: Klaus Kanzog (Hg.): Erzählstrukturen – Filmstrukturen. Berlin 1981, 25–58.

–: Der Findling. Eine Erzählung von Heinrich von Kleist und ein Film von George Moorse. Prinzipien einer adäquaten Wiedergabe narrativer Strukturen, München 1983.

Riehl, Mary: Re-viewing Kleist: the discursive construction of authorial subjectivity in West German Kleist films. New York/Bern u. a. 1991.

Schneider, Irmela: Aktualität im historischen Gewand: Zu Filmen nach Werken von Heinrich von Kleist. In: Franz-Josef Albersmeier/Volker Roloff (Hg.): Literaturverfilmungen. Frankfurt a. M. 1989, 99–121.

Sobchack, Tom: Ragtime: An improvisation on Hollywood style. In: Literature/Film quarterly 13 (1985), Nr. 3, 148–154.

Online-Film-Datenbanken: http://www.imdb.com (Internet Movie Database/IMDb), http://www.critic.de und http://www.deutscher-tonfilm.de, http://www. filmevona-z.de

Ingo Breuer

3.5 Kunst

Kleist-Porträts: Das einzige authentische Kleist-Porträt ist die Miniatur von Peter Friedel von 1801, die Kleist in seinem 24. Lebensjahr zeigt. Das sog. ›Gefangenschaftsbild‹ von 1807 ist durch seine Inschrift authentifiziert, aber, da es von einem Dilettanten gemalt wurde, kein wirkliches Kunstwerk, sondern »eine Urkunde über Kleists Äußeres« (Rothe 1961, 163).

Mit großer Wahrscheinlichkeit ist auch die Porträtbüste von Karl Wichmann, die zur Kleist-Ausstellung 1977 auftauchte, ein Kleist-Bildnis, und zwar aus seinem letzten Lebensjahr (datiert auf 1816!). Die einzelnen Gesichtszüge der sog. ›Kleist-Maske‹ stimmen jedoch nicht mit den Merkmalen dieser Bildnisse überein. Alle übrigen Porträts des 19. Jh.s, die »Kreidezeichnung«, der Stich Hermann Sagerts zu Bülows Kleist-Monographie von 1848 und die Heliogravüre zu Th. Zollings Kleist-Werkausgabe von 1885 bis hin zu den Tausenden von Frontispizen, Presse- und Illustrationszeichnungen beziehen sich letztlich alle auf die Miniatur. Als man Kleist ab etwa 1870 zu einem nationalen Dichter und Klassiker erklärt hatte, begann man, ihn in Form von Deckenmalereien (Wien), Porträtmedaillons (Frankfurt am Main) oder Büsten (Berlin, Hamburg, Meiningen, Aachen, Frankfurt an der Oder) in den

Innen- oder Außenraum des Theaters aufzunehmen und ihm erste Denkmäler zu setzen.

Zunächst wurde er durch eine wenig überzeugende Herme von Karl Pracht 1896 im Viktoria-Park Berlin unter die dort aufgestellten Skulpturen von Dichtern der Befreiungskriege eingereiht. Das lange geplante und endlich 1910 verwirklichte Denkmal von Gottlieb Elster für Frankfurt/Oder verkörpert eine neue Denkmalform in Parks als Anregung zu meditativer Beschäftigung mit dem Geehrten und seinem Werk. Kleist ist hier nur in einem Medaillon dargestellt, während die Denkmalsfigur einen niedersinkenden Jüngling mit Leier in Anlehnung an das *Letzte Lied* zeigt. Andere Künstler suchten eine freie Gestaltung unabhängig vom äußeren Erscheinungsbild, um Kleists innerstes Wesen oder sein dichterisches Genie auszudrücken. Bereits die im Theater Aachen in einem geplanten »Walhalla deutscher Kunst« 1925/26 aufgestellte Bronzebüste von Josef Meurisse war frei und expressiv mit stark bewegter Oberfläche und ganz nach innen gewandtem Ausdruck gestaltet. Den äußersten Gegensatz dazu bildet das dramatische und mit expressiven Farben gemalte Porträt des Surrealisten André Masson von 1939, in dem der Maler den toten Kleist mit sowohl allgemeiner als auch ganz persönlicher Symbolik darstellte. Auch in anderen Porträts findet man Anspielungen auf Kleists Tod, so die Darstellung vor seiner Todeslandschaft am Wannsee bei Max Slevogt in einem seiner Bildnisse zum Jahrestag des Todes 1911 und bei Claus Korch 1980 in einem Terrakotta-Relief als Bild im Bild, auf Memorialbilder des 18. Jh.s zurückgreifend, und Kleist mit Pistole kurz vor seinem Selbstmord von Michael Matthias Prechtl 1983.

Zum 200. Geburtstag Kleists 1977 schrieb die Kleist-Gedenk- und Forschungsstätte Frankfurt/Oder (seit 2000 Kleist-Museum) einen Porträt-Wettbewerb aus, aus dem eine Reihe bedeutender freier Kleist-Bildnisse hervorging (z. B. Erika Stürmer-Alex, Heinz Zander). Nach der Biermann-Affäre Ende 1976, die Zweifel an der Rolle des Künstlers in der DDR geweckt hatte, wurde der wiederentdeckte Kleist zur Identifikationsfigur (Loch 1994, 78). Ebenfalls für das Jubiläumsjahr wurde ein neues Kleist-Denkmal für

Frankfurt/Oder geschaffen, eine überlebensgroße Steinskulptur des Bildhauers Wieland Förster. Der Torso eines Mannes, der bis zu den Knien noch im unbearbeiteten Stein steckt, ist kein Abbild Kleists, sondern ein Bild seiner Schmerzen. Die Kleist-Gedenk- und Forschungsstätte, die sich besonders um die künstlerische Kleist-Rezeption verdient gemacht hat, gab außer Gemälden, Plastiken und Grafiken auch einige Plaketten mit Kleist-Porträts in Auftrag. Außerdem erschienen 1977 bei der Königlichen Porzellan-Manufaktur Berlin (KPM) eine Porträt-Plakette aus Biskuit-Porzellan und im gleichen Jahr Porzellanplaketten in Meißen (Kleist, Goethe, Schiller und Lessing). Erweitert werden die reinen Porträts durch Darstellungen zu Kleists Leben. Obwohl einige Künstler in ihren Kleist-Zyklen auch biographische Einzelheiten integrierten (Gerhard Goßmann 1969–77 und Helga Ruppert-Tribian 1977–90), ist der Zeichnungszyklus (Feder, Aquarell) von Jon Mincu von 1999 bis 2001 der einzige, der sich ausschließlich der Biographie Kleists widmete.

Für Karikaturen scheint sich Kleist wenig zu eignen, die wenigen, die es gibt, begnügen sich, wiederum in Anlehnung an die Miniatur, oft nur mit einigen Übertreibungen von Gesichtsmerkmalen und der Ausstattung mit unförmig hohen »Vatermördern«.

Zuletzt gibt es auch Kunstwerke zu Prosa *über* Kleist, z. B. zu Robert Walsers Essay *Kleist in Thun* (z. B. Michael Diller 1979) oder Christa Wolfs *Kein Ort. Nirgends* (Karla Woisnitza 1983).

Kunst zu Kleists Werken: Kleists Befürchtung, dass sein Drama *Das Käthchen von Heilbronn* keine Wirkung haben werde, bestätigte sich nicht. Es wurde im 19. Jh. zu seinem bekanntesten und beliebtesten Werk und wurde als erstes 1826 von Moritz von Schwind in einem Gemälde mit der sog. Holunderbuschszene rezipiert. Die Kataloge der Berliner und Dresdener Akademieausstellungen bezeugen mehrere Gemälde zum *Käthchen* und gegen die Mitte des Jahrhunderts zum *Kohlhaas*, die allerdings alle heute verschollen sind. Lediglich das große Tafelbild mit fünf Käthchen-Szenen in einem Rahmen von Wilhelm Nerenz 1836 ist bis heute erhalten. Die gleichen Szenen hatte Johann Heinrich Ramberg 1829 in Aquarell gemalt und in Nachstichen 1831 im *Taschenbuch zum geselligen Vergnügen* veröffentlicht. Um die Mitte des Jahrhunderts hörten die Gemälde auf, und es begannen Buchillustrationen zum *Käthchen* und zum *Kohlhaas*, zunächst nur zu Nacherzählungen – es interessierte offensichtlich nur die Handlung, nicht Kleists Dichtung – für ein breites Publikum und für die Jugend.

In der zweiten Hälfte des 19. Jh.s kam zu den in der bildenden Kunst dargestellten Werken Kleists der *Zerbrochne Krug* hinzu, besonders die hervorragenden Illustrationen (Holzstiche nach Zeichnungen) Adolf von Menzels im Jubiläumsjahr 1877. Menzels Werk erschien, da der Künstler auch in Frankreich hoch geschätzt wurde, 1884 auch in einer französischen Ausgabe. Das Renommee Kleists hatte zugenommen, gleichzeitig auch durch neue Techniken die Buchproduktion, mit der die Qualität jedoch nicht Schritt hielt, so dass die Ende des 19. Jh.s erschienenen Werk- und Teilausgaben Kleists mit oft süßlichen und pathetischen Illustrationen versehen waren. Wilhelm Buschs zahlreiche Gemälde mit dem Titel *Zerbrochener Krug* sind dagegen nicht eindeutig Kleist zuzuordnen. Das *Käthchen* wurde nun auch in den Raum des Theaters aufgenommen, die Holunderbuschszene wurde in einem Wandgemälde in einer Lunette der Dresdner Semperoper dargestellt (Woldemar Rau 1877) und als Plastik am Außenbau des Burgtheaters in Wien (Victor Tilgner 1882).

Außer den drei genannten wurden im Allgemeinen alle anderen Werke Kleists erst im 20. Jh. künstlerisch verarbeitet. Von der Ende des 19. Jh.s beginnenden Buchkunstbewegung profitierte die Kleist-Illustration wenig, Projekte wie eine *Penthesilea*-Ausgabe mit Illustrationen von Max Slevogt oder eine *Kohlhaas*-Ausgabe mit Holzschnitten von Ernst Barlach kamen nicht zustande. Um den Ersten Weltkrieg herum, in dem Kleists »patriotische« Werke zur Kriegspropaganda missbraucht wurden, und in den 1920er Jahren erschienen trotz Inflation und Weltwirtschaftskrise eine Fülle von Büchern mit Originalgraphik und Mappenwerke zu Kleist. Die illustrierten Verlagsausgaben der Zeit zwischen den beiden Weltkriegen wurden durch eine Vielfalt von Stilen und eine sehr unterschiedliche Werk-

präferenz geprägt. Wieder steht *Michael Kohlhaas* an der Spitze der Beliebtheit, doch nahmen sich seiner eher die volkstümlichen oder konservativen Künstler an. Mit dem Holzschnitt, der gerne für den *Michael Kohlhaas* verwendet wurde, sollte ein altdeutscher Eindruck erweckt werden. Penthesilea überflügelt zum ersten Mal das Käthchen, zur *Penthesilea*, zum *Zerbrochnen Krug* und zum *Amphitryon* erscheinen einige originalgrafische Werke bzw. Mappen. Die Monumentalskulptur der Penthesilea an der Fassade der Heinrich-von-Kleist-Oberschule in Berlin von Josef Thorak von 1929/30 war als Kleist-Denkmal für Berlin gedacht.

Nur zwei Gemälde sind im ersten Drittel des 20. Jh.s zu verzeichnen: »Quintilius Varus im Teutoburger Wald, Mondschein« mit der Erscheinung der Alraune von Max Brückner 1909, und ein *Michael Kohlhaas* von Willi Geiger, den er 1924, ebenso wie seinen gleichzeitigen Radierungszyklus, mit tiefgehendem Interesse an dem Menschen Kohlhaas schuf. *Die Marquise von O...* wurde nach dem *Kohlhaas* deutlich am meisten illustriert – übrigens gibt es zu den Novellen ausschließlich Buchillustrationen oder Grafiken –, gefolgt vom *Erdbeben in Chili* und der *Verlobung in St. Domingo*. Die übrigen Novellen wurden generell nicht sehr häufig illustriert. Das Bild änderte sich auch unter dem Nationalsozialismus nicht wesentlich, da die konservativen Künstler weiterarbeiteten und progressive in die innere oder äußere Emigration gingen. Eher gegen Ende des Zweiten Weltkrieges wurden den Soldaten Feld(post)ausgaben mit zumindest einer Umschlagillustration gesandt, deren Schwerpunkt zwar auf den Erzählungen, und hier besonders auf dem *Kohlhaas*, lag, aber sogar eine Werkauswahl, *Kleine Schriften* und Briefe enthalten konnten.

Das Bild der künstlerischen Kleist-Rezeption änderte sich erst nach dem Krieg. Die gleichen Künstler arbeiteten zwar noch eine zeitlang weiter, aber deutlich verlagerte sich das Interesse über die Dramen und Erzählungen Kleists hinaus jetzt besonders auf die *Kleinen Schriften*. Dabei waren die Anekdoten beliebt, ganz besonders aber Kleists Essay *Über das Marionettentheater*, das in vielen Privatdrucken, in bibliophilen Sonderdrucken von Schriftgießereien oder Papierfabriken illustriert wurde oder als Semester- oder Abschlussarbeit an Kunsthochschulen diente. Ein generell vorhandenes Interesse an Puppen und Marionetten war auch dafür verantwortlich, dass oft nur ganz allgemein Marionetten dargestellt wurden, ohne auf Kleists bildhafte Texte einzugehen, so z.B. von Otto Rohse 1969 und 1991 mit farbigen Kupferstichen, die er auf seiner eigenen Presse druckte. Diese von Künstlern, aber auch von einigen Verlagen betriebenen Pressen brachten jetzt im Gegensatz zu denen der 1920er Jahre originalgrafische Werke zu Kleists Schriften heraus. Zwei Ausstellungen mit Kunst von Heilbronner bzw. Frankfurter Künstlern zu Kleist 1996 und 1998 zeigten eine erstaunliche Hinwendung zu Kleists Briefen, ein Zeichen für das größer werdende biographische Interesse an dem wirklichen Menschen, der in der Vergangenheit oft zu einer zweifelhaften Kultfigur hochstilisiert und für politische Zwecke missbraucht worden war.

Werke zum *Käthchen* gab es in Heilbronn erst jetzt in großer Zahl bis hin zum umstrittenen Käthchen-Denkmal von Dieter Läpple 1965. Das *Käthchen* forderte aber auch besonders satirische Darstellungen heraus, besonders zu ihrer unbeirrten Verfolgung des Grafen und zu der Hässlichkeit Kunigundes.

Ein auffällig großes Interesse galt seit etwa 1970 der *Penthesilea*. Im Rahmen der neuen Frauenbewegung diente sie Künstlerinnen als Identifikationsfigur, Künstlern manchmal als Ausdruck der modernen Frau. Hinzu kam ein Unbehagen an bestehenden Gesellschaftssystemen. Eine Fülle von Gemälde-, Plastik- und Grafikzyklen entstanden, und es fanden mehrere Einzelausstellungen allein mit dem Thema *Penthesilea* statt. Als bedeutende *Penthesilea*-Schöpfungen seien die Kaltnadelradierungen Oskar Kokoschkas von 1970, die Steinskulpturen von Alfred Hrdlicka von 1963 und 1975 und vier Bronzeplastiken von Wieland Förster von 1984–87 genannt. Trotz dieser scheinbaren Übereinstimmungen verlief die Entwicklung in der Bundesrepublik und der DDR unterschiedlich. Kleist hatte es anfangs schwer, in der DDR akzeptiert zu werden. Einer strikten Ablehnung Kleists durch marxistische Theoretiker (Mehring, Lukács) stand eine Richtung gegenüber, die versuchte, Kleist durch eine Beschränkung auf seine »fortschrittlichen« Werke für die DDR zu retten und die schließlich die Oberhand gewann. Zu diesen Werken zählt besonders der *Michael Kohlhaas*. Erwähnt seien das Triptychon von Bert Heller von 1954 mit Schwerpunkt auf den Pferden und die Lithographie von Fritz Cremer von 1967, auf der Kohlhaas mit den Zügen des Künstlers als exemplarischer Kämpfer inmitten von verschiedenen Hinrichtungsinstrumenten und den zusammengebrochenen Pferden steht. Dieses Blatt ist Teil einer Grafikmappe, die die Kleist Gedenk- und Forschungsstätte Frankfurt/Oder 1968 (1970) zu den acht Novellen Kleists in Auftrag gab und herausbrachte. 1982 folgte eine Mappe zu den acht Dramen, bei der wiederum je ein Künstler ein Blatt zu einem Werk Kleists gestaltete. Die Schwierigkeiten, die mit der Herausgabe der Mappen verbunden waren, deutet Rudolf Loch an (Loch 1990, 56, Anm. 8), denn die staatlich gelenkte Kultur schloss sowohl bewusste Förderung als auch Restriktionen und Verbote ein. Der Kunstbetrieb der DDR beruhte auf Auftragsvergaben und Wettbewerben. Dennoch gab es Künstler, die sich ihre Unabhängigkeit bewahrten, wie vor allem Baldwin Zettl mit fünf im Eigenauftrag gedruckten Kupferstich-Zyklen zu Kleist seit 1972.

In der Zeit nach 1945 verbreiteten sich Kleist-Illustrationen über ganz Europa, aber auch nach Brasilien und China, selbst aus Indien und Vietnam gibt es zumindest Umschlagillustrationen. Aus den USA kam der in Zahl und Ausmaßen überdimensionale Zyklus unter dem Titel *Heinrich von Kleist by Frank Stella* von 1996–2001. Es handelt sich um starkfarbige abstrakte Kompositionen in einer Mischform aus Malerei und Plastik, die allerdings schon von der Konzeption her keinerlei Assoziationen auf Kleists Werke und Briefe zulassen wollen, es aber dem Betrachter nicht verwehren können, solche darin zu finden. Versuche mit abstrakter Kunst hat es zwar gegeben, aber meist zu theoretischen Abhandlungen Kleists und mit mehr oder weniger deutlichen Hinweisen auf deren Inhalt (z.B. schriftähnliche Zeichen auf Radierungen von Hann Trier zu *Über die allmähliche Verfertigung der Gedanken beim Reden* von 1958).

Während es in letzter Zeit immer weniger Buchillustrationen gibt, nehmen Kunstwerke in Mischformen oder neuen medialen Formen zu: Collagen, Buchobjekte, Comics (z. B. *Penthesilea* von Lutz R. Ketscher von 2003/08), Fotoarbeiten und Videokunst (z. B. *Die Marquise von O...* von Rosemarie Trockel von 1993). Auch geht man immer freier mit Kleists Vorlage um, z. B. lässt Karla Woisnitza in ihrem Siebdruck-Zyklus zur *Penthesilea* von 1978 diese am Ende weiterleben.

Gebrauchs- und Werbegrafik: Gebrauchsgrafik zu Kleist besteht überwiegend aus Theaterplakaten und Plakaten zu Kleistveranstaltungen und Festwochen. Werbung für bestimmte Verlagsreihen wurde mit Künstlerplakaten gemacht, auf denen eine Autorenversammlung einschließlich Kleist dargestellt war (z. B. *Klassikerlandschaft* von Michael Matthias Prechtl 1982/1995). Thematische Karten, die eine Region mit ihren Sehenswürdigkeiten zeigen, u. a. auch Kleist-Stätten, bilden Kleist am Rande ab. Auf Spielkarten kommt Kleist besonders in Dichter- bzw. Literaturquartetten, aber auch auf Rommékarten vor, z. B. 1987 Herz-Karten, auf denen Szenen aus dem *Zerbrochnen Krug* dargestellt sind, oder das *Literarische Rommé* von 2006 mit Kleist als Karo-Bube.

Kleist-Porträts findet man auch auf Bildkarten (z. B. in »Bruckmanns Porträt-Kollektion« von etwa 1916), Kleists Werke (Dramen und *Kohlhaas*) wurden bereits 1885 von Paul Heydel auf Bildkarten illustriert. Weitere Gattungen mit direktem Bezug zum Buch sind Lesezeichen, Exlibris (von Hermann Bauer 1923, Christiane Wartenberg 2002) und Buchstützen, wie die von Bernhard Siller von 2002 mit einer Kleist-Karikatur.

Besonders beliebt waren bereits Ende des 19. Jh.s die Reklame- und Sammelbilder, am berühmtesten wohl die der Firma Liebig mit ihrem *Käthchen*-Zyklus von 1896. Kleist-Porträts waren auf Bildchen der Schokoladenfabrik Stollwerck von 1913 und auf den berühmten Zigarettenbildern der 1930er und 1940er Jahre sowie auf Werbe- bzw. Reklamemarken (Blütezeit 1900–1914) zu finden.

Briefmarken, Münzen und Andenken: Die vom Staat herausgegebenen Briefmarken und Münzen hingegen erschienen zu Kleist-Jubiläen. 1953 gab die DDR eine Briefmarke zur 700-Jahrfeier der Stadt Frankfurt/Oder und 1977 zum 200. Geburtstag Kleists heraus. 1961 erschien zum 150. Todestag des Dichters je eine Marke in der Bundesrepublik und in Rumänien. Zum 225. Geburtstag Kleists 2002 wurde in Deutschland eine Sondermarke herausgegeben. Dazu gab es auch immer entsprechende Sonderstempel. Die Bundesrepublik gab 1977 eine Kleist-Gedenkmünze heraus, die DDR zum 175. Todestag Kleists 1986. Auf sog. ›Numisbriefen‹ (auch zu Kleist) treffen alle drei Gattungen auf einem dekorativ gestalteten Briefumschlag zusammen.

Regelrecht »vermarktet« wurde Kleist bisher nicht, wenn es auch Postkarten (Ansichtskarten von Kleist-Stätten oder -Denkmälern, Spruch- und Kunstkarten oder Feldpostkarten) und einige kleine Andenken mit Kleist-Motiven gibt. Das Heilbronner Repräsentationskäthchen dagegen, das den Gästen der Stadt Wein kredenzt, hat fast keinen Bezug zu Kleist mehr und erscheint auf Postkarten seit Ende des 19. Jh.s und als Werbeträger auf allen erdenklichen Arten von Souvenirs.

Literatur

Emig, Günther: Kleist an der Front. Feldausgaben aus der Zeit des zweiten Weltkrieges. In: HKB 14, 171–180.

Heinrich von Kleist. Zum Gedenken an seinen 200. Geburtstag. Ausstellung der Staatsbibliothek Preußischer Kulturbesitz in Verbindung mit der Heinrich-von-Kleist-Gesellschaft e.V. in der Orangerie des Charlottenburger Schlosses Berlin 11.11.1977–8.1.1978. Ausstellung und Katalog Eberhard Siebert in Zusammenarbeit mit Barbara Wilk/Hans-Günter Klein. Berlin 1977.

Heinrich von Kleist by Frank Stella. Werkverzeichnis der Heinrich-von-Kleist-Serie. Anlässlich der Ausstellung des Kunsthistorischen Seminars mit Kustodie der Friedrich-Schiller-Universität Jena und der Jenoptik AG Jena [...]. Jena, 27.3.- 4.6.2001 [...]. Hg. von Franz-Joachim Verspohl. Jena 2001.

Loch, Rudolf: Plastiken zu Kleist. In: Beiträge 5 (1990), 48–56.

–: Zu Kleist in der Malerei. In: Beiträge 8 (1994), 76–83.

–: Die Bildkunst zu Kleist. Ein Überblick. In: KJb 1995, 121–149.

Orzechowski, Norman: Kleists Dramen in den Bühnen-dekorationen des 19. und 20. Jahrhunderts. Aachen 1997.

Rothe, Eva: Die Bildnisse Heinrich von Kleists. In: Jb. der Deutschen Schiller-Gesellschaft 5 (1961), 136–186.

Symposium »Kleist und die bildende Kunst/Kleist in der bildenden Kunst«. Frankfurt, Oder, Oktober 1993. In: Beiträge 8 (1994).

Wilk, Barbara: Kleist in der Buchillustration. In: Illustration 63 (1980), 9–15, 51–57.

Wilk-Mincu, Barbara: Bildkunst zu Heinrich von Kleist. In: Wolfgang Barthel/Hans-Jochen Marquardt (Hg.): Heinrich von Kleist 1777–1811. Leben, Werk, Wirkung. Blickpunkte. Katalog der Dauerausstellung des Kleist-Museums. Frankfurt a.d.O. 2000, 273–294.

–: Kleist-Bildnisse von Peter Friedel bis André Masson. Sonderausstellung des Kleist-Museums, 15. Oktober 2000 – 30. Juni 2001. Redaktion: Wolfgang Barthel. Frankfurt a.d.O. 2000.

–: »Selig« – »Überselig!« – »Ganz reif zum Tod«. Betrachtungen zu einigen Penthesilea-Darstellungen. In: Beiträge 17 (2003), 176–207.

–: »Gehört das Bild mir, das der Spiegel strahlt?« Kleists *Amphitryon* in der bildenden Kunst. In: HKB 16, 112–156.

–: »Als ob der Himmel von Schwaben sie erzeugt«. Kleists *Käthchen von Heilbronn* in der bildenden Kunst. In: HKB 17, 32–87.

–: Kleists *Marquise von O...* in der bildenden Kunst. In: HKB 18, 11–81.

Barbara Wilk-Mincu

3.6 Kleist in der Schule

Kleists Stellung im Literaturunterricht scheint seit langem unangefochten zu sein – dies legen Lehrpläne und zahlreiche Unterrichtshilfen nahe, die zu Kleists Werken erschienen sind. Bei genauerer Betrachtung ergibt sich jedoch ein differenzierteres Bild, das nicht zuletzt auf die Sperrigkeit der Kleist'schen Sprache und die Anstößigkeit der Inhalte zurückzuführen ist; möglicherweise auch auf die Dominanz poststrukturalistischer Ansätze in der Kleist-Forschung der letzten Jahre, die Lehrern und Schülern als schwer zugänglich erscheinen. So äußerte Ulf Abraham den Verdacht, dass Kleist im »faktischen« Kanon »seit längerem nicht mehr unbedingt« vorkomme (Abraham 1998, 249). Ein Blick auf die Kanonent-wicklung allerdings zeigt, dass Kleists Werk im offiziellen, »präskriptiven« Kanon seit langer Zeit einen festen Platz einnimmt.

Kleist im schulischen Kanon: Es ist erstaunlich, wie früh die Literaturgeschichten des 19. Jh.s – oft für Gymnasien in didaktischer Absicht verfasst – auf Kleist verweisen und ihn zur Lektüre empfehlen. Dies verwundert umso mehr, als in der Forschungsgeschichte häufig vom erst spät erwachenden Interesse an Kleist die Rede ist; das Ende des 19. Jh.s wird in der Regel als Wendepunkt, als Phase seiner Wiederdeckung angesehen (z.B. Müller-Salget 2002, 10). Die Literaturgeschichten scheinen dieser ›Verspätung‹ nicht zu entsprechen. August Koberstein macht bereits 1837 in der dritten Auflage seines Werks *Grundriß der deutschen National-Litteratur. Zum Gebrauch auf Gymnasien entworfen* mit Entschiedenheit auf Kleist aufmerksam, dessen »großes Dichtertalent hier am Schlusse des Ganzen noch besonders hervorgehoben werden mag« (Koberstein 1837, 505f.). Kleist bildet dort gewissermaßen den Schlussstein der Literaturgeschichte. Kobersteins literaturhistorisches Lehrbuch blieb während des ganzen 19. Jh.s die Grundlage des gymnasialen Literaturunterrichts in Preußen. Der Autor empfiehlt besonders das *Käthchen von Heilbronn*, den *Prinzen von Homburg* und den *Michael Kohlhaas* zur Lektüre – eine erste Kanonbildung findet hier statt, die zur Grundlage späterer Kanones wurde. In der erheblich erweiterten Neuauflage von 1872/73 (in fünf Bänden) sind auch die Kleist-Passagen umfangreicher geworden; sie betonen in beeindruckender Voraussicht die Modernität und die ›dekonstruktive‹ Anlage des Kleist'schen Werks: Der »Bruch seines ganzen Wesens« trete »als eine die innere Harmonie und die kunstmässige Geschlossenheit eines Ganzen aufhebende Ungleichartigkeit des Besondern« hervor (Koberstein 1873, 948). Die didaktisch orientierte Literatur im 19. Jh. eilt hier gewissermaßen der Fachwissenschaft voraus – im sicheren Gespür für Kleists unzeitgemäße Modernität.

Auch die *Geschichte der deutschen Dichtung* von Gervinus aus dem Jahr 1853 preist in hohen Tönen Kleists dramatische Begabung: »Unter

allen den dramatischen Talenten, die in diesem
Jh. bei uns auftauchten, hat Kleist bei weitem die
größte Berechtigung«, schreibt Gervinus, und
dann folgt ein pädagogisch-didaktischer Fingerzeig: Der Leser möge sich nicht durch »das
Ungeheuere, das Phantastische, das Ausschwei-
fende« seiner Texte abschrecken lassen, denn wir
»lassen es uns gefallen, wo es der *Begleiter* eines
wahren Talentes ist« (Gervinus 1853, 613). Gervinus verteidigt Kleist gegen seine damaligen
Verächter.

In die offiziellen Lektüre-Kanones der Schule
findet Kleist jedoch im 19. Jh. – trotz Kobersteins
nachdrücklicher Empfehlung – keine Aufnahme.
Seit Ende des 18. Jh.s bilden sich Lektüre-Kanones heraus, die, vor allem angestoßen durch Herder, eine Emanzipation des Deutschunterrichts
vom Vorbild des althumanistischen Lateinunter-
richts anstreben und den alten Exempla-Kanon
ablösen, der die Literatur nur als Mittel zur rhetorischen Schulung, zur Imitatio verwandte (vgl.
Fuhrmann 1993, 76). Mit Herder wird Literatur
nun nicht mehr nur als Mittel, sondern als *Zweck*
der Bildung angesehen. Damit erhält die Kanon-
frage einen neuen, zentralen Stellenwert im Literaturunterricht und erweist sich häufig als dessen
Hauptproblem. Herder vergleicht die Schule mit
einer »Tenne«, auf der mit dem Dreschflegel der
didaktischen Kritik die Spreu vom Weizen geschieden werde (Herder [1796] 1889, 221f.; Fuhrmann 1993, 76). Zur Hilfe für die Lehrer, denen
dieses verantwortungsvolle Geschäft der »Scheidung« obliegt, werden Kanones entworfen, die
der Sicherung der literarischen Tradition dienen.

Hieckes *Der deutsche Unterricht auf deutschen
Gymnasien*, 1841 erschienen, ist die erste Didaktik deutscher Schullektüre, die sich vom Primat
altsprachlicher Studien befreit und einen muttersprachlichen Lektürekanon aufstellt. Kleist
kommt darin nicht vor, obwohl die Romantiker
schon ausgiebig vertreten sind. Ebenso wenig
taucht Kleist in Raumers Abhandlung *Der Unterricht im Deutschen* von 1852 auf – Raumer
schließt in seinem Kanon alle nachklassischen
Autoren aus. Einzug in den Schulkanon hält
Kleist im Wilhelminismus mit Robert Lehmanns
Der deutsche Unterricht (1890) – im selben Maß,

in dem Kleist zum Nationaldichter aufsteigt, lässt
sich nun auch seine Präsenz in den Lehrplänen
(zunächst der Höheren Schulen) feststellen. Sein
Auftauchen in den schulischen Kanones verläuft
in etwa parallel zu seiner Wiederentdeckung in
der Literaturwissenschaft.

Die Weimarer Republik kennt keinen verbindlichen Lektürekanon, auch wenn es einen faktischen Literaturkanon gab, der »weithin die Un-
terrichtswirklichkeit bestimmte« (Fuhrmann
1993, 81); Kleist war dessen fester Bestandteil.
Dazu trug sein neuer Ruhm als Nationaldichter
bei, der dann im ›Dritten Reich‹ zu seiner besonderen Hochschätzung führen und ihm, aufgrund
missbräuchlicher Deutungen, den unrühmlichen
Titel »erster nationalsozialistischer Dichter der
Vergangenheit« einbringen wird (Kreutzer 1992,
190). Im amtlichen Lektüreplan des ›Dritten
Reichs‹, der 1938 verbindlich eingeführt wurde,
nimmt Kleist einen wichtigen Platz ein: Im Lesebuch der 7. Klasse etwa ist er mit dem *Katechismus der Deutschen*, mit Auszügen aus *Briefen* und
dem *Robert Guiskard* vertreten, auf dem Lektüreplan der 8. Klassenstufe steht der *Prinz von Homburg* verpflichtend als Ganzschrift (Fuhrmann
1993, 81f.) – die dem Regime möglicherweise
sympathischere *Herrmannsschlacht* wurde wohl
doch als zu schwierig empfunden.

In der Zeit nach 1945 bleibt Kleist ein Favorit
in den Lehrplänen der Bundesrepublik. Die Liste
der Werke, die in bundesdeutschen Lehrplänen
bis 1970 am höchsten kanonisiert waren, wird
von dem Drama *Der Prinz von Homburg* angeführt (neun Mal in den Lehrplänen genannt),
bald gefolgt vom *Michael Kohlhaas* mit sechs
Nennungen (Fuhrmann 1993, 83f.). Die Hessi-
schen Bildungspläne der 1950er Jahre spiegeln
den Bundestrend wider: Sie enthalten als *verbindliche* Ganzschriften den *Zerbrochnen Krug* (11.
Klasse) und *Über das Marionettentheater* (13.
Klasse). Eine interessante Untersuchung über den
faktischen (d. h. praktizierten) Lektüreplan hessischer Lehrer für das Schuljahr 1960/61 (Thiel
1965) zeigt, dass der Lehrplan von den meisten
Lehrern eingehalten wurde, was die Pflichtlek-
türe betrifft, wobei allerdings die Freiräume und
auch die Angebote der Wahllektüre genutzt wurden. Kleist taucht unter den 60 meistgelesenen

Schulautoren immerhin an dritter Stelle auf (mit 714 Nennungen), er folgt Goethe und Schiller auf dem Fuß. Unter den 75 meistgelesenen Schriften in der Oberstufe ist Kleist mit dem *Michael Kohlaas* (Platz 10), dem *Zerbrochnen Krug* (Platz 11), dem *Prinzen von Homburg* (Platz 12) und der Schrift *Über das Marionettentheaer* (Platz 29) gut vertreten, mit deutlichem Abstand vor Kafka (Thiel 1965, 6).

Für Kleists Beliebtheit spricht auch die große Zahl von Kurztexten, die in Baden-Württembergische Lesebücher aufgenommen wurden. Um ein Beispiel herauszugreifen: *schwarz auf weiß*, eines der wichtigsten Lesebücher der 1960er Jahre für die Grundschule und die Sekundarstufe I, wartet in der Erstausgabe (1967) mit folgenden zum Teil weniger bekannten Werken auf: *Sonderbarer Rechtsfall in England* (6. Schuljahr), *Der verlegene Magistrat, Außerordentliches Beispiel von Mutterliebe bei einem wilden Tiere* (7. Schuljahr), *Franzosen-Billigkeit* (8. Schuljahr), *Das Bettelweib von Locarno* (9. Schuljahr). Auch andere Kurztexte sind beliebte Lesebuch-Stoffe geworden, z. B. die *Anekdote aus dem letzten preußischen Kriege*, der *Brief eines Dichters an einen anderen*, die *Betrachtungen über den Weltlauf*.

In den offiziellen Lehrplänen der DDR für die »Erweiterte Oberschule« von 1968 kommt Kleist nicht vor – dies gilt auch für die gesamte Romantik (Fuhrmann 1993, 92f.). In der Praxis der Lehrerinnen und Lehrer war jedoch Kleist auch hier ein wichtiger Autor, der sich bis zum Jahr 1989 steigender Beliebtheit erfreute.

Nach 1968 wurde der präskriptive Kanon in Westdeutschland liquidiert – aus zum Teil bekannten Gründen (so wurde ein verpflichtender Lektürekanon als unzulässige Gängelung der Lehrer und Schüler empfunden). Kleist bleibt jedoch in der Lektürepraxis der Schulen weiterhin präsent. Seiner Beliebtheit scheint die Kanon-Liquidierung nicht zu schaden – jedenfalls nicht bei Lehrern. Auch nicht bei Personen des öffentlichen Lebens, die in einer großen ZEIT-Umfrage 1997 zu dem Thema Stellung beziehen: »Was sollen Abiturienten lesen?« Kleist landet hier zusammen mit Schiller auf Platz 5 (zur differenzierten Bewertung dieser Umfrage vgl. Abraham 1998, 245). In schulischen Abschlussprüfungen

nimmt Kleist weiterhin einen bedeutenden Platz ein.

Kleist in der Schule – Probleme und Herausforderungen: Dieses offensichtliche Interesse an Kleist darf jedoch nicht darüber hinwegtäuschen, dass gerade seine Texte im Unterricht auf spezifische Schwierigkeiten stoßen – mit der Konsequenz, dass Schüler die Kleist-Begeisterung ihrer Lehrer nicht unbedingt teilen. Hinzu kommt die »mit schreckhaftem Erstaunen registrierte Textferne bei vielen Schülerinnen und Schülern« (Wilczek 2004, 93), die besonders bei der Lektüre von Klassikern ins Gewicht fällt und zur Edition gekürzter und sprachlich vereinfachter Klassiker-Ausgaben (»einfach klassisch«) verführt hat – einer ausgesprochen problematischen Verlagspraxis (Näheres bei Wilczek 2004).

Zum allgemeinen Problem des Umgangs mit Klassikertexten gesellt sich bei Kleist noch die Schwierigkeit der historischen Einordnung: Er widersetzt sich beharrlich literaturgeschichtlichen Systematisierungsversuchen, steht quer zu den Diskursen der Aufklärung, der Klassik und der Romantik. Diese »Ungleichzeitigkeit« mit den herrschenden Strömungen seiner Zeit (Müller-Salget 2002, 8) lässt das Bedürfnis nach transparenten Ordnungssystemen, das man gerade bei Schülern findet, unbefriedigt. Wie sich der Lehrer dem Bedürfnis nach schneller und eindeutiger Sinnfixierung verweigern sollte, so muss er bei Kleist auch das Bedürfnis nach klarer literaturhistorischer Einordnung enttäuschen. Die Auflösung festgeschriebener Ordnungsmuster, die sich formelhaften Lösungen entzieht, entspricht dem Kleist'schen Geist des Widerspruchs und der verwirrenden »Doppeldeutigkeit« (Müller-Salget 1981) seiner Rede.

Kleists Sprache mag ein weiteres Hindernis auf dem Weg zu seiner unterrichtlichen Aneignung sein. Wenn Schüler heute generell Schwierigkeiten mit älteren literarischen Texten haben, dann gilt dies besonders für die komplexe und ungewohnte Sprachstruktur Kleist'scher Werke: für die vielen eingerückten Nebensätze, die das Zusammengehörige weit auseinanderreißen und zeitliche Abläufe trennen; die Häufung von Konjunktional- und Partizipialsätzen; die Uneindeutigkeit von Bezügen, die dem Unerfahrenen die Lektüre erschweren, auch wenn diese Strukturen Spannung und energetische Aufladung der Sätze bewirken:

»Der Landdrost, während der Mundschenk einen reitenden Boten nach Luckau schickte, um einen Arzt herbeizuholen, ließ ihn, da er die Augen aufschlug, in einen Wagen bringen, und Schritt vor Schritt nach seinem in der Gegend befindlichen Jagdschloß abführen; aber diese Reise zog ihm, nach seiner Ankunft daselbst, zwei neue Ohnmachten zu: dergestalt, daß er sich erst spät am andern Morgen, bei der Ankunft des Arztes aus Luckau, unter gleichwohl entscheidenden Symptomen eines herannahenden Nervenfiebers, einigermaßen erholte« (*Michael Kohlhaas*, DKV III, 120).

Die Eigentümlichkeiten der Kleist'schen Sprache mit ihrer ›Aufstauung‹, Verschachtelung und zeitlichen Verzögerung vermitteln den Eindruck sich überstürzender Ereignisse und einer äußersten inneren Anspannung. Das in seinem Textbezug unklare »dergestalt, daß« überträgt hier die Verwirrung der Figuren auf den Leser – eine vereinfachte Fassung (»einfach klassisch«) würde hier nicht nur das Charakteristische der Kleist'schen Syntax und Semantik zerstören, sondern auch die atmosphärische Dichte der Schilderung entzaubern. Die zitierte Textstelle macht deutlich, wie sehr sich bei Kleist eine filigrane Textarbeit im Unterricht lohnt, während eine oberflächliche Reduktion auf die Handlung die energiegeladene Dynamik seiner Sprache übersehen würde. In diesem Zusammenhang könnte auch ein wenig beachteter Hinweis der Kohlhaas-Interpretation zum Tragen kommen, der sich mit den Wahrnehmungsgewohnheiten heutiger Schüler berührt: dass nämlich Kleists Sprache und Erzählverfahren an moderne Filmtechniken, an Montage und Einstellungswechsel erinnern, z. B. was die Abfolge unterschiedlicher ›Einstellungsgrößen‹ betrifft (vgl. Bogdal 1981, 26f.). Die komplexe Syntax Kleists ist zugleich Erschwerung und Herausforderung des Literaturunterrichts; sie zwingt zur ›Entschleunigung‹ und Präzisierung des Lesens.

Dass die nahsichtige Arbeit am Text handlungs- und produktionsorientierte Unterrichtsverfahren, wie sie Skrotzki (1993) und Abraham (1998) vorschlagen, nicht ausschließt, versteht

sich von selbst. Um drei Beispiele zu nennen: Die Beschreibung des Kohlhaas'schen Konflikts aus dem Blickwinkel unterschiedlicher Figuren (etwa von Kohlhaas' Frau, des Junkers von Tronka, der Kurfürsten von Brandenburg und von Sachsen, des Burgvogts, des Knechts Sternbald oder des Großknechts Herse) fördert sowohl die Fähigkeit zum Perspektivenwechsel als auch die sprachliche Erfassung gegensätzlicher Charaktere des Textes. Die Abfassung von Schriftstücken, die im Text nur erwähnt, aber nicht ausgearbeitet sind (die Bittschrift Lisbeths, das Sendschreiben an den Nagelschmidt, der Zettel der Zigeunerin) füllt Leerstellen des Textes aus und erfordert eine intensive Beschäftigung mit dem Inhalt der Erzählung (Abraham 1998, 256). Zu Kleists »unsichtbarem Theater der Gewalt« sind Unterrichtsmodelle der Szenischen Interpretation von Ingo Scheller erarbeitet worden (Scheller 1995).

Solche methodischen Hilfestellungen liegen inzwischen in großer Zahl vor. In didaktischer Hinsicht sollte man nicht übersehen, dass ein besonderer Reiz des Kleist'schen Werks von dessen Widerspruchsstruktur ausgeht, die sowohl anthropologische Einsichten in die Struktur des Menschen vermittelt als auch philologische Einblicke in die Modernität (Dekonstruktivität) der Texte. Schon ein Blick in die Biographie macht diese ›Dynamik‹ der Widersprüche deutlich. Kleists Neigung zu ständigen Berufs- und Rollenwechseln berührt sich mit der *condition humaine* des modernen Berufslebens: Austritt aus dem Militärdienst, Abschied von der Beamtenlaufbahn, Abkehr von einer wissenschaftlichen Karriere, Trennung von der Verlobten, Übernahme eines Amtes und Verzicht darauf, Gründung einer Zeitschrift (*Phöbus*) und einer Zeitung (*Berliner Abendblätter*), die nach kurzer Zeit wieder eingestellt werden müssen. Diese Biographie beständiger Rollenbrüche ist der jungen Generation möglicherweise vertrauter als der älteren. Zur »Struktur des Widerspruchs« in Kleists Texten ist viel geschrieben worden (z. B. Müller-Seidel 1967); entscheidend ist die Einsicht, dass sich Kleists Neigung zu paradoxen und widersprüchlichen Darstellungen, die auch die Sprache affiziert, von der Romantik grundlegend unterscheidet. Während die Romantiker eine Aufhebung der Gegensätze im Unendlichen anstreben, bleiben bei Kleist die Widersprüche oft unversöhnt nebeneinander bestehen (vgl. Pfeiffer 1989, 13f.).

Außerordentlich breit ist das Spektrum der Themen und Motive, die sich für Unterrichtsreihen und vergleichende Textanalysen eignen: Gewalt und Aggression, Kampf und Krieg, Wahrheitssuche und Streben nach Glück, Rechtsbegehren, Familienstrukturen und Familienkonflikte, Körperkonstruktionen, Gestik und Mimik, Gegensatz von Symbolischem und Imaginärem, Sprache und Körper, Kultur und Natur, Erotik und Sexualität. Dass sich Kleists offener Umgang mit erotischen und sexuellen Themen (etwa in der *Verlobung in St. Domingo*, in der *Marquise von O...*, im *Amphitryon* oder im *Zerbrochnen Krug*) von romantischen Darstellungen deutlich abhebt, ist bisher zu wenig beachtet worden (vgl. Gallas 2005, 13). Die Verflechtung von Ethnizität und Geschlecht, die Bezogenheit von Rassen- und Geschlechterdiskurs in Kleists *Verlobung in St. Domingo* (Gribnitz 2002) öffnen dem Literaturunterricht in Kooperation mit der Fachwissenschaft neue Felder, in denen die (für die Schule problematische) Beschränkung auf rein zeichentheoretische Ansätze aufgehoben ist.

Aktuelle thematische Zugänge für den Unterricht bietet Kleist in großer Zahl. Als unerschöpfliche Ressource für einen kritisch-emanzipatorischen und zugleich textphilologisch exakten Unterricht, der modernen anthropologischen Einsichten Rechnung trägt, ist Kleists Werk in mancher Hinsicht noch zu entdecken.

Literatur

Abraham, Ulf: Kohlhaas und der Kanon, oder: Was hat Kleist in der Schule verloren? In: KJb 1998, 244–263.

Bogdal, Klaus-Michael: Heinrich von Kleist. *Michael Kohlhaas*. München 1981.

Fuhrmann, Helmut: »Die Furie des Verschwindens«. Literaturunterricht und Literaturtradition. Würzburg 1993.

Gallas, Helga: Kleist. Gesetz, Begehren, Sexualität. Zwischen symbolischer und imaginärer Identifizierung. Frankfurt a. M./Basel 2005.

Gervinus, G[eorg] G[ottfried]: Geschichte der deutschen Dichtung. Leipzig 1853.

Gribnitz, Barbara: Schwarzes Mädchen, weißer Fremder. Studien zur Konstruktion von ›Rasse‹ und Geschlecht in Heinrich von Kleists Erzählung *Die Verlobung in St. Domingo*. Würzburg 2002.

Herder, Johann Gottfried: Von der Ausbildung der Rede und Sprache in Kindern und Jünglingen [1796]. In: Herders Sämmtliche Werke. Hg. von Bernhard Suphan, Bd. XXX. Berlin 1889, 217–226.

Herrlitz, Hans-Georg: Der Lektüre-Kanon des Deutschunterrichts im Gymnasium. Ein Beitrag zur Geschichte der muttersprachlichen Schulliteratur. Heidelberg 1964.

Hiecke, Robert Heinrich: Der deutsche Unterricht auf deutschen Gymnasien. Ein pädagogischer Versuch. Leipzig 1841.

Koberstein, August: Grundriß der Geschichte der deutschen National-Litteratur. Zum Gebrauch auf Gymnasien entworfen. 3., verbesserte und zum größern Teil völlig umgearbeitete Ausgabe. Leipzig 1837.

–: Grundriss der Geschichte der deutschen Nationalliteratur. 5. umgearb. Auflage von Karl Bartsch, Bd. V. Leipzig 1873.

Kreutzer, Hans Joachim: »... der erste nationalsozialistische Dichter der Vergangenheit ...«. Georg Minde-Pouets Krisenbericht von 1936. In: KJb 1992, 187–192.

Lehmann, Robert: Der deutsche Unterricht. Eine Methodik für höhere Lehranstalten. Berlin 1890.

Müller-Salget, Klaus: Das Prinzip der Doppeldeutigkeit in Kleists Erzählungen [1973]. In: Walter Müller-Seidel (Hg.): Kleists Aktualität. Neue Aufsätze und Essays 1966–1978. Darmstadt 1981, 166–199.

–: Heinrich von Kleist. Stuttgart 2002.

Müller-Seidel, Walter: Die Struktur des Widerspruchs in Kleists *Marquise von O....* In: Ders. (Hg.): Heinrich von Kleist. Aufsätze und Essays. Darmstadt 1967, 244–268.

Pfeiffer, Joachim: Die zerbrochenen Bilder. Gestörte Ordnungen im Werk Heinrich von Kleists. Würzburg 1989.

Raumer, Rudolf von: Der Unterricht im Deutschen [1852]. In: Karl von Raumer: Geschichte der Pädagogik vom Wiederaufblühen klassischer Studien bis auf unsere Zeit. Teil 3. Gütersloh ⁶1897, 97–246.

Scheller, Ingo: Unsichtbares Theater der Gewalt. Heinrich von Kleist: ›Der zerbrochne Krug‹. Vorschläge, Materialien und Verfahren zur szenischen Interpretation. Oldenburg: Zentrum für Pädagogische Berufspraxis 1995.

Skrotzki, Ditmar: »Die Schule dieser Tage durchgegangen ...«. Kleist im Deutschunterricht des Gymnasiums. In: Deutschunterricht 46 (1993), H. 3, 114–125.

Thiel, Hans: Der Lektürekanon der gymnasialen Oberstufe des Landes Hessen. Ergebnisse einer statistischen Erhebung. In: Der Deutschunterricht 17 (1965), Beilage zu H. 3, 1–14.

Wilczek, Reinhard: Verstehen unsere Schüler noch die Klassiker? Über eine schulische Literaturdebatte und ihre beklemmenden Hintergründe. In: Der Deutschunterricht 56 (2004), H. 6, 91–94.

Joachim Pfeiffer

3.7 Kleist-Preis

Am 13. November 1911 erscheint im *Berliner Tageblatt* ein Artikel zu Kleists 100. Todestag, in dem der Publizist Fritz Engel dazu aufruft, eine Kleist-Stiftung zu gründen und im Gedenken an den unglücklichen Dichter einen Preis zu verleihen, der jungen deutschen Autoren die Anerkennung verschafft, die Kleist Zeit seines Lebens versagt blieb. Den Aufruf unterzeichnen u. a. Otto Brahm, Paul Cassirer, Samuel Fischer, Walter Rathenau, Max Reinhardt und Arthur Schnitzler. Fast kaufmännisch-nüchtern wird der Preis definiert als notwendige Investition in den zukünftigen kulturellen Reichtum der Gesellschaft. Er ist kein Preis für Arrivierte, verlangt wird nur die »Bürgschaft eines bedeutenden Könnens«. Der erste Förderpreis für Literatur wird so in Deutschland begründet, der erfolgreichste allemal, bedenkt man die Namen der Preisträger von Oskar Loerke über Bertolt Brecht und Robert Musil bis zu Anna Seghers oder Else Lasker-Schüler. In der Berufung auf Kleist, den auf die Empirie verpflichteten Skeptiker, der so radikal mit der Tradition bürgerlich-idealistischer Kunst gebrochen hatte, verschafft sich die Moderne selbst eine Tradition. Der Kleist-Preis gilt als der bedeutendste Literaturpreis der Weimarer Republik.

Seine Existenz verdankt er in der Hauptsache deutschen Juden, in ideeller wie auch in materieller Hinsicht, denn die Fördergelder stammen zum Großteil vom S. Fischer-Verlag. 1933 löst sich die Kleist-Stiftung auf, damit die Nazis sich nicht des Kleist-Preises bemächtigen können. Der gute Name des Preises bleibt so bewahrt. 1985 wurde der Kleist-Preis durch die Heinrich-von-Kleist-Gesellschaft wiederbegründet und dabei behielt man die demokratische Verleihpraxis bei, die Richard Dehmel im Untertanenstaat Kaiser Wilhelms II. erfand. Eine Jury aus sieben Personen übergibt eine Kandidatenliste einer von ihr gewählten Vertrauensperson, die darüber entscheiden kann, ob sie einen der Vorgeschlagenen auswählt oder einen anderen Autor zum Preisträger bestimmt. Keine Societät entscheidet hier, sondern ein einzelner, nach reiflicher Überlegung, in individueller Verantwortung und mit prognostischem Mut. Die in Literaturpreis-Gremien oft beklagenswerte Dauerherrschaft von Kritikerpäpsten wird so verhindert. Die Vertrauenspersonen wechseln jährlich und damit auch die ästhetischen und ideologischen Präferenzen. Vertrauenspersonen seit 1985 waren u. a. Helmut Heissenbüttel, Marcel Reich-Ranicki, Brigitte Kronauer, Andrea Breth, Hermann Beil und Jürgen Flimm. Zu den Preisträgern zählten Alexander Kluge, Thomas Brasch, Heiner Müller, Monika Maron, Ernst Jandl, Barbara Honigmann, Judith Hermann, Martin Mosebach, Albert Ostermeier, Emine Sevgi Özdamar, Gert Jonke, Daniel Kehlmann, Wilhelm Genazino und Max Goldt. Der Preis ist derzeit mit 20.000 Euro dotiert und wird jährlich vergeben, zu Kleists Todestag im November im Berliner Ensemble. Er wird nicht mehr als ›Jugendpreis‹ definiert, soll aber auch kein Preis für ein Lebenswerk sein, sondern – seiner Weimarer Tradition gemäß – ein Preis für risikofreudige Schriftsteller, die wie Kleist als Vordenker für die Zukunft gelten können.

Literatur

Höpker-Herberg, Elisabeth: Noch einmal: Richard Dehmel und der Kleist-Preis 1912. Materialien aus dem Dehmel-Archiv. In: KJb 1986, 179–199.

Kreutzer, Hans Joachim: Der Kleist-Preis 1912–1932–1985. Rede zu seiner Wiederbegründung. In: KJb 1986, 11–18.

Sembdner, Helmut (Hg.): Der Kleist-Preis 1912–1932. Eine Dokumentation (mit einem Geleitwort von Walter Müller-Seidel). Berlin 1968.

KJb 1986 ff. [Fortlaufende Dokumentation der Verleihungen des Kleist-Preises seit 1985, Abdruck der Reden des Preisträgers, der Vertrauensperson, des Präsidenten der Heinrich-von-Kleist-Gesellschaft].

URL: http://www.heinrich-von-kleist-gesellschaft.de [Liste der Kleist-Preisträger].

Günter Blamberger

VIII. Anhang

1. Auswahlbibliographie

1.1 Primärliteratur

Werkausgaben

Heinrich von Kleists hinterlassene Schriften. Hg. von Ludwig Tieck. Berlin 1821.

Heinrich von Kleists gesammelte Schriften. Hg. von Ludwig Tieck. 3 Bde. Berlin 1826.

Heinrich von Kleists Leben und Briefe. Mit einem Anhange hg. von Eduard von Bülow. Berlin 1848.

Heinrich von Kleist's gesammelte Schriften. Hg. von Ludwig Tieck, revidiert, ergänzt und mit einer biographischen Einleitung versehen von Julian Schmidt. Th. 1–3. Berlin 1859.

H. von Kleists sämtliche Werke. Neu durchgesehene und ergänzte Ausgabe in 4 Bänden, mit Einleitung von Franz Mucker [Textüberwachung von Wilhelm Vollmer]. Stuttgart [1882–83].

Heinrich von Kleists Briefe an seine Braut. Zum ersten Male vollständig nach den Originalhandschriften hg. von Karl Biedermann. Breslau/Leipzig 1884.

Heinrich von Kleists sämtliche Werke. Hg. von Theophil Zolling. Teil 1–4. Berlin/Stuttgart [1885].

Heinrich von Kleists Briefe an seine Schwester Ulrike. Hg. von A.[ugust] Koberstein. Berlin 1860.

Heinrich v. Kleists Werke. Im Verein mit Georg Minde-Pouet und Reinhold Steig hg. von Erich Schmidt. Kritisch durchges. und erl. Gesamtausgabe. 5 Bde. Leipzig/Wien o. J. [1904–1906]. – 2. Aufl. Neu durchges. und erw. von Georg Minde-Pouet. 7 Bde. [Bd. 8 nicht erschienen]. Leipzig o. J. [1936–1938].

Kleist, Heinrich von: Sämtliche Werke und Briefe. Hg. von Helmut Sembdner. 2 Bände. 2., verm. und auf Grund der Erstdrucke und Handschriften völlig rev. Auflage. München: Hanser-Verlag 1961; 9., verm. und rev. Aufl. 1993. Diverse Ausgaben in Deutschen Taschenbuchverlag (München) in einem (2001), zwei (diverse) oder sieben (1964) Bänden. Neuausgabe in Vorbereitung.

Kleist, Heinrich von: Werke und Briefe in 4 Bänden. Hg. von Siegfried Streller in Zusammenarbeit mit Peter Goldammer und Wolfgang Barthel, Anita Golz, Rudolf Loch. Berlin/Weimar 1978 [u. ö.].

Kleist, Heinrich von: Sämtliche Werke und Briefe. Hg. von Ilse-Marie Barth, Klaus Müller-Salget, Stefan Ohrmanns und Hinrich C. Seeba. 4 Bde. Frankfurt a. M.: Deutscher Klassiker Verlag 1987–1997. Band III auch als Paperback (Frankfurt a. M. 2005).

Kleist, Heinrich von: Sämtliche Werke. Brandenburger [1988–91: Berliner] Ausgabe. Hg. von Roland Reuß und Peter Staengle. Basel/Frankfurt a. M.: Verlag Stroemfeld/Roter Stern 1988ff.

Einzelausgaben

Kleist, Heinrich von: Politische Schriften und andere Nachträge zu seinen Werken. Hg. von Rudolf Köpke. Berlin 1862.

Phöbus. Ein Journal für die Kunst. Hg. von Heinrich von Kleist und Adam H. Müller. Nachwort und Kommentar von Helmut Sembdner. Reprogr. Nachdr. Darmstadt: Wissenschaftliche Buchgesellschaft 1961.

Berliner Abendblätter. Hg. von Heinrich von Kleist. Nachwort und Quellenregister von Helmut Sembdner. Reprogr. Nachdr. Darmstadt: Wissenschaftliche Buchgesellschaft 1982.

Kleist, Heinrich von: Sämtliche Briefe. Hg. von Dieter Heimböckel. Stuttgart 1999.

1.2 Sekundärliteratur

Überlieferung

Kanzog, Klaus: Prolegomena zu einer historisch-kritischen Ausgabe der Werke Heinrich von Kleists. Theorie und Praxis einer modernen Klassiker-Edition. München 1970.

– (Hg.): Text und Kontext. Quellen und Aufsätze zur Rezeptionsgeschichte der Werke Heinrich von Kleists. Berlin 1979.

–: Edition und Engagement. 150 Jahre Editionsgeschichte der Werke und Briefe Heinrich von Kleists. 2 Bde. Berlin/New York 1979.

Köhler, Reinhold: Zu Heinrich von Kleist's Werken. Die Lesarten der Originalausgaben und die Änderungen Ludwig Tieck's und Julian Schmidt's. Weimar 1862.

Kreutzer, Hans Joachim: Überlieferung und Edition. Textkritische und editorische Probleme, dargestellt am Beispiel einer historisch-kritischen Kleist-Ausgabe. Mit einem Beitrag von Klaus Kanzog. Heidelberg 1976.

Dokumentationen

Goldammer, Peter (Hg.): Schriftsteller über Kleist. Eine Dokumentation. Berlin/Weimar 1976.

Sembdner, Helmut (Hg.): Heinrich von Kleists Lebensspuren. Dokumente und Berichte der Zeitgenossen. Bremen 1967. 7., vermehrte und revidierte Auflage. München 1996.

- (Hg.): Heinrich von Kleists Nachruhm. Eine Wirkungsgeschichte in Dokumenten. Bremen 1967. 4., vermehrte Auflage. München 1996 bzw. (Taschenbuchausgabe) 1997.

- (Hg.): Dichter über ihre Dichtungen. Heinrich von Kleist. München 1969.

Bibliographien

Emig, Günther unter Mitarbeit von Arno Pielenz (Hg.): Heinrich von Kleist. Bibliographie Teil 1: Bis 1990. Heilbronn 2007.

Heilbronner Kleist-Blätter [periodische Bibliographie].

Kleist-Archiv Sembdner der Stadt Heilbronn (Hg.): Bestandsergänzungen Erscheinungsjahr 1990–1995. [Vorläufige Kleist-Bibliographie 1990 ff.]. Zusammengestellt von Günther Emig. In Zusammenarbeit mit Roland Reuß und Peter Staengle. Unter Mitarbeit von Anke Tanzer. Heilbronn 1996.

Kleist-Archiv Sembdner der Stadt Heilbronn (Hg.): Bestandsverzeichnis. Bearbeitet von Brigitte Schillbach. Heilbronn 1994.

Sembdner, Helmut: Kleist-Bibliographie 1803–1862. Heinrich von Kleists Schriften in frühen Drucken und Erstveröffentlichungen. Stuttgart 1966.

Periodica

Jahrbuch der Kleist-Gesellschaft. Hg. von Georg Minde-Pouet und Julius Petersen. 9 Bde. 1921 (Berlin 1922) bis 1938 (Berlin 1938/41).

Beiträge zur Kleist-Forschung. Hg. von Wolfgang Barthel und Rudolf Loch. Frankfurt a.d.O. 1974–1996; hg. von Wolfgang Barthel und Hans-Jochen Marquardt. Frankfurt a.d.O. 1997–200; hg. von Wolfgang Barthel. Frankfurt a.d.O. 2001–2002.

Kleist-Jahrbuch. Im Auftrage des Vorstandes der Heinrich-von-Kleist-Gesellschaft hg. von Hans Joachim Kreutzer (Berlin 1980–1990, Stuttgart 1991–1996); hg. von Sabine Doering (Stuttgart/Weimar 1997); seit 1998 hg. von Günter Blamberger, Klaus Müller-Salget, Sabine Doering (ebd. 1998ff.), Ingo Breuer (2004ff.), Gabriele Brandstetter (2007).

Brandenburger [1988–1991: Berliner] Kleist-Blätter. Basel/Frankfurt a. M. 1988ff.

Heilbronner Kleist-Blätter. Heilbronn 1996ff.

Biographien

Ayrault, Roger: Heinrich von Kleist. Paris 1966.

Birkenhauer, Klaus: Kleist. Tübingen 1977.

Bisky, Jens: Kleist. Eine Biographie. Berlin 2007.

Bonafous, Raymond: Henri de Kleist. Sa vie et ses œuvres. Paris 1894.

Brahm, Otto: Heinrich von Kleist. Berlin 1884 [Vierte Auflage erschien unter dem Titel: Das Leben Heinrichs von Kleist. Berlin 1911].

Braig, Friedrich: Heinrich von Kleist. München 1925.

Brüggemann, Diethelm: Drei Mystifikationen Heinrich von Kleists. New York/Bern/Frankfurt a. M. 1985.

Bülow, Eduard von: Heinrich von Kleist's Leben und Briefe. Mit einem Anhange. Berlin 1848.

Federn, Karl: Das Leben Heinrich von Kleists. Berlin 1929.

Grathoff, Dirk: Kleists Geheimnisse. Unbekannte Seiten einer Biographie. Opladen 1993.

Häker, Horst: Kleists Berliner Aufenthalte. Ein biographischer Beitrag. Berlin 1989.

Heinrich von Kleist 1777–1811. Chronik seines Lebens und Schaffens auf Grund von Selbstaussagen, Dokumenten und Aussagen Dritter, bearbeitet von Wolfgang Barthel. Frankfurt a.d.O. 2001.

Herzog, Wilhelm: Heinrich von Kleist. Sein Leben und sein Werk. München 1914.

Hoffmann, Paul: Kleist in Paris. Berlin 1924.

Hohoff, Curt: Heinrich von Kleist in Selbstzeugnissen und Bilddokumenten. Hamburg 1958 [u. ö.].

Horn, Peter: Kleist-Chronik. Königstein i. Ts. 1980.

Ide, Heinz: Der junge Kleist. »… in dieser wandelbaren Zeit …«. Würzburg 1961.

Loch, Rudolf: Kleist. Eine Biographie. Göttingen 2003.

Maass, Joachim: Kleist. Die Geschichte seines Lebens. Bern/München 1977.

Michaelis, Rolf: Heinrich von Kleist. Velber 1965.

Minde-Pouet, Georg: Kleists letzte Stunden. T.1: Das Aktenmaterial [Mehr nicht erschienen]. Berlin 1925 (Schriften der Kleist-Gesellschaft 5).

Müller-Salget, Klaus: Heinrich von Kleist. Stuttgart 2002.

Rahmer, Sigismund: Heinrich von Kleist als Mensch und Dichter. Nach neuen Quellenforschungen. Berlin 1909.

Reske, Hermann: Heinrich von Kleist in Thun. Bern 1972.

Samuel, Richard und Hilda M. Brown: Kleist's Lost Year and the Quest for »Robert Guiscard«. Leamington Spa 1981.

Schmidt, Joel: Heinrich von Kleist. Biographie. Paris 1995.

Schulz, Gerhard: Kleist. Eine Biographie. München 2007.

Siebert, Eberhard: Heinrich von Kleist. Leben und Werk im Bild. Frankfurt a. M. 1980.

Staengle, Peter: Kleist – in der Hand von Wilhelm von Schütz [gefolgt von Faksimile und Umschrift der Schütz-Aufzeichnungen]. In: Berliner Kleist-Blätter 2 (1989), 21–76.

–: Heinrich von Kleist. München 1998. Neuausgabe ohne Abbildungen. Heilbronn 2006.

Steig, Reinhold: Heinrich von Kleists Berliner Kämpfe. Berlin/Stuttgart 1901.

Weiss, Hermann F.: Funde und Studien zu Heinrich von Kleist. Tübingen 1984.

Wilbrandt, Adolf: Heinrich von Kleist. Nördlingen 1863.

Zimmermann, Hans Dieter: Kleist, die Liebe und der Tod. Frankfurt a. M. 1989.

–: Heinrich von Kleist. Eine Biographie. Hamburg 1991.

Allgemeines

Barthel, Wolfgang/Marquardt, Hans Jochen/Wilk-Mincu, Barbara (Hg.): Heinrich von Kleist (1777–1811). Leben – Werk – Wirkung. Blickpunkte. Katalog der Dauerausstellung des Kleist-Museums. Frankfurt a.d.O. 2000.

Berroth, Erika: Heinrich von Kleist. Geschlecht – Erkenntnis – Wirklichkeit. New York u.a. 2003.

Dettmering, Peter: Heinrich von Kleist. Zur Psychodynamik in seiner Dichtung [1975]. München ³1986.

Doering, Sabine: Heinrich von Kleist. Stuttgart 1996.

Ellis, John M.: Heinrich von Kleist. Studies in the Character and Meaning of his Writings. Chapel Hill 1979.

Eybl, Franz M.: Kleist-Lektüren. Wien u. a. 2007.

Földényi, László F.: Heinrich von Kleist. Im Netz der Wörter. Aus dem Ungarischen übersetzt von Akos Doma. München 1999.

Graham, Ilse: Heinrich von Kleist. Word into Flesh: A Poet's Quest for the Symbol. Berlin/New York 1977.

Grathoff, Dirk: Kleist: Geschichte, Politik, Sprache. Aufsätze zu Leben und Werk Heinrich von Kleists. Wiesbaden 1999.

Greiner, Bernhard: Eine Art Wahnsinn: Dichtung im Horizont Kants: Studien zu Goethe und Kleist. Berlin 1994.

–: Kleists Dramen und Erzählungen. Experimente zum ›Fall‹ der Kunst. Tübingen/Basel 2000.

Gundolf, Friedrich: Heinrich von Kleist. Berlin 1922.

Heinrich von Kleist. Zum Gedenken an seinen 200. Geburtstag. Ausstellung der Staatsbibliothek Preußischer Kulturbesitz in Verbindung mit der Heinrich-von-Kleist-Gesellschaft e. V. in der Orangerie des Charlottenburger Schlosses. Berlin, 11. November 1977 bis 8. Januar 1978. Ausstellung und Katalog von Eberhard Siebert in Zusammenarbeit mit Barbara Wilk und Hans-Günther Klein. Berlin 1977 (Staatsbibliothek Preußischer Kulturbesitz, Ausstellungskataloge 8).

Kording, Inka/Knittel, Anton Philipp (Hg.): Heinrich von Kleist. Neue Wege der Forschung. Darmstadt 2003.

Kraft, Herbert: Heinrich von Kleist. Leben und Werk. Münster 2007.

Kreutzer, Hans Joachim: Die dichterische Entwicklung Heinrichs von Kleist. Untersuchungen zu seinen Briefen und zu Chronologie und Aufbau seiner Werke. Berlin 1968, ²1976.

Loch, Rudolf: Heinrich von Kleist. Leben und Werk. Leipzig 1978.

Lützeler, Paul Michael/Pan, David (Hg.): Kleists Erzählungen und Dramen. Neue Studien. Würzburg 2001.

MacGlathery, James M.: Desire's Sway. The Plays and Stories of Heinrich von Kleist. Detroit 1983.

Müller-Salget, Klaus: Heinrich von Kleist. Stuttgart 2002.

Müller-Seidel, Walter (Hg.): Heinrich von Kleist. Aufsätze und Essays. Darmstadt 1967.

–: Versehen und Erkennen. Eine Studie über Heinrich von Kleist. Köln/Wien 1971.

– (Hg.). Kleists Aktualität. Neue Aufsätze und Essays 1966–1978. Darmstadt 1981.

Ritter, Harald: Die Dichtung Kleists. Studien zu ihrem episch-dramatischen Spannungsfeld. Aachen 2000.

Sadger, Isidor: Heinrich von Kleist. Eine pathographisch-psychologische Studie. Wiesbaden 1910.

Schmidt, Jochen: Heinrich von Kleist. Studien zu seiner poetischen Verfahrensweise. Tübingen 1974.

–: Heinrich von Kleist. Die Dramen und Erzählungen in ihrer Epoche. Darmstadt 2003.

Schneider, Hermann: Studien zu Kleist. Berlin 1915.

Schuller, Marianne/Müller-Schöll, Nikolaus (Hg.): Kleist lesen. Bielefeld 2003.

Sembdner, Helmut: In Sachen Kleist. Beiträge zur Forschung. München 1974, ²1984.

Stephens, Anthony: Heinrich von Kleist. The Dramas and Stories. Oxford/Providence 1994.

Strässle, Urs: Heinrich von Kleist. Die keilförmige Vernunft. Würzburg 2002.

Weinholz, Gerhard: Heinrich von Kleist. Deutsches Dichtergenie, kämpfender Humanist, preußisches Staatsopfer. Essen 1993.

Wichmann, Thomas: Heinrich von Kleist. Stuttgart/Weimar 1988.

Studien und Sammelbände zu Einzelaspekten

Anker-Mader, Eva-Maria: Kleists Familienmodelle – im Spannungsfeld zwischen Krise und Persistenz. München 1992.

Arnold, Heinz Ludwig in Zusammenarbeit mit Roland Reuß und Peter Staengle (Hg.): Text + Kritik. Sonderband: Heinrich von Kleist. München 1993.

Blöcker, Günter: Heinrich von Kleist oder Das absolute Ich. Berlin 1960.

Borchardt, Edith: Mythische Strukturen im Werk Heinrich von Kleists. New York/Bern/Frankfurt a.M. 1987.

Brors, Claudia: Anspruch und Abbruch. Untersuchungen zu Heinrich von Kleists Ästhetik des Rätselhaften. Würzburg 2002.

Brown, Hilda Meldrum: Heinrich von Kleist. The Ambiguity of Art and the Necessity of Form. Oxford 1998.

Brüggemann, Diethelm: Kleist. Die Magie. Würzburg 2004.

Campe, Rüdiger: Spiel der Wahrscheinlichkeit. Literatur und Berechnung zwischen Pascal und Kleist. Göttingen 2002.

Carrière, Mathieu: Für eine Literatur des Krieges, Kleist. Basel/Frankfurt a. M. 1981.

Cassirer, Ernst: Heinrich von Kleist und die Kantische Philosophie. Berlin 1919.

Corssen, Meta: Kleist und Shakespeare [Weimar 1930]. Hildesheim 1978.

Dietrick, Linda: Prisons and Idylls. Studies in Heinrich von Kleist's Fictional World. Frankfurt a. M./Bern/New York 1985.

Emig, Günther (Hg.): Erotik und Sexualität im Werk Heinrich von Kleists. Internationales Kolloquium des Kleist-Archivs Sembdner, 22.–24. April 1999. Heilbronn 2000.

Endres, Johannes: Das depotenzierte Subjekt. Zur Geschichte und Funktion des Komischen bei Heinrich von Kleist. Würzburg 1996.

Engelhardt, Dietrich von u.a. (Hg.): Sterben und Tod bei Heinrich von Kleist und in seinem historischen Kontext. Interfakultatives Kolloquium 25./26. Juni 2004. Würzburg 2006.

Ensberg, Peter/Marquardt, Hans-Jochen (Hg.): Politik – Öffentlichkeit – Moral. Kleist und die Folgen. Stuttgart 2002.

– /Marquardt, Hans-Jochen (Hg.): Recht und Gerechtigkeit bei Heinrich von Kleist. II. Frankfurter Kleist-Kolloquium, 17.–18. Oktober 1997. Stuttgart 2002.

Fricke, Gerhard: Gefühl und Schicksal bei Heinrich von Kleist. Studien über den inneren Vorgang im Leben und Schaffen des Dichters. Berlin 1929.

Fronz, Hans-Dieter: Verfehlte und erfüllte Natur. Variationen über ein Thema im Werk Heinrich von Kleists. Würzburg 2000.

Gall, Ulrich: Philosophie bei Heinrich von Kleist. Untersuchungen zu Herkunft und Bestimmung des philosophischen Gehalts seiner Schriften. Bonn 1977, ²1985.

Gallas, Helga: Kleist. Gesetz, Begehren, Sexualität. Zwischen symbolischer und imaginärer Identifizierung. Frankfurt a. M./Basel 2005.

Gönner, Gerhard: Von »zerspaltenen Herzen« und der »gebrechlichen Einrichtung der Welt«. Versuch einer Phänomenologie der Gewalt bei Kleist. Stuttgart 1989.

Grathoff, Dirk (Hg.): Heinrich von Kleist. Studien zu Werk und Wirkung. Opladen 1988.

Groß, Thomas: »…grade wie im Gespräch…«. Die Selbstreferenzialität der Texte Heinrich von Kleists. Würzburg 1995.

Haller-Nevermann, Marie/Rehwinkel, Dieter (Hg.): Kleist – ein moderner Aufklärer? Göttingen 2005.

Heimböckel, Dieter: Emphatische Unaussprechlichkeit. Sprachkritik im Werk Heinrich von Kleists. Ein Beitrag zur literarischen Sprachskepsistradition der Moderne. Göttingen 2003.

Herrlinger-Mebus, Volker: Lieber nichts werden als nicht werden. Heinrich von Kleist oder die entsetzende Nacht des Kriegers – von der Wunschproduktion als nomadischer Kriegsmaschine. Frankfurt a. M. u.a. 1992.

Holz, Hans Heinz: Macht und Ohnmacht der Sprache. Untersuchungen zum Sprachverständnis und Stil Heinrich von Kleists. Frankfurt a. M./Bonn 1962.

Jacobs, Carol: Uncontainable Romanticism. Shelley, Brontë, Kleist. London 1989.

Kapp, Gabriele: »Des Gedankens Senkblei«. Studien zur Sprachauffassung Heinrich von Kleists 1799–1806. Stuttgart/Weimar 2000.

Käthchen und seine Schwestern. Frauenfiguren im Drama um 1800. Internationales Kolloquium des Kleist-Archivs Sembdner. 12. bis 13. Juni 1997. Heilbronner Kleist-Kolloquien 1. Im Auftrag der Stadt Heilbronn hg. von Günther Emig und Anton Philipp Knittel. Heilbronn 2000.

Kayka, Ernst: Kleist und die Romantik. Berlin 1906.

Kittler, Wolf: Die Geburt des Partisanen aus dem Geist der Poesie. Heinrich von Kleist und die Strategie der Befreiungskriege. Freiburg i. Br. 1987.

Kraft, Helga W.: Erhörtes und Unerhörtes. Die Welt des Klanges bei Heinrich von Kleist. München 1976.

Kwak, Miran: Identitätsprobleme in Werken Heinrich von Kleists. Frankfurt a. M./Berlin/Bern/Bruxelles/New York 2000.

Lubkoll, Christine/Oesterle, Günter (Hg.): Gewagte Experimente und kühne Konstellationen. Kleists Werk zwischen Klassizismus und Romantik. Würzburg 2001.

Lugowski, Clemens: Wirklichkeit und Dichtung. Untersuchungen zur Wirklichkeitsauffassung Heinrich von Kleists. Frankfurt a. M. 1936.

Madlener, Elisabeth: Die Kunst des Erwürgens nach Regeln. Von Staats- und Kriegskünsten, preußischer Geschichte und Heinrich von Kleist. Pfaffenweiler 1994.

Marquardt, Jochen: »Vermittelnde Geschichte«. Zum Verhältnis von ästhetischer Theorie und historischem Denken bei Adam Heinrich Müller. Stuttgart 1993.

Mauerhof, Emil: Schiller und Heinrich von Kleist. Leipzig/Zürich ²1903.

Mayer, Hans: Heinrich von Kleist. Der geschichtliche Augenblick. Pfullingen 1962.

Mehigan, Tim (Hg.): Heinrich von Kleist und die Aufklärung. Rochester, NY u.a. 2000

Mommsen, Katharina: Kleists Kampf mit Goethe (1974). Erweiterte Neuausgabe. Frankfurt a. M. 1979.

Moser, Christian: Verfehlte Gefühle. Wissen – Begehren – Darstellung bei Kleist und Rousseau. Würzburg 1993.

Müller, Gernot: »Man müsste auf dem Gemälde selbst stehen«. Kleist und die bildende Kunst. Tübingen/Basel 1995.

Muth, Ludwig: Kleist und Kant. Versuch einer Interpretation. Köln 1954.

Muzelle, Alain: L'écriture de Kleist comme élaboration progressive du discours. Une étude stylistique des nouvelles. Bern 1991.

Neumann, Gerhard (Hg.): Heinrich von Kleist. Kriegsfall – Rechtsfall – Sündenfall. Freiburg i. Br. 1994.

Nölle, Volker: Heinrich von Kleist. Niederstiegs- und Aufstiegsszenarien. Versuch einer Phantasma- und Modell-Analyse; mit einem Exkurs zu Hofmannsthal, Sternheim, Kafka und Horváth. Berlin 1997.

Oschmann, Dirk: Bewegliche Dichtung. Sprachtheorie und Poetik bei Lessing, Schiller und Kleist. München 2007.

Peter, Klaus: Ikarus in Preußen. Heinrich von Kleists Traum von einer besseren Welt. Heidelberg 2007.

Pfeiffer, Joachim: Die zerbrochenen Bilder. Gestörte Ordnungen im Werk Heinrich von Kleists. Würzburg 1989.

Psaar, Werner: Schicksalsbegriff und Tragik bei Schiller und Kleist. Berlin 1940.

Reske, Hermann: Traum und Wirklichkeit im Werk Heinrich von Kleists. Stuttgart u.a. 1969.

Ruprecht, Lucia: Dances of the Self in Heinrich von Kleist, E.T.A. Hoffmann and Heinrich Heine. Burlington 2006.

Samuel R[ichard] H./Brown, H[ilda] M.: Kleist's Lost Year and the Quest for Robert Guiskard. Leamington Spa 1981.

Samuel, Richard: Heinrich von Kleists Teilnahme an den politischen Bewegungen der Jahre 1805–1809. Deutsch von Wolfgang Barthel. Frankfurt a.d.O. 1995 (engl. 1938).

Schmidt, Herminio: Heinrich von Kleist. Naturwissenschaft als Dichtungsprinzip. Bern/Stuttgart 1978.

Schoch, Margrit: Kleist und Sophokles. Diss. Zürich 1952.

Schreiber, Christiane: »Was sind das für Zeiten!« Heinrich von Kleist und die preußischen Reformen. Frankfurt a. M. u. a. 1991.

Schulte, Bettina: Unmittelbarkeit und Vermittlung im Werk Heinrich von Kleists. Göttingen/Zürich 1988.

Sieger, Felicitas: Die Aporie der Freiheit. Zu Idealität und Ästhetizität des Menschenbildes Heinrich von Kleists. Frankfurt a. M. 1993.

Silz, Walter: Heinrich von Kleist. Studies in his Works and his Literary Character. Philadelphia 1961. Nachdr. Westport, Conn. 1977.

Skrotzki, Dietmar: Die Gebärde des Errötens im Werk Heinrich von Kleists. München 1971.

Soboczynski, Adam: Versuch über Kleist. Die Kunst des Geheimnisses um 1800. Berlin 2007.

Stephens, Anthony: Kleist – Sprache und Gewalt. Mit einem Geleitwort von W. Müller-Seidel. Freiburg i. Br. 1999.

Theisen, Bianca: Bogenschluß. Kleists Formalisierung des Lesens. Freiburg i. Br. 1996.

Thorwart, Wolfgang: Heinrich von Kleists Kritik der gesellschaftlichen Ordnungsprinzipien. Zu Heinrich von Kleists Leben und Werk unter besonderer Berücksichtigung der theologisch-rationalistischen Jugendschriften. Würzburg 2004.

Ugrinsky, Alexej (Hg.): Heinrich von Kleist-Studien. Berlin 1980.

Van Kempen, Anke: Die Rede vor Gericht. Prozeß, Tribunal, Ermittlung: Forensische Rede und Sprachreflexion bei Heinrich von Kleist, Georg Büchner und Peter Weiss. Freiburg i. Br. 2005.

Weder, Katharine: Kleists magnetische Poesie. Experimente des Mesmerismus. Göttingen 2008.

Wirth, Michael: Heinrich von Kleist. Die Abkehr vom Ursprung. Studien zu einer Poetik der verweigerten Kausalität. Bern 1992.

Wolff, Hans M.: Heinrich von Kleist als politischer Dichter. Berkeley/Los Angeles 1947.

Xylander, Oskar Ritter von: Heinrich von Kleist und J.J. Rousseau. Berlin 1937.

Zeeb, Ekkehard: Die Unlesbarkeit der Welt und die Lesbarkeit der Texte. Ausschreitungen des Rahmens der Literatur in den Schriften Heinrich von Kleists. Würzburg 1995.

Gattungen (Prosa, Drama, Lyrik, Zeitschriften)

Allan, Sean D.: The Plays of Heinrich von Kleist: Ideals and Illusions. Cambridge 1996.

–: The stories of Heinrich von Kleist. Fictions of security. Rochester 2001.

Allemann, Beda: Heinrich von Kleist. Ein dramaturgisches Modell. Aus dem Nachlaß hg. von Eckart Oehlenschläger. Bielefeld 2005.

Aretz, Heinrich: Heinrich von Kleist als Journalist. Untersuchungen zum Phöbus, zur Germania und den Berliner Abendblättern. Stuttgart 1983.

Arntzen, Helmut: Die ernste Komödie. Das deutsche Lustspiel von Lessing bis Kleist. München 1968.

Beckmann, Beat: Kleists Bewusstseinskritik. Eine Untersuchung der Erzählformen seiner Novellen. Bern, Frankfurt a. M./Las Vegas 1978.

Benthien, Claudia: Das Tribunal der Blicke. Scham und Schuld in der Tragödie um 1800 (Schiller, Kleist). Köln/Weimar/Wien 2009 [in Vorbereitung].

Beyer, Hugo: Die Moralischen Erzählungen in Deutschland bis zu Heinrich von Kleist. Frankfurt a. M. 1941, Nachdruck: Hildesheim 1973.

Borelbach, Doris Claudia: Mythos-Rezeption in Heinrich von Kleists Dramen. Würzburg 1998.

Ciemnyjewski, Gregor: Kampf um Sinn. Theodizee in Kleists Erzählungen. Herdecke 1999.

Dyer, Denis: The Stories of Kleist. A Critical Study. London 1977.

Fischer, Bernd: Ironische Metaphysik. Die Erzählungen Heinrich von Kleists. München 1988.

Fülleborn, Ulrich: Die frühen Dramen Heinrich von Kleists. München 2007.

Haase, Frank: Kleists Nachrichtentechnik. Eine diskursanalytische Untersuchung. Opladen 1986.

Heinritz, Reinhard: Kleists Erzähltexte. Interpretation nach formalistischen Theorieansätzen. Erlangen 1983.

Hettche, Walter: Heinrich von Kleists Lyrik. Frankfurt a. M. u.a. 1986.

Hinderer, Walter (Hg.): Kleists Dramen. Neue Interpretationen. Stuttgart 1981.

– (Hg.): Interpretationen: Kleists Dramen. Stuttgart 1997.

– (Hg.): Kleists Erzählungen. Stuttgart 1998.

Horn, Peter: Heinrich von Kleists Erzählungen. Eine Einführung. Königstein 1978.

Kanzog, Klaus (Hg.): Erzählstrukturen – Filmstrukturen. Erzählungen Heinrich von Kleists und ihre filmische Realisation. Berlin 1981.

Kohrs, Ingrid: Das Wesen des Tragischen im Drama Heinrichs von Kleist. Marburg 1951.

Labhardt, Robert: Metapher und Geschichte. Kleists dramatische Metaphorik bis zur Penthesilea als Widerspiegelung seiner geschichtlichen Position. Kronberg, Ts. 1976.

Leber, Elsbeth: Das Bild des Menschen in Schillers und Kleists Dramen. Bern 1969.

Marx, Stefanie: Beispiele des Beispiellosen. Heinrich von Kleists Erzählungen ohne Moral. Würzburg 1994.

Mehigan, Tim: Text as contract. The nature and function of narrative discourse in the Erzählungen of Heinrich von Kleist. Frankfurt a. M. u.a. 1988.

Moering, Michael: Witz und Ironie in der Prosa Heinrich von Kleists. München 1972.

Orzechowski, Norman: Kleists Dramen in den Bühnendekorationen des 19. und 20. Jahrhunderts. Aachen 1997.

Peters, Sibylle: Heinrich von Kleist und der Gebrauch der Zeit. Von der MachArt der Berliner Abendblätter. Würzburg 2003.

Sembdner, Helmut: Die Berliner Abendblätter Heinrich von Kleists, ihre Quellen und ihre Redaktion. Berlin 1939.

Streller, Siegfried: Das dramatische Werk Heinrich von Kleists. Berlin 1966.

Vogel, Anke: Unordentliche Familien. Über einige Dramen Kleists. Heilbronn 1996.

Wellbery, David E. (Hg.): Positionen der Literaturwissenschaft. Acht Modellanalysen am Beispiel von Kleists Das Erdbeben in Chili. München ³1993.

Rezeption

Busch, Rolf: Imperialistische und faschistische Kleist-Rezeption 1890–1945. Eine ideologiekritische Untersuchung. Frankfurt a. M. 1974.

Engstfeld, Peter: Über die Folgen verdrängter Motive. Zur Kritik psychoanalytischer Kleist-Interpretationen. Diss. Bremen 1984.

Ensberg, Peter (Hg.): Kleist-Bilder des 20. Jahrhunderts in Literatur, Kunst und Wissenschaft. IV. Frankfurter Kleist-Kolloquium 6.–7. August 1999 der Kleist-Gedenk- und Forschungsstätte Frankfurt an der Oder. Stuttgart 2003.

Gerlach, Kurt: Tendenzen und Missverständnisse der Kleist-Forschung nach 1945. Siegen 1988.

Howard, Mary: Vom Sonderling zum Klassiker. Hundert Jahre Kleist-Rezeption in Großbritannien. Berlin 1990.

Lütteken, Anett: Heinrich von Kleist – Eine Dichterrenaissance. Tübingen 2004.

Maurach, Martin (Hg.): Kleist im Nationalsozialismus. Beiträge der Internationalen Tagung »Kleist im Nationalsozialismus«, 17./18.6.2005. Würzburg 2007.

– :Betrachtungen über den Weltlauf. Kleist 1933–1945. Berlin 2008.

Reeve, William C.: Kleist on Stage, 1804–1987. Montreal 1993.

Richardson, F[rank] C.: Kleist in France. Chapel Hill [1962].

Stiftung Schloss Neuhardenberg (Hg.): »Was für ein Kerl! Heinrich von Kleist im ›Dritten Reich‹. Kommentiertes Exponatverzeichnis zur gleichnamigen Ausstellung in der Ausstellungshalle von Schloss Neuhardenberg und im Kleist-Museum, 17.8.–23.11.2008. Kuratorin: Caroline Gille, wiss. Beratung: Martin Maurach. Berlin 2008.

2. Archive, Nachlässe, Institutionen (Auswahl)

Kleist-Museum (früher: Kleist-Gedenk- und Forschungsstätte), Faberstraße 7, D-15230 Frankfurt an der Oder, Homepage: http://www.kleist-museum.de
– Ausstellungsräume, Bibliothek, Archiv: umfangreiche Forschungsbibliothek zu Kleists Leben, Werk, Umfeld, Wirkung, Inszenierungsgeschichte (einschließlich Bühnenmodelle, Strichfassungen usw.); Dauerleihgabe des Minde-Pouet-Nachlasses von der

»Stiftung Zentral- und Landesbibliothek Berlin«; Handschriften und andere Zeugnisse zu Leben und Werk Kleists und seiner Zeitgenossen sowie zu Wirkung und Rezeption (insbesondere Kleist-Rezeption in der bildenden Kunst); außerdem Sammlungsschwerpunkte zu Franz Alexander von Kleist, Ewald Christian von Kleist und Friedrich de la Motte Fouqué. – Publikationen: Beiträge zur Kleist-Forschung, Tagungsbände. – Sonstige Aktivitäten: Dauerausstellung, Sonderausstellungen, Tagungen, Vorträge, Lesungen und andere Veranstaltungen, museumspädagogischer Dienst.

Kleist-Archiv Sembdner der Stadt Heilbronn, Theaterforum K3, Berliner Platz 12, D–74072 Heilbronn, Homepage: http://www.kleist.org – Archiv, Bibliothek. Nachlass des Kleist-Herausgebers Helmut Sembdner, umfangreiche Sammlung zu allen Aspekten des *Käthchen von Heilbronn*, Spezialbibliothek zu Kleist, Sammlung von Filmen und anderen Rezeptionszeugnissen. Publikationen: *Heilbronner Kleist-Blätter*, Tagungsbände, Nachdrucke und Neuausgaben von Werken von und über Kleist, Kleist-Bibliographien, Bestandsverzeichnisse. – Sonstige Aktivitäten: Ausstellungen, Tagungen, Vorträge, Lesungen und andere Veranstaltungen, umfangreiche und gut gepflegte Homepage.

Deutsches Literaturarchiv, Schillerhöhe 8–10, D–71672 Marbach am Neckar, Homepage: http://www.dla-marbach.de – Teilnachlass des Kleist-Herausgebers Paul Hoffmann, Arbeitsmaterialien zu Kleist und Umfeld. Cotta-Archiv und Cotta'sche Handschriftensammlung.

Biblioteka Uniwersytetu Jagiellońskiego w Krakowie (Bibliothek der Jagiellonen-Universität Krakau), al. Mickiewicza 22, 30–059 Kraków, Polen, Homepage: http://www.bj.uj.edu.pl – Ehemalige Bestände der Preußischen Staatsbibliothek Berlin: zahlreiche Kleist-Briefe (vgl. BKA IV/2, 555).

Institut für Textkritik e.V., Ezanvillestr. 38, D–69118 Heidelberg, Homepage: http://www.textkritik.de. Herausgeber u.a. der BKA, Homepage mit umfangreichen Materialien und Dokumenten zur Kleist-Ausgabe und Editionsphilologie; kein Archivbetrieb.

3. Die Autorinnen und Autoren

Prof. Dr. Andrea Bartl, Professorin für neuere deutsche Literaturwissenschaft an der Otto-Friedrich-Universität Bamberg (V.27 Sprache; VI.4 Kulturwissenschaften)

Dr. Hansjörg Bay, wissenschaftlicher Mitarbeiter am Seminar für Literaturwissenschaft der Universität Erfurt (VI.6 Postkolonialismus)

PD Dr. Ulrich Johannes Beil, wissenschaftlicher Mitarbeiter am Nationalen Forschungsschwerpunkt (NFS) »Medienwandel – Medienwechsel – Medienwissen: Historische Perspektiven« am Deutschen Seminar der Universität Zürich (II.2.11 *Über das Marionettentheater*)

PD Dr. Arnd Beise, Vertretungsprofessor für Neuere deutsche Literatur am Institut für Germanistik der Otto-von-Guericke-Universität Magdeburg (IV.4 Bildende Kunst)

Prof. Dr. Claudia Benthien, Professorin für neuere deutsche Literaturwissenschaft am Institut für Germanistik II der Universität Hamburg (III.9 Schiller; V.26 Schuld und Scham)

Prof. Dr. Günter Blamberger, Professor für neuere deutsche Literaturwissenschaft am Institut für deutsche Sprache und Literatur I der Universität Köln (II.2.7 *Der Findling*; IV.1 Adel und Adelskultur; V.31 Tod; VII.3.7 Kleist-Preis)

Dr. Stefan Börnchen, wissenschaftlicher Mitarbeiter an der Université du Luxembourg (IV.8 Musik; VI.3 Dekonstruktion)

Dr. Ingo Breuer, Studienrat im Hochschuldienst am Institut für deutsche Sprache und Literatur I der Universität zu Köln (I.1 Biographische Skizze; II.2.1 Erzählung, Novelle, Anekdote; II.2.12 *Unwahrscheinliche Wahrhaftigkeiten*; III.3 Frühe Neuzeit; V.2. Bildlichkeit und Metaphorik; VI.8 Ausblick (Forschung); VII.1.6 BRD, Schweiz, Österreich nach 1945; VII.3.4 Filme; VIII.1 Auswahlbibliographie; VIII.2 Nachlässe und Archive)

Prof. Dr. Fred Bridgham, Senior Lecturer am Department of German der University of Leeds (VII.2.3 Großbritannien)

Jan Broch, M.A., Lehrbeauftragter am Institut für deutsche Sprache und Literatur I der Universität zu Köln (III.7 Wieland)

Prof. Dr. Jürgen Daiber, Professor für neuere deutsche Literaturwissenschaft an der Universität Regensburg (IV.9 Naturwissenschaften)

Prof. Dr. Heinrich Detering, Professor für Neuere Deutsche und Vergleichende Literaturwissenschaft am Seminar für Deutsche Philologie der Universität Göttingen (II.5 Lyrik)

Dr. Thilo Diefenbach, Sinologe und Germanist, Berlin (VII.2.7 China)

Prof. Dr. Sabine Doering, Professorin für neuere deutsche Literaturwissenschaft am Institut für Germanistik der Universität Oldenburg (II.2.3 *Die Marquise von O...*; V.8 Familie und Genealogie; V.20 Liebe und Freundschaft; V.23 Paradies und Idylle)

Prof. Dr. Norbert Otto Eke, Professor für neuere deutsche Literaturwissenschaft am Institut für Germanistik und Vergleichende Literaturwissenschaft der Universität Paderborn (VII.1.5 DDR)

PD Dr. Anne Fleig, Hochschuldozentin am Deutschen Seminar der Universität Hannover (II.1.5 *Amphi-*

tryon. Ein Lustspiel nach Molière; V.14 Glück; V.18 Körper und Körpersprache)

Prof. Dr. Louis Gerrekens, Professor für neuere deutsche Literaturwissenschaft an der Universität Lüttich/Liège, Belgien (II.1.3 *Die Familie Schroffenstein*; VII.1.1 1811 bis 1880)

Prof. Dr. Bernhard Greiner, Professor für neuere deutsche Literaturwissenschaft am Deutschen Seminar der Universität Tübingen (II.1.2 Komödie; II.2.13 *Empfindungen vor Friedrichs Seelandschaft*; III.6 Kant; V.15 Grazie)

Heidi Grünewald, Profesora asociada für neuere deutsche Literaturwissenschaft an der Universität Barcelona (VII.2.2 Spanien, Mittel- und Südamerika)

Julia Gutterman, M.A., wissenschaftliche Mitarbeiterin am Fachbereich Duitse Taal en Cultuur der Universität Amsterdam (I.2 Zeittafel)

PD Dr. Bernd Hamacher, Mitarbeiter des Goethe-Wörterbuchs, Akademie der Wissenschaften Göttingen, Arbeitsstelle Hamburg, derzeit Vertretungsprofessor für neuere deutsche Literaturwissenschaft an der Universität Duisburg-Essen (I.3 Editionsgeschichte; II.1.10 *Prinz Friedrich von Homburg*; II.2.2 *Michael Kohlhaas*; III.8 Goethe; IV.12 Religion und Kirche; V.13 Glaube und Aberglaube)

PD Dr. Hans-Christian von Herrmann, Akad. Rat am Kunsthistorischen Seminar der Friedrich-Schiller-Universität Jena; z.Zt. Professor für Theater- und Tanzwissenschaft am Institut für Theaterwissenschaft an der Freien Universität Berlin (IV.6 Militärwesen; VI.7 Medienwissenschaft)

Prof. Dr. Klaus Kanzog, emeritierter Professor für neuere deutsche Literaturwissenschaft an der Universität München (VII.3.1 Inszenierungen)

Dr. Hee-Ju Kim, akademische Oberrätin am Deutschen Seminar der Universität Freiburg (II.2.9 *Der Zweikampf*; V.3 Dramaturgie und dramatischer Stil; V.16 Identität)

Dr. Anton Philipp Knittel, stellvertretender Pressesprecher der Stadt Heilbronn (II.3.1 *Phöbus*)

Dr. Kai Köhler, Literaturwissenschaftler, Berlin (II.2.5 *Die Verlobung in St. Domingo*; V.28 Staat; VII.3.2 Musiktheater)

Prof. Dr. Alexander Košenina, Professor für Deutsche Literaturwissenschaft am Deutschen Seminar der Universität Hannover (IV.2 Anthropologie; IV.15 Theater; V.32 Traum; V.33 Wahn und Wahnsinn)

Dr. Christine Künzel, Habilitandin in neuerer deutscher Literaturwissenschaft, 2006–08 Vertretungsprofessorin am Institut für Germanistik II der Universität Hamburg (IV.11 Recht und Justiz; V.10 Geschlecht)

Kristina Lahl, M.A., Lehrbeauftragte am Institut für deutsche Sprache und Literatur I der Universität zu Köln (VIII.1 Auswahlbibliographie)

Prof. Dr. Claudia Liebrand, Professorin für neuere deutsche Literaturwissenschaft am Institut für deutsche Sprache und Literatur I der Universität zu Köln (II.2.4 *Das Erdbeben in Chili*; VI.5 Gender-Forschung)

Prof. Dr. Elmar Locher, Professor für neuere deutsche Literaturwissenschaft an der Universität Verona (Italien) (V.25 Schrift und Schreiben; V.29 Stimme)

Prof. Dr. Christine Lubkoll, Professorin für neuere deutsche Literaturwissenschaft an der Universität Erlangen (II.2.8 *Die heilige Cäcilie oder die Gewalt der Musik*)

Dr. Yixu Lü, Senior Lecturer in Germanic Studies, School of Languages and Cultures, University of Sydney (II.1.8 *Das Käthchen von Heilbronn*; V.12 Gewalt und Verbrechen)

Dr. Anett Lütteken, wissenschaftliche Assistentin am Institut für Germanistik der Universität Bern (VII.1.3 1911 bis 1933)

Prof. Dr. Michael Mandelartz, Professor für neuere deutsche Literatur am Seminar für Germanistik der Meiji-Universität, Toky, Japan (VII.2.6 Japan)

Masanori Manabe, M.A., Privatdozent am Institut für die Kultur der deutschsprachigen Länder der Sophia-Universität, Tokio, Japan (VII.2.6 Japan)

Prof. Dr. Ethel Matala de Mazza, Professorin für Kulturtheorie und kulturwissenschaftliche Methoden an der Universität Konstanz (IV.14 Sozietäten; V.21 Nation)

Dr. Martin Maurach, freier Autor (VII.1.4 Nationalsozialismus; VII.3.3 Hörspiele)

Prof. Dr. Georg Mein, Professor für neuere deutsche Literaturwissenschaft an der Universität Luxemburg (IV.3 Ästhetik)

PD Dr. Andrea Meyer-Fraatz, Professorin für Literaturwissenschaft am Institut für Slawistik der Universität Jena (VII.2.5 Russland und Osteuropa)

Prof. Dr. Christian Moser, Professor für neuere deutsche Literaturwissenschaft an der Universität Amsterdam (II.2.6 *Das Bettelweib von Locarno*; III.4 Französische Aufklärung)

Prof. Dr. Klaus Müller-Salget, emeritierter Professor für neuere deutsche Literaturwissenschaft an der Universität Innsbruck (II.1.9 *Die Herrmannsschlacht*; II.4 Schriften zur Politik; II.6 Briefe)

Dr. Michael Ott, wissenschaftlicher Mitarbeiter am Institut für deutsche Philologie an der LMU München (V.4 Duell und Zweikampf; V.7 Erzählen und Erzählung)

Jennifer Pavlik, B.A., Universität Bielefeld (V.11 Gespräch)

Dr. Sibylle Peters, wissenschaftliche Mitarbeiterin am Zentrum für Medien und Interaktivität, Justus-Liebig-Universität Gießen (II.3.2 *Berliner Abendblätter*; IV.5 Medien)

Prof. Dr. Joachim Pfeiffer, Professor für Neuere deutsche Literatur und Literaturdidaktik am Institut für deutsche Sprache und Literatur der Pädagogischen Hochschule Freiburg (VI.1 Psychoanalyse; VII.3.6 Kleist in der Schule)

Prof. Dr. Ulrich Port, Professor für neuere deutsche Literaturwissenschaft am Fachbereich Germanistik der Universität Trier (II.1.6 *Penthesilea*; V.9 Gefühle und Affekte; V.24 Schönheit)

Dr. Tina-Karen Pusse, Lecturer an der National University of Ireland, Galway (V.19 Lachen; V.30 Sturz und Fall)

PD Dr. Peter Philipp Riedl, Vertretungsdozentur für neuere deutsche Literatur am Deutschen Seminar der Albert-Ludwigs-Universität Freiburg (II.2.10 *Über die allmähige Verfertigung der Gedanken beim Reden*; IV.13 Rhetorik)

Dr. Martin Roussel, Akademischer Rat a.Z. am Institut für deutsche Sprache und Literatur I der Universität zu Köln (VI.2 Strukturalismus und Poststrukturalismus; VII.1.2 1870 bis 1911; VII.2.1 Frankreich)

HD Dr. Hans Jürgen Scheuer, Hochschuldozent für ältere deutsche Literatur an der Universität Stuttgart (III.2 Mittelalter; V.34 Wunder und Magie)

Prof. Dr. Jochen Schmidt, emeritierter Professor für neuere deutsche Literaturwissenschaft am Deutschen Seminar der Albert-Ludwigs-Universität Freiburg (III.1 Antike; IV.10 Politik; V.5 Eigentum; V.6 Erkenntnis und Wahrheit; V.17 Ironie)

Prof. Dr. Monika Schmitz-Emans, Professorin für allgemeine und vergleichende Literaturwissenschaft an der Ruhr-Universität Bochum (III.10 Romantik)

Prof. Dr. Helmut J. Schneider, emeritierter Professor für neuere deutsche Literaturwissenschaft am Institut für Germanistik der Universität Bonn (II.1.4 *Der zerbrochne Krug*; III.5 Deutsche Aufklärung; V.22 Natur)

PD Dr. Peter Schnyder, Privatdozent am Deutschen Seminar der Universität Zürich (V.35 Zufall)

Prof. Dr. Dr. h. c. Gerhard Schulz, emeritierter Professor für neuere deutsche Literaturwissenschaft an der Universität Melbourne, Australien (V.20 Liebe und Freundschaft)

Dr. Adam Soboczynski, Redakteur bei der Wochenzeitschrift »Die Zeit« (IV.7 Moralistik)

Prof. Dr. Anthony Stephens, emeritierter Professor für neuere deutsche Literaturwissenschaft an der Universität Sydney, Australien (II.1.1 Tragödie, Trauerspiel, Schauspiel; II.1.7 *Robert Guiskard, Herzog der Normänner*)

PD Dr. Barbara Thums, Akademische Rätin am Deutschen Seminar der Universität Tübingen (V.1 Aufmerksamkeit)

Prof. Dr. Elin Nesje Vestli, Professorin für deutschsprachige Literatur- und Kulturwissenschaft der Høgskolen i Østfold (Halden, Norwegen) (VII.2.4 Skandinavien)

Dr. Barbara Wilk-Mincu, Kunsthistorikerin, Berlin (VII.3.5 Kunst)

Dr. Ye Jun, Chinese Academy of Social Sciences, Institute of Foreign Literature, Beijing, China (VII.2.7 China)

4. Personenregister

MIX
Papier aus verantwortungsvollen Quellen
Paper from responsible sources
FSC® C105338

FSC
www.fsc.org

If you have any concerns about our products,
you can contact us on
ProductSafety@springernature.com

In case Publisher is established outside the EU,
the EU authorized representative is:
Springer Nature Customer Service Center GmbH
Europaplatz 3, 69115 Heidelberg, Germany

Printed by Libri Plureos GmbH
in Hamburg, Germany